Das Rote Wien

Das Rote Wien

Schlüsseltexte der Zweiten Wiener Moderne 1919–1934

Herausgegeben von
Rob McFarland, Georg Spitaler und Ingo Zechner

Eine gemeinsame Publikation von Forschungsnetzwerk BTWH (Berkeley/Tübingen/Wien/Harvard), Ludwig Boltzmann Institute for Digital History (LBIDH) und Verein für Geschichte der ArbeiterInnenbewegung (VGA)

Die Forschungs- und Editionsarbeiten für dieses Buch wurden durch großzügige Unterstützung der Stadt Wien Kultur (Kulturabteilung der Stadt Wien, MA 7) ermöglicht.

Gedruckt mit Unterstützung des Ludwig Boltzmann Institute for Digital History (LBIDH).

ISBN 978-3-11-099190-1
e-ISBN (PDF) 978-3-11-064162-2
e-ISBN (EPUB) 978-3-11-064208-7

Library of Congress Control Number: 2020934816

Bibliografische Information der Deutschen Nationalbibliothek
Die Deutsche Nationalbibliothek verzeichnet diese Publikation in der Deutschen Nationalbibliografie; detaillierte bibliografische Daten sind im Internet über http://dnb.dnb.de abrufbar.

© 2022 Walter de Gruyter GmbH, Berlin/Boston
Dieser Band ist text- und seitenidentisch mit der 2020 erschienenen gebundenen Ausgabe.
Cover image: Camden House, an imprint of Boydell & Brewer Inc., Rochester, NY
Satz: bsix information exchange GmbH, Braunschweig
Lektorat und Register: Julia Teresa Friehs
Druck und Bindung: CPI books GmbH, Leck
www.degruyter.com

Danksagung

Die Herausgeber möchten sich bei einer Vielzahl an Beteiligten bedanken, die an der Entstehung dieses Buchs mitgewirkt haben. Der erste Anstoß für unser Projekt kam vom Wiener Zeithistoriker Siegfried Mattl. Mit seiner Leidenschaft und seinem Wissen über die Zeit des Roten Wien hat er uns angesteckt. Eine ganze Generation von Forschern und Forscherinnen hat von seiner großzügigen Förderung und seinem bescheidenen Auftreten profitiert. Wir widmen dieses Buch seinem Andenken.

Das internationale Forschungsnetzwerk BTWH (Berkeley/Tübingen/Wien/Harvard) war einer jener Orte, an denen Siegfried Mattl bei Tagungen und gemeinsamen Gesprächen immer wieder das Rote Wien ins Spiel brachte. Die Herausgeber, die Kapitelverantwortlichen und viele Übersetzerinnen und Übersetzer dieses Buchs sind Teil dieser Gruppe. Wir danken allen BTWH-Mitgliedern, die inzwischen verstreut über die halbe Welt tätig sind, für ihre Begleitung auf dem langen Weg von einer kühnen Idee bis zur gedruckten Fassung dieser historischen Textedition. Dieser Prozess wäre nicht möglich gewesen ohne die fachkundige Unterstützung durch Anton Kaes (Professor für German and Film & Media an der University of California, Berkeley), der mit uns seine Gedanken zur Geschichtstheorie und dem Archiv teilte. Er machte uns auch klar, welche politischen, ästhetischen und ethischen Fragen mit der Herausgabe eines *Sourcebook* verbunden sind.

Zahlreiche Institutionen und Personen haben uns im Lauf der Planung, Recherche, Organisation, Übersetzung und Buchproduktion großzügig unterstützt oder das Projekt finanziell gefördert.

Der langjährige Wiener Bürgermeister Michael Häupl übernahm die Schirmherrschaft des vorliegenden Projekts mit dem Ziel, die Debatten einer Ära wiederzuentdecken, als Teil des Gedenkens an den 100. Jahrestag der Gründung des Roten Wien 1919. Seine große Wertschätzung unabhängiger Forschung ist in der heutigen Zeit ungewöhnlich. Unser Dank gilt ihm, seinem Büro, der Kulturabteilung der Stadt Wien (MA 7) und in dieser insbesondere dem Referat Wissenschafts- und Forschungsförderung, namentlich gilt er Franz Oberndorfer, Elisabeth Mayerhofer und Daniel Löcker. Der Wiener Gemeinderat hat die Förderung für dieses Projekt einstimmig beschlossen. Wir betrachten das als Ausdruck der heutigen Anerkennung des Roten Wien, das in den 1920er und 1930er Jahren von der politischen Opposition noch erbittert bekämpft worden war. Logistische Unterstützung bei der Umsetzung des Projekts stellte das Ludwig Boltzmann Institut für Geschichte und Gesellschaft (LBIGG) bereit, das 2019 in das Ludwig Boltzmann Institute for Digital History (LBIDH) transformiert wurde. Joachim Schätz und Heinz Berger soll dafür namentlich gedankt werden. Ein Gutteil der Arbeit zur Textrecherche und die Diskussion über einzelne Beiträge und Kapitel fanden im Verein für Geschichte der ArbeiterInnenbewegung (VGA) statt, im geschichtsträchtigen Vorwärts-Haus in der Rechten Wienzeile im 5. Wiener Gemeindebezirk, Margareten. Die Herausgeber bedanken sich bei den Mitarbeiterinnen und Mitarbeitern des VGA, vor allem bei Geschäftsführerin Michaela Maier, die sich mit großem Einsatz um die Finanzierung des Projekts bemühte. Das Doreen B. Townsend Center for the Humanities, University of California, Berkeley, stellte wichtige Unterstützung für Reisekosten und Workshoporganisation bereit. Wir danken Michelle Stott James von der Sophie Digital Library und dem Brigham Young University College of Humanities für das Team studentischer Mitarbeiter und Mitarbeiterinnen, das uns tatkräftig unterstützte, darunter Christopher Taylor, Jacob Benfell, Kemery Dunn Anderson, Gina Fowler, Madeline McFarland, Brock Mildon, Joshua Savage, Elisabeth Allred und Blake Taylor.

Langjährige ausdauernde Unterstützung bei der Verwirklichung des amerikanischen Buchprojekts kam von Edward Dimendberg und Anton Kaes. Die englische Buchfassung bei Camden House wurde von Jim Walker, Julia Cook und Michael Koch mit großer Umsicht und Geduld betreut. Für die vorliegende deutsche Fassung im Verlag De Gruyter bedanken wir uns sehr herzlich bei Martin Rethmeier, Jana Fritsche, Andreas Brandmair und Monika Pfleghar für die ebenso geduldige, professionelle wie vertrauensvolle Unterstützung, bei Julia Teresa Friehs für das kundige Lektorat und ihre Arbeit am Register sowie bei Sonja Maria Gruber und David Marold für die freundliche Vermittlung.

Dem IFK Internationales Forschungszentrum Kulturwissenschaften in Wien danken wir für die Durchführung einer internationalen Tagung zum Roten Wien im Jahr 2016, in deren Rahmen wir die Inhalte und Ziele unseres Projekts schärfen konnten. Mit der gemeinsam von Duke University, IFK, VGA und LBIGG veranstalteten Workshop-Reihe „Empire, Socialism, and Jews" half uns Malachi Hacohen dabei, unser Verständnis des Roten Wien als revolutionäres Modell für eine „Wiener Republik" zu entwickeln. Michael Loebenstein und das Österreichische Filmmuseum boten besondere Gelegenheiten für die Vorführung und Diskussion von Filmen aus dem und über das Rote Wien.

Für wertvolle Ratschläge danken wir abschließend den folgenden Personen: Lilli und Werner T. Bauer, Eve Blau, Tatjana Buklijas, Matti Bunzl, Christopher Burke, Ann Cotten, Christian Dewald, Gudrun Exner, Karl Fallend, Walter Famler, Julia Teresa Friehs, Alys X. George, Marcus Gräser, Bernhard Hachleitner, Gerhard Halusa, Gabriella Hauch, Deborah Holmes, Jenna Ingalls, Helmut Konrad, Marion Krammer, Sabine Lichtenberger, Wolfgang Maderthaner, Matthias Marschik, Alfred Pfoser, Barbara Philipp, Sabrina Rahman, Christian Reder, Günther Sandner, Karin Schaden, Walter Schübler, Lisa Silverman, Thomas Soxberger, Friedrich Stadler, Christian H. Stifter, Margarethe Szeless, Klaus Taschwer, Andreas Weigl, Helmut Weihsmann, Paul Weindling und Susana Zapke.

Inhaltsverzeichnis

Danksagung —— V

Einleitung —— 3
Rob McFarland, Georg Spitaler, Ingo Zechner

Über die Struktur dieses Buches —— 17

Teil I: Fundamente

1 **Verfassung, Gesetzgebung und Rechtsprechung** —— 21
Vrääth Öhner
1.1 Hans Kelsen: Die Verfassung Deutschösterreichs (1920) —— 23
1.2 Karl Kautsky: Demokratie und Demokratie (1920) —— 28
1.3 Karl Renner: Der Freistaat an der Donau (1922) —— 30
1.4 Robert Danneberg: Die deutschösterreichische Finanzverfassung (1922) —— 32
1.5 Oskar Trebitsch: Rechtsprechung und Klassenkampf (1923) —— 34
1.6 Friedrich Austerlitz: Die Mörder von Schattendorf freigesprochen! (1927) —— 37
1.7 Therese Schlesinger: Strafjustiz und Psychoanalyse (1930) —— 40

2 **Steuerpolitik** —— 45
Veronika Duma
2.1 Robert Danneberg: Die Finanzpolitik der Stadt Wien (1921–1922) —— 48
2.2 Hugo Breitner: Kapitalistische oder sozialistische Steuerpolitik (1926) —— 50
2.3 Viktor Kienböck: Grundsätze der Finanzpolitik (1927) —— 53
2.4 Anonym: Zur Steuerpolitik der Gemeinde Wien (1930) —— 55
2.5 Gabriele Proft: Nein! Aus dem Finanz- und Budgetausschuß des Nationalrates (1931) —— 56
2.6 Anonym: Im Zeichen der Sparsamkeit (1931) —— 58
2.7 Otto Bauer: Das Budgetsanierungsgesetz (1931) —— 59
2.8 Anonym: Die finanziellen Forderungen an Wien (1933) —— 62

3 **Konsum und Unterhaltung** —— 65
Marie-Noëlle Yazdanpanah
3.1 Anton Kuh: Das Soda-mit-Himbeer-Dasein (1919) —— **67**
3.2 Margarete Hilferding: Der Schleichhandel (1919) —— **68**
3.3 Ludwig Hirschfeld: Das papierene Kalb. Valutaminiaturen (1919) —— **71**
3.4 Julius Klinger: Der heilige Alltag (1923) —— **74**
3.5 György Bálint: Jazz-Band (1929) —— **76**
3.6 Neon: Revue (1929) —— **77**
3.7 Anonym: Tanz um die Welt. Die „GÖC"-Revue (1929) —— **80**
3.8 Ernst Fischer: Ich untersuche mich volkswirtschaftlich (1931) —— **81**
3.9 Anonym: Die Hausfrau wird entdeckt! (1931) —— **84**

Teil II: Weltauffassungen

4 **Empirische Sozialforschung** —— 89
Ingo Zechner
4.1 Käthe Leichter: Wohnungsverhältnisse (1928) —— **91**
4.2 Käthe Leichter: Hausarbeit (1932) —— **94**
4.3 Paul F. Lazarsfeld: Zur Berufseinstellung des jugendlichen Arbeiters (1931) —— **100**
4.4 Lotte Radermacher: Zur Sozialpsychologie des Volkshochschulhörers (1932) —— **103**
4.5 Marie Jahoda: Lebenserfüllung (1932) —— **107**
4.6 Marie Jahoda: Speisezettel und Budget (1933) —— **109**

5 **Logischer Empirismus** —— 117
Gernot Waldner
5.1 Anonym: Magie und Technik (1931) —— **119**
5.2 Philipp Frank: Über die „Anschaulichkeit" physikalischer Theorien (1928) —— **122**
5.3 Rudolf Carnap, Hans Hahn, Otto Neurath: Wissenschaftliche Weltauffassung – Der Wiener Kreis (1929) —— **124**
5.4 Rudolf Carnap: Überwindung der Metaphysik durch logische Analyse der Sprache (1931) —— **127**
5.5 Edgar Zilsel: Die geistige Situation der Zeit? (1932) —— **130**
5.6 Otto Neurath: Weltanschauung und Marxismus (1931) —— **135**
5.7 Otto Neurath: Protokollsätze (1932–1933) —— **138**

6	**Austromarxismus** —— 143	
	Vrääth Öhner	
6.1	Max Adler: Bürgerliche oder soziale Demokratie (1919) —— **145**	
6.2	Karl Renner: Was ist Klassenkampf? (1919) —— **148**	
6.3	Otto Bauer: Die österreichische Revolution (1923) —— **151**	
6.4	Hans Kelsen: Otto Bauers politische Theorien (1924) —— **154**	
6.5	Der Kampf um die Staatsmacht (aus: Programm der Sozialdemokratischen Arbeiterpartei Deutschösterreichs. Beschlossen vom Parteitag zu Linz am 3. November 1926) (1926) —— **157**	
6.6	Leo Trotzki: Die österreichische Krise, die Sozialdemokratie und der Kommunismus (1929) —— **160**	
6.7	Käthe Leichter: Die beste Abwehr (1933) —— **163**	
7	**Freudomarxismus und Individualpsychologie** —— 167	
	Rob McFarland, Nicole G. Burgoyne, Georg Vasold	
7.1	Sigmund Freud: Massenpsychologie und Ich-Analyse (1921) —— **170**	
7.2	Wilhelm Reich: Dialektischer Materialismus und Psychoanalyse (1929) —— **172**	
7.3	Siegfried Bernfeld: Sozialismus und Psychoanalyse (1926) —— **175**	
7.4	Alfred Adler: Die Bedeutung des Gemeinschaftsgefühls für die Charakterentwicklung (1927) —— **177**	
7.5	Alice Rühle-Gerstel: Marxismus und Individualpsychologie: Die revolutionäre Wissenschaft (1927) —— **180**	
7.6	Sofie Lazarsfeld: Familien- oder Gemeinschaftserziehung (1926) —— **182**	
7.7	Karl Bühler: Formwille und Funktionslust im Spiele des Kindes (1927) —— **185**	

Teil III: Zugehörigkeiten

8	**Post-Empire** —— 191	
	Kristin Kopp	
8.1	Anonym: Inland und Ausland (1918) —— **193**	
8.2	Vollzugsanweisung über die Aufhebung des Adels und gewisser Titel und Würden (1919) —— **195**	
8.3	Julius Deutsch: Das Vermögen der Habsburger (1925) —— **196**	
8.4	Alfred Polgar: Kaiserliche Möbel (1920) —— **199**	
8.5	Anonym: Deutschösterreich – Konkursmasse und Kolonie (1919) —— **202**	
8.6	Karnute: Wie soll Kärnten sich orientieren? (1919) —— **204**	

8.7	Friedrich Austerlitz: Los von Wien! (1919) —— **207**	
8.8	Anton Kuh: Wien am Gebirge (1923) —— **210**	
8.9	Otto Bauer: Drei Gruppen im Anschlußlager (1927) —— **212**	
9	**Demografie und Migration —— 217**	
	Kristin Kopp, Werner Michael Schwarz	
9.1	Anonym: Neue Richtlinien für die Einreihung der Wohnungswerber (1922) —— **219**	
9.2	Edmund W. Eichler: Die Ausländer in Wien (1924) —— **221**	
9.3	Anonym: Ausweisung der Flüchtlinge (1919) —— **224**	
9.4	Bruno Frei: Jüdisches Elend in Wien (1920) —— **228**	
9.5	Anonym: Ausländer auf unserem Arbeitsmarkt (1925) —— **230**	
9.6	Anonym: Tschechische Provokation in Wien (1920) —— **232**	
9.7	Anonym: Tschechisches Schulwesen in Wien und deutsches in der Tschechoslowakei (1926) —— **234**	
9.8	Anonym: Kerndeutsch mit einem „Háček" (1931) —— **235**	
9.9	Anonym: Zigeunerverfolgungen im „roten" Wien (1932) —— **237**	
10	**Jüdisches Leben —— 239**	
	Rob McFarland, Nicole G. Burgoyne, Gabriel Trop	
10.1	Eugen Höflich: Bolschewismus, Judentum und die Zukunft (1919) —— **243**	
10.2	Mosche Silburg: Was ich euch zu sagen habe (1920) —— **245**	
10.3	Melech Rawicz: Vorwort (aus: Nackte Lieder) (1921) —— **248**	
10.4	Anitta Müller-Cohen: Die Rückkehr der jüdischen Frau zum Judentum (1923) —— **250**	
10.5	J.L. Benvenisti: Arthur Schnitzler sagt jüdische Wiedergeburt voraus (1924) —— **253**	
10.6	Felix Salten: Neue Menschen auf alter Erde: Eine Palästinafahrt (1925) —— **255**	
10.7	Max Eisler: Vom neuen Geist der jüdischen Baukunst (1926) —— **257**	
10.8	Josef Löwenherz: Die kulturellen Aufgaben der Wiener jüdischen Gemeinde (1928) —— **260**	
10.9	Leo Goldhammer: Lebensüberdruss. Eine Mahnung an die Juden (1931) —— **263**	

Teil IV: **Neue Werte**

11 **Religion und Säkularismus** —— 267
Gabriel Trop, Rob McFarland
11.1 Religion und Kirche (aus: Programm der Sozialdemokratischen Arbeiterpartei Deutschösterreichs. Beschlossen vom Parteitag zu Linz am 3. November 1926) (1926) —— **269**
11.2 Jakob Reumann: Das Wiener Krematorium eröffnet. Trotz alledem und alledem! (1922) —— **271**
11.3 Friedrich Gustav Kardinal Piffl: Hirtenbrief (1923) —— **273**
11.4 Max Winter: Die lebende Mumie. Ein Blick in das Jahr 2025 (1929) —— **275**
11.5 Sigmund Freud: Die Zukunft einer Illusion (1927) —— **279**
11.6 Ludwig Wittgenstein: Tractatus logico-philosophicus (1921) —— **282**
11.7 Franz Werfel: Realismus und Innerlichkeit (1932) —— **284**
11.8 Otto Bauer: Religiöser Sozialismus (1927) —— **288**

12 **Die ‚neue Frau' und Frauenrechte** —— 293
Marie-Noëlle Yazdanpanah, Veronika Duma
12.1 Therese Schlesinger: Die Frauen und die Revolution (1921) —— **295**
12.2 Anonym: Massenprotest gegen den Mordparagraphen 144 (1927) —— **298**
12.3 Marianne Pollak: Vom Reifrock zum Bubikopf (1926) —— **301**
12.4 Stefan Zweig: Zutrauen zur Zukunft (1929) —— **304**
12.5 Bettina Hirsch: Die Hausfrau im Einküchenhaus (1927) —— **307**
12.6 Liesl Zerner: Die jugendliche Arbeiterin (1930) —— **309**
12.7 Käthe Leichter: Es muss nicht sein, dass... (1932) —— **312**

13 **Sexualität** —— 317
Katrin Pilz
13.1 Josef Karl Friedjung: Die geschlechtliche Aufklärung im Erziehungswerke (1924) —— **319**
13.2 Karl Kautsky Jr.: Die Eheberatung im Dienste der Wohlfahrtspflege (1925) —— **321**
13.3 Therese Schlesinger: Zur Evolution der Erotik (1923) —— **325**
13.4 Marianne Pollak: Frauenfragen auf dem Kongreß für Sexualreform (1930) —— **327**
13.5 Sofie Lazarsfeld: Angst vor der Frau (1931) —— **330**
13.6 Grete von Urbanitzky: Der wilde Garten (1927) —— **331**
13.7 Ernst Fischer: Krise der Sexualität (1931) —— **333**
13.8 Wilhelm Reich: Politisierung der Sexualfrage der Jugend (1932) —— **337**

Teil V: Gesellschaftsplanung

14	**Gesundheit und Sozialhygiene** — 343
	Birgit Nemec
14.1	Adele Bruckner: In der Tuberkulosenfürsorgestelle (1925) — 345
14.2	Alois Jalkotzy: Die Kinder klagen uns an (1925) — 347
14.3	Philipp Frankowski, Rosa Liederer: Die Kindergärten der Stadt Wien (1932) — 350
14.4	Paul Kammerer: Organische und soziale Technik (1921) — 355
14.5	Otto Neurath: Soziale Aufklärung nach Wiener Methode (1933) — 358
14.6	Margarete Hilferding: Mutterschaft (1922) — 360
14.7	Julius Tandler: Gefahren der Minderwertigkeit (1929) — 362

15	**Wohlfahrt und Fürsorge** — 369
	Katrin Pilz
15.1	Adele Bruckner: Fürsorgearbeit (1925) — 371
15.2	Heinrich Holek: Die Schmelz (1926) — 375
15.3	Julius Tandler: Sozialdemokratische Wohlfahrtspflege (1924) — 377
15.4	Karl Honay: Das neue Wien für seine Jugend (1932) — 381
15.5	Anonym: Wer ist klüger: Affe oder Kleinkind? (1930) — 384
15.6	D. R.: Wir besuchen junge Mütter (1932) — 387
15.7	August Aichhorn: Von der Fürsorgeerziehungsanstalt (1925) — 390

16	**Bildung für alle** — 395
	Marie-Noëlle Yazdanpanah
16.1	Gina Kaus: Geschlecht und Charakter in der Kinderstube (1925) — 397
16.2	Lili Roubiczek: Das Kinderhaus (1926) — 400
16.3	Otto Felix Kanitz: Klassenpädagogik I (1921) — 404
16.4	Otto Glöckel: Das Tor der Zukunft (1917) — 407
16.5	Otto Glöckel: Drillschule – Lernschule – Arbeitsschule (1928) — 410
16.6	Max Lederer: Warum fordern wir die Einheitsschule? (1919) — 412
16.7	Joseph Buttinger: Die Wiener Arbeiterhochschule (1930) — 414
16.8	Ludo Moritz Hartmann: Demokratie und Volksbildung (1919) — 416

Teil VI: **Vitalität**

17 Arbeit und Freizeit —— 423
Vrääth Öhner
17.1 Julius Braunthal: Das Achtstunden-Gesetz (1919) —— 425
17.2 Adelheid Popp: Die doppelte Bürde der Frauen (1922) —— 427
17.3 Ida Foges: Weekend. Eine neue Wiener Sitte (1922) —— 430
17.4 Anonym: Nur Zeit! Was mache ich in freien Stunden? (1929) —— 432
17.5 Ernst Fischer: Arbeitsgesinnung und Sozialismus (1931) —— 435
17.6 Marie Jahoda: Die Zeit (1933) —— 440

18 Sport und Körperkultur —— 447
Georg Spitaler
18.1 Willy Meisl: Der Sport am Scheidewege (1928) —— 449
18.2 Stephanie Endres: Rhythmus und Proletariat (1930) —— 452
18.3 Julius Deutsch: Sport und Politik (1928) —— 455
18.4 Roch: Der Meisterschaftssieg der Hakoah (1925) —— 458
18.5 Jacques Hannak: Nur ein Fußballmatch …? (1932) —— 460
18.6 Marie Deutsch-Kramer: Aufstieg (1931) —— 464
18.7 Ernst Fischer: Krise der Weltanschauung (1931) —— 466

19 Natur —— 471
Cara Tovey
19.1 Robert Winter: Der Sozialismus in der Natur (1919) —— 473
19.2 Gustav Harter: Zurück zur Natur (1923) —— 476
19.3 Gustav Müller: Die Berge und ihre Bedeutung für den Wiederaufbau des deutschen Volkes (1922) —— 479
19.4 Franz Kleinhans: Zur Frage des Arierparagraphen (1924) —— 482
19.5 Theodor Hartwig: Die politische Auswirkung unserer unpolitischen Tätigkeit (1929) —— 484
19.6 Karl Renner: Über die Naturfreunde (1931) —— 486
19.7 Anonym: Die Sonntagsflotte (1931) —— 488
19.8 Adele Jellinek: Der Erobererzug (1931) —— 489

Teil VII: **Wohnen**

20 Stadtplanung —— 495
Aleks Kudryashova, Werner Michael Schwarz
20.1   Otto Neurath: Städtebau und Proletariat (1924) —— **497**
20.2   Anonym: Mein Wolkenkratzer (1924) —— **500**
20.3   Franz Siegel: Wie baut die Gemeinde? Sonnige und gesunde Wohnungen (1924) —— **502**
20.4   Adolf Loos: Der Tag der Siedler (1921) —— **504**
20.5   Anonym: Hätte das Programm der 25.000 Volkswohnungen in Gestalt einer Gartenstadt verwirklicht werden können? (1926) —— **507**
20.6   Werner Hegemann: Kritisches zu den Wohnbauten der Stadt Wien (1926) —— **510**
20.7   Anonym: Ringstraße des Proletariats (1930) —— **512**

21 Architektur —— 517
Georg Vasold, Aleks Kudryashova
21.1   Franz Schuster, Franz Schacherl: Proletarische Architektur (1926) —— **520**
21.2   Anton Brenner: Siedlungshaus und Miethaus – Gegenseitige Beeinflussung (1928) —— **522**
21.3   Ernst Toller: In einem Wohnhaus des sozialistischen Wien (1927) —— **525**
21.4   Gustav A. Fuchs: Der Fuchsenfeldhof (1923) —— **528**
21.5   Anonym: Merkbüchlein für Mieter in den Volkswohnhäusern (1928) —— **531**
21.6   Otto Neurath: Einküchenhaus (1923) —— **532**
21.7   Adolf Loos: Das Grand-Hotel Babylon (1923) —— **536**
21.8   Josef Frank: Der Volkswohnungspalast (1926) —— **538**

22 Wohndesign —— 543
Aleks Kudryashova
22.1   Adolf Loos: Wohnen lernen! (1921) —— **546**
22.2   Hans Ankwicz-Kleehoven: Einfacher Hausrat (1920) —— **548**
22.3   Ernst Lichtblau: Ästhetik aus dem Geiste der Wirtschaft! (1923) —— **551**
22.4   Josef Frank: Der Gschnas fürs G'müt und der Gschnas als Problem (1927) —— **552**
22.5   Margarete Schütte-Lihotzky: Rationalisierung im Haushalt (1927) —— **555**
22.6   Else Hofmann: Wohn- und Arbeitsstätte eines berufstätigen Ehepaares (1929) —— **559**

22.7	Franz Schuster: Ein Möbelbuch (1932) —— **561**	
22.8	Fritz Czuczka: Zehn Gebote zur Wohnungseinrichtung (1933) —— **564**	

Teil VIII: **Kulturpolitik**

23	**Bildende Kunst —— 569**	
	Georg Vasold	
23.1	Stella Kramrisch: Sofie Korner (1920) —— **571**	
23.2	Lajos Kassák: Buch neuer Künstler (1922) —— **573**	
23.3	Leopold W. Rochowanski: Der Formwille der Zeit in der angewandten Kunst (1922) —— **577**	
23.4	Hans Tietze: Gemeindepolitik und moderne Kunst (1927) —— **580**	
23.5	Eduard Leisching: Gemeindepolitik und moderne Kunst. Eine Entgegnung (1927) —— **584**	
23.6	Josef Luitpold, Otto Rudolf Schatz: Die neue Stadt (1927) —— **587**	
23.7	Otto Pächt: Das Ende der Abbildtheorie (1930–1931) —— **589**	

24	**Neue Musik —— 695**	
	Wolfgang Fichna	
24.1	August Forstner: Die Transportarbeiter im ersten Arbeiter-Sinfoniekonzert (1928) —— **597**	
24.2	David Josef Bach: Warum haben wir keine sozialdemokratische Kunstpolitik? (1929) —— **599**	
24.3	Paul A. Pisk: Kann der Arbeiter ein inneres Verhältnis zur zeitgenössischen Musik finden? (1927) —— **603**	
24.4	Anton Webern: Der Weg zur neuen Musik (1933) —— **606**	
24.5	Elsa Bienenfeld: Schönbergs „Pierrot lunaire" (1922) —— **608**	
24.6	Theodor W. Adorno: Zum „Anbruch". Exposé (1928) —— **610**	
24.7	Anonym: Die Jungen, die Alten und wir (1928) —— **612**	

25	**Literatur —— 617**	
	Richard Lambert, Gernot Waldner	
25.1	Rudolf Brunngraber: Die größtmögliche Ordnung (1933) —— **619**	
25.2	Hermynia zur Mühlen: Die Bundesgenossin (1924) —— **620**	
25.3	Else Feldmann: Löwenzahn – Eine Kindheit (1921) —— **623**	
25.4	Anton Kuh: Bettauer (1925) —— **624**	
25.5	Joe Lederer: Tippmamsell (1925) —— **627**	
25.6	Josef Luitpold: Die Rückkehr des Prometheus (1927) —— **628**	
25.7	Josef Weinheber: Der Auflauf (1935) —— **630**	
25.8	Stefan Zweig: Reise nach Rußland (1928) —— **631**	

25.9	Ernst Fischer: Der Mann ohne Eigenschaften (1930) —— **634**	
25.10	Hermann Broch: Die unbekannte Größe (1933) —— **636**	

26 **Theater** —— **641**
Richard Lambert

26.1	David Josef Bach: Die Kunststelle (1923) —— **643**	
26.2	Ingenieure der Werkstatt für Massenform: Theater der Zukunft (1924) —— **645**	
26.3	Gina Kaus: Toni: Eine Schulmädchen-Komödie in zehn Bildern (1927) —— **648**	
26.4	Elisa Karau: Zur Sprechchorbewegung (1927) —— **650**	
26.5	Ernst Fischer: Rotes Requiem (1927) —— **652**	
26.6	Oscar Pollak: Warum haben wir keine sozialdemokratische Kunstpolitik? (1929) —— **656**	
26.7	Jura Soyfer: Politisches Theater (1932) —— **659**	
26.8	Neon: Agitationstheater (1929) —— **661**	
26.9	Rudolf Holzer: Das erneuerte Theater in der Josefstadt unter Führung Max Reinhardts (1924) —— **662**	
26.10	Ödön von Horváth: Geschichten aus dem Wiener Wald (1931) —— **664**	

Teil IX: **Massenmedien**

27 **Film und Fotografie** —— **669**
Joachim Schätz

27.1	Siegfried Weyr: Das Photo als Kampfmittel (1931) —— **671**	
27.2	Fritz Rosenfeld: Sozialdemokratische Kinopolitik (1929) —— **673**	
27.3	Hugo Huppert: Noch einmal Kulturfilm (1927) —— **677**	
27.4	Béla Balázs: Masse (1926) —— **679**	
27.5	Max Frankenstein: Der Markt der Massen … (1925) —— **682**	
27.6	Wolfgang Born: Photographische Weltanschauung (1929) —— **684**	
27.7	Lothar Rübelt: Die Arbeit des Sportphotographen (1926) —— **687**	

28 **Zeitungen und Rundfunk** —— **691**
Erik Born, Richard Lambert

28.1	Alfred Polgar: Geistiges Leben in Wien (1920) —— **692**	
28.2	Karl Kraus: Nachträgliche Republikfeier (1926) —— **696**	
28.3	Friedrich Austerlitz: Der wahre Kraus (1926) —— **699**	
28.4	Oscar Pollak: Probleme der „Pause" (1929) —— **701**	
28.5	Anonym: So entsteht der „Kuckuck" (1930) —— **703**	
28.6	Anonym: Radiofreiheit! (1924) —— **705**	

28.7	Fritz Rosenfeld: Der Rundfunk und das gute Gewissen (1932) —— **708**	
28.8	Anonym: Die Hörerbefragung der RAVAG (1932) —— **710**	
28.9	Eugenie Schwarzwald: Die prophezeite RAVAG (1934) —— **713**	

Teil X: **Internationaler Austausch**

29	**Amerikanismus** —— **719**	
	Rob McFarland	
29.1	Helene Scheu-Riesz: Kultur im Werden (1925) —— **722**	
29.2	Stefan Zweig: Die Monotonisierung der Welt (1925) —— **724**	
29.3	Felix Salten: Die Monotonisierung der Welt? (1925) —— **728**	
29.4	Ann Tizia Leitich: Ein Wort für Amerika: Noch einmal „Monotonisierung der Welt" (1925) —— **730**	
29.5	Otto Bauer: Fehlrationalisierung (1931) —— **734**	
29.6	Anna Nußbaum: Afrika singt (1929) —— **737**	

30	**Internationale Resonanz** —— **741**	
	Werner Michael Schwarz	
30.1	Erwin Zucker: Wien – Moskau: zwei Städte – zwei Welten (1932) —— **743**	
30.2	Günter Hirschel-Protsch: Die Gemeindebauten der Stadt Wien (1926) —— **744**	
30.3	Heinrich Peter: Der internationale Wohnungs- und Städtebaukongress 1926 in Wien (1927) —— **746**	
30.4	Hermann Tobler: Lernschule oder helfende Schule? (1924) —— **748**	
30.5	Solita Solano: Wien – Hauptstadt ohne Nation (1923) —— **749**	
30.6	J. Alexander Mahan: Dunkle Stunden und der Anbruch der Gegenwart (1928) —— **753**	
30.7	Louis H. Pink: Wien übertrifft alles (1928) —— **755**	
30.8	Anonym: Nochmal Europa. Wien: Die Morgendämmerung (1929) —— **756**	
30.9	Edward L. Schaub: Wiens sozialistisches Wohnbauexperiment (1930) —— **759**	
30.10	Charles O. Hardy: Das Wohnbauprogramm der Stadt Wien (1934) —— **761**	
30.11	John Gunther: Donau-Blues (1936) —— **763**	

Teil XI: **Reaktion**

31 **Antisemitismus** —— **767**
Nicole G. Burgoyne, Vrääth Öhner
31.1 Joseph Eberle: Die Judenfrage (1919) —— **769**
31.2 Jacques Hannak: Das Judentum am Scheidewege (1919) —— **771**
31.3 Anonym: Die Judenfrage in der Nationalversammlung (1920) —— **774**
31.4 Hugo Bettauer: Haben Sie schon gelesen? „Die Stadt ohne Juden". Ein Roman von übermorgen (1922) —— **777**
31.5 Joseph Roth: Die westlichen Ghettos. Wien (1927) —— **779**
31.6 Felix Salten: Unmögliche Wahl! Brief an unseren Chefredakteur (1927) —— **783**
31.7 Irene Harand: Partei oder Vaterland? (1933) —— **785**

32 **Das Schwarze Wien** —— **791**
Wolfgang Fichna, Azadeh Yamini-Hamedani
32.1 Karl Renner: Die christlichsoziale Partei und ihr veränderter Charakter (1923) —— **793**
32.2 Ignaz Seipel: Die große Linie der geistigen Entwicklung unserer Zeit (1926) —— **796**
32.3 Joseph Eberle: De Profundis (1921) —— **799**
32.4 Othmar Spann: Zusammenfassende Betrachtungen der inneren Richtung und des politischen Ideengehaltes unseres Zeitalters (1931) —— **802**
32.5 Max Adler: Zur Kritik der Soziologie Othmar Spanns (1927) —— **805**
32.6 Alfred Missong: Die Welt des Proletariats. Psychologische Betrachtungen (1931) —— **808**
32.7 Heinrich Srbik: Der historische Gehalt der Österreichischen Porträtausstellung (1927) —— **811**
32.8 Anton Kuh: Pimperlheroismus (1922) —— **813**

33 **Das Braune Wien** —— **817**
Vrääth Öhner
33.1 Walter Riehl: Nationaler oder internationaler Sozialismus? (1923) —— **819**
33.2 Anonym: Remarque in ganz Oesterreich endgültig verboten! (1931) —— **822**
33.3 Fritz Brügel: Nationalsozialistische Ideologie (1931) —— **824**
33.4 Alfred Eduard Frauenfeld: Das Volk will es! (1932) —— **829**
33.5 Otto Bauer: Der 24. April (1932) —— **832**
33.6 Dr. Otto: Psychopathologie des Nationalsozialismus (1933) —— **835**

Teil XII: **Macht**

34 Wahlen und Wahlkämpfe — 841
Werner Michael Schwarz
34.1 Anonym: Die Bildergalerie auf der Straße (1919) — **843**
34.2 Eine Kundgebung des geistigen Wien (1927) — **844**
34.3 Anonym: An alle arbeitenden Juden! Jüdische Wähler und Wählerinnen! (1927) — **847**
34.4 Robert Danneberg: Die Partei (1928) — **850**
34.5 Joh. H.: Wen sollen wir wählen? (1930) — **852**
34.6 Anonym: Der steinerne Wahlaufruf! (1930) — **855**
34.7 Alois Jalkotzy: Auf die Frauen kommt es an! (1932) — **857**
34.8 Anonym: Tragt die Drei Pfeile! Das neue Kampfzeichen (1932) — **859**
34.9 Anonym: Tragt das Blaue Hemd der Sozialistischen Jungfront! (1932) — **860**
34.10 Stal: Von 1000 Pionieren 3 (1932) — **860**

35 Kommunikation und Propaganda — 865
Alicia Roy
35.1 Anonym: Zehn Jahre neues Wien (1929) — **867**
35.2 Leopold Thaller: Bildungsmittel und Propaganda im Wahlkampf (1930) — **870**
35.3 Otto Neurath: Jungfrontagitation und Bildungsarbeit (1932) — **873**
35.4 Paula Nowotny: Briefwechsel zwischen Stadt und Land (1931) — **876**
35.5 Anton Kuh: Der Aufmarsch der Arbeit (1923) — **877**
35.6 Otto Felix Kanitz, Stephanie Endres: Bildungs- und Erziehungsaufgaben der Arbeitersportverbände (1932) — **879**
35.7 M.N.: Das Kino der Zehntausend (1923) — **884**
35.8 Anonym: Sozialfaschistische Verschleierungsfilme (1930) — **885**

36 Politische Gewalt — 889
Ingo Zechner
36.1 Anonym: Der Tag der Republik. Blutige Störung der Massenkundgebung (1918) — **891**
36.2 Georg Lukács: Der Staat als Waffe (1924) — **894**
36.3 Zsigmond Kunfi: Der 15. Juli und seine Lehren (1927) — **897**
36.4 Walter Heinrich: Korneuburger Eid (1930) — **902**
36.5 Otto Bauer: Der Aufstand der österreichischen Arbeiter (1934) — **903**
36.6 Hans Kelsen: Verteidigung der Demokratie (1932) — **908**

Das Rote Wien – Zeittafel —— 913

Literatur —— 921

Autorinnen und Autoren —— 931

Rechtenachweis —— 935

Sachregister —— 939

Personenregister —— 947

Eine utopische Vision Wiens im Jahr 2032. Filmstill des sozialdemokratischen Wahlwerbefilms *Die vom 17er Haus* (Regie: Artur Berger), 1932. (Filmarchiv Austria/Allianz Film-Fabrikations- und Vertriebsgesellschaft mbH i. L.)

Einleitung

Rob McFarland, Georg Spitaler, Ingo Zechner

Am 20. April 1927 erschien auf dem Titelblatt der sozialdemokratischen *Arbeiter-Zeitung* ein Appell, zu den Wahlen zu gehen, direkt darunter ein Aufruf mit dem Titel *Eine Kundgebung des geistigen Wien* und dem Untertitel „Ein Zeugnis für die große soziale und kulturelle Leistung der Wiener Gemeinde".[1] Zwar heißt es in der Erklärung, der „geistig wirkende Mensch" könne sich keinem politischen Dogma beugen, doch anschließend wird festgehalten, es wäre „ein wahres Versäumnis, wenn man im Abwehrkampf gegen Steuerlasten die große soziale und kulturelle Leistung der Wiener Stadtverwaltung übersähe. Diese große und fruchtbare Leistung, welche die Bedürftigen leiblich betreut, die Jugend nach den besten Prinzipien erzieht und entwickelt […], dieses überpolitische Werk möchten gerade wir erhalten und gefördert wissen".[2]

Der Aufruf hatte zahlreiche Unterzeichnerinnen und Unterzeichner, darunter berühmte Namen aus dem Bereich der Psychologie (Sigmund Freud, Karl Bühler, Alfred Adler), der Rechtswissenschaft (Hans Kelsen), der Literatur (Robert Musil, Franz Werfel, Alfred Polgar), der Musik (Alma Mahler, Anton Webern), der bildenden Kunst (Franz Čižek, Anton Hanak), der Architektur (Ernst Lichtblau, Oskar Strnad), dazu Ökonomen, Theaterdirektoren, Professoren, Vertreterinnen der Frauenbewegung und andere Prominente aus Wiens Intellektuellen- und Künstlerszene.

Als der Aufruf 1927 erschien, befand sich Wien seit einem knappen Jahrzehnt inmitten eines einzigartigen Experiments des demokratischen Sozialismus. Zwar gab es in den 1920er und frühen 1930er Jahren auch andere zeitweise sozialdemokratisch regierte deutschsprachige Städte und Regionen. Das *Rote Wien*, als seit 1919 durchgehend von der Sozialdemokratischen Arbeiterpartei (SDAP) regierte Stadt, war jedoch schon bald von einem abwertenden Kampfbegriff zu einer mit Stolz verwendeten Formel geworden.

Nach der Niederlage des Deutschen Reichs und der Habsburgermonarchie im Ersten Weltkrieg hatte sich die Konstituierung eines demokratischen deutschen Nationalstaats zunächst unter Aufsicht der Entente vollzogen. Viele Österreicherinnen und Österreicher aus allen politischen Lagern setzten anfangs auf den Beitritt ihres deutschsprachigen Rumpfstaats, der vom auseinandergefallenen Habsburgerreich übrig war, als südöstlicher Teil zu der neuen Deutschen Republik. Aus Angst vor einem mächtigen, vereinten Großdeutschland hatten die Alliierten jedoch den sogenannten Anschluss untersagt. Stattdessen blieb es bei jener kleinen, kleinstädtisch

---

[1] Eine Kundgebung des geistigen Wien, in: *Arbeiter-Zeitung*, 20. April 1927, S. 1. (Vgl. Kapitel 34)
[2] Ebd.

und ländlich geprägten Alpenrepublik, deren überdimensioniertes Zentrum, die alte Reichshauptstadt Wien, nun von den ungarischen, böhmischen, galizischen und italienischen Teilen des zerfallenen Reichs abgeschnitten war. Die Republik *Deutschösterreich* musste sogar das Deutsch aus ihrem Namen streichen.

Die offizielle Geschichte des Roten Wien beginnt mit der Gemeinderatswahl vom 4. Mai 1919, die der SDAP bei der ersten nach allgemeinem gleichen Männer- und Frauenwahlrecht abgehaltenen Wahl die absolute Mehrheit in Wien brachte.[3] Seine inoffizielle Geschichte beginnt mit der Ausrufung der Republik Deutschösterreich am 12. November 1918. Beim Festakt auf der Rampe des österreichischen Parlaments hatten sich revolutionäre Marxisten auf den Parlamentsdiener gestürzt und den weißen Mittelstreifen aus der rot-weiß-roten Fahne der Republik gerissen. Vom Staatsrat in Auftrag gegebene Filmaufnahmen der staatlichen Filmstelle zeigen eine aus zwei Teilen zusammengeknotete rote Fahne, die hoch über den Köpfen der Parlamentarier weht. Inmitten der versammelten Menschenmenge ist ein Transparent zu sehen: „Hoch die sozialistische Republik". Es steht für jene Republik, die nicht ausgerufen wurde.

Die zerrissene und notdürftig zusammengeknotete Fahne steht für jene zwei Revolutionen, die fortan bis zu ihrer Niederlage im Bürgerkrieg des Jahres 1934 die Geschicke der österreichischen Sozialdemokratie bestimmen sollten: die vollzogene Revolution und die aufgeschobene Revolution. Die erste Revolution war im Inneren des Parlaments, noch vor dem Festakt vollzogen worden, als die Provisorische Nationalversammlung das *Gesetz über die Staats- und Regierungsform Deutsch-Österreichs* beschloss. Die Sozialdemokraten wurden zu Recht nicht müde zu betonen, dass es sich dabei um einen revolutionären Akt gehandelt hatte, der im radikalen Bruch mit der Verfassung der Monarchie bestand. Die zweite Revolution war die einer Machtergreifung des Sozialismus, die in den Augen seiner reaktionären Gegner permanent drohte, in jenen der revolutionären Marxisten aber verraten worden war. Die Sozialdemokraten bemühten sich fortan darum, ihre Kritiker von rechts und links abwechselnd damit zu beschwichtigen, dass die Revolution entweder schon vollzogen oder nur aufgeschoben sei. Beiden gegenüber stellten sie jedoch unmissverständlich klar, dass es sich in jedem Fall um eine demokratische Revolution handelte und dass Gewalt nur als Ultima Ratio infrage käme, wenn der demokratische Prozess als solcher gefährdet wäre.

Formal und inhaltlich war die Revolution von 1918 eine genuin bürgerliche, getragen von einem Zweckbündnis der Arbeiterschaft mit den intellektuellen Eliten der Sozialdemokratie. Zu Recht hat Anson Rabinbach (1989: 7) in seiner grundlegenden Studie zur Geschichte der Sozialdemokratie im Roten Wien darauf hingewiesen,

---

3 Der Gemeinderat ist ein gewähltes Legislativorgan. Die Exekutive wurde bis 1920 vom Stadtrat (als Kollegialorgan) gebildet, danach vom Stadtsenat, der aus einer Anzahl gewählter amtsführender und nicht amtsführender Stadträte bestand.

dass die SDAP in Österreich mit ihren Bildungsidealen und dem Kampf um den „konstitutionellen Staat" schon in der Monarchie zum Akteur einer nachholenden Aufklärung geworden war und als „Nachvollzieher des österreichischen Liberalismus" auftrat (ebd.). Die Ereignisse von 1776, 1789, 1830 und 1848 hatten die feudale Ordnung in Österreich nur zum Teil ins Wanken gebracht, nun holten die Architekten der Revolution von 1918 vieles nach. Gegen den gewaltsamen Widerstand von links und rechts glaubten führende Sozialdemokratinnen und Sozialdemokraten an eine Version des Marxismus als machtvoller sozialistischer Bewegung, die auf dem Boden des Rechts und der demokratischen Institutionen des bürgerlichen Staats agieren könne. Der führende austromarxistische Theoretiker und SDAP-Politiker Otto Bauer hatte als Mittel zur Überwindung des von ihm diagnostizierten „Gleichgewichts der Klassenkräfte" nicht das Rätemodell, das sich nach dem Krieg zeitweise in München oder Ungarn etabliert hatte, sondern den Sieg an der Wahlurne gesehen, die „dreihunderttausend Stimmen, die wir der Gesamtheit der Bürgerlichen abnehmen müssen" um die Macht im Staat zu erlangen.[4]

Auf Bundesebene verloren die Sozialdemokraten schon bald ihre 1919 errungene Mehrheit, und der Rest des Landes wurde ab 1920 von christlich-konservativen Kräften regiert. Getragen von der erstarkenden Arbeiterschaft stützte sich die SDAP in Wien jedoch auf eine stabile Mehrheit der städtischen Wählerschaft. Das Rote Wien wurde so zum Modell jener Republik, in der beide Revolutionen des Jahres 1918 vollständig vollzogen wären. Trotz galoppierender Inflation, harter Sparmaßnahmen, die vom Völkerbund auferlegt wurden, und wütender Angriffe durch die politischen Gegner machten die Sozialdemokraten Wien zum Versuchsfeld und Aushängeschild ihres politisches Programms und übernahmen die Verwaltung der Stadt – und später des Bundeslands – Wien, in dem mehr als ein Viertel der österreichischen Gesamtbevölkerung lebte. Den Höhepunkt der politischen Unterstützung der Wiener Wählerinnen und Wähler erlangte die SDAP 1927, als sie bei der Landtags- und Gemeinderatswahl 60,3 Prozent der Stimmen erzielte. Ihre Gegner hatten sich bei dieser Wahl zu einer von den Christlichsozialen angeführten antimarxistischen „Einheitsliste" zusammengeschlossen, die auch nationalsozialistische Kandidaten beinhaltete. Dies war ein entscheidender Auslöser für den eingangs zitierten Wahlaufruf der führenden Intellektuellen Wiens. Nicht die bedingungslose Unterstützung der Sozialdemokratie, die Ablehnung der reaktionären, von Antisemitismus und anderen Ressentiments getragene Politik ihrer vereinten Gegner schweißte die Intellektuellen zusammen.

Neben der hohen Zustimmung bei Wahlen, die bis zu der letzten freien Landtags- und Gemeinderatswahl 1932 anhielt, als die Partei trotz bedrohlicher Gewinne der Nationalsozialisten immer noch 59 Prozent der Stimmen erreichte, stützten sich

---
4 Protokoll des Parteitages 1923, in: Otto Bauer: *Werkausgabe*, Bd. 5, Wien: Europa Verlag 1978, S. 304.

die Sozialdemokraten in Wien auf eine enorm breite Parteibasis. Die SDAP verfügte 1930 in Wien bei einer Bevölkerungszahl von ca. 1.900.000 über mehr als 400.000 Mitglieder (Holtmann 1996: 150). Dazu kamen zahlreiche zivilgesellschaftliche Vorfeldorganisationen im Bereich von Bildung, Sport und Freizeit, etwa der Touristenklub Naturfreunde oder der Arbeiterbund für Sport und Körperkultur in Österreich (ASKÖ). Erst die antidemokratische Entschlossenheit und Gewaltbereitschaft der reaktionären Gegner ließ das Rote Wien in den Jahren 1933/34 schließlich scheitern.

Als politisches Projekt verband das Rote Wien aufklärerische Modelle mit diskursiven Strategien, die auf die Formierung einer politischen Massenbewegung durch politische Gefühle und politisch-kulturelle Ästhetik setzten (Maderthaner 2017: 208–209)[5] und in ihrer Artikulation politischer Antagonismen auch linkspopulistische Züge trugen. Beispiel dafür ist die Steuergesetzgebung, deren Möglichkeiten sich durch den in der Bundesverfassung von 1920 eingeführten und 1922 umgesetzten Status Wiens als eigenes Bundesland erweiterten. Ironischerweise war es nicht der von der Sozialdemokratie bevorzugte Zentralismus, sondern der Föderalismus, der die rechtliche und finanzielle Grundlage für das Rote Wien schuf. Das nach dem Finanzstadtrat Hugo Breitner benannte Bündel neuer städtischer Steuern („Breitner-Steuern") zielte auf eine „Umschichtung der Steuerlasten […] von Massen- zu Besitzsteuern" ab (Eigner 2019: 47–48). Sowohl in ihrer symbolischen Bedeutung als auch als reale Einnahmequelle hervorzuheben sind Luxussteuern wie die auf Theater, Konzerte, Kinos und Sportveranstaltungen eingehobene *Lustbarkeitsabgabe* oder die 1923 eingeführte zweckgebundene progressive *Wohnbausteuer*, die auf Mietobjekte eingehoben wurde und rund 40 Prozent der Baukosten für das Wohnbauprogramm der Stadt deckte (ebd.: 45). Entscheidender Faktor der Wohnbausteuer war ihre Staffelung: Während Kleinwohnungen niedrig besteuert wurden, erbrachten die teuersten 0,5 Prozent der Mietobjekte fast die Hälfte des Gesamtsteueraufkommens. Luxussteuern und Wohnbausteuer wurden in den erbittert geführten Wahlkämpfen zum Gegenstand politischer Auseinandersetzung und von der Sozialdemokratie als Beleg für den Kampf des Roten Wien gegen Kapital und alte Ordnung angeführt. Anders als es die polemisch geführten Debatten um die Breitner-Steuern nahelegen würden, lag die Steuerlast in Wien insgesamt jedoch nicht höher als vor dem Ersten Weltkrieg. Im Hinblick auf die Besteuerung der Besitzenden „übertünchte radikale Rhetorik eine mildere Praxis" (ebd.: 48). Der originelle ökonomische Ansatz des Roten Wien bestand darin, Luxuskonsum nicht wie im orthodoxen Marxismus zu verwerfen, sondern ihn gezielt zu besteuern und damit den Reichtum zur Quelle der Wohlfahrt der Massen zu machen. Mit dem Durch-

---

[5] Für eine Emotionsgeschichte der deutschen Arbeiterbewegung vgl. z. B. Hake (2017), für eine affekttheoretische Analyse der sozialdemokratischen Frauenzeitschrift *Die Unzufriedene* im Roten Wien vgl. Bargetz (2019).

schlagen der Weltwirtschaftskrise von 1929 und der Beschneidung der finanziellen Bundesmittel für das Land Wien durch das von der Bundesregierung durchgesetzte Finanzausgleichsgesetz (1931) verringerten sich die Einnahmequellen und der fiskalische Spielraum der Stadt entscheidend. Die Wirtschaftskrise machte deutlich, wie eng das sozialdemokratische Gegenmodell an jenes kapitalistische Finanz- und Wirtschaftssystem gekoppelt war, das es offen bekämpfte. Die Abhängigkeit von den herrschenden Produktionsverhältnissen bildete gemeinsam mit der unvollständig vollzogenen Revolution einen der Hauptkritikpunkte der zeitgenössischen Kritik von links.

Neben ihrem strikten Festhalten an der Demokratie als Grundlage einer neuen sozialistischen Gesellschaftsordnung waren die Protagonistinnen und Protagonisten des Roten Wien davon überzeugt, dass politisches Handeln auf der Basis von sorgsam erhobenen wissenschaftlichen Fakten erfolgen sollte. Zu diesem Zweck förderte und nutzte die Sozialdemokratie eine Reihe von Einrichtungen, die wegweisende wissenschaftliche Leistungen mit politischem Engagement verbanden – von Käthe Leichters Referat für Frauenarbeit der Arbeiterkammer über Paul F. Lazarsfelds Österreichische Wirtschaftspsychologische Forschungsstelle bis zu Otto Neuraths Gesellschafts- und Wirtschaftsmuseum und seiner Wiener Methode der Bildstatistik. Otto Glöckel arbeitete in Wien an der Umsetzung demokratischer Schulreformen, Käthe Leichter, Marie Jahoda und Paul F. Lazarsfeld entwickelten neue Methoden der empirischen Sozialforschung. Es war ein bestimmtes intellektuelles Klima, ein gemeinsames Interesse an unterschiedlichen Formen moderner Rationalität, das viele politische, wissenschaftliche und kulturelle Akteure und Akteurinnen miteinander teilten und das Gruppen und Strömungen miteinander verband, die bei genauem Hinsehen mehr als den Umstand miteinander gemeinsam hatten, in ein und derselben Stadt zu koexistieren.

Das Rote Wien als Zweite Wiener Moderne

Die wenigsten Unterzeichnerinnen und Unterzeichner der *Kundgebung des geistigen Wien* waren überzeugte Sozialdemokraten. Die meisten Namen galten als Inbegriff des Wiener Bürgertums, und einige von ihnen – wie Sigmund Freud, Alma Mahler, Alfred Adler oder der Otto-Wagner-Schüler Ernst Lichtblau – standen davor im Zentrum jener oft mythologisierten Glanzperiode Wiens, die seit Carl E. Schorskes begriffsprägender Studie (1982) als Wiener *Fin-de-Siècle* – Wien um 1900 – berühmt geworden ist. Diese Ära wurde auch als *Wiener Moderne* bezeichnet, als produktive und kreative Epoche, die mit dem Bau der Ringstraße in den Jahrzehnten nach 1865 begann und ihr apokalyptisches Ende mit dem Ersten Weltkrieg und dem Zerfall der Monarchie fand (Wunberg, Braakenburg 1981). Doch obwohl der Architekt und Stadtplaner Otto Wagner, wie Kaiser Franz Joseph, vor dem Ende des Habsburgerreichs starb und auch andere führende Persönlichkeiten der klassischen Wiener Moderne – wie der Autor Peter Altenberg oder die Maler Gustav Klimt und Egon Schiele – den Beginn des Roten Wien nicht erlebten, setzten andere ihre kreativen, Konventionen sprengenden und visionären Experimente unter neuen Bedingungen fort. Die Philosophen des Wiener Kreises formierten sich ab den 1920er Jahren zu einer Bewegung. Sigmund Freud veröffentlichte in den Jahren nach dem Ersten Weltkrieg einige seiner wichtigsten und einflussreichsten Werke, darunter *Das Unheimliche*, *Jenseits des Lustprinzips*, *Massenpsychologie und Ich-Analyse*, *Das Ich und das Es*, *Die Zukunft einer Illusion* oder *Das Unbehagen in der Kultur*. Arthur Schnitzlers *Fräulein Else* und die *Traumnovelle* erschienen 1924 bzw. 1925. Die Meilensteine des Roten Wien wurden auch von der alten Garde der Wiener Moderne zur Kenntnis genommen. Auch wenn etwa Schnitzlers *Traumnovelle*, mit ihren Kutschenfahrten und der fetischartigen Verwendung von Symbolen des Adels und Klerus, meist als spätes Beispiel für die Kultur des Fin-de-Siècle verstanden wird, arbeitet die Hauptfigur als Arzt in einem modernen Spital, das recht genau den sozialdemokratischen Vorstellungen von Hygiene, Gesundheit und Wohlfahrtspolitik entspricht – jenen Projekten, die auch in der *Kundgebung des geistigen Wien* gepriesen werden.

In diesem Band wollen wir zeigen, dass die transformativen Ideen, die zwischen 1919 und 1934 in Wien entstanden, kein Abglanz der vorangegangenen goldenen Ära, sondern Antworten auf neue Fragen in einer radikal veränderten Welt waren. Die neuen Konzepte, Methoden und Werke waren Teil eines intellektuellen, ästhetischen und politischen Laboratoriums, dessen Freiräume von der Politik des Roten Wien geschaffen und gewährleistet wurden. Das Rote Wien ist weit mehr als ein Synonym für die sozialdemokratische Stadtverwaltung, es ist eine Epoche, in der sich ein gesamtes intellektuelles Koordinatensystem verschoben hat: vom Individuum zur Gesellschaft, von der individuellen Psyche zu jener der Massen, vom Körper des Einzelnen zum sozialen Körper, vom Begehren zum Bedürfnis, von einer vertikalen zu einer horizontalen Ordnung. In diesem Sinne sprechen wir vom Roten Wien als von der Epoche der Zweiten Wiener Moderne.

Als Epoche umfasst diese Zweite Wiener Moderne mehr als eine Reihe von künstlerischen Meisterwerken und wissenschaftlichen Errungenschaften. Gerade wegen seiner politischen und humanistischen Grundlagen kann das Rote Wien heute als neu zu entdeckendes Modell dienen, das für Strategien städtischer ökonomischer Krisenbewältigung, der Re-Demokratisierung urbanen Raums oder die Frage der Wohnbaupolitik als Vorbild und Vergleichsfolie herangezogen werden kann: Wie baut man eine Stadt ohne Slums und Ghettos, wie gewährleistet man Gesundheitsversorgung für alle, wie schafft man ein sozial durchlässiges Bildungssystem? Dies sind heutige Fragen als ferne Echos aus einer Zeit, in der politischer Gestaltungswille und Aufklärung eine fragile Allianz eingingen.

Die architektonischen Erben Otto Wagners verwendeten ihr planerisches Können, um sich des öffentlichen Wohnbaus anzunehmen. In der bildenden Kunst galten Leidenschaft und Einsatz von Franz Čižek, dem Gründer der Wiener Schule des Kinetismus, nicht zuletzt der Entwicklung einer Kunsterziehungsbewegung, die das kreative Potenzial und den künstlerischen Ausdruck von Kindern fördern sollte, um auf diese Weise zur Veränderung ihrer unmittelbaren Lebenswelt beizutragen. Der Komponist Anton Webern arbeitete weiter an den Grundlagen der musikalischen Avantgarde des 20. Jahrhunderts, doch er verbrachte viele seiner Abende als Dirigent von Arbeiter-Sinfonie-Konzerten, in denen er die Musik von Mahler und Schoenberg den Massen näherbrachte. Alfred Adler richtete das Interesse der Psychologie auf die Macht der Gemeinschaft, Alice Rühle-Gerstel und Siegfried Bernfeld verbanden die Freud'sche Psychoanalyse mit marxistischem Denken. Wilhelm Reich und andere Wiener Freud-Schülerinnen und -Schüler gründeten ihre eigenen therapeutischen Richtungen, die vielfach das Verhältnis von Individuum und Gruppe ins Zentrum stellten.

Im kulturellen Paradigma des Roten Wien war es nicht das exzeptionelle Gemälde, das gewagte Stück Literatur oder das extravagante Avantgarde-Tanzstück, das als Ausdruck für kreative Leistung ganz für sich selbst stand. Stattdessen galt der Zugang zu Bildung und Kultur für alle als höchstes Ziel. Zwar gab es in der sozialdemokratischen Kulturpolitik auch Beispiele für marxistischen Dogmatismus, doch geht die kulturelle Leistung des Roten Wien weit über Agitprop, pathetische Sprechchöre, Massenübungen und pädagogische Filme hinaus, weil Kunst nicht als spezifische Ausdrucksform, sondern als Teil des sozialen Lebens verstanden wurde. Es gab einen beständigen Konflikt zwischen dem Festhalten an bürgerlichen Bildungsidealen, den Verheißungen der Konsumkultur und dem avantgardistischen Bruch mit beiden. Dem Ziel einer Eroberung bürgerlicher Kultureinrichtungen durch die Arbeiterklasse standen das Kino, der Tanzsalon und andere Orte der Populärkultur gegenüber, die längst die Herzen der Massen erobert hatten.

Gerade weil das Rote Wien – auch zum eigenen Nachteil – den demokratischen Pluralismus verteidigte, wurde die Stadt zu einem vielfältigen Experimentierfeld für zahllose Talente, das viele kreative Köpfe anzog. Der junge Theodor W. Adorno kam nach Wien, um hier bei Alban Berg Komposition zu studieren. Max Reinhardt übersiedelte mit seinem Ensemble 1924 aus Berlin ans Wiener Theater in der Josefstadt, wo er bis 1933 blieb. Marlene Dietrich und Hedy Lamarr feierten erste Erfolge in Filmen, die in Wiener Studios gedreht wurden. Der aus Wien gebürtige Regisseur Fritz Lang hielt 1924 bei der *Kinoreformtagung* einen Vortrag zum Thema „Filmdrama als Kunsttypus".

So verfügt auch das Rote Wien über herausragende Werke, deren Schöpferinnen und Schöpfer sich nicht auf die erste Generation der Wiener Moderne beschränkten: Robert Musils *Mann ohne Eigenschaften* (1930) ist ein Meilenstein der Literatur der Moderne. Oskar Kokoschkas Gemälde *Wien, vom Wilhelminenberg gesehen* (1931) hat das Bildungs- und Wohlfahrtsprogramm des Roten Wien verewigt. Ödön von Horváths *Geschichten aus dem Wiener Wald* (1931) sind die ernüchternde Realitätsprüfung für alle Hoffnungen auf sozialen Fortschritt. Der Film *Die vom 17er Haus* (1932) liefert ein utopisches Gegenstück zu den dystopischen Wolkenkratzern in Fritz Langs *Metropolis* (1927), dessen berühmte Moloch-Szenen, die in den Rehbergen des Berliner Wedding entstanden, ihre Entsprechung in den Massenszenen des Films *Sodom und Gomorrha* finden, der 1922 am Wiener Laaer Berg gedreht wurde. Gina Kaus' Drama *Toni: Eine Schulmädchenkomödie* (1927) beleuchtet den eingeschränkten weiblichen Handlungsspielraum mit schelmischem, boshaftem und modernem Humor. Vor allem aber ist es das Wohnbauprogramm des Roten Wien, wie Eve Blau (2014) überzeugend argumentiert hat, das sowohl in seinem Umfang als auch in seiner Formenvielfalt einen fixen Bestandteil des Kanons internationaler Architektur des 20. Jahrhunderts bildet. Oft für seine Verwendung traditioneller Baustoffe und Formen kritisiert, bleibt es als radikaler Funktionalismus zu entdecken, der sich nicht in symbolischen Formen erschöpft.

Ein weiterer Aspekt des Roten Wien unterscheidet seine Werke von früheren Epochen: Viele der bedeutendsten Beiträge aus dem Bereich von Kunst, Forschung, Journalismus, Literatur und Politik stammten von Frauen – innerhalb und außerhalb der sozialdemokratischen Partei –, von der Frauenpolitikerin Therese Schlesinger über die Künstlerin und Grafikerin Erika Giovanna Klien bis zur Reformpädagogin Eugenie Schwarzwald und der Psychologin Charlotte Bühler. Als Fortsetzung der Wiener Moderne der Jahrhundertwende, gebündelt durch das Prisma sozialdemokratischer Ideen, steht das Rote Wien so für einen ausgesprochen produktiven und spannungsgeladenen Moment der Geschichte.

Politische und wissenschaftliche Rezeptionsgeschichten

Das Rote Wien endete mit dem gescheiterten Arbeiteraufstand 1934 gegen die autoritäre Regierung Dollfuß, die 1933 das österreichische Parlament ausgeschaltet hatte. Nach den traumatischen Brüchen des Austrofaschismus und vor allem dem nationalsozialistischen Terror 1938 bis 1945 übernahm die Sozialistische Partei Österreichs (SPÖ) als Nachfolgepartei der SDAP in Wien 1945 wieder die Stadtregierung. Der Begriff des Roten Wien blieb in der politischen Binnenerinnerung verankert (vgl. Berg 2014), breiter diskutiert wurde er jedoch erst wieder ab den 1970er Jahren, als eine neue Generation österreichischer Forscherinnen und Forscher, nicht zuletzt aus dem Umfeld der Neuen Linken, das Rote Wien wiederentdeckte (vgl. z. B. Hautmann, Hautmann 1980, Maimann 1981, Maimann, Mattl 1984, Novy, Förster 1985, Weihsmann 2019 [1985]).

Das historische Rote Wien der Jahre 1919 bis 1934 diente als Vergleichsfolie, vor der die aktuelle Gegenwart der Ära des sozialdemokratischen Bundeskanzlers Bruno Kreisky (1970–1983) und der „roten" Stadtverwaltung Wiens betrachtet wurde. Die linke Kritik an bürokratischem Paternalismus und zögerlichem Reformismus anstatt revolutionärer Praxis beschrieb die Vergangenheit, meinte aber auch die Gegenwart. Geschult an Michel Foucaults Arbeiten wurde die Wohnungs- und Wohlfahrtspolitik des Roten Wien auch vor dem Hintergrund von Disziplinierung und biopolitischer Bevölkerungspolitik gelesen (vgl. dazu z. B. Sieder 2019). Gleichzeitig hatte bereits seit den 1980er Jahren das internationale Interesse am Roten Wien eingesetzt und eine Reihe von grundlegenden Arbeiten zu dessen Politik und Kultur hervorgebracht (vgl. z. B. Tafuri 1980, Rabinbach 1989 [1983], Gruber 1991, Lewis 1991, Blau 2014 [1999]). Im neuen Jahrtausend erleben wir nun ein wiedererwachtes Interesse am Roten Wien und seinen breiteren Rahmenbedingungen, inklusive seiner politischen Gegner (Wasserman 2014). Der hundertste Jahrestag der Gemeinderatswahl von 1919 brachte eine Reihe von Publikationen und Veranstaltungen zum Thema (vgl. z. B. Konrad, Hauch 2019, Schwarz, Spitaler, Wikidal 2019, Weihsmann 2019).

Zahlreiche Forscherinnen und Forscher haben in Erinnerung gerufen, dass das Wien der Zwischenkriegszeit den Ausgangspunkt für eine Reihe von intellektuellen Projekten bildete, deren Relevanz bis heute spürbar ist. Ebenso bildete es den Schauplatz von Kontroversen, die bis in die Gegenwart geführt werden. Im Feld der Volkswirtschaft stritt etwa der junge Karl Polanyi mit Otto Neurath und Ludwig von Mises um Fragen der Planwirtschaft und Sozialisierung (vgl. z. B. Peck 2008). Während Mises und sein Schüler Friedrich August Hayek – Letzterer ein erklärter Gegner des Roten Wiens – schon damals den freien Markt als Ordnungsmacht beschworen, war Polanyi mit seinen gildensozialistisch geprägten Modellen (vgl. Bockman, Fischer, Woodruff 2016) nahe an den theoretischen Konzepten Otto Bauers zur Sozialisierung von Industrien und Dienstleistungen (vgl. Dale 2016: 101–105). Während Polanyi rückblickend in *The Great Transformation* das Rote Wien einen der „aufsehenerregendsten kulturellen Triumphe in der Geschichte des Westens" nennen sollte,[6] verfasste Hayek in den 1920er Jahren Schriften gegen den Mieterschutz, eine von den Sozialdemokraten erbittert verteidigte Errungenschaft, und hielt diesen für volkswirtschaftlich unproduktiv, da zu billige Mieten das private Angebot an Wohnraum einschränken würden.[7]

Die Werke des Austromarxismus, der intellektuellen Basis des Roten Wien, werden aktuell als „Glanzperiode" (Krätke 2015: 31) marxistischer Theoriebildung international wiederentdeckt und auch in englischsprachigen Ausgaben neu zugänglich gemacht (Blum, Smaldone 2016, 2017, Bauer 2020). Das gilt sowohl für frühe klassische Texte aus der Zeit der Habsburgermonarchie, die in politische Auseinandersetzungen intervenierten, die wie ein Versuchslabor gegenwärtiger populistischer Ethnopolitik wirken (Beneš 2017), als auch für die in den Jahren des Roten Wien entstandenen, in denen etwa Otto Bauers erwähntes Konzept des „Gleichgewichts der Klassenkräfte"[8] zahlreiche Anknüpfungspunkte für kritische Hegemonietheorien bereitstellt und sich produktiv mit Antonio Gramscis international weit be-

---

6 Karl Polanyi: *The Great Transformation*, Boston: Beacon Press 1944, S. 298.
7 Friedrich A. Hayek: *Das Mieterschutzproblem. Nationalökonomische Betrachtungen*, Wien: Steyrermühl-Verlag 1928.
8 Otto Bauer: *Die österreichische Revolution*, Wien: Wiener Volksbuchhandlung 1923, S. 196–213.

kannteren Texten in Verbindung setzen lässt.⁹ Die Erfahrungen des Roten Wien sind auch in die Arbeiten zahlreicher Denkerinnen und Denker eingegangen, die ihre Karrieren nach 1934 in anderen Ländern fortsetzen sollten – ungarische Emigranten wie Georg Lukács oder Béla Balázs, Freudomarxisten wie Wilhelm Reich oder Pionierinnen und Pioniere der Sozialwissenschaft wie Marie Jahoda und Paul F. Lazarsfeld. Selbst Karl Poppers antitotalitäre Streitschrift *Die offene Gesellschaft und ihre Feinde* kann als Versuch verstanden werden, das Trauma des Untergangs des Roten Wien und den Sieg des Faschismus zu bearbeiten (Hacohen 2000).

Gerade in Zeiten, in denen Vorstellungen einer Zukunft jenseits von Kapitalismus und Neoliberalismus schwer zu entwickeln sind, übt die vergangene Zukunft des Roten Wien starke Anziehungskraft auf unterschiedliche Richtungen kritischen Denkens aus. So feiert etwa Axel Honneth (2017) die Politik der Wiener Stadtverwaltung in den Jahren 1919 bis 1934 als Beispiel für den von ihm geforderten „Geist des sozialistischen Experimentalismus", der nach Ansatzpunkten für Gesellschaftsveränderung im Hier und Jetzt fragt und pragmatisch und innovativ existierende Möglichkeitsräume nutzt – „jede sich bietende Gelegenheit, ob nun bereits bestehende Gesetze, Instrumente der Besteuerung, handlungsbereite Fachkräfte, bereits existierende, aber leicht umbaufähige Sozialeinrichtungen oder intellektuelle Parteigänger" (ebd.). Aus anderer Perspektive wird das Rote Wien als kritischer Orientierungspunkt für emanzipative Stadtpolitik der Gegenwart betrachtet, gerade im Hinblick auf kommunale Spielräume gegenüber (inter-)nationaler Austeritätspolitik, für Fragen der Wohnungspolitik, des „Rechts auf Stadt" und Strategien gegen rechtspopulistische Bewegungen (Duma, Lichtenberger 2016, Holm 2019).

Wenn wir also versuchen, dem Roten Wien einiges von jener Aufmerksamkeit zukommen zu lassen, die in der jüngeren Vergangenheit eher das Berlin der Weimarer Republik erhalten hat,¹⁰ so möchten wir dabei gleichzeitig einige jener Fallstricke vermeiden, die bei der Beschäftigung mit jener spannenden Epoche der deutschen Geschichte oft zu finden sind: Egal ob Fernsehserie, Kriminalroman, Graphic Novel oder Film: Das Ende der Weimarer Republik wird dabei meist, wie auch oft in der Forschung, als fatalistisches Drama von Glanz und Untergang erzählt. Auch das Rote Wien wurde mit Gewalt zerschlagen, im kurzen Bürgerkrieg des Februar 1934. Dennoch sollte die Epoche des Roten Wien nicht von ihrem Ende her betrachtet werden. Anstatt die Errungenschaften dieser Ära als von Anfang an dem Untergang geweiht zu sehen, können stattdessen die vielfältigen Möglichkeiten ins Zentrum gerückt werden, die das Rote Wien eröffnete.

---

9 Für eine neuere internationale Rezeption Bauers vgl. z.B. Baier (2008), für eine aktuelle Diskussion austromarxistischer Staatstheorie z.B. Fisahn, Scholle, Ciftci (2018).
10 Vgl. dazu etwa das grundlegende *Weimar Sourcebook* (Kaes, Jay, Dimendberg 1994), das mit seinem kulturwissenschaftlichen Zugang ein Vorbild für unser Projekt war.

Warum eine historische Textedition?

Es gibt viele mögliche Zugänge zu den politischen und ästhetischen Strömungen, die die Epoche des Roten Wien ausmachen. Die Entscheidung für eine umfangreiche Sammlung von Schlüsseltexten beruht auf der langjährigen interdisziplinären Zusammenarbeit in dem internationalen Forschungsnetzwerk BTWH (Berkeley/Tübingen/Wien/Harvard). Seit 1998 treffen einander Studierende, Absolventinnen und Absolventen sowie Lehrende dieser fünf und einiger anderer Einrichtungen, um mit kulturwissenschaftlichen Methoden die Entstehung der deutschsprachigen Moderne zu erkunden. Die theoretischen und methodischen Grundlagen des hier vorliegenden Bandes entstanden im Lauf eines Jahrzehnts in zahlreichen Diskussionen mit dem Zeithistoriker Siegfried Mattl und dem Filmwissenschaftler Anton Kaes.

Während Überblicksgeschichten und Fallstudien einen zielgerichteten Blick auf Personen, Texte, Ereignisse und Handlungen liefern, vermeidet das hier vorliegende Buch eine autoritative Gesamtinterpretation, sondern bietet stattdessen eine mit Bedacht ausgewählte Sammlung von Texten, die alle für sich und in ihrem Verhältnis zu anderen Texten betrachtet werden. Die in diesem Band versammelten Originaltexte sind in 36 Kapitel gegliedert, die ebenso vielen diskursiven Feldern entsprechen. Die Texte waren Bestandteil von Diskursen, die im, rund um und über das Rote Wien geführt wurden. Zwar sollen die Auswahl der Texte und die Kapiteleinleitungen diese spezifischen Diskurse nachvollziehbar machen, die Form der Textsammlung ermöglicht es aber auch, jene seltsamen, überschüssigen und widerspenstigen Elemente zu bewahren, die diese Beiträge – auch in gekürzter Form – beinhalten und die es erschweren, sie für die Zwecke einer glatten, teleologischen Geschichte einzuspannen.

Viele Texte des Buchs passen nicht so einfach in den thematischen Rahmen der Kapitel, in den sie gestellt sind. Sie laden zu neuen Lesarten ein und ermöglichen überraschende Verbindungen zu anderen diskursiven Feldern. Ein *Sourcebook* kann so mehr sein als ein wohlgeordnetes Miniarchiv; als Sammlung von Schlüsseltexten soll es zur Debatte und Auseinandersetzung anregen und unerwartete Entdeckungen ermöglichen. Die Texte des Buchs belegen aber auch, wie stark sich bestimmte Schlüsseldebatten und experimentelle Zugänge durch unterschiedliche soziale und politische Felder im Roten Wien ziehen: Fragen des *richtigen Wohnens* finden sich etwa neben den drei der Stadtplanung, der Architektur und dem Wohndesign gewidmeten Kapiteln auch in den Kapiteln Steuerpolitik, Empirische Sozialforschung, Post-Empire, Demografie und Migration, Die ‚neue Frau' und Frauenrechte, Sexualität, Gesundheit und Hygiene, Wohlfahrt und Fürsorge, Arbeit und Freizeit, Natur, Amerikanismus, Wahlen und Wahlkämpfe sowie Internationale Resonanz. Ähnliches gilt für die Diskussion neuer Geschlechtermodelle und das Konzept der ‚neuen Frau', die sich ebenfalls durch viele Kapitel des Buches ziehen. Auch die vielfältigen jüdischen Stimmen und Zugänge zu Fragen des Jüdischen im Roten Wien lassen sich keinesfalls auf das Kapitel über Jüdisches Leben reduzieren.

Implizit spielt die Frage nach jüdischer Identität in jedem einzelnen der 36 Kapitel eine wichtige Rolle. Ein großer Teil der Autorinnen und Autoren der in diesem Buch versammelten Texte waren im weitesten Sinne jüdischer Herkunft, darunter viele der politischen und intellektuellen Galionsfiguren. Viele von ihnen waren offiziell ohne Bekenntnis, einige waren zum Protestantismus, manche zum Katholizismus konvertiert, einzelne einmal zum einen, dann wieder zum anderen, oder traten wieder in die Israelitische Kultusgemeinde ein. Gemeinsam war ihnen, dass es in einer Zeit, in der das Jüdischsein zunehmend als Zugehörigkeit zu einer Nation, zu einer Ethnie oder gar zu einer Rasse verstanden wurde, nicht mehr genügte, ein Religionsbekenntnis abzulegen oder zu verweigern, um Klarheit über die eigene Identität zu schaffen. Gemeinsam war ihnen auch, dass sie von den Antisemiten mit großer Obsession als Juden und Jüdinnen attackiert wurden. Viele von ihnen wurden 1938 und in den darauffolgenden Jahren der nationalsozialistischen Herrschaft und des Holocaust Opfer nationalsozialistischer Verfolgung, wurden enteignet und entweder vertrieben oder ermordet. Ein Buch über das Rote Wien ist daher immer zugleich auch ein Buch über das jüdische Wien.

Bei der Zusammenstellung eines solchen Projekts sind zunächst grundlegende Entscheidungen zum Umfang und den ausgewählten Textsorten erforderlich. Wir entschieden uns dafür, nur solche Texte einzubeziehen, die zwischen 1919 und 1934 Teil öffentlicher Debatten waren bzw. sein konnten, das heißt veröffentlichte Beiträge, die ein breites Publikum erreichen konnten. Nicht aufgenommen wurden daher Sekundärliteratur sowie Briefe und andere unveröffentlichte Archivquellen. Im Hinblick auf den räumlichen Rahmen enthält der Band Texte, die in Wien entstanden, und solche mit Bezug zu Ereignissen und Debatten, die das Rote Wien oder seinen breiteren österreichischen Kontext betrafen. Früh fiel die Entscheidung, neben den Texten sozialdemokratischer Protagonistinnen und Protagonisten wie Otto Bauer, Julius Tandler, Käthe Leichter, Julius Deutsch oder Otto Neurath auch Veröffentlichungen von klerikal-konservativen und faschistischen Gegnern des Roten Wien aufzunehmen.

Das Rote Wien. Schlüsseltexte der Zweiten Wiener Moderne umfasst daher Texte, die unterschiedliche Facetten der Ersten Republik beleuchten, und enthält so vielfältige Zugänge wie den ethnografischen Blick auf arbeitslose Textilarbeiter und -arbeiterinnen, lesbische Erotik einer Schriftstellerin, die mit den Nationalsozialisten sympathisierte, den Blick hinter die Kulissen einer Bildillustrierten oder Reiseberichte von den zionistischen Siedlungen in Palästina. Es finden sich Texte berühmter Wiener Autorinnen und Autoren wie Sigmund Freud, Arthur Schnitzler, Joseph Roth, Karl Kraus, Robert Musil und Gina Kaus ebenso wie von prominenten Gästen und kurzzeitigen Bewohnerinnen und Bewohnern der Stadt. Neben dieser Ruhmeshalle der Wiener Geschichte sind faszinierende Texte zahlreicher weniger bekannter Autorinnen und Autoren zu entdecken: von der austromarxistischen Science-Fiction-Zukunftsvision Max Winters über einen hellsichtigen Essay zur *Psychopathologie des Nationalsozialismus*, unter dem Pseudonym „Dr. Otto" verfasst, Ideen sozialistischer Körperkultur der Pädagogin Stephanie Endres bis hin zur Vollzugsanweisung über die Aufhebung des Adels und aristokratischer Titel.

Anton Kaes hat nachdrücklich dafür plädiert, ein *Sourcebook* als Möglichkeit zu sehen, mit der Vorstellung einer zwangsläufigen Geschichte zu brechen, die sich nur so und nicht anders entwickeln konnte. Die mutigen sozialen Experimente und Ideen, die im Roten Wien entstanden, lassen sich nicht auf den Begriff der „Zwischenkriegszeit" reduzieren, jener unabwendbaren Ära, die von der katastrophalen Lage nach dem Ersten Weltkrieg über einen glanzvollen Moment der Hoffnung in den dunklen Aufstieg des Faschismus, den Zweiten Weltkrieg und den Holocaust mündete. Die Dinge hätten sich auch anders entwickeln können, es gab viele Entscheidungen entlang des Weges. Je weiter man in der Zeit zurückgeht, desto größer erscheint der Möglichkeitsraum für die Bekämpfung der Gewalt, für den Kampf gegen Armut, für neue Formen der Stadtplanung, von Wissenschaft, Kunst, Film oder Musik. Es ist wie bei Kindern: Wenn Ideen heranreifen, verengen sich die möglichen Wege. Menschen schaffen eine Denkform, die sich langsam mit Realität füllt und den Konjunktiv verdrängt. Unser Buch bietet eine Momentaufnahme dieses Prozesses, es präsentiert eine alternative Geschichte, stellt Texte vor, deren Autorinnen und Autoren Alternativen vorschlugen, die gedacht wurden, im Bereich des Denkbaren waren, sich aber nicht manifestierten (Kaes 2015).

Wie Walter Benjamin (1991: 701) uns lehrt, ist eine solche Textsammlung – wie jede Sammlung vom Trümmerhaufen der Geschichte – mit Jetztzeit erfüllt. Die Texte des Roten Wien – die sich mit Flüchtlingsfragen, Armut, der ungleichen Verteilung von Reichtum, den Krisen globalisierter Ökonomie oder der Kritik an autoritären populistischen Führern beschäftigen – stellen eine alternative Geschichte dar, die zu unserer Gegenwart spricht. Sie sollten nicht einfach als gescheiterte Konzepte einer fernen Vergangenheit gelesen werden, sondern als möglicherweise brauchbare Ideen, die nie die Chance auf volle Verwirklichung hatten. Auf Basis der in diesem Buch versammelten Texte lässt sich wiederentdecken, was möglich war und dennoch nicht eingetreten ist. Es lässt sich jedoch auch sehen, was scharfsinnig als Bedrohung erkannt wurde und dennoch nicht aufgehalten werden konnte, was gegen alle Vernunft schien und sich dennoch durchgesetzt hat. Statt die Versprechen der Vergangenheit zu begraben, kann danach gefragt werden, was sie für die Gegenwart bedeuten können. Was erzählen sie uns über historische Möglichkeiten, vergangene und gegenwärtige politische Kämpfe, Kontinuitäten und Brüche sowie erfüllte und nicht erfüllte emanzipative Hoffnungen?

Wir hoffen, dass Historikerinnen und Historiker der Moderne und alle, die an Theorie, Politik und Kultur interessiert sind, durch die von den Kapitelverantwortlichen ausgewählten Texte ebenso angeregt werden, wie einst jene Intellektuellen, die 1927 die *Kundgebung des geistigen Wien* unterzeichneten. Wir wünschen uns, dass der eine oder andere Text nicht nur die Art und Weise verändert, wie wir über Geschichte, Literatur und das frühe 20. Jahrhundert nachdenken, sondern auch Debatten über Gleichheit, ein gutes Leben und allgemeinen Wohlstand neu belebt, die im Roten Wien geführt wurden und heute neue Ausdrucksmöglichkeiten suchen.

Über die Struktur dieses Buches

Dieses Buch gliedert sich in zwölf Abschnitte mit insgesamt 36 Kapiteln, die ein breites Spektrum an Themen des Roten Wien abdecken. Details sind dem Inhaltsverzeichnis zu entnehmen. Der Großteil des Buches besteht aus zeitgenössischen Texten aus der Epoche des Roten Wien: den Quellentexten. Jedes Kapitel wurde von einzelnen oder mehreren Kapitelverantwortlichen editiert, von denen auch die Einleitung zum Kapitel und die Kurzkommentare zu den darin enthaltenen Texten stammen. Ihre Namen sind am Beginn der Kapitel ausgewiesen. Die Editionsarbeit erfolgte in einem beständigen Prozess des Austauschs mit anderen Kapitelverantwortlichen und den Gesamtherausgebern.

Längere Quellentexte wurden von den Kapitelverantwortlichen behutsam gekürzt, buchlange Texte sorgfältig exzerpiert. Dabei galt das Prinzip, den Text durch Auslassungen nicht zu verfälschen und möglichst nur solche Passagen wegzulassen, die für die ausgewählten Textteile nicht unmittelbar relevant waren. Auslassungen sind durch Ellipsen in eckigen Klammern gekennzeichnet: [...]. In den Originaltexten wurden häufig typografische Gestaltungsmittel eingesetzt, die in diesem Band homogenisiert wurden: Sperrschrift und Fettsetzungen im Originaltext werden als Kursivsetzungen wiedergegeben und sind hier von anderen Kursivsetzungen nicht zu unterscheiden. Die originale Orthografie wurde jedoch beibehalten. Zusatzinformationen zum Verständnis der einzelnen Texte (Namen von Personen, Organisationen, Ereignisse, Begriffe und historische Bezugnahmen) wurden in Fußnoten ergänzt.

Teil I: **Fundamente**

Menschenmenge während der Proklamierung der Republik vor dem Parlament in Wien, 12. November 1918, Fotografie von Richard Hauffe. (VGA)

1 Verfassung, Gesetzgebung und Rechtsprechung
Vrääth Öhner

Einleitung

Was Otto Bauer unter dem Eindruck der Wahlrechtsreform von 1907 im Vorwort der ersten Nummer des Theorieorgans Der Kampf als besondere Aufgabe der österreichischen Sozialdemokratie skizzierte – ihre, wie Victor Adler in derselben Nummer anmerkte, nicht staatserhaltende, sondern „staatsbildende" Funktion –, deutet bereits den Stellenwert an, den Verfassungsfragen für die Sozialdemokratische Arbeiterpartei (SDAP) besaßen:

> „Wir in Oesterreich haben es mit einem staatlichen Chaos zu tun, mit Staatsrechten, die nicht sterben, und mit Staatseinrichtungen, die nicht leben können, mit einer Staatenverbindung (zwischen Oesterreich und Ungarn), die nicht beisammen bleiben und nicht auseinanderfinden kann, mit mittelalterlich-feudalen autonomen Kronländern, welche die Nationen, und mit unorganisierten rechtlich ungeborenen Nationen, welche die Kronländer zerreißen wollen. Staatengemeinschaft, Staat, Kronland, Nation – keines von allen voll geboren oder endgültig abgestorben, allesamt Mischgebilde von Geburt und Tod, Gespenster, mit denen wir uns am hellichten Tage, an jedem Tage herumraufen müssen, weil unsere Gegner von ihnen besessen sind! [...] Diese Zwangslage fordert von uns, in die etwas langweiligen Fragen der Staatsverfassung und Staatsverwaltung einzudringen, nötigt uns zu juristischen Spitzfindigkeiten und taktischen Kleinkünsten und zwingt uns wider Willen und Geschmack vielleicht dazu, die Staatsrechtler der Internationale zu werden."[1]

Schon die 1907 erhobenen Forderungen nach „Anerkennung der nationalen Autonomie und der Demokratie als Grundlage der zu erstrebenden Verfassung" zielten auf die „Sprengung des historischen Gefüges des Staates" und auf die Beseitigung seines einengenden „bureaukratischen Gerüstes".[2] Sie waren unter den Bedingungen der konstitutionellen Monarchie nicht zu realisieren, übten aber nach deren Zusammenbruch erheblichen Einfluss auf die von der Sozialdemokratie vertretenen Standpunkte aus.

Gerade mit Blick auf die sowohl symbolische als auch materielle Bedeutung, die das Rote Wien als revolutionäres Zentrum der sozialdemokratischen Bewegung erlangen sollte, sind unter diesen Standpunkten insbesondere der Anschluss an die Deutsche Republik sowie die Forderung nach einem zentralistischen Einheitsstaat hervorzuheben. Das von der Provisorischen Nationalversammlung erlassene *Gesetz*

---

[1] Anonym [Otto Bauer]: Der Kampf, in: *Der Kampf. Sozialdemokratische Monatsschrift*, 1. Jg., Nr. 1 (1907), S. 1–4, hier S. 4.
[2] Viktor Adler: Neue Aufgaben, in: *Der Kampf. Sozialdemokratische Monatsschrift*, 1. Jg., Nr. 1 (1907), S. 6–9, hier S. 6.

vom 12. November 1918 über die Staats- und Regierungsform von Deutschösterreich legte zum einen die demokratische Republik als Staatsform fest, zum anderen deklarierte es Deutschösterreich als Bestandteil der Deutschen Republik.[3] Die Anschlussdeklaration war zweifellos der von allen Parteien geteilten Überzeugung geschuldet, dass die deutschsprachigen Länder der Monarchie[4] wirtschaftlich nicht überleben könnten, wenn sie auf sich allein gestellt blieben. Für die Sozialdemokraten war der Anschluss darüber hinaus aber nicht nur eine logische Folge des „Selbstbestimmungsrechts der Völker", sondern entsprang zugleich Überlegungen zum Verhältnis von Staat und Nation, die von Karl Renner und Otto Bauer bereits vor dem Ersten Weltkrieg formuliert worden waren.[5]

Für die von einer künftigen, definitiven Verfassung zu bestimmende Staatsform legte die Anschlussdeklaration der Provisorischen Nationalversammlung die Errichtung eines zentralistisch regierten Einheitsstaats nahe. Wie der Verfassungsjurist Hans Kelsen in einem Kommentar zur Stellung der Länder anmerkt, hätte Deutschösterreich nur die Wahl, „entweder als geschlossener deutschösterreichischer Staat oder als ein Grüppchen in die Stellung kleiner Gliedstaaten strebender Länder" in die nationale Staatsgemeinschaft der Deutschen Republik einzugehen, wobei die zweite Möglichkeit aufgrund der Größe von Staaten wie Bayern oder Preußen die „Gefahr übergroßer Zersplitterung" mit sich bringt.[6] Ist die Forderung nach einem Einheitsstaat zunächst also nichts weiter als die logische Folge der Anschlussdeklaration, hat sie in politischer Hinsicht unabsehbare Konsequenzen: In einem Einheitsstaat hätte die Sozialdemokratie höchstens – wie bei der Wahl zur Konstituierenden Nationalversammlung im Februar 1919 – mit relativen, niemals aber mit absoluten Mehrheiten rechnen können. Das auf der absoluten Mehrheit der Sozialdemokraten aufgebaute sozialpolitische Experiment des Roten Wien wäre in diesem Fall völlig anders verlaufen.

Die Forderung nach einem Einheitsstaat war in Deutschösterreich gegen die Macht der Länder aber ohnehin nicht durchzusetzen. Obwohl Hans Kelsen für die Konstituierende Nationalversammlung eine ganze Reihe von Verfassungsentwürfen ausarbeitete, lag den meisten dieser Entwürfe eine bundesstaatliche Konstruktion zugrunde. Nachdem der Anschluss an Deutschland im Friedensvertrag von Saint-Germain verboten worden war, blieben als Streitmaterien die für das Rote Wien so entscheidende Trennung Wiens von Niederösterreich, die Einrichtung eines Bundesrates, d. h. einer Vertretung der Länder neben dem Nationalrat, sowie die Ausge-

---

[3] StGBl. Nr. 1–7, 15. November 1918, 4.
[4] Wien, Niederösterreich, Oberösterreich, Salzburg, Steiermark, Kärnten, Tirol, Vorarlberg, seit 1921 auch das Burgenland.
[5] Vgl. Karl Renner: *Staat und Nation*, Wien: Dietl 1899; Otto Bauer: *Die Nationalitätenfrage und die Sozialdemokratie*, Wien: Wiener Volksbuchhandlung Ignaz Brand 1907.
[6] Hans Kelsen: Die Stellung der Länder in der künftigen Verfassung Deutschösterreichs, in: *Zeitschrift für öffentliches Recht*, Nr. 1 (1919/20), S. 118.

staltung des Amts des Bundespräsidenten nach dem Modell der parlamentarischen oder der präsidialen Demokratie übrig. In allen drei Streitpunkten konnte sich die Sozialdemokratie durchsetzen: Wien wurde zum eigenständigen Bundesland, ein Bundesrat wurde zwar eingerichtet, allerdings mit derselben proportionalen Verteilung der Sitze wie im Nationalrat, das Amt des Bundespräsidenten wurde nach dem Modell der parlamentarischen Demokratie ausgestaltet. Allerdings kehrten – in modifizierter Form – alle drei Punkte 1929 im Verfassungsentwurf der Regierung Schober[7] wieder, der von den Sozialdemokraten zu Recht als „Offensive des österreichischen Faschismus" gewertet und dementsprechend bekämpft wurde.[8]

Von ihrem großen, staatsbildenden Einfluss bei der Ausarbeitung des *Bundesverfassungsgesetzes vom 1. Oktober 1920* einmal abgesehen und mit Ausnahme der Sozialgesetzgebung, die noch während der Koalitionsregierung mit den Christlichsozialen[9] verabschiedet wurde, blieb der österreichischen Sozialdemokratie nach ihrem Ausscheiden aus der Regierung im Juli 1920 auf Bundesebene die aktive Gestaltung der Gesetzgebung verwehrt. Diesen Machtverlust konnte auch die mit der Eigenständigkeit des Landes Wien erworbene Gesetzgebungskompetenz nicht kompensieren.

Literatur

Olechowski 2009.
Seliger 1980.
Stadler 1986.

1.1 Hans Kelsen: Die Verfassung Deutschösterreichs

Erstveröffentlicht als Hans Kelsen: Die Verfassung Deutschösterreichs, Abschnitt 1: Die Revolution, in: *Jahrbuch des öffentlichen Rechts der Gegenwart*, Nr. 9 (1920), S. 245–249.

Wie der renommierte österreichische Verfassungsrechtler Hans Kelsen (1881–1973) in seinem Kommentar zur ersten republikanischen Verfassung Deutschösterreichs hervorhebt, stellte der von der Provisorischen Nationalversammlung am 30. Oktober 1918

---

7 Die aus parteilosen Ministern und Vertretern der Christlichsozialen und der Großdeutschen Partei sowie des Landbundes bestehende Regierung unter der Führung des ehemaligen Polizeipräsidenten Johann Schober war vom 26. September 1929 bis zum 30. September 1930 im Amt.
8 Vgl. Julius Braunthal: Die gescheiterte Offensive, in: *Der Kampf. Sozialdemokratische Monatsschrift*, 23. Jg., Nr. 1 (Jänner 1930), S. 1–7.
9 Die Koalitionsregierung aus Sozialdemokraten und Christlichsozialen war aus der Wahl zur Konstituierenden Nationalversammlung vom 16. Februar 1919 hervorgegangen und blieb bis 7. Juli 1920 im Amt.

erlassene „Beschluß über die grundlegenden Einrichtungen der Staatsgewalt" einen „Bruch der Rechtskontinuität" und damit eine Revolution dar. Mit diesem Schritt war die Monarchie sowohl formell als auch faktisch aufgelöst. Kelsens Argumentation zielt aber nicht nur auf die Rechtsansprüche des Monarchen, sondern ebenso auf jene der Länder, die zur selben Zeit Länderversammlungen einberufen hatten. Dem Anspruch der Länder, über ihre Stellung zum Staat selbst zu entscheiden, schob die These vom Bruch der Rechtskontinuität wirkungsvoll einen Riegel vor.

I. Die Revolution

Der Zusammenbruch des österreichischen Kaiserstaates im Herbst 1918 hatte keine seiner Nationen unvorbereitet getroffen. Alle waren darauf gefaßt, sich früher oder später als selbständige Staaten einzurichten. Irgend ein ernstlicher Widerstand war nicht zu erwarten, zumal die vollkommene militärische Niederlage die letzte Möglichkeit beseitigt hatte, dem Auflösungsprozeß Einhalt zu tun.

Angesichts der rasch vorwärts treibenden Selbständigkeitsbewegung bei den Tschechen und Südslaven waren auch die Deutschen Oesterreichs gezwungen, sich sobald als möglich in Sicherheit zu bringen und ein, wenn auch nur notdürftig gezimmertes, so doch eigenes Haus zu errichten. Schon in den ersten Oktobertagen wurde im Schoße der deutschnationalen Parteien des österreichischen Abgeordnetenhauses der Plan erörtert, sämtliche deutsche Abgeordneten des österreichischen Reichsrates zu einer deutschen Nationalversammlung einzuberufen, und am 10. Okt. 1918 einigten sich alle deutschen Parteien des österreichischen Abgeordnetenhauses auf Grundlage einer vom sozialdemokratischen Klub beschlossenen Resolution, in welcher die Bildung eines alle deutschen Gebiete Oesterreichs umfassenden deutschösterreichischen Staates gefordert und die Bereitwilligkeit ausgesprochen wurde, mit den Vertretern des tschechischen und südslavischen Volkes über die Umwandlung Oesterreichs in eine Föderation freier nationaler Gemeinwesen zu verhandeln. Es verdient hervorgehoben zu werden, daß die Deutschen noch keineswegs an eine vollständige Auflösung Oesterreichs, sondern nur an dessen Neuordnung dachten. Den gleichen oder doch einen ähnlichen Gedanken sprach das *kaiserl. Manifest vom 16. Oktober* aus, in welchem der Monarch seinen Entschluß verkündete, Oesterreich, dem Willen seiner Völker gemäß, zu einem Bundesstaat umzugestalten, in dem jeder Volksstamm auf seinem Siedlungsgebiete sein eigenes staatliches Gemeinwesen bildet. Daß dieses Manifest zu spät kam, weil im damaligen Augenblicke nur noch die Deutschen für ein solches Programm zu haben waren, ist heute offenkundig. Aber schon am Tage seiner Erlassung mußte es allen Einsichtigen als ein vergeblicher Versuch erscheinen, die auseinanderstrebenden Kräfte dieses Staates zusammenzufassen.

[...]

Noch vor wenigen Jahren hätte ein solches Manifest vielleicht den Anfang einer segensreichen, den Weltkrieg vermeidenden Entwicklung, hätte es die Konsolidierung Oesterreichs bedeuten können; nunmehr aber, unter den gegebenen Umständen, war es nur das von oberster Stelle gegebene Zeichen zur allgemeinen Auflösung.

Noch an demselben Tage, an dem das Manifest erschien, beschlossen die deutschen Parteien des österreichischen Abgeordnetenhauses, eine *Vollversammlung aller deutschen Abgeordneten* einzuberufen. Diese Vollversammlung konstituierte sich am 21. Oktober als „Nationalversammlung". Sie wählte entsprechend den drei großen Parteien, aus denen sie sich zusammensetzte (Deutschnationalen, Christlichsozialen, Sozialdemokraten), drei Präsidenten mit völlig gleichen Rechten und Pflichten. Sie faßte den Beschluß, sich als „provisorische Nationalversammlung Deutschösterreichs" zu konstituieren und wählte einen Vollzugsausschuß von zwanzig Mitgliedern, der der Nationalversammlung Anträge über die Verfassung des deutschösterreichischen Staates unterbreiten sollte; das heißt: die Versammlung beschloß einen selbständigen Staat Deutschösterreich zu gründen. Diese Staatsgründung wurde auch in der nächsten Sitzung der provisorischen Nationalversammlung, die am 30. Oktober stattfand, vollzogen, indem ein „Beschluß über die grundlegenden Einrichtungen der Staatsgewalt" gefaßt wurde. Mit dieser seiner ersten Verfassung entstand der neue Staat Deutschösterreich, nicht nur de jure sondern auch de facto, denn diese Verfassung wurde sofort, ohne auf irgend einen Widerstand zu stoßen, durchgeführt.

Am 11. November erließ Kaiser *Karl* eine von seinem letzten Ministerpräsidenten *Lammasch*[10] kontrasignierte (im übrigen undatierte) Kundmachung, in der er erklärte, im voraus die Entscheidung anzuerkennen, die Deutschösterreich über seine künftige Staatsform treffen werde, und *auf jeden Anteil an den Staatsgeschäften zu verzichten*. Diese Erklärung, die sich nur auf Deutschösterreich, nicht aber auf den gleichfalls in Bildung begriffenen tschecho-slovakischen und südslavischen Staat bezog, ist kein bedingungsloser Thronverzicht. Sie ist absichtlich als ein bloßer Verzicht auf Geschäftsführung formuliert. Doch ist dies rechtlich ohne Bedeutung. Denn auf Grund der alten österreichischen Verfassung wäre weder dieser beschränkte Verzicht noch ein unbedingter Thronverzicht möglich gewesen. Nach dieser Verfassung gibt es nur einen einzigen Endigungsgrund für das Recht oder die Organstellung des Monarchen und das ist der Tod. Da die Verfassung einen Thronverzicht nicht ausdrücklich als Endigungsgrund statuiert, kann er auch nicht – etwa aus der Natur der Sache – angenommen werden. Im übrigen ist für die Beurteilung der Verzichterklärung des Monarchen nicht die alte österreichische, sondern

---

10 Heinrich Lammasch (1853–1920) war ein international hoch angesehener Straf-, Staats- und Völkerrechtler sowie vom 27. bis zum 30. Oktober 1918 der letzte österreichische Ministerpräsident der Monarchie.

die neue deutschösterreichische Verfassung maßgebend. Für diese aber ist eine solche Willenserklärung schon darum irrelevant, weil für sie ein Monarch als Organ des Staates überhaupt nicht existiert. Zwischen der alten österreichischen und der neuen deutschösterreichischen Verfassung besteht keinerlei rechtliche Kontinuität. Es ist insbesondere nicht möglich, die provisorische Nationalversammlung Deutschösterreichs als einen jener Nationalräte anzusehen, die das kaiserliche Manifest vom 16. Oktober erwähnte.[11] Denn als ein solcher Nationalrat wäre die deutschösterreichische Nationalversammlung nicht befugt gewesen, Deutschösterreich als selbständigen Staat zu konstituieren. Weil und insofern sie dies tat, stellte sie sich bewußt auf eine revolutionäre Basis. Revolution aber ist, vom juristischen Standpunkt aus gesehen, nichts anderes als der Bruch der Rechtskontinuität. Und solcher Bruch bleibt auch dann noch Revolution, wenn er sich, wie in Deutschösterreich, ohne äußeren Kampf, ohne Blutvergießen vollzieht, wenn insbesondere der ganze Apparat des alten Staates sich ohne Sträuben, ja gerne in den Dienst der neuen Verfassung stellt.

Daß die Revolution zwischen die alte österreichische und die deutschösterreichische Verfassung eine unüberbrückbare Kluft gelegt hat, *daß Alt-Oesterreich und Deutschösterreich zwei völlig verschiedene Staaten sind*, zwischen denen auch nicht das Verhältnis einer allgemeinen Rechtsnachfolge angenommen werden kann, diese Auffassung ist die notwendige Konsequenz eines Standpunktes, der den Staat als eine höchste, nicht weiter ableitbare, sohin souveräne Ordnung – und soferne dieser Standpunkt ein juristischer ist – als souveräne Rechtsordnung begreift. Es ist die Hypothese vom Primate der staatlichen Rechtsordnung, die, im vorliegenden Falle auf die Verfassung Deutschösterreichs angewendet, notwendigerweise zur Annahme einer Diskontinuität gegenüber der Staatsordnung Oesterreichs führt. Daß sich Theorie und Praxis, daß sich insbesondere die Gesetzgebung Deutschösterreichs diesen Standpunkt sofort zu eigen machte, ist begreiflich. Nicht nur aus dem psychologischen Grunde, weil man das tiefe Bedürfnis hatte, unter die traurige und besonders in den letzten Jahrzehnten qualvolle Geschichte des alten Oesterreich einen Strich zu setzen und mit Deutschösterreich gleichsam ein neues Blatt der Geschichte zu beginnen, sondern vor allem auch deshalb, weil eine Identifizierung Deutschösterreichs mit dem alten Staate wegen dessen unnatürlich hoher finanzieller Belastung schon von vornherein den wirtschaftlichen Ruin des neuen Staates bedeuten mußte. Nicht etwa, daß sich die Männer, die die Führung Deutschösterreichs übernahmen, aller Verpflichtungen aus der politischen Erbschaft entledigen wollten. Zu

---

11 Fußnote im Original: Diese Auffassung wurde vielfach vertreten. So z. B. in der Zuschrift des Landmarschalls von Niederösterreich an die Provisorische Nationalversammlung (im Einlauf der 2. Sitzung vom 30. Oktober 1918, abgedruckt in der „Sammlung der von der Provisorischen Nationalversammlung für den Staat Deutschösterreich erlassenen Gesetze usw." Von Dr. Ferd. Kadečka und Dr. Hugo Suchomel, 1. Heft, 1918, S. 26).

einer gerechten Aufteilung der Aktiven und Passiven des alten Staates auf *alle* auf seinem Gebiete entstandenen neuen Staaten war man in Deutschösterreich selbstverständlich von Anfang an bereit. Allein die übrigen Nationalstaaten lehnten ihrerseits von allem Anfang an mit größter Energie jede Rechtsnachfolge ab, ja es gelang ihnen, unter der Aegide der Entente, zum Teil sogar die Auffassung durchzusetzen, daß sie als siegreiche Kriegsgegner Oesterreichs zu gelten hätten. War somit die nach völkerrechtlichen Grundsätzen gebotene Annahme einer Spaltung Oesterreichs in mehrere neue Staaten und die damit verbundene Aufteilung der Staatsschulden pro rata parte ausgeschlossen, so mußte Deutschösterreich, – wollte es sich nicht in die Position drängen lassen, als das alte Oesterreich zu gelten, – mit dem Anspruch auftreten, als selbständiger und neuer Staat anerkannt zu werden, demgegenüber Alt-Oesterreich ebenso ein fremder Staat sei, wie dies im Verhältnis zum tschecho-slovakischen und südslavischen Staat anerkannt wurde. Eine derartige juristische Konstruktion – und nur um eine solche handelt es sich – ist allerdings nur möglich, wenn man die letzten Konsequenzen aus der juristischen Hypothese eines Primates der eigenen staatlichen Rechtsordnung zieht. Nimmt man auf das Völkerrecht Rücksicht, und zwar in der Weise, daß man die Völkerrechtsordnung als eine über den einzelstaatlichen Rechtsordnungen stehende, diese gegeneinander abgrenzende und so die Staaten zu einer Gemeinschaft koordinierter Subjekte konstituierende Rechtsordnung vorstellt, d. h. aber, stellt man sich auf den Standpunkt eines Primates des Völkerrechts, dann freilich ergibt sich als notwendige Konsequenz eine rechtliche Kontinuität zwischen Deutschösterreich und dem alten Oesterreich und es bleibt dann nur mehr die bereits oben angedeutete Frage zu entscheiden, ob Deutschösterreich mit dem alten Oesterreich *identisch* oder nur – gemeinsam mit den anderen auf seinem Gebiete entstandenen Nationalstaaten – als *Rechtsnachfolger* Oesterreichs anzusehen sei.

Unbeschadet der formalen Diskontinuität gegenüber Alt-Oesterreich, die in der deutschösterreichischen Verfassung ebenso wie in den Verfassungen der anderen Nationalstaaten festgehalten wurde, hat sich doch aus naheliegenden Gründen die *materielle Kontinuität des Rechtes*, wie in allen auf dem Gebiete Oesterreichs entstandenen Staaten, so auch in Deutschösterreich in weitem Maße durchgesetzt. Der Verfassungsbeschluß vom 30. Oktober 1918 bestimmt in seinem § 16, daß alle Gesetze und Einrichtungen, die in Oesterreich in Geltung standen, sofern sie durch diesen Beschluß nicht aufgehoben oder abgeändert sind, bis auf weiteres in vorläufiger Geltung bleiben sollen. Damit ist der allergrößte Teil des in Oesterreich geltenden Rechtes für Deutschösterreich rezipiert. Zu bemerken wäre nur, daß die Formulierung der Rezeptionsklausel gerade mit Rücksicht auf den Standpunkt der formalen Diskontinuität keine sehr glückliche ist. Unter diesem Gesichtspunkt gesehen, bleiben die Normen des österreichischen Rechtes, soweit sie mit dem Verfassungsbeschluß vereinbar sind, nicht in Geltung, sondern werden – als formal neues Recht – in Geltung gesetzt.

1.2 Karl Kautsky: Demokratie und Demokratie

Erstveröffentlicht als Karl Kautsky: Demokratie und Demokratie, in: *Der Kampf. Sozialdemokratische Monatsschrift*, 13. Jg., Nr. 6 (Juni 1920), S. 209–214.

Obwohl die Demokratie als Staatsform von der Provisorischen Nationalversammlung niemals ernsthaft in Zweifel gezogen wurde, stellte die kommunistische Idee einer Räterepublik oder einer Rätediktatur für die Sozialdemokratie eine beständige ideologische Herausforderung dar. Der von den Kommunisten erhobene Vorwurf lautete, die Sozialdemokraten wären beim Sturz der Monarchie nicht weit genug gegangen, die Demokratie als Staatsform würde die bürgerliche Herrschaft nicht beseitigen, sondern sie im Gegenteil befestigen. Karl Kautsky (1854–1938), Theoretiker der deutschen Sozialdemokratie mit engen Verbindungen zu den Austromarxisten, begegnet diesem Vorwurf – ähnlich wie Max Adler oder Otto Bauer[12] – mit dem Argument, dass die „bürgerliche" Demokratie den Klassengegensatz am schärfsten hervortreten lässt und aus diesem Grund die geeignete Basis darstellt für den Übergang zum Sozialismus.

In der Berliner „Freiheit" vom 24. April d. J. schreibt Genosse Crispien[13] am Schlusse eines Artikels:

„Das klassenbewusste Proletariat betrat (nach dem Beginn seines Klassenkampfes um die politische Macht) den Boden der *bürgerlichen* Demokratie. Nicht um sich mit dieser Demokratie zu identifizieren, sondern um sie als Kampfmittel zu gebrauchen."

Dieser Satz hätte vor wenigen Jahren noch sehr befremdet. Denn wir nahmen allgemein an, daß das Proletariat, sobald es in den Kampf um die politische Macht eintrat, den Boden der bürgerlichen Demokratie verließ, um sich auf den der proletarischen, der sozialistischen Demokratie zu stellen. Heute wirkt der Crispiensche Satz nicht mehr überraschend, denn seit dem Aufkommen der kommunistischen Idee der Rätediktatur hat das Wort „bürgerliche Demokratie" einen neuen Sinn bekommen, den es früher nicht hatte.

Der Begriff der Demokratie ist seitdem ein höchst schwankender geworden in derselben Zeit, in der er aufs äußerste umstritten wird. Da lohnt es sich, ihn wieder einmal klarzulegen, auf die Gefahr hin, längst Bekanntes zu wiederholen. Dies Altbekannte ist leider noch für zu viele Proletarier etwas völlig Unbekanntes.

[...]

---

12 Vgl. Max Adler: *Demokratie und Rätesystem*, Wien: Wiener Volksbuchhandlung Ignaz Brand 1919; Otto Bauer: *Die österreichische Revolution*, Wien: Wiener Volksbuchhandlung 1923.
13 Arthur Crispien (1875–1946) war von 1919 bis 1922 Vorsitzender der Unabhängigen Sozialdemokratischen Partei Deutschlands (USPD), einer linksoppositionellen Abspaltung der deutschen Sozialdemokraten.

Wer die Demokratie verwirft, muß eine andere Staatsverfassung anstreben. Außer der Form der Demokratie kommen nur noch zwei große Typen von Staatsformen in Betracht: die *Autokratie* und die *Aristokratie*. Die Autokratie finden wir dort, wo die verschiedenen Gesellschaftsklassen, auch die oberen, so schwach sind und der Staatsapparat, Militär und Bürokratie, ihnen gegenüber so stark, daß dieser sich über alle Klassen erhebt, sie alle beherrscht. Da Bürokratie und Militär stets hierarchisch organisiert sind, eine oberste persönliche Spitze haben, wird diese zum Alleinherrscher, zum Autokraten, in dem alle politische Macht und alle politischen Rechte konzentriert sind. Es hängt von seinem Belieben ab, ob und wieviel davon er mit seinen Günstlingen teilen will.

In der Aristokratie dagegen finden wir eine einzelne Klasse so stark, daß sie imstande ist, für sich alle politischen Rechte zu monopolisieren und dieses Monopol in Staatsverfassung festzulegen. Von der Aristokratie unterscheidet sich die Demokratie nicht dadurch, daß nur jene eine Klassenherrschaft darstellt, diese nicht, sondern dadurch, daß in der Aristokratie die Herrschaft einer bestimmten Klasse verfassungsmäßig festgelegt und von Staats wegen geschützt wird, in der Demokratie nicht. In der letzteren wechseln mit dem Wandel der sozialen Machtverhältnisse auch die herrschenden Klassen, in der Aristokratie bleibt stets dieselbe bestimmte Klasse im Besitz der Staatsgewalt. Ist es widersinnig, der Demokratie als Staatsverfassung einen bestimmten Klassencharakter beizulegen, so bildet dieser Charakter gerade das Wesen der Aristokratie.

Die Demokratie ist weit entfernt davon, durch sich allein schon die Klassengegensätze aufzuheben; sie äußern sich in ihr vielmehr am schärfsten, weil sie durch kein anderes Moment verdeckt werden. In der Aristokratie werden die Klassengegensätze unter den nicht bevorrechteten Klassen zurückgedrängt durch den gemeinsamen Kampf gegen die aristokratische Klasse. Und dieser Kampf wird vor allem ein Kampf zum Umsturz der Verfassung, während in der Demokratie der Klassenkampf auf dem Boden der Verfassung vor sich geht.

[...]

Eine vollkommene Demokratie gibt es noch nirgends. Aber mit Unrecht weist man auf die Mängel in den einzelnen demokratischen Staaten hin, um daraus die Wertlosigkeit der Demokratie zu deduzieren. Diese Mängel bezeugen bloß die Notwendigkeit für das Proletariat, allenthalben die Vervollkommnung der Demokratie anzustreben. Mehr als jede andere Klasse hat das Proletariat diese Aufgabe, denn mehr als jede andere hat es ein Interesse an einer vollkommenen Demokratie.

Natürlich kann die Staatsverfassung allein, und wenn sie noch so vollkommen ist, nicht den Bedürfnissen des Proletariats genügen. Die Schäden der kapitalistischen Ausbeutung werden dadurch nicht aufgehoben. Wir streben die Demokratie nicht an, weil sie uns als eine Idylle erscheint, sondern weil sie den besten Boden bildet für die Auskämpfung des Klassengegensatzes zwischen Kapital und Proletariat.

Wir sehen auch in der bloßen Demokratie nicht die Lösung aller Probleme der Staatspolitik, die heute im Zeitalter der Sozialisierung auftauchen und die man kurz dahin zusammenfassen kann, daß sie der Aufgabe entspringen, den Staat aus einem Herrschaftsapparat in einen Verwaltungsapparat für soziale Zwecke umzuwandeln. Neben Körperschaften, die dem allgemeinen gleichen Wahlrecht entspringen, werden da Korporationen von Fachleuten, Berufsorganisationen, wie Gewerkschaften, Arbeiterräte, Gilden, eine große Rolle spielen. Auf diesem Gebiet haben wir noch viel zu lernen, werden wir auch aus den Erfahrungen der russischen Sowjets manche nützliche Lehre ziehen können.

Also mit der bloßen Demokratie reichen wir zur Organisierung der sozialistischen Produktion nicht aus. Aber wo die Frage lautet: Gleichberechtigung aller oder Alleinberechtigung einer einzelnen Klasse, Demokratie oder Aristokratie, müssen wir uns für die Demokratie entscheiden, selbst gegenüber einer proletarischen Aristokratie.

1.3 Karl Renner: Der Freistaat an der Donau

Erstveröffentlicht als Karl Renner: Der Freistaat an der Donau, in: *Arbeiter-Zeitung*, 1. Jänner 1922, S. 1–2.

Am 1. Jänner 1922 trat das nur drei Tage zuvor beschlossene Landesverfassungsgesetz über die Trennung der Länder Wien und Niederösterreich in Kraft. Von diesem Tag an war die Stadt Wien ein den übrigen Ländern der Republik gleichgestelltes, selbständiges Bundesland. Davor war die Trennung Wiens von Niederösterreich einer der zentralen Streitpunkte der Konstituierenden Nationalversammlung gewesen: Ihre Zustimmung zur bundesstaatlichen Einrichtung der Republik hatten die Sozialdemokraten von dieser Trennung ebenso abhängig gemacht wie davon, dass die Stadt Wien dieselbe Autonomie und dieselben Vertretungsrechte im Bundesrat erhält wie die übrigen Länder. Obwohl die Trennung also aus einem Kompromiss hervorgegangen war, begrüßt sie Karl Renner (1870–1950), einer der Führer der österreichischen Sozialdemokratie und Staatskanzler bis 1920, mit einem Pathos, das die politische Bedeutung der neuen Selbständigkeit verrät: Wien ist für das „arbeitende Volk" nicht bloß ein weiteres Bundesland unter anderen, sondern zugleich „Freistaat", „Republik" und (Pariser) „Kommune".

Der 1. Jänner des Jahres 1922 ist für die Stadt Wien ein geschichtlicher Tag ersten Ranges. Dem flüchtigen Betrachter mag er bloß als der Zeitpunkt erscheinen, wo die gleichlautenden Gesetze über die Trennung des alten Kronlands Erzherzogtum Oesterreich unter der Enns in zwei selbständige Bundesländer der Republik in Wirksamkeit treten und der Jammer einer unhaltbar gewordenen Verwaltungsgemeinschaft aufhört, als der Zeitpunkt, an dem jeder der beiden Teile die langgewünschte

Selbständigkeit erlangt und von nun an sein Gebiet und seine Bürger, seine Steuern und seine Anstalten selbst verwaltet. Aber hinter diesem Augenblicksbild birgt sich ein geschichtliches Ereignis, das der Abschluß einer langen Entwicklung und der verheißungsvolle Ausgangspunkt einer neuen Geschichte ist.

Die Stadt Wien ist am heutigen Tage ein freier Gliedstaat der freien Republik Oesterreich geworden, somit selbst eine Republik mit allen Attributen eines Staates und zugleich der führende Gliedstaat des Bundes.

[...]

Besäße Wien ein politisch denkendes Bürgertum, so würde dieses die neue Rolle mutig erfassen und bewußt ausdrücken – aber es überläßt seine Vertretung den Anwälten des Hofes, der Kirche und des Adels, den Seipels und Czernins, den Sachwaltern der kaiserlichen Generale und Bürokraten, den Vaugoins und Schmitz, den abgedankten Werbern für habsburgische Schwarzhunderte, den Jerzabeks und Kunschaks.[14] So blieb es uns Sozialdemokraten vorbehalten, wie die bürgerliche Demokratie überhaupt, so auch die bürgerliche Freiheit Wiens als Schlußakt der Vergangenheit zu vollziehen.

Das Wien der Zukunft aber gehört in erster Linie dem arbeitenden Volke: die Republik Wien ist ihm zugleich die *Kommune Wien*. Noch ringt sie zunächst um ihren nackten Bestand und für die soziale Schöpferarbeit fehlen alle sachlichen Mittel. Aber die Kühnheit, mit der ihre Verwalter, vor allen ihr Finanzreferent, den harten Kampf um das wirtschaftliche Dasein geführt haben und weiterführen, verbürgt nicht nur den Erfolg – Wien wird die Finanzkrise überstehen –, sondern verheißt auch reiche Früchte, sobald der gewonnene Daseinskampf Köpfe und Mittel für die Reform freimacht. [...] *Wien ist heute das größte städtische Gemeinwesen der Welt, das von Arbeitern verwaltet wird*! Und das unter beispiellosen, unerhörten Schwierigkeiten mit dem vollständigsten Erfolg, der je einer Partei in so kurzer Zeit beschieden war. Die Stadt, auf deren Hauptplatz nach feindlichen Prophezeiungen das Gras wachsen sollte, die Stadt, die kurzsichtige Landsleute selbst mit einem Wasserkopf verglichen hatten, diese Stadt ist nicht nur finanziell und ökonomisch gehalten. Sie ist durch die Tüchtigkeit ihrer Verwalter nun auch staatsrechtlich und politisch erhöht und zur vollen Selbständigkeit geführt worden!

---

14 Renner zählt hier die reaktionäre Prominenz der Christlichsozialen Partei auf: Ignaz Seipel (1876–1932) war von 1921–1930 Vorsitzender der Christlichsozialen Partei und von 1922–1924 und von 1926–1929 Bundeskanzler. Ottokar Czernin (1872–1932) war von 1916–1918 Außenminister und erklärter Gegner des Parlamentarismus. Carl Vaugoin (1873–1949) war von 1921–1933 Verteidigungsminister, Richard Schmitz (1885–1954) war Sozialminister, Unterrichtsminister, Vizekanzler und von 1934–1938 Wiener Bürgermeister. Anton Jerzabek (1867–1939) gehörte von 1920–1930 dem Nationalrat an und gründete 1919 den Antisemitenbund. Leopold Kunschak (1871–1953), ein ähnlich glühender Antisemit wie Jerzabek, war von 1920–1934 Abgeordneter des Nationalrats und Vorsitzender des christlichsozialen Arbeitervereins. Schwarze Hundertschaften waren monarchistisch-nationalistische Vereinigungen im zaristischen Russland.

Ein großes Erbe, eine gewaltige Neuschöpfung, ein kostbares Kleinod der Zukunft ist die Republik und Kommune Wien! Arbeiter von Wien, sie ist in eure Hand gegeben – bewahret, behütet sie, sichert sie denen, die nach euch kommen, als teuerstes Vermächtnis!

1.4 Robert Danneberg: Die deutschösterreichische Finanzverfassung

Erstveröffentlicht als Robert Danneberg: Die deutschösterreichische Finanzverfassung, in: *Der Kampf. Sozialdemokratische Monatsschrift*, 15. Jg., Nr. 7 (Juli 1922), S. 198–212.

In seinem Kommentar zum Finanzverfassungsgesetz, das die Verteilung des Steueraufkommens zwischen dem Bund und den Ländern regelt, kommt Robert Danneberg (1885–1942), sozialdemokratischer Parteisekretär und Rechtsexperte, einleitend noch einmal auf die Gegensätze zu sprechen, welche die politischen Standpunkte der Parteien in der Konstituierenden Nationalversammlung getrennt hatten. Danneberg erwähnt das sozialdemokratische Eintreten für einen zentralistischen Einheitsstaat, die neu erworbene Selbstständigkeit Wiens sowie den Streit um die Zusammensetzung des Bundesrats. Mehrere christlichsoziale Verfassungsentwürfe hatten vorgesehen, dass die Länder eine feste Anzahl von Vertretern in den Bundesrat entsenden (zwischen drei und fünf), die in keiner Weise dem an der Einwohnerzahl und dem Steueraufkommen gemessenen Größenverhältnis zwischen den Ländern entsprach. Damit wäre tatsächlich, wie Danneberg schreibt, ein „christlichsoziales Herrenhaus" geschaffen worden. Was schließlich Gesetz wurde, war der Vorschlag Hans Kelsens, die Zahl der Vertreter proportional zu gestalten.

[...]
Die großen Prinzipienfragen, welche die Verfassungskämpfe der Jahre 1918 und 1920 beherrschten, sind neuerdings auf die Tagesordnung gestellt worden. Sie sind bei der Beratung der Bundesverfassung nicht rein gelöst worden. Die Verfassung ist ein Kompromiß. In diesem Lande sind weder die Christlichsozialen noch die Sozialdemokraten stark genug, den Staat ganz nach ihrem Willen zu gestalten. Die republikanische Staatsform war nicht bestritten. Unter den Monarchisten haben in Österreich die Mußrepublikaner die Oberhand. Sie halten die Zeit nicht für geeignet, monarchistische Propaganda zu treiben, und fügen sich der Tatsache, daß die Republik besteht. Aber sie wollen sie wenigstens so reaktionär als möglich einrichten. Ein zentralistischer Einheitsstaat würde die Stellung *Wiens* stärker zur Geltung bringen. Der Föderalismus, der die Selbständigkeit der Länder begünstigt, sollte das Gefüge der Republik lockern, das revolutionäre Zentrum Wien schwächen. Das alberne Gerede über den „Wasserkopf Wien" ist freilich längst verstummt. Die Toren, die uns einreden wollten, daß Deutschösterreich leben könnte, wenn nur Wien nicht

dazu gehörte, begreifen es jetzt schon selbst, daß die Länder ohne Wien überhaupt keine Lebensmöglichkeit hätten. Denn die selbstbewußten Agrarier können nicht einmal sich selbst, geschweige denn die Industriebevölkerung ernähren. Die Einfuhr nach Deutschösterreich betrug auf Grund amtlicher Schätzungen im Jahre 1920 1761 Millionen Goldkronen. Davon entfielen nicht weniger als 740 Millionen Goldkronen auf Nahrungsmittel. Sie müssen mit Industrieprodukten bezahlt werden. Von den 969 Millionen Goldkronen, welche die österreichische Ausfuhr immerhin erreichte, entfielen 820 Millionen Goldkronen auf Industrieerzeugnisse, auf Holz, Erze und Magnesit zusammen 67 Millionen Goldkronen. Wir können nicht ohne Export leben, und Wien mit dem anschließenden Industriegebiet der Südbahn vor allem ist es, das diese Exportwaren produziert. Gleichwohl: sie hassen das rote Wien immer noch und stellen ihm die schwarzen Länder entgegen.[15] Zwar wird es auch in diesen Ländern heller und heller. Sind erst die Landarbeiter zum Klassenbewußtsein erwacht, dann ist die Macht der Christlichsozialen zutiefst erschüttert. Vorläufig aber haben sie den größten Teil des Landvolkes noch in ihrem Banne und treiben darum Länderpolitik. Denn von Wien und Kärnten abgesehen, haben sie in allen Ländern eine stärkere Position, als im Nationalrat je für sie erlangbar ist. Der Bundesstaat mit möglichst selbständigen Ländern ist darum ihr politisches Ideal.

Sie haben formell gesiegt. Österreich ist ein *Bundesstaat* geworden. Aber die Anhänger der föderalistischen Ideen werden nicht müde, zu bekennen, daß dieser Bundesstaat eigentlich keiner ist. Die Länder hängen in der Luft. Mögen sie sich auch noch so sehr als große Herren gebärden, so engt doch schon die Bundesverfassung selbst ihre Kompetenz beträchtlich ein und vor allem verfügt der Bund allein über die Banknotenpresse, das heute unentbehrliche Requisit der Staatsverwaltung. Die Einheit des Wirtschaftsgebietes ist im großen und ganzen gewahrt geblieben. Den reaktionären Föderalisten ist auch die Freude an der Länderselbständigkeit dadurch vergällt worden, daß Wien ebenfalls ein eigenes Land geworden ist, das volkreichste und wirtschaftlich kräftigste zugleich. Was sie für die Länder an Macht erringen, gilt immer auch für Wien, so schmerzlich es auch für die christlichsozialen Landesherren sein mag.

Dann dachten sie auf dem Wege über den Bundesstaat die *Demokratie* zu eskamotieren. Aber auch das ist ihnen mißlungen. Sie wollten neben den Nationalrat eine zweite Kammer setzen, die eine Ländervertretung darstellen sollte, in der jedem Land die gleiche Vertretung zugedacht war. Damit wäre ein christlichsoziales Herrenhaus geschaffen worden. Aber das ist anders gekommen. Sie haben den Bundesrat erreicht, aber in ihm sind die Länder innerhalb gewisser Grenzen doch nach der Bevölkerungszahl vertreten und seine politische Zusammensetzung ist darum nicht anders als die des Nationalrates. Daß der Bundesrat ein unbeachtetes Dasein

---

15 In der politischen Lager- und Farbenlehre der österreichischen Politik steht Rot für die Sozialdemokratie und Schwarz für die christlichsoziale Partei.

führt und allgemein als eine überflüssige Körperschaft erachtet wird, ist gut. Es zeigt, daß es uns tatsächlich gelungen ist, den Angriff auf die Demokratie abzuwehren. Ein Bundesrat, der politisch nur ein Abklatsch des Nationalrats ist, kann nicht gefährlich werden, sondern nur langweilig.

Sind die Länder schwach gegenüber dem Bunde, so sind sie doch auch nicht unabhängig und vollkommen selbständig gegenüber den *Gemeinden*. Diesen sichert die Bundesverfassung ein Mindestmaß von Rechten, das ihnen nicht entzogen werden darf. Daß wir keine ordentliche Lokalverwaltung haben, ist einer der schwersten Mängel unseres Staatswesens. Die Möglichkeiten für eine Entwicklung in dieser Richtung nicht völlig zu verschütten, war eine unserer Sorgen, als die Verfassung geschaffen wurde. Weniger als wir gewollt, und doch weit mehr als sich die Christlichsozialen je vorgestellt haben, ist darüber in die Bundesverfassung hineingekommen.

[...]

1.5 Oskar Trebitsch: Rechtsprechung und Klassenkampf

Erstveröffentlicht als Oskar Trebitsch: Rechtsprechung und Klassenkampf, in: *Der Kampf. Sozialdemokratische Monatsschrift*, 16. Jg., Nr. 8 (August 1923), S. 258–264.

Kein Schlagwort hat die sozialdemokratische Kritik am Komplex der Strafjustiz mehr geprägt als der Begriff der „Klassenjustiz". Historisch das Resultat einschlägiger Erfahrungen mit einer Justiz, die noch Jahrzehnte nach der Dezemberverfassung von 1867 als Instrument zur Unterdrückung der Arbeiterbewegung eingesetzt wurde, geriet der Begriff der „Klassenjustiz" unter demokratischen Bedingungen allerdings selbst zunehmend in die Kritik. Als Pauschalurteil über die Rechtsprechung drohte er, wie der sozialdemokratische Rechtsanwalt Oskar Trebitsch (1886–1958) an anderer Stelle ausführt, beim Proletariat „die Achtung vor der Idee des Rechts zu verschütten".[16] *Gegen diese Gefahr setzt Trebitsch im Folgenden die vorsichtige Differenzierung des Begriffs.*

Klassenjustiz? Mit lauter und gewiß meist ehrlicher Entrüstung wird der Vorwurf der Klassenjustiz jedesmal zurückgewiesen, so oft er von den parlamentarischen und journalistischen Vertretern der Arbeiterschaft erhoben wird. Justizverwaltung und Richterschaft beeilen sich eindringlichst zu versichern, daß das ausschließliche Streben aller Organe der Rechtspflege nur das eine sei, nämlich das Recht und nichts als das Recht zu fördern und daß sie auch weiterhin, unbeirrt durch gewissenlose und demagogische Vorwürfe usw. usw.

---

[16] Oskar Trebitsch: Die Rechtsidee und der Sozialismus, in: *Der Kampf. Sozialdemokratische Monatsschrift*, 12. Jg., Nr. 31 (1. November 1919), S. 714–717, hier S. 717.

Ich glaube, wir haben demgegenüber die Pflicht, aber auch das Recht, festzustellen, daß hier vor allem eines jener Mißverständnisse vorliegt, die am gefährlichsten werden können, nämlich ein terminologisches. Denn wenn wir von Klassenjustiz reden, so verstehen wir darunter mehr und im gewissen Sinne, nämlich im Sinne eines ethischen Werturteiles gegenüber den Trägern dieser Klassenjustiz, doch auch weniger als die so entrüsteten Verteidiger, übrigens meistens Ex-offo-Verteidiger, der „unparteiischen Rechtspflege", und nun reden wir so eigentlich immer noch weiter aneinander vorbei, als dies auch sonst zwischen Marxisten und grundsätzlichen Vertretern der Rechtsordnung des Kapitals vielleicht unvermeidlich sein mag.

Denn freilich auch wir nennen Klassenjustiz offenkundige und nicht durch die Annahme intellektueller Unzulänglichkeit des Richters allein entschuldbare Fälle der Mala-fide-Rechtsbeugung,[17] Rechtsverzögerung und Rechtsverweigerung. Gewiß, wir sprechen auch da von Klassenjustiz, wo einfach jenes scheußlichste aller Verbrechen gegen den Geist des Menschlichen begangen wird, daß nämlich unter dem Deckmantel eines Rechtsverfahrens von einem hiezu bestellten und bezahlten Schurken im Richterkittel wider den Wortlaut oder den offenbaren Geist des Gesetzes „Recht" gesprochen wird, in der ihm bewußten Absicht, das Recht zu beugen. [...]

Freilich, meistens liegt die richterliche Schurkerei nicht klar zutage, und wir nennen deshalb nicht minder mit dem Unterton des moralischen Vorwurfs auch jene Urteile Klassenjustizfälle, bei denen die Begründung einen solchen Grad von intellektueller Minderwertigkeit, jedoch verbunden mit sophistischem Distinktionsvermögen – ist es zwar Wahnsinn, hat es doch Methode – aufzeigt, daß der Verdacht wohlbegründet ist, es sei diese eigenartige richterliche Dummheit doch nur simuliert, um zu einem beabsichtigten Fehlurteil zu gelangen. Freilich ist die auf freier Beweiswürdigung fußende Bildung der richterlichen Überzeugung ein interner Vorgang, und beweisen läßt sich in einem solchen Falle die richterliche Lumperei nicht, wohl aber macht sie sich, um die schöne Unterscheidung der Zivilprozeßordnung anzuwenden – selbst durchaus glaubhaft. Man kann es zum Beispiel gewiß nicht beweisen, daß jemand ein Schuft ist, der als Richter den Ausdruck Schuft für keine Ehrenbeleidigung erklärt, aber glaubhaft ist es im höchsten Maße.

Im gleichen Sinne des moralischen Tadels sprechen wir aber auch bezüglich einer weiteren, sehr zahlreichen Kategorie von Rechtssprüchen von Klassenjustiz, nämlich auch dann, wenn sogar dem Buchstaben und dem Geiste des Gesetzes gehorcht wurde, das Urteil aber dennoch ein grausames, unmenschliches ist und dem Geiste der Verfolgung, nicht der Rechtsverfolgung im sittlichen Sinne zu dienen bestimmt und geeignet ist. In diesem Sinne sprechen wir von Klassenjustiz in Horthy-

---

17 Rechtsbeugung in böser Absicht wider besseren Wissens.

Ungarn,[18] wo jetzt die Richter meistens wirklich das jetzt dort geltende Recht im objektiven Sinne und auch im Geiste dieses jetzigen Ungarns anwenden; dennoch, was mögen das für Exemplare der Gattung Mensch sein, die sich ruhig zu Tisch setzen, nachdem sie über 16jährige Mädchen 15 Jahre Zuchthaus wegen Verbreitung kommunistischer Flugblätter von „Rechts wegen" verhängt haben? [...]

Aber bei allen diesen Gruppen von Rechtssprüchen, den seltenen formal nachweisbaren Rechtsbrüchen, den häufigeren formal nicht nachweisbaren, aber doch sachlich offenbaren Rechtsbrüchen und schließlich bei den sehr zahlreichen, formal einwandfreien, aber durch die ihnen innewohnende Unmenschlichkeit und Untermenschlichkeit stigmatisierten Urteilen sprechen wir von Klassenjustiz, indem wir mit diesem Ausdruck stets auch ein negatives Werturteil gegen die betreffenden Richter verbinden, und nur in diesem Sinne werten die Richter unseren allgemein gehaltenen Vorwurf der Klassenjustiz. *Hinc illae lacrimae!*[19]

Wir aber verstehen unter Klassenjustiz noch etwas anderes, was dem gesellschaftskritisch ungeschulten Geiste nicht so leicht verständlich und geläufig wird, nämlich alle Auswirkungen der Befangenheit des richterlichen Bewußtseins in der Gesamtideologie einer bestimmten Klasse. Treffend sagt hierüber Gustav Radbruch in seinen Erläuterungen zum Görlitzer Programm:[20]

> Eine Auslegung und Anwendung des Rechtes nach Maßgabe der Selbstverständlichkeiten einer bestimmten Volksklasse nennen wir Klassenjustiz. Daraus schon ergibt sich, daß Klassenjustiz nicht gleichbedeutend ist mit Rechtsbeugung; nicht mit dem Bewußtsein der Rechtsverdrehung, sondern in der Befangenheit klassenmäßiger Vorurteile, und gerade deshalb im besten Glauben geübt zu werden, ist das Wesen der Klassenjustiz. Klassenjustiz ist nicht ein moralischer Vorwurf, der mit Entrüstung erhoben und mit Entrüstung zurückgewiesen werden müßte, sondern eine soziologische Feststellung. Die Klassenjustiz ist eine unvermeidliche Auswirkung des Klassenstaates und völlig nur mit ihm zu überwinden; zu bekämpfen und einzuschränken aber schon auf seinem Boden.

[...]

Ich habe schon einmal versucht, darzulegen,[21] wie wichtig es für die Bildung eines zum gemeinwirtschaftlichen Kulturleben befähigenden Bewußtseins ist, daß wir den Rechtsidealismus des Proletariats pflegen und uns trotz aller Angriffslust gegen das bestehende objektive Recht gewissenhaft davor hüten, den lebendigen Quell auch jeder sozialistischen Rechtsordnung, die sittliche Achtung vor der Idee

---

18 Nach der Niederschlagung der kurzlebigen Räterepublik unter Béla Kun im Jahr 1919 stand Reichsverweser Miklós Horthy (1868–1957) an der Spitze des autoritären ungarischen Staats.
19 „Daher also die Tränen!"
20 Literaturverweis im Original: [Gustav Radbruch: *Rechtspflege. Erläuterungen zum Görlitzer Programm,*] Berlin: Vorwärts 1922.
21 Fußnote im Original: Die Rechtsidee und der Sozialismus, [in: Der] Kampf. *Sozialdemokratische Monatsschrift,* 12. Jg., Nr.] 31 (1919).

des Rechtes, zu verschütten. Je ernster wir aber entschlossen sind, auch den auf das Recht im klassenlosen Staate eingestellten Rechtsidealismus des Proletariats als Antrieb zur großen Reform des Bewußtseins zum Sozialismus sich auswirken zu lassen, desto eifriger müssen wir gleichzeitig am Werke sein, jene große Illusion aufzudecken, als ob im Klassenstaat eine über den prozessualen Widerstreit der Klasseninteressen sich ganz heraushebende, objektive Rechtsprechung allgemein überhaupt möglich wäre. Wohl ist dieser Glaube an die Möglichkeit vollständig klassenneutraler Rechtsprechung schon in dieser Gegenwart der Stützpfeiler aller richterlichen Ethik, und die wahrhaft große Berufstragik des Richtertums liegt in der willensbestimmten Notwendigkeit, sich diesen Glauben zu bewahren, während doch zugleich jede gesellschaftskritische Analyse der eigenen Funktion gerade dem guten Richter die Erkenntnis von der Subjektivität seines Tuns und damit die klassenmäßige Bedingtheit seiner Richtersprüche immer aufs neue aufdrängt. Um diese Tragik des Richtertums aufzuzeigen, nicht als eine naturgesetzlich unentrinnbare, sondern als eine entwicklungsgesetzlich lösbare, die Bona-fide-Klassenjustiz zu enthüllen, nicht um einen ehrenkränkenden Vorwurf zu erheben, sondern um ihr Dasein in das allgemeine Bewußtsein zu rücken: dazu wird uns freilich die oft geübte kasuistische Bloßstellung von Fehlurteilen weniger dienlich sein als eine marxistische Rechtskritik, die alle Rechtsinstitutionen und ihre personalen Träger auf ihre bewußtseinsbildenden Seinsgrundlagen reduziert und so in ihrer Klassenbestimmtheit darlegt.
[...]

1.6 Friedrich Austerlitz: Die Mörder von Schattendorf freigesprochen!

Erstveröffentlicht als Friedrich Austerlitz: Die Mörder von Schattendorf freigesprochen!, in: *Arbeiter-Zeitung*, 15. Juli 1927, S. 1–2.

Der Freispruch für die drei Angeklagten im sogenannten Schattendorfer Prozess[22] war unmittelbarer Anlass für die blutigen Unruhen des 15. Juli 1927, jenes Tages, an dem nach spontanen Massenerhebungen der Wiener Arbeiter der Justizpalast brannte und 84 Demonstranten von der Polizei erschossen wurden. Von Historikern wurden die Julieereignisse übereinstimmend als Wendepunkt in der Geschichte der Ersten Republik

---

22 Am 30. Jänner 1927 waren in der kleinen burgenländischen Marktgemeinde Schattendorf bei einem blutigen Zusammenstoß zwischen Angehörigen der Frontkämpfervereinigung Deutschösterreichs und des Republikanischen Schutzbundes zwei Menschen durch Schüsse getötet und fünf weitere verletzt worden. Die Staatsanwaltschaft Wien II erhob daraufhin am 7. Juni 1927 Anklage wegen des Verbrechens der öffentlichen Gewalttätigkeit durch boshafte Handlungen unter besonders gefährlichen Verhältnissen nach § 87 StG.

bezeichnet. Der flammende Leitartikel des Chefredakteurs Friedrich Austerlitz (1862–1931) vom selben Tag gibt nicht nur das verletzte Rechtsempfinden der Arbeiterschaft wieder, sondern sollte diesem zugleich als Ventil dienen: Hatte die sozialdemokratische Parteiführung doch nach Bekanntwerden des Urteils auf offizielle Aufrufe zu Protestaktionen verzichtet. Aus gutem Grund: Der Freispruch war von einem Geschworenengericht gefällt worden, d. h. von einer Institution, die von der Sozialdemokratie stets als Hebel verteidigt wurde, um bürgerliche Klassenjustiz aufzubrechen.

Nichts wird den drei Angeklagten, die am 30. Jänner in Schattendorf in eine Menschenmenge hineingeschossen, mit vollem Vorsatz die todbringenden Schüsse auf Menschen abgefeuert haben, die zwei Menschenleben vernichtet und fünf Menschen verletzt haben, nichts wird ihnen geschehen, kein Haar wird ihnen gekrümmt werden: die eidbrüchigen Gesellen auf der Geschwornenbank haben sie von allen Schuldfragen freigesprochen und unter dem Siegesgeheul der angesammelten Frontkämpfer sind sie, die zwei Menschenleben auf dem Gewissen haben, sofort in Freiheit gesetzt worden. Eine Schurkerei ist diese Freisprechung, wie sie in den Annalen der Justiz wohl selten, vielleicht noch nie erlebt worden ist. Denn meine man ja nicht und sage nicht, daß es ein Verdikt der Milde sei, daß die Geschwornen, in einem Zweifel über die Schuld, lieber freigesprochen als verurteilt haben; wende auch nicht ein, daß Geschworne erst unlängst auch die Frau, die ihren Mann getötet hatte, freigesprochen haben. Denn Geschworne können noch schwanken, ob sie eine Frage auf Mord bejahen sollen, wenn die Möglichkeit nicht ausgeschlossen ist, daß der Mörder, als er die Tat verübte, einem Anfall von Sinnesverwirrung erlegen ist; hier aber, bei dem unmenschlichen Schießen in die Menschen hinein, ist kein Zweifel über die Tat, über die Vorsätzlichkeit und Planmäßigkeit möglich. Diese drei Frontkämpfer haben schon am Vormittag die Waffen zusammengetragen; sie haben sich, wie der Staatsanwalt sagte, eine Festung eingerichtet, von der aus, verborgen und unerreichbar, sie die Jagdgewehre auf die angesammelten Schutzbündler gerichtet haben; sie haben auch keinen Angriff abzuwehren gehabt, in keiner Notwehr sich befunden, sie haben einfach ihren zügellosen Rachedurst befriedigen wollen. Und diese namenlose Schandtat bleibt ungesühnt!

Und man übersehe auch nicht, daß die Fragestellung des Gerichtshofes es den Geschwornen ermöglicht hat, auch nur eine geringere Schuld zu bejahen, also die allermildeste Verurteilung herbeizuführen. Die Geschwornen sind schließlich gefragt worden, ob die Angeklagten schuldig sind, mit dem Schießen in die Menge von Menschen „eine Handlung unternommen zu haben, von welcher sie schon nach ihren natürlichen, für jedermann leicht erkennbaren Folgen einzusehen vermochten, daß sie geeignet sei, eine Gefahr für das Leben oder für die körperliche Sicherheit von Menschen herbeizuführen". Die drei Frontkämpfer schießen in eine Menschenmenge hinein, schießen blindwütig auf angesammelte Menschen. Und sie sollen sich im Unklaren darüber befunden haben, daß sie damit für die Menschen, auf die sie mit ihren Gewehren gezielt und geschossen haben, eine Gefahr für die körperliche Sicherheit dieser Menschen herbeiführen? Und selbst *diese* Frage ist von einem Teil der Geschwornen verneint worden, von so vielen Geschwornen verneint worden, daß die Freisprechung erfolgen mußte! Nach Ansicht dieser Geschwornen bedeutet es also gar nichts, auf Menschen zu schießen; das ist, wenn die Schießenden Frontkämpfer sind, wohl ein erlaubtes Jagdvergnügen! Die aber den Eid, den sie geleistet haben, so schnöde mit Füßen treten; die sich über Recht und Gerechtigkeit so frech hinwegsetzen, die sind keine Geschwornen, sind ehrlose Gesetzbrecher, denen für ihren schamlosen Freispruch Haß und Verachtung aller rechtlich denkenden Menschen gebührt. Diese Verdammung wird ihnen auch werden.

Denn die Wahrheit, die aus dieser Freisprechung, die die ganze Rechtsprechung schändet, so erschütternd und aufreizend hervorgeht, ist die, daß Hakenkreuzler und Frontkämpfer, wenn sie auf Arbeiter schießen, wenn sie Sozialdemokraten ermorden, der Freisprechung anscheinend immer gewiß sein können. Der Mord an Birnecker, der Mord an Still, der Mord an Kovarik, sie alle sind ungesühnt geblieben.[23] Und so konnten die Frontkämpfer in Schattendorf schon annehmen, daß auch ihnen nichts passieren werde, wenn sie den bereits ermordeten Sozialdemokraten noch etliche zugesellen werden, was sie ganz offensichtlich dazu geführt hat, sich bei ihrer Schießerei ja keinen Zwang aufzuerlegen. Weshalb auch?

[...]

Aber ihnen allen, die der Geduld des arbeitenden Volkes mit den Freisprechungen der Arbeitermörder eine so schwere Belastung zufügen, ihnen allen sei gesagt, daß sie da ein frivoles, ein gefährliches Spiel treiben. Denn wenn die Arbeiter erkennen müßten, daß es für sie in dieser kapitalistischen Ordnung keine Gerechtigkeit gibt, daß die Justiz zur Komödie herabsinkt, wenn ein den arbeitenden Menschen zugefügtes Unrecht zu sühnen ist, dann wird der Glaube an diese Gerechtigkeit vernichtet und das Vertrauen zu ihr verschüttet. Denn die Versagung der Gerechtigkeit ist das Schlimmste, was den arbeitenden Menschen angetan werden kann, und wenn sie das einmal erkennen und ihr Bewußtsein von dieser niederdrückenden Tatsache erfüllt wird, so ist es um die Rechtsordnung geschehen. Die bürgerliche Welt warnt immerzu vor dem Bürgerkrieg; aber ist diese glatte, diese aufreizende Freisprechung von Menschen, die Arbeiter getötet haben, weil sie Arbeiter getötet haben, nicht schon selbst der Bürgerkrieg? Wir warnen sie alle, denn aus einer Aussaat von Unrecht, wie es gestern geschehen ist, kann nur schweres Unheil entstehen.

---

23 Die drei von Austerlitz erwähnten Fälle hatten sich tief in das populäre Gedächtnis der Sozialdemokratie eingegraben und standen stellvertretend für Straftaten rechtsradikaler Organisationen, die von den Gerichten nicht in angemessener Weise gesühnt wurden. Franz Birnecker wurde am 18. Februar 1923 von Angehörigen der monarchistischen Schutztruppe „Ostara" ermordet, Karl Still am 4. Mai 1923 von zwei Nationalsozialisten, der erst 16-jährige Franz Kovarik ebenfalls von Hakenkreuzlern, die am 23. September 1923 ein Arbeiterfest überfielen. Die Täter kamen in allen drei Fällen mit kleinen Haft- oder sogar nur Geldstrafen davon.

1.7 Therese Schlesinger: Strafjustiz und Psychoanalyse

Erstveröffentlicht als Therese Schlesinger: Strafjustiz und Psychoanalyse, in: *Der Kampf. Sozialdemokratische Monatsschrift*, 23. Jg., Nr. 1 (Jänner 1930), S. 34–40.

Der Beitrag der Frauenrechtlerin und sozialdemokratischen Abgeordneten Therese Schlesinger (1863–1940) steht exemplarisch für eine ganze Reihe von sozialdemokratischen Ansätzen in der Zeitschrift Der Kampf,[24] *Erkenntnisse aus der Psychoanalyse oder der Soziologie auf die Praxis der Rechtsprechung zu übertragen. Ihre Überlegungen stehen dabei im Kontext einer der beiden wesentlichen Tendenzen der zeitgenössischen Strafrechtsentwicklung, der sozialen Strafrechtsreform. Diese sah die Umgestaltung der Vergeltungsstrafe zur sozialen Zweckstrafe vor, die Ergänzung generalpräventiver durch spezialpräventive, an der tatsächlichen Gefährlichkeit des Verbrechers orientierte Strafzwecke.*

In den letzten Jahren konnten wir es wiederholt beobachten, wie zwei junge Wissenschaften, die ursprünglich von ganz entgegengesetzten Punkten ausgingen, sich berühren und einander fördern und ergänzen. Während die ältere von beiden, die Soziologie, die Gesetzmäßigkeit in der Entwicklung der Gesellschaft erforscht, sucht die jüngere, die Psychoanalyse, die Gesetze aufzuzeigen, nach denen sich die Anpassung des Individuums an die Notwendigkeiten der Gesellschaft und des Kulturlebens vollzieht.

Daß der Mensch von seiner Geburt an einen schwierigen Anpassungsprozeß durchzumachen hat, um sich in die Gemeinschaft einfügen zu können, und daß die Erziehung diesen Prozeß nur wegweisend erleichtern, aber ihn dem Kinde nicht ersparen kann, das wußte man immer. Sigmund *Freud* aber blieb die große Entdeckung vorbehalten, daß die asozialen Urtriebe, von denen jedes Lebewesen beherrscht ist, in dem Kulturmenschen nicht durch Erziehung und Traditionen ausgerottet, sondern nur ins Unbewußte verdrängt werden. Dort aber wirken sie fort und sehr viele Gedanken und Handlungen sind nur als unbewußte Rebellion verdrängter Triebwünsche und zugleich als Flucht vor deren Bewußtwerdung und Betätigung zu verstehen. Die Anpassung des Trieblebens an die Kultur vollzieht sich so, daß ein Teil der gesellschaftsfeindlichen und als solche verdrängten Triebe in erlaubte und sogar in gesellschaftsfördernde umgewandelt, sublimiert wird. Schon der Säugling entwickelt sein Ich durch Wahrnehmungen in der Außenwelt und das allmähliche Erkennen, ob und inwieweit deren Gegebenheiten mit seinen Wün-

---

[24] Vgl. Robert Pollak: Vom Strafrecht zum Schutzrecht, in: *Der Kampf. Sozialdemokratische Monatsschrift*, 25. Jg., Nr. 3 (März 1932), S. 125–133; Therese Schlesinger: Strafjustiz und Strafvollzug, in: *Der Kampf. Sozialdemokratische Monatsschrift*, 24. Jg., Nr. 4 (April 1931), S. 183–186; Oskar Trebitsch: Das Problem der Richterbestellung, in: *Der Kampf. Sozialdemokratische Monatsschrift*, 18. Jg., Nr. 11 (November 1925), S. 425–431.

schen vereinbar sind. Die vollkommene Auswirkung seiner Triebe wird durch Eltern und Pfleger erst mechanisch behindert und später durch Gebote und Verbote eingeengt. Was erst Zwang war, geht als ein „Du sollst" und „Du darfst nicht" in das Bewußtsein des Kindes über und dem Wollen in ihm, seinem Ich, stellt sich das Sollen als Über-Ich, oder, wie wir es gewohnt sind, sein Gewissen entgegen. Das Denken, Empfinden und Handeln der Menschen wird aber nur zum Teil von diesem bewußten Seeleninhalt, zum anderen Teil aber von unbewußten Trieben beherrscht, die den Regeln des Kulturlebens so schroff widersprechen, daß das Gewissen sich nicht damit begnügt, sie abzulehnen, sondern gezwungen ist, sie aus dem Bewußtsein zu verdrängen.

Zuweilen gelingt aber die Anpassung nur unvollständig, zuweilen wird sie durch krankhafte Veranlagung, viel öfter aber durch verfehlte Erziehungsmaßnahmen oder sonstige Insulte behindert, welche die Psyche des Kindes durch die Umwelt erfährt. Das Gelingen oder Mißlingen des seelischen Anpassungsprozesses, für welches die Erlebnisse der frühen Kindheit die am meisten entscheidenden sind, hängt also von Konstitution und Umwelt ab, so daß mangelhafte Verdrängung und Sublimierung nicht anders zu werten sind, als andere Entwicklungsfehler, als etwa ein Höcker oder Klumpfuß.

[...]

Der gelehrte Richter fühlt in der Regel sehr wohl, daß seine Urteile der Eigenart der Angeklagten nicht Rechnung zu tragen vermögen, und der berühmte Kriminalist Franz von *Liszt* hat schon in den achtziger Jahren des vorigen Jahrhunderts Grundsätze vertreten, die ihn fast als einen Vorläufer der psychoanalytischen Kriminaltheorie erscheinen lassen.[25] Er wollte nicht die Tat, sondern den Täter bestraft sehen, was nichts anderes bedeutet, als die Anerkennung der Pflicht des Richters, sich mit der Psyche des Täters auseinanderzusetzen. Nach Liszt ist jeder Verbrecher das Opfer des Milieus und der Erziehung. Mit solchen Erkenntnissen vermag aber der Berufsrichter nicht viel anzufangen. Er flüchtet vor der Verantwortung, die sie ihm auferlegt, in die Welt der Paragraphen. Die Lebensfremdheit der scholastischen Jurisprudenz mußte aber schließlich doch für das moderne Rechts- und Menschlichkeitsgefühl, wie mangelhaft es auch bisher noch entwickelt ist, unerträglich werden. Die individuell-psychologische Beurteilung des Einzelfalles wurde immer dringender von dem öffentlichen Gewissen gefordert. Zu diesem Zweck wurden die Machtbefugnisse des Richters erweitert und die Laiengerichte geschaffen. Dadurch sollte der intuitiven, gefühlsmäßigen Beurteilung der schwersten Delikte Raum gegeben werden. Von diesem Gesichtspunkt aus haftet allerdings den Geschworenengerichten der Mangel an, daß sie wohl schuldig- oder freisprechen dürfen, auf das Strafausmaß des Schuldiggesprochenen und auf den Strafvollzug aber keinen Einfluß haben.

---

[25] Vgl. Franz von Liszt: *Der Zweckgedanke im Strafrecht*, Marburg: Pfeil 1882.

Zum Verständnis der Entscheidungen Geschworner, welche so häufig im Gegensatz zu dem Buchstaben des Gesetzes stehen, vermag die Psychoanalyse sehr Wesentliches beizutragen. Wie wir schon gesehen haben, kommt der Mensch als „kriminelles", das heißt sozial nicht angepaßtes Wesen zur Welt. Je günstiger die materiellen Verhältnisse sind, unter denen einer lebt, desto weniger Triebverdrängung wird von ihm gefordert, je liebevoller und verständiger seine Erzieher sind, desto eher wird ihm die Verdrängung und Sublimierung des asozialen Triebteils gelingen. Unzulängliche Verdrängung und Sublimierung tritt später als Neurose, Psychose oder Grausamkeit zutage, welch letztere sich viel öfter in einer von der Gesellschaft tolerierten, als in einer von ihr als kriminell verpönten Weise manifestiert. Sind doch für die verdrängte Kriminalität des Normalen die verschiedensten Ventile offengeblieben, so das Traum- und Phantasieleben, Duell, Boxkämpfe, Stierkämpfe und der kriegswütige Patriotismus.

Weil solche asoziale Ideologien sich aber zumeist in Übereinstimmung mit der elterlichen Autorität ausgebildet haben, so können sie nicht als eine Auflehnung des bewußten Ich gegen das Über-Ich bezeichnet werden. Das Unglück der Neurotiker, Psychopathen und Kriminellen besteht ja gerade darin, daß sie schon sehr frühzeitig an dem Unvermögen gescheitert sind, ihre Beziehungen zu Eltern und Geschwistern im Sinne sozialer Anpassung zu lösen.

Das zu verdrängende Triebstreben ist für alle Menschen typisch, nur die Verwendung der psychischen Materie ist bei jedem Individuum eine andere und bei dem verbrecherischen Charakter versagt die Zensurinstanz in hohem Maße, aber doch fast niemals gänzlich, so daß auch im Innern des Verbrechers ein steter Kampf zwischen seinem Über-Ich und seinen unbewußten Trieben herrscht.

[...]

Je besser entwickelt das Über-Ich eines Menschen, je weniger es von dem Hervorbrechen verdrängter Triebe bedroht ist, desto weniger empfindet er das Verlangen nach Sühne an dem Verbrecher. Jeder Mensch betrachtet natürlich den Verbrecher als seinen persönlichen Gegner, weil er sich durch verbrecherische Handlungen in seiner eigenen Sicherheit und der seiner Liebe bedroht fühlt. Das läßt ihn wohl nach Schutz, nicht aber nach Sühne verlangen. Die Sühnetendenz gilt mehr als dem Täter den eigenen unbewußten Trieben und die Grausamkeit der Strafe soll dem eigenen allzu schwachen Über-Ich zu Hilfe kommen, das nicht immer ganz verläßlich funktioniert. „Es ist," so heißt es in dem Werk von Alexander und Staub,[26] „geradezu ein diagnostisches Merkmal starker, unverarbeiteter asozialer Tendenzen, wenn jemand sich allzu eifrig in den Dienst des Sühnegedankens stellt."

Wenn Verbrecher aller Art sich vor Gericht durch Aussagen verantworten, die einander schroff widersprechen, so deutet das weniger auf ihre Verlogenheit, als

---

[26] Franz Alexander, Hugo Staub: *Der Verbrecher und seine Richter. Ein psychoanalytischer Einblick in die Welt der Paragraphen*, Wien: Internationaler psychoanalytischer Verlag 1929.

auf die Tatsache hin, daß sie sich des Antriebs zu ihrer Tat oft selbst nicht bewußt sind und ziellos und vergeblich nach den verursachenden Faktoren suchen. Sie wissen es nicht, daß sie viel zwingender als durch äußere Anlässe durch ein unbewußtes Schuldgefühl und der Sehnsucht nach Strafe, die sie von diesem Schuldgefühl befreien sollte, bewegt worden sind. Daß nach vollbrachter Tat die Sehnsucht nach Strafe zumeist der Furcht vor Strafe weicht, beweist nichts gegen die psychoanalytische Lehre, dagegen sind die oft ganz und gar unbegreiflichen Unvorsichtigkeiten gewiegter Verbrecher, durch welche auch die ungeschicktesten Behörden in die Lage kommen, die Spur des Verbrechers nicht verfehlen zu können, eher dazu geeignet, die psychoanalytische Theorie zu stützen.

[...]

Anonym: Wie die Breitner-Steuern verwendet werden, das ist Luxus – schreien die Antimarxisten, in: *Der Kuckuck*, 17. April 1932, S. 2–3. (VGA)

2 Steuerpolitik
Veronika Duma

Einleitung

Die finanzielle Basis für die umfassende Reformpolitik schuf das Rote Wien durch eine breit angelegte steuerliche Umverteilung von oben nach unten. Möglich war dies, nachdem Wien mit der im Jahr 1922 in Kraft getretenen Trennung von Niederösterreich zu einem eigenen Bundesland geworden war und die sozialdemokratische Stadtregierung damit in der Steuerpolitik einen größeren Handlungsspielraum gegenüber der konservativen Bundesregierung gewann.[1] Wien besaß z. B. eine selbstständige Gesetzgebung, eine eigene Besteuerung der Grundstücksbesitzer sowie das Recht auf Anteile an Bundessteuern. An einer Bundesregierung war die Sozialdemokratie in der Ersten Republik nach 1920 nicht mehr beteiligt.

Die nach dem Finanzstadtrat Hugo Breitner benannten Breitner-Steuern wurden auf Luxusgüter und -konsum wie auf Automobile, Pferde(-rennen) oder Hauspersonal erhoben. Die Abgabe für Nahrungs- und Genussmittel beispielsweise wurde in Betrieben eingehoben, die als Luxuslokale eingestuft wurden, die Lustbarkeitsabgabe wiederum bei verschiedenen Veranstaltungen, bei Zirkus- und Varietévorstellungen, Kino und Bällen oder Opernbesuchen.

Zentral waren die von den Arbeitgebern zu entrichtende Fürsorgeabgabe sowie die sozial gestaffelte Wohnbausteuer,[2] die von den Mietern im Stadtgebiet gezahlt werden musste und die insbesondere auf Villen und große Mietobjekte zielte, die Wohnungen der Arbeiterschaft aber relativ unbelastet ließ. Die Skala war derart angelegt, dass Kleinwohnungen geringfügig, Luxusobjekte jedoch außerordentlich hoch besteuert wurden. Indirekte Steuern sollten in stark progressive, direkte Steuern umgewandelt werden, auf die Aufnahme von Krediten sollte verzichtet werden.

Von Beginn an stand die sozialdemokratische Stadtregierung unter starker Kritik bürgerlicher, konservativer und rechter Kräfte, wobei die politischen Angriffe insbesondere auf Breitner häufig einen offen antisemitischen Charakter hatten.

In der Politik gegen die Sozialdemokratie fanden sich die Bundesregierung, der Hauptverband der Industrie, Banken, Unternehmen und die Kirche mit den Heimwehren zusammen.

---

1 Vgl. Robert Danneberg: *Der finanzielle Marsch auf Wien*, Wien: Verlag der Organisation Wien der Sozialdemokratischen Partei 1930, S. 4.
2 Vgl. Laurenz Widholz: Die Wiener Wohnungsnot und die Wohnbausteuer, in: *Arbeiterschutz. Zeitschrift für soziale Gesetzgebung – Organ der Reichskommission der Krankenkassen Österreichs*, 15. Februar 1922, S. 27–29.

Mit der Steuerpolitik und der damit einhergehenden wohlfahrtsstaatlichen Politik, mit den Investitionen in die soziale und öffentliche Infrastruktur, in Arbeitsbeschaffungsmaßnahmen und Kommunalisierungen intervenierte die Stadt in die wirtschaftliche Krise nach dem Ersten Weltkrieg. 1922 hatte sich, ähnlich wie in Deutschland, die kriegsbedingte Inflation zur Hyperinflation ausgeweitet. Der Völkerbund übernahm die Garantien für eine Auslandsanleihe, deren Vergabe an fiskalpolitische Konditionen geknüpft war. Die Bundesregierung entwarf zusammen mit dem Finanzkomitee des Völkerbunds einen Plan zur „Sanierung" des Staatshaushalts, der den Abbau der Staatsausgaben und damit Sparmaßnahmen vorsah. Von der nächsten Welle der Wirtschaftskrise, die ihren Auslöser im Börsenkrach des Jahres 1929 hatte, war Österreich – ebenso wie Deutschland – besonders stark betroffen. Die USA hatten zuvor viele Defizitländer mit Krediten versorgt. Auch die österreichischen Banken nahmen hohe Kredite auf und liehen die – oft nur kurzfristigen Kredite – langfristig an Industrieunternehmen weiter oder kauften deren Aktien. Mit dem Zusammenbruch der Creditanstalt (CA) im Jahr 1931.[3] spitzte sich die Krise zu, die Zahl der Arbeitslosen stieg rasant an. Während in den USA die Regierung Roosevelt mit dem New Deal auf die Krise reagierte, setzte die österreichische Bundesregierung in der Ersten Republik – mit Parallelen zur Brüning'schen Politik der Notverordnungen in der Weimarer Republik – eine Deflations- und Austeritätspolitik durch, die von strikten Sparmaßnahmen gekennzeichnet war. Erneut suchte die österreichische Regierung um Völkerbundanleihen an, beriet sich mit Vertretern des Finanzkomitees des Völkerbunds und entwarf ein weiteres „Sanierungsprogramm" für den Staatshaushalt.

Sozialistische und kommunistische Medien warfen die Frage danach auf, wer die Kosten der Krise tragen würde. Akteurinnen der Frauen- und Arbeiterinnenbewegung politisierten die Budgetpolitik und machten in zahlreichen Zeitungsartikeln auf die vergeschlechtlichten Dimensionen der Krise aufmerksam.[4] Die Sozialdemokratie kritisierte die Politik der Kürzungen, dennoch trug sie den Sparkurs auf Bundesebene teilweise mit. Zugleich machte sich die Krise in den Finanzen der Wiener Stadtverwaltung bemerkbar: Durch den Rückgang des Konsums und die steigende Arbeitslosigkeit sanken die Einnahmen. Zudem verstärkte im Verlauf der Krise die

---

[3] Die Creditanstalt fungierte als Knotenpunkt zwischen den aus der Österreichisch-Ungarischen Monarchie hervorgegangenen Nationalstaaten und Westeuropa. Als größte Bank in Mitteleuropa spielte sie im internationalen Kreditwesen und in der Industriefinanzierung eine zentrale Rolle.

[4] Vgl. z. B. Käthe Leichter: Frauenarbeit und Wirtschaftskrise, in: *Die Frau*, 35. Jg., Nr. 9 (September 1926), S. 2–4; E. F.: Fraueninteressen im Budgetausschuss, in: *Die Frau*, 39. Jg., Nr. 1 (Jänner 1930), S. 9–10; Anonym: Die größte Sorge der Sozialdemokraten: die Arbeitslosen! Der Finanzausschuß berät den Finanzplan der Regierung, in: *Arbeiter-Zeitung*, 11. Juni 1931, S. 2; Adelheid Popp: Verdrängung der Frauenarbeit, in: *Die Frau*, 43. Jg., Nr. 2 (Februar 1934), S. 2–4; Käthe Leichter: Wem nützt es?, in: *Die Frau*, 43. Jg., Nr. 2 (Februar 1934), S. 7–9; Emmy Freundlich: Wirtschaftskrise und Parlament, in: *Die Frau*, 40. Jg., Nr. 8 (August 1931), S. 2–4.

Bundesregierung den finanziellen Druck auf die Kommunalverwaltung Wiens, Einsparungen und Abgaben umzusetzen. Die Stadt Wien versuchte, insbesondere im Bereich des Wohnbaus, das Investitionsprogramm weiterzuführen – wenn auch in verringertem Ausmaß. Doch auch sie nahm Einsparungen vor.

Die Bundesregierung forcierte indes eine immer autoritärer werdende Politik der Austerität. Der Abbau der sozialen Infrastruktur, von Arbeitsplätzen und Rechten von Beschäftigten wurde unter anderem durch sogenannte Notverordnungen vorangetrieben, die am Parlament und an demokratischen Entscheidungsfindungsprozessen vorbei liefen. Die Regierung und Vertreter des Finanzkomitees des Völkerbunds verheimlichten nicht, dass sie die parlamentarische Demokratie als Störfaktor bei der Bearbeitung der Staatsfinanzen empfanden. Die Etablierung autoritärer Strukturen rechtfertigten sie mit dem Verweis auf wirtschaftliche Notwendigkeiten. Der damalige Justizminister Kurt Schuschnigg verkündete 1932, dass die Parlamente sich nicht geeignet hätten, der Krise entgegenzuwirken.

Im Zuge der militärischen Niederschlagung der Arbeiter- und Arbeiterinnenbewegung im Februar 1934 setzte das austrofaschistische Regime die Stadtregierung ab und einen Regierungskommissär an deren Stelle ein. Eine der ersten Änderungen der neuen Verwalter war die Aufhebung des progressiven Steuersystems, das Projekt des öffentlichen Wohnbaus wurde weitestgehend beendet, der Mietzins erhöht, das Sozialversicherungsnetz und die soziale Infrastruktur wurden abgebaut. Die zu diesem Zeitpunkt bereits illegalisierte *Arbeiter-Zeitung* bilanzierte die „Reform" folgendermaßen: „Die Millionengeschenke an die Reichen und Allerreichsten haben ein großes Loch in das Gemeindebudget gerissen. Gestopft haben sie es dadurch, daß sie keine Wohnungen mehr bauen, daß sie die Fürsorge für die Armen zerschlagen haben, das Schulwesen verkommen ließen [...]".[5]

Literatur

Ausch 2013.
Duma, Hajek 2015.
Eigner 2019.
Kernbauer, Weber 1985.
Kernbauer 1995.
Klingenstein 1965.
Knittler 2013.
Maier, Maderthaner 2012.
Stiefel 1988.

---

[5] Anonym: Die schwarzen Schuldenmacher. Die Folgen der Diktatur über das Volk in Wien, in: *Arbeiter-Zeitung*, 3. November 1935, S. 7–8, hier S. 7.

2.1 Robert Danneberg: Die Finanzpolitik der Stadt Wien

Erstveröffentlicht als Robert Danneberg: Die Finanzpolitik der Stadt Wien, in: *Rote Revue: sozialistische Monatsschrift*, 1. Jg., Nr. 8 (1921–1922), S. 294–305.

Der Jurist und Wiener Gemeinderat Robert Danneberg (1885–1942) konzipierte gemeinsam mit dem Finanzstadtrat Hugo Breitner, dessen Nachfolge er im Jahr 1932 antrat, das Steuersystem des Roten Wien. In der Roten Revue, *der theoretischen Zeitschrift der Sozialdemokratischen Partei der Schweiz, stellte er die Steuerpolitik als Antwort auf die Krise nach dem Ersten Weltkrieg dar. Die Republik erbte die Schulden der Monarchie, darunter auch die Kriegsanleihen in Milliardenhöhe.[6] In der Inflationszeit der 1920er Jahre sah die an die Völkerbundanleihen gekoppelte Haushaltspolitik Einnahmensteigerungen und Ausgabensenkungen vor, die zulasten breiter Teile der Bevölkerung durchgeführt wurden. Die sozialdemokratische Stadtpolitik brachte die direkte Besteuerung der Besitzenden und Reichen gegen die indirekte Besteuerung breiter Bevölkerungsschichten, wie durch die Mehrwertsteuer („Massensteuer"),[7] in Stellung. Die Aufnahme von Krediten durch Anleihen lehnte die Sozialdemokratie ab.*

Der Zusammenbruch des Weltkrieges hat die Sozialdemokratie, die in Deutschösterreich in Friedenszeiten dank einem engherzigen Privilegienwahlrecht von der Gemeindeverwaltung ausgeschlossen war, mit einem Schlage in Hunderten von Industriegemeinden und vor allem auch in Wien zur Herrschaft gebracht. Fand die Arbeiterklasse hier eine Fülle von Aufgaben vor, so stand sie umgekehrt vor leeren Kassen. In keinem kriegführenden Lande sind während des Krieges so wenig Steuererhöhungen durchgeführt worden wie in Oesterreich, weil der brüchige Staat den Nationen eine starke Belastung wegen des Krieges zuzumuten nicht wagte. Er half sich mit dem Banknotendruck und mit der Zurückstellung aller Arbeiten, die nur irgend aufschiebbar waren. Darum waren beim Umsturz die Kassen aller Gebietskörperschaften leer, der Steuerdienst war verwahrlost, die Geldentwertung offenbarte sich mit erschreckender Deutlichkeit. [...] Die Möglichkeit, einem leergebluteten Wirtschaftsorganismus, einer stillgelegten Industrie, arbeitslosen, hungernden und frierenden Massen neue große Abgaben aufzuerlegen, war nicht vorhanden.

In solcher Zeit nahm die Sozialdemokratie die Verpflichtung auf sich, Wien, das aus der Residenz eines Fünfzigmillionenreiches das von der bäuerlich-klerikalen Reaktion der österreichischen Alpenländer angefeindete revolutionäre Zentrum ei-

---

[6] Vgl. Robert Danneberg: *Steuersadismus? Streiflichter auf die Rote Rathauswirtschaft*, Wien: Verlag der Organisation Wien der Sozialdemokratischen Partei 1925, S. 3.
[7] Vgl. Hugo Breitner: *Seipel-Steuern oder Breitner-Steuern? Die Wahrheit über die Steuerpolitik der Gemeinde Wien. Rede des Stadtrates Hugo Breitner. Gehalten am 31. Jänner 1927 in der Volkshalle des Neuen Wiener Rathauses*, Wien: Verlag der Wiener Volksbuchhandlung 1927, S. 6–7, S. 9.

ner kleinen Republik geworden war und dem Verfalle preisgegeben schien, lebensfähig zu machen.

Der sozialdemokratischen Mehrheit – hundert von hundertfünfundsechzig Gemeinderäten waren Sozialdemokraten – standen die früheren Beherrscher der Stadt als christlichsoziale Minderheit, gewählt von den Hausbesitzern, dem übergroßen Teil des Kleinbürgertums und dem reaktionär gebliebenen Teil der öffentlichen Angestellten, gegenüber. Dennoch besaß die neue sozialdemokratische Gemeindeverwaltung nicht vollkommene Handlungsfreiheit. Die altösterreichische Gesetzgebung, die den Gemeinden in anderen Dingen eine weitgehende Autonomie einräumte, zwängte ihre Finanzgebarung in sehr enge Grenzen. Der Gemeindehaushalt war vor allem auf bloßen Zuschlägen zu den staatlichen Steuern aufgebaut. Daneben gab es nur eine einzige selbständige Gemeindeabgabe. Das war eine *Hundesteuer*, deren Ertrag sich im Jahre 1913 auf 450,000 Kronen belief. Drei Viertel aller Einnahmen der Stadt Wien stammten aus der Besteuerung des *Mietzinses*. Aus dem furchtbaren Wiener Wohnungselend zog die christlichsoziale Stadtverwaltung ihre Haupteinnahmen. Daneben lieferte die *Verzehrungssteuer* auf Fleisch, Alkohol usw. der Gemeinde etwa ein Zehntel ihrer Einnahmen. Die Umlagen auf die staatliche Steuer der Unternehmungen, die Erwerbsteuer, blieben gering. Doppelt so hoch als ihr Ertrag war der Reingewinn, den die Stadt in unsozialer Weise aus ihren großen Monopolbetrieben, dem Gaswerk, Elektrizitätswerk und den Straßenbahnen, zog.

Den so aufgebauten Gemeindehaushalt umzubauen, die Belastung der breiten Massen durch Besitzsteuern zu ersetzen und dabei die Mittel für die ungeheuer anwachsenden Mehrausgaben der Gemeinde zu verschaffen, war also das finanzpolitische Ziel. Die Aufgabe war um so schwieriger, als die zunehmende Entwertung der Krone das ganze alte Steuersystem über den Haufen warf. Die Ausgaben stiegen sprunghaft an. [...]

Der sozialdemokratische Finanzreferent der Gemeinde Wien, Stadtrat Hugo *Breitner*, ein scharfer Beobachter des Wirtschaftslebens, hat frühzeitig das Problem erkannt und neben dem staatlichen Steuersystem trotz den vielfachen Hindernissen und der Ungunst der Zeiten ein neues Steuersystem aufgebaut, das mit einer ganz anderen Steuertechnik arbeitet. Die sozialdemokratische Mehrheit hat allem Geschrei der Bourgeoisie zum Trotz die notwendigen Gesetze beschlossen, die ohne allzu fühlbare Belastung der breiten Massen durch zweiundzwanzig Gemeindesteuern im Jahre 1922 eine etwa zweihundertmal höhere Einnahme liefern werden, als im Jahre 1913 zu verzeichnen war.

Das Wohnungselend und das tägliche Brot der Massen zu besteuern, haben wir abgelehnt; im Gegenteil war die Gemeinde Wien die energischste Verfechterin des *Mieterschutzes*. [...] Die Verschiebungen in den Mietzinsen, die innerhalb der durch den Mieterschutz gezogenen Grenzen im Laufe von zwei Jahren eintraten, haben die Gemeinde veranlaßt, nunmehr auf die Mietaufwandsteuer für Wohnungen vollständig zu verzichten und dafür eine alle Wohnungen erfassende progressive *Wohnbausteuer* einzuführen, die als reine *Zwecksteuer* von der Gemeinde verwaltet wird, ihr aber keine Einnahmen liefert. Nur die Mietzinsabgabe für Geschäftslokale fließt der Gemeinde zu. [...]

* * *

[...] Es ist begreiflich, daß dieses Steuersystem bei den Unternehmern auf heftigen Widerstand stieß. Es kam zu Straßendemonstrationen von Unternehmern, zu Bedrohungen des Finanzreferenten, weil die Gemeinde in mannigfachen Formen Abgaben für ihre gewaltig angewachsenen Ausgaben begehrte. Die Steuern, die manche Unternehmen treffen, sind so mannigfaltig und so hoch, daß die Behauptung nicht ganz ungerechtfertigt ist, die Gemeinde sei durch sie gewissermaßen eine Teilhaberin des Unternehmens geworden. Aber sie darf sich rühmen, die kritischen Zeiten der Geldentwertung überstanden zu haben, obwohl alle ihre Feinde ihren Untergang prophezeit haben. Heute offenbart sich deutlich der Unterschied zwischen dem sozialistischen Wien und den von bürgerlichen Parteien beherrschten Städten. Diese drohen unter den Schuldenlasten zusammenzubrechen und greifen jetzt eine Wiener Steuer nach der anderen auf, die von ihren Parteiangehörigen gelegentlich der Einführung in Wien grimmig bekämpft worden ist. Das Wiener System hat Schule gemacht. Die Erfolge seiner Finanzpolitik haben nicht wenig dazu beigetragen, das Ansehen der Stadt und das der Partei zu heben.

2.2 Hugo Breitner: Kapitalistische oder sozialistische Steuerpolitik

Erstveröffentlicht als Hugo Breitner: *Kapitalistische oder sozialistische Steuerpolitik. Wer soll die Steuern bezahlen? Die Armen oder die Reichen?*, Wien: Verlag der Organisation Wien der Sozialdemokratischen Partei 1926, S. 3–16.

Die Steuerpolitik des Roten Wien rief heftige Proteste und Kritik aufseiten der Christlichsozialen sowie der Wohlhabenden und Besitzenden hervor.[8] *Häufig richteten sich die politischen Offensiven direkt gegen die Person Hugo Breitners (1873–1946), nach dem das progressive, sozial gestaffelte Steuersystem benannt wurde. Als Stadtrat für Finanzen (1919–1932) und ehemaliger Bankdirektor führte er das neue Landessteuersystem in deutlicher Abgrenzung zur christlichsozialen Gemeindeverwaltung ein. Die Betriebe der Gemeinde wirtschafteten nicht gewinnorientiert. Die steuerlichen Erträge, die in diverse Investitionen flossen, sollten die Eigenfinanzierung der Stadt ermöglichen. Die Verschuldung durch Anleihen lehnte Breitner ab. 1933 übernahm er die ehrenamtliche Leitung der Wiener Zentralsparkasse, bevor er im Februar 1934 vorübergehend verhaftet wurde. Nach einer kurzen Einleitung ist eine Rede Breitners abge-*

---

[8] Vgl. z. B.: Anonym: Wiener, rettet Wien! Auf zur Demonstration gegen die Wohnbausteuer, in: *Reichspost*, 2. April 1922, S. 7.

druckt, in der er dem christlichsozialen und offen antisemitisch auftretenden Gemeinderat Leopold Kunschak konterte.

Die bürgerliche Hetze gegen die Gemeinde Wien.

Die kapitalistische Presse Wiens hat neuerlich mit einem heftigen Feldzug gegen die sozialistische Gemeindeverwaltung Wiens eingesetzt. Das Zeichen zur Hetze gab der Wiener Gemeinderat Leopold Kunschak auf dem christlichsozialen Parteitag, der die sozialdemokratische Gemeindeverwaltung beschuldigte, daß ihr „Steuersadismus" Wien zugrunde richte, [...] daß die Gemeindeverwaltung, statt sich an das Ausland zu verschulden, an ihrem Steuersystem festhalte. Die Antwort auf diese demagogische Hetze gab Stadtrat Breitner in seiner Rede zum Rechnungsabschluß der Gemeinde Wien.

Die Antwort Breitners.

Es ist weder überraschend, noch unangenehm, daß wir den Gegenstand erbitterter, leidenschaftlicher Kritik bilden. *Das beweist* lediglich, daß *die Sozialdemokraten tatsächlich und mit fühlbarem Erfolg andere Wege gehen als in der Vergangenheit.* An dem Tage, an dem unsere Steuerpolitik den Beifall des Herrn Stadtrates Kunschak fände, täten wir besser, gleich seiner Partei auch die Last der Verwaltung zu überlassen. Es war und ist seit Ende 1918 die große entscheidende Frage, um die der Kampf in allen Ländern geht,
wer die Kosten des Krieges bezahlen soll.
Frankreich hat sich bis vor kurzem der Illusion hingegeben, daß Deutschland dieser Zahler sein soll und das eigene Land überhaupt keine finanziellen Nachwirkungen verspüren würde. Dieser Traum ist vorüber und seit Monaten kann die Welt beobachten, wie zwischen Großbürgertum auf der einen Seite und Kleinbürgertum und Arbeiterschaft auf der anderen Seite um die Verteilung der Steuerlast gerungen wird. In *Deutschland* hat die Uneinigkeit der Arbeiterklasse es bewirkt, daß der Achtstundentag durchlöchert wurde, daß die Aufwertung der Mieten den Reallohn ungeheuer herabgedrückt hat. In *Italien* hat der Faschismus die Gewerkschaften zertrümmert und das Bürgertum von Steuerleistungen im weitesten Umfange befreit. Bei uns in *Österreich* war und ist die Sozialdemokratie stark genug, um ähnliche Attentate zu verhindern. Gewiß ist die *Verarmung*, in der uns dieser viereinhalbjährige Krieg zurückgelassen hat, so furchtbar, daß auch die breiten Massen der Bevölkerung darunter leiden müssen.
Es ist uns aber in Wien gelungen, die besitzenden Kreise in einem früher nie gekannten Umfange zum Steuerzahlen zu zwingen.

Das ist die einfache Erklärung für die bis zur Besinnungslosigkeit gehende Wut unserer Gegner gegen das rote Wien!

Die „Division" des Herrn Kunschak.

Der Herr Kunschak hat auf dem christlichsozialen Parteitag ausgerechnet, daß die Belastung der Wiener Bevölkerung *für den Kopf und das Jahr* 1,309.093 *Kronen* ausmache. Nur die Division ist richtig, *aber alles andere falsch*. Das ist ja eben das Merkzeichen der Wiener Gemeindesteuern und darin unterscheiden sie sich von dem christlichsozialen Abgabensystem der Vergangenheit, daß die Heranziehung der einzelnen Kreise der Bevölkerung eine *durchaus verschiedene* ist.

Was geht denn den Arbeiter und Angestellten die Hauspersonalabgabe an? Wer bis tief in den Mittelstand hinein kann sich zwei Hausgehilfinnen[9] halten?

Das ist also gleich eine Steuer, die *bei der Divisionen ausgeschaltet* werden müßte. Die Wiener zahlen nur in Ausnahmefällen *Fremdenzimmerabgabe,* wie schon der Name es besagt. Diese Kost ist also offenbar nur durch ein Versehen in die Rechnung des Herrn Kunschak hineingerutscht. Weder Arbeiter und Angestellte, noch Kleingewerbetreibende haben ein *Auto*. Es ist also die mit 45 Milliarden Ertrag veranschlagte Kraftwagenabgabe aus der Berechnung gleichfalls auszuscheiden. Da sich Proletarier nur selten *Reit- oder Equipagenpferde* halten, kommt die Pferdeabgabe in Wegfall. Auch an den *Kunstversteigerungen* nehmen diese Kreise keinen Anteil, deshalb berührt sie die Feilbietungsabgabe nicht. Sie betreiben *kein konzessioniertes Gewerbe* und bezahlen daher keine Konzessionsabgabe. Die *Wertzuwachsabgabe,* die *Anzeigenabgabe,* die *Plakatabgabe* hat mit den Massen der Wiener Bevölkerung nichts zu tun. Die *Nahrungs- und Genußmittelabgabe* wird, da zwei Drittel aller Betriebe nach dem Gesetze überhaupt abgabefrei bleiben müssen, fast ausschließlich von den oberen Schichten gezahlt. Das gilt auch in hohem Maße für die *Lustbarkeitsabgabe*. Dabei ist als ein weiteres Kennzeichen der Wiener Abgaben hervorzuheben, daß sie *die lebenswichtigen Bedürfnisse freilassen* und dort zugreifen, wo es sich um Aufwendungen anderer Art handelt. Die Arbeiter und Angestellten sind keine Grundbesitzer und zahlen daher *keine Grundsteuer* und *keine Zuschläge* zu den Immobiliargebühren. Auch die Zuschläge zu den *Gebühren von Totalisateur und Buchmacherwetten* stammen gleichfalls nicht aus den arbeitenden Kreisen Wiens. Die *Wohnbausteuer* müssen allerdings alle entrichten. Dafür ist sie aber *staffelmäßig so aufgebaut,* daß sie bei

---

[9] Die Hauspersonalabgabe war erst ab der Anstellung einer zweiten Hausgehilfin zu entrichten und stieg mit jeder weiteren Hausgehilfin. Haushalte mit nur einer Hausgehilfin waren von dieser Steuer befreit.

den Kleinwohnungen mit dem Dreihundertfachen beginnt und bei den Großwohnungen in Villen und Palais mit dem Sechstausendfachen endet.

Bloßes Dividieren führt daher, wie ich später noch an einem besonderen Beispiel zeigen werde, zu einem völlig falschen Ergebnis. *Die Rechnung des Herrn Kunschak stimmt also nicht!* Ja, wenn einmal *das Ideal der christlichsozialen Steuergesetzgebung* verwirklicht wäre, wenn alle Sondersteuern verschwunden und in die *Warenumsatzsteuer*[10] umgewandelt sind, dann mag die einfache *Division* am Platze sein.

Die Warenumsatzsteuer des Bundes ist so geartet. Sie belastet das Stück Brot, das der Arbeitslose sich von seiner kärglichen Unterstützung kauft, ganz genau in demselben Maße, wie das Stück Brot, das jemand zum üppigen Mahle beim Sacher verzehrt. Die Wiener Steuern aber zeigen ein ganz anderes Bild.

[...]

2.3 Viktor Kienböck: Grundsätze der Finanzpolitik

Erstveröffentlicht als Viktor Kienböck: Grundsätze der Finanzpolitik, in: *Reichspost*, 28. Jänner 1927, S. 2–3.

Der Rechtsanwalt und christlichsoziale Politiker Viktor Kienböck (1873–1956) fungierte von 1922 bis 1924 und von 1926 bis 1929 als Finanzminister der Bundesregierung. In dieser Position führte er die Aufnahme der Völkerbundanleihe und die finanzielle „Sanierung des Staatshaushalts" unter dem damaligen Bundeskanzler Ignaz Seipel durch. In der Krise der 1930er Jahre wurde er Präsident der Oesterreichischen Nationalbank (1932–1938). Hugo Breitner nannte ihn spöttisch die „Wirtschaftsleuchte der christlichsozialen Partei"[11]*, und Robert Danneberg unterstrich, dass Kienböck es war, der als Finanzminister „den Kreuzzug gegen die Wiener Finanzen gepredigt und unternommen hat"*[12]*. Um 1933 notierte Rost van Tonningen, der Vertreters des Finanzkomitees des Völkerbundes in Wien, in sein Tagebuch: „Zusammen mit dem Kanzler und Kienböck haben wir die Ausschaltung des österreichischen Parlaments für notwendig gehalten, da dieses Parlament die Rekonstruktionsarbeit sabotierte."*[13] *Im folgenden Vortrag erläutert Kienböck die Grundsätze seiner Finanzpolitik, die sich erst mit der zunehmend autoritären Entwicklung durchsetzen ließen.*

---

10 Das heutige Äquivalent ist die Mehrwertsteuer.
11 Breitner, Seipel-Steuern oder Breitner-Steuern?, S. 4.
12 Danneberg, Der finanzielle Marsch auf Wien, S. 11.
13 Zit. nach Klingenstein 1965, S. 98.

Ein Vortrag des Finanzministers Dr. Kienböck.

[...] Wenn ich diese Aufgabe einer gesunden Finanzpolitik kennzeichnen will, möchte ich *vier Punkte* hervorheben, die als *Leitziele der Finanzpolitik* gelten sollen: in erster Linie die Sparsamkeit in den Ausgaben, eine *Sparsamkeit*, welche in Staaten wie der unserige, vielfach zu einer Ungerechtigkeit führt, einer Ungerechtigkeit, deren wir uns bewußt sind, die aber solange nicht verlassen werden kann, als die Ausgabenposten aus besonderen Gründen eine so ungeheure Wucht haben. Ich will da neuerlich auf die Rolle verweisen, die bei uns in Österreich den Pensionslasten zukommt. Wir haben 146.000 Pensionsparteien gegen 200.000 Aktiven [öffentliche Angestellte]. Die Pensionslasten betragen jährlich 204 Millionen Schilling, wenn man die Bahnen dazu nimmt noch 358 Millionen Schilling, die Aktiven erfordern demgegenüber 732 Millionen Schilling. Für die Arbeitslosenunterstützung sind 94,5 Millionen Schilling, für die Kriegsbeschädigten 53,3 Millionen Schilling vorgesehen. Diese Lasten sind uns durch die Geschicke, die über uns gekommen sind, aufgebürdet worden, aber man muß darauf hinweisen, auf welche Ziffern es da ankommt und auf welche Probleme.

Der zweite Gesichtspunkt ist der einer *Einheitlichkeit der Abgabepolitik im Bunde*. Diese Einheitlichkeit ist deshalb von hervorragender Bedeutung, weil wir ein kleines Wirtschaftsgebiet sind und weil selbst die Einheitlichkeit dieses kleinen Wirtschaftsgebietes zerfallen muß, wenn die Abgabenpolitik verschieden geordnet ist in den einzelnen Teilen.

Der dritte Punkt ist der der *Abgabenentlastung.* In Österreich kommt es dabei nicht allein auf die Höhe der Abgaben an, sondern auch auf die Art und Weise ihrer Einhebung. Denn bekanntlich ist die Mühe einer solchen Last von verschiedener Schwere, je nachdem, wie man sie erträgt, die Technik der Belastung ist entscheidend. Der vierte Punkt ist schließlich der einer gesunden und richtigen Behandlung der *Schuldenpolitik der öffentlichen Körper.*

Um nun diesen vier Gesichtspunkten zu entsprechen, muß die Finanzpolitik eine einheitliche und planvolle sein, sonst kann sie diesem Ziele nicht mit Erfolg zustreben. [...]

Und das gilt auch von dem dritten Punkt, von der *Abgabenentlastung*. Da steht es nun bei uns ziemlich schlecht. Nach der Bundesfinanzverfassung ist zwar die Regierung ein wenig gerüstet gegenüber neuen Abgabegesetzen, die die Länder beschließen. Aber auf dem Gebiete der bestehenden Abgaben sind wir gebunden. Dadurch ist auf dem Gebiete der Landesabgaben eine gewisse Starrheit eingetreten. *Wenn ich freimütig sprechen will, muß ich die Ursache kurz berühren, es ist der Gegensatz in der Politik des wirtschaftlich größten Landes, Wiens und des Bundes.* Die in Wien herrschende Partei läßt aus bestimmten Motiven an den Abgaben in Wien nicht rühren, sie wacht mit Vorsicht und Leidenschaft über die Integrität des Inventars dieser Abgaben. Die übrigen Länder sind in einer schwierigen Situation. Sie haben viel weniger Möglichkeiten, für ihre Abgabepolitik und haben sich vielfach nach dem Wiener Beispiele ihre Abgaben eingerichtet.

Solange der Bund machtlos ist gegenüber der bestehenden Abgabegesetzgebung der Länder, wird ein entscheidender Schritt in dieser Frage nicht erfolgen können. Daher ist eine durchgreifende Politik auf diesem Gebiete, wie wir sie fordern müssen, einstweilen schwer möglich. Von heute auf morgen kann das nicht geschehen. Aber wenn schon manches andere gelungen ist, so glaube ich – und ich bin auch hier optimistisch –, daß die Vernunft zu einer Anerkennung der Tatsachen führen und die Wände niederlegen wird, die uns noch in der Anschauung trennen.

Der vierte Punkt betrifft die *Schuldenpolitik*. Es ist viel darüber geschrieben worden, ob ein Staat Schulden haben soll oder nicht. Ich bin auch in dieser Frage opportunistischer Anschauung. Erst jüngst ist ein Handbuch von [Rudolf] Goldscheidt [sic] erschienen, in dem die sozialistisch orientierte Finanzpolitik klar herausgearbeitet ist. Goldscheidt preist die Finanzpolitik Breitners. Er geht von der Voraussetzung aus, daß der Staat wieder reich werden müsse. Er lehnt den an die Kapitalisten verschuldeten Staat ab und will eine Repropriation des Staates. Derartige Theorien und als Maximen aufgestellte Sätze lehne ich ab.

Ob es in einer Gesellschaft wünschenswert ist, daß ein großer Teil des Nationalvermögens sich in den Händen einzelner oder in den Händen der Gesamtheit befindet, mochte ich darnach beantworten, von welchem dieses Vermögen fruchtbringender verwaltet wird.

[...]

Warum sich die *Sozialdemokraten* gegen die Vereinheitlichung der Finanzpolitik stellen, hat seinen Grund darin, daß sie in Wien ungehemmt den Zielen ihrer Partei nachstreben wollen. Da spielt eine große Rolle der Wunsch, in der Wohnbautätigkeit die Auffassung ihrer Partei zur Geltung zu bringen.

[...]

Wir bekämpfen nicht, daß die Gemeinde sich überhaupt auf dem Gebiete des Wohnbaues betätigt, sondern daß man einen Zustand herbeiführt, der der gesunden Verteilung des Wohnraumes Schwierigkeiten bereitet, denn solange die heutigen Verhältnisse im Mietenwesen bestehen, kann sich die Verteilung des Wohnraumes nicht natürlich vollziehen, man kann also auch den Wohnbedarf nicht genau feststellen. [...]

2.4 Anonym: Zur Steuerpolitik der Gemeinde Wien

Erstveröffentlicht als Zur Steuerpolitik der Gemeinde Wien, in: *Die Arbeiterin*, 7. Jg., Nr. 1 (Jänner 1930), S. 6.

Die während der Ersten Republik weder im Parlament noch im Wiener Gemeinderat vertretene Kommunistische Partei begleitete die Politik des Roten Wien stets kritisch. Die Arbeiterin, *die Zeitschrift der kommunistischen Frauen in Österreich, die in den*

Jahren 1924 bis 1931 monatlich erschien, veröffentlichte Artikel rund um die Themen Frauenarbeit und Arbeitslosigkeit, zu Arbeitskämpfen sowie zur Situation von Frauen mit Kindern. Für soziale Missstände nahm sie die Sozialdemokratie in die Verantwortung, ebenso die Steuerpolitik Breitners, die sie als unzureichend ansah. Auch als Wien in der Krise Einsparungen vornahm, protestierten die kommunistischen Frauen. Für mehrere Ausgaben bestand in der Arbeiterin die Rubrik „Das Rote Wien", unter der die Redakteurinnen Kritik aus einer frauenpolitischen Perspektive übten. Die Überschrift ist mit dem Bild einer schwangeren Frau verbunden, die mit einem Fußtritt aus dem „Obdachlosenheim der Stadt Wien" vertrieben wird.

Entlastung der „notleidenden" Wirtschaft auf Kosten der notleidenden Arbeiterschaft, das ist heute der Grundsatz der so sozialdemokratischen Steuerpolitik.

In den letzten Monaten wurden von der Gemeinde Wien herabgesetzt:

die Automobilsteuer,

die Inseratensteuer,

die Fürsorgeabgabe für Kreditinstitute.

(Weitere Steuerherabsetzungen sind den Kapitalisten für die nächste Zeit versprochen worden.)

Und wie gedenkt Breitner das Geld, das dadurch der Gemeinde verloren geht, wieder hereinzubringen?

Durch Erhöhung

des Straßenbahnfahrpreises,

des Strompreises,

des Gaspreises,

also, durch ungeheure Belastung des Arbeiterhaushaltes.

Breitner nimmt der Arbeiterfrau den letzten Groschen aus der Tasche! Breitner besteuert die Arbeitslosen, um den Kapitalisten Millionengeschenke machen zu können.

2.5 Gabriele Proft: Nein! Aus dem Finanz- und Budgetausschuß des Nationalrates

Erstveröffentlicht als G. P.: Nein! Aus dem Finanz- und Budgetausschuß des Nationalrates, in: *Die Frau*, 40. Jg., Nr. 3 (März 1931), S. 4.

Die Sozialdemokratinnen der Zwischenkriegszeit diskutierten darüber, dass die Wirtschaftskrise Frauen und Männer in unterschiedlichem Ausmaß betraf. Für die Jahre der Ersten Republik finden sich zahlreiche Zeitungsartikel, die Themen rund um die Krise, die Sanierungsmaßnahmen und deren Konsequenzen für Frauen behandelten. Die Kritik richtete sich dabei an die Krisenbearbeitung auf Bundesebene, wo die Christlichsozialen die Regierungspolitik bestimmten. Die Frauen politisierten die Haus-

haltspolitik und damit die Frage nach der Organisation von Staatseinnahmen und -ausgaben. Bei „G. P." handelt es sich vermutlich um die Initialen von Gabriele Proft (1879–1971), seit 1909 Zentralsekretärin der Frauenorganisation der österreichischen Sozialdemokratie, die 1918 in den Wiener Gemeinderat einzog und ab 1919 Mitglied der Konstituierenden Nationalversammlung sowie von 1920 bis 1934 Nationalratsabgeordnete war. Sie berichtete zwei Jahre nach dem Börsenkrach von 1929 in der Zeitschrift der sozialdemokratischen Frauen von den Budgetdebatten im Nationalrat.

Überall hört man Klagen über schlechten Geschäftsgang, Absatzstockung, Konkurse, Sperrung von Geschäften und Betriebsstätten. Die Krise! Geschäftsleute verlangen Steuererleichterungen, Fabrikanten den Abbau der „sozialen Lasten", die Landwirtschaft Hilfe vom Staat. Dieses Thema wurde natürlich auch während der wochenlangen Beratungen des Bundesbudgets im Budgetausschuß immer wieder abgewandelt. Sicher zum Teil mit Recht. Doch, existiert die Krise nur für Handel und Verkehr, Gewerbe, Fabriken, Grundbesitzer und Bauern? Existiert sie nicht erst recht bei denen, über die nie gesprochen wird, bei den Arbeitern, Angestellten und Beamten? Erst recht! Denn an ihnen will man Lohn erspart, Fürsorgekosten sparen, sie müssen mehr Steuern zahlen, damit die direkten Steuern abgebaut werden können, damit die Landwirtschaft Hilfe bekommen kann. Die Industrie- und Landproletarier haben nur einen Fürsprecher: die sozialdemokratische Partei.

Genossinnen und Genossen haben auch die besonderen Forderungen der Frauen vertreten. Um es gleich am Anfang zu sagen:

Die Antwort war immer: Nein!

Eine alte Sünde der Gesetzgebung ist das Versäumnis, das *Washingtoner Übereinkommen von 1919* zu *ratifizieren*, das der schwangeren Frau die Unterstützung und den Arbeitsplatz nach der Entbindung sichert. In Deutschland wurde das schon vor zwei Jahren beschlossen. Der Minister für soziale Verwaltung antwortete auch für dieses Jahr mit *Nein*.

Aufnahme aller *Frauen* in die *Krankenversicherung*, denen es bisher noch verwehrt wird: *Nein*.

Aufnahme der *Hausgehilfinnen* in die Arbeitslosenunterstützung: *Nein*.

Gleiche Unterstützung für arbeitslose Frauen: *Nein*.

Fortzahlung der Unterstützung an junge Arbeitslose: *Nein*. Erklärung? Die Krise.

In Zeiten der Krise sollen *alle* geschützt werden, nur arbeitenden Menschen, besonders Frauen und Jugendlichen wird *noch genommen*. Empörend ist der Beschluß der Verwaltungskommission der Industriellen Bezirkskommission für Wien und Umgebung. Ab 1. März soll allen die Notstandsunterstützung um 10 Prozent gekürzt werden. *Frauen jedoch um 20 Prozent*!! Warum? Weil sie weniger brauchen, antwortet der Minister für soziale Verwaltung. Die Beiträge werden ihnen jedoch nicht ermäßigt. Man beraubt sie also um einen Teil ihres Rechtes. Die jungen Arbeitslosen sollen nicht mehr 24 oder 48 Wochen die Unterstützung bekommen, sondern *nur 12 Wochen*. Warum? Die Krise. Aber haben wir denn nicht eine eigene ganz neue Aktion ins Leben rufen müssen, weil die Jugend unter der Arbeitslosigkeit entsetzlich leidet. „Jugend in Not", gellte es durch alle Zeitungen. Geldsammlungen wurden eingeleitet, Lokale eröffnet, Suppe und Brot verteilt, ein bißchen Wärme gegeben. Dieser körperlich und moralisch notleidenden Jugend wird jetzt die Arbeitslosenunterstützung schon nach 12 Wochen genommen. Kann man das überhaupt noch verstehen? Ein christlichsozialer Redner sprach zu dieser Angelegenheit. Man solle im Budget einen Betrag für die notleidende Jugend einsetzen. „Die Mädchen sollen zu Hause nähen und flicken, sich auf ihren eigentlichen Beruf als Frau vorbereiten. Für die Burschen aber muß man etwas aufwenden." Der Minister lehnte ab. Frauen und Mädchen merkt euch diese Aussprüche. Die sozialdemokratische Rednerin fragte, was die Mädchen zu Hause arbeiten sollen, dort, wo längst alles verkauft oder versetzt ist. Die Jungen müssen auch ihre Beiträge zur Sozialversicherung zahlen. Laßt ihnen ihr Recht, ihre Unterstützung, dann brauchen sie nicht so viel betteln gehen. Die Jugend wird dann nicht so viel „Wohltaten" annehmen müssen, wenn man ihren Anspruch auf erworbene Rechte erfüllt. Und die Mädchen? Zahlen die etwa keine Beiträge zur Sozialversicherung? Im Unterstützungsfall aber schickt man sie nach Hause, sich auf ihren Beruf als Frau vorzubereiten. Wahrscheinlich werden sie einmal die Frauen von Arbeitslosen sein, und auf so etwas muß man sich natürlich ganz besonders vorbereiten. Das ist leider nur zu richtig in unserer kapitalistischen Gesellschaftsordnung.

[...]

Bei andern wichtigen Kapiteln zum Beispiel Landwirtschaft, Handel, Finanzen, vertraten die weiblichen Mitglieder im Budgetausschuss die Interessen der Konsumenten und der Genossenschaften. Wie immer unterstützten uns die Genossen bei der Vertretung der Frauenforderungen in bewährter Solidarität.

2.6 Anonym: Im Zeichen der Sparsamkeit

Erstveröffentlicht als Im Zeichen der Sparsamkeit. Sitzung des Wiener Gemeinderates, in: *Arbeiter-Zeitung*, 13. Juni 1931, S. 5.

Im Verlauf der Krise stieg der Druck der Bundesregierung auf die Stadtverwaltung Wiens, Einsparungen im Landes- und Gemeindehaushalt vorzunehmen. Zugleich zeigten sich die Folgen der Weltwirtschaftskrise in den Finanzen der Stadt durch sinkende Steuereinnahmen. Während auf Bundesebene ein Austeritätskurs eingeschlagen wurde, versuchte Wien weiterhin, Infrastrukturprojekte durchzuführen. Insbesondere das Investitionsprogramm im Bereich des Wohnbaus sollte fortgesetzt werden. Die Bautätigkeit war zusätzlich zur Bekämpfung der Wohnungsnot eine umfassende Arbeitsbeschaffungsmaßnahme. Radikale Kursänderungen konnten erst durchgesetzt werden, als im Jahr 1934 die sozialdemokratische Stadtregierung verhaftet wurde und ein Vertreter des Austrofaschismus, Richard Schmitz, die Stadtverwaltung übernahm.

In einer reichen Arbeitssitzung hat der Wiener Gemeinderat gestern einer Reihe von Anträgen zugestimmt, die der Notwendigkeit des *Sparens* in der Zeit der Wirtschaftskrise entsprechen. Trotzdem wurden auch wieder große Mittel für arbeitschaffende Investitionen bewilligt, vor allem der Bau von neuen Häusern beschlossen.

Ohne Debatte genehmigte der Gemeinderat den *Neubau von Straßen* im Bereich der Wohnhausanlage Quellenstraße in Favoriten, den *Neubau von Hauptkanälen* in Hietzing und Brigittenau, einen Grundkauf in Ottakring und Grundtäusche mit dem Bund.

Vizebürgermeister *Emmerling* referierte über *Ersparungen bei den Straßenbahnen* durch Verzicht auf Neuanschaffungen, die die Lage des Unternehmens notwendig macht. Stadtrat *Tandler* berichtete über die *Kündigung von Verträgen mit Heilanstalten*. Mit den Anstalten Alland, Weidlingau, Strengberg und Grimmenstein hatte die Gemeinde Verträge, nach denen sie verpflichtet ist, für die vertraglich gesicherten Betten auch zu zahlen, wenn sie *nicht belegt* sind. Darauf kann sich die Gemeinde in der Zeit der Sparsamkeit nicht mehr einlassen. Die Kündigung bedeutet aber keineswegs, daß die Absicht besteht, den Belag in diesen Anstalten zu kürzen. Einwände der Christlichsozialen *Motzko* und *Arnold* erledigt Tandler in seinem Schlußwort: Wir müssen heute an allen Ecken und Enden sparen und ich raufe förmlich um jeden Groschen, weil ich das Elend zumindest genau so kenne, wie Sie. Niemand wird glauben, daß wir hier mit Freude Ersparungen machen. Von einer *Einschränkung der Tuberkulosefürsorge* kann keine Rede sein. Wir haben im Jahre 1930 1392 Tuberkuloseheilstättenbetten gehabt, im Jahre 1931 1432. Dazu kommt, daß wir allein im Tuberkulosepavillon in Lainz 100 Betten dazugebaut haben. Auch da bemühen wir uns also, soweit unsere Kräfte reichen.

Stadtrat *Weber* berichtet über die Ausführung der Wäscherei- und Badeanlage und *zweier Häuser* in der Brigittenau nach den Plänen des Architekten Rudolf *Perco*. Die Kosten betragen voraussichtlich 1,62 Millionen Schilling. Nach dem Bauentwurf sollen 35 Wohnungen geschaffen werden.

[...]

2.7 Otto Bauer: Das Budgetsanierungsgesetz

Erstveröffentlicht als Otto Bauer: *Das Budgetsanierungsgesetz. Vortrag, gehalten am 9. Oktober 1931 von Dr. Otto Bauer vor den Vertrauensmännern der Postgewerkschaft*, Wien: Verlag der Postgewerkschaft 1931, S. 2–16.

Nach dem Zusammenbruch der Creditanstalt im Jahr 1931 reisten Vertreter der Bundesregierung nach Genf, wo sie die Konditionen einer erneuten Völkerbundanleihe verhandelten. Anschließend legte der amtierende Bundeskanzler Karl Buresch dem Parlament einen Vorschlag für ein Sanierungsgesetz vor, das starke Ausgabenkürzungen im Bundeshaushalt vorsah. Vor dem Hintergrund der Erfahrungen der Inflation folgte die SDAP der Prämisse, dass die Erhaltung der Geldwertstabilität durch ein ausgeglichenes Budget eine Notwendigkeit darstellt. Zur Debatte stand jedoch die Frage: „Wo soll das erspart werden, wie soll das hereingebracht werden?"[14] In dieser Rede vor einem Teil der betroffenen Beamtenschaft rechtfertige Otto Bauer, warum die Sozialdemokratie dem Sanierungsgesetz von 1931 zugestimmt hat.

[...]

Wie die Gemeinde Wien wirtschaftet.

Um unseren Standpunkt zu verstehen, brauche ich Sie nur daran zu erinnern, was *wir in der Gemeinde Wien* und in den anderen Gemeinden, die wir verwalten, gemacht haben. Sie wissen, daß die Gemeinden in einer ebenso schlechten Lage sind wie der Staat. Das ist selbstverständlich. Wenn die Wirtschaft darnieder liegt, dann bekommen das auch die Betriebe der Gemeinde zu spüren. Der Arbeiter, der beschäftigt ist, der fährt alle Tage auf der Straßenbahn. Der, der nicht beschäftigt ist, fährt nicht. Jede Steigerung der Arbeitslosigkeit verringert also die Einnahmen der Straßenbahn. Und so ist es in allen städtischen Betrieben der Fall. Zum Beispiel bei den Elektrizitätswerken. Wenn die Fabriken stillstehen, dann brauchen sie keinen Strom und die Einnahmen des Elektrizitätswerkes verringern sich.

So sind auch die Gemeinden, die wir verwalten, in Schwierigkeiten geraten. Die Gemeinde Wien steht vor der Notwendigkeit, in Folge der Verringerung ihrer Einnahmen 98 Millionen Schilling ersparen zu müssen. Und in ähnlicher Lage sind die anderen Gemeinden, die von Sozialdemokraten verwaltet werden. Was haben wir dort gemacht? Zunächst einmal hieß es sparen, sparen wo man kann. Aber das hat auch seine Grenzen. Es sind sehr weitgehende Einsparungen gemacht worden. Wir hätten die 98 Millionen Schilling natürlich auch bei den Sachausgaben allein ersparen können, wenn die Gemeinde Wien sich auf den Standpunkt gestellt hätte, vom Personal nehme ich nichts. Die Gemeinde Wien gibt nämlich einen Betrag von 98 Millionen Schilling für den *Wohnungsbau* aus. Wir hätten also sagen können, stellen wir das Bauen ein, dann brauchen wir dem Personal nichts zu kürzen. Dadurch würden aber wieder zehntausende Menschen arbeitslos, das bedeutet für diese Menschen bitterste Not und Entbehrung, bedeutet weitere Einschränkung der

---

14 Bauer, Budgetsanierungsgesetz, S. 7.

Produktion an Konsumgütern, bedeutet weiteren Rückgang an Steuern. Das durfte nicht geschehen, wie Sie zugeben werden, und deshalb war die Gemeinde Wien gezwungen, an ihr Personal heranzutreten und zu sagen: Verhandelt mit uns, wir wollen nicht diktieren!

[...]

Wir Sozialdemokraten haben nicht bestritten, daß das Gleichgewicht im Staatshaushalte hergestellt werden müsse, wenn wir nicht in eine neue Inflation kommen wollen. [...] Wir haben aber vorher verlangt, daß die Reichen mehr besteuert werden und daß die unproduktiven Ausgaben eingeschränkt werden, *damit die Opfer der Bundesangestellten möglichst klein werden, damit sie kleiner werden, als die Regierung vorgeschlagen hat.* Für Ersparnisse aus produktiven Ausgaben werden wir uns nicht einsetzen, daß man weniger Straßen baut usw., dafür können wir nicht sein, denn das hieße Arbeitslose erzeugen.

Der Kampf im Parlament.

Der Kampf begann also im Parlament, und es entstand im Parlament ein Chaos, wie ich es eigentlich in meiner parlamentarischen Erfahrung, die immerhin bald 25 Jahre alt ist, noch nicht gesehen habe. In dieser berühmten Nacht von Freitag auf Samstag war die Situation folgende. Es spielte sich das meiste im Saale des Finanzausschusses ab. Das ist ein Saal, größer als der, in dem wir hier versammelt sind, ein Saal, in dem ein langer, hufeisenförmiger Tisch steht. Auf diesem Tisch sitzen die Mitglieder des Finanzausschusses und die Mitglieder der Regierung und ringsherum fast alle Mitglieder des Parlaments als Zuhörer.

Die Regierung hat für ihr Sanierungsgesetz keine Mehrheit, die Christlichsozialen sind untereinander nicht einig. Aber vor allem waren die Christlichsozialen nicht einig mit ihren sonstigen Bundesgenossen, den Großdeutschen. Die Großdeutschen spielten sich wieder als die Beschützer der Beamten auf und meinten damit natürlich die Sektionschefs und Hofräte. (Heiterkeit.) Sie bekämpfen die Sanierung, und der großdeutsche Mittelschullehrer Foppa[15], ihr Wortführer im Streite, legte mit großer Leidenschaft dar, daß die Großdeutschen nicht dafür stimmen können. *Auf der anderen Seite konnte sich die Regierung auf die Christlichsozialen und auf die Landbündler stützen.*[16] Aber die Großdeutschen und den Heimatblock[17] hatten sie

---

15 Hermann Foppa (1882–1959), Großdeutsche Volkspartei (GdP).
16 Nach dem Ende der Koalition zwischen Sozialdemokratie und Christlichsozialen im Jahr 1920 bildete die Christlichsoziale Partei eine Koalition mit der Großdeutschen Volkspartei (bis 1932) und dem Landbund (1927–1934). Der Landbund war eine deutschnational und antisemitisch ausgerichtete Bauernpartei in Österreich.
17 Der Heimatblock war eine politische Partei in der Ersten Republik; sie stellte den politischen Arm der Heimwehren dar.

nicht, und auch uns hatten sie nicht. Herr Buresch verhandelt. Er verhandelt mit den Großdeutschen, verhandelt mit den Heimatblöcklern, wobei fast fortwährend neue Situationen entstehen.

Am Abend war die Lage so, daß es ausgesehen hat, die Regierung bekomme eine Mehrheit aus Christlichsozialen, Landbündlern und Heimatblöcklern. Die Heimatblöckler waren bereit, für die Regierungsvorlage zu stimmen. Sie haben eine einzige Bedingung gestellt, nämlich: daß Starhemberg wieder Minister des Inneren wird.[18] Darauf hat Doktor Buresch nicht eingehen können, obwohl ihm wirklich vor nichts graust. Da hätte der Schilling am nächsten Tage nicht mehr existiert. Und schließlich ist, nachdem es einige Sekunden so ausgesehen hat, als ob Herr Buresch sich mit dem Heimatblock einigen werde, das Ganze gescheitert. Dann hat er es mit den Großdeutschen versucht, aber auch daraus ist nichts geworden. Um Mitternacht sah die Sache so aus: Das Parlament bringt nichts zustande, und die Regierung wird demissionieren.

Während dieser Stunden kamen die Nachtrichten von außen, kamen die Nachrichten von den ausländischen Börsen, an denen unser Schilling gestrichen wurde. Das war beinahe an allen Börsen der Fall. Die Schillingnoten wurden nicht mehr angenommen. Nun kamen die Vertreter der Sparkassen ins Parlament, die sich natürlich bedroht fühlen, wenn eine Geldentwertung eintritt. Sie warnten und sagten zu den Abgeordneten aller Parteien: „*Wir* machen darauf aufmerksam, was in der Bevölkerung vor sich geht." Es wurden uns Polizeiberichte gebracht von den Winkelbörsen der Leopoldstadt. Die Lage war so: Wenn bis Samstag früh nichts zustande gekommen wäre, wenn das Parlament an der Aufgabe, das Gleichgewicht im Bundeshaushalt herzustellen, einfach gescheitert wäre und die Welt erfahren hätte, daß das Österreichische Parlament nicht im Stande ist, das Gleichgewicht herzustellen, dann sage ich Ihnen, dann wäre die Katastrophe des Schillings unweigerlich am Samstag eingetroffen, und deswegen haben wir gehandelt.

[...]

2.8 Anonym: Die finanziellen Forderungen an Wien

Erstveröffentlicht als Notizen. Die finanziellen Forderungen an Wien, in: *Die Frau*, 42. Jg., Nr. 10 (Oktober 1933), S. 7.

Ein wiederkehrendes Thema der Sozialdemokratie war der finanzielle Druck der Bundesregierung, die dem Roten Wien mit fiskalpolitischen Maßnahmen entgegenzutreten versuchte. Die wirtschaftliche und politische Krise schaffte den Argumentationsrahmen dafür, verstärkt Einsparungen und „Lastenausgleiche" zu fordern und die mit der

---

18 Ernst Rüdiger Starhemberg, seit 1930 Führer der Heimwehren, 1933–1936 Vizekanzler und Führer der austrofaschistischen Einheitspartei Vaterländische Front.

Trennung Wiens von Niederösterreich erhaltene Finanzhoheit, die Möglichkeit zur eigenständigen Erstellung des Gemeindebudgets, sukzessive einzuschränken. Dabei spielte auch die mehrfache Novellierung des Abgabenteilungsgesetzes, das die Verteilung des Steueraufkommens zwischen Bund und Ländern regelte, zuungunsten Wiens eine Rolle. Derartige Maßnahmen wurden mit der Beendigung der parlamentarischen Demokratie im März 1933 schneller durchgesetzt, als mit Notverordnungen und per Dekret an demokratischen Entscheidungsprozessen vorbei regiert werden konnte. Im Juni 1933 schrieb die Arbeiter-Zeitung: *„Die Regierung hat eine neue Verordnung ‚auf Grund' des Kriegswirtschaftlichen Ermächtigungsgesetzes erlassen [...]: durch Dekret der Regierung werden die Einnahmen der Gemeinde Wien mit einem Federstrich um 22 Millionen Schilling gekürzt."*[19]

Die österreichische Bundesregierung hat dekretiert, die Gemeinde *Wien* habe einen sogenannten „Lastenbeitrag" im Betrage von *36 Millionen Schilling jährlich für die Jahre 1933 und 1934* zu zahlen. Wofür dieser Betrag zu entrichten sei, ließ sie durch die „Wiener Zeitung" verkünden: für die Bankensanierung und für das Defizit der Bundesbahnen. Der „Lastenausgleich" besteht also darin, daß die christlichsozialen Länder für die Banken und für die Eisenbahn *nichts*, die rote Gemeinde einfach *alles* zahlen müsse.

Was das arbeitende Volk von Wien zu der Sache zu sagen hat, wurde im Wiener Landtag und in Dutzenden Massenversammlungen gesagt: die weitere Wohnbautätigkeit, die Fürsorge für die Kinder und Alten sind gefährdet! Und 36 Millionen Schilling jährlich, das sind pro Kopf 20 Schilling im Jahr!

Nur wenige Tage waren vergangen und wieder erfolgte eine weitere Kürzung der Gemeindeeinnahmen: *die Nahrungs- und Genußmittelabgabe wurde aufgehoben*. Das bedeutet für die Gemeinde Wien einen Entfall von *sieben Millionen Schilling jährlich*. So wie aber bei dem „Lastenausgleich" die Bundesländer für Bankensanierung und Eisenbahndefizit nichts zahlen, so dürfen die bürgerlich verwalteten großen Gemeinden die Nahrungs- und Genußmittelabgabe weiter einheben, für Wien wurde die Abgabe aufgehoben.

Soll der Kampf gegen das rote Wien so weitergeführt werden? Die beste Antwort gibt der Aufruf der Sozialdemokratischen Partei anläßlich der Beendigung der Unterschriftensammlung für die Forderung nach der Einberufung des Nationalrates: „1,216.327 Männer und Frauen haben gefordert, daß über unsere Freiheitsrechte, über die sozialen Rechte der Arbeiter und Angestellten, *über die Rechte unseres roten Wien und unserer anderen Gemeinden nicht die Regierung allein entscheide*, sondern die freigewählte Vertretung unseres Volkes."

---

19 Anonym: Die Regierung nimmt der Gemeinde 22 Millionen!, in: *Arbeiter-Zeitung*, 14. April 1933, S. 2.

WIR HABEN UNTERSUCHT

bier
blumen
butter

elektrische geräte
essig

fett
fremdenverkehr

handschuhe
heißwasserspeicher
herrenkleider

kaffee
kleiderständer
kölnischwasser
kunstseide

margarine

„närmil"

radio

schokolade
schuhe
spielzeug
strickkleider
strümpfe

teigwaren
tee

waschanstalt
wolle

**WIRTSCHAFTSPSYCHOLOGISCHE
FORSCHUNGSSTELLE**

Marktforschung der Österreichischen Wirtschaftspsychologischen Forschungsstelle: Wir haben untersucht, ca. 1934. (Archiv für die Geschichte der Soziologie in Österreich, Karl-Franzens-Universität Graz)

3 Konsum und Unterhaltung

Marie-Noëlle Yazdanpanah

Einleitung

Nahrungsmittel, Kleidung, Medien und Tourismus – im Auftrag in- und ausländischer Firmen wie der Lebensmittelkette Julius Meinl oder des Budapester Fremdenverkehrsbüros befragte die Österreichische Wirtschaftspsychologische Forschungsstelle (1931–1935/37) Konsumentinnen und Konsumenten zu ihren Vorlieben, ihrem Kaufverhalten und der Wirksamkeit von Reklame. Zum Personal der Forschungsstelle gehörten Paul F. Lazarsfeld, Marie Jahoda und Hans Zeisel. Die meisten Angehörigen der Stelle standen der Sozialdemokratie nahe und arbeiteten an Projekten des Roten Wien mit – z.B. beim Berufsberatungsamt der Stadt Wien und der Arbeiterkammer. Dass sie auftragsgebundene Konsum- und Marktforschungen betrieben, ist auf den ersten Blick überraschend. Fragen nach Konsumverhalten, Alltagspraktiken und besonders nach Lebensentwürfen und deren Analyse wurden jedoch in den soziologischen Studien der Forschungsstelle oder in jenen von Käthe Leichter im Referat für Frauenarbeit der Arbeiterkammer durchgeführten als relevant befunden.[1] (Vgl. Kapitel 4 und 12)

Gleichzeitig standen viele Sozialdemokraten und Sozialdemokratinnen (wie auch Kommunisten und Kommunistinnen) dem Konsum sowie der als konsumistisch wahrgenommenen Massen- und Unterhaltungskultur ablehnend gegenüber. Letzterer besonders, da sie die Klassenverhältnisse verschleiern, die Arbeiter und Arbeiterinnen verführen und vom Klassenkampf ablenken würde. Doch statt (Luxus-)Konsum – wie z. B. in der Sowjetunion – zu unterdrücken, wurden Konsum und Unterhaltung zu einer finanziellen Basis des Reformprogramms im Roten Wien: Als infolge der Konstituierung Wiens als eigenes Bundesland (1922) die regierenden Sozialdemokraten selbstbestimmt Landessteuern einheben konnten, führte Finanzstadtrat Hugo Breitner direkte, progressiv steigende, nach Lebensaufwand gestaffelte Abgaben ein. Besteuert wurden neben Grundstücksspekulation Grund- und Hauseigentum sowie Luxusgüter und -konsum: Hotels, Cafés, Restaurants, Revuetheater, Kinos, Hausbedienstete, Pferde, Hunde und Autos. Reiche sollten die soziale Umverteilung von oben nach unten bezahlen. Die neuen Steuern betrafen allerdings auch die Arbeiterschaft beim Besuch von Kinos, Revuen oder Fußballspielen.

Der Fokus dieses Kapitels liegt auf ungleich verteilten Konsummöglichkeiten und deren Ursachen, auf der Ausdifferenzierung massenkultureller Konsumangebote und von Reklame sowie auf Versuchen ihrer Aneignung und Umdeutung für die

---

[1] Vgl. z. B. Käthe Leichter: *So leben wir ... 1320 Industriearbeiterinnen berichten über ihr Leben*, Wien: Verlag Arbeit und Wirtschaft 1932.

Sozialdemokratie. Der Aufbau folgt den verschiedenen Phasen der ökonomischen – und damit zusammenhängend konsumkulturellen – Entwicklung in Wien von 1918 bis 1934: Die ersten Texte machen die wirtschaftlichen Gegensätze in der unmittelbaren Nachkriegszeit zum Thema. Diese waren einerseits gekennzeichnet durch das Bewusstsein einer elementaren Krise aufgrund von Inflation, Arbeitslosigkeit und Nahrungsmittel- sowie Rohstoffmangel, andererseits durch den neuen – als illegitim wahrgenommenen – Reichtum der „Kriegsgewinner". Der Währungsverfall, der während des Kriegs eingesetzt hatte, beschleunigte sich bis 1924 rapide. Trotz Lebensmittelzuschüssen, die die Inflation weiter anheizten, erhöhten sich die Lebenshaltungskosten bis Ende 1919 um etwa 90 Prozent. Neben wachsender Pauperisierung weiter Teile der Bevölkerung waren Kapitalflucht, der Verkauf von Produktionsstätten an (oft ausländische) Investoren, Schleichhandel und risikoreiche Währungsspekulationen die Folge. Durch Krieg und Spekulation reich Gewordene frönten dem Luxuskonsum, finanzierten und frequentierten die Stätten der Unterhaltungskultur. Zum Inbegriff dafür wurden die „Spekulationskönige" Camillo Castiglioni und Sigmund Bosel – beide einte ein kometenhafter Auf- wie Abstieg, beide waren politisch vernetzt und Auslöser folgenreicher Finanzskandale. Auf sie bezogen sich Literaten und Literatinnen wie Journalisten und Journalistinnen meist, wenn sie die Veränderung der Gesellschaft durch den Spekulationsboom thematisierten.[2] Wegen ihrer jüdischen Herkunft wurden die beiden auch zum Ziel des antisemitischen Stereotyps der „jüdischen Geschäftemacherei".

Die von der Sozialdemokratischen Arbeiterpartei (SDAP) auf Bundesebene durchgesetzten Arbeitszeitbeschränkungen, der einwöchige Mindesturlaub für Arbeiter und Arbeiterinnen und das freie Wochenende ab Samstagnachmittag führten zu einem Anwachsen der Konsum- und Freizeitkultur: Diese wurde – in unterschiedlichem Ausmaß – erstmals einer relativ großen Gruppe zugänglich. Besonders während der kurzzeitigen wirtschaftlichen Erholung Mitte der 1920er Jahre bis zur Wirtschaftskrise 1929/30 florierte eine urbane Kultur, die Kino, Radio, Sport, Mode, Tourismus, Automobilismus sowie veränderte Geschlechterverhältnisse umfasste, die Einflüsse von ‚außen' aufnahm und adaptierte. Technische Innovationen ermöglichten neue visuelle Gestaltungsmöglichkeiten in Reklame und Medien, Geschmack und Nachfrage bestimmten zunehmend das Angebot. Reklame wurde immer präsenter und sprach zunehmend die Mittel- und Unterschichten an: Sie weckte Sehnsüchte und versprach eine künftige Partizipation am kommenden Wohlstand. Revue und Jazz ‚eroberten' mit leichter Verzögerung auch Wien, und ‚Amerika' diente als ambivalentes Symbol dieser Konsum- und Massenkultur und der (gebremsten) Aufbruchsstimmung.

---

[2] Z. B. Karl Kraus: Metaphysik der Haifische, in: *Die Fackel*, 25. Jg., Nr. 632–639 (Mitte Oktober 1923), S. 150–158.

Die Texte dieses Kapitels rücken nicht nur Aspekte des Aufbruchs, der Innovation und Freiheit ins Zentrum – wobei die Krise besonders in späteren Jahren immer mehr zum Thema wird. Sie verdeutlichen auch die vielfältigen Haltungen der Sozialdemokratie zu Konsum sowie Massen- und Unterhaltungskultur.

Literatur

Breuss, Eder 2006.
Gruber 1991.
Hauch 1999.
Mattl 2016.

3.1 Anton Kuh: Das Soda-mit-Himbeer-Dasein

Erstveröffentlicht als Anton: Das Soda-mit-Himbeer-Dasein, in: *Der Morgen: Wiener Montagsblatt*, 14. Juli 1919, S. 7.

Mit seinen knappen Beobachtungen des städtischen Alltags kommentierte Anton Kuh (1890–1941), darin vergleichbar mit seinem Zeitgenossen Joseph Roth, die gesellschaftlichen und politischen Veränderungen sowie Kontinuitäten in Wien nach 1918. Er warnte in seinen Glossen, Feuilletons und Stegreifreden vor der Provinzialisierung Wiens – vor Biederkeit, Scheinmoral und der Sehnsucht nach ‚gutbürgerlicher Idylle'. So auch in diesem, im ersten Sommer nach dem Krieg veröffentlichten Feuilletonbeitrag, den Kuh mit „Anton" zeichnete. Das Soda(wasser) Himbeer wird hier zum Konsumgut, mit dem dem Mangel der unmittelbaren Nachkriegszeit getrotzt wird. Es steht für das Festhalten an einem Rest von Lebensstil und urbaner Kultur. Diese Strategie entlarvt Kuh als trügerisch: Das billige Getränk symbolisiert den Schein, die Fassade, die im ökonomisch und politisch ‚geschrumpften' Wien – wider besseres Wissen – aufrechterhalten wird.

Dem Fremden, der in dieser Zeit das große kleine Wien betritt, verdichten sich alle Eindrücke zu dem einen Symbol: Soda mit Himbeer.

Menschen kriechen wie Maden zwischen heißgebackenen Mietkerkern und saugen aus dem verschrumpften Riesenleib der Stadt die allerletzten, tropfensparlichen Säfte; eine Handvoll Chemikalien, scheint es, genügt, das Bild großstädtischen Lebens und Webens fortzuerhalten; ein paar Milligramm Eiweiß, Kohle und Phosphor, auf den Kopf berechnet und aus jedem Magen röntgenhaft sichtbar, garantiert noch immer den Fortgang der Tragikomödie: Weltstadt. Ein Wunder der Scheinvegetation, ein Schauspiel blütentreibender Welkheit.

Die Unterernährtheit trägt aber ein graziöses Knopfloch-Blümchen. An den Kaffeehaustischen, hinter Spiegelscheiben und zwischen Efeutöpfen, gruppieren sich neueste Schnitte, die Pepita-Muster, Bügelfalten um ein rot moussierendes Getränk. Ehmals fungierte es auf rosa verwaschenen Standkarren als Selbstmörder-Trankel. Ein Glas ohne – 3 Kreuzer, mit – 5 Kreuzer. Das staubtrockene Elend feuchtete damit seine Bazillen an. Heute ist es das letzte dekorative Genußmittel, das der Luxus dem Mangel abgerungen hat. Ein kühlendes, süßliches, zellulosefarbiges Nichts, aus dem Vergilbte und Zerknitterte „Großstadtbewußtsein" schlürfen. Hinten: Staub, Fäulnis, Hunger – vorne: in der Spiegelscheibe, einladend und artig: ein Glas Soda mit Himbeer.

Und das Merkwürdige: es kommt hier nur auf dieses Glas Soda mit Himbeer, als Mittel und Preis des Lebens, an. Was schiene das sonst für ein Widerspruch, daß auf einer Bettlerinsel Tausende mit guten Röcken und Allüren beim Nachmittagskonzert sitzen?! Daß gefälschte Banknoten soviel schwelgerische Triebkraft zeigen?! Mit dem schweren politischen Geschütz würdet Ihr umsonst dagegen auffahren! Denn das Dasein, das Ihr erschaut, hoch auf den Zinnen von Luxus und Müßiggang, ökonomisch und soziologisch unerklärlich – es ist ein Soda-mit-Himbeer-Dasein. Die vielen und abervielen, die noch immer gut rasiert und vergnügt, die Beine übereinanderschlagen, sie wollen bloß in der Auslage des Lebens sitzen. Sie klammern sich an den Strohhalm, aus dem man das Soda mit Himbeer saugt. Sie leben nicht, sie warten. Ihr Rock, ihr Fleisch, ihr Atem – alles unecht. Echt ist nur das Soda mit Himbeer vor ihnen. Und auch das besteht aus Selterswasser und „Himbeeröl".

Gibt es ein besseres Symbol für Wien?

3.2 Margarete Hilferding: Der Schleichhandel

Erstveröffentlicht als Margret Hilferding: Der Schleichhandel, in: *Der Kampf. Sozialdemokratische Monatsschrift*, 12. Jg., Nr. 7 (17. Mai 1919), S. 300–304.

Gegen Kriegsende und unmittelbar danach waren Unter- und Mangelernährung in Wien virulent. Die neuen Staats- und Zollgrenzen zur Tschechoslowakei und zu Ungarn erschwerten Lebensmittel- und Brennstofflieferungen nach Kriegsende, auch innerhalb Österreichs gab es kaum Lieferungen über die Bundesländer hinweg – Schleichhandel und Preistreiberei blühten. In Wien drohten deshalb nach dem ‚Hungerwinter' 1916/17 in den Jahren 1918/19 und 1919/20 erneut Hungerkatastrophen, die vor allem durch Lieferungen der Alliierten verhindert wurden. Auch die Stadtverwaltung versuchte gegenzusteuern, etwa durch die kostenlose Schuljause. Margarete Hilferding (1871–1942, sozialdemokratische Bezirksrätin, Ärztin und Individualpsychologin) diskutiert in dieser in der Umbruchszeit publizierten Analyse sowie in dem ebenfalls in Der Kampf *erschienenen Beitrag „Was kostet die auskömmliche Ernährung" (1920)*[3] *den Schleich-*

---

[3] Margret Hilferding: Was kostet die auskömmliche Ernährung?, in: *Der Kampf. Sozialdemokratische Monatsschrift*, 13. Jg., Nr. 2/3 (Februar/März 1920), S. 101–105.

handel und seine ‚kleine' Variante, das ‚Hamstern'. Sie untersucht darin den Zusammenhang zwischen dieser illegalen Praxis und der Verknappung von Lebensmitteln sowie die Folgen für die Volkswirtschaft und fordert Gegenmaßnahmen.

In allen Ländern, die durch den Krieg vom Weltmarkt abgesperrt waren, hat die naturnotwendig stets zunehmende Lebensmittelknappheit eine neue Form des Güterverkehres geschaffen, den Schleichhandel. Neben der staatlichen Bewirtschaftung der Lebensmittel, die unvermögend war, das Vorhandene in seiner Gänze zu erfassen und zu verteilen, hat sich ein privater Ernährungsdienst herausgebildet, dessen Organe rascher, sicherer und zweckentsprechender arbeiten als die des Staates. Dieser private Ernährungsdienst wird von zwei Gruppen besorgt: von den sogenannten „Hamsterern" und von den Schleichhändlern. Beide bedienen sich derselben Mittel und Wege für ihre „Arbeit"; die einen wie die anderen befördern verhältnismäßig kleine Quantitäten (Rucksackverkehr). Sie unterscheiden sich im Ziele, indem der Hamsterer vorwiegend die eigene Versorgung, der Schleichhändler die Versorgung anderer gegen Entgelt pflegt. Bei dem einen ist Hamstern ein Notbehelf, bei dem andern ein Geschäft. Wenn hier vom Schleichhandel die Rede ist, so ist auch der Hamsterverkehr inbegriffen, der einen Schleichhandel *in sich* darstellt. Der private Ernährungsdienst hat sich nach bestimmten Gesetzen entwickelt, die denen des freien Handels nahekommen. Anfangs klein und zaghaft, wuchs er mit zunehmendem Hunger der Bevölkerung an Umfang und Preishöhe ins Maßlose. Jedes Absinken der Ration, jede Störung und Unsicherheit in der Belieferung der Quoten treibt die Schleichhandelspreise hinauf. Der seltene Fall einer Erhöhung der Ration (Rückkehr zur vollen Brotquote im August 1918) hatte automatisch ein Absinken der Schleichhandelspreise für Mehl und Brot zur Folge. Jede Erschwerung des Schleichhandels durch Absperrungen, Strafen und Strafandrohungen, Konfiskationen fördert die Preise; jede Erleichterung durch nachlässigere Kontrolle bringt sie zum Sinken. Die Höchstpreise bewirkten nicht eine Abgrenzung des Preises nach oben, sondern nach unten und schlugen sogleich in Mindestpreise um. Die Ware verschwand nach jeder preisregulierenden Maßnahme der Regierung sofort aus dem offenen Handel und kam im Schleichhandel wieder zum Vorschein. Je kleiner die Summe der staatlich bewirtschafteten Lebensmittel wurde, desto umfangreicher der Schleichhandel. Denn hier regierten noch Angebot und Nachfrage. Alle staatlichen Eingriffe zur Besserung der Marktverhältnisse riefen im Gegenteil nur eine Verschlechterung hervor und wirkten stärker preistreiberisch als selbst die Profitgier der Bauern und Händler. Wir bezahlen im Schleichhandel neben den teuren Preisen der Produzenten, denen der staatliche Ansatz nicht genügt, auch die Erhaltungskosten des Schleichhändlers, Transport- und Bestechungsgelder; wir zahlen auch das Berufsrisiko des Schleichhändlers, der nicht nur Geldeswert, sondern oft Freiheit und Leben aufs Spiel setzt. Der Preis für die käufliche Schmuggelware umfaßt zugleich den Wert von soundso vielen konfiszierten Rucksäcken.

[...]

Auf Mißbräuche bei Lebensmittelzentralen, Konsumanstalten, Kriegs-, Gemeinschafts- und Betriebsküchen, Lebensmittelgroßbetrieben, Großeinkaufsstellen ist der Umlauf jener größeren Mengen zurückzuführen, die nach reichsdeutschem Gebrauch als „Schiebungen" bezeichnet werden. In den elegantesten Kaffeehäusern Wiens, nicht nur in der Leopoldstadt, sondern auch auf der Ringstraße, werden noch heute täglich waggonweise Abschlüsse auf Mehl, Zucker, Reis, Kohlen gemacht. Befugte und nichtbefugte Händler, letztere oft den obersten Gesellschaftskreisen angehörend, teilen sich in die Gewinne. Auch die kleineren Mengen, die durch Diebstahl aus Bahnen und in Magazinen entwendet werden, haben bei der allgemeinen Notlage Bedeutung. [...]

Da die Waren des privaten Ernährungsdienstes mit Ausnahme der Schiebungen nur in kleinen Mengen (Rucksackverkehr) befördert und verkauft werden, ist es begreiflich, daß ein Heer von Verdienern an ihrem Vertrieb tätig ist. Der Schleichhandel bildet also nicht nur eine Versorgungsmöglichkeit für große sonst dem Hunger preisgegebene Bevölkerungsschichten, sondern auch einen Erwerb für Tausende von Arbeitslosen und Halbinvaliden, die von der Unterstützung allein nicht leben können. Kleine Lebensmittelhandlungen, die beim Verkauf der rayonierten Waren den Betrieb einstellen müßten, verdienen am Schleichhandel. Eine größere Anzahl von Menschen leistet gegen Bestechungsgelder Vorschub beim Transport und bei der Kontrolle auf Bahnhöfen, an Landes- und Bezirksgrenzen. Der reguläre Handel bringt heute wenig Geld ins Verdienen. Der Schleichhandel setzt große, leider nicht berechenbare Summen in Umlauf, die in keinem Steuerbekenntnis ausgewiesen werden und einer Vermögensabgabe schwer zugängig sind. Diese Beträge sind nicht nur das Geld der Reichen, sondern der Mittelstand und die Allerärmsten steuern nach Kräften bei. Denn bei dem völligen Versagen des staatlichen Ernährungsdienstes, der in der Form von Rationen kaum ein Viertel unseres Lebensbedarfes deckt, sind die Nichtselbstversorger gezwungen, ihr Leben mit Hilfe des privaten Ernährungsdienstes zu fristen. Jeder benützt ihn dauernd oder vorübergehend nach Maßgabe seiner Geldmittel. Wir sind außerstande, den Warenumlauf des Schleichhandels zu berechnen, werden aber kaum fehlgehen in der Annahme, daß er den Stand der im öffentlichen Dienste befindlichen Lebensmittel erreicht, vielleicht sogar übertrifft. Diese Lebensmittel zu erfassen und möglichst vollständig dem Ernährungsdienst zuzuführen, ist eine dringende Aufgabe unseres Ernährungsamtes, die dringendste neben dem Bemühen, die Zufuhren der Entente zu steigern.
[...]

Die Ungerechtigkeit, die in der besseren Versorgungsmöglichkeit der Wohlhabenden liegt, werden wir nicht aus der Welt schaffen, weil wir eben noch mitten im Kapitalismus stecken. Wir erleben hier wieder die Tragik einer Sozialisierung in der ungünstigsten Zeit. Was der Tiefstand der Betriebe, das Fehlen der Kohle und Rohstoffe für die Sozialisierung der Industrie, das bedeutet das Fehlen der Lebensmittel für die Sozialisierung der Ernährung, zu der wir endlich gelangen wollen. Hätten wir genügend Lebensmittel, so gäbe es keinen Schleichhandel. Denn nur die Hungersnot hat ihn hervorgerufen und erhalten.

Wenn wir die Aufgabe unseres Ernährungsdienstes darin erblicken, möglichst viel Nahrungsmittel in Umlauf zu setzen, um einerseits dem Hunger der breiten Schichten und den damit verbundenen gesundheitlichen Schäden ein Ende zu machen, anderseits um auf diese Weise dem Schleichhandel den Boden abzugraben, dürfen wir uns nicht verhehlen, daß die Schwierigkeiten, die sich dieser Aufgabe entgegenstellen, nahezu unüberwindlich sind. Die Erfassung der Vorräte auf dem Lande ist ohne die Mithilfe der bäuerlichen Produzenten und ihrer Organisationen unmöglich. Wird die staatliche Autorität, die in allen früheren Perioden unterlegen ist, nach der Ernte 1919 siegen? Wenn aber im bäuerlichen Besitz größere Vorräte zurückbleiben, so *können* sie gar keinen anderen Weg gehen als den des Schleichhandels: denn der freie Handel ist für die meisten Produkte ausgeschaltet. Würde die Inlanderzeugung an Lebensmitteln selbst vollständig erfaßt, so könnte sie nicht ausreichen, um die Hungersnot zu beenden. Sie muß ergänzt werden durch Auslandsware in Mengen und zu Preisen, die sie der Volksernährung nutzbar machen.

[...]

Wenn wir in der Lage wären, unseren ganzen Bedarf auf dem Weltmarkt anzukaufen – Voraussetzung dazu ist nicht nur die Aufhebung der Blockade, sondern neben der Transportmöglichkeit vor allem unsere Zahlungsfähigkeit – dann entfiele jede Diskussion über die Bekämpfung des Schleichhandels, weil er ohne Kampf verschwinden würde. Leider sind wir nicht so weit. Wir haben vielleicht noch auf Jahre hinaus neben der staatlichen Bewirtschaftung mit dem Schleichhandel oder einer anderen Nebenversorgung als einen wichtigen Faktor in unserer Volksernährung zu rechnen.

3.3 Ludwig Hirschfeld: Das papierene Kalb. Valutaminiaturen

Erstveröffentlicht als Ludwig Hirschfeld: Das papierene Kalb. Valutaminiaturen, in: *Neue Freie Presse*, 19. Oktober 1919, S. 11–12.

Ludwig Hirschfeld (1882–1942), Redakteur der Neuen Freien Presse, *Dramaturg und Kritiker, beschreibt die gesellschaftlichen Veränderungen infolge der Währungsspekulation als rasante, fiebrige, illusionäre Abwärtsbewegung. Die ‚Anbetung' des wertlos gewordenen Geldes kulminiert für ihn in sehr unterschiedlichen Räumen: den Lebensmittelgeschäften, deren InhaberInnen zu Spekulanten im Kleinen, und den Hotels, die nach dem Krieg zum Inbegriff der ökonomischen Misere und Inflationsgesellschaft geworden waren. Die Internationalität der Letzteren galt nicht mehr als etwas Positives, vielmehr spiegelten die hier verweilenden Briten, Amerikaner, Italiener und Ungarn, die von der billigen Krone profitierten, den verlorenen Krieg, die Unfähigkeit der Regierenden und die Härte der Gewinnermächte. Bei einer Demonstration gegen die*

Teuerungen im Dezember 1921 richtete sich der Unmut gegen diese Räume: Zahlreiche Kaffeehäuser und Luxushotels in der Wiener Innenstadt wurden geplündert und zerstört.

Von einem Tanz um das goldene Kalb zu sprechen, wäre durchaus unzutreffend. Zu einem Götzenbild aus Gold reicht es längst nicht mehr. Nicht einmal Silber oder auch nur Nickel oder Kupfer können wir uns leisten, sogar das Eisen geht uns schon aus. Wir haben nichts als Papier und wieder Papier. Das ist unser einziger Ueberfluß, und darin wühlen und schwelgen wir. In den seltenen Momenten nüchtern ruhiger Besinnung wissen wir ganz genau, daß dies alles nur Selbsttäuschung ist, diese papierene Fülle, die sich unheimlich anhäufenden Zettel, diese Summen und Kapitalien, die nur rascheln, aber kein Gewicht, keine Kraft haben. Wir wissen, daß das alles trostlos und sinnlos ist. Aber getanzt wird dennoch. Der urewige Menschheitstanz um das papierene Kalb, das aus Banknoten, Renten und ähnlichen, angeblichen Wertpapieren zusammengestückelt ist. Noch nie ist dieser Tanz so hemmungslos exstatisch getanzt worden, mit solchen grotesken Figuren und Verrenkungen, noch nie ist der Götze Geld so verzweifelt angebetet worden. Manchmal ist es einem, als ob man in dieser Stadt überhaupt nur mehr zwei Worte hören würde: die Krone in Verbindung mit einer täglich kleiner werdenden Zahl und vor allem das Wort Valuta. Das ist das Zauberwort, das alles Denken und Fühlen, alle Gemüter, Pläne und Beziehungen beherrscht. Das ganze Wiener Leben spielt sich jetzt im Zeichen der Valuta ab. Entwertung, Zusammenbruch, das sind uns schon selbstverständliche, beinahe vertraute Begriffe geworden, mit denen alle rechnen und viele spekulieren. In diesem papierenen Chaos sind zwei entgegengesetzte Erscheinungen zu beobachten: die Sucht, möglichst viel Kronen zusammenzuraffen und das ängstliche Bestreben, sie wieder möglichst rasch loszuwerden. Man betet das Geld an und man fürchtet es. In Babylon dürften geordnetere Verhältnisse geherrscht haben, als in dieser Valutastadt am blauen Papiergeldstrom, die jede Ähnlichkeit mit sich selbst verloren hat. Wer dem Wiener Leben, den Wiener Menschen von heute zusieht, der erkennt: nicht bloß die Krone, auch die Menschen sind hier entwertet, und das tägliche Leben hat einen furchtbaren Tiefstand erreicht.

In der Hotelhalle. Man nennt sie auch den Rangierbahnhof, weil hier so viele Waggons „geschoben" werden. Einmal war es ein erstklassiges, exklusives Hotel, jetzt ist es ein Mittelding zwischen Winkelbörse und Schieberkaffeehaus. Man kann nicht einmal von einem gemischten Publikum sprechen, denn die Gestalten, die sich im Vestibül und in der Halle drängen, sind alle so ziemlich von der gleichen Art und alle führt derselbe Zweck her: Geschäfte machen – wenn es nicht anders geht, auch erlaubte und einwandfreie. Sie machen ihre Geschäfte nur außerhalb eines Bureaus, fern von Hauptbuch und Kassabuch, und obwohl sie durchaus keine Feldherrennaturen sind, haben sie dennoch eine Eigentümlichkeit mit Wallenstein gemeinsam: sie geben prinzipiell nichts Schriftliches aus der Hand. Hier sieht man kuriose Gruppen: bedenklich tadellos angezogene neue Gentlemen in trauter Gemeinschaft mit defekt gekleideten, gleichsam aus Überzeugung unsoignierten Herren. Mancher, von dem man bestimmt weiß, daß er vor kurzem noch ein rätselhafter Agent oder Akquisiteur war, tritt hier stolz und nobel auf, jeder Zoll ein Schieber. Alle möglichen Sprachen und Akzente hört man hier, am häufigsten Ungarisch, Südslawisch, Italienisch, auch Französisch, ab und zu sogar Deutsch, aber nie ein einwandfreies. In dieser Hotelhalle ist alles zu haben: Lebensmittel, Knabenkleider, Antiquitäten und Galloschen, aber nur waggonweise. Der beliebteste Artikel jedoch ist: Valuta. Darum dreht sich hier alles. Man sieht förmlich die Schwankungen der Krone, der Mark und Lire, und zwischen einem Ende der Halle und der anderen bestehen beträchtliche Kursspannungen. Hier werden fortwährend teure Zigaretten geraucht, echter Kaffee getrunken, wird telegraphiert, interurban telephoniert, mit Trinkgeldern herumgeworfen. Geld spielt hier keine Rolle: es sind ja nur Kronen. Und man kann von Glück sagen, wenn man dieses Valutahotel verläßt, ohne daß man sich irgendetwas hat zuschulden kommen lassen.

Der Valutagreisler. Ob es ein großes Delikatessengeschäft ist oder ein kleiner Laden, darauf kommt's nicht an. Überall ist es dasselbe. Auch dem kleinsten Greisler genügt es heute nicht mehr, durch Einkauf und Verkauf sein bürgerlich normales Geschäft zu machen. Auch er steht im Banne der Valuta, der Kronenkurse und spekuliert auf seine primitive, aber rentable Art mit. Der ganze Laden ist angefüllt mit ausländischen Waren: französische und schweizerische Schokolade, italienische Würste, amerikanische Konserven, portugiesische Sardinen, polnische Schnäpse. Lauter Dinge, die nur zum Tagespreis verkauft werden und täglich anders, also höher notieren. Es ist eine Börse im kleinen, und die Preise diktiert der simpel aussehende Mann mit den roten Händen und der weißen Schürze. Vor einigen Jahren hat er gewiß noch keine Ahnung gehabt, was das Wort Valuta bedeutet. Jetzt weiß er es ganz genau, denn er sieht jeden Morgen nach, wie die verschiedenen ausländischen Valuten und Devisen notieren. Und dann geht er zu seinen Stellagen, fängt an umzurechnen, und dann kostet das Kilogramm Schokolade, das gestern abend noch um 80 Kronen zu haben war, 120 Kronen und auch die Sardinen können, stumm wie Fische leider sind, nicht dagegen protestieren, daß sie plötzlich doppelt so teuer sind. Und wenn die Kundschaft den Mut aufbringt, darüber zu staunen oder gar ungehalten zu sein, dann erhält sie prompt die Antwort, daß die Krone in Zürich nur mehr auf fünf steht, daß die Preise lächerlich billig und eigentlich schon überholt sind. Ob wohl jemals wieder Zeiten kommen werden, wo die Wiener Greisler nichts von Zürich und Valuta wissen?

[...]

Wie lang wird dieser Tanz noch weitergehen? Wie lang werden wir uns noch in sinnloser Betäubung um das papierene Kalb drehen? [...] Dieser täglich winziger werdende Kronenkurs ist doch längst kein reeller Maßstab mehr, denn schließlich gibt es für jedes Land nur eine Valuta: die der Arbeit, der Leistungen, der Produktion. Freilich, auch diese Valuta steht bei uns erbärmlich schlecht. Wir produzieren immer nur Papier und wieder Papier, und wenn es ein besonders großes Stück Papier ist, dann heißt es Finanzplan. Man kann es sich schon gar nicht mehr vorstellen, wie das weitergehen, wie dieser Winter sich gestalten soll. Was kann denn noch Ärgeres kommen? Wir werden im Dunkeln frieren und hungern, die Krone wird auf Vier und Zwei heruntergehen. Aber wenn dieser Valutawinter noch so bitter und streng wird, die eine tröstliche Gewißheit bleibt uns: unter Null kann die Krone doch nicht sinken.

3.4 Julius Klinger: Der heilige Alltag

Erstveröffentlicht als Julius Klinger: The Holy Every Day, in: *Poster Art in Vienna*, Chicago: Wisotzki 1923, S. 6–7. Übersetzung von Georg Spitaler.

Julius Klingers (1876–1942) programmatischer Text zur modernen Plakatkunst ist ein provokantes Bekenntnis zu ‚demokratischem Konsum' und einem ‚humanen Kapitalismus'. An Manifeste der Dadaisten erinnernd, erklärt er die künstlerische Gestaltung des täglichen Lebens zum höchsten Ziel und feiert die Massenkultur optimistisch-ekstatisch als Grundlage der Reklame. Diese verstand Klinger, einer der einflussreichsten Plakatkünstler und Gebrauchsgrafiker im deutschsprachigen Raum, als ‚Alltagskunst'. Amerika, das in den 1920er Jahren vielen als Sinnbild einer urbanen, demokratischen Massenkultur und als Symbol von Moderne galt, funktioniert auch hier als Vorbild: Charlie Chaplin, Karl Kraus und Charles Martin[4] werden zu „Göttern" und Film, Mode und gesellschaftskritische Sprachkunst einander ebenbürtig zu Quellen der Reklame erklärt. The Holy Every Day *erschien in einem Musterbuch für funktionalistische Werbegestaltung, das neben Klingers Arbeiten Entwürfe Hermann Kosels und anderer Grafiker vorstellte und für den englischsprachigen Markt gedacht war. Es machte die Wiener Gruppe der Werbegrafiker um Klinger international bekannt.*

Wir Reproduktionisten glauben an den Alltag, den hohen Festtag unserer nüchternen Arbeit.
An Feiertagen lähmt uns das schablonenhafte Denken derer, die ohne Leidenschaft arbeiten.
Sollen sie sich amüsieren und die sogenannte Schönheit suchen.
Unser Arbeitstag erfasst alles Lebendige, die Toten erscheinen uns nur als verbrauchtes Leben.
Das Dröhnen der Rotationsmaschine versetzt uns in Ekstase, auch wenn wir spüren, dass ihre Rollwalze die menschliche Torheit platt bügelt.
Unsere Götter sind: Charlie Chaplin, Karl Kraus und Charles Martin.

---

4 Charles Martin (1884–1934): französischer Maler, Grafiker, Designer, der auch für Zeitschriften und das Theater arbeitete.

Charly Chaplin, weil er von Hollywood aus den ernsten Chinesen zum Lachen bringt.

Kraus, weil er in dieser Stadt mit der Kunst seiner Sprache für zukünftige Generationen die nackte Wahrheit über unsere Zeit niedergeschrieben hat.

Der Pariser Charles Martin, weil er mit seiner schlanken Linie die Mode in Amerika beeinflussen konnte.

Wir schätzen auch bunte Schmetterlinge, Nachtigallen, Sonnenuntergänge und barocke Brunnen. Aber wir teilen diese Freuden nur ungern mit jenen, die gerade Alleen, Überlandleitungen und stattliche Schränke zu gewöhnlich finden.

Ein Maler, der die Natur nachahmen will, bringt uns still zum Lachen.

Jeden Abend gehen wir ins Lichtspieltheater, wenn dort kein aufgeblasener Film aus Berlin gezeigt wird. Schnurstracks eilen wir ins Vorstadtkino, wenn ein Prevost oder Daniels läuft.[5]

Wir schätzen Individualität, Persönlichkeit und selbst große Namen, wenn sie uns in Werken erscheinen, die allen und jedem gehören.

Doch die Werbehelden der Kunstverlage sind uns mehr als verhasst, sie interessieren uns nicht.

Die Rückseiten unserer nüchternen Entwürfe sind voller Kleister, doch vorne schaffen wir in rasendem Zustand ein Bild der Welt, als ob es darum ginge, unser Werk unsterblich zu machen.

Um eine Rasierklinge letztgültig darzustellen, vertiefen wir uns in die Geheimnisse der Steinzeitmalerei.

Wir hassen Militarismus, wir schwärmen für Selbstbeherrschung und Disziplin.

Geld regiert heute die Welt.

Wir sehen keinen Grund, warum wir diese Tatsache scheinheilig beklagen sollten.

Wir sehen den Kapitalismus als die kreative Kraft, Geld als das kreative Universalmittel.

Den wohlgeplanten Wolkenkratzer, der die Arbeit von zehntausend glücklichen Menschen beschützt, sehen wir als überragendes Symbol kapitalistischer Vormacht.

Unser Heimatland, der Boden aus dem wir kamen und dem wir mit Leib und Seele gehören, ist die Welt-Stadt.

Und trotzdem hören wir das Bächlein rauschen.

    Wien, September 1923.

---

5 Vermutlich bezieht Klinger sich auf die in den 1920er Jahren populären (Hollywood-)Schauspielerinnen Marie Prevost (1898–1937) und Bebe Daniels (1901–1971).

3.5 György Bálint: Jazz-Band

Erstveröffentlicht auf Deutsch als Georg Balint: Jazz-Band, in: *Kunst und Volk: Mitteilungen des Vereins „Sozialdemokratische Kunststelle"*, 3. Jg., Nr. 6 (Februar 1929), S. 156.

Die Charakterisierung des Jazz als Inbegriff ‚amerikanischer', moderner, urbaner, zugleich wilder, chaotischer Unterhaltungskultur in den 1920er Jahren ist auch in György Bálints (1906–1943) Gedicht zentral. Es ahmt die Getriebenheit der Jazzrhythmen nach und nimmt in Motiven und Stil Anleihen beim Expressionismus: Jazz, Tanz und Exzess vermögen es nicht, die Krise vergessen zu lassen. Das Gedicht wurde etwa zeitgleich im ungarischen Original unter dem Titel Jazz-band a Szilveszter éjszakában *(„Jazz-Band in der Silvesternacht") in* Pesti Napló *veröffentlicht, einer bürgerlich-liberalen Zeitung, die Texte von Autoren und Autorinnen abdruckte, die dem Horthy-Regime gegenüber kritisch eingestellt waren. György Bálint, Schriftsteller, Publizist und Übersetzer aus dem Englischen sowie Aktivist der kommunistischen Partei, publizierte u. a. auch in der Wiener* Arbeiter-Zeitung, *der* Frankfurter Volksstimme *und dem* Pester Lloyd. *Zudem arbeitete er als Berichterstatter aus Budapest für angloamerikanische Medien. Diese deutsche Fassung des Gedichts basiert auf einer Übersetzung von Stefan I. Klein.*[6]

> **Jazz-Band**
> Bruder, jetzt tönt der Jazz
> und lässt auf deinem Lager dich nicht schlafen,
> jetzt brüllt das Saxophon
> wie ein brünstiger Löwe,
> jetzt wandelt sich in Sekt und vibrierenden Tanz
> und in weiche Seide an den Brüsten der Frauen
> dein Blut und deine Muskeln und deine Qualen
> und deine geraubte
> Hoffnung:
>
> Bruder, jetzt tönt der Jazz,
> jetzt klingeln bunte Glaskegel,
> und duftige Strahlen schleichen
> wie die Katzen,
> und der Mond ertrinkt im Morgen
> hinter den Bergen;

---

6 Stefan Isidor Klein (1889–1960) war Journalist und ein wichtiger Übersetzer ungarischer zeitgenössischer Literatur ins Deutsche. Er war mit der (kommunistisch-sozialdemokratischen) Schriftstellerin Hermynia Zur Mühlen verheiratet.

Bruder, jetzt tönt der Jazz,
und der Nachtarbeiter schüttet ungezähltes Gold
auf den Tisch seines befrackten Herrn, den er nicht einmal kennt,
jetzt brüllt das Saxophon,
und in die leer schweigenden,
schwarzen Untiefen gleitet hinüber der Tanz,
und einer verhungerten Schindmähre gen Himmel gereckte
vier Beine werfen schiefe Schatten auf die blendenden Tischtücher;

Bruder, jetzt tönt der Jazz,
und dein Magen knurrt:
gleich wird es Morgen sein,
diese Welt ist der Welten beste,
und in einer Stunde werden einige strebsame junge Männer,
um ja nicht zu spät zu kommen, schon jetzt
ein glückliches neues Jahr dem Herrgott wünschen.

3.6 Neon: Revue

Erstveröffentlicht als Neon: Revue, in: *Kunst und Volk: Mitteilungen des Vereins „Sozialdemokratische Kunststelle"*, 3. Jg., Nr. 6 (Februar 1929), S. 153–155.

Die von David Josef Bach herausgegebene Zeitschrift Kunst und Volk *hatte sich die Neuverortung der Kultur für die Arbeiterbewegung zum Ziel gesetzt: Während etwa Else Reventlow „Massenkultur als Problem"[7] bezeichnete, verstand der Journalist Robert Ehrenzweig (1904–1984), der auch als „Neon" publizierte,[8] Revue als Ausdruck des Zeitgeists. Neben dem Film sei sie jenes Unterhaltungsmedium, das das Tempo, die Simultaneität und Gegensätze des modernen Lebens fassen könne. Ehrenzweig lehnte die moderne Unterhaltungskultur nicht als Mittel der Illusion und Ablenkung ab. Im Gegenteil: Die Revue ist nicht notwendig bürgerliches Ausstattungsspektakel, sie kann auch politische Satire sein. In mehreren Beiträgen in* Kunst und Volk *formulierte er, wie Spektakelcharakter und Witz der Revue im Klassenkampf eingesetzt werden können. Ehrenzweig war Mitbegründer und Teil des AutorInnen- und SchauspielerInnenkollektivs des Politischen Kabaretts, einer Initiative der 1926 von Studierenden sowie Gymnasiasten und Gymnasiastinnen gegründeten Sozialistischen*

---

7 Else Reventlow: Massenkultur als Problem, in: *Kunst und Volk: Mitteilungen des Vereins „Sozialdemokratische Kunststelle"*, 2. Jg., Nr. 3 (März 1927), S. 12–14. Reventlow (1897–1984) war Sozialdemokratin und Frauenrechtlerin.
8 Ein anderes Pseudonym, Robert Lucas, wurde 1947 Ehrenzweigs offizieller Name.

Veranstaltungsgruppe, die 1926 bis 1933 13 Programme, darunter mehrere Revuen, in Österreich aufführte.

Der Bankdirektor fährt in seinem neuen Sechszylinder durch die Kärntnerstraße. Im Leunawerk leuchten Tafeln: „Achtung! Braune Dämpfe sind gefährlich!", „Achtung! Grüne Dämpfe sind gefährlich!", „Achtung! Rote Dämpfe bedeuten Tod!" Auf dem Dachstein erfrieren zwei Skiläufer fünf Minuten vom Schutzhaus entfernt in der eisigen Winternacht. In den heiligen Moscheen von Kalkutta rotieren elektrische Ventilationen. F. A. C. schlägt Hertha nach heißem Spiel 5:0 (2:0). Ein Gewerkschaftskongreß wird eröffnet. Hunderttausende von Kindern arbeiten in den Fabriken Schanghais zehn bis zwölf Stunden im Tage. Gleichzeitig zeigt ein Film in den Wiener Kinos die Marter dieser Kinderleiber. Ein Bursch küßt ein Mädchen. Arbeiterkolonnen marschieren streng gereiht, mit dröhnendem Schritt. Jazz peitscht das Blut auf. In den Straßen brennen die Flammen der Lichtreklame. Hindenburg spricht im Radio. Sei schön durch Elida.[9]

Revue ist Stoff vom Stoff dieser Zeit. Die Revue bietet die Möglichkeit, das Wesen dieser Zeit in ihren Erscheinungsformen wiederzugeben. Atemlose Hast. Tempo und Sensation. Erotik und Reklame. Jazz und Witz. Sentimentalität und Zynismus. Übermut, Ekstase, Illusion, Satire – die Zeit ist an eine Perlenschnur gereiht.

Der Film ist geeignet, Tempo und Mannigfaltigkeit des wirbelnden Geschehens unserer Tage festzuhalten. Auf der Bühne ist es die Revue, in deren Rahmen Szene die Szene, Ort den Ort, Zeit die Zeit, Stimmung die Stimmung hetzt, in dem berauschenden Rhythmus, in der nervenbetäubenden, nervenberuhigenden Dynamik, die unser Blut liebt. Diese Revue ist erst durch die Entwicklung der Bühnentechnik ermöglicht worden. Ihre Abhängigkeit von Drehbühne, Lichteffekten, Film usw. ist die Abhängigkeit jeder Kunst von ihrem Material.

Die Revue ist heute noch keine Erfüllung. Sie ist eine Möglichkeit. Die wirklichen künstlerischen Ausdrucksformen der Revue müssen erst gefunden werden.

Die Revue ist keine Gesinnungsform. Sie ist an sich nicht bürgerlich, nicht sozialistisch – so wie der Expressionismus, die „neue Sachlichkeit", die moderne Architektur nicht bürgerlich, nicht sozialistisch sind. Sie kann bürgerlich-harmlos sein: Illusionstheater. Oder ihr Geist, ihre Flammen entspringen politischem Gestaltungswillen, politischer Satire.

Verbleibt die Revue im bürgerlichen Rahmen, so sind ihre wesentlichsten Mittel: farbenfreudige Prachtentfaltung, nackte Beine, erotischer Kitzel. Ihr Witz aber stößt sich an dem engen Rahmen. Er bewegt sich entweder auf den tiefen, tödlich langweiligen Bahnen bereits ergrauten jüdischen oder Besoffenen-Humors, oder er ist geistreich-ästhetisch; dann versteht ihn nur der kleine Kreis der Kaffeehaus-Literaten und ihrer Verwandten. Wird der Witz sinnvoll, wird er zur Gesellschafts-Sati-

---

[9] „Sei schön durch Elida" war ein Slogan auf einem populären Werbeplakat für Kosmetikartikel.

re, so muß er den bürgerlichen Rahmen sprengen. Da es sich jedoch die bürgerliche Revue mit keinem Teil ihres Publikums verderben, andererseits auf die Pikanterie des tagespolitischen Witzes nicht vollständig verzichten will, steckt sie hier und dort an ihr buntes Kleid eine politische Redeblüte und führt hiebei einen possierlichen Eiertanz zwischen rechts und links auf.

Diese bürgerliche Revue, in der Alles so glücklich endet, ist für das Proletariat gewiß nicht ungefährlich. Sie spiegelt ihm die Illusion vor, daß es auf dieser Welt nun doch nicht so schlecht bestellt ist. Gibt es materielle Sorgen, so sind sie rasch und schmerzlos behoben, entweder durch einen Haupttreffer oder einen steinreichen Prinzen, der auch ein erfolgreicher Spekulant aus Olmütz sein kann. Und alle Frauen sind so schön und jung und alle Männer so fesch und lieben so gut – was soll in dieser Welt der rosenroten Erfüllung der rote Klassenkampf? Gewiß, die Einschläferung und Verblödung des denkenden Geistes ist gefährlich, aber welcher Puritanismus kann so brutal sein, dem von Arbeit und Sorgen Gebeugten die Flucht in eine glücklichere Unwirklichkeit zu verwehren, sei es nur auf drei Stunden, sei es nur zu Flirt und Flitterwerk, zu Girls und Girlanden der Bühne. Wir brauchen auch das Illusionstheater, das Leben ist stark und bitter genug, uns den Traum zu zerreißen und uns zu spüren lassen, daß nach dem happy end die böse Fortsetzung kommt.

Ursprünglich war die Revue stark politisch gefärbt. Die alten französischen Spiele glossierten geistreich Tages- und große Politik. Diese Satire, getragen von ein bis zwei durch das Kunterbunt der Szenen wandernden Figuren, war Wesen und Wert, Sinn und Berechtigung des Spiels. Allmählich, vor allem unter dem Einfluß Amerikas und des Fremdenverkehres, wurde der Witz durch das grandios-kitschige Bühnenbild, den optischen Eindruck verdrängt. Anzüglichkeit wich der Ausgezogenheit, die Schau des Geistes der der Körper, die politische Erregung der erotischen. Allerdings ist gerade im letzten Jahre eine Wendung zum Besseren eingetreten, die vielleicht zur glücklichen Synthese führen wird. Die nackten Mädels sind ja schon so langweilig geworden. Die Geistlosigkeit des Gebotenen wurde sogar der Geistlosigkeit des Publikums zu arg. So versuchten die Theater, die Revue halbwegs auf Niveau zu bringen, an Stelle der großen trat die „kleine" Revue, mit etwas weniger Girls und etwas mehr Geist.

Der Agitation und Satire bietet die Revue unausschöpfbare Möglichkeiten. Hier können Gegensätze erschütternd unvermittelt aufeinanderprallen. Hier kann aus der Hetzjagd der Eindrücke, aus der Photographie und grotesken Verzerrung der Wirklichkeit der Sinn kristallisieren, der sie zersplittert und vereinigt. Die Revue ist Zeittheater, sie drängt zur Bearbeitung politischen Stoffes. „Die letzten Tage der Menschheit", „Hoppla, wir leben!", das Wiener „Politische Kabarett" weisen den Weg.

3.7 Anonym: Tanz um die Welt. Die „GÖC"-Revue

Erstveröffentlicht als Tanz um die Welt. Die „GÖC"-Revue, in: *Der Kuckuck*, 8. Dezember 1929, S. 5.

Die sozialdemokratische Großeinkaufsgesellschaft österreichischer Consumvereine (GÖC) warb mit Filmen, Warenausstellungen, Plakaten und seit 1929 mit einer ‚Propagandabühne' um Konsumentinnen und Konsumenten.[10] *Sie sollten vom Kauf der GÖC-Produkte überzeugt werden, ohne – wie in der privatkapitalistischen Reklame – verführt zu werden, ihre ökonomischen Verhältnisse zu überschreiten. Die GÖC propagierte einen organisierten, streng nach Bedarf kalkulierten Konsum. Doch wurde er nicht gänzlich seines Vergnügungscharakters beraubt: Die für GÖC-eigene Produkte werbende Revue* Tanz um die Welt *verknüpfte Konsum und zeitgenössische Unterhaltungskultur. Dabei inszenierte sie einen kulturellen Überschuss um koloniale Exotik, Begehren und Erotik als Konsumanreize und setzte Tanz, Spiel und Bewegung als Mittel der Freiheit und Selbstverwirklichung ein. Mit Erfolg: Von Werbefachleuten hochgelobt, tourte die Revue 1929 durch Wien und die österreichische Provinz, die Schweiz, die Tschechoslowakei und Deutschland und wurde mehr als 100 Mal aufgeführt. 1930 folgte die Revue* Flieg mit mir durch Österreich!

Eine glückliche Idee, das Angenehme mit dem Nützlichen zu verbinden hat zu der „GöC"-Revue geführt, die nun ihre fünfzigste Aufführung feiert und bis weit in das Frühjahr hinein täglich in verschiedenen Städten Österreichs gespielt wird. Daß die Idee glücklich war, beweisen die ausverkauften Vorstellungen und der stürmische Beifall, mit dem diese Revue aufgenommen wird. Lustige Scherze führen die Zuschauer um die ganze Welt überallhin, wo es Waren gibt, die auf dem Weg über die „GöC" dem Verbraucher zugeführt werden. Tanzend, wie sich das für eine Revue gehört, gelangen wir nach Brasilien, um uns auf den dortigen Kaffeeplantagen von Negerinnen, die natürlich auch gute Tänzerinnen sind, überzeugen zu lassen, daß „GöC"-Kaffee der beste ist. Der bekannte rote Faden, der durch jede Revue geht, bringt uns in einen Wunderzirkus, der gerade jetzt vor Weihnachten sehr aktuell ist, weil dort lebendig gewordenes Spielzeug, natürlich aus dem „GöC"-Warenhaus, drollige Späße aufführt. Das nächste Bild bringt uns in ein Kasperltheater, das die Kinder in hellen Jubel versetzt, obwohl auch seine Späße den sehr ernsten Hintergrund haben, daß es am besten ist, seinen Bedarf in den Verteilungsstellen der „GöC" einzukaufen. Wir gelangen auch in das Reich der Seifenblasen, wo echte Wiener Wäschermädel zu Hause sind, die mit „GöC"-Seife sogar die Negerinnen aus Brasilien weiß zu waschen vermögen, denn selbstverständlich hat nicht nur der brasilianische Kaffee den Weltreisenden geschmeckt, auch die Negerinnen, die ihn kredenzt haben, erweckten Gefallen. Und es ist so selbstverständlich, daß sie mit den

---

10 Vgl. GÖC: *Bericht für das Geschäftsjahr 1929*, Wien 1930, S. 67–70.

Weltreisenden mitgekommen sind, was Anlass zu weiteren lustigen Szenen gibt. Zwischendurch werden Kleider und Mäntel lebendig und wandern als reizende Mannequins über die Bühne, bei den weiblichen Besuchern helles Entzücken auslösend, sobald ihre verhältnismäßig billigen Preise bekanntgegeben werden. Auch eine schaurige Moritat ist auf der Bühne zu sehen. Unheimliche Gestalten mit Blendlaternen und Einbruchswerkzeug schleichen sich auf die Bühne, um die sehr geschickt auf den Hintergrund gemalte eiserne Kasse aufzubrechen, und nur dem glücklichen Zufall, daß ein wachsamer Angestellter die vorzüglich funktionierenden „GöC"-Zünder bei der Hand hat, ist es zu danken, daß die Einbrecher gefasst werden können. Das nächste Bild, nach dem künstlerischen Plakat des Architekten George Karau entworfen, bietet Gelegenheit, die „GöC"-Zünder durch einen von der Tänzerin Maria *Lenz* famos getanzten Flammentanz künstlerisch zu verherrlichen. Auch sonst wird, wie sich das für eine Revue gehört, viel getanzt. Schöne Girls personifizieren die Markenware der „GöC" in von Künstlerhand entworfenen Masken und lustige Einfälle sorgen dafür, daß der Tee, die Eiernudeln und die sonstigen bekannten „GöC"-Packungen mit ihren beweglichen Tanzbeinen das Publikum in bester Stimmung halten. Um das Maß des Vergnügens vollzumachen, führt in den meisten Aufführungen die beliebte Tänzerin Gisa *Geert* den Hochzeitstanz auf.

Eine ernste Sache hat sich mit der Farbenfreudigkeit und der Heiterkeit der Revue umgeben und der Erfolg zeigt, daß dies sehr berechtigt war. Nach des Tages Müh'n lässt man gern die gut erdachten Szenen an sich vorüberwirbeln und kann mit dem Lächeln des Vergnügens einer ernsten Sache, den Konsumgenossenschaften, nähertreten. Die vom Architekten Artur *Berger*[11] entworfenen Bühnenbilder sind überaus wirkungsvoll und die Herrn Dr. Karl *Denk*, Hans *Gregor* und Ferry *Micheler*, die Weltreisenden, halten das Publikum bei bester Laune. Es ist also kein Wunder, daß die Revue überall begeistert aufgenommen wird.

3.8 Ernst Fischer: Ich untersuche mich volkswirtschaftlich

Erstveröffentlicht als E. F.: Ich untersuche mich volkswirtschaftlich, in: *Arbeiter-Zeitung*, 6. Jänner 1931, S. 5.

In diesem wenige Monate vor dem Höhepunkt der Wirtschaftskrise in Österreich – dem Zusammenbruch der Creditanstalt im Mai 1931 – publizierten Kommentar setzt sich ein Konsumenten-Ich einer Selbstuntersuchung aus. Erstaunt stellt es fest, dass es sich nicht volkswirtschaftlich rational verhält und die Weltwirtschaft stärkt, sondern gerade in der Krise „Luxus" (Zigaretten, Alkohol, Kino, Kaffeehaus) „aufbauenden Nahrungsmittel[n]" vorzieht. Konsum wird mit Unterhaltung verknüpft, und die An-

---

11 Art(h)ur Berger (1892–1981), Filmausstatter und Architekt, war auch Regisseur des sozialdemokratischen Wahlwerbefilms *Die vom 17er Haus* (Ö 1932).

sprüche eines konsumkulturell konstituierten Subjekts auf Überfluss werden geltend gemacht: Der Text verweist im Duktus der Parodie darauf, dass auch Arbeiter und Arbeiterinnen den Bedürfnis- dem Bedarfskonsum vorziehen. Zugleich ist er eine – ironisch gewendete – Kritik an der Funktionsweise der Weltwirtschaft und deren Dominanz über die Menschen. Gezeichnet mit „E. F.", wurde er vermutlich von Ernst Fischer (1899–1972) verfasst.

Ich, ein Konsument, daher in statistischen Handbüchern sorgfältig registriert, allerdings so gut in Riesenziffern versteckt, daß selbst der beste Freund mich nicht zu finden vermag, ich, ein Mensch, für den Getreide gebaut, Kohle gefördert, Elektrizität gewonnen wird, für den Fabriken arbeiten, Dampfer über den Ozean fahren, Großunternehmer sich den Kopf zerbrechen, für den Kleider, Schuhe, Zigaretten hergestellt, Zollverträge geschlossen, rationelle Maschinen erfunden werden, ich also habe beschlossen, mich volkswirtschaftlich zu untersuchen. Ich schicke voraus, daß ich einige volkswirtschaftliche Bücher gelesen habe, aber trotzdem von Nationalökonomie nicht viel weiß, weshalb man mich füglich einen Ignoranten nennen kann; ich sehe nur, daß die Weltwirtschaft keineswegs funktioniert und frage mich, ob ich als Konsument das meine tue, ob ich mich richtig verhalte. Nun: ich bin zu dem sehr betrüblichen, zu dem wahrhaft beunruhigenden Resultat gekommen, daß ich nicht so lebe, wie ich als rationalisierter Bestandteil der Volkswirtschaft zu leben hätte.

Ich fange gleich mit dem Ärgsten an: Lange Zeit habe ich nicht gewußt, wovon ich leben, mir ein Nachtmahl kaufen und das Notwendigste besorgen sollte; damals konnte ich beobachten, wie man sich als Konsument in einer Krise verhält. Kurz gesagt: vollkommen falsch. Die Volkswirtschaft konnte damit rechnen, ich würde zuerst auf den Luxus, auf das Ueberflüssige verzichten – aber die Volkswirtschaft hat sich in mir getäuscht. Ich habe zuerst das Notwendigste eingeschränkt, und wenn ich mir keine Mahlzeit mehr leisten konnte, für Zigaretten langte es gerade und, ich gestehe es beschämt, manchmal auch für Alkohol. Oft hatte ich die Wahl zwischen solchen destruktiven Giften und aufbauenden Nahrungsmitteln – ich wählte die destruktiven Gifte. Wenn ich aber wunderbarerweise etwas Geld in der Tasche hatte, spürte ich weder das Verlangen, meine Schulden zu bezahlen oder mir Schuhe zu kaufen, sondern Kaffeehaus und Kino lockten viel mehr, ich war nie so sensationslüstern wie damals in der schlechtesten Zeit. Die Weltwirtschaft hat für mich umsonst nützliche Dinge produziert, und wenn man mir gesagt hätte: „Deine Pflicht als Mensch und als Konsument ist es in erster Linie, dich ordentlich zu nähren und dir daher deine Laster abzugewöhnen!", so hätte ich mit einer unzweideutigen Antwort solche Ratschläge abgelehnt.

Aehnliches habe ich an mir auch beobachtet, als es mir bereits besser ging; meine Bedürfnisse wachsen nämlich rascher als meine Einnahmen, mein Lebensstandard (so heißt es doch?) hat die Tendenz, sich von meinem Einkommen unabhängig zu machen, ich lebe über meine Verhältnisse, da ich aber schließlich doch nicht mehr ausgeben kann, als ich kriege, lebe ich gleichzeitig unter meinen Verhältnissen, das heißt ich könnte für Nahrungsmittel bedeutend mehr und für Genußmittel bedeutend weniger aufwenden. Leider habe ich keine Lust dazu – und die Weltwirtschaft hat es zu büßen. Sie produziert beispielsweise zu viel Getreide für mich, weil sie gleichzeitig hübschere, wenn auch überflüssigere Dinge produziert.

Aber ich habe dergleichen nicht nur an mir beobachtet, ich sehe, daß der Luxus, oder nennen wir es mit einem hochtrabenden Wort die Kultur, überall gewachsen ist. Ich bin kein Moralist und finde das durchaus bejahenswert, aber Leute, denen es gut geht, haben das nicht gern, sie fordern, der Arme möge seine Groschen für Brot, jedoch nicht für Kino, Tabak, Seidenstrümpfe, Wintersport und ähnliche Laster ausgeben. Nun, die Arbeitermädels, die verzweifelt sparen müssen, tragen hübsche Strümpfe und gehen Skilaufen, dafür essen sie beinahe nichts, und je weniger Geld man hat, desto mehr ist man geneigt, es unwirtschaftlich anzuwenden. „Wenn es mir schlecht geht, will ich wenigstens einmal gut leben!" hat mir ein junger Arbeiter gesagt, und ich habe ihn darin bestärkt, vielleicht zum Schaden einer rationellen Weltwirtschaft. Allerdings kann ich der Weltwirtschaft den Vorwurf nicht ersparen, daß sie uns immer neuen Verlockungen aussetzt, daß sie uns ununterbrochen dazu verführt, über unsere Verhältnisse zu leben: Gewiß ist ein Grammophon, ein Radioapparat, ein Automobil, eine Skiausrüstung, überhaupt alles Hübsche und Angenehme, vollkommen überflüssig; aber wir sind, obwohl die Statistik sich ernsthaft mit uns beschäftigt, frivol genug, auf das Hübsche, Angenehme und Überflüssige versessen zu sein und lieber unsere primitiven als unsere komplizierten Bedürfnisse zu vernachlässigen. Und ich wette: in diesem Jahre wird man wieder etwas erfinden, das in uns allen ein intensives Bedürfnis wachkitzelt, und wir werden noch weniger Brot essen, damit wir uns den neuen Luxus leisten können. Es ist so: in einer rationalisierten Welt ist unser Leben irrationell geblieben. Wir passen uns der Volkswirtschaft nicht an, die Volkswirtschaft paßt sich uns nicht an, wir können zusammen nicht kommen, etwas stimmt da nicht.

Ueberhaupt: gar nichts stimmt – das ist das fragwürdige Ergebnis meiner volkswirtschaftlichen Selbstanalyse. Zum Beispiel, wenn ich ein Kapitalist wäre (wozu mir jede Begabung fehlt), würde mir der Kapitalismus völlig Wurscht sein. Ich würde seine Rechtfertigung, seine Glorifizierung den Lakaien des Geistes überlassen und sie dafür leise verachten: ich hätte außerdem wenig Interesse am dauernden Weiterbestand des Kapitalismus, aber ich hätte verteufelt viel Interesse an dem Spiel um die Macht, an den Abenteuern und Verwandlungen meines Kapitals. Ich würde experimentieren, nicht dem Profit nachjagen (was habe ich schon davon?), sondern irgendeinem Phantom, irgendeiner Illusion von Macht und Schicksal, etwas ganz und gar Irrationellem. Und ich werde den dunklen Verdacht nicht los, daß viele der großen Kapitalisten solche Machtspieler sind, und daß sie die Volkswirtschaft, die vernünftige Interpretation ihres unvernünftigen Daseins, willig den Professoren überlassen. Ja, ich werde den dunklen Verdacht nicht los, daß man die Volkswirtschaft ganz und gar nicht getrennt von den Menschen betrachten kann, daß sie von psychologischen Problemen durchsetzt und durchflimmert ist – und daher nicht funktioniert. Und die Frage ist, ob schließlich die Wirtschaft uns vergewaltigen wird oder ob wir die Wirtschaft uns unterwerfen werden.

Aber das führt zu weit; ich wollte nur mich selber auf meine volkswirtschaftliche Tauglichkeit prüfen und der Befund ist ungemein schlecht. Wenn ich außerdem befürchte, daß die meisten Menschen gegen die Volkswirtschaft leben (wie der arme Frosch, der keine Mehlwürmer fraß, gegen den Brehm[12] gelebt hat), ist das die Befürchtung eines Ignoranten, der eben nichts von den Dingen versteht.

3.9 Anonym: Die Hausfrau wird entdeckt!

Erstveröffentlicht als Die Hausfrau wird entdeckt!, in: *Der Kuckuck*, 3. Mai 1931, S. 10.

Der Text beklagt den Wandel der Hausfrau von der Produzentin zur Konsumentin infolge von Rationalisierung und Automatisierung – und irritiert nicht nur mit seiner Rückwärtsgewandtheit, die der Sozialdemokratie diametral entgegenzustehen scheint, sondern vor allem durch seine Reduktion von Arbeiterinnen auf Hausfrauen. Darin stimmt er durchaus mit der sozialdemokratischen konsumgenossenschaftlichen Politik überein: In Verbindung mit Konsum wurden Arbeiterinnen ungebrochen zu Hausfrauen erklärt.[13] Als solche standen sie im Zentrum der Werbestrategien, die sich fast ausschließlich an Frauen richteten. Ziel war es, sie zu disziplinieren und zu „bewussten" Konsumentinnen zu erziehen. Als organisierte Genossenschafterinnen wären sie fähig, der kapitalistischen Reklameindustrie zu widerstehen, und könnten zur Veränderung ökonomischer Strukturen beitragen. Letzteres ist der einzige augenfällige Unterschied zum bürgerlichen Konzept der Hausfrau. Auch die Werbemaßnahmen – z. B. Unterhaltungsabende mit Film, Kaffee und Nähtipps – sowie die Machtverhältnisse in den Konsumgenossenschaften – als Mitglieder und in Führungsgremien waren Männer weit in der Überzahl – reproduzierten bürgerliche Geschlechterverhältnisse.

Was soll diese Überschrift? Hausfrauen hat es doch immer gegeben. Warum sollte man die Hausfrauen zuerst entdecken müssen. Gewiss, es hat immer Hausfrauen gegeben, aber wir haben nun doch eine neue, eine besondere Hausfrau bekommen und deshalb mußte sie erst wieder entdeckt werden. Scheinbar sind die Hausfrauen von heute dasselbe, was die Hausfrauen von gestern gewesen sind, und scheinbar ist alles in dem lieben Haushalt gleich geblieben, wie es vor hundert Jahren war. Die Mutter Goethes erscheint uns heute noch als eine Hausfrau, wie wir sie alle kennen, und sie war doch etwas wesentlich anderes. Wer einmal in der heimlichen, alten Küche im Goethe-Haus in Frankfurt gestanden ist, der wird gleich sehen, wie

---

[12] Gemeint ist der deutsche Zoologe und Schriftsteller Alfred Brehm (1829–1884), dessen Nachschlagwerk *Brehms Tierleben* zum Synonym für populärwissenschaftliche Zoologie wurde.
[13] Konsumgenossenschaften wurden auch als „Gewerkschaften der Hausfrauen" bezeichnet.

anders die Küche aussieht. Da steht noch der Kaffeeröster, denn damals mußte man im Hause selbst Kaffee brennen, heute kauft man den Kaffee im Geschäft fertig und täglich frisch gebrannt. Da sehen wir noch die Brotdose, denn damals mußte jede Hausfrau nicht nur Kuchen, sondern auch Brot backen können, und wer das beste Brot gebacken hat, der war die beste Hausfrau. Und wenn wir noch ein wenig tiefer in die Jahrhunderte steigen, dann finden wir in den Küchen sogar noch die Vorrichtungen, um Bier zu brauen oder Kerzen zu ziehen und die Zuber, um die Seife zu kochen. Wer kennt nicht die alten Bilder von der Hausfrau mit der mütterlichen Schaube auf dem Kopfe, den weiten Schürzen und dem großen Schlüsselbund, sie, die Beschließerin von Küche und Keller, von Haus und Hof, die die Herrin war, die über das Hausgesinde und über Gesellen und Gehilfen gebot, wenn der Eheherr zeitweilig abwesend oder in Geschäften über Land gefahren war. Nur unser bürgerliches Gesetzbuch erinnert noch an diese Hausfrau, die dem Manne als dem Vorstand des Hauses Gehorsam schuldete und die verpflichtet war, den Gehorsam von Kind und Gesellen, von Gesinde und Knechten gegen den Hausherren zu verbürgen. Ja damals, da gab es noch die großen Truhen mit den Leinenvorräten, die großen Dachböden, wo die Stoffe, die man in Winterszeit fein säuberlich gewebt hatte, lagen, um Kleider für groß und klein zu liefern. Obst und Gemüse war eingelagert und im ganzen Haus gab es keine Bettfeder und kein Linnenstück, das nicht von den fleißigen Händen der Herrin und der Mägde erzeugt war. Das war die Hausfrau, die noch heute in den Gesetzbüchern lebt, die heute noch das Denken der Menschen, ja der Frauen selbst vielfach bestimmt.

Wie aber sieht das heute aus?

Aus allen Vorratskammern ist nichts geworden als ein armseliger Schrank, vielleicht eine Truhe, in Deutschland bekommt die junge Frau vielfach einen Vertiko mit einem Kasten mit drei Schubladen, das genügt für alle Aussteuer. Gemüse, Obst, Bettfedern und Bierbrauen, wo sind die alten Vorstellungen hin entschwunden! Alles, alles hat den Hausfrauen die Maschine genommen, und mit der Maschine hat auch die Hausfrau viele, vor allem die meisten ihrer schaffenden und wirklich produktiven, Waren herstellenden Aufgaben verloren und nichts ist geblieben als das Zimmer und die Küche, manchmal auch nur die Kochnische und der Einkaufskorb. Und deshalb mußte die Hausfrau neu entdeckt werden. Die alte Hausfrau von damals ist tot, sie kann nicht mehr zu neuem Leben erweckt werden. In Russland nimmt man den Hausfrauen nun auch die Küche und baut lauter neue Häuser ohne Küche, und alle Menschen müssen in den großen Gemeinschaftsküchen essen, denn die Frau soll industrielle Arbeiterin werden, der Arbeitermangel ist zu groß. Und wenn wir heute zu einer neuen Hochkonjunktur kommen sollten, dann wird es auch bei uns nicht mehr möglich sein, alle industrielle Arbeit mit den Händen der Männer allein zu bewältigen. Dann werden auch bei uns – schon heute müssen viele erwerbende Frauen mit durchgehender Arbeitszeit es tun – die Hausfrauen noch den Kochtopf verlieren, und nichts wird übrigbleiben als die Konsumentin, die kauft und die verdienen muß, um kaufen zu können.

Und diese Konsumentin „Hausfrau" hat man entdeckt. Die Käuferin, die das Geld ausgeben muß, um eine Familie zu versorgen, die täglich mit Einkaufstasche und Geldtasche bewaffnet ausgeben muß, um die Bedürfnisse einer Familie zu decken. Diese Hausfrau ist nur scheinbar ein Aschenbrödel. Sie ist in Wahrheit eine wunderbare Königin, der alle den Hof machen, die etwas zu verkaufen haben, eine herrliche Königin, für die man einen großen Hofstaat hält: die Reklamechefs, die ständig darüber nachdenken müssen, was man erfinden könnte, um den Hausfrauen zu gefallen, sind ihr Hofstaat. Da gibt es eine große Plakatindustrie, eine Kalenderindustrie, alles eingerichtet, damit die Frauen dies und jenes als unentbehrlich empfinden lernen. Die Hausfrauen sollen kaufen, denn nur so kann der Fabrikant, der Kaufmann, der Gewerbetreibende Waren absetzen, nur auf diesem Wege kann man die Hausfrauen für die Interessen gewinnen, die oft nicht die ihren sind, denn man will ja nur, daß sie kauft, ob sie Dinge wirklich braucht oder nicht. Deshalb, und nur deshalb, wurde die Hausfrau entdeckt.

Aber wir haben auch schon Hausfrauen, die sich selbst entdeckt haben. Hausfrauen, die keine Königinnen sein wollen, denen man scheinbar dient und die man doch verpflichtet, fremde Dienste zu leisten. Die Hausfrauen, die sich selbst entdeckt haben, diese Hausfrauen wollen für ihre eigene Zukunft sorgen. Deshalb sind sie organisiert, zusammengeschlossen als Konsumentinnen und bemüht, durch ihren organisierten Konsum Leiterin und Begründerinnen ihrer eigenen Fabriken zu werden, ihre eigene wirtschaftliche Welt aufzubauen. Diese Hausfrauen sind selbstbewusst, denn sie wollen nicht nur ihre staatsbürgerliche, sie wollen auch ihre wirtschaftliche Freiheit gewinnen, und als treue Genossenschafterinnen, als begeisterte Mitglieder unserer Konsumgenossenschaften arbeiten sie auch mit ihrer Einkaufstasche für ihre Freiheit und ihre Zukunft.

Teil II: **Weltauffassungen**

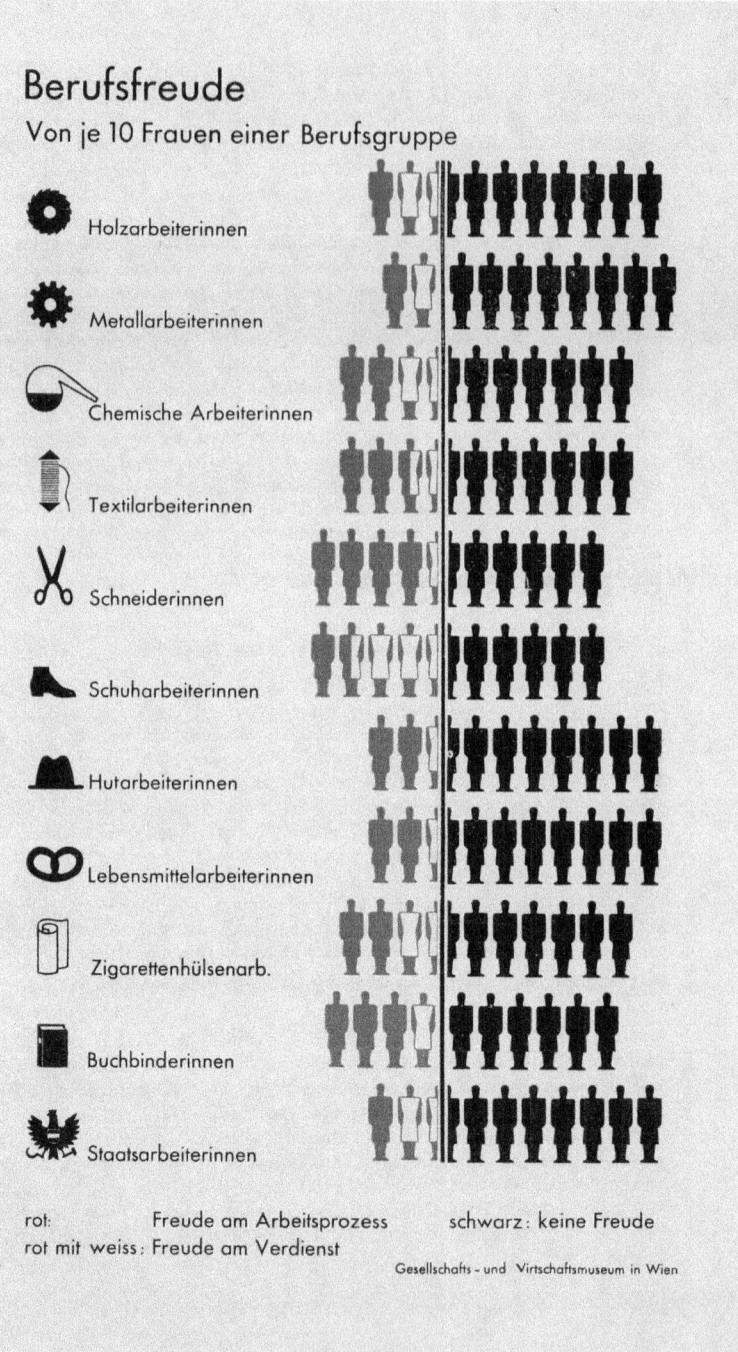

Berufsfreude, Tafel des Gesellschafts- und Wirtschaftsmuseums, in: Käthe Leichter: *So leben wir: 1320 Industriearbeiterinnen berichten über ihr Leben*, Wien 1932.

4 Empirische Sozialforschung
Ingo Zechner

Einleitung

Die Philosophen hätten die Welt nur verschieden *interpretiert*, es käme aber darauf an, sie zu *verändern*, lautet eine viel zitierte These von Karl Marx. Die empirische Sozialforschung legte es im Roten Wien darauf an, diesen Gegensatz zu überwinden: Um die Gesellschaft zu verändern, sollte man sie verstehen. Zum Wissen, wie die Dinge sind, gehört das Bewusstsein, dass sie auch anders sein könnten. Dieser Anspruch auf eine evidenzbasierte Politik ist es, der Raum für konkrete Utopien schafft, aber selbst zur Utopie wird, wo Fakten nicht länger die Grundlage politischer Entscheidungen bilden.

Als die Soziologie in Österreich noch nicht klar von der Nationalökonomie, den Staatswissenschaften und der Philosophie abgegrenzt war, kamen einige der originellsten Beiträge zu ihrer Entwicklung als Disziplin nicht aus den Universitäten, sondern aus außeruniversitären Forschungseinrichtungen, die eng mit drei Personen und deren Umfeld im Roten Wien verknüpft waren: Käthe Leichter (1895–1942), Paul Felix Lazarsfeld (1901–1976) und Marie Jahoda (1907–2001).

Käthe Leichter war von 1925 bis 1934 Mitarbeiterin der Kammer für Arbeiter und Angestellte in Wien, deren Referat für Frauenarbeit sie gründete und leitete. Sie ist als Soziologin, Publizistin und Aktivistin eine der herausragenden Persönlichkeiten des Roten Wien. Als Frau hatte sie sich die Zulassung zum Studium der Staatswissenschaften an der Universität Wien (1914–1917) durch ein Gerichtsverfahren erkämpft. Ihre Abschlussprüfungen musste sie dennoch in Deutschland absolvieren, wo sie 1918 an der Universität Heidelberg bei Max Weber promovierte. 1919 wurde sie wissenschaftliche Mitarbeiterin von Otto Bauer.

Die außerordentliche Bedeutung ihrer 1932 von der Arbeiterkammer veröffentlichten Industriearbeiterinnen-Studie besteht nicht zuletzt in der Form ihrer Darstellung: Quantitative Befunde sind in qualitative eingebettet, keine Zahl bleibt unkommentiert, kein Zahlenverhältnis unreflektiert auf seine methodischen, sozialen und politischen Implikationen. Die Anschaulichkeit eines ganzen Kapitels mit charakteristischen Einzelschicksalen korrespondiert mit der Veranschaulichung statistischer Zahlenverhältnisse durch Piktogramme aus Otto Neuraths Gesellschafts- und Wirtschaftsmuseum in Wien. Innere Widersprüche, unerwartete und unbequeme Ergebnisse werden nicht verdeckt, sondern kritisch zur Sprache gebracht. Die nüchterne Prosa ist so gut wie nie agitatorisch, ihre ganze Kraft entfaltet sie aus dem tiefgreifenden Verständnis für die dargestellten Lebenssituationen und aus dem großen Respekt für die einzelnen Frauen, die sich in diesen Situationen befinden. Im Schlusswort ist es ein einziger Satz, der 13-mal wiederholt und variiert die Brücke vom Beobachten zum Handeln, vom konstativen zum performativen Sprechakt schlägt: „Es muß nicht sein, daß ..." (Vgl. Kapitel 12)

Die Industriearbeiterinnen-Studie ist der Höhepunkt einer Reihe von Studien, in denen sich in der Spätphase des Roten Wien eine avancierte Sozialwissenschaft mit einer emanzipatorischen Politik verbündete. Sie steht zu Unrecht im Schatten der 1933 von der Österreichischen Wirtschaftspsychologischen Forschungsstelle veröffentlichten, ungleich berühmteren Marienthal-Studie, deren erste Rezension Käthe Leichter verfasste. Die 1931 als Verein gegründete Forschungsstelle wurde bis 1933 von Paul F. Lazarsfeld, dann von Hans Zeisel und schließlich von Marie Jahoda (zunächst gemeinsam mit Gertrude Wagner) geleitet. Lazarsfeld und Jahoda hatten ab 1926 bei Karl und Charlotte Bühler[1] am Wiener Psychologischen Institut studiert und 1927 geheiratet, ab 1932 lebten sie wieder getrennt. Karl Bühler war Präsident der Forschungsstelle, Lazarsfeld mit Drittmitteln der Rockefeller Foundation finanzierter wissenschaftlicher Mitarbeiter der Bühlers und als solcher vor allem für statistische Berechnungen zuständig. Die Rockefeller Foundation war es auch, die gemeinsam mit der Arbeiterkammer die Marienthal-Studie finanzierte.

Deren Anhang enthält einen kurzen Abriss *Zur Geschichte der Soziographie*, in die sich die Marienthal-Studie selbstbewusst einschrieb. Ihre Originalität besteht nicht nur in der Erweiterung einer quantifizierenden Soziografie um Fragen der Psychologie, sondern auch in der Erweiterung der Psychologie um Fragen der Klassenzugehörigkeit und der sozialen Situation. Originell ist ihr Thema, vor allem aber die Wahl ihrer Quellen und Methoden. Amtliche Statistiken wurden mit offenen und verdeckten Erhebungen verbunden, um die Auswirkungen der Arbeitslosigkeit auf einen ganzen Ort zu erfassen. Aufzeichnungen über die Verwendung der Zeit (vgl. Kapitel 17) und die Einnahme von Mahlzeiten, Beobachtungsprotokolle der Umsätze im Wirtshaus und in verschiedenen Geschäften, der Gesprächsthemen, Schulleistungen und Weihnachtsgeschenke wurden ebenso herangezogen wie Wahlergebnisse, die Zahlen der Mitgliedschaften in Vereinen, Abonnements von Zeitungen und Entlehnungen aus der Bibliothek. Lebensgeschichtliche Interviews standen neben Mitteilungen von Auskunftspersonen sowie Eigen- und Fremdbeobachtungen der Betroffenen, etwa bei Hausbesuchen und ärztlichen Untersuchungen.

Die heraufziehende Revolution brauche Nationalökonomen, die siegreiche Revolution Ingenieure, die verlorene Revolution Sozialpsychologen, hatte Paul F. Lazarsfeld drei Jahrzehnte später im Vorwort zur Neuauflage der Marienthal-Studie geschrieben. Das Rote Wien sei der Beginn einer neuen Zeit gewesen, sein während

---

[1] Karl Bühler (1879–1963), 1922–1938 Professor für Philosophie und Psychologie an der Universität Wien. Charlotte Bühler (1893–1974), 1922–1938 Dozentin, ab 1929 Professorin an dem von ihrem Mann gegründeten Wiener Psychologischen Institut. Ihre entwicklungspsychologischen Untersuchungen von Lebensläufen bildeten den Ausgangspunkt für die sozialpsychologischen Fragestellungen der Forschungsstelle. (Vgl. Kapitel 7 und 15)

der Wirtschaftskrise bereits absehbares Ende der Grund für das Interesse an allem, das die Enttäuschung der Hoffnungen erklären konnte. Dass die großen und kleinen Studien die Wünsche und das Begehren der Arbeiterinnen und Arbeiter ins Zentrum der Forschung gerückt haben, hat diese jenseits aller Enttäuschung für die Zukunft gerettet. Wenn es insbesondere den Studien von Käthe Leichter und der Marienthal-Studie tatsächlich gelang, die Lücke zwischen der Allgemeinheit der Statistik und der Konkretion der Sozialreportage zu schließen, dann genau durch jene Kunst der Begriffsbildung, die Theodor W. Adorno in der empirischen Sozialforschung allzu pauschal vermisst hatte.

Literatur

Fleck 1990.
Fleck 2007.
Steiner 1973.

4.1 Käthe Leichter: Wohnungsverhältnisse

Erstveröffentlicht als Wohnungsverhältnisse, in: Käthe Leichter: Wie leben die Wiener Heimarbeiter? Eine Erhebung über die Arbeits- und Lebensverhältnisse von tausend Wiener Heimarbeitern, Wien: Kammer für Arbeiter und Angestellte in Wien, Verlag Arbeit und Wirtschaft 1928, S. 43–46.

Ein früher Meilenstein der empirischen Sozialforschung und eine der beiden soziologischen Großtaten, für die Käthe Leichter verantwortlich zeichnet: „Wie leben die Wiener Heimarbeiter?", fragt das von ihr geleitete Referat für Frauenarbeit der Wiener Arbeiterkammer und entdeckt die Beziehung zwischen Klasse und Geschlecht, da es sich fast ausschließlich um Heimarbeiterinnen handelt. „Die Heimarbeit ist vor allem Frauenarbeit", sie ist „nur in seltenen Fällen Nebenerwerb, fast durchwegs Hauptberuf" und sie trifft vorwiegend ältere Frauen, die oft keine andere Alternative der Erwerbstätigkeit haben, lauten drei der ebenso schlichten wie niederschmetternden Ergebnisse dieser Erhebung. Mit zahlreichen statistischen Auswertungen versehen, beruht sie auf 1.000 ausgefüllten der 4.000 Fragebögen, die 1927 ausgegeben wurden – als die Heimarbeit infolge der Austeritätspolitik der christlichsozial geführten Bundesregierung einen signifikanten Anstieg erfahren hatte. Das Kapitel über die Wohnverhältnisse gibt einen tiefen Einblick in jene Lebensbedingungen, deren Verbesserung das Wohnbauprogramm des Roten Wien zum Ziel hatte.

Für keine Schicht der Arbeiterschaft ist die *Wohnungsfrage* von so lebenswichtiger Bedeutung wie für die Heimarbeiter. Dem Heimarbeiter ist die Wohnung gleichzeitig Betriebsstätte. Ist sie eng begrenzt, so muß er in demselben Raum wohnen, schlafen, essen und seiner Berufsarbeit nachgehen. Die lange Arbeitszeit, die bei der

Heimarbeit verbracht wird, der Kinderreichtum der Heimarbeiterfamilie, die Mitarbeit der Familienmitglieder, die Aufstellung von Maschinen verschärfen noch diesen Übelstand.

Unsere Erhebung zeigt, daß die normale Wohnung der Heimarbeiter die Wiener Proletarierwohnung ist, die nur aus *Zimmer und Küche* besteht. Mag sie schon vom verheirateten Fabrikarbeiter, der seinem Beruf außer Haus nachgeht, als eng empfunden werden, so gilt das noch in ganz anderm Maße von dem Heimarbeiter, der hier nicht nur sein Privat-, sondern auch sein Berufsleben verbringt. Die Unterschiede innerhalb der einzelnen Zweige der Heimarbeit sind hier sehr gering. In allen herrscht die Zimmer-Küche-Wohnung vor. Daneben findet sich häufig die Wohnung, die gar nur aus Kabinett und Küche besteht, so daß 43'9 Prozent der Heimarbeiterwohnungen außer der Küche nur noch einen Raum umfassen, der dann freilich alles: Schlaf-, Wohn- und Arbeitsraum sein muß. Nur bei den Stückmeistern herrscht die Wohnung vor, die aus Zimmer, Kabinett und Küche besteht. Allerdings erfordert auch diese Berufstätigkeit, die mit einer eigenen Werkstätteneinrichtung, der häufigen Beschäftigung fremder Hilfskräfte und in stärkerem Ausmaß auch der von Frau und Kindern verknüpft ist, mehr Raum. Daß neben den eigentlichen Wohnräumen ein eigener Raum als Werkstätte vorhanden ist, kommt überhaupt nur bei den Stückmeistern und auch da nur in ganz verschwindendem Ausmaß vor.

Die Wohnung, die Zimmer, Kabinett und Küche umfaßt, also schon zu den besseren Wohnungen gehört, kommt außer bei den Stückmeistern noch häufig in der Wäscheerzeugung vor, daneben auch in der Kleiderkonfektion, der Stickerei- und Papierkonfektion. Auch sie ist besonders im Verhältnis zur großen Kinderzahl der Heimarbeiterinnen noch Proletarierwohnung. Größere Wohnungen, die auf etwas mehr Wohlstand schließen lassen könnten, finden sich in erheblicherem Ausmaß nur in der Stickerei, wo sie durch den Zuzug aus Mittelstandskreisen zu erklären sind. Aber auch da sind sie in der Minderheit. Fälle von drei oder vier Räumen neben der Küche, wo also eine zweckmäßige Scheidung von Arbeits- und Wohnräumen möglich wäre, bleiben absolut vereinzelt, desgleichen der Fall eines von Heimarbeitern bewohnten eigenen Siedlungshauses.

Um so häufiger sind die Fälle *krassesten Wohnungselends*. Heimarbeiterfamilien, die nur einen Raum, nur eine Küche bewohnen, deren Zuflucht ein Keller oder das Armenhaus ist, Heimarbeiterinnen, die ihrem Beruf als Untermieterinnen oder Bettgeherinnen nachgehen. Ist beispielsweise in der Stickerei der oft zu findende alleinige Wohnraum – Zimmer, Kabinett oder Küche – durch die größere Zahl alleinstehender jüngerer Heimarbeiterinnen zu erklären, so sind es in der Strick- und Wirkwarenerzeugung die furchtbaren Wohnungsverhältnisse auf dem flachen Lande, die es so häufig machen, daß ganze Heimarbeiterfamilien nur einen Wohnraum bewohnen. Die Zahl der Heimarbeiterinnen, die Untermieterinnen sind, ist besonders groß in der Stickereiindustrie. Bettgeherinnen, die tagsüber auf dem gemieteten Bett sitzend, ihre Heimarbeit ausführen, sind häufig unter den Schneiderinnen, Stickerinnen und Filzschuhnäherinnen zu finden. Mehr als ein Zehntel aller Heimarbeiterinnen zwingt der karge Verdienst dazu, ihre Wohnung durch *Aufnahme von Untermietern* noch weiter einzuengen. Am häufigsten geschieht dies in der chemischen Industrie, wo zwar die Löhne etwas höher sind, die Unregelmäßigkeit des Verdienstes aber doch dazu zwingt, sich nach einer dauernden Erwerbsquelle umzusehen. Dasselbe gilt von der Kleiderkonfektion. In der Stickerei sind es gerade die zum Teil noch vorhandenen etwas größeren Wohnungen, die die Aufnahme von Untermietern ermöglichen. In der Papierkonfektion zwingen die niedrigen Löhne dazu, obwohl gerade hier die kinderreichsten Familien zu finden sind. Im allgemeinen finden sich entsprechend der größeren sozialen Differenzierung bessere neben schlechtesten Wohnungen am häufigsten in der Stickereiindustrie, dann auch bei den Stückmeistern, während in den meisten andern Zweigen der Heimarbeit das Wohnungsniveau einheitlicher, das heißt einheitlich niedrig ist.[2]

Die Wohnungsverhältnisse werden in den einzelnen Zweigen der Heimarbeit noch verschärft durch die Begleitumstände der Erzeugung. In der Kleider- und Wäschekonfektion und der Strickwarenerzeugung erfüllen der Lärm der Näh- oder Strickmaschine, Staub- und Wollfasern, in der Filzschuherzeugung Filzstaub, in der Papierkonfektion und chemischen Industrie der Geruch von Gummi und Klebstoffen, in der Lederwarenerzeugung der von Häuten und Leder die Luft. Bei allen liegt Material, das viel Raum verbraucht, umher, in der Gummimäntelerzeugung besteht wegen des Hantierens mit Benzin, ständige Feuergefahr – das alles in Wohnungen, die oft nur aus einem Raum und Küche bestehen, in denen zwei Räume und Küche schon zu den besseren Wohnungen gehören, die dafür auch durch Aufnahme von Untermietern eingeengt werden. In diesen Wohnungen haben Frauen die hoffnungslose Aufgabe, neben ihrer Berufsarbeit den Haushalt in Ordnung zu halten – in der Regel noch schwerer als wenn sie ihrer Arbeit außer Haus nachgehen würden –, den Kindern einen Winkel zum Spielen oder zum Lernen, ihre Nachtruhe zu sichern. Gerade was sich viele Frauen von der Heimarbeit erhoffen: *Haushalt- und Mutterpflichten mit der Berufsarbeit leichter vereinigen zu können*, wird durch die *Enge der Wohnungen*, die Vereinigung von Arbeits-, Schlaf- und Wohnräumen für Erwachsene wie für Kinder *unmöglich gemacht*. Erst die Betrachtung der Wohnungsverhältnisse vervollständigt das Bild der sozialen Verhältnisse, unter denen die Heimarbeiterinnen leben und arbeiten.

---

2 Fußnote im Original: Es ist interessant, daß nach der Untersuchung des arbeitsstatistischen Amtes aus dem Jahre 1901 die Wohnungsverhältnisse der Heimarbeiter eher günstiger waren als heute – hat doch damals die Heimarbeiterwohnung mit drei Räumen vorgeherrscht. Dagegen hatten nach der damaligen Erhebung 16, nach unserer nur mehr 11 Prozent der Heimarbeiter Untermieter bei sich aufgenommen.

4.2 Käthe Leichter: Hausarbeit

Erstveröffentlicht als Hausarbeit, in: Käthe Leichter: *So leben wir … 1320 Industriearbeiterinnen berichten über ihr Leben,* Wien: Verlag Arbeit und Wirtschaft 1932, S. 78–83.

Käthe Leichters soziologische Großtat Nummer zwei: ein monumentales Werk der empirischen Sozialforschung, das dieser in Inhalt und Form neue, viel zu selten genutzte Möglichkeiten erschlossen hat. „So leben wir" heißt hier „so arbeiten wir". Arbeit und Leben sind bei den Arbeiterinnen und ihrer dreifachen Belastung durch Erwerbsarbeit, Haushalt und Familie nicht oder kaum zu unterscheiden. Die Studie beruht auf 1.320 ausgefüllten von 4.000 Fragebögen, die 1931, mitten in der weltweiten Wirtschaftskrise, vom Referat für Frauenarbeit der Wiener Arbeiterkammer an Wiener Industriearbeiterinnen ausgegeben wurden. Sie differenziert sorgfältig zwischen Altersgruppen, in denen sich ganz klare Generationsunterschiede abzeichnen. Und sie insistiert auf der Frage, welche Auswirkungen der Familienstand auf die jeweilige Lebenssituation hat. Dem Abschnitt über die Arbeit im Betrieb steht ein gleichrangiger über die Arbeit zu Hause gegenüber.

„Für die Frauen ist zu Hause nur Schichtwechsel!" schreibt eine Arbeiterin.

Der „zweite" Arbeitstag der Arbeiterin wird im Haushalt verbracht. Kochen, nähen, aufräumen, waschen, einkaufen, Kinder versorgen – das sind Arbeiten, die fast jede Arbeiterin außer ihrer Fabrikarbeit zu leisten hat, die ihren Arbeitstag verdoppeln und verdreifachen.

Der Arbeitstag.

Der *Arbeitstag* ist *lang,* die *Nachtruhe kurz.* Die Arbeiterinnen stehen auf:

Vor 5 Uhr	7.1	Prozent
Um 5 Uhr	24.2	"
Zwischen 5 und 6 Uhr	35	"
Um 6 Uhr	22.1	"
Zwischen 6 und 7 Uhr	6.9	"
Um 7 Uhr	1.7	"
Ohne Angabe	3	"

Für *zwei Drittel* der Arbeiterinnen beginnt also der Arbeitstag *vor 6 Uhr,* für 20'3 Prozent der ledigen und 39'7 Prozent der verheirateten sogar um 5 Uhr und noch früher. Er endet erst am späten Abend.

Die Arbeiterinnen gehen schlafen:

Vor 9 Uhr	3.9	Prozent
Um 9 Uhr	15.3	"
" 10 "	53.8	"
" 11 "	20.3	"
Nach 11 "	3.3	"
Ohne Angabe	3	"

Der Tag endet also für *drei Viertel der Arbeiterinnen in der Zeit von 10 bis 11 Uhr*. Für die ledigen Arbeiterinnen beginnt der Arbeitstag in der Regel etwas später, für die verheirateten beginnt er früher und dauert länger. ½6 bis 10 Uhr –
der 16½ stündige Arbeitstag ist die Regel. Für die verheiratete Arbeiterin beträgt er auch 17 und sogar 18 Stunden, nur für wenige 14 oder 15 Stunden.
Aber kann man den ganzen Tag der Arbeiterin als „Arbeitstag" bezeichnen? Gewiß gibt es doch auch Stunden, in denen nicht gearbeitet, in denen ausgeruht, spazieren gegangen, eine Unterhaltung aufgesucht wird. Das ist sicher richtig und trifft insbesondere für alleinstehende Arbeiterinnen zu. Wenn wir aber das Ausmaß der Arbeit betrachten, das von den in der Fabrik arbeitenden Frauen noch überdies im Hause geleistet wird, so wird uns klar, daß es Arbeit und nur zum geringen Teile Ruhe und Erholung ist, die den langgestreckten Tag der Arbeiterin ausfüllt, die ihn so früh beginnen, so spät enden läßt.

Vor Arbeitsbeginn.

Nur 27'3 Prozent, also kaum mehr als ein Viertel der Arbeiterinnen, haben vor der Fabrikarbeit keine Arbeit zu leisten. 72'7 Prozent, also
fast drei Viertel, haben schon in der Früh, bevor sie in die Fabrik gehen, den Haushalt zu besorgen.
Hier äußert sich die stärkere Belastung der verheirateten Arbeiterin schon sehr fühlbar. 42'8 Prozent der ledigen, aber nur 17'1 Prozent der verheirateten Arbeiterinnen gehen an die Arbeit, ohne schon vorher im Haushalt gearbeitet zu haben.
Diese morgendliche Arbeit im Haushalt besteht aus:

	Insgesamt Prozent	Ledig	Verheiratet
Kochen	21.6	10.4	31.3
Aufräumen	29.2	22	34.6
Beides	17.4	12.3	21.2
Einkaufen	2.5	2.5	2.5
Kinder versorgen	5.5	3.2	7.2
Sonstiges	0.5	0.2	0.8

Das Frühstück bereiten, für Mittag vorkochen, Schuhe und Kleider putzen, die Wohnung aufräumen, eines davon oder gar alles, sind für die große Mehrzahl der verheirateten Frauen die selbstverständliche Morgenbeschäftigung schon vor der Fabrikarbeit. Kinder werden versorgt, am Weg wird noch eingekauft, gerechnet, eingeteilt – so kommt die Arbeiterin in die Fabrik! Nicht mit unverbrauchten Kräften, sehr oft von der bis in den späten Abend geleisteten Arbeit des Vortages noch ungenügend ausgeruht, mit ihren Gedanken beim Heim, das sie verlassen haben. Wird der Mann das kochende Wasser rechtzeitig vom Herd nehmen, wird das jüngste Kind genug warm angezogen sein, wird zu Mittag genug Essen für alle sein? Diese Gedanken und Sorgen *enden nicht vor dem Fabriktor,* sie werden zur Arbeit mitgenommen und begleiten die Arbeiterin während ihrer ganzen Tagesarbeit.

Mittagspause und Mittagessen.

Es kommt die Zeit der *Mittagspause.* Sie wird verbracht:

Zu Hause	19.7	Prozent
In der Betriebskantine	9	"
Im Gast- oder Speisehaus	3.3	"
In den Fabrikräumen	68	"

Wie wenig die Pause, mag sie auch eine Stunde oder länger dauern, mehr ist als ein bloßes „Nichtarbeiten", wie wenig sie Ruhe, Wechsel der Atmosphäre, Ausspannen bedeutet, wurde schon bei der Besprechung des Arbeitstages gezeigt. Die nach Hause hasten, arbeiten auch in der Mittagspause meist zu Hause.

Der eigenen *Verköstigung* wird keine allzu große Bedeutung beigemessen. 68 Prozent, also *mehr als zwei Drittel,* nehmen sich ihr *Essen in die Fabrik* mit, wo fast durchweg Möglichkeiten bestehen, es zu wärmen. 9 Prozent suchen die Fabrikkantine auf, um dort zu essen, 3'3 Prozent Gast- oder Speisehäuser. In beiden wird gewöhnlich ein billiges Menü bestellt. Oft wird auch nur aus dem Gasthaus Gemüse geholt. Ein Fünftel ißt zu Hause.

Es wird gegessen:
Ohne Fleisch	43.8	Prozent
Mit Fleisch	29.4	"
Manchmal Fleisch	21.7	"
Kaltes Essen	5.1	"

Am häufigsten besteht das Mittagessen der Arbeiterin aus Brot und Gemüse, das auf einem Rechaud aufgewärmt wird. Oft ist ein Stück Wurst, seltener ein Stück Fleisch dabei und eine Mehlspeise. Die Arbeiterinnen, die angeben, daß sie manchmal

Fleisch essen, fügen auch oft hinzu, daß dies nur Sonntag der Fall ist. Manche haben statt des Gemüses Kaffee und Wurstbrot, Kaffee und Mehlspeise. 5'1 Prozent haben nur kaltes Essen, also nur Wurstbrot, im Sommer wohl auch in stärkerem Maße Obst und Milch. Oft ist nur ein Rechaud vorhanden. Um die kostbare Pause nicht durch Warten abkürzen zu müssen, wird das Essen kalt hinuntergeschlungen. Ob dem durch viele Arbeit auch viel verbrauchenden Organismus der Arbeiterin dabei die notwendigen Nährstoffe zur Erneuerung der Arbeitskraft zugeführt werden, bleibt dahingestellt. Tatsächlich scheint sich auch hier die bekannte Erscheinung abzuspielen, daß

in Zeiten wirtschaftlicher Not die Frau vor allem an ihrer Ernährung spart,
ein für die schwer arbeitende Frau besonders bedenklicher Zustand.

Sehr bezeichnend schreibt eine Mutter zweier Kinder, deren Mann ausgesteuert ist:

„Das Mittagessen besteht aus dem Übriggebliebenen, aber es ist sehr fraglich, ob etwas übrigbleibt."

Nach der Berufsarbeit.

Die eigentliche Hausarbeit wartet auf die Arbeiterin doch erst nach der Berufsarbeit. Wir haben diese Berufsarbeit kennengelernt und haben gesehen, daß sie durchaus keine leichte Frauenarbeit ist, daß sie ermüdet und erschöpft. Zwischen 4 und 5 Uhr, manchmal aber erst um 6 Uhr abends, kommt die Arbeiterin nach Hause, wo in der Regel die ganze Hausarbeit auf sie wartet. Auf die Frage, was sie *nach der Berufsarbeit* an Haushaltarbeit zu leisten haben, antworten die Arbeiterinnen:

	Insgesamt Prozent	Ledig	Verheiratet
Alles, was im Haushalt zu leisten ist	60.8	40.1	76.4
Kochen	4.1	4.1	4.1
Aufräumen	13.5	20	8.6
Einkaufen	7.1	10.2	4.8
Nähen	17.2	26.7	10.1
Keine Haushaltarbeit	8.6	17	2.4

Nicht einmal ein Zehntel der arbeitenden Frauen ist von der Hausarbeit verschont. Auf alle anderen wartet nach der Fabrikarbeit die Hausarbeit, auf drei Fünftel sogar die gesamte Hausarbeit.

Hier zeigen sich nun sehr wesentliche Unterschiede zwischen ledigen und verheirateten Arbeiterinnen. Von den *ledigen* haben *40 Prozent den ganzen Haushalt* zu versehen. Wenn wir uns erinnern, daß nur 34 Prozent selbständig sind und nicht bei den Eltern wohnen, zeigt es sich, daß doch eine Reihe junger lediger Arbeiterinnen auch den Haushalt der Familie, der Eltern oder der Geschwister zu besorgen haben. Häufiger ist es bei den ledigen Arbeiterinnen so, daß sie nur einen bestimmten Teil der Haushaltarbeit zu leisten haben. Es gibt welche, die im elterlichen Haushalt nur für sich kochen, andere, die der Mutter die Arbeit des Aufräumens, des Einkaufens abnehmen, während die Mutter für sie kocht. Bei den Schneiderinnen besteht häufig ihr Beitrag zur Haushaltarbeit darin, daß sie für die übrigen Familienmitglieder nähen und flicken. Auf der Mehrzahl der ledigen Arbeiterinnen lastet doch nicht die ganze, sondern nur ein Teil der Haushaltarbeit. 17 Prozent sind von ihr ganz befreit.

Ganz anders bei der *verheirateten Arbeiterin*. Die wenigen, die keine Haushaltarbeit zu leisten haben, sind Einzelfälle, wohnen in Untermiete oder bei den Eltern.
Auf mehr als drei Viertel lastet die ganze Wucht der Haushaltarbeit.

Kochen, Räumen, Einkäufen, Flicken – es gibt keine leichte oder grobe Arbeit, die der verheirateten Arbeiterin erspart bleibt. Nur gering ist die Zahl derer, denen durch einen gemeinsamen Haushalt mit Mutter oder Schwiegermutter ein Teil der Haushaltsarbeit abgenommen ist, so daß sie nur zu räumen und zu nähen oder nur einzukaufen und zu kochen haben. Auf der übergroßen Mehrzahl lastet die ganze Haushaltarbeit.

Der Waschtag.

In diese Welt des von täglicher Hausarbeit erfüllten Alltags bricht nun ein- oder zweimal im Monat noch der *Waschtag* ein – genug Belastung für die Hausfrau, die nur ihren Haushalt führt, übermäßige Leistung für die durch tägliche Fabrik- und Haushaltarbeit überbeanspruchte Fabrikarbeiterin.

Von 100 Arbeiterinnen waschen:
Einmal im Monat   50
Zweimal im Monat   43
Gar nicht   7

Beim Einhalten des Waschtages bestehen auch keine wesentlichen Unterschiede zwischen verheirateten und ledigen Arbeiterinnen. Auch die ledige wäscht in der Regel ihre Wäsche selbst – die verheiratete allerdings noch die der übrigen Familie. Aber von beiden wird in der Regel einmal im Monat, sehr oft zweimal, nur äußerst selten nicht selber gewaschen. Nur 30 Arbeiterinnen, die zu Hause waschen, das sind 3'3 Prozent, stehen dabei die großen Erleichterungen einer *Zentralwaschküche* mit ihrem maschinellen Betrieb und ihrem arbeitsparenden Verfahren zur Verfügung. Die anderen haben ihre Wäsche in der feuchten, dunstigen Waschküche oder in der Küche zu waschen – da der Tag nicht reicht, wird die Nacht herangezogen.

Mithilfe bei der Hausarbeit.

Aber ist es denkbar, daß die Frauen diese Arbeit wirklich ganz allein leisten? Wir haben die Arbeiterinnen danach gefragt und es hat sich gezeigt, daß doch 42'7 Prozent der befragten Arbeiterinnen Hilfe bei der Hausarbeit haben. Da 8'6 Prozent angeben, keine Hausarbeit zu leisten, so kann man sagen, daß 48'7 Prozent, also
fast die Hälfte der Arbeiterinnen die Hausarbeit ohne jede Hilfe
zu leisten haben, während der größere Teil der Arbeiterinnen doch bei der Leistung der Hausarbeit an dem einen oder anderen Familienmitglied Unterstützung finden.

Den Arbeiterinnen, die diese Unterstützung haben, helfen:

Die Mutter oder Schwiegermutter	51.9	Prozent
Der Mann	14.2	"
Die Kinder	13.9	"
Die Geschwister	14.9	"
Nachbarn, Zimmerfrauen, Untermieterinnen	5.1	"

Es sind allerdings vorwiegend die ledigen Arbeiterinnen, von denen wir früher schon gesehen haben, daß drei Fünftel nicht die ganze Haushaltarbeit zu leisten haben, die auf Mithilfe hinweisen können, die vielmehr oft selbst nur Mithelfende im elterlichen Haushalt sind. Wie verschieden die Belastung der ledigen und verheirateten Arbeiterin durch die Hausarbeit ist, zeigt die folgende Gegenüberstellung:

Belastung durch die Hausarbeit.

	Bei der ledigen Arbeiterin Prozent	Bei der verheirateten Arbeiterin
Mithilfe wird geleistet bei	50.9	36.6
Keine Hausarbeit leisten	17	2.4
Demnach leisten die Hausarbeit ohne jede Hilfe	32.1	61.1

Auf fast einem Drittel der ledigen, aber auf mehr als drei Fünftel der verheirateten Arbeiterinnen lastet somit die Hausarbeit, ohne daß ihnen irgendwelche Unterstützung zuteil würde.

Sind es unabänderliche Tatsachen oder ist es nicht auch die Macht der Tradition, die der verheirateten Arbeiterin die ganze Haushaltarbeit auferlegt? 211 Männer der verheirateten Frauen sind arbeitslos, aber nur 80 halten es nicht unter ihrer

Würde, der Frau, die sich den ganzen Tag plagt, die abgerackert von der Fabrik nach Hause kommt, einen kleinen Teil, wenigstens der Haushaltarbeit, abzunehmen. Weit mehr erwachsene Kinder sind arbeitslos als bei der Mitarbeit im Haushalt zu finden. Sollte hier nicht doch das alte Vorurteil der Frau selbst eine Rolle spielen, daß man doch dem Mann, dem Sohn nicht „zumuten" könne, untergeordnete Haushaltarbeit zu verrichten? Freilich, manche lehnen sich auch gegen die unsinnige Arbeitsteilung, die die Frau doppelt und dreifach belastet, auf. So bittet uns eine vierzigjährige verheiratete Tabakarbeiterin „mitzuhelfen, die Männer anzuspornen, den arbeitenden Frauen im Haushalt beizustehen. Der kleinste Dienst bedeutet eine Hilfe."

Zum Glück für die Arbeiterin finden sich auch hier die *Heinzelmännchen des Proletarierhaushaltes*: Die Großmutter, die Nachbarin, die Zimmerfrau, die Tochter, die selbst noch in die Schule geht, und sicher auch in stärkerem Maße als dies früher war, auch Männer und Söhne. Und doch: 61 Prozent der verheirateten Arbeiterinnen leisten ihre Haushaltarbeit ohne jede Hilfe! Nur eine Arbeiterin kann sich den Luxus einer Hausgehilfin leisten.

Können sich diese geplagten Frauen während des Tages je *ausruhen? Nur 12'6 Prozent* finden unter Tag Zeit und Gelegenheit, sich, wenn auch nur auf knappe Zeit, ein wenig hinzulegen, um neue Kräfte zu schöpfen. 85'9 Prozent der ledigen, 93 Prozent der verheirateten Arbeiterinnen geben an, daß davon gar nie eine Rede sein kann. Ja, keine Frage hat bei den Arbeiterinnen so viel Befremden hervorgerufen, wie diese. Sich untertags hinlegen, ausruhen – das gibt es vielleicht für Damen, für Arbeiterinnen gibt es das nicht.

4.3 Paul F. Lazarsfeld: Zur Berufseinstellung des jugendlichen Arbeiters

Erstveröffentlicht als Paul F. Lazarsfeld: Zur Berufseinstellung des jugendlichen Arbeiters, in: ders. (Hg.): *Jugend und Beruf. Kritik und Material.* Mit Beiträgen von Prof. Charlotte Bühler, B. Biegeleisen, H. Hetzer, K. Reininger (= Quellen und Studien zur Jugendkunde, hg. von Charlotte Bühler, Bd. 8), Jena: G. Fischer 1931, S. 157–174.

Paul F. Lazarsfeld wurde politisch in der sozialistischen Jugendbewegung sozialisiert. Nach einem Studium der Mathematik und Physik verdiente er seinen Lebensunterhalt als Gymnasiallehrer, als er sich 1926 mit dieser kleinen Untersuchung an einer von Charlotte Bühler geleiteten Arbeitsgemeinschaft beteiligte. Fünf Jahre später veröffentlichte er sie in einem von ihm selbst herausgegebenen Sammelband. Die ausgewerteten Fragebögen – 875 von männlichen, 283 von weiblichen Jugendlichen im Alter von 15 bis 23 Jahren – wurden ursprünglich von Otto Felix Kanitz verwendet, um die Ju-

gendschulen der Sozialistischen Arbeiter-Jugend (SAJ) zu organisieren.³ Lazarsfeld geht es um nicht weniger als um die Herausarbeitung der Klassenzugehörigkeit als bestimmenden Faktor in der seelischen Entwicklung von Jugendlichen. In seiner Sekundäranalyse kommt er zu dem Schluss, „daß die jugendlichen Arbeiter schon zufrieden sind, wenn die Arbeit, die sie aus rein äußerlichen Gründen wählen mußten, halbwegs erträglich ist". Wie viel Raum aber bleibt den Wünschen, wenn die Not der Erwerbsarbeit die Berufswahl bestimmt? Und wie sinnvoll ist es, hier noch von Lebensidealen zu sprechen?

[...]
    [E]s geben auf die Frage, was sie in ihrem Leben erreichen wollen, zur Antwort:

		[Buben in %]	[Mädchen in %]
1.	Ein allgemeines Schlagwort	14,6	12,4
2.	Einen spezifierten gesellschaftlichen Zustand	3,9	1,4
3.	Ein individuelles ökonomisches Ziel	11,2	7,1
4.	Ein individuelles psychologisches Ziel	9,0	10,6
5.	Eine Situation persönlichen Glücks	9,4	8,1
6.	Politische Arbeit	10,5	7,4
7.	Sonstige Arbeit	8,5	10,6
8.	Lernen	3,4	4,6
9.	Nichts, motiviert	5,3	7,1
10.	Nichts, unmotiviert	24,2	30,7
		100,00	100,00

Die *Beispiele*, die wir jetzt für jeden dieser Punkte bringen werden, mögen zugleich einen Einblick in die Art der Beantwortung überhaupt geben.

    1. Viele Antworten lauten: Freiheit; Sozialismus: ein anständiger Mensch sein usw. Wieviele von solchen Antworten durchdacht sind, und wieviele Phrase, läßt sich schwer feststellen. Einerseits kommen sie, wie wir später sehen werden, vor allem bei älteren vor und das würde auf ihren Sinngehalt schließen lassen; andererseits geschieht es wieder, daß in einer ganzen Ortsgruppe einer vom andern so ein Wort abschreibt und dadurch eine ganze Reihe von Bogen in diesem Punkt fast wertlos wird. – Anders ist es mit der Art von Antworten unter der Rubrik

    2. Hier haben wir eingereiht, wenn ein allgemeiner gesellschaftlicher Zustand sichtlich als Ausfluß persönlichen Erlebens erwünscht wird. Wenn z. B. ein 17jähriges Mädchen angibt, daß es sich als Beruf Erzieherin zu sein wünscht, daß ihm in der Organisation das Betragen der Burschen zu den Mädchen nicht gefällt, und

---

3 Otto Felix Kanitz (1894–1940), Leiter der Schönbrunner Erzieherschule, ab 1926 Obmann der Wiener SAJ, ab 1930 deren Bundesobmann. 1932–1934 Bundesrat.

dann zu unserer Frage antwortet: Gleichberechtigung der Frauen, dann ist das im besten Sinn soziale Projektion eines persönlichen Wunsches. Dasselbe gilt für einen 20jährigen Burschen, der als Berufswunsch angibt: „Musik, ich schwärme für die Kunst", und dann zur hier diskutierten Frage meint: „Ich möchte erreichen, daß die Kunst auch den Proletariern zugänglich wird". Nebenbei sind solche Antworten auch das tröstlichste, wenn man von solchen kommt, wie wir sie zusammengefaßt haben unter Rubrik

3. Wie verschieden von den Objekten der bürgerlichen Berufspsychologie mag die Seele eines Jugendlichen sein, der auf die Frage, was willst du in deinem Leben erreichen, antwortet: „Daß ich in meinen alten Jahren nicht wie ein Hund zugrunde gehen muß." Oder der andere: „Ich möchte so viel erreichen, daß ich bis zum Tod ordentlich leben kann und nicht immer so knappern muß wie jetzt und oft Hunger leiden." In diese Rubrik haben wir aber auch alle die eingereiht, die „eine sichere Anstellung", mehr gezahlt, Altersversorgung u. dgl. angegeben haben.

4. Als individuelles psychologisches Ziel haben wir all das bezeichnet, was der Jugendliche an nicht ökonomischen Werten für sich zu besitzen wünscht, also z. B. Zufriedenheit, ein hohes Alter, Gesundheit – lauter Ziele, die überraschend oft vorkommen; daneben auch bei einem 17jährigen Mädchen: „Einen braven, ehrlichen, sozialdemokratischen Mann", oder bei einer 20jährigen der typische Pubertätswunsch: „Vor allem einen Menschen kennen zu lernen, mit dem ich über sämtliches, was mich einnimmt, sprechen kann und meine Mitmenschen zu dem helfen, was für einen sozialistischen Staat nötig ist."

Die Notwendigkeit der Rubrik

5. ergab sich aus der Tatsache, daß viele Antworten auf einen unklar vorgestellten Glückszustand hinwiesen, wie: ein besseres Dasein, was Gutes, eine schöne Zukunft u. dgl. m.

6. Der Wunsch nach politischer Arbeit bedarf keiner besonderen Beispiele, er schwankt zwischen der Absicht ein braver Betriebsvertrauensmann und dem Plan Bundeskanzler zu werden. Nur weil die Tatsache in anderem Zusammenhang psychologisch interessant ist, sei vermerkt, daß wir hier auch einmal die Antwort fanden: „Abgeordnete oder Rekordläuferin".

7. Diese Rubrik enthält alle Wünsche, die sich auf spezielle Berufsarbeit beziehen, und ist insofern interessant, als sie vermutlich die Antworten derer enthält, die eine spezielle sachliche Beziehung zu ihrer Arbeit haben und deshalb auch dort auf ihren Beruf zurückkommen, wo die anderen zu allgemeineren Aussichten abweichen; allerdings sind hier auch die Antworten aufgenommen, die den Beruf nur zum Rahmen allgemeinen Geltungsstrebens machen, also z. B. Meister werden, im Beruf was erreichen usw.

8. Schließlich haben wir, weil es uns interessant schien, festgestellt, wie groß der Prozentsatz der jugendlichen Arbeiter ist, die sich über ihre drückende Notlage hinaus den Wunsch nach intellektuellem Erleben erhalten konnten; er ist klein.

9. Die Zahl der motiviert verweigerten Antworten ist ebenfalls nicht groß, weil sie ein hohes Maß von bewußter Selbstkritik voraussetzen, wenn sie lauten: Das kann man nicht so genau sagen, oder ein hohes Maß von sachlicher Einsicht, wenn sie lauten: ein tüchtiger Arbeiter, festes Ziel habe ich keines, weiß doch niemand, wie er sich durchs Leben schlägt.

10. Die große Zahl der in unserem Punkt unausgefüllten Bogen hat ihren Grund vor allem darin, daß eine so abstrakte Frage für viele, die nur eine Volksschule besucht haben und seit damals ununterbrochen in geisttötender Betriebsarbeit stehen, unverständlich ist[4]. Außerdem aber hat der Bogen noch den Fehler, daß weiter oben eine ausdrückliche Frage nach dem Berufswunsch vorkommt, was das primitive Verständnis unserer Frage noch erschwert.

[...]

4.4 Lotte Radermacher: Zur Sozialpsychologie des Volkshochschulhörers

Erstveröffentlicht als Lotte Radermacher: Zur Sozialpsychologie des Volkshochschulhörers (Eine Untersuchung von 21749 Kursteilnehmern), in: *Zeitschrift für angewandte Psychologie*, 43. Jg., Nr. 5–6 (1932), S. 461–486.

Die Diskrepanz zwischen Berufswunsch und Berufsrealität ist die Grundlage der Erwachsenenbildung. Obwohl Lotte Radermacher (1907–?) eine Schlüsselperson der frühen empirischen Sozialforschung in Österreich war, sind über sie nur wenige biografische Details bekannt. Im Vorwort zu ihrer Industriearbeiterinnen-Studie bedankt sich Käthe Leichter bei ihr für die Hilfe bei der Ausarbeitung der Fragebogen und der Tabellen. Bevor sie 1931 wissenschaftliche Mitarbeiterin und Büroleiterin der von Paul F. Lazarsfeld geleiteten Wirtschaftspsychologischen Forschungsstelle wurde, hatte sie 1930 ihre Dissertation in Staatswissenschaften fertiggestellt, die dem 1932 publizierten Aufsatz zugrunde liegt. Die Untersuchung beruht auf 21.749 Fragebögen, die 1927 bis 1929 von Hörerinnen und Hörern der Kurse am Volksheim Ottakring und an anderen Standorten des Vereins Volkshochschule Wien Volksheim ausgefüllt wurden. 1901 vom Historiker Ludo Moritz Hartmann (1865–1924) und vom Literaturwissenschaftler Emil Reich (1864–1940) im Wiener Arbeiterbezirk Ottakring gegründet, galt das Volksheim als politisch neutral, aber der Sozialdemokratie nahestehend.

---

4 Fußnote im Original: Es ist nicht möglich, hier ein Bild zu geben, wie unausgebildet die Schrift, wie ungelenk das Ausdrucksvermögen und wie mangelhaft die Ortographie in den Bogen ist. Als Beispiel ein paar von den Formen, in denen ausgesprochen wird, daß an der Organisation das Theaterspielen besonders anzieht: Teatter, das Dieaterschiel, die Anterschpiel, das Dieartschbilen, Tieatter spiel, die Ortahschpiel, Diarta, das di Ater schbilen, die Duatter schbiellen, usw. usw.

Die berufliche Gliederung der Hörer und ihre Bedeutung für die Frequenz der Kurse

[...]
Wir haben allen Überlegungen über den Zusammenhang von Beruf und Bildungsinteresse eine Berufseinteilung zugrunde gelegt, die wir nach zahlreichen Vorversuchen gewonnen haben, und von der wir sagen können, daß sie psychologisch maßgeblich ist, weil in den einzelnen Kategorien nur solche Berufe zusammengefaßt sind, die in Hinblick auf ihre Bildungsinteressen gleiche oder sehr ähnliche Tendenzen zeigen.

So erwies es sich zum Beispiel als richtig, die männlichen Arbeiter in Metallarbeiter, Buchdrucker, sonstige qualifizierte Arbeiter einzuteilen, weil zwar die Buchdrucker ein von den übrigen Arbeitern sehr abweichendes Gepräge haben, die rund 400 Schneider und die rund je 300 Bau- und Holzarbeiter sich aber als untereinander und mit den kleineren Gruppen der qualifizierten Arbeiter als sehr ähnlich in bezug auf die Verteilung ihres Kursbesuches erwiesen. Bei den Frauen genügte sogar eine Einteilung in Bekleidungsarbeiterinnen (Schneiderinnen, Modistinnen usw.), sonstige qualifizierte Arbeiterinnen und Hilfsarbeiterinnen, dafür war hier die Schaffung einer eigenen Gruppe Hauspersonal angezeigt.

Bei den Männern haben wir eine eigene Gruppe öffentliche Angestellte geschaffen, die sowohl den Briefträger, wie den Schuldiener, wie den Tramwaykondukteur, also vorwiegend „kleine Leute" umfaßt, weil wir annahmen, daß die materielle Sicherheit des öffentlichen Dienstes ihn am stärksten charakterisiert. Wie man sehen wird, haben wir für unser Hauptproblem dabei recht gehabt, doch mögen uns Details dadurch entgangen sein, daß wir die verschiedenen Beschäftigungsarten, die in dieser [sic] Kategorien zusammenfallen, nicht genügend getrennt haben.

Bei den Angestellten haben wir zwischen Büro- und Handelsangestellten unterschieden, je nachdem ob es sich um eine Beschäftigung im Laden oder an der Schreibmaschine handelte.

Bei beiden Geschlechtern war weiter eine eigene Rubrik Schüler und Studenten notwendig, die eine erstaunlich hohe Besetzung aufweist.

Schließlich haben wir unter freien Berufen die Lehrer, Fürsorger, Künstler und dgl. zusammengefaßt, unter selbständige Gewerbetreibende die kleinen Meister und Geschäftsleute. Bei den Frauen haben wir „Selbständige" wegen ihrer geringen Anzahl in der Rubrik „Sonstiges" belassen.

Die Rubrik „Private" enthält bei den Frauen vor allem berufslose Hausfrauen, bei den Männern vor allem Pensionisten.

[...] Die Zahlen sind vor allem schlechthin interessant als Hinweis darauf, mit welchem Material der Dozent es im Volksheim zu tun hat.

Tabelle 7

Beruf	Männer in %	Frauen in %	Geschlechtsrelation (Anzahl d. M. auf je 100 F)
Arbeiter	40,0	19,2	240
kleine Angestellte	32,0	34,2	110 [sic]
Berufe mit höherer Schulbildung	15,2	9,8	130
Hausfrauen	–	26,9 (davon 3,7% m. höherer Bildung)	–
Schüler und Studenten	10,4	9,5	126
Sonstige	2,4	0,4	776
	100,0	100,0	

Sehr wichtig für das weitere aber ist die folgende Zusammenfassung, die auf dem Punkt der Fragekarte beruht, der nach der vorangegangenen Schulbildung fragt. Es erweist sich dann nämlich, daß 72 % der M. und 77 % der F. nur die Grundschule bis zum 14. Jahr besucht haben, 10 % bei beiden Geschlechtern Schüler sind, und nur der kleine Rest eine höhere Schulbildung hinter sich hat. Maßgebend ist die Tabelle 7.

Wir dürfen diese Daten dahin zusammenfassen, daß *die Besucher des Volksheims im wesentlichen aus den nichtgebildeten Schichten der Bevölkerung stammen*, wobei „nicht gebildet" eine Beschränkung des Schulbesuchs auf Volks- und Bürgerschule ausdrücken soll.

[...]

Hauptsatz über die Bildungsfunktion des Volksheims
Die männlichen Berufsgruppen, die das Volksheim frequentieren, suchen dort zweierlei: sie wollen einerseits *Bildungslücken* schließen, die innerhalb ihres Arbeits- und Lebensbereichs stören, und sie wollen andererseits *Bildungsneuland* erobern, das über ihren aktuellen Arbeits- und Lebensbereich hinausgeht. Nach der Art der zu schließenden Bildungslücken lassen sich zwei Hauptschichten von Volksheimhörern unterscheiden, der *H-Typus* und der *A-Typus*, so bezeichnet nach der Tatsache, daß der erste am deutlichsten durch die *Handarbeiter*, der andere durch die *Angestellten* repräsentiert wird. Der *H-Typus* hat *elementare Bildungsgrundlagen* nachzuholen oder zu befestigen (elementares Rechnen, Schreiben, Lesen), während für den *A-Typus*, dem die elementaren Fächer selbstverständlich geläufig sein müssen, die *Fremdsprachen* eine solche Bildungslücke darzustellen scheinen. In bezug auf das *Bildungsneuland* liegt der Unterschied zwischen den beiden Typen darin, daß das Interesse des *H-Typus* vor allem an seine *sachliche Arbeit* anschließt und des-

halb in den verschiedenen Berufsschichten *spezifisch verschieden* ist, während das Bildungsneuland des *A-Typus* allgemeinen *sozialen Charakter* trägt und in allen Berufskategorien *unspezifisch geisteswissenschaftlich-künstlerische* Gegenstände umfaßt.

Bei den *Frauen* finden sich diese Verhältnisse nur angedeutet, denn das Charakteristische an ihrer Stellung zum Volksheim ist, daß ihr Kursbesuch *vom Beruf des Hörers weitgehend unabhängig* ist.

Nun zum *Beweise* des Satzes [...]: Wir beginnen mit den Bildungslücken des H-Typus. Tatsächlich finden wir alle proletarischen Berufe mit Ausnahme der Buchdrucker an den *grundlegenden Kursen* außerordentlich interessiert [...]. Alle übrigen Berufe lehnen die grundlegenden Kurse ab. Die Buchdrucker haben wir auch deshalb gesondert gestellt, weil wir auf Grund früherer Untersuchungen erwarten durften, daß sie auch hier mehr in der Mitte zwischen dem H- und dem A-Typus stehen würden, was sich tatsächlich bestätigen wird.

Umgekehrt zeigen sich die Handels- und die Büroangestellten stark an den *sprachlichen Kursen* interessiert, während alle proletarischen Berufe, wiederum mit Ausnahme der Buchdrucker, diese Kurse ablehnen. Es scheint also das verschiedene Verhalten zu den grundlegenden und den sprachlichen Kursen tatsächlich ein geeigneter Ausgangspunkt für die Unterscheidung der beiden Schichten zu sein. Übrigens bekommt man die beiden Typen am reinsten, wenn man beachtet, daß die *Metallarbeiter* und die *Büroangestellten* wirklich in jeder Kursgruppe, d. h. Zeile für Zeile, entgegengesetzte Tendenzen aufweisen. Man kann dann die anderen Berufsgruppen nach ihrer Distanz von diesen beiden Standardkolonnen beurteilen.

Nun zum *Bildungsneuland*. Die Metallarbeiter, die vor allem mit Maschinen zu tun haben, sind tatsächlich an den technisch-physikalischen und den mathematischen Kursen am meisten interessiert. Die übrigen qualifizierten Arbeiter, die vermutlich weniger an Maschinen arbeiten, sondern mehr auf ihre individuelle Geschicklichkeit gestellt sind, erwiesen sich demnach auch nicht an den technisch-physikalischen Kursen, sondern an Mathematik und Zeichnen interessiert. Wir führen hier gleich die öffentlichen Angestellten an, die wir oben schon als „kleine Leute" charakterisiert haben. Sie sind durch ihre Ablehnung der Sprachen und ihre Zuwendung zu den Grundkursen auch hier als zum H-Typus gehörig gekennzeichnet. Woran kann nun ihr Bildungsneuland anschließen? Man kann die Antwort aus dem Sprachgebrauch nehmen: Sie arbeiten an der Staatsmaschine und wenden sich daher mit Vorliebe rechts- und staatswissenschaftlichen Kursen zu. Ernster gesagt: sie benützen das Volksheim vermutlich dazu, das Gebiet, auf dem sie arbeiten, gründlicher kennen zu lernen, eventuell auch als Unterstützung bei den Prüfungen, die sie auf der Amtsleiter aufwärtsführen sollen, und holen sich die dazu notwendigen rechtskundlichen und [...] mathematischen Kenntnisse im V. H.; auch ihr Bildungsneuland ist demnach arbeitsspezifisch. Die Hilfsarbeiter zeigen endlich sehr deutlich die Bildungslücke des H-Typus (grundlegende Kurse), weisen aber für keine weiteren Kurse besondere Anteilnahme auf.

Man kann dem über das Bildungsneuland Gesagten schließlich noch eine etwas andere Wendung geben, die allerdings auf einer Annahme beruht, die in den Rahmen unseres Materials nur vermutungsweise eingesetzt werden kann. Es ist nicht unwahrscheinlich, daß ein großer Teil der freien Bildungssuche im Zusammenhang mit sozialen Aufstiegsbestrebungen steht. Dann liegt in unseren Ergebnissen ein Hinweis auf einen wesentlichen Unterschied in der Aufstiegsrichtung des A- und des H-Typus; sie geht, überspitzt formuliert, beim Arbeiter über den Maschinensaal, beim Angestellten über den Salon des Chefs; oder sachlich formuliert und damit als Hinweis auf weitere Untersuchung gedacht: die Aufstiegschance knüpft bildungspsychologisch beim Arbeiter mehr an seinen Arbeitsprozeß, beim Angestellten mehr an seine allgemeinen sozialen Verflechtungen an.
[...]

4.5 Marie Jahoda: Lebenserfüllung

Erstveröffentlicht als Lebenserfüllung, in: Marie Jahoda: *Anamnesen im Versorgungshaus. Ein Beitrag zur Lebenspsychologie,* Dissertation Universität Wien 1932, S. 83–86.

Wer im Versorgungshaus gelandet ist, kann die Frage nach einem erfüllten Leben leicht als blanken Zynismus empfinden. Die von Marie Jahoda bei Karl Bühler eingereichte und 1932 approbierte Dissertation sprengt den Rahmen des bürgerlichen Lebensmodells, das Charlotte Bühlers Lebenspsychologie zugrunde liegt. Sie beruht auf 52 lebensgeschichtlichen Interviews, die Jahoda in vier Wiener Versorgungshäusern geführt und stenografisch protokolliert hatte. In Anlehnung an die Medizin als „Anamnesen" bezeichnet, erschloss Jahoda mit diesen offenen, nicht standardisierten Befragungen von Menschen, die am Ende ihres Lebens am Rande der Gesellschaft angekommen waren, inhaltliches und methodisches Neuland.

[...] Man hat, wenn man die Lebensabläufe liest und die Stimmung aufnimmt, in der die Berichtspersonen erzählen, den Wunsch, sich darüber klar zu werden, ob das ein richtig oder ein falsch gelebtes Leben war. Und es entsteht die Frage, in welchen Begriff man diesen Eindruck fassen und durch welche Kriterien man ihn feststellen soll.

Die Frage nach dem richtig gelebten Leben ist schon sehr früh in Charlotte Bühlers lebenspsychologischer Problemstellung aufgetaucht und sie hat sie in der Form der Frage nach der *Lebenserfüllung* gestellt. Wir haben in dauernder Auseinandersetzung mit diesem Begriff der Lebenserfüllung versucht, einen Beitrag zu seiner klaren Fassung zu geben, und wir müssen glattweg gestehen, dass uns das nicht gelungen ist. In immer neuen Ansätzen haben wir versucht, aus dem Material das Phänomen der Lebenserfüllung herauszuholen, und immer wieder haben sich unsere Ansätze verloren. Von aussen übernehmen aber konnten wir den Massstab der

Erfüllung nicht, weil er, als wir an unserer Arbeit waren, im Bühlerschen System noch nicht endgültig formuliert war.

Knapp vor der Beendigung dieser Arbeit ist es nun Ch.[arlotte] Bühler gelungen, den Begriff der Erfüllung in ausserordentlich weittragender Weise zu fassen und ihn an Hand ihres biografischen Materials lebendig zu machen. Wir wollen diese bedeutsame Wendung wenigstens dazu benützen, um zu erklären, warum unser Material ganz besonders wenig geeignet war, aus sich heraus zu einem Ergebnis zu führen, das in der Richtung des Bühlerschen Erfüllungsbegriffs gelegen wäre.

Unter Erfüllung versteht Ch.[arlotte] Bühler jetzt ein Vollgelingen des Lebens, das sowohl subjektiv empfunden wird als auch objektiv belegbar ist, dadurch dass in allen Lebensbereichen und in allen Phasen Bedürfnisse befriedigt und Aufgaben Genüge getan wird.

Aber nicht diese Definition ist für uns das Wesentliche; wir könnten sie im Rahmen unserer Arbeit nicht einmal ganz erklären. Wichtig für uns sind vor allem die drei Bedingungen, an die nach Ch.[arlotte] Bühler das Eintreten des Phänomens der Erfüllung geknüpft ist. Die erste Bedingung ist der von der Person voll geleistete Einsatz. Ohne ihn kann es keine Erfüllung geben, aber auch mit ihm bedarf es noch eines zweiten Moments für ihr Eintreffen. Man kann sich ja auch für etwas Falsches einsetzen und so an seiner eigentlichen Aufgabe vorbeigehen: es muss also die richtige Zuordnung zwischen der eigenen Person und der Umwelt hergestellt sein. Diese Zuordnung ist die zweite Bedingung. Aber auch dann noch kann die Erfüllung durch ungünstige äussere Umstände ausbleiben und das Fehlen von äusseren Schwierigkeiten kommt als dritte Bedingung hinzu.

Wer das Material dieser Arbeit mit einiger Aufmerksamkeit verfolgt hat, der sieht sofort, dass der grossen Mehrzahl der Fälle diese drei Bedingungen nicht gegeben sein können, denn das Auswahlprinzip, das den Lebensläufen zugrunde liegt – das Ende im Versorgungshaus, lässt erfüllte Lebensläufe unwahrscheinlich erscheinen. Gehen wir die drei Bedingungen durch, so ist die dritte vor allem nicht gegeben, denn die Versorgung bedeutet vorangegangene Not. Dass wir es überhaupt mit anderen als mit materiell bedrückten Existenzen zu tun haben, verdanken wir ohnehin nur der Tatsache, dass die Inflation erfolgreichen Lebensschicksalen einen traurigen Abschluss gegeben hat, der durch sein spätes und von rein äusseren Umständen bedingtes Eintreten die vorangegangene Struktur dieser Langleben nicht mehr wesentlich modifizieren konnte.

Aber auch die erste Bedingung – der volle Einsatz der Persönlichkeit – ist für eine grosse Zahl der Fälle unwahrscheinlich, denn alle diese Beispiele, an denen uns die so ausserordentlich geringe Lebensanforderung charakteristisch erschien, hätten wir in gewendeter Darstellung auch als Lebensläufe ohne den Einsatz der Person erkennen müssen. Sie alle scheiden also vermutlich als Anwärter auf Erfüllung aus. Es bleiben also jene wenigen Fälle hochgespannter Lebenseinstellung, die wir hier heranziehen könnten. [...] Diese Leben machen objektiv jenen Eindruck von Geschlossenheit und Eindeutigkeit, den die von Ch.[arlotte] Bühler zitierten erfüllten Lebensläufe gewähren und auch die subjektive Zufriedenheit mit dem Leben, die zum Wesen der Erfüllung gehört, ist vorhanden.

Aber wie es nun im Einzelnen mit der Tatsache der Erfüllung steht, können wir nicht nachweisen, denn als die Anamnesen gemacht wurden, war die Fragestellung noch nicht von dieser Seite her konzipiert, und so fehlen in ihnen die feinen Nuancen, die notwendig wären, um jene Fragen zu entscheiden, die aus der oben gegebenen Definition der Erfüllung erfliessen.

Damit sind wir nun zum Schluss zu jenem Punkt gelangt, von dem aus dieser Versuch betrachtet werden muss. Es konnten der lebenspsychologischen Bearbeitung Schicksalsverläufe zugeführt werden, die bisher wissenschaftlicher Bearbeitung nicht zugänglich waren. Aber die Anamnesen wurden in einem Augenblick durchgeführt, als das lebenspsychologische Begriffssystem selbst noch im Werden war. Wir haben uns die Tragweite und die Tragfähigkeit seiner Sätze und Begriffe erst im Laufe der Materialsammlung völlig klargemacht. So ist diese Arbeit nur ein erster Schritt. Verschiedentlich zeigen sich Lücken, die noch der Ausfüllung harren. Rückblickend sind wir vor allem überzeugt, dass das Phänomen der Erfüllung nicht nur an diesem Material hätte belegt werden können, sondern auch umgekehrt ein produktiver Wegweiser für die Bestandsaufnahme gewesen wäre.

Es ist zu hoffen, dass sich Gelegenheit finden wird, die Erfahrungen und Ergebnisse dieses ersten Versuchs in weiteren Etappen lebenspsychologischer Arbeit zu verwerten, bis in ständiger Erweiterung des Begriffssystems und des Erhebungsbereiches die Gesamttatsachen des Lebensablaufs unter dem so fruchtbaren Aspekt der Lebenspsychologie gesehen werden können.

4.6 Marie Jahoda: Speisezettel und Budget

Erstveröffentlicht als Speisezettel und Budget, in: Österreichische Wirtschaftspsychologische Forschungsstelle (Hg.): *Die Arbeitslosen von Marienthal. Ein soziographischer Versuch über die Wirkungen langdauernder Arbeitslosigkeit; mit einem Anhang zur Geschichte der Soziographie* (= Psychologische Monografien, hg. von Karl Bühler, Bd. 5), Leipzig: S. Hirzel 1933, S. 22–28.

„Erst kommt das Fressen, dann kommt die Moral", heißt es in Bertolt Brechts Dreigroschenoper. Doch was essen Menschen, die von der Arbeitslosenunterstützung abhängig sind, ohne von ihr leben zu können? Und wie steht es um ihre Moral? Das heißt: Was motiviert sie noch in ihrem Leben, und welche Sitten gelten für sie? Von November 1931 bis Mai 1932 leistete ein Projektteam der Wirtschaftspsychologischen Forschungsstelle Feldforschung in Marienthal.[5] Der kleine, rund 30 Kilometer südöstlich

---

[5] Lotte Schenk-Danzinger (1905–1922) lebte sechs Wochen vor Ort und führte die Erhebungen gemeinsam mit zehn weiteren Beteiligten durch. Der Haupttext der Studie stammt von Marie Jahoda, der als Anhang veröffentlichte Abriss „Zur Geschichte der Soziographie" von Hans Zeisel (1905–

von Wien gelegene Ort war seit den 1830er Jahren rund um eine Textilfabrik entstanden. Mit deren Schließung in den Jahren 1929/30 war fast das gesamte Industriedorf plötzlich arbeitslos. „Die müde Gemeinschaft" heißt eines der Kapitel, ein anderes „Die Haltung", ein drittes „Die Widerstandskraft": Beispiele für jene Begriffe, die deskriptiv und analytisch zugleich Statistik und Beobachtungen unauflöslich miteinander verbinden.

Wir haben schon am Beginn dieses Abschnittes eine kleine Statistik zur Frage der Ernährung angeführt: über das Gabelfrühstück der Schulkinder. Aus *Eßverzeichnissen*, die von 41 Familien durch eine Woche hindurch geführt wurden, aus den Gesprächen in der ärztlichen Ordination – die zum Teil ein gutes Kontrollmaterial für die Eßverzeichnisse bildeten – und aus einigen Haushaltbüchern, die von einzelnen Familien geführt wurden, ergaben sich eine Reihe von Daten, die wir hier anführen.

Ordnet man die 287 in dem Eßverzeichnis protokollierten Tage nach der Zahl der täglichen Mahlzeiten, ergibt sich folgende Übersicht:

Zahl der täglichen Mahlzeiten	an Tagen	In Prozenten
2	6	2
3	210	73
4	71	25
	(7 X 41 =) 287	100

Drei Mahlzeiten – früh, mittags und abends – sind also die Regel. In Ausnahmsfällen wird nur zweimal im Tag gegessen; manchmal kommt zu den drei Mahlzeiten noch eine Jause hinzu. Von den 41 Familien aßen *Fleisch* in der Woche:

Zahl der Fleischmahlzeiten pro Woche	Zahl der Familien	In Prozenten
0	6	15
1	22	54
2	8	19
3	2	5
4	3	7
	41	100

Alle 22 Familien, die einmal in der Woche Fleisch aßen, aßen es am Sonntag [...]. Alle, die öfter als einmal Fleisch hatten, aßen es auch am Sonntag. Von den 56 Fleischmahlzeiten, über die berichtet wird, bestanden 34 aus Roßfleisch, 18 aus

---

1992), die Einleitung von Paul F. Lazarsfeld, der als Leiter der Forschungsstelle die Gesamtleitung innehatte. (Vgl. Kapitel 17)

Kaninchenbraten, 2 aus Rindfleisch, eine aus „Faschiertem" und eine aus Schweinefleisch. Ein Arbeitsloser erzählt, daß auch *Katzen*fleisch gegessen wird:

> „Immer wieder verschwinden Katzen. Die Katze von Herrn H. ist erst vor wenigen Tagen verschwunden. Katzenfleisch ist sehr gut. Auch Hunde werden gegessen. Aber das war auch schon in der Arbeitszeit. Da haben sie z. B. einmal beim J. T. einen Hund gebraten. Erst vor wenigen Tagen bekam ein Mann von einem Bauern einen Hund geschenkt, unter der Bedingung, daß er ihn schmerzlos erschlägt. Er lief überall herum um ein Geschirr für das Blut und bekam schließlich eines, dafür mußte er ein Stück Hundefleisch hergeben. Das Geschirr war von der Familie A."

Der Aufhackknecht des Fleischhauers erzählt:

> „Solange die Fabrik in Betrieb stand, schlachteten wir 12 Schweine und 6 Rinder in der Woche. Jetzt 6–8 Schweine und ein Rind, die werden aber auch nicht von den Marienthalern gekauft, sondern von den Leuten der Umgebung, die früher noch nicht hier gekauft hatten. Die Marienthaler sind von Rind- und Schweinefleisch zu Pferdefleisch übergegangen. Während Marienthal früher nur eine Roßfleischhauerei hatte, etablierte sich im letzten Jahr ein zweiter Roßfleischhauer. Beide machten zu Beginn der Arbeitslosigkeit gute Geschäfte; nach den ersten paar Monaten erwiesen sich aber zwei Roßfleischhauereien als zuviel für den Ort. Der später Angekommene hält sich, der erste geht zu Grund."

Die 287 *Abendessen* bestanden aus:

		In Prozenten
Kaffee (meist schwarz) und Brot	132	45
Reste von Mittag	114	40
Frisch gemachte Speisen	41	15
	(7 X 41 =) 287	100

25 % der Nachtmähler bestehen also entweder aus der Speise, die es zu Mittag gab, oder aus dem Kaffee, den man regelmäßig in der Früh trinkt[6]. Für die kleinen Kinder wird der schwarze Kaffee – es ist selbstverständlich durchwegs Malzkaffee – mit Milch ergänzt oder durch Wasserkakao ersetzt. Einige Familien berichten, daß sie seit zwei Jahren überhaupt kein Stück Zucker mehr im Haus gehabt haben; aus Ersparungsgründen wird nur mehr *Saccharin* verwendet, was den Geschmack ersetzt, jedoch bekanntlich keinerlei Nährwert hat. In manchen Fällen wird Saccharin abwechselnd mit Zucker verwendet. Gewöhnlich beginnt man in der zweiten Woche nach der Auszahlung mit dem Saccharin [...].

---

6 Fußnote im Original: Die Österreichische Wirtschaftspsychologische Forschungsstelle hat eben jetzt eine Untersuchung über die Rolle, die der Kaffee in der Ernährung der minderbemittelten Volksklassen spielt, durchgeführt. Es ergab sich hierbei die eigentümliche Doppelbedeutung des Kaffees als Nahrungsmittel, das zugleich noch deutlich als Genußmittel empfunden wird und deshalb gerade in den ärmsten Schichten im Mittelpunkt des Speisezettels steht.

Nachstehend das Eßverzeichnis zweier Familien:

Familie 81[7] Minimalfamilie, 57 g pro Tag und Verbrauchseinheit.		Familie 167 Durchschnittsfamilie, 98 g pro Tag und Verbrauchseinheit.	
Montag		*Montag*	
F[8]:	Kaffee und Brot	F:	Kakao und Semmeln
M:	Erbswurstsuppe, Grießschmarrn	M:	Linsen und Knödel
J:	–	J:	Kaffee und Schmalzbrot
N:	Kaffee und Schmalzbrot	N:	Linsen und Knödel
Dienstag		*Dienstag*	
F:	Kaffee und Brot	F:	Kaffee und Brot
M:	Kohl und Erdäpfel	M:	Maggisuppe und Krautfleckerln
J:	–	J:	–
N:	Kohl	N:	Krautfleckerln und Kaffee
Mittwoch		*Mittwoch*	
F:	Kaffee und Brot	F:	Kaffee und Brot
M:	Erdäpfelsuppe und Krautfleckerln	M:	Suppe, Kraut und Karfiol
J:	–	J:	–
N:	Kaffee und Brot	N:	Kaffee und Brot
Donnerstag		*Donnerstag*	
F:	Kaffee und Brot	F:	Kakao und Brot
M:	Erdäpfelgulasch	M:	Falsche Suppe, Kohl und Erdäpfel
J:	–	J:	Schmalzbrot
N:	Erdäpfelgulasch	N:	Kaffee und Butterbrot

---

7 Fußnote im Original: Als die Mutter aus Familie 81 mit ihren drei Kindern in die ärztliche *Sprechstunde* kam, erfährt man, daß die Kinder *Eßschwierigkeiten* machen. Die Mutter jammert, daß sie von dem wenigen, was man ihnen bieten kann, noch einen guten Teil stehen lassen. Nach der Meinung des Arztes hängen die Eßschwierigkeiten der Kinder mit der Vitaminarmut der Nahrung zusammen, was allerdings auf Grund dieser vereinzelten Fälle nicht ohne weiteres entschieden werden kann.

8 Fußnote im Original: F = Frühstück, M = Mittag, J = Jause, N = Nachtmahl.

Minimalfamilie, 57 g pro Tag und Verbrauchseinheit.		Durchschnittsfamilie, 98 g pro Tag und Verbrauchseinheit.	
Freitag		*Freitag*	
F:	Kaffee und Brot	F:	Kaffee und Brot
M:	Suppe und Erdäpfelnudeln	M:	Suppe und „Schinkenfleckerln" (aus Roßfleisch)
J:	–	J:	–
N:	Kaffee und Brot	N:	Kaffee, Brot, Pferdewurst
Samstag		*Samstag*	
F:	Kaffee und Brot	F:	Kakao und Semmeln
M:	Erdäpfelsuppe und Bohnen	M:	Pferdegulasch und Brot
J:	–	J:	Schmalzbrot
N:	Kaffee und Brot	N:	Pferdegulasch und Kartoffel
Sonntag		*Sonntag*	
F:	Kaffee und Weißbrot	F:	Tee und Semmeln
M:	Suppe und Mohnnudeln	M:	Rindsuppe mit Leberknödeln, Faschiertes und Salat
J:	–	J:	Tee
N:	Kaffee und Weißbrot	N:	Faschiertes und Salat, Kaffee

Obwohl es uns aus materiellen Gründen unmöglich war, die Führung einer ausführlichen Haushaltstatistik in mehreren Familien zu überwachen, geben wir dennoch zur Ergänzung des Bildes einen zweiwöchentlichen Ausschnitt aus dem Budget einer Durchschnittsfamilie an. Da bei Beginn dieser 14tägigen Periode zwischen zwei Auszahlungen der Arbeitslosenunterstützung tatsächlich alle Lebensmittel bis auf den letzten Rest aufgegessen waren und am Ende der Periode lediglich etwas Fett, ¼ kg Salz und ein paar Kilogramm Kohle übrig blieben, fallen die Einkäufe mit dem Verbrauch in diesem Abschnitt fast völlig zusammen. Da überdies der Variation eines Budgets auf diesem Niveau sehr enge Grenzen gezogen sind, läßt sich auch aus den Zahlen dieses verhältnismäßig kleinen Zeitraums einiges ersehen.

Es handelt sich um eine Familie von 7 Köpfen (2 Erwachsene, 5 Kinder unter 14 Jahren = 4,8 Verbrauchseinheiten). Die Familie bezieht eine Unterstützung von 49 S in 14 Tagen, steht also mit 73 g pro Tag und Verbrauchseinheit, d. h. 44 g für ein Kind, noch immer nicht in der Gruppe der Minimalfamilien.

5 1/3	kg	Mehl	3,58
1¼	kg	Reis	–,80
12		Brot	8,–
20		Semmeln	1,40
28	l	Milch	10,64
3	kg	Schweinefett	7,20
5	dk	Öl	–,18
30	dk	Rindfleisch mit Knochenzuwaage	–,95
		Rindsknochen	–,30
1½	kg	Kristallzucker	1,78
1		Schachtel Saccharin	–,30
6		Eier	–,72
2	kg	Gemüse (Sauerkraut, Kochsalat, Spinat)	1,56
8	kg	Kartoffeln	1,44
2½	kg	Hülsenfrüchte (Bohnen, Linsen)	1,74
1	kg	Salz	–,70
1	l	Essig	–,30
		Pfeffer	–,10
½	kg	Malzkaffee	–,48
¼	kg	Feigenkaffee	–,48
		Kakao	–,20
45		Film-Zigaretten	–,45
		Soda und Seife	1,70
50	kg	Kohle	4,–
			49,–

Auffallend ist der starke Mehlkonsum: 5½ kg sind für einen Zeitraum von 14 Tagen relativ viel. Der *Gemüse*verbrauch ist dagegen äußerst gering, was offenbar mit den hohen Preisen in dieser Jahreszeit – es handelt sich um die zwei Wochen vom 14.–27. Mai – zusammenhängt. Das Stückchen *Rindfleisch* mit Knochen wird für den ersten Sonntag, der in den Zeitabschnitt fällt, gekauft; die Rindsknochen für die Suppe des zweiten Sonntags, an dem es fürs Fleisch offenbar nicht mehr ausreiche. Auffallend ist auch der regelmäßige und verhältnismäßig teuere Milchverbrauch von 2 l täglich, der vornehmlich auf die Kinder entfällt. Diese Sorgfalt, die die Eltern unter Aufgabe der primitivsten eigenen Ansprüche für die Kinder aufwenden, fiel auch bei den Hausbesuchen in dieser Familie immer wieder auf.

Die folgenden Auszüge aus den Umsatzziffern des *Konsumvereins* ergänzen unsere Feststellungen über die Verschiebung des Einzelbudgets. So zeigt der Mehlkonsum nachstehende Veränderung:

Mehlkonsum
(Preis-Umsatz)
1928   100
1930   112

Diese Erhöhung rührt offenbar daher, daß viele Nahrungsmittel durch mehlhaltige Speisen ersetzt werden. Innerhalb des Mehlverbrauchs zeigt sich eine Verschiebung vom teuren Weizenmehl zum billigeren Roggenmehl. Der Einkauf von *Butter* und *Margarine* zeigt folgende Verschiebung:

	Butter	Margarine
1928	100	100
1929	69	160
1930	38	192

Eine analoge Gegenbewegung in den Konsumziffern zeigt auch der Umsatz von *Kaffee* und *Kakao*:

	Kaffee	Kakao
1928	100	100
1929	75	118
1930	63	141

Der *Schokolade*konsum ist um 57 % gesunken. Ähnliches weiß der Konditor von Grammat-Neusiedel[9] zu berichten:

Der Konsum ist seit der Arbeitslosigkeit auf ein *Viertel* zurückgegangen. Der *Sonntagskonsum* ist von 30–40 S auf 16–18 S gesunken. Während er früher 16–17 Torten für Samstag und Sonntag bereitstellte, genügen heute 2 Torten. Teuere Schokoladen werden überhaupt nicht mehr gekauft, sondern fast ausnahmslos nur mehr Rippen zu 10 g. Außerdem ist bei Rückgang aller anderen Schokoladen und Zuckerwaren eine *Erhöhung in Bruchschokolade* von 5 auf 15 kg monatlich eingetreten. Kurz nach der Auszahlung der Arbeitslosenunterstützung steigt der Konsum sprunghaft. Er ist der Meinung, daß viele junge Burschen, *anstatt Alkohol* zu trinken, Schokolade und Bananenlutscher kaufen.

---

9 Marienthal ist ein Ortsteil der Gemeinde Gramatneusiedl (hier geschrieben: Grammat-Neusiedel).

Bücher auf dem Scheiterhaufen

Öffentliche Vereinsversammlung des sozialdemokratischen Wahlvereines Meidling

Gegen die Kulturschande der Bücherverbrennungen in Deutschland

Montag, 19. Juni 1933, ½8 Uhr abends, im Meidlinger Arbeiterheim
Wien XII., Eichenstraße 50

Redner: **Dr. Karl Ziak**

Vorlesung aus **verbotenen** Büchern, **verbotene** Musik und **verbotene** Schallplatten.

Freitag, den 23. Juni, ½8 Uhr abends, im Meidlinger Arbeiterheim
Wien XII., Eichenstraße 50

Öffentliche Vereinsversammlung zum Gedenken

Galileo Galilei's

300 Jahre seit der von finsteren Mächten erpreßten Widerrufung:

„Und sie bewegt sich doch!"

Redner: Dr. Edgar Zilsel

Sozialdemokratischer Wahlverein Meidling.

Anlässlich der Bücherverbrennung im nationalsozialistischen Deutschland hielt Edgar Zilsel, Protagonist des Wiener Kreises, einen Vortrag über Galileo Galilei. Sozialdemokratischer Wahlverein Meidling, 1933. (Wienbibliothek im Rathaus)

5 Logischer Empirismus
Gernot Waldner

Einleitung

Als „Logischer Empirismus" wird eine der prominentesten philosophischen Strömungen des 20. Jahrhunderts bezeichnet, die sich vor allem im angelsächsischen Raum durchsetzte. Sie geht maßgeblich auf die Philosophie des Wiener Kreises zurück, dessen Mitglieder unterschiedliche Verbindungen zum Roten Wien hatten. Der Wiener Kreis war eine Gruppe philosophisch interessierter Wissenschaftler und Wissenschaftlerinnen unterschiedlicher Disziplinen, viele von ihnen jüdischer Herkunft. Otto Neurath, Moritz Schlick, Rudolf Carnap, Hans Hahn, Herbert Feigl, Olga Hahn-Neurath, Olga Taussky-Todd, Edgar Zilsel, Viktor Kraft, Karl Menger, Richard von Mises, Gustav Bergmann, Philipp Frank und Kurt Gödel gelten als der Kern des Kreises, unter den temporären Mitgliedern waren die prominentesten Alfred J. Ayer, Karl Bühler, Josef Frank, Hans Kelsen, Charles W. Morris, Karl Raimund Popper, Alfred Tarski, Ludwig Wittgenstein und Willard Van Orman Quine. In der Geschichte des Wiener Kreises unterscheidet man eine Frühphase (1918–1929), die sich vor allem mit der Philosophie Wittgensteins beschäftigte, und eine öffentliche Spätphase (1929–1938), die durch die Gründung des Vereins Ernst Mach, vermehrte Tagungen, Kongresse und Publikationen, aber auch durch eine Zäsur im Jahr 1934 geprägt ist. Im Jahr der Zerschlagung des Roten Wien wurde auch der Verein Ernst Mach von den Behörden aufgelöst, Neurath floh vor den Austrofaschisten nach Holland, später vor dem deutschen Militär nach Großbritannien. Andere Mitglieder des Wiener Kreises flüchteten ebenfalls, viele von ihnen nach Großbritannien und in die USA.

Abgesehen davon, dass einige Mitglieder des Wiener Kreises in Prag und Berlin tätig waren, waren es drei Voraussetzungen, die Wien als Entstehungsort des logischen Empirismus begünstigten. Institutionell verankerte die Schulreform des späten 19. Jahrhunderts die Naturwissenschaften in den Curricula der Gymnasien und trug dazu bei, dass die Generation des Wiener Kreises sich früh mit Mathematik und Physik beschäftigte. Zusätzlich setzte sich eine von Oxford und Cambridge ausgehende Volksbildungsbewegung (*university extension*) auch in Wien durch und machte, im Nahverhältnis zur sozialdemokratischen Stadtregierung, die Naturwissenschaften zu einem ihrer Schwerpunkte. Zweitens wurde das mechanistische Weltbild der Naturwissenschaften zu Beginn des 20. Jahrhunderts durch Einstein, Schrödinger, Curie, Boltzmann, Rutherford und andere infrage gestellt. Viele erkannten daraufhin im Empiriokritizismus, den Mach in Wien vertrat, eine Alternative zum mechanistischen Weltbild. Machs Lehrstuhl an der Universität Wien und dessen Besetzung mit Schlick machten Wien international zu einem Ort der wissenschaftstheoretischen Diskussion. Drittens wurde Wien durch Wittgensteins *Tractatus logico-philosophicus* und dessen Kontakte zum Wiener Kreis zu einem Knotenpunkt logischer, mathematischer und sprachphilosophischer Debatten. Zusammenfassend lassen sich drei zentrale Themen des Wiener Kreises bestimmen: die Kritik metaphysischer Sätze, die Etablierung einer Einheitswissenschaft und die Transformation des Fachs Philosophie in eine zeitgemäßere Form von Wissenschaftsreflexion.

Der Wiener Kreis war weder fachlich noch personell homogen. Zahlreiche Intellektuelle aus anderen Fachgebieten tauschten privat oder in Cafés ihre Gedanken aus, und da sich diese Gesprächskreise teilweise überlappten, kam es zum regen Austausch zwischen unterschiedlichen Fachgebieten. Neurath diskutierte zum Beispiel die Wirtschaftstheorie der liberalen Schule der Nationalökonomie, Carnap hielt Vorträge am Bauhaus in Weimar, Kelsen versuchte, wissenschaftliche Einsichten für die Jurisprudenz nutzbar zu machen, Josef Frank übernahm Aspekte der vom Wiener Kreis vertretenen wissenschaftlichen Weltauffassung für seine Architektur, der Grafiker Gerd Arntz entwickelte für Neuraths Gesellschafts- und Wirtschaftsmuseum eine statistische Bildsprache, Zilsel verfasste kulturkritische Arbeiten zum Geniebegriff. Neurath verfasste auch eine Arbeit zur empirischen Soziologie und initiierte das Projekt einer alle Wissenschaften umfassenden Enzyklopädie nach dem Vorbild der französischen Aufklärung. Deshalb trugen auch Biologen, Pädagogen, Astronomen, Psychoanalytiker und andere Wissenschaftler im Wiener Kreis vor. Die internationalen Kontakte des Wiener Kreises waren zahlreich. Willard Van Orman Quine, später einer der bedeutendsten Philosophen und Logiker der USA, besuchte Wien, zahlreiche Kongresse wurden in der Tschechoslowakei, in England, den Niederlanden, der Sowjetunion und den Vereinigten Staaten veranstaltet. Auch in der Literatur hinterließ der Wiener Kreis seine Spuren: Hermann Broch studierte bei dessen Mitgliedern, Rudolf Brunngraber, ein Mitarbeiter Neuraths, verfasste einen „empirisch-soziologischen" Roman (*Karl und das 20. Jahrhundert*, vgl. Kapitel 25), und Robert Musil wurde sowohl direkt von der Philosophie Ernst Machs als auch literarisch von Debatten des Wiener Kreises inspiriert. Innerhalb der akademischen Philosophie gab es Kontakte mit der Frankfurter Schule, mehrere Debatten mit der Hermeneutik und Existenzialphilosophie (Karl Jaspers und Martin Heidegger) und heftige Kontroversen mit biologistisch argumentierenden Wissenschaftlern aus dem Umfeld des Nationalsozialismus und des italienischen Faschismus. Auf Lenins Kritik an Machs Philosophie reagierte der Wiener Kreis mit mehreren Artikeln, die die eigene Theorie als zeitgemäßeren Materialismus verteidigten, da sie in der Lage sei, die Relativitätstheorie zu integrieren.

Die Verbindungen des Wiener Kreises zum Roten Wien im politischen Sinn sind vielfältig. Neurath, Philipp Frank, Josef Frank und andere waren Mitglieder der Sozialdemokratischen Arbeiterpartei (SDAP) und betätigten sich auch an der Schulreform. Im Gründungsdokument des Wiener Kreises beruft man sich explizit auf Bildung als zentrales Mittel, die Philosophie des Wiener Kreises zu verbreiten. Jedoch war der Kreis politisch nicht homogen, Schlick verstand sich als großbürgerlicher Liberaler, in einigen Debatten mit Neurath wird die politische Differenz deutlich. Dennoch hielten fast alle Mitglieder des Kreises populäre Vorträge, viele boten Seminare an den Wiener Volkshochschulen an, und immer wieder erschienen Beiträge zum Wiener Kreis in den Massenmedien. Diese Aspekte des Wiener Kreises werden im folgenden Kapitel betont, ebenso, wie sich diese Gruppe von Intellektuellen in der öffentlichen Sphäre des Roten Wien engagierte.

Literatur

Friedman 1999.
Kraft 1950.
Stadler 1997.

5.1 Anonym: Magie und Technik

Erstveröffentlicht als Magie und Technik, in: *Arbeiter-Zeitung*, 3. Jänner 1931, S. 5.

Zwischen 1929 und 1932 fanden mehr als dreißig vom Wiener Kreis organisierte Vorträge statt. Zusätzlich zu den Mitgliedern des Kreises bereiteten auch Biologen (Ludwig Bertalanffy, Wilhelm Marinelli), Nationalökonomen (Karl Polanyi, Richard Strigl), Soziologen (Hans Zeisel) und Psychologen (Egon Brunswik, Wilhelm Reich) ihr Fachwissen für die Öffentlichkeit auf. Ziel dieser Veranstaltungen war es, eine breitere Öffentlichkeit zu erreichen, mit anderen Institutionen (hier etwa dem Werkbund) zu kooperieren und die einzelnen Wissenschaften im Rahmen der vom Wiener Kreis angestrebten Einheitswissenschaft zu verorten. Der folgende Artikel aus der sozialdemokratischen Arbeiter-Zeitung *fasst einen Vortrag Otto Neuraths zusammen, der ein zentrales Thema der Aufklärung behandelt: die Verdrängung von Magie und Religion durch Wissenschaft und Technik.*

Eine Vortragsreihe des *Österreichischen Werkbundes* wurde kürzlich von *Otto Neurath* mit einem glänzenden Referat über *„Magie und Technik"* eröffnet.

In Europa und Amerika ist der durch Kapitalismus, Naturwissenschaft und Technik bedingte Umwälzungsprozeß beendet, für Asien und Afrika hat er erst begonnen. Die Revolution der Lebens- und Produktionsweise hat auch das Weltbild der Menschen verändert.

Der Kapitalismus und die Technik dringen über den westlichen, abendländischen Kulturkreis hinaus; alte Kulturen: Japan, China, Indien, barbarische Völkerschaften in Zentralasien und in Afrika werden in den Kreislauf der kapitalistischen Waren-Produktion einbezogen. Und auch hier trifft der Ingenieur, der Wissenschafter mit dem Priester, dem Magier, dem Schamanen, treffen die technisch-wissenschaftlichen Denkformen Europas mit jahrtausendealten religiösen Vorstellungen zusammen. Aber dieser Konflikt wird hier nicht so schwer und dauernd sein wie in Europa. Nicht bloß deswegen, weil das moderne Denken hier bereits in seiner höchsten Ausbildung in die alte Vorstellungswelt eindringt und die Technik mit überlegener Gewalt die neuen Wahrheiten in die Hirne einhämmert. Die Kulturen der Welt, in die hier das zwanzigste Jahrhundert einbricht, basieren nicht wie das Abendland auf religiösen – sondern auf *magischen* Ideen. Und – das zeigte nun Otto Neurath – *Technik und Magie* sind nichts grundsätzlich von einander Unterschiedenes, sie sind vielmehr ein in der Tiefe *Verwandtes*: Technik ist *Fortsetzung* der Magie auf einer anderen, höheren Kulturstufe. Der magische Mensch ist dem technischen in seiner Geistesrichtung durchaus *ähnlich*.

Der magische Mensch.

Was ist Magie?
Wenn ein melanesischer Eingeborner seinen Bogen, mit dem er den Feind verwundete, am offenen Feuer aufhängt, damit die Wunde, die jener erhielt, hitzig werde und eitere – so ist das Magie. Wenn ein javanisches Bauernpaar in der Zeit vor der Reisblüte sich nachts in die Felder begibt, um durch das Beispiel, das sie ihm geben, den Reis zur Fruchtbarkeit anzuregen – so ist das Magie. Magie ist, wenn die japanischen *Ainos* bei großer Dürre mit Sieben um die Felder ziehen, durch die sie Wasser gießen, um durch die Imitation des Regens den „Regen" magisch herbeizulocken. „Magie ist", sagt Otto Neurath, *„die armselige Lebens- und Werkzeugtechnik primitiver Völker."* An den magischen Handlungen der Primitiven ist nichts Unsinniges, so wie es auf den ersten Blick scheinen könnte. Die Denkweise dieser Epoche ist der „*Animismus*" – die Vorstellung, daß die Regungen des eigenen Ich in der Außenwelt wiederzufinden seien, die Vorstellung von der Beseeltheit und Belebtheit der Natur. Auf eine solche belebte, von Geistern bewohnte Natur *konnte* der animistische Mensch nicht so reagieren wie wir, die sie anders beschaffen wissen. Er konnte sich nicht bloß technisch verhalten – er *mußte* sich dazu magisch verhalten! Die magische Zeremonie, das magische Bild, der Zauberspruch haben für den magischen Menschen dieselbe *praktische* Bedeutung wie die zweckmäßige und zum Ziele führende Handlung, sie waren mit dieser untrennbar verbunden. Wenn ein Baum, der umgeschlagen werden soll, der Sitz eines Dämons ist, der Rache zu üben fähig ist, so kann der Baum solange nicht gefällt werden, ehe nicht Sicherheiten gegen den Baumgeist geschaffen sind. „Magie", sagt in einem lichtvollem Wort Siegmund [sic] *Freud*, „ist die Technik des Animismus." Die Magie ist das Lebensprinzip der animistischen Kultur, so wie die Technik das der unseren ist.

Der soziale Sinn des religiösen Zeitalters.

Der Animismus selbst ist noch keine Religion; aber seine Welt der Dämonen und der Geister enthält doch schon die Vorbedingungen einer solchen. Das magische System war in dem historischen Augenblick zu einer Entwicklungshemmung geworden, da es sich vollendete, da es alle Beziehungen und Tätigkeiten der Menschen regelte und reglementierte. Jede lokale Magie ist von der aller Nachbarn streng unterschieden; kein Stamm ist in der Lage, irgendeine technische Neuerung von einem andern zu übernehmen, noch kann ohne weiteres eine selbständige Neuerung vorgenommen werden, weil dadurch alte unverletzbare „Tabus" verletzt würden. Der magische Apparat verbot jede Entwicklung. Dies ist nun der Moment, da sich die religiösen Ideen zu entfalten beginnen. Die Religion entfesselte die ökonomischen und technischen Kräfte, indem sie die realen Geister des Animismus in irreale Gespenster verwandelte und sie in den Himmel oder in die Hölle, jedenfalls außerhalb der Erde versetzte. Sie hat damit die Magie überflüssig gemacht; das technische Substrat der Magie ist zur Entwicklung frei geworden. Für die Religion sind einzelne Gebräuche und Formeln unwichtig und überflüssig, sie konzentriert sich auf das Verhalten der Menschen zueinander und auf die Beziehung der Menschen zu Gott; Persönlichkeit und Gesinnung sind allein von Wichtigkeit. So können, ungehemmt von magischen Tabus, die Klöster des Mittelalters überall die modernsten Methoden der Landwirtschaft und der Baukunst verbreiten. Auf dem Boden des christlichen Kultus wird in Europa erst internationaler Verkehr, internationale Kunst und Wissenschaft möglich. Für das Mittelalter gehört die Religion zur „Produktionsweise des materiellen Lebens". Die Völkerschaften, die keine religiösen Ideen zu entwickeln vermochten, bleiben auf der erreichten Kulturstufe stehen, als „Primitive". Im Orient haben sich auf die Dauer die magischen Vorstellungen stärker als die religiösen erwiesen und diese immer wieder langsam von innen heraus zersetzt. Allein das Abendland hat die Religionen zur höchsten Entfaltung gebracht und von hier aus beginnt eben deshalb ihre – Überwindung.

Der moderne Mensch. – Technik als Magie.

Das magische Zeitalter hat seine Energien an Zeremonien und Veranstaltungen verschwendet, die irdischen Zwecken dienten, aber deren Erreichung im Grunde überflüssig war. Das religiöse Zeitalter verschwendet Energien an außerirdische Zwecke, die selber überflüssig werden. „Gott ist eine Hypothese, die ich für meine Annahmen nicht mehr benötige", sagt Laplace zu Beginn des vorigen Jahrhunderts, das war die Verkündigung der neuen Zeit. Die Entwicklung der Technik hat die Religion als Produktionsfaktor erübrigt. Der moderne Mensch ist wieder irdisch gerichtet, da ihm die Technik die Erlangung seiner Ziele gewährleistet. Der Sozialismus, der die Technik aus den Fesseln der kapitalistischen Produktionsweise befreit und die Energievergeudung durch deren Planlosigkeit beseitigt, soll die Erfüllung des „irdischen" Reiches sein. Die Hoffnungen des magischen Menschen waren (durch seine reale Hilflosigkeit) kindhaft überspannt, die des religiös-theologischen Zeitalters in das Jenseits verschoben. Technik und Wissenschaft lassen nur an Hoffnungen aufkommen, was durch *kollektive Arbeit* verwirklicht werden kann. Diese Hoffnungen aber übertreffen die des magischen Menschen bei weitem, für ihn steht der Weg ins Zeitalter der Technik offen; *die Technik* – und mit dieser durchaus optimistischen Kulturprognose schloß Otto Neurath seinen Vortrag – *ist die Erfüllung der Magie!*

5.2 Philipp Frank: Über die „Anschaulichkeit" physikalischer Theorien

Erstveröffentlicht als Philipp Frank: Über die „Anschaulichkeit" physikalischer Theorien, in: *Die Naturwissenschaften*, 16. Jg., Nr. 8 (24. Februar 1928), S. 121–128.

1908 veröffentlichte W. I. Lenin sein Buch Materialismus und Empiriokritizismus. Kritische Bemerkungen über eine reaktionäre Philosophie.[1] *Er reagierte damit auf die russische Übersetzung von Ernst Machs Schriften, die unter Menschewiki und Bolschewiki (Alexander Bogdanow, Anatoli Lunatscharski, Leo Trotzki, Wladimir Basarow, Maxim Gorki) großen Anklang fand. Lenin greift darin Machs Philosophie als idealistisch an und legt auf 400 Seiten dar, dass sich, sehr vereinfacht gesagt, die materielle Außenwelt im Bewusstsein widerspiegle. Auf die Quanten- und Relativitätstheorie geht Lenin in seinem Buch nicht ein. Philipp Frank diskutiert in diesem Aufsatz, worin „Anschaulichkeit" in der zeitgenössischen Physik bestehen könnte. Seine mathematische Antwort verteidigt Mach, kritisiert Lenin und versucht den logischen Empirismus als die materialistisch zeitgemäßere Theorie auszuweisen.*

Unter den im Laboratorium tätigen Physikern hört man sehr oft klagen, daß die modernen physikalischen Theorien „unanschaulich" geworden sind. Ganz besonders gelten diese Klagen den beiden genialsten und erfolgreichsten Theorien unserer Zeit: der Relativitätstheorie und der Quantenmechanik.
[...]
Wenn wir nun auf die *Bohr*sche Atomtheorie zu sprechen kommen, so gelten die um den Kern kreisenden Elektronen als „anschaulich". Warum? Sie erinnern an um die Sonne kreisende Planeten. Aber wirkliches optisches Anschauen eines Körpers heißt doch soviel wie: Beobachten und Erleben der Reaktion dieses Körpers auf

---

[1] Vgl. W. I. Lenin: *Materialismus und Empiriokritizismus. Kritische Bemerkungen über eine reaktionäre Philosophie* (= Werke 14), Berlin: Dietz Verlag 1975.

einfallende Lichtwellen. Wenn aber die Bahndimensionen klein gegen die Wellenlänge sind, kann diese Reaktion gerade niemals in einem geometrisch ähnlichen Bild der Ellipsenbahnen bestehen. Sondern die Reaktion besteht eben in den Eigenschaften des vom System ausgehenden Lichtes, der Linienspektren und der Streustrahlung, wie sie von der Quantenmechanik beschrieben werden. Es ist nur eine Illusion, in den ähnlich verkleinerten Planetenbahnen etwas Anschauliches sehen zu wollen. Wenn die Ellipsenbahnen von der Größenordnung der kleinsten Wellenlängen und noch kleineren einen Sinn haben sollen, so haben sie ihn nur als geometrische Äquivalente algebraischer Formeln oder als eine liebgewordene Erinnerung an die *Newton*sche Physik. Der Grund, warum man die kreisenden und springenden Elektronen für besonders anschaulich hält, ist also sehr merkwürdig. Man könnte dem Sprung kein anderes anschauliches Erlebnis zuordnen als das Erleben der Strahlung, die auch durch die neue Quantenmechanik ihren Grundformeln zugeordnet wird. Man will also mit der Forderung der Anschaulichkeit, wie es scheint, eigentlich als wünschenswert hinstellen, daß dieselbe Theorie außer der Strahlung auch noch ein ganz anderes Erlebnis (in unserem Fall die Planetenbahnen) wiedergeben soll, das uns durch die Erfahrung oder besser gesagt: durch die geschichtliche Entwicklung der Physik, vertrauter ist.

[...]

In der Ansicht, daß die Bevorzugung der Darstellung des Geschehens durch Bewegungen von Punkten in Raum und Zeit gar nichts mit der „Anschaulichkeit" und gar nichts mit der „Beschränktheit der Sinne" zu tun hat, sondern nur eine teils bewußte, teils unbewußte Einwirkung des metaphysischen Materialismus ist, wird man noch bestärkt, wenn man beachtet, wie die zitierten Äußerungen *Mach*s, in denen die schärfste Ablehnung jenes Standpunktes enthalten ist, auf solche Autoren wirken, für die das Wesentliche gerade der Materialismus als Weltanschauung und gar nicht die „Anschaulichkeit" oder „heuristische Bedeutung" physikalischer Theorien ist. Gerade die Ausführungen *Mach*s, in denen wir eine gute erkenntnistheoretische Grundlegung der neuesten Quantenmechanik sahen, haben *Lenin* [...] in seiner 1908 erschienenen Schrift: „Materialismus und Empiriokritizismus; kritische Bemerkungen zu einer reaktionären Philosophie" zu heftigen Angriffen veranlaßt. Er sagt dort:

„Der Gedankengang vom Standpunkt jenes aufrichtigen und unverwischten Machismus, den *Mach* im Jahre 1872 offen vertrat, ist ganz unstreitig der folgende: Wenn die Moleküle und Atome, mit einem Wort die chemischen Elemente, nicht Gegenstände der Empfindung sind, so sind sie bloß gedachte Dinge. Und wenn dem so ist und wenn auch Raum und Zeit keine objektive Bedeutung haben, dann ist klar, daß man sich die Atome überhaupt nicht *räumlich* vorzustellen braucht. Mag die Physik und die Chemie sich auch auf den dreidimensionalen Raum beschränken, in dem die Materie sich bewegt, so kann man nichtsdestoweniger zur Erklärung der Elektrizität deren Elemente in einem *nicht*-dreidimensionalen Raum suchen."

„Dieser Gedankengang *Mach*s ist der Übergang aus dem Lager der Naturwissenschaft in das Lager des Fideismus. (Unter Fideismus versteht *Lenin* dabei eine Lehre, die den Glauben an Stelle des Wissens setzt oder wenigstens dem Glauben eine gewisse Bedeutung zuschreibt.)
[...]"

In diesen mit so viel Schärfe ausgesprochenen Ansichten des Mannes, der nicht nur der Schöpfer des Sowjetstaates war, sondern der ihm auch seine in der materialistischen Weltanschauung verankerten ideologischen Grundlagen gegeben hat, spiegelt sich die große Bedeutung wider, die vom Standpunkt dieser Weltanschauung der Frage zugeschrieben wird, ob die Darstellung der Naturerscheinungen durch Bewegungen im Raum und Zeit die einzig annehmbare ist. In der leidenschaftlichen Ablehnung der auf den *Mach*schen Positivismus gegründeten neuen physikalischen Theorien findet sich der bewußte Materialist und der den Materialismus in der unbelebten Natur nur als Gegenstück zu einem Vitalismus des Belebten schätzende Idealist.

Ich glaube aber, daß wir gerade in diesen neuen Theorien, der Relativitätstheorie wie der Quantenmechanik, ein wichtiges Anzeichen dafür besitzen, daß die Grundidee des Materialismus der Aufklärungszeit, die mathematische Darstellung alles Naturgeschehens, nicht notwendig an den primitiven Mechanismus geknüpft ist, daß also dessen Unfähigkeit, die Natur als Ganzes zu umfassen, kein Beweis für den „Bankerott des Materialismus" ist, sondern daß die allmähliche wissenschaftliche Durchdringung des Weltgeschehens auch heute noch in derselben Richtung fortschreitet, die etwa durch die dem Weltsystem eines *Laplace* zugrundeliegenden methodischen Ideen sich kennzeichnen läßt. „Überwunden" ist nicht der Materialismus, sondern seine erste Gestalt als Vorstellung, alles Geschehen sei *im Grunde* nur die Bewegung kleiner Pünktchen in einem mehr oder weniger stofflich gedachten Raum.

5.3 Rudolf Carnap, Hans Hahn, Otto Neurath: Wissenschaftliche Weltauffassung – Der Wiener Kreis

Erstveröffentlicht als Wissenschaftliche Weltauffassung – Der Wiener Kreis (= Veröffentlichung des Vereins Ernst Mach), Wien: Artur Wolf 1929, S. 9–30.

Mit diesem Text beginnt die öffentliche Phase des Wiener Kreises. Anlass war ein Ruf nach Bonn, den Moritz Schlick erhalten hatte, woraufhin alle Mitglieder für Schlicks Verbleib in Wien plädierten. Sie gründeten den Verein Ernst Mach und positionierten sich mit dieser Schrift als Bewegung, sowohl öffentlich als auch philosophisch. Der Ausdruck „Weltauffassung" sollte ein an Wissenschaften orientiertes Antonym zur ideologisch belasteten „Weltanschauung" sein. Nichtsdestoweniger war es ein Anliegen des Vereins, „Denkwerkzeuge für den Alltag" zu entwickeln, die Gesellschaft wirt-

schaftlich, pädagogisch und sozial neu zu gestalten. Dem gemäßigten Schlick war der wahrscheinlich von Neurath und Carnap verfasste Text teilweise zu sehr auf die sozialistische Kulturbewegung zugeschnitten, weshalb er sich davon distanzierte.

Daß *metaphysisches* und theologisierendes Denken nicht nur im Leben, sondern auch in der Wissenschaft heute wieder zunehme, wird von vielen behauptet. Handelt es sich hierbei um eine allgemeine Erscheinung oder nur um eine auf bestimmte Kreise beschränkte Wandlung? Die Behauptung selbst wird leicht bestätigt durch einen Blick auf die Themen der Vorlesungen an den Universitäten und auf die Titel der philosophischen Veröffentlichungen. Aber auch der entgegengesetzte Geist der Aufklärung und der *antimetaphysischen Tatsachenforschung* erstarkt gegenwärtig, indem er sich seines Daseins und seiner Aufgabe bewußt wird. In manchen Kreisen ist die auf Erfahrung fußende, der Spekulation abholde Denkweise lebendiger denn je, gekräftigt gerade durch den neu sich erhebenden Widerstand.

In der Forschungsarbeit aller Zweige der Erfahrungswissenschaft ist dieser *Geist wissenschaftlicher Weltauffassung* lebendig. Systematisch durchdacht und grundsätzlich vertreten wird er aber nur von wenigen führenden Denkern, und diese sind nur selten in der Lage, einen Kreis gleichgesinnter Mitarbeiter um sich zu sammeln. Wir finden antimetaphysische Bestrebungen vor allem in *England*, wo die Tradition der großen Empiristen noch fortlebt; die Untersuchungen von Russell und Whitehead zur Logik und Wirklichkeitsanalyse haben internationale Bedeutung gewonnen. In den *USA* nehmen diese Bestrebungen die verschiedenartigsten Formen an; in gewissem Sinne wäre auch James hieher zu rechnen.[2] Das neue *Rußland* sucht durchaus nach wissenschaftlicher Weltauffassung, wenn auch zum Teil in Anlehnung an ältere materialistische Strömungen. Im kontinentalen Europa ist eine Konzentration produktiver Arbeit in der Richtung wissenschaftlicher Weltauffassung insbesondere in *Berlin* (Reichenbach, Petzold, Grelling, Dubislav und andere) und *Wien* zu finden.

Daß *Wien* ein besonders geeigneter Boden für diese Entwicklung war, ist geschichtlich verständlich. In der zweiten Hälfte des 19. Jahrhunderts war lange der *Liberalismus* die in Wien herrschende politische Richtung. Seine Gedankenwelt entstammt der Aufklärung, dem Empirismus, Utilitarismus und der Freihandelsbewegung Englands. In der Wiener liberalen Bewegung standen Gelehrte von Weltruf an führender Stelle. Hier wurde antimetaphysischer Geist gepflegt; es sei erinnert an Theodor Gomperz, der Mills Werke übersetzte (1869–80), Sueß, Jodl und andere.

Diesem Geist der Aufklärung ist es zu danken, daß Wien in der wissenschaftlich orientierten *Volksbildung* führend gewesen ist. Damals wurde unter Mitwirkung von

---

[2] Die Autoren beziehen sich hier auf den US-amerikanischen Psychologen und Philosophen William James (1842–1910), gemeinsam mit Charles Sanders Peirce Mitbegründer des Pragmatismus und Bruder des bekannten Autors Henry James.

Victor Adler und Friedrich Jodl der Volksbildungsverein gegründet und weitergeführt; die „volkstümlichen Universitätskurse" und das „Volksheim" wurden eingerichtet durch Ludo Hartmann, den bekannten Historiker, dessen antimetaphysische Einstellung und materialistische Geschichtsauffassung in all seinem Wirken zum Ausdruck kam. Aus dem gleichen Geist stammt auch die Bewegung der „Freien Schule", die die Vorläuferin der heutigen Schulreform gewesen ist.

[...]

Wir haben die *wissenschaftliche Weltauffassung* im wesentlichen durch *zwei Bestimmungen* charakterisiert. *Erstens* ist sie *empiristisch und positivistisch*: es gibt nur Erfahrungserkenntnis, die auf dem unmittelbar Gegebenen beruht. Hiermit ist die Grenze für den Inhalt legitimer Wissenschaft gezogen. *Zweitens* ist die wissenschaftliche Weltauffassung gekennzeichnet durch die Anwendung einer bestimmten Methode, nämlich der *logischen Analyse*. Das Bestreben der wissenschaftlichen Arbeit geht dahin, das Ziel, die Einheitswissenschaft, durch Anwendung dieser logischen Analyse auf das empirische Material zu erreichen. Da der Sinn jeder Aussage der Wissenschaft sich angeben lassen muß durch Zurückführung auf eine Aussage über das Gegebene, so muß auch der Sinn eines jeden Begriffs, zu welchem Wissenschaftszweig er immer gehören mag, sich angeben lassen durch eine schrittweise Rückführung auf andere Begriffe, bis hinab zu den Begriffen niederster Stufe, die sich auf das Gegebene selbst beziehen. Wäre eine solche Analyse für alle Begriffe durchgeführt, so wären sie damit in ein Rückführungssystem, „Konstitutionssystem", eingeordnet. Die auf das Ziel eines solchen Konstitutionssystems gerichteten Untersuchungen, die „*Konstitutionstheorie*", bilden somit den Rahmen, in dem die logische Analyse von der wissenschaftlichen Weltauffassung angewendet wird. Die Durchführung solcher Untersuchungen zeigt sehr bald, daß die traditionelle, aristotelisch-scholastische Logik für diesen Zweck völlig unzureichend ist. Erst in der modernen symbolischen Logik („*Logistik*") gelingt es, die erforderliche Schärfe der Begriffsdefinitionen und Aussagen zu gewinnen und den intuitiven Schlußprozeß des gewöhnlichen Denkens zu formalisieren, das heißt in eine strenge, durch den Zeichenmechanismus automatisch kontrollierte Form zu bringen. Die Untersuchungen der Konstitutionstheorie zeigen, daß zu den niedersten Schichten des Konstitutionssystems die Begriffe eigenpsychischer Erlebnisse und Qualitäten gehören; darüber sind die physischen Gegenstände gelagert, aus diesen werden die fremdpsychischen und als letzte die Gegenstände der Sozialwissenschaften konstituiert. Die Einordnung der Begriffe der verschiedenen Wissenschaftszweige in das Konstitutionssystem ist in großen Zügen heute schon erkennbar, für die genauere Durchführung bleibt noch viel zu tun. Mit dem Nachweis der Möglichkeit und der Aufweisung der Form des Gesamtsystems der Begriffe wird zugleich der Bezug aller Aussagen auf das Gegebene und damit die Aufbauform der *Einheitswissenschaft* erkennbar.

[...]

Wir erleben, wie der Geist wissenschaftlicher Weltauffassung in steigendem Maße die Formen persönlichen und öffentlichen Lebens, des Unterrichts, der Erziehung, der Baukunst durchdringt, die Gestaltung des wirtschaftlichen und sozialen Lebens nach rationalen Grundsätzen leiten hilft. *Die wissenschaftliche Weltauffassung dient dem Leben, und das Leben nimmt sie auf.*

5.4 Rudolf Carnap: Überwindung der Metaphysik durch logische Analyse der Sprache

Erstveröffentlicht als Rudolf Carnap: Überwindung der Metaphysik durch logische Analyse der Sprache, in: *Erkenntnis*, 2. Jg. (1931), S. 219–241.

Immer wieder versuchte der logische Empirismus, sich philosophisch und philosophiegeschichtlich zu positionieren. Zwar gab es im Wiener Kreis unterschiedliche historiografische Ansätze, doch ging es stets darum, den logischen Empirismus als jene Form der Philosophie zu präsentieren, die dem wissenschaftlichen Zeitalter gemäß war. In seinem Aufsatz entwickelt Rudolf Carnap auf Logik und Empirie begründete Kriterien, um sinnvolle Sätze von Scheinsätzen zu unterscheiden. Die Metaphysik zeichne sich demnach dadurch aus, dass sie aus Scheinsätzen bestehe. Ohne Namen zu nennen, erlauben es die von Carnap zitierten Beispiele, die Texte von Othmar Spann, Martin Heidegger, Ludwig Klages, Oswald Spengler und anderen der Metaphysik zuzurechnen.

Von den griechischen Skeptikern bis zu den Empiristen des 19. Jahrhunderts hat es viele *Gegner der Metaphysik* gegeben. Die Art der vorgebrachten Bedenken ist sehr verschieden gewesen. Manche erklärten die Lehre der Metaphysik für *falsch*, da sie der Erfahrungserkenntnis widerspreche. Andere hielten sie nur für *ungewiß*, da ihre Fragestellung die Grenzen der menschlichen Erkenntnis überschreite. Viele Antimetaphysiker erklärten die Beschäftigung mit metaphysischen Fragen für *unfruchtbar*; ob man sie nun beantworten könne oder nicht, jedenfalls sei es unnötig, sich um sie zu kümmern; man widme sich ganz der praktischen Aufgabe, die jeder Tag dem tätigen Menschen stellt!

Durch die Entwicklung der *modernen Logik* ist es möglich geworden, auf die Frage nach Gültigkeit und Berechtigung der Metaphysik eine neue und schärfere Antwort zu geben. Die Untersuchungen der „angewandten Logik" oder „Erkenntnistheorie", die sich die Aufgabe stellen, durch logische Analyse den Erkenntnisgehalt der wissenschaftlichen Sätze und damit die Bedeutung der in den Sätzen auftretenden Wörter („Begriffe") klarzustellen, führen zu einem positiven und zu einem negativen Ergebnis. Das positive Ergebnis wird auf dem Gebiet der empirischen Wissenschaft erarbeitet; die einzelnen Begriffe der verschiedenen Wissenschaftszweige werden geklärt; ihr formal-logischer und erkenntnistheoretischer Zusammenhang wird aufgewiesen. Auf dem Gebiet der *Metaphysik* (einschließlich aller Wertphilosophie und Normwissenschaft) führt die logische Analyse zu dem negativen Ergebnis, daß *die vorgeblichen Sätze dieses Gebietes gänzlich sinnlos sind*. Damit ist eine radikale Überwindung der Metaphysik erreicht, die von den früheren antimetaphysischen Standpunkten aus noch nicht möglich war. Zwar finden sich verwandte Gedanken schon in manchen früheren Überlegungen, z. B. in solchen von nominalistischer Art; aber die entscheidende Durchführung ist erst heute möglich, nachdem die Logik durch die Entwicklung, die sie in den letzten Jahrzehnten genommen hat, zu einem Werkzeug von hinreichender Schärfe geworden ist.

Wenn wir sagen, daß die sog. Sätze der Metaphysik *sinnlos* sind, so ist dies Wort im strengsten Sinn gemeint. Im unstrengen Sinn pflegt man zuweilen einen Satz oder eine Frage als sinnlos zu bezeichnen, wenn ihre Aufstellung gänzlich unfruchtbar ist (z. B. die Frage: „Wie groß ist das durchschnittliche Körpergewicht derjenigen Personen in Wien, deren Telephonnummer mit ‚3' endet?"); oder auch einen Satz, der ganz offenkundig falsch ist (z. B. „im Jahr 1910 hatte Wien 6 Einwohner"), oder einen solchen, der nicht nur empirisch, sondern logisch falsch, also kontradiktorisch ist (z. B. „von den Personen A und B ist jede 1 Jahr älter als die andere"). Derartige Sätze sind, wenn auch unfruchtbar oder falsch, doch sinnvoll; denn nur sinnvolle Sätze kann man überhaupt einteilen in (theoretisch) fruchtbare und unfruchtbare, wahre und falsche. Im strengen Sinn sinnlos ist dagegen eine Wortreihe, die innerhalb einer bestimmten, vorgegebenen Sprache gar keinen Satz bildet. Es kommt vor, daß eine solche Wortreihe auf den ersten Blick so aussieht, als sei sie ein Satz; in diesem Falle nennen wir sie einen *Scheinsatz*. Unsere These behauptet nun, daß die angeblichen Sätze der Metaphysik sich durch logische Analyse als Scheinsätze enthüllen.

[...]

Bei vielen Wörtern der Metaphysik zeigt sich nun, daß sie die soeben angegebene Bedingung nicht erfüllen, daß sie also ohne Bedeutung sind.

Nehmen wir als *Beispiel* den metaphysischen Terminus „*Prinzip*" (und zwar als Seinsprinzip, nicht als Erkenntnisprinzip oder Grundsatz). Verschiedene Metaphysiker geben Antwort auf die Frage, was das (oberste) „Prinzip der Welt" (oder „der Dinge", „des Seins", „des Seienden") sei, z. B.: das Wasser, die Zahl, die Form, die Bewegung, das Leben, der Geist, die Idee, das Unbewußte, die Tat, das Gute und dergl. mehr. Um die Bedeutung, die das Wort „Prinzip" in dieser metaphysischen Frage hat, zu finden, müssen wir die Metaphysiker fragen, unter welchen Bedingungen ein Satz von der Form „x ist das Prinzip von y" wahr und unter welchen er falsch sein soll; mit anderen Worten: wir fragen nach den Kennzeichen oder nach der Definition des Wortes „Prinzip". Der Metaphysiker antwortet ungefähr so: „x ist das Prinzip von y" soll heißen „y geht aus x hervor", „das Sein von y beruht auf dem Sein von x", „y besteht durch x" oder dergl. Diese Worte aber sind vieldeutig und unbestimmt. Sie haben häufig eine klare Bedeutung; z. B. sagen wir von einem Ding oder Vorgang y, er „gehe hervor" aus x, wenn wir beobachten, daß auf Dinge oder Vorgänge von der Art des x häufig oder immer solche von der Art des y folgen (Kausalverhältnis im Sinn einer gesetzmäßigen Aufeinanderfolge). Aber der Metaphysiker sagt uns, daß er nicht dieses empirisch feststellbare Verhältnis meine; denn sonst würden ja seine metaphysischen Thesen einfache Erfahrungssätze von der gleichen Art wie die der Physik. Das Wort „hervorgehen" solle hier nicht die Bedeutung eines Zeitfolge- und Bedingungsverhältnisses haben, die das Wort gewöhnlich hat. Es wird aber für keine andere Bedeutung ein Kriterium angegeben. Folglich existiert die angebliche „metaphysische" Bedeutung, die das Wort im Unterschied zu jener empirischen Bedeutung hier haben soll, überhaupt nicht. Denken wir an die ursprüngliche Bedeutung des Wortes „principium" (und des entsprechenden griechischen Wortes „ἀρχή"), so bemerken wir, daß hier der gleiche Entwicklungsgang vorliegt. Die ursprüngliche Bedeutung „Anfang" wird dem Wort ausdrücklich genommen; es soll nicht mehr das zeitlich Erste, sondern das Erste in einer anderen, spezifisch metaphysischen Hinsicht bedeuten. Die Kriterien für diese „metaphysische Hinsicht" werden aber nicht angegeben. In beiden Fällen ist also dem Wort seine frühere Bedeutung genommen worden, ohne ihm eine neue zu geben; es bleibt das Wort als leere Hülse zurück. Aus einer früheren bedeutungsvollen Periode haften ihm noch verschiedene Vorstellungen assoziativ an; sie verknüpfen sich mit neuen Vorstellungen und Gefühlen durch den Zusammenhang, in dem man nunmehr das Wort gebraucht. Aber eine Bedeutung hat das Wort dadurch nicht; und es bleibt auch weiter bedeutungslos, solange man keinen Weg zur Verifikation angeben kann.

[...]

Die (sinnvollen) Sätze zerfallen in folgende Arten: Zunächst gibt es Sätze, die schon auf Grund ihrer Form allein wahr sind („Tautologien" nach *Wittgenstein*; sie entsprechen ungefähr *Kants* „analytischen Urteilen"); sie besagen nichts über die Wirklichkeit. Zu dieser Art gehören die Formeln der Logik und Mathematik; sie sind nicht selbst Wirklichkeitsaussagen, sondern dienen zur Transformation solcher Aussagen. Zweitens gibt es die Negate solcher Sätze („*Kontradiktionen*["]); sie sind widerspruchsvoll, also auf Grund ihrer Form falsch. Für alle übrigen Sätze liegt die Entscheidung über Wahrheit oder Falschheit in den Protokollsätzen; sie sind somit (wahre oder falsche) *Erfahrungssätze* und gehören zum Bereich der empirischen Wissenschaft. Will man einen Satz bilden, der nicht zu diesen Arten gehört, so wird er automatisch sinnlos. Da die Metaphysik weder analytische Sätze sagen, noch ins Gebiet der empirischen Wissenschaft geraten will, so ist sie genötigt, entweder Wörter anzuwenden, für die keine Kriterien angegeben werden und die daher bedeutungsleer sind, oder aber bedeutungsvolle Wörter so zusammenzustellen, daß sich weder ein analytischer (bzw. kontradiktorischer) noch ein empirischer Satz ergibt. In beiden Fällen ergeben sich notwendig Scheinsätze.

[...]

Wenn wir sagen, daß die Sätze der Metaphysik völlig sinnlos sind, gar nichts besagen, so wird auch den, der unseren Ergebnissen verstandesmäßig zustimmt, doch noch ein Gefühl des Befremdens plagen: sollten wirklich so viele Männer der verschiedensten Zeiten und Völker, darunter hervorragende Köpfe, so viel Mühe, ja wirkliche Inbrunst auf die Metaphysik verwendet haben, wenn diese in nichts bestände als in bloßen, sinnlos aneinandergereihten Wörtern? Und wäre es verständlich, daß diese Werke bis auf den heutigen Tag eine so starke Wirkung auf Leser und Hörer ausüben, wenn sie nicht einmal Irrtümer, sondern überhaupt nichts enthielten? Diese Bedenken haben insofern recht, als die Metaphysik tatsächlich etwas enthält; nur ist es kein theoretischer Gehalt. Die (Schein-)Sätze der Metaphysik dienen *nicht zur Darstellung von Sachverhalten,* weder von bestehenden (dann wären es wahre Sätze) noch von nicht bestehenden (dann wären es wenigstens falsche Sätze); sie dienen *zum Ausdruck des Lebensgefühls.*

[...]

5.5 Edgar Zilsel: Die geistige Situation der Zeit?

Erstveröffentlicht als Edgar Zilsel: Die geistige Situation der Zeit?, in: *Der Kampf. Sozialdemokratische Monatsschrift,* 25. Jg., Nr. 4 (April 1932), S. 168–176.

Edgar Zilsel war innerhalb der Wiener Kreises ein Einzelgänger, stets um kritische Distanz zu allen Positionen bemüht. Er promovierte in philosophischer Mathematik, seine Arbeitsweise ist eher die des Soziologen oder Historikers. Er unterrichtete zahlreiche Veranstaltungen an Volkshochschulen, die von chinesischer Philosophie über Elektrizitätslehre, die Entwicklung der Kultur bis hin zu Kant reichten, verband also in einzigartiger Weise naturwissenschaftliches und geisteswissenschaftliches Wissen. In seiner Rezension von Karl Jaspers Die geistige Situation der Zeit *treffen also zwei Universalgelehrte aufeinander, die sich in ihren Methoden, Forderungen und der Fähigkeit zur soziologischen Selbstreflexion unterscheiden.*

Man liest wissenschaftliche Bücher, um die neuen Forschungsergebnisse kennenzulernen, die in ihnen mitgeteilt werden. Wenn jedoch weder neue Tatsachen, noch auch bisher unbekannte Tatsachenzusammenhänge in dem Buch enthalten sind, wird diese normale Art der Lektüre undurchführbar. Trotzdem können auch solche Bücher interessant sein. Jede Druckschrift ist eine gesellschaftliche Erscheinung und kann auch als solche Gegenstand des Studiums werden. Wenn also das Buch für die Gesellschaftsschicht, in der es wurzelt, charakteristisch ist, wenn überdies der Verfasser Ansehen genießt und ein sozial wichtiges Amt zu versehen hat, kann das Buch sogar sehr lehrreich sein, selbst wenn es neue Ergebnisse nicht enthält. Diese Voraussetzungen sind erfüllt in zwei kleinen gesellschaftswissenschaftlichen Veröffentlichungen der letzten Monate. Die eine führt den Titel: *Die geistige Situation der Zeit* und ist als Band 1000, als Jubiläumsband, in der bekannten Sammlung Göschen erschienen (191 Seiten, Berlin-Leipzig, Verlag de Gruyter, 1931).[3] Ihr Verfas-

---

[3] Das zweite von Zilsel rezensierte Buch war Hans Freyer, *Revolution von rechts,* Jena: Diederichs 1931. Dieser Abschnitt wurde in der hier vorliegenden Fassung gekürzt.

ser ist *Karl Jaspers*, Professor der Philosophie an der Universität Heidelberg, Autor einer umfangreichen, metaphysisch gefärbten „Psychologie der Weltanschauungen" (1919), die beträchtliche Beachtung gefunden hat und schon in 3. Auflage erschienen ist.

[...]

Was nämlich weiß unser philosophischer Betrachter von der Gegenwart zu sagen? Alle menschliche Tätigkeit hat sich rationalisiert und mechanisiert; die Technik versorgt die Menschheit mit allem Lebensnotwendigen, „aber in einer Gestalt, welche die Lust daran mindert". Die innere Haltung und die äußeren Umgangsformen, das Denken und die Erotik der Menschen werden versachlicht und typisiert, „doch die Liebe zu den Dingen und Menschen schwindet und was bleibt ist die Maschinerie". Nur Massenvorgänge, Sensationen, Lotterien und Kreuzworträtsel erregen Interesse: „die Welt scheint in die Hände der Mittelmäßigkeit geraten zu müssen." Es herrscht die Demokratie und der bürokratische Apparat – aber „auch die gegliederte Masse ist geistlos und unmenschlich". Die Wissenschaft wird zur „Magd des öffentlichen Interesses", die Sprache verliert sich in ein grelles Pathos und im Handeln und Denken siegt das Kompromiß, das feige jeder Entscheidung ausweicht. In gesunden Zeiten ist die Familie der Nährboden alles wurzelechten Lebens – die Familie, die heute in voller Auflösung begriffen ist. „Das Schaudern vor Ehetrennung und polygamer Erotik, das Grauen vor Abtreibung, Homosexualität, Selbstmord" entschwindet, quälende Lebensangst, die Angst vor Armut und Krankheit, nimmt Grade an wie nie zuvor und jede Berufsfreude hat in der Arbeitsteilung ihr Ende gefunden. Nur Sport füllt die Freizeit der Massen aus, aber was man dabei sucht, ist nur die Sensation und die waghalsige Leistung einzelner; „in der Antike war der Sport wie eine wunderbare Mitteilung des außerordentlichen Menschen in seiner göttlichen Herkunft; davon ist heute nicht mehr die Rede."

Doch wir müssen etwas übersehen haben. Dem Leser fehlt nämlich noch das „Führerproblem" und auch die Widersetzlichkeit der Massen und die politische Unmoral vermißt er bisher. Nur Geduld, da sind sie schon! Die Politiker? Der „Apparat" läßt geniale Führer nicht aufkommen; er duldet nur tüchtige Kompromißler, die sich nicht getrauen, wirkliche Verantwortung zu übernehmen. Die Autorität der Behörden? „Man möchte Herrschaft überhaupt abschaffen. Man ist blind für die Tatsache, daß ohne Herrschaft auch kein Dasein der Menschenmassen ist." Und die politische Moral? „Überall gibt es Korruption durch Privatinteressen. Das stillschweigende Wissen aller Beteiligten läßt sie bestehen." Alle diese Widrigkeiten aber breiten sich unaufhaltsam über den Erdball aus: „Ein Prozeß der Nivellierung hat begonnen, den man mit Grauen erblickt. Die Manieren des Umgangs, die gleichen Tänze, derselbe Sport, dieselben Schlagworte eines aus Aufklärung, angelsächsischem Positivismus und theologischer Tradition gemischten Sprachbreies erobern sich das Erdrund. Die Kunst des Expressionismus sah in Madrid so aus wie in Moskau und Rom. Die Rassen mischen sich. Die geschichtlichen Kulturen lösen sich von ihrer Wurzel und stürzen in die technisch wirtschaftliche Welt und eine leere Intellektualität."

Besonders übel steht es um den „Geist". „Kunst wird ein Spiel und Vergnügen, Wissenschaft zum Kümmern um technische Brauchbarkeit, Philosophie schulmäßige Lehre oder hysterische Scheinweisheit." Das sind schwere Verfallserscheinungen, denn echte Kunst sollte im Übersinnlichen wurzeln, echte Wissenschaft entspringt dem rein theoretischen Wissensdrang und echte Philosophie ist „Sein des Menschen in Frage und Gefahr durch radikales Denken", eine Kennzeichnung, die ungefähr besagen soll, daß die Philosophie in glaubenslos gewordenen Zeiten dasselbe zu leisten hätte wie die Religion in kirchengläubigen. So ist das Kapitel über Kunst, Wissenschaft und Philosophie ein einziges Klagelied. Seine Ausführungen im einzelnen, die Klagen über den öden, mechanisierten Betrieb der Wissenschaft und Philosophie, über das „Massendasein an den Hochschulen", über den Mangel eines künstlerischen Zeitstiles, die Brutalität des Kinos und der Theateraufführungen Piscators brauchen wir nicht wiederzugeben. Wer das Thema und die Tonart erfahren hat, kann sich die Variationen selber leicht anfertigen.

[...]

Wir haben den Inhalt des Buches möglichst klar wiederzugeben versucht. Es ist trotzdem angezeigt, auch von der Ausdrucksweise des Autors eine Probe vorzulegen, denn sie liefert ein gutes Beispiel für das Verfahren, das in der Philosophie seit längerer Zeit fast allgemein in Gebrauch ist. Bekanntlich ist es besonders schwierig gegen Massenmeinungen anzukämpfen; entziehen sich doch anonyme Gegner jedem Versuch, sie zu fassen. Diese Erfahrung – Ibsen hat sie in einem anschaulichen Bild, in Peer Gynts Kampf gegen den großen Krummen, künstlerisch dargestellt – drückt das Buch folgendermaßen aus (Seite 159):

„Das Anonyme ist das eigentliche Sein, für das offen zu sein einzig die Vergewisserung schafft, daß nicht nichts ist. Das Anonyme ist aber auch das Dasein des Nichtseins, dessen Macht unvergleichlich und nicht zu fassen ist, obgleich sie alles zu zerstören droht. Es ist das, womit eins zu werden mich zum Aufschwung bringt, und es ist das, wogegen ich kämpfen muß, wenn ich das Sein suche. Aber dieser Kampf ist wieder einzig. Das Dasein des Nichtseins ist das schlechthin Unheimliche, das die Unruhe bringt durch die Ungewißheit, wogegen und wofür man kämpfe. Vor ihm scheint nichts übrig zu bleiben als der brutale Kampf um das Dasein in seiner jeweiligen Egozentrizität."

Die hier angewandte Darstellungs- und auch Forschungsmethode – es sei nochmals betont, daß sie in der Philosophie und in Deutschland auch in manchen Geisteswissenschaften durchaus gebräuchlich ist – läßt sich etwa dahin kennzeichnen, daß durch satzartig aneinandergereihte Worte allerlei gefühlsbetonte Phantasievorstellungen angeregt werden. Faßt man längere Abschnitte zusammen, so läßt sich häufig auch ein Sachverhalt auffinden, der beiläufig gemeint ist. Die Tatsache, daß diese Methode in Hörsälen gehandhabt wird, in deren nächster Nachbarschaft Differentialgleichungen integriert, physikalische Experimente und mikroskopische Untersuchungen angestellt werden, die Tatsache, daß über ihre Ergebnisse Studenten nach einem durch Staatsgesetze geregelten Verfahren ganz ebenso geprüft werden wie über Turbinenbau und Wechselrecht, gehört wohl zu den interessantesten soziologischen Erscheinungen der Gegenwart. Man müßte sehr sorgfältige und tiefreichende Untersuchungen anstellen, Untersuchungen über Wissenschaft und Theologie, über Geschichte und soziale Funktion der Hochschulen, über die technischen und geistigen Voraussetzungen des Fortbestandes der kapitalistischen Ordnung, um diese nicht genug zu bewundernde Merkwürdigkeit ausreichend zu erklären.[4]

Mit der Eigenart der verwendeten Methode hängt es auch zusammen, daß eine inhaltliche Auseinandersetzung mit Jaspers Büchlein nicht recht möglich ist. Wir leben in einer technisierten und rationalisierten Gesellschaft: diese Tatsache steht außer Streit. Was aber soll man mit den weiteren Darlegungen des Buches anfangen? Bleibt denn von der Kulturphilosophie etwas übrig, wenn alle empirischen und kausalen Untersuchungen fehlen? Eine Untersuchung der politischen Korruption zum Beispiel wäre sicherlich lehrreich; ohne einen Vergleich der parlamentarisch-demokratischen Einrichtungen etwa mit dem fürstlichen Absolutismus des 17. Jahrhunderts, mit der schlecht bezahlten, von Sporteln und Bestechungen lebenden zaristischen Beamtenschaft, mit dem orientalischen Kadi- und Mandarinenwesen wird aber bei ihr nichts herauskommen. Die Frage, unter welchen Umständen in der staatlichen Außenpolitik rationale Machterwägungen stärker sind als ideelle Gemeinsamkeiten und Gegensätze, ist gewiß interessant; aber sie wird es erst dann, wenn man nicht nur die englisch-japanischen und die faschistisch-sowjetrussischen Beziehungen der Gegenwart sieht, sondern zum Beispiel auch die Subsidienverträge des erzkatholischen Frankreich mit dem protestantischen Schweden und dem türkischen Sultan im 17. Jahrhundert. Praktisch-technische Bedürfnisse und rein theoretischer Erkenntnisdrang sind in dem Werdegang der Wissenschaft merkwürdig miteinander verflochten; die Entwirrung dieser Fäden wäre sogar sehr dankenswert. Wer aber solche Fragen untersucht, dem muß bekannt sein, daß es in der Gegenwart nicht nur Ingenieurwissenschaften gibt, sondern auch die völlig unpraktische Relativitätstheorie und Astrophysik und daß zur Zeit Galileis Schiffswerften, Artilleriearsenale, Damm- und Kanalbauten die Geburtsstätten der werdenden Mechanik waren. Solche geschichtlichen und soziologischen Vergleiche sind nirgends in dem Buch zu finden. Seine Klagen über die Korruption, über die Außenpolitik, über die Wissenschaft der Gegenwart (Seite 65, 88 f., 122 f.) lassen sich daher nach ihrem Inhalt gar nicht diskutieren.

Dagegen ist gerade das interessant, daß so verschwommene Klagen das ganze Buch ausfüllen. Überdies sind diese Klagen merkwürdig zwiespältig. Das Buch

---

[4] Fußnote im Original: Einige Hinweise in meinem Aufsatz: Soziologische Bemerkungen zur Philosophie der Gegenwart, „Der Kampf", XXIII, 410 ff. ([Nr. 10, Oktober] 1930).

äußert sich über die theologische Überlieferung gelegentlich mit leiser Geringschätzung, es spricht von der „unwiederbringlichen Vergangenheit" der Religion – aber es ist über den Verfall der Religion traurig. Die Wissenschaften und der Intellektualismus überhaupt erscheinen ihm unbefriedigend – aber auch die antiwissenschaftliche, theosophisch-okkultistische Strömung wird als abergläubisch zurückgewiesen. Neben dem Intellektualismus gilt der Massengeist als das böse Prinzip. Das Buch ist daher durchaus antidemokratisch eingestellt – aber (und das ist vielleicht sein auffälligstes Kennzeichen) die konkreten antidemokratischen Bewegungen der Gegenwart, der Faschismus und natürlich auch der Kommunismus, werden gleichfalls abgelehnt. Sie beruhen nämlich ganz ebenso wie die Demokratie auf Halbwissen und Schlagworten, die von ihnen gepredigte Diktatur ist nur ein billiger Ersatz für wahre Persönlichkeit und auch sie züchten typisierte Massenmenschen (Seite 78 und 97). So ist das Buch erfüllt von einer Zwiespältigkeit, die beinahe rätselhaft anmutet. Doch sie wird sofort erklärlich, wenn man die soziale Schicht sucht und findet, in der alle vorgebrachten Werturteile wurzeln.

Das höchstgebildete Bürgertum ist es, das hier zu uns spricht. Wer hat nicht schon aus dem Munde von Hochschullehrern, hohen Beamten, Richtern, Ärzten ganz ähnliche Urteile vernommen? Diese Schicht von hochintellektuellen Bürgern fühlt sich in der Gegenwart grenzenlos unbehaglich. Eingezwängt zwischen Großkapital und den breiten Massen, ist sie wirtschaftlich und politisch zum Zwerg herabgesunken. Rationalisierung und Bürokratisierung haben ihr die Berufsfreude geraubt. In der Welt des Kaufes und Verkaufes, im Rauch der Fabriken verdorren ihre privaten Gemütsbedürfnisse. Überall drängen sich Massen vor, bestehend aus Leuten, die eigentlich ungebildet sind. Der Intellekt hat versagt, denn die Wissenschaft hilft ja doch dieser widrigen Maschinenwelt. Religion freilich wäre etwas anderes. Religion wäre eigentlich schön, denn in ihr gibt es noch irrationales Gefühl und überdies könnte sie die Massen etwas im Zaume halten. Aber man hat doch zu vielerlei studiert, um noch an Kirchenlehren zu glauben. Und auch der Okkultismus kommt den Halbgebildeten zu weit entgegen. Völlig trostlos aber ist es um die Politik bestellt. Von ihr ist nichts zu erhoffen. Ob nun die Demokratie siegt oder die Diktatur, die wirklich kultivierte Schicht, zu der man selbst gehört, wird nie zur Macht gelangen. Deshalb reicht es aus, die äußeren Formen der Politik von ferne zu betrachten: wie unfein diese Brutalität, diese Schlagworte, dieses Halbwissen! Auch in den sozialen Kampf mischt man sich nicht ein. Jene Geldverdiener, mit denen man gesellschaftlich zusammenkommt, sind freilich arbeiterfeindlich. Aber selber hat man doch mit den Proletariern keinerlei Konflikte und man ist doch anständig. Man hat also nichts gegen arbeitende Menschen. Im Gegenteil! Man liest sogar Marx („jeder von uns wird einmal fasziniert vom Kommunistischen Manifest", sagt Jaspers, Seite 142), aber man glaubt ihm nicht und wendet ihn nicht an. Daß gerade jene Leute, die über die Fremdworte stolpern, die Gesellschaft neu erbauen könnten, will man nicht glauben und gesellschaftliche Gesetzmäßigkeiten mag man nicht suchen, Wirtschaftsvorgänge nicht betrachten. Niemand ist verpflichtet, Untersuchungen anzustellen, die einem den Boden unter den eigenen Füßen zerfressen. Und so bleibt nichts übrig als Wortgestrüpp und schwächliche Gefühle. Der Kleinbürger meint in einer ähnlichen Situation, daß wir halt einen Bismarck brauchen würden. (Er heißt heute Hitler.) Der Hochintellektuelle aber sehnt sich nach dem neuen Menschheitsadel, der sich nicht beschreiben, und dem Übersinnlichen, das sich nicht erkennen läßt. Nichts bleibt übrig als die bodenlose Philosophie, als die wortreiche Metaphysik des gähnenden, gefühlsbetonten *Nichts*. Denn die Wirklichkeit ist unerfreulich bis zum Ekel. – Der Erdball will gebären, er windet sich in Wehen, krampft sich zusammen und der Boden wankt. Aber einer geht vorüber, trägt ein Stück Verwesung mit sich umher, weiß es nicht, wendet seine Nase links und rechts und klagt, daß die Welt nach Fäulnis riecht.

5.6 Otto Neurath: Weltanschauung und Marxismus

Erstveröffentlicht als Otto Neurath: Weltanschauung und Marxismus, in: *Der Kampf. Sozialdemokratische Monatsschrift*, 24. Jg., Nr. 10 (Oktober 1931), S. 447–451.

Otto Neuraths Verständnis von Marxismus erfüllte innerhalb des zeitgenössischen Diskurses zwei Funktionen: Erstens bildet es eine Gesprächsbasis für den Austausch mit den Größen des Austromarxismus und der SDAP ebenso wie mit anderen marxistisch geprägten Parteien in Europa und der Sowjetunion. Zweitens eröffnete die Interpretation des Marxismus als empirischer Soziologie die Möglichkeit, Wissenschaftler und Wissenschaftlerinnen anzusprechen, die sich nicht als marxistisch verstanden. Kennzeichnend für diese Doppelfunktion ist die Beibehaltung marxistischer Begriffe trotz eines Bruchs mit der Tradition marxistischer Exegese.

Ist der Marxismus selbst eine Weltanschauung (stützt er sich auf eine ganz bestimmte Philosophie) oder ist er mit den Lehren verschiedener philosophischer Systeme vereinbar?

Diese Frage setzt stillschweigend voraus, daß es neben wissenschaftlichen Aussagen noch andere sinnvolle gäbe, die mit ihnen sinnvoll verknüpft werden können, die „philosophischen" oder „weltanschaulichen". Diese Annahme ist *falsch*. Es gibt neben der Wissenschaft keine sinnvollen Sätze philosophischer Systeme. *Der Marxismus ist als Wissenschaft weder auf eine bestimmte philosophische Grundlegung angewiesen noch hat es einen Sinn, zu fragen, ob er mit verschiedenen Weltanschauungen vereinbar ist.*

Es ist insbesondere dem „Wiener Kreis" um Schlick und Carnap zu verdanken, daß der Nachweis erbracht wurde, man könne nur Scheinsätze neben den Sätzen der Wissenschaft formulieren. Ohne diesen Nachweis hier im einzelnen zu führen, seien seine Grundgedanken kurz dargelegt.

Unter Wissenschaft wird hier ein System von Formulierungen verstanden, das uns die Möglichkeit gibt, *Voraussagen* über bestimmte Vorgänge zu machen.
[...]
Die wissenschaftliche Sprache wird so eingerichtet, daß die Beobachtungsaussagen durch Aussagen über eine einheitliche *Ordnung* ersetzt werden können. In allen wissenschaftlichen Aussagen wird angegeben, wann und wo sich etwas ereignet, wobei die Aussagen eines Blinden, der taub ist, eines Tauben, der blind ist, den gleichen Wortlaut haben. An die Stelle der Worte „periodisch auftretendes Hell und Dunkel" und der den gleichen Vorgang beschreibenden Worte: „periodisch auftretendes Laut und Leise" (wenn zum Beispiel ein Blinder mit Hilfe eines Telephons und einer Selenzelle Lichtvorgänge wahrnimmt) tritt eine gemeinsame Formulierung, in der die periodische Schwingung mit ihren sonstigen Eigenschaften ausgedrückt wird; so wie man etwa von einem „Würfel" spricht, gleichgültig, ob man ein Sehender oder ein Tastender ist. Diese gemeinsame Sprache, die allen Sinnen, allen Menschen gleich gerecht wird, ist die *Einheitssprache der Wissenschaft*; sie ist „intersubjektiv" und „intersensual".
[...]
Das Bemühen, die Einheitswissenschaft mit Hilfe der physikalischen Einheitssprache aufzubauen, widerspricht natürlich der Anschauung, daß es zwei durch Methoden grundsätzlich verschiedene Arten von Wissenschaften gäbe: „Naturwissenschaften" und „Geisteswissenschaften". Die Vertreter dieses Dualismus, der auf die theologische Teilung in irdische und himmlische Welt zurückgeht, wollen zwei Arten des „Seins" und deshalb zwei Wissenschaftswesen unterscheiden. Wobei zu bemerken wäre, daß die Erörterungen über das „Sein", über das „Wesen" der Dinge selbst, nur mit Hilfe von Scheinsätzen möglich sind, da die Voraussagen nur mit Hilfe von Aussagen über Korrelationen gemacht werden können. Sind innerhalb der räumlich-zeitlichen Ordnung alle Korrelationen aufgedeckt, die man benötigt, um gute Voraussagen machen zu können, so ist unsere wissenschaftliche Aufgabe beendet.

Die einheitswissenschaftlichen Analysen zeigen, daß man auch alles, was den „seelischen" oder „geistigen" *Menschen* angeht, physikalistisch formulieren muß, wenn man kontrollierbare Voraussagen machen will. Wenn man sagt, aus gewissen Umständen könne man folgern, daß Hans morgen zornig sein werde, so kann man am nächsten Tag Mitteilungen über das Benehmen des Hans einfordern, über seine Mienen, Gebärden, seinen Pulsschlag und über seine Worte. Seine Mitteilung, er fühle sich zornig, ist von ähnlicher Unbestimmtheit, wie wenn jemand sagt, es gewittert, ohne nähere Angaben machen zu können. Man wird vielleicht Hans dazu veranlassen können, von Musegefühlen zu sprechen, von nicht näher angebbaren Druckgefühlen usw., das heißt von Veränderungen seines Körpers. Diese „Erlebnisaussagen" des Hans sind ebenso vorbereitende Formulierungen wie die Aussagen über helle Farben oder tiefe Töne. Alles findet sich zuletzt in einem System physikalistischer Formulierungen, die an sich nicht komplizierter sein müssen als unsere üblichen Formulierungen. Eine solche physikalistische Sprache entspricht im ganzen der Sprache, wie sie Kinder versuchen, ehe sie zu sehr von Erwachsenen beeinflußt wurden.

[...]

Der *Marxismus* ist in diesem Sinne *empirische Soziologie*. Wer als Marxist nach Korrelationen zwischen den einzelnen soziologischen Vorgängen sucht, bedarf keiner philosophischen Grundlegung. Man mache Voraussagen über das Eintreten von Krisen, Revolutionen, Kriegen, über die Lebenslagenverhältnisse einzelner Klassen! Die marxistische Einstellung zeigt sich darin, welche Korrelationen angenommen werden. Man hebt gewisse Vorgänge als „Überbau" hervor und stellt fest, wie ihr Auftreten mit bestimmten Vorgängen der Produktionsordnung „Unterbau" zusammenhängt. Der Marxist wird ganz besonders darauf achten, alle wissenschaftlichen Formulierungen, also auch die eigenen, als Überbau in Abhängigkeit vom Unterbau zu sehen, das heißt, er wird erwarten, daß gewisse Theorien erst dann auftreten, wenn soziale Umwälzungen im Gange sind. Er wird daher von der Umgestaltung der Gesellschaftsordnung Änderung der theoretischen Aussagen erhoffen. Andererseits ist die Theorie als physikalistisches Gebilde nicht nur Symptom für bestimmte Änderungen der Lebensordnung, sondern selbst ein Faktor dieser Umgestaltung. So ändert man durch Verbreitung bestimmter Lehren die Ordnung, und schafft so neue Grundlagen für den Ausbau der Theorie. So ist im Marxismus Theorie und Praxis – beides als räumlich-zeitliches Gebilde – aufs engste miteinander verbunden. Die bürgerliche Lehre vom „neutralen" Gelehrten, der „von außen her" den Ablauf der Ereignisse studiere, fällt damit weg.

Es ist bemerkenswert, daß Marx und Engels, auch darin ihrer Zeit weit vorauseilend, die vielfach metaphysisch gefärbte Sprache ihrer Umgebung dazu verwendeten, um zu modernen Wendungen vorzustoßen, die vielfach geradezu an den Behaviorismus heranführen (Deutsche Ideologie): „Die Phrasen vom Bewußtsein hören auf. *Die selbständige Philosophie verliert mit der Darstellung der Wirklichkeit ihr Existenzmedium.* Der ‚Geist' hat von vornherein den Fluch an sich, mit der Materie ‚behaftet' zu sein, die hier in der Form von bewegten Luftschichten, Tönen, kurz, der Sprache, auftritt. *Die Sprache ist das praktische, auch für andere, also auch für mich selbst existierende wirkliche Bewußtsein.*"

Wer die Traditionen des Empirismus hochhält und sich daran erinnert, daß die Materialisten die hier angedeutete Lehre vorbereiteten, wird sie als „*Materialismus*" bezeichnen. Wer sich davor scheut, weil die Kirche den Materialismus verfemte, das Bürgertum ihn verachtet, oder wer sich davor scheut, weil die älteren Materialisten, am Mechanismus festhaltend, nicht ohne gelegentliche metaphysische Exkurse einen Standpunkt vertraten, der gerade der beschwingten geschichtlichen Auffassung des Marxismus Hemmungen bereitete, wird die neutralere Bezeichnung „*Physikalismus*" vorziehen.

Marxismus als Wissenschaft macht sinnvolle Voraussagen und enthält sich aller Scheinsätze, er hat daher weder positiv noch negativ mit den Scheinsätzen der Philosophen etwas zu tun, mögen sie wie immer formuliert sein. Um den historischen Anschluß zu gewinnen, mag die Beschäftigung mit philosophischen Lehrmeinungen sehr nützlich sein, aber wenn man einmal unter diesem Gesichtspunkt sich weltanschaulichen Studien zuwendet, ist die Erforschung der „Theologie" wichtiger, weil sie historisch großen Einfluß ausgeübt hat und ausübt und weil *die gesamte idealistische Philosophie abgeschwächte Theologie ist.*

Diese *völlige Trennung von Marxismus und Weltanschauung* sagt aber noch gar nichts darüber, wie sich ein Marxist, der in der Arbeiterbewegung wirkt, nun zu konkreten Vertretern weltanschaulicher Scheinsätze innerhalb der Arbeiterbewegung zu verhalten hat, wie zu den Vertretern der Weltanschauungen außerhalb der Bewegung. Die Arbeiterbewegung faßt Menschen gleicher Klasseneinstellung zusammen. Sie ist darauf aus, bestimmtes klassenkämpferisches Verhalten wichtig zu nehmen, und ist an sich weltanschaulichen Einzelneigungen gegenüber eher tolerant. Es ist geradezu ein Element bürgerlicher Taktik, die weltanschaulichen Unterschiede innerhalb der Arbeiterklasse zu betonen, um so die Klassenfront zu sprengen. Anders freilich steht die Sache, wenn die religiöse Gemeinschaft gleichzeitig politische antiproletarische Gemeinschaft ist. Aber auch dann sind die marxistisch geschulten Freidenker nicht der unmarxistischen Anschauung, daß durch Aufklärung allzuviel zu erreichen sei, sie begnügen sich vielmehr meist damit, die Glaubenslosen zu sammeln und nur zu verhindern, daß die Kinder wieder von Jugend an einer sehr oft antiproletarisch verwerteten religiösen Erziehung ausgesetzt sind. Auch die idealistischen Philosophen treten vielfach, wenn auch unbewußt, als Werkzeuge antiproletarischer Mächte auf und können zu einer Bekämpfung im Interesse proletarischer Entfaltung herausfordern.

Innerhalb der Arbeiterpädagogik kann die Toleranz gegenüber idealistischer Philosophie manchmal dazu führen, daß die Jugend bürgerlicher Ideologie näher gebracht wird, als durch die Zeitumstände ohnehin geschieht. Aber das sind Einzelprobleme, deren Beantwortung durch die Situation des Klassenkampfes bedingt ist, nicht aber durch *die theoretische Einsicht, daß der Marxismus als Wissenschaft mit Weltanschauung weder positiv noch negativ irgend etwas zu tun hat.*

5.7 Otto Neurath: Protokollsätze

Erstveröffentlicht als Otto Neurath: Protokollsätze, in: *Erkenntnis*, 3. Jg. (1932–1933), S. 204–214.

Seit seiner Gründung verfolgte der Wiener Kreis das Ziel, verschiedene wissenschaftliche Disziplinen, sowohl Geistes- als auch Naturwissenschaften, unter dem Paradigma des logischen Empirismus zu synthetisieren. Die Form, die diese Synthese annehmen sollte, veränderte sich im Lauf der Zeit. Zuerst wurde das Ziel einer Einheitswissenschaft verfolgt, später wurde daraus das Projekt einer Enzyklopädie der Wissenschaften nach dem Vorbild der französischen Aufklärung. Ein wesentlicher Grund für diese veränderte Form der Synthese bestand in der kontrovers geführten Debatte, was die gemeinsame Basis einer Einheitswissenschaft sein könnte. Ausgehend von Wittgensteins Sprachphilosophie wurden Protokollsätze als Einheit vorgeschlagen. Sie sollten empirischen Kriterien genügen und die Überwindung einer isolierten Fachsprache sein, die in Anlehnung an Wittgensteins Privatsprache gedacht wurde.

Im Interesse der Forschung werden in der Einheitssprache der Einheitswissenschaft immer mehr Formulierungen in wachsendem Maße präzisiert. Kein Terminus der Einheitswissenschaft ist aber von Unpräzision frei, da ja alle Termini auf Termini zurückgeführt werden, welche für *Protokollsätze* wesentlich sind, deren Unpräzision doch jedem sofort in die Augen springt.

Die Fiktion einer aus *sauberen Atomsätzen* aufgebauten *idealen Sprache* ist ebenso metaphysisch, wie die Fiktion des Laplaceschen Geistes.[5] Man kann nicht die immer mehr mit systematischen Symbolgebilden ausgestattete wissenschaftliche Sprache etwa als eine Annäherung an eine solche Idealsprache auffassen. Der Satz „Otto beobachtet einen zornigen Menschen" ist unpräziser, als der Satz: „Otto beobachtet einen Thermometerstand von 24 Grad", sofern man „zorniger Mensch" weniger genau definieren kann, als „Thermometerstand von 24 Grad"; aber „Otto" selbst ist in vieler Richtung ein unpräzisierter Terminus, der Satz „Otto beobachtet" wird ersetzt werden können durch den Satz „Der Mensch, dessen sorgsam aufgenommenes Photo in der Kartothek am Platz 16 liegt, beobachtet", womit aber der Terminus „Photo in der Kartothek am Platz 16" noch nicht ersetzt ist durch ein System mathematischer Formeln, das eindeutig zugeordnet ist einem anderen System mathematischer Formeln, das an die Stelle von „Otto", von „zornigem Otto", „freundlichem Otto" usw. tritt.

Gegeben ist uns zunächst unsere *historische Trivialsprache* mit einer Fülle unpräziser, unanalysierter Termini („Ballungen").

Wir beginnen damit, diese Trivialsprache von metaphysischen Bestandteilen zu reinigen, und gelangen so zur *physikalistischen Trivialsprache*. Eine Liste der verbotenen Wörter kann uns dabei in der Praxis sehr dienlich sein.

Daneben gibt es die *physikalistische hochwissenschaftliche Sprache*, die wir von vornherein metaphysikfrei anlegen können. Wir verfügen über sie nur für bestimmte Wissenschaften, ja Teile von Wissenschaften.

Will man die Einheitswissenschaft unseres Zeitalters zusammenfassen, müssen wir Termini der Trivialsprache und der hochwissenschaftlichen Sprache verbinden, da sich in der Praxis die Termini beider Sprachen überschneiden. Es gibt gewisse Termini, die nur in der Trivialsprache verwendet werden, andere, die nur in der hochwissenschaftlichen vorkommen und schließlich Termini, die in beiden auftre-

---

5 Der „Laplace'sche Geist" ist, vereinfacht gesagt, die Vorstellung einer Intelligenz, welche die mechanistisch gefasste Welt in einer Formel vereinen kann.

ten. In einer wissenschaftlichen Abhandlung, die das *gesamte Gebiet der Einheitswissenschaft* berührt, kann man daher nur einen „Slang" verwenden, der Termini beider Sprachen umfaßt.

Wir erwarten, daß man jedes Wort der physikalistischen Trivialsprache durch Termini der hochwissenschaftlichen Sprache wird ersetzen können – so wie man auch die Termini der hochwissenschaftlichen Sprache mit Hilfe der Termini der Trivialsprache formulieren kann. Letzteres ist uns nur sehr ungewohnt und manchmal nicht leicht, *Einstein* ist mit den Mitteln der Bantusprache irgendwie ausdrückbar, aber *nicht Heidegger*, es sei denn, daß man an das Deutsche angepaßte Mißbräuche einführt. Ein Physiker muß die Forderung eines geistvollen Denkers grundsätzlich erfüllen können: „Jede streng wissenschaftliche Lehre muß man in ihren Grundzügen einem Droschkenkutscher in seiner Sprache verständlich machen können."

[...]

Wir werden den von *Metaphysik gereinigten Universalslang* als *Sprache der historisch gegebenen Einheitswissenschaft* von Anfang an die Kinder lehren. Jedes Kind kann so „dressiert" werden, daß es mit einem vereinfachten Universalslang beginnt und allmählich zum Universalslang der Erwachsenen fortschreitet. Es hat keinen Sinn für unsere Betrachtung, diese kindliche Sprache als Sondersprache abzugrenzen. Man müßte sonst vielerlei Universalslangs unterscheiden. Das Kind lernt nicht einen „ursprünglichen" Universalslang, aus dem man den Universalslang der Erwachsenen ableitet, es lernt einen „ärmeren" Universalslang, der allmählich aufgefüllt wird. Der Terminus „Kugel aus Eisen" wird auch in der Sprache der Erwachsenen verwendet, wird er hier durch einen Satz definiert, in dem Worte wie „Radius" und „Pi" vorkommen, so kommen in der kindlichen Definition Worte wie: „Kegelspiel", „Geschenk von Onkel Rudi" usw. vor.

Aber der „Onkel Rudi" fehlt auch in der Sprache der strengen Wissenschaft nicht, wenn die physikalische Kugel durch Protokollsätze definiert wird, in denen „Onkel Rudi" als „beobachtende Person" auftritt, welche „eine Kugel wahrnimmt".

Carnap spricht dagegen von einer *ursprünglichen* Protokollsprache.[6] Seine Bemerkungen über die „ursprüngliche" Protokollsprache, über die Protokollsätze, die „keiner Bewährung bedürfen", liegen nur am Rand seiner *bedeutsamen antimetaphysischen Ausführungen*, deren Grundidee durch die hier vorgebrachten Bedenken *nicht berührt* wird. Carnap spricht von einer „ersten Sprache", die man auch als „Erlebnissprache" oder als „phänomenale Sprache" bezeichne. Er betont dabei, daß „die Frage nach der genaueren Charakterisierung dieser Sprache sich beim gegenwärtigen Stand der Forschung noch nicht beantworten läßt".

Diese Bemerkungen könnten jüngere Menschen veranlassen, nach dieser Protokollsprache zu suchen. Das führt leicht auf metaphysische Abwege. Wenn man

---

[6] Literaturverweis im Original: Rudolf Carnap[: Die physikalische Sprache als Universalsprache der Wissenschaft, in: *Erkenntnis*, 2. Jg. (1931),] S. 437 f., S. 453 f.

auch die Metaphysik nicht durch Argumente wesentlich zurückdrängen kann, so ist es doch um der Schwankenden willen wichtig, den *Physikalismus in seiner radikalsten Fassung* zu vertreten.

[...]

Otto Bauer, Parteiführer und Theoretiker der SDAP, bei einer Ansprache. Foto von Albert Hilscher, 1932. (ÖNB/Hilscher)

6 Austromarxismus
Vrääth Öhner

Einleitung

Was ist Austromarxismus? Am 3. November 1927 nimmt kein Geringerer als Otto Bauer, stellvertretender Parteivorsitzender der Sozialdemokratischen Arbeiterpartei (SDAP) und zugleich deren führender Theoretiker, zu dieser Frage Stellung. In einem namentlich nicht gekennzeichneten Leitartikel in der *Arbeiter-Zeitung* unterscheidet Bauer drei miteinander konkurrierende Bedeutungen des Begriffs: Austromarxismus sei zum einen „seit einiger Zeit ein Lieblingsschlagwort im bürgerlichen Sprachgebrauch" geworden und bezeichne dort „eine ganz besonders bösartige Spielart des Sozialismus". Diesem bürgerlichen Missverständnis widerspreche zum anderen die wahre Geschichte des Begriffs, der von Louis B. Boudin, einem amerikanischen Sozialisten, noch vor dem Ersten Weltkrieg geprägt wurde, um eine Gruppe junger österreichischer Sozialdemokraten zu bezeichnen (unter ihnen Max Adler, Karl Renner, Rudolf Hilferding und Otto Bauer), die versuchten, „die marxistische Geschichtsauffassung auf komplizierte, aller oberflächlichen, schematischen Anwendung der Marxschen Methode spottende Erscheinungen anzuwenden". Weil sich die austromarxistische Schule nach dem Ersten Weltkrieg allerdings aufgelöst hatte, bezeichne der Begriff drittens „heute nichts anderes als die Ideologie der Einheit der Arbeiterbewegung": Im Gegensatz zu den „Arbeiterparteien der meisten anderen Länder" sei es der österreichischen Sozialdemokratie nämlich gelungen, „in all den Stürmen der Nachkriegszeit ihre Einheit zu bewahren" – sie konnte den Einfluss kommunistischer Agitation weitgehend unterbinden. Und zwar nicht zuletzt aufgrund einer politischen Strategie, die „nüchterne Realpolitik und revolutionären Enthusiasmus in *einem* Geist vereinigt". Gegenwärtig sei der Austromarxismus daher beides, sowohl das Produkt der Einheit der österreichischen Arbeiterbewegung als auch „die geistige Kraft, die die Einheit erhält".[1]

Viel prägnanter als Otto Bauer es hier tut, kann man den schillernden Begriff des Austromarxismus kaum zusammenfassen, zumal seine Darstellung im Kern die wesentlichen Konfliktlinien umreißt, die das zeitgenössische Verständnis bestimmten. Da ist zum einen das Verhältnis zum politischen Gegner, der den Austromarxismus gegen jede Evidenz systematisch als Chiffre für den antidemokratischen Umsturz missversteht, für die Errichtung einer Diktatur des Proletariats. Da ist zum anderen das Verhältnis zum Marxismus als wissenschaftlicher Methode, die von den führenden Protagonisten austromarxistischen Denkens systematisch in Richtung einer empirischen Sozialwissenschaft ausgebaut sowie auf neue, bisher wenig

---

1 Otto Bauer: Austromarxismus, in: *Arbeiter-Zeitung*, 3. November 1927, S. 1–2.

oder gar nicht beachtete politische, soziale oder ökonomische Phänomene angewandt wurde. Da ist schließlich das Verhältnis des Austromarxismus als politischer Theorie zur Realpolitik, das Bauer dialektisch als Produkt der Einheit sowie als einheitsstiftende Kraft bestimmt.

Manifester Ausdruck dieser Dialektik war das am Parteitag in Linz 1926 beschlossene Programm der SDAP, das im Wesentlichen die seit Gründung der Republik am 12. November 1918 verfolgte politische Strategie bestätigte, die Staatsmacht auf demokratischem Wege zu erobern und danach Schritt für Schritt die demokratischen Garantien für den Aufbau einer sozialistischen Gesellschaftsordnung zu nutzen. Zuweilen als „dritter Weg" zwischen parlamentarischer, reformorientierter sozialdemokratischer Politik und bolschewistischer Revolution bezeichnet, wurde die politische Strategie des Austromarxismus von der kommunistischen Linken stets als revisionistische Entstellung des Marxismus kritisiert, als Amalgam von klassenkämpferischer Rhetorik und bürgerlicher Politik.

Dabei entsprach diese Strategie nicht nur den historischen Erfahrungen der österreichischen Sozialdemokratie, die bis zum Einigungsparteitag 1889 in Hainfeld zurückreichten,[2] sondern auch den Analysen, welche die führenden Theoretiker des Austromarxismus seit der Jahrhundertwende auf den Gebieten der politischen Ökonomie (Hilferding), des Rechts (Renner), der Sozialphilosophie (Adler) oder der Nationalitätenfrage (Bauer) durchgeführt hatten. Bei allen Unterschieden, die zwischen den Analysen im einzelnen bestanden und die im theoretischen Zentralorgan des Austromarxismus, der in Österreich von 1907 bis 1934 erschienenen Monatsschrift *Der Kampf* kontrovers diskutiert wurden, teilten die führenden Austromarxisten die Überzeugung, dass dem bürgerlichen Rechtsstaat im Klassenkampf eine positive Rolle zukommt: Ist die auf legalem Weg errungene Macht doch sehr viel leichter auf Dauer zu stellen als die im gewaltsamen Umsturz eroberte. Im Zentrum austromarxistischer Theoriebildung in der Zwischenkriegszeit stand daher das Verhältnis der Arbeiterklasse zum Staat und seinen Institutionen.

Die in der Provisorischen Nationalversammlung[3] und in der Zeit der Koalitionsregierung[4] auf den Gebieten der Wirtschafts- und Sozialgesetzgebung erzielten Erfolge sowie der Aufbau des Roten Wien als „Gegenmodell" und „Gegenmacht" zu

---

2 Der Parteitag in Hainfeld (30.12.1888–1.1.1889) führte zur Einigung der unterschiedlichen, zum Teil revolutionären, zum Teil reformistischen sozialdemokratischen Organisationen der Kronländer auf ein gemeinsames Parteiprogramm. Er gilt als Geburtsstunde der Sozialdemokratischen Arbeiterpartei Österreichs.
3 Am 21. Oktober 1918 konstituierten sich die deutschen Abgeordneten des österreichischen Abgeordnetenhauses zur Provisorischen Nationalversammlung. Bis zur ersten allgemeinen Wahl am 16. Februar 1919 stand ihr die alleinige Gesetzgebungskompetenz zu.
4 Die Koalitionsregierung aus Sozialdemokraten und Christlichsozialen war aus der Wahl zur Konstituierenden Nationalversammlung vom 16. Februar 1919 hervorgegangen und blieb bis 7. Juli 1920 im Amt.

den antisozialistischen und antidemokratischen Kräften, die die Politik des Landes beherrschten, schienen dem rechtsstaatlichen Kurs der Sozialdemokratie in den ersten Jahren recht zu geben. In weiterer Folge und verstärkt im Zuge der Weltwirtschaftskrise, des Erstarkens der Heimwehr und der nationalsozialistischen Machtübernahme in Deutschland geriet die politische Strategie des Austromarxismus aber in ein historisch nicht mehr aufzulösendes Dilemma. Die Rezession hatte sowohl zur ökonomischen Zerklüftung des Proletariats (Leichter) geführt als auch zur Erschütterung der industriellen Demokratie (Bauer) sowie zum Vertrauensverlust des Bürgertums in die „Bürgschaften" (Renner) staatlicher Institutionen. Das von Otto Bauer mehrfach beschworene „Gleichgewicht der Klassenkräfte"[5] hatte sich zugunsten des politischen Gegners verschoben: Während der Austromarxismus die Garantien der demokratischen Republik unter den Bedingungen einer wirtschaftlichen und zugleich „geistigen Weltkrise"[6] sowie eines latenten Bürgerkriegs unbeirrt verteidigte, ergriffen die österreichischen Klerikalfaschisten am 15. März 1933 die erste sich bietende Gelegenheit zum Verfassungsbruch.

Literatur

Blum, Smaldone 2016.
Blum, Smaldone 2017.
Bottomore, Goodie 1978.
Gruber 1991.
Löw, Mattl, Pfabigan 1986.
Rabinbach 1989.

6.1 Max Adler: Bürgerliche oder soziale Demokratie

Erstveröffentlicht als Max Adler: Bürgerliche oder soziale Demokratie, in: *Arbeiter-Zeitung*, 15. Februar 1919, S. 2.

Die Unterscheidung zwischen „bürgerlicher" und „sozialer" Demokratie gehört zu den Kernbeständen austromarxistischer Theoriebildung in der Zwischenkriegszeit. Als Ausdruck der klassenkämpferischen Positionierung der SDAP wendet sie sich sowohl gegen den Anspruch der „bürgerlichen" Parteien, dieselben demokratischen Auffassungen wie die Sozialdemokratie zu vertreten, als auch gegen die Anziehungskraft, die der bolschewistische Umsturz auf die revolutionären Teile der Arbeiterschaft ausübte.

---

[5] Vgl. Otto Bauer: Das Gleichgewicht der Klassenkräfte, in: *Der Kampf. Sozialdemokratische Monatsschrift*, 17. Jg., Nr. 2 (Februar 1924), S. 57–68.
[6] Vgl. Otto Bauer: Geistige Weltkrise, in: *Der Kampf. Sozialdemokratische Monatsschrift*, 23. Jg., Nr. 11 (November 1930), S. 449–454.

Gegen diese Anziehungskraft stellt Max Adler (1873–1937) als Fernziel die sozialistische Republik in Aussicht. Adlers Text, den die Arbeiter-Zeitung *am Tag vor der Wahl zur Konstituierenden Nationalversammlung veröffentlichte,[7] entspricht im Wesentlichen dem ersten Kapitel einer längeren Abhandlung über die mit den Begriffen „Demokratie" und „Rätesystem" verbundenen Vorstellungen, die Adler im selben Jahr 1919 publizierte.[8]*

Unter den bürgerlichen Wahlparolen, mit denen die einzelnen Parteien in den Wahlkampf ziehen, übt auf die Schicht der Intellektuellen wohl die größte Anziehungskraft die demokratische aus. Denn hier glauben die Angehörigen dieser Schicht alle jene politischen Ideale der Freiheit, Gleichheit und des Fortschritts, um derentwillen ihnen die Sozialdemokratie sonst sympathisch ist, anzutreffen, ohne daß von ihnen das Bekenntnis zum Klassenkampf und zur Überwindung der bürgerlichen Gesellschaft verlangt würde. Warum also sich sozialdemokratisch entscheiden, wenn man auch bürgerlich-demokratisch oder demokratisch schlechtweg zum Ziele gelangen kann?

In dieser Auffassung läuft ein großer Irrtum mit, der freilich ein welthistorischer ist, aber nun, nach mehr als hundert Jahren seit dem Ansturm der bürgerlichen Demokratie, seit der französischen Revolution, schon klar zu Tage liegen müßte, wenn nicht eben immer wieder die Vorurteile der bürgerlichen Denkweise den Blick trüben würden. [...]

Die Erklärung hatten fast gleichzeitig bereits einige tiefe Betrachter der Zeitgeschichte gegeben; und es ist kein Zufall, daß die ersten Vorkämpfer des modernen Sozialismus, Saint-Simon, Charles Fourier und Robert Owen, alle um diese Zeit auftraten, der Welt ein neues Gesellschaftsideal entgegenzuhalten, wo sie eben erst mit dem Siege der Revolution glaubte, selbst ein neues Zeitalter begründet zu haben. Denn diese drei großen Sozialkritiker gingen alle von dem erschütternden Erlebnis der demokratischen Revolution aus, *daß eine bloß politische Umwälzung den Lebenszustand der Massen nicht wirklich verändern und bessern kann*, daß politische Gleichheit und Freiheit bloße Worte ohne Inhalt bleiben müssen, wenn ihnen die wirtschaftliche Gleichheit fehlt. Was nützt dem Arbeiter die Freiheit von politischer Unterdrückung, wenn er in ökonomischer Abhängigkeit vom „Brotgeber" bleibt, von ihm sich die Arbeitsbedingungen und oft genug auch die Lebensbedingungen vorschreiben lassen muß? Was bedeutet die Gleichheit vor dem Gesetz, wenn sich wegen der Ungleichheit im Vermögen der Besitzlose dem Besitzenden verkaufen muß? Und ist eine Brüderlichkeit möglich zwischen denen, die als Unternehmer und Arbeiter, als Besitzende und Besitzlose, als Ausbeuter und Ausgebeutete not-

---

[7] Die am 16. Februar 1919 gewählte Konstituierende Nationalversammlung war das erste aufgrund von freien und gleichen Wahlen berufene Parlament der Ersten Republik.
[8] Vgl. Max Adler: *Demokratie und Rätesystem*, Wien: Wiener Volksbuchhandlung Ignaz Brand 1919.

wendig entgegengesetzte Interessen haben und einander bekämpfen müssen? So schrieb schon Saint-Simon die Erkenntnis hin: „Der Reichtum ist die wahre und einzige Grundlage jedes politischen Einflusses und Wertes," woraus er mit Recht folgerte, daß die Verfassungsgesetze gar nicht so wichtig seien für das Glück der Völker gegenüber der Ordnung ihrer Eigentumsrechte. Und in der Tat: unter der bürgerlichen Eigentumsordnung, unter der kapitalistischen Wirtschaftsweise, die ganz notwendig aus sich heraus den Unterschied von reich und arm, von Unternehmer und Arbeiter, von Herr und Diener erzeugt und aufrecht erhält, müssen sich alle Ideen der Demokratie immer wieder als bloßer Trug erweisen, als ein tragischer Selbstbetrug eines Strebens, das wohl das Gute will, doch stets das Böse schafft. Die Gleichheit vor dem Gesetz wird bestenfalls zur Gleichheit in der Beherrschung und Ausbeutung durch das Kapital, die Freiheit wird zur Freiheit des Verhungerns für die, welche sich gegen dieses System auflehnen möchten, und die Brüderlichkeit zur Heuchelei und schmachvollen Wohltätigkeitsprotzerei. Einen wirklichen sozialen Inhalt können alle diese Ideen nur und erst dann erhalten, wenn sie auf ein System der wirtschaftlichen Gleichheit aufgebaut werden, wenn also alle wirtschaftliche Knechtung und Abhängigkeit radikal beseitigt ist. Dies ist aber nur möglich durch Ueberwindung jener Ordnung, aus der diese wirtschaftliche Ungleichheit stammt, der kapitalistischen Ordnung. Und so verlangt gerade die Verwirklichung der Demokratie den entscheidenden Schritt hinaus über die Welt des Bürgertums, über die Welt des Kapitalismus zu einer neuen Gesellschaftsordnung, zur sozialistischen Ordnung, in der nicht mehr das Privateigentum an den Produktionsmitteln die Menschen in eine kleine Schicht von Herren und eine überwältigende Masse von Parias der Gesellschaft scheidet, in der nicht mehr der Profit der eigentliche Motor und Organisator des Kulturlebens ist, sondern in der alle Güter und Kräfte der Gesellschaft für alle da sein werden und damit endlich die Freiheit, Gleichheit und Brüderlichkeit aller ihren wirklichen Einzug unter die Menschen wird halten können. Wer also die Demokratie ernstlich anstrebt, wer aber auch aus der Geschichte zu lernen versteht und erkannt hat, warum sie in hundert Jahren noch so wenig Inhalt gewonnen hat, der kann nicht auf dem halben Wege stehen bleiben, wie es die bürgerliche Demokratie tat, *er muß entschlossen den Weg fortsetzen zur Sozialdemokratie*. Nicht die bürgerliche Gleichberechtigung erfüllt schon die Idee der Demokratie, sondern erst die soziale; und nicht die bürgerliche Republik gewährleistet die demokratische Befreiung des Volkes, sondern *erst die sozialistische Republik.*

[...]

6.2 Karl Renner: Was ist Klassenkampf?

Erstveröffentlicht als Karl Renner: *Was ist Klassenkampf?*, Berlin: Singer 1919, S. 21–24.

Ebenfalls 1919 publiziert, konzipiert Karl Renner (1870–1950) den Weg von der bürgerlichen zur sozialen Demokratie in deutlicher Abgrenzung zu seinem Parteigenossen Max Adler. Galt diesem die Überwindung der kapitalistischen Ordnung als Vorbedingung für eine demokratische Befreiung, führt Renners induktive Beschreibung des ökonomischen und politischen Klassenkampfs Schritt für Schritt vor, dass die in der Sozialdemokratie organisierte Arbeiterklasse sich bereits heute den Staat als Hebel für die Durchsetzung des Sozialismus dienstbar macht: durch die Schaffung von Institutionen wie den Gewerkschaften, den Konsumgenossenschaften oder den Mietervereinigungen, die das Industrie- und Handelskapital sowie das Grundeigentum bekämpfen, ebenso wie durch ihren wachsenden Einfluss auf die Gesetzgebung und Verwaltung des Staates. In politischer Hinsicht repräsentiert Renners pragmatische, auf Institutionen und Legalität setzende Interpretation des Klassenkampfs den rechten Flügel der österreichischen Sozialdemokratie.

[...]

II. Der politische Klassenkampf.

Der Ökonomismus[9] ist weiter verbreitet, als man annimmt. Sein grundlegender Irrtum ist, daß er abstrahiert von Recht und Staat und also verkennt, welches gewaltige ökonomische Mittel die öffentliche Gewalt ist. Er hat allerdings sein geistiges Widerspiel in der umgekehrten Einseitigkeit, die ich Politizismus nennen möchte: alles und jedes soll die politische Parteibewegung und die Eroberung der öffentlichen Gewalt bewirken – der ökonomische Klassenkampf diene nur dazu, von diesem wahren Ziel abzulenken und die Bewegung zu versanden, außer in der Form, daß die notwendige Erfolglosigkeit des Ökonomismus die Arbeiterklasse immer mehr auf den politischen Kampf hinweise. Diese Einseitigkeit wird am meisten von solchen Kreisen der Bewegung vertreten, die außerhalb des industriellen Proletariats stehen und dessen ökonomische Notwendigkeiten nicht begreifen. Diese politizistische Richtung versteht unter Klassenkampf beinahe ausschließlich den politischen Kampf, und diesen noch dazu in der folgenden Einschränkung: Wenn die Arbeiter-

---

[9] Unter „Ökonomismus" versteht Renner den grundlegenden Teil des Klassenkampfs, der am ökonomischen Verhältnis von Kapital und Arbeit ansetzt und von der Arbeiterklasse durch die Schaffung von Gewerkschaften oder Genossenschaften bereits institutionalisiert wurde. Zur vollständigen Durchsetzung der Interessen der Arbeiterklasse reicht der ökonomische Klassenkampf jedoch nicht aus, so Renner. Er benötigt als sein Gegenstück den politischen Klassenkampf.

klasse sich politisch organisiert und ihre politische Macht in den Dienst ihres tagtäglichen, alles durchdringenden *ökonomischen* Klassenkampfes stellt, so sieht diese Richtung darin schon eine Entartung. Die Partei, heißt es, versumpfe zu einer bloßen Labour Party, zu einer bloßen Arbeiterpartei, welche lediglich die Gegenwartsinteressen der Klasse vertrete. Ein Trugschluß, der sich schon dadurch widerlegt, daß alle rein ökonomischen Kampfmittel, wie bereits dargetan, ihrer Natur nach auf die wirtschaftliche Demokratie und auf die soziale Ordnung hinführen und daß die unerläßliche Voraussetzung der sozialen Demokratie im Schoße der kapitalistischen Gesellschaft ist.

[...]

1. Der ökonomisch-politische Kampf.
Die politische Vertretung der Arbeiterklasse steht in ständiger Wechselwirkung mit dem realen und unmittelbaren Klassenkampf, und alle Abteilungen, die dieser aufweist, kehren hier wieder.

Erstens[:] der politische Vorkampf für die Gewerkschaften. Die Gewerkschaften erkämpfen die Verkürzung der Arbeitszeit, die politische Bewegung sichert die einmal gemachten Errungenschaften dauernd durch Arbeitszeitgesetze. Die Zehnstundenbill[10] ist ein Erfolg des Klassenkampfes und als politischer Akt zugleich der gesetzliche Ausdruck einer bestimmten ökonomischen Macht der Arbeiterklasse und ohne diese nicht zu denken. Der gewerkschaftliche Kampf um eine Regelung des Arbeitsprozesses schafft das gesetzliche Widerspiel der Gewerbeinspektion. In Sphären aber, wohin die Gewerkschaftsbewegung nicht reicht, tritt das Gesetz an ihre Stelle. So in der Regelung der Heimarbeit und zum Teil der Frauen- und Kinderarbeit. Von den Gewerkschaften aufgegriffene und vorgebildete Einrichtungen werden von der Gesetzgebung übernommen und allgemein und automatisch durchgeführt: die Arbeiterversicherung. Das Zusammenwirken des ökonomischen und politischen Kampfes ist in diesen Fällen handgreiflich, es ist aber zugleich zu erkennen, daß der politische Kampf in mancher Sphäre (Heimarbeit) weiter trägt als der ökonomische, wie umgekehrt der ökonomische der Pionier des politischen ist (Arbeitszeitverkürzung). Im allgemeinen läßt sich sagen: Die Arbeiterschutzgesetze eines Landes sind der juristische Index für die ökonomische Macht der Klasse.

Zweitens: Die ökonomische Konsumentenbewegung findet ihre politische Stütze in der Genossenschaftsbewegung, in der staatlichen Lebensmittelpolizei, in Konsumentenkammern. Der konsumgenossenschaftliche Wirtschaftsausschuß ist der erste Ansatz einer Konsumentenkammer in Österreich.

Drittens: Die geringe Reichweite der ökonomischen Mittel gegen das Grundeigentum fordert gerade in diesem Punkte die stärkste politische Nachhilfe. Die öf-

---

10 Mit „Zehnstundenbill" meint Renner den englischen „Factory Act" von 1847, das erste Gesetz, das die Arbeitszeit von Frauen und Jugendlichen auf zehn Stunden pro Werktag begrenzte.

fentliche Gesetzgebung und Verwaltung sorgt für Mieterschutz und Wohnungsinspektion und schafft eine staatliche Wohnungsfürsorge. Die Pächter Irlands zum Beispiel werden durch die englische Landesgesetzgebung geschützt und zum Teil emanzipiert. Gegen das Grundeigentum ist in letzter Linie nur die öffentliche Gewalt mächtig. Nur sie ist imstande, das Grundeigentum wirksam einzuschränken oder ganz aufzuheben (Rußland). Hier verrät sich die Tatsache, daß in einzelnen Fällen das Staatsgesetz das einzige Mittel der proletarischen Emanzipation bleibt.

Viertens: Der ökonomisch-politische Kampf insgesamt sichert die zeitweiligen Errungenschaften der Arbeiterklasse und ermöglicht es, den Organen und Einrichtungen, die sich der Arbeiter geschaffen hat, Beständigkeit zu geben. Ohne diese Beständigkeit bleibt jede Errungenschaft prekär, erst kraft der gesetzlichen Sicherung wird jede Errungenschaft zur *Institution*! Die Institutionen der Klasse sind die Bürgschaft ihres Aufstiegs, und ohne sie fällt die Klasse immer wieder zurück in den Ausgangszustand des ungeregelten, unorganisierten Kampfes, das heißt, man muß immer wieder von vorn anfangen. Diese gesetzlichen Einrichtungen zugunsten der Arbeiterklasse schaffen einen neuen, von vielen Seiten verkannten Zustand. Der Staat, seine Gesetzgebung und Verwaltung, ursprünglich im Alleinbesitz der herrschenden Klasse, dienen zu einem stets wachsenden Bruchteil den arbeitenden Klassen, und je reifer die Klasse ist, um so mehr überwiegt die sogenannte soziale Verwaltung über die rein bürgerliche (Polizei- und Justiz-)Verwaltung. So wird der Staat zu einem Hebel der Emanzipation der arbeitenden Klassen. Er wird dies seinen herrschenden Klassen zum Trotz. Damit reift im Schoße des Gegenwartsstaats der Zukunftsstaat wie im Schoße der kapitalistischen Ökonomie der Sozialismus. Wäre das nicht der Fall, so entständen eben nicht im Schoße der alten Gesellschaft alle Vorbedingungen der neuen. Der Inhalt und Umfang der sozialen Gesetzgebung und Verwaltung eines Landes ist ein Gradmesser für die Reife und Macht der arbeitenden Klasse in ihm. Wie die wirtschaftliche Demokratie die Grundlage aller dauernden Emanzipation und daher für die Arbeiterklasse wichtiger ist als die rein politische Demokratie, so ist die soziale Reife der Gesetzgebung für sie wichtiger als die Reife der Staatsverfassung oder der bürgerlichen Demokratie. *Staaten mit zurückgebliebenen demokratischen, aber vorgeschrittenen sozialpolitischen Einrichtungen sind im Sinne des Sozialismus entwickelter als vollendete Demokratien ohne Sozialgesetzgebung.* Der Primat der Ökonomie, den die materialistische Geschichtsauffassung lehrt, zwingt jedem Marxisten diesen Schluß auf, obschon vorwiegend demokratisch und weniger sozialistisch orientierte Sozialdemokraten gerade dies zu bestreiten lieben. [...]

6.3 Otto Bauer: Die österreichische Revolution

Erstveröffentlicht als Otto Bauer: *Die österreichische Revolution*, Wien: Wiener Volksbuchhandlung 1923, S. 182–189.

Drei Jahre nach dem Ende der Koalitionsregierung von Sozialdemokraten und Christlichsozialen erscheint Otto Bauers (1881–1938) umfassende Darstellung der konstitutiven Phase der Ersten Republik. Im folgenden Ausschnitt aus dem Kapitel „Der Staat und die Arbeiterklasse" betont Bauer nicht nur die engen Grenzen, die der österreichischen Revolution[11] durch wirtschaftliche Not und Abhängigkeit vom kapitalistischen Ausland gezogen waren, sondern hebt insbesondere die „Selbstbeschränkung des Proletariats" im Prozess der Konstitution sowie den Umstand hervor, dass die „Revolutionsregierung" aufgrund der Schwäche der Staatsgewalt gezwungen war, „im Einvernehmen mit den Regierten" zu regieren. Dieses Einvernehmen, das Bauer zufolge Kennzeichen einer auch funktionalen im Gegensatz zu einer bloß politischen Demokratie ist, mache die Eigenart der österreichischen Revolution aus und diese zu einem wichtigen Schritt auf dem Weg zum Sozialismus.

§ 12. Der Staat und die Arbeiterklasse.

[...]

Die Revolution hatte den militärischen Herrschaftsapparat, der die Arbeiterklasse niedergehalten hatte, zerschlagen. Die Arbeiterklasse war frei geworden. Keine bewaffnete Gewalt hielt das Proletariat nieder. Aber die Revolution hatte zugleich auch das alte österreichisch-ungarische Wirtschaftsgebiet aufgelöst. Sie hatte damit Deutschösterreich in furchtbares Elend, in drückende Abhängigkeit vom Auslande gestürzt. Das war der zwiefache innere Widerspruch der deutschösterreichischen Revolution: der Widerspruch zwischen der starken politischen Macht der Arbeiterklasse und ihrem furchtbaren wirtschaftlichen Elend; der Widerspruch zwischen der Freiheit der Arbeiterklasse im Innern und ihrer drückenden Abhängigkeit von dem kapitalistischen Ausland.

Dieser Widerspruch konnte nur gelöst werden durch die Selbstbeschränkung des Proletariats; nur dadurch, daß sich das Proletariat selbst, aus eigener Erkenntnis und eigenem Willen, im Gebrauche seiner Freiheit, im Gebrauche seiner Macht die Selbstbeschränkung auferlegte, die notwendig war, wenn es nicht in einen Kon-

---

11 Mit dem Begriff „österreichische Revolution" bezeichnet Bauer nicht nur den durch die Republikgründung bewirkten Umsturz der Monarchie, sondern eine von intensiven sozialen Unruhen begleitete Phase der Reorganisation der Staatsgewalten, die bis zur Unterzeichnung des Friedensvertrags von Saint-Germain am 10. September 1919 dauerte.

flikt mit dem Ausland geraten sollte, der die Hungerkatastrophe, die Invasion, den Untergang der jungen Freiheit herbeigeführt hätte.

[...]

Das war das eigentliche, das schwierigste Problem der Revolution: hungernde, verzweifelnde, von allen Leidenschaften, die der Krieg und die Revolution aufgewühlt hatten, bewegte Massen nicht mit Gewaltmitteln niederzuhalten, sondern mit geistigen Mitteln dazu zu bestimmen, daß sie aus freiem, aus eigener Erkenntnis stammenden Entschlusse die Grenzen nicht überschreiten, die das wirtschaftliche Elend und die wirtschaftliche und militärische Ohnmacht des Landes der Revolution setzten.

Das war die Eigenart des Regierens der Revolutionsregierung: sie konnte nicht, wie alle Regierungen vor und nach ihr, regieren durch Gewalt, die die Regierten im Gehorsam erhält; sie konnte nur mit geistigen Mitteln regieren, regieren mittels der Erweckung der Einsicht der Massen, mittels des Appells an ihr Verständnis der Lage des Landes, mittels des Appells an ihr Verantwortlichkeitsgefühl.

[...]

Es ist wichtig, den Inhalt und Sinn der Regierungsmethoden, durch die dies gelungen ist, noch näher zu bestimmen.

Die parlamentarische Demokratie sucht die Übereinstimmung zwischen den Regierenden und den Regierten zu sichern durch das Mittel der Wahl. Sie glaubt, diese Übereinstimmung sei gesichert, wenn nur die Volksgesamtheit in jedem dritten oder vierten Jahr zur Wahl des Parlaments berufen wird, das die Zusammensetzung der Regierung bestimmt und die Tätigkeit der Regierung kontrolliert. Die Arbeiterklasse hat es überall erfahren, daß dieser Glaube eine Illusion ist; daß die Macht der Bourgeoisie über die Presse, über die Kanzel, über den Wahlapparat es ihr ermöglicht, den Ausgang der Wahlen so zu bestimmen, daß die aus allgemeinen Volkswahlen hervorgehende Regierung zur Klassenregierung der Bourgeoisie, zur Regierung einer Minderheit des Volkes wird. Darum zieht sich durch die ganze revolutionäre Bewegung, die der große Krieg hervorgerufen hat, überall der Kampf der Arbeiterklasse gegen die bloß parlamentarische Demokratie. Aus diesem Kampf geht die russische Idee des Sowjetstaates ebenso hervor wie die britische Idee des Gildenstaates.[12] So grundverschieden beide Ideen sind, in beiden sucht das Proletariat nach einem Mittel, die Übereinstimmung zwischen den Regierenden und den Regierten vollkommener zu sichern, als sie durch die bloß parlamentarische Demokratie gesichert werden kann.

In der modernen kapitalistischen Gesellschaft hat sich neben der politischen Demokratie, die in der demokratischen Organisation des Staates und der Gemein-

---

[12] Der Gildenstaat ist ein dezentralistisches Modell des Sozialismus, in dem nicht der Staat nach der Vergesellschaftung der Produktionsmittel die Leitung des Wirtschaftslebens übernimmt, sondern große Selbstverwaltungskörper der einzelnen Industrien.

den verkörpert ist, die industrielle Demokratie entwickelt, die in den großen demokratisch organisierten Gewerkschaften und Konsumvereinen der Arbeiter, in den Berufsorganisationen der Angestellten und Beamten, in den Genossenschaften der Bauern lebt. Die politische Demokratie kennt nur den Staatsbürger schlechthin; sie sieht von der wirtschaftlichen Stellung, von dem Beruf, von der gesellschaftlichen Funktion des Staatsbürgers ab, sie beruft alle Staatsbürger ohne Unterschied zur Wahlurne, sie gliedert sie nicht anders als in territorial abgegrenzte Wahlbezirke. Die industrielle Demokratie dagegen gliedert die Menschen nach ihren Berufen, nach ihren Arbeitsstätten, nach ihrer Funktion in der Volkswirtschaft; nach ihrer gesellschaftlichen Funktion faßt sie sie zu Betriebs-, Berufs-, Industrieorganisationen zusammen. Im Kampfe gegen die bloß parlamentarische Demokratie hat nun die Arbeiterklasse überall, wenngleich in sehr verschiedenen Formen, der politischen Demokratie, die die Staatsbürger ohne Unterschied zur Bildung des Staatswillens beruft, den Gedanken der funktionellen Demokratie entgegengestellt, das heißt die Forderung, daß die Regierung kontrolliert werde durch die nach Beruf oder Arbeitsstätte, also nach ihrer gesellschaftlichen und volkswirtschaftlichen Funktion zusammengefaßten und gegliederten Staatsbürger. Fordert die politische Demokratie, daß die Regierung im Einvernehmen mit dem Parlament, das alle paar Jahre einmal von der Volksgesamtheit gewählt wird, regiere, so fordert die funktionelle Demokratie, daß die Regierung in jedem einzelnen Zweige ihrer Wirksamkeit im ständigen Einvernehmen mit der organisierten Gesamtheit der nach ihrem Beruf oder ihrer Betriebsstätte, nach ihrer gesellschaftlichen und wirtschaftlichen Funktion von diesem Zweige des Regierens unmittelbar betroffenen Staatsbürger bleibe. Eine Kombination der politischen und der funktionellen Demokratie – das war das Wesen der Regierungspraxis, die der Regierung der Republik durch die aus der Revolution hervorgegangenen Machtverhältnisse aufgezwungen wurde.[13]

[...]

Damit aber veränderte sich das ganze Verhältnis der Massen zum Staat. Die Massen sahen, daß ihre Organisationen die Staatsregierung beherrschen. Die Massen sahen, daß sich die Staatsregierung durch die proletarischen Organisationen in ständigem engem Einvernehmen mit den Massen selbst halten mußte. Die Massen sahen, daß sie selbst durch ihre Vertrauensmänner den Kurs der Regierung bestimmen konnten. Die Massen sahen, daß die Staatsregierung die Arbeiterklasse nicht mit Mitteln der Gewalt beherrschen, sondern nur im Einvernehmen mit der Arbeiterklasse den Staat führen konnte. Die Republik – das war den Massen nicht bloß eine

---

13 Mit der Kombination von politischer und funktioneller Demokratie spricht Bauer direkt die seit dem Sturz der Monarchie 1918 und bis zur Gründung des Republikanischen Schutzbundes 1923 bestehenden Soldaten- und Arbeiterräte an. Die Sozialdemokratie betrachtete die Soldaten- und Arbeiterräte zwar als ein tragendes Element der Arbeiterbewegung, wollte aber unter allen Umständen verhindern, dass diese die Staatsgewalt übernehmen.

Staatsverfassung, in der es keinen Kaiser mehr gibt; sondern eine Staatsordnung, die die Staatsregierung unter den wirksamen Einfluß der proletarischen Organisationen stellt. Die Demokratie – sie war den Massen nicht mehr bloß die Regierung durch Erwählte des allgemeinen Wahlrechtes, sondern die Regierungsmethode, die sich für jeden einzelnen Regierungsakt die Zustimmung der von ihm betroffenen Massen selbst erwerben, erarbeiten mußte. Die Republik hatte den Massen zunächst nur Hungerrationen, nur Arbeitslosigkeit, nur Not und Elend bringen können, sie hatte so manche der überschwänglichen Hoffnungen ihrer Anhänger enttäuschen müssen. Aber sie hatte den Massen die Freiheit gebracht: nicht die Freiheit der Zügellosigkeit, aber die Freiheit, die darin bestand, daß dem Handeln des Proletariats seine Schranke nicht mehr gesetzt war durch eine Gewalt, die ihm entgegenzutreten vermocht hätte, sondern nur noch gesetzt war durch seine eigene Einsicht, durch sein eigenes Verantwortlichkeitsgefühl, durch den von der eigenen Vernunft geleiteten Willen, zu dem es sich in seinen bewegten Vertrauensmänner- und Betriebs- und Kasernenversammlungen durchrang. Diese Erfahrung war es, die die Arbeiterklasse mit republikanischem Patriotismus erfüllte; die sie befähigte, ohne Auflehnung schwere Not zu leiden und schwere Opfer zu bringen, die eigenen Leidenschaften zu zügeln um der Erhaltung und Befestigung der Republik willen.

[...]

6.4 Hans Kelsen: Otto Bauers politische Theorien

Erstveröffentlicht als Hans Kelsen: Otto Bauers politische Theorien, in: *Der Kampf. Sozialdemokratische Monatsschrift*, 17. Jg., Nr. 2 (Februar 1924), S. 50–56.

Der folgende Ausschnitt aus Hans Kelsens (1881–1973) Analyse von Otto Bauers Die österreichische Revolution, *die eine Wendung von Marx zu Lassalle*[14] *in der politischen Ideologie der sozialistischen Bewegung konstatiert, ist selbst nur Teil einer länger andauernden Debatte, die zwischen Kelsen und den Austromarxisten über die marxistische Staatsauffassung geführt wurde. Max Adler etwa nahm in* Die Staatsauffassung des Marxismus[15] *zur Differenz zwischen einer marxistischen und einer rein formalen Theorie des Rechts ausführlich Stellung und antwortete damit auf Kelsens in* Sozialismus und Staat[16] *entwickelte These, dass der Sozialismus nur durch den Staat*

---

[14] Ferdinand Lassalle (1825–1864) war neben Karl Marx einer der führenden Köpfe der deutschen Arbeiterbewegung. Im Gegensatz zu Marx vertrat er die Auffassung, dass ein friedliches Hineinwachsen in den Sozialismus auf der Grundlage des bestehenden Staates möglich sei.
[15] Max Adler: *Die Staatsauffassung des Marxismus. Ein Beitrag zur Unterscheidung von soziologischer und juristischer Methode*, Wien: Wiener Volksbuchhandlung 1922.
[16] Hans Kelsen: *Sozialismus und Staat. Eine Untersuchung der politischen Theorie des Marxismus*, Leipzig: Hirschfeld 1920.

verwirklicht werden könne, nicht aber ohne den Staat. Otto Bauer wiederum wies Kelsens Einwand vom bloß quantitativen Gegensatz zwischen vor- und nachrevolutionärem Staat gleich in der nächsten Nummer des Kampf *mit dem Argument zurück, dass eine solche Anschauung „den Glauben an zukünftige Wesensänderungen des Staates erschüttern will".*[17]

[...]
Das Lob, das *Otto Bauer* der nach dem Umsturz etablierten deutsch-österreichischen Volksrepublik spendet, begründet er auch mit der spezifischen Regierungsmethode dieses Staates. *Geist* und nicht *Gewalt* war das Mittel, dessen sich die Regierung bedienen mußte, um die Massen in den Schranken der Ordnung zu halten, einer Ordnung, die, ökonomisch betrachtet, die gleiche war, wie die des alten Österreich: eine kapitalistische, das Privateigentum an den Produktionsmitteln garantierende Rechtsordnung. *Otto Bauer* glaubt mit besonderem Nachdruck betonen zu müssen, daß zur Niederhaltung des Proletariats der Koalitionsregierung keine Armee zur Verfügung stand, daß die Arbeiter nur durch die eigene Einsicht in die internationale Lage von der Errichtung der Proletarierdiktatur zurückgehalten wurden, daß die Regierung nur durch *geistige* Mittel diese Einsicht und Selbstbeschränkung der Massen erzielen konnte. Nicht etwa daß Deutschösterreich keine Armee gehabt hätte. Die Organisation einer bewaffneten Macht war gerade die erste und mit größter Energie betriebene Tat der Sozialdemokratie. Aber diese Armee, ausschließlich aus Anhängern der Sozialdemokratie und Kommunisten gebildet, stand dem sozialdemokratischen Kanzler gegen das Proletariat nicht zur Verfügung. Aber irgendeinen Zweck mußte doch der sozialdemokratische Kriegsminister mit dieser Armee verfolgen, und man wird wohl nicht fehlgehen, wenn man dabei an die – noch immer die Mehrheit des deutschösterreichischen Volkes bildende! – nichtproletarische Masse denkt. Also dürfte wohl das Wesen dieser Volksrepublik zum Unterschied von einem Klassenstaat nicht ganz restlos in dem Gegensatz von Geist und Gewalt aufgehen. [...] Dennoch hat *Otto Bauer im wesentlichen richtig gesehen.* Gewiß, das Proletariat hätte, gestützt auf die ihm ergebene Armee, gegen die äußerlich relativ machtlose Bourgeoisie alles durchsetzen können, hat sich aber – aus Rücksicht auf internationale Widerstände – selbst beschränkt. Aber ist es denn nicht ganz ähnlich, wenn – um in der marxistischen Darstellung der Situation zu sprechen – die Kapitalistenklasse trotz der ihr zur Verfügung stehenden Armee nicht bis zum äußersten Grad der politischen und ökonomischen Ausbeutung des Proletariats geht? Ist die sozialpolitische Gesetzgebung, ist vor allem die *politische* Gleichberechtigung von der Arbeiterklasse nicht meist schon in einer Zeit erzwungen worden, da alle Gewehre der Gegenseite zur Verfügung standen? Auch hier

---

[17] Otto Bauer: Das Gleichgewicht der Klassenkräfte, in: *Der Kampf. Sozialdemokratische Monatsschrift*, 17. Jg., Nr. 2 (Februar 1924), S. 66.

zeigt sich, daß der Gegensatz von Geist und Gewalt für die Darstellung der sozialen Verhältnisse nicht unbedingt anwendbar ist. Auch die „Gewalt" wirkt letztlich auf den Geist, auch der Geist ist Gewalt, wirkt in und durch Gewalt.

[...]

Wer in der deutschösterreichischen Republik von 1918 bis 1923 keinen Klassenstaat mehr sieht, der darf den ganzen modernen Staat, so wie er sich seit der zweiten Hälfte des 19. Jahrhunderts entwickelt, nicht mehr als Klassenstaat bezeichnen, der hat aber auch die marxistische Methode überwunden, die *qualitative, prinzipielle Gegensätze behauptet, wo nur quantitative Differenzen bestehen.* Und der kann sich auf die Dauer nicht der Erkenntnis verschließen, daß so wie den Klassenstaat vor dem Umsturz von der wahren Volksrepublik der Koalitionsregierung, so auch diesen Staat von einem künftigen, dem sozialistischen Ideal ganz entsprechenden sozialen Gebilde nur eine Graddifferenz trennt, die durch zielbewußte *Reform* erfüllt werden *kann,* nicht durch *Revolution* übersprungen werden *muß.* Weil in der von Otto *Bauer* mit sichtlicher Zufriedenheit geschilderten Volksrepublik doch alle Voraussetzungen zu einer schrittweisen Annäherung an den sozialen Idealzustand im Sinne des Sozialismus liegen, ist es gänzlich unverständlich, wie man von *dieser* Basis die Perspektive zu neuer Revolution, Diktatur des Proletariats usw. gewinnen kann. Nicht daß sie als ausgeschlossen erklärt werden müßte. Nur daß gerade die *Volksrepublik* nicht die Voraussetzungen für sie liefert, sondern nach der entgegengesetzten Richtung wirkt. Wenn Otto Bauer trotzdem auf diese revolutionäre Perspektive nicht verzichten zu können glaubt, indem er argumentiert: Der Gleichgewichtszustand ist nur vorübergehend, jede der beiden Klassen strebt ja im Grunde doch nur danach, die andere zu beherrschen, der Klassenkampf geht weiter und führt schließlich doch zur proletarischen Revolution, wenn er mit dieser Prognose die marxistische Formel für die Zukunft wieder aufnimmt, nachdem er sie für die Gegenwart fallen gelassen hat, so bedeutet das in Wahrheit ja doch nur das Abrücken von einer politischen *Theorie*, die als politisches *Mittel* ihren Zweck erfüllt hat und den geänderten Verhältnissen gemäß einem anderen Mittel weichen muß. Die politische Theorie des Marxismus ist die Theorie einer noch kleinen Opposition, die den Kampf gegen den Staat, auf dessen Leitung sie keinen Einfluß hat, ideologisch als Kampf gegen den Staat überhaupt führt und so eine im Grunde *anarchistische* Theorie ist. So ist ja auch der staatsfeindliche Liberalismus als politische Ideologie der Bourgeoisie zu einer Zeit entstanden, da das Bürgertum noch politisch rechtlos als machtlose Opposition im Kampf gegen den den Staatsapparat beherrschenden Adel stand. Wenn dieser Liberalismus den Staat nicht gänzlich negierte, nicht zum Anarchismus wurde, so ist das nur darauf zurückzuführen, daß das Bürgertum eben nur politisch, nicht aber ökonomisch rechtlos war und den Staat daher als Schützer seines Privateigentums gerade noch für gut hielt. Aber gerade so wie das Bürgertum im selben Maße, als es in die Regierung des Staates hineinwuchs, aus einer staatsfeindlichen zu einer geradezu extrem etatistischen Theorie gelangte, so muß sich auch die politische Ideologie des Proletariats wandeln, sobald es nicht mehr durch eine machtlose Opposition vertreten wird, sobald seine Partei die Staatsregierung allein oder in Verbindung mit der Bourgeoisie übernehmen muß oder durch die Verhältnisse jeden Augenblick dazu gezwungen sein kann. In diesem Moment muß die marxistische politische Theorie dem Sozialismus zu eng werden. Aus einem sehr wirksamen Werkzeug im Kampf um die Macht wird sie zu einem Hindernis, diese Macht zweckmäßig zu gebrauchen. Und so wird auch in der Ideologie des Proletariats der Staat aus einem bloßen Werkzeug des Kapitalismus zu einem Instrument des Sozialismus. Das ist der Augenblick, in dem das Proletariat erkennt, daß dieser Staat auch „sein" Staat sein kann, „sein" Staat ist.

Damit vollzieht die politische Ideologie der sozialistischen Bewegung eine Wendung von *Marx* zu *Lassalle*[18] Und als ein hochbedeutsames Symptom dafür erscheint auch das Werk *Otto Bauers*.

6.5 Der Kampf um die Staatsmacht (aus: Programm der Sozialdemokratischen Arbeiterpartei Deutschösterreichs. Beschlossen vom Parteitag zu Linz am 3. November 1926)

Hier zitiert nach Programm und Organisation der deutschösterreichischen Sozialdemokratie, Wien: Verlag der Organisation Wien der Sozialdemokratischen Partei 1927, S. 10–12.

Das sogenannte Linzer Programm der SDAP gilt als klassisches Dokument des Austromarxismus nicht zuletzt deshalb, weil darin die durchaus unterschiedlichen politischen Theorien der Austromarxisten in die Formulierung gemeinsamer strategischer Ziele mündeten. Auch wenn das Programm offensichtlich die Handschrift von Otto Bauer trägt, zeugt es vom Kompromiss zwischen dem pragmatischen und dem revolutionären Flügel der Partei. Dies wird insbesondere im dritten Kapitel deutlich, das hier beinahe vollständig wiedergegeben wird. Denn einerseits knüpft dieses nahtlos an Bauers Darstellung der „österreichischen Revolution" an, andererseits entwirft es Vorkehrungen für den Fall, dass die bürgerlichen Parteien den sozialdemokratischen Machtgewinn als Vorwand für den antidemokratischen Umsturz benützen. Der in der Forschung breit diskutierte Widerspruch, der sich zwischen dem Bekenntnis zur Demokratie und der Drohung mit Bürgerkrieg und Diktatur des Proletariats auftut, sorgte zeitgenössisch allerdings kaum für Aufsehen. Was in christlichsozialen Organen wie der Reichspost weitaus breiter diskutiert wurde, waren die Forderungen der Sozialdemokraten zur Geburtenregelung, die eine legale Unterbrechung der Schwangerschaft vorsahen.

---

18 Fußnote im Original: Vergleiche dazu meine Schrift: „Sozialismus und Staat", 2. Aufl., [Leipzig: C. L. Hirschfeld] 1923, S. 194 ff.

1. [...] Die Geschichte der demokratischen Republik ist die Geschichte der Klassenkämpfe zwischen der Bourgeoisie und der Arbeiterklasse um die Herrschaft in der Republik.

In der demokratischen Republik beruht die politische Herrschaft der Bourgeoisie nicht mehr auf politischen Privilegien, sondern darauf, daß sie mittels ihrer *wirtschaftlichen Macht*, mittels der Macht der *Tradition*, mittels der *Presse*, der *Schule* und der *Kirche* die Mehrheit des Volkes unter ihrem geistigen Einfluß zu halten vermag. Gelingt es der Sozialdemokratischen Arbeiterpartei, diesen Einfluß zu überwinden, die manuellen und die geistigen Arbeiter in Stadt und Land zu vereinigen und der Arbeiterklasse die ihr nahestehenden Schichten der Kleinbauernschaft, des Kleinbürgertums, der Intelligenz als Bundesgenossen zu gewinnen, so gewinnt die sozialdemokratische Arbeiterpartei die *Mehrheit* des Volkes. Sie erobert durch die Entscheidung des allgemeinen *Wahlrechtes* die Staatsmacht.

So werden in der demokratischen Republik die Klassenkämpfe zwischen der Bourgeoisie und der Arbeiterklasse im Ringen der beiden Klassen um die Seele der Volksmehrheit entschieden.

Im Verlauf dieser Klassenkämpfe kann der Fall eintreten, daß die Bourgeoisie nicht mehr und die Arbeiterklasse noch nicht stark genug ist, allein die Republik zu beherrschen. Aber die *Kooperation einander feindlicher Klassen*, zu der sie eine solche Situation zwingt, wird nach kurzer Zeit durch die innerhalb der kapitalistischen Gesellschaft unaufhebbaren Klassengegensätze gesprengt. Die Arbeiterklasse wird nach jeder solchen Episode unter die Herrschaft der Bourgeoisie zurückfallen, wenn es ihr nicht gelingt, selbst die Herrschaft in der Republik zu erobern. Eine solche Kooperation der Klassen kann also nur eine vorübergehende Entwicklungsphase im Klassenkampfe um die Staatsmacht, aber nicht das Ziel dieses Kampfes sein.

Hat die sozialdemokratische Arbeiterpartei in der ersten Epoche ihres Kampfes die demokratische Republik erkämpft, so hat sie nunmehr die Aufgabe, die demokratischen Kampfmittel auszunützen, um die Mehrheit des Volkes unter der Führung der Arbeiterklasse zu sammeln und dadurch *die Klassenherrschaft der Bourgeoisie zu stürzen, der Arbeiterklasse die Herrschaft in der demokratischen Republik zu erobern*.

Die sozialdemokratische Arbeiterpartei erstrebt die Eroberung der Herrschaft in der demokratischen Republik, nicht um die Demokratie aufzuheben, sondern um sie in den Dienst der Arbeiterklasse zu stellen, den Staatsapparat den Bedürfnissen der Arbeiterklasse anzupassen und ihn als Machtmittel zu benützen, um dem Großkapital und dem Großgrundbesitz die in ihrem Eigentum konzentrierten Produktions- und Tauschmittel zu entreißen und sie in den Gemeinbesitz des ganzen Volkes zu überführen.

2. Die Bourgeoisie wird nicht freiwillig ihre Machtstellung räumen. Findet sie sich mit der ihr von der Arbeiterklasse aufgezwungenen demokratischen Republik ab, solange sie die Republik zu beherrschen vermag, so wird sie versucht sein, die demokratische Republik zu stürzen, eine *monarchistische oder faschistische Diktatur*

aufzurichten, sobald das allgemeine Wahlrecht die Staatsmacht der Arbeiterklasse zu überantworten drohen oder schon überantwortet haben wird.

Nur wenn die Arbeiterklasse *wehrhaft* genug sein wird, die demokratische Republik gegen jede monarchistische oder faschistische Gegenrevolution zu verteidigen, nur wenn das Bundesheer und die anderen *bewaffneten Korps* des Staates auch dann die Republik schützen werden, wenn die Macht in der Republik durch die Entscheidung des allgemeinen Wahlrechtes in die Hand der Arbeiterklasse fällt, nur dann wird es die Bourgeoisie nicht wagen können, sich gegen die Republik aufzulehnen, nur dann wird daher die Arbeiterklasse die Staatsmacht *mit den Mitteln der Demokratie* erobern und ausüben können.

Die sozialdemokratische Arbeiterpartei muß daher die Arbeiterklasse in ständiger, organisierter geistiger und physischer *Bereitschaft zu Verteidigung* der Republik halten, die engste Geistesgemeinschaft zwischen der Arbeiterklasse und den *Soldaten* des Bundesheeres pflegen, sie ebenso wie die anderen bewaffneten Korps des Staates zur Treue zur Republik erziehen und dadurch der Arbeiterklasse die Möglichkeit erhalten, mit den Mitteln der *Demokratie* die Klassenherrschaft der Bourgeoisie zu brechen.

Wenn es aber trotz allen diesen Anstrengungen der sozialdemokratischen Arbeiterpartei einer Gegenrevolution der Bourgeoisie gelänge, die Demokratie zu sprengen, dann könnte die Arbeiterklasse die Staatsmacht nur noch im *Bürgerkrieg* erobern.

3. Die sozialdemokratische Arbeiterpartei wird die Staatsmacht *in den Formen der Demokratie und unter allen Bürgschaften der Demokratie* ausüben. Die demokratischen Bürgschaften geben die Gewähr dafür, daß die sozialdemokratische Regierung unter ständiger Kontrolle der unter der Führung der Arbeiterklasse vereinigten Volksmehrheit handeln und dieser Volksmehrheit verantwortlich bleiben wird. Die demokratischen Bürgschaften werden es ermöglichen, den Aufbau der sozialistischen Gesellschaftsordnung unter den günstigsten Bedingungen, unter ungehemmter, tätigster Teilnahme der Volksmassen zu vollziehen.

Wenn sich aber die Bourgeoisie gegen die gesellschaftliche Umwälzung, die die Aufgabe der Staatsmacht der Arbeiterklasse sein wird, durch planmäßige Unterbindung des Wirtschaftslebens, durch gewaltsame Auflehnung, durch Verschwörung mit ausländischen gegenrevolutionären Mächten widersetzen sollte, dann wäre die Arbeiterklasse gezwungen, *den Widerstand der Bourgeoisie mit den Mitteln der Diktatur zu brechen*.

4. Die Arbeiterklasse erobert die Herrschaft in der demokratischen Republik, *nicht um eine neue Klassenherrschaft aufzurichten, sondern um jede Klassenherrschaft aufzuheben*. In dem Maße, als die Staatsmacht der Arbeiterklasse die Kapitalisten und die Großgrundbesitzer enteignen, die in ihrem Eigentum konzentrierten Produktions- und Tauschmittel in den Gemeinbesitz des ganzen Volkes überführen wird, wird die Scheidung des Volkes in ausbeutende und ausgebeutete Klassen, werden damit Klassenherrschaft und Klassenkampf überwunden werden; damit

erst wird sich die Demokratie aus der letzten Form der Klassenherrschaft in die Selbstregierung des nicht mehr in gegensätzliche Klassen gespaltenen Volkes, wird sich der Staat aus einem Werkzeug der Klassenherrschaft in das Gemeinwesen der vereinigten Volksgemeinschaft verwandeln.

6.6 Leo Trotzki: Die österreichische Krise, die Sozialdemokratie und der Kommunismus

Erstveröffentlicht als Leo Trotzki: *Die österreichische Krise, die Sozialdemokratie und der Kommunismus*, Wien: Hans Thoma 1929, S. 4–7.

Auf dem Höhepunkt der Macht der Heimwehren, zu einem Zeitpunkt, an dem die Regierung Schober[19] gerade eine Vorlage zur Verfassungsreform im Nationalrat eingebracht hatte, die unter anderem eine gravierende Schwächung des Parlamentarismus bei gleichzeitiger Erweiterung der Befugnisse des Bundespräsidenten sowie von Polizei- und Militärbehörden vorsah und nach der Wien seinen Status als Bundesland verlieren sollte, kommentiert Leo Trotzki (1879–1940) im türkischen Exil die politische Lage in Österreich als „eine Teilerscheinung der Krise der Demokratie". Trotzkis Kritik richtet sich insbesondere gegen die im Linzer Programm formulierte politische Strategie, den Übergang zum Sozialismus mit demokratischen Mitteln zu vollziehen. Mit dieser Strategie erreiche die Sozialdemokratie das glatte Gegenteil: Ihr Festhalten an den demokratischen Bürgschaften begünstige den Aufstieg des Faschismus.

[...]
    Oesterreich stellt einen kleinen Körper mit einem großen Kopf dar. Die Hauptstadt befindet sich in den Händen der Sozialdemokratie, die indes im Parlament weniger als die Hälfte der Mandate inne hat (43 %). Dieses labile Gleichgewicht, das sich nur dank der konservativen, versöhnlichen Politik der Sozialdemokratie behauptet, erleichtert die Stellung des Austromarxismus ungemein. Was er im Gemeinderat macht, genügt, um ihn von den bürgerlichen Parteien zu unterscheiden. Und, was er unterläßt, – das heißt das allerwichtigste, – kann er immer als Schuld eben dieser bürgerlichen Parteien hinstellen. Während der Austromarxismus die Bourgeoisie in Artikeln und Reden bloßstellt, benützt er, wie schon gesagt, sehr geschickt die internationale Abhängigkeit Oesterreichs, um zu verhindern, daß die Arbeiter sich gegen ihre Klassenfeinde erheben. „In Wien sind wir stark, aber im Lande sind wir noch schwach. Außerdem gibt es noch Herren über uns. Wir müssen innerhalb der Demokratie unsere Positionen aufrechterhalten und ... warten." Das

---
19 Die aus parteilosen Ministern und Vertretern der Christlichsozialen und der Großdeutschen Partei sowie des Landbundes bestehende Regierung unter der Führung des ehemaligen Polizeipräsidenten Johann Schober war vom 26. September 1929 bis zum 30. September 1930 im Amt.

ist die wichtigste Idee der austromarxistischen Politik. Dies alles gab dem Austromarxismus bis jetzt die Möglichkeit, den „linken" Flügel in der zweiten Internationale zu spielen und seine Position gegenüber der kommunistischen Partei, die dazu noch Fehler auf Fehler häufte, zu behaupten.

[...]

Aber, wie gut es die Sozialdemokratie auch verstanden hat, die Arbeiterklasse mit einem Netz von politischen, gewerkschaftlichen, städtischen, kulturellen und sportlichen Einrichtungen zu umfassen, haben es anderseits die Julitage 1927[20] zu schroff gezeigt, daß reformistisch-pazifistische Methoden allein der Bourgeoisie nicht alle ihr notwendigen Garantien bieten.

So ist die soziale Funktion des Faschismus zu erklären. Das ist der zweite Kommis der Bourgeoisie, der sich vom ersten sehr unterscheidet und sich ihm entgegenstellt.

Die unteren Schichten der Sozialdemokratie stoßen nach vorwärts mit ihrem, wenn auch verfälschten, so doch proletarischen Instinkt. Die unteren Schichten des Faschismus nähren sich von der Aussichtslosigkeit der Kleinbourgeoisie und der deklassierten Elemente, die es in Oesterreich so zahlreich gibt. Die oberen Schichten der Sozialdemokratie zähmen den Klassencharakter mit Hilfe demokratischer Parolen und Einrichtungen. Die oberen Schichten des Faschismus öffnen ein Ventil für die Verzweiflung der in Fäulnis übergegangenen Kleinbourgeoisie in der Perspektive eines rettenden Umsturzes, nach dem die „Marxisten" nicht mehr in der Lage sein werden, der Prosperität der Landwirtschaft, des Gewerbes und des Handels Hindernisse in den Weg zu legen.

[...]

Der Faschismus ist ein gesetzlicher Erbe der formellen Demokratie der Niedergangsepoche. Die Prinzipien der Demokratie in Oesterreich sind besonders schroff ad absurdum geführt. Der Sozialdemokratie fehlen nur einige Prozente zur Majorität. Trotzdem kann man sagen, – und es ist kein Paradoxon, sondern die nackte Wahrheit, – daß das politische Gleichgewicht der Sozialdemokratie sich nicht auf die 43 % stützt, über die sie verfügt, sondern auf die 7 %, die ihr fehlen, um die Macht zu übernehmen. Die Pfeiler des Kapitalismus würden nicht wanken, wenn die Sozialdemokratie auch die Mehrheit bekommen würde. Aber eine solche Eroberung ist gar nicht garantiert. Es ist ein Idiotismus zu glauben, daß alle Fragen durch Propaganda gelöst werden können.

[...]

---

[20] Mit den Julitagen 1927 meint Trotzki die spontanen Massendemonstrationen der Wiener Arbeiterschaft gegen das Urteil eines Geschworenengerichts am 15. Juli 1927. Während der Unruhen wurde der Justizpalast in Brand gesteckt und 84 Demonstranten von der Polizei erschossen. (Vgl. Kapitel 1, 36) Der Regierung dienten die Julitage als Vorwand, auf den faschistischen Kurs der Heimwehren umzuschwenken.

Man kann sich schwerlich konzentriertere Plattheiten ausdenken, als Otto Bauers Erörterungen über die Zulässigkeit der Gewalt nur *zum Schutze* der bestehenden Demokratie. Wenn man diese Auslassung in die Klassensprache übersetzt, so bedeutet sie: Gewalt ist zulässig bei der Verteidigung der Bourgeoisie, die im Staate organisiert ist, aber sie ist unzulässig bei der Errichtung eines proletarischen Staates.

Dieser Theorie wird eine juristische Formulierung beigegeben. Bauer kaut die alten Formeln Lassalles über Recht und Revolution wieder. Aber Lassalle sprach vor einem Gericht. Dort waren seine Beweggründe am Platze. Aber der Versuch, den juristischen Zweikampf mit dem Staatsanwalt in eine Philosophie der historischen Entwicklung zu verwandeln, ist ein feiger Kniff. Bei Bauer kommt es so heraus, daß die Gewalt nur als Antwort auf den schon vollzogenen Umsturz zulässig ist, wenn kein „Rechtsboden" mehr da ist, aber nicht zulässig 24 Stunden früher, um den Umsturz zu vereiteln. Auf dieser Linie baut Bauer eine Wasserscheide zwischen dem Austromarxismus und Bolschewismus auf, als ob es sich um zwei Schulen des Kriminalrechtes handelte: In Wirklichkeit besteht der Unterschied darin, daß der Bolschewismus bestrebt ist, die Herrschaft der Bourgeoisie niederzuwerfen, die Sozialdemokratische Partei sie aber verewigen will. Es kann nicht zweifelhaft sein, daß Bauer im Falle des Umsturzes erklären würde: Wir vermochten nicht die Arbeiter gegen die Faschisten, diese antikonstitutionellen Banden, die die gesetzliche Ordnung angriffen in Bewegung zu setzen, als wir über mächtige Organisationen, über eine freie Presse, über 43 % von Abgeordneten, über den Wiener Gemeinderat verfügten; wie sollen wir es jetzt, wo die Faschisten den Staatsapparat in Händen haben, sich auf das neue, von ihnen aufgestellte Staatsrecht stützen, wir aber weder Feuer noch Wasser haben, außerhalb des Gesetzes stehen, keine legale Verbindungen zu den Massen haben, die dazu noch enttäuscht, niedergedrückt sind, und zahlreich zu den Faschisten übergehen, – *jetzt* einen bewaffneten Aufstand vorschlagen – das können nur verbrecherische Abenteurer oder die Bolschewiki. Indem die Sozialdemokratische Partei auf diese Weise ihrer Philosophie eine Wendung um 180° geben würde, bliebe sie doch sich selbst völlig treu.

[...]

So oder so – die österreichische „Demokratie" ist dem Tode geweiht. Nach dem jetzigen Schlaganfall kann sie sich, natürlich, erholen und sich eine Zeit lang halten, ihre Füße nachschleppend und ihre Zunge kaum bewegend. Möglicherweise wird noch ein Schlag nötig sein, um sie ganz zu zermürben. Aber ihr Schicksal ist vorausbestimmt.

[...]

6.7 Käthe Leichter: Die beste Abwehr

Erstveröffentlicht als Käthe Leichter: Die beste Abwehr, in: *Der Kampf. Sozialdemokratische Monatsschrift*, 26. Jg., Nr. 11 (November 1933), S. 446–452.

Die beste Abwehr – ist der Angriff: Käthe Leichters (1895–1942) Kritik an der Taktik der Parteiführung, die auch nach der Ausschaltung des Parlaments im März 1933 auf eine Politik des Abwartens und des kleineren Übels setzte, fasst im Großen und Ganzen die Argumentation der Linksopposition am Oktoberparteitag der SDAP von 1933 zusammen, auf dem eine Spaltung der Partei gerade noch verhindert werden konnte. Leichters These, dass der Reformismus aufgrund der „Dynamik der demokratischen Entwicklung" in eine Sackgasse geraten war, stellt die politische Strategie des Austromarxismus ganz grundsätzlich infrage, liefert aber mit dem Hinweis auf die „ökonomische Zerklüftung des Proletariats" selbst das beste Argument für die Aussichtslosigkeit einer gewaltsamen Machtergreifung.

[...]
Die deutsche Katastrophe[21] hat der Arbeiterklasse der ganzen Welt die Verpflichtung auferlegt, ihre Taktik zu überprüfen. Dabei kann es sich nicht nur darum handeln, festzustellen, ob dieser oder jener Zeitpunkt versäumt, diese oder jene Situation richtig genutzt, diese oder jene Entscheidung falsch war, ob hier die Führer und dort die Massen es an Initiative oder Tatkraft haben fehlen lassen. Diese jetzt so häufige Methode der kritischen Auseinandersetzung sieht die Erscheinungsformen, aber nicht die tieferen Ursachen für die Überrumpelung der Arbeiterbewegung durch den Faschismus. Nur wenn wir gewissenhaft prüfen, ob die Gründe manchen Versagens nicht tiefer zurückliegen, ob die Perspektive, die die Arbeiterbewegung innerhalb der bürgerlichen Demokratie der Nachkriegsjahre geleitet hat, auch die sein konnte, die uns zum Kampfe gegen den Faschismus befähigt, nur wenn wir daraus die nötigen Konsequenzen ziehen, wird uns jene innere Umstellung gelingen, die der Augenblick erfordert. [...]

Dazu scheint es aber vor allem notwendig, der sozialistischen Bewegung den *Glauben an die Automatik*, an die Unabwendbarkeit wirtschaftlichen und geschichtlichen Geschehens zu *nehmen*, der sie in diesen letzten Jahrzehnten nur allzusehr beherrschte. Als die Entwicklung vom Utopismus zur Wissenschaft ging, war es ein Schritt vorwärts, die Entwicklungsbedingtheit der sozialistischen Bewegung zu sehen. Heute, da sie von der Erkenntnis zur Verwirklichung gehen soll, zeigt sich, daß wir, fasziniert von dieser Entwicklungsbedingtheit, den Glauben an die schöpferi-

---

[21] Gemeint ist die Ernennung Adolf Hitlers zum deutschen Reichskanzler am 30. Jänner 1933 sowie die rasche Umwandlung der parlamentarischen Demokratie in eine nach dem Führerprinzip agierende zentralistische Diktatur bis zum Juli 1933.

sche Kraft der Arbeiterbewegung selbst, das Selbstvertrauen in die eigene Aktions- und Gestaltungskraft verloren haben.

[...]

Ist es Geringschätzung der Demokratie, wenn ihre bloße Zurückeroberung mit ihren Freiheitsrechten, ihrem Parlamentarismus wenig Leidenschaften auslöst? Gewiß lernen Tausende erst heute den Wert der Demokratie schätzen. Als Zustand wäre sie freilich hundertmal erwünschter als die faschistische Diktatur. Was aber enttäuscht hat, ist die *Dynamik der demokratischen Entwicklung*. Daß auch die bürgerliche Demokratie für uns arbeitet, schien uns nach unserer marxistischen Überzeugung sicher: infolge des Zunehmens der Lohnarbeiterschaft, der Proletarisierung immer größerer Schichten, die auf dem freien Boden der Demokratie nun auch zu uns stoßen mußten. Aber auch hier ist die Entwicklung nicht so automatisch, nicht so mechanisch verlaufen. Die Proletarisierung ist in ungeheurem Ausmaß eingetreten, aber nicht in der Form der Zunahme der Lohnarbeiterschaft, sondern im Gegenteil: durch Hinausschleudern immer größerer Massen aus dem Produktionsprozeß, durch Deklassierung von Mittelschichten, aber nicht zu Lohnarbeitern, sondern zu Paupers. Nicht die Vereinheitlichung, sondern die *ökonomische Zerklüftung des Proletariats* war die Folge von Nachkriegszeit, Rationalisierung und Weltwirtschaftskrise. Hier sind Schichtungen entstanden, die durchaus nicht automatisch die Scharen unserer Bewegung vergrößert, sondern im Gegenteil dem Faschismus die Möglichkeit geboten haben, mit pseudosozialistischer Phraseologie in die Arbeiterklasse, in ihre Randschichten nach oben wie nach unten, einzudringen. Gewiß wäre auch das nicht ohne Versäumnisse von unserer Seite so leicht gewesen. Wir haben in einem Zeitpunkt, in dem die Krise schon weit fortgeschritten war, noch immer im wesentlichen die Politik der *beschäftigten Arbeiter* gemacht, um deren Löhne, um deren Rechte im Betrieb, um deren Sozialpolitik vor allem gerungen wurde. Freilich kann man auch gerade da der österreichischen Bewegung nicht den Vorwurf machen, daß sie das Problem nicht gesehen hat. Der Gewinnung der Mittelschichten, dem Kampf um die Arbeitslosenversicherung hat ein Großteil unserer Energie in den letzten Jahren gegolten. Aber wir haben dabei beide psychologisch *nicht richtig eingeschätzt*. Wir waren überzeugt, daß die Mittelschichten so eng mit der kapitalistischen Ordnung verknüpft sind, daß wir zu ihnen im wesentlichen mit Forderungen kamen, die ihnen den Bestand der kapitalistischen Wirtschaft zusicherten –, und haben dabei ihren bei Deklassierten besonders affekthaften Antikapitalismus übersehen. Wir haben die Arbeitslosen von vornherein für so revolutionär gehalten, daß wir geradezu fürchteten, ihre revolutionären Leidenschaften loszulösen und uns darauf verließen, daß unser parlamentarischer Kampf um ihre Unterstützung sie ohnehin an uns fesseln würde – aber dieser parlamentarische Kampf wurde immer unfruchtbarer, mußte Verschlechterungen in Kauf nehmen, für die wir verantwortlich gemacht wurden.

[...]

Und wähnen wir doch selber nicht, daß uns der Gegner wegen unseres Wortradikalismus haßt! „Austrobolschewiken" sind wir in den Augen des österreichischen Bürgertums *nicht wegen des Linzer Programms* und etwaiger kräftiger Worte in Reden und Leitartikeln, sondern wegen des Mieterschutzes, der Breitner-Steuern, der Betriebsräte und der sozialen Lasten. Unsere revolutionären Worte hätten sie wenig gestört, unsere *Reformen*, die den Profit und den Machtbereich des Unternehmers im Betrieb eingeschränkt haben, haben ihre Nervosität geweckt. Auch die vorsichtigste Programmformulierung und Schreibweise hat die deutsche Sozialdemokratie nicht vor dem Haß der Gegner schützen können, den gerade ihre reformistische Tagespolitik in der Schaffung eines neuen Arbeitsrechtes und in der Verwaltung Preußens geweckt hat. Wollten wir auf die Gegenagitation Rücksicht nehmen, so müßten wir nicht auf unsere sozialistische Zielsetzung, sondern in Wirklichkeit auf unsere Tagespolitik verzichten. Und tatsächlich sehen wir ja auch, daß der erste Angriff des Faschismus überall vor allem diese sozialen Errungenschaften beseitigt. So ist heute der *Reformismus in eine Sackgasse geraten*. Rät er uns, was in allen Ländern der Fall ist, um der sozialen Institutionen, um der tatsächlichen Werte, um all dessen willen, was die Arbeiterschaft bei der Auseinandersetzung mit dem Gegner zu verlieren hätte, still zu halten und den großen Einsatz nicht zu wagen, so ist das nach den bisherigen Erfahrungen gerade der sicherste Weg, diese Errungenschaften aufzuopfern. Denn schrittweise, aber zielbewußt, baut heute die Gegenrevolution Sozialpolitik und Sozialversicherung, Selbstbestimmungsrecht im Betrieb und Mitbestimmungsrecht der Gewerkschaften, Gemeindeautonomie und soziale Wohnungspolitik ab. Die Einrichtungen und Werte, die heute vielfach die Arbeiterschaft in ihren Kampfmöglichkeiten hemmen, weil ihr Verlust gefürchtet wird, gehen, so bald der Gegner unseren Gegenangriff nicht mehr fürchtet, am sichersten verloren. [...] Nicht wenn wir auf die loyale Zusammenarbeit mit dem Gegner bauen, sondern nur wenn er uns fürchtet, wird sein Angriff auf unsere sozialen Positionen ausbleiben.

[...]

Ist Ihr Kind intelligent?

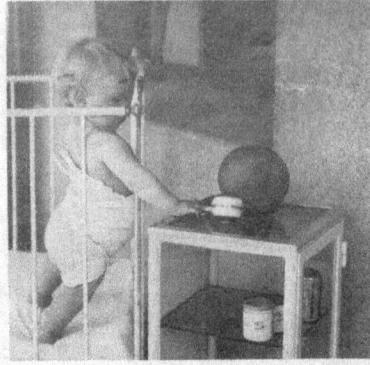
Mit neun Monaten wird eine Schelle vom Nachtkästchen herangeholt.

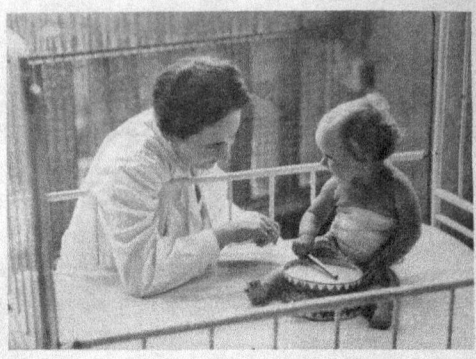
Erst mit zehn Monaten beginnt die Nachahmungsfähigkeit; das Kind trommelt zum erstenmal.

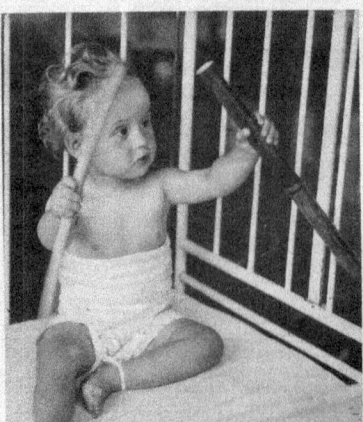
Von einem Jahre an wird die Tatsache, daß zwei Stöcke ineinandergesteckt werden können, im Spiel ausgenützt.

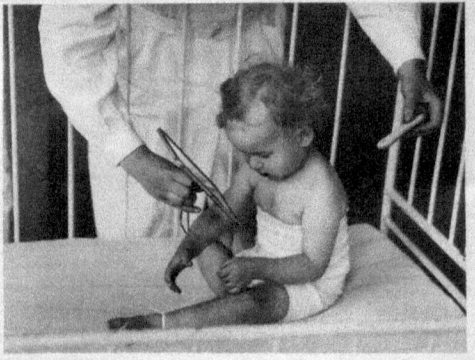
Aber noch mit eindreiviertel Jahren verwechselt das Kind vielfach Spiegelbild und Wirklichkeit.

Dr. Karl Siebert: Ist ihr Kind intelligent? Charlotte Bühler, Co-Leiterin des Wiener Psychologischen Instituts, führt an der städtischen Kinderübernahmsstelle entwicklungspsychologische Untersuchungen durch, in: *Das interessante Blatt*, 17. März 1932, S. 18. (ANNO/ÖNB)

7 Freudomarxismus und Individualpsychologie
Rob McFarland, Nicole G. Burgoyne, Georg Vasold

Einleitung

Sigmund Freud war weit mehr als nur ein Psychoanalytiker aus Wien. In den 1920er Jahren war er bereits eine Institution des Wiener Kulturlebens, deren Ruhm weit über die Grenzen des Landes hinausging und die nicht nur die liberale Presse feierte. Anlässlich seines 70. Geburtstags veröffentlichte auch die sozialdemokratische *Arbeiter-Zeitung* eine von Eduard Hitschmann verfasste Würdigung. Nach einer detaillierten Darstellung des Werks beschreibt Hitschmann Wiens berühmten Doktor als Revolutionär, der sich in seinem kulturellen Lebensideal der Wissenschaft verschrieben habe. Leider, so Hitschmann, seien Freuds wichtigste Behandlungsmethoden für die breite Masse der Bevölkerung nicht zugänglich. Doch er führt ein Zitat Freuds an, das den berühmten Analytiker als Verteidiger der Armen und als Kämpfer für eine psychologische Versorgung der Massen stilisiert:

> „Irgendeinmal wird das Gewissen der Gesellschaft erwachen und sie mahnen, dass der Arme ein ebensolches Anrecht auf seelische Hilfeleistung hat, wie bereits jetzt auf lebensrettende chirurgische. Und dass die Neurosen die Volksgesundheit nicht minder bedrohen als die Tuberkulose und ebenso wenig wie diese der ohnmächtigen Fürsorge des einzelnen aus dem Volke überlassen werden können. Dann werden also Anstalten der Ordinationsinstitute errichtet werden, an denen psychoanalytisch ausgebildete Ärzte angestellt sind, um die Männer, die sich sonst dem Trunke ergeben werden, die Frauen, die unter der Last der Entsagungen zusammenzubrechen drohen, die Kinder, denen nur die Wahl zwischen Verwilderung und Neurose bevorsteht, durch Analyse widerstands- und leistungsfähig zu erhalten. Diese Behandlungen werden unentgeltliche sein."[1]

Als Direktor des Wiener Psychoanalytischen Ambulatoriums lag es in Hitschmanns Interesse, Freuds Geburtstag zu nutzen, um mehr öffentliche Unterstützung für seine eigene Institution zu erhalten. Aber die Auswahl des Freud-Zitats ist nicht auf solche Eigeninteressen reduziert: Hitschmann macht Freud zu einem Vertreter des Roten Wien, indem er dessen Aussage mit den umfangreichen Bemühungen der Stadt zur Bekämpfung der Tuberkulose in Verbindung bringt. Die Forderung nach weitreichendem Zugang zu psychoanalytischen Hilfeleistungen korrespondiert mit den umfassenden sozialdemokratischen Gesundheitsprogrammen für die Wiener Bevölkerung.

---

[1] Eduard Hitschmann: Siegmund [sic] Freud. Zum 70. Geburtstag am 6. Mai, 1926, in: *Arbeiter-Zeitung*, 6. Mai 1926, S. 6.

Tatsächlich war Freud, anders als Hitschmanns Zitatauswahl nahelegt, bekanntermaßen sehr zurückhaltend, wenn es um die explizite Unterstützung einer politischen Bewegung ging. Das galt auch für die gerade in der *Arbeiter-Zeitung* verbreiteten Ideen des Roten Wien.[2] Doch im Unterschied zu Freuds oft unpolitischer Haltung zeigten viele seiner ehemaligen Schülerinnen und Schüler keine Scheu, die Psychoanalyse in den Dienst – auch unterschiedlicher – politischer Ziele zu stellen. Freud war in seiner Heimat das Ziel politischer Angriffe und von Polemik von rechts wie von links. Gleichzeitig war er die graue Eminenz, an der die Wiener Psychologinnen und Psychologen ihre eigenen Arbeiten orientierten oder von der sie sich abgrenzten. So entstanden bald neue Einrichtungen, die zum Versammlungsort charismatischer Führungsfiguren wurden, deren Anhängerinnen und Anhänger sich in konkurrierenden psychologischen Schulen zusammenschlossen.

Ausgehend von der Vielzahl an faszinierenden psychoanalytischen Ansätzen, die während der Ära des Roten Wien ihren Anfang nahmen, widmet sich dieses Kapitel jenen Texten, die das Verhältnis von Individuum und Gemeinschaft theoretisieren – als urbane Masse, als Gesellschaft als solche oder als politisches Ideal. Obwohl Eduard Hitschmann in seiner Laudatio in der *Arbeiter-Zeitung* den Wert von Freuds Massenpsychologie hervorhebt, zielte der Text, auf den er sich bezieht, Freuds *Massenpsychologie und Ich-Analyse* (1921), nicht auf eine Politisierung der Psychologie für die Massen ab. Stattdessen untersucht er, wie die Libido des Individuums und sein Hang zum Narzissmus die Interaktion mit Massen und Menschenmengen beeinflusst. Das politische Potenzial von Freuds Ideen musste erst durch seine früheren Weggefährten herausgearbeitet, in die Praxis übersetzt und damit auch seinem Einfluss entzogen werden. Der Freud-Schüler Wilhelm Reich, der zu einem prominenten Akteur der psychologischen Institutionen des Roten Wien wurde, vertrat die Ansicht, dass Massenneurosen eine auf die Masse ausgerichtete Therapie verlangten, die über die individuelle Psychoanalyse hinausging. Seine Synthese von Psychoanalyse und dialektischem Materialismus führte zum Bruch mit Freud und war gleichzeitig ein Ausgangspunkt jener Bewegung, die als „Freudomarxismus" bekannt wurde und von Personen wie Siegfried Bernfeld, Helene Deutsch, Paul Federn, Otto Fenichel und Josef Karl Friedjung getragen wurde.[3] Die Psychoanalyse, so Reich und sein Mitstreiter Siegfried Bernfeld in zwei in diesem Kapitel enthaltenen Beiträgen, beinhalte das Potenzial für eine radikale Kritik gesellschaftlicher Strukturen.

Während Freud internationale Anerkennung genoss, galt die Verehrung der Wiener psychologischen Szene und die Aufmerksamkeit der sozialdemokratischen Führung des Roten Wien eher Alfred Adler, einem ehemaligen Vertreter der Freud'schen Psychoanalyse, der sich aber 1911 von der Bewegung losgesagt hatte. Adler

---

[2] Eine wichtige Ausnahme stellt Freuds Unterstützung der „Kundgebung des geistigen Wien" im Jahr 1927 dar. (Vgl. Kapitel 34)
[3] Für ein weiteres Beispiel freudomarxistischer Ansätze vgl. den Text von „Dr. Otto" in Kapitel 33.

vertrat die Ansicht, dass das Individuum nur dann tatsächliche Heilung erfahren könne, wenn es in jenen breiteren gesellschaftlichen Kontext gesetzt werde, in dem es agiere. Adler und seine Anhängerinnen und Anhänger entwickelten daraus jene Schule, die als Individualpsychologie bekannt geworden ist, und deren Name auf die Rolle der Gemeinschaft für die individuelle Entwicklung verweist. Adler begründete 1912 den (später so genannten) Österreichischen Verein für Individualpsychologie und im Jahr 1914 dessen internationale Zeitschrift. Unter Adlers vielen Bewunderern war auch der Schriftsteller Manès Sperber, der 1926 eine kurze Monografie über die Überlegenheit von Adlers Lehre gegenüber jener Freuds verfasste.[4] Andere Mitstreiterinnen wie die feministische Therapeutin Alice Rühle-Gerstel und die Erziehungswissenschaftlerin Sofie Lazarsfeld politisierten die Individualpsychologie und stellten in ihren zeitgenössischen Texten Verbindungen zu den Erziehungsprojekten des Roten Wien her.

Alfred Adler unterrichtete am Pädagogischen Institut der Stadt Wien, wo der Experimentalpsychologe Karl Bühler das pädagogisch-psychologische Laboratorium in Kooperation mit der Wiener Universität leitete. Bühler und seine Frau Charlotte (auf dem Kapitelbild bei ihrer Tätigkeit in der Kinderübernahmsstelle der Stadt Wien abgebildet) unterstützten die sozialdemokratische Wiener Stadtregierung wiederum bei der Neugestaltung von Erziehungseinrichtungen nach wissenschaftlichen Erkenntnissen der kindlichen Entwicklung. Sie entwickelten ihre Theorien auf der strengen Grundlage empirischer Forschung, etwa den gestalterischen „Formwillen", den sie anhand von Untersuchungen spielender Kinder aus der Wiener Arbeiterklasse identifizierten.

Die verschiedenen psychologischen Schulen in Wien waren nicht auf den Einfluss Freuds beschränkt. Auch die institutionellen und intellektuellen Projekte des Roten Wien stellten eine Grundlage für jene Ansätze dar, die Sheldon Gardner und Gwendolyn Stevens als „psychologische Diaspora" bezeichnet haben und die nach der Niederlage des Austromarxismus und dem Aufstieg des Faschismus von Wien aus ihren Ausgangspunkt nahmen.

Literatur

Benetka 1995.
Danto 2005.
Fallend 1988.
Gardner, Stevens 1992.
Gay 1998.
Hoffman 1994.

---

4 Manès Sperber: *Alfred Adler: Der Mensch und seine Lehre*, München: Verlag J. F. Bergmann 1926.

7.1 Sigmund Freud: Massenpsychologie und Ich-Analyse

Erstveröffentlicht als Sigmund Freud: *Massenpsychologie und Ich-Analyse*, Wien, Leipzig, Zürich: Internationaler Psychoanalytischer Verlag 1921, S. 57–65.

Obwohl der Name Sigmund Freuds (1856–1939) normalerweise eher mit dem Wien der Jahrhundertwende in Verbindung gebracht wird, verfasste Freud in der Ära des Roten Wien einige seiner wichtigsten und einflussreichsten Texte, etwa Jenseits des Lustprinzips *(1920),* Die Zukunft einer Illusion *(1927) und* Das Unbehagen in der Kultur *(1930). In* Massenpsychologie und Ich-Analyse *(1921) widmete er sich erneut zwei der zentralen Themen seines Buchs* Totem und Tabu *(1913): Herdentrieb und Massenseele. Seine Beschäftigung mit der Massenpsychologie beinhaltet genaue Analysen zeitgenössischer Vergemeinschaftungsformen wie Kirche und Militär sowie der Rolle von Führerfiguren in solchen Großgruppen. Auch wenn er sich dabei mit Bewegungen im modernen Sinn beschäftigt, vermeidet Freud politische Deutungsversuche und erklärt Massenphänomene anhand seiner bewährten Konzepte von Narzissmus und libidinöser Bindung.*

[...]
Man hätte von der Feststellung auszugehen, daß eine bloße Menschenmenge noch keine Masse ist, solange sich jene Bindungen in ihr nicht hergestellt haben, hätte aber das Zugeständnis zu machen, daß in einer beliebigen Menschenmenge sehr leicht die Tendenz zur Bildung einer psychologischen Masse hervortritt. Man müßte den verschiedenartigen, mehr oder minder beständigen Massen, die spontan zustande kommen, Aufmerksamkeit schenken, die Bedingungen ihrer Entstehung und ihres Zerfalls studieren. Vor allem würde uns der Unterschied zwischen Massen, die einen Führer haben, und führerlosen Massen beschäftigen. Ob nicht die Massen mit Führer die ursprünglicheren und vollständigeren sind, ob in den anderen der Führer nicht durch eine Idee, ein Abstraktum ersetzt sein kann, wozu ja schon die religiösen Massen mit ihrem unaufzeigbaren Oberhaupt die Überleitung bilden, ob nicht eine gemeinsame Tendenz, ein Wunsch, an dem eine Vielheit Anteil nehmen kann, den nämlichen Ersatz leistet. Dieses Abstrakte könnte sich wiederum mehr oder weniger vollkommen in der Person eines gleichsam sekundären Führers verkörpern, und aus der Beziehung zwischen Idee und Führer ergäben sich interessante Mannigfaltigkeiten. Der Führer oder die führende Idee könnten auch sozusagen negativ werden; der Haß gegen eine bestimmte Person oder Institution könnte ebenso einigend wirken und ähnliche Gefühlsbindungen hervorrufen wie die positive Anhänglichkeit.
[...]
Wir halten uns vor, wie sich die Menschen im allgemeinen affektiv zueinander verhalten. Nach dem berühmten Schopenhauer'schen Gleichnis von den frierenden Stachelschweinen verträgt keiner eine allzu intime Annäherung des anderen.

[...]
Nach dem Zeugnis der Psychoanalyse hinterlässt fast jedes intime Gefühlsverhältnis zwischen zwei Personen von längerer Dauer – Ehebeziehung, Freundschaft, Eltern- und Kindschaft [...] – einen Bodensatz von ablehnenden, feindseligen Gefühlen, der erst durch Verdrängung beseitigt werden muß. Unverhüllter ist es, wenn jeder Kompagnon mit seinem Gesellschafter hadert, jeder Untergebene gegen seinen Vorgesetzten murrt. Dasselbe geschieht dann, wenn die Menschen zu größeren Einheiten zusammentreten. Jedesmal, wenn sich zwei Familien durch eine Eheschließung verbinden, hält sich jede von ihnen für die bessere oder vornehmere auf Kosten der anderen. Von zwei benachbarten Städten wird jede zur mißgünstigen Konkurrentin der anderen; jedes Kantönli sieht geringschätzig auf das andere herab. Nächstverwandte Völkerstämme stoßen einander ab, der Süddeutsche mag den Norddeutschen nicht leiden, der Engländer sagt dem Schotten alles Böse nach, der Spanier verachtet den Portugiesen. Daß bei größeren Differenzen sich eine schwer zu überwindende Abneigung ergibt, des Galliers gegen den Germanen, des Ariers gegen den Semiten, des Weißen gegen den Farbigen, hat aufgehört, uns zu verwundern.

Wenn sich die Feindseligkeit gegen sonst geliebte Personen richtet, bezeichnen wir es als Gefühlsambivalenz und erklären uns diesen Fall in sicherlich allzu rationeller Weise durch die vielfachen Anlässe zu Interessenkonflikten, die sich gerade in so intimen Beziehungen ergeben. In den unverhüllt hervortretenden Abneigungen und Abstoßungen gegen nahestehende Fremde können wir den Ausdruck einer Selbstliebe, eines Narzißmus, erkennen, der seine Selbstbehauptung anstrebt und sich so benimmt, als ob das Vorkommen einer Abweichung von seinen individuellen Ausbildungen eine Kritik derselben und eine Aufforderung, sie umzugestalten, mit sich brächte. Warum sich eine so große Empfindlichkeit gerade auf diese Einzelheiten der Differenzierung geworfen haben sollte, wissen wir nicht; es ist aber unverkennbar, daß sich in diesem Verhalten der Menschen eine Haßbereitschaft, eine Aggressivität kundgibt, deren Herkunft unbekannt ist und der man einen elementaren Charakter zusprechen möchte.

[...]
Aber all diese Intoleranz schwindet, zeitweilig oder dauernd, durch die Massenbildung und in der Masse. Solange die Massenbildung anhält oder soweit sie reicht, benehmen sich die Individuen, als wären sie gleichförmig, dulden sie die Eigenart des anderen, stellen sich ihm gleich und verspüren kein Gefühl der Abstoßung gegen ihn. Eine solche Einschränkung des Narzißmus kann nach unseren theoretischen Anschauungen nur durch ein Moment erzeugt werden, durch libidinöse Bindung an andere Personen. Die Selbstliebe findet nur an der Fremdliebe, Liebe zu Objekten, eine Schranke. [...] Es geschieht in den sozialen Beziehungen der Menschen dasselbe, was der psychoanalytischen Forschung in dem Entwicklungsgang der individuellen Libido bekannt geworden ist. Die Libido lehnt sich an die Befriedigung der großen Lebensbedürfnisse an und wählt die daran beteiligten Personen zu ihren ersten Objekten. Und wie beim Einzelnen, so hat auch in der Entwicklung der

ganzen Menschheit nur die Liebe als Kulturfaktor im Sinne einer Wendung vom Egoismus zum Altruismus gewirkt. Und zwar sowohl die geschlechtliche Liebe zum Weibe mit all den aus ihr fließenden Nötigungen, das zu verschonen, was dem Weibe lieb war, als auch die de-sexualisierte, sublimiert homosexuelle Liebe zum anderen Manne, die sich aus der gemeinsamen Arbeit ergab.

Wenn also in der Masse Einschränkungen der narzißtischen Eigenliebe auftreten, die außerhalb derselben nicht wirken, so ist dies ein zwingender Hinweis darauf, daß das Wesen der Massenbildung in neuartigen libidinösen Bindungen der Massenmitglieder aneinander besteht.

Nun wird aber unser Interesse dringend fragen, welcher Art diese Bindungen in der Masse sind. In der psychoanalytischen Neurosenlehre haben wir uns bisher fast ausschließlich mit der Bindung solcher Liebestriebe an ihre Objekte beschäftigt, die noch direkte Sexualziele verfolgen. Um solche Sexualziele kann es sich in der Masse offenbar nicht handeln. Wir haben es hier mit Liebestrieben zu tun, die, ohne darum minder energisch zu wirken, doch von ihren ursprünglichen Zielen abgelenkt sind. [...] Wir erfahren tatsächlich aus der Psychoanalyse, daß es noch andere Mechanismen der Gefühlsbindung gibt, die sogenannten *Identifizierungen*, ungenügend bekannte, schwer darzustellende Vorgänge, deren Untersuchung uns nun eine gute Weile vom Thema der Massenpsychologie fernhalten wird.

7.2 Wilhelm Reich: Dialektischer Materialismus und Psychoanalyse

Erstveröffentlicht als Wilhelm Reich: Dialektischer Materialismus und Psychoanalyse, in: *Unter dem Banner des Marxismus*, 3. Jg., Nr. 5 (Oktober 1929), S. 736–771.

Wilhelm Reich (1897–1957) gehörte zu den bekanntesten Vertretern einer jungen Generation von Wiener Psychoanalytikern und Psychoanalytikerinnen, die nach 1918 therapeutische Praxis und linkes Engagement verbanden. Ab 1922 war er im Wiener Psychoanalytischen Ambulatorium tätig, mit Marie Frischauf-Pappenheim gründete er 1928 die Sozialistische Gesellschaft für Sexualberatung und Sexualforschung, die Sexualberatungsstellen für Arbeiter und Angestellte in Wien betrieb. Reich war Mitglied der SDAP, geriet nach dem Justizpalastbrand 1927 jedoch zunehmend in Konflikt mit der Partei, die er für ihre passive Haltung kritisierte. 1930 wurde er wegen Agitation für die Kommunistische Partei (KPÖ) aus der SDAP ausgeschlossen, im selben Jahr übersiedelte er nach Berlin. Im folgenden Aufsatz, der zunächst im internationalen kommunistischen Theorieorgan Unter dem Banner des Marxismus *erschien, argumentiert er für eine Verbindung von dialektischem Marxismus und Psychoanalyse. Für ihn hat „die Psychoanalyse eine Zukunft nur im Sozialismus". Reichs Schriften wurden in den späten 1960er Jahren von der Studentenbewegung wiederentdeckt.*

[...]
Am Ende des 19. Jahrhunderts tritt als Reaktion gegen die moralisch befangene Wissenschaft und als Zeichen der zweiten, *wissenschaftlichen* Phase des Niederganges der bürgerlichen Moral innerhalb der bürgerlichen Klasse selbst ein Forscher auf, der behauptet, daß die moderne Nervosität Folge der kulturellen Sexualmoral ist [...] und daß die Neurosen im allgemeinen ihrem spezifischen Wesen nach Sexualerkrankungen sind und auf übermäßiger Sexualeinschränkung beruhen. Dieser Forscher, *Freud*, wird wissenschaftlich geächtet, verfemt, als Scharlatan hingestellt. Er behauptet seine Position ganz allein und bleibt mehrere Jahrzehnte lang ungehört. In dieser Zeit wird die Psychoanalyse geboren, ein Abscheu und Greuel für die ganze bürgerliche Welt, nicht nur für die Wissenschaft, denn sie rührt an die Wurzeln der Sexualverdrängung, einen der Grundpfeiler vieler konservativer Ideologien (Religion, Moral usw.). Sie erscheint im gesellschaftlichen Sein zur selben Zeit, in der auch sonst im bürgerlichen Lager selbst Anzeichen einer revolutionären Bewegung gegen ihre Ideologien sich zeigen. Die bürgerliche Jugend protestiert gegen das bürgerliche Elternhaus und schafft eine eigene „Jugendbewegung". Ihr geheimer Sinn ist das Streben nach sexueller Freiheit. Da sie aber den Anschluß an die proletarische Bewegung versäumt, geht sie, nach teilweiser Erreichung ihres Zieles bedeutungslos geworden, unter. Liberale bürgerliche Zeitungsstimmen setzen wieder heftiger gegen die kirchliche Bevormundung ein. Die bürgerliche Literatur beginnt einen immer freiheitlicheren Standpunkt in moralischen Fragen einzunehmen. Aber alle diese Erscheinungen, die das Auftreten der Psychoanalyse zum Teil begleiteten, zum Teil ihm vorangingen, versickern, sobald es ernst werden soll, keiner wagt, die Frage zu Ende zu denken, die Konsequenzen zu ziehen, das ökonomische Interesse geht voran und bringt sogar ein Bündnis zwischen bürgerlichem Liberalismus und Kirche zustande.

So wie der Marxismus soziologisch der Ausdruck des Bewußtwerdens der Gesetze der ökonomischen Wirtschaft, der Ausbeutung einer Mehrheit durch eine Minderheit war, so ist die Psychoanalyse der Ausdruck des Bewußtwerdens der gesellschaftlichen Sexualverdrängung. Dies ist der hauptsächliche gesellschaftliche Sinn der *Freud*schen Psychoanalyse. Doch es besteht ein wesentlicher Unterschied. Während die eine Klasse ausbeutet, die andere ausgebeutet wird, ist die Sexualverdrängung eine beide Klassen umfassende Erscheinung. Historisch, vom Standpunkt der Menschheitsgeschichte, ist sie sogar älter als die Ausbeutung einer Klasse durch die andere. Sie ist aber nicht in beiden Klassen quantitativ gleich. Zur Zeit der ersten Differenzierung des Proletariats, in den Anfängen des Kapitalismus, hat es, nach den Berichten von *Marx* im „Kapital" und von *Engels* in „Die Lage der arbeitenden Klasse in England" zu urteilen, so gut wie keinerlei Einschränkung oder Verdrängung der Sexualität im Proletariat gegeben. Die Sexualform des Proletariats war nur gekennzeichnet und beeinflußt durch seine desolate soziale Lage, wie etwa noch heute die des „Lumpenproletariats". Aber im Laufe der kapitalistischen Entwicklung, als die herrschende Klasse, soweit es ihr eigenes Dasein und ihr Profitinteresse erforderte, sozialpolitische Maßnahmen ergriff und „Fürsorge" zu treiben begann, setzte eine heute immer mehr im Ansteigen begriffene ideologische Verbürgerlichung des Proletariats ein. Damit verschob sich die Wirkung der Sexualverdrängung auch ins Proletariat, ohne hier jedoch je solche Dimensionen erreicht zu haben, wie etwa im Kleinbürgertum, das päpstlicher als der Papst ist und das moralische Ideal seines Vorbildes, des Großbürgertums, strenger befolgt als dieses selbst, das seit langem bereits seine Moral im Innern liquidiert.

[...]

In der Neurosentherapie, wo es sich um die praktische Anwendung einer durchaus revolutionären Theorie auf den Menschen in der kapitalistischen Gesellschaft handelt, tritt die Neigung zum Kompromiß und zur Kapitulation vor der bürgerlichen Sexualmoral am deutlichsten in Erscheinung. Das gesellschaftliche Dasein des Analytikers verbietet, ja macht es ihm unmöglich, die Unvereinbarkeit der heutigen Sexualmoral, der Ehe, der bürgerlichen Familie, der bürgerlichen Erziehung mit der radikalen psychoanalytischen Therapie der Neurosen in der Oeffentlichkeit auszusprechen. Obwohl auf der einen Seite zugegeben wird, daß die familiären Verhältnisse trostlos sind, daß die Umgebung des Kranken gewöhnlich das größte Hindernis seiner Gesundung ist, scheut man sich – begreiflicherweise –, die Konsequenz aus dieser Feststellung zu ziehen. So kommt es auch, daß man unter Realitätsprinzip und unter Realitätsanpassung nicht Realitätstüchtigkeit, sondern vielfach völlige Unterwerfung unter die gleichen gesellschaftlichen Forderungen versteht, die die Neurose erzeugt haben. Daß das der praktischen Anwendung der Psychoanalyse auf die Neurosenheilung nachträglich ist, liegt auf der Hand.

So würgt die momentane kapitalistische Daseinsweise der Psychoanalyse sie von außen und von innen ab. *Freud* behält recht: Seine Wissenschaft geht unter – wir fügen aber hinzu: in der *bürgerlichen* Gesellschaft; wenn sie sich ihr nicht anpaßt, sicher, wenn sie sich ihr aber anpaßt, dann erleidet sie den gleichen Tod, den der Marxismus bei den reformistischen Sozialisten erleidet, nämlich: den Tod durch Verflachung, vor allem durch Vernachlässigung der Libidotheorie. Die offizielle Wissenschaft wird nach wie vor nichts von ihr wissen wollen, weil sie sie in ihrer klassenmäßigen Gebundenheit nicht akzeptieren darf. Die hinsichtlich der Ausbreitung der Analyse optimistischen Analytiker irren sich gewaltig. Diese Ausbreitung gerade ist Zeichen ihres beginnenden Unterganges.

Da die Psychoanalyse, unverwässert angewendet, die bürgerlichen Ideologien untergräbt, da ferner die sozialistische Oekonomie die Grundlage der freien Entfaltung des Intellekts und der Sexualität bildet, hat die Psychoanalyse eine Zukunft nur im Sozialismus.

[...] Wir haben gesehen: Die Psychoanalyse kann aus sich heraus keine Weltanschauung entwickeln, kann also auch keine Weltanschauung ersetzen; aber sie bringt eine Umwertung der Werte mit sich, sie zerstört in ihrer praktischen Anwendung beim Einzelnen die Religion, die bürgerlichen Sexualideologien und befreit die Sexualität. Das sind aber gerade die ideologischen Funktionen des Marxismus.

Dieser stürzt die alten Werte durch die ökonomische Revolution und die materialistische Weltanschauung; die Psychoanalyse tut das gleiche, oder könnte das gleiche tun, psychologisch. Aber da sie in der bürgerlichen Gesellschaft gesellschaftlich wirkungslos bleiben muß, kann sie diese Wirkung *erst nach vollzogener sozialer Revolution* erzielen. Manche Analytiker glauben, daß sie auf dem Wege der Evolution die Welt umgestalten und die soziale Revolution ersetzen kann. Das ist eine Utopie, die auf völliger Unkenntnis des wirtschaftlichen und politischen Seins basiert.
[...]

7.3 Siegfried Bernfeld: Sozialismus und Psychoanalyse

Erstveröffentlicht als Siegfried Bernfeld: Sozialismus und Psychoanalyse. Grundgedanken eines Vortrages, gehalten im Verein Sozialistischer Ärzte, in: *Vierteljahrszeitschrift des Vereins Sozialistischer Ärzte*, 2. Jg., Nr. 2–3 (November 1926), S. 15–22.

Der Therapeut und Reformpädagoge Siegfried Bernfeld (1892–1953) war überzeugt von der Bedeutung einer auf der Psychoanalyse beruhenden qualitativen Forschung. Nach seinem Abschluss an der Universität Wien wandte er sich zionistisch-sozialistischen Ideen zu. 1919 gründete er das Kinderheim Baumgarten, in dem verwaiste jüdische Flüchtlingskinder unter Berücksichtigung der kindlichen Entwicklung betreut wurden.[5] *Nach der Schließung des Heims wurde Bernfeld Mitglied der Wiener Psychoanalytischen Vereinigung und war an dem zugehörigen Lehrinstitut tätig. Gemeinsam mit Hermine Hug-Hellmuth (1871–1924) und August Aichhorn (1878–1949) gilt er als einer der Gründer der Wiener Schule psychoanalytisch orientierter Kinderpsychologie. Ab 1925 arbeitete er am Berliner Psychoanalytischen Institut an der Formulierung des Freudomarxismus. Im folgenden Auszug aus seinem Text* Sozialismus und Psychoanalyse, *der auf einem Vortrag für den von Georg Simmel (1858–1918) und Ewald Fabian (1885–1944) in Berlin gegründeten Verein Sozialistischer Ärzte basiert, verbindet Bernfeld das Werk Freuds mit Grundprinzipien der marxistischen Theorie. Später war er auch am Drehbuch des sozialdemokratischen Wahlwerbefilms* Die vom 17er Haus *(1932) beteiligt.*

Es kann nicht geleugnet werden, daß der materialistische, und noch weniger der dialektische, Charakter der Freud'schen Methode von der Psychoanalyse bisher nicht bewußt anerkannt und daher auch, was die Dialektik angeht, nicht mit völliger Konsequenz durchgeführt ist. Die Freud'sche Psychologie ist keineswegs die dialektische Psychologie. Diese ist eine Zukunftsaufgabe. Freud steht jeder verfrühten Systematik feindlich gegenüber; er ist sich des fragmentarischen Charakters sei-

---

[5] Vgl. Siegfried Bernfeld: *Kinderheim Baumgarten. Bericht über einen ernsthaften Versuch mit neuer Erziehung*, Berlin: Jüdischer Verlag 1921.

ner, jeder Wissenschaft zu deutlich bewußt; und manchen Tatsachenkomplex hat er – insbesondere in den früheren Phasen seiner Forschung – ohne systematische Durcharbeitung belassen, manchen teilweise mit den Methoden der nichtpsychoanalytischen Psychologie gedeutet. Aber jede der Revisionen, die Freud an seinen früheren Arbeiten so häufig vornimmt, war ein Schritt weiter im Sinne der dialektischen Durchdringung. So ist die Psychoanalyse heute ein sehr bedeutender – und gewiß der erste – Ansatz einer dialektischen Psychologie. Richtig ist auch, daß Freud selbst wenig Reflexionen über seine eigene Denkweise und die Methode der Psychoanalyse anstellt, daß sich daher bei ihm weder die Charakterisierung der Psychoanalyse als materialistisch noch als dialektisch findet. [...]

Die Methode der Psychoanalyse, ihr Erkenntnisziel und ihr Forschungsakzent entspricht für ihren Gegenstand – die Geschichte des Seelenlebens – der Marx'schen Betrachtungsweise seines Gegenstandes – der Geschichte der Gesellschaft. Diese innere Verwandtschaft beider Lehren ist nicht zufällig, sondern versteht sich von selbst, da Seelenleben und Gesellschaftsleben dialektische Prozesse sind, und die richtigen Erkenntnisse in der bewußten Entdeckung dieser ihrer Natur bestehen. Was natürlich nicht ausschließt, daß die Einzelergebnisse der Psychoanalyse von künftiger Forschung korrigiert werden können.

Nach dieser Feststellung genügt für die Erörterung der beiden negativen Kriterien eine kurze Andeutung. A) Freud hat bisher noch nie in den Gegenstand der Marx'schen Forschung eingegriffen. Seine Arbeiten über „Totem und Tabu", über die „Massenpsychologie" und seine verstreuten Bemerkungen über Fakten der Kulturgeschichte behandeln lediglich die Ideologie oder psychische Prozesse Einzelner innerhalb einer Gruppe. Seine Fragestellung bezieht sich ausschließlich auf jene Probleme, die von Marx nie behandelt, sondern bloß als vorhanden aufgestellt wurden. Er fragt unter völliger Ablehnung jeder Art von „Kollektiv-Seele" nach den Vorgängen im Individuum; danach, wie es unter gegebenen Gesellschaftsbedingungen reagiert. Wo er Fragen der Ur-Geschichte, der Entstehung gesellschaftlicher Phänomene berührt, wird die letzte Zurückführung auf äußere Not, auf die wirtschaftlichen, die Produktionsverhältnisse – als außerpsychologische oder noch offene Frage, zurückgestellt. (Die Ursublimierungen sind nach Freud die individuellen Mechanismen, mittels deren neue Produktivkräfte für die aus wirtschaftlicher Not entstandene Anforderung zu veränderten Produktionsverhältnissen zur Verfügung gestellt wurden: der Sexualtrieb erlitt Einschränkungen.) Andererseits hat Marx das Problem – eben das von Freud, freilich sehr anfänglich erst, angeschnittene – nicht behandelt: wie die psychischen Mechanismen beschaffen sind, mittels deren in den Köpfen der lebenden und wirtschaftenden Menschen gegebene Produktionsverhältnisse die ihnen entsprechende Ideologie erzeugen. Die Konkurrenz von sozialwissenschaftlichen und psychologischen Erklärungen desselben Phänomens kann noch nicht zu Gunsten des einen entschieden werden, weil sie, vorläufig wegen des geringen Ausbaues beider Lehren auf dem Grenzstreifen noch nicht stattfand. Psychoanalytischerseits wenigstens nicht von maßgebenden Autoren.

B) Jede Wissenschaft ist im Dienste jedes Wertes, jedes Klasseninteresses verwendbar, es ist dazu nur nötig, sie an diesem oder jenem Punkt ihrer Wissenschaftlichkeit zu berauben. Irgend eine politische, oder metaphysische Weltanschauung folgt aus der Psychoanalyse *notwendigerweise* nicht. Bei konsequenter Festhaltung ihres historisch-materialistisch-dialektischen Methodengeästes ist es unmöglich, Konsequenzen zu ziehen, die einer historisch-materialistisch-dialektischen Sozialwissenschaft widersprächen, jedem denkbaren Grad rechter oder linker marxistischer „Abweichung" entspricht ein äquivalenter Grad psychoanalytischer „Abweichung". Freud hat sich nirgends als Sozialist, aber ebensowenig irgendwo als Gegner des Sozialismus bekannt. Bei seiner einzigartigen Zurückhaltung in jeglicher Wertung, wird es schwer halten, auch nur einen beiläufigen „reaktionären" Satz von ihm – wohlverstanden – zu zitieren. Daß sein Werten „bürgerlich" beeinflußt ist, läßt sich am praktischen Begriff „Krankheit" zeigen, und ist auch sonst wahrscheinlich. Daß dies aber niemals an einer nur einigermaßen wichtigen Stelle seiner Forschung geschah, ist ein sehr beachtenswertes Faktum, das wohl keinem anderen „bürgerlichen" Forscher nachgerühmt werden kann, gewiß keinem Psychologen.

7.4 Alfred Adler: Die Bedeutung des Gemeinschaftsgefühls für die Charakterentwicklung

Erstveröffentlicht als Die Bedeutung des Gemeinschaftsgefühls für die Charakterentwicklung, in: Alfred Adler: *Menschenkenntnis*, Leipzig: S. Hirzel 1927, S. 132–136.

1911 erfolgte der berühmte Bruch zwischen Freud und seinem ehemaligen Weggefährten Alfred Adler (1870–1937), vor allem wegen Adlers Vorbehalten gegen die zentrale Stellung der Sexualität in der Psychoanalyse, der er seine breitere Definition der Bedeutung des sozialen Lebens gegenüberstellte.[6] *1912 folgten Adler zwölf Mitglieder von Freuds legendärer Mittwoch-Gesellschaft in den Verein für Freie Psychoanalytische Forschung, später Österreichischer Verein für Individualpsychologie. Im selben Jahr veröffentlichte Adler* Über den nervösen Charakter, *neben der Studie über die Minderwertigkeit von Organen (1907) seine bekannteste Arbeit. Neben seiner Tätigkeit als Herausgeber von Publikationen im Umfeld seines Vereins organisierte er ab Mitte der 1910er Jahre Vorlesungsreihen und Kurse am Volksheim Ottakring, der großen Volkshochschule im gleichnamigen vorstädtischen Wiener Arbeiterbezirk. Eine Studierende stenografierte eine Reihe von Adlers Vorträgen mit, die dieser 1927 unter dem Titel* Menschenkenntnis *veröffentlichte. Im folgenden Auszug aus dem Kapitel „Die Bedeutung des Gemeinschaftsgefühls für die Charakterentwicklung" erklärt Adler eine*

---

6 Vgl. Alfred Adler: Zur Kritik der Freudschen Sexualtheorie der Nervosität, in: Alfred Adler, Carl Furtmüller (Hg.): *Heilen und Bilden: Ärztlich-pädagogische Arbeiten des Vereins für Individualpsychologie*, München: Verlag Ernst Reinhardt 1914, S. 94–113.

der grundlegenden Ideen der Individualpsychologie: die Bedeutung der Verbindung des Individuums zu seinem breiteren sozialen Umfeld.

Bei der Entwicklung des Charakters spielt neben dem Streben nach Macht noch ein zweiter mitwirkender Faktor eine hervorragende Rolle, das Gemeinschaftsgefühl. Es kommt, wie das Geltungsstreben, schon in den ersten seelischen Regungen des Kindes, besonders in seinen Zärtlichkeitsregungen, in den Regungen des Kontaktsuchens zum Ausdruck. Die Bedingungen für die Entfaltung des Gemeinschaftsgefühls haben wir an anderer Stelle kennengelernt, wir wollen sie an dieser Stelle nur kurz wiederholen. Vor allem steht es unter der ständigen Einwirkung des Minderwertigkeitsgefühls und des von ihm ausgehenden Strebens nach Macht. Der Mensch ist eine außerordentlich empfängliche Basis für Minderwertigkeitsgefühle aller Art. In dem Moment, da ein Minderwertigkeitsgefühl auftritt, beginnt eigentlich erst der Prozeß seines Seelenlebens, die Unruhe, die nach einem Ausgleich sucht, die nach Sicherheit und Vollwertigkeit verlangt, um ein Leben in Ruhe und Freude genießen zu können. Aus der Erkenntnis des Minderwertigkeitsgefühls erwachsen die Verhaltungsmaßregeln, die dem Kind gegenüber zu beobachten sind, die in der allgemeinen Forderung gipfeln, dem Kind das Leben nicht sauer zu machen, es davor zu behüten, die Schattenseiten des Lebens allzu schwer kennenzulernen, ihm also möglichst die Lichtseiten des Lebens zu vermitteln. Hier knüpft eine weitere Gruppe von Bedingungen an, die ökonomischer Natur sind und bewirken, daß Kinder unter Verhältnissen aufwachsen, die nicht sein müßten, weil Umbildung, Unverständnis und Not schließlich Erscheinungen sind, denen abzuhelfen wäre. Eine wichtige Rolle spielen körperliche Mängel, die bewirken, daß die normale Art des Lebens für ein solches Kind nicht taugt, daß ihm Privilegien zuerkannt und besondere Maßregeln ergriffen werden müssen, um seine Existenz zu erhalten. Selbst wenn wir das alles vermögen, *das* können wir nicht verhindern, daß solche Kinder das Leben doch als etwas Schwieriges empfinden, wodurch ihnen die Gefahr droht, an ihrem Gemeinschaftsgefühl schweren Abbruch zu erleiden.

Wir können einen Menschen nicht anders beurteilen, als indem wir die Idee des Gemeinschaftsgefühls an seine ganze Haltung, an sein Denken und Handeln heranbringen und es daran messen. Dieser Standpunkt ist uns deshalb gegeben, weil die Stellung jedes Einzelnen innerhalb der menschlichen Gesellschaft ein tiefes Gefühl für die Zusammenhänge des Lebens erfordert, demzufolge wir mehr oder weniger dunkel, manchmal auch ganz klar fühlen und wissen, was wir den andern schuldig sind. Die Tatsache, daß wir mitten im Getriebe des Lebens stehen und der Logik des menschlichen Zusammenlebens unterliegen, macht es aus, daß wir für die Beurteilung Sicherheiten bekommen müssen, für die wir kein anderes Maß als eben die Größe des Gemeinschaftsgefühls anerkennen können. Es ist uns unmöglich, unsere geistige Abhängigkeit vom Gemeinschaftsgefühl zu verleugnen. Es gibt keinen Menschen, der imstande wäre, ernstlich jedes Gemeinschaftsgefühl für sich in Abrede zu stellen. Es gibt keine Worte, um sich der Verpflichtungen gegen die Mitmenschen zu entschlagen. Das Gemeinschaftsgefühl bringt sich stets mit warnender Stimme in Erinnerung. Damit soll nicht gesagt sein, daß wir immer im Sinne des Gemeinschaftsgefühls vorgehen, wohl aber, daß es eines gewissen Kraftaufwandes bedarf, um dieses Gefühl zu drosseln, beiseite zu schieben, und ferner, daß bei der Allgemeingültigkeit des Gemeinschaftsgefühls niemand eine Handlung vornehmen kann, ohne daß er sich in irgendeiner Weise vor diesem Gefühl rechtfertigt. Daher rührt der Zug, im menschlichen Leben, für alles, was man denkt und tut, Gründe, zumindest Milderungsgründe beizubringen und es entsteht daraus die eigenartige Technik des Lebens, des Denkens und Handelns, daß wir immer im Zusammenhang mit dem Gemeinschaftsgefühl stehen wollen, zu stehen glauben oder wenigstens den Schein dieses Zusammenhanges erwecken wollen. Kurz, diese Erörterungen sollen zeigen, daß es etwas wie einen Schein des Gemeinschaftsgefühls gibt, der wie ein Schleier andere Tendenzen verdeckt, deren Aufdeckung uns erst das richtige Urteil über einen Menschen gestatten würde. Die Tatsache der Täuschungsmöglichkeit bedeutet eine Erschwerung bei der Beurteilung der Größe des Gemeinschaftsgefühls. Aber Menschenkenntnis ist einmal so schwer und daher muß sie zur Wissenschaft erhoben werden.

[...]

Die Größe des Gemeinschaftsgefühls wird sich in allen Lebensäußerungen eines Menschen zeigen. Es wird oft schon ganz äußerlich darin zum Ausdruck kommen, wie z. B. einer den andern anblickt, wie er ihm die Hand reicht, mit ihm spricht. Sein ganzes Wesen wird uns oft schon rein gefühlsmäßig einen Eindruck vermitteln. Wir ziehen manchmal ganz unbewußt aus dem Verhalten eines Menschen Schlüsse, die so weit gehen, daß wir unsere eigene Haltung davon abhängig machen. In diesen Erörterungen tun wir nichts anderes, als daß wir diesen Vorgang in die Sphäre des Bewußtseins verlegen und auf diese Weise ermöglichen, zu prüfen und abzuschätzen, ohne Fehlerquellen befürchten zu müssen. Dann sind wir nicht mehr durch Voreingenommenheiten irregeleitet, die viel leichter möglich sind, wenn sich dieser Vorgang im Unbewußten abspielt, wo wir nicht kontrollieren können und keine Revisionsmöglichkeit haben.

Es sei nochmals darauf hingewiesen, daß bei der Beurteilung eines Charakters immer nur die Gesamtposition des Menschen als wesentlicher Faktor ins Auge zu fassen ist, daß es nicht genügt, Einzelerscheinungen herauszugreifen, etwa *nur* auf das körperliche Substrat, *nur* auf das Milieu oder *nur* auf die Erziehung zu schauen. Mit dieser Feststellung ist zugleich ein Alp von der Brust der Menschheit genommen. Denn wenn wir diesen Weg festhalten und ausbauen können, wenn wir uns bewußt sind, daß es durch eine vertiefte Selbsterkenntnis möglich ist, uns selbst entsprechender zu verhalten, dann ist es auch möglich, auf andere, insbesondere auf Kinder mit Erfolg einzuwirken und zu verhüten, daß ihr Schicksal blindes Fatum wird, daß sie, weil sie aus einer dunklen Familienatmosphäre stammen, im Unglück landen oder verharren müssen. Wenn wir das zustande bringen, dann hat die Kultur der Menschheit einen entscheidenden Schritt nach vorwärts getan und es besteht die Möglichkeit, daß eine Generation heranwächst, die sich dessen bewußt ist, selbst Herr ihres eigenen Schicksals zu sein.

7.5 Alice Rühle-Gerstel: Marxismus und Individualpsychologie: Die revolutionäre Wissenschaft

Erstveröffentlicht als Marxismus und Individualpsychologie: Die revolutionäre Wissenschaft, in: Alice Rühle-Gerstel: *Der Weg zum Wir. Versuch einer Verbindung von Marxismus und Individualpsychologie*, Dresden: Verlag Am Andern Ufer 1927, S. 143–149.

Alice Rühle-Gerstel (1894–1943) war eine Schülerin Alfred Adlers und eine wichtige Verfechterin einer Verbindung von Individualpsychologie und Marxismus. In der Einleitung zur Neuauflage dieses Texts aus dem Jahr 1977 weist Manès Sperber (1905–1984) auf die grundlegende Bedeutung von Rühle-Gerstels Buch für die marxistisch orientierten Anhängerinnen und Anhänger der psychologischen Schule Adlers in den 1920er Jahren hin. Er beschreibt, welch entscheidende Rolle der vorliegende Text auf dem 1927 in Wien abgehaltenen Zweiten Kongress für sozialistische Individualpsychologie spielte, als sich marxistische Teilnehmerinnen und Teilnehmer auf seiner Grundlage auf therapeutische Methoden und das Engagement für die Arbeiterbewegung verständigten. In der ersten Hälfte des mehr als 220 Seiten starken Buchs fasst Rühle-Gerstel zunächst den Marxismus und die Individualpsychologie im Sinne ihrer Argumentation getrennt zusammen. Der folgende Ausschnitt bietet einen Einblick in ihre Ausführungen zur Bedeutung der Vereinbarkeit der beiden Denkschulen. Ähnlich wie Wilhelm Reichs vorangegangener Text endet Rühle-Gerstels Buch mit der Schlussfolgerung, dass sich beide Bewegungen notwendig aufeinander beziehen sollten.

[...]
 Es ist nunmehr zu untersuchen, inwieweit sich der Marxismus und die Individualpsychologie zunächst als Soziologie bzw. Psychologie von ihren Vorläufern und Nebenbuhlern, ferner als Wissenschaften von der bisherigen Wissenschaft überhaupt ausnehmen und abheben lassen, inwieweit sie die Bezeichnung „revolutionäre Wissenschaften" verdienen.
 Von der bisherigen (auch nach ihm aus Klasseninteresse nicht anders gewordenen) Soziologie unterscheidet sich Marx vor allem durch seine *historische, dialektische Methode*. Bei ihm heißt die Frage nicht mehr: Was ist Gesellschaft, wie kommt sie zustande, wie sind ihre Teile beschaffen, wo will das alles hinaus? Sondern: Wie funktioniert eine bestimmte Gesellschaft unter bestimmten (zu untersuchenden) Umständen und geschichtlich bedingten Zielsetzungen (Interessen)? Von der bisherigen Psychologie unterscheidet sich Adler auf dieselbe Weise. Seine Frage lautet nicht mehr: Wie ist die Seele beschaffen? Oder: Wie soll sie beschaffen sein? Sondern: Wie funktioniert eine bestimmte (Einzel- oder Massen-) Seele unter so oder

anders gearteten Umständen, unter Erstrebung eines so oder anders gearteten Ziels?

Von der Wissenschaft der Epoche im allgemeinen heben sich die beiden Lehren in jedem entscheidenden Punkte vollständig ab.

Zunächst im Forschungsgegenstand: Er ist weder die Natur, noch der Geist, sondern der *Mensch*. Bei Marx der vergesellschaftete Mensch in seiner historischen Wandlung, bei Adler der gemeinschaftsgebundene Mensch in seinem zielstrebig bedingten Funktionswechsel. Der Mensch, der zugleich „Natur" und „Geist" ist. Ihm wird Rechnung getragen durch die Begriffe der Produktivkräfte und der Ideologien, der Organminderwertigkeiten und des Lebensplanes. Der besondere Stoff „Mensch" wird so in der Totalität seiner Erscheinungsweisen und Lebensäußerungen dem Verständnis nahegebracht. Doch völlig anders als etwa in der Anthropologie, die als Zweig der Biologie nur die naturhaft-statische Seite des Menschen künstlich herausabstrahiert. Die Menschen werden im *Zusammenhang* betrachtet, als eine unteilbare *Einheit*, die man nicht in Rassen, Spezies und Individualitäten, oder in Beherberger von Partialtrieben einteilen und spalten kann. Sie werden verstanden als besondere Erscheinungsformen und Funktionsträger des allgemeinen kosmischen wie erdhaften Lebens, in der *Totalität* ihrer ursächlichen Bedingtheiten durch Natur, Umwelt, Vergangenheit, Gesellschaftsbindung, Wirtschaft, Situation usw. und ihrer zielstrebigen Gerichtetheiten auf Schaffung oder Erweiterung der Produktionsbasis, Ausgestaltung oder Umänderung der gesellschaftlichen Formen des Zusammenlebens, Sicherung der Sicherheiten oder Erwerbung neuer Sicherungen durch Geltung und Macht.

Hieraus erhellt schon die neue Forschungsmethode. Es wird nicht bloß versucht, die Menschen in die Kausalkette alles Geschehens einzuspannen, noch auch wird ihnen eine kausalitätsfreie Wirkensfreiheit zugeschrieben. Sie werden *kausalfinal*, als ursächlich bedingte und zielstrebig gerichtete Lebewesen dargestellt, deren Naturhaftigkeit sie in der Kausalreihe festhält, deren Menschhaftigkeit sie in Form von Zielen neue Glieder in die Kausalkette einfügen läßt. Die gegenseitige Bezogenheit dieses *zugleich Gebunden- und Freiseins* wird mittels der *materialistischen Dialektik* und der *Kompensationstheorie* aufgehellt.

Aus dieser Stoff-, Mittel- und Methodenwahl erhält sowohl der Marxismus als auch die Individualpsychologie die neue Möglichkeit, aus dem Rahmen der bisherigen Wissenschaft hervorzutreten. Sie sammeln nicht mehr bloß Material zum Katalogisieren für besitzwütige Ideologien. Sie geben auch keine kecke Spekulation zum Trost für verödete Gewissen. *Für sie ist die Aufhellung von Tatsachen nur ein Mittel, um Wege zu weisen, die Aufdeckung der Gesetzmäßigkeiten nur ein Handlanger der Befreiung.*

[...]

7.6 Sofie Lazarsfeld: Familien- oder Gemeinschaftserziehung

Erstveröffentlicht als Sophie Lazarsfeld: Familien- oder Gemeinschaftserziehung, in: Erwin Wexberg (Hg.): *Handbuch der Individualpsychologie*, Bd. 1, München: J. F. Bergmann 1926, S. 323–335.

In diesem Aufsatz entwickelt Sofie Lazarsfeld (1881–1976) ein Argument, das zu den umstrittensten und am meisten missverstandenen des Roten Wien gehört: die Ansicht, dass Wissenschaft und Staat die traditionelle Familie als Instanz gelungener gesellschaftlicher Sozialisierung ersetzen sollten. Lazarsfeld, eine Individualpsychologin und Reformpädagogin aus dem Kreis Alfred Adlers, beschreibt jene pathologischen Tendenzen, die in traditionellen Familiendynamiken angelegt sind. Sie entwirft ein Erziehungsmodell, das den Fallstricken der Familienstruktur entgeht, indem die Gemeinschaft den Kindern Selbstvertrauen, Zuversicht und soziale Bindungen zu den sie umgebenden Menschen und Institutionen gibt. In diesem Zusammenhang erwähnt Lazarsfeld explizit die Gemeindebauten des Roten Wien und das didaktische Potenzial der dort angesiedelten Kindergärten und Schulen. Derartige Bestrebungen, die traditionelle Familie durch ein neues gemeinschaftliches Ideal zu ersetzen, wurden von Gegnern und Gegnerinnen des Roten Wien in ihrer Kritik an dessen austromarxistischen Grundlagen oft überhöht.

I. Individualpsychologie und Sozialpädagogik.

[...]

Stellt man die Frage nicht im leeren Raum, sondern real so: Was geht *für das Erziehungsgeschäft* voran, das Individuum oder die Gemeinschaft, dann hat die Individualpsychologie darauf eine klare Antwort. Denn Erziehen, ganz allgemein gesprochen, bedeutet: Ein Individuum im Rahmen der biologischen Voraussetzungen und der äußeren Umstände zum Funktionieren zu bringen; funktionieren aber heißt, sein eigenes Agieren und Rezipieren zu beherrschen und für einen bestimmten Zweck sinnvoll zu verwenden.[7] Nun ist ja das Beherrschen und sinnvolle Verwenden seiner Funktionen nichts anderes als das, was die Individualpsychologie, von der Beschäftigung mit der kranken Psyche kommend, unter frei sein von Neurosen, unter „normal" sein versteht. Das aber ist – rein deskriptiv, ohne daß eine Norm hineinspielte – bedingt durch die Stellung des Individuums zur Gemeinschaft, wie sie seit frühester Kindheit geformt und dann bestimmend für seinen Charakter geworden ist[.] [...]

Die Individualpsychologie gibt also folgende Antwort auf die erste Frage: für den Erziehungsprozess, soll er planmäßig vor sich gehen und nicht dem Zufall über-

---

[7] Fußnote im Original: Zum hier verwendeten Begriff der Funktionen siehe [Oswald] Külpe: Psychologie, S. 128ff.

lassen sein, muß, unabhängig zu welchem Ziel er vorgenommen wird, die Gemeinschaft im Mittelpunkt stehen. Demnach unterscheiden wir uns prinzipiell von der sogenannten Sozialpädagogik dadurch, daß wir zur zentralen Berücksichtigung der Gemeinschaft nicht von einem apriorischen Gesichtspunkt aus kommen (Philosophie, Kulturwissenschaft, Biologie [...]),[8] sondern aus der Analyse des Erziehungsprozesses selber.

[...]

Solange bei Strafe des allgemeinen Untergangs unsere Hauptaufgabe die Reglung des gemeinsamen Lebens bleibt, wird die Lehre führend bleiben, die *Carl Furtmüller* auf die kurze Formel gebracht hat: Sie lehrt uns die Spielregeln des Lebens kennen.[9]

Und damit haben wir auch das Thema unseres Aufsatzes klar gefaßt: Ist die Familie geeignet, dem Heranwachsenden diese Regeln zu vermitteln oder muß die Gesellschaft sich eine eigene Einrichtung dafür schaffen? Unsere Antwort sei vorweggenommen: Wir sind für die Gemeinschaftserziehung, gegen Familienerziehung. Das ist jetzt zu begründen.

II. Die Position des Kindes in der Familie.

Es sind im wesentlichen vier Umstände, die vom Standpunkt der Individualpsychologie aus das Hineinwachsen in eine Gemeinschaft in der Familie erschweren und die nicht alle durch erhöhte Einsicht ausgeschaltet werden können.[10]

Zuerst ist es eine Grundeinsicht der Individualpsychologie, daß das *Aufwachsen zwischen lauter älteren und größeren Menschen* das Minderwertigkeitsgefühl des Kindes unentwegt anstachelt. [...] [D]as jüngste Kind, das als Revolutionär in Kunst oder Politik die Unterdrückung durch die älteren Geschwister rächt, das älteste, das als konservativer Erwachsener die Vormachtstellung gegenüber den unwillkommenen Jüngeren aufrechtzuerhalten sucht [...]; der einzige Bursch unter Mädeln,[11] das einzigen Mädchen unter Knaben, alle sind sie uns nur zu geläufig und zeigen, daß

---

8 Literaturverweis im Original: Alfred Adler, H. Albrecht, G. Bichlmair: Diskussionsbemerkungen zum Vortrag des Prof. Max Adler im Verein f. Individualpsychol. in Wien, in: *Zeitschrift für Individualpsychologie*, 3. Jg., Nr. 5 (1925), S. 221.
9 Carl Furtmüller (1880–1951) war ein österreichischer Erziehungstheoretiker und Psychologe, der als Mitarbeiter Otto Glöckels die Ansätze der Individualpsychologie in die Wiener Schulreform einbrachte.
10 Fußnote im Original: Siehe z. B. Zeitschr. III, 4 Schulkinderpsychologie.
11 Fußnote im Original: Ein typisches, fast klischeemäßiges Beispiel ist Heinrich von Kleists *Jugend und Entwicklung*, siehe [Sofie] Lazarsfeld[: *Kleist im Lichte der Individualpsychologie*. Publikation der Kleist-Gesellschaft, Frankfurt a. O. 1926].

immer wieder die Familie – eigentlich schuldlos – durch ihren Aufbau die Entwicklung des Gemeinschaftsgefühls gefährdet.

Sie entbehrt aber zweitens des entscheidenden Mittels, einem entmutigten kleinen Menschen wieder Sicherheit zu geben: die *sinnvolle Funktion innerhalb der Gemeinschaft*. Die Familie hat im allgemeinen keinen Platz für die Leistung der Kinder, deren Nutzen für die Gemeinschaft[12] ihnen durchsichtig wäre.

[...]

Dazu kommt als drittes eine weitverbreitete, aber soziologisch sicher *falsche Einschätzung der kindlichen Arbeit* durch die Erwachsenen, aus der den Kleinen wieder viel psychische Schwierigkeiten erwachsen.

[...]

Die letzte, aber praktisch nicht bedeutungsloseste Art psychologischer Schwierigkeiten, die aus der Familie für das Kind erfließen, liegt in der *Bedeutung, die ihr Bestand für die Erwachsenen hat*. [...] Immer wieder erleben wir es, daß Kinder zu einer Berufswahl gezwungen werden, die sich als Korrektur einer vom Vater selbst erlebten Fehlwahl entpuppt, immer wieder sind es Erziehungsmaximen: Der Junge soll es besser, soll es nicht besser haben als ich es hatte. Ja, sogar sie klare Vorstellung vom Privateigentum der Eltern an den Kindern ist häufig: er will „mir" nicht lernen, „mir" nicht brav sein, sind geläufige Wendungen.

[...]

III. Die Möglichkeiten der Gemeinschaftserziehung.

[...]

Praktisch ist nun eine der Hauptansichten der Individualpsychologie, daß es in jedem Stadium einer individuellen Entwicklung möglich ist, den Mut zum Zusammenleben mit anderen Menschen zu erhöhen und dadurch Charakter wie Leistung wesentlich zu beeinflussen.

[...]

Wer erfahren hat, wie die Frage „wozu bin ich nütz" in einem gewissen Alter die zentrale Frage des Heranwachsenden ist, wer beobachten konnte, wie die krampfhafte Unterdrückung dieser Frage oder ihre erzwungene Beantwortung immer wieder der Weg zur Neurose ist, der wird die Bedeutung der frühzeitig beginnenden Gemeinschaftserziehung vor allem darin sehen, daß sie diese Frage in einer

---

[12] Fußnote im Original: Bei ihrer Darstellung werden wir getreu unserem methodischen Programm unsere Überzeugung vom absoluten Wert der Gemeinschaft nicht mehr zurückstellen. Der Unterschied zwischen dem normativen und dem deskriptiven Gemeinschaftsgefühl war für den systematischen Teil sehr wichtig, würde aber, in den praktisch-psychologischen mit hinübergenommen, alle Darlegungen nur belasten, ohne an den Resultaten etwas zu ändern.

so individualistisch einseitigen Form kaum aufkommen läßt. Die Verwaltung der Schulgemeinschaft, der Dienst in ihr, die Organisierung des täglichen Lebens geben tausend Funktionsmöglichkeiten der verschiedensten Art, die man jedem kleinen Bürger anpassen und aus der jeder die erste Sicherheit ziehen kann, die am Anfang dieser gegenseitigen Influenzwirkung von Leistung und Ermutigung stehen muß.
[...]
Rein materiell betrachtet ist natürlich die Umstellung des ganzen Schulwesens auf Gemeinschaftserziehung momentan kaum durchführbar. Die nächste Etappe wird wohl die Ganztagsschule an der Peripherie der Stadt sein. Auch ein Zusammentreten von Familienverbänden, insbesondere zur Schaffung von Erziehungsstellen für schulpflichtige Kinder ist durchaus möglich. Übrigens erzwingen ja soziale Institutionen immer häufiger gemeinsame Erziehungseinrichtungen, so z. B. die großen Bauten der Gemeinde Wien, in denen die Eltern tagsüber bei der Arbeit und oft hunderte von Kindern gemeinsam Erziehungsfunktionären anvertraut sind. Die Theorie wird gut tun, über geeignete Mittel für die Erziehungsarbeit zu sinnen und nicht ihre Berechtigung zu diskutieren, wenn sie in stets wachsendem Maße notwendig ist. [...]

7.7 Karl Bühler: Formwille und Funktionslust im Spiele des Kindes

Erstveröffentlicht als Formwille und Funktionslust im Spiele des Kindes, in: Karl Bühler: *Die Krise der Psychologie*, Jena: Gustav Fischer 1927, S. 200–212.

Das Ehepaar Karl Bühler (1879–1963) und Charlotte Bühler (1893–1974) wurde 1922 (bzw. 1923) an die Universität Wien berufen und mit dem Aufbau eines entwicklungs- bzw. kinderpsychologischen Forschungsinstituts betraut. An ihrem Institut und in den Kursen am Pädagogischen Institut der Stadt Wien lieferten sie die empirische Grundlage für zahlreiche Erziehungsprojekte des Roten Wien. Karl Bühler sprach sich in seiner Abhandlung Die Krise der Psychologie *für eine breit aufgestellte psychologische Disziplin aus, in der unterschiedliche Ansätze ihren Platz finden sollten, wenngleich er selbst sich von Freuds Ideen distanzierte. Im folgenden Ausschnitt nimmt Bühler eine sorgfältige Analyse der von seiner ehemaligen Studentin Hildegard Hetzer, einer Kinderpsychologin und Assistentin Charlotte Bühlers, gesammelten Daten vor.*[13] *In den von Hetzer beobachteten Kinderspielen in einem Wiener Arbeiterviertel erkennt Bühler eine kreative Gestaltungskraft, die er mit dem menschlichen Vermögen zu Kunst, Form und Musik in Verbindung bringt. Diese Vorstellung ähnelt den Ansätzen des Kunst-*

---

[13] Hildegard Hetzer (1899–1991) war im Nationalsozialismus auch an berüchtigten Kinderheimen tätig und wurde später der Verstrickung in Verbrechen gegen die Menschlichkeit beschuldigt.

erziehers Franz Čižek, des Begründers der „Čižek-Schule", die für die Entstehung der Kunstbewegung des sogenannten Wiener Kinetismus verantwortlich war.

[...] Das Kind und sein erstes Spielzeug ist das Thema umfassender psychologischer Beobachtungen in der Kinderübernahmestelle der Stadt Wien. Über das Rollenspiel drei- bis sechsjähriger Kinder sind viele neue Aufschlüsse der Arbeit von *H. Hetzer* „Die symbolische Darstellung in der frühen Kindheit"[14] zu entnehmen. [...]

Dies ist die neue Erfahrungsbasis, auf die ich mich stützte, um hier einen einzigen Hauptsatz zu formulieren, der gewiss keinen Kenner des Kindes befremdet. Den Satz, daß Formprinzipien das Kinderspiel beherrschen, daß ein *Formwille* in ihm zum Vorschein kommt. Intuitiv am Ganzen des Kinderspieles oder exemplarisch an diesem und jenem Zuge ist diese Erkenntnis längst erfasst, ist von Künstlern und Kunsttheoretikern seit *Schiller* immer wieder formuliert und in mehr oder minder einseitigen Überlegungen zu der Frage nach dem psychologischen Ursprung der Kunst verwertet worden. Wir argumentieren in umgekehrter Richtung: um das Spiel das Kindes zu begreifen, ist ein Seitenblick auf das Tun des Künstlers zu empfehlen; beide haben das eine gemeinsam, daß sie von einem Formwillen beseelt sind. Wenn man die Tatsachen der genannten neuen Arbeiten theoretisch durchdenkt, wird eine erstaunliche Konsequenz der Entwicklungsschritte vom Lallen angefangen bis hinauf zum Theaterspielen sichtbar. An diesem Formwillen des spielenden Kindes muß jedes einseitige Stoffdenken der Theoretiker seine naturbestimmten Grenzen finden. Denn genau so wenig wie das exakteste Kenntnis aller stofflichen Prämissen die Formbündigkeit eines hic et nunc entstandenen Kunstwerkes zu „erklären" vermag, können wir aus den in jedem konkreten Fall in der Seele des spielenden Kindes vorhandenen oder angenommenen Regungen der Libido die Form und Formbündigkeit des Spieles begreifen.

[...]

Es gibt eine Tradition dieses Kindergutes von Spielformen, welche durch die Erwachsenen hindurch aufrecht erhalten wird. Die Mütter erinnern sich an das, was sie selbst einmal gespielt haben, und überliefern so die alten Formen ihren Kindern. Es dürfte daneben in dichten, kinderreichen Siedlungen aber auch eine *reine Kindertradition* bestehen, wo immer die älteren Kinder, bevor sie noch dem Spielen selbst entwachsen sind, die jüngeren führen und anleiten. Was den Psychologen an der Tatsache der Festigkeit und der Ubiquität (Allverbreitung) dieses Traditionsgutes besonders interessiert, sind zwei zusammengehörige Momente. *Erstens*, das Kind ist ungemein empfänglich für und gierig geradezu nach Formen und Formel-

---

14 Fußnote im Original: [Hildegard Hetzer: Die symbolische Darstellung in der frühen Kindheit: Erster Beitrag zur psychologischen Bestimmung der Schulreife, in:] *Wiener Arbeiten zur pädagog [ischen] Psychologie*, [hg. von Charlotte Bühler und Viktor Fadrus, Nr.] 3, [Wien: Deutscher Verlag für Jugend und Volk] 1926.

haftem in seinen Gemeinschaftsspielen; es gibt sich den Spielregeln gefangen, als ob die Seligkeit davon abhinge. Und trotzdem, das ist das *zweite*, greift das spielende Kind an allen Ecken und Enden mit seiner eigenen, schaffenden, umschaffenden und, wie man weiß, unbekümmert schweifenden Phantasie ein. Das zum Teil uralte Traditionsgut wird in jeder Schar von neuem lebendig und der Hauch des Lebens in ihm ist stets nach der neuesten Mode, ist up to date. Ich habe es oft verfolgt: Dieselbe Gruppe spielt ein neu aufgekommenes Spiel jeden Tag, und schon nach einer Woche gibt es darin genuine und fest gewordene Besonderheiten; Varianten oder Schnörkel möchte man sie nennen und mit den ortsüblichen Schnörkeln an alten Volks- oder Kirchenliedern vergleichen. Die Parallele ist uns nicht von ungefähr in die Feder geraten, das psychologische Problem dürfte dort und hier dasselbe sein: Wie ist der erstaunliche Grad von Traditionstreue im Flusse so frischer und unbekümmerter Umformungstendenzen zu erklären?

Der Anlauf zu einer weitausgreifenden Antwort auf diese Frage könnte im Gebiete der Erhaltung und Verwandlung organischer Formen überhaupt gesucht und gefunden werden. Den Formen, die in irgendeinem Wechsel, irgendeinem fließenden Geschehen, Bestand haben sollen, muß eine konservierende Kraft entweder (kurz gesagt) selbst innewohnen oder von außen her (bildlich gesprochen vom *Flußbette* her) vorgegeben und garantiert sein.

[...]

Es wäre hier der systematische Ort, um die Symbolik im Leben des Kindes ab ovo und prinzipiell zum Gegenstand der Untersuchung zu erheben. *H. Hetzer* bietet in ihrer Arbeit „Die symbolische Darstellung in der frühen Kindheit" eine Reihe von experimentell gefundenen Ergebnissen, die dazu einladen. Wenn wir z. B. sehen, wie auffallend früh das Kind imstande ist, symbolische Handlungen anderer, mit denen es im seelischen Kontakt steht, zu verstehen und selbst schon so zu tun, als wäre es ein anderer, Rollen zu übernehmen im Gemeinschaftsspiel und rollenrichtig zu handeln, wenn wir auf der anderen Seite sehen, daß es die Sprache ist, in welcher die Symbolik am frühesten hervortritt, so weisen beide Tatbestände auf ein und dasselbe hin. Es ist das *Gemeinschaftsleben*, in dessen Dienste die Symbolik aufkommt.

[...]

Nehmen wir noch einmal die These vom Formwillen im Spiel des Kindes auf. Sie ist nicht unbesonnen aufgestellt worden; ich wäre bereit, sogar von einem Formtrieb zu sprechen und damit dem Prinzip dieselbe Dignität zu verleihen, die *Freud* für seinen „Wiederholungstrieb" beansprucht. Doch wozu die schnelle Etikettierung mit der Marke eines Letzten, Irreduziblen? Die Einstellung, die Tendenz, das Bedürfnis zu Formungen ist etwas, was man empirisch fassen kann, und nichts anderes ist mit dem Namen Formwille gemeint. Das heißt etwas mehr, als wenn wir das heute so beliebte Wort Form oder Gestalt ohne das Beiwort -wille in unsere These einsetzen. Es liegt ein Suchen und Probieren, eine Richtung vom Unvollkommenen zum Vollkommeneren und noch etwas zweites, ein Bewältigen, ein Sichmessen am Widerstande des noch nicht voll Beherrschten unverkennbar im Spiele des Kindes beschlossen. Eine Richtung also, die in die Zukunft, nicht wie das Wiederholungsprinzip in die Vergangenheit weist. Und wenn diese Tendenz und mit ihr der Übergang zum Wohlgestalteten mit Funktionslust ausgestattet ist, dann haben wir in ihm das geforderte Gegenwartsprinzip, das in die Zukunft weist, gefunden.

Teil III: **Zugehörigkeiten**

Die Operation. Professor Clemenceau: „Na also, hat's sehr weh' getan, mein Junge?", Karikatur in der populären *Illustrierten Kronen Zeitung* zur Zerstückelung der Monarchie, wie sie der Vertrag von Saint-Germain vorsah, 5. Juni 1919, S. 1. (ANNO/ÖNB)

8 Post-Empire
Kristin Kopp

Einleitung

Eine Reihe von zentralen Herausforderungen, der sich die Führung des Roten Wien zu stellen hatte, entstand aus der Auseinandersetzung mit dem Vermächtnis der österreichisch-ungarischen Monarchie: Was sollte mit den Palästen, Schlössern und Palais geschehen, die von den Habsburgern hinterlassen worden waren? Wie sollte sich der neue Staat Deutschösterreich gegenüber der imperialen Vergangenheit positionieren? Und was bedeutete es für die österreichische Bevölkerung und die ehemalige Haupt- und Residenzstadt Wien, nicht mehr länger das Zentrum eines multinationalen Reichs zu sein?

Ein Artikel der *Arbeiter-Zeitung* vom März 1919 spricht diese Fragen an und zeichnet das Bild einer Stadt, die von der Gegenwart ihrer imperialen Geschichte bedroht wird. Veröffentlicht zu dem Zeitpunkt, als die demokratisch gewählte Konstituierende Nationalversammlung Deutschösterreichs gerade zum ersten Mal zusammengetreten war, stellte der Artikel die Frage, welche Rolle die Hofburg – jener kaiserliche Palast der Habsburger, der das Machtzentrum der jetzt entthronten Monarchie dargestellt hatte – in der neuen postimperialen politischen Ordnung spielen sollte. Unheilverkündend mit *Das lauernde Ungeheuer* betitelt, warnte der Beitrag davor, dass die Hofburg, obwohl sie gerade leer und ohne Leben erscheine, ihren Schlaf nur vortäusche. Tatsächlich lauere das Ungeheuer mit ausgestreckten, fangbereiten „Reptilienarmen" nur auf seine geplante Wiederergreifung der Macht.[1]

Sowohl als reales Gebäude als auch im ideologischen Sinn stand die Hofburg für die größere Frage, wie und ob die Infrastruktur der Reichshauptstadt, die für die Bedürfnisse eines großen multiethnischen Kaiserreichs ausgelegt war, jetzt für die Ziele des neuen demokratischen deutschösterreichischen Staats genutzt werden könne. Die riesige Hofburg war im Lauf der Jahrhunderte entstanden: Wien war das Zentrum eines ständig wachsenden dynastischen Reichs gewesen, und so waren auch der Hofburg immer wieder neue Flügel hinzugefügt worden. Letztendlich hatte sich die österreichisch-ungarische Monarchie mit einer Bevölkerungszahl von über fünfzig Millionen von Böhmen und Galizien im Norden über Transsylvanien und die Bukowina im Osten bis nach Dalmatien und Bosnien im Süden erstreckt. Doch jetzt lag Österreich-Ungarn, einst das zweitgrößte Reich Europas nach dem russischen Zarenreich, in Trümmern.

Ein wichtiger Baustein auf dem Weg zum Zerfall der Monarchie war das im Jänner 1918 präsentierte 14-Punkte-Programm des US-amerikanischen Präsidenten

---

[1] Michael Schacherl: Das lauernde Ungeheuer, in: *Arbeiter-Zeitung*, 9. März 1919, S. 2.

Woodrow Wilson, in dem dieser die Grundlagen für den Frieden in Europa skizzierte. Aufbauend auf dem Selbstbestimmungsrecht der Völker versprach Wilson die unabhängige Entwicklung der nationalen Gruppen, die in den Reichen Europas versammelt waren. Die deutschsprachigen Abgeordneten Österreich-Ungarns waren davon ausgegangen, dass dieser Grundsatz auch für sie gelten sollte, und hatten sich im Herbst 1918 analog zu den anderen Nationalitäten im Reichsrat politisch organisiert. Aber während Ungarn, Tschechen und Slowaken, Polen und Südslawen erwartungsvoll der Gründung unabhängiger Staaten auf der mitteleuropäischen Nachkriegslandkarte entgegensahen, wünschte die deutschsprachige Bevölkerung der Monarchie, und auch die Sozialdemokratie, diese Form der Unabhängigkeit nicht. Stattdessen strebte man, wie es in dem von der Provisorischen Nationalversammlung im November 1918 beschlossenen *Gesetz über die Staats- und Regierungsform von Deutschösterreich* klar heißt, die Vereinigung mit Deutschland an. Während Artikel 1 die Geburt Deutschösterreichs als demokratische Republik proklamierte, hob Artikel 2 dessen Unabhängigkeit theoretisch wieder auf, indem der Staat als „Bestandteil der Deutschen Republik" definiert wurde.

Der Friedensvertrag von Saint-Germain 1919 allerdings verbot ausdrücklich den Plan des Anschlusses an Deutschland. Außerdem wurde das Staatsgebiet Österreichs (der Vertrag beinhaltete auch diese Namensänderung) noch verkleinert, und weitere Gebiete wurden der Tschechoslowakei und Italien zugesprochen. Nachdem die anderen Nachfolgestaaten errichtet worden waren, war Österreich – in den dem französischen Ministerpräsidenten Georges Clemenceau zugeschriebenen Worten – „das, was übrig bleibt". Dieser „Rest" aber war ein auf sechs Millionen Einwohnerinnen und Einwohner geschrumpfter Staat, dessen Bevölkerung zu fast einem Drittel in Wien lebte.

Als das ehemalige Verwaltungszentrum des Kaiserreichs hatte Wien bis dahin eine unüberschaubare Armee von Beamten beheimatet, die alle zivilen, militärischen und juristischen Aspekte der österreichisch-ungarischen Regierung administriert hatten. Jetzt waren große Teile des aufgeblähten kaiserlichen Beamtenapparats überflüssig geworden und wurden zunehmend als Belastung gesehen. Im Zuge der herrschenden Lebensmittel-, Wohnungs- und Brennstoffknappheit sah sich die österreichische Landbevölkerung gezwungen, die Wienerinnen und Wiener zu versorgen. Aus ihrer Sicht war die Stadt der überdimensionale „Wasserkopf" eines zusammengestutzten Staats, der diesen unmöglich tragen konnte.

Die Frage war, ob die neu entstandene Demokratie unter diesen Umständen wirtschaftlich überleben könnte. Abgeschnitten von ehemaligen Absatzmärkten und reichen Regionen, ebenso wie von seinen Industrie- und Produktionszentren, war Österreich jetzt gezwungen, lebenswichtige Güter mit enormen finanziellen Kosten zu importieren. In allen politischen Lagern war die Ansicht verbreitet, dass der neue Staat „nicht lebensfähig" sei. Dieses Thema wurde zum Hauptargument gegen die Bedingungen des Friedensvertrags, der Begriff der „Kolonisierung" wurde in diesem Zusammenhang zu einer zentralen Metapher. Die andauernde Abhängigkeit von der Unterstützung von außen, von Krediten und Hilfsleistungen, führte viele Österreicherinnen und Österreicher dazu, sich als Spielball wirtschaftlicher Ausbeutung durch mächtige Kräfte aus dem Ausland zu sehen, fast wie die Versklavten in den europäischen Überseekolonien. Aufseiten der politischen Linken verstärkte diese Angst vor dem Verlust der Souveränität den Wunsch nach dem Anschluss an Deutschland, während innerhalb der konservativen Rechten die Sehnsucht nach einer Rückkehr des Habsburgerreichs wuchs, sei es auch nur in Form einer Donauföderation mit Österreich an der Spitze.

Solche monarchistischen Ideen nährten im Roten Wien Ängste vor einer habsburgischen Restauration. Tatsächlich war aber die Zahl der politisch aktiven Monarchistinnen und Monarchisten klein, sodass sich diese Bedrohung nicht ernsthaft manifestierte. Die in der Zwischenkriegszeit aufkommende Nostalgie nach den Habsburgern und dem verlorenen Kaiserreich kommt in den berühmten Werken von Autoren wie Robert Musil, Hugo von Hofmannsthal, Joseph Roth und Stefan Zweig zum Ausdruck.

Für die Sozialdemokratie wurde die Monarchie letztendlich zu einer negativen Vergleichsfolie für ihr fortschrittliches Programm. Denn die Habsburger waren für die Toten und die Zerstörungen des Kriegs verantwortlich, wie die *Arbeiter-Zeitung* festhielt: „Das Rätsel der habsburgischen Sphinx muß gelöst werden, auf daß sie sich in den Abgrund stürze, in dem sie so viel Menschengebein angehäuft hat!"[2]

Literatur

Judson 2017.
Kożuchowski 2013.
Müller, Wagener 2009.

8.1 Anonym: Inland und Ausland

Erstveröffentlicht als Inland und Ausland, in: *Arbeiter-Zeitung*, 25. Oktober 1918, S. 6.

Der Zusammenbruch der österreichisch-ungarischen Monarchie kam nicht unerwartet. Polnische, tschechische und südslawische Unabhängigkeitsbewegungen waren bereits vollständig formiert, als der amerikanische Präsident Wilson im Jänner 1918 sein 14-Punkte-Programm vorstellte, das diesen Nationen die Selbstbestimmung versprach. Im Herbst dieses Jahres hatten sie bereits provisorische Nationalversammlungen gebildet, die Bevölkerung Österreich-Ungarns organisierte sich entlang nationaler Kriterien. Wiewohl die neuen Grenzen erst durch die Friedenverträge von 1919 festgelegt werden

---

[2] Schacherl, Das lauernde Ungeheuer.

sollten, zeigt dieser Artikel, in welchem Ausmaß die wirtschaftlichen Trennlinien schon gegen Kriegsende gezogen worden waren. Die sozialdemokratische Arbeiter-Zeitung scheint diese Entwicklung mit einer gewissen ironischen Distanz zu begrüßen: Der Zusammenbruch des Kaiserreichs wird hier als eine Angelegenheit dargestellt, die hauptsächlich die herrschenden Klassen betrifft – im Angesicht der akuten Versorgungslage konnte die Arbeiterklasse von den angeführten Luxuslebensmitteln sowieso nur träumen.

Die Grenzpflöcke der Staaten knicken im Sturme des Weltkrieges und schwimmen hin und her in seiner Flut. Das Stück Polen scheint von Oesterreich schon weggeschwemmt zu sein, denn niemand bei uns wird mehr zweifeln, daß Krakau bereits Ausland ist; und vorgestern ist's Agram[3] geworden und auch Preßburg[4] ist wirkliches Ausland und Zis und Trans, auf die Leitha bezogen,[5] hat eine tiefere Scheidung erfahren und bezeichnet wirklich Inland und Ausland. Krakauer Würste, fette Bakonyer[6] und Prager Schinken sind jetzt Auslandsware geworden und uns noch unzugänglicher als Südtiroler Aepfel und Weine, die auch schon ins Ausland wandern.[7] Überhaupt schwimmt immer mehr Ware ins Ausland, denn ganz abgesehen vom Schleichhandel rücken uns ja die Auslandsgrenzen immer näher. Viele unserer lieben Wiener, die gute Inländer waren ihr Leben lang, sind über Nacht Ausländer geworden und haben unsere Staatsbürgerschaft verloren; wohin man sieht, gibt es lauter „fremde" Gesichter. Hohe Staatsbeamte und selbst Minister sind Auslandsmenschen geworden, ja sogar in der Armee sind nun überwiegend Ausländer eingereiht. Es ist ein förmliches Wettrennen ins Ausland eingetreten, womit nicht etwa die hohen Persönlichkeiten gemeint sind und unterschiedliche Leute, die zum Beispiel in der Schweiz Zuflucht suchen in ihrer übereiligen Angst, sondern die Selbstbestimmer, die nun die Ausländer in Oesterreich vermehren. Das Ausländertum nimmt derzeit eine solche Ausdehnung an, daß man bald nicht weiß, ob man daheim Ausländer oder Inländer ist.

---

3 Das heutige Zagreb, Kroatien.
4 Heute Bratislava, Slowakei.
5 „Cisleithanien" und „Transleithanien" waren die umgangssprachlichen Bezeichnungen für die österreichische und die ungarische Reichshälfte der Monarchie, die grob durch den Fluss Leitha geteilt wurden.
6 Eine ungarische Schweinerasse aus dem Bakonyer Wald.
7 Südtirol fällt nach dem Krieg an Italien.

8.2 Vollzugsanweisung über die Aufhebung des Adels und gewisser Titel und Würden

Erstveröffentlicht als Vollzugsanweisung des Staatsamtes für Inneres und Unterricht und des Staatsamtes für Justiz, im Einvernehmen mit den beteiligten Staatsämtern vom 18. April 1919, über die Aufhebung des Adels und gewisser Titel und Würden, in: *Staatsgesetzblatt für den Staat Deutschösterreich*, 20. April 1919, S. 573–575.

Nach der demokratischen Wahl zur Konstituierenden Nationalversammlung im Februar 1919 machte sich die neue Regierung unter Führung der Sozialdemokratie schnell daran, die aristokratische und monarchische Ordnung abzuschaffen, die das politische und soziale Machtgefüge des Kaiserreichs bestimmt hatte. Am 3. April wurde das Habsburgergesetz *beschlossen, durch das der ehemaligen Herrscherfamilie ihre Besitzungen entzogen und in Staatshand überführt wurden. Am selben Tag wurde auch das* Gesetz über die Aufhebung des Adels, der weltlichen Ritter- und Damenorden und gewisser Titel und Würden *angenommen. In der vorliegenden Anweisung werden die Vollzugsbestimmungen dieses Gesetzes ausformuliert. Das vom sozialdemokratischen Staatskanzler Karl Renner verfasste Gesetz, das bis heute in Kraft ist, verbietet das Führen von Adelstiteln – Amts- und Berufstitel sind davon nicht betroffen.*

Auf Grund des Gesetzes vom 3. April 1919, St. G. Bl. Nr. 211, wird verordnet, wie folgt:

§ 1.

Die Aufhebung des Adels, seiner äußeren Ehrenvorzüge, weiters der bloß zur Auszeichnung verliehenen, mit einer amtlichen Stellung, dem Berufe oder einer wissenschaftlichen oder künstlerischen Befähigung nicht im Zusammenhange stehenden Titel und Würden und der damit verbundenen Ehrenvorzüge trifft alle deutschösterreichischen Staatsbürger, und zwar, gleichviel, ob es sich um im Inlande erworbene, oder um ausländische Vorzüge handelt.

§ 2.

Durch § 1 des Gesetzes vom 3. April 1919, St. G. Bl. Nr. 211, sind aufgehoben:
1. das Recht zur Führung des Adelszeichens „von";
2. das Recht zur Führung von Prädikaten, zu welchen neben den zugestandenen die Familien unterscheidenden Adelsprädikaten im engeren Sinne auch das Ehrenwort Edler sowie die Prädikate Erlaucht, Durchlaucht und Hoheit gezählt wurden;
3. das Recht zur Führung hergebrachter Wappennamen und adeliger Beinamen;[8]

---

[8] Zum Beispiel: „Der Große".

4. das Recht zur Führung der adeligen Standesbezeichnungen, wie z. B. Ritter, Freiherr, Graf und Fürst, dann des Würdetitels Herzog, sowie anderer einschlägiger in- und ausländischer Standesbezeichnungen;
5. das Recht zur Führung von Familienwappen, insbesondere auch der fälschlich „bürgerlich" genannten Wappen,[9] sowie das Recht zur Führung gewisser ausländischer, an sich nicht immer mit einem Adelsvorzuge verbundener Titel, wie z. B. Conte, Conta Palatino, Marchese, Marchio Romanus, Comes Romanus, Baro Romanus ec., selbst wenn es nichtadeligen Familien zukam.

§ 3.
Auf Grund des § 4 des Gesetzes vom 3. April 1919, St. G. Bl. Nr. 211, werden folgende Titel und Würden als aufgehoben erklärt:

die Würde eines Geheimen Rates, der Titel und die Vorrechte einer Geheimen Ratsfrau, die Würde eines Kämmerers und eines Truchsessen, die Würde einer Palastdame, die Anredeform „Exzellenz", der Titel eines kaiserlichen Rates, ferner alle mit nicht mehr bestehenden Hof-, Lehens- und landesständischen Einrichtungen verbunden gewesenen Titel, insbesondere die Titel der Landeserbämter und der Landeserzämter, die sonstigen Würdelehenstitel und die aus der Verbindung mit den vorangesetzten Worten „Hof", „Kammer" oder „Hof- und Kammer" gebildeten, nicht mit einer amtlichen Stellung im Zusammenhange stehenden Titel.

§ 4.
Unter die aufgehobenen Titel fallen *nicht* die den öffentlichen Angestellten verliehenen staatlichen Amtstitel, insbesondere nicht die den Staatsangestellten verliehenen Titel höherer Rangsklassen, sowie die Titel der V. und VI. Rangsklasse (Hofrat, Regierungsrat), bei Professoren der Hoch- und Mittelschulen oder bei Beamten der Handels- und Gewerbekammern u. dgl.
[...]

8.3 Julius Deutsch: Das Vermögen der Habsburger

Erstveröffentlicht als Das Vermögen der Habsburger, in: Julius Deutsch: *Schwarzgelbe Verschwörer*, Wien: Verlag der Organisation Wien der Sozialdemokratischen Partei 1925, S. 2–7.

Der Titel des politischen Pamphlets – Schwarzgelbe Verschwörer –, aus dem der vorliegende Ausschnitt stammt, bezieht sich auf die Farben der Habsburgerfahne und damit auf die Farben der Monarchisten, die für eine Restauration der Dynastie eintraten.

---

9 Bezogen auf die Wappen jener Familien, die erst in den letzten Jahrzehnten der Monarchie in den Adelsstand erhoben worden waren (der sogenannte Beamtenadel).

Sein Verfasser, Julius Deutsch (1884–1968), sozialdemokratischer Nationalratsabgeordneter von 1920 bis 1933 und Begründer des Republikanischen Schutzbundes, der paramilitärischen Organisation der Partei, zeigt sich darin weniger besorgt wegen einer tatsächlichen monarchistischen Bedrohung, er benutzt vielmehr die Habsburger und die ihnen Ergebenen als Kontrastfolie zum fortschrittlichen Programm der Sozialdemokratie.

Mit den Gesetzen vom 3. April und 30. Oktober 1919 hat die Republik Deutschösterreich das Vermögen der Habsburger konfisziert. *Einstimmig* beschloß das Parlament, daß die Republik Österreich „*die Eigentümerin* des gesamten auf ihrem Staatsgebiet befindlichen beweglichen und unbeweglichen *hofärarischen* sowie des für das frühere regierende Haus oder für eine Zweiglinie desselben *gebundenen* Vermögens ist".

[...]

Auch die Christlichsozialen wagten es im Jahre 1919 nicht, gegen die Beschlagnahme des Habsburgervermögens zu stimmen, denn noch zu stark war in den Volksmassen die Erinnerung an das grauenvolle Elend, das die frühere kaiserliche Familie über alle Völker ihres Reiches gebracht hatte. Von *Seipel* bis *Fink* und von *Weiskirchner* bis *Kunschak* stimmten sie

alle für die Konfiskation der Güter,[10]

die die Habsburger im Laufe ihrer jahrhundertlangen Herrschaft zusammengerafft hatten.

Diese Abstimmung war ein *Volksgericht*, war eine einmütige Verurteilung des Raubes an Staatsgut, durch den allein die Habsburger in den Besitz dieses Vermögens gekommen waren. Sie hatten es sich ja nicht erarbeitet. Keiner von den Sprossen der kaiserlichen Familie hatte jemals eine *ehrliche Arbeit* geleistet. Kamen sie zur Welt, mußte ihnen der Staat einige hunderttausend Goldkronen als Ausstattung mit in die Wiege legen. Wuchsen sie heran, mußte ihnen der Staat hohe und gut bezahlte Posten als Generale oder Diplomaten sichern. Ob einer der habsburgischen Jünglinge Fähigkeiten besaß oder nicht, war ganz gleichgültig. Auch der unfähigste unter ihnen brachte es mindestens bis zum Heerführer! Niemals im Laufe der Jahrhunderte waren die Habsburger etwas anderes gewesen denn *nimmer satte Schmarotzer am Marke des Staates*.

Deshalb waren die Konfiskationsgesetze, die nicht einmal das ganze, sondern *nur einen Teil* des Habsburgervermögens beschlagnahmten, nur eine ganz beschei-

---

10 Alle vier Genannten waren wichtige Mitglieder der Christlichsozialen Partei und Abgeordnete zu der am 16. Februar 1919 gewählten Konstituierenden Nationalversammlung: Ignaz Seipel (1876–1932) wurde 1922 erstmals Bundekanzler; Jodok Fink (1853–1929) war von 1919 bis 1920 Vizekanzler; Richard Weiskirchner war von 1913 bis zum Mai 1919 Wiener Bürgermeister und Leopold Kunschak (1871–1953) Parteisprecher und in der Folge Abgeordneter zum Nationalrat.

dene und wahrlich vollständig gerechte Sühne für das übergroße Unglück, das diese Familie über das von ihr beherrschte Land gebracht hatte. Das großherzige Parlament der Republik widmete das Vermögen jenen, die am schwersten unter dem früheren System zu leiden hatten,

den Opfern des Weltkrieges.

Die Erträgnisse aus den einst habsburgischen Gütern fielen dem *Kriegsgeschädigtenfonds* zu. In den Schlössern, die vordem dem üppigen Luxus nichtstuender Genießer gedient hatten, wurden arme schwerkranke invalide Soldaten untergebracht.

Seit dieser Tat sind einige Jahre ins Land gegangen. Die bürgerlichen Parteien, die sich während des Umsturzes nur überaus vorsichtig zu betätigen wagten, sind wieder stärker geworden, ja es ist ihnen sogar gelungen, die Regierung der Republik in die Hand zu bekommen. Schritt für Schritt versuchte eine ebenso volksfeindliche wie gehässige Reaktion die Errungenschaften der Republik abzubauen. Nun glauben sich die Reaktionäre bereits stark genug, auch die Frage des Habsburgervermögens wieder aufzurollen.

[...]

Da tauchen nun in ihren Zeitungen gar bewegliche Klagen über die angebliche

Notlage der Frau Zita und ihrer Kinder

auf.[11] Das Pech der Christlichsozialen will es aber, daß gerade in den Tagen, in denen sie ihren Beschluß gefaßt hatten, das Budapester Habsburgerblatt „Pester Lloyd" einen Bericht über *die Weihnachten in Lequeito* [sic] veröffentlichte, der ein recht anschauliches Bild von der „Armut" der so bedauernswerten früheren kaiserlichen Familie entrollt.[12] „Eine vornehme Persönlichkeit", die eben aus dem spanischen Orte zurückgekehrt war, erzählt da voller Begeisterung: [„]Im übrigen führen Königin Zita und ihre Kinder nun schon *ein einer königlichen Familie würdiges Leben.* [...] Die Königin fühlt sich frisch und ist immer tätig. Ihr Tagesprogramm beginnt sie um 5 Uhr morgens. Sie hört *täglich dreimal die Messe* in der Kirche von Lequeito: morgens um 6 Uhr allein, um 8 Uhr mit *Erbkönig Otto* II., vormittags 10 Uhr mit den übrigen Kindern.

Der *Erbkönig* verbringt den größten Teil des Tages in Gesellschaft seines *ungarischen* Erziehers. [...] Bei gutem Wetter macht Erbkönig Otto in Begleitung seines Erziehers einen Spaziergang zum Molo von Lequeito oder fährt im *Automobil oder mit dem Schiff* nach einer der malerisch gelegenen Ortschaften der Umgebung ... [...]["]

Wie man sieht, geht es der armen Frau Zita wirklich schlecht. [...]

---

11 Zita von Bourbon-Parma (1892–1989) war die Ehefrau Karls I., des letzten Kaisers von Österreich und Königs von Ungarn.

12 Im Juni 1923 bezog Zita mit ihren Kindern die Villa Uribarren in Lequeitio im spanischen Baskenland.

Angesichts eines solchen Notstandes mußte etwas geschehen! Die österreichischen Christlichsozialen haben sich erbarmt – Gott sei Dank – und lassen durch ein eigenes Komitee die Möglichkeit untersuchen,

die armen Kriegsinvaliden aus ihren Siechenheimen zu verjagen,

um die Schlösser, in denen dieselben jetzt untergebracht sind, wieder den offenbar noch viel, viel ärmeren Habsburgern zurückzugeben. Ja es geht eben nichts über die christliche Nächstenliebe der frommen Christlichsozialen!

Was sie von ihren rechtlichen Bedenken erzählen, ist ebenso wahr als das, was über das Elend in Lequeito berichtet wurde. In Wirklichkeit handelt es sich den Monarchisten bei ihrem Versuch, der Republik das Habsburgervermögen zu rauben, um nichts anderes als darum,

Geld zu monarchistischer Propaganda

in die Hand zu bekommen. Seit einiger Zeit sind nämlich die Monarchisten wieder ungemein rührig. Zwischen Lequeito, dem Hofstaat der Zita, und den ungarischen Aristokraten gehen unermüdlich Boten hin und her. Von Ungarn führen die Verbindungen nach Wien, wo nicht allein frühere Generale und Diplomaten, sondern auch führende Mandatare der christlichsozialen Partei emsig am Werke sind, um die Rückkehr der Habsburger vorzubereiten. Da wird Intrige auf Intrige gesponnen, da werden Konventikel abgehalten und Verschwörungen angezettelt, da arbeiten geschäftig die Offiziere des Generalstabes der früheren k. u. k. Armee *an Putschplänen* zum gewaltsamen Umsturz. Von diesem Treiben wollen die vorliegenden Blätter einiges erzählen.

8.4 Alfred Polgar: Kaiserliche Möbel

Erstveröffentlicht als Alfred Polgar: Kaiserliche Möbel, in: *Prager Tagblatt*, 16. November 1920, S. 4.

Neben der Konfiszierung der Liegenschaften regelt das Habsburgergesetz *auch jene bestimmter beweglicher Güter, etwa der Möblierung der kaiserlichen Paläste und Residenzen. Als Mittel des demokratisierten Zugangs zum materiellen Erbe der Monarchie wurde das* Hofmobiliendepot *als Museum gegründet, das bis heute als eine der bedeutendsten Sammlungen historischer Möbel gilt. Das Museum bot der Öffentlichkeit einen bis dahin nicht verfügbaren Blick in die Vergangenheit; die Ausstellungen sollten den auf Kosten der Bevölkerung finanzierten Prunk verdeutlichen. Aber nicht das gesamte Museumspublikum folgte dieser kritischen Darstellung – für viele erweckten die Objekte die Pracht und Herrlichkeit der eben zu Ende gegangenen kaiserlichen Epoche zum Leben. Der Feuilletonist Alfred Polgar (1873–1955) registriert dieses nostalgische Verlustgefühl und erinnert an den Machtmissbrauch der alten Ordnung, der letztendlich zum Krieg geführt habe.*

In der Wiener Mariahilferstraße, – durch die vor Zeiten so oft die goldgeräderten Hofwagen fuhren, aus denen sichtlich erfreut gedankt wurde – steht das „Hof-Mobilien-Depot." Ein weitläufiger Bau, dessen Bestimmung war, den Reserve- und Ersatz-Möbeln für die kaiserlichen Schlösser Quartier zu geben. Sozusagen die Rumpelkammer (der „Boden", wie man's in Wien heißt) Seiner Majestät. Aber eine Rumpelkammer, die etwa dreißig langgestreckte Säle umfaßt und Werkstätten, so groß wie Bahnhofshallen. Hierher, in die Werkstätten, von den Betreuern des Depots „Spital" genannt, kamen die schadhaften kaiserlichen Möbel zur Reparatur.

In den Spitalsälen ist es warm. Ein eiserner Ofen prustet Kalorien aus, es riecht nach Holz, Leim, Farbe, und der menschenfressende Götze Arbeit zeigt sich als freundlicher Genius, Behagen bergend in seines Kittels Falten.

In den Depot-Zimmern, vollgestopft mit vornehmem Hausrat, mit Palastrat sozusagen, ist es bitterkalt. Als ob der eingefrorene Ueberfluß nie mehr tauen wollte. Es riecht nach gar nichts, nicht einmal nach Staub, der doch auch in seiner Art was Lebendiges. So ganz ungemütlich können nur Möbel aus einem verwunschenen Schloß sein.

Nach dem Zusammenbruch von „O du mein Österreich"[13] kümmerte sich niemand um das „Hof-Mobilien-Depot". Aber die braven Leute, deren Obhut es anvertraut gewesen, Diener und Handwerker, obhüteten weiter, taten weiter ihren Dienst, staubten ab, schoben zurecht, richteten her, die Schlosser nieteten, die Tapezierer flickten, die Schreiner leimten weiter die Möbel der allerhöchsten Herrschaft, wenn auch inzwischen die Herrschaft allerhöchst selbst aus dem Leim gegangen war.

Jetzt haben die Leute vom Depot aus ihren Möbellagern eine Ausstellung gemacht. Das ging ohne viel Mühe. Sie hängten eine Tafel hin: „Es wird gebeten, die Gegenstände nicht zu berühren" und schrieben auf die Türen „Eingang" und „Ausgang". Damit war im wesentlichen die Verwandlung eines Magazins in eine Ausstellung vollzogen.

Ihr Besuch ist lohnend und amüsant. In einem Saal sind die Möbel zu Wohnräumen zusammengestellt, die in ihrer frostigen Gewesenheit aussehen wie Totenmasken von Zimmern. In den vielen anderen Sälen stehen die Möbel spezieswise geordnet. Ein Auflauf von Tischen. Ein erstarrtes Meer von Nachtkasteln. Eine unübersehbare Zusammenrottung von Sesseln. Eine Riesentropfsteingrotte von Lustern. Unter ihnen der ehrwürdige Greis, der von der Decke des alten Burgtheaters gebaumelt hatte, und der gigantische Luster aus der Oper, den man wegnahm, weil er den Leuten von der vierten Galerie die Aussicht auf die Bühne verhing.

Ein Saal zeigt die stattlichste Assemblee von Wiegen, historische, in denen spätere Kaiser und Könige gestrampelt hatten, und viele andere. *Tu felix Austria nube*:[14] das Mobiliendepot ist gerüstet.

---

13 Der Militärmarsch „Oh du mein Österreich" wurde 1852 von Ferdinand Preis nach Franz von Suppés gleichnamigem Lied komponiert.

Es stehen auch noch die Sänften im Depot, üppig gepolstert, mit den Tragstangen für die Lakaien. Wo sind sie hin, die schönen Zeiten, da der Kutscher sein eigenes Pferd war!

Unter den Möbeln gibt es wunderschöne Stücke. In verschiedensten Stilen, Empire und Barock und in sämtlichen numerierten Louis.[15] Biedermeiers bürgerliche Grazie aber schlägt alles. Neun Zehntel der Möbel zeigen seine still- und feingeschweifte Behaglichkeit. Getischlerte Musik geradezu, Mozart in Esche.

Auch ein paar richtige Musealstücke hat das Hof-Mobiliar-Depot. So den Setzkasten und die Buchdruckerutensilien Josefs II. Jeder Habsburger mußte bekanntlich ein Handwerk erlernen, damit er, falls es mit dem Regieren nicht ginge, sein Fortkommen fände. Wie sehr an das Fortkommen der Herrscher das Glück der Völker geknüpft ist, das haben wir leider erst erkannt, als es um zehn Millionen Tote zu spät war.

Zu den interessantesten Nummern des Depots zählt auch eine Frauenfigur aus Alabaster, die den Eingang zum Laxenburger Schloß schmückte. Kaiser Karl hat sie entfernen lassen, weil sie splitternackt ist, wie die Wahrheit.

Als Clou der Ausstellung gilt mir ein Zimmerchen, in dem gar keine Möbel stehen, nur fünf Wachsfiguren: Typen der Hofdienerschaft. Ein Lakai, ein Türsteher, ein Büchsenspanner, ein ungarischer Trabant und ein Kammerdiener. Der Büchsenspanner hat einen gestutzten schwarzen Vollbart. Er sieht aus, als ob er Kaspar hieße.[16] Der Lakai, der Türsteher, der Kammerdiener haben in Miene und Haltung etwas hinreißend Allergehorsamstes. Der Ungar trägt einen aufgewichsten Schnurrbart und gleißt in Gold und Rot. Nur seine Hosen, aufblühend aus Lackstulpenstiefeln, sind weiß wie Terror.[17]

Als Puppen nehmen sich alle sehr respektierlich aus. Für Wachsfiguren paßt die Tracht und was sie symbolisiert. Lebendige Menschen, so angetan, könnte man sich nur in der Vitrine eines ethnographischen Museums denken.

Mein Führer erzählt, oft schon hätten Besucher beim Anblick der Fünf vor Wehmut geweint.

Vermutlich darüber, daß die Sonne, in deren Schein das Geschlecht der Lakaien, Türsteher und Leibkammerdiener gedieh, untergegangen ist. Was diese Son-

---

14 Das bekannte Motto „Bella gerant alii, tu felix Austria nube" (Kriege mögen andere führen, du, glückliches Österreich, heirate), das für die habsburgische Heiratspolitik steht, wurde, je nach Auslegung, Matthias Corvinus oder Maximilian I. zugeschrieben, ist aber tatsächlich erst im 17. Jahrhundert in Quellen belegbar.
15 Polgar bezieht sich hier auf die französischen Könige und Thronanwärter Ludwig XIV. bis Ludwig XIX.
16 In Carl Maria von Webers Oper *Der Freischütz* geht der Jägerbursche Kaspar einen Pakt mit dem Teufel ein.
17 Die Phase des „Weißen Terrors" vom Sommer 1919 bis zum Beginn des Jahres 1922 war die brutale Antwort Miklós Horthys auf die kurzlebige ungarische Räterepublik.

ne uns bedeutet hat, sieht sogar ein Kriegsblinder. Ja gerade der vielleicht sieht es ganz besonders scharf.

8.5 Anonym: Deutschösterreich – Konkursmasse und Kolonie

Erstveröffentlicht als Deutschösterreich – Konkursmasse und Kolonie, in: *Neues Wiener Tagblatt*, 22. Juli 1919, S. 2–3.

Im Sommer 1919 wurden die Friedensbedingungen für Deutschösterreich ausverhandelt, im Juli wurde die überarbeitete Fassung eines ersten Entwurfs veröffentlicht. Der folgende Artikel zeigt die weitverbreitete Bestürzung, die diese Bestimmungen auslösten: Zusätzlich zur Last der Reparationszahlungen und zum Verlust von Industrie- und Handelszentren an die neuen Nachbarstaaten sollte Österreich auch der Anschluss an Deutschland untersagt werden. Manche fürchteten, dass sich ihr Staat unter den vorgelegten Bedingungen als nicht „lebensfähig" erweisen würde, seine finanzpolitische Souveränität und letztendlich auch seine politische Autonomie verlieren würde. Im postimperialen Kontext erscheint es besonders interessant, wie sehr Schreckensbilder der Kolonisierung benutzt wurden, um diese Ängste auszudrücken. Der Macht des Kaiserreichs beraubt, entmilitarisiert, wirtschaftlich verschuldet und in Größe und Bevölkerungszahl massiv beschnitten, erschien die Zukunft als Umkehrung der früheren Verhältnisse: Österreich würde von fremden Mächten kolonisiert, seiner natürlichen Ressourcen beraubt und gezwungen sein, für den wirtschaftlichen Profit anderer zu arbeiten.

Unsre Friedensabordnung in Saint-Germain ist Sonntag mittag in den Besitz der gesamten Friedensbedingungen gesetzt worden. Das Werk, an dem die Pariser Mächte unter dem Einfluß ihrer tschechischen und südslawischen Verbündeten monatelang gearbeitet haben, läßt sich nun in seiner Gänze überblicken. Deutschösterreich geht aus diesen Beratungen, von denen es unbegreiflicherweise ausgeschlossen wurde, als tiefgebeugter Leidtragender hervor. Die Grundvoraussetzung unsres Friedens ist laut dem politischen Willen der Entente, daß Deutschösterreich als unabhängiger Staat in die künftige Völkergemeinschaft eintritt. Nach den Friedensbedingungen aber, die man uns Sonntag überreicht hat, wird von einer Unabhängigkeit unsres kleinen Landes nicht die Rede sein können. Deutschösterreich wird kein wirtschaftliches Eigenleben haben. Es wird finanziell so niedergedrückt sein, daß es unvermögend, die ihm aufgenötigten unerträglichen Bedingungen zu erfüllen, durch unabsehbare Zeiten auf die gnädige Laune der Siegerstaaten angewiesen sein wird. Das äußere Zeichen der finanziellen und wirtschaftlichen Versklavung wird die Unterwerfung unter das Regime einer internationalen Finanzkommission sein. Die türkische „Dette Publique",[18] dieses Kainszeichen der finanziellen Unselbständigkeit des Osmanischen Reiches, wird in drückenderer Form in Deutschösterreich aufleben.

[...] Die Pariser Mächte sind eben trotz besseren Willens vollständig im Banne der Einflüsterungen ihrer kleineren Bundesgenossen geblieben. Unsre Friedensdelegation hat in einer staats- und völkerrechtlich fein durchgearbeiteten Note den bündigen Nachweis erbracht, daß für alle Verpflichtungen des ehemaligen Oesterreich *alle* Sukzessionsstaaten aufzukommen haben.[19] Slawische Minister haben die Politik, die zum Kriege geführt hat, gemacht, slawische Abgeordnete sie gebilligt, die Kriegsanleihen wurden unter Mitwirkung der slawischen Mitglieder der Staatsschuldenkontrollkommission aufgenommen, und ihr Erlös ist in einem den Anteil Deutschösterreichs weit übersteigenden Maße den tschechischen Ländern zugute gekommen. Gleichwohl haben die Pariser Mächte nur die alten österreichischen Vorkriegsschulden nach einem annehmbaren Grundsatze aufgeteilt. Den gleichen Grundsatz, wie es doch gerecht wäre, auf die Kriegsschulden – Anleihen und Banknoten – anzuwenden, lehnen sie ab. Hier haben sie sich die von den Tschechen erfundene Fiktion zu eigen gemacht, daß Deutschösterreich allein der Rechtsnachfolger des ehemaligen Kaisertums sei. [...]

Damit nicht genug. Die Pariser Mächte laden uns noch eine Kriegsentschädigung auf. Ihre Höhe wird nicht bestimmt. Wohlwollen wird uns hier in Worten zugesagt. Aber schon im Vertrage werden uns auf Rechnung dieser Entschädigungen, die wir im Wesen wieder ganz allein für das ehemalige Kaisertum tragen sollen, Güter und Vermögenschaften beschlagnahmt, die uns beinahe der letzten Möglichkeit wirtschaftlicher Wiederaufrichtung berauben. Seeschiffe, Flußschiffe, unser Bestand an Vieh, unser Holz, Eisen und Magnesit, unsere Möbelvorräte und Maschinen werden entweder im Wege der entschädigungslosen Beschlagnahme oder eines Optionsrechtes zu ungerechtfertigt niederen Preisen für die Schadenssumme in Anspruch genommen. [...] Auch die Verfasser des Friedensentwurfes dürften sich über die Unerfüllbarkeit ihrer Forderungen klar sein. Ihre Absicht kann sonach keine andere sein, als Deutschösterreich unter das Joch von Verpflichtungen, denen es nicht nachkommen kann, zu zwingen, um es wirtschaftlich und finanziell völlig wie ein unterworfenes Land behandeln zu können. Die Welt wird das Schauspiel erleben, daß in der Mitte Europas ein hochzivilisiertes Volk von großer kultureller Vergangenheit zu einem Kolonialvolk herabgedrückt wird, das gleich den Negern in den afrikanischen Ländern für Fremde wird fronden müssen.

---

18 Die *Administration de la Dette Publique Ottomane* war 1881 infolge des Staatsbankrotts des Osmanischen Reichs von 1875 durch ein europäisches Bankenkonsortium gegründet worden. Dieses konnte dadurch die weitgehende Kontrolle über die osmanische Wirtschaft an sich reißen.
19 Der Begriff „Sukzessionsstaaten" bezieht sich hier auf jene Staaten, die auf dem Boden der ehemaligen Monarchie entstanden: die Tschechoslowakei, Polen, das Königreich Jugoslawien, Ungarn und Österreich.

Wenig Erfreuliches liest man aus den abgeänderten territorialen Bestimmungen heraus. [...] Nur eine Ungerechtigkeit, die für die Zukunft Wiens verhängnisvoll geworden wäre, wird beseitigt; die Marchgrenze verläuft nicht, wie im ersten Entwurf, auf dem rechten Ufer, dieses fällt vielmehr an Deutschösterreich, so daß die Stellung Wiens als künftigen Donauumschlagplatzes gewahrt wird. Als Entgelt für den Verlust wertvollen deutschen Bodens bietet uns die Entente einen Teil des deutschen Westungarn, im wesentlichen das Oedenburger Komitat und nur kleinere Teile des Eisenburger und Wieselburger Komitats. Unsre Delegierten haben, übereinstimmend mit dem Wunsche der westungarischen Deutschen, das Selbstbestimmungsrecht verlangt. Die Entente sieht darüber hinweg. Die ganze deutschösterreichische Oeffentlichkeit wird jedoch eines Sinnes darin sein, daß die uralten deutschen Siedelungen und ihr kernhafter deutscher Volksschlag ihr volles Selbstbestimmungsrecht haben sollen. In freier Abstimmung mögen sie entscheiden, wir werden sie gerne begrüßen, wenn sie sich für uns aussprechen.

[...]

Unsre Abordnung wird zehn Tage Zeit haben, die neuen Bedingungen zu beantworten. Diese können nicht angenommen werden, ohne daß Deutschösterreich aufhören würde, ein Staat zu sein, der diesen Namen verdient. Die Entente versichert, daß sie auf unsre wirtschaftliche und finanzielle Lage Rücksicht nehmen werde. Will sie diese Zusage wahr machen, so muß sie die einschneidendsten Veränderungen an ihrem Entwurfe vornehmen. Als Konkursmasse und als Negerkolonie kann Deutschösterreich nicht leben.

8.6 Karnute: Wie soll Kärnten sich orientieren?

Erstveröffentlicht als Karnute: Wie soll Kärnten sich orientieren?, in: *Grazer Tagblatt*, 16. Juli 1919, S. 1–2.

Mit der Ausrufung der Republik Deutschösterreich war auf dem Gebiet der ehemaligen Habsburgermonarchie zum ersten Mal ein fast ausschließlich deutschsprachiger Nationalstaat entstanden. Die Bevölkerung dieses ungewohnten Gebildes hatte zunächst wenig Bezug zu diesem neuen Staat und seinen Landesgrenzen. Die wichtigste politische Identität war regional, nicht national. Im gemischtsprachigen Kärnten mit seiner 1918–1919 militärisch umkämpften Grenze zum Königreich Jugoslawien und der im Friedensvertrag von Saint-Germain vorgesehenen Volksabstimmung über eine allfällige Teilung wurde die deutschkärntner Identität aus zwei Quellen gespeist: aus der Verdrängung der eigenen slawischen Geschichte und aus der Ablehnung des multiethnischen Roten Wien, das Kärnten in seinem Abwehrkampf gegen die slawische Bedrohung alleingelassen habe. Dieser Artikel aus einer großdeutsch ausgerichteten Grazer Zeitung veranschaulicht exemplarisch, wie sich in diesem provinziellen Ressentiment gegenüber der Hauptstadt antislawische und antisemitische Tendenzen miteinander verbinden.

Klagenfurt, Mitte Juli.

[...]
Wie soll nun aber Kärnten sich für die nächste Zukunft überhaupt orientieren? Diese Frage beschäftigt heute wohl alle denkenden Landsleute. Sollen wir als kriegswundes, ausgesogenes Land uns von dem *kommunistelnden* Wien völlig unserer Eigenart berauben und zugrunde regieren und experimentieren lassen oder sollen wir uns etwa vorderhand mit *Salzburg* und *Tirol* zu einem gleichartigen Block zusammentun und dann den für diese drei Alpenländer so naheliegenden *Anschluß* an das stammverwandte *Bayern* suchen? In der Wiener Millionenstadt hat niemals ein Verständnis für unsere Bedürfnisse geherrscht und schon unter dem alten, verkrachten Regime sind wir von dort aus mehr als stiefmütterlich behandelt worden. Das „neue Wien" hat durch verständnisinnig geförderten Zuzug aus Polen und Ungarn ein ganz „orientalisches" Gesicht bekommen und ist dadurch natürlich den Alpenländern nur noch mehr entfremdet worden. Wir haben kein Vertrauen zur gegenwärtigen Wiener Regierung, welche sich vorwiegend aus *volksfremden* Elementen und verkappten Reaktionären zusammensetzt und unter roter Führung mit den von Ofen-Pest[20] aus „soutenierten und dirigierten" Kommunisten in verdächtiger Weise liebäugelt. Der gesunde Sinn des deutschen Älplers sträubt sich überhaupt gegen den zersetzenden Semitengeist, welcher vom Wasserkopf-Wien aus die Republik Deutschösterreich völlig beherrschen will und in *fremd*rassigem Interesse jede *organische* Neugestaltung verhindert. Das alte Wahrwort Schönerers,[21] *daß den Deutschen nur durch Deutsche geholfen werden könne*, hat heute für uns mehr als je Geltung. Und weil wir *Kärntner* als Deutsche nur in einem *deutschen* und *wahrhaft demokratischen* Staate leben und als Herren im eigenen Hause unsere Zukunft selbst bestimmen und aufbauen wollen, lehnen wir jede Diktatur des heutigen, durch und durch verjudeten Wien mit aller Entschiedenheit ab, da wir sonst aus dem Regen in die Traufe, aus dem Joche der *Habsburger-Parma-* unter jenes der *Adler-Austerlitz*-Dynastie[22] kommen würden. Und wenn in *Wien* wirklich die *Rätere-*

---

20 Ofen war der deutsche Namen für Buda, das 1873 mit Óbuda (dt. Alt-Ofen) und Pest (dt. Pesth) zu Budapest zusammengelegt worden war.
21 Georg von Schönerer (1842–1921) war der Führer deutschnationaler Parteien im Reichsrat, bekannt für seine Gegnerschaft zum politischen Katholizismus und vor allem für seinen Antisemitismus.
22 Der erste Teil bezieht sich auf die Heirat Karls I. mit Zita von Bourbon-Parma 1911, der zweite auf die beiden bekannten Führungspersönlichkeiten der Sozialdemokratie, Victor Adler und Friedrich Austerlitz, die beide aus jüdischen Familien stammten.

publik unter dem Jubel Israels und seiner internationalen Kostgänger aufgerichtet werden sollte, dann gäbe es darauf aus unseren freien Bergen wohl nur *eine* Antwort, und diese wäre die sofortige *Ausrufung der Alpenländischen Republik*, welche ein- für allemal die reinliche Scheidung einleitet und uns den sozialistisch-kommunistischen Großstadt-Desperados gegenüber volle Handlungsfreiheit gibt.

Also Zusammenschluß mit Salzburg und Tirol und Angliederung an Bayern, oder aber Errichtung einer Alpenländischen Republik, welche im geeigneten Zeitpunkte selbstverständlich sich auch *politisch* mit dem großen, gemeinsamen deutschen Vaterlande von der Ostsee bis in die Alpen *vereinen* und so die *Anschlußfrage via facti* zur natürlichen Lösung bringen würde. Beide Wege sind gangbar, doch wäre der letztere zweifellos der richtigere, weil er zur Wahrung der Selbstbestimmung auch von *Steiermark* und *Ober-* und *Niederösterreich* beschritten werden würde, wo gegenüber dem Juden-Eldorado an der Donau ja keine andere Stimmung vorherrscht als z. B. in Kärnten. Die Millionenstadt Wien würde dann – völlig auf sich selbst gestellt – am raschesten zur Vernunft und Ruhe kommen und unter dem Zwange der selbstverschuldeten Isolierung sich im ureigensten Interesse von der Fremdherrschaft befreien, die heute wie ein tötender Alp auf ihr lastet. Mit einem wieder *deutschen* Wien, welches etwa als freie Reichsstadt sich dem Zukunft-Deutschland organisch eingegliedert, würden aber die alten herzlichen Beziehungen in neuer, besserer Form sich ganz von selbst wieder herstellen und auf dem Boden der Gleichheit und Gegenseitigkeit sich gewiß enger und inniger gestalten als früher, wo Reichshauptstadt und Provinzen zwar verfassungsmäßig fest aneinandergekettet waren, aber trotzdem in zwei verschiedenen Welten lebten.

Eine Zukunft unter der Zentralherrschaft des heutigen Wien können wir Alpendeutsche – soweit wir nicht jerusalemrot punziert sind – uns nun einmal nicht vorstellen. Weder kulturell noch wirtschaftlich. Kulturell liegt dort ein unüberbrückbarer Abgrund zwischen unserer arisch-deutschen und der jüdischen Weltanschauung, welche geschäftige internationale Hände in der Schreckverwirrung des Zusammenbruches uns nun aufzuzwingen suchen. Wirtschaftlich aber würden die kleinen, verarmten Alpenländer von der Millionen-Verbraucherstadt Wien einfach ausgesogen werden und in kurzer Zeit schon unter den Lasten der roten Stimmzettel-Finanzwirtschaft elend zusammenbrechen. In den Alpen, wo der Mensch in mühevollem Schaffen und im steten Kampfe gegen böse Naturgewalten sich seit jeher sein Dasein schwer erkämpfen mußte, weiß man, daß nur harte *Arbeit* und größte *Sparsamkeit* uns vor dem vollständigen Niederbruche, vor dem katastrophalen Krache bewahren und wieder besseren Tagen entgegenführen kann; in Wien dagegen hat man *gerade heute* keine *anderen* Sorgen als die Verkürzung der Arbeitszeiten und verschleudert von dort aus gleichzeitig für die Volkswehr des Herrn Deutsch[23]

---

23 Julius Deutsch stellte als Unter- bzw. Staatssekretär für Heereswesen zwischen 1918 und 1920 die Deutschösterreichische Volkswehr als Armee der Republik auf.

und andere ähnliche, *derzeit* ganz zwecklose Institutionen die Staatsgelder in leichtfertig-sinnloser Weise, so daß die Banknotenpresse neuerlich assignatenmäßig[24] in Bewegung gesetzt werden muß und mit der weiteren Entwertung der Krone eine Teuerung heraufbeschworen werden wird, die das schaffende Volk, das an die falschen Propheten glaubte, erst recht dem Hunger und Elend überantworten würde. In diesen verderblichen Strudel, über dem, vergnüglich lächelnd, die kommunistelnden Geister schweben, lassen wir uns nicht mit hineinreißen; der *Selbsterhaltungstrieb* allein schon zwingt uns zur entschiedensten Abwehr [...].
[...]

8.7 Friedrich Austerlitz: Los von Wien!

Erstveröffentlicht als Friedrich Austerlitz: Los von Wien!, in: *Der Kampf. Sozialdemokratische Monatsschrift*, 12. Jg., Nr. 10 (7. Juni 1919), S. 345–349.

Friedrich Austerlitz (1862–1931) war bis zu seinem Tod Chefredakteur der Arbeiter-Zeitung und Abgeordneter zum Nationalrat. Der folgende Artikel ist zunächst eine Antwort auf jene, die sich unter den Bedingungen der Nachkriegszeit von Wien distanzieren wollen. Austerlitz drückt Verständnis dafür aus, dass die Landbevölkerung vernünftige Gründe haben mag, sich von der überdimensionierten Hauptstadt loszusagen. Das wahre Ziel seiner Polemik sind aber jene Christlichsozialen, die zwar selbst in Wien leben, aber in der Provinz Vorurteile gegen die Stadt schüren. Weil sie dem Sozialismus und den Sozialdemokraten feindlich gegenüberstehen, versuchen sie diese durch die Mobilisierung ihrer ländlichen Parteigänger zu schwächen. Austerlitz argumentiert, dass die Länder tatsächlich froh über das sozialistische Wien sein sollten, da es die Produktivität der städtischen Arbeiterschaft steigert. Der Beitrag wurde zuerst im sozialdemokratischen Theorieorgan Der Kampf *veröffentlicht, in der darauffolgenden Woche auch in der* Arbeiter-Zeitung.[25]

Wir gravitieren nach Wien! Los von Wien! In diesen zwei Losungen spiegelt sich, schärfer als in jeder anderen Beziehung, der Niedergang der ehemals geliebten und bewunderten „Kaiserstadt" ab. Wir gravitieren nach Wien: dieses Wort von Eduard Herbst[26] war der Ausdruck der Tatsache, daß alle Deutschen in Oesterreich in Wien den geistigen, politischen und wirtschaftlichen Mittelpunkt der Monarchie erblickten, in der Größe und Blüte Wiens die Bürgschaft für ihr Gedeihen erkannten. Los

---

24 Assignaten waren die während der Französischen Revolution verwendeten Geldnoten.
25 *Arbeiter-Zeitung*, 12. Juni 1919, S. 1.
26 Eduard Herbst (1820–1892) war Professor für Rechtsphilosophie in Lemberg und Prag, Reichsratsabgeordneter der liberalen Verfassungspartei und 1867 bis 1870 Justizminister unter Fürst Karl Auersperg.

von Wien: das ist die Absage an Wien, das ist der Schrei der Geringschätzung, ja der Verachtung; sie alle, die ehemals auf den „deutschen Charakter" Wiens so stolz taten, werfen die entthronte Stadt, das darbende und trauernde Wien, zu den Toten und verkünden stolz, daß sie mit Wien nichts zu schaffen haben wollen. Und dieses Todesurteil geht von der Partei aus, die auf dem Wiener Boden erwachsen und in die Höhe geschossen ist! Die Christlichsozialen sind es, die bei dem giftigen Lärm gegen Wien den Ton angeben; Wiener Christlichsoziale sogar, die sich daran ergötzen, daß die Parteigenossen in den Ländern Wien die Absage schicken. An der Hetze der Christlichsozialen gegen Wien kann die Wiener Bevölkerung ermessen, was die Freunde, die es in der Not so schnöde verleugnen und so gefühllos verlassen, wert waren.

Die Abneigung gegen Wien ist die Abneigung gegen die arme Stadt. Psychologisch ist ja das alles nicht unbegreiflich. In der Vorkriegszeit war Wien vor allem der *gute Markt*, die Stadt, wo sich der Reichtum häufte, das „kaufkräftige Publikum" versammelt war, die also jeder aufsuchte, der Waren abzusetzen hatte.

[...]

Wenn die Länder, die einstmals für Wien schwärmten, nun gegen Wien so hochfahrend reden, so hat das seine eigentliche Ursache darin, daß sie einstmals Wien gebraucht haben und nun Wien auf sie angewiesen ist.

Das ganze Geschwätz von dem „kaiserlichen" Wien, dem die Herzen zuflogen, und dem republikanischen, das nur Abneigung erweckt, hat also gar keinen Sinn und entspringt nur dem Unvermögen, die ökonomischen Grundlagen der Ideologie zu erkennen, oder dem Bedürfnis, sie zu verschleiern: weil es sich natürlich schöner ausnimmt, die Abneigung der Länder gegen Wien als die Empörung gegen die Republikaner, Sozialisten und Juden hinzustellen, wonach sie eine gewisse geistige Färbung annimmt, als wie sie als den Wunsch zu erkennen, alles selbst zu behalten und Wien, anstatt dessen Mangel zu teilen, seinem Schicksal zu überlassen. [...]

Erscheint aber der Gegensatz zwischen Wien und den Ländern, soweit er in dem Lebensmittelmangel seinen Ursprung hat, als ein doch nur auf augenblicklichen Tatsachen beruhender – obwohl diese, aus den allgemeinen Grenzen der landwirtschaftlichen Produktion erfließen, uns jahrzehntelang quälen können – so bleibt immer die schier unmögliche Tatsache bestehen, daß ein „Hinterland" von vier bis fünf Millionen Menschen eine Stadt von zwei Millionen Menschen, in der nichts wächst, tragen und erhalten soll. Die Riesenstadt ist in allen Beziehungen, der Größe der Bevölkerung, ihrer kulturellen, wirtschaftlichen und sozialen Struktur nach, das Produkt eines Großstaates; nie hätte eine Bevölkerung von sechs bis sieben Millionen Deutschösterreichern eine Stadt von zwei Millionen Menschen hervorbringen können. So war Wien ein Ausdruck des Imperiums, ist nun sein Ueberbleibsel, und seine Last ist für das so reduzierte Fundament zu groß. Das ist es, was die Bevölkerung der Länder dumpf fühlt, wenn sie sich über die Ursachen auch nicht recht klar ist, noch klar werden will – der christlichsoziale Verfassungsentwurf ist ein Vertuschungsmanöver –: daß mit der Zweimillionenstadt, die ihre Polypenarme in alle Länder streckt, eine Last auf ihr liegt, die sie zerdrücken könnte, derer sie sich also rechtzeitig entledigen möchten. Wenn sich die Länder wehren, der Riesenstadt als Stütze zu dienen, ihr „Hinterland" zu bleiben, so ist das zwar nicht gerade edel, auch nicht national gedacht: kann aber, als Selbstschutz – rette sich, wer kann – noch begriffen werden. Erstaunlicher ist vielleicht, daß die Anstifter und Aufpeitscher des Ländereogismus in Wien seßhaft sind, daß es die Wiener Christlichsozialen sind, die an der Isolierung Wiens, der geistigen und wirtschaftlichen, kräftig mitarbeiten. Mehr als das, daß sie just jene wirtschaftlichen Tatsachen, die die Unmöglichkeit Wiens als einer „Hauptstadt" von zwei Millionen Einwohnern in einem „Staate" von sechs Millionen Menschen begründen, statt abzuschwächen und zu beseitigen, noch zu *verstärken* suchen. Das sozialistische Wien – wenn man unter Sozialismus nicht die sozialdemokratische Mehrheit im Wiener Gemeinderat, was falsch und oberflächlich wäre, sondern die *sozialistisch organisierte* Wirtschaft versteht, worum die Frage geht – mag den Provinzbürgern ein Scheuel und Greuel sein; dennoch ist es so, daß Wien nur bestehen kann, und nur ein solches Wien die wirtschaftlichen Gegensätze zwischen der Riesenstadt und dem Lande auflöst, wenn es in der Hauptsache eine *güterschaffende* Stätte wird, eine Stadt, die Güter hervorbringt. Denn dann ist sie nicht bloß die Stadt, die nimmt, sondern dann kann sie auch geben.

[...] Eine Riesenstadt, in der die Menschen davon leben wollen, daß die anderen arbeiten – was sie dann Handel, Intellektualismus, Kultur nennen – ist für einen Staat von sechs Millionen eine Unmöglichkeit. Eine Riesenstadt, in der *gearbeitet* wird – worunter wir beileibe nicht verstehen, daß Menschen „beschäftigt" werden, wenn ihre Beschäftigung zur Mehrung der Gütermasse weder direkt noch indirekt beiträgt, für sie nicht notwendig ist, indem sie Arbeitskraft und Rohstoffe verzehrt, geradezu schadet – eine Stadt, die *Güter hervorbringt*, ist natürlich keinem zur Last, wird vielmehr, weil die Ansammlung von Menschen den technischen Wirtschaftsprozeß ganz außerordentlich erleichtert, hebt und wirkungsvoller gestaltet, gegen jedermann, also auch gegen ihr „Hinterland", gegen die Länder, ihre volle, eben auf dem Uebergewicht ihrer Arbeit beruhende Stellung erlangen. Das sozialistische Wien, als die planmäßige Organisation schaffender und schöpferischer Arbeit, ist die *Rettung dieser Stadt*, die als Ueberrest des früheren Imperiums verloren wäre.

Es ist leicht, Wien zu verteidigen; noch leichter, es anzuklagen; schwer ist, ihm zu helfen. Daß das mit einer papierenen Verfassung nicht bewirkt wird, liegt auf der Hand, schon deshalb nicht, weil die angeblichen politischen Gegensätze im Wesen nur wirtschaftliche Fragen sind. Gewissenlos ist aber ein Unternehmen, das die vereinsamte Stellung Wiens auf die Ausbreitung und Auswirkung des Sozialismus schieben will und dabei nicht bedenkt, daß damit die Qualen und Leiden der Stadt, deren Elend von dem Kriege herrührt, noch verschärft werden. Wer „Los von Wien!" schreit, schmäht und verleugnet die Stadt, die, allen Lastern zum Trotz, doch die Wiege und Heimstatt vieles Großen war.

8.8 Anton Kuh: Wien am Gebirge

Erstveröffentlicht als Anton.: Wien am Gebirge, in: *Die Stunde*, 4. Juli 1923, S. 3.

Wenn in der politischen Linken und der Rechten Nostalgie für das untergegangene Vielvölkerreich zum Ausdruck gebracht wurde, war damit Unterschiedliches gemeint. War es aufseiten der Rechten der Verlust imperialer Macht und Größe, so beschäftigte die Linke mehr der Niedergang Wiens von einer pulsierenden, kosmopolitischen Metropole zur Hauptstadt eines provinziellen, nach innen gerichteten Kleinstaats. Zwar bringt der Satiriker und prominente Kaffeehausliterat Anton Kuh (1890–1941) seine Abneigung gegen diese Entwicklung nicht explizit mit seiner jüdischen Identität in Verbindung. Dennoch war die Abnahme kultureller und ethnischer Vielfalt in der Stadt besonders für die Mitglieder religiöser und ethnischer Minderheiten spürbar.

Als Wien noch die Reichshaupt- und Residenzstadt der österreichisch-ungarischen Monarchie war, da hieß die Stadt mit ihrem vollen volksschul-geographischen Titel: Wien an der Donau. Der unendliche Strom war das Wichtige, der, Industrien schaffend, Handel bindend, von Europas Herz fast bis zu Asiens Pforte reichte und das Reich in der Mitte durchschnitt. Dieser Strom war die Zufahrtstraße der Stadt, ihr Vorrang in der Staatsgeographie.

Das Wien, das nichts als Hauptstadt ist, liegt nur noch an der Donau, wird von ihr flüchtig mitbeschenkt, aber es gebietet nicht mehr über sie. Es hat an dem Strom nicht mehr Recht als das frühere Königreich Serbien oder irgendeines der balkanischen Unterländer, denen er noch zum Abschied den Boden stärkt. Man sagt nicht mehr „Wien an der Donau", und wenn man es sagt, so hat es nicht mehr den weitgebietenden, imperialen Glanz. Wien liegt einfach nicht mehr an der Donau – wo es ja streng genommen niemals lag –, sondern am Gebirge (lies für: a. G.); nicht in der weltoffenen, ausblicksreichen Ebene, sondern angepreßt an gemütsumdämmerndes Bergland. Von den zwei geistig-topographischen Komponenten: dem Blick in die Weite des Ostens und Nordens und der Umschmiegtheit durch den Westen und Süden, wodurch sich die merkwürdige Wiener Sentimentalität, diese Blickaussendung ins Ferne und -zurückrufung ins Enge ergab, ist eine weggefallen. Bald wird es auch der sentimentale Ton des Liedes zu spüren bekommen; die Wehmut, die in kleinerer Welt atmet, vermindert um die Farbe des Stolzes, wird ins Kärntnerisch-Koschatische[27] sich neigen.

Daß Wien am Gebirge liegt – wie Sankt Leonhard, St. Anton und Brunn –, ist seit Kriegsende mit jedem Tag mehr zu sehen und spüren.[28] Seit damals obsiegt im-

---

[27] Thomas Koschat (1845–1914) war ein österreichischer Chorleiter und Komponist, der das Kärntner Volkslied international bekannt machte.
[28] Tatsächlich liegt Wien, ebenso wie Brunn a. G., nicht „am Gebirge", sondern am Wienerwald, dem östlichsten Ausläufer der Alpen.

mer deutlicher das Gesetz des „Unter sich". Die Gesinnungen sind kernhafter, spröder, kleinhorizontiger geworden; die Weltfreude des nationalen Mischlings weicht jener Dusterknorrigkeit, für die die Nase des Tirolers ein so scharfes Abbild ist. Die Umgangsart ist gereizter wie bei kleinstädtisch zu ewigem Unter-sich-sein Verdammten. Graz von Süden, Linz von Westen, rücken immer näher – Wiener Neustadt ist wichtig wie ein neues Wien, fünfzig Kilometer entfernt von Wiener Altstadt. Die Politik trägt Berg- und Almluft herein, holzigen Scheunenhauch. Was in Stammbeiseln krakeelt und in Extrazimmern rumort oder kniehosig und wickelgamaschig[29] Marschtakte aufs Pflaster schlägt, was sich da schwarze Lappen ums Haupt wickelt, Baumstämme als Spazierstöcke trägt und vor jedem guten Gewand oder schönem Gefährte das Gesicht in Falten zieht – das ist der Geist von Schladming, Unterhollersbach und St. Kathrein.[30] Die Jungmannen, mandolinenumbändert, mit Hoiho-Hüteln auf Köpfen, die die Wirklichkeit einer Unterhaltungsbeilage entlehnt hat (für die reifere Jugend) – die Selbanderwandel-Paare, die den Wald nach ihrem Erbauer fragen, statt in holder Verlegenheit den Blick voreinander zu senken – die unwienerischen Kommers-Johler,[31] die jetzt in den Gaststätten und Freiluftschenken des Vororts sichtbarer werden – sie sind allesamt Gebirgler, Wald-Krähwinkler,[32] die der Ausgang des Weltkriegs zu Privilegierten der Weltstadt gemacht hat. Bleibt noch: der polizeilich-behördliche Geist. Er gravitierte von jeher nach Wimpfenbrunn[33] und markierte widerwillig Europa. Heute gravitiert Wimpfenbrunn nach ihm.

Am letzten Sonntag, als fremde Trachten und Gesichter (Besucher des Katholikentags)[34] die Straßen der Stadt füllten, da gab man jenen Niederösterreichern recht, die Wien „Weandorf" nennen. Wien ist eine Alpenhauptstadt – wir andern mit den Industriesklaven zusammen führen einen Defensivkampf. Das Gebirge dringt vor – bald wird sich das „a. G." statt des „a. D." in den Lesebüchern einbürgern.

---

29 Wickelgamaschen waren nicht nur bei Alpintouristinnen und -touristen beliebt, sondern auch bei den „völkischen" Vorläufern der Nationalsozialisten.
30 Kleine Dörfer und Städte auf dem österreichischen Lande.
31 Kommers: Festveranstaltung von Studentenverbindungen.
32 „Krähwinkel" bezeichnet einen fiktiven provinziellen Ort, der als Synonym für spießbürgerliche Engstirnigkeit steht.
33 Wie „Krähwinkel" ein fiktives Synonym für das provinzielle Umland Wiens.
34 Auf katholische Laienbewegungen des 19. Jahrhunderts zurückgehende Zusammenkunft, die sich in der Folge vor allem im deutschsprachigen Raum zu einem wichtigen Glaubensfest entwickelte.

8.9 Otto Bauer: Drei Gruppen im Anschlußlager

Erstveröffentlicht als Otto Bauer: Drei Gruppen im Anschlußlager, in: *Arbeiter-Zeitung*, 7. Juli 1927, S. 1–2.

Der Begriff „Anschluss" wird heute hauptsächlich mit der nationalsozialistischen Annexion Österreichs 1938 verbunden, tatsächlich bezeichnete er ursprünglich ein politisches Projekt, das in der Zwischenkriegszeit lange Zeit auch von den Sozialdemokraten verfolgt wurde. Bis zum Aufstieg Hitlers gehörte die Sozialdemokratische Arbeiterpartei zu den Befürwortern der Anschlussidee, weil sie das sozialdemokratische Programm am ehesten durch die Vereinigung mit der fortgeschrittenen deutschen Arbeiterbewegung zu verwirklichen sah. Deswegen war Otto Bauer als Außenminister des provisorischen Staats Deutschösterreich 1919 zu geheimen Verhandlungen nach Deutschland aufgebrochen, um dort die Bedingungen für den Anschluss zu verhandeln. Bauer trat nach dem ausdrücklichen Anschlussverbot durch die Friedensverträge von seinem Amt zurück, warb aber weiter für die Vereinigung Österreichs mit Deutschland. Im Gegensatz dazu fürchteten die Christlichsozialen den Machtverlust der katholischen Kirche durch eine Einheit mit dem protestantischen Norden. Sie bevorzugten daher andere politische Konstellationen – vor allem die Idee einer Donauföderation unter österreichischer Führung.

[...]

Mein Artikel im „Kampf"[35] scheint vielen, denen der Anschluß am Herzen liegt, erst ins Bewußtsein gehoben zu haben, daß es auch unter den Anhängern des Anschlusses sehr verschiedene Ansichten über den Weg zum Anschluß, über die Voraussetzungen, unter denen der Anschluß wird durchgesetzt werden können, gibt. Darüber möchte ich einiges sagen.

Wenn ich von den Anhängern des Anschlußes spreche, möchte ich zunächst eine Gruppe ausschließen. Es sind das Leute, die den alten Partikularismus, das traurigste Erbe der deutschen Geschichte, die alte Abneigung des katholischen Oesterreich gegen das protestantische Preußen, die traurige Hinterlassenschaft der Kämpfe zwischen Habsburg und Hohenzollern, noch nicht überwunden haben. Es sind das Leute, die immer noch die Wiedervereinigung Deutschösterreichs mit den Nachbarvölkern, mit denen wir im Habsburgerreich zusammengekettet waren, erhoffen. Diese Leute sind im Grunde Gegner des Anschlusses. Da sie sich aber nicht offen der Kraft des Anschlußgedankens zu widersetzen wagen, verhüllen sie ihre Gegnerschaft, indem sie die Phantasien der Romantik des Vormärz wiederbeleben. Da träumen sie von einem neuen Reich, das, ein lockerer Staatenbund, die souveränen deutschen Staaten lose vereinigen, die Vorherrschaft des Nordens brechen, die

---

[35] Otto Bauer: Wandlungen und Probleme der Anschlußpolitik, in: *Der Kampf. Sozialdemokratische Monatsschrift*, 20. Jg., Nr. 7 (Juli 1927), S. 297–302.

Nachbarvölker bis zum Unterlauf der Donau sich eingliedern solle. Das Heilige Römische Reich teutscher Nation ersteht so in den Phantasien klerikaler Monarchisten wieder. Es ist eine Utopie und keine schöne. Von dieser Gruppe soll hier nicht weiter die Rede sein. Als wirkliche Anhänger des Anschlusses betrachte ich nur diejenigen, die keine innere Abneigung gegen den deutschen Norden hindert, den Anschluß an ein einheitliches Deutsches Reich zu erstreben. Unter diesen wirklichen Anhängern des Anschlusses können wir drei große Gruppen unterscheiden.

Die erste Gruppe möchte ich die pazifistische nennen. Sie hofft, ohne Krieg und ohne Revolution den Anschluß durch den Appell an das Rechtsgefühl der Welt, durch den Nachweis, daß Deutschösterreich, auf sich selbst gestellt, nicht lebensfähig sei, durch Anrufung des Völkerbundes erreichen zu können. Da sie alle gewaltsamen Mittel ablehnt, nur durch die Einheitlichkeit und Festigkeit des Anschlußwillens des deutschösterreichischen Volkes den Sieg erkämpfen zu können glaubt, betrachtet sie die ständige Propaganda des Anschlusses als das wichtigste Kampfmittel. Darin, in dieser Propaganda liegt ihr großes Verdienst. Denn gewiß muß jeder, der den Anschluß will, vor allem darauf bedacht sein, den Anschlußgedanken nicht in Vergessenheit geraten zu lassen, den Anschlußwillen stark, wach und bereit zu erhalten. Aber so richtig das auch ist, so glaube ich doch nicht daran, daß der Wille allein die gewaltigen Mächte, die uns den Anschluß verwehren, brechen könne. In den Jahren 1918 und 1919, vor dem Friedensschluß, als noch starke Strömungen in den Vereinigten Staaten und in Italien das Anschlußverbot ablehnten, durfte man hoffen, mit Berufung auf das Selbstbestimmungsrecht, mit dem Nachweis, daß Deutschösterreich nicht lebensfähig sei, die Aufnahme des Anschlußverbotes in die Friedensverträge mit Erfolg bekämpfen zu können. Heute aber zu hoffen, daß ein Appell an das Recht den Fascismus, ein Nachweis unserer wirtschaftlichen Nöte den französischen Imperialismus erweichen werde, scheint mir eine Illusion zu sein. Daß der Wille stark bleibe, ist gewiß die erste Voraussetzung des Anschlusses; darum haben wir die Parole Seipels,[36] vom Anschluß solle man nicht reden, abgelehnt, darum unterstützen wir die Propaganda des Anschlußwillens. Aber durchsetzen wird sich dieser Wille doch erst dann können, wenn große Umwälzungen in Europa die Kräfte des Widerstandes brechen werden.

Die zweite Gruppe der Anhänger des Anschlußes – man kann sie die kriegerische Gruppe nennen – weiß das sehr gut. Sie glaubt, ein sieghafter Krieg sei der Weg zum Anschluß. Ein Krieg werde Deutschland Gelegenheit geben, sich einer oder der andern der beiden Kriegsparteien anzuschließen und sich dadurch den Anschluß als seinen Teil an der Siegesbeute zu sichern. Diesen Weg zum Anschluß lehnen wir Sozialdemokraten ab. Unser Linzer Programm schließt ihn ausdrücklich

---

[36] Ignaz Seipel (1876–1932), christlichsozialer Parteiführer und zweimaliger Kanzler in der Ersten Republik (1922–1924 und 1926–1929).

aus. So entschlossen wir den Anschluß wollen, so lehnen wir es doch bedingungslos und für immer ab, ihn mit der Teilnahme an einem Kriege zu erkaufen.

Die dritte Gruppe ist die, deren Ansichten ich immer verfochten habe. Man kann sie die revolutionäre Gruppe nennen. [...]

Ich habe 1918 den Anschluß als die nationale Aufgabe der vom Proletariat getragenen Revolution verfochten. Ich habe 1923 in meiner „Oesterreichischen Revolution"[37] die Ansicht verfochten, daß erst der Augenblick, in dem „der jetzt unterbrochene revolutionäre Prozeß wieder von neuem einsetzen wird", mit der sozialen Revolution des Proletariats die nationale Einheit des deutschen Volkes verwirklichen wird. Ich habe in meinem „Kampf"-Artikel nur diese meine alte Auffassung wiederholt. Aus zwei Gründen lege ich ihr Bedeutung bei.

Der Anschluß soll uns kein bloßer Traum sein. Wir wollen einen gangbaren Weg zum Anschluß sehen. Wir wollen einen Weg sehen, ohne einerseits in die Illusion verfallen zu müssen, die Landkarte Europas könnte in voller Ruhe, ohne alle Erschütterungen revidiert werden, und ohne anderseits uns mit unserem Willen, uns in keinen Krieg hineinzerren zu lassen, in Widerspruch zu sehen. Die revolutionäre Hoffnung zeigt uns den Weg.

Sie leistet uns noch mehr. Indem sie den Arbeitern sagt, daß der Anschluß kein isolierter Akt sein wird, sondern ein Teil großer Umwälzungen, die auch das innere Bild Deutschlands umgestalten werden, zerstreut sie nicht nur die Befürchtungen mancher Arbeiter, daß sie den Anschluß mit dem Verlust mancher sozialer Errungenschaften erkaufen müßten, sondern verknüpft geradezu die Hoffnung auf den Anschluß mit der Hoffnung auf die soziale Befreiung der Arbeiterklasse. Indem sie das nationale und das soziale Ideal verknüpft, gibt sie dem Anschlußwillen der Arbeiterklasse die stärkste Kraft.

Diese Verknüpfung des Ideals der nationalen Einheit mit dem Ideal der sozialen Befreiung, diese Auffassung, daß dieselbe revolutionäre Entwicklung die deutsche Einheit verwirklichen und die deutsche Arbeiterklasse befreien werde, ist seit der Entstehung der deutschen Sozialdemokratie eine unserer Grundauffassungen. Im Jahre 1872 hat Wilhelm Liebknecht, des Hochverrats angeklagt, vor den Leipziger Geschworen bekannt: „Ein zwiefaches Ideal hat mir von Jugend an vorgeschwebt: das freie und einige Deutschland und die Emanzipation des arbeitenden Volks. Für dieses Doppelziel habe ich nach besten Kräften gekämpft und für dieses Doppelziel werde ich kämpfen, solange noch ein Hauch in mir ist. Das will die Pflicht."

---

37 Otto Bauer: *Die österreichische Revolution*, Wien: Wiener Volksbuchhandlung 1923.

Fotografie zu einer Reportage von Bruno Frei über die Elendsquartiere jüdischer Flüchtlinge in Wien. „Die zugereiste Familie schläft in Ermangelung von Einrichtungsgegenständen auf der Erde", um 1920. (Bildarchiv ÖNB)

9 Demografie und Migration
Kristin Kopp, Werner Michael Schwarz

Einleitung

Die Bevölkerung Wiens sank nach dem Ersten Weltkrieg von circa 2,1 auf weniger als 1,9 Millionen. Einer der Gründe war die hohe Sterblichkeit, die durch die schlechte Ernährungslage während des Krieges und danach verursacht wurde. Betroffen waren insbesondere Säuglinge und Kinder, die chronisch unterernährt waren, aber auch in der übrigen Bevölkerung forderten Epidemien wie die Spanische Grippe hohe Opferzahlen. Hinzu kam die Abwanderung in die Nachfolgestaaten der Monarchie, die Rückkehr von Kriegsflüchtlingen vor allem in das ehemalige Galizien, das Teil der Republik Polen geworden war, insbesondere jedoch die Übersiedlung von mehr als 100.000 Mitgliedern der tschechischen Minderheit in die neu gegründete Tschechoslowakei. Die seit dem späten 19. Jahrhundert unter hohem Assimilationsdruck stehende tschechischsprachige Zuwanderergruppe blieb dennoch auch nach 1918 zunächst ein wichtiger kultureller und demografischer Faktor in der Stadt.

Die Frage nach In- und Exklusion im Roten Wien, nach den Adressaten und Adressatinnen der städtischen Wohlfahrtspolitik und dem Umgang mit Migration muss für die Anfangsjahre vor allem im Kontext eines rassistischen Antisemitismus gesehen werden, der sich schon während des Krieges insbesondere gegen jüdische Flüchtlinge aus Galizien gerichtet hatte. So wurde die Frage nach der Staatsbürgerschaft in dem neuen Staat, also die Definition des deutschösterreichischen Staatsvolkes, fast ausschließlich und parteiübergreifend vom Interesse an deren Ausschluss bestimmt, obwohl die Zahl der jüdischen Flüchtlinge nach 1918 nur auf maximal 30.000 Personen in Wien geschätzt wird.

Die provisorische deutschösterreichische Verfassung von 1918 diskriminierte offen ‚Altösterreicher' und ‚Altösterreicherinnen' aus Galizien (aus rein taktischen Gründen auch aus Istrien und Dalmatien) gegenüber jenen aus anderen ehemaligen Kronländern, indem sie deren Staatsbürgerschaft vom Heimatrecht in einer österreichischen Gemeinde abhängig machte, das einen Aufenthalt von mindestens zehn Jahren voraussetzte. Der Friedensvertrag von Saint-Germain setzte diese Regelung 1919 zwar außer Kraft, leistete (ohne es zu beabsichtigen) aber der Diskriminierung der jüdischen Flüchtlinge weiter Vorschub. Der Vertrag eröffnete der Bevölkerung der ehemaligen Monarchie das Optionsrecht, also das Recht, für jenen Staat zu optieren, dem man sich nach „Rasse und Sprache" zugehörig fühlte.

Das nicht klar definierte Kriterium der „Rasse" nutzten die österreichischen Behörden, um Juden und Jüdinnen aus dem ehemaligen Galizien, die sich in Wien aufhielten, die Staatsbürgerschaft zu verweigern. Die Sozialdemokratie setzte dieser Politik keinen Widerstand entgegen und lavierte zwischen den eigenen antirassistischen und internationalistischen Ansprüchen und einem der Stimmungslage entsprechenden Populismus. Die Stadt Wien bot jüdischen Flüchtlingen konkrete Hilfestellungen an, versuchte sie zu integrieren und warnte vor Pogromen, beteiligte sich andererseits aber auch an Abschiebeplänen (dem sogenannten Sever-Erlass von 1919).

Das zweite große Thema der Migrationspolitik nach 1918 betraf politische Flüchtlinge aus Russland, der Ukraine, aus Jugoslawien, Griechenland, der Türkei und insbesondere aus Ungarn nach der Niederschlagung der Räterepublik 1919. Sozialdemokratische Politiker wie Otto Bauer oder Friedrich Austerlitz verteidigten offensiv das Asylrecht, das zu diesem Zeitpunkt allerdings nur vor Auslieferung schützte, keine materielle Unterstützung bot und weitgehende Rechtlosigkeit bedeutete.

Auffallend ist, dass es über die Frage des Asylrechts hinaus keine öffentlich geführten programmatischen Debatten der Sozialdemokratie über den Umgang mit Flüchtlingen gab. Auch gab es, anders als in der liberalen und kommunistischen Presse, wenig Interesse an deren sozialer Lage.

Ein Text aus dem Bereich der Administration kann allerdings als programmatisch gelesen werden, wenn es um die Frage nach den bevorzugten Adressaten und Adressatinnen der Politik des Roten Wien geht. 1922 wurde aus Gründen der Transparenz ein „Punktesystem" für die Vergabe von Gemeindewohnungen eingeführt, bei dem zunächst der fast unvoreingenommene Zugang bemerkenswert ist. Die Kriterien bildeten eine komplexe Kombination aus Bedürftigkeit (die Wohnsituation im engeren Sinn) und bestimmten Merkmalen der Bewerber und Bewerberinnen, wie Geburtsort, Dauer des Aufenthalts in Wien, Zeitpunkt der Niederlassung und Familienstand. Die Höhe des Einkommens oder das Vorhandensein von Vermögen stellten hingegen keine Barrieren dar. Paare mit Kindern waren im Vorteil, die Ehe war allerdings keine Voraussetzung. Neuankömmlinge erhielten weniger Punkte als Langzeit-Ortsansässige und in Wien Geborene. Nach der Volkszählung von 1923 machten nicht in Wien Geborene allerdings fast die Hälfte der Wiener Bevölkerung aus, unter ihnen viele Juden und Jüdinnen. Kriegsflüchtling zu sein, brachte keine zusätzlichen Punkte, obdachlos zu sein, war sogar ein Nachteil.

Hinter der scheinbaren Sachlichkeit und Transparenz war das Punktesystem offenkundig das Ergebnis komplexer Aushandlungsprozesse. Einerseits legte es eine Reihe objektiver Kriterien fest, deren Neutralität im Einklang mit dem Völkerrecht und den Verpflichtungen aus dem Vertrag von Saint-Germain stand. Andererseits nahm es keine besondere Rücksicht auf die Bedürfnisse des schutzlosesten Teils der Wiener Bevölkerung, darunter insbesodere jüdische Kriegsflüchtlinge.

Literatur

Milchram 2019b.
Pfoser, Weigl 2013.
Schwarz (Ursula) 2019.
Wonisch 2010.

9.1 Anonym: Neue Richtlinien für die Einreihung der Wohnungswerber

Erstveröffentlicht als Neue Richtlinien für die Einreihung der Wohnungswerber, in: *Arbeiter-Zeitung*, 27. März 1922, S. 3.

In den ersten Nachkriegsjahren stellte die Wohnungsnot die Stadtverwaltung vor große Herausforderungen, die erst durch das berühmte Wohnbauprogramm des Roten Wien bewältigt wurden. Die sozialdemokratischen Stadtbehörden sahen sich vor dem Problem, ein Wohnungsvergabesystem zu entwerfen, das die Wohnungssuchenden nach Bedürftigkeit reihen sollte. Im Frühjahr 1922 wurde ein Punktesystem kreiert, das einen Schwerpunkt auf den möglichst lang währenden Wohnsitz in Wien legte. Obdachlosigkeit brachte keine Punkte.

Am 1. Mai d. J. soll die Wohnbausteuer in Kraft treten; sie wird das einzige wirksame Mittel bieten, die Wohnungsnot an der Wurzel zu packen und sie zu beseitigen. Durch die Wohnbausteuer wird es ermöglicht werden, *Neubauten* aufzuführen. Immerhin aber wird es in Anbetracht der täglich wachsenden Zahl der Wohnungswerber – es sind jetzt ihrer schon mehr als 86.000, davon 37.000, die als „bevorzugt" *vorgemerkt* sind – geraume Zeit dauern, den Wohnungsbedarf der Bevölkerung durch Neubauten ausreichend zu befriedigen. Nebenbei muß der bestmöglichen Ausnützung des vorhandenen Wohnraumes nach wie vor das größte Augenmerk zugewendet werden. Die bisherigen Erfahrungen haben gelehrt, daß die gegenwärtig geltenden Bestimmungen über die Einreihung, der Wohnungswerber und über die Zuweisung der freien oder freiwerdenden Wohnungen nicht hinreichen, aus der großen Masse der Wohnungsbedürftigen diejenigen zu erfassen, die am dringendsten einer Wohnung bedürfen. Das Wohnungsamt hat seit Monaten an neuen Richtlinien für die Einreihung der Wohnungswerber gearbeitet; die Richtlinien sind nun fertiggestellt und sollen als Ergänzung der Anforderungsverordnung vom 31. März 1921 schon in den nächsten Tagen in Kraft treten. Samstag beschäftigte sich die *Wiener [Partei-]Konferenz*, die unter dem Vorsitz des Abgeordneten *Sever* im Favoritener Arbeiterheim tagte, mit den Vorschlägen.[1]

Stadtrat *Weber* berichtete darüber.[2] Einleitend bemerkte er, daß es ausgeschlossen ist, alle Wohnbedürfnisse zu befriedigen, solange nicht das Anbot der Wohnungen so groß ist wie die Nachfrage. Bis dahin werden die Klagen und Beschwerden derer, die keine Wohnung erhalten können, nicht verstummen. Heute hängen an jeder freien Wohnung Dutzende von Bewerbern, von denen natürlich nur einer die

---

[1] Favoriten ist ein Arbeiterbezirk im Süden Wiens. Albert Sever (1867–1942) war von 1919 bis 1920 sozialdemokratischer Landeshauptmann von Niederösterreich, das zu dieser Zeit auch Wien umfasste. Nach dem November 1920 wurde Wien zu einem eigenen Bundesland.
[2] Anton Weber (1878–1950), sozialdemokratischer Wohnbaustadtrat.

Wohnung erhalten kann; die anderen werden begreiflicherweise über Ungerechtigkeiten jammern. Dem kann nur durch ein Verfahren abgeholfen werden, das die *möglichste Objektivität* verbürgt. Auch dann noch werden selbstverständlich Klagen laut werden, die eben erst aufhören werden, wenn die Bautätigkeit wieder in vollem Gange ist. Bei der Einreihung der Wohnungswerber und der Zuweisung wird künftighin mit der *allergrößten Strenge* vorgegangen werden, wobei selbstverständlich Schikanen und nach Möglichkeit auch Härten hintangehalten werden. Natürlich muß jeder einzelne auch seine Mehransprüche im Interesse der Allgemeinheit herabsetzen.
[...]

Das System der Punktbewertung.

Die Referenten haben nun die einzelnen Meldungen nach folgendem System der Punktbewertung zu begutachten: Für die Personaldaten und für jedes Merkmal der Wohnungsbedürftigkeit ist eine bestimmte Anzahl von Punkten festgesetzt, die nach vollständiger Behandlung aller in Betracht kommenden Rubriken des Meldebogens addiert und für die Wohnungszuweisung ausschlaggebend sein werden. Die Einreihung in die Dringlichkeitsgruppen, die schon in der Wohnungsanforderungsverordnung vom 31. März 1921 vorgesehen find, erfolgt nach folgenden Grundsätzen:

Ein Wohnungswerber *mit zehn oder mehr Punkten* wird als „bevorzugt" in die Gruppe I, *mit fünf bis neun Punkten* als „berücksichtigungswürdig" in die Gruppe II und *mit weniger als fünf Punkten* als „abgelehnt" in die Gruppe III eingereiht. Dabei sind zu bewerten:

Die Heimatszuständigkeit[3] des Wohnungswerbers nach Wien mit 2 Punkten

Verheiratet unter einem Jahre	1 Punkt
Verheiratet oder im Haushalt lebend länger als ein Jahr	2 Punkte
Für jedes Kind unter 14 Jahren	1 Punkt
Für jedes Kind über 14 Jahre	2 Punkte
Der Aufenthalt des Wohnungswerbers in Wien seit der Geburt	4 "
Der Aufenthalt des Wohnungswerbers in Wien seit zehn Jahren	3 "
Der Aufenthalt des Wohnungswerbers in Wien vor dem 1. August 1914	2 "
Der Aufenthalt in Wien seit länger als einem Jahre	1 Punkt
Die erfolgte, nicht selbst veranlaßte rechtskräftige gerichtliche Kündigung des Wohnungswerbers	5 Punkte
Die bauamtlich oder amtsärztlich festgestellte Unbewohnbarkeit der gegenwärtig bewohnten Wohnung	5 "

---

[3] Das „Heimatrecht" bestimmte die Zugehörigkeit einer Person zu einer bestimmten Gemeinde in Österreich, in der er oder sie das Recht auf Aufenthalt besaß und Zugang zu Armenversorgung hatte.

Die Invalidität von 60 und mehr Prozent	1 Punkt
Die Schwerinvalidität (Blindheit, Mangel beider Beine)	5 Punkte
Die amtsärztlich bestätigte Schwangerschaft der Frau oder Lebensgefährtin von mehr als sechs Monaten	1 Punkt
Eine Krankheit, die durch das Bewohnen der in Frage stehenden Wohnung bedeutend verschlechtert wird, was amtsärztlich festgestellt sein muß	1 "
Ein Untermietverhältnis (mit Ausnahme bei den Eltern oder Schwiegereltern)	2 Punkte
Zu Bett bei Fremden für jedes Familienmitglied des Wohnungswerbers (wobei zu Bett bedeutet, wenn der Wohnungswerber und seine Familienmitglieder den Wohnraum mit dem Hauptmieter teilen müssen) je	2 Punkte
Ein durch die Umstände erzwungener getrennter Haushalt, wenn die Unmöglichkeit, bei den Eltern oder Schwiegereltern zu wohnen, festgestellt ist	2 "
Küchenmangel bei Hauptmietern	1 "
Der Ueberbelag für jede Person zu viel in einer Wohnung mit	je 1 "

[...]

9.2 Edmund W. Eichler: Die Ausländer in Wien

Erstveröffentlicht als Edmund W. Eichler: Die Ausländer in Wien. Von Verschwörern, Emigranten, Träumern und harmlosen Geschäftsleuten, in: *Neues Wiener Journal*, 6. Oktober 1924, S. 8.

Als ehemaliges Zentrum des multiethnischen Habsburgerreichs war Wien auch in den Jahren nach dem Ersten Weltkrieg ein Ziel für Kunstschaffende, Intellektuelle und oppositionelle Gruppen aus den einstigen Regionen der Monarchie. Passend zur tendenziell antimarxistischen und Habsburg-nostalgischen Blattlinie des Neuen Wiener Journals, argumentiert der Autor, dass die staatlichen Behörden durchaus in der Lage seien, die möglichen Gefahren zu bewältigen, die von diesen Immigranten ausgingen. Aus der Perspektive der Zeitung stellen sie interessante und meist harmlose Figuren und Gruppen dar, die das öffentliche Leben der Stadt bereichern.

In den letzten Tagen gab es in der Wiener Oeffentlichkeit wieder einmal einen Verschwörerrummel. Geheimnisvolle Fremde, ausländische Spione und Spitzel. Mordpläne, irredentistische Verschwörungen,[4] rätselhafte Begegnungen und dergleichen mehr – ganz wie es sich für eine richtig gehende Verschwörung gehört. Die Behör-

---

4 Der Begriff „Irredentismus" bezeichnet – nach italienischem Vorbild – politische Bewegungen, die nach staatlicher Vereinigung bzw. der Angliederung von ehemaligen nationalen Territorien stre-

den nahmen diese Gerüchte und Meldungen mit der gebührenden peinlich untersuchenden und überwachenden Achtsamkeit, aber ohne sonderliches Echauffement auf.

Eines ist sicher: Wien ist eines der größten Irredentistenzentren Mitteleuropas, wie es überhaupt eine sehr beträchtliche Anzahl von ständig hier lebenden Ausländern aufweist. Trotz alledem hat nur höchst selten von Wien aus ein Komplott, sowohl ein politisches wie auch rein anarchistisches, seinen Ausgangspunkt genommen. Die Ueberwachung der Ausländer durch die Wiener Staatspolizei ist zu streng, zu peinlich genau. Und nicht nur das: Auch die Ueberwachung der Ausländer durch ihre eigenen Regierungen, die in Wien Spitzel halten, ist zu scharf. Und so bleibt es in Wien fast in den allermeisten Fällen bei Kaffeehausrevolutionen. An diesen freilich ist Wien überreich. Und an einer Sturzflut ausländischer Emigrantenliteratur, an Emigranten- und Irredentistenzeitungen ebenfalls.

Denn: die Wiener Kaffeehäuser sind wie so bald nichts anderes prädestiniert zu Komplotten. Schon dank ihrer Traditionen: In Wiener Kaffeehäusern wurde das 1848er Jahr ausgekocht, die Wiener Kaffeehäuser hat schon vorher der gestrenge Metternich[5] und sein Leibkonstabler, der Wiener Polizeipräsident, gefürchtet, in Wiener Kaffeehäusern wurde zum Teil der Umsturz vorbereitet und in Wiener Kaffeehäusern sammeln sich auch jetzt noch die Ausländer, die Emigranten ...

Die Auslandsemigration in Wien rekrutiert sich vom äußersten rechten bis zum äußersten linken Flügel. Und auch das war immer so: Trotzki saß in einer Fensterecke des Café Zentral, aber auch der angeblich letzte bourbonische Thronprätendent lebte eine Zeitlang in Wien in einem kleinen Kabinett in Mariahilf. Und so ist es auch jetzt: die Granden des alten Zarenreiches mit Fürsten Trubetzkoi und Fürsten Galitzin arbeiten hier genau so wie die russischen Sozialrevolutionäre, aber auch wie die radikalsten Bolschewiken. Letzteren, den Stammgästen eines Ringstraßencafés, geht es pekuniär am besten, ersteren, den Monarchisten, zum Großteil zumindest persönlich (für Propaganda ist ja Geld da) am schlechtesten: Wien hat in seinen Mauern zwei hohe russische Generale, deren einer Schuster und der andere Agent ist, ein russischer Admiral war eine Zeitlang Konditor, ein Oberst Zeitungskolporteur.

Hochinteressant ist auch das politische Leben der Ukrainer in Wien. Im Café Herrenhof und in einem Josefstädter Café haben ihre verschiedenen Organisationen ihren Sitz.[6] Sie besitzen in Wien ein eigenes Nationalkomitee. Im übrigen hat auch

---

ben. Hier steht er in einem breiteren Sinn auch für oppositionelle Exilgruppen aus den verschiedenen Nachkriegsstaaten.

5 Klemens Wenzel Nepomuk Lothar, Fürst von Metternich-Winneburg zu Beilstein (1773–1859), österreichischer Staatskanzler, der in der Revolution von 1848 gestürzt wurde.

6 Das zentral in der Wiener Innenstadt gelegene Café Herrenhof war in der Zwischenkriegszeit ein Treffpunkt der Wiener Literaturszene. Die Josefstadt ist an das Stadtzentrum angrenzender bürgerlicher Bezirk – die Ukrainer trafen sich also im Zentrum, nicht in der proletarischen Vorstadt.

die seinerzeitige ukrainische Nationalregierung nach ihrer Flucht infolge der Einverleibung Ostgaliziens durch Polen in Wien ihren Sitz und leitet von hier die Agitation zur Wiederherstellung ihrer nationalen Selbständigkeit. Der Hauptherd der nationalen Bewegung der Wiener Ukrainer ist der Studentenverein „Sitsch", der über 500 Mitglieder besitzt und mit musikalischen und sportlichen Darbietungen auch bereits des öfteren in die Oeffentlichkeit trat. Die kleine Barbarakirche in der Postgasse ist gewissermaßen die ukrainische Nationalkirche. Sie enthält auch die Gebeine des ukrainischen Nationalheiligen.

Neben der russischen und ukrainischen kommt besondere Bedeutung noch der ungarischen Emigration, der zahlenmäßig stärksten, aber auch organisatorisch und gesellschaftlich zersplittertsten zu. Der größte Teil der ungarischen Emigranten ist bereits restlos „akklimatisiert" und hat sich in das Wiener Geschäfts- und Gesellschaftsleben eingegliedert. Zum Teil bereits auch in das Wiener politische Leben. Der restliche Teil der Irredentisten ist in einzelne mehr oder minder radikale Gruppen gespalten, die aber größtenteils zu den österreichischen Sozialdemokraten gravitieren, nur ein geringer Prozentsatz bekennt sich noch zu radikalen Tendenzen und steht der österreichischen kommunistischen Partei nahe. In bezug auf ihre agitatorisch-geistige Betätigung sind die Ungarn am fortgeschrittensten, wie überhaupt die ungarische Emigration einen überraschend großen Prozentsatz von Schriftstellern, Künstlern und Journalisten aufweist. Eine Reihe der besten Namen der Presse, der Literatur, des Theaters und Films sind erst seit der ungarischen Emigration in Wien heimisch geworden.

Die größte Anzahl von Ausländern in Wien stellen freilich die Tschechen, die aber völlig aus dem gezeichneten Rahmen herausfallen. Denn hier ist von Emigration keine Rede: Wien hatte seit altersher einen ganz bedeutenden Prozentsatz von Tschechen aufzuweisen, den es auch jetzt nicht verlor. Die Brigittenau, Favoriten und eventuell noch Ottakring, das sind die Wohnzentren der Tschechen. Ihre Agitationszentren sind keine Kaffeehäuser, sondern kleine Gasthäuser an der Peripherie, wo meist an den Unterhaltungsabenden auch die bekannte nationale Musik nicht fehlen darf. Insgesamt dürfte Wien 150.000 Tschechen beherbergen, das heißt 150.000 nationalbewußte Tschechen, die sich auch heute noch zur Tschechoslowakei bekennen. (Die Zahl der Abkömmlinge aus Tschechenfamilien, die sich bereits ganz als Wiener fühlen, ist insbesondere in den Wiener Arbeitervierteln bei weitem größer.) Berufsmäßig besteht der Großteil der Wiener Tschechen teils aus Arbeitern, teils aus kleinen Gewerbetreibenden. Ihr Organisationsleben ist stark entwickelt, und die tschechischen Turner kann man in ihrer Nationalsokoltracht mit roter Feder bei allen großen sozialdemokratischen Kundgebungen sehen.[7]

Auch die anderen Nationen Europas, insbesondere aber die Balkanländer sind, im Reiche der Wiener Emigration, beziehungsweise in den Wiener Auslandsklubs

---

7 Der Sokol ist eine nationale tschechische Turn- und Sportvereinigung.

vertreten. Sind die Russen und Ungarn zum Teil mehr oder minder ernst zu nehmende Politiker und die Tschechen harmlose Geschäftsleute, so sind die Balkanemigranten in Wien meist phantastische Träumer. Träumer freilich, deren Temperament und phantastische Geheimbündelei wohl am gefährlichsten ist von allen Ausländern in Wien. Ein Balkanklub, albanische Revolutionäre waren es, denen das einzige nachweisbar in Wien geschmiedete Mordkomplott (die Ermordung Essad Paschas) zur Last fällt. In einem Josefstädter Café, wo auch heute noch die Albaner verkehren, wurde das Todesurteil über den albanischen Diktator gefällt. Eine rege Tätigkeit entfalten auch die mazedonischen Komitees in Wien, die montenegrinischen und die übrigen, die sämtlich ihren Sitz in Ringstraßencafés haben. Groß ist die hauptsächlich aus Studenten sich rekrutierende ägyptische Kolonie.

Zahlenmäßig sind nach den Tschechen die Ungarn die stärkste Gruppe der Ausländer in Wien. Man schätzt sie auf über 25.000, denen erst nach langem Abstande zirka 5000 Russen und 2000 Ukrainer folgen. Auch die meisten Zeitungen haben die ungarischen Emigranten, denen überdies zwei große Verlagsanstalten zur Verfügung stehen. Die Tschechen haben zwei Tageszeitungen und einige Wochen- und Monatsrevuen, die Russen haben gleichfalls etliche Wochenzeitungen jeder Couleur und auch die Ukrainer. Von den anderen Emigranten werden nur Flugschriften und andere Propagandaschriften verbreitet. Stark ist aber demgemäß der Bedarf Wiens an ausländischen Zeitungen. Die an allen Straßenecken erstehenden großen tragbaren Zeitungskioske sind eine Notwendigkeit geworden.

9.3 Anonym: Ausweisung der Flüchtlinge

Erstveröffentlicht als Ausweisung der Flüchtlinge, in: *Wiener Morgenzeitung*, 11. September 1919, S. 3.

Aufgrund des Zuzugs von jüdischen Flüchtlingen aus Galizien und der Bukowina im Ersten Weltkrieg nach Wien waren 1918 fast 90 Prozent der Flüchtlinge in der Stadt Juden. Während man erwarten könnte, dass sich die Sozialdemokraten für diese entrechtete Bevölkerungsgruppe eingesetzt hätten, wurde stattdessen ein Erlass verkündet, der alle Flüchtlinge des Landes verwies – eine Maßnahme, die jedoch unter anderem wegen fehlender Transportressourcen nicht umgesetzt wurde. Der folgende Beitrag zum Ausweisungserlass erschien in der Wiener Morgenzeitung, *einer zionistischen Tageszeitung, deren Chefredakteur Robert Stricker im Text erwähnt wird.*

In den Straßen Wiens wurde gestern eine „*Kundmachung* betreffend die *Abreisendmachung (!) der in Deutschösterreich nicht heimatberechtigten Personen*" angeschlagen, die folgenden Wortlaut hat:

„Die überaus schwierige wirtschaftliche Gesamtlage Deutschösterreichs macht es unbedingt notwendig, *Personen, welche in Deutschösterreich nicht heimatsberech-*

tigt[8] *sind, aus dem Staatsgebiete zu entfernen.* Die Deutschösterreich zur Versorgung der eigenen Bevölkerung zur Verfügung stehenden Lebensmittel sind vollkommen unzulänglich, aber auch diese für eine nur annähernd entsprechende Ernährung nicht ausreichende Menge muß zum größten Teil mit den schwersten finanziellen Opfern aus dem Ausland bezogen werden. Um die eingeführten Lebensmittel nicht zu ganz unerschwinglichen Preisen verteilen zu müssen, ist die Staatsregierung gezwungen, auf diese Lebensmittel aus den Staatsgeldern enorme Beträge draufzuzahlen. Es geht aber heute beim Stande unserer Staatsfinanzen nicht an, diese in beträchtlichem Umfang zur *Lebensverbesserung für fremdstaatliche Personen* in Anspruch zu nehmen, zumal diese Personen in ihrer Heimat billiger und reichlicher verpflegt werden könnten. Die *Wohnungsnot* ist schon jetzt überaus drückend. Da mit der Rückkehr von 100.000 kriegsgefangenen Soldaten aus Italien, die bereits im Zuge ist, und da für einen späteren Zeitpunkt mit der zu gewärtigenden Heimkehr von deutschösterreichischen Kriegsgefangenen aus Sibirien gerechnet werden muß, ist es notwendig, für diese Heimkehrer Platz zu schaffen. Da nun an eine Erhöhung der Bautätigkeit bei den derzeitigen Verhältnissen nicht zu denken ist und dadurch auch ein rascher Erfolg nicht erzielt werden könnte, kann der Wohnungsnot nur durch die *tunlichst rasche und dringliche Evakuierung unseres Staatsgebietes* gesteuert werden. Auch der große *Arbeitsmangel* ist in Betracht zu ziehen. Eine Entlastung des hiesigen Arbeitsmarktes und eine Herabminderung der Zahl der Arbeitslosen sind unbedingt notwendig. Weitere Verschärfungen des herrschenden wirtschaftlichen Tiefstandes würden zu einer Katastrophe führen. Diese Erwägungen lassen es für geboten erscheinen, daß diejenigen Personen, die sich *bloß infolge der durch den Krieg geschaffenen außerordentlichen Verhältnisse* in Deutschösterreich aufhalten, und deren Anwesenheit nicht unbedingt erforderlich ist, zum Verlassen des deutschösterreichischen Staatsgebietes verhalten werden.

Ueber Weisung des deutschösterreichischen Staatsamtes für Inneres und Unterricht, welches von der Staatsregierung mit der Durchführung dieser Aktion betraut wurde, werden hiermit *alle ehemaligen Angehörigen der österreichisch-ungarischen Monarchie*, welche nicht in einer Gemeinde Deutschösterreichs heimatberechtigt sind, sofern sie sich nicht bereits vor dem 1. August 1914 in Deutschösterreich dauernd aufgehalten haben, aufgefordert, sich *bis 20. September aus dem deutschösterreichischen Staatsgebiet zu entfernen.*

Gegen Personen, welche bis zu diesem Tage der Aufforderung nicht Folge geleistet haben, wird unnachsichtlich [sic] mit der *Abschaffung* im Sinne des Gesetzes vom 27. Juli 1871, R.-G.-Bl. 88 vorgegangen werden. *Ausnahmsweise* kann einzelnen Personen, deren Aufenthalt in Deutschösterreich im öffentlichen Interesse gelegen ist oder welche seit längerer Zeit in Deutschösterreich in einer dauernden Arbeitsstellung sind oder bei welchen ganz besonders berücksichtigungswürdige Umstän-

---

8 Siehe Fußnote 3.

de, wie namentlich schwere Krankheit, vorliegen, *über schriftliches Ansuchen* von der politischen Behörde, beziehungsweise von der staatlichen Polizeibehörde ihres Aufenthaltsortes der Aufenthalt für die Dauer des unbedingten Bedarfes gestattet werden.
Wien, 9. September 1919.
Sever, Landeshauptmann.["]

Diese Maßregel der österreichischen Regierung, die gänzlich überraschend und ohne daß auch nur den Zeitungen in dem sonst üblichen Wege der Staatskorrespondenz davon Kenntnis gegeben worden wäre, durch Affichen bekanntgemacht wird, ist ein *Bruch der dem Abgeordneten Stricker[9] in bindendster Form gegebenen Versprechungen*. Bekanntlich war schon Ende Juli eine Ausweisung der *Flüchtlinge* vorbereitet und wurde damals mit einem antisemitischen Hetzartikel des Regierungsorgans, der „Arbeiter-Zeitung", eingeleitet. Damals konnte sich die Regierung den Vorstellungen des Abgeordneten Stricker, der auf die Ungerechtigkeit und *Undurchführbarkeit* einer solchen Verfügung hinwies, nicht verschließen und machte noch im letzten Moment die Ausweisung rückgängig. Staatssekretär Eldersch hat dem Abgeordneten Stricker damals versprochen, zuerst eine Perlustrierung sämtlicher Flüchtlinge vorzunehmen und nur diejenigen, bei denen dies gerechtfertigt wäre, unter Vermeidung von Härten und Grausamkeiten auszuweisen. Diese Zusage hat die Regierung gebrochen, indem sie nun unvorbereitet eine Generalausweisung *aller* Fremden verfügt. Betroffen sind aber natürlich vor allem die galizischen Kriegsflüchtlinge.

Wir wollen nicht mißverstanden werden. Wir wissen wohl, daß sich die Stadt Wien in großer Notlage befindet, daß die Nahrungsmittelnot, die Wohnungsnot, die Kohlennot ernste Schwierigkeiten bedeuten. Aber es wäre erst zu untersuchen, ob nicht die Zahl der in Betracht kommenden Flüchtlinge relativ so gering ist, daß es auch im Interesse der Stadt Wien nicht lohnt, durch ihre Ausweisung den Fluch der Grausamkeit und der Verletzung der Gastlichkeit auf sich zu laden. Ein Teil der Ausländer ist zweifellos in der Lage, ein anderes Domizil zu beziehen. Ein großer Teil aber, und dazu gehört die Mehrzahl der jüdischen Flüchtlinge, lebt im größten Elend und eine Ausweisung bedeutet für diese Menschen den völligen Ruin. Daher hat Abgeordneter Stricker zur Feststellung des Tatbestandes den erwähnten Vorschlag gemacht, der von der Regierung vor sechs Wochen als gerecht anerkannt und angenommen wurde. Die Verordnung ist ein so unsinniger und übereilter Schritt, daß von vornherein klar ist, daß sie nicht aufrecht erhalten werden kann, zumal sie den Bestimmungen des Friedensvertrages zuwiderläuft.

---

9 Robert Stricker (1879–1944), 1919–1920 Abgeordneter der Jüdischnationalen Partei in der konstituierenden Nationalversammlung Deutschösterreichs, Chefredakteur der *Wiener Morgenzeitung*.

Die Kundmachung der niederösterreichischen Landesregierung bedeutet nichts anderes als eine Verbeugung der sozialdemokratischen Machthaber vor der antisemitischen Gesinnung der Gasse. Die „Arbeiter-Zeitung" hat in letzter Zeit nicht aufgehört, im Wetteifer mit der Antisemitenpresse das Volk gegen die Juden aufzuhetzen, und insbesondere die jüdischen Flüchtlinge mit Beschimpfungen und Pauschalverdächtigungen überhäuft. Es hat den Anschein, als ob die sozialdemokratische Regierung, deren Politik und Regierungssystem sich bisher leider nicht allzusehr bewährt hat, das alte Mittel in Anwendung bringen wollte, die Aufmerksamkeit der Massen von sich abzulenken. Jedem Einsichtigen, der mit unseren Verhältnissen vertraut ist, muß es klar sein, daß ein Abtransport einer größeren Zahl von Ausländern bis zum Endtermin, dem 20. September, außerhalb des Bereiches der Möglichkeit liegt. Seit Monaten ist eine große Zahl von Flüchtlingen, die sich freiwillig zur Abreise gemeldet haben, zum Abtransport vorgemerkt, ohne daß eine Aussicht besteht, den Abtransport in absehbarer Zeit durchzuführen. Es ist aber zu befürchten, daß diese Verordnung ein Vorwand für Vexation solcher Ausländer wird, an denen man gern sein Mütchen kühlen möchte. Die jüdischnationalen Behörden werden jedenfalls mit aller Aufmerksamkeit darüber wachen, daß den jüdischen Flüchtlingen gegenüber keine Roheit und Grausamkeit geübt wird. Die Art der Handhabung dieser Verfügung wird nicht nur in Wien, sondern auf der ganzen Welt mit größtem Interesse verfolgt werden. Oesterreich hat in der kurzen Zeit seines Bestehens als Republik schon so viel Dummheiten gemacht, daß ehrlich zu wünschen wäre, daß es diesmal nicht erst durch Schaden klug werden muß.

Die „Neue Freie Presse" berichtet hierzu: Die Durchführung wird diesmal sehr energisch betrieben werden, da die Heimkehrer aus Italien jetzt regelmäßig eintreffen und für sie Unterkunft und Verpflegung geschaffen werden muß. Man schätzt die Zahl der Personen, die durch diese Kundmachung betroffen werden, in ganz Deutschösterreich auf *ungefähr 100.000*. Von diesen dürften etwa 20.000 bis 30.000 jene Ausnahmsbedingungen erfüllen, die ihnen ein weiteres Verbleiben möglich machen. Die übrigen müssen unser Staatsgebiet verlassen. Für diejenigen, die dies nicht freiwillig tun, werden *Evakuierungszüge und zwangsweise Abschaffung* vorgesehen. Die Durchführung der Aktion wird in die Hände der Polizei gelegt, doch haben sich *auch die Arbeiterräte für die Angelegenheit sehr interessiert* und erklärten sich bereit, unter dem Titel „Die Wohnungsanforderungen für die Heimkehrer" die Abreise des hierzu Verpflichteten zu kontrollieren.

9.4 Bruno Frei: Jüdisches Elend in Wien

Erstveröffentlicht als Bruno Frei: *Jüdisches Elend in Wien. Bilder und Daten*, Wien, Berlin: R. Löwit Verlag 1920, S. 89–91.

Der sozialistische Journalist und Autor Bruno Frei (1897–1988), eigentlich Benedikt Freistadt, zog als Zwölfjähriger mit seinen jüdischen Eltern aus Preßburg (heute Bratislava) nach Wien. Während des Philosophiestudiums kam er mit marxistischen Kreisen in Kontakt und gründete die Wochenzeitschrift Die frohe Botschaft, *die sich an den linken Flügel der Sozialdemokratischen Partei richtete. Angezogen von den Räterepubliken in Ungarn und Bayern und enttäuscht vom Ausbleiben einer vergleichbaren revolutionären Bewegung in Österreich, ging er 1920 nach Berlin. Davor veröffentlichte er seine berühmten fotojournalistischen Reportagen über das Elend der jüdischen Flüchtlinge in Wien, aus denen der folgende Ausschnitt entnommen ist.*

h) Ein Flüchtlingsheim.

Auf der Hernalser Hauptstraße[10] unweit des Elterleinplatzes stehen zwei verfallene Häuschen, das eine stockhoch, das andere ebenerdig.
[...]
Die beiden baufälligen Häuser sind Eigentum eines Wiener Bankhauses. Sie sollten vor dem Kriege niedergerissen werden, damit an ihrer Stelle ein neuer Bankbau sich erhebe. Zum Zeichen, daß an Stelle der ehemaligen Feudalmacht die Macht des Finanzkapitals getreten ist. Beelzebub aber, der zu jener Zeit als Krieg durch Europa tobte, schlug den pläneschmiedenden Herren ein Schnippchen. Flüchtlinge kamen aus allen Weltgegenden, alte Frauen aus dem Osten, repatriierte Familien aus Frankreich, unkundig der Sprache des Landes, ohne Obdach, ohne Bettzeug, ohne jegliche Stütze. Sie wurden die Herren der verfallenen Häuschen. Im ersten Jahre zog man ihnen von der Flüchtlingsunterstützung den Mietzins ab, sie noch als Mieter betrachtend. Seither kümmert sich niemand um sie, sie sind in den Sorgen der Gegenwart vergessen worden. Man läßt ihnen das zerbrochene Haus und die Betten, die man ihnen gewidmet. Mögen sie tun und lassen, was sie wollen. Das war die Fürsorge des alten Staates.

In dem größeren Hause wohnen 18 jüdische und eine nichtjüdische, in dem kleinen fünf jüdische und drei nichtjüdische Parteien. Jeder Raum beherbergt eine Familie. Sie klagen nicht und murren nicht. Sie sind stumpf und über ihnen schwebt die Ruhe der langertragenen Verzweiflung, deren Spannung nachläßt, wenn die Zeit ihres Wirkens fortschreitet. An ihrem Schicksal soll gezeigt werden,

---

10 Hernals ist ein Arbeiter- und Mittelschichtbezirk am Rande des Wienerwalds.

wie hier in der engsten Nachbarschaft die jüdischen und nichtjüdischen Schicksalsgenossen gleichmäßig das gleiche Leid gleich ohnmächtig tragen. Und niemand ist da, der Zeugnis ablegen würde, für die Schuldlosigkeit der Schuldlosen und der die Anklage erheben würde gegen jene, die die Schuldlosen ungerecht verfolgen.

Da ist ein feuchtdumpfes Loch, in dem ein Bett steht. Das Bett füllt den ganzen Raum. Eine Tür führt auf die Straße, eine andere in den Hof. Es ist kaum glaublich, daß der Raum früher jemals bewohnt war, vielmehr dürfte er ein Tagesunterstand für den Portier gewesen sein. In dem Bette liegt eine 60jährige, schwer rheumatische Jüdin, hilflos und verlassen.

Sie wohnt seit einem Jahr in dem wassertriefenden Rattennest und ist ohne ärztliche Behandlung. In ihrer Heimat in der Bukowina war sie die Witwe eines reichen Kaufmannes und hatte zwei Häuser in ihrem Besitze. Mit zitternder Stimme erzählt sie, daß eines davon „aus Stein gebaut war". Nun ist sie auf die Liebesgaben mitleidiger Nachbarn und Landsleute angewiesen, um sich, wenn auch noch so notdürftig vor dem raschen Verhungern zu bewahren.

Die Flüchtlingsunterstützung wird ihr vorläufig noch ausbezahlt, die „Wohnung" soll sie demnächst räumen. Große Frage: wohin und wie? Die Bank braucht ihr Haus. Sie muß eine neue Filiale errichten. Das ist sehr wichtig. Die Herren waren schon draußen und der Tag der Demolierung, der Tag an dem „die alte Fleiß"[11] fort muß, ist schon bestimmt. Man kann sich den Eindruck nicht vorstellen, den die regungslos daliegende, um Brot bittende Frau auf den Besucher macht. Sie dürfte das Martyrium ihres Daseins nicht mehr lange mitzumachen haben.

Ihr gegenüber wohnt eine christliche Tischlersfamilie aus Frankreich, die hierher vertrieben wurde. Der Mann wanderte vor 45 Jahren aus Ungarn nach Frankreich aus, heiratete eine Französin und betrieb sein Tischlerhandwerk. Als alter Mann mußte er 1914 mit Frau und Kindern nach Wien, denn auf seinen Papieren stand, daß er nach Mähren zuständig sei.[12] Und Papiere galten in der barbarischen Vergangenheit, die hoffentlich für immer hinter uns liegt, ungleich mehr als Menschenleid und Menschenglück. Die Frau spricht kein Wort deutsch, die 14jährige Fernande aber geht in die Bürgerschule der Stadt Wien. Der jüngste Bub sowie der alte Vater kränkeln ununterbrochen infolge der Nässe. Denn durch die eingebrochene Decke des baufälligen Hauses rinnt das Regenwasser und an den Wänden mischt sich das Naß von oben mit der aus der Tiefe aufsteigenden Bodenfeuchtigkeit. Er versucht auch in Wien zu tischlern, der Meister im Exil, aber er ist schon zu alt und zu krank, um dem namenlosen Elend standzuhalten. Auch dauert es schon zu lange und der Strapazen gab es allzuviele. Er ist müde. Möchte seine Ruhe haben. Aber in der Welt ist keine Ruhe mehr und das kann er nicht begreifen.

---

11 So wurde das Gebäude in der Nachbarschaft genannt.
12 Mähren war zu dieser Zeit Teil der Habsburgermonarchie.

Im anderen Hause wohnt ein jüdischer Kaufmann aus Lille. Seine Frau und die sieben Kinder wurden, nachdem sie in ein Gefangenenlager geschleppt worden waren, wo sie ohne Stroh, ärger als das Vieh, hungernd und frierend hausen mußten, nach Wien gebracht. Denn auch er war vor Jahren, verärgert über die Zustände in Österreich, ausgewandert. Sein Sohn war zur Zeit der Verbannung 16 Jahre alt. Als er zwei Jahre älter geworden, wurde er neuerdings in ein Lager gesteckt, um von seinem Vaterlande zum Soldaten herangebildet zu werden. Heute deckt ihn bereits die Erde. Der Vater überschritt das Alter, das den Menschen zum Soldaten geeignet erscheinen läßt. Nun wurde auch er seiner Familie nachgeschickt. Hier aber weiß er nichts anzufangen. Er geht müßig, bei Gott, nicht aus freiem Willen! ... Alle Voraussetzungen zum Schleichhändler wären gegeben, ein Kaufmann, ein Jude, ein Flüchtling. Und er ist es dennoch nicht. Warum? Anscheinend liegt die Begabung zu diesem Beruf doch nicht so unumstößlich sicher in der Rasse. Die Frau jammert. Er nicht. Es ist Frauenart zu jammern. Männer pressen die Lippen zusammen und schweigen. Auch dieser Sprößling des angstgejagten Ahasvervolkes, der in seinem kurzen Leben schon zum zweitenmale seinen Laden zurücklassen mußte, um in die weite Welt zu wandern, schweigt. Was soll er tun? Klagen? Nützt es ihm? Schweigen. Wer weiß, was Gott will. Etwas muß er wollen. Sonst würde er die Menschen nicht so quälen. Das ist ein einleuchtender Gedanke. Aber was er will, das kann man doch nicht wissen. Da nützt alles Grübeln nichts. Deshalb schweigen. Das ist die Philosophie des Schweigens, wie sie in der Seele des einfachen Juden, dessen Geist aus dem Osten gespeist wird, entstanden ist. Sie birgt sicher ein Körnchen Wahrheit in sich.

Solcher Art sind die Schicksale und Lebensumstände geflüchteter Familien in der Stadt des goldenen Herzens, in der Glaubensgemeinschaft derer, die sich in der Sprache des Orients „die Barmherzigen, die Söhne der Barmherzigen" nennen.

9.5 Anonym: Ausländer auf unserem Arbeitsmarkt

Erstveröffentlicht als Ausländer auf unserem Arbeitsmarkt, in: *Arbeiter-Zeitung*, 27. Juni 1925, S. 1–2.

Dieser Beitrag der Arbeiter-Zeitung *diskutiert einen Gesetzesentwurf der österreichischen Bundesregierung, der den Zugang ausländischer Arbeitskräfte zum österreichischen Arbeitsmarkt regulieren sollte. Sichtbar wird dabei die zwiespältige Position der Sozialdemokratie zur Frage von Migration und Zuwanderung. Einerseits lobt der Text die Initiative der neu gegründeten und sozialdemokratisch dominierten Arbeiterkammer, die einheimische Arbeiterschaft in Zeiten der ökonomischen Krise vor der Konkurrenz durch gewerkschaftlich nicht organisierte „Lohndrücker" aus dem Ausland zu schützen. Andererseits wird Kritik am Gesetzesentwurf der bürgerlichen Regierung geübt, dessen Umsetzung zu bürokratischen Hürden für Arbeitssuchende, aber auch zu polizeilicher Kontrolle politischer Flüchtlinge führen könnte.*

150.000 Arbeitslose suchen in Oesterreich vergebens Arbeit. Trotzdem strömen nach Oesterreich fortwährend ausländische Arbeiter zu. Die Unternehmer organisieren geradezu den Zuzug ausländischer Arbeiter. Die Alpine Montangesellschaft hat in ihre Bergbaue südslawische und italienische Arbeiter gelockt, obwohl in Steiermark viele tausende bodenständige Arbeiter arbeitslos sind. Große Ziegelwerke haben um Pässe für ausländische Ziegler angesucht und ihr Ansuchen mit der Behauptung begründet, daß es in Oesterreich nicht genug ausgebildete Ziegelarbeiter gebe; als ob es nicht möglich wäre, arbeitslose Bau- oder Hilfsarbeiter zur Ziegelarbeit zu schulen. Die Agrarier ziehen ausländische Wanderarbeiter ins Land. Große industrielle Unternehmungen haben österreichische Industrieangestellte entlassen und an ihre Stelle Reichsdeutsche gesetzt: In einem Falle hat eine große Unternehmung den Sichtvermerk für die Reichsdeutschen mit der Begründung verlangt, daß es sich um besonders tüchtige Industrieorganisatoren handle; als sie da waren, stellte es sich heraus, daß es – Kalkulanten waren, die sich die Unternehmung nur deshalb hatte kommen lassen, weil sie durch sie die freigewerkschaftliche Angestelltenorganisation in dem Betrieb sprengen wollte. Aber auch abgesehen von dieser durch die Unternehmer organisierten Zuwanderung strömen ständig ausländische Arbeiter nach Oesterreich zu. Dem Wiener Kleingewerbe bieten sich jetzt wieder Lehrlinge aus der Tschechoslowakei an, während für die Wiener Arbeiterkinder gute Lehrstellen nicht leicht zu bekommen sind. Obwohl auf den Bauten der Gemeinde Wien jetzt mehr als 10.000 Bauarbeiter beschäftigt sind, haben wir noch immer mehr als 3000 arbeitslose Bauarbeiter in Wien; das rührt daher, daß nicht nur aus den anderen österreichischen Ländern, in denen nichts gebaut wird, arbeitslose Bauarbeiter nach Wien kommen, sondern auch die Bauarbeiter aus der Tschechoslowakei auf dem Wiener Arbeitsmarkt wieder aufgetaucht sind. Ein nicht geringes Kontingent der Zuwanderer stellen auch die Militärflüchtlinge aus den Nachbarländern, in denen die allgemeine Wehrpflicht besteht; insbesondere aus Polen kommen nicht wenige junge Leute, die sich der Militärdienstpflicht entziehen wollen, nach Oesterreich. Auf dem Arbeitsmarkt der kaufmännischen Angestellten ist dieser Zuzug empfindlich fühlbar.

Unseren Arbeitslosen haben beinahe alle Staaten ihre Grenzen gesperrt. Aber unsere Grenze überschreiten Woche für Woche ausländische Arbeiter und Angestellte, die hier Arbeit suchen. Trotz unserer entsetzlichen Arbeitslosigkeit ist die Einwanderung nach Oesterreich größer als die Auswanderung aus Oesterreich. Selbstverständlich wird dadurch die Lage auf unserem Arbeitsmarkt immer bedrohlicher, wird die Aussicht für unsere Arbeitslosen, Arbeit zu finden, immer schlechter.

Die Arbeiterkammer hat schon im Jahre 1923 in einer Eingabe an die Regierung eine gesetzliche Regelung der Einwanderung ausländischer Arbeiter und ihrer Beschäftigung in österreichischen Betrieben angeregt. Aber den Unternehmern ist begreiflicherweise jede solche Regelung sehr unsympathisch; sie wollen sich das Recht, ausländische Lohndrücker heranzuziehen, nicht schmälern lassen und sie hoffen, daß die Ueberfüllung des Arbeitsmarktes es ihnen schließlich doch erleichtern werde, die Kraft der Gewerkschaften zu brechen und das allgemeine Lohnniveau zu drücken. Und wenn den Unternehmern etwas nicht sympathisch ist, mahlen die Mühlen der Gesetzgebung sehr langsam. Erst jetzt, anderthalb Jahre nachdem die Arbeiterkammer die gesetzliche Regelung gefordert hat, hat die Regierung einen Gesetzentwurf zum „Schutze der inländischen Arbeitskraft" ausarbeiten lassen [...].

Nach diesem Gesetzentwurf soll für die Dauer der großen Arbeitslosigkeit kein Unternehmer ausländische Arbeiter aufnehmen dürfen, sofern ihm das nicht von der zuständigen Behörde erlaubt wird. Beschäftigt ein Unternehmer schon jetzt einen ausländischen Arbeiter, so kann er ihn auch in Zukunft beschäftigen; die Beschränkung bezieht sich nur auf Neuaufnahmen, aber nicht bloß auf die Aufnahme von Arbeitern, die erst nach Oesterreich zuwandern, sondern auch von solchen Ausländern, die schon in Oesterreich wohnen, sofern sie erst seit 1919 nach Oesterreich gekommen sind. Eine Erlaubnis zur Beschäftigung solcher ausländischer Arbeiter kann nur von der Industriellen Bezirkskommission, für die landwirtschaftlichen Arbeiter von einer besonderen Kommission, die aus Vertretern der Landesregierung, der Landwirte und der Gewerkschaften der Landarbeiter zusammengesetzt sind, erteilt werden.

Man sieht auf den ersten Blick, daß die Durchführung eines solchen Gesetzes nicht geringe Schwierigkeiten bereiten würde. Jeder Unternehmer, der einen Arbeiter aufnimmt, müßte von ihm verlangen, daß er sich als österreichischer Staatsbürger legitimiert. Man müßte also vor allem dafür sorgen, daß aus diesem Legitimationszwang nicht Schwierigkeiten oder Kosten für die Arbeitslosen bei ihrer Aufnahme in die Arbeit erwachsen. Jeder Unternehmer müßte Listen über die von ihm beschäftigten Ausländer führen und sie der Behörde vorlegen. Man müßte dafür sorgen, daß dies nicht zur polizeilichen Schikanierung von Arbeitern mißbraucht werden könne, daß es insbesondere nicht das Asylrecht für politische Flüchtlinge gefährde, das zu beschützen eine Ehrenpflicht der österreichischen Arbeiterschaft ist.

9.6 Anonym: Tschechische Provokation in Wien

Erstveröffentlicht als Tschechische Provokation in Wien, in: *Der Telegraph*, 13. August 1920, S. 4.

Obwohl mehr als 100.000 Wiener Tschechen die Stadt nach der Gründung der Tschechoslowakei verließen, blieb diese Bevölkerungsgruppe auch nach dem Ersten Weltkrieg die größte nationale Minderheit, stark repräsentiert vor allem in der Arbeiter-

schicht. Die Wiener Tschechen waren ein Feindbild der rechtsgerichteten Presse, wie dieser Beitrag aus dem Telegraph, *der Abendausgabe des* Deutschen Volksblatts, *zeigt. Das antisemitische und ursprünglich deutschnationale Blatt hatte sich bereits in der Monarchie den Christlichsozialen angenähert, bevor es 1922 von der Konkurrenz, der* Reichspost, *vom Markt verdrängt wurde.*

Man schreibt uns: Seit die Tschechen in *Wien* sich der besonderen Fürsorge und Aufmerksamkeit seitens der sozialdemokratischen Führer Dr. *Renner* und des Bürgermeisters *Reumann* erfreuen, werden die Tschechen nicht allein in ihren Anforderungen, sondern auch in ihrem Auftreten immer maßloser und aufreizender. Sie glauben, daß die von *Prag* ausgehenden Pressionen auf Deutschösterreich hinreichenden Schutz für alle ihre unverschämten Ausfälle bieten.

Nachdem die Gemeinde *Wien* durch ihren Schulreferenten *Speiser*[13] den Tschechen ihre kostbaren, von den deutschen Wienern mit schwer verdienten Geldern erbauten Gemeindeschulen zur freien Benützung zur Verfügung stellten, fühlen sich die Tschechen als die Herrn von Wien. Im 21. Bezirke zum Beispiel wurde den Tschechen in *Floridsdorf* die Kuenburg-Schule zur Verfügung gestellt. Sofort wurde in nächster Nähe in der *Brünnerstraße* das tschechische Nationalhaus errichtet und dieses mit tschechischen Aufschriften versehen. Die Deutschen ließen sich das in ihrer bekannten Lammsgeduld ruhig gefallen. Doch damit begnügten sich die zugewanderten tschechischen Fremdlinge nicht. Sie sind eine *feste Stütze der Floridsdorfer Kommunisten und Sendlinge der russischen Bolschewiken*, die an den kommunistischen Umtrieben in Wien regen Anteil nehmen, sich in die österreichischen innerpolitischen Verhältnisse hineinmischen und ein gefährliches Element gegen die Aufrechterhaltung von Ruhe und Ordnung im Staate bilden. Deutsche Arbeiter wurden wiederholt von diesen ungebetenen Gästen und Arbeitskonkurrenten überfallen und beflegelt. Im tschechischen Nationalhaus wird immer wieder das impertinente Hetzlied: „Hrom a peklo" (zu deutsch: „Der Strick den Deutschen um den Hals!")[14] gesungen. Die so provozierten deutschen Arbeiter, die mit der Tschechenfreundlichkeit ihrer Parteigenossen durchaus nicht einverstanden sind, weil dadurch ihre deutschen Brüder aus den Fabriken verdrängt werden, haben nun das tschechische Nationalhaus mit Teer beschmiert und die tschechischen Aufschriften überstrichen.

---

13 Paul Speiser (1877–1947), sozialdemokratischer Politiker und prominenter Proponent des 1905 gegründeten Vereins Freie Schule, der nach 1918 zum offiziellen Schulverein der Sozialdemokratischen Partei wurde.
14 *Hej, Slaveni* („He, Slawen") ist ein patriotisches Lied, das als Hymne der panslawischen Bewegung und der Sokolbewegung diente. Die Liedzeile, auf die der Autor anspielt – „Hrom a peklo, márne vase / proti nám sú vzteky!" – bedeutet tatsächlich „Donner und Hölle, vergeblich ist euer Wüten gegen uns!".

9.7 Anonym: Tschechisches Schulwesen in Wien und deutsches in der Tschechoslowakei

Erstveröffentlicht als Tschechisches Schulwesen in Wien und deutsches in der Tschechoslowakei. Eine Rede Otto Glöckels, in: *Arbeiter-Zeitung*, 20. August 1926, S. 1.

Die im Friedensvertrag von Saint-Germain enthaltenen Bestimmungen zum Schutz nationaler Minderheiten in Österreich hielten fest, dass den Kindern „anderssprachiger als deutscher österreichischer Staatsangehöriger" der Schulunterricht „in ihrer eigenen Sprache erteilt werde" (Art. 68). Obwohl sich viele gegen die Kosten der Maßnahmen sträubten, hielten sich die Sozialdemokraten an diese Vorgaben. Ins Zentrum rückte aber die Frage der Gegenseitigkeit: Würden deutschsprachige Kinder in den Nachbarstaaten, etwa in der Tschechoslowakei, die gleichen Unterrichtsmöglichkeiten bekommen?

Karlsbad, 19. August. Dienstag abend sprach in einer überfüllten öffentlichen Versammlung in Karlsbad der Präsident des Wiener Stadtschulrates *Glöckel* über das Thema: *Demokratie und Schule*.[15] In der Besprechung des neuen Wiener Schulwesens sagte er unter stürmischem Beifall, wobei er sich besonders an den anwesenden Regierungsvertreter wendete: Wir haben *in Wien auch tschechische Schulen*. Durch den Friedensvertrag sind wir verpflichtet, für die tschechischen Kinder österreichischer Staatsbürger tschechische Schulen zu errichten. Wir haben den Vertrag loyal eingehalten, ja wir sind darüber hinausgegangen, indem wir nicht nur tschechischen Kindern österreichischer Staatsbürger kostenlos Unterricht geben, sondern auch denen *tschechoslowakischer Staatsbürger*. Wir sind uns bewußt, daß die *Zeit des Habsburgertums vorbei* ist, wo man unter lächerlichen Vorwänden tschechische Schulen sperrte oder nicht eröffnen ließ. Im roten Wien wird das *Recht des tschechischen Kindes* auf nationale Ausbildung vollkommen anerkannt. Die tschechischen Kinder genießen in den tschechischen Schulen gleiche Rechte und Vorteile wie die deutschen Kinder. Sie bekommen genau so die Lehrmittel kostenlos, und es besteht in den tschechischen Klassen genau so wie in den deutschen eine Durchschnittskinderzahl von 28 oder 29. Wir wollen aber auch, daß die *deutschen Kinder in der Tschechoslowakei* genau so behandelt werden wie die tschechischen Kinder in Wien. Wir Sozialdemokraten sind gewohnt, gleiche Rechte für alle anzuerkennen, und wir sind gewohnt, das, was wir in der Theorie anerkennen, als wirkliche Demokraten auch in der Praxis durchzuführen.

---

15 Otto Glöckel (1874–1935), Mitinitiator der Wiener Schulreform, 1919–1920 sozialdemokratischer Unterstaatssekretär für Unterricht, ab 1922 Präsident des Wiener Stadtschulrats. (Vgl. Kapitel 16)

9.8 Anonym: Kerndeutsch mit einem „Háček"

Erstveröffentlicht als Kerndeutsch mit einem „Háček", in: *Österreichischer Straßenbahner*, 15. Mai 1931, S. 5–6.

Das in der tschechischen Sprache übliche diakritische Zeichen des Háček (˘) wird im Deutschen nicht benutzt. Gleichzeitig war es – als Folge von Migration und Mischehen in der Monarchie – in Wien sehr verbreitet, dass Personen, die sich als Deutsche verstanden, tschechische Nachnamen trugen – und ist es noch immer. Im folgenden Text polemisiert die linke Zeitschrift Österreichischer Straßenbahner *gegen deutschnationale Gegner, deren Namen ihr „unreines" deutsches Blut verrieten. Der Autor nennt sie „Seicherln", im Wienerischen eine schwächliche, dumme und engstirnige Person – und ab 1930 der Name einer populären Comicfigur des sozialdemokratischen* Kleinen Blatts, *ein plumper, kleiner Mann und Hitlersympathisant, dessen treuer Begleiter, der Hund Struppi, die Taten seines Herrchens mit der Stimme der Vernunft kommentiert.*

Wir haben kürzlich den Bericht, den das Blättchen der „Unpolitischen"[16] über deren Hauptversammlung gebracht hat, ein wenig unter die Lupe genommen, dem zu entnehmen war, daß die „Unpolitischen" bis jetzt noch immer nicht gelernt haben, eine Versammlung ordnungsgemäß zu leiten, daß sie der Kassebericht wieder mit zuversichtlicher Stimmung erfüllt hat und daß der Anschluß an den *Deutschen Gewerkschaftsbund* hauptsächlich deswegen erfolgt ist, weil die Seicherln der Meinung waren, daß sie *„getreu ihrer deutschen Abstammung"* nicht anders entscheiden können.

Wir haben aber dem gegenüber daran erinnert, daß es mit der *„deutschen Abstammung"* gar vieler Seicherln recht „špatně" [schlecht] ausschaut, weil jeder zweite von ihnen auf irgendeinem oder gleich mehreren Buchstaben ein *„háček"* schreiben muß, da diese Leute auf Namen wie Rybička, Čočka, Hlaváček, Ružička, Slaviček, Škipal, Mrkvička, Křiž, Lavička, Šefčik, Orliček, Křepelka, Kačuba usw. hören. Diese Tatsache bestreitet das Seicherlblättchen[17] gar nicht, sondern „erklärt" sie nun dummerweise so:

[„]Auf die Glossen über die tschechischen Namen unserer Mitglieder im Zusammenhang mit der nationalen Einstellung unserer Organisation wollen wir uns überhaupt nicht einlassen. Es ist ja allgemein bekannt, daß viele *kerndeutsche* Familien

---

[16] Die in Konkurrenz zu den sozialdemokratischen Freien Gewerkschaften organisierte „Unpolitische Liste" der Straßenbahner schloss sich 1931 dem deutschnationalen Deutschen Gewerkschaftsbund für Österreich an, zuvor hatten sie dem – den steirischen Heimwehren nahestehenden – Bund unabhängiger Gewerkschaften Oesterreichs angehört.

[17] Gemeint ist das Konkurrenzblatt des politischen Gegners, *Der Straßenbahner*.

tschechische Namen haben, was sich mit der im alten Österreich geübten Durchsetzung tschechischer Gebiete mit deutschen Volksangehörigen erklären läßt.["][18]

Daß tschechische Gebiete mit deutschen Volksangehörigen durchsetzt wurden, ist ja richtig. Daher kommt es ja, daß es in rein tschechischen Gegenden Leute gibt, die zwar *kein Wort deutsch können*, aber deutsche Namen haben, wie: Wagner, Stein, Weber, Bauer, Großmann, Rieger, Lederer usw. Aber Unsinn ist es, wenn das Seicherlblatt glauben machen will, daß die in tschechische Gebiete versprengten deutschen Volksangehörigen ihre *deutschen* Namen zwar eingebüßt, ansonsten aber „kerndeutsch" geblieben seien. Die Sache verhält sich vielmehr so: Vor dem Kriege sind (in der Monarchie) viele Tschechen in deutsche Gebiete gewandert. Es ist ja eine allgemein bekannte Tatsache, daß insbesondere der Zustrom der Tschechen nach Wien groß war und alljährlich etwa 40.000 Köpfe betrug, tschechische Lehrlinge haufenweise in die Lehre gekommen sind, später als Gehilfen oder Meister in Wien ansässig wurden, geheiratet und Kinder gezeugt haben, von denen viele trotz dem von den Vätern vererbten tschechischen Namen erklären, „kerndeutsch" zu sein, wie es ja auch die Seicherln tun. Das „Argument", dem sich unüberlegterweise das Seicherlblatt gegen uns bedient hat, beweist nur das Gegenteil dessen, was das Seicherlblatt beweisen hat wollen. Die deutschen Volksangehörigen, mit denen die tschechischen Gebiete „durchsetzt" wurden, sind die Ahnen der Tschechen geworden, die mit rein deutschen Namen herumlaufen. Und umgekehrt sind die „kerndeutschen" Seicherln mit den *tschechischen* Namen die Nachkommen der aus Čáslau, Kouřim, Příbram, Tábor, Vysoké Mýto, Kůtná Hora[19] und anderen tschechischen Orten eingewanderten Tschechen. Von dort stammen also diese „*kerndeutschen*" Familien, von denen das Seicherlblatt faselt. Sie sind „kerndeutsch" mit einem „háček" auf dem Namen. Aber auch „kerndeutsche" Namen wie etwa Mostböck oder Hick sind, mögen sich ihre Träger noch so sehr als Germanen aufpuddeln, durchaus keine Gewähr dafür, daß in ihren Adern kein slawisches, ungarisches oder sonstwie fremdrassiges Blut rollt. Vielleicht hat irgendein Vorfahre der Mostböcke, Hicke oder andere Träger deutscher Namen, Gefallen gefunden an einer drallen Böhmin, feurigen Polin, Ungarin oder Italienerin, hat sie geheiratet und so das reindeutsche Blut mit anderem „verunreinigt". Wer kann wissen, was und wie es unsere Vorfahren getrieben haben.

---

[18] Vgl. Anonym: Den Halstüchlern ins Stammbuch, in: Der Straßenbahner, 1. Mai 1931, S. 4–5.
[19] Eine falsche Schreibweise von Kutná Hora.

9.9 Anonym: Zigeunerverfolgungen im „roten" Wien

Erstveröffentlicht als Zigeunerverfolgungen im „roten" Wien, in: *Die Rote Fahne*, 7. Februar 1932, S. 11.

In der Roten Fahne, *der Tageszeitung der Kommunistischen Partei Österreichs, wurde die Politik der sozialdemokratischen Stadtverwaltung einer regelmäßigen Kritik von links unterzogen. Im konkreten Fall prangert die Zeitung die Behandlung von Sinti und Roma durch die städtischen Behörden an. Diese Bevölkerungsgruppe war in der Stadt durchgehend präsent, auch wenn sich viele Personen nur zeitlich begrenzt auf der Durchreise in Wien aufhielten.*

Es muß eingangs festgestellt werden, daß Bürgermeister Seitz als Landeshauptmann von Wien die oberste Instanz der Polizei ist.

Auf Grund vorgetäuschter Anzeigen veranstaltet die Polizei seit drei Tagen Zigeunerverfolgungen.

Alle Elendsquartiere werden von Polizisten durchstöbert, es wird nach Zigeunern gesucht. Es sollen in der letzten Zeit etwa 60 Zigeunerfamilien, die wahrscheinlich aus anderen Ortschaften vertrieben wurden, nach Wien geflüchtet sein. Die Polizei behauptet zwar, daß es vermögende Händler aus Rumänien und Ungarn sein sollen, denn man braucht für diesen Feldzug eine Signatur, man braucht einen Grund, damit man die beispiellosen Razzien beschönigen kann.

Gestern wurden 16 Zigeuner, die in einem billigen Hotel in der Leopoldstadt[20] nächtigten, aufgestöbert und verhaftet. Am nächsten Tage wurden sie abgeschoben. Den Frauen und Kindern, man staune über das Entgegenkommen der Polizei, hat man gestattet, per Eisenbahn ihren Familienerhaltern nachzufahren. Die Polizei wagt, zu behaupten, daß viele Zigeuner in Wien leben, ohne die nötigen Ausweispapiere zu besitzen.

Wer die Praxis der österreichischen Behörden kennt, weiß, daß keine Gemeinde des ganzen Bundesgebietes Zigeunern das Heimatsrecht verleiht. Ueberall, wo sich Zigeuner zeigen, erscheinen Gendarmen und schieben sie nach anderen Ortschaften ab. So kommen die ewig verfolgten Leute einmal nach Wien und von da werden sie schließlich über die Landesgrenze geschafft. Bei einer weiteren Razzia wurden 35 Zigeuner verhaftet und ebenfalls über die Grenze geschafft. Der Menschenfang in Wien wird mit der stadtbekannten Schärfe der Polizei durchgeführt. Auch Gummiknüttel treten in Aktion. Eine wahre Hetzjagd auf Menschen im „roten" Wien.

---

20 Die Leopoldstadt ist der zweite Wiener Gemeindebezirk.

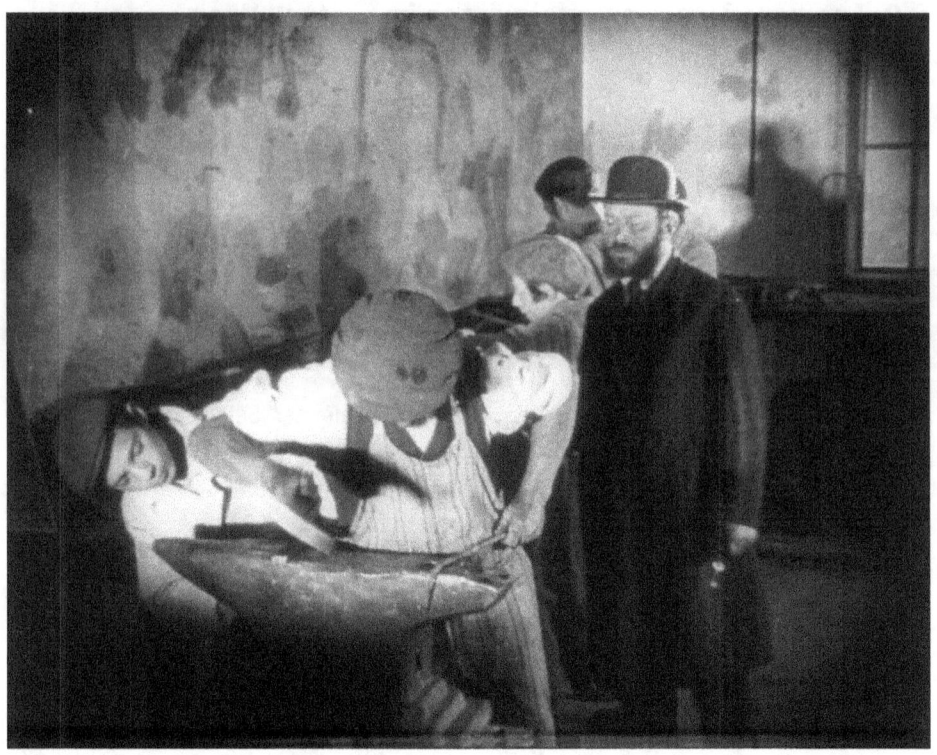

Filmstill aus *Opfer des Hasses* (Regie: Hans Marschall, 1923): Junge Männer lernen in den Lehrwerkstätten des Jüdischen Hilfswerks Agudas Jisroel ein Handwerk. (Filmarchiv Austria)

10 Jüdisches Leben
Rob McFarland, Nicole G. Burgoyne, Gabriel Trop

Einleitung

In einem offenen Brief „An den Parteivorstand der deutschen Sozialdemokratie in Österreich" vom 21. Jänner 1919 erklärten vier Wiener jüdische sozialistische Organisationen anlässlich der anstehenden Wahl zur Konstituierenden Nationalversammlung Deutschösterreichs ihre Unterstützung für die Sozialdemokratische Arbeiterpartei (SDAP).[1] Dies wurde aber an eine Bedingung geknüpft: Die in der Jüdischen Sozialdemokratischen Partei Poale Zion organisierten Gruppen (die sowohl marxistisch als auch zionistisch ausgerichtet waren)[2] forderten von der Sozialdemokratischen Partei, den „Opportunismus des Tages" hinter sich zu lassen und „ihre Stellung in der Judenfrage [zu] ändern". Denn die SDAP vertrat in der „Judenfrage" im Allgemeinen die Position, dass sich Juden und Jüdinnen assimilieren und ihre religiösen Überzeugungen ablegen oder zumindest nicht in den Vordergrund stellen sollten. Durch den Verzicht auf die Forderung nach Assimilierung könne die Partei tatsächlich den Anspruch auf soziale Gerechtigkeit „als Basis [...] für die brüderliche Vereinigung der Proletarier aller Völker" erheben.

Während die Sozialdemokratie also einerseits von jüdischen Sozialisten und Sozialistinnen angegriffen wurde, wurde sie zugleich von bürgerlichen und deutschnationalen Kräften als „verjudet" diffamiert, als Partei, die von jüdischen Ideen vergiftet und von einer jüdischen Elite dominiert sei.[3] Tatsächlich stammten viele der Führungsfiguren der österreichischen Sozialdemokratie aus jüdischen Familien; angefangen bei einem ihrer Gründer, Victor Adler, bis hin zu späteren bedeutenden Führungspersönlichkeiten und Parteiintellektuellen wie Otto Bauer, Julius Tandler, Hugo Breitner, Robert Danneberg, Käthe Leichter oder Julius Deutsch. Die ganze Komplexität Wiener jüdischer Identität zeigt sich in einem im zitierten Brief formulierten Angebot der Poale Zion: Sollte die SDAP ihre Haltung zur jüdischen Frage revidieren, würden die jüdischen Gruppierungen an ihrer Seite in den Kampf gegen „das menschheits- und volksschändende jüdische Großkapital" treten, dem man „in Todfeindschaft" gegenüberstehe. Man setzte also selbst antisemitische Stereo-

---

[1] An den Parteivorstand der deutschen Sozialdemokratie in Österreich, 21.1.1919, Flugblatt, in: Verein für Geschichte der ArbeiterInnenbewegung (VGA), Parteistellenarchiv, Karton 128, Mappe 806.
[2] In einer gemeinsamen Erklärung des Allgemeinen jüdischen Arbeitervereins „Poale Zion" Wien II, des Jüdischen Sozialistischen Arbeitervereins „Poale Zion" Wien XX, der Vereinigung jüdischer Sozialdemokraten „Poale Zion" Wien I und des Akademischen Vereins jüdischer Sozialisten „Cheruth".
[3] Friedrich Weiß: *Argumente gegen den Sozialismus. Bürgerliche Einwände und sozialistische Antworten*, Wien: Verlag der Organisation der Sozialdemokratischen Partei 1927, S. 8–10.

type als Waffe gegen politische Gegner ein, was die toxische Allgegenwart des zeitgenössischen Antisemitismus belegt. (Vgl. Kapitel 31)

Die Komplexität politischer, sozialer und religiöser Identitätsentwürfe der jüdischen Bevölkerung Wiens war untrennbar mit ihrer unsicheren und zunehmend gefährlichen Lage verknüpft. War die Zeit des Roten Wien für alle Bürgerinnen und Bürger turbulent, so bedeuteten die Jahre der Ersten Republik für Wiens Judentum einen Zustand permanenter Krise. Mit dem Ersten Weltkrieg brach ein gewalttätiger antisemitischer Sturm über weite Teile der jüdischen Bevölkerung Osteuropas los, der auch vor den ehemaligen Kronländern der Habsburgermonarchie wie Galizien und der Bukowina nicht haltmachte. Während des Kriegs und bis in die ersten Jahre des Roten Wien hinein suchten zahllose Vertriebene und vom Krieg gezeichnete Flüchtlinge in jener Stadt Zuflucht, die sie als die Hauptstadt des Kaiserreichs gekannt hatten. (Vgl. Kapitel 9)

Hier, wo sich Theodor Herzl zunächst als Dandy und Feuilletonist und später als Begründer des Zionismus einen Namen gemacht hatte, war die jüdische Bevölkerung entlang unterschiedlichster ideologischer Linien gespalten. Die Israelitische Kultusgemeinde Wien (IKG) wurde lange Zeit von der liberalen Österreichisch-Israelitischen Union dominiert, wobei auch die orthodoxe Agudas Jisroel und verschiedene zionistische Gruppen wie die Jüdischnationale Partei und die sozialistische Poale-Zion-Bewegung über Einfluss verfügten. Jede dieser Gruppen hatte ein eigenes Publikationsorgan innerhalb der Wiener Zeitungslandschaft, angefangen von der jiddisch-zionistischen *Wiener Morgenpost* über Poale Zions *Unsere Tribüne* bis hin zur Zeitung der Österreichisch-Israelitischen Union, *Die Wahrheit*, zu Agudas Jisroels *Jüdischer Presse* und vielen weiteren dezidiert jüdischen Medien.[4] Solche Blätter existierten neben nichtreligiösen Zeitungen wie der *Neuen Freien Presse*, die mit der assimilierten jüdischen Intelligenz Wiens assoziiert wurde.

Der Zustrom von Kriegsflüchtlingen erschütterte den fragilen Status quo, der zwischen den unterschiedlichen jüdischen Gruppen in Wien geherrscht hatte. Die neu angekommenen Juden aus Osteuropa, als „Ostjuden" bezeichnet, zogen nicht nur den Hass der nichtjüdischen Wiener Bevölkerung auf sich, sondern auch die Verachtung der sogenannten Westjuden, jenes Wiener Judentums, das sich in der Blütezeit des Liberalismus assimiliert hatte.[5] Die meisten Flüchtlinge waren mit den orthodoxen Gruppen verbunden, stammten sie doch aus Milieus, die sich lange von der christlichen Umwelt zurückgezogen hatten. Sie befolgten die alten Kleidungsvorschriften, sprachen Hebräisch und Jiddisch statt der lokalen Landessprache und vermieden so weit wie möglich den ökonomischen und kulturellen Kontakt mit

---

4 Vgl. Jonas Kreppel: Das jüdische Leben: Österreich, in: *Juden und Judentum von heute*, Wien: Amalthea 1925, S. 710–718.
5 Vgl. Heinrich York-Steiner: Differenzen von Ostjuden und Westjuden, in: ders.: *Die Kunst als Jude zu leben. Minderheit verpflichtet*, Leipzig: Kaufmann 1928, S. 323–338.

Außenstehenden. Viele Neuankömmlinge landeten in der Leopoldstadt, Wiens armem und überbevölkertem 2. Gemeindebezirk, der bereits zuvor mit antisemitischen Zuschreibungen aufgeladen war. (Vgl. den Text von Joseph Roth in Kapitel 31) Wenngleich die neuen Zuwanderer in vielerlei Hinsicht der Orthodoxie nahestanden, war auch der Zionismus für sie attraktiv, auch wenn nur die wenigsten – trotz der Anziehungskraft Palästinas – Interesse an dessen sozialistischen Visionen und Experimenten hatten. Um die Versorgung und Integration der Flüchtlinge zu unterstützen, gründeten die verschiedenen jüdischen Fraktionen Gesundheits-, Wohlfahrts- und Sozialeinrichtungen, die den größeren Institutionen des Roten Wien ähnelten, etwa das Jüdische Hilfswerk der orthodoxen Agudas Jisroel. 1923 produzierte das Hilfswerk den abendfüllenden Film *Opfer des Hasses*, der die Leiden jüdischer Flüchtlinge auf ihrem mühseligen Weg von ihren osteuropäischen Heimatländern in die sozialen Einrichtungen des jüdischen Wien beschreibt. Von Orchestermusik und einem Opernsänger begleitet, der jüdische Lieder aus Osteuropa interpretierte, versuchte sich der Film an einer Neuformulierung des Narrativs vom „Ostjuden" in Wien und forderte zur Unterstützung durch die jüdische Gemeinde auf, um auf diese Weise eine Wiederanbindung an das aus der Sicht der orthodoxen Wiener Gruppen wahre, alte Judentum, das diese Menschen mitführten, herzustellen. Auch viele jüdische Intellektuelle, Literatinnen und Literaten sowie Kunstschaffende wurden von dieser Sehnsucht nach einem alten, unverdorbenen Judentum beeinflusst. So beklagte der Kunst- und Architekturhistoriker Max Eisler in der illustrierten literarischen Monatszeitschrift *Menorah*, wie sehr das assimilierte Wiener Judentum von den geschmacklosen architektonischen Auswüchsen des Historismus und dessen ornamentalem Prunk gefangen sei. Eisler setzte seine Hoffnung auf Oskar Strnad und andere junge jüdische moderne Künstler und Künstlerinnen, deren klare, einfache Formensprache dem ästhetischen Ausdruck eines ständig vertriebenen und umherziehenden Volks am besten entspräche.

Viele Führungspersonen der Israelitischen Kultusgemeinde Wien stellten sich die Frage, wie die jüdische Gemeinde den fortwährenden antisemitischen Angriffen standhalten sollte, und kamen zu dem Schluss, dass eine kulturelle jüdische Wiedergeburt der Welle von Selbstmorden, der steigenden Zahl an Konversionen und den stark spürbaren Auswirkungen säkularer Assimilation entgegenwirken könnte. In der zionistischen Zeitschrift *Die Stimme* machte sich der Vizepräsident der Kultusgemeinde, Josef Löwenherz, dafür stark, jüdische Kinder im Sinne kultureller Tradition zu erziehen. Direkt in Anschluss an den Artikel folgte die Liste der wöchentlichen Austritte aus der Kultusgemeinde. Leo Goldhammer veröffentlichte schockierende Statistiken zu den Lebensbedingungen und der Selbstmordrate von Juden in Wien. Doch aus der Krise entstanden auch positive, stärkende Impulse für die jüdische Gemeinde. Eine steigende Zahl von Wiener Jüdinnen und Juden brach mit den unausgesprochenen Regeln der Assimilation und war Teil jenes Trends, den Heinrich York-Steiner als „das bewußte Judentum"[6] bezeichnete. Er verwies auf den bis 1924 durchgesetzten Ausschluss von Juden und Jüdinnen aus Sektionen des Deutschen und Oesterreichischen Alpenvereins, der größten alpinen Vereinigung in Österreich. (Vgl. Kapitel 19) Diese und ähnliche Demütigungen veranlassten jüdische Intellektuelle, Kunstschaffende, Sportbegeisterte und sozial engagierte Personen zur Gründung von Einrichtungen, die das jüdische Leben in Wien feiern und beleben sollten.[7]

So wurden trotz der zunehmend vergifteten antisemitischen Stimmung Zeichen einer Wiederbelebung jüdischer Kultur sichtbar. Anitta Müller-Cohen, Gründerin einer jüdischen Hilfsorganisation und Kämpferin für die Rechte jüdischer Frauen, wurde zu Beginn der Ersten Republik in den Wiener Gemeinderat gewählt. 1925 wurde das Fußballteam des 1909 gegründeten zionistischen Sportclubs Hakoah österreichischer Meister. (Vgl. Kapitel 18) In den Jahren nach dem Ersten Weltkrieg entstand in Wien eine avancierte jiddischsprachige kulturelle Szene, die aber im Lauf der 1920er Jahre wieder verschwand. In dieser kurzen Periode schufen Autoren wie Melech Rawicz Gedichte in jiddischer Sprache, Kulturkritiker wie Mosche Silburg entwarfen inhaltliche Positionen, die jüdische Autonomie und soziale Gerechtigkeit verbinden sollten. Im Oktober 1927 wurden die Jüdischen Künstlerspiele im Nestroyhof in der Leopoldstadt mit Scholem Aschs *Der Glaube* eröffnet. Die Künstlerspiele waren bis zum „Anschluss" 1938 eine wichtige Bühne für jüdische Autorinnen und Autoren sowie jüdische Schauspielerinnen und Schauspieler. Sie waren der Schauplatz zahlreicher Gastspiele jiddischer Theatergruppen aus Wilna, Moskau und New York, sogar des legendären Habimah-Ensembles, das nach Tel Aviv gegangen war.

Manche Zionisten und Zionistinnen folgten dem jüdisch-nationalen Ruf zur Neubesiedelung des verheißenen Landes, andere unterstützten die zionistische Sache von Wien aus oder bereisten Palästina zeitweilig, wie Felix Salten, der von dort über den Regenerationseffekt schrieb, den eine jüdische Heimstatt für das gesamte Judentum haben würde, wo auch immer es lebe. Arthur Schnitzler ging in einem Interview mit einem amerikanischen Reporter sogar so weit, eine kulturelle jüdische Renaissance in Wien vorherzusagen.

Die ausgewählten Texte in diesem Kapitel versuchen einen Einblick in jüdisches Leben und jüdische Kultur aus einer Innensicht zu geben und konzentrieren sich darauf, wie Wiener Juden und Jüdinnen mit der komplexen sozialen, wirtschaftlichen und politischen Realität des Roten Wien umgingen und wie sie darin intervenierten. Diese Versuche der Behauptung von Handlungsmacht erscheinen im Licht des nahenden Schreckens des Nationalsozialismus tragisch, aber sie verweisen

---

6 York-Steiner: Unser Weg, in: ders.: *Die Kunst als Jude zu leben*, S. 632.
7 Vgl. Hans Tietze: *Die Juden Wiens*, Wien: Mandelbaum 2007 [1933], S. 262–267.

auch auf einen alternativen Möglichkeitsraum: auf ein kreatives und dynamisches jüdisches Wien, das es gegeben haben könnte, jedoch unwiederbringlich verloren ist.

Literatur

Beller 1993.
Börner, Jungfer, Stürmann 2018.
Freidenreich 1991.
Milchram 2019a.
Silverman 2012.
Soxberger 2013.

10.1 Eugen Höflich: Bolschewismus, Judentum und die Zukunft

Erstveröffentlicht als Eugen Höflich: Bolschewismus, Judentum und die Zukunft, in: *Esra: Monatsschrift des jüdischen Akademikers*, 1. Jg., Nr. 2 (1919), S. 41–47.

Eugen Höflich (1891–1965), ein geborener Wiener, wurde während des Ersten Weltkriegs als Vertreter des Pansemitismus bekannt. Er lebte als Autor von Fortsetzungsromanen und emigrierte 1927, nach der Aufhebung des Einreiseverbots, das die britische Mandatsregierung gegen ihn ausgesprochen hatte, nach Palästina. Höflich nahm den Namen Moscheh Yaakov Ben-Gavriel an, veröffentlichte aber weiter ausschließlich auf Deutsch. Davor war er Herausgeber der kurzlebigen Zeitschrift Esra, *einer zionistischen Publikation, die zwischen Juni 1919 und Jänner 1920 in nur acht Ausgaben erschien.*[8] *Höflichs beißende Kritik am Sozialismus als „[f]leischgewordene Rechenmaschine, die den Eintritt des glücklichen Zeitalters genau errechnet hat", drückt seine tiefe Skepsis gegen die praktische Anwendung des menschlichen Altruismus aus. Das Judentum, so Höflich, feiere den Individualismus und biete gleichzeitig den Platz in einer Gemeinschaft, die bis nach Asien reiche. Sein 1923 veröffentlichtes Buch* Pforte des Ostens, *das er selbst als sein wichtigstes bezeichnete, beschreibt den Pansemitismus als Vorstufe für eine Verbindung aller asiatischen Völker.*

[...]
Wie immer aber die Juden beschaffen sind, die dem Bolschewismus anhangen, ihre jüdische Abstammung ist nicht die direkte Ursache dieser ihrer politisch-sozialen Tätigkeit. Die direkte Ursache vielmehr ist jene europäische Masse, deren Bestialität gegen Schwache und Geschwächte stets Äusserung ihrer Existenz war, der Judentum gleich war, mit etwas, das unterdrückt werden muß. Nichts aber ist ewig zu

---

[8] *Esra* ist online vollständig verfügbar unter: www.compactmemory.de.

unterdrücken, ohne daß es mit Gegendruck antworten würde. Wenn nun aber auch jene Juden, die ihr Volkstum verloren, in bolschewistischen Formen reagierten, kann der Bolschewismus natürlich nicht als eine jüdische Angelegenheit bezeichnet werden, denn die gesunden Elemente des jüdischen Volkes reagierten in eine andere Richtung, in die des Zionismus, der in seinen Anfängen nichts anderes ist, als der elementare Freiheitsschrei der Unterdrückten, (und nur reiner Gedanke bleiben kann, solange er Schrei bleibt) die dem Geknechteten immanente Tendenz zur Revolutionierung seiner ihm gleichen Umgebung. Beide sind revolutionär, der gesunde und der kranke Jude; der Eine aber blieb revolutionierend beim Volk, um es und die Menscheit zu erlösen, der Andere verließ das Volk, weil er in dem tragischen Irrtum befangen war, daß Volk ein überholter Begriff sei und die Menschheit aus einer mehrweniger homogenen Masse bestehe, die man durch Anwendung gewisser Theorien innerlich und äußerlich zu einem Block zusammenschmelzen könne.

In dieser falschen Ansicht scheint mir auch die schließliche Lebensunfähigkeit des Bolschewismus begründet zu sein, jenes von Bucharin festgelegten Programmes, das Individualität im Einzelnen wie in den Völkern nur als etwas zu überwindendes kennt. Hier liegt der Irrtum des phantasiearmen Theoretikers, der am Schreibtisch die Menschheit ummodelnd, plötzlich faktische Macht in die Hände bekommt und nun seine Theorie in Tat umzusetzen versucht. Fleischgewordene Rechenmaschine, die den Eintritt des glücklichen Zeitalters genau errechnet hat, hat ein System aufgebaut, das zwar folgerichtig entwickelt, aber an das der menschlichen Phantasie sich entringende Bedürfnis nach steter, auch äußerer Veränderung und an den unbrechbaren Willen des Individuums zur Individualität vergißt. Der Jude aber ist letzten Endes Romantiker und Individualist, mehr als ein Anderer. Ihn wird der Bolschewismus schließlich abstoßen, sein Materialismus (wenn er überhaupt existiert: eine Galutherrungenschaft [der Diaspora]) ist nie so groß, als daß er ihn mit einer Welt versöhnen könnte, die aus genau konskribierten Produktions- und Konsumtionsmaschinen besteht. Eines Tages würde er sich fragen: was hilft aller ökonomische Sozialismus, wenn die Gesinnung des Menschen nicht sozialistisch ist?

[...]

Er wird erkennen, daß neue Klassen aus der Tiefe heraufwachsen werden, die die ökonomische Diktatur in gleichem Maße handhaben werden, wie die früheren Herrenklassen, daß eine europäische Revolution stets in ihren Folgen nur eine Eintagsrevolution ist, selbst wenn ein monatelanges Blutband ihren Weg bezeichnet, daß sie ausschließlich Magenfrage ist, wohl eine Station in der Tragödie der europäischen Menschheit, dennoch aber nur blutige Groteske einer wirklichen Revolution, denn ihr Urgrund ist nicht Revolutionierung der Herzen, sondern die Revolte der Magennerven, und ihr Ziel nicht die Menschheit, sondern die Bequemlichkeit.

[...]

[V]om Bolschewismus trennt uns ebensoviel wie von jenem Judentum, das sich europäisch fühlt und europäische Maße sich zu eigen machte. Der Jude, der die Diskrepanz zwischen Bolschewismus und Judentum erkennt, wird auch den Zwiespalt zwischen Judentum und Kapitalismus, Europäismus, Merkantilismus erkennen und wird die reinsten Formen des Lebens auf der Bahn seines Volkes suchen.

Er wird entweder als Mystiker sich den göttlichen Kern zusprechen und die Möglichkeit der Vereinigung mit Gott, um so die Menschheit zu erlösen. Er wird Religion und Dogma übersteigend, in die klarsten Höhen der Religiosität gelangen und so wirken auf die fernste endliche Zukunft seines um die Zukunft der Menschheit besorgten Volkes. Oder aber er wird Formen für diese Tage suchen, die den Möglichkeiten des Judentums, völkerverbindend sein zu können, freie Bahn schaffen und er wird in der gegebenen Realität verbleibend, zu retten suchen, was an der Menschlichkeit in dieser Menschheit für diese Tage noch zu retten ist.

Man müßte hier über die ungeheuer fruchtbaren ethischen Werte des Judentums sprechen, wollte man die Bahn wieder aufzeigen, in der die Notwendigkeit liegt, sich zu bewegen. Es ist sicher, daß am Ende dieser Bahn jener Sozialismus steht, der den Klassenbegriff nicht kennt, zu dem nicht leibliche Not ausschließlich führt, sondern der Wille zur sozialistischen Gesinnung der Menschheit, die aus sozialistisch gesinnten Völkern besteht. Auf dieser Bahn aber liegt kein Bolschewismus, keine Sozialdemokratie, keine ökonomische oder politische Partei und keine Gewalt, denn diese Bahn mündet in Asien, in jenem Asien, das Religionen stiftet und Gemeinschaften, wo Europa höchstens Staaten bauen kann und Klassenzwänge, in jenem Asien, das sozialistisch ist vom Anfang seiner Idee bis zu ihrer Diktatur der Liebe über die Menschheit.

[...]

10.2 Mosche Silburg: Was ich euch zu sagen habe

Erstveröffentlicht als Mosche Silburg: Vos ikh hob aykh tsu zogen, in: *Kritik*, Nr. 6 (25. Dezember 1920), S. 8–14. Hier zitiert in der deutschen Übersetzung von Thomas Soxberger, in: ders., (Hg.): *Nackte Lieder. Jiddische Literatur aus Wien 1915–1938*, Wien: Mandelbaum 2008, S. 118–124.

Mosche Silburg war eine wichtige Figur in der linken jiddischen Intellektuellen- und Literaturszene Wiens in den Jahren nach dem Ersten Weltkrieg. Die Blüte jiddischer Kultur dauerte nicht zuletzt wegen des starken Assimilationsdrucks nur wenige Jahre und war im Wesentlichen 1925 zu Ende. Geboren in Russland, von wo er wegen angeblicher revolutionärer Umtriebe vom zaristischen Regime vertrieben worden war, landete Silburg als „Ostjude" 1918 in Wien. Hier arbeitete er als Hebräischlehrer und war einer der Mitgründer des Verlags „der Kval" (Die Quelle). 1920 gründete er die kurzlebige Zeitschrift Kritik, *in der sein Essay* Was ich euch zu sagen habe *erstmals in fünf Fortsetzungen auf Jiddisch erschien, deren letzter Teil hier wiedergegeben wird. Die Zeitschrift* Kritik *war insofern bemerkenswert, als sie jiddische Literaturkritik mit Kommentaren zu Ökonomie, Politik und Kultur verband. Als jüdischer Sozialist ver-*

knüpfte Silburg sein Engagement in der Arbeiterbewegung mit spezifischen Fragen jüdischer Identität. In seinem Argument für jüdische Selbstbestimmung in Was ich euch zu sagen habe *wendet er sich gegen unterschiedliche jüdische Positionen seiner Zeit: gegen Assimilation und Integration (also gegen Personen wie Otto Bauer), gegen elitäre utopistische Modernisten, die er „Parodie-Intellektuelle" nennt (etwa Martin Buber und seine Zeitschrift* Der Jude*) und gegen militante und extreme Formen des Zionismus. In seinem Essay verknüpft Silburg fortschrittliche Haltungen zur sozialen Frage und die Konstruktion eines idealen „jüdischen Arbeiters" mit der Behauptung kultureller Partikularität.*

Zurück ins Ghetto!

Ich sehe schon, wie die klugen Köpfe von links und rechts unverzüglich in Scharen über mich herfallen: Zurück?! Ins Ghetto?! Ich spreche das dunkle, mittelalterliche Wort mit Absicht aus und meine damit nicht den gelben Fleck auf dem Rücken: Ich meine die „Autonomie". Aber eben nicht die „Autonomie", die nicht mehr als einen rechtlichen Zustand bedeutet und zum Guten wie zum Schlechten dienen kann [...]. Ich meine jene geistige Autonomie, jenen Zauberkreis, den jeder individuelle Charakter, das Individuum oder ein Kollektiv, instinktiv in seinem Leben schafft, um seine innere Integrität zu bewahren. Ebendieser Zauberkreis, der keine äußeren Einflüsse heranlässt – das Ghetto –, ist die erste Bedingung für seine Existenz als solche. Da liegt auch der tiefere Sinn der Individualität: Die Sehnsucht nach den eigenen vier Wänden, nach der eigenen Atmosphäre trägt jeder Mensch in sich, jede menschliche Gruppe. Mehr noch, je ausgeprägter der Charakter, umso stärker, impulsiver ist das Bedürfnis und die Suche, „bei sich selbst" zu sein. Das „bei sich selbst sein" des Individuums, die unaufhörliche Gruppierung und „Schulenbildung" des Kollektivs ist die Quelle ständiger Erneuerung und der Belebung des menschlichen Geistes. (Das steht absolut nicht im Gegensatz zu dem höheren ethischen Gesetz des Lebens, dass alles von der gesamten Menschheit kommt und ihr angehört.)

[...]

Zum ersten Mal in seiner Geschichte wird der Jude aufs Schärfste und Genaueste auf die Probe gestellt und steht vor der freien Wahl: Sein oder Nichtsein. Vor ihm liegt die größte Freiheit, nach menschlichen Begriffen, aus sich den menschlichsten Typus des jüdischen Arbeiters zu schaffen; die eigene lebendige Sprache, die eigene Schule, den eigenen besonderen Geist zu höchster menschlicher und spezifisch jüdischer Entwicklung zu bringen. Hier ist das Tor zum Leben und hier kann der hohe Leuchtturm gebaut werden, der dem ganzen Volk in allen Ländern den Weg weist. Aber gleichzeitig blickt uns die Leere des „Nichtseins" entgegen – die Assimilation. Oh ja, es gibt ihn noch, den altbekannten Parodie-Intellektuellen der Linken, der Arbeiterführer, der Aufklärer des Proletariats. Er, der Volksfreund, findet die jiddische Sprache gut genug, um dem Arbeiter Bildung zu vermitteln, auf dass er so weit gebildet werde, um zu verstehen, wie niedrig und kulturlos seine Sprache ist!

[...]
Zurück ins Ghetto!

Ich weiß, dieses Wort ist nicht mehr als ein tiefer, lauter Seufzer in der Tiefe der Nacht von jemandem, der sich damit in der Welt der Schatten seiner eigenen Existenz versichern will[.] Aber mein Wort wendet sich nicht an den Zyniker, den Zweifler, den Parodisten; es wendet sich an die Genossen, an die, welche gleich mir auf dem Rücken „das Leid Tausender Generationen" tragen, an die einzigen Erben der alten jüdischen Intelligenzija. Wir, die Ernüchterten, aber auch Weitsichtigen, die verstehen, dass gerade in der Ernüchterung der gesunde Kern für die weitere Renaissance des jüdischen Volkes zu finden ist – unsere Zeit ist jetzt oder nie! Aber vorher muss eine strenge Abrechnung mit uns selbst kommen. Wer weiß, dass in den Häusern unserer Besten, jener, die ihr Leben der jiddischen Sprache widmen (von den Hebräern rede ich schon gar nicht), von Mendele bis Scholem Asch[9] – oh, die Parodie unseres Lebens! – man in allen Sprachen spricht, aber nicht Jiddisch, die Kinder in jedem Geist erzogen werden, nur nicht im jüdischen! Diese Selbstverspottung muss ein Ende haben! Ein Zauberkreis, ein geschlossener Kreis von Russland bis Amerika, muss gesponnen werden. Ein einziges Bestreben muss unter unseren Intellektuellen entstehen, beim Schriftsteller, beim Denker, beim Aktivisten: strenge Konsequenz. Alles und alle sind, wenn sie nicht für uns sind, nicht unbedingt gegen uns – aber außerhalb von uns! Der Jude, der eine andere Sprache redet, seine Kinder in einer anderen Sprache erzieht, ist für uns ein Mensch wie jeder andere, wie jeder Angehörige eines anderen Volkes, der aber außerhalb unseres Kreises steht. Zwischen uns und dem Parodie-Intellektuellen muss eine hohe Wand errichtet werden, unser Umfeld muss von ihm gereinigt werden, unser Leben muss geläutert werden!

Wer von uns nicht an sein Volk glaubt, wer mutlos ist – soll es offen, mit lauter Stimme kundtun. Genug der zerrissenen Seelen, genug der Parodie eines Lebens!

Die große Ernüchterung ist gekommen – wir stehen am Ende.

---

9 Mendele oder Mendele Mocher Sforim (1836–1917) war einer der wichtigsten frühen Autoren, die auf Jiddisch zu schreiben begannen, und galt schon im 19. Jahrhundert als „Großvater" der jiddischen Literatur; Scholem Asch (1880–1957) war ebenfalls ein bekannter und hoch angesehener jiddischer Autor.

10.3 Melech Rawicz: Vorwort (aus: Nackte Lieder)

Erstveröffentlicht als Hakdome, in: Melech Rawicz: *Nakete Lider*, Wien: Kval-ferlag 1921. Hier zitiert in der deutschen Übersetzung von Thomas Soxberger, in: ders. (Hg.): *Nackte Lieder. Jiddische Literatur aus Wien 1915–1938*, Wien: Mandelbaum 2008, S. 134–136.

Melech Rawicz ist ein Pseudonym für Zacharias Chone Bergner, einer der wichtigsten auf Jiddisch schreibenden Autoren Wiens in der kurzen Blütezeit jiddischer Schriftkultur nach dem Ersten Weltkrieg. Rawicz wurde 1893 in Galizien geboren und kam 1913 nach Wien, wo er bis zu seiner Übersiedlung nach Warschau 1921 lebte. Infolge der „Konferenz für die jiddische Sprache" 1908 in Czernowitz, auf der das Jiddische als kulturell wertvolle Sprache verankert werden sollte – ein Versuch, der wenig Breitenwirksamkeit erzielte –, entschied sich Rawicz, auf Jiddisch zu schreiben. Während seine frühen Gedichte noch in neoromantischem Stil verfasst waren, wandte er sich später einem modernistisch-expressionistischen Stil zu, allerdings geprägt von der urbanen, politisierten Arbeiterkultur, der sich viele jiddischsprachige Autoren und Autorinnen zugehörig fühlten. Der Einfluss des Expressionismus zeigt sich in seiner Gedichtsammlung Nackte Lieder, *einem der bedeutendsten Beispiele moderner jiddischer Lyrik seiner Zeit, in der Hinwendung zum ‚neuen Menschen' und in einem basalen Vitalismus und Ästhetizismus, der sich durch das gesamte Werk zieht. Die Gedichtsammlung und die an dieser Stelle abgedruckte programmatische Einleitung wurden nach Rawiczs Infektion mit Tuberkulose verfasst und vermitteln daher ein Bewusstsein der eigenen Sterblichkeit (wiewohl er bis 1976 lebte). Die Haltung zu religiöser jüdischer Kultur ist in diesen Gedichten durchaus kritisch; schon 1918 hatte Rawicz eine Gedichtsammlung unter dem Titel* Spinoza *veröffentlicht; und auch in* Nakete Lider *stellt der jüdische Häretiker Spinoza, der die Einheit von Gott und Natur vertreten hatte, eine Quelle der dichterischen Inspiration dar. Spinoza war deswegen aus seiner jüdischen Gemeinde ausgeschlossen worden und wurde immer wieder wegen seiner Leugnung der Existenz eines transzendenten Gottes des Atheismus bezichtigt.*

Ich bin nicht mehr als du, ich bin nicht weniger als du; nicht von größerer und nicht von geringerer Klugheit als du! Ich gehöre wie du zu der unendlichen Ausbreitung, zum unendlichen Gedanken und zum unendlichen
Tod.

Hier, sieh das trockene Bewusstsein, das in den vier Wänden des wenigen, was ich an Eigenem in der Welt habe, regiert, und wisse, dass ich den Wert meines Liedes ohnehin kenne. Du wirst mich nicht überraschen; seinen Unwert kenne ich auch und sein Ende noch besser als du. Die Erde gleicht schließlich doch den Unterschied zwischen Leib und Leib aus und mit der Zeit wird auch unser aller Geist ausgeglichen.

Was ich in der Jugend dichterisch gestaltet habe, habe ich „An der Schwelle" meines Dichterwegs gesammelt.[10] Das ist mir heute in jeder Weise fremd. „Im Licht des Morgensterns" (davon zusammenhängend nur 17 Gedichte gedruckt) erreichte ich eine gewisse Formsicherheit. Dann kam der Krieg, die Zeit absoluter Hilflosigkeit für uns, die Durchschnittsintellektuellen Europas. Unsere „Großen", die Propheten, verstummten oder flohen dorthin, wo die Schweizer Milch fließt – und wir, ohne Führung, stürzten uns auf das lautere Christentum in unserer Verwirrung. Davon findest du bei mir ein Bild in meinem, noch gefühlvollen, Ruinengras, das dort gewachsen ist, wo meine Welt jetzt steht.

Mit einem klaren, bewussten, radikalen und sicheren Wurf habe ich mich später ein für alle Mal überzeugt, meinen Halt gefunden an Spinozas menschlich vollkommener, klarer Welt. Der wahre Ursprung meines Tuns ist im Gedanken und nichts sonst. Es ist mein faktischer, erkannter, nicht fanatischer Weg zu Optimismus und Glück, den alle unbarmherzigen, konsequenten Logiker gehen müssen.

Die „Prähistorischen Landschaften und Balladen" (bisher noch nicht veröffentlicht) sind ein mehr künstlerischer Ausdruck meiner – vielleicht schon vollständig erreichten – Formbeherrschung, meiner Formsicherheit. Der wildeste Akkord meiner nackten Lieder. In diesen nackten Liedern bin ganz ich; nicht meine Tat, nur mein Sein, nicht mein Werk, nur mein Kern. Mein Fieber und meine Ruhe, mein Optimismus und mein Pessimismus, meine Beziehung zu Welt und Individuen. Mein[e] aufgeriebene Stadtseele und die dörflichen Leinen meiner gesunden Sehnsucht, die sie umhüllt. Mein Gewissen und das, was andere an mir bezeichnen als: Herz. Mein Sadismus, mein Unglück, mein Glauben an die Revolution (sogar gegen Spinoza) und meine elementare, aus tiefem Schmerz herausgeschriene Verachtung für jegliche Art von Religiosität.

Mein Begehren ist Glück: Mein Glück ist dein Glück. Heute schöpft unser fehlerhafter Verstand mit Sieben, was er mit sicherer Hand und metallenen Bechern ausschöpfen muss, bis zum Grund, bis hinab zum Grund.

Hier in diesen Liedern bin ich nackt, nackter, skalpiert. Unter Spinoza bin ich mit Gott zu Ende gekommen; und unter Marx – mit dem bösen Herrscher: Mensch. – Die verwickelten Knoten von körperlichem und geistigem Glück habe ich schon gelöst. Beide.

Und bin schon –

– in allem:

Der Rohstoff für den kommenden Menschen. Das Urchaos der kommenden Welt, die überströmen wird von Glück, von Potenz, von Klugheit und bewusstem Einswerden mit der Natur.

Und wieder meine vier Wände.

---

10 „Oyf der Shvel" („An der Schwelle") war der Titel seiner ersten, 1912 veröffentlichten Gedichtsammlung.

Mein Lied ist zu Ende. Die „Nackten Lieder" das letzte Buch meiner Lieder. Gewogen und gewürgt muss werden!

Zu den jugendlich pulsierenden Liederschreibern werde ich doch schon nicht mehr gehören. Und mich bewusst in das angewärmte Federbett des eigenen poetischen Dahinsterbens legen will ich nicht! Meine ehemalige lyrische Linie will ich noch ergänzen, etwas hinzuschreiben, sie zurechtmachen, ändern. – Werde sie vollständig, klar. Was gehen mich die impotenten, lieblosen Eintags-Clowns an!

Mit meinem Willen bin ich geworden und mit meinem Willen ende ich.

Zu unserer Literatur, zu der mich mein Schicksal und meine Muttersprache geführt haben, will ich mehr als meinen Leib und mehr als meinen Geist hingeben, und sie braucht Menschen und Werke – nicht Lieder und Poeten. Andere Formen stürmen in mir und tragen mich.

Unendlicher Gedanke, stehe mir bei!

10.4 Anitta Müller-Cohen: Die Rückkehr der jüdischen Frau zum Judentum

Erstveröffentlicht als Anitta Müller-Cohen: The Return of the Jewish Woman to Judaism, in: *Menorah: illustrierte Monatsschrift für die jüdische Familie*, 1. Jg., Nr. 1 (1923), S. 14. Übersetzt von Wolfgang Fichna.

Anitta Müller-Cohen (1890–1962) stammte aus dem assimilierten Wiener jüdischen Bürgertum. Im Zuge ihres Engagements für die Frauenbewegung und für soziale Fragen gründete sie die zionistisch ausgerichtete Soziale Hilfsgemeinschaft Anitta Müller, um in den chaotischen Nachwehen des Ersten Weltkriegs Frauen, Kinder und Flüchtlinge zu unterstützen. Sie wurde zu einer international anerkannten Fürsprecherin für die Opfer von Krieg und Hunger. Als bekennende Zionistin sah Müller-Cohen das Potenzial für eine breite religiöse und kulturelle Erneuerung des österreichischen Judentums. In diesem frühen, für die erste Ausgabe der jüdischen Familienzeitschrift Menorah *verfassten Text, der auf Englisch erschien, verweist Müller-Cohen auf die Konsequenzen, die mit dem Akt der Assimilation verbunden seien, auch wenn diese im Dienst grundlegender humanitärer Ziele geschehe. Wenn das Judentum seine Stimme und seine Bestimmung zurückgewinnen soll, so folgert sie, kann dies nur durch eine von den jüdischen Frauen ausgehende kulturelle und moralische Erneuerung der religiösen Gemeinschaft geschehen.*

[...] Wir wissen, dass die jüdische Frau in den Zeiten schrecklicher Verfolgung ihrem Ehemann in allen Nöten eine treue Gefährtin und Trösterin war. In ihrem Herzen hielt sie die Liebe zu ihrem Glauben und ihrem Volk hoch; sie war es, die über Jahrhunderte die Traditionen des Judentums pflegte. Die jüdische Frau bewachte im ruhigen Leben des Ghettos die religiösen und kulturellen Schätze. Sie war der Mittelpunkt eines gesunden Familienlebens und das nationale Gefühl, das während dieser Zeit wuchs, tat dies hauptsächlich ihretwegen.

Als die Mauern des Ghettos niedergerissen wurden, brach eine neue Zeit des Fortschritts für die jüdische Frau an. Plötzlich waren die Welt und die Freiheit für sie erreichbar. Sie machte sich mit dem kulturellen Leben vertraut und nützte ihren eigenen Verstand, der bis dahin auf ihre kleine Welt beschränkt war. Ihr Geist war jetzt frei, all das Wissen aufzunehmen, das für sie verfügbar war. Bald nahm die jüdische Frau eine Führungsposition unter jenen ein, die für die Emanzipation und die Teilhabe an allen möglichen Formen moderner kultureller Arbeit kämpften. [...] Die fortschreitende Gleichberechtigung der Frau, ihre Organisationstätigkeit im Bereich des Hilfswesens und der Wohlfahrt, verdeutlicht den intellektuellen Fortschritt der jüdischen Frauen und zeigt, welch bedeutende Rolle Vertreter des Judentums in der kulturellen und ökonomischen Entwicklung ihrer jeweiligen Länder eingenommen haben.

Es ist allerdings eine traurige und beschämende Tatsache, dass die neuen kulturellen Errungenschaften und Aufgaben der jüdischen Frau ihr aktives Interesse am Judentum verringert haben. Das Judentum erfüllt nicht mehr ihr Dasein, es ist zu einer Nebensache geworden. Immer und überall versuchte sie sich mit Frauen anderer Konfessionen zu verbünden, die für die gleichen Ziele arbeiteten. Sie wollte ihnen gleichen, ihnen gefallen und verlor so ihre Individualität, ihren Stolz und ihr jüdisches Bewusstsein, ohne das zu erreichen, was sie ersehnte. Die jüdische Frau kann nur einer anderen jüdischen Frau Schwester sein. Sie kann als Mutter nur ihrem eigenen Volk helfen und es retten. Nur das Judentum wird ihr ihre hingebungsvolle Arbeit mit Liebe und Dankbarkeit vergelten. Wie der jüdische Mann hat auch die jüdische Frau ihren ruhenden Pol verloren, als sie ihren tiefen Glauben ablegte und zugleich zum Eindringling wurde.

Und dann kam die große Not. Wie eine Sturzflut kam der Krieg über das Land und die Menschen schlachteten einander, wie von Sinnen. Diese Not weckte in der jüdischen Frau den Wunsch zur aufopferungsvollen Hilfe. Von ganzem Herzen und mit all ihrer Kraft beteiligte sie sich am Hilfswerk.

[...]

Die Zeit inbrünstiger sozialer Hilfsarbeit ist vorbei, die Zeit, als wir alle vereint waren in unserem Mitgefühl. Naiv haben wir die Schwere der Wiederaufbauarbeit unterschätzt, und wir dachten, dass das Ende des Krieges eine Fortsetzung der guten menschlichen Eigenschaften mit sich bringen würde.

[...]

Die Juden, stets an der Spitze jeglicher aufkommenden Bewegung, gehörten auch zu den Führern durch die Krisen der Nachkriegszeit. Den Erfolgen und Missfolgen dieser Bemühungen folgte Hass und Zorn gegen die Juden. Die Judenfrage wurde erneut zur Diskussion gestellt. Sie ist Teil der europäischen Krise, der Krise der Menschheit. Eine unermessliche Welle des Judenhasses brach über Europa herein.

[...]

Während die Verfolgungen früherer Zeiten eine Stärkung der religiösen Gefühle der Juden mit sich brachten, erleben wir in der heutigen Zeit einen Niedergang des Judentums. Jeder geht seiner eigenen Wege, und das Gefühl der Verantwortung gegenüber dem Judentum ist geschwunden. Eine unheilvolle Trägheit hat unsere Herzen befallen, die erklärt, warum wir unsere gegenwärtige Verfolgung schweigend erdulden. Wir müssen uns auf der Basis des Judentums zusammenschließen. Wir müssen wieder erfühlen, dass wir zusammengehören, und unsere vereinte jüdische Stärke muss sich den Angriffen und der Unterdrückung entgegenstellen.

Aber wir jüdischen Frauen kämpfen nicht mit dem Schwert. Unsere Aufgabe ist die Erziehungsarbeit unseres Volkes. Wer in Freiheit leben will, muss sich uns anschließen.

Diese Aufgabe lässt uns mit Freude dem kommenden Treffen des Weltkongresses jüdischer Frauen[11] entgegensehen. [...] In allen Ländern der Welt gibt es Frauen, die ihre täglichen Sorgen hintanstellen, um die Interessen ihres Volkes zu diskutieren. Der Kongress wird jüdischen Frauen die Möglichkeit bieten, ihre Ideen auszutauschen. Er wird ihren Verstand schärfen; Ziel des Kongresses ist es, das Wohl unseres gesamten Volkes voranzutreiben.

[...]

Es ist die Aufgabe der Frau, sich dem zunehmenden Materialismus mit starkem Idealismus entgegenzustellen und einen Schutzwall moralischer Stärke zu errichten, um uns gegen die zunehmende Selbstsucht zu verteidigen. Alleine die Frauen können Ideale in die Herzen unserer Jugend pflanzen, sie dazu anleiten, Menschen starken Willens und Opfermutes zu werden.

[...]

Dieser Kongress jüdischer Frauen könnte der Beginn eines neuen Kapitels in der Geschichte der jüdischen Frau werden. Wir wünschen uns, dass zukünftige jüdische Geschichtsschreiber diesem Kapitel die Überschrift geben werden: *Die Rückkehr der jüdischen Frau zum Judentum.*

---

11 Der erste, vom International Council of Jewish Women initiierte Weltkongress jüdischer Frauen fand von 6. bis 11. Mai 1923 in Wien statt. Anitta Müller-Cohen war eine der Mitorganisatorinnen. Vgl. Weltkongreß jüdischer Frauen in Wien. Stimmen der Teilnehmerinnen aus verschiedenen Ländern, in: *Wiener Morgenzeitung*, 29. April 1923, S. 2.

10.5 J. L. Benvenisti: Arthur Schnitzler sagt jüdische Wiedergeburt voraus

Erstveröffentlicht als J. L. Benvenisti: Arthur Schnitzler Foretells Jewish Renaissance. An Exclusive Interview With the Eminent Littérateur, in: *The American Hebrew*, 29. Februar 1924, S. 460, 474. Übersetzt von Wolfgang Fichna.

Wenngleich Arthur Schnitzler eher mit der Kultur des Fin de Siècle als mit dem Roten Wien in Verbindung gebracht wird, verfasste er doch sein unsterbliches Meisterwerk Fräulein Else (1924), mit Anspielungen auf eine mögliche jüdische Herkunft der Erzählerin, mitten in der turbulenten Zwischenkriegszeit. In seinen erst später veröffentlichten Tagebüchern und Briefen findet sich Schnitzlers bekannteste Aussage zu seiner Identität: „Ich bin Jude, Österreicher, Deutscher". Diese Haltung nimmt das folgende, wenig beachtete und im Original englischsprachige Interview mit der Zeitschrift The American Hebrew *bereits vorweg. Zugleich finden sich darin Schnitzlers Ablehnung des zeitgenössischen Zionismus und Kommentare über das Wesen des Antisemitismus sowie zur Assimilation der jüdischen Minderheit.*

Arthur Schnitzler, englischsprachigen Lesern wahrscheinlich an besten bekannt durch seinen Zyklus *Anatol, Der Weg ins Freie, Casanovas Heimfahrt* und *Dr. Graesler* [sic], steht nicht nur in der ersten Reihe jüdischer Kunstschaffender, sondern auch der Kunstschaffenden weltweit. Sein Glaube an eine große künstlerische Wiedergeburt des Judentums ist daher ein Glaube, der jedem Mitglied der Israelitischen Kultusgemeinde Stolz und Hoffnung zu geben vermag. Im Folgenden legt Arthur Schnitzler seine Ansichten zu Zionismus, Antisemitismus und verwandten Themen dar.

[...]

Ich traf Schnitzler in seinem kleinen Haus in der Wiener Vorstadt, was an sich schon keine geringe Leistung ist (ihn anzutreffen, meine ich), denn Schnitzler ist eine der gefragtesten Persönlichkeiten Europas und muss sich folglich gegen Eindringlinge mehr oder weniger verbarrikadieren. Schnitzler hatte ein Diktat unterbrochen, um mich zu empfangen, und musste sich sozusagen erst etwas die Augen reiben, bevor er sich dem neuen Thema widmen konnte. Auch wirkte er zunächst dem Gedanken, ein Interview zu geben, eher abgeneigt.

„Ich gebe niemals Interviews", sagte er. „Alles, was ich zur jüdischen Frage zu sagen habe, steht in meinem Buch *Der Weg ins Freie*."

„Herr Doktor", entgegnete ich, „ich habe *Der Weg ins Freie* nicht nur einmal, sondern dreimal gelesen, und genau um dieses Buch zu diskutieren, bin ich zu Ihnen gekommen." Daraufhin erhellte ein außerordentlich liebenswertes Lächeln Schnitzlers Züge.

„Sie schmeicheln mir", sagte er und bot mir einen Stuhl an. Und schon waren wir mitten in einem Gespräch, das mit einer Geschwindigkeit von neunzig Meilen in der Stunde lief.

[...]

Dass Schnitzler viel zur jüdischen Frage zu sagen hat, war nur zu erwarten. Er hat genug darüber geschrieben. *Professor Bernhardi* berührt sie, der unsterblich-unbeschreibliche *Leutnant Gustl* ist voll davon. Aber gerade *Der Weg ins Freie* ist bemerkenswert für seinen brillanten, fast schon brutalen Umgang mit dem Thema. Mit Heinrich Behrmann hat der jüdische Autor Schnitzler jenen Typus des mitteleuropäischen Juden mit solch meisterlicher und leidenschaftsloser Genauigkeit beschrieben, sodass, wie ich schon immer meinte, keine Untersuchung der jüdischen Frage ohne eine Einbeziehung dieses Werkes als vollständig zu bezeichnen wäre.

[...]

„Die Lösung für das jüdische Problem", sagte Schnitzler, „muss jeder für sich selbst finden. Es gibt keine allgemeingültige Lösung. Der Zionismus scheint mir jedenfalls keine zu sein. Mir wirkt er zu sehr getrieben von unmittelbaren Impulsen, von Verbitterung und dem bloßen Wunsch, seiner Lebensumwelt zu entfliehen, und kaum auf wohlüberlegten Entscheidungen aufgebaut. Dennoch bewundere ich den Zionismus, denn ich bewundere Menschen, die sich ihre Ziele so hoch setzen und so großartig träumen, aber sie werden mich niemals überzeugen.

Ich muss wohl nicht betonen, dass der Zionismus dem Antisemitismus in die Hände spielt. Er behauptet eine Schwäche unserer Position, die meiner Meinung nach nicht existiert. Meine Eltern zum Beispiel kommen aus Ungarn, aber meine Sehnsucht zieht mich weder nach Ungarn noch nach Palästina. Ich bin in Wien verwurzelt, das meine Heimat und der Ort meiner Kindheit ist. Ich bin hier aufgewachsen und habe seine spezielle Kultur aufgesogen. Ich bin ein Teil von ihr und sie von mir. Warum sollte ich dieses Land verlassen, nur weil einige ignorante und flegelhafte Antisemiten mir sagen, dass ich nicht hierhergehöre?

Ob ich glaube, dass es einen spezifisch jüdischen Charakter gibt, abgesehen von bestimmten Wesenszügen, die ihm durch seine Umgebung aufgezwungen worden sind? Das ist eine schwierige Frage, und dennoch bin ich geneigt, sie mit Nein zu beantworten. Ich glaube nicht, dass sich der Jude grundlegend in seinem Geist unterscheidet oder dass es einen Unterschied zwischen seinem geistigen Rhythmus und jenem des Nichtjuden gibt. Die Haltung der Welt ihm gegenüber hat gewisse psychologische Anpassungen bewirkt. Ohne diese Haltung werden die Anpassungen verschwinden. Wenn ein Kind von jüdischen Eltern, selbst aus einfachsten Verhältnissen, in ein anderes Land gebracht und in Unwissenheit über seine Herkunft gelassen würde (obwohl es mir natürlich fern liegt, eine solche Vorgehensweise als ‚Lösung' der jüdischen Frage zu empfehlen), diese Herkunft auch seiner Umgebung vorenthalten würde, so bin ich überzeugt, dass dieses Kind ohne das Bewusstsein eines Unterschiedes zwischen sich und seinen Spielgefährten aufwachsen würde, vielleicht mit Ausnahme der Entwicklung und Nutzung eines scharfen und regen Geistes.

Warum hat der Antisemitismus in letzter Zeit derart an Stärke gewonnen? Ich denke, das hat mit dem allgemeinen Zustand der Welt zu tun. Bedenken wir, dass eine Welle des Hasses über die Völker der Erde fegte und dass der Hass ein tief liegender Instinkt ist, der nach einem Auslass sucht, sobald er einmal geweckt ist. Irgendein Ziel muss für ihn gefunden werden, und so ist es nicht unnatürlich, dass er sich einem Teil der Gemeinschaft zuwendet, der ein gewisses historisches Vorrecht der Verfolgung genießt, ein Teil der Gemeinschaft, der zudem aus welchen Gründen auch immer durch übermäßige Objektivität geschwächt ist, durch eine gewisse Neigung zur Selbstanalyse, und daher vielleicht ein willigeres Opfer darstellt.

Ob ich glaube, dass die Juden ein gestalterisches Volk sind? Ohne Zögern antworte ich mit Ja. Betrachten Sie nur die Namen, die wir in kurzer Zeit vorzuweisen haben. Ich glaube sogar, dass wir am Beginn einer großen jüdischen Wiedergeburt stehen. Welcher Art die künstlerische Botschaft ist, die das Judentum der Welt mitzuteilen hat, kann ich nicht sagen. Aber es liegt eine Verheißung von Frühling in der Luft. Die Zeit alleine wird die Gestalt seiner Blüten weisen."

10.6 Felix Salten: Neue Menschen auf alter Erde: Eine Palästinafahrt

Hier zitiert nach Felix Salten: *Neue Menschen auf alter Erde: Eine Palästinafahrt*, Berlin, Wien, Leipzig: Paul Zsolnay Verlag 1925, S. 39–46.

Trotz seiner Popularität als Feuilletonist und Autor unterhielt Felix Salten weit engere Bande zu den Institutionen von Wiens jüdischer Gemeinde als andere ähnlich erfolgreiche assimilierte jüdische Prominente. So war Salten zum Beispiel Präsident des Vereins jüdischer Schriftsteller und Künstler Haruach. 1924 reiste er nach Palästina und beschrieb seine Erfahrungen in einer Feuilletonserie für die Wiener Allgemeine Zeitung, *die 1925 vom Paul Zsolnay Verlag gesammelt unter dem Titel* Neue Menschen auf alter Erde: Eine Palästinafahrt *herausgegeben wurde. In seinen Essays dekonstruiert Salten jenes europäische Narrativ, das die Stereotype des geldgierigen Juden, des degenerierten Großstädters und des gefinkelten Händlers geschaffen hat: Wiedervereint mit ihrem lang brachliegenden Land, wird das tatsächliche Narrativ des jüdischen Volks in den vielfältigen Strategien der Fruchtbar- und Nutzbarmachung des Bodens nach der unterbrochenen Symbiose sichtbar. Vor allem haben die neuen Siedlungen in Palästina einen Regenerationseffekt auf das jüdische Volk, auch auf jene Teile, die in Europa bleiben.*

Nun beginne ich, den Sinn zu begreifen, den einzigen Sinn, den die Verwüstung Palästinas haben kann, und ich bin nicht mehr so entsetzt, bin gar nicht mehr so verzweifelt über den trübseligen Zustand des Bodens, wie in den ersten Tagen. Dieses Land ist niedergetreten, ausgeplündert, mißhandelt worden und es ist verschmachtet, als es sein Volk verloren hatte. Aber auch das Volk hat man niedergetreten, geplündert und mißhandelt, seit es von seiner gottgegebenen Scholle verjagt wurde und es ist verschmachtet seither. Wohin sollte dieses verfolgte, dieses verstoßene Volk sich wenden, was für ein Ziel könnte es in dieser Welt noch haben, was für einen Halt und was für einen Daseinswillen, wenn dieses Land nicht daliegen und warten würde? Nichts bliebe dem Judenvolk übrig, als die vollkommene Auflösung, als das Untergehen im Meer aller anderen Völker. Längst wäre der Untergang schon hereingebrochen, längst die restlose Auflösung schon vor sich gegangen, und Israel wäre spurlos verschwunden im Orkan von neunzehn Jahrhunderten, in diesen Stürmen, von denen es umhergeschleudert wurde, ein Wrack, ohne Segel und Steuer.

Aber das Land lag da und wartete. Das Land hatte sich niemals wieder erholt, seit ihm die eingeborenen Kinder weggerissen wurden, entwurzelt, wie ihm nachher der Wald mit allen Bäumen von der Brust der Gebirge gerissen worden ist. Das Land lag da, es litt und wartete. Es tat genau dasselbe wie die Juden: Leiden und Warten, neunzehn Jahrhunderte lang. Aber neunzehnhundert Jahre sind keine zu lange Zeit für dieses Land! Und es zeigt sich, daß neunzehnhundert Jahre auch für das Volk nicht zu lange sind.

Dieses Volk ist in der Verbannung städtisch geworden und ... Einen Augenblick! Die Verbannung umnebelt uns mit so vielen Lügen, daß man sie beinahe nachspricht wie ewige Wahrheiten.

Die Juden sind also städtisch geworden; sie sind dem Handel ergeben und jedem Schacher, der Geld bringt, denn sie lieben das Geld über alles? Nun ja, man hat sie in Städte eingepfercht, hat ihnen in den Städten besondere Quartiere anbefohlen und sie im Ghetto gehalten. Man hat ihnen den Besitz von Boden untersagt und ihnen das freie Wohnen auf freier Scholle verboten. So sind sie städtisch geworden! Ihnen war der Zugang in die arbeitenden Berufe, in die Zünfte des Handwerks gesperrt und so mußten sie sich dem Handel ergeben.

[...]

In ihrem Ghetto sind die Juden Handwerker und Arbeiter, sie sind Lastträger und Schmiede, Schlosser und Tischler, wie sie Uhrmacher und Juweliere sind. Wo sie mit dem Boden je zusammenkommen durften in der Verbannung, sind sie tüchtige Landwirte, Viehzüchter und Weinbauern. Die Güter, die in Ungarn von Juden verwaltet wurden oder gepachtet oder als Eigentum betrieben, beweisen es. Und ein Fürst Urussow, der in den Achtzigerjahren Gouverneur der Ukraine war, in einem Gebiet, in dem die Juden Land besitzen durften, wundert sich in seinen Memoiren maßlos über den Ackerbau wie über den Weinbau der Juden, der nach seinen eigenen Worten dem Weinbau am Rhein in nichts nachsteht. Er ist als Russe der herrschenden Klasse kein Judenfreund gewesen, dieser Fürst und Gouverneur, dennoch meint er, es wäre vielleicht vorteilhaft, den Juden die Erlaubnis zu geben, sich auch in anderen Gegenden des großen Rußland anzusiedeln, damit die Trägheit der russischen Bauern durch ihr Beispiel befeuert werde. Und er sagt das alles mit einem Erstaunen, das ganz ohne Wohlwollen ist.

Kein Mensch wundert sich, wenn von den Juden das Schlechteste behauptet wird; aber jeder gerät in sprachloses oder stotterndes Staunen, wenn er ein Gutes an ihnen bemerkt. Die Juden wissen von ihrem eigenen Volk nur sehr, sehr wenig; die anderen aber ahnen nichts vom jüdischen Wesen und so ist es gekommen, daß die Juden unter allen Völkern fast gar nicht gekannt und am meisten gehaßt werden. Richtiger: sie werden am meisten gehaßt, weil sie gar nicht gekannt werden.

Jetzt ist Palästina die große Gelegenheit für die Juden, ihre wahren Kräfte zu zeigen. Ihr Rhodos ist es;[12] hier müssen sie beweisen, wie sie tanzen können, müssen es für sich beweisen und für die ganze Welt. In diesem Land, das so lange gelitten und gewartet hat, wird niemand gebraucht, der sich nur auf die Listen und Kniffe des Ghetto, auf die Schliche der Diaspora versteht, niemand, der nur den Kuhhandel der Angleichung kennt. Aber jeder ist nötig, der die Bereitschaft hat, mit seiner Hände Arbeit zu helfen, daß der Boden hier wieder fruchtbar werde, jeder, der den Opfermut mitbringt, sein Leben hinzugeben dafür, daß diese Äcker wieder Ernten tragen und auf den Berghängen wieder Wälder rauschen. In dieser übermenschlich mühevollen Arbeit wird dem Volk wieder diejenige Schichte erzogen, die ihm so lange gefehlt hat: die im Erdreich Wurzelnden, die mit ihrem Körper und mit ihren Muskeln Schaffenden, die Einfachen, die Unhysterischen, die Beständigen.

Niemand sonst vermag es, dieses Land zu retten.

[...]

Die Juden dagegen sind von Urzeiten her mit Palästina verknüpft und verbunden. Es ist ihr Land, ihre Wurzelerde und da zwei Jahrtausende die Fäden nicht zerreißen konnten, mit denen Volk und Land zusammenhängen, wird Palästina immer das Land und die Wurzelerde der Juden bleiben, in Ewigkeit. Amen.

[...]

10.7 Max Eisler: Vom neuen Geist der jüdischen Baukunst

Erstveröffentlicht als Max Eisler: Vom neuen Geist der jüdischen Baukunst, in: *Menorah: Jüdisches Familienblatt für Wissenschaft/Kunst und Literatur*, 4. Jg., Nr. 9 (September 1926), S. 519–527.

Als Kunsthistoriker war Max Eisler (1881–1937) ein Fürsprecher zeitgenössischer Künstler und Designer wie des Bildhauers Anton Hanak, des Architekten Otto Prutscher und des Designers und Bühnenbildners Oskar Strnad. Aus Anlass des 100-Jahr-

---

12 Salten bezieht sich auf die lateinische Übersetzung einer Redewendung aus einer Fabel von Äsop: „hic Rhodus, hic salta." Ein Athlet, der nicht aufhört, mit einem Weitsprung, den er einst in Rhodos getan hat, zu prahlen, wird aufgefordert, diesen zu wiederholen: „Hier ist Rhodos, hier springe!"

Jubiläums der Eröffnung des von Joseph Kornhäusel entworfenen neoklassizistischen Wiener Stadttempels in der Seitenstettengasse, der 1826 eröffnet worden war, reflektiert Eisler den gegenwärtigen Stand jüdischer Kunst. Ausgehend von seiner Kritik am pompösen Orientalismus der Wiener Synagogen und an der kurzsichtigen Kunst- und Architekturpolitik der jüdischen Gemeinde Wiens lobt er Oskar Strnad als Beispiel für einen Künstler, der es verstehe, Objekte und Räume im Geist des jüdischen Volks zu erschaffen. Diesen Geist verortet er in der einfachen und nützlichen Gestaltung zionistischer Siedlungen in Palästina. Eisler veröffentlichte regelmäßig Kommentare zur jüdischen Architektur in der Wiener jüdischen Zeitschrift Menorah. *Er kritisierte darin die neue jüdische Zeremonienhalle auf dem Wiener Zentralfriedhof, bewertete die verschiedenen Entwürfe der Hietzinger Synagoge und sprach sich immer wieder für die klaren Entwürfe der jüdischen Modernisten Wiens aus.*

[...]

[D]er jüdische Zweck, der jüdische Stoff macht noch nicht das jüdische Kunstwerk, denn Zweck und Stoff sind Gegebenheiten, die der Künstler vorfindet, bevor er auch nur die Hand zum Werk geführt hat. Nicht jeder Tempel, nicht jede Darstellung nach der Bibel muß jüdisch sein, das hängt von der Art, der Kraft und dem Geist des Gestalters ab.

[...]

Nein, an den Stoffen liegt es nicht und – im Bereich der angewandten Künste, des Handwerks und der Architektur – nicht an den Zwecken. Das gilt auch für den Gebetraum, von dem unsere Betrachtung ausgegangen ist. Um jüdisch zu sein, müßte er die Form und die Seele eines Judentempels haben.

Das wird von seinen Verehrern auch behauptet. Aber wie steht es in Wahrheit damit?

Es ist gar nicht lange her, daß wir an der Seite eines bedeutenden Architekten einen andern, sehr bescheidenen, um nicht zu sagen: armseligen Wiener Tempel besucht haben. Ein einfacher Saal unter einem weit gespannten Tonnengewölbe. Sichtlich mit kargen Mitteln und mit aller Eile aufgerichtet. Gewiß nicht schön, aber stark und rein im Charakter. So wenigstens wirkte er auf unseren Gewährsmann, der ihn zum erstenmal betreten hatte.

[...]

Hier sei der Sinn der Sache im Kern erkannt, die Aufgabe aufrichtig und wesentlich gelöst. Vielleicht nicht von einem diplomierten Baumeister, sondern nur von einem einfachen Handwerker, doch im Gefühl und im Geist jener religiösen Gemeinschaft, der das Werk zu dienen bestimmt war. Hier sei ein echter Judentempel: Versammlungsraum und Notbau. Darauf aber käme es vor allem an. Denn der jüdische Tempel von heute will die Gläubigen sammeln, ihrer stillen Gemeinschaft das umschließende Gehäuse geben, ihre Aufmerksamkeit nicht auf sich ablenken, sondern ihrer Andacht nach innen verhelfen. Seit wir, fern von der alten heiligen Heimat, auf der Wanderschaft sind, stehen unseren Zusammenkünften die prächtigen Paläste schlecht an. Für die Landflüchtigen und Umhergetriebenen, deren Gebete voll sind von der Sehnsucht nach der Rückkehr in die verlorene Herrlichkeit, taugen besser die Notbauten von der Art der Zelte und Magazine, jederzeit zum Abbruch bereit. Wo, wenn nicht in unseren Tempeln, hätten wir die sittliche Pflicht zur ganzen Wahrheit? Und wo, wenn nicht hier, würde ihre schmucklose, sachliche Gestalt, da sie dem gedrückten Zustand unseres Lebens Ausdruck gibt, ergreifender, also auch feierlicher wirken?

Statt dessen lieben wir das gerade Gegenteil, nämlich jenen Typ, der nun seit reichlich fünfzig Jahren bei uns im Schwange ist. Er ist aus allerhand Stilen gemischt, mit allerhand, meist „maurischen" Orientalismen gewürzt, nur die jüdischen fehlen, – aber wir nennen ihn unentwegt „jüdisch." Seine Bauform, das dreischiffige Langhaus mit östlicher Visierung und der Estrade im Zielpunkt ist – mit oder ohne Kuppel – fremdbürtig, es fehlt neben der einseitigen Gebetsrichtung die allseitige für die Verlesung des Gesetzes, also die Zentralanlage der jüdischen Synagoge – aber wir nennen sie „jüdisch." Und zum Überfluß sind die Wände – von den farbigen Fenstern ganz zu schwiegen – mit rot-blau-güldenen „Arabesken" verschwenderisch bekleidet, wahren Orgien dekorativer Schablonenkunst. [...]

Was ist an solcher Kunst noch feierlich, was jüdisch?

[...]

Das nationale Unternehmen mag noch so viele Schranken geöffnet haben, im Horizont der Kunst ist das Ghetto geblieben.

[...]

Man wird das erstaunlich finden müssen. Doppelt erstaunlich, wenn man auch nur einigermaßen bedenkt, wie wichtig, nicht erst seit heute, in jedem, auch praktisch-sozialen Sinne die Kunst, wie bedeutend inzwischen unsere Künstler geworden sind. Vor allem in der Architektur. Man kann sich nur schwer einen härteren Gegensatz vorstellen: Während die verantwortlichen Führer mit seltener Übereinstimmung an repräsentativen Effekten hängen, – wo immer möglich ein Palast! – während sie die dekorativen und symbolischen Spiele – wo immer nur möglich ein Stern Davids! – für das Um und Auf auch der jüdischer Baukunst halten, hat ihr das Leben der Siedler im Heiligen Lande die nüchternsten Dinge: praktikable Straßennetze, Wohn- und Werkviertel, Stadt- und Landhäuser, Scheunen und Stallungen zur Aufgabe gestellt. Wer wollte leugnen, daß dieser nüchterne Tatbestand des neuen Siedlerlebens und was er von den Baumeistern erwartet, würdig und jüdisch ist, wer könnte verkennen, daß er nicht auf jene altmodisch sentimentale Weise, sondern nur einfach und brauchbar, also nicht „schön," sondern nur gut erledigt werden muß.

[...]

[D]ie Nörgler wissen, was jeder halbwegs Eingeweihte sehr wohl weiß. Und müßten deshalb aufrichtigerweise ihre Verlautbarungen anders formulieren. Etwa so: Wir haben die oder jene Bedenken, aber dessenungeachtet müssen wir klar heraussagen, daß die Schule, deren Haupt und Symbol Oskar Strnad ist, nicht erst seit heute eine weltweite Verbreitung und einen unbestrittenen weltgültigen Ruf besitzt. Man darf behaupten, daß seit den Tagen Otto Wagners von Wien aus keine baukünstlerische Bewegung von ähnlich fundamentalem Range ausgegangen ist. [...] Aber schließlich geht es nicht um ihn, sondern um seine, durch eine stattliche Reihe starker und reifer, seit langem schon namhafter Begabungen vertretene Richtung. Sie bedeutet innerhalb des regen Baubetriebes unserer Zeit eine besondere Energiequelle und wird deshalb von allen fortschrittlichen Seiten bei der Lösung lebenswichtiger, aber auch repräsentativer Aufgaben mit Vorliebe genützt, nur von jüdischer Seite nicht.

Warum? Vielleicht weil diese Kunst nicht jüdisch ist?

[...] Unser eigenes Urteil steht noch aus, das soll erst die Darstellung von Art und Wesen dieser Kunst bringen. [...] Denn die Untersuchung des Wesens wird zeigen, daß es der jüdische Geist ist, der hier die neuen Formen baut.

Frei von jedem Atavismus – um so lebendiger. Nicht proklamatorisch – desto reiner.

10.8 Josef Löwenherz: Die kulturellen Aufgaben der Wiener jüdischen Gemeinde

Erstveröffentlicht als Josef Löwenherz: Die kulturellen Aufgaben der Wiener jüdischen Gemeinde, in: *Die Stimme: Jüdische Zeitung*, 12. Jänner 1928 (19. Tebeth 5688), S. 10–11.

Josef Löwenherz (1884–1960) war von 1924 bis 1937 Vizepräsident der Israelitischen Kultusgemeinde Wien. Den folgenden Artikel schrieb er für eine Ausgabe der Wiener jüdischen Zeitung Die Stimme, *die als Nachruf auf Zwi Perez Chajes, den einen Monat zuvor verstorbenen charismatischen und beliebten stellvertretenden Oberrabbiner von Wien, erschien. Im Andenken an Chajes spricht sich Löwenherz für eine Erneuerung der kulturellen und religiösen Erziehung aus, um die jüdische Gemeinde wiederzubeleben und ihr neuen Antrieb zu geben. Er beklagt, dass jüdische Eltern in Wien ihre Kinder nicht ausreichend auf eine aktive Teilnahme am kulturellen und religiösen Leben vorbereiten würden. Wiens Judentum, so Löwenherz, solle dem leidenschaftlichen Beispiel von Oberrabbiner Chajes folgen und seine Herzen und Geldbörsen öffnen – für die Förderung hebräischer Schulen, religiöser Erziehung, für Ausbildungsstätten für Lehrer sowie Wohltätigkeitsorganisationen, die sich um jüdische Arbeitslose, Witwen, Waisen und Flüchtlinge kümmern. Obwohl die Führung des Roten Wien religiöse Schulen durch säkulare Einrichtungen ersetzen wollte, ist es dennoch interessant, Löwenherz' Vision einer jüdischen Bildungspolitik mit den Erziehungsreformen des Roten Wien zu vergleichen. (Vgl. Kapitel 16) Es ist auch wichtig, sein leidenschaftliches Engagement für die Wiederbelebung des Judentums in Wien in Erinnerung zu rufen, da er meist durch seine spätere Funktion als von den Nationalsozialisten bestellter Amts-*

direktor der Jüdischen Gemeinde Wiens nach 1938 bekannt geblieben ist sowie für seine Versuche, in dieser Rolle die Wiener Juden und Jüdinnen zu schützen.

Parallel mit der „Los-von-Rom-Bewegung" wird jetzt allenthalben eine „Los-vom-Judentum-Bewegung" inszeniert, die es sich zum Ziele gesetzt hat, die jüdische Jugend systematisch vom Judentum zu entfernen.[13] Wenn auch die Austrittsbewegung noch keine übermäßigen Dimensionen angenommen hat, so muß doch dieses Symptom als gewichtiges „memento" gewertet werden, denn es ist gerade die Jugend, unser kostbarstes Gut, die den Lockrufen von links nur allzuleicht erliegt. *Die Kultusgemeinde muß es daher als ihre heiligste Pflicht betrachten, den jüdischen Menschen vom zartesten Kindesalter an in ihren Bannkreis zu ziehen.* Dieser Erkenntnis Rechnung tragend, haben sich die zionistischen Mandatare der Kultusgemeinde seit jeher unermüdlich dafür eingesetzt, daß die jüdische Erziehung schon im frühesten Kindesalter beginne. Die jüdischen Kindergärten in den verschiedensten Wiener Bezirken, in denen Hunderte von jüdischen Kindern unter Leitung von entsprechend geschulten Aufsichtspersonen mit jüdischem Geist durchtränkt werden, geben deutlichsten Beweis hiefür.

[...]

Gelangen die Kinder ins schulpflichtige Alter, dann muß ihnen erst recht die vollste Aufmerksamkeit zugewendet werden. *Das jüdische Elternhaus läßt leider sehr viel an jüdischer Erziehung missen* und der jüdische Religionsunterricht, der mit zwei Stunden in der Woche bemessen ist, kann dieses Manko nicht wettmachen. In der Erkenntnis, daß ohne Erlernung der hebräischen Sprache alles andere jüdische Wissen nur eine Halbheit bleiben kann, sind die zionistischen Mandatare immer für die obligatorische Einführung des hebräischen Sprachunterrichtes eingetreten. Zur Ergänzung des Religionsunterrichtes müssen eben Bibelschulen, Talmud-Thoraschulen und hebräische Sprachkurse mehr als bisher gefördert werden. Die Kultusgemeinde erhält derzeit vier Bibelschulen und subventioniert 26 hebräische Sprach-, Talmud-Thora- und Bibelschulen. *Zu wünschen wäre es, daß die Kultusgemeinde in jedem Bezirk eine mustergültige Bibel- und hebräische Sprachschule errichtet*, die die kleineren derartigen Lehranstalten, welche nur ein Scheindasein fristen, in sich aufnehmen könnte.

Um eine wirksame Erziehung der jüdischen Jugend im jüdischen Geiste zu erzielen, bedarf es eines einwandfreien, seinem Berufe voll ergebenen jüdischen Lehrers. Über Initiative des verewigten Oberrabbiners Prof. Dr. *Chajes* wurde deshalb das *Religionslehrerseminar* gegründet, das dazu berufen ist, hochqualifizierte Lehrer heranzubilden. Erwähnt müssen in diesem Zuammenhange auch die ebenfalls über

---

13 Vor dem Hintergrund der starken katholischen Ausrichtung der Habsburgermonarchie war der Übertritt zum evangelischen Glauben im späten 19. Jahrhundert Teil des deutschnationalen politischen Programms („Los-von-Rom-Bewegung").

Initiative des unvergesslichen Oberrabbiners eingeführten Kurse an der Theologischen Lehranstalt zur Herausbildung von jüdischen Mittelschullehrern werden. [...]

Im Zusammenhang damit sei auch der *Jugendgottesdienst* erwähnt, der jetzt in sämtlichen Wiener Gemeindetempeln Samstag nachmittags abgehalten wird. Auch hier zeigt es sich, daß nur solche Schüler, die in der hebräischen Sprache bewandert sind, dem Gottesdienste folgen können. Auch auf dem Gebiete der sogenannten „geschlossenen Fürsorge" hat die Kultusgemeinde bedeutende Aufgaben zu erfüllen. Für insgesamt neun Anstalten für verwaiste, verlassene und blinde Kinder mußten im vorigen Jahre etwa 65.000 Schilling an Subventionen gezahlt werden. In dieses Kapitel sind auch die Berufserziehungsanstalten [...] zur *Erziehung jüdischer Handwerker* und das Elisabethheim zur beruflichen *Erziehung jüdischer Mädchen* einzugliedern. [...]

Der Initiative der zionistischen Mandatare ist auch die Schaffung des *jüdischen Jugendamtes* zu danken, das den verschiedenen jüdischen Jugendorganisation materiell und moralisch zur Seite zu stehen hat. Wir verlangen von der Kultusgemeinde, daß sie in den jüdischen Bezirken und Zentren für die jüdische Jugend schafft, in denen sie ihre freie Zeit verbringen und durch Benützung der jüdischen Bibliotheken den jüdischen Wissenschatz erweitern kann. Wir verlangen auch die Einführung von Jugendführungen durch das jüdische Wien und Österreich, um die Jugend mit der heroischen Vergangenheit unserer Vorfahren vertraut zu machen. Auch das physische Wohl der jüdischen Jugend muß stets Sorge der Kultusgemeinde bleiben. In diesem Zusammenhang sei erwähnt, daß über Drängen der zionistischen Mandatare ein Teil der Augartenwiese der jüdischen Jugend zu Sportzwecken überlassen wurde.

Der Rechnungsabschluss für das Jahr 1927 schließt mit einem Defizit von 250,000 Schilling ab, das Budget für das Jahr 1928 sieht ein größeres Defizit vor. Es unterliegt keinem Zweifel, daß man bestrebt sein muß, das finanzielle Gleichgewicht zu halten. Man wird sich zu einer Reihe von Sparmaßnahmen entschließen müssen und mußte bereits eine Erhöhung der Taxen und Gebühren durchführen. *Das finanzielle Gleichgewicht darf aber keinesfalls auf Kosten der Jugenderziehung aufrechterhalten werden.* Das materielle Defizit kann bei gewissen Anstrengungen beseitigt werden, das moralische Defizit durch Unterlassung der Erziehung der jüdischen Jugend im jüdischen Geiste kann nie mehr gedeckt werden. Mit einem solchen Defizit darf sich eine Gemeinde vom Range der Wiener Kultusgemeinde nicht belasten.

[...]

10.9 Leo Goldhammer: Lebensüberdruss. Eine Mahnung an die Juden

Erstveröffentlicht als Leo Goldhammer: Lebensüberdruss. Eine Mahnung an die Juden, in: *Menorah: Jüdisches Familienblatt für Wissenschaft/Kunst und Literatur*, 9. Jg., Nr. 7–8 (Juli/August 1931), S. 377–380.

Leo Goldhammer (1884–1949) war ein Soziologe, Rechtsanwalt, eine zionistische Führungspersönlichkeit und ein Vertreter verschiedener jüdischer Organisationen. Dieser Artikel erschien in einer Monatsschrift, die zwar der zionistischen Bewegung zugerechnet wurde, selbst aber an keiner Stelle für die Auswanderung eintrat. Noch schien die Idee einer Wiederbelebung jüdischen Lebens in Europa ebenso möglich wie drängend.

[...]

Da das jüdische Volk heute das ausgeprägteste Großstadtelement bildet, ist es klar, daß bei ihm alle jene nachteiligen Folgen dieser Siedlungsart am stärksten auftreten müssen und tatsächlich auftreten. Seit dem Jahre 1910 läßt sich überall ein stetes Anwachsen der Selbstmorde und Selbstmordversuche bei den Juden feststellen. So ist beispielsweise die Zahl der jüdischen Selbstmörder in Wien seit dem Jahre 1913 bis zum Jahre 1928 auf beinahe das Doppelte gestiegen, während bei den Katholiken ihre Zahl nur um zirka ein Drittel höher ist.

[...]

Keine Erscheinung im jüdischen Leben liefert uns so sehr den Beweis dafür, daß es so nicht weiter geht und daß wir nicht länger dem Zerfall des Judentums untätig zusehen dürfen, als die täglich sich häufende Zahl der Lebensmüden. Das Schwinden des mit der jüdischen Religion mitbekommenen Prinzips der Lebensfreude, das Aufhören des so berühmten Familienlebens, das Vereinsamtsein und die Entwurzelung in der Großstadt, die ungünstigen Wohnverhältnisse, der erbitterte, nervenzerstörende Kampf ums Dasein, der durch die abnormale Berufsgliederung gesteigert wird, der lebensaufreibende Krieg gegen den sozialen, wirtschaftlichen, politischen und gesetzgeberischen Haß der Umgebung bewirken, daß der Jude diese ihm präsentierten Rechnungen mit dem kostbarsten Gut, das ein Mensch überhaupt besitzt, mit seinem Leben bezahlt.

Noch aber gilt das alte Sprichwort, daß wo ein Wille vorhanden ist, sich auch ein Weg finden muß. Wir, die wir die Erhaltung des Judentums anstreben, dürfen es daher nicht zulassen, daß auch weiterhin jüdische Menschen darauf verzichten, den Ausweg zu gehen, der vorhanden ist und den mit weit größerem Nachdruck aufzuzeigen wir in der letzten Zeit unterlassen. Den Willen von Neuem entfachen und stärken, gilt es heute.

Teil IV: **Neue Werte**

Stereotyp gezeichnete geistliche Würdenträger verschiedener Konfessionen stehen vor einer Filiale der Firma „Gott, Teufel und Co.", die „Glaubenssätze in allen Qualitäten" anbietet. Karikatur der satirischen sozialdemokratischen und antiklerikalen Zeitschrift *Die Leuchtrakete*, November 1926, S. 1. (ANNO/ÖNB)

11 Religion und Säkularismus
Gabriel Trop, Rob McFarland

Einleitung

In einer Schlüsselszene in Arthur Schnitzlers 1926 verfasster *Traumnovelle*, einem der wichtigsten Werke der österreichischen Literatur der Moderne, zieht es den Protagonisten durch die Straßen Wiens in die Vorstadt, um in einer Villa beim Gallitzinberg an der rituellen Orgie einer Geheimgesellschaft teilzunehmen. Die Teilnehmer und Teilnehmerinnen sind anfangs in Ordenstracht als Mönche und Nonnen gekleidet. Später vertauschen die Männer die Kutten mit aristokratischen Roben, während sich die Frauen entblößen. Das Bild löst beim Protagonisten unstillbare Lust aus, wiewohl er als Außenstehender zu dieser geheimnisvollen und gefährlichen erotischen Welt keinen vollständigen Zugang erhalten wird.

Die Reise vom Stadtzentrum an die Peripherie ist oft mit einem Übergang aus der geordneten bürgerlichen Welt zu den transgressiven triebhaften Kräften, die mit dem Unbewussten verbunden sind, verglichen worden. In diesem Fall manifestieren sich das unbewusste Begehren und die sexuelle Transgression in der Entweihung jener Symbole der Macht – der Kleidung von Mönchen, Nonnen und Aristokraten als Metonymie für Kirche und Adel –, die einst in der österreichischen Kultur und im politischen Leben als unantastbar galten. Die Symbole werden gleichzeitig zu Fetischobjekten und mit eigentümlich imaginativer und erotischer Faszination aufgeladen. So kann diese Szene ein Schlaglicht auf jene komplexen Dynamiken werfen, die die Fragen von Religion und Säkularismus im Roten Wien beinhalteten: Während sich die Wiener Kultur, zumindest in der dominanten sozialdemokratischen Sichtweise, zunehmend in Richtung Säkularisierung verschob, verschwanden Religion und die Frage nach dem Heiligen nie aus der intellektuellen Landschaft. Tatsächlich tauchen sie ständig wieder auf oder werden aus unterschiedlichen Perspektiven neu behandelt, fast – wie Schnitzlers Text es nahelegt – als Wiederkehr des Verdrängten.

Die Topografie von Schnitzlers Text lässt sich gut auf die politische Dynamik umlegen: je weiter man von Wien in die anderen österreichischen Regionen reiste, umso weiter ließ man die scheinbar säkulare politische Kultur der Sozialdemokratie hinter sich und begab sich in die Welt des katholischen Konservativismus der Christlichsozialen Partei. Die österreichische Geschichtsschreibung neigt daher dazu, die Zeit nach dem Ersten Weltkrieg als Konflikt zweier konkurrierender ideologischer Lager mit den dazugehörigen geografischen Verortungen auf der österreichischen Landkarte darzustellen; das fortschrittliche laizistische Rote Wien gegen den konservativen, ständischen Katholizismus der österreichischen Provinz. Dieser fast schon mythologisierte Kulturkampf fand seine jeweiligen Repräsentationsfiguren in Otto Bauer, dem sozialdemokratischen Theoretiker und Politiker jüdischer Herkunft, und Ignaz Seipel, dem katholischen Prälaten und Obmann der Christlichsozialen Partei, der zwischen 1922 und 1924 sowie 1926 und 1929 das Kanzleramt bekleidete.

Obwohl sich die historische Realität selten entlang solch einfacher Trennlinien manifestiert, war die Kultur des sozialdemokratischen Wien unzweifelhaft stark von marxistischem Antiklerikalismus geprägt. Regelmäßige Autoren sozialdemokratischer Zeitschriften wie Karl Leuthner verfassten vor und nach dem Zusammenbruch der Monarchie antiklerikale Artikel, etwa *Gegen die Klerikalen*[1] und die Streitschrift *Religion und Sozialdemokratie*.[2] Otto Glöckel, der Schulreformer und erste Unterstaatssekretär für Unterricht, d. h. Unterrichtsminister der Republik, zeichnete für den nach ihm benannten Erlass von 1919 verantwortlich, durch den der verpflichtende Religionsunterricht und das tägliche Schulgebet in öffentlichen Schulen abgeschafft wurden.

Das Linzer Programm der Sozialdemokratischen Arbeiterpartei (SDAP) von 1926 war zwar eindeutig antiklerikal, richtete sich bezeichnenderweise aber nicht gegen das Christentum als spirituelle Praxis und war in seiner Tendenz liberal: Religion sollte Privatsache sein, wenngleich der sozialdemokratische Staat so aufgebaut sein sollte, dass er sich gegen die seinen Bürgerinnen und Bürgern mit Macht aufgezwungenen religiösen Weltanschauungen und gegen die Verwendung von Religion als politischer Waffe zur Wehr setzen konnte. Tatsächlich sind aber viele der wichtigsten Beiträge zu religiösen Fragen dieser Zeit nicht innerhalb des politischen Spektrums – von antiklerikalem Marxismus bis hin zu ständischem Katholizismus – zu finden, sondern sie stammen aus anderen diskursiven Feldern wie der Literatur, Psychoanalyse und Philosophie. Andere Beiträge stellten bewusste Störungen der schematischen Trennlinien dar, etwa der Versuch des ‚kleinen' Otto Bauer (nicht zu verwechseln mit dem sozialdemokratischen Parteiführer Otto Bauer), den Sozialismus aus dem Geiste des Christentums zu denken.

Hier ist es notwendig, einige Anmerkungen zur Behandlung des Judentums und anderer in Wien traditionell vorhandener religiöser Gruppen in diesem Kapitel zu machen: Erstens erschien uns die Bedeutung des jüdischen Wien so wichtig, dass ihm ein eigenes Kapitel gewidmet ist; zweites konzentrieren sich die hier versammelten Texte in erster Linie auf jene Konfliktlinien, die Wien zu dieser Zeit beherrschten, und behandeln daher nicht die Fülle religiöser Traditionen, die in diesen Debatten weniger stark abgebildet werden (vor allem den Islam und den Protestantismus). Dennoch versucht die vorliegende Auswahl zu zeigen, dass das Rote Wien nach dem Zusammenbruch der Monarchie nicht einfach zu einer laizistischen sozialdemokratischen Stadt geworden war, sondern zum Schauplatz für die

---

[1] Karl Leuthner: *Gegen die Klerikalen*, Wien: Wiener Volksbuchhandlung 1907.
[2] Karl Leuthner: *Religion und Sozialdemokratie*, Wien: Wiener Volksbuchhandlung 1923.

Behandlung von Fragen nach dem Geheiligten, dem Spirituellen, dem Mystischen und dem Religiösen, die als dringlich angesehen wurden, deren Ausgang offen war und die die Vorstellungskraft und das kritische Denken in neue Richtungen führten.

Literatur

Aussermair 1979.
Steger 1987.
Wasserman 2014.

11.1 Religion und Kirche (aus: Programm der Sozialdemokratischen Arbeiterpartei Deutschösterreichs. Beschlossen vom Parteitag zu Linz am 3. November 1926)

Hier zitiert nach Programm und Organisation der deutschösterreichischen Sozialdemokratie, Wien: Verlag der Organisation Wien der Sozialdemokratischen Partei 1927, S. 20–21.

Das Linzer Programm war das Grundsatzprogramm der SDAP, die von 1919 bis 1934 in Wien regierte. Otto Bauer, der maßgebliche Autor sowohl dieses Abschnitts zu „Religion und Kirche" als auch des gesamten Programms, schätzte dessen Bedeutung so wichtig ein, dass er 1927 einen Kommentar dazu veröffentlichte.[3] Obwohl der Abschnitt grundsätzlich auf einer marxistischen Religionskritik aufbaut (Religion als Opium des Volks), lässt er dennoch Raum für persönliche Entscheidung (Religion als Privatsache). Tatsächlich ist er ein bemerkenswertes Dokument mit weitreichenden Konsequenzen, darunter die Definition von Religion als Weltanschauung und nicht als Institution, die Gleichberechtigung religiöser Anschauungen – und damit eine Schwächung des Primats des Katholizismus, dessen Dominanz eine historische Erbschaft der Monarchie war –, der Versuch, Religion und staatliche Institutionen, Gesetze und Praxen zu entkoppeln (Schulen, Universitäten, Eheschließungen, Scheidungen sowie Geburts- und Todesverzeichnisse etc.), und schließlich, verbunden mit der Schwächung der institutionellen Macht der Religion, eine Stärkung der Achtung individueller Glaubensvorstellungen und eine Rekonfigurierung der sich daraus ergebenden Machtverhältnisse im Sinne der emanzipatorischen Ziele des Austromarxismus – der Befreiung der Arbeiterklasse.

7. Der Kapitalismus erhält breite Massen des Volkes im Zustand des Elends, der Unwissenheit, der Unterwürfigkeit. Dieser Zustand bestimmt auch die *religiösen* Anschauungen dieser Volksmassen.

---

3 Otto Bauer: *Sozialdemokratie, Religion und Kirche: ein Beitrag zur Erläuterung des Linzer Programms*, Wien: Verlag der Wiener Volksbuchhandlung 1927.

Erst in einer Gesellschaftsordnung, die das ganze Volk von Elend und Unwissenheit erlöst, die die Errungenschaften der Wissenschaft einem jeden zugänglich macht und jeden zum gleichberechtigten Gliede der von der Klassenherrschaft befreiten Volksgemeinschaft erhebt, wird jeder einzelne fähig sein, seine Weltanschauung in voller Freiheit in Einklang zu bringen mit den Ergebnissen der *Wissenschaft* und mit der sittlichen *Würde* eines freien Volkes.

Eine solche Gesellschaftsordnung zu erkämpfen, ist die Aufgabe der Sozialdemokratie.

Zu diesem Zwecke muß die Sozialdemokratie *alle* vom Kapital und Großgrundbesitz Ausgebeuteten vereinigen, wie immer ihre religiösen Anschauungen beschaffen, wie immer ihre Anschauungen von dem Zustand des Elends und der Unwissenheit, in dem sie der Kapitalismus erhält, beeinflußt sein mögen.

Die Sozialdemokratie vereinigt also *alle*, die an dem Klassenkampf der Arbeiterklasse und der um sie gescharten Volksklassen teilnehmen wollen, *ohne Unterschied ihrer religiösen Überzeugung*.

Im Gegensatz zum Klerikalismus, der die Religion zur Parteisache macht, um die Arbeiterklasse zu spalten und breite proletarische Volksmassen in der Gefolgschaft der Bourgeoisie zu erhalten, betrachtet die Sozialdemokratie die Religion als *Privatsache* des einzelnen.

Die Sozialdemokratie bekämpft also nicht die *Religion*, die Überzeugungen und Gefühle der einzelnen, aber sie bekämpft *Kirchen* und Religionsgesellschaften, welche ihre Macht über die Gläubigen dazu benützen, dem Befreiungskampf der Arbeiterklasse entgegenzuwirken und dadurch die Herrschaft der Bourgeoisie zu stützen.

Die Sozialdemokratie *bekämpft das geltende Staatskirchenrecht*. Sie fordert eine Regelung des Verhältnisses zwischen Staat und Kirche, welche jeder Kirche und Religionsgesellschaft das Recht sichert, nach ihrem Glauben zu lehren und zu wirken, jedem einzelnen das Recht, nach der Lehre seiner Kirche oder Religionsgemeinschaft zu leben, welche aber nicht zuläßt, daß der Staat die Staatsbürger zu wirtschaftlichen Leistungen an die Kirche, zur Teilnahme am kirchlichen Religionsunterricht und kirchlichen Kulthandlungen und zur Unterwerfung unter kirchliche Gebote *zwingt*.

Die Sozialdemokratie fordert daher die *Trennung von Staat und Kirche* nach folgenden Grundsätzen:

Alle Weltanschauungen (Religionen, philosophische und wissenschaftliche Bekenntnisse aller Art) sind vor dem Gesetz *gleichberechtigt*.

Jedermann hat das Recht, über seine Zugehörigkeit zu einer Weltanschauungsgemeinschaft (Kirche, Religionsgesellschaft, freireligiöse oder areligiöse Weltanschauungsgemeinschaft) *frei* zu entscheiden; über Kinder bis zum vierzehnten Lebensjahr entscheiden die Eltern.

Alle Weltanschauungsgemeinschaften (Kirchen, Religionsgesellschaften usw.) sind *Körperschaften privaten Rechtes*. Sie ordnen und verwalten ihre Angelegenheiten selbst und verleihen ihre Ämter ohne Mitwirkung des Staates. Sie haben für die

Kosten ihrer Verwaltung und Kultübung, für die Kosten ihres Weltanschauungsunterrichtes (Religionsunterrichtes) und der Heranbildung und Erhaltung von Seelsorgern und Religionslehrern selbst aufzukommen. Aufwendungen aus öffentlichen Mitteln für alle diese Zwecke sind ausgeschlossen.

Das gesamte *Unterrichts- und Erziehungswesen* ist weltlich. Doch bleibt es jeder Weltanschauungsgemeinschaft überlassen, außerhalb des Rahmens des allgemeinen Unterrichtes für Weltanschauungsunterricht (Religionsunterricht) und Kultübungen der Schuljugend zu sorgen. Über die Teilnahme von Kindern bis zum vierzehnten Lebensjahr entscheiden die Eltern. Die theologischen Fakultäten sind aus dem Verband der Universitäten auszuscheiden.

Einheitliches *Eherecht* für alle Staatsbürger ohne Unterschied des Bekenntnisses. Eheschließung vor staatlichen Behörden; doch bleibt es jedermann unbenommen, sich nach der staatlichen Eheschließung auch kirchlich trauen zu lassen. Die Ehehindernisse der Religionsverschiedenheit und der Weihen und Gelübde und die Untrennbarkeit der katholischen Ehe haben dem Staate gegenüber keine Geltung. Gesetzliche Anerkennung der Dispensehen.

Führung der *Matriken* durch staatliche Behörden.

11.2 Jakob Reumann: Das Wiener Krematorium eröffnet. Trotz alledem und alledem!

Erstveröffentlicht als Jakob Reumann: Das Wiener Krematorium eröffnet. Trotz alledem und alledem!, in: *Arbeiter-Zeitung*, 18. Dezember 1922, S. 1.

Jakob Reumann, der in einfachen proletarischen Verhältnissen aufwuchs, war seit der Frühzeit der Sozialdemokratie ein enger Weggefährte Victor Adlers. Als einer der bedeutendsten sozialdemokratischen Politiker begann Reumann seine Karriere 1900 als Mitglied des Wiener Gemeinderats, wurde 1917 Stadtrat und 1919 zum ersten sozialdemokratischen Bürgermeister Wiens. Eines der ersten verwirklichten Projekte der neuen Stadtregierung unter seiner Führung war der Bau eines eindrucksvollen, modernen Krematoriums gegenüber dem Wiener Zentralfriedhof. Die konservative Presse führte jedoch eine Kampagne gegen die von der katholischen Kirche verbotene Feuerbestattung. 1922 erklärte Richard Schmitz, Minister in der konservativen Bundesregierung und späterer Wiener Bürgermeister in der Zeit des Austrofaschismus (1934–1938), die Errichtung des Krematoriums für illegal und untersagte dessen Eröffnung ebenso wie die Inbetriebnahme. In einem gewagten Akt städtischer Selbstbestimmung führte Reumann die Eröffnungsfeier trotzdem durch. Letztendlich wurde Schmitz' Weisung aufgehoben und die Sozialdemokratie konnte das Krematorium – bekannt unter dem Namen Feuerhalle Simmering – als politischen Sieg und als erfolgreiches Prestigeprojekt feiern.

[...]

Der Bürgermeister

eröffnete dann unter lautloser Spannung aller Teilnehmer die Feuerbestattungshalle mit folgender Ansprache:

Meine sehr geehrten Frauen und Herren!

Sie wurden eingeladen, der heutigen Eröffnung der Feuerbestattungshalle – eines Werkes, das begrüßt und auch verfemt wird – beizuwohnen. Ich danke allen, die dieser Einladung Folge geleistet haben.

Die Mehrheit der Wiener Stadtverwaltung war, indem sie zur Errichtung dieser Feuerhalle schritt, der Überzeugung, daß der Feuerbestattung außerordentlich *sittliche*, vor allem aber große *volkswirtschaftliche* und *gesundheitliche Vorzüge* zu eigen sind und fand es daher an der Zeit, anderen Großstädten in dieser Bestattungsart nachzufolgen. Die Kämpfe, die der Feuerbestattung in unserem Staate in früheren Zeiten hinderlich waren, sind bekannt. Soweit sie sich auf das *ethische und ästhetische* Moment beziehen, wird die Besichtigung dieser den modernsten Anforderungen entsprechenden Anlage alle überzeugen, daß darüber *keine Bedenken* bestehen können. Über die Vorteile der Einäscherung gegenüber dem Verfaulungsprozess in der Erde herrscht nach dem Stande der modernen Wissenschaft in *hygienischer* und *sanitärer* Beziehung keine Meinungsverschiedenheit.

Es ist auch falsch, daß das Einäscherungsverfahren das religiöse Empfinden der katholischen Bevölkerung verletzt. Es wurden ja auch bisher schon verstorbene *katholische Österreicher und Wiener im Ausland eingeäschert*, ohne daß sich aus irgend welchen Anzeichen schließen ließ, daß unsere katholische Bevölkerung in ihren religiösen Gefühlen verletzt sei. Wenn nun in Wien eine Feuerbestattungsstelle errichtet worden ist, werden dadurch die religiösen Gebräuche keineswegs beeinträchtigt, da *konfessionelle Zeremonien ungehindert abgehalten* werden können.

[...]

Die Feuerbestattung ist *nicht obligatorisch*. Es entscheidet der *freie Wille* für oder gegen sie und nirgends kann es eine Bestimmung geben, die sich dagegen ausspricht, daß der freie Wille hier Raum habe.

Im Laufe des gestrigen Abend ist mir als *Landeshauptmann* eine Weisung des Herrn Bundesministers *Schmitz* zugestellt worden, die ausspricht, daß die Feuerbestattung in Österreich verboten sei. Über die materiell rechtliche Seite dieser Weisung wird naturgemäß noch zu entscheiden sein, aber es ist merkwürdig, daß in der gegenwärtigen Zeit, wo die monarchische Staatsverfassung beseitigt und mit ihr auch ihre Begleiterscheinungen verschwunden sind, die sich besonders auch darin ausdrücken, daß die Polizei so mächtig war, daß Österreich geradezu als *Polizeistaat* bezeichnet wurde, daß also in einer Zeit, in der die demokratisch-republikanische Verfassung in dem freiheitlichen Denken ihr bestes Rüstzeug findet, ein Minister eine Weisung gibt, daß die Feuerbestattung *unzulässig sei, weil sie nicht ausdrücklich erlaubt ist.*

Wir haben also trotzdem für heute die Eröffnungsfeier festgesetzt. Es wird sich trotz der Gegnerschaft in manchen Kreisen eine große Zahl Menschen finden, die den Moment, wo die Feuerbestattung in Österreich ermöglicht wird, aufs freudigste begrüßen. Damit übergebe ich die Feuerbestattungshalle ihrer Bestimmung und hoffe und erwarte, daß die *Willensmeinung der Bevölkerung* dahin gehen wird, daß die Feuerbestattung zulässig ist. Die Bevölkerung ist mündig geworden und wird sich nicht durch *willkürliche Anordnungen* in ihrer Willensmeinung einschränken lassen.

[...]

11.3 Friedrich Gustav Kardinal Piffl: Hirtenbrief

Erstveröffentlicht als Friedrich Gustav Kardinal Piffl: Hirtenbrief, in: *Wiener Diözesanblatt*, 61. Jg., Nr. 1/2 (31. Jänner 1923), S. 1–6.

Nach einer Karriere als Probst des Stifts Klosterneuburg wurde Friedrich Gustav Piffl (1864–1932) 1913 von Kaiser Franz Joseph zum Erzbischof von Wien ernannt und im folgenden Jahr von Papst Pius X. in den Kardinalsstand erhoben. Als Repräsentant des Heiligen Stuhls in Wien vertrat Piffl die Glaubenslehre und die politische Macht der katholischen Kirche. Obwohl das kirchliche Verbot der Feuerbestattung selbst unter vielen österreichischen Katholiken und Katholikinnen als unpopulär galt, war Piffl ein unverblümter Kritiker der Errichtung eines Krematoriums durch die Stadt Wien. In seinem Hirtenbrief unterstreicht der Kardinal die Haltung der katholischen Kirche zur Feuerbestattung.

[...]

Noch eine dritte Frage ist es, die mich heute zu euch sprechen heißt. Es ist die Frage der *Leichenverbrennung*, die in den letzten Tagen durch den Bau eines Krematoriums in Wien das Interesse der Öffentlichkeit stark in Anspruch nimmt. Man hat mir den Vorwurf gemacht, die Bestimmungen, die ich vor wenigen Tagen bezüglich der Verweigerung der kirchlichen Einsegnung jener Verstorbenen, die testamentarisch die Verbrennung ihres Leichnams verfügt haben, erließ, seien ungleich strenger als in anderen Ländern, in denen die Leichenverbrennung schon länger bestehe. Dieser Vorwurf ist schon deshalb unberechtigt, weil jene Verfügungen sich inhaltlich ganz decken mit den Entscheidungen des Apostolischen Stuhles, die derselbe in der Frage der Leichenverbrennung für den ganzen katholischen Erdkreis erlassen hat.

Die katholische Kirche hat die Verbrennung der Toten als eine heidnische Sitte von ihrem Anfange an abgelehnt und an der Sitte des Begräbnisses festgehalten nach dem Worte der Heiligen Schrift: *„Im Schweiße deines Angesichtes wirst du das Brot essen, bis du wieder kehrest zur Erde, von der du genommen worden bist; denn* *du bist Erde und wirst zur Erde zurückkehren.*["] (1. Mos. 3, 19.) Seit dem ersten Karfreitag, an dem der vom Kreuze herabgenommene Leichnam Jesu im Garten Josefs von Arimathäa in einem neuen Grabe beigesetzt wurde, ist in normalen Zeiten jede Christenleiche wie die Christusleiche in der Erde bestattet worden.

Dem Christen ist der Tod ein „Schlaf", ein Ausruhen von den Mühen der Erde; noch schöner und tiefsinniger nennt die Heilige Schrift den Tod ein „Samenkorn", das den Furchen der Erde anvertraut wird, damit es nach kurzer Ruhezeit wieder erstehe. Daher auch der altchristliche Name „Ruhestätten – Cömeterien" für die Friedhöfe, daher auch unser tägliches Gebet in der heiligen Messe beim Memento für die Verstorbenen, *„die uns vorangegangen sind mit dem Zeichen des Glaubens und im Schlafe des Friedens schlummern"*.

Deshalb scheut die Kirche vor der gewaltsamen Zerstörung des Christenleibes zurück und gönnt ihm voll Liebe den Trost der Ruhe im Schoße der Erde, damit er dort „zu schönerem Los erblühen soll" (Schiller).

An dieser durch Herkommen und Alter geheiligten Sitte des Begräbnisses rüttelt zum ersten Male die französische Revolution, deren glaubenslose Machthaber im Jahre 1794 die erste Leichenverbrennung auf dem Marsfelde zu Paris verfügen. So ist die Leichenverbrennung von allem Anfange an ein Kind der Revolution und ausgesprochene Religions- und Kirchenfeinde sind nicht nur seine ersten Paten gewesen, sondern sind auch seine Schrittmacher und Vorkämpfer bis auf den heutigen Tag. Hinter all den sanitären, ästhetischen und volkswirtschaftlichen Gründen, die man für die Leichenverbrennung ins Treffen führt, verbirgt sich nur der Haß des modernen Heidentums gegen die christlichen Glaubenslehren und der eitle Wahn, den Glauben an die Auferstehung und ein ewiges Jenseits in den Herzen der Gläubigen durch die gewaltsame und restlose Zerstörung des Christenleibes erschüttern und vernichten zu können.

Deshalb ist die katholische Kirche gegen die Leichenverbrennung und sie weiß sich hierin eins mit gläubigen Protestanten und Juden.

Mögen Ungläubige und Freidenker mit ihren Verstorbenen nach ihrem Gutdünken verfahren, wir Katholiken werden auch weiterhin unsere Toten so begraben, wie der Leichnam Christi begraben wurde, wir werden auch weiterhin die Gräber in pietätvoller Liebe schützen und schmücken, in denen jene schlummern, die uns im Leben lieb und teuer waren, für uns wird der Allerseelentag auch in Zukunft der große Tag frommen Gedenkens unserer Toten sein, an dem das Heilandswort mit süßem Troste an unser Ohr klingt: *„Ich bin die Auferstehung und das Leben; wer an mich glaubt, wird leben, selbst wenn er gestorben ist; und jeder, der lebt und an mich glaubt, wird nicht sterben in Ewigkeit."* (Jo. 11, 25. 26.)

[...]

11.4 Max Winter: Die lebende Mumie. Ein Blick in das Jahr 2025

Erstveröffentlicht als Max Winter: *Die lebende Mumie. Ein Blick in das Jahr 2025*, Berlin: E. Laubsche Verlagsbuchhandlung 1929, S. 26–33, 97–107, 121–135.

Der Autor Max Winter (1870–1937) ist vor allem für seinen investigativen Journalismus bekannt, besonders für seinen Hang, in Verkleidungen zu schlüpfen, die es ihm ermöglichten, sich unauffällig unter den Wiener Zuchthäuslern und Obdachlosen zu bewegen. Als sozialdemokratischer Reichsratsabgeordneter war er 1918/19 Mitglied der Provisorischen Nationalversammlung, wurde in der Folge Gemeinderat und Vizebürgermeister von Wien und war als solcher maßgeblich an der Schaffung der Grundlagen für Julius Tandlers Fürsorgesystem beteiligt. In Die lebende Mumie entwirft Winter das utopische Bild eines Wien, das bereits hundert Jahre sozialdemokratischer Regierung genossen hat. Der Protagonist des Romans, Richard Fröhlich, ist ein Astronaut aus den Tagen des Roten Wien, der in einen hundertjährigen Schlaf gefallen war, daher wie mumifiziert wirkt und 2025 ins Leben zurückgeholt wird. Seine liebevolle Krankenschwester Alexandra und einige andere – etwa der Schuldirektor Ensler, der auch im folgenden Ausschnitt erwähnt wird – führen ihn durch das Paradies, zu dem Wien geworden ist, und erklären währenddessen, auf welche Weise Österreich der gesamten Welt Frieden und Wohlstand gebracht hat. Ein wichtiger Schritt sei dabei zunächst die Überwindung der Macht der katholischen Kirche gewesen, dann der Religion im Allgemeinen.

Aus alten und neuen Tagen.

[...]
 [Schuldirektor Ensler:] „[...] Schon zu Ihrer Zeit gab es Räume, in denen zu rauchen wider die gute Sitte verstoßen hätte. Man rauchte nicht in den sogenannten ‚Gotteshäusern‘, in unseren heutigen Festhallen ...“
 [Richard Fröhlich:] „Was, Sie haben keine Kirchen mehr?"
 „Die Gebäude schon, aber die dienen nicht mehr irgendwelchem Götterkultus wie einst, sondern der Menschenkultur. Wir pflegen diese Festhallen sehr. Sie sind von ersten Künstlern erbaut oder umgewandelt und geschmückt worden und dienen dazu, uns weihevolle Stunden zu vermitteln. Das Gefäß ist geblieben – der Inhalt ist ein anderer geworden: Menschendienst, nicht Götterdienst."
 „Eine seltsame Zeit ..."
 „Nicht so seltsam, wie Sie vermeinen. Mit der fortschreitenden Bildung der Menschen hat sich dieser Götterdienst überlebt und auch die große Mehrheit der Priester – zu ihrer Ehre ist es in der Geschichte verzeichnet – atmete auf, als man ihnen Gelegenheit bot, Menschendiener zu werden. Glaube und Wissen stritten ja auch in ihren Seelen, und nur die Angst vor dem Umsatteln ließ sie die mahnende Stimme

ihres Gewissens überhören. Aber seit der Staat den Priestern aller Bekenntnisse durch eigene Umschulungskurse Gelegenheit bot, aus dem vorgetäuschten Leben scheinbar Heiliger zurückzufinden in das wirkliche Leben nützlicher Bürger, war der ökonomische Bann gebrochen, der auf ihnen lastete, und sie meldeten sich in Scharen. Viele von ihnen wurden dann Hüter der Fest- oder Volkshallen, Leiter der Konzerte und Vorträge in ihnen, der Ausstellungen, der Lesehallen, die aus den Kirchen wurden, und mit den Menschen und Räumen veränderten sich auch die Sitten."

„Aber wie war es möglich, daß Sie die breiten Massen zu allen diesen Dingen bekommen haben?"

„... daß schließlich auch niemand auf der Gasse rauchte, daß die engen chinesischen Schuhe, die den Fuß verkrüppelten, bei den Damen ebenso verschwanden wie der Schnürleib Ihrer Tage, daß wir zurückfanden zu den edlen Linien des klassischen griechischen Frauenleibes ... alles, alles wurde allmählich durch Bildung und Aufklärung, Pflege der edlen Körperübung erreicht. [...]"

[...]

Die Welt ohne Prügel.

[...]

„[...] [I]ch glaube, es war zu Ihrer Zeit noch üblich, Kinder zu schlagen, wenn sie, wie die Eltern meinten, nicht gehorsam oder unartig waren?"

„Ja, leider war das. Und wir ‚Kinderfreunde'[4] haben dagegen einen verzweifelten Kampf geführt, oft auch unterstützt von der öffentlichen Schulverwaltung und von den Lehrern, aber im großen und ganzen gerade deshalb von den Dienern der Kirche, die damals auf die Frauen und Mütter noch übermächtigen Einfluß hatten, verfolgt ... Und heute werden Kinder nicht mehr geprügelt?"

„Nein, längst nicht mehr. Und keine von uns beiden", sagte Alexandra, „denkt die Zeit, wo der letzte Vater deshalb vor dem Volksgericht stand. Heute hat das die allgemeine Gesittung überwunden. Durch Erziehung der Eltern, durch das Beispiel der Guten und Besten ist das Kinderprügeln in den V. S. E. [Vereinigten Staaten von Europa] seit zwei Geschlechtsfolgen so gut wie ausgerottet. Es kommt einfach nicht mehr vor."

„Es kommt einfach nicht mehr vor ... welch glückliche Zeit! Und zu meiner Zeit war es eine alltägliche Sache. [...]"

[...]

„So war also das Prügeln damals keine Ausnahmserscheinung? Es war wirklich gang und gäbe?"

---

4 Gemeint ist die gleichnamige sozialdemokratische Kinder- und Jugendorganisation.

„Ja, wirklich gang und gäbe in deutschen Landen. Niemand sah etwas Besonderes daran. Erst die ‚Kinderfreunde' machten Front gegen diese Erziehung durch körperliche Gewalt und zur Gewalt. Das war es ja auch, was sie zuerst mit der Kirche in schweren Widerstreit brachte. Die ‚Kinderfreunde', die zunächst in Österreich wirkten, hatten es mit der katholischen Geistlichkeit zu tun. Österreich war ein katholischer Staat, die katholische war die Mehrheitsreligion. Die katholische Kirche war die Herrin über die Seelen. Die katholischen Priester konnten sich geben, wie sie leider in der Mehrheit waren. Sie waren die eigentlichen Vorkämpfer für das Herrenrecht gegen das Volksrecht. Diese streitbaren Priester waren die letzte Stütze des Kapitalismus. Indes also die ‚Kinderfreunde' predigten, daß aufrechte Menschen erzogen werden müssen, verkündigten die katholischen Bischöfe, die sich in ihrem Hochmut damals noch Hirten und Oberhirten nannten, ohne zu bedenken, daß die Herde langsam denkend geworden war, in ihren Hirtenbriefen Erziehungsratschläge, die das Gegenteil von dem waren, was die ‚Kinderfreunde' wollten. ‚Sparet nicht die Rute, denn Rute und Strafe geben Weisheit,' hieß es in dem ersten solchen Hirtenbrief, und diese Hirtenbriefe wurden an einem bestimmten Sonntag von allen Kanzeln verlesen und alle katholischen Pfarrer Österreichs predigten an diesem Tage gegen die ‚Kinderfreunde' und riefen den unten aufhorchenden Müttern zu, daß sie ihre Kinder mit Ruten züchtigen sollten."

„Das haben Priester der Lehre Christi getan, der Lehre von der Nächstenliebe!?" rief Alexandra.

„Nur nicht ereifern! Daß sie sich das ohne Widerspruch haben sagen lassen, war auf den geringen Stand der damaligen Volksbildung ebenso zurückzuführen, wie auf den übermächtigen Einfluß der katholischen Kirche. Sie können sich doch von der Frau von damals keine Vorstellung machen, wie gedrückt, wie gedemütigt, wie ewig geprügelt sie durchs Leben ging, wie gering die Bildung war, die sie mitbekam, wie eng der Gesichtskreis war, der ihr im Leben gezogen war. Eine Stube und eine Küche, daraus bestand die Familienwohnung. In engen dumpfen Gassen, nirgends ein Blick ins Weite. [...] Aus der Enge dieser Welt trat die Frau eigentlich nur am Sonntag, wenn sie in die Kirche ging, und da hatte die katholische Kirche für großartige Aufmachung gesorgt. [...] In einen solchen, oft in geheimnisvolles Dunkel getauchten Raum tritt die Frau aus der Enge ihrer Wohnung. Spielerisch fällt die Sonne durch blaue, rote, gelbe Scheiben. Irgendwo bricht so ein Strahl göttlichen Lichtes in das Dunkel und läßt irgendeine marmorne Heiligengestalt oder eine goldene oder silberne Statue im zauberischen Farbenlicht erscheinen. [...] Die Augen der Frau waren gefangengenommen, schaute sie solches. Der alte Wunderglaube, der Glaube an höhere Wesen fand wieder Nahrung. Sie hielt für Gotteswerk, was Menschenwerk war, allerdings das Werk begnadeter Künstler und noch mehr begnadeter Wunderglaubenstechniker. Die Seele der Frau badet sich in dieser Schönheit, die ihr das Auge vermittelt. [...] Ganze Konzerte gibt die Kirche, Geigen und Posaunen wirken mit und helle und tiefe Menschenstimmen, liebliche Kinderstimmen – eigene Sängerknaben erziehen sie sich – und alles vereint sich, den Boden der Seele aufzuwühlen. Es war, wie wenn ein Ackersmann über das Feld führe und tief schürfend mit dem Pfluge die Schollen aufwürfe, ehe er die Saat streut. Oh, sie haben es verstanden, die katholischen Herren meiner Zeit! War so eine Proletenfrau einmal so weit, dann erst stieg der Priester auf die wundervoll geschnitzte Kanzel und verkündete das Wort Gottes, wie sie frevlerisch sagten, denn es war kein göttliches Wort, dieses ‚Sparet nicht die Rute, denn Rute und Strafe geben Weisheit!', es war ein Wort der Rache, der menschlichen Gewaltübung des Stärkeren über den Schwächeren."

[...]

Der gläserne Saal und die Viktor-Adler-Halle.

[...]

„Schön willkommen, meine Herren." Ensler streckte sich eine schlanke Frauenhand entgegen.

„Herr Richard Fröhlich", stellte er vor. „Frau Hilda Schniderschitz ... Unser berühmter Gast ist heute daran, die Lesearbeitsschule zu studieren. Wollen Sie uns sagen, liebe Kollegin, was Sie gerade auf das Dach der Schule geführt hat?"

„Wir waren gestern in der Viktor-Adler-Halle und heute wollten die Kinder wissen, wie hoch der Turm sei. Ich gab ihnen die Höhe an, um ihnen aber den richtigen Begriff zu machen, was hundertsechsunddreißig Meter sind, führte ich sie auf das Dach, da konnten sie sehen, wie weit dieses Wahrzeichen Wiens alle andern Gebäude überragt."

„Wo ist der Viktor-Adler-Turm?" fragte Richard.

„Hier vor Ihrer Nase." Ensler deutete mit der Hand auf einen schlanken Turm, der sich über ein spitziges hohes Kirchendach hob.

„Aber, das ist doch der Stephansturm!"

„War einmal! Seit wir aber die herrliche Stephanskirche in die Viktor-Adler-Halle gewandelt haben, seit dieser Bau nicht mehr *einer* Religion dient, sondern Gemeingut *allen* Volkes geworden ist, das an die höchste Menschheitsreligion glaubt, an den Sozialismus, seither ist uns dieser Bau zur würdigsten Kulturstätte dieser Stadt geworden. Es ging hier wie überall: Kultus und Kultur. Früher diente er dem Kultus einer Religion, heute dient er der Kultur aller Menschen, und diese Rangerhöhung in der Zweckbestimmung des Baues haben wir dadurch ausgedrückt, daß wir den herrlichen Bau auch unbenannt haben, und zwar nach dem Erwecker des österreichischen Proletariats, nach Dr. Viktor Adler."

„Bravo! Einundzwanzigstes Jahrhundert! Bravo!"

„Tun Sie ihrem Jahrhundert nicht gar so unrecht. Das ist ein Werk der siebziger Jahre des vorigen Jahrhunderts. Schon um 1950 war die Mehrheit der katholischen Kirchengemeinden von sozialdemokratischen Predigern besetzt, und zwanzig Jahre später war auch im alten katholischen Zentrum Europas, in Wien, die katholische

Kirche bereit, gemeinsame Sache mit der Weltreligion des Sozialismus zu machen und alle bisherigen Kultusstätten dauernd in Kulturstätten zu wandeln. Das meiste, was an die alte Erziehung zum Aberglauben in der Kirche erinnerte, war ja ohnehin schon verschwunden. Die sozialistischen Pfarrer hatten diese Zeugnisse irriger Beeinflussung der Bevölkerung beschämt beiseitegeräumt. In den Schatzkammern der Kirchen war ihnen Raum geworden, denn unter diesen Amuletten, Kreuzen, Bildern waren auch manche von hohem Wert, die nicht vernichtet werden sollten. Das Weitere ging dann leicht."

11.5 Sigmund Freud: Die Zukunft einer Illusion

Erstveröffentlicht als Sigmund Freud: *Die Zukunft einer Illusion*, Leipzig, Wien, Zürich: Internationaler Psychoanalytischer Verlag 1927, S. 45–48, 69–73.

Sigmund Freud (1856–1939), allgemein bekannt als Vater der Psychoanalyse, wendet sich in Die Zukunft einer Illusion *indirekt gegen jene Diskurse, die – wie etwa die Werke von Carl Gustav Jung – versuchen, die Psychoanalyse und das Okkulte zu verbinden. Dagegen schreibt Freud die Psychoanalyse in die auf die Aufklärung zurückgehende Tradition der Religionskritik und des Kampfs gegen den Aberglauben ein. Er interpretiert Religion als kulturelle Erscheinung, ähnlich der kindlichen Neurose, die durch ein autonomes und vernunftbestimmtes Leben überwunden werden kann und soll.*

[...] [I]n vergangenen Zeiten haben die religiösen Vorstellungen trotz ihres unbestreitbaren Mangels an Beglaubigung den allerstärksten Einfluß auf die Menschheit geübt. Das ist ein neues psychologisches Problem. Man muß fragen, worin besteht die innere Kraft dieser Lehren, welchem Umstand verdanken sie ihre von der vernünftigen Anerkennung unabhängige Wirksamkeit?

VI

Ich meine, wir haben die Antwort auf beide Fragen genügend vorbereitet. Sie ergibt sich, wenn wir die psychische Genese der religiösen Vorstellungen ins Auge fassen. Diese, die sich als Lehrsätze ausgeben, sind nicht Niederschläge der Erfahrung oder Endresultate des Denkens, es sind Illusionen, Erfüllungen der ältesten, stärksten, dringendsten Wünsche der Menschheit; das Geheimnis ihrer Stärke ist die Stärke dieser Wünsche. Wir wissen schon, der schreckende Eindruck der kindlichen Hilflosigkeit hat das Bedürfnis nach Schutz – Schutz durch Liebe – erweckt, dem der Vater abgeholfen hat, die Erkenntnis von der Fortdauer dieser Hilflosigkeit durchs ganze Leben hat das Festhalten an der Existenz eines – aber nun mächtigeren Va-

ters – verursacht. Durch das gütige Walten der göttlichen Vorsehung wird die Angst vor den Gefahren des Lebens beschwichtigt, die Einsetzung einer sittlichen Weltordnung versichert die Erfüllung der Gerechtigkeitsforderung, die innerhalb der menschlichen Kultur so oft unerfüllt geblieben ist, die Verlängerung der irdischen Existenz durch ein zukünftiges Leben stellt den örtlichen und zeitlichen Rahmen bei, in dem sich diese Wunscherfüllungen vollziehen sollen. Antworten auf Rätselfragen der menschlichen Wißbegierde, wie nach der Entstehung der Welt und der Beziehung zwischen Körperlichem und Seelischem werden unter den Voraussetzungen dieses Systems entwickelt; es bedeutet eine großartige Erleichterung für die Einzelpsyche, wenn die nie ganz überwundenen Konflikte der Kinderzeit aus dem Vaterkomplex ihr abgenommen und einer von allen angenommenen Lösung zugeführt werden.
[...]

VIII

[...]
Wir bemerken jetzt, daß der Schatz der religiösen Vorstellungen nicht allein Wunscherfüllungen enthält, sondern auch bedeutsame historische Reminiszenzen. Dies Zusammenwirken von Vergangenheit und Zukunft, welch unvergleichliche Machtfülle muß es der Religion verleihen! Aber vielleicht dämmert uns mit Hilfe einer Analogie auch schon eine andere Einsicht. Es ist nicht gut, Begriffe weit weg von dem Boden zu versetzen, auf dem sie erwachsen sind, aber wir müssen der Übereinstimmung Ausdruck geben. Über das Menschenkind wissen wir, daß es seine Entwicklung zur Kultur nicht gut durchmachen kann, ohne durch eine bald mehr, bald minder deutliche Phase von Neurose zu passieren. Das kommt daher, daß das Kind so viele der für später unbrauchbaren Triebansprüche nicht durch rationelle Geistesarbeit unterdrücken kann, sondern durch Verdrängungsakte bändigen muß, hinter denen in der Regel ein Angstmotiv steht. Die meisten dieser Kinderneurosen werden während des Wachstums spontan überwunden, besonders die Zwangsneurosen der Kindheit haben dies Schicksal. Mit dem Rest soll auch noch später die psychoanalytische Behandlung aufräumen. In ganz ähnlicher Weise hätte man anzunehmen, daß die Menschheit als Ganzes in ihrer säkularen Entwicklung in Zustände gerät, welche den Neurosen analog sind, und zwar aus denselben Gründen, weil sie in den Zeiten ihrer Unwissenheit und intellektuellen Schwäche die für das menschliche Zusammenleben unerläßlichen Triebverzichte nur durch rein affektive Kräfte zustande gebracht hat. Die Niederschläge der in der Vorzeit vorgefallenen verdrängungsähnlichen Vorgänge hafteten der Kultur dann noch lange an. Die Religion wäre die allgemein menschliche Zwangsneurose, wie die des Kindes stammte sie aus dem Ödipuskomplex, der Vaterbeziehung. Nach dieser Auffassung wäre vorauszusehen, daß sich die Abwendung von der Religion mit der schicksals-

mäßigen Unerbittlichkeit eines Wachstumsvorganges vollziehen muß, und daß wir uns gerade jetzt mitten in dieser Entwicklungsphase befinden.

Unser Verhalten sollte sich dann nach dem Vorbild eines verständigen Erziehers richten, der sich einer bevorstehenden Neugestaltung nicht widersetzt, sondern sie zu fördern und die Gewaltsamkeit ihres Durchbruchs einzudämmen sucht. Das Wesen der Religion ist mit dieser Analogie allerdings nicht erschöpft. Bringt sie einerseits Zwangseinschränkungen, wie nur eine individuelle Zwangsneurose, so enthält sie andererseits ein System von Wunschillusionen mit Verleugnung der Wirklichkeit, wie wir es isoliert nur bei einer Amentia, einer glückseligen halluzinatorischen Verworrenheit, finden. Es sind eben nur Vergleichungen, mit denen wir uns um das Verständnis des sozialen Phänomens bemühen, die Individualpathologie gibt uns kein vollwertiges Gegenstück dazu.

Es ist wiederholt darauf hingewiesen worden (von mir und besonders von Th. Reik[5]), bis in welche Einzelheiten sich die Analogie der Religion mit einer Zwangsneurose verfolgen, wieviel von den Sonderheiten und den Schicksalen der Religionsbildung sich auf diesem Wege verstehen läßt. Es stimmt dazu auch gut, daß der Frommgläubige in hohem Grade gegen die Gefahr gewisser neurotischer Erkrankungen geschützt ist; die Annahme der allgemeinen Neurose überhebt ihn der Aufgabe, eine persönliche Neurose auszubilden.

Die Erkenntnis des historischen Werts gewisser religiöser Lehren steigert unseren Respekt vor ihnen, macht aber unseren Vorschlag, sie aus der Motivierung der kulturellen Vorschriften zurückzuziehen, nicht wertlos. Im Gegenteil! Mit Hilfe dieser historischen Reste hat sich uns die Auffassung der religiösen Lehrsätze als gleichsam neurotischer Relikte ergeben und nun dürfen wir sagen, es ist wahrscheinlich an der Zeit, wie in der analytischen Behandlung des Neurotikers die Erfolge der Verdrängung durch die Ergebnisse der rationellen Geistesarbeit zu ersetzen. Daß es bei dieser Umarbeitung nicht beim Verzicht auf die feierliche Verklärung der kulturellen Vorschriften bleiben wird, daß eine allgemeine Revision derselben für viele die Aufhebung zur Folge haben muß, ist vorauszusehen, aber kaum zu bedauern. Die uns gestellte Aufgabe der Versöhnung der Menschen mit der Kultur wird auf diesem Wege weitgehend gelöst werden. Um den Verzicht auf die historische Wahrheit bei rationeller Motivierung der Kulturvorschriften darf es uns nicht leid tun. Die Wahrheiten, welche die religiösen Lehren enthalten, sind doch so entstellt und systematisch verkleidet, daß die Masse der Menschen sie nicht als Wahrheit erkennen kann. Es ist ein ähnlicher Fall, wie wenn wir dem Kind er-

---

5 Theodor Reik (1888–1969) war einer der ersten Studenten Freuds und bis 1928 praktizierender Psychoanalytiker in Wien sowie Sekretär der Wiener Psychoanalytischen Vereinigung. Freud verfasste das Vorwort zu Reiks Arbeit zur Psychologie der Religion unter dem Blickwinkel des Rituals, *Probleme der Religionspsychologie. Band 1: Das Ritual*, Leipzig, Wien, Zürich: Internationaler Psychoanalytischer Verlag 1919.

zählen, daß der Storch die Neugebornen bringt. Auch damit sagen wir die Wahrheit in symbolischer Verhüllung, denn wir wissen, was der große Vogel bedeutet. Aber das Kind weiß es nicht, es hört nur den Anteil der Entstellung heraus, hält sich für betrogen, und wir wissen, wie oft sein Mißtrauen gegen die Erwachsenen und seine Widersetzlichkeit gerade an diesen Eindruck anknüpft. Wir sind zur Überzeugung gekommen, daß es besser ist, die Mitteilung solcher symbolischer Verschleierungen der Wahrheit zu unterlassen und dem Kind die Kenntnis der realen Verhältnisse in Anpassung an seine intellektuelle Stufe nicht zu versagen.

11.6 Ludwig Wittgenstein: Tractatus logico-philosophicus

Erstveröffentlicht als Ludwig Wittgenstein: Logisch-Philosophische Abhandlung, in: *Annalen der Naturphilosophie*, 14. Jg. (1921), S. 185–262.

Ludwig Wittgenstein (1889–1951) war einer der einflussreichsten Philosophen des 20. Jahrhunderts. Der Tractatus logico-philosophicus *ist eines seiner bedeutendsten Werke. Er gehört zu Wittgensteins Frühwerk und versucht zu beschreiben, wie sich sinnvolle von unsinnigen Sätzen unterscheiden lassen. Nur Tatsachen können demnach einen Sinn ausdrücken. Wittgenstein wirft der Philosophie vor, ihre Zeit mit unsinnigen Sätzen zu verschwenden. Die tiefsten Probleme seien eigentlich keine. Allerdings behandelt der Text in einer letzten Wendung die per definitionem „unsinnigen" Fragen von Ästhetik, Ethik und Religion und legt dabei nahe, dass es nicht so einfach ist, die Leiter des philosophischen Diskurses wegzuwerfen, nachdem man auf ihr hinaufgestiegen ist.*

[...]

6.4 Alle Sätze sind gleichwertig.

6.41 Der Sinn der Welt muß außerhalb ihrer liegen. In der Welt ist alles wie es ist und geschieht alles wie es geschieht; es gibt *in* ihr keinen Wert – und wenn es ihn gäbe, so hätte er keinen Wert.

Wenn es einen Wert gibt, der Wert hat, so muß er außerhalb alles Geschehens und So-Seins liegen. Denn alles Geschehen und So-Sein ist zufällig.

Was es nicht-zufällig macht, kann nicht *in* der Welt liegen, denn sonst wäre dies wieder zufällig.

Es muß außerhalb der Welt liegen.

6.42 Darum kann es auch keine Sätze der Ethik geben.

Sätze können nichts Höheres ausdrücken.

6.421 Es ist klar, daß sich die Ethik nicht aussprechen läßt.

Die Ethik ist transcendental.

(Ethik und Aesthetik sind Eins.)

6.422 Der erste Gedanke bei der Aufstellung eines ethischen Gesetzes von der Form „du sollst ..." ist: Und was dann, wenn ich es nicht tue? Es ist aber klar, daß die Ethik nichts mit Strafe und Lohn im gewöhnlichen Sinne zu tun hat. Also muß diese Frage nach den *Folgen* einer Handlung belanglos sein. – Zum Mindesten dürfen diese Folgen nicht Ereignisse sein. Denn etwas muß doch an jener Fragestellung richtig sein. Es muß zwar eine Art von ethischem Lohn und ethischer Strafe geben, aber diese müssen in der Handlung selbst liegen.
(Und das ist auch klar, daß der Lohn etwas Angenehmes, die Strafe etwas Unangenehmes sein muß.)

6.423 Vom Willen als dem Träger des Ethischen kann nicht gesprochen werden.
Und der Wille als Phänomen interessiert nur die Psychologie.

6.43 Wenn das gute oder böse Wollen die Welt ändert, so kann es nur die Grenzen der Welt ändern, nicht die Tatsachen; nicht das, was durch die Sprache ausgedrückt werden kann.
Kurz, die Welt muß dann dadurch überhaupt eine andere werden. Sie muß sozusagen als Ganzes abnehmen oder zunehmen.
Die Welt des Glücklichen ist eine andere als die des Unglücklichen.

6.431 Wie auch beim Tod die Welt sich nicht ändert, sondern aufhört.

6.4311 Der Tod ist kein Ereignis des Lebens. Den Tod erlebt man nicht.
Wenn man unter Ewigkeit nicht unendliche Zeitdauer, sondern Unzeitlichkeit versteht, dann lebt der ewig, der in der Gegenwart lebt.
Unser Leben ist ebenso endlos, wie unser Gesichtsfeld grenzenlos ist.

6.4312 Die zeitliche Unsterblichkeit der Seele des Menschen, das heißt also ihr ewiges Fortleben auch nach dem Tode, ist nicht nur auf keine Weise verbürgt, sondern vor allem leistet diese Annahme gar nicht das, was man immer mit ihr erreichen wollte. Wird denn dadurch ein Rätsel gelöst, daß ich ewig fortlebe? Ist denn dieses ewige Leben dann nicht ebenso rätselhaft wie das gegenwärtige? Die Lösung des Rätsels des Lebens in Raum und Zeit liegt *außerhalb* von Raum und Zeit.
(Nicht Probleme der Naturwissenschaft sind ja zu lösen.)

6.432 *Wie* die Welt ist, ist für das Höhere vollkommen gleichgültig. Gott offenbart sich nicht *in* der Welt.

6.4321 Die Tatsachen gehören alle nur zur Aufgabe, nicht zur Lösung.

6.44 Nicht *wie* die Welt ist, ist das Mystische, sondern *daß* sie ist.

6.45 Die Anschauung der Welt sub specie aeterni ist ihre Anschauung als – begrenztes – Ganzes.
Das Gefühl der Welt als begrenztes Ganzes ist das Mystische.

6.5 Zu einer Antwort, die man nicht aussprechen kann, kann man auch die Frage nicht aussprechen.
Das Rätsel gibt es nicht.
Wenn sich eine Frage überhaupt stellen läßt, so *kann* sie auch beantwortet werden.

6.51 Skeptizismus ist *nicht* unwiderleglich, sondern offenbar unsinnig, wenn er bezweifeln will, wo nicht gefragt werden kann.

Denn Zweifel kann nur bestehen, wo eine Frage besteht; eine Frage nur, wo eine Antwort besteht, und diese nur, wo etwas *gesagt* werden *kann*.

6.52 Wir fühlen, daß selbst, wenn *alle möglichen* wissenschaftlichen Fragen beantwortet sind, unsere Lebensprobleme noch gar nicht berührt sind. Freilich bleibt dann eben keine Frage mehr; und eben dies ist die Antwort.

6.521 Die Lösung des Problems des Lebens merkt man am Verschwinden dieses Problems.

(Ist nicht dies der Grund, warum Menschen, denen der Sinn des Lebens nach langen Zweifeln klar wurde, warum diese dann nicht sagen konnten, worin dieser Sinn bestand.)

6.522 Es gibt allerdings Unaussprechliches. Dies *zeigt* sich, es ist das Mystische.

6.53 Die richtige Methode der Philosophie wäre eigentlich die: Nichts zu sagen, als was sich sagen lässt, also Sätze der Naturwissenschaft – also etwas, was mit Philosophie nichts zu tun hat, – und dann immer, wenn ein anderer etwas Metaphysisches sagen wollte, ihm nachzuweisen, daß er gewissen Zeichen in seinen Sätzen keine Bedeutung gegeben hat. Diese Methode wäre für den anderen unbefriedigend – er hätte nicht das Gefühl, daß wir ihn Philosophie lehrten – aber *sie* wäre die einzig streng richtige.

6.54 Meine Sätze erläutern dadurch, daß sie der, welcher mich versteht, am Ende als unsinnig erkennt, wenn er durch sie – auf ihnen – über sie hinausgestiegen ist. (Er muß sozusagen die Leiter wegwerfen, nachdem er auf ihr hinaufgestiegen ist.)

Er muß diese Sätze überwinden, dann sieht er die Welt richtig.

7 Wovon man nicht sprechen kann, darüber muß man schweigen.

11.7 Franz Werfel: Realismus und Innerlichkeit

Erstveröffentlicht als Franz Werfel: *Realismus und Innerlichkeit. Rede, gehalten am 6. Mai 1931 im Kulturbund, Wien*, Berlin, Wien, Leipzig: Paul Zsolnay Verlag 1932, S. 21–23, 34–36.

Der in Prag als Sohn jüdischer Eltern geborene Romanautor, Bühnenschriftsteller, Lyriker und Essayist Franz Werfel (1890–1945) wurde in religiösen Fragen stark von seinem katholischen Kindermädchen geprägt. Obwohl er sich als christusgläubig verstand, konvertierte er nie offiziell zum Katholizismus. In seinen Schriften suchte er eine höhere, mystische Lehre, die zwischen den Glaubenssätzen des Judentums und des Christentums vermitteln sollte. Realismus und Innerlichkeit *basiert auf einer am 6. Mai 1931 vor dem Kulturbund gehaltenen Rede. Auch wenn bei dem 1922 von Karl Anton Rohan gegründeten Bund so unterschiedliche Redner wie Paul Valéry, Max Brod und Heinrich Mann auftraten, bediente er hauptsächlich ein konservatives Publi-*

kum. Tatsächlich trat der Kulturbund für eine Rückbesinnung auf den Katholizismus ein, stand Rationalisierung, Industrialisierung und Proletarisierung kritisch gegenüber und hatte beizeiten sogar eine Nähe zu faschistischen Standpunkten. In seinem Essay kritisiert Werfel die Vorherrschaft einer „Realgesinnung" – dieser von ihm selbst geprägte Begriff soll jene kulturellen Entwicklungen und Wertsysteme bezeichnen, die menschliches Handeln zum Ziel systemischer Optimierung nutzbar machen. Diese Haltung findet er in einem nihilistischen Materialismus, der sowohl den amerikanischen Fordismus als auch den sowjetischen Bolschewismus durchdringe. Werfel sucht nach einem Ausweg aus der materialistischen Sackgasse und findet sie im Vermögen des Menschen, die eigene Fantasie, Innerlichkeit und einen Sinn für Transzendenz zu kultivieren.

[...]
Wir müssen versuchen, in unserer Erkenntnis weiter vorzudringen.

Jedes Ideal, das sich auf die Lebensgestaltung der Menschheit bezieht, mithin auch die Realgesinnung, ist eudämonistisch, hat die Verwirklichung und Verallgemeinerung des Glücks zum letzten Ziel. Auf welchem Wege nun strebt der Eudämonismus des herrschenden Sachglaubens dieses Menschenglück an? Indem er sich bemüht, das materielle Lebenselend der Massen zu mildern und so endlich einen menschenwürdigen Zustand des Nicht-Leidens heraufzuführen. Die wertvollste politische Parteiung, die der Sachglaube hervorgebracht hat, die europäische Sozialdemokratie, hat sich (trotz tragischen Versagens bei Kriegsausbruch) in dieser Hinsicht unsterbliche Verdienste erworben. Gerade hier in Wien muß ein Auge von politischem Haß schon völlig verblendet sein, um das nicht mit tiefer Dankbarkeit anzuerkennen. Ich denke vor allem an die beispielgebende Kinderfürsorge der Stadt.

Wenn wir auch gerechterweise erkennen, daß der radikale Realismus zum großen Teil der Hungertraum der erniedrigten Menschheit ist, so darf uns doch diese wehe Erkenntnis nicht abhalten, ihn als mörderischen Denkfehler zu entlarven. Der Zustand des Nicht-Leidens ist zwar eine Voraussetzung des Glücks, aber noch lange nicht Glück. [...]

Was also wäre Glück? Ich finde nur eine haltbare Formel: *Glück ist der Reichtum der zur Innerlichkeit umgeschmolzenen Wirklichkeit.* Warum aber nach neuen Formeln suchen, da die Formel schon längst gesprochen ist, deren Wahrheit durch die Ewigkeiten donnert: „Das Himmelreich ist in euch!" Die Realgesinnung gräbt nach dem Schatz an falscher Stelle. Ihr kapitalistischer Flügel akkumuliert kraft seines sterilen Arbeitsideals den Mehrwert, das heißt potenziellen Genuß, nicht um ihn zu genießen, sondern um ihn zwecks neuer Akkumulation weiterarbeiten zu lassen. Die witzige Wortkette über den sparsamen Erblasser hat recht: „Der Vater gönnt sich nichts, damit sich sein Sohn nichts gönnt, der sich nichts gönnt, damit sich der Enkel auch nichts gönnt ... usw." Auf der anderen Seite lautet die Glückauffassung des Kommunismus: Vollkommene materielle Harmonie durch die Aufopferung des seelischen Individuums. Beide vergessen, daß sich die menschliche Innerlichkeit vielleicht jahrzehntelang, aber nicht ewig unterdrücken läßt. Beide vergessen, daß einzig *in uns* das Gottesreich, die Chance der Erlösung liegt. Beide vergessen, daß Glück Geist ist. Die Realgesinnung, der Sachglaube ist ein falsches, ein im allmenschlichen Sinne häretisches Ideal, und als solches gefährlicher als der Krebs, ansteckender als der Flecktyphus und hirnverwirrender als die Paralyse.

Durch Kritik können aber falsche Ideale nicht gebrochen werden. Die richtigen Ideale müssen den Kampf mit ihnen aufnehmen. Es ist die Schicksalsfrage unserer Kultur, ob die Geistesgesinnung, die noch verstreut lebt, stark genug ist, der Realgesinnung entgegenzutreten.

Die schöpferische Innerlichkeit, der geistig-seelische Mensch offenbart sich in den drei Sphären der Religion und Sittlichkeit, der Wissenschaft und Spekulation, der Kunst und Phantasie. Wie tief in diese Sphären die Zerstörung schon gedrungen ist, läßt sich nur ungenau beurteilen. Der Abfall von den konfessionellen *Religionen* erscheint jedenfalls beträchtlich. Das Proletariat hat den liberalen Atheismus seiner Führergarde ganz und gar übernommen. Bis auf wenige Ausnahmen hängen die großen Arbeitermassen dieser schon recht schlissigen Gottesleugnung an. Der Durchschnittsstädter in seinem Lebensgefühl zumindest auch, wenngleich er zum Teil seine konfessionelle Bindung beibehält.

Es ist immer die gleiche Geschichte. Die Geistesmode von gestern wird zur Massenbanalität von heute, um wie gebrauchte Ware in immer tiefere Schichten zu sinken, bis man sie endlich auf dem obskursten Tandelmarkt verschachert.

[...]

Wiederherstellung der Werte! Meine Damen und Herren, die Geschichte des Menschengeschlechtes ist nicht die Geschichte seiner Ernährung, wie uns der moderne Aberglaube weismachen will, ebensowenig wie etwa die Lebensgeschichte Schillers die Biographie seines Stoffwechsels ist, – nein, sie ist und wird immer sein die Weltgeschichte der Wert- und Idealbildungen, die alle Materie von innen her verwandeln. [...] Die Wandlung der Werte und Ideale vollzieht sich immer spastisch und revolutionär. Daß sie aber rein geistiger Natur ist, beweist jedesmal ihre Vorgeschichte. Damit Christentum entstehe, mußte das antinomistische Sektenwesen Judäas in Jesus und Paulus gipfeln. Damit die bürgerliche Revolution gelinge, mußten die Enzyklopädisten, mußte Voltaire und Rousseau sein Werk geleistet haben. Damit die soziale Revolution sich vollziehe, war vielleicht Marx weniger die Voraussetzung als die große Mitleids- und Elendsliteratur des XIX. Jahrhunderts, mit Tolstoi und Zola an der Spitze. Soll aber endlich der Geistesmensch, der innerlich reiche, der erschütterliche, der schöpferische, der musische Mensch an die Reihe kommen und die Realgesinnung stürzen, so erfordert die Vorbereitung dieser fernen Revolution noch größere Mühsal und noch stürmischeren Schwung.

Vor allem müssen wir den Mut haben, die geltende Mode zu verachten, auch wenn wir deshalb von der Mode und dem sogenannten Zeitgeist selbst verachtet werden. Unterschätzen Sie, bitte, diesen Mut nicht! Sie werden einen Elegant im

Frack eher dazu vermögen, ins Wasser zu springen, als zu demselben Frack etwa eine schwarze Krawatte oder gelbe Schuhe anzuziehen. Und eher wird ein radikaler Modekopf, ein Sozialgent, Proletsnob oder Sachlichkeitsgeck Schafe unter den Linden weiden, als die Wahrheit des allesbesiegenden Ökonomismus leugnen. Unsere Aufgabe jedoch ist es, jenseits aller Eitelkeit, auf die Gefahr hin, als reaktionär verschrien zu werden, die Welt mit Geistesgesinnung zu durchdringen. Um sie aber durchdringen zu können, müssen wir selbst vorerst von unserem Glauben völlig durchdrungen sein. Doch welcher Glaube, meine Freunde, wäre leichter, freier, undogmatischer, gewisser, seligmachender, als der Glaube, daß trotz allem realen Elend unser höchstes Glücks- und Daseinsziel die Entfaltung, die Steigerung des inneren Lebens sei.

Ist der Ozean an sich etwas Wunderbares? Nein! Oder der Himalaja? Oder ein Bergsee? Oder ein Laubwald? Nehmen wir an, wir wären nicht rund einen Meter siebzig groß, sondern zweitausend Meter (angesichts kosmischer Maße ein bedeutungsloser Unterschied), dann wäre der Ozean für uns ein Regentümpel, der Himalaja eine bessere Türschwelle und der Wald ein Grasbüschel. Oder, gesetzt, wir wären so gescheit, hinter allen Dingen immer und überall ihre sogenannte reale Bedeutung zu sehen. Das Meer erschiene uns dann als eine ausgedehnte Ansammlung chemischer Bestandteile, deren Verbindung Meerwasser ergibt, und der Wald als eine verfilzte Bürste langweiliger Schachtelhalme. In Baumwanzen und Singvögeln sähen wir ein gleichartiges Parasiten-Ungeziefer des Laubes. Wir könnten in einem schönen Gesicht nichts anderes lesen als die Tadellosigkeit der Drüsensekretion und in geistiger Begabung nur ein glückhaftes Arrangement physiologischer und sozialer Bedingungen.

Aber Gottlob, unsere Seele ist viel zu gescheit, um so gescheit zu sein. Ein schönes Antlitz rührt uns unfaßbar, ein großes Geisteswerk zwingt uns in die Knie. Ein ernstes Tal erfüllt uns mit Trauer, Meer und Firn mit seltsamem Schreck.

Warum erschrecken wir und wovor?

Wir erschrecken vor dem Wunder in uns selbst, vor der Muse erschrecken wir, die in jedem Menschen schläft, vor Gottes Botin, die das Schöpfungswerk allsekündlich neu wiederholt. Denn die Welt fängt im Menschen an. Und der Mensch kann nur leben im Namen des Wunders.

11.8 Otto Bauer: Religiöser Sozialismus

Erstveröffentlicht als Otto Bauer: Religiöser Sozialismus, in: *Menschheitskämpfer. Monatsblatt der religiösen Sozialisten Österreichs*, 1. Jg., Nr. 8 (1. September 1927), S. 29–30.

Um ihn vom gleichnamigen und weitaus bekannteren austromarxistischen Denker zu unterscheiden, wurde der Autor dieses Textes oft als der ‚kleine' Otto Bauer (1897– 1986) bezeichnet. Er war Mitbegründer und Vorsitzender des 1926 ins Leben gerufenen Bundes Religiöser Sozialisten, dessen Mitglieder eine Form von politischer Eschatologie vertraten, die den Sozialismus und die Erfüllung religiöser Berufung als gleichbedeutend verstand. Für Otto Bauer war der demokratische Sozialismus keineswegs eine säkulare Bewegung, sondern beruhte in seinem Programm notwendig auf der Praxis gelebten Christentums.

I.

Eines ist uns klar: daß sich die Aufgabe der religiösen Sozialisten nicht darin erschöpfen kann, sozialistische Lehrgebäude, sozialistische Systeme mit religiösen Lehrsätzen, Bibelstellen und gelegentlichen Predigten zu fundieren. Werden wir ganz konkret: unsere Aufgabe darf sich nicht darin erschöpfen, daß wir den religionswissenschaftlichen Beweis der Vereinbarlichkeit der Lehren Karl Marx' mit der christlichen Ethik bzw. mit der kirchlichen Soziologie zu führen versuchen. Die Widerlegung der von orthodoxen Kirchenchristen und orthodoxen Systemsozialisten vertretenen Auffassung der Unvereinbarlichkeit von Christentum und Sozialismus könnte uns leicht in diese Einseitigkeit drängen. Auch könnte uns dies in die Gefahr bringen, daß wir einem ganz unfruchtbaren Beginnen, nämlich dem der Aufstellung eines eigenen Systems „Religiöser Sozialismus", unsere Zeit und Mühe opfern. Bei solcher Arbeit wäre gewiß auch dem Sozialismus einiger Dienst erwiesen, da wir so der Sozialdemokratie Wahlstimmen zuführen würden. Diese Erfolge würden sich jedoch gar bald als Augenblickserfolge erweisen. Denn worauf es uns in allererster Linie anzukommen hat, ist, daß *wir den Sozialismus aus Geist und Kraft des Christentums heraus leben.*

Das Christentum als verbürgerlichte Staatsreligion ist immer konservativ. Das Christentum im Sinne der Bergpredigt ist immer revolutionär, immer wurzelhaft von Grund auf erneuernd. „Unser Gott ist ein Gott der Lebendigen und nicht der Toten." Im Christentum lebt die Erlösungstat Christi, nicht als ein einmaliges historisches Erlebnis, sondern als fortgesetzte Erlösung und Wiedergeburt der Menschheit.

Und der Sozialismus? Ist er etwa nur die Frage nach der besseren Mechanik und Planmäßigkeit in der Wirtschaft, nach verfeinerter sozialer Gesetzgebung, nach der besseren Organisation der Gesellschaft? Ist er nicht zunächst die Forderung an uns, daß in unseren Herzen und Seelen *die neue Menschheit geboren werde*?

Ja, hier begegnen sich Christentum und Sozialismus, und zwar so, daß der Sozialismus als ein Faktor der Weltordnung hier seine tiefere geistige Begründung und Befruchtung erhält. Aus unserem Christsein, also dadurch, daß das Christentum zu unserem Sein wird, quellen jene Energien, die wir religiöse Sozialisten der sozialistischen Bewegung bringen.

Damit ist ja nicht gesagt, daß wir auf eine gedankliche Behandlung der verschiedenen Fragen und Theorien des Sozialismus verzichten sollen. Daß wir dies nicht tun, weiß jeder Leser unseres Blattes. Wie sehr beschäftigen uns nicht gerade die Fragen: Proletariat, seine Aufgaben, der Klassenkampf, die politische Einheit usw. Zu allen diesen Fragen ist noch lange nicht das letzte Wort gesagt, viele warten noch auf eine Beschäftigung damit. Die Eigentumsfrage, die Werttheorie etc. Aber die Behandlung dieser Fragen ist uns nicht eine weltferne Problematik, (Problemwälzerei aus Passion). Diese Fragen werden uns einfach aus unserem Zusammenleben mit den Christen und Sozialisten gestellt. Diese Arbeit ist aber auch höchst notwendig. Nicht allein zur Widerlegung der eingangs zitierten falschen Auffassung von der Unvereinbarkeit des Christentums mit dem Sozialismus. Vielmehr noch dazu, um unseren Sozialismus aus dem Gefühls- und Willensmäßigen auch ins bewußt Verstandesmäßige zu heben; kurzum, zur konkreten Aufgabenstellung.

II.

Der Sozialismus, gelebt aus der Kraft und dem Geiste des Christentums, ist *Revolutionierung des Proletariats*. Der unbedingte Christ in der soz.[ialistischen] Bewegung ist kein „Lamperl", kein Leisetreter, kein Mann fauler Kompromisse, kein „Gemäßigter". Sein Christentum zwingt ihn, immer aufs Ganze, aufs Letzte zu gehen. Auch im Sozialistsein. Er weiß, daß Beitrittserklärungen, Beitragsleistungen und gelegentlicher Versammlungsbesuch nicht genügt. Der Sozialismus verlangt mehr, *er verlangt den ganzen Menschen*, mit allen Kräften des Gemütes, des Verstandes und des Willens. Und dies *in jedem Augenblick des Lebens*.

Die Stoßkraft der proletarischen Bewegung leidet sehr darunter, daß es noch immer Proleten gibt, die in den Fragen ihres Lohn- und Arbeitsrechtes, ihrer Rechte im Staate zwar sozialistisch denken, in ihren sonstigen Lebensgewohnheiten (mitunter sogar im Verhältnis zu ihren Mitmenschen) aber noch tief im Bürgertum stecken. Selbst die weltanschauliche Überzeugung vieler Proleten ist nichts anderes als ein Ableger bürgerlicher Aufklärerei. Dies sagen gerade wir, die wir mit einer gewissen Leidenschaft die Sendung des Proletariats verkünden. Nicht, daß wir uns deswegen das Recht hiezu herausnehmen, sondern weil wir davon unsere *Verpflichtung* hiezu ableiten.

Wie kommen wir aber aus dieser Art der Verbürgerlichung des Proletariats heraus? Gewiß, indem wir auf politischem Wege die Besserung des Lebensstandards zu erzielen trachten, Bildungsmöglichkeiten (Schulreform) erschließen und so, und durch völlige Gleichberechtigung im Staate, das Minderwertigkeitsgefühl im Proletariat zu überwinden trachten. Aber kommt wirklich durch Besserung der sozialen Verhältnisse *automatisch* die sittliche Wiedergeburt des Menschen? Zwei Tatsachen sprechen dagegen. Erstens, daß diejenigen, die in „geordneten" Verhältnissen leben, nicht immer die besseren Menschen sind. Und daß wir Sozialisten selbst von einer Erziehung zum Sozialismus reden und auch an ihr arbeiten. Es ist also doch ein Appell an die sittlichen Energien im Menschen notwendig, ein Erwecken der seelischen Kräfte, ein Be-geistern.

Und hier setzt wieder eine besondere Aufgabe der religiösen Sozialisten ein. Ihr Christentum ist das Erfülltsein von der Kraft des Geistes. Stellt der Sozialismus in Wahrheit so große Anforderungen an den Menschen, wie sollte er auf jene Kräfte verzichten können, die aus dem gelebten Christentum kommen? Allerdings stellen wir uns die Vermittlung solcher Kräfte nicht in frömmelnden Predigten vor (wer unter Arbeitern lebt, weiß, wie wenig sie für derartiges übrig haben), sondern dadurch, daß wir die verschiedenen Lebensbezirke aus dieser Geistigkeit her neu darstellen. Einige solche Lebensbezirke seien hier genannt: Politik, Wirtschaft[,] Verhältnis von Mann und Weib, Familie, Kindererziehung, Wohnkultur, Körperkultur u. s. f. Anders gesagt: es kann sich uns nicht um die wörtliche, moralisierende Auslegung von Bibel- und Schriftstellen handeln, sondern um die wirkliche, fleischgewordene Darstellung des Geistes, der in ihnen lebt auf allen Lebensgebieten. So wird unser Appell an die sittlichen Energien, unser Erwecken der seelischen Kräfte zugleich auch ein Aufzeigen konkreter Aufgaben für den Einzelnen sein, an denen dann diese Kräfte sich bewähren und wachsen können.

III.

Dieser religiöse Sozialismus ist keine bloße Protestation gegen das herrschende soziale Unrecht. Er findet darin ebenso wenig seine Vollendung, als fromme Andachtsübungen und stille Beschaulichkeit etwa die vollendete Religiosität darstellen. Religiosität ist nicht ein Ding für sich, abgeschlossen vom übrigen Leben des Menschen; zum Gegenteil, sie ist ein Ergriffensein des *ganzen* Menschen, des *ganzen* Lebens. Sie ist kein *Nur-Empfinden*, sondern ein *Tun*. So wird der religiöse Sozialist aus seiner Religiosität zum Sozialisten. Solche *Religiosität* bewahrt auch den religiösen Sozialisten vor der Degradierung zum heulenden Derwisch des Sozialismus.

Daß wir in der Tat unseren religiösen Sozialismus als etwas anderes als eine Protestation auffassen, wird bewiesen, indem wir mitten in der sozialistischen Bewegung stehen, nicht als Mitläufer, Lückenbüßer, sondern als Mitkämpfer, Mitwirker. Wir religiöse Sozialisten erfüllen unsere Aufgabe in der großen proletarisch-sozialistischen Bewegung.

Große Ausgabe mit Romanleserin 10 g — Vierteljahrspreis 1·40 S

V.b.b.

Die Unzufriedene

Schriftleitung und Verwaltung: Wien 5, Rechte Wienzeile Nr. 95 Telephon B-29-5-10

Eine unabhängige Wochenschrift für alle Frauen

Motto: In der Unzufriedenheit liegt der Fortschritt der Menschheit!

Nummer 26 | Wien, 28. Juni 1930 | 8. Jahrgang

Die Frau von heut

Die Frau von heut! Wer kennt sie nicht?
Sie liebt die Sonne, Luft und Licht,
Ist sportgewandt und wetterfest,
Ein Stamm, der sich nicht biegen läßt!

Trägt luft'ges Kleid und kurzes Haar,
Hat Amt und Würden oft sogar —,
Tut ihre Pflicht, wie sich's gehört,
Hat sich als gute Kraft bewährt!

Sie kennt den Weg und auch das Ziel
Und ist kein Püppchen mehr zum Spiel!
Sagt frei heraus, was ihr nicht paßt,
Macht sie darob sich auch verhaßt.

Ist lebensfroh und ungeniert,
Verlangt ganz keck, was ihr gebührt!
Und kennt das Leben und die Leut.
Es lebe drum: Die Frau von heut!

Hans Haidenbauer, Langenwang

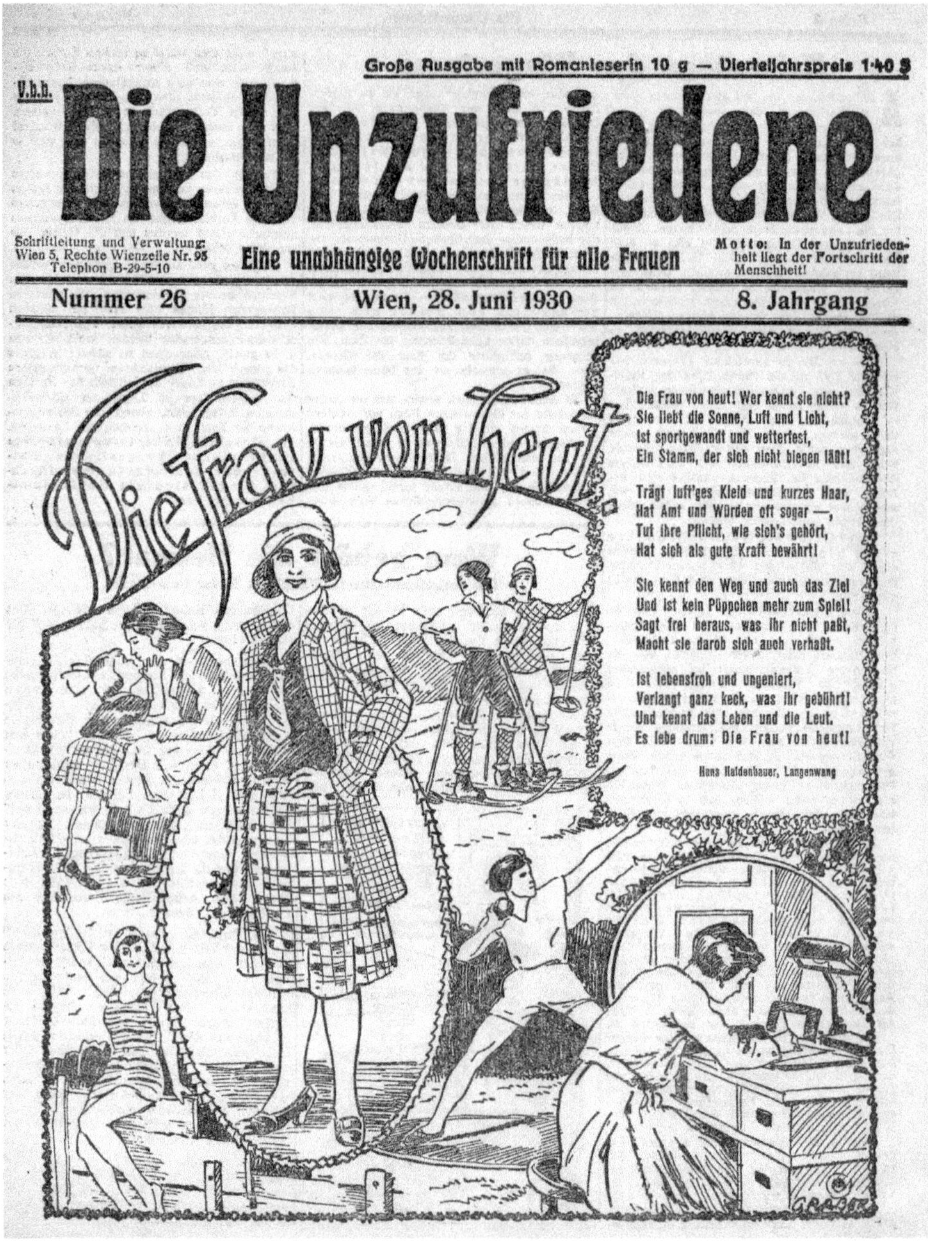

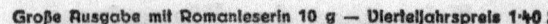

Hans Haidenbauers Gedicht präsentiert die „Frau von heut'" in unterschiedlichen Lebenslagen: als Mutter, Sportlerin, Abenteuerin und am Schreibtisch Arbeitende. In: *Die Unzufriedene*, 28. Juni 1930, S. 1. (VGA)

12 Die ‚neue Frau' und Frauenrechte

Marie-Noëlle Yazdanpanah, Veronika Duma

Einleitung

Mit der Ausrufung der Republik am 12. November 1918 wurde das allgemeine und gleiche Wahlrecht in Österreich eingeführt – elf Jahre nach der Durchsetzung des Männerwahlrechts im Jahr 1907. Sexarbeiterinnen allerdings blieben bis 1923 vom Wahlrecht ausgeschlossen. Die Erlangung des aktiven und passiven Wahlrechts war keineswegs nur den sozialen und politischen Umbrüchen nach dem Ersten Weltkrieg geschuldet, sondern Resultat eines lang andauernden Kampfs der bürgerlichen und proletarischen Frauenbewegung um politische Partizipation. Die Sozialdemokratie etablierte sich angesichts der Streiks und Demonstrationen im Herbst 1918 als Ordnungsfaktor. In dieser Machtposition gelang es ihr, das für sie zentrale Anliegen des allgemeinen Wahlrechts für Männer und Frauen durchzusetzen. Als Wählerinnen und politische Akteurinnen fanden Frauen nun auch offiziell Eingang in die institutionalisierte Politik und ihre Organisationen. Nach der Wahl zur Konstituierenden Nationalversammlung vom 16. Februar 1919 zogen acht weibliche Abgeordnete – sieben Sozialdemokratinnen und eine Christlichsoziale – in das österreichische Parlament ein.[1] Zwischen 1920 und 1923 waren zwölf der Abgeordneten Frauen, dies wurde in Österreich erst 1978 wieder erreicht. Im Wiener Gemeinderat waren in der ersten Wahlperiode (1919 bis 1923) 19 von 165 Mitgliedern weiblich.

Die Erlangung formaler politischer Rechte war der Auftakt für eine Reihe von Kämpfen für umfassende politische, soziale, ökonomische und kulturelle Teilhabe. Die frauenpolitischen Themen und Anliegen der Sozialdemokratischen Arbeiterpartei (SDAP) reichten von „gleicher Lohn für gleiche Arbeit" über die Änderung der Paragraphen 144–148 des aus der Monarchie übernommenen Strafgesetzes von 1852, die den Schwangerschaftsabbruch kriminalisierten, bis zur Forderung nach gleichem Zugang zu Bildungs- und Berufsmöglichkeiten. Ebenso waren die Herausforderungen in den Bereichen Wohnen, Arbeiten, Leben Kernthemen frauenbewegter Politik. Die historischen Akteurinnen diskutierten über alternative Formen des Lebens und Wohnens. Unter dem Motto „Sozialisierung der Haushaltungen" bzw. „Rationalisierung und Zentralisierung der Hauswirtschaft" stellten sie Überlegungen zur Reorganisation von Reproduktionsarbeiten an. Sie hoben die Mehrfachbelastung der Frauen hervor (Lohn-, Haus- und Erziehungsarbeit) und thematisier-

---

[1] Hildegard Burjan (CS), Adelheid Popp, Anna Boschek, Gabriele Proft, Marie Tusch, Amalie Seidel, Emmy Freundlich und Therese Schlesinger (alle SDAP).

ten die Arbeitsverhältnisse von Arbeiterinnen, Hausbediensteten und Angestellten.[2] (Vgl. Kapitel 4) Die Forderungen zielten auf die Übernahme weiblich konnotierter Arbeiten durch staatliche Einrichtungen bzw. den Ausbau sozialer Infrastruktur wie Kinderbetreuungsstätten, Fürsorge- oder Freizeiteinrichtungen.

Die Debatten der sozialistischen und bürgerlichen Frauenbewegung schrieben sich in die Architektur des Roten Wien in Form von Zentralküchen, genossenschaftlichen Wäschereien oder des Einküchenhauses, eines Mehrgeschoßwohnbaus mit zentral betriebener Küche, ein. Die Organe der Verständigung über diese ‚Frauenthemen' waren neben den regelmäßigen Parteiveranstaltungen und -treffen insbesondere die (Print-)Medien der SDAP-Frauen, wie die *Arbeiterinnen-Zeitung* (ab 1924 *Die Frau*) oder *Die Unzufriedene*.

Umstrukturierungen in allen Lebensbereichen sollten den ‚neuen Menschen' und die ‚neue Frau' formen und die Vorwegnahme einer sozialistischen Gesellschaft ermöglichen. Dem Idealbild zufolge war diese ‚neue Frau' modern, offen, mutig, gelassen, unabhängig, hygienebewusst und sportlich. Ihre Erscheinung war durch jugendliches Auftreten, eine schlanke Garçon-Figur, einen Bubikopf und das Tragen von praktischer Reformmode charakterisiert. Im Gegensatz zu den Flappers trank und rauchte die ideale (sozialistische) ‚neue Frau' nicht. In Hans Haidenbauers Gedicht von 1930 war sie eine Kameradin für den Ehemann und eine Freundin für ihre Kinder. Denn obwohl modern und berufstätig, wurde die ideale Sozialdemokratin als Mutter in einer Kleinfamilie propagiert. Für konservative, vor allem autoritäre und faschistische Kräfte, deren antiegalitäre und antifeministische Haltung auf die Festigung patriarchaler und hierarchischer Geschlechterverhältnisse zielte, stellten die veränderten Geschlechterverhältnisse und das Bild der ‚neuen Frau' eine Bedrohung dar.

Die SDAP-Frauen thematisierten die Auswirkungen der konservativ-autoritären Krisenpolitik auf Frauen und politisierten die Budgetpolitik der christlich-sozialen Regierung aus geschlechterspezifischer Perspektive: Frauen (und Mädchen) seien von der staatlichen Kürzungspolitik besonders betroffen, die Mehrfachbelastung verstärke sich mit dem Abbau des Sozialstaats und der sozialen Infrastruktur. Die gezielte Förderung traditionell-konservativer Familienkonstellationen und Geschlechterleitbilder zeigt sich exemplarisch in der umstrittenen „Doppelverdiener-

---

2 Vgl. v. a. die Arbeiten von Käthe Leichter: *Wie leben die Wiener Heimarbeiter? Eine Erhebung über die Arbeits- und Lebensverhältnisse von tausend Wiener Heimarbeitern*, Wien: Kammer für Arbeiter und Angestellte in Wien, Verlag Arbeit und Wirtschaft 1928; Käthe Leichter, *So leben wir ... 1320 Industriearbeiterinnen berichten über ihr Leben*, Wien: Verlag Arbeit und Wirtschaft 1932; Käthe Leichter, Kammer für Arbeiter und Angestellte in Wien (Hg.): *Handbuch der Frauenarbeit in Österreich*, Wien: Kammer für Arbeiter und Angestellte 1930.

verordnung" (1933),³ die die Erwerbstätigkeit von Frauen abbaute und sie in die Sphäre der unbezahlten Haus- bzw. Reproduktionsarbeit verwies.

Mit der Austeritätspolitik während der Wirtschaftskrise, der zunehmenden Entdemokratisierung und autoritären Entwicklung der Regierung und dem Aufstieg des Faschismus wurden die Errungenschaften der Frauen- und Arbeiterinnenbewegung sukzessive zurückgedrängt. Parteien und Gewerkschaften wurden verboten, das Wahlrecht wurde abgeschafft und die Gleichheit von Mann und Frau in der Verfassung aufgehoben – um nur einige Beispiele zu nennen. Spätestens 1934 wird die Reetablierung konservativer Frauenbilder offizielle Staatspolitik.

Literatur

Duma, Hajek 2015.
Ellmeier 2006.
Gruber 1998.
Hauch 2009.
Mesner 2010.
Prinz 2009.
Yazdanpanah 2019.

12.1 Therese Schlesinger: Die Frauen und die Revolution

Erstveröffentlicht als Therese Schlesinger: Die Frauen und die Revolution, in: *Der Kampf. Sozialdemokratische Monatsschrift*, 14. Jg., Nr. 2/3 (Februar/März 1921), S. 73–76.

Mit der Einführung des allgemeinen und gleichen Männer- und Frauenwahlrechts in Österreich zogen nach der Wahl zur Konstituierenden Nationalversammlung 1919 acht Frauen ins Parlament ein, unter ihnen Therese Schlesinger (1863–1940). Zugleich wurden Frauen als neue Wählerinnengruppe interessant. Bei der Nationalratswahl am 17. Oktober 1920 erhielt die Christlichsoziale Partei die meisten Stimmen (41,79 Prozent), gefolgt von der Sozialdemokratie (35,99 Prozent) und deutschnationalen Parteien (17,25 Prozent). Prozentuell stimmten Frauen häufiger für die Christlichsozialen als die Sozialdemokratie.⁴ Schlesinger erklärt dieses schlechte Abschneiden mit dem mangelnden Angebot der Sozialdemokratie für Frauen. Bevor sie 1897 Mitglied der

---

3 Die „Doppelverdienerverordnung" wurde in Österreich mittels einer Regierungsverordnung im Dezember 1933 durchgesetzt und zielte auf die Einschränkung außerhäuslicher, bezahlter Lohnarbeit von Frauen. Die Regelung sah vor, verheiratete Frauen aus dem Staatsdienst zu entlassen, zu pensionieren oder gar nicht erst einzustellen. Vgl. Adelheid Popp: Verdrängung der Frauenarbeit, in: *Die Frau*, 43. Jg., Nr. 2 (Februar 1934), S. 4–6.
4 Vgl. Robert Danneberg: Wie haben die Frauen gewählt?, in: *Der Kampf. Sozialdemokratische Monatsschrift*, 14. Jg., Nr. 9 (September 1921), S. 337–342.

SDAP wurde, fungierte Schlesinger als Vizepräsidentin des Allgemeinen Österreichischen Frauenvereins.[5] *Sie trat für die Rechte von Frauen in Arbeit, Leben und Familie ein, verfasste die frauenpolitischen Teile des Linzer Parteiprogramms der SDAP von 1926 und war umfassend publizistisch tätig.*

[...]

Wenn wir bedenken, daß der Einfluß der Frauen sich noch in jeder der früheren revolutionären Bewegungen stark geltend gemacht hat, ja mitunter von entscheidender Bedeutung war, und wenn wir uns vergegenwärtigen, daß infolge der fast restlosen Einbeziehung des weiblichen Proletariats ins Erwerbsleben bei einer Erhebung der Arbeiterschaft die Frauenmassen heute noch ganz anders ins Gewicht fallen müßten als je vorher, so kann es uns gewiß nicht als eine Frage von untergeordneter Bedeutung erscheinen, ob wir bei unseren künftigen Kämpfen auf die Teilnahme eines weiblichen Proletariats zu zählen haben werden, das zu einem erheblichen Teil von wohldurchdachten sachlichen Erwägungen, oder eines solchen, das lediglich von leidenschaftlichen Eingebungen des Augenblicks geleitet sein wird.

Die Ursache der weiblichen Teilnahmslosigkeit an den innerproletarischen Parteikämpfen liegt dort, wo wir auch den Grund zu suchen haben für den Rückschlag, den die österreichische Sozialdemokratie am 17. Oktober bei der weiblichen Wählerschaft erlitten hat.

[...]

Unmittelbar nach dem 17. Oktober schien es ja sehr vielen unserer Genossen aufzudämmern, daß man sich um die Eroberung des weiblichen Proletariats doch etwas angelegentlicher bekümmern müßte, als das bisher geschehen ist. Man hörte allerorts von spezieller Agitation unter den Frauen, vom Ausbau der Arbeiterinnenpresse etc. reden. Seither ist es von alldem wieder ziemlich still geworden, aber selbst noch so eifrige Bemühungen um die Eroberung der weiblichen Arbeiterschaft könnten doch immer nur geringe Erfolge haben, so lange wir nicht durch Taten zeigen, daß die Sozialdemokratie die Leiden des weiblichen Proletariats kennt und mit voller Kraft bestrebt ist, sie zu lindern.

Wie wenig ist aber bisher nach dieser Richtung hin geschehen!

Gewiß, die Sozialdemokratie hat den Frauen das Wahlrecht verschafft und sie hat durch ihre sozialpolitischen Errungenschaften auch die Bürde der Frauen mit der der männlichen Arbeiter zugleich erleichtert, aber sie hat bisher fast nichts getan, um den Arbeiterinnen dort zu helfen, *wo sie mehr als Männer zu leiden haben.*

---

5 Der Allgemeine Österreichische Frauenverein (AÖFV) wurde 1893 in Wien von Auguste Fickert, Marie Lang und Rosa Mayreder gegründet. Wichtige Aufgaben waren die Erringung des allgemeinen Wahlrechts und der Kampf um Gleichstellung und Gleichberechtigung.

Gegen die wachsende Teuerung, unter der die Frauen und Mütter noch viel schwerer als die Männer des Proletariats leiden, vermag die Sozialdemokratie nicht viel mehr als eine andere Partei auszurichten; um so dringender aber sollte sie es sich angelegen sein lassen, auch für die Frauen eine Annäherung der Arbeitslöhne an die erhöhten Preise durchzusetzen. Die männliche Arbeiterschaft findet es aber auch heute noch ganz natürlich und selbstverständlich, daß den Frauen viel geringere Zeitlöhne gezahlt werden als den Männern [...].

[...]

Die elende Entlohnung der Frauenarbeit bewirkt aber nicht nur Unterernährung und dadurch rascheres Ermüden, sondern auch, daß die Arbeiterin den schon übermäßig ermüdeten Körper noch zur Leistung von *Zusatzarbeiten* zwingen muß. Ihre Mittel erlauben ihr nicht, ihr Essen durch andere kochen, ihre Wäsche waschen, ihre Wohnung scheuern zu lassen, wie das jeder Arbeiter tut. Sie muß all das nicht nur für sich, sondern auch für ihre Familie selbst verrichten. Das bedeutet aber nichts anderes, als daß sie gezwungen ist, dem Unternehmer täglich und stündlich ein Geschenk an Kraft, Zeit, Gesundheit, Mutterglück und Wehrhaftigkeit darzubringen, das letzten Endes doch von der gesamten Arbeiterklasse sehr schwer bezahlt werden muß.

Wenn in irgendeinem Industriezweig so elende Männerlöhne bezahlt wurden, daß die Arbeiter dadurch gezwungen wären, nach Feierabend regelmäßig noch durch viele Stunden einer anderen Beschäftigung nachzugehen, um so das zum nackten Leben Notwendige herbeizuschaffen, so würden diese Arbeiter von ihren Klassengenossen sehr gründlich über ihre Pflicht belehrt werden, sich bessere Löhne zu erkämpfen, statt sich zu Tode zu arbeiten. Sie würden auf jede Hilfe und Unterstützung der organisierten Arbeiterschaft in ihrem Lohnkampf zu zählen haben. Das ganze weibliche Proletariat aber, das sich in einer ähnlichen Lage befindet, bleibt auf seine eigenen schwachen Kräfte verwiesen, ja es erfährt mitunter sogar durch das männliche Proletariat noch schwere Beeinträchtigungen seines Loses. Unter schweigender Duldung, wenn nicht gar Mithilfe von Gewerkschaften, werden gegenwärtig, wie wir von berufenster Seite aus Deutschland, aber auch aus einigen Teilen Oesterreichs erfahren, Frauen aus Betrieben hinausgedrängt, um Männern Platz zu machen. [...]

Ist es unter solchen Umständen ein Wunder, wenn die Mehrzahl der Arbeiterinnen sich mit keiner der sozialistischen Parteien innerlich ganz verwachsen fühlt? Als ein Wunder sollte es viel eher angesehen werden, daß es trotz alledem so viele Tausende klassenbewußter und eifrig tätiger Parteigenossinnen gibt. Eine Frau, die, beladen mit Erwerbs- und Hausarbeit, mit der schweren Sorge um die Herbeischaffung der unentbehrlichsten Lebensmittel und mit Mutterpflichten, noch Zeit und Kraft aufzubringen vermag, um die Vorgänge im öffentlichen Leben zu verfolgen und in ihrer gewerkschaftlichen oder politischen Organisation mitzuarbeiten, muß wirklich die höchste Bewunderung erregen.

Daß solche Riesenleistungen von dem weitaus größten Teil der Proletarierinnen nicht vollbracht werden können, sollte doch wohl jedem denkenden Menschen klar sein. Wie wenig Interesse vermögen aber Bestrebungen, welche dahin gehen, der Doppelbelastung der erwerbenden Frauen ein Ende zu bereiten, bei der organisierten Arbeiterschaft zu finden!

Alle Bemühungen einzelner Kreise, mit der veralteten und unrationellen Form der Hauswirtschaft, mit ihrer Vergeudung von Zeit, Kraft, Material und Wohnräumen endlich zu brechen und auch den hauswirtschaftlichen Betrieb unter das System der Arbeitsteilung, des technischen Fortschrittes und der Konzentration zu bringen, scheitern an der Gleichgültigkeit gerade jener Volksschichten, deren Frauen und Kinder durch die auf diesem Gebiet herrschenden Uebelstände zugrunde gerichtet werden.

[...]

Der Hinweis auf die ungeheuren Kosten, die heute die Erbauung von Einküchenhäusern und Einküchenhäuserkomplexen oder die Adaptierung bestehender Gebäude zu solchen verursachen müßte, ist wohl schwerwiegend, aber darum keineswegs vollkommen stichhaltig, weil ja immerhin Arbeiterwohnungen, wenn auch in ungenügender Anzahl, sowohl von öffentlichen Körperschaften als auch von Arbeiterbaugenossenschaften errichtet werden, aber wieder nach dem alten, überlebten und darum schädlich gewordenen System, so daß auch dort wieder in ein und demselben Hause oder Häuserkomplex in fünfzig kleinen Küchen fünfzig abgeplagte Frauen sich in ihren „Feierstunden" zu Tode kochen, scheuern, waschen und bügeln werden, statt sich zu erholen, sich ihrer Familie zu freuen und den Kampf ihrer Klasse begeistert mitzukämpfen.

Während die sozialistischen Parteien in heißem Bruderkrieg um die einzig richtige Kampfmethode streiten, durch die das Proletariat zur Macht gelangen soll, überlassen sie so einhellig den größten Teil der weiblichen Arbeiterschaft dem Indifferentismus und der Reaktion.

12.2 Anonym: Massenprotest gegen den Mordparagraphen 144

Erstveröffentlicht als Massenprotest gegen den Mordparagraphen 144, in: *Die Unzufriedene*, 8. Oktober 1927, S. 3–4.

Der Kampf gegen die Kriminalisierung des Schwangerschaftsabbruchs, gegen die Paragrafen 144–148, war ein wichtiges Thema der Frauen- und Arbeiterinnenbewegung. Sozialdemokratische Frauen brachten mehrere Initiativen für eine Gesetzesänderung im Parlament ein, doch ohne Erfolg. Stattdessen änderten sich ihre Forderungen von der Streichung der Paragrafen über die „Fristenlösung" zur „Indikationslösung" – d. h.

der Einbeziehung der gesundheitlichen und sozialen Situation der Schwangeren. Die kommunistischen Frauen kritisierten die abgeschwächten Formulierungen.[6] *Der Bericht über die Proteste gegen den § 144 steht exemplarisch für das Spektrum der Positionen innerhalb der Sozialdemokratie. Die Argumentationen bewegten sich von bevölkerungspolitischen, neo-malthusianischen und eugenischen Begründungsstrategien bis zur Einforderung individueller (Frauen-)Rechte. Sozialdemokratinnen bezeichneten den § 144 als „Klassenparagraf", der in erster Linie proletarische Frauen treffe.*[7]

Der Wiener Konzerthaussaal war bis auf das letzte Plätzchen besetzt. Dreitausend Frauen, Vertreterinnen aller Körperschaften aus ganz Österreich nahmen leidenschaftlich Stellung gegen die Aufrechterhaltung des § 144, der in dem von der Regierung vorgeschlagenen § 253 eine fröhliche Auferstehung feiert.
[...]

Nationalrätin Adelheid Popp
zeigte die Unmenschlichkeit auf, die gerade in unserer Zeit der schweren sozialen Not diesen Mordparagraphen in seiner bisherigen Form aufrechterhalten will. Auch das Deutsche Reich hat sein Strafgesetz in dieser Richtung verbessert und der neue Paragraph 254 sagt:

> „Eine Abtreibung im Sinne des Strafgesetzes liegt nicht vor, wenn ein Arzt die Schwangerschaft unterbricht, weil es für die Gesundheit und die Erhaltung des Lebens der Mutter notwendig ist."

Wenn während des Geburtsaktes Komplikationen eintreten, darf der Arzt das Kind töten, um das Leben der Mutter zu erhalten. Das deutsche Gesetz geht von der Erkenntnis aus, *daß es wichtiger ist, den schon vorhandenen Kindern die Mutter zu erhalten, als die Mutter um eines neuen Kindes willen zu opfern und durch den Tod der Mutter noch ein Kind mehr zur Waise zu machen.* Die medizinische Indikation, das heißt, das Urteil des Arztes, ob eine Mutter zum Austragen und Gebären des Kindes gesundheitlich befähigt ist, ist in Deutschland freigegeben. In Österreich wird durch den neuen Paragraph 253 in Wahrheit nichts verbessert, er ist der gleiche Klassenparagraph wie der alte § 144, der in seiner ganzen Schärfe nur auf die Frauen des Proletariats Anwendung findet. Unsere Gegner werfen uns vor, daß die Frauen des Proletariats um der Bequemlichkeit willen gegen den § 144 kämpfen! Das ist eine Lüge! *Jede gesunde Frau sehnt sich nach einem Kinde*, wenn sie in der Lage ist, dieses Kind zu erhalten *und es zu einem gesunden*, tüchtigen Menschen zu erziehen. *Eine Unterbrechung der Schwangerschaft muß aber erlaubt sein*, wenn es die Gesund-

---

[6] Vgl. Anonym: Die neuen Beschützer des § 144, in: *Die Rote Fahne*, 30. Mai 1924, S. 1–2.
[7] Vgl. Adelheid Popp: Der Paragraph 144, in: *Die Unzufriedene*, 8. Oktober 1927, S. 1–3.

heit und die soziale Lage der Frau unmöglich machen, gesunde Kinder in geordneten Verhältnissen großzuziehen. Wir verlangen die unbedingte Angleichung an den modernen § 254 des deutschen Strafgesetzes!

Darüber hinaus aber ist es unsere größte Aufgabe, die Frauen aufzuklären, ihnen zu sagen, daß sie es zu einer Unterbrechung nicht erst kommen lassen dürfen, daß es die *Pflicht jeder Frau ist, Schutzmittel anzuwenden, wenn ihre Gesundheit oder ihre wirtschaftliche Lage eine derart ungünstige ist, daß für das Gedeihen des Kindes oder für das Leben der Mutter Gefahr besteht.* An dieser Aufklärungsarbeit müssen sich alle beteiligen, denen das Wohl des Volkes wirklich am Herzen liegt, für die es nicht nur eine Redensart bedeutet.

Stadtrat Professor Tandler
weist darauf hin, daß die Verweigerung der medizinischen Indikation seitens der Regierung einen *Mißtrauensbeweis gegen die Ärzteschaft* bedeute.
[...]
Nicht Massenproduktion von Kindern ist unser Wunsch und Ziel. Ihre Lebenseignung und Lebenstüchtigkeit ist ausschlaggebend! Wir sind kein Militärstaat mehr, der Kanonenfutter braucht. Stirbt die Mutter bei der Geburt des Kindes, so wächst die Säuglingssterblichkeit, weil die wichtigste Ernährerin des Kindes fehlt. Wer erklärt, daß die Arbeiterfrau keine Kinder wolle, lügt! Sie will Kinder, aber bewußt nur dann, wenn sie ihnen einen gesunden Körper und ein menschenwürdiges Leben schenken kann. Sie hat die schwere Aufgabe, Kinder zu gebären und die noch schwerere, Kinder großzuziehen. Es ist ihr heiligstes Recht, daß sie das Heranwachsen ihrer Kinder erleben darf, ihr Recht, daß man sie nicht durch das Gesetz zu fortwährendem Gebären zwingt, sie körperlich schwächt und dadurch einem frühzeitigen Tod überliefert! Das Gesetz muß stets sein: die Erfüllung des Rechtsbewusstseins eines Volkes! Und *deshalb müssen auch wir in Österreich die Angleichung an den modernen § 254 des deutschen Reiches fordern.*

Bundesrätin Therese Schlesinger
wiederholt von stürmischem Beifall unterbrochen, nimmt in leidenschaftlichen Worten *Stellung gegen den Mutterschaftszwang*. Der Geist der Gesetzgebung von 150 Jahren lebt leider noch tief in den Hirnen tausender Männer und vieler Frauen. Die Frau wird auch heute noch bewertet: als *Lustobjekt des Mannes und als staatliche Gebärmaschine*. Vor der heuchlerisch verteidigten Heiligkeit der Frucht steht die *Heiligkeit des Lebens der Mutter!* Mord nennt unsere Regierung, an deren Spitze ein Priester steht,[8] die Unterbrechung der Schwangerschaft! Notwendig und heldenhaft nannten sie das Morden des Krieges. (Brausender Beifall!) Wir kämpfen für die Wür-

---

[8] Gemeint ist der christlichsoziale Bundeskanzler Ignaz Seipel.

de und das Selbstbestimmungsrecht der Frau auf ihren eigenen Körper. Der Staat hätte nur dann ein Recht, für Geburtenförderung einzutreten, wenn er jedem Menschen das notwendigste Existenzminimum von Geburt an sichern könnte. Wir verlangen eine Verbesserung des Strafgesetzes in modernem Sinne, so wie es in Deutschland durch den § 254 geschehen ist. Wir verlangen die Möglichkeit einer Schwangerschaftsunterbrechung nur dann, wenn die Gesundheit und die soziale Lage der Frau sie verlangen. Diesem berechtigten Wunsche muß ein modernes Gesetz Rechnung tragen. Was wir aber weiter tun müssen, ist: der Kampf für die *Einführung der Mutterschaftsversicherung* und die *Aufklärung der Frauen*, wie sie sich vor unerwünschter Schwangerschaft am besten schützen können. Fürchten wir nicht, daß durch ein solches Gesetz die Welt aussterben könnte! Tief im Herzen jeder wahren Frau wohnt die Sehnsucht nach dem Kinde, es ist die Erfüllung ihrer stärksten Sehnsucht, aber nur dann, wenn sie diesem Kinde einen gesunden Körper und eine halbwegs gesicherte Zukunft geben kann. Nicht eine große Masse kranker, siecher und arbeitsloser Menschen ist das Ideal eines Volkes. Nur dann ist der Aufstieg eines Volkes möglich, wenn seine Glieder gesund, stark und wirtschaftlich gesichert sind.

Der Frauenchor Favoriten, der die Versammlung mit einem Freiheitslied eingeleitet hatte, schloß mit dem „Lied der Arbeit", in das die versammelten Frauen begeistert einstimmten.

12.3 Marianne Pollak: Vom Reifrock zum Bubikopf

Erstveröffentlicht als Marianne Pollak: Vom Reifrock zum Bubikopf. Revolution und Mode, in: *Arbeiter-Zeitung*, 5. Dezember 1926, S. 10.

Marianne Pollak (1891–1963), Redakteurin der Arbeiter-Zeitung *und des ab 1927 erscheinenden* Kleinen Blatts, *analysiert in diesem Beitrag den Zusammenhang von Mode und Politik: Seit jeher drückten sich in der Mode Klassenunterschiede aus und spiegle Mode sowohl ökonomische als auch Geschlechterverhältnisse wider. In Zeiten politischer und gesellschaftlicher Umbrüche wird sie zum Ausdruck von Befreiungsprozessen – beispielhaft erkennbar am Erscheinungsbild der ‚neuen', berufstätigen, selbstständigen Frau der 1920er Jahre. Pollak, die zahlreiche Texte zu Frauenarbeit, Haushalt, Erziehung, Kultur und Mode veröffentlichte und Vorträge zu diesen Themen hielt, war in diesen Feldern eine der ‚Meinungsführerinnen' innerhalb der Arbeiterinnenbewegung.*

Die Mode ist seit jeher die besondere Domäne der Frau gewesen. Durch Schminke und Haartracht, durch Halsausschnitt und Faltenwurf haben die Frauen jahrtausendelang verstanden, dem Mann zu gefallen. Die Tracht ist vor allem ein lebendiger und sinnfälliger Ausdruck der jeweiligen *Erotik* einer Zeit. Immer haben Revolutionsepochen in der Geschichte strenge Kleiderordnungen gelockert und einer ungezwungenen und freieren Kleidung Raum geschaffen. Denn das Kleid ist zugleich eines der wichtigsten Mittel der *Klassenscheidung.* Jede neue Mode geht von der herrschenden Schicht in der Gesellschaft aus, die darauf sieht, daß die Masse des Volkes ihr es in Schnitt und Ausführung der Gewänder nicht gleichtue. Die höhere Vernunft der menschlichen Kleidung aber liegt schließlich in ihrer *Zweckmäßigkeit*, indem sie den Körper vor Wetterunbill schützt und den Gebrauch der Glieder nicht hemmt.

[...]

Die Mode spiegelt die ökonomischen Verhältnisse sehr deutlich wieder. Da im *Absolutismus* eine ganz besonders schroffe Klassenscheidung die Masse der arbeitenden Untertanen von der Gesellschaft der herrschenden Genießer trennte, machte die vom Adel ausgehende Mode den Körper zu jeder Art Arbeit völlig untauglich. [...]

Wieder stößt eine große geschichtliche Umwälzung die steifgraziösen Formen des Rokokos um: *die französische Revolution.* Die Adeligen in ihren Allongeperücken und edelsteinbesetzten Jabots, die gebrechlichen Luxuspüppchen königlicher Sinnenfreude mußten ihre gepuderten Köpfe auf der Guillotine lassen. In wildem Sturm wogte das Pariser Volk durch die Gassen. Dazu kann man keine Reifröcke brauchen. Die fließenden Gewänder der Antike wurden die Revolutionsmode: das *Empire*, die *miederlose griechische Tracht* der Tunika, die, unter der Brust abgebunden, in weichen Falten den Körper schmeichlerisch umschließt.

Die regungslosen Jahre des *Vormärz*, vom Wiener Kongreß bis 1848, und nach einem kurzen Revolutionsrausch die *Reaktion* der fünfziger Jahre sind in der Frauenmode die eigentliche *Blütezeit des Korsetts*. Der weibliche Körper wird – gleich dem menschlichen Geist – in der unsinnigsten Weise eingeschnürt und mißhandelt. So wie der bis oben zugeknöpfte Mann in Zylinder und steifer Halsbinde als das Symbol staatserhaltender Zuverlässigkeit galt, so die Frau mit ihrer eingepreßten Taille und der Unzahl der gefalteten Unterröcke, die endlich zum Ungetüm der *Krinoline* entarteten: sie sollte in jeder Lebenslage würdig und geruhsam erscheinen.

Was folgt, ist nur eine Änderung im Verunstalten der natürlichen Formen. Als die Krinoline in ihrem grotesken Umfang nicht mehr überboten werden konnte, wurde das Drahtgestell zum alten Eisen geworfen. Aber das Mieder blieb und behauptete seine Macht noch durch mehr als fünf Jahrzehnte. [...]

Es ist kein Zufall, daß die niederträchtige Herrschaft des Mieders wieder erst durch eine geschichtliche Epoche des *Umsturzes* gebrochen werden konnte. Unser eigenes Geschlecht ist Zeuge und Nutznießer der tiefgehenden *Revolutionierung der Frauenmode* geworden.

Noch vor zwanzig Jahren war es im Bürgertum bis tief hinein in die Reihen der Arbeiterschaft gang und gäbe, den Töchtern Stück für Stück eine Ausstattung vorzubereiten und anzuschaffen. Aber wie hat diese *Wäsche* ausgesehen! Da wurde meterlang Zacke um Zacke für den Hemdansatz mit der Hand geschlungen, solide schwarze Strümpfe eingekauft, steifsitzende, geschwungene Miederleibchen, die gerade nur den Hals freiließen, zugeschnitten und flaumiger Flanell zu Unterröcken verarbeitet. Man stelle sich nur ein Sportsmädel von heute mit einem solchen Flanellunterrock vor!

[...]

Der *Krieg*, der unsere Männer in die Schützengräben zwang, hat der Frau alle Gebiete des Arbeitslebens geöffnet. Sie fand Einlaß im Ministerium und in der Munitionsfabrik, kam zum Schreibtisch und auf den Kutschbock, ins Geschäft und in den Straßenbahnwagen. Überall mußte weibliche Arbeitskraft den eingerückten Mann ersetzen, ja es war die Frauenarbeit allein, die den halbwegs geregelten Fortgang der Wirtschaft möglich gemacht hat. Diese Zeit der unerhörtesten Kraftanspannung, des Hungers und der schamlosen Unterordnung der arbeitenden Menschheit unter das Gesetz des Massenmordes hat die bis dahin schlafenden Frauen zum Erwachen gepeitscht: Sie haben arbeiten müssen – und diese Arbeit hat sie denken gelehrt!

Und wieder hat eine Revolution mit eisernem Besen alte, strenge, steife Modeformen weggefegt. Wieder ist eine Revolutionsmode aufgetaucht. Aber diese letzte grundlegende Wandlung in der Frauenmode mußte sich – obwohl noch immer von Pariser und Londoner Modekönigen ausgehend und von ihnen ausgebeutet – wohl oder übel doch der geänderten gesellschaftlichen Funktion des weiblichen Geschlechts anpassen und *das Kleid der arbeitenden Frau* schaffen: Das beengende Mieder ist verschwunden, der Hals frei, der Rock gekürzt und das lange Frauenhaar geschnitten.

Ist auch das nur ein revolutionärer Augenblickseinfall der wankelmütigen Modegöttin? Gewiß, in der kapitalistischen Wirtschaft wird der gesellschaftliche Geschmack in kurzen Zwischenräumen Extremen zugetrieben, um den Absatz künstlich zu steigern. Aber *kurzer Rock, freier Hals, lose Taille und Bubikopf*, diese vier wesentlichen äußeren Merkmale der modernen Frauenerscheinungen, gehen über die gewöhnlichen Modeschöpfungen weit hinaus. Zum ersten Mal verbindet sich hier der Wunsch nach Schönheit mit wirklicher Zweckmäßigkeit.

Für das Verwurzeltsein der heutigen Frauentracht in dem gesellschaftlichen Prozeß der Revolutionierung, der ganz besonders die Frau erfaßt, ist es bezeichnend, daß heute der *Mann* auf dem Gebiet der Kleidung rückständiger ist. Er bleibt bei dem dunklen, dicken und dumpfen „Anzug", dessen Weste, ein sinnlos gewordenes Überbleibsel, überhaupt nur dazu dient, daß sich kein Lufthauch bis zur Haut verirre. [...]

Die Frauen sind in ihrer Kleidung fortschrittlicher. Die heutige Mode entspricht wirklich den Anforderungen der Zeit. Wie herrlich können unsere Mädel in ihren kurzen Röcken laufen und springen! Wie natürlich schön ist es, wenn ihre losen Haare im Winde flattern! Wie viel leichter und gründlicher ist heute die Pflege und Reinigung der Haare! Wie praktisch ist der Bubikopf beim Sport, bei der Arbeit, in der Küche! Wie angenehm für die arbeitende Frau, sich bücken und wenden zu können, ohne daß Schnürbänder ihr den Magen zusammenpressen! Bei allen diesen großen praktischen Vorzügen entbehrt die moderne Frauenkleidung aber keineswegs der Grazie. Sie ist schön, weil sie vernünftig ist. Diese Elemente des Fortschritts wird keine Laune der Mode, kein Interesse des Konfektionskapitals mehr vollständig aus der Frauenkleidung zu tilgen vermögen. Und diese Errungenschaften der Freiheit des menschlichen Körpers soll uns keine Reaktion, die die Frauen zurück in Kirche, Küche und Mieder pressen will, mehr rauben!

12.4 Stefan Zweig: Zutrauen zur Zukunft

Erstveröffentlicht als Stefan Zweig: Zutrauen zur Zukunft, in: Friedrich M. Huebner (Hg.): *Die Frau von morgen und wie wir sie wünschen*, Leipzig: Seemann 1929, S. 7–17.

Zahlreiche Publikationen der 1920er und 1930er Jahre diskutieren die ‚neue Frau' und die gesellschaftlichen Veränderungen, in denen Frauen eine neue Rolle einnahmen und einforderten. Die Frau von morgen und wie wir sie wünschen *versammelt Texte männlicher deutschsprachiger Schriftsteller über die „neue, befreite, selbstgewisse" Frau, unter ihnen Stefan Zweig und Robert Musil. Im Vorwort kündigte der Herausgeber eine Publikation ausschließlich von Frauen zum selben Thema an, die jedoch nie erschien. Aus konservativer Perspektive ist die Krise der Männlichkeit für die ‚unnatürliche' Frauenemanzipation verantwortlich.[9] Dem steht Zweigs optimistische Haltung entgegen. Der sozialdemokratischen Sicht nicht unähnlich, sieht er Kameradschaft zwischen Frauen und Männern als partnerschaftliches Modell der Zukunft und knüpft die Befreiung der Frau notwendig an ihre sexuelle Unabhängigkeit.*

Anders wird sie sein, das ist gewiß, sehr viel anders, die Frau von morgen, und in ihrer Entwicklung sich wenig darum kümmern, wie die Menschen von gestern und heute sie wünschen und verlangen. Sehr anders wird sie sein, denn sie hat eine ungeheure Entwicklung zu vollenden: die endgültige Befreiung von der männlich einseitigen Moral.
[...]
Wie aber wird sie sein, diese neue Frau? Die positive Frage scheint mir zu kühn; man kann zunächst nur mutmaßen und feststellen, wie die Frau von morgen *nicht* sein wird. Verschwinden wird zunächst der Typus der „Dame" im Sinne der hochmütigen Lebenspassivität und der gesellschaftlichen Reserviertheit, diese Eingrenzung der Weiblichkeit in einen klassenhaften Sittenkodex, die Frau, die nichts war

---

[9] Vgl. z. B. Alexander Lernet-Holenia: Die Frau aller Zeiten, in: Friedrich M. Huebner (Hg.): *Die Frau von morgen und wie wir sie wünschen*, Leipzig: Seemann 1929, S. 103–108; Kurzversion: Die Frau von gestern, die Frau von heute, die Frau von morgen?, in: *Die Bühne*, 9. Jg., Nr. 326 (1932), S. 4–5.

und nur repräsentierte, die in einem künstlich sexuell-unsexuellen Spiel vom Manne noch eine Art spanischen Hofzeremoniells, Überreste der Troubadour-Manieren in Form von eingelernten Galanterien verlangte. Und ebenso wie in der oberen Schicht der Typus „Dame", wird in der bürgerlichen der Typus der „Hausfrau" verschwinden im Sinne des immer wieder Kinder säugenden Haustiers, des plättenden, fegenden, kochenden, bürstenden, flickenden und sorgenden Domestiken ihres Hausgebieters und ihrer Kinder. Vorbei wird auch sein der Typus des „Fräuleins", der betont Unverheirateten im Gegensatz zur ehelichen Gesponsin, man wird Mädchen die Frauen vor der Geschlechtsreife nennen und jede andere nur Frau, ob ihre Mutterschaft nun eine kirchlich bescheinigte ist oder nicht, ihr Beisammensein mit dem Mann ein bürgerliches oder unkonzessioniertes. Alle diese hochmütigen und klassenhaften Abgrenzungen werden aufgehoben werden zugunsten eines Typus verstärkterer und einheitlicherer Frauenkameradschaft. Das Wort „Frau" wird ein Geschlecht aus allen Ständen und Klassen schwesterlicher zusammenfassen, als unsere europäische Welt dies bis zu unseren Tagen kannte.

Denn Kameradschaft, dieses Wort ist schon heute, und wird morgen noch mehr der Sinn aller Beziehungen sein. Kameradschaft, sie wird mehr gelten als familiäre Bindungen, mehr sogar als die erotischen. Nicht mehr wie bislang wird die Frau aus einer Untertänigkeit in die andere fallen, das heißt, aus der Obhut und dem Kommando der Eltern einem Manne als Eigentum zu Obhut und Kommando überstellt werden. Sie wird neben ihrem Manne stehen und nicht mehr unter ihm. Gleich an Bildung, unabhängig durch eigenen Beruf, nicht mehr gehemmt von der Angst vor einer streng bürgerlichen Moral, wird sie aus freiem Willen ein dauerndes oder nichtdauerndes Bündnis mit einem Manne schließen, erstlich, um das schwere Leben unserer Zeit gemeinsam zu bewältigen, zweitens, um dieses schwere Leben sich gemeinsam leichter zu machen, also gemeinsam zu genießen in Sport und Spiel und im geistigen Wettstreit. In einer neuen Freiheit, ich bin dessen gewiß, wird die neue Frau dem Manne von morgen gegenüberstehen und nicht mehr in der vorzeitlichen Haltung eines demütigen Wartens auf Gewähltwerden und Geheiratetsein. Dadurch wird und muß auch eine vollkommene Verwandlung im Erotischen geschehen, ein Übergang aus der Passivität der Frau in der Erotik, aus dem Warten auf das Gewähltwerden, zu freier Wahl, vielleicht sogar zu einer zeitweiligen Aktivität. Weil sie nicht mehr unerfahren sein wird wie die gestrigen, denen die Familie noch den Gatten wählte, wird sie selbst ihre Wahl treffen, und eine neue bessere Freiheit im Sinne der Kameradschaft in den Beziehungen zwischen Mann und Frau muß beginnen.

Diese Umformung, wer kann sie verkennen? Auch der sie mißbilligt, vermag nicht zu leugnen, daß die Frau im Erotischen selbständiger, klüger und aktiver, daß sie freier mit jedem Tage wird, und diese ungehemmte Freiwahl der Frau wird vielleicht noch eine unerhörte Beschleunigung erfahren, wenn es gelingt, die beiden einzigen Momente zu unterdrücken, die heute die Frau in ihrer sexuellen Freiheit und Freiwahl noch hemmt: die Angst vor den Geschlechtskrankheiten und die

Furcht vor unerwünschter Schwangerschaft. Erreicht es die medizinische Wissenschaft, die ja heute an Wundern sich von Monat zu Monat überbietet, eine organisch nicht störende, nicht allzu kostspielige Verhütung oder Unterbrechung der Schwangerschaft herbeizuführen, gelingt es ferner, durch Vorbeugung oder eine rapide Heilung die Geschlechtskrankheiten zu beseitigen, diesen grauenhaften Schatten, der seit hunderten Jahren den Eros unserer Welt verdüstert, dann erst wäre bei der Liebeswahl das Risiko, der Gefahreneinsatz bei der Frau mit dem Manne vollkommen gleich. Dann erst entstünde eine vollkommene Parität in der Geschlechtsbeziehung und der Geschlechtswahl bei Mann und Frau.

[...]

Die neue Frau, die von morgen, wird nur mehr sich selbst verantwortlich sein in ihrer Wahl und Entscheidung. Dadurch wird sich die neue Erotik, gerade weil sie viel weniger Elemente an Verbotenem und Versagtem enthält, weil sie von innen bezähmt ist und nicht von außen, wesentlich ehrlicher, ungezwungener ereignen, vor allem gleichgewichtiger, kameradschaftlicher. Sie wird der neuen Frau durchaus keine Tollwut der Geschlechtlichkeit geben, sondern eine neue Sicherheit des Sichgebens und sogar Sichnehmens, eine Sicherheit von innen her aus dem Bewußtsein ihres Rechts, ihres ehrlich erarbeiteten Lebensanspruchs, ihrer menschlichen wie beruflichen Leistung.

So sehe ich die neue Frau wesentlich heller, heiterer, leichter und unbedrückter als jene der Vergangenheit, sie wird eine Gnade und Gabe kennen, die allen früheren Geschlechtern fremd war: Unbefangenheit. [...]. So sehr der Beruf die Frau vergeistigt, so sehr die Arbeit sie befreit hat, so sehr könnte Überarbeit sie wieder ihrer seelischen und sittlichen Errungenschaften berauben, weil sie eine Vergröberung des Genießens, eine Verhastung des Erotischen mit sich bringt und gerade dem widerspricht, was wir am meisten von der Frau wollen: daß sie Entlastung und Leichtigkeit in unsere allzu schwere Welt bringe und unsere eigene Leistung durch ihre aufschwingende und anspornende Gegenwart verstärke. Aber keine Sorge darum, denn jede Generation schafft sich aus ihren neuen und individuellen Gefahren auch die Kraft, sie zu bekämpfen. Und der Kampf der neuen, den Männern gleichgestellten Frau wird nicht mehr wie jener der letzten Generation um Frauenrechte, sondern ganz kameradschaftlich dem unsern um Menschenrechte gehen. Und gerade weil die Frau solange entrechtet und unterdrückt gewesen war, jahrzehntelang, jahrhundertelang, sollte sie und wird sie hoffentlich die Vorkämpferin gegen jede Form der Unterdrückung und Einschränkung auf Erden, der beste Anwalt für jede Bewegung zur moralischen Freiheit sein.

12.5 Bettina Hirsch: Die Hausfrau im Einküchenhaus

Erstveröffentlicht als Bettina Hirsch: Die Hausfrau im Einküchenhaus. Selbsterlebtes aus der Pilgerimgasse, in: *Das Kleine Blatt*, 20. August 1927, S. 11–12.

Akteurinnen der Frauen- und Arbeiterinnenbewegung stellten unter den Begriffen der Rationalisierung und Zentralisierung der Hauswirtschaft Überlegungen zu alternativen Formen des Lebens, Arbeitens und Wohnens an. Die Frage war, wie der mehrfach belasteten Arbeiterin die Reproduktionsarbeiten erleichtert werden können. Der Gemeinschaftshaushalt, so das Argument, stelle die effizientere und rationellere Form des Wirtschaftens dar.[10] *Die Journalistin Bettina Hirsch verfasste mehrere Artikel über das Leben im Wiener Einküchenhaus, dem Heimhof in der Pilgerimgasse, der 1921 bis 1923 als Wohnungsgenossenschaft errichtet wurde.*[11] *Als das Projekt in finanzielle Schwierigkeiten geriet, übernahm es die Gemeinde Wien und erweiterte es 1925/26. Das Einküchenhaus setzte sich im Roten Wien nicht als Modell durch. Mit der Etablierung des Austrofaschismus im Jahr 1934 wurde das Projekt stark eingeschränkt, nach dem „Anschluss" 1938 wurden die Zentralküche und der Speisesaal geschlossen.*

[...] Wie schon der Name verrät, ist in unserem Hause *an die Stelle von mehr als 200 Kleinküchen eine Großküche* getreten, die zum Selbstkostenpreis das Mittag- und Abendessen herstellt. Es kann selbstverständlich jede Partei das Essen rechtzeitig abbestellen, ebenso beliebig viele Portionen dazu bestellen, so daß auch Gäste der Hausfrau keine Mehrarbeit verursachen. Jede Hausfrau, die aus eigener Erfahrung weiß, wieviel Zeit und Mühe die Herstellung einer Mahlzeit kostet, wird verstehen, wie groß diese Errungenschaft ist. Wird doch dadurch erst der im Beruf stehenden Frau, die nicht in der Lage ist, sich Hauspersonal zu halten, die Möglichkeit geboten, in ihrem eigenen Heim eine warme Mahlzeit einzunehmen, ohne ihre kurzen Ruhestunden dazu verwenden zu müssen. Gleichzeitig aber wird durch dieses System des Kochens im großen ganz beträchtlich viel Zeit und Geld erspart. Denn anstatt daß jede einzelne Hausfrau selbst auf den Markt geht und die kleinen Lebensmittelmengen zu einem vielfach schwankenden Detailpreis in wechselnder Qualität beschafft, wird der Einkauf hier von der Küche aus im großen vorgenommen, die Lebensmittel werden ins Haus zugestellt. Da große Quantitäten bezogen werden, können bessere Qualität und billigere Preise erreicht werden, als es beim Einkauf im kleinen möglich ist.

---

10 Vgl. Therese Schlesinger: Frauenarbeit und proletarische Lebenshaltung, in: *Arbeiter-Zeitung*, 8. Februar 1925, S. 8.
11 Vgl. Bettina H.: Hausfrau und Einküchenhaus. Schlussbetrachtung, in: *Das Kleine Blatt*, 24. September 1927, S. 11; dies.: Die Hausgehilfin und das Einküchenhaus, in: *Die Unzufriedene*, 7. Jänner 1928, S. 4.

Wir haben einen *hübschen Speisesaal*, in dem eine ganze Reihe von Tageszeitungen, Wochen- und Monatsschriften aufliegen. Wer es aber vorzieht, in seiner eigenen Wohnung zu essen, bekommt das Essen dorthin serviert. Man vergegenwärtige sich den Unterschied: im Privathaushalt die gehetzte Hausfrau, die oft genug nicht einmal Zeit findet, sich für das Mittagessen nett zu machen, und die vor lauter Bedienen und Hin- und Herlaufen gar nicht zum Genuß der Mahlzeit kommt; im Einküchenhaus die gepflegte Frau, die sich in aller Ruhe zu ihrer Mahlzeit setzt und sich gleichzeitig über die Tagesereignisse informieren kann. Es ist klar, daß diese Frau auch dem Manne mehr Erholung bieten kann als die durch tausend Kleinarbeiten gehetzte und übermüdete Frau im Einzelhaushalt.

Aber die gemeinsame Küche ist ja nicht der einzige Vorteil unseres Systems. Auch *die tägliche Reinigung unserer Wohnungen* sowie das regelmäßige Gründlichmachen wird vom Hause aus besorgt, und zwar ist einer bestimmten Anzahl von Parteien eine Hausgehilfin zugeteilt, die sämtliche Hausarbeiten zu verrichten hat. Diese Einrichtung ist hauptsächlich für diejenigen Frauen ein wahrer Segen, die tagsüber im Beruf stehen. Sie werden dadurch vor einem beträchtlich längeren als achtstündigen Arbeitstag bewahrt. Eine eigene Hausgehilfin hätte sich keine dieser Frauen leisten können, gemeinsam mit anderen kann sie die Ausgabe ertragen.

In unserem Hause gibt es noch viele andere gemeinsame Einrichtungen: *Dachterrassen*, die schon in den frühen Morgenstunden zu regelmäßigem Turnen unter fachmännischer Leitung benützt werden und die tagsüber mit den dort angebrachten Duschen ein erquickendes Sonnenbad bieten. Eine mit den modernsten Errungenschaften eingerichtete *Wäscherei*, die zum Selbstkostenpreis das Reinigen der Wäsche besorgt und das Schreckgespenst: Waschtag! endgültig aus unserem Hause verbannt hat. *Gesellschaftsräume* sind im Entstehen, die – besonders in den Wintermonaten – die Bewohner zu gemeinsamen Unterhaltungen vereinigen werden.

So wertvoll diese letzteren Einrichtungen auch sind, sind sie doch schon in vielen Gemeindehäusern in Wien verwirklicht. Die besondere Eigenart *unseres* Hauses jedoch ist der Versuch, den Zwergbetrieb „Einzelhaushalt" in den modernen Großbetrieb „Einküchenhaus" umzugestalten. Denn das werden ja alle arbeitenden Frauen wissen: alle die modernen Behelfe für den Haushalt, wie Staubsauger, elektrische Bodenbürsten, elektrisch betriebene Kartoffelschneid- und Waschmaschinen, Teigschlagmaschinen und vieles andere, sind dem Einzelhaushalt des arbeitenden Menschen beinahe unzugänglich. Der Gemeinschaft von ungefähr 200 Parteien, die unser Einküchenhaus bewohnen, fällt es wesentlich leichter, sie zu beschaffen.

[...]

Alljährlich werden von allen Mietern des Hauses eine Anzahl Frauen und Männer gewählt, die für die gesamte Verwaltung des Hauses verantwortlich sind. Die Verwaltungsarbeiten besorgt ein Verwalter, der stets im Einvernehmen mit dieser Hauskommission seine Arbeiten erledigt, *regelmäßige Hausversammlungen* geben allen Mietern die Möglichkeit, Anregungen und Wünsche, aber auch eventuelle

Beschwerden vorzubringen. Arbeitet die Hauskommission gut, dann hat sie das Vertrauen der Mieter, arbeitet sie schlecht, wird sie durch andere Frauen und Männer besetzt.

Es wird nun auch viele interessieren, zu erfahren, wieviel das Leben in unserem Einküchenhaus kostet. Wir zahlen für eine Wohnung, die aus zwei Zimmern, einer Kochnische, einem kleinen Vorraum und Klosett besteht, 32 S monatlich. In diesem Betrag ist der Zins, die Kosten für die Hausgehilfin und für die Benützung der Haushaltungsmaschinen, das Reinigungsgeld für den Hauswart und der Anteil an den allgemeinen Verwaltungskosten enthalten. Wenn man bedenkt, daß allein der *Geldlohn* einer Hausgehilfin in einem Privathaushalt *mindestens* 40 S beträgt, wird man verstehen, wie sehr sich das Leben im Großhaushalt verbilligt.

Das Mittagessen, bestehend aus Suppe, Fleisch mit Beilagen, Gemüse und Mehlspeise, kostet S 1'40 an Wochentagen und S 1'60 an Sonntagen. Das Abendessen besteht aus Fleisch mit Beilage, Kompott oder Mehlspeise und kostet 90 g.

Die Wäsche kommt gewaschen und gebügelt auf S 1'20 pro Kilogramm zu stehen; wer das Bügeln selbst besorgen will, zahlt 90 g für gerollte Wäsche.

[...]

Unser Haus steckt in seinen Kinderschuhen und hat begreiflicherweise noch an mancher Kinderkrankheit zu leiden. Aber das wird sicher überwunden werden und man kann wohl heute schon sagen, daß der Versuch gelingen wird. Freilich werden wir uns nicht damit zufrieden geben dürfen, daß unser Haus gut funktioniert. Wir werden uns vielmehr bemühen müssen, möglichst viele Frauen dafür zu interessieren und sie von seinen Vorteilen zu überzeugen. Sicherlich wird dann in vielen der Wunsch nach dieser neuen Form des Haushaltes entstehen.

12.6 Liesl Zerner: Die jugendliche Arbeiterin

Erstveröffentlicht als Liesl Zerner: Die jugendliche Arbeiterin, in: Käthe Leichter, Kammer für Arbeiter und Angestellte (Hg.): *Handbuch der Frauenarbeit in Österreich*, Wien: Kammer für Arbeiter und Angestellte 1930, S. 142–155.

Elisabeth (Liesl) Zerner (1905–1986), Redaktionssekretärin der Arbeiter-Zeitung, *thematisiert Ausbildung und Berufsleben jugendlicher Arbeiterinnen und kritisiert die geschlechterspezifische Diskriminierung in der Arbeitswelt. Ihr Text wurde in dem vom Referat für Frauenarbeit der Arbeiterkammer herausgegebenen* Handbuch der Frauenarbeit *publiziert, das soziologische, soziale und kulturelle Aspekte der Frauenarbeit diskutiert und die „Vielfältigkeit der Frauenarbeit in Österreich" darstellt. Neben bekannten Sozialdemokratinnen wie Luise Kautsky berichteten Funktionärinnen und Aktivistinnen, Angestellte und Arbeiterinnen von ihren Erfahrungen. Der Sammelband erschien anlässlich des Internationalen Frauenkongresses 1930 in Wien. Zeitgleich gab der Bund österreichischer Frauenvereine eine Publikation zu Frauen-*

bewegung, -bildung und -arbeit heraus.[12] *Zerners Beitrag greift eine Generation heraus, die von den Maßnahmen des Roten Wien geprägt werden sollte: Beispiel dafür ist das von Zerner als wichtige Institution für die Bewusstseinsbildung von Mädchen hervorgehobene Berufsberatungsamt der Stadt Wien und der Arbeiterkammer.*

[...]
Berufswahl und Berufseinstellung.

Woher kommt dieser *unverhältnismäßig große Anteil* der jungen Arbeiterinnen an der *Hilfsarbeit* und die Überfüllung im *Bekleidungsgewerbe*? Die *Berufswahl* der Arbeitermädchen wird auch heute noch vielfach nach „häuslichen Gesichtspunkten" entschieden. Die Frauenberufe – Bekleidungsgewerbe und Hausdienst – galten lange Zeit als gute Vorbereitung für die Ehe, als der „natürliche" Beruf. Er wird lediglich als *Durchgangsstadium* aufgefaßt. Daraus erklärt sich auch die verhältnismäßig große Anzahl von Hilfsarbeiterinnen. Die Hilfsarbeit soll die Möglichkeit bieten, sofort nach Austritt aus der Bürgerschule ohne vorheriges Berufsstudium Geld zu verdienen, bis die erwartete Heirat eintritt. Dem entspricht auch die ganze, *mangelhafte Schulbildung*, die das Mädchen ins Berufsleben mitbringt. Diese Berufseinstellung beginnt schon beim Kleinkind. Schon im Spiel wird die Liebe zu einem Beruf im Knaben erweckt. [...] Mit dem Austritt aus der Schule erfahren die Mädchen zumeist erst, daß und welchen Beruf sie zu ergreifen haben.

Daraus ergeben sich bei der Berufswahl gleich die ersten *Schwierigkeiten*. Teils mit Unlust, teils mit übertriebenen Hoffnungen, ohne Ahnung wie die Arbeits- und Berufsbedingungen in den einzelnen Berufen wirklich sind, kommen die Mädchen ins Berufsberatungsamt – wenn sie überhaupt kommen! Das Verhältnis der Schulentlassenen, die ihren Weg ins Erwerbsleben durch das *Berufsberatungsamt* suchen, verhält sich zu den anderen Schulentlassenen bei den Knaben 3:1, bei den Mädchen 3:4. Das sind also drei Viertel der schulentlassenen Knaben, aber *nicht einmal die Hälfte der schulentlassenen Mädchen*. Der Rest überläßt diese Entscheidung für das Leben dem Zufall. Besonders beliebt ist auch hier der nicht mehr ungewöhnliche Weg der *Zeitungsannonce*. Und auf diese Art einen Beruf zu finden, ist für das Mädchen, das völlig in Unkenntnis über den Beruf und seine Arbeitsbedingungen ist, ebenso schlimm, als auf solche Art zu heiraten.

So hat es lange gedauert, bis die Einsicht der Mädchen und der Eltern sich einigermaßen den geänderten wirtschaftlichen Verhältnissen angepaßt hat. Noch in der Zeit der großen andauernden Krise in den Frauengewerben bewarben sich im Jahre 1927 im Berufsberatungsamt 1077 Mädchen um eine Schneiderlehrstelle. Vermittelt

---

[12] Martha Stephanie Braun u. a. (Hg.): *Frauenbewegung, Frauenbildung und Frauenarbeit in Österreich*, Wien: Bund österreichischer Frauenvereine 1930.

wurden 205, überhaupt vorhanden waren 305 Lehrstellen. Es zeigen sich aber schon Anzeichen, daß in der Berufswahl der 14jährigen die *Verschiebung der Struktur der Frauenarbeit* auch in Österreich zur Geltung kommt. Nicht nur die Zunahme an jugendlichen Hilfsarbeiterinnen kommt bereits zum Ausdruck, sondern auch die *Zuwanderung zu den kaufmännischen Berufen* und in einigem Abstand die Zuwanderung zum *Friseurgewerbe*.

[...]

Sieht man sich weiter um, so wird man sehen, daß sich die meisten Gewerbe mit hochqualifizierter, gutbezahlter Arbeit völlig, nicht nur prozentuell *vom Zuzug weiblicher Arbeitskraft absperren*. So sind nach dem Bericht des Berufsberatungsamtes im Jänner 1930, also ein halbes Jahr nach Beendigung der Schulzeit, einige Mädchen als Photographinnen, Keramikerinnen usw. für eine Lehrstelle vorgemerkt. Ähnlich liegen die Verhältnisse im Juwelier-, Uhrmacher- und Buchbindergewerbe. Ohne daß es sich um körperlich schwere, „unweibliche" Arbeit handeln würde, ist eine *Lehrstelle nur für Verwandte des Meisters* zu erlangen. Diese Absperrungen werden in den einzelnen Gewerben vertraglich festgelegt oder sind eine stillschweigende Handhabung. In der Gewerbeordnung selbst ist nirgends eine Bestimmung enthalten, die weiblichen Zuzug zu gelernter Arbeit in einem Berufe verbieten oder einschränken würde. Schon die Tatsache allein, daß gerade die Verwandten des Meisters zur Lehre zugelassen werden, zeigt deutlich, daß es sich nicht um eine soziale Maßnahme zum Schutze des weiblichen Organismus handelt. Es wird noch deutlicher, wenn man sich vergegenwärtigt, daß gerade die „häuslichsten" Berufe nur ungelernte Frauenarbeit zulassen. [...]

Trotzdem berichtet das Berufsberatungsamt, daß im Jahre 1928 bereits 513 gegenüber 121 Mädchen im Vorjahre eine weitere *Schulbahn* erstreben. Es handelt sich vor allem um Kindergärtnerinnen-, Krankenpflege-, Fürsorgerinnenschulen. Erst in zweiter Linie folgen Handels-, Frauengewerbe- und Haushaltungsschulen. Mit der Ausbreitung der öffentlichen *Fürsorge* ist hier ein neues und schönes Betätigungsfeld für die berufstätige Frau geschaffen worden. Drum ist auch hier die Sehnsucht gerade der ernsten und berufsfreudigen Arbeitermädchen weit größer, als die Aufnahmsfähigkeit der öffentlichen Fürsorge für die Mädchen heute noch ist. Die Anzahl der Schulplätze wird daher von der Gemeinde so beschränkt, daß die Absolventinnen auch tatsächlich Arbeitsstellen finden können. So gibt es heute sicherlich eine Anzahl Mädchen, die bewußt ihre Berufswahl fürs Leben getroffen haben und durch Schulung trachten, Aufstiegsmöglichkeiten und dadurch Berufsfreude zu erlangen.

In mancher Hinsicht anders steht es mit der *jugendlichen Hilfsarbeiterin*. Der Bedarf an jungen weiblichen Arbeiterinnen ist groß. [...] Wird aber auf der einen Seite die junge Arbeiterin immer stärker in der Fabrik herangezogen, so ist auf der anderen Seite die *Arbeitslosigkeit* eine so furchtbare, daß die Arbeiterin ununterbrochen, ihren *Beruf wechseln* muß und so, selbst wenn sie einmal eine weniger mechanische, ihr zusagende Arbeit erlangt hat, durch den bald wieder eintretenden Berufswechsel und dem ewigen Herausreißen aus ihrem Tätigkeitsgebiet abgestumpft werden muß. Haben wir das ängstliche Vermeiden der Zulassung der Mädchen zu neuen gelernten Berufen bemerken können, so fällt bei der Hilfsarbeiterin auf, daß, *soweit es sich um gänzlich ungelernte Arbeit handelt* (bei angelernter liegen die Dinge schon wieder anders), *diese Ängstlichkeit weit geringer ist*. Wir finden sie beim Heben schwerer Lasten, im Metallbetrieb, in der chemischen Industrie – nicht immer eine gesunde Tätigkeit für das Mädchen in der Reifezeit – und bei vielem anderen mehr.

12.7 Käthe Leichter: Es muss nicht sein, dass ...

Erstveröffentlicht als Schlußwort, in: Käthe Leichter: *So leben wir ... 1320 Industriearbeiterinnen berichten über ihr Leben*, Wien: Verlag Arbeit und Wirtschaft 1932, S. 145–148.

Für das Rote Wien bemerkenswert ist, dass sich im Umfeld der Sozialdemokratie ein Zusammenhang zwischen feministischer und sozialistischer Wissensproduktion herausbildete, deren Protagonistinnen im Kontext der Gewerkschafts-, Arbeiterinnen- und Frauenbewegung aktiv waren. Die Frauen verfolgten die wirtschaftspolitischen Entwicklungen und diskutierten politische Strategien ebenso wie Analysen zu Ökonomie, Politik und Geschlecht. Als feministisch charakterisierte den Zugang dieser Netzwerke ein integrales Verständnis von Produktion und Reproduktion, von Ökonomie, Staat und Politik, demzufolge die Ökonomie immer auch bezahlte und unbezahlte (Re-)Produktionsarbeiten umfasste: von der Hausarbeit über Erziehung und Bildung bis zu Pflege und Versorgung. Dabei kam dem 1925 geschaffenen Referat für Frauenarbeit der Arbeiterkammer eine bedeutende Rolle zu. Dessen Leiterin Käthe Leichter betrieb mit ihrem Team grundlegende Forschungen zu den Arbeits- und Lebensverhältnissen von Arbeiterinnen und Arbeitern sowie Angestellten, darunter die in besonders prekären Situationen arbeitenden und lebenden Hausgehilfinnen und Heimarbeiterinnen. Die von Leichter 1932 herausgegebene Studie über die Lebens- und Arbeitsverhältnisse von Industriearbeiterinnen beruht auf 1320 ausgewerteten Fragebogeninterviews, ergänzt um verschriftlichte Erzählungen von Arbeiterinnen der unterschiedlichen Branchen.

1320 Arbeiterinnen schildern ihr Leben – aber es ist nicht nur *ihr* Leben. Es ist das an Arbeit und Mühe, an Verpflichtungen und Sorgen reiche Leben der mehr als 100.000 Proletarierfrauen, die in den Wiener Industriebetrieben an der Arbeit sind. [...]

Sollen wir uns mit der Darstellung dieser 1320 Arbeiterinnenschicksale begnügen? Sollen wir auch nicht die *Forderungen* hören, die aus der Erhebung immer wieder herausklingen und die zur Umgestaltung dieses Arbeiterinnenlebens führen sollen?

[...]

Denn es muß nicht alles so sein, wie wir es in der Erhebung gesehen haben, auch in der gegenwärtigen Wirtschaft nicht. Auch in der kapitalistischen Wirtschaft kann die *Auflehnung der Frauen* gegen viel als traditionelles Schicksal hingenommenes Unrecht manches davon aus der Welt schaffen.

Es muß nicht sein, daß der Berufsergreifung der Mädchen weniger Augenmerk zugewendet, ihr Beruf nur als Übergangsstadium betrachtet wird. [...].

Es muß nicht sein, daß immer mehr weibliche Arbeitskräfte überhaupt keine Berufsausbildung genießen, weil die Entwicklung zur Hilfsarbeit sich bei ihnen am raschesten vollzieht, weil sie von gelernter Arbeit oft bewußt ferngehalten werden und ihrem Aufstieg im Beruf Vorurteile gegenüberstehen. [...]

Es muß nicht sein, daß die Frau auf der untersten Stufe der Produktion beschäftigt wird, daß die Arbeitsteilung zwischen den Geschlechtern so ausfällt, daß oft die schmutzigste, schlechtestgewertete, ja sogar schwerste, fast immer die eintönigste Arbeit von ihr geleistet wird. *Schutz der weiblichen Arbeitskraft* [...].

Es muß nicht sein, daß in einer Zeit, in der tausend Hände feiern, die Frau, auf die noch außerberufliche Arbeit wartet, Überstundenarbeit oder Nachtarbeit leistet, oder Heimarbeit nach Hause mitnimmt. [...] *Kürzungen der Arbeitszeit auf 40 Stunden*, bis dahin *keine Überschreitung der gesetzlichen 44-Stunden-Woche* – das ist gleichzeitig Kampf gegen die Arbeitslosigkeit und gegen übermäßige Arbeitsleistung der Frau, und kann bei der niedrig entlohnten Frau am ehesten mit Lohnausgleich durchgeführt werden.

Es muß nicht sein, daß die Arbeiterinnen für die gleiche Arbeitsleistung weit schlechter entlohnt werden als die Männer. Diese niedrigen Frauenlöhne sind es ja, die die Frauen zu übermäßig schwerer Arbeit bringen, den Arbeitsplatz des Mannes und seinen Lohn gefährden, die Arbeitsleistung der Frauen auf das äußerste anspannen. *Gleicher Lohn für gleiche Leistung* – das ist gerade in der Krise Schutz der Frauen vor übermäßiger Ausbeutung, Schutz der Männer vor Lohndruck und Arbeitslosigkeit, die einzige Gewähr für eine gerechtere Arbeitsteilung zwischen den Geschlechtern.

Es muß nicht sein, daß die Angst vor der Arbeitslosigkeit für die Frauen noch durch die Furcht verschärft wird, beim Bezuge der Unterstützung härter behandelt, ganz um sie gebracht oder früher aus ihr ausgeschieden zu werden. Die *gleiche Behandlung beim Bezug der Arbeitslosenunterstützung* ist eine Lebensfrage der von Arbeitslosigkeit so oft betroffenen Arbeiterinnen. [...]

Es muß nicht sein, daß Frauen, die den ganzen Tag schwer arbeiten, kein Zuhause haben oder eine überfüllte Wohnung vorfinden, in der kein Raum zum Ausruhen, kein Schlafraum, oft kein Bett ihnen gehört. Nur die *Ausgestaltung der Wohnbautätigkeit der Gemeinde Wien*, die Schaffung von *Einzelwohnräumen* insbesondere für alleinstehende Arbeiterinnen, kann den Arbeiterinnen ein menschenwürdiges Heim bieten.

Es muß nicht sein, daß auf der Arbeiterin die ganze Last ihrer individuellen Haushaltarbeit unvermindert ruht, daß tausend Arbeiterinnen nebeneinander die gleiche mühselige Überarbeit leisten. [...] Die *Rationalisierung der Hausarbeit* durch *Gemeinschaftseinrichtungen* für Kochen und Waschen, die Verbilligung *arbeitsparender Haushaltsgeräte* durch gemeinsamen Bezug, die Entlastung der Frau durch die *Mitarbeit aller Familienmitglieder* kann sie von dieser Überarbeit befreien.

Es muß nicht sein, daß die ohnehin schwere Bürde der Mutterschaft zu einer täglichen Sorge für die Arbeiterin wird, die ihre Kinder während ihrer Berufsarbeit unversorgt weiß. *Mehr Kindergärten* und *Kinderhorte*, Anpassung ihrer *Zeiteinteilung* an die Bedürfnisse der arbeitenden Frauen, Schaffung von *Kinderkrippen* für die *Kleinsten*, von *Beschäftigungsmöglichkeiten* für die *Größten*, Mütter, die mehrere Kinder betreuen, während andere Mütter an der Arbeit sind – das sind Wege für die arbeitenden Mütter.

Es muß nicht sein, daß für viele Arbeiterinnen der Begriff „Freizeit" überhaupt nicht existiert, Kürzung der Arbeitszeit und Erleichterung der Haushaltarbeit müssen die Freizeit erst ermöglichen, die *Kultur-* und *Sportorganisationen* der Arbeiterschaft müssen sie *gestalten* helfen.

Es muß nicht sein, daß die arbeitende Frau, die wir immer öfter nicht nur als Selbsterhalterin, sondern als Familienerhalterin sehen, von vornherein nicht als Familienerhalterin gewertet wird, daß ihr Verdienst noch immer nur als zusätzlicher Verdienst, ihre Arbeit als weniger lebenswichtig betrachtet wird. Die *richtige Wertung* der ungeheuren *gesellschaftlichen Leistung der arbeitenden Frau* in dieser Zeit muß auch ihre Stellung im Betrieb heben.

Es muß nicht sein, daß die geplagte, zerrissene Arbeiterin noch unter dem Schlagwort zu leiden hat, daß die verheiratete Arbeiterin nicht in den Beruf gehört. Eine Wirtschaftsordnung, die den Frauen gar nicht die Wahl läßt zwischen Berufs- und Hausarbeit, sie oft gegen ihren Willen zu schwerer, freudloser Arbeit zwingt, eine Wirtschaftsordnung, die die Arbeiterfrauen, wenn sie ihren Ernährer verlieren, ihrem Schicksal überläßt, darf ihnen nicht das *Recht auf ihrer Hände Arbeit* absprechen. Und noch weniger darf das die Arbeiterschaft selbst. Denn jeder Abbau von Frauen, die doch verdienen müssen, vermehrt Heimarbeit und Lohndruck, nimmt weiteren Proletarierfamilien jede Existenzmöglichkeit, setzt Unfrieden an die Stelle der notwendigen Solidarität im Betriebe.

Es muß nicht sein schließlich, daß die Arbeiterin ihrer Berufsarbeit feindselig gegenübersteht. [...] Nicht der Berufsarbeit der Frau, sondern ihrer Gestaltung in der kapitalistischen Wirtschaft ist mit dieser Erhebung ein Urteil gesprochen. *Kein „Zurück ins Haus!"*, kein Versuch, sich der geschichtlichen Entwicklung entgegenzustemmen – aber *andere Gestaltung der weiblichen Berufsarbeit* und *Entlastung von außerberuflicher Arbeit*: das ist die eigentliche Schlußfolgerung, die aus unserer Erhebung zu ziehen ist.

[...]

Am Leben der Arbeiterinnen zeigt sich am stärksten die Zwiespältigkeit, die Unhaltbarkeit der kapitalistischen Wirtschaftsordnung – die *Forderungen* und *Kämpfe* der *Arbeiterinnen* werden mithelfen, diese Wirtschaftsordnung zu sprengen.

Titelbild aus *Bettauers Wochenschrift*, das einen Notschrei gegen den Paragrafen 144 des österreichischen Strafgesetzes – das Verbot des Schwangerschaftsabbruchs – ausstößt, 1926. (Universität Wien)

13 Sexualität
Katrin Pilz

Einleitung

Nicht zuletzt durch die Psychoanalyse Sigmund Freuds gilt Wien als Stadt, in der Fragen der Sexualreform und der Sexualgesundheit eine beinahe übergroße Rolle spielen. Freud blieb bei seinen Modellen der sexuellen Triebtheorie, auch wenn diese von prominenten Schülerinnen und Schülern wie Alfred Adler infrage gestellt werden sollten. In den 1920er Jahren wurde die Stadt zu einem Ziel für Sexualreformer und deren internationale Vereinigungen. In Wien wurde zum „Sieg der sexuellen Wahrheit über den sexuellen Aberglauben" und zum „Sieg des sexuellen Rechtes über das sexuelle Unrecht"[1] aufgerufen. Ziel der fortschrittlichen Sexualforscher und -forscherinnen war es, ‚Prüderie', sexuelle Repression und jene Ansichten und Vorschriften zu überwinden, die mit den reaktionären Moralvorstellungen des Bürgertums, der katholischen Kirche und den von ihnen geprägten Institutionen verbunden waren. Sexualität sollte nicht mehr als Privatangelegenheit behandelt, sondern von Experten und Expertinnen sozialhygienisch, medizinisch und politisch bearbeitet werden.

Im Roten Wien begriff man, dass Sexualität sowohl mit Geschlechter- als auch mit Klassenfragen verbunden ist. Schon 1906 hatte Felix Salten seinen für die explizite Darstellung sexueller Praktiken bekannten Roman *Josephine Mutzenbacher* veröffentlicht. In dem anonym erschienenen Werk verband er das Thema sexueller Erfahrung mit Kindesmissbrauch, Prostitution und den Lebens- und Wohnverhältnissen der proletarischen Unterschicht. Die zunehmende Verbreitung sexuell übertragbarer Krankheiten während des Ersten Weltkriegs und deren katastrophale Auswirkungen hatten dazu geführt, dass sich Ärzte und Ärztinnen, Psychoanalytiker und Psychoanalytikerinnen sowie sozialdemokratische Politiker und Politikerinnen gerade der Sexualität der Arbeiterschaft zuwandten. Noch während des Weltkriegs debattierten sie die Konzeption sozialpolitischer Programme und die staatliche Regulierung sexueller Gesundheit.[2] Im Roten Wien wurde ab 1919 schrittweise ein Netz aus öffentlichen Ehe-, Familien-, Mütter-, Frauen- und sozialhygienischen Sexualberatungsstellen eingerichtet, die dem städtischen Gesundheitsamt unterstan-

---

1 Leitspruch der Weltliga für Sexualreform (WLSR), in: Einführungswort des Vorsitzenden (Magnus Hirschfeld), in: Josef K. Friedjung, Sidonie Fürst, Ludwig Chiavacci, Herbert Steiner (Hg.): *Sexualnot und Sexualreform. Verhandlungen der Weltliga für Sexualreform. IV Kongress*, Wien: Elbemühl 1931, S. XXXVII–XLVI, hier S. XLIII.
2 Vgl. z. B. Julius Tandler: Krieg und Bevölkerung, in: *Wiener klinische Wochenschrift*, Nr. 29 (1916), S. 450.

den: Ein großzügiges Angebot an einschlägigen populärwissenschaftlichen Vorträgen, Filmen und Literatur sollte vor allem bildungsferne Arbeiterinnen, Mütter und Jugendliche erreichen. Auch die Arbeiterpresse berichtete regelmäßig über das „Sexualproblem", die „Sexualnot" und das „sexuelle Seelenleid" der neuen Zeit.

Die Beschäftigung mit Liebes- und Glücksvorstellungen schien im Vergleich zu medizinischen und bevölkerungspolitischen Entwürfen für das Sexualprogramm der Stadtverwaltung jedoch zweitrangig zu sein. Radikalere Ideen der Sexualität wurden von einer neuen Generation freudomarxistischer Therapeuten und Therapeutinnen forciert. So widmete sich etwa der Arzt und Psychoanalytiker Wilhelm Reich (1897–1957) in den gemeinsam mit der Dermatologin und Psychoanalytikerin Marie Frischauf(-Pappenheim) (1882–1966) 1928 gegründeten Sexualberatungsstellen für Arbeiter und Angestellte der Sozialistischen Gesellschaft für Sexualberatung und Sexualforschung einer psychoanalytisch ausgerichteten seelischen und körperlichen Beratung, Behandlung und Erforschung sexueller Leiden und Bedürfnisse.

Frauenrechtsaktivistinnen wie Therese Schlesinger (1863–1940) oder Marianne Pollak (1891–1963) formulierten Positionen, die den Ruf nach sexueller Reform mit einer feministischen Kritik am männlichen Monopol von Aufklärung und Sexualmoral verbanden. Die Gefahren des verbotenen Schwangerschaftsabbruchs wurden von den Sozialdemokratinnen mit ihrem Eintreten für die Abschaffung der Paragrafen 144–148 des österreichischen Strafgesetzes bekämpft. (Vgl. Kapitel 12) Die inhaltliche Unterscheidung von Sexualität und Fortpflanzung bildete die Grundlage für Konzepte, die bis zur „sexuellen Revolution" der 1960er Jahre kaum aufgegriffen werden sollten. Vorstellungen von befreiter Sexualität in einer tatsächlich freien Gesellschaft wurden etwa von Ernst Fischer (1899–1972), damals interner linker Kritiker der SDAP, in seinem Buch *Krise der Jugend* (1931) angedeutet.

Während manche Debatten über Sexualität im Roten Wien aus heutiger Sicht als progressiv eingeschätzt werden können und zu einer moderneren und toleranteren Haltung gegenüber ‚abweichenden' Formen der Sexualität beitrugen, blieb die Haltung gegenüber Homosexualität ambivalent. Im Rechtssystem der Republik wurde der umstrittene Paragraf 129 des kaiserlichen Strafgesetzes von 1852 beibehalten, der „Unzucht wider die Natur" mit Tieren oder Personen des gleichen Geschlechts unter Strafe stellte. Therapeuten wie Freud oder Wilhelm Reich lehnten die Bestrafung von Homosexualität ab, verstanden diese aber als Ausdruck pathologischer (Neurosen-)Fälle, die mithilfe der psychoanalytischen Therapie behandelt werden sollten.[3] Schwule, lesbische oder transgender Personen blieben im Roten Wien kriminalisiert und sahen sich sowohl der moralischen Verachtung konservativer und religiöser Kreise ausgesetzt als auch der Pathologisierung durch die Sozialdemokratie. Dennoch verfügte die Stadt aus heutiger Sicht über eine lebendige schwul/lesbi-

---

[3] Wilhelm Reich: *Der sexuelle Kampf der Jugend*, Berlin, Wien, Leipzig: Verlag für Sexualpolitik 1932, S. 72–77.

sche Kultur, deren Verlockungen und Ängste in literarischen Texten wie Grete von Urbanitzkys (1891–1974) Roman *Der Wilde Garten* (1927) oder wissenschaftlichen Abhandlungen wie Sofie Lazarsfelds (1882–1976) *Wie die Frau den Man erlebt* (1927) beschrieben wurden. Wien verfügte über einen Ableger der vom deutschen Arzt und Sexualreformer Magnus Hirschfeld gegründeten Weltliga für Sexualreform, die sich der Untersuchung und dem ethischen Schutz sexueller Minderheiten verschrieben hatte. Eine versteckte homosexuelle Szene existierte nicht nur in privaten Zirkeln – wie etwa dem Salon der Reformpädagogin Eugenie Schwarzwald (1872–1940) –, sondern auch in Bars und Tanzlokalen, bei Autorennen für Damen im Prater, aber auch in diskreten Hinterzimmern renommierter Cafés und Konditoreien – wie der Zuckerbäckerei Demel –, wo die Oberschicht auf Künstler und Künstlerinnen sowie andere Bohemiens traf.

Literatur

Byer 1987.
Förster, Natter, Rieder 2001.
Gruber 1987.
McEwen 2012.
Mesner 2010.
Pilz 2018.
Pirhofer, Sieder 1982.

13.1 Josef Karl Friedjung: Die geschlechtliche Aufklärung im Erziehungswerke

Hier zitiert nach Josef Karl Friedjung: *Die geschlechtliche Aufklärung im Erziehungswerke. Ein Wegweiser für Eltern, Erzieher und Ärzte*, 3. verb. Aufl., Wien, Leipzig: Verlag Josef Šafář 1924, S. 6–10.

Der Pädiater, Psychoanalytiker und sozialdemokratische Gemeinderat Josef Karl Friedjung (1871–1946) plädierte für die sexuelle Aufklärung der Jugend als wichtigen Schritt für die Schaffung einer gesunden neuen Generation. In dieser Broschüre beschreibt er die wichtigsten Aufgaben der sexuellen Erziehung. Zunächst zeichnet Friedjung jedoch ein Sittenbild des Wiener Proletariats und schildert die grassierenden Geschlechtskrankheiten, deren Ausbreitung durch die Kriegsjahre weiter verschärft wurde.

1. Die herrschende Geschlechtsmoral und ihre Folgen.

So wenig der Arzt heilen kann, ohne vorher das ganze Übel aufgedeckt zu haben, so wenig vermögen wir gegen gesellschaftliche Schäden, bevor wir sie in ihrer ganzen

Bedeutung erkannt haben. Wenn es also gilt, der Erziehung auf dem Gebiete der Geschlechtlichkeit neue Bahnen zu weisen, so muß man erst über die herrschenden Verhältnisse im klaren sein. Die niederdrückenden Bilder unserer Kultur, die ich hier zeichnen muß, sind ja wohl bekannt, aber man will sie nicht wahr haben. Man breitet über sie den Mantel – nicht der christlichen Nächstenliebe, sondern des hehlerischen Mitschuldbewußtseins.

Blicken wir in das elende Heim eines Proletariers! In eine enge, unsaubere Wohnung gedrängt, spielt sich das Leben des Erwachsenen, auch fremder Untermieter schamlos vor den Augen von Kindern jedes Alters ab. Unflätige Reden, Zärtlichkeiten, Geschlechtsverkehr, Geburten, alles geht in diesem Elendsquartier offen vor sich; Kinder schlafen mit den Eltern, mehrere Geschwister, auch verschiedenen Geschlechts teilen eine Bettstatt, die Prostitution in der nächsten Nachbarschaft gilt der Jugend als ein zwar nicht sehr geachteter, aber doch einträglicher Beruf. – [...] In den Schulen suchen schon die jungen Jahrgänge keine Unterhaltung so sehr, wie die um die geschlechtlichen Vorgänge, die von den Erwachsenen geflissentlich verheimlicht werden, um die Zeugung und Geburt der Kinder, wobei oft abenteuerliche Vermutungen eine Zeitlang Glauben finden. Diese lüstern gefärbten Unterhaltungen und mannigfache Gelegenheiten führen zu frühzeitigen Versuchen der Knaben sowohl wie der Mädchen, den Geschlechtsverkehr aufzunehmen. Halbe Kinder noch, werden sie von Geschlechtskrankheiten befallen, Mädchen geschwängert. Halbwüchsige Mädchen und Knaben auch aus „guten" Häusern unterhalten sich nicht selten in Formen, die die Sinnlichkeit aufpeitschen, ohne sie zu befriedigen. – Wenige Jahre später ist die Prostitution dem Manne zum Bedürfnisse, dem Mädchen zur Lockung oder zum Gegenstande des Neides geworden. Der sexuelle Witz hat seit jeher namentlich in der „besseren" Gesellschaft hohe Schätzung gefunden, Männer nehmen ihn grölend auf, und Frauen tragen ihn kichernd weiter. Die eheliche Treue der Männer ist zum Spott, die Ehe den Frauen zu einer bequemen Einrichtung geworden, andere „Verhältnisse" zu decken. Daneben wird die sexuelle Not des alternden Mädchens, der verwitweten Frau mehr gehöhnt als bemitleidet. Die Zotenliteratur im Buch und auf der Bühne findet den größten Absatz. – Die Priester stehen, soweit sie guten Willens sind, dieser Not ratlos gegenüber: mit Moralsprüchlein läßt sie sich nicht bannen. Dabei ist ja der katholische Klerus selbst der sexuellen Not überantwortet, an der er entweder zerbricht oder – auf geläufigen Umwegen vorbeigeht.

Hand in Hand mit diesen Sittenbildern geht aber eine erschreckende Durchseuchung aller Kulturvölker mit Geschlechtskrankheiten einher. Die zunehmende Industrialisierung, das rasche Wachstum der Städte, die allgemeine Wehrpflicht, zuletzt der wahnsinnige Krieg haben in dieser Hinsicht furchtbar gewirkt. In Betracht kommen hauptsächlich zwei Krankheiten: die Syphilis mit ihren auch weiteren Kreisen bekannten schweren Folgen für den Träger, seine Familie und Umgebung und der gonorrhoische Katarrh, in Österreich „Tripper" geheißen, der besonders infolge seines meist chronischen Verlaufs und der dauernden Ansteckungsfähigkeit weniger gekanntes, aber darum nicht minder schlimmes Unheil stiftet. Der Mann zwar kommt meist glimpflich davon, wenn auch ihn zuweilen schwere örtliche Erkrankungen, Gelenksentzündungen mit Herzkomplikationen, gefährliche Augeninfektionen bedrohen. Aber die bedauernswerten Frauen! Die sogenannten Frauenkrankheiten haben zumeist im Tripper ihre Ursache, in allen ihren Formen bis zur tödlichen Bauchfellentzündung. Beide Teile sind von Zeugungsunfähigkeit bedroht, die neugeborenen Kinder verlieren leicht ihr Augenlicht, Mädchen jedes Alters werden im Bette der Mutter oder sonst durch Unachtsamkeit angesteckt. Und diese Übel sind geradezu allgemein verbreitet.

Ältere und neue zahlenmäßige Zusammenstellungen aus verschiedenen Ländern haben übereinstimmend ergeben, daß jeder 30jährige Mann durchschnittlich zweimal tripperkrank, jeder vierte bis fünfte überdies mit Syphilis infiziert war. Als dann die Statistiken auf Einzelfragen eingingen, zeigte es sich schon vor dem Kriege, daß Jugendliche also Knaben unter 18 Jahren, einen beträchtlichen Anteil der behandelten Kranken, in *Prag* z. B. zehn von Hundert ausmachten, wobei man nicht übersehen darf, daß der größere Teil der Jugendlichen aus Scham, Angst und Leichtsinn den Arzt überhaupt nicht aufsucht. Im Kriege aber hat sich das dadurch, daß schon so Jugendliche ins Heer und zu verantwortungsvollen, hochentlohnten Arbeiten eingezogen wurden, noch erschreckend gesteigert. Achtundzwanzig vom Hundert von den im Jahre 1919 z. B. in *Berlin* unentgeltlich behandelten Geschlechtskranken sind noch Knaben, und in anderen Städten ist es nicht viel anders. Und die nächsten Opfer sind die Frauen. Aus *Würzburg* berichtet z. B. *Zieler*, daß die Zahl der geschlechtskranken Männer auf das Dreifache, die der geschlechtskranken Frau auf das Achtfache der Vorkriegszeit gestiegen ist. Und auch der weiblichen Kinder! Im Jahre 1918 wurden in *Wien* rund 1800 Mädchen von 13–15 Jahren als Geschlechtskranke eingeliefert. Unter den von den Organen des Wiener Sittenamtes im Jahre 1919 wegen geheimer Prostitution angehaltenen 2374 Frauen waren 804 minderjährig, 373 Kinder, unausweichlich der geschlechtlichen Infektion preisgegeben.

13.2 Karl Kautsky Jr.: Die Eheberatung im Dienste der Wohlfahrtspflege

Erstveröffentlicht als Karl Kautsky: Die Eheberatung im Dienste der Wohlfahrtspflege, in: *Blätter für das Wohlfahrtswesen der Stadt Wien*, 24. Jg., Nr. 248 (März/April 1925), S. 26–27.

Im Jahr 1922 beschloss der Wiener Gemeinderat die Einrichtung einer städtischen Eheberatungsstelle, die am 1. Juni desselben Jahres im Wiener Rathaus eröffnet wurde. Die sozialdemokratische Stadtregierung begriff die Ehe als eine Frage der Wohlfahrts- und Gesundheitspolitik. Das belegt die Zuordnung der Eheberatungsstelle zum städtischen Wohlfahrtsamt ebenso wie ihr formeller Name: Gesundheitliche Beratungsstelle für Ehewerber. Zugleich ist damit eine Tendenz verbunden, Sexualität primär mit der Fortpflanzung zu verknüpfen und diese unter dem Blickwinkel erblicher Gesundheit zu betrachten. Karl Kautsky jr.[4] *(1892–1978), Gynäkologe und Leiter der Eheberatungsstelle, bettet in diesem Text deren Funktion in einen bevölkerungspolitischen Hygienediskurs ein, der hier in biopolitischer Weise eng mit dem Erhalt der Arbeitskraft verknüpft wird, dessen Ziel aber die Bekämpfung von Not und Elend ist. Der Text belegt somit auch die Rolle, die präventive Bevölkerungspolitik in den Diskursen der Sozialdemokratie gespielt hat.*

Unsere heutige Zeit ist dadurch charakterisiert, daß die übergroße Mehrheit des Volkes wirtschaftlich wie ideell entwurzelt ist. In einem jahrhundertelang währenden Umwälzungsprozeß sind die alten Eigentumsverhältnisse über den Haufen geworfen worden, das einzige, worüber die arbeitenden Volksmassen in den Städten und zum Großteil auch auf dem Lande verfügen, ist ihre Arbeitskraft. Wird diese geschädigt, unbrauchbar oder unverkäuflich, so ist der einzelne, mag er krank, invalid, alt oder arbeitslos sein, ganz auf die Erhaltung durch andere angewiesen, ebenso seine Familie, soweit sie nicht selbst arbeitet. Diese anderen, denen die Erhaltungspflicht zufällt, können natürlich nicht einzelne sein, sondern nur Organe der zweckmäßig zusammengefaßten Gesellschaft, die allein über die notwendigen Mittel zu einer großzügigen und zweckmäßigen Fürsorge verfügt. Die Notwendigkeit dieser Erhaltung ergibt sich von selbst aus den großen Gefahren politischer, moralischer und gesundheitlicher Art, die sich aus dem Vorhandensein größerer ganz unversorgter Schichten ergeben müssen. Je zahlreicher diese Schichten werden, umso ungenügender wird die ursprünglich rein auf privater Wohltätigkeit aufgebaute Fürsorge, umso gebieterischer ergibt sich der Zwang, daß große Gemeinschaften wie Gemeinden und Staat die Wohlfahrtspflege in ihre mächtige Hand nehmen.

Der Krieg und die Inflationszeit haben die Massen der Enteigneten ungeheuer anschwellen lassen, gleichzeitig aber auch ihre politische Macht ungeheuer gestärkt, so daß die Notwendigkeit wie die Möglichkeit, den Fürsorgeapparat auszubauen, gleichermaßen wuchs. Immer neue Gebiete wurden der Fürsorge erschlossen. Nicht nur die schon Erkrankten (Tuberkulösen-, Geschlechtskranken-, Trinkerfürsorge) wurden einbezogen, sondern es gewannen vor allem die Bestrebungen Bedeutung, die von vornherein auf die Bewahrung der noch Gesunden vor Krankheiten ausgehen. Alle sozialen Beziehungen wurden Gegenstand der Fürsorge, jeder Schritt im Leben der Menschen sollte überwacht werden. Schließlich griff die Vorsicht selbst auf die Ungeborenen, ja auf die noch nicht Gezeugten über.

Das große Heer derer, die den sozialen Krankheiten unserer Zeit mit Naturnotwendigkeit zum Opfer fallen, soll nicht noch vermehrt werden durch die, die schon von Geburt an den Makel der Krankheit oder Minderwertigkeit auf der Stirne tragen

---

[4] Sohn des prominenten deutschen sozialdemokratischen Politikers Karl Kautsky (1854–1938).

und zu einem Leben der Qual und der Krüppelhaftigkeit verurteilt sind. Nicht nur gefühlsmäßige, sondern ganz nüchterne realpolitische Erwägungen müssen derartige Bestrebungen begünstigen, bedeuten doch Blinde, Gelähmte, Geisteskranke und ähnliche, zum großen Teil von kranken Eltern gezeugte Menschen eine ungeheuere finanzielle Belastung für jedes Gemeinwesen.

Aus solchen Erwägungen heraus wurde vor bald drei Jahren die Eheberatungsstelle beim Wiener städtischen Gesundheitsamte von Stadtrat Prof. *Tandler* geschaffen (1. Juni 1922). Sie wuchs jedoch weit über diesen Rahmen hinaus und wurde schließlich zu einer Beratungsstelle für alle gesundheitlichen Ehefragen, ja für alle Fragen der sexuellen Hygiene. Nicht nur Ehewerber und Verheiratete suchen die Eheberatung auf, sondern auch Leute, die Aufklärung suchen über normale oder krankhafte Erscheinungen auf dem Gebiete des Geschlechtslebens. Und das ist gut so, denn die Eheberatungsstelle soll nicht nur eine Stelle gesundheitlicher Überwachung sein, sondern vor allem auch eine Stelle gesundheitlicher *Erziehung*.

Viel zu wenig ist die Erkenntnis verbreitet, daß die Eheschließung nicht nur gewisse gesellschaftliche, gemütliche und finanzielle Vorbedingungen verlangt, sondern auch gesundheitliche. Zahllose Ehen werden unglücklich, weil Krankheit eines oder beider Gatten oder der Kinder ihren Bau unterwühlt. Das wirtschaftliche Gefüge der Ehe ist ebenso bedroht wie Gesundheit, Lebensfreude, Ehre und gesellschaftliche Stellung der Gatten.

Der Kranke selbst ist gefährdet – vor allem gilt dies für Frauen! – wenn die Ehe ihm neue Lasten aufbürdet und ihm Entbehrungen auferlegt. Die Frauen sind vor allem durch die Fortpflanzungstätigkeit bedroht, wenn sie nicht mit ganz gesunden Organen, vor allem ohne Herz-, Nieren-, Lungenerkrankungen oder ohne Mißbildungen und Mißstaltungen der Gebärorgane und des Beckens, in die Ehe eintreten.

Der *Gatte* ist gesundheitlich gefährdet vor allem durch ansteckende Erkrankung des Partners (Tuberkulose, Syphilis, Tripper). Dann aber auch in seiner Lebensfreude durch Impotenz, Perversität (Homosexualität!) oder Unfruchtbarkeit des anderen Teiles, wirtschaftlich und gesellschaftlich zugleich durch Trunksucht oder Geistesstörung.

Die *Nachkommenschaft* ist bedroht, natürlich in erster Linie wieder durch ansteckende Krankheiten der Eltern. Tuberkulose wird in der Regel nach der Geburt auf das Kind übertragen durch das Zusammenleben mit den tuberkulösen Eltern, die Syphilis dagegen schon im Mutterleib, wo sie häufig zu vorzeitigem Absterben des Kindes führt. Der Tripper der Mutter ist eine der häufigsten Ursachen von Erblindung des Kindes. Aber nicht nur Krankheiten können auf die Nachkommen übertragen werden, sondern auch minderwertige Anlagen, die dann oft erst im späteren Leben oder gar erst bei der nächsten Generation zu offenen Krankheitserscheinungen Veranlassung geben können. Wir kennen eine Menge solcher erblicher, oft familienweise auftretender Krankheiten und Anlagen (Augen- und Ohrenleiden, Stoffwechselkrankheiten, Geistes- und Nervenkrankheiten), die oft bei den verschiedenen Mitgliedern einer Familie in verschiedener Form auftreten können. So können

Epilepsie, Schwachsinn, Trunksucht, Neigung zur Prostitution einander vertreten, ebenso wie Zuckerkrankheit, Gicht, Fettsucht, Nierensteine.

„Drum prüfe, wer sich ewig bindet!" Wir sind heute nicht mehr geneigt, unser Schicksal in die Hände höherer Mächte zu legen, sondern messen jedem sein Maß an Verantwortung zu, wenn er einen wichtigen Schritt im Leben tut. Ist er nicht imstande, selber die Fülle der Verantwortlichkeit zu übersehen, so muß ihm die Verpflichtung nahegebracht werden, sich an kundiger Stelle Rat zu holen.

Freilich, es ist nicht Aufgabe einer Beratungsstelle, Ehen zu erlauben oder zu verbieten – sie kann nur raten. Was der andere mit dem Rat anfängt, ist seine eigene Sache. Die Eheberatung kann ihm nicht die Verantwortung abnehmen, aber sie kann sie ihm nach bestem Wissen und Gewissen tragen helfen und kann ihm, wenn trotz dem Rate ein unvorhergesehenes Unglück eintritt, wenigstens den quälenden Selbstvorwurf ersparen: „Warum habe ich nicht gefragt?"

Die Eheberatung ist stets geneigt, einen realpolitischen Weg der Möglichkeiten zu gehen, und verschmäht es, Dogmen irgendwelcher Art zu verkünden. Sie wird auch oft leichter Auswege finden, als es der einzelne in seiner oft verzweifelten Stimmung tun kann, da sie objektiv, unbeteiligt ist und daher kühl abwägt, wo der Ratsuchende nur die Überfülle seines Gefühls sprechen läßt. Der Berater hat objektiv die Ansprüche der Gemeinschaft mit denen der Einzelnen in Einklang zu bringen, er kann zuweilen einen Verzicht auf Ansprüche der Allgemeinheit wettmachen durch einen Verzicht, den der einzelne zugesteht. So kann z. B. einem Geisteskranken die Ehe gestattet werden, wenn er sich durch einen kleinen Eingriff unfruchtbar machen läßt. Er braucht auf sein individuelles Glück nicht zu verzichten, die Allgemeinheit aber ist sicher vor seiner minderwertigen Nachkommenschaft. Was er als Erwachsener mit seiner ebenfalls erwachsenen, mündigen Frau treibt, haben sie nur vor einander zu verantworten. Aber die Kinder werden vor der Erzeugung nicht gefragt, und sie hätten die Last zu tragen, die ihnen der Erzeuger mit auf den Weg gibt. Ein Eheverbot hätte keinen Zweck, da ja niemand die zwei Menschen hindern kann, sich auch unverheiratet zu vereinen. Ähnliche Auskunftsmittel muß man etwa bei Syphilitikern suchen, bei denen es oft ungeheuer schwer ist zu sagen, ob die Krankheit ausgeheilt ist. In jedem Fall muß die ganze soziale und gemütliche Situation der Ratsuchenden mit in Betracht gezogen werden. Die Eheberatung ist nicht reine, sondern angewandte Medizin im wahrsten Sinne des Wortes. Und diese ist wie die Politik stets die Kunst des Möglichen.

Der Fürsorgeapparat einer Stadt wie Wien ist auf das Mannigfaltigste mit der Eheberatung verflochten. Diese arbeitet schon längst Hand in Hand mit der Geschlechtskranken- und Tuberkulösenfürsorge, mit der Trinkerheilstätte, der Schwangerenfürsorge. Aufgabe der Fürsorgeräte, die in die Familien ganzer Sprengel kommen und über deren gesundheitliche Verhältnisse oft ausgezeichnet unterrichtet sind, wäre es, alle Fälle der Eheberatung zuzuweisen, in denen Leute ihres Sprengels heiraten wollen oder über ihre gesundheitliche Ehefähigkeit Zweifel haben. Ferner auch Fälle von Ehen, die aus gesundheitlichen Gründen unglücklich sind oder in denen kranke oder minderwertige Kinder geboren wurden. Die Eheberatung findet zweimal wöchentlich (Dienstag und Freitag von 5 bis 6 Uhr nachmittags) im städtischen Gesundheitsamte, I., Rathausstraße 9, statt.

13.3 Therese Schlesinger: Zur Evolution der Erotik

Erstveröffentlicht als Therese Schlesinger: Zur Evolution der Erotik, in: *Der Kampf. Sozialdemokratische Monatsschrift*, 16. Jg., Nr. 11 (November 1923), S. 368–371.

Die sozialdemokratische Politikerin und Frauenrechtsaktivistin Therese Schlesinger (1863–1940) widmet sich in diesem Beitrag dem Werk der bürgerlichen Frauenrechtlerin Rosa Mayreder (1858–1938) zum sexuellen Kultur- und Geschlechterkampf und diskutiert die sexuelle Gleichstellung von Mann und Frau bzw. die weibliche Erotik. Gestützt auf Mayreder sieht Schlesinger auch in der Geschichte Sexualtrieb und den Willen zur Fortpflanzung entkoppelt, ebenso Fortpflanzung und Ehe. Sie entwirft eine Vision von Erotik und sexueller Zuneigung als auf der Grundlage kameradschaftlich miteinander verkehrender, gleichgestellter Geschlechter. Die tatsächliche sexuelle Entfaltung des Proletariats könne jedoch erst nach Überwindung kapitalistischer Ausbeutungsverhältnisse verwirklicht werden. In ihrer Diskussion des Zusammenhangs von Reproduktion und Erbkrankheiten wendet sich Schlesinger gegen Eugenik als gangbaren Weg.

[...]

Sehr entschieden tritt Rosa Mayreder[5] der verbreiteten Annahme entgegen, als wenn nur die Sexualität des Mannes einen langwierigen Entwicklungsprozeß vom wahllosen Urtrieb bis zur ausschließlich auf ein einziges Individuum gerichteten Erotik durchzumachen gehabt hätte, während die weibliche Sexualität von jeher auf einem so vollkommenen Gleichgewichtszustand zwischen geistigen und körperlichen Trieben beruht habe, daß sie bei dem normalen Weib erst durch die Liebe zu einem bestimmten Manne erweckt werden konnte. Eine solche Annahme, die ursprünglich aus dem männlichen Willen hervorging, die sexuelle Freiheit der Frau zu beschränken, stehe im schroffsten Gegensatz zu der sonst von den meisten Männern so eifervoll behaupteten geringeren Entwicklung der weiblichen Geistigkeit. In Wirklichkeit sei die Evolution vom primitiven Geschlechtstrieb bis zur streng individualisierenden Erotik bei den Frauen nicht weniger langwierig gewesen als bei den Männern, wenn auch die zu durchlaufenden Phasen modifiziert wurden durch die sozialen Lebensbedingungen beider Geschlechter. Auf der untersten Stufe der Entwicklung empfindet sich das Weib als dem Manne gegenüber ganz einseitig ver-

---

5 Fußnote im Original: [Vgl. Rosa Mayreder:] *Geschlecht und Kultur. Essays*, Jena: Eugen Diederichs 1923. [Dies.:] *Zur Kritik der Weiblichkeit. Essays.* Jena: Eugen Diederichs 1922 [1905].

pflichtet. Auf der zweiten Stufe erkennt sie nur eine gegenseitige Verpflichtung an, die auf Rechtsnormen gegründet ist. Erst auf der höchsten Stufe der Entwicklung wird die Liebe von Mann und Weib als das empfunden, als was die Dichter sie verherrlichen: den leidenschaftlichen Drang des verinnerlichten Menschen, sich von der Isolierung zu befreien, in die ihn sein Ichbewußtsein bannt, und die Grenzen seiner Persönlichkeit dadurch zu überschreiten, daß er zu verschmelzen strebt mit einer zweiten Persönlichkeit. Das Gefühl innerer Erlösung, das eine solche Verschmelzung bereitet, muß bezahlt werden mit einer gegenseitigen Abhängigkeit, die Goethe den schönsten Zustand nennt.

Liebe definiert die Verfasserin als „jene zuständliche Veränderung des Ichbewußtseins, durch die der einzelne fähig wird, eine seelisch-organische Einheit mit einem in der Außenwelt existierenden Objekt zu bilden".

Eine vollkommene Wandlung machte aber auch die Anschauung von der Bedeutung der Fortpflanzung für das Sexualleben im Laufe der Entwicklung durch. Zu gar keiner Zeit und auf keiner Stufe der Entwicklung ist der Sexualtrieb mit dem Willen zur Fortpflanzung eins gewesen. Den wilden Völkern ist sogar der kausale Zusammenhang zwischen Geschlechtsverkehr und Geburt lange verborgen geblieben. Das Christentum hat in seiner Bekämpfung der Fleischeslust neben der vollständigen Enthaltsamkeit nur die zum Zwecke der Fortpflanzung geschlossene Ehe als sittlich zulässig anerkannt, aber keineswegs den Fortbestand einer Ehe an die Bedingung geknüpft, daß sie auch tatsächlich den Zweck der Fortpflanzung erfülle.

Aber es gibt auch noch heute Philosophen, Soziologen und Rechtsgelehrte, die in der Ehe nichts sehen wollen als den bekundeten und sozial anerkannten Willen, die Gattung fortzupflanzen.

„Nicht nur fort sollst du dich pflanzen, sondern hinauf", sagt Nietzsche[6] und weist damit der Ehe die Aufgabe zu, den „Übermenschen" hervorzubringen.

Sehr richtig wendet Rosa Mayreder gegen ihn und andere Rassenzüchter ein, daß wir durchaus nicht Herren über die Vererbungstendenzen sind. Übertragen sich doch weder physische noch geistige Qualitäten in gerader Linie von den Kindern auf die Eltern. Die der Großeltern oder selbst entfernter Verwandter sind sehr oft ausschlaggebend. Wollte jemand alle diese Möglichkeiten in Erwägung ziehen, also seine eigenen Anlagen, die des erwählten Partners sowie auch diejenigen der beiderseitigen Verwandtschaft bis ins dritte und vierte Glied prüfen, so dürften sich kaum jemals zwei Menschen mit gutem Gewissen als zur Ehe tauglich betrachten. Aber auch die so oft aufgestellte Behauptung, daß in der erotischen Anziehung der Wille der Natur gegenüber der Nachkommenschaft zum Ausdruck komme, läßt sich nicht hinreichend begründen. Waltet doch in der Liebe regelmäßig das Bestreben vor, Mängel und Fehler der erwählten Person nicht nur zu übersehen, sondern so-

---

[6] Friedrich Nietzsche: *Also sprach Zarathustra. Ein Buch für Alle und Keinen*, Chemnitz: Ernst Schmeitzner 1883, S. 99.

gar zu verklären, was nicht für das Vorhandensein eines unbeirrbaren Instinktes der Auslese spricht.

[...]

Es wäre natürlich ganz töricht, es in Abrede zu stellen, daß gewaltige geistige Kräfte am Werke waren und noch gegenwärtig am Werke sind, sowohl bei der Entwicklung des primitiven Sexualtriebes zur Erotik des Kulturmenschen als auch in der Frauenbewegung, aber diese Kräfte konnten eben nur aus dem nährenden Boden geeigneter wirtschaftlicher Vorbedingungen emporwachsen. Wie wenig Spielraum aber die kapitalistische Ordnung noch immer der höheren Entwicklung der Erotik gewährt, wie sehr diese Entwicklung bisher auf eine spärliche Auslese der Menschen beschränkt geblieben ist, erkennt Rosa Mayreder klar. Was aber von der Erotik gilt, das gilt ebensosehr von jeder anderen sittlichen und ästhetischen Verfeinerung und Veredlung. Jede ist bisher auf eine kleine Minderheit beschränkt geblieben, während die Mehrzahl der Angehörigen aller Volksklassen wenigstens mit einem großen Teil ihres Denkens, Fühlens und Tuns noch tief in der Barbarei steckengeblieben ist.

Der Krieg und seine Folgen haben diesen Zustand in allen Ländern noch wesentlich verschlimmert. Mehr als je vorher ist ein Teil der Menschen durch Überfluß, der andere durch Mangel und Sorge und beide durch den rücksichtslosesten Kampf, sei es um Reichtum, sei es um des Lebens Notdurft, verroht und abgestumpft worden. Wie wenige finden Zeit, um sich auf sich selbst und darauf zu besinnen, was uns not tut, um nicht nur geistig, sondern auch seelisch emporzuwachsen und zu gedeihen.

Erst eine Wirtschaftsweise, die dem Drang nach Bereicherung unübersteigliche Schranken entgegensetzen und zugleich die Angst vor Verelendung aus der Welt schaffen wird, erst die sozialistische Ordnung wird den Menschen die Augen dafür öffnen, in wie hohem Grade sie bisher ihre ernstesten Angelegenheiten vernachlässigt haben.

Die meisten werden erst dann, erst unter der Herrschaft des Sozialismus imstande sein, ihre freigewordenen Kräfte anzuspannen, um ihr edleres Selbst zur Entfaltung zu bringen.

13.4 Marianne Pollak: Frauenfragen auf dem Kongreß für Sexualreform

Erstveröffentlicht als Marianne Pollak: Frauenfragen auf dem Kongreß für Sexualreform, in: *Arbeiter-Zeitung*, 29. September 1930, S. 3.

Der IV. Kongress für Sexualreform der Weltliga für Sexualreform fand vom 16. bis 23. September 1930 im Wiener Konzerthaus statt. Die Tageszeitungen berichteten für das breite Publikum täglich von den Vorträgen und Veranstaltungen. Julius Tandler,

Rudolf Goldscheid, Adelheid Popp, Wilhelm Reich u. a. hielten Vorträge. Magnus Hirschfeld hielt die Eröffnungsrede und rühmte die Errungenschaften der Stadt im Bereich der sozialen Wohnbau- und Fürsorgepolitik, die so positiv auf die Sexualreform einwirke.[7] *Im folgenden Beitrag über den Kongress diskutiert die sozialdemokratische Journalistin Marianne Pollak (1891–1963) die veränderten sexuellen Ansprüche der ‚neuen Frau', verunsicherte Männlichkeiten sowie die Widersprüche bürgerlicher Sexualmoral, die Abtreibung verbiete und ledige Mutterschaft stigmatisiere.*

Eine Woche lang hat in Wien ein Kongreß von Männern und Frauen getagt, die für eine Reform unserer Moralbegriffe, unseres ganzen Geschlechtslebens eintreten. Bei der Heuchelei und Verdummung, von denen sich unsere Zeit noch immer nicht befreit hat, gehört eine tüchtige Portion Mut dazu, sich gerade diesem heikelsten Gebiet öffentlicher Tätigkeit zuzuwenden. Um so dankbarer dürfen wir sein, daß sie gewagt wird, denn wir Frauen vor allem sind da die Nutznießerinnen.

Männermoral.

Rudolf *Goldscheid*, der das Sexualproblem auf dem Kongreß von der soziologischen Seite beleuchtete, sprach von der *Moral der Herrschenden*. Jenseits der Herrschenden aber ist die Moral bis auf den heutigen Tag auf die Geschlechtsbedürfnisse und die Geschlechtsvorherrschaft des *Mannes* eingestellt. Dagegen beginnt sich eine immer steigende Zahl von Frauen aufzulehnen. Die Erfahrung lehrt, daß es kaum eine Frage gibt, bei der in Versammlungen erregtere Zustimmung zu erlangen ist, als wenn von der *Hörigkeit des weiblichen Geschlechts* gesprochen wird. Schüchterne, des Redens ungewohnte Mütterchen stehen da auf und klagen an. Junge, noch kaum gereifte Mädchen wagen es, trotz zahlreicher Zuhörerschaft, trotzige Worte zu sagen. Sie alle spüren es, ohne vielleicht die ganze Tragweite zu ermessen, daß wir *an einer Wende der Moralbegriffe* stehen, daß wir einer Zeit der geschlechtlichen Gleichberechtigung entgegengehen, in der es auch im Persönlichsten aller Lebensgebiete keine Herrschenden und keine Beherrschten mehr geben wird, in der als Grenze persönlicher Freiheit einzig und allein das Wohl der Gemeinschaft gelten wird. Heute sind wir noch nicht so weit. Heute wollen viele Frauen zwar nicht mehr stumm dulden, aber sie sind noch nicht frei genug, unabhängig von alter Ueberlieferung zu handeln. Diese ersten Generationen einer Uebergangszeit müssen Leidtragende einer noch nicht neufixierten Geschlechtsmoral sein, unsicher im Individuum, abwartend im Geschlecht, das wie in Sprungstellung auf den Angriff lauert.

Das ganze Geschlechtsleben unserer Jahre ist nichts als ein millionenfaches Experiment, das für alle ehedem Feststehendes erschüttert, aber gerade für die fort-

---

[7] Vgl. Friedjung, Fürst, Chiavacci, Steiner, Sexualnot und Sexualreform.

schrittlichen Frauen besonders verwirrend und widerspruchsvoll ist. Sie, die sich bereits mit vollem Bewußtsein gegen die Geschlechtssklaverei auflehnen und sie abschütteln wollen, geraten dadurch in Konflikt mit der ihnen selbst noch innewohnenden Gebundenheit an das Vergangene, stoßen sich überall an noch bestehenden Gesellschaftseinrichtungen und sehen sich einer Männergeneration gegenüber, die, als die bisher sexuell herrschende, nicht ohne Groll auf ihre geschlechtlichen Vorrechte verzichten kann. Die neuen Grundsätze der Frau, die früher unbekannt waren, die es bei wirtschaftlich völlig abhängigen Geschöpfen gar nicht geben konnte, sind unbequem; man weicht ihnen am leichtesten durch das Uebersehen ihrer Trägerinnen aus. So ist die moderne Frau oft gerade wegen ihrer Ansprüche, die vom Mann die Sublimierung des Geschlechtlichen verlangen und ohne verfeinerte Erotik nicht mehr befriedigt werden können, zum Verzicht gezwungen aber zur Enttäuschung verurteilt. Die ganz Jungen aber, die ratlos suchen und wechseln, finden in der neuen Freiheit, die sie noch nicht zu meistern verstehen, erst recht schwer das beglückende Gleichgewicht. Kein Zweifel: die Männermoral ist im Versinken. Aber die sexuelle Götterdämmerung bringt den Generationen, die sie durchleben müssen, vorerst nur Unruhe und Fragen.

Zwangskinderlosigkeit und Zwangsmutterschaft.

In einem Referat über „Die alleinstehende Frau" hat Sidonie *Fürst* das Wort von der *Zwangskinderlosigkeit* geprägt. Die Gesellschaft, in der wir leben, zwingt die Frau auf der einen Seite, auch ungewollt Kinder auszutragen und großzuziehen; gleichzeitig aber verstößt sie mit unfaßbarer Grausamkeit Hunderttausende unverheiratete Frauen, verurteilt sie, die sich nach der Mutterschaft sehnen, zur Kinderlosigkeit. Jeder von uns weiß, daß es Mädchen gibt, die es mehr zum Kinde als zur Verbindung mit dem Manne zieht. Aber unsere unmoralische Wirtschaftsordnung, die viel proletarischen Nachwuchs will, damit es billiges Maschinenfutter gibt, bringt doch gleichzeitig die Kühnheit auf, jede Frau zu ächten, die ein Kind bekommt, ohne ihm einen Vater geben zu können. Die heutige Sexualheuchelei bringt es zuwege, jede Unterbrechung der Schwangerschaft mit dem Zuchthausparagraphen zu bestrafen und gleichzeitig noch immer die gewollte Schwangerschaft der Unverheirateten als Sittenlosigkeit zu brandmarken. Sind das nicht unerträgliche Widersprüche? So wird es immer schwerer, von den Frauen *zugleich* Gebärsklaverei und Geburtenentsagung, Zwangsschwangerschaft und Zwangskinderlosigkeit zu verlangen! Es ist unmenschlich, der Frau, die Mutter werden will, dieses Glück zu versagen. Es ist ebenso unmenschlich, eine Frau, die nicht Mutter werden will, zur Mutterschaft zu zwingen. Erst eine Zeit, in der die Mutterschaft als soziale Leistung anerkannt ist, wird sich durch die Sicherstellung des Kindes der Mutter erkenntlich erweisen. Erst eine Zeit, die die wirtschaftliche Gleichstellung der Geschlechter anerkannt hat, kann die Sehnsucht nach der Mutterschaft der unverheirateten Frau erfüllen. Dann aber werden die Menschen wohl auch erkennen, daß es keinen größeren Adel für eine Frau geben kann, als wenn sie, allein auf sich gestellt, ihr Kind zu einem ganzen Menschen erzieht.

[...]

13.5 Sofie Lazarsfeld: Angst vor der Frau

Erstveröffentlicht als Angst vor der Frau, in: Sofie Lazarsfeld: *Wie die Frau den Mann erlebt: Fremde Bekenntnisse und eigene Betrachtungen*, Leipzig, Wien: Verlag für Sexualwissenschaft Schneider & Co 1931, S. 217–219.

Die Individualpsychologin Sofie Lazarsfeld (1882–1972), eine Schülerin Alfred Adlers (1870–1937), führte ab 1925 eine Ehe- und Sexualberatungspraxis in Wien. Sie nutzte die Erfahrungen dieser Arbeit für ihre sexualwissenschaftliche Forschungsarbeit. In ihrem Buch beschäftigt sie sich mit den Geschlechterverhältnissen aus der Perspektive der Sexualität und fragt, wie sich diese durch das Auftreten selbstbestimmter und selbstbewusster Frauen verändern. Mit ihrem Ratgeber wollte sie dem Problem begegnen, dass bisherige sexuelle Aufklärungsliteratur „von Männern für Männer vom Standpunkt des Mannes geschrieben" sei.

Ich konnte aus den Erfahrungen der Beratungsstunden die interessante Tatsache feststellen, *daß nur Männer, die ihrer sexuellen Potenz sehr sicher sind, sich von selbständigen Frauen angezogen fühlen,* ja man kann fast aus dem Grad der erotischen Ablehnung, mit der ein Mann der Selbständigkeit der Frauen gegenübersteht, auf seine sexuelle Sicherheit oder Unsicherheit schließen. Bei der Beurteilung dieser Sicherheit darf man sich aber keineswegs von dem mehr oder weniger selbstbewußten Auftreten des Betreffenden täuschen lassen. Gerade erotisch sehr begabte Männer sind bei der Werbung oft schüchtern, besonders dann, wenn sie nebstbei auch noch wertvolle Menschen sind, während bei den anscheinenden Draufgängern oft nichts anderes dahintersteckt als überkompensierte Ängstlichkeit und der Versuch, sich und die Anderen darüber hinwegzutäuschen. Das geht aber nur bis zu einem gewissen Grad, und wenn dann die Probe auf das Exempel kommt, dann erleben Frauen, die sich dadurch haben irreführen lassen, die peinlichsten Enttäuschungen im Punkt der sexuellen Erfüllung. Ich würde den Frauen, die sich über die sexuelle Sicherheit des zu wählenden Mannes orientieren wollen, mit bestem Gewissen empfehlen können, daß sie ihn über seine erotische Einstellung zur selbständigen Frau ausholen sollen. Je nachdem, wie er darauf reagiert, werden sie mehr über ihn erfahren, als durch andere Mittel so leicht möglich ist.

Dabei kommt es aber nicht darauf an, was er dazu äußert, sondern *wie er sich tatsächlich dazu verhält, also wie er handelt.* Es kommt nämlich sehr häufig vor, daß Männer sich als die feurigsten Verfechter der Befreiung der Frau ausgeben, dabei aber immer nur ganz unselbständige oder menschlich wertlose Frauen anziehend finden und wählen. Hier mehr noch als auf anderem Gebiet kollidieren sehr oft Theorie und Praxis. Will man also die *wirkliche* Meinung eines Mannes zu dieser Frage erfahren, so darf man sich nicht an seine Worte halten (– das soll man übrigens niemals und bei gar keiner Gelegenheit –), sondern man muß sich die Frauen anschauen, die er begehrenswert findet. *Traut er sich, auch Frauen mit persönlichem Wert erotisch auf sich wirken zu lassen, dann darf man ziemlich klar schließen, daß er seiner Sexualität sicher ist.* Was gewiß nicht heißen will, daß ihm die Wertlosen nicht gefallen dürften, sondern nur so gemeint ist, *daß der Persönlichkeitswert einer Frau für unsichere Männer von vornherein ein Hindernis der sexuellen Fühlungnahme bedeutet und daß nur sichere Männer davor nicht zurückschrecken, es in eroticis mit einer ihnen menschlich gleichwertigen oder gar überlegenen Frau aufzunehmen.*

Im Laufe der Beratungen habe ich schon so manchen Mann, der sich darüber beklagte, daß er trotz seiner Sehnsucht nach ebenbürtigen Frauen immer nur an gänzlich unbedeutende gerate, zu der Einsicht und zu dem unumwundenen Geständnis kommen sehen, daß er sich nur an die letzteren herangetraut, den ersteren hingegen immer rechtzeitig aus dem Wege gegangen sei, so oft er auch den *scheinbaren* Versuch zu einem Anschluß gemacht hatte.

13.6 Grete von Urbanitzky: Der wilde Garten

Erstveröffentlicht als Grete von Urbanitzky: *Der wilde Garten*, Leipzig: Hesse und Becker 1927, S. 122–124.

In ihrem Roman Der wilde Garten *liefert die Schriftstellerin und Redakteurin Grete von Urbanitzky (1891–1974) eine explizite Darstellung lesbischer Liebe, wobei es die literarische Form erleichtert, moralische und juristische Normen der Zeit zu übertreten. In einem Figuren- und Beziehungsdreieck zwischen der selbstbewussten Künstlerin Alexandra, der schambesetzten Gymnasiallehrerin Dr. Südekum und der Schülerin Gertrud werden weibliches Begehren und lesbische Erweckung lesbar gemacht. In politischer Hinsicht wird Urbanitzkys Biografie, 1923 Mitgründerin und Generalsekretärin der österreichischen Sektion des P. E. N.-Clubs, durch ihre Haltung zum Nationalsozialismus verdunkelt: 1933 stellt sie sich gegen die Kritik an den Bücherverbrennungen in Deutschland, später finden sich auch einige ihrer eigenen Werke auf der Liste verbotener Literatur.*

„Ich bin doch – um Gottes willen!" Das Blut hämmerte so stark in den Schläfen des kleinen Fräuleins, daß es seine eigene Stimme nur wie aus Fernen vernahm. „Ich bin doch eine Frau, – ich meine, ein Mädchen, ja, ein altes Mädchen, – und Gertrud? Sie reden ja Wahnwitziges, Frau Alexandra – das, das ist ein schlechter Witz!"

„Sie großes Kind", lächelte Alexandra.

[...]

„Ich weiß den Weg nicht, der Sie zu dieser Liebe führte. [...] Nein, dazu kenne ich Sie zu wenig. Aber ich weiß, daß das die Liebe ist, und weiß, daß Sie dieses Mädchen begehren."

„Begehren!" Das kleine Fräulein sprang totenblaß auf. „Nein, ich hätte nicht sprechen sollen. Sie verstehen mich nicht. Sie denken abscheuliche Dinge! Sie Sind wahnsinnig!" [...]

Nach einem Schweigen, das nur ihr keuchender Atem erfüllte, fragte Fräulein Dr. Südekum leise mit abgewandtem Gesicht: „Und Sie glauben, daß es das gibt: Liebe zwischen Frau und Frau?"

„Gibt es sie nicht zwischen Prophet und Jünger, Mensch und Stern, Mensch und Tier, Mensch und Blume? Ist es nicht ein Strom, der alle verbindet?" Alexandra trat ganz nahe an das kleine Fräulein heran und beugte sich über sie, daß diese plötzlich nur die großen klaren Augen im Dunkel über sich sah: „Lieben wir Menschen einander nicht, weil wir sterben müssen, weil wir alle, Mensch, Tier und Kristall, zu gleichem Schicksal verdammt sind? Und da sollten wir grübeln, warum wir lieben? Und da sollten wir es uns verbieten?"

Das kleine Fräulein richtete sich auf, und in einer ungeheuren tapferen Anstrengung, die ihr fast den Atem zerbrach, fragte sie so, als hinge alles von dieser Antwort ab: „Ja, Mensch und – aber ich meine diese Liebe, von der Sie jetzt sprachen, von dem Begehren –Liebe zwischen Frau und Frau – das – das ist doch ekelhaft!"

Alexandra sah ein wenig irritiert auf das kleine fiebernde Wesen vor sich. Arme, kleine Motte, dachte sie wieder. Wie angstvoll sie mit den zarten Flügeln um sich schlägt!

„Wie krank Sie denken!" sagte sie dann ruhig. „In einem anderen Sinne hätten Sie vielleicht recht. Denn es gibt das Laster, Das ist, wenn ermüdete Lust immer neuen Stachel sucht, wenn das Gehirn zum Diener der Begierden wird und immer neue spitzfindige Variationen findet. Das mag ekelhaft sein, das kenne ich nicht. [...] [A]ber wir sprechen von der Liebe. Welcher Weg sollte ihr verboten sein, wenn sie die Liebe ist?"

Fast unhörbar kam die Frage aus der Dunkelheit: „Und was ist Liebe?"

„Was mehr will als Lust, die immer nur sich selbst will und den, der sie gibt. Was uns Totgeweihte über unser armseliges Ich und seine Grenzen emporzwingt, was alles außer unserer Arbeit und diese selbst lebenswert macht und heidnisch froh ..."

Und wieder kam die zaghafte Stimme aus dem Dunkel: „Und Sie glauben wirklich, daß ..."

Ein wenig ungeduldig klang die Antwort Alexandras: „Wer sich fürchtet, soll sich in die Winkel und Ecken flüchten, die der Menschen Herdengesetze schufen. Wer liebt, ist Gottes und steht außer dem Gesetz."

[...]

13.7 Ernst Fischer: Krise der Sexualität

Erstveröffentlicht als Krise der Sexualität, in: Ernst Fischer: *Krise der Jugend*, Wien, Leipzig: Hess & Co. 1931, S. 33–70.

Die Sexualität der jungen Nachkriegsgeneration war vor dem Hintergrund der sozialen und gesellschaftlichen Umbrüche ein Kampfthema der sozialdemokratischen Jugendbewegung. Der Schriftsteller und Journalist Ernst Fischer (1899–1972) veröffentlichte regelmäßig kritische Texte zur Jugendfrage. Er vertrat linksoppositionelle Ansichten innerhalb der Partei und kritisierte diese in vielerlei Hinsicht. Der bürgerlichen Gesellschaft attestierte er eine chronische Krise der Sexualität. Ihre Heuchelei sieht er jedoch von einer neuen Heuchelei abgelöst, in der die in der Jugendbewegung entwickelte Kameradschaft zwischen den Geschlechtern jene befreite Sexualität im Keim erstickt, die sie selbst erst ermöglicht.

Wurde jemals so viel von Sexualität gesprochen, geschrieben, Aufhebens gemacht wie in diesem Jahrhundert? Hat es jemals so viele offenkundige Probleme der Sexualität gegeben? Hat man jemals „die sexuelle Frage" so tausendfältig zur Diskussion gestellt?

Diese allgemeine unermüdliche Anteilnahme an der Sexualdiskussion ist ein bedenkliches Symptom; sie beweist, daß etwas nicht in Ordnung ist. Wenige Menschen bejahen heute ohne Hintergedanken die Freuden der Sexualität – die meisten schlagen sich mit ihren Leiden und ihrer Not herum. Und die Jugend kämpft mit verbissener Leidenschaft um neue Formen der aus den Fugen geratenen Geschlechtlichkeit.

Jede Kultur hat der Sexualität Gesetze und Konventionen auferlegt, hat den Geschlechtstrieb zu zähmen, zu zügeln, in den Dienst der Gesellschaftsordnung zu nehmen versucht, jede Kultur hat daher *Sexualprobleme* heraufbeschworen. Aber zu einer eigentlichen Krise der Sexualität ist es erst gekommen, als lebensverneinende Religionen wie das Christentum das Geschlecht mit der Sünde verkuppelten, alles Körperliche verdammten, alles Seelische überwerteten, als die Liebe zerstückelt wurde in einen teuflischen und in einen göttlichen Teil, in die böse Triebhaftigkeit des Unterleibs und in das reine Ideal einer unbefleckten Seelengemeinschaft. Diese Krise ist seither niemals völlig überwunden worden; sie wurde verschärft durch die Verdünnung und Verflüchtigung aller elementaren Leidenschaften in der Kultur, durch den wechselnden Intellektualismus, durch die Auflehnung der Frauen und die Revolte der Jugend gegen die zweideutige Moral der Männergesellschaft. Sie wurde lange nicht ausgesprochen, war nur ein unterirdisches Glimmen und Glosen; nun, da sie endlich die Kruste des Schweigens durchbricht, entfaltet sie sich in ihrer ganzen Gefährlichkeit. Wenn man ein Problem ausspricht, ist es noch lange nicht gelöst; im Gegenteil: anfangs scheint es so, als verdichte und verwickle sich gerade durch die Aussprache jedes Problem, als werde es nun erst, da es ins Bewußtsein trat, zum wahren Verhängnis. In diesem Stadium der sexuellen Krise befinden sich die Massen der Jugend; Hunderttausende wurden aus dumpfer Unwissenheit aufgeschreckt und taumeln nun verstört und verwirrt durch das grelle Licht der Erkenntnis. Sie werden sich an das Licht gewöhnen müssen. Sie werden in diesem Licht die Schwierigkeiten sehn. Sie werden langsam lernen, der Schwierigkeiten Herr zu werden.

Die *chronische* Krise der Sexualität in der bürgerlichen Gesellschaft ist nach dem Krieg *akut* geworden. Der Einbruch der Frontgeneration in die brüchige Hinterlandswelt, die durch die Abwesenheit der Männer erzwungene Selbständigkeit der Frauen und der Jugendlichen, die Unsicherheit und Plötzlichkeit des Lebens, hinter dem der Tod so nah, so gewaltig stand wie nie zuvor, der Zusammenbruch der kleinbürgerlichen Konventionen, der kulturelle Aufstieg der Arbeiterklasse – das alles hat die Stabilität, die Dauerhaftigkeit menschlicher Beziehungen zerstört. Und die sexuellen Beziehungen wurden so problematisch, so krisenhaft wie das ganze Leben. Alle gesellschaftlichen Krisen sind seit dem Krieg akut; die Krise der Sexualität ist nur als reine Erscheinungsform der allgemeinen Kultur- und Gesellschaftskrise zu werten. Sie besteht im Bewußtsein der Menschen; aus dem Bewußtsein gibt es keinen Weg zurück in die Unwissenheit, sondern nur einen Weg vorwärts: in das Experiment, in den Versuch planvoller Neugestaltung.

Die Situation vor dem Krieg war anders; daß sie besser war, behaupten alle Reaktionäre. Zweifellos war sie einfacher, wie die Linien einer Landschaft im Nebel einfacher sind als die Linien einer Landschaft im Gewitter.

Für das Proletariat war die Sexualität kein Problem; sie als Problem zu empfinden, hatte die Proletarierjugend weder Zeit noch innere Muße. Die Reaktion auf das andere Geschlecht war stark und eindeutig; in den engen Wohnungen, in der stickigen Atmosphäre des dichten, distanzlosen Zusammenlebens gab es die schlimmsten Dinge, aber der bürgerlichen Gesellschaft blieb es erspart, zu viel von der bürgerlichen Geschlechtsmoral abzubekommen. Die Proletarierkinder wußten bald Bescheid, wurden sehr früh „aufgeklärt", lösten sehr früh auf eigene Faust die sexuelle Frage; die Mädchen, die Frauen wurden von den Burschen und Männern genommen, in den meisten Fällen blieben sie unbefriedigt, ohne zu wissen, daß es für sie Befriedigung geben könne. Undeutlichen Ahnungen von romanischer Liebe (Traum, der aus Kitschromanen stieg, Traum von dem eleganten Herrn, dem Offizier und dem Märchenprinzen) folgte bald die ernüchternde Wirklichkeit, Schwangerschaft auf Schwangerschaft, Kind auf Kind, Arbeit, Armut und rasches Verblühn. Immer wieder hört man die Frauen sagen: „Die Männer wollen von uns nur das eine, den Männern macht nur das eine Spaß!" Sexueller Genuß ist das Vorrecht der Männer; die meisten Frauen empfinden wenig dabei, sind zu körperlicher Gleichgültigkeit verurteilt, Lustmaschinen, Arbeitsmaschinen, Gebärmaschinen. Auf die sexuelle Befriedigung der Frau wird keine Rücksicht genommen, daß es dergleichen gibt, ist reichlich unbekannt; in vielen dieser Frauen entsteht Hysterie, selten wird sie erkannt, selten darf sie sich unmißverständlich äußern. Das ist ein Luxus der

Dame; die Proletarierin hat keine Zeit zu solchen Extravaganzen, es gibt kein Ventil für das tiefe Ungenügen, das ihr innerstes Wesen ist. Nur ein dumpfer Instinkt sagt ihr, daß sie um alle Freuden des Lebens betrogen wurde; an äußerer und innerer Not verbraucht sich ihr Körper unheimlich schnell, aber sie nimmt das geduldig hin, unverständlichem Schicksal gehorchend.

Für den Proletarier ist die Frau Kollegin im Betrieb, Geliebte in der Freizeit, Ausbeutungsobjekt in der Ehe. Die Sehnsucht dieser Proletarier ist eine kleinbürgerliche Lebenshaltung; den Wohnungskitsch und den Moralkitsch, den Öldruck an den Wänden und den Öldruck im Herzen, alles das bezieht er vom Kleinbürgertum, wenn es ihm gelang, aus dem ärgsten Elend aufzusteigen. In diesen Proletarierfamilien, die sich kleinbürgerlich gebärden, haben die Frauen, die Kinder nichts zu reden, der Mann, der Vater ist unumschränkter Tyrann, kleinlichste Vorurteile hemmen das Privatleben. Die Tugend der Mädchen wird bewacht, der uneheliche Geschlechtsverkehr verpönt, die Sexualität wird in Heimlichkeit, in dunkle Winkel zurückgedrängt. Gegen das Kleinbürgerideal der Väter und Mütter, die draußen Sozialisten und am häuslichen Herd Gewalthaber sind, rebelliert die Jugend. *Die Jugendbewegung beginnt.*

[...]

Der Widerstand der Jungen gegen die Heuchelei der Alten wurde nach dem Krieg zur Jugendrevolte gegen die Doppelmoral des Bürgertums. In den Formen der Jugendbewegung und der Inflationsbohème kündigte sich eine ungezwungenere, ungebundenere Gemeinschaft der Geschlechter an; aber das Ergebnis hat bisher enttäuscht. Man hat zu viel von dem Umsturz erwartet, man hat das Tempo der Wandlung überschätzt, man hat nur provisorische Lösungen, keineswegs aber eine neue Harmonie des Lebens entdeckt. Deutlich wird nun der Rückschlag fühlbar; unzählige junge Menschen haben sich in den Labyrinthen der Geschlechtlichkeit verirrt und wollen lieber zurück in die engen Kavernen der alten Moral als vorwärts, der Freiheit entgegenhastend.

„Bankerott der freien Liebe!" geifern die Dunkelmänner. Hat es das wirklich gegeben, gibt es das wirklich, „freie Liebe" – nicht als Einzelfall, sondern als Gesellschaftserscheinung? Ist es wahr, daß die Jugend, die „Freiheit" nicht erträgt – oder sollte es nur *die Illusion der Freiheit* sein, die unerträglich wird?

Es ist die *scheinbare* Freiheit sexueller Beziehungen, an der die Jugend leidet. Diese *scheinbare* Freiheit, diese Vorspiegelung einer Lebensform, die nur als Möglichkeit, nicht als Wirklichkeit besteht, zermürbt die Nerven, verstört die Gemüter. Ja die Jugend ist nicht mehr bewacht und eingeschlossen wie einst, die jungen Mädchen ziehn mit den jungen Burschen hinaus in Bad und Gebirg, sie treiben mit ihnen Sport, besuchen mit ihnen Diskussionsabende, arbeiten mit ihnen in den Schulen, in den Büros, in den Organisationen, täglich gibt es hundert Gelegenheiten, einander zu sehn, zu sprechen und zu berühren – aber die Freiheit, von der man fabelt, gibt es nicht. Die großen Probleme der *Wohnung*, der *Schwangerschaft*, der

Gleichaltrigkeit, die wirtschaftlichen und die psychologischen Hemmungen sind stärker als die trügerische Freiheit des Einandertreffens und Einanderbegehrens.

Eine Lüge soll hier zu Beginn entlarvt werden: Wenn man behauptet, das stete Beisammensein der Geschlechter, das gemeinschaftliche Baden, Wandern, Skilaufen, die weitgehende Kameradschaft reize nicht die Sexualität, nein, sie dämpfe sie eigentlich, wenn man das behauptet, hat man Angst vor der Wahrheit. Die weitgehende Kameradschaft reizt die Sexualität, die nackte Schönheit junger Körper in Wasser und Sonne, der Glanz der Haut und die Nähe des Fleisches, die Atmosphäre der Zeltlager und Jugendkolonien sind erotisch nicht indifferent, die *Möglichkeit* sexueller Befriedigung weckt die *Begierde* danach. Warum das leugnen? Warum das vertuschen? So impotent ist die Menschheit nicht einmal im zwanzigsten Jahrhundert, daß sie mit ästhetischer Abgekühltheit anstatt mit leiser Erregtheit die blutvolle Plastik menschlicher Körper betrachtet; aber die Menschheit schwindelt sich selber an, viele Wortführer der Jugendbewegung machen den Schwindel mit, weil sexuelle Begierde, weil Sexualität noch immer als *minderwertig* gilt. Die Jugend wollte den Moralheuchlern beweisen, daß man gemeinschaftlich wandern, schwimmen, in Zeltlagern schlafen könne, ohne daß es sofort zum „Ärgsten" kommen müsse; Wortführer der Jugend haben sogar behauptet, die freie Kameradschaft dränge die Sexualität zurück, mache die Jugend gegen sexuelle Anfechtungen immun. Aber damit hat man die alte Heuchelei durch eine neue ersetzt. Die Wahrheit ist, daß halbwegs wohlgeratene, halbwegs gesunde junge Menschen einander begehren, daß die „reine" Kameradschaft nur möglich ist, wenn der Partner mit der Partnerin nichts anderes anzufangen weiß. Das bedeutet *nicht*, daß jeder junge Mann jede junge Frau, mit der er im Beruf, in der Organisation, in der Jugendorganisation, in der Jugendbewegung zu tun hat, unbedingt zu seiner Geliebten machen will, wohl aber bedeutet es, daß er sie und sie ihn wenigstens vorübergehend begehrt, daß zwischen ihnen erotische Reize ausgelöst werden, wenn körperliche Abneigung oder krankhafte Veranlagung das nicht verhindert.

In vielen Kreisen der Jugendbewegung hat man das ebenso töricht bestritten wie man es in vielen Jugendgemeinschaften töricht übertrieben hat – beides nicht zum Vorteil der Jugend. Heute erleidet eine Generation *die Folgen des Mißverhältnisses zwischen der scheinbaren Freiheit der Geschlechterkameradschaft und der faktischen Trennung der Geschlechter*, die das Schicksal unzähliger junger Menschen war und ist.

[...]

13.8 Wilhelm Reich: Politisierung der Sexualfrage der Jugend

Erstveröffentlicht als Politisierung der Sexualfrage der Jugend, in: Wilhelm Reich: *Der sexuelle Kampf der Jugend*, Berlin, Wien, Leipzig: Verlag für Sexualpolitik 1932, S. 123–150.

Ab 1928 führte Wilhelm Reich (1897–1957) zusammen mit der Dermatologin Marie Frischauf (1882–1966) mehrere Sexualberatungs- und Forschungsstellen in Wien. Die insgesamt sechs Sexualberatungsstellen für Arbeiter und Angestellte waren Einrichtungen der von Reich und Frischauf gegründeten Sozialistischen Gesellschaft für Sexualberatung und Sexualforschung. Die dort erfassten Erfahrungen lieferten den beiden empirisches Material zur Erforschung von Empfängnisverhütung, Geschlechtskrankheiten und Schwangerschaftsabbrüchen sowie „sexueller Konflikte und Neurosen".[8] Im folgenden Auszug aus dem Buch Der sexuelle Kampf der Jugend, *das Reich in Berlin veröffentlichte, wohin er 1930 nach seinem Ausschluss aus der SDAP übersiedelte, legt er dar, dass auch die proletarische Familie an bürgerliche Sexualmoral gebunden bleibt und selbst die kommunistische Agitation, zu der sich Reich nun offen bekennt, bisher nicht wagt, dem eine „sexualbejahende Ideologie" entgegenzusetzen.*

[...]
Wo sind wir alle erzogen worden? Unter welchen Bedingungen sind wir aufgewachsen? Wir sind in Familien aufgewachsen und sind im kapitalistischen System aufgezogen worden. Man wird nun einwenden, es sei ein großer Unterschied zwischen proletarischen und bürgerlichen Familien. So einfach liegt die Sache nicht. Wir müssen erst fragen, in welcher Hinsicht die proletarische Familie proletarisch und in welcher sie gut bürgerlich ist. Wir brauchen nicht lange nachzudenken, um die Antwort herauszubekommen; es genügt, wenn wir die einzelnen Elemente der Lebens- und Denkweise gesondert betrachten. Haben wir uns von der bürgerlichen Eigentumsideologie freigemacht? Ja, weitgehend, weil in den Besitzverhältnissen ein scharfer Unterschied ist zwischen Bürger- und Arbeiterfamilien. Haben wir uns von der Religion ganz freigemacht? Da liegt die Sache schon nicht mehr einfach. Es gibt tausende proletarischer Familien, die religiös sind, und je weiter wir in das kleinbürgerliche Proletariat vordringen, desto tiefer sitzt die Religion. Und wie ist es mit der Sexualmoral? Ist sie nicht in der Eigenheit der Familie selbst verwurzelt, die auch der Proletarier infolge der Lebensverhältnisse in der kapitalistischen Gesellschaft zu gründen gezwungen ist? Gehört nicht die sexuelle Unterdrückung und die Einpflanzung der bürgerlichen Sexualmoral, wie wir das ja schon früher begründet

---

[8] Vgl. Wilhelm Reich: Erfahrungen und Probleme der Sexualberatungsstellen für Arbeiter und Angestellte in Wien, in: *Der sozialistische Arzt*, 5. Jg., Nr. 3 (1929), S. 98–102; Marie Frischauf, Anni Reich: *Ist Abtreibung schädlich?* (= Schriften der sozialistischen Gesellschaft für Sexualberatung, Nr. 2), Wien: Münster-Verlag 1930.

haben, zum Bestand der bürgerlichen Ehe und Familie? Gewiß, die Widersprüche zwischen der Lebensweise des Arbeiters und der bürgerlichen Familienmoral, der er unterworfen ist, sind sehr groß; es sind Widersprüche, die in der mittleren und höheren Bourgeoisie fehlen; aber diese bürgerliche Sexualmoral ist doch im Proletariat vorhanden; sie ist von allen bürgerlichen Ideologien am tiefsten verankert, weil sie von frühester Kindheit an am stärksten eingepflanzt wurde. Sie ist eine der mächtigsten ideologischen Stützen des Bürgertums innerhalb der unterdrückten Klasse. Wir sehen es täglich und stündlich, daß sich auch die klassenbewußten Jugendlichen von ihr am allerschwersten freimachen können. Die bürgerliche Sexualmoral, deren wesentlichstes Stück ist, das Sexualleben nicht natürlich, selbstverständlich, im klaren Zusammenhang mit der jeweiligen Gesellschaftsordnung zu sehen, es zu verneinen, Scheu und Angst davor zu haben, steckt uns Kommunisten viel tiefer in den Knochen als wir alle glauben. Wir dürfen uns vom Gegenteil der sexuellen Scheu, dem sexuellen Herumgetue, nicht täuschen lassen. Das ist bürgerliches Sexualleben mit umgekehrtem Vorzeichen. *Lenin* hatte daher sehr recht, als er die „Glaswassertheorie" als „gut bürgerlich" bezeichnete.[9] Es kommt auf die sexuellen Verbauungen an, die jeder von uns infolge der Sexualunterdrückung in sich trägt, die mit unbewußten, verdrängten Einstellungen zusammenhängen, sodaß wir in unserem Sexualleben nicht ganz Herr über uns selbst sind. Und das sind die tieferen Gründe, warum wir uns nicht offiziell und konsequent mit der Frage auseinandergesetzt haben, warum jeder von uns, ausnahmslos, auch wenn er die beste Einsicht hat, es nicht wagt, sexuelle Befreiungsparolen in unsere sonstige Propaganda aufzunehmen. Wir müssen verstehen lernen, warum auch mancher Kommunist so sonderbar zu lächeln beginnt und das gewisse Gesicht schneidet, sobald vom Sexuellen die Rede ist. Damit müssen wir ernstlich Schluß machen, wie schwer wir es auch haben werden, unsere eigenen Hemmungen zu überwinden. Je weiter wir in die unaufgeklärten, nicht klassenbewußten Schichten von Jugendlichen vordringen werden, desto größere Hemmungen in dieser Frage werden wir antreffen. Aber die Praxis wird erweisen, wie sie es in Einzelfällen bereits erwiesen hat, daß wir in dem Maße, wie es uns gelingen wird, die sexuellen Hemmungen und moralischen Vorurteile der Jugendlichen zu überwinden, desto leichtere Arbeit haben werden, ihnen das so notwendige politische Wissen beizubringen. Wir werden dabei nur dann Erfolg haben, wenn wir der heuchlerischen und verneinenden Ideologie des Bürgertums eine offen und klar sexualbejahende Ideologie entgegensetzen werden. An dieser Front werden viele reaktionäre Gesinnungen zerschellen, denn erstens haben die christlichen und nationalsozialistischen Jugendlichen keine haltbaren Argumente gegen

---

9 Reich bezieht sich hier auf eine der radikalen sowjetischen Feministin Alexandra Kollontai zugeschriebene Aussage, wonach freie Sexualität so natürlich wie das Trinken eines Glas Wassers sein sollte.

uns, und zweitens, was wesentlicher ist, sie verneinen nicht nur ihre Sexualität, sondern sie bejahen sie auch – im geheimen.
[...]

Teil V: **Gesellschaftsplanung**

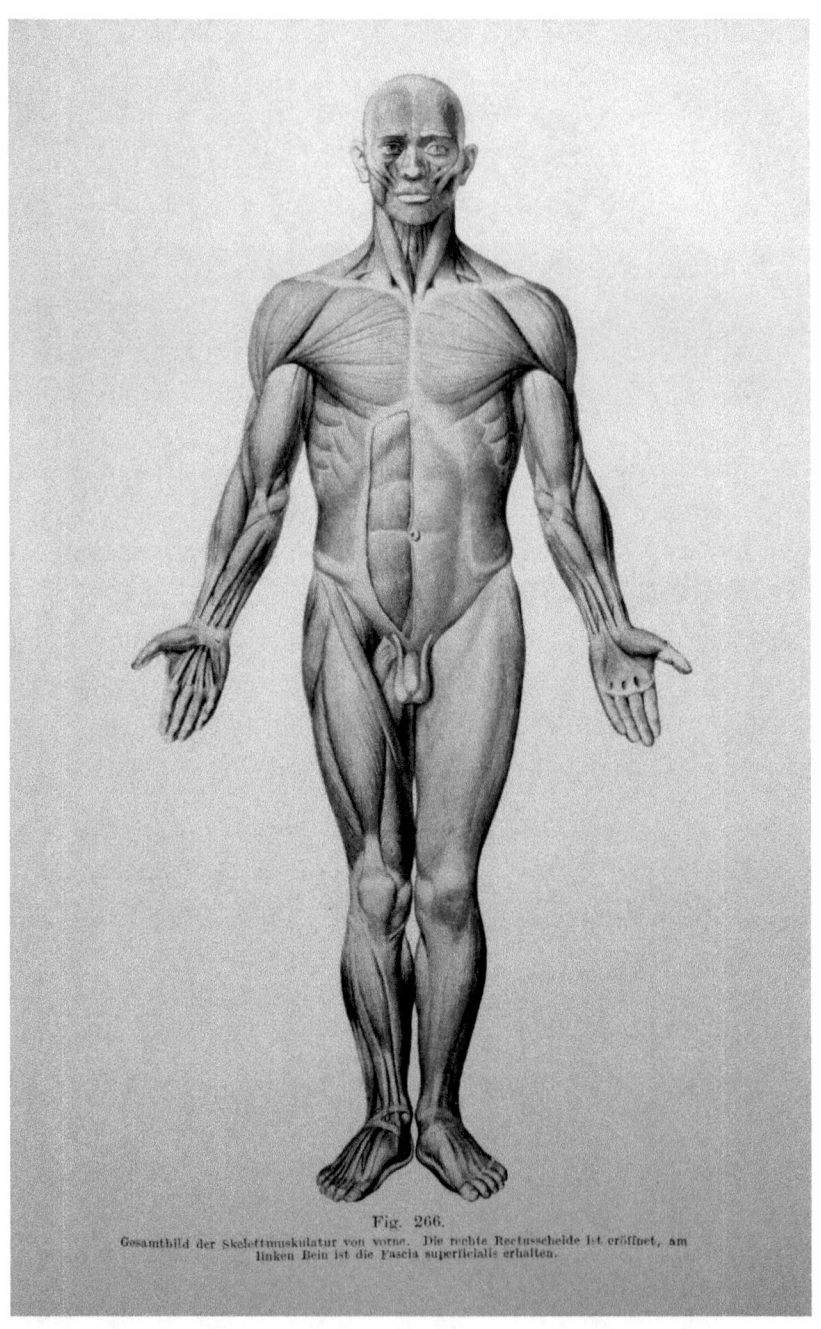

Gesamtbild der Skelettmuskulatur von vorne. Ein kräftiger, aktiver Durchschnittsmensch – vielleicht das Modell eines Arbeitersportlers – bietet seinen Körper bereitwillig dem Blick von Wissenschaft und Öffentlichkeit. In: Julius Tandler: *Lehrbuch für systematische Anatomie*, Bd. 2, Leipzig: C. W. Vogel 1923, Abb. 266.

14 Gesundheit und Sozialhygiene
Birgit Nemec

Einleitung

Der medizinisch-biologische Zustand des Menschen, seine Gesundheit und seine zukünftige Entwicklung stellten zentrale Themen im Roten Wien dar. Mit ihnen befasste man sich in den biologischen und medizinischen Wissenschaften, aber auch in Philosophie, Politik, Pädagogik, Ökonomie oder Stadtplanung, wobei eine Gemeinsamkeit in der Annahme einer engen Wechselbeziehung einer gesunden Entwicklung des Menschen und äußerer Einflussfaktoren lag. Der von Max Adler (1873–1937) beschriebene ‚neue Mensch' wurde nicht isoliert, sondern als kleinster Teil einer größeren sozialen und biologischen Einheit – der kommenden Gesellschaft, der Familie, der Stadt – mit innovativen und multidisziplinären Methoden untersucht. Projekte wie der anatomische Atlas Julius Tandlers (1869–1936) entstanden mit dem Ziel, den Aufbau und die Funktion des neuen Menschen zu verstehen und diese Einsicht sowohl der Verbesserung der Körper der Stadtbewohner und -bewohnerinnen als auch des städtischen ‚Körpers', der Gemeinschaft, durch medizinisch-hygienisches, erzieherisches und politisches Handeln zugrunde zu legen. Einige dieser Ansätze beweisen bis heute eine starke Nachwirkung. Der Bau städtischer Kindergärten, Assanierungs- und Umsiedelungsmaßnahmen in hygienisch gefährdeten Gebieten oder der Ausbau der städtischen medizinischen Infrastruktur fallen in diese Zeit, und manche der von Tandler entwickelten anatomischen Bilder finden sich bis heute in Anatomielehrbüchern. Das Kapitel beleuchtet theoretische Grundlagen, praktische Manifestationen und Gegenstimmen der Konfigurationen von Gesundheit und Körper im Roten Wien.

Im frühen 20. Jahrhundert beschäftigten sich vielerorts Sozialpolitiker, Ärzte und Wissenschaftler mit der Verbesserung der öffentlichen Gesundheit (Hygiene) und forderten Maßnahmen im Bereich der Umwelt- und Verhaltensprävention sowie der Eugenik. Theoretiker im Roten Wien, wie den Anatom und Gesundheitsstadtrat Julius Tandler, den Nationalökonom und Wissenschaftsvermittler Otto Neurath (1882–1945) oder den Biologen Paul Kammerer (1880–1926), zeichnet aus, dass die Entwicklung von Individuum, Stadt und Gesellschaft als eng verbunden erachtet und eine umfassende wissenschaftliche Betrachtung hervorgehoben wurde. Die Erneuerung des Menschen, könnte man verkürzt die gemeinsame Annahme beschreiben, könne auf praktischen Schlussfolgerungen aus wissenschaftstheoretischer, bevölkerungsstatistischer, ökonomischer, stadtplanerischer und experimentell biologischer Forschung basieren, etwa auf Ernst Machs (1838–1916) neutralem Monismus, Rudolf Goldscheids (1870–1931) Konzept der Menschenökonomie oder Jean-Baptiste Lamarcks (1744–1829) Theorien der Evolution durch Weitergabe erworbener Eigenschaften. Anhand experimenteller und innovativer Methoden versuchte man daher etwa die Frage zu beantworten, wie genau Veränderungen in der Umwelt auf Veränderungen in der Entwicklung von Organismen wirkten oder welchen Anteil fixe und flexible Faktoren in der Vererbung einnahmen. Ein spezielles Kennzeichen der Gesundheitsversorgung im Roten Wien lag zudem in der Art und Weise ihrer Popularisierung und öffentlichen Verbreitung an den unterschiedlichsten Orten im Stadtraum, speziell durch Otto Neurath, der seine Position und seinen Einfluss als Leiter des Gesellschafts- und Wirtschaftsmuseums nutzte, um eine neuartige bildliche Form der Hygieneerziehung, basierend auf wissenschaftlichen und philosophischen Theorien, zu entwickeln.

Die praktische Manifestation dieser Konzepte des Körpers und der Gesundheit der Stadtbevölkerung war zum Teil von klassenkämpferisch-emanzipativen Gedanken geleitet, etwa im Fall Neuraths, zu anderen Teilen jedoch von paternalistischen und utilitaristischen Vorstellungen der Gesundheitspolitik, dem Konzept eines größten Nutzens für den größten Teil der Bevölkerung durch umfassende Lenkung. Diese verwaltenden Ansätze stießen auf zeitgenössische Kritik, vor allem, aber nicht nur unter politischen Gegnern und Gegnerinnen.[1] In der rechtsgerichteten Zeitung *Freiheit!* erschienen beispielsweise in regelmäßigen Abständen kritische Kommentare zur Verfügung der Stadt über die Körper der Bürger und Bürgerinnen, etwa in einer Karikatur aus dem Jahr 1928, die Julius Tandler Patienten des städtischen Versorgungshauses kommandieren lässt: „Wenn ihr euch noch einmal beschwert, lass' ich euch in der geschlossenen Fürsorge einsperren!"[2] Der hier angesprochenen Ambivalenz von Angeboten und Zwängen lag eine Vielzahl von Theorien und Praktiken der Transformation der Stadtbewohner und -bewohnerinnen in ‚neue Menschen' zugrunde. Speziell die Arbeiten Tandlers zeigen, wie radikal und zugleich inkonsistent die Vorstellungen von einer medizinisch-biologischen Lenkung waren. Erst im Nationalsozialismus sollte jedoch eine verhängnisvolle negative, die Reproduktion der als ‚minderwertig' wahrgenommenen Menschen einschränkende Eugenik rechtlich verankert werden und im Zentrum der biopolitischen Staatsdoktrin stehen. Die in diesem Kapitel versammelten Positionen belegen, wie umstritten – trotz ihrer außer Frage stehenden Wirksamkeit in vielen Bereichen – Wege der Reform des Körpers, der Gesundheit, des urbanen Alltags und des sozialen Zusammenlebens waren.

Literatur

Baader, Hofer, Mayer 2007.
Exner 2004.

---

[1] Vgl. zum Beispiel die Kritik Rudolf Brunngrabers, Sozialdemokrat und Schriftsteller, in seinem Roman *Karl und das 20. Jahrhundert*, Frankfurt: Societätsverlag 1933. (Vgl. Kapitel 25)
[2] Anonym: Militärischer Rapport im städtischen Versorgungsheim, in: *Freiheit!*, 15. Mai 1928, S. 1.

Lipphardt 2008.
Logan 2013.
Mesner 2010.
Sablik 2010.
Taschwer 2016.
Weindling 2009.

14.1 Adele Bruckner: In der Tuberkulosenfürsorgestelle

Erstveröffentlicht als Adele Bruckner: In der Tuberkulosenfürsorgestelle, in: *Die Unzufriedene*, 12. Dezember 1925, S. 3–4.

Die Verbesserung der Gesundheitsversorgung für den größtmöglichen Teil der Bevölkerung stellte eines der zentralen Anliegen der sozialdemokratischen Stadtregierung dar. Unter dem Eindruck einer katastrophalen gesundheitlichen und hygienischen Allgemeinsituation nach dem Ersten Weltkrieg bewarben Sozialarbeiterinnen („Fürsorgerinnen") wie Adele Bruckner die neu eingerichteten Orte und Maßnahmen der Stadtverwaltung, etwa zur Bekämpfung der aufgrund ihrer großen Ausbreitung als „Wiener Krankheit" bezeichneten Tuberkulose. Bezüge auf politische Konflikte sowie Materien der sozialdemokratischen Reform, wie den sozialen Wohnbau, verdeutlichen das breite Spektrum an Themenbereichen, die in dieser Zeit unter Sozialhygiene verstanden wurden. Sie belegen zudem, wie eine durch die Stadtverwaltung gelenkte Biopolitik, als die Verbindung kleinteiliger Interventionen an Individuen und großflächiger gesundheitspolitischer Visionen, diese Phase des erfolgreichen Aufbaus einer Gesundheitsversorgung prägte, die weitgehend kostenlos allen Bürgerinnen und Bürgern zur Verfügung stehen sollte.

Lange Zeit vor Beginn der Untersuchungen ist das große Wartezimmer mit Menschen gefüllt, die hier Rat und, was weitaus wichtiger ist, auch Tat erwarten.

Männer, Frauen, Kinder in allen Altersstufen sitzen auf weiß lackierten Stühlen; ein Gesumme herrscht in dem Raum, daß die Fürsorgerin Mühe hat, sich verständlich zu machen. Es kommen Patienten, die bereits lange in Beobachtung der Fürsorgestelle stehen, es kommen „neue", die erst erfahren sollen, ob und in welchem Grade ihre Lungen gefährdet sind. Aus allen Schichten der Bevölkerung setzt sich der Stock der Patienten zusammen, doch stellt natürlich die Arbeiterklasse den Großteil bei. Frauen sind den Männern gegenüber in der Überzahl wie auch sonst überall. Kinder sind auch in Menge da.

Der Arzt beginnt. Einige Patienten gleichen Geschlechtes betreten den Untersuchungsraum. Solange Menschen in Kleidern einhergehen, sieht man ihnen selten den körperlichen Verfall an; sind aber die Hüllen abgestreift, dann kommen nur allzu häufig ausgemergelte, von Arbeit verbrauchte Körper zum Vorschein. Der Arzt klopft, horcht, klopft wieder und horcht abermals; das Resultat „ohne Befund" ist äußerst selten; die Regel sind ganz beträchtliche Defekte der Atmungsorgane, verursacht durch mancherlei Widrigkeiten des Lebens und vergrößert durch tägliche Mißstände. Weitaus mehr hergenommen an Gesundheit sind die Frauen, wenngleich es bei ihnen weniger auffällig ist; Frauen sind schwer dazu zu bewegen, für ihr eigenes Wohl etwas zu tun. Erst kommen Mann und Kinder und dann vergessen sie gern daran, daß sie selbst der Ruhe bedürfen. Die Kinder und Jugendlichen stellen leider immer noch einen sehr großen Teil der Lungenkranken dar, weil die bekannten nie versagenden Arzneien: Licht, Luft, Sonne, kräftige Nahrung, nicht vorhanden sind.

Soweit es irgendwie möglich ist, werden die Kranken in Heil- und Erholungsstätten entsendet; an vielen derartigen Unterbringungen sind die verschiedenen Krankenkassen beteiligt, ab und zu auch die Invalidenverbände. Männer sind gewöhnlich Feuer und Flamme, wenn es heißt, sie würden zur Erholung oder Ausheilung fortgeschickt, auch die Kinder sind darüber froh, nur die Frauen machen im großen ganzen eine Ausnahme davon[;] sie, auf denen die ganze Last des Haushaltes[,] der Sorge für die Familie und nicht selten auch die Notwendigkeit eines Erwerbes liegt, bitten oft den Arzt, sie nicht fortzuschicken, oder wenigstens „später"; es bedarf oft vielfacher Erklärungen des Arztes, um es solchen Frauen begreiflich zu machen, daß im Anfangsstadium sich vieles leichter beheben lässt, als wenn man länger zuwartet. Die Sorge um die kleinen Kinder wird ja den Frauen abgenommen, sie werden von den Jugendämtern für die Zeit der Abwesenheit der Mutter glatt untergebracht. Aber immer noch hat so eine Frau und Mutter tausend Bedenken, bis es gelingt, sie davon zu überzeugen, daß sie ihrer Familie viel mehr und länger nützen kann, wenn sie sich gesund erhält.

So sehr günstig ein Aufenthalt in einer Heilstätte wirkt, so sehr wäre zu wünschen, daß alle, die die Tuberkulosenfürsorgestelle aufsuchen, auch daheim Gelegenheit zu menschenwürdigem Leben hätten. Die Klagen der Patienten kreisen immer um einen Punkt: *Die elende Wohnung*.

Eine Frau kommt zur Untersuchung: „Wie groß ist Ihre Wohnung?" wird sie gefragt. „Ein Hofkabinett." „Wie viele Personen?" „*Sechs*, drei Erwachsene[,] drei Kinder schlafen in *zwei* Betten."

Eine andere Frau erzählt, die Wohnung sei so naß, daß die Möbel vollständig verfaulen. (Und da wollen die christlichsozialen Volksfeinde, daß die Arbeiter mehr „zusammenrücken", damit die Hausherren mehr Geld bekommen.)

Eine Patientin kommt strahlend herein; es muß ihr etwas ganz besonders Angenehmes zugestoßen sein und sie berichtet, daß sie in einem Neubau der Gemeinde Wien eine Wohnung zugewiesen erhalten habe, in der die Kinder *Sonnenbäder* nehmen können. Welches Glück!

Viele Hilfesuchende sind bereits untersucht, haben Anordnungen erhalten, wurden wieder bestellt und viele werden für einige Zeit – Heilstätte, drei Monate Aufenthalt – dem mordenden Staub und Rauch der Großstadt entzogen. Aber das allein ist nur ein winziger Bruchteil der Hilfe; bessere Lebensbedingungen, als deren Voraussetzung natürlich menschliche Arbeitsbedingungen dienen, sind imstande, dauernd zu helfen. Wenn Kinder von den tuberkulosekranken Eltern getrennt leben können, dann ist auch die Möglichkeit ihrer Erkrankung sehr wenig wahrscheinlich. Solange aber eine Familie von vielen Personen *einen* Raum für alle Bedürfnisse zur Verfügung hat, solange Licht und Sonne Lebensmittel sind, die erst verordnet werden müssen und solange die Nahrung mangelhaft ist, solange muß man mit den Erfolgen, die durch die Unterbringung in einer die Gesundheit fördernden Umgebung erzielt werden, zufrieden sein. Und die Fürsorgeeinrichtungen der Gemeinde Wien sind im Kampfe gegen die Wiener Krankheit beispielgebend.

Es wäre zu wünschen, daß arbeitende Menschen einmal zu solch einer Lebenshaltung kämen, die alle derartigen Fürsorgemaßnahmen überflüssig macht.

14.2 Alois Jalkotzy: Die Kinder klagen uns an

Erstveröffentlicht als Alois Jalkotzy: *Die Kinder klagen uns an! Kinderbriefe über die Prügelstrafe*, Wien: Jungbrunnen 1925, S. 1–37, 47.

Gewalt in der Erziehung war ein Missstand, der als Teil der sozialdemokratischen Reformpädagogik öffentlich diskutiert wurde. Gleichzeitig setzte man sich auch aus Perspektive der öffentlichen Gesundheit intensiv mit psychischen und körperlichen Schäden an Kindern auseinander, die in ihren Familien Gewalt ausgesetzt waren. Der folgende Text beleuchtet die Lebenswelt von Kindern anhand eines Preisausschreibens der sozialdemokratischen Frauenzeitschrift Die Unzufriedene, *herausgegeben von Max Winter, dem Obmann des Vereins Freie Schule – Kinderfreunde. Die Zeitschrift animierte Kinder mit der Aussicht auf einen Bücherpreis dazu, über ihre Gewalterfahrungen zu berichten. Die von dem Pädagogen und Sekretär der Kinderfreunde, Alois Jalkotzy (1892–1987), publizierten Briefe dienten als Grundlage für die Aufklärungsarbeit mit Erwachsenen und sollten Argumente für ein gewaltfreies familiäres Zusammenleben liefern. Sie geben seltene Einblicke in den Alltag und sozialhistorische Aspekte des Lebens von Kindern und belegen, wie in der gesundheitlichen Vorsorge wissenschaftliche Bereiche – empirische Sozialforschung, Pädagogik – und sozialistische Ideologie verbunden wurden.*

> Erfasset vor allem das Ungenügende dieser Schilderung und mein unsägliches Unvermögen, denn ich will, daß Menschen mich hören, daß Menschen mit mir gehen, die es nicht mehr aushalten können, gleich mir
> Aus Gustav Landauer: *Aufruf zum Sozialismus*
> [...]

Liebe Kinder! „Die Unzufriedene" hat seit ihrem Bestand schon oft mit euren Eltern darüber geredet, wie sie mit euch umgehen sollen und sie hat immer wieder davon

gesprochen, daß die Prügelstrafe keine geeignete Strafe ist. Nun möchten wir wissen, wie ihr darüber denkt. Schreibt uns frisch von der Leber weg:
1. Ob ihr schon je geprügelt worden seid?
2. Von wem?
3. Ob ihr findet, daß diese Strafe eine richtige ist?
4. Wie ihr meint, daß man euch bestrafen soll, wenn ihr das Geprügeltwerden ablehnt.
[...]

Wir versagen uns, innerhalb dieses Buches irgendwelche Schlußfolgerungen zu ziehen, die Briefe zu beurteilen. Vielleicht haben wir Gelegenheit, dies in der [Zeitschrift der Kinderfreunde] „Sozialistischen Erziehung" einmal zu tun.

Wir wollen die Kinder reden lassen und ihre Reden nicht stören. Die Wucht ihrer Klagen soll ungeschwächt wirken. Wer hat den Mut, ihnen zu widersprechen?

[...]

K. F. in W[ien]. 7 J[ahre]. alt 1 Cl[asse]. a
1. Habe auch schon Wix bekommen 2. Von der Mutter, aber keine festen. Lerne 3. in der Schule daß man keine Tir schlagen soll ja warum denn dann uns Kinder? 4. Wenn ich

Liebe Unzufriedene! Durch Zufall kam mir dieser Brief meines kleinen Mädels in die Hände, welche denselben wahrscheinlich nicht fertig schreiben konnte indem Sie krank wurde und jetzt in einem Erholungsheim ist. Du glaubst nicht l.[iebe] Unzufriedene wie beschämend die letzten Zeilen meines Kindes auf mich wirkten, indem es erst unsere Kinder uns es sagen müssen man soll Sie nicht unter die Tiere stellen. So wie mir, wird es so mancher Mutter gehen. Nun l. Unzufriedene danke ich Dir als lieber Anwalt für unser Kind für deinen Aufruf denn da werden künftighin so manche Kinder die Prügel erspart bleiben.
    Freundschaft
M. F. in W[ien]. X[. Bezirk].

[...]

A. W. in L.
9 Jahre alt. 3[.] Schulklasse.
Ich bin schon geprügelt worden. Von meiner Mutter, der Vater ist schon gestorben. Ich finde das diese Strafe nicht die richtige ist. Denn durch das Schlagen wird man nur zornig. Wenn die Mutter sagt ich muß fort ins Waisenhaus so hilft das viel mehr.

[...]

G. H. in W. 13 Jahre. II. Klasse Mittelschule.
[...]
Liebe Unzufriedene!
1. Früher ist es schon vorgekommen daß ich geschlagen wurde, aber nur sehr selten. Mein Vater kann nichts dafür, denn er ist sehr jähzornig. Jetzt kommt es aber gar nicht mehr vor daß er mich schlägt. Er schreit höchstens ein bischen und jetzt sogar das nicht mehr. Er wird immer lieber und gütiger.
2. Ich wurde nur vom Vater geschlagen.
3. Ich finde die Prügelstrafe für eine ganz unrichtige Strafe. Sie ist so roh und ich glaube kaum daß sie einen Menschen bessern kann. Einmal, als mein Vater die Hand heben wollte um mich zu schlagen rief ich ihm zu. „Vater, bist du ein Sozialdemokrat?, ein Sozialdemokrat schlägt seine Kinder nicht!" Ich glaube ich war damals ein bischen zu frech. –
4. Ich glaube durch Güte und Liebe setzt man viel eher etwas durch wie durch Prügelstrafe. Es giebt viel eine bessere Art zu strafen, zum Beispiel wie meine Mutter es tut: wenn ich nicht folge oder sonst schlimm bin, weist sie mich mit ein paar strengen Worten zurecht und spricht längere Zeit nichts mit mir. Das tut mir viel mehr weh als wenn ich geprügelt werde. Oder wenn ich etwas schlecht gemacht habe, klärt sie mich auf wie ich es richtig mache und warum es gerade so richtig ist, und straft mich überhaupt nicht. Ich nehme es mir fest vor: Ich werde nie meine Kinder schlagen. Ich werde sie nur durch Liebe und Güte erziehen.

Viele Grüße!
von
G. H.

[...]

An all unsere Eltern!
I.
Wir verdienen oft bestraft zu werden,
Doch prügeln, ach nein.
Das prügeln soll auf Erden
Eine Kinderstrafe sein?
II.
Ach laßt es bleiben
Das prügeln ist zu schwer,
Das können wir nicht leiden
Drum prügelt uns nicht mehr!

Nun sind Deine Aufgaben beantwortet und mit einem „kräftigen" [„]Freundschaft" schließe ich.

Eine fleißige Leserin:
St. W. 13 Jahre, II. [Klasse] Bürger[schule] in W[ien].

[...]

Nachwort.

Wenn ein Leser, ohne sich von der gewissen Gleichförmigkeit dieser Briefe stören zu lassen, wirklich lesend bis an das Ende gelangt ist, dann bitten wir ihn, noch einen Augenblick zu verweilen und mitzudenken.

Einige, ganz wenige Kinder konnten wir hier nur sprechen lassen. Ihre Anklage aber ist unwiderlegbar. Was bedeuten diese wenigen Stimmen gegen die *unmeßbare Klage aller Kinder! Wirklich un–meßbar!* Man überlege ganz sachlich, kühl, leidenschaftslos: *Fast jedes Kind darf so klagen.* Und noch eine wichtige Feststellung: Keines dieser Kinder spricht unter dem Eindruck eben erhaltener Züchtigung. Was muß wohl ein Kind empfinden und denken, während es geprügelt wird ...

Leser! Schätze diese zwei Tatsachen ein. Und wenn das Lesen dieser einfachen Kinderbriefe überhaupt einen Eindruck auf Dich gemacht hat, dann mußt Du wissen, daß die Wirklichkeit geradezu entsetzlich grauenhafter, unendlich schrecklicher ist.

Und da wagen es Erwachsene, von heilsamen Prügeln zu reden, da gibt es welche, die der Züchtigung in der Erziehung Platz einräumen. Wahrhaftig, aer [sic] weiß nicht, was er tut. Und die Kinder haben nicht das Recht und nicht die Absicht, ihnen zu vergeben. Die *menschliche* Gesellschaft kann es ihnen nicht vergeben.

Hier ist vieles, ist fast alles gutzumachen. Beeile Dich bei Deinen Kindern, bevor es zu spät wird. Wir haben vieles zu tun. Auch Du!

14.3 Philipp Frankowski, Rosa Liederer: Die Kindergärten der Stadt Wien

Erstveröffentlicht als Philipp Frankowski, Rosa Liederer: *Die Kindergärten der Stadt Wien*, hg. vom Jugendamt der Stadt Wien, Wien: Deutscher Verlag für Jugend und Volk 1932, S. 7–16.

Einen Kernbereich der sozialhygienischen Infrastruktur Wiens stellte neben dem Krankenhaus der kommunale Kindergarten dar. In dieser Werbebroschüre für den Kindergarten bewarb die Stadt Wien die Idee einer Entwicklung der kleinsten Stadtbewohner und -bewohnerinnen auf Basis biologischer, medizinischer, bakteriologisch-immunolo-

gischer, pädagogischer, diätetischer, stadtplanerischer und architektonischer Konzepte, die für ein Verständnis von zeitgenössischen Ansätzen in der Sozialhygiene generell von großer Bedeutung sind. Der Kindergarten wird, und diese Charakterisierung ließe sich auch auf andere Orte und Einrichtungen übertragen, Bezug nehmend auf Metaphern aus der Biologie als Ort der körperlichen Transformation beschrieben. Die Annahme, dass das Kind den Kindergarten verbessert verlässt, aber auch Impulse an Elternhaus und Gemeinschaft weitergibt, verdeutlicht den Stellenwert von Vorstellungen von einer durch äußere Einflüsse geprägten Entwicklung sowie deren intergenerationeller Weitergabe in sozialhygienischen Konzepten. Der Text reflektiert umwelt- und verhaltensreformerischer Debatten seiner Zeit. Zudem belegt er, wie Wissenschaft und Sozialpolitik im Roten Wien als eng verbundene Bereiche erachtet wurden. Ein Beispiel hierfür ist etwa die Umsetzung des standardisierten NEM-Systems[3] des Pädiaters Clemens Pirquet.

[...]
Der 100. Kindergarten.

Wer den schönsten Garten Wiens sehen will, der muß hinaus an die Peripherie der Stadt, dort, wo ihr Gebiet gegen den Wienerwald zu hügelig wird. Der Schaffner der Straßenbahnlinie J2 ruft die Endstation „Sandleiten" aus. Wir sind hart an der Grenze von Ottakring und Dornbach. Vor uns breitet sich ein ganz neuer Stadtteil aus, dort, wo vor nicht langer Zeit eine öde Sandfläche lag, der diese Gegend den Namen „Sandleiten" verdankt. Eine große wunderbare Wohnbauanlage der Gemeinde Wien ist hier entstanden und inmitten prangt jener Garten, den wir besuchen wollen.

Die zu ihm führende Straße heißt „Rosenackerstraße". Man möchte vermuten, einem Rosenfeld entgegenzugehen; aber es sind keine prangenden Blumen, die uns erwarten. Knospen nur. Menschenknospen im Garten des Lebens. Wenige Schritte noch und wir stehen am Eingange des schönsten Kindergartens der Stadt Wien.

Er ist der hundertste in der stolzen Reihe dieser mustergültigen Anstalten. (Heute besitzt die Gemeinde Wien bereits 111 Kindergärten.) Sein Erbauer, Baurat Architekt Erich Leischner, ging mit ganz besonderer Freude und Sorgfalt an diese Arbeit, und höchste Vollendung in architektonischer Gestaltung und Hygiene zeichnen dieses ganz einzigartige Werk aus. [...]

Beim Eingange grüßt uns ein Wort von Prof. Dr. Julius Tandler, dem Chef des Wohlfahrtsamtes der Stadt Wien, der sich nicht nur um diesen Kindergarten, sondern um die ganze öffentliche Fürsorge der Stadt unvergängliche Verdienste erworben hat.

---

3 NEM steht für Nähreinheit Milch. Eine NEM entspricht dem Nährwert von einem Gramm Milch.

„Dem Kinde Schönheit und Freude.
Unauslöschbar haften Kindheitserlebnisse."
Das ist sein Gruß. Und wirklich warten Schönheit und Freude jenseits der Glastüren, die eine Grenze bilden zwischen der Außenwelt und dieser glücklichen Insel, die hier die Stadt Wien ihren Kindern geschenkt hat. Denn nur bis dorthin dürfen die Begleitpersonen der Kleinen das Haus betreten.

Wem sich die Glastüren öffnen, muß in bereitgestellte Überschuhe schlüpfen. Diese und andere hygienischen [sic] Maßnahmen haben es bewirkt, den Gesundheitszustand der Kinder dieser Anstalt absolut befriedigend zu erhalten.

[...]

Ist ein Kind aufgenommen, dann beginnt ein Stück sonnigen Lebens. Morgens nehmen sie an der Glastür Abschied von ihren Begleitern und betreten zuerst die Vorhalle des Hauses, die einem großen Bilderbuch gleicht. Der bekannte akademische Maler Professor Arthur Brusenbauch hat hier seine ganze Kunst in den Dienst des Kindes gestellt. [...] Die großen Freskenmalereien an den Wänden, Säulen und an der Decke zeigen uns fröhliche Szenen aus dem Kindesleben zu jeder Jahreszeit und bunte Blumenbilder. Überall Leben und Freude zum Willkommen!

Dann geht es zur Kleiderablage in dem breiten hellen Gang, der jedes der beiden Stockwerke in zwei Teile trennt: den nach Süden gelegenen Trakt mit allen seinen hellen sonnendurchfluteten Räumen, jeder mit seinem Ausgang auf eine große Terrasse und dem nach Norden gelegenen Trakt, der die vollkommenen und modernst eingerichteten Nebenräume umfaßt. [...]

Da stehen nun die Kinder vor den Kleiderablagen (je vier in jedem Stockwerk für ebenso viele Abteilungen), wo fein ordentlich Haken an Haken, Kästchen an Kästchen gereiht ist und wo die Kleider, Mäntel und Schuhe der Kinder ihren ständigen Platz finden. Hygiene ist auch hier die Parole. Mit Straßenkleid und Straßenschuh bleibt auch Straßenstaub, mit diesem aber auch die vielen schädlichen Bazillen draußen. Auch das An- und Auskleiden in fröhlicher Gesellschaft wird mühelos erlernt. Schließlich wird der Körperpflege des Kindes zu Hause viel mehr Aufmerksamkeit geschenkt, wenn die Mutter weiß, daß ihr Kind im Kindergarten Kleider und Schuhe wechseln muß.

[...]

Jetzt heißt es zuerst waschen und Zähne putzen. Wir kommen in den Waschraum. [...]

An den in der Wand eingelassenen Waschbecken sich die Hände waschen zu dürfen, bei kaltem und warmem fließendem Wasser, ist gewiß ein großes Vergnügen, besonders wenn man sich mit dem eigenen Handtuch, das wieder die Häsleinmarke trägt, abtrocknen darf.

Mit den schönen Bechern, die in dem blinkenden Wandschrank stehen, und dem dazugehörigen Zahnbürstchen lernt man gurgeln und Zähne reinigen. Dann wird das kleine tadellos sauber ausgestattete WC aufgesucht. Nun hindert die Kinder nichts mehr in den Tagraum einzutreten.

[...]
Nachdem diese ersten, notwendigen Arbeiten geleistet sind, wird zum Morgenturnen angetreten. Trapp, trapp, paarweise geht es zum großen Saale, der sich durch eine verschiebbare Holzwand vergrößern und verkleinern läßt. [...] Auch hier kommt eine wahre Flut von Licht durch die großen breiten Fenster. Vom Garten herein grüßt ein Obelisk mit musizierenden Kindlein. Es ist eine hervorragende Plastik, geschaffen von Bildhauer Wilhelm Fraß.

Bald ist die bunte Kinderschar eifrig beim Morgenturnen. Die leichten Spielhosen beengen und beschweren den Körper nicht, sie sind immer sauber, werden in der Anstalt selbst gewaschen und sind Hülle genug in diesen von der Zentralheizung behaglich durchwärmten und auch gründlich durchlüfteten Räumen. Die Kinder lernen von selbst, allzuwarme lästige Unterkleidung, die ängstliche Mütter gerne im Winter für sie verwenden, abzulehnen.

Das Morgenturnen befolgt alle Regeln der modernen Gymnastik für das Kleinkind. Es setzt sich aus Marschierübungen, aus solchen der verschiedenen Muskelgruppen, Sprung-, Gleichgewichts- und Atemübungen zusammen. Auch die rhythmischen Übungen, die neben den Bewegungsübungen das Takt- und Gehörgefühl festigen, werden in diesem Saal gepflegt. Die kleinen Geschöpfe nicken ernsthaft mit ihren blonden und braunen Köpfchen nach dem Takte eines Liedes oder eines Klavierstückes, das die Kindergärtnerin ihnen vorspielt. Sie klatschen in die Hände, marschieren oder hüpfen im Wechselschritt und haben erstaunlich rasch den Takt halten gelernt.

[...]

So geht es bis zum Mittagessen, das von der „WÖK" (Wiener öffentlicher Küchenbetrieb) fertig geliefert wird. In den großen, blitzblanken und hellen Küchen des Kindergartens wird das Essen in großen Schüsseln für die einzelnen Abteilungen angerichtet.

Vorerst aber geht es wieder zum Saubermachen in den Waschraum: auch der Kamm kommt zu seinem Recht, der sich in dem mit dem Bilderzeichen versehenen Säckchen befindet. Die blonden und braunen Köpfchen sind beim Spiel ein wenig zerzaust worden, der kleine eigene Kamm bringt sie wieder in Ordnung.

Nun werden die Tische mit weißen Tüchern gedeckt, Teller, Besteck und Mundtücher (jedes wieder in einem mit Merkzeichen des Kindes versehenen Täschchen) ausgeteilt und dann sitzen Buben und Mädel vergnügt und erwartungsvoll beim Mittagstisch. [...]

Nach einem fröhlichen Chorspruch und „Mahlzeit"-Wunsch beginnt das Mahl, das nicht nur vorzüglich, sondern auch streng nach dem berühmten „NEM"-System von Professor Klemens Pirquet zubereitet wird und dem kindlichen Körper die auf Grund genauer Berechnungen erforderlichen Kalorien und Nahrungsmitteleinheiten zuführt.

Bis der letzte Teller leer ist, wird abgeräumt, die Tischtücher und Servietten werden gefaltet und aufbewahrt.

[...]

Nach getaner Arbeit ist gut ruhen, drum schnell zur Mittagsrast! Bald strecken sich alle Kinder auf niederen Liegematten aus, die inzwischen im großen Saale aufgestellt wurden. Wolldecken und Polster gibt es nicht, sie sind in dem gut temperierten Raume nicht nötig und außerdem als Staub- und Bazillenfänger schädlich. Es dauert nicht lange, und alles ist mäuschenstill. Es schläft sich herrlich nach Spiel und Arbeit, besonders im Sommer, wenn die Liegematten auf der großen Terrasse aufgestellt werden und Licht, Luft und Sonne die kleinen Schläfer umspielen.

[...]

Vom Wienerwald über Dornbach herüber weht frische reine Luft, und strahlender Sonnenschein legt sich über das schimmernde Haus, dessen Fenster und Veranden mit blühenden Schlingpflanzen geschmückt sind. In dem weiten Garten aber wachsen und gedeihen kleine Menschenkinder, um sich einst kraftvoll entfalten zu können, ihrer schönen Vaterstadt Wien, die man von der Dachterrasse des Hauses aus vor sich ausgebreitet liegen sieht, zum Stolz und zur Freude.

Dieser Kindergarten ist wie geschaffen, die natürliche Entwicklung der Kleinen zu fördern. Gesund und widerstandsfähig sollen sie hier werden, denn „in einem gesunden Körper wohnt ein gesunder Geist". Nach der sorgenlosen Kindergartenzeit kommt die Schule mit neuen und größeren Anforderungen; sie werden ihnen nicht unvorbereitet gegenüberstehen.

Die Not der Zeit bringt es wohl mit sich, daß in vielen Fällen die Erziehung im Elternhaus nicht in der Form einsetzen kann, wie es für die Jugend unerläßlich notwendig wäre. Der Kindergarten bringt diesen Kindern, was sie daheim entbehren müssen. Er erweckt Ordnungssinn, Gemeinschaftsgefühl, Selbständigkeit und Freude an Spiel und Arbeit. Mit fröhlichem Herzen kehren die Kleinen in das oft sehr trübe Elternhaus zurück, mitteilend, was sie empfangen haben, übertragend, was ihnen zur Selbstverständlichkeit geworden ist.

So strahlt der Segen dieses schönsten aller Gärten bis in die freudlosen und dürftigsten Wohnungen. Es muß jeden mit Beruhigung und Befriedigung erfüllen, die heranwachsende Jugend in dieser leider so trostlosen Zeit in solchen Stätten der Freude und Liebe geborgen zu wissen. Es ist ein um so größeres Verdienst der Stadtverwaltung Wiens, trotz der schwierigen Lage den Mut, den Willen und die Mittel aufgebracht zu haben, Möglichkeiten zu schaffen, um unsere Jugend vor allen drohenden Gefahren einer Großstadt schützen zu können.

14.4 Paul Kammerer: Organische und soziale Technik

Erstveröffentlicht als Paul Kammerer: Organische und soziale Technik, in: *Monistische Monatshefte*, 6. Jg., Nr. 5 (1. Mai 1921), S. 165–167.

Visionen eines ‚neuen Menschen' und konkrete biopolitische Maßnahmen waren im Roten Wien durch besonders aktive Forschung im Bereich der Lebenswissenschaften geprägt. Der Biologe Paul Kammerer (1880–1926) ist für seine Arbeiten zur Formbarkeit von Organismen in der Evolutionsforschung des frühen 20. Jahrhunderts bekannt sowie speziell für seine Experimente mit hunderten Versuchstieren in den Aquarien und Terrarien der Wiener Biologischen Versuchsanstalt „Vivarium", die die These der Vererbung erworbener Eigenschaften stützten. Eine seiner Annahmen war, dass Geburtshelferkröten, wenn sie gezwungen waren, sich im Wasser zu paaren, bei den Männchen „Brunftschwielen" ausbildeten (um das Weibchen zu fassen) und dass diese Adaption an die Nachkommen weitergegeben würde. Der folgende wissenschaftstheoretische Aufsatz bietet einen erhellenden Einblick darin, wie Ergebnisse experimentell biologischer Forschung in progressive Sozialreform übertragen wurden. Kammerer, der an populärwissenschaftlichen, pazifistischen und sozialwissenschaftlichen Debatten teilnahm, warnte vor einem deterministischen Blick auf Vererbung, wie er von radikalen Neodarwinisten postuliert wurde (sie gingen so weit, die Diskriminierung bis hin zur Tötung unerwünschter Individuen zu fordern). Demgegenüber regte er eugenische Maßnahmen unter der neolamarckistischen[4] Annahme eines flexiblen, formbaren Körpers und mit der Zielsetzung einer evolutionären Verbesserung des Menschen und der Gemeinschaft durch adaptive Veränderungen an, ausgelöst durch externe Faktoren (in der Umwelt und der Stadt). Wie konkret experimentell biologische und soziologische Forschung in der Steuerung des Lebens, des Organischen, Einsatz finden könne, wird in diesem Text jedoch offengelassen.

Der Mensch des Altertums – vor einer Epoche, die als Anfang neuzeitlicher Technik gewertet werden kann – sah hinter jeder Naturerscheinung den Theatermeister: den Gott oder Geist, der sie in Szene setzt. Er bevölkerte die Bäume mit Dryaden, die Gewässer mit Nymphen, stellt sich Aeolus blasend, Zeus blitzend und donnernd vor.

Im Maße der Mensch selbst die Herrschaft über die Natur in die Hand nimmt, entwindet er sie den Göttern: wohlweislich galt der Blitzableiter, die Dampfmaschine, gilt heutigentags wieder die Verjüngungsoperation dem Priester, weil er dabei seine Macht verliert, als Sünde. [...] Entgöttert zwar, nicht aber – wie man fürchten könnte – entzaubert und ernüchtert wird die Natur durch die naturbeherrschende Technik: von ungefähr zeigt es ein Vergleich, den man wagen möchte, zwischen

---

[4] Lamarckismus ist die Annahme, dass ein Organismus erworbene Eigenschaften an seine Nachkommen weitergeben kann. Sie geht auf den französischen Biologen Jean-Baptiste Lamarck (1744–1829) zurück.

Techniker und Taschenspieler. Dieser erweckt die Illusion übernatürlicher Kräfte, so verblüffend weiß er mit seinem Requisit umzugehen; jener lehnt die Täuschung ab, aber gerade indem er lehrt, wie natürlich die Kräfte sind, die er zu seinen ungeheuren Leistungen verwertet, erhebt er sich über alles, was Morgen- und Abendland an Zauberkunststücken hervorgebracht haben.

Das gilt von der Beherrschung toten Stoffes, anorganischer Kräfte. Im lebenden Stoff und seiner Kraft dagegen – vor allem also in seinem eigenen Fleisch und Blut – sieht der Mensch noch heute den Dämon, den göttlichen Funken, vor dessen scheinbarer Allmacht er ohnmächtig auf den Knien liegt. [...]

Folge davon ist, daß unsere Naturbeherrschung wesentlich bei der unorganischen Natur haltmachte: wir beherrschen Metall und Stein, Wasser und Dampf, Gas und Elektrizität, nicht aber das Leben und die Lebewesen. Unsere Technik ist eine mechanische, im weitesten Sinne Maschinentechnik geblieben. Inmitten seiner Errungenschaften, die ihm Bergeslasten durch Fingerdruck zu bewegen, das Meer in seinen Tiefen wie den Luftozean in seinen Höhen zu durcheilen, finstere Nacht in Tag zu verwandeln erlauben, verharrt der Erfinder ratlos angesichts seiner Leibes- und Geistesmaschinerie: den Mechanismus seines Organismus kennt er leidlich dem Aussehen und Getriebe nach; er vermag ihn aber nicht in Gang zu setzen, seinen Lauf weder zu verlangsamen noch in der Richtung zu ändern.

Zwar bieten ärztliche Kunst, Spiel und Sport manchen Ansatz zu einer auch organischen Technik; aber Heilkunde und Hygiene beschränken sich darauf, krankhafte Zustände zu beseitigen, erstrecken sich noch nicht darauf, auch den gesunden Zustand, wie ihn die gegenwärtig erreichte Entwicklungsstufe der Menschheit bietet, zu verbessern. Verglichen mit der Sicherheit, womit ein Ingenieur seine Maschine durchschaut, ausbessert und verbessert, muß sich der Arzt mit ungewissem Suchen und Tasten bescheiden. Und nochmals verglichen den Zielen, die eine kommende organische Technik der heutigen anorganischen ebenbürtig machen sollen, verhalten sich hygienische Leibesübungen wie Kräutler zum Chirurgen.

Immerhin zeichnen Medizin und Hygiene (namentlich die Rassenhygiene) Methoden vor, die den individuellen und sozialen Körper dereinst ebenso unserer Willkür anheimgeben mögen, wie es jetzt nur mit nichtlebendigen Naturkörpern der Fall ist: dem leidenden Menschen zugedachte Eingriffe und Heilmittel werden ausgeprobt am Versuchstier. Nichts spricht besser zugunsten der hier vertretenen Anschauung, als das Verhältnis, wie sich anorganische und organische Naturwissenschaften entwickelt haben. Jede Wissenschaft durchläuft, schneller oder langsamer, eine ausdenkende (spekulative), beschreibende vergleichende, erklärende und beherrschende Stufe. Die beiden letzten und höchsten Stufen – schon die erklärende, sofern es sich um Erkenntnis der Ursachen handelt – sind methodisch an den planmäßigen Versuch gebunden. Nun waren die anorganischen Naturwissenschaften (Physik und Chemie) experimentelle, die Ursachen erklärende und dadurch die Wirkungen beherrschende Wissenschaften geworden; zu einer Zeit, da man in den organischen Naturwissenschaften (Anatomie, Zoologie und Botanik) nur Beschreibung und Vergleich kannte. Erst etwa seit 1894 (Gründung des „Archivs für Entwicklungsmechanik" durch *Wilh. Roux*[5]) und 1903 (Eröffnung der Biologischen Versuchsanstalt durch Initiative von *Hans Przibram* und *Portheim*[6]) besitzen wir eine experimentelle Lebensforschung, deren Siegeslauf sich in Amerika die Hochschulen erobert hat, in Europa vorwaltend noch auf vereinzelte Forschungsstätten außerhalb der Hochschulen begrenzt ist.

Erst die Anwendungen der experimentellen Biologie führen dann zur organischen Technik, gleichwie die Anwendungen der Physik und Chemie zur anorganischen Technik führten. Ich erinnere daran, wie Pfropfung von Blutdrüsen Zwergwuchs und geistige Entartung (Kretinismus), Verpflanzung von Keimdrüsen Zwitterwuchs und geschlechtliche Entartung (Homosexualismus) aufhebt; milde Bestrahlung der Eierstöcke die Stillfähigkeit erhöht, die Altersbeschwerden mildert; Unterbindung der Geschlechtswege sogar Verjüngung herbeiführt; Zuchtversuche zur Vererbungslehre festigen die Kenntnis, wie der wahrhaft „wohlgeborene" und künftig vielleicht sogar der „hochwohlgeborene" Mensch ins Leben zu rufen sei.[7]

Fortsetzung des vielversprechenden Weges muß uns die organische Technik zum Wohle der Person in eine soziale Technik zum Wohle der Generation erweitern. Wie erwähnt, wurzeln die heute gegebenen Ansätze zur organischen Technik in der experimentellen Biologie. Auch die soziale Technik hat solch ein Wurzel- und Ursprungsgebiet: die Soziologie. Nur ist sie noch lange nicht in das bedingende experimentierende Stadium, ja kaum ins beschreibend-vergleichende eingetreten; sie verharrt großenteils noch im spekulativen Vorstadium, hat – anders ausgedrückt – noch nicht einmal die notwendige Umwandlung aus Geistes- in Naturwissenschaft durchgemacht. „Experimente", die mit Völkern ausgeführt werden auf Grund von Maßnahmen, deren angenommene oder vorgegebene Zweckmäßigkeit aus den Fingern gesogen ist oder uralltesten Formelkram nicht überwunden haben, verhalten sich denn auch zu wirklicher sozialer Technik wie die Goldmachekunst der seligen Alchemisten zur modernen Färbe- und Agrikulturchemie.

Die im Frieden neu erwachende Arbeitsfreude, die nach dem Weltkriege wiederkehrende Sicherheit des Lebens und Eigentums wird sich jener im Argen liegenden

---

5 Wilhelm Roux (1850–1924), deutscher Anatom und Embryologe, spezialisiert auf die Entwicklungsbiologie.
6 Die Biologische Versuchsanstalt „Vivarium" (1902–1945) im Wiener Prater war ein Zentrum innovativer biologischer Forschung. Ihr Mitbegründer und Leiter, Hans Leo Przibram (1874–1944) war ein österreichischer Zoologe und experimenteller Biologe. Er kaufte das Gebäude des alten Vivariums, eines anlässlich der Weltausstellung 1873 errichteten Aquariums und später Tiergartens, gemeinsam mit seinem Freund Leopold Portheim (1869–1947), einem wohlhabenden Botaniker.
7 Fußnote im Original: Näheres vgl. meine kleinen Schriften: *Lebensbeherrschung, Grundsteinlegung zur organischen Technik* (Hamburg, Paul Hartung, 1919; 2. Auflage 1921) und *Das biologische Zeitalter, Fortschritte der organischen Technik* (Wien, W. Müller, 1920).

Brachländer, die für die Menschheit von so großer Bedeutung sind, mit aller Kraft bemächtigen, – wird ungeahnte Blüte und Frucht daraus emportreiben!

14.5 Otto Neurath: Soziale Aufklärung nach Wiener Methode

Erstveröffentlicht als Otto Neurath: Soziale Aufklärung nach Wiener Methode, in: *Mitteilungen der Gemeinde Wien-Städtische Versicherungsanstalt, 9. Jg., Nr. 100 (Juli/August 1933), S. 25–33.*

Es wäre nicht möglich, über Gesundheitsversorgung im Roten Wien zu sprechen, ohne ihre bemerkenswerte Popularisierung und öffentliche Verbreitung zu thematisieren. Deren Hauptprotagonist, Otto Neurath (1882–1945), Leiter des Gesellschafts- und Wirtschaftsmuseums, konzipierte eine Hygieneerziehung nach der „Wiener Methode" (als Teil seiner „Wiener Methode der Bildstatistik"), die die Körper und die Gesundheit der Stadtbewohner und -bewohnerinnen in den Kontext politischer Entwicklungen, der Demografie, Statistik, Rationalisierung, Infrastruktur und Stadtplanung einordnete. Neuraths kleinere und größere Ausstellungen waren ab Mitte der 1920er Jahre im gesamten Stadtgebiet zu sehen, vom Gemeindebau bis in das Rathaus, mit dem Ziel, alle ungeachtet ihrer sozialen Herkunft und Bildungshintergründe von hygienischer Eigeninitiative zu überzeugen. Indem die Gesundheit des Einzelnen als primär von größeren sozialen und vor allem ökonomischen Bedingungen abhängig dargestellt wurde, suchte man sich bewusst von als bürgerlich erachteten Formen der Erwachsenenbildung abzugrenzen, etwa vom bekannten Deutschen Hygienemuseum in Dresden.

Innerhalb der modernen Wirtschaft entwickelt sich die allgemeine Volksbildung schrittweise.
[...]
Am Ende des 19. und zu Beginn des 20. Jahrhunderts trat neben die technische Bildung die hygienische Bildung. Aus den großen Hygieneausstellungen entwickelten sich *Hygiene-Museen* und eine immer größer werdende hygienische Literatur, die der Volksaufklärung dienten. Wie das technische Museum das Funktionieren der Maschine und anderer technischer Hilfsmittel zeigte, so klärte das Hygienemuseum vor allem über das Funktionieren des menschlichen Körpers auf sowie über die Methoden, die der einzelne anwenden kann, um sich gegen Krankheiten zu schützen.

Diese Art der Aufklärung läßt aber im allgemeinen die Frage unberührt, wie sich denn die Technik und die Hygiene in das Gesellschaftsleben einfügen, von welchen sozialen Bedingungen sie abhängen und wie sie auf das gesamte wirtschaftliche und gesellschaftliche Leben wirken. Es ist nicht nur wichtig zu wissen, wie rasch Lokomotiven einen Zug transportieren können, es ist für die Menschen noch wichtiger zu wissen, wieviel Menschen mehr als früher die Verkehrsmittel benützen und welche Änderungen des Lebens durch die Entfaltung des Verkehrs im großen

Stil möglich wurden. Ein großer Teil aller hygienischen Verbesserungen hängt von der Hebung der Ernährung, von einer Verbesserung des Wohnungswesens und anderen sozialen Maßnahmen ab. Wenn man viele Bäder baut, bedarf man keiner besonderen Badepropaganda. Bäderbauen ist aber eine soziale Erscheinung, die man nicht dadurch verstehen lernt, daß man die Wirkung des Bades auf den einzelnen Menschen untersucht.

Die meisten Menschen interessiert es vor allem zu erfahren, woher es kommt, daß in Zeiten höchster technischer Entwicklung Mangel und Elend herrschen, es kümmert sie weniger, wie die technischen Hilfsmittel funktionieren, die der einzelne Ingenieur erfinden mag. Wenn Kaffee verheizt oder ins Meer geworfen, Baumwolle vernichtet wird, Maschinen verschrottet werden und Millionen Arbeitslose darben, dann wird mehr an Lebensglück und Gesundheit zerstört, als durch Anwendung technischer und hygienischer Methoden gutgemacht werden kann. [...]

Um solche soziale Aufklärung verbreiten zu können bedarf es besonderer Hilfsmittel. Im *Jahrhundert des Auges* kommen in erster Linie Museen und Ausstellungen, Abbildungen und Filme in Frage. Während man aber technische und hygienische Zusammenhänge durch Photographie, Modelle, Schnitte einigermaßen ausreichend veranschaulichen kann, verlangen die gesellschaftlichen Vorgänge besondere, neuartige Methoden. Man muß zu zeigen versuchen, wie sich die Menge der Produktion und des Verbrauches ändert, wie Arbeiterabbau mit Rationalisierung zusammenhängt. Der Gesellschaftstechniker muß uns lehren, wie Menschenmassen sich durch Geburt und Tod, Einwanderung und Auswanderung vergrößern oder verringern, wie durch Verbesserungen auf dem Gebiet des Wohnungswesens Säuglingssterblichkeit und Tuberkulosesterblichkeit ganzer Städte herabgesetzt werden.

In bald zehnjähriger Arbeit hat das *Gesellschafts- und Wirtschaftsmuseum in Wien* ein System *bildhafter Pädagogik* ausgearbeitet, das für alle Wissensgebiete, insbesondere aber für soziale Aufklärung bedeutsam ist. [...]

Der Passant auf der Straße sollte im Vorübergehen sich mit den neuesten sozialen und wirtschaftlichen Tatsachen vertraut machen können und seinen Blick auf solche Karten werfen wie auf die Wetterkarte, die ihn über seine Ausflugschancen unterrichtet. [...] Damit ein einheitliches „Bilder-Esperanto" – um einen Ausdruck der Amerikaner zu gebrauchen – sich durchsetzen kann und nicht eine babylonische Bildersprachenverwirrung entsteht, muß man die Methoden der Bildstatistik zentral pflegen und ausgestalten. Wie auf vielen anderen Gebieten ist Wien auch auf diesem führend geworden. Die Gemeinde Wien und die ihr nahestehenden Institute, die Wiener Arbeiterkammer und Sozialversicherungsinstitute, haben in verständnisvoller Weise diese Bewegung gestartet, die nun ihren Siegeslauf durch die Welt angetreten hat. Schule und Volksbildung, insbesondere aber die Analphabetenaufklärung erhalten neue Richtungen. Es ist nur eine Frage der Zeit, daß Bildstatistik ein allgemein verwendetes und jedermann vertrautes Bildungsmittel sein wird.

14.6 Margarete Hilferding: Mutterschaft

Erstveröffentlicht als Margarete Hilferding: Mutterschaft, in: *Arbeiterinnen-Zeitung*, 31. Jg., Nr. 1 (1922), S. 6–7 und Nr. 2 (1922), S. 4–5.

Biologische, sozialhygienische und eugenische Theorien wurden auf unterschiedliche Weise in praktische und lebensweltliche Formen überführt. Die sozialdemokratische Ärztin Margarete Hilferding (1871–1942) erstellte ein Programm der Familienplanung für Arbeiterfrauen und verbreitete es durch Texte in der Arbeiterinnen-Zeitung, *in feministischen Gesundheitsaufklärungskursen, städtischen Krankenhäusern und in der auf Alfred Adler zurückgehenden individualpsychologischen Erziehungsberatungsstelle. Während Hilferding sich im Fachdiskurs für eine Liberalisierung der Abtreibung einsetzte, empfahl sie Frauen die Empfängnisverhütung als Maßnahme, um die Gesundheit ihrer Kinder zu verbessern. Dass zur Familienplanung als Beitrag zur Steigerung der Erwerbsfähigkeit und volkswirtschaftlichen Rentabilität sowie als politische Pflicht aufgerufen wurde, spiegelt die paternalistischen und utilitaristischen Grundzüge der Gesundheitsreform-Debatten.*

Den Lebewesen ist die Fähigkeit der Fortpflanzung gegeben. Das Einzelwesen (Individuum) vermag einen Teil seiner Körpermasse so umzuformen, daß er [sic] imstande ist, ein selbständiges Leben zu führen und wieder fortpflanzungsfähig zu werden. Bei niederen Tierformen, zum Beispiel Korallen, erfolgt die Fortpflanzung auf ungeschlechtlichem Wege durch Abschnürung einer Knospe aus dem Körper. Bei höheren Tierformen erfolgt die Fortpflanzung auf geschlechtlichem Wege, das heißt durch Vereinigung der weiblichen Fortpflanzungszellen (Eier) mit dem männlichen (Samen). [...] Bei den Vögeln, die ihre Eier bebrüten, unterscheiden wir Nesthocker und Nestflüchter. Bei den Nestflüchtern sind die Jungen, wenn sie das Ei verlassen, sofort in der Lage, sich ihre Nahrung selbst zu suchen. Sie sind gut entwickelt, tragen ein Federkleid, und die weitere Vorsorge der Elternvögel ist mehr die Erzieherin als die einer Kinderpflegerin.
[...]
Das menschliche Kind wird in einem Entwicklungszustand geboren, der es noch jahrelang von den Eltern abhängig macht, nicht nur in bezug auf die Ernährung durch die Muttermilch. Die Unfähigkeit des menschlichen Kindes für sich zu sorgen, und die daraus entstehende Notwendigkeit für die Eltern, diese Sorge zu übernehmen dauert bis zur Erwerbsfähigkeit. mindestens aber bis zum 14. Lebensjahr.
Wir sehen also bei allen Lebewesen, daß die Brut zu ihrer Entwicklung besonderer Schutzvorrichtungen bedarf. Diese Schutzvorrichtungen bestehen entweder in einer so großen Zahl von Keimen, daß aus der allgemeinen Keimvorrichtung in der Natur noch immer genügend Lebewesen übrigbleiben, um die Fortpflanzung zu sichern, oder die Brut wird unter günstigen Umständen abgesetzt (an Orten, wo die

ausschlüpfenden Jungen Nahrung finden), oder die Sorgfalt der Eltern dient dem Schutz der Keime. Je weniger Keime, um so mehr Schutzmaßnahmen sind zu ihrer Erhaltung nötig. Je mehr Keime, umso mehr kann die Entwicklung dem Zufall überlassen bleiben.

Fragen wir uns nun, in welcher Form die Fortpflanzung beim Menschen gesichert ist.

[...]

Wenn die Frau ihre Geschlechtsreife im Alter von 10 bis 15 Jahren erlangt hat, so ist bei jedem stattfindenden Geschlechtsverkehr die Möglichkeit einer Befruchtung gegeben. [...] Es gilt [...] die merkwürdige Formel: Je mehr Schwangerschaften, um so weniger Kinder. Und diese Formel gilt in gewissem Sinne für unsere Kinderaufzucht überhaupt. Denn je mehr Kinder, um so ungünstiger und schwieriger die Daseinsbedingungen der Familie, um so verheerender die Folgen der Unterernährung, Krankheit, mangelnder Pflege, Stillunfähigkeit der Mutter. Wenn nach 20 bis 25 Schwangerschaften nur 3 bis 4 Kinder bis zur eigenen Fortpflanzungsfähigkeit aufgezogen werden, dann sind alle übrigen Schwangerschaften vergebens. Sie sind ein Raubbau an der Frau, ein Raubbau an Körper und Seele. Sie bedeuten aber auch volkswirtschaftlich eine vergebliche Kapitalsanlage, vergeblich sowohl in bezug auf das menschliche Kapital, die Mutter, als in bezug der materiellen Werte, die unnütz verschwendet wurden.

Die Aufzucht selbst einer kleinen Zahl von Kindern ist eine Arbeit, die hinreicht, das Leben der Frau auszufüllen. Die Frau der Gegenwart, die durch die Verhältnisse zur Berufsarbeit gezwungen ist, kann die doppelte Belastung nur schwer ertragen. Entweder der Beruf wird nicht voll ausgefüllt oder die Aufzucht wird zurückgestellt oder die Frau bricht unter dem Bestreben, beiden Pflichten gerecht zu werden, zusammen. Der Selbsterhaltungstrieb bedingt, daß von diesen drei Möglichkeiten die Kinderaufzucht am meisten leidet.

Die Mutterschaft wird von den Frauen abgelehnt, und nicht nur von den bequemen, oberflächlichen, nicht opferfähigen; nein, gerade die besten und tüchtigsten, die durchdrungen sind von Mutterliebe, Muttersorge, werden in der Gewißheit, ihrer Mutterschaft nicht voll genügen zu können, die Kinderlosigkeit wählen. Die Flucht vor dem Kind, die wir in den letzten Jahrzehnten erlebten, bildet eine ernste Sorge für die Bevölkerungspolitiker. Aber auch unsere Partei kann an einer Erscheinung nicht gleichgültig vorübergehen, die den Sozialismus seiner Träger für die Zukunft beraubt. Es ist das Problem der Gegenwart, den Nachkommen möglichst günstige Aufzuchtsbedingungen zu schaffen. Die wichtigsten Forderungen sind:

1. Durch Auswahl kräftiger und gesunder Eltern soll die Vererbung von Krankheiten auf die Kinder sowie der Einfluß elterlicher Krankheit auf das junge Kind eingeschränkt werden.
2. Die Empfängnis soll nicht unter der Wirkung des Alkohols vor sich gehen, der die Früchte nachweisbar schädigt.

3. Die Kindererzeugung soll in jenen Jahren stattfinden, in denen nachweisbar die kräftigste, widerstandsfähigste Nachkommenschaft erzielt wird.
4. Die einzelnen und die Allgemeinheit (Staat) haben entsprechende Maßnahmen zur gesundheitlichen und materiellen Sicherung der Nachkommenschaft zu treffen.

Die Folge solcher Maßnahmen wird sich unmittelbar darin bemerkbar machen, daß die Sterblichkeit (Mortalität) und die Erkrankungshäufigkeit (Morbidität) der Kinder abnehmen. Aber auch mittelbar wird die Wirkung nicht ausbleiben. Wenn die Eltern, insbesondere die Mütter, einsehen, daß sie ihre Kinder mit weniger Arbeit, Sorge, Leid und Geldauslagen aufziehen können als früher, wird der Wunsch nach Kindererzeugung in ihnen neu erwachen. Aber sie werden nicht mehr, wie früher, es dem Zufall überlassen wollen, wie viele Schwangerschaften sie durchleben müssen, um ein oder zwei Kinder aufzuziehen, sondern sie werden bewußt an die Regelung ihrer Nachkommenschaft gehen.

So sehen wir, daß die *Flucht* vor der Mutterschaft ihr *Heilmittel* in sich trägt, den Wunsch nach dem *gewollten* Kinde an Stelle der Zufallsmutterschaft früherer Geschlechter.

14.7 Julius Tandler: Gefahren der Minderwertigkeit

Erstveröffentlicht als Julius Tandler: Gefahren der Minderwertigkeit, in: *Jahrbuch des Wiener Jugendhilfswerks*, Wien: Verlag des Wiener Jugendhilfswerks 1929, Sonderdruck, S. 3–22.

Julius Tandler war nicht nur Anatom, sozialistischer Eugeniker und mächtiger Politiker im Stadtsenat, er war auch die Person im Roten Wien, die im Bereich der Gesundheitsversorgung und -vorsorge am meisten in der Öffentlichkeit stand. Seine eklektischen Interessen (etwa die Theorien von Ernst Mach[8] und Rudolf Goldscheid[9]) helfen dabei, den starken Zusammenhang zwischen Vererbung, ökonomischer Argumentationsweise, gesellschaftlicher Reform und urbaner Erneuerung im Gesundheitssystem des Roten Wien nachzuvollziehen. In diesem beim Österreichischen Bund für Volksaufartung und Erbkunde am 13. Februar 1929 gehaltenen Vortrag steht die Eugenik, die Idee, durch Eingriffe in den natürlichen Erbgang die Bevölkerung ‚qualitativ' zu ver-

---

[8] Ernst Mach (1838–1916), österreichischer Physiker, Physiologe und Wiens erster Professor für Geschichte und Philosophie der Wissenschaften, Vertreter einer atomistischen Theorie und einer Elementenlehre.
[9] Rudolf Goldscheid (1870–1931), österreichischer Privatgelehrter im Bereich der Soziologie, Gründer der Wiener Soziologischen Gesellschaft, Pazifist und Monist, lehnte den Neodarwinismus (die Übertragung von Darwins Evolutionstheorie auf Kultur und Gesellschaft) ab und entwickelte stattdessen die wissenschaftliche Theorie der „Menschenökonomie" als Weg in der Kontrolle und Lenkung der Population.

bessern, im Zentrum. Tandler zieht Bilanz aus zehn Jahren offensiv staatlich gelenkter Gesundheitspolitik, aus dem Schritt von der Individualhygiene zur Sozialhygiene und deren praktischen Manifestationen, etwa der Eheberatung und der Stärkung der Krankenversicherung. Im Kontext der ab 1900 aktiven internationalen eugenischen Bewegung sticht Tandlers ambivalente Positionierung zwischen einer lamarckistischen Überzeugung von der Vererbung erworbener Eigenschaften (sie könnte eine „Aufartung" durch Hygiene, Chancenausgleich, Bildung und Fürsorge implizieren) und einer sozialhygienischen Interpretation von Darwins Konzept eines fixen Erbguts (durch Ausschluss von der Reproduktion, etwa durch Sterilisation, bis hin zur Tötung) hervor – sowie eine entsprechende Ambivalenz, was konkrete Schlussfolgerungen aus seinen Hochrechnungen betrifft.

Aufgabe jeder Bevölkerungspolitik ist die *Verwaltung* des organischen Kapitals, das ist der in einer Gemeinschaft lebenden Menschen [sic]. In Erfüllung dieser *Verwaltungspflicht* obliegt ihr nicht nur, die *Menge* des ihr anvertrauten Kapitals zu *erhalten und zu fördern*, sondern auch die Qualität der einzelnen Menschen und damit der Gesamtheit zu heben. Man spricht daher mit Recht von *quantitativer* und *qualitativer* Bevölkerungspolitik. Quantitative Bevölkerungspolitik ist immer bedacht auf *rücksichtslose Vermehrung* der Menschen einer Gemeinschaft, vor allem eines Staates im Interesse der *Herrschaft*, in Rücksicht auf *imperialistische Tendenzen*, ihr Ziel ist die *Wehrhaftigkeit*. Für sie stand der Wehrhafte, der *Vernichter* im Mittelpunkt des Interesses, die *Menschenwürdigkeit seines Daseins* kam nur in sehr beschränktem Maße in Frage. *Qualitative Bevölkerungspolitik* postuliert natürlich auch eine gegebene Menge von Individuen, schon aus *selektionistischen* Gründen, verlangt aber vor allem *Qualitätsverbesserung* der einzelnen und der Gesamtheit im Interesse der Menschenwürdigkeit und der Kultur. Quantitative Bevölkerungspolitik beobachtet *Geburtlichkeit* und *Sterblichkeit*, um aus ihrem gegenseitigen Verhältnis der beiden den Erfolg abzulesen und für die Zukunft zu rüsten. Qualitative Bevölkerungspolitik beobachtet die *kulturelle Beanspruchbarkeit des einzelnen*, vor allem aber die *Qualität des Nachwuchses*. Quantitative Bevölkerungspolitik verlangt wahllose *Massenzeugung*, qualitative *wählt die Zeuger*, um auf diesem Weg die Qualität zu fördern. Die Methoden der quantitativen Bevölkerungspolitik sind sehr einfach, sie haben aber, wie die Geschichte lehrt, zu allen Zeiten versagt. *Alte Kulturen* sind nicht zugrunde gegangen, sondern ihre *Träger* sind ausgestorben. Neben der uralten quantitativen Bevölkerungspolitik haben die Desiderate qualitativer Bevölkerungspolitik immer bestanden. Immer aber wurden die Stimmen qualitativer Bevölkerungspolitik durch das Geschrei nach der imperialistischen Massenvermehrung übertönt. Dies bis in die letzte Zeit. Denn noch vor dem *Kriege* hat man sich in allen Kulturstaaten, vor allem um die *Volksvermehrung* gekümmert und in ihr die Zukunft gesehen, die *Volksverbesserung, Aufartung* war nicht Gegenstand des besonderen Interesses. Erst die durch den unabänderlichen Geburtrückgang hervorgerufene *Hoffnungslosigkeit der quantitativen Bevölkerungspolitiker* hat den Wert des Einzelindividuums gehoben, seine Qualität bedeutsamer gemacht und die qualitative Bevölkerungspolitik in den Vordergrund bevölkerungspolitischen Interesses geschoben. Man kümmert sich immer mehr und mehr um Rassenhygiene, um *Eugenik*.

[...]

Hier handelt es sich um die Verbreitung höchst *unbequemer Wahrheit*, der man unerschrocken ins Gesicht sehen muß, um die *Erfüllung biologischer Logik*, unbekümmert um Vorurteile, um tiefwurzelnde Gefühle. Daher ist es begreiflich, daß die Durchführung eugenetischer Prinzipien auf Widerspruch stößt und die Feindschaft jener hervorruft, die in ihrer *Bequemlichkeit die Unvernunft der Vergangenheit zum Leitmotiv der Zukunft erwählt haben* und mit besonderer Genugtuung auf mißlungene eugenetische Versuche früherer Zeiten hinweisen. Gewiß *eugenetische Experimente* im Sinne *utopischer Menschenzucht*, wie sie einzelnen vorschwebten oder durchgeführt wurden, sind weder wissenschaftlich begründet noch praktisch durchführbar. [...] Man kann nicht auf *Güte*, auf *Schönheit*, *Edelmut* oder *Geist* züchten und trotz alledem ließe sich durch eine vernünftige Auslese in der Fortpflanzung eine *Steigerung des Mittelwertes* in der *Beanspruchbarkeit des Körpers* und des *Geistes* erreichen. Wohl muß gesagt werden, daß unsere augenblicklichen Kenntnisse von der *Vererbbarkeit bestimmter Eigenschaften* noch nicht sehr *groß* sind, unsere Erkenntnis vom *Erbgang* und dessen *Zwangsläufigkeit* noch nicht genügt, aber es muß auch gesagt werden, daß wir schon jetzt Erfahrungen genug besitzen, die uns auffordern, mit unnachsichtiger Strenge dort für Selektion zu sorgen, *wo Minderwertiges oder Abwegiges mit Gleichem gepaart nur Gleiches zeugen kann*. Das gesamte Bestreben der Eugenik kann nur auf zwei Momente hinauslaufen: die *Gesunden*, die voll Beanspruchbaren in der *Fortpflanzung zu begünstigen*, die *Minderwertigen* von ihr *auszuschließen*.

[...]

Daß die Ehe und Zeugung nicht nur eine *Privatangelegenheit*, sondern auch eine Angelegenheit der Gesellschaft ist, hat die *Einmengung des Staates* in die Eheschließung und die *Einstellung* der verschiedenen *Religionsbekenntnisse* zu diesem Vorgang bewiesen. Die Idee also, die verloren gegangene *natürliche Auslese* durch die *künstliche* zu ersetzen, ist uralt. Die Wege dieser Selektion sind mannigfaltig. Der natürlichste ist unzweifelhaft der, *die Untauglichen von der Reproduktion* auszuschalten. Da erhebt sich zunächst die Frage, wer sind die *Untauglichen*?

[...]

Die bisher *sichergestellten Ergebnisse der Vererbungslehre* genügen als *Grundlage bescheidener eugenischer Forderung*. In dieser Bescheidenheit aber liegt die *Wahrscheinlichkeit* des Erfolges. *Eugenischer Radikalismus*, wie er von mancher Seite gepredigt wird, schädigt die Eugenik, die Befolgung nicht wissenschaftlich begründeter Indikationen kompromittiert sie. Es gibt heute schon eine, wenn auch bescheidene Reihe von *Erkrankungen* und *Anomalien*, deren *zwangsläufige Vererbung* wir kennen. *Klugheit gebietet* vor allem hier weitere *Vererbung* hintanzuhalten. Dahin gehören eine Reihe von *Geisteskrankheiten* mit weitgehenden Minderwertigkeiten. Die Fortpflanzung der Träger dieser Defekte zu verhindern, ist vor allem Aufgabe der Eugenik. Sie zu lösen ist schwer. Denn heute gebietet *Zivilisation und Humanität* die *Produkte aus der Paarung* solcher Individuen, die Minderwertigen, die Schwachsinnigen, die *Idioten*, kurz die geborenen *Geistes- und Körperkrüppel* unter Anwendung unseres ganzen *medizinischen Wissens*, unter *Aufopferung ungeheurer Mittel* zu hegen, am *Leben zu erhalten* und *möglichst alt* werden zu lassen. *Tüchtige gehen zugrunde, Genies verrecken*, wir aber *retten die Minderwertigen*. Ihr Erscheinen, ihr Geborenwerden zu verhindern, bedeutet nicht nur Ersparnis, sondern *Begünstigung der Wertvollen* in der jetzt lebenden und *Aufzuchtsmöglichkeit* in der *kommenden Generation*.

[...]

Ich will nur an einem ganz kleinen Beispiel auf die bevölkerungspolitisch unproduktiven Ausgaben hinweisen. Rund 300 *idiotische* oder schwachsinnige Kinder werden von der Gemeinde Wien in Anstalten gehalten. Jedes einzelne kostet 4 S pro Tag. Rechnen wir aber nur 1000 S, so sind das 365.000 S im Jahr. Zirka 5000 Menschen befinden sich als Insassen in den Irrenanstalten der Gemeinde Wien. Sie kosten 30.000 S pro Tag, rund 11,000.000 S im Jahr. [...] Die Zahl der *schwangeren Frauen*, die um das Schicksal ihres zukünftigen Kindes besorgt in die Schwangerenberatungsstellen kommen, wächst alltäglich. *Verantwortungsgefühl*, generative Ethik bringt sie dorthin und bewegt sie *Scham und Schüchternheit* zu besiegen. Von der *Verantwortlichkeit für den Embryo* bis zur *Verantwortlichkeit* für die Zeugung ist nur ein *Schritt*. Es muß nur dem Volke klar werden, daß es ein *Verbrechen ist, Kinder zu zeugen*, die von allem Anfang an krank sind. Ein Verbrechen an den *Gezeugten*, die Inhalt der *elterlichen Liebe sind*, ein Verbrechen an der menschlichen *Gesellschaft*.

Ist hier Beratung, Erziehung, Weckung des Verantwortungsgefühles am Platz, so wird die menschliche Gesellschaft nicht umhin können, sich gegenüber jenen Minderwertigen, die ihr Schaden gebracht haben, des *gebotenen Selbstschutzes* zu bedienen. [...] Die Medizin ist eben von der *Individualtherapie* zur *sozialen Medizin* fortgeschritten. Für sie kann nicht mehr die *Heilung des Individuums* allein Vorwurf des Handelns sein. Sie hat auch die *Wunden und Erkrankungen* des ganzen *Bevölkerungskörpers* zu heilen, von der *Individualprophylaxe* muß sie zur *kollektivistischen* kommen.

[...]

Mozart hätte vielleicht, wenn er Krankenkassenmitglied gewesen wäre, länger gelebt. Viele andere Geistesheroen vielleicht auch. Damit soll nicht gesagt sein, daß die *Sozialversicherung, so wie sie heute*, gleichsam in den *Rahmen der Humanität eingebaut*, besteht, schon ein wirksames *Instrument der Bevölkerungspolitik* ist. Sie ist auch nicht aus solchen Erwägungen entstanden. Sie ist vielmehr *kollektivistische Gewähr für Hilfe*, wo *individualistische versagt* hat. Im bevölkerungspolitischen Sinne geführt, werden die Krankenkassen auch der *Eugenik* ausgezeichnete Dienste leisten können. [...] *Kondition der Eltern* wirkt auf die *Konstitution* der Kinder. So wird *Konditionshygiene* der *Zeugenden* zur *Konstitutionshygiene* der *Gezeugten*. Die

Konditionshygiene mag Wohlbefinden, Beanspruchbarkeit, Gesundheit des einzelnen und aller beeinflussen und heben, sie bliebe *trotz aller Errungenschaften Stückwerk*, müßten wir darauf verzichten, ihre *Errungenschaften* auf unsere *Kinder auswirken* zu lassen. Wir Menschen, die wir die Naturgewalten, wenn auch in beschränktem Maß zu meistern gelernt haben, wir wollen und können nicht daran glauben, daß das von uns erworbene nicht auch für unser Keimplasma erworben sei. Wir können nicht im tiefen Schatten der Resignation Schicksal unserer Kinder den kombinatorischen Möglichkeiten der Chromosomen allein überliefern. Auch auf diese Naturgewalten müssen wir Einfluß haben. Die Menschen haben sich aus der Natur in die Domestikation geflüchtet, verdanken ihr alles Menschliche. Die Gefahr der Domestikation, den Untergang durch Konditions- und Konstitutionshygiene zu überwinden, ist Offenbarung ihres Erhaltungstriebes.

„Kein Wiener Kind darf auf Zeitungspapier geboren werden", Werbung für die Säuglingswäscheaktion der Gemeinde Wien, in: *Der Kuckuck*, 27. März 1932, S. 3. (VGA)

15 Wohlfahrt und Fürsorge
Katrin Pilz

Einleitung

Der soziale Notstand, die steigende Säuglings- und Kindersterblichkeit sowie die Verbreitung der von sozialen Faktoren abhängigen Infektionskrankheiten Tuberkulose und Syphilis regten noch während des Kriegs 1917 die Schaffung von öffentlichen Ämtern der Volksgesundheit und sozialen Fürsorge an. Die soziale Versorgung wurde damit erstmals als Pflicht der öffentlichen Hand anerkannt. Bis dahin bestimmte ein System aus kirchlicher sowie privater Anstaltswohlfahrt die Fürsorgepolitik Wiens, die auf die Wohltätigkeit und die freiwillige Zuwendung einzelner Bürgerinnen und Bürger angewiesen war.

In der neuen Republik Deutschösterreich wurde der Anatom und Universitätsprofessor Julius Tandler (1869–1936) 1919 zum Leiter des Volksgesundheitsamts ernannt. Das in seiner Amtszeit verabschiedete Krankenanstaltengesetz stellte die Kostenübernahme für Spitäler durch Bund, Länder und Gemeinden sicher. 1920, nach dem Ende der Koalitionsregierung, wurde Tandler Stadtrat für Wohlfahrt- und Gesundheitswesen. Seine Pläne zur Novellierung der Gesundheits- und Fürsorgeverwaltung sollten die traditionelle Wohlfahrt ablösen. Ziel war es, mit der Errichtung und dem Ausbau von Fürsorgebehörden und -einrichtungen eine Hebung der sozialen Lebensverhältnisse v. a. von mittellosen und kinderreichen Arbeiterfamilien zu erwirken. Nach dem Prinzip „aufbauende Wohlfahrtspflege ist vorbeugende Fürsorge"[1] wurden sämtliche Einrichtungen geschaffen, die die neue zentralisierte und vernetzte Wohlfahrtsstruktur bestimmten: die städtische Kinderübernahmsstelle, Mutter-, Ehe-, Familien- und Berufsberatungsstellen, Jugendämter, Kinder- und Erziehungsheime, Kindergärten, Krankenhäuser, Schulzahnkliniken, Heilanstalten für Tuberkulose- und Geschlechtskranke, Sport- und Freizeiteinrichtungen wie Freibäder, Erholungs- und Ferienheime. Darüber hinaus boten zahlreiche sozialdemokratisch geprägte Organisationen und Vereine, wie die Wiener Kinderfreunde und die Roten Falken ein umfangreiches Programm an Freizeit- und Sportaktivitäten. Ziel war eine ‚gesündere' Gesellschaft, in der die Generation ‚neuer Menschen' den politischen und kulturellen Fortschritt verkörperte. Durch präventive Maßnahmen und Aufklärung sollten bevölkerungspolitische Leitgedanken umgesetzt und die für eine neue Gesellschaft bestimmten Glücksvisionen vermittelt werden. Hierzu zählte auch das Ideal einer sozialistischen Kleinfamilie.

---

1 Franz Karner (Hg.): *Aufbau der Wohlfahrtspflege der Stadt Wien*, Wien: E. Kainz 1926, S. 5.

Der Ausbau der kommunalen Wohlfahrt war budgetär abgesichert. Im Jahr 1923 war ein Drittel der Sozialausgaben der Stadt Wien hierfür vorgesehen.[2] Neben den ambitionierten Reformen im Wohnbau, in der Steuerpolitik und auf dem Bildungssektor polarisierte gerade das sozialdemokratische Fürsorgeprogramm. Dieses sah sich immer wieder mit Kritik aus der politischen Opposition konfrontiert, die auf nicht eingelöste Versprechen und auf Probleme der Wohlfahrt und Fürsorge im Roten Wien abzielte. Die Frage der Befürsorgung und wem diese in welcher Form zukommen sollte, tauchte regelmäßig in politischen Debatten auf. Während die Sozialdemokraten zur „Erfüllung fürsorgerischer Pflichten"[3] aufriefen und mit der Zentralisierung und Vernetzung städtischer Fürsorgeeinrichtungen auf die Stärkung eines sozialistisch ausgerichteten Mittelstands abzielten, traten die Christlichsozialen weiterhin für karitative, ehrenamtliche und private Individualfürsorge ein, die von kirchlichen Organisationen getragen werden sollte.

Die 1925 in Betrieb genommene Kinderübernahmsstelle (Küst) wurde als administrative Hauptzentrale zum Prestigeprojekt der Wiener Fürsorge. Als Auffanglager und Schaltstelle der Wiener Fürsorgeverteilung für kranke, heimatlose, verwaiste und sogenannte verwahrloste Säuglinge, Kinder und Jugendliche avancierte sie zum Protomodell und Aushängeschild des sozialdemokratischen Wohlfahrtssystems. Sozialdemokratische Medien berichteten werbewirksam über die Aktivitäten der Küst und weiterer für das Gesundheits- und Fürsorgewesen der Gemeindeverwaltung wichtiger Institute, wie des Entbindungsheims Brigittaspital und des städtischen Krankenhauses Lainz, sowie über die Errichtung des Tuberkulose-Pavillons und des Versorgungsheims. Die Sozialdemokratie versuchte durch die Propagierung ihrer zahlreichen Erfolge auf dem Gebiet der Fürsorgepolitik, darunter der deutliche Rückgang der Säuglings- und Kindersterblichkeit sowie von Infektionskrankheiten, Wählerinnen und Wähler für sich zu gewinnen.

Vorstellungen von Glück sollten im Roten Wien mithilfe von sozialen Fürsorgemaßnahmen, gekoppelt an ein sozialistisch-demokratisches Selbstverständnis, erreicht werden, indem der kollektive Beitrag in Form von sozialen Abgaben („Fürsorgeabgaben") und unter Einhaltung bestimmter Regeln geleistet wurde. Gegen die emanzipatorischen Bestrebungen der sozialdemokratischen Frauenbewegung bedeutete das für die sozialdemokratische Frau und Mutter die Verfestigung eines traditionellen Frauenbilds, wenn auch unter veränderten Vorzeichen: das Sorgetragen für die Gesundheit der Familie, die empfohlene Schwangerschaftshygiene, die Pflege und Erziehung von Säuglingen und Kindern, hygienische Haushaltsführung sowie die Bereitschaft, sich vom kommunalen Fürsorgeapparat kontrollieren zu lassen.

---

2 Vgl. Städtewerk unter offizieller Mitwirkung der Gemeinde Wien (Hg.): *Das neue Wien*, Bd. 2, Wien: Elbemühl 1926–1928. S. 457.
3 Gemeinde Wien (Hg.): *Die Wohlfahrtspflege der Stadt Wien. Ein kurzer Abriß als Hand- und Nachschlagebuch für die ehrenamtlichen Fürsorgeräte Wiens*, Wien: Thalia 1928, S. 6.

Mit der Befürsorgung war immer auch eine Form sozialer Kontrolle verbunden, die Gegenstand einer aufgeklärt-progressiven Kritik am Roten Wien wurde. So war das Säuglingswäschepaket ein Schritt zur hygienischen Grundversorgung der Bevölkerung, die Besuche der Fürsorgerinnen beinhalteten aber auch das Eindringen der Verwaltung in den privaten Raum der Familie. Trotz guter Absichten wurden einige dieser Einrichtungen für Kinder und Jugendliche auch zum Schauplatz physischen und psychischen Missbrauchs. Nach der nationalsozialistischen Machtergreifung wurden sie auch für die systematische Ermordung von behinderten Kindern, Jugendlichen und Erwachsenen benutzt.

Literatur

Byer 1987.
Dworschak 2014.
Pilz 2019.
Schwarz 2017.
Sieder, Smioski 2012.
Weindling 2009.
Wolfgruber 2013.

15.1 Adele Bruckner: Fürsorgearbeit

Erstveröffentlicht als Adele Bruckner: Fürsorgearbeit, in: *Die Mutter: Halbmonatsschrift für alle Fragen der Schwangerschaft, Säuglingshygiene und Kindererziehung*, 1. August 1925, S. 5–6.

Die Fürsorgepolitik der Stadtverwaltung präsentierte sich als „Magna Mater", als muttergleiche Fürsorgefigur, die versprach, die notleidende Gesellschaft aufzufangen und in ihre Arme zu schließen. Paradoxerweise konnte die professionelle Fürsorgerin zunächst nie selbst Mutter sein,[4] galt doch dieser Berufsstand lange als unvereinbar mit der eigenen Mutterschaft. Aufgrund dieser Diskrepanz hatten die Fürsorgerinnen in ihrem Arbeitsalltag mit erheblichen Problemen zu kämpfen. Ihre widersprüchliche Stellung führte oftmals zu konfliktreichen Beziehungen zwischen der geschulten, meist bürgerlichen und kinderlosen Fürsorgerin und der zu ‚befürsorgenden Proletariermutter'. Die Fürsorgerin Adele Bruckner (1879–?) berichtet im folgenden Textausschnitt detailreich vom sozialen Elend und den schwierigen Erfahrungen, mit denen die Fürsorgerinnen täglich konfrontiert wurden.

Seit dem Kriege ist das Fürsorgewesen in Wien eigentlich heimisch geworden; die früher vorhandenen bescheidenen Ansätze haben einen raschen Ausbau erfahren,

---

[4] Vgl. Hilda Lunzer: Mutter oder Fürsorgerin? in: *Die Unzufriedene*, 7. August 1926, S. 2.

neue Zweige wurden angegliedert und die Fürsorge – es ist von der öffentlichen die Rede – wächst von Tag zu Tag. Die Aussenstehenden, die Laien, ja selbst diejenigen, die schon irgendwie in privater Fürsorge ehrenhalber mitgearbeitet haben oder es noch tun, machen sich selten das richtige Bild von der Fürsorgearbeit. Es soll im folgenden versucht werden, einige wenige Fälle zu demonstrieren, aus deren Anführung die Art der Arbeit ersichtlich gemacht wird.

I.

Frau N. N. ist tuberkulös, erstes Stadium wird bei der ärztlichen Untersuchung festgestellt. Heilstättenbedürftig. Die Hauserhebung ergibt folgendes Bild: Der Mann arbeitslos, bezieht an Arbeitslosenunterstützung wöchentlich S 12.60, vier Kinder im Alter von sechs, viereinhalb, drei und eineinhalb Jahren; die beiden letzten rachitisch, nicht gehfähig; alle Kinder unterernährt. Wohnung: Zimmer und Küche, hofseitig, dunkel, feucht, ärmlichst eingerichtet. Alles Entbehrliche und schon teilweise sehr Unentbehrliche wurde versetzt, verkauft. Um die kranke Mutter unterbringen zu können, muss für die Kinder gesorgt werden; sämtliche Kinder wurden innerhalb zwei Tagen in Heimstätten installiert, der Mann wird sich selbst behelfen müssen.

II.

Ein kastenartiger, fensterloser Raum, der sein spärliches Licht von dem der Türe gegenüberliegenden Gangfenster erhält; es steht weiter nichts darin als ein Bett und ein Kinderwagen, dem das vierte Rad fehlt; ja, auch ein Waschtrog steht auf einem wackligen Stockerl. Und in diesem kerkerartigen Raum leben *vier* Menschen: Mann, Frau, ein vierjähriger Bub und ein vier Monate alter Säugling. Auch in diesem Falle ist, wie übrigens fast überall mit geringen Ausnahmen, der Mann ohne Arbeit; erschwerend tritt hinzu, dass die Leute nicht nach Wien zuständig sind, dass also die Fürsorgearbeit weitaus erschwerender ist, oft gänzlich unzulänglich. Von der kargen Unterstützung, die ein Arbeitsloser bezieht, kann auch nicht *ein* Mensch sich nähren, geschweige denn vier. Es ist nicht leicht für den Uneingeweihten, sich auch nur annähernd ein Bild davon zu machen, wie diese Menschen leben.

III.

Ein Kapitel für sich bilden die Kriegerwitwen und Waisen mit ihren geringfügigen Bezügen. Es ist nur zu natürlich, dass sich oft die Betroffenen in ihrem Kummer und in ihren Sorgen Luft machen, allerdings an der unrechten Stelle; aber es ist nicht selten, dass man bei einem Erhebungsbesuch von einer vergrämten verquälten Kriegerwitwe einen ganzen Vortrag über das Unnütze des Sterbens und Hinmordens der Männer und Väter hören muss. Würden alle Frauen im Jahre 1914 ähnlich gesprochen haben, vielleicht gäbe es heute gar keine Kriegerwitwen. In einer peinlich sauberen kleinen Wohnung lebt eine solche Witwe mit zwei Kindern: begabte Jungen, von denen der eine die Mittelschule, der andere noch die Volksschule besucht; beide Kinder sind Tbc-verdächtig, werden zur Ausheilung fortgeschickt; an den Kosten beteiligt sich der Invalidenverband, der seinerseits übrigens auch für die Unterbringung Kranker teilweise sorgt. Die Rente, welche für Frau und die beiden Kinder bestimmt ist, beträgt monatlich S 72; dass damit das Auslangen auch bei aller Sparsamkeit nicht zu finden ist, ist zweifellos; die Frau hat Gelegenheitsarbeit, sie wäscht, reibt, bügelt, greift alles an, was irgendwie Arbeit heisst und ihr den bescheidensten Verdienst bringt. Das ist noch ein Fall, der gimpflich [sic] ist.

IV.

Dass der Kinder-„Segen" bei den Armen und Aermsten ein grosser ist, ist zu bekannt, als darüber noch besonders gesprochen werden müsste; worüber aber gesprochen werden soll, damit es recht Viele wissen, das sind die Tragödien, die sich in den Proletarierwohnungen tagtäglich abspielen; manchmal liest man in der Zeitung, dass irgendwo eine Frau an den Folgen eines Eingriffes starb. Den ganzen Jammer, den diese zermürbten, vor der Zeit gealterten Frauen stündlich durchleben, ahnt niemand, der sie nicht sieht und hört. Die vielen Schwangerschaften untergraben die Gesundheit der ohnedies schlecht genährten, ungepflegten und mit dem Lebenskampfe innig vertrauten Frau sehr arg. So sehr den Begüterten eine Vielzahl von Kindern leicht zu erziehen und zu versorgen ist (aber Begüterte haben selten eine Vielzahl an Kindern), so bedeutet für den Armen, Ringenden, ums tägliche Brot Kämpfenden jede Vermehrung der nach Nahrung rufenden Kinderschar eine Katastrophe. Und wenn ein solch armes Weib weinend und jammernd kommt und nach Hilfe ruft und man ihm diese Hilfe nicht geben – bei Armen wird eine Unterbrechung der Schwangerschaft nur in den seltensten Fällen und bei Bestehen einer wesentlich vorgeschrittenen Erkrankung vorgenommen – kann, dann lernt man eigentlich der Menschheit ganzen Jammer kennen. Oft schon wurde der Einwand gemacht, „sie sollen eben nicht so viele Kinder kriegen". Das ist bestimmt sehr leicht, ohne jede Ueberlegung gedacht und es ist auch für die materiell sorgenfrei lebende Frau unschwer, so zu reden. Weiss denn jemand, *wie* diese armen Geschöpfe leben und ob es ein wirkliches Zueinanderstreben von Mann und Frau ist, dessen Abschluss sich im werdenden Kinde verkörpert? Wenn Menschen in einem kleinen Raum hausen, dicht aneinandergedrängt, wenn Vater, Mutter und Kinder in zwei Betten schlafen müssen, dann ist es eigentlich unbegreiflich, dass nicht noch mehr Elendsgeschöpfe in die Welt gesetzt werden; die Wohnungsnot mit all ihren Auswirkungen hat in vielen Fällen eine Hemmungslosigkeit gezeitigt, die schrecklich ist. Und weil nun einmal von den fürchterlichen Wohnzuständen die Rede ist, soll über ihren Einfluss auf die Kinder selbst etwas gesagt werden.

V.

So oft man z. B. liest, dass Jugendliche auf eine schiefe Bahn geraten sind, ebenso oft kann man weise Häupter schütteln sehen und den bekannten Refrain hören „zu meiner Zeit war es nicht so", oder „früher hat's das nicht gegeben". Abgesehen davon, dass es auch früher viele Entgleisungen Jugendlicher gegeben hat (nur dass man von ihnen weniger hörte, weil man sich überhaupt früher weniger um seine Nebenmenschen kümmerte), ist das gefällte Urteil der Laien, also solcher Menschen, die die meisten Dinge vom Hörensagen, nicht von Ansehen kennen, herzlos. Wer nur einmal Gelegenheit hatte, den *Ursachen* nachzuspüren, warum Kinder auf Abwege geraten, der wird bei Beurteilung der *Folgen* etwas milder vorgehen. Es ist sicherlich keine Kunst und es gehört wenig Geschick dazu, wirtschaftlich gut gestellte und behütete Kinder so lange als möglich vor der Berührung mit dem Leben zu bewahren; aber es sollen auch schon Dinge vorgekommen sein, die ihren Ausgang sogar von einem schön eingerichteten Kinderzimmer nahmen. Man muss nur wissen, was Kinder bei armen Leuten, wo alles zusammengepfercht lebt, frühzeitig zu sehen und zu hören bekommen; es ist einfach unmöglich, in solchen Verhältnissen etwas vor Kindern geheim zu halten; hier werden die Kleinen mit all jenen Vorgängen bekannt gemacht – und auf eine traurig-praktische Art – die behüteten Kindern langsam, nach Massgabe ihrer Jahre, beigebracht werden. Wenn ein Kind von allen Sorgen weiss, die die Eltern bedrücken, wenn es an allem teilnimmt, dann ist es klar, dass das Sonnige der Kindheit, der Jugend sich verflüchtigt, ehe es noch recht da sein konnte. Würde man an Schutzengel der Kleinen glauben, man müsste oft annehmen, dass sie von solchen behütet werden, denn die meisten Kinder Armer leben in Verhältnissen, die sie stündlich an Leib und Seele schädigen. Die vielen fürsorgerischen Einrichtungen, die schon bestehen und die noch geschaffen werden, ganz werden sie nie alle jene erfassen, die ihrer bedürfen. Noch immer werden die Strassen in den äusseren Bezirken von Kindern aller Altersstufen bevölkert, noch immer sehen Kinder mit hungrigem Magen und hungrigen Augen nach dem Notdürftigsten, das sie entbehren müssen.

Zum Schlusse sei noch der mannigfachen sozialen Einrichtungen gedacht, die die Gemeinde Wien auf dem Gebiete der Fürsorge geschaffen hat; die städtische Fürsorge umfasst alle Stadien vom Säugling bis zum alten Menschen in beispielgebender Weise; aber alles ist zu wenig für das vorhandene Elend, das grossenteils ein Erbe des Krieges ist.

In dem Vorgesagten sind nur einige und keinesfalls die krassesten Beispiele angeführt, weil es der Schreiberin nicht unwichtig erscheint, auch solche Kreise mit dem vielgestaltigen Elend und der Art der Massnahmen dagegen bekannt zu machen, die selten Gelegenheit haben, sich darüber zu informieren. Vielleicht aber tragen diese Ausführungen ein wenig auch dazu bei, die Ursachen der sozialen Schäden nicht dort zu suchen, wo ihre Auswirkungen zu finden sind.

15.2 Heinrich Holek: Die Schmelz

Erstveröffentlicht als Heinrich Holek: Die Schmelz, in: *Arbeiter-Zeitung*, 2. September 1926, S. 9.

Der sozialdemokratische Journalist und „proletarische Dichter" Heinrich Holek (1885–1934) beschreibt das Wiener Viertel der Schmelz als vielschichtigen sozialen Brennpunkt und impliziten Ort der modernen Fürsorge. Der ehemalige Exerzierplatz wird einerseits als dunkler, straffreier Raum für Banden, Kriminelle und von der Gesellschaft vernachlässigte Bewohner und Bewohnerinnen (wie jene der Barackensiedlung des sogenannten Negerdörfels) charakterisiert. Dieser Düsternis wird andererseits der helle und sichere Charakter der von der Stadt errichteten Siedlung Schmelz und angrenzender Gemeindebauten gegenübergestellt sowie die Schmelz als Ort der Erholung für Arbeiterfamilien und Kinder. Holeks Essay veranschaulicht die Wohnbau- und Fürsorgepolitik des ‚neuen Wien' und vergleicht es mit dem ‚alten Wien'. Das „Negerdörfel" wird hier beiläufig als schandvolles Erbe gescheiterter christlichsozialer Wohlfahrt erwähnt.

Dieser Name löst mancherlei Ideenassoziationen aus: Soldatenexerzierplatz – schnarrende Kommandorufe – „Auf!" und „Nieder!" – Maschinengewehrgeknatter. Denn die „Schmelz" ist seit nahezu achtzig Jahren ein Exerzierplatz. Sie ist es noch heute. Allerdings verschwinden die wenigen Soldaten, die dort jetzt „gezwirnt" werden, auf der weiten Rasenfläche wie das „Würschtl im Kraut".

Die andre Gedankenkette die das Wort „Schmelz" wachruft, ist etwa: Polizeibericht – Schlägerei – Messerstecher – Schwerverletzte ins Spital eingeliefert ... Auch das kommt leider noch immer vor. Denn auf der Schmelz „tut sich immer was". Besonders wenn es dunkel gar erst in der Nacht von Samstag auf Sonntag. Aber auch sonst, am hellen Tage. Aber da ist es nicht gefährlich, dort zu spazieren. Wenn die Exerzierstunden der Soldaten vorüber sind und die Wehrmänner ermattet in ihre Kasernen einrücken, bietet die weite Wiesenfläche, in deren graues Grün breite Wege getreten sind, ein friedliches, ja sogar idyllisches Bild. Frauen und Kinder lagern in Gruppen, lassen sich von der Sonne bräunen, Urlauber, Pensionisten, Arbeitslose lassen sich „die Sonne in den Magen scheinen", damit er „etwas Warmes" bekommt, Ziegen schreiten gravitätisch einher und zupfen an dem Grase. Da und dort liegen Männer in Gruppen, lesen, spielen Karten oder plaudern. Von den eingezäunten Sportplätzen der Fußballer, durch die der Exerzierplatz beträchtlich eingeschränkt wurde, schallen die Ballstöße dumpf über die Fläche. Und auf dem Rasen üben sich die Buben mit viel Geschick und noch viel mehr Geschrei in der Kunst des Fußballspiels. Ein berittener Wachmann läßt seinen Gaul gemütlich über den Rasen statzen und seine Augen über die belebte Fläche schweifen.

Sie schmilzt immer mehr zusammen, die Schmelz. Noch vor etwa dreißig Jahren war sie eine Fläche von mehr als fünfzig Hektar; heute sind es kaum noch die Hälfte. Vom Gürtel her schiebt sich das Häusermeer unaufhaltsam vor, neue Häuserblocks und Straßenzüge sind entstanden und vor ihnen eine ansehnliche Siedlung von Schrebergärten. Und auf dem entgegengesetzten Ende, im Westen, ist in jüngster Zeit *die Siedlung Schmelz* entstanden: ein ansehnlicher Komplex von schmucken Häusern, die weite Höfe mit Rasenflächen und Blumengärten umschließen und zwischen denen mit Bäumen bepflanzte Straßen dahinführen. Ueberall Sauberkeit und Ordnung. Man spürt, daß die Arbeiter und Angestellten, die sich hier niedergelassen haben, weder Mühe noch Geldopfer scheuen, um ihre Umgebung so schön und gefällig als möglich zu gestalten. Die Häuser hat die Gemeinde Wien errichtet; ebenso den nahen *Rohrauer-Hof*, von dessen Park, dessen Hochplateau steil nach Norden abfällt, man auf das dicht darunter liegende *Negerdörfel* hinabsieht, über dessen Dächer hinweg der Blick auf die Häusermassen von Ottakring schweift, aus denen die roten Mauern des *Schuhmeier-Hofes* herübergrüßen. Das Negerdörfel besteht aus flachen, einstöckigen, barackenähnlichen Häusern. Sie wurden unter der Herrschaft des verstorbenen christlichsozialen Bürgermeisters Dr Weiskirchner erbaut, um der schon damals drückend empfundenen Wohnungsnot zu steuern. Die „Mauern" dieser Häuser sind aus Holz, das mit Asbest- und Gipsplatten verkleidet ist. Etwa einhundert Familien wohnen hier, von denen wenige unter sechs Kinder haben. Wenn die Christlichsozialen in ihrer Wut über die Bautätigkeit der sozialdemokratischen Gemeindemehrheit wegwerfend und ironisch von der „sozialdemokratischen Wohnkultur" sprechen, so scheinen sie schon ganz vergessen zu haben, daß dieses Negerdörfel *ihre* Schöpfung ist und ihnen nur zur Schande gereicht. Ein Gang durch diese christlichsoziale Schöpfung genügt, um den Kontrast zu fühlen, der zwischen diesen Baracken und den freundlichen und anheimelnden Bauten der Siedlung Schmelz besteht. Von schön gepflegten Rasenflächen umgeben, umschließen diese Häuser schöne Gartenanlagen und Wiesen und im Rohrauer-Hof tummeln sich fröhliche Kinder im betonierten Planschbad, indessen deren Mütter ringsum auf den Bänken sitzen, nähen, häkeln, lesen und Sonne und frische Luft genießen. Indessen kriechen im Negerdörfel die Kinder auf einem kärglichen, armseligen Rasen.

In der Siedlung Schmelz wohnen etwa siebenhundertneunzig Familien, also etwa rund dreitausend Menschen. Von ihnen sind mehr als sechzehnhundert Mitglieder der sozialdemokratischen Partei, allein mehr als fünfhundert Frauen. Das an sich ganz nette Lokal, das die Genossen in dieser Siedlung für ihre Zusammenkünfte haben, faßt aber höchstens hundert Menschen; ist also ganz ungenügend. Wohl wurde den Siedlern seinerzeit in Aussicht gestellt, daß die Gemeinde Wien ein *Wohlfahrtshaus* errichten werde. Aber noch fehlt es und sein Mangel wird von den

Genossen bitter empfunden. Die Inneneinrichtung des Lokals, das den Genossen derzeit zur Verfügung steht, haben sie selbst besorgt; arbeitslose Genossen haben die Möbel gezimmert, die Türen gestrichen, die Wände gemalt und mit einem hübschen Fries verziert, auf dem holländische Mädel und Buben zu sehen sind. Und der Bücherkasten birgt mehr als fünfhundert Bände durchwegs guter Bücher, die von den Genossen der Organisation gespendet wurden. Idealismus war seit jeher die tragende Kraft unserer Bewegung!

[...]

So knüpfen sich an die Schmelz gar mancherlei Erinnerungen aus alter und jüngster Vergangenheit. Dieser Exerzierplatz war oft ein Kampfplatz. Die Kämpfe, die in der jüngsten Zeit dort ausgetragen werden, sind schon etwas friedlicher geworden: es sind zumeist – *Fußballkämpfe.*

15.3 Julius Tandler: Sozialdemokratische Wohlfahrtspflege

Erstveröffentlicht als Julius Tandler: Sozialdemokratische Wohlfahrtspflege, in: *Arbeiter-Zeitung*, 20. Mai 1924, S. 9.

Im vorliegenden Referat, das am 17. Mai 1924 gehalten wurde, definiert Julius Tandler sozialdemokratische Wohlfahrt als das Recht auf Fürsorge. Ähnliche Texte wurden zwischen 1917 und 1934 in zahlreichen Versionen für unterschiedliche Zielgruppen in der Fach- und Arbeiterpresse publiziert. Das von Tandler entwickelte Wiener System[5] des Wohlfahrtswesens prägte maßgeblich die Stadtverwaltung sowie die öffentliche Selbstdarstellung des Roten Wien. In Programmschriften, Zeitungsartikeln, öffentlichen Vorträgen, Reden, Broschüren und Filmen sowie auch auf Tafeln, die an den Gebäuden neu errichteter Fürsorgeeinrichtungen angebracht wurden, hörte man und konnte man wiederholt die von Tandler geprägten Leitsprüche lesen: „Aufbauende Wohlfahrtspflege ist vorbeugende Fürsorge", „Die Kinder haben ein Anrecht auf Fürsorge und die Gesellschaft ist ihr Sachwalter" und „Wer Kindern Paläste baut, reißt Kerkermauern nieder".[6]

Sozialdemokratische Wohlfahrtspflege ist etwas ganz anderes als bürgerliche Fürsorge. Die bürgerliche Fürsorge ist bis zum heutigen Tage Wohltätigkeit geblieben; sie geht von dem Standpunkt aus, daß sie mehr tut als ihre Verpflichtung. Für uns

---

5 Vgl. Karl Kautsky [jr.]: *Der Kampf gegen den Geburtenrückgang*, Wien: Wiener sozialdemokratische Bücherei 1924, S. 31.
6 Julius Tandler: *Wohltätigkeit oder Fürsorge?*, Wien: Verlag der Organisation Wien der Sozialdemokratischen Partei 1925, S. 15–16; Gemeinde Wien (Vorwort Julius Tandler): *Die Kinderübernahmsstelle der Gemeinde Wien*, Wien: Thalia 1927, S. 26.

Sozialdemokraten ist Fürsorge die Erfüllung einer *grundlegenden Pflicht*. Daher stehen Fürsorger und Befürsorgte zueinander in einem Rechts- und Pflichtverhältnis.

Die bürgerlichen Fürsorger sind nur denen verantwortlich, die ihnen die Mittel geben. Ganz anders steht es für uns. Die Gesamtfürsorge ist einer der vielen Ausdrücke des Kollektivismus.

In dem Augenblick, als wir verpflichtet waren, den Fürsorgebetrieb der Gemeinde Wien umzustellen, herrschten Hunger und Not, die nicht geeignet sind, Verantwortungsgefühl zu erwecken. Hätte schon der Krieg demoralisierend gewirkt, so haben die Nachkriegszeit und die fremde Hilfe unser Volk zum Bettlertum demoralisiert. Im Laufe der Zeit ist es aber gelungen, den Volkscharakter wieder zu verändern. Wir Sozialdemokraten können mit Stolz berichten, daß er sich hier in Wien gründlich geändert hat. Das zeigt sich im Verhältnis zwischen Fürsorger und Befürsorgten.

Ein Beispiel dafür sind die Mutterberatungsstellen. In der Kriegszeit und nach dem Kriege gingen die Frauen nur zu den Stellen, wo sie etwas bekamen. Als die fremden Missionen abzogen und die Mütter keine Spenden mehr bekamen, blieben sie aus den Mutterberatungsstellen aus. Heute kommen die Mütter wieder so zahlreich wie zur Zeit, da sie noch Spenden bekamen. Sie kommen aber jetzt aus Verantwortungsgefühl gegenüber ihren Kindern.

Die Gemeinde Wien marschiert mit ihrer Wohlfahrtspflege an der Spitze der Kulturnationen. Dreißig Prozent der Ausgaben entfallen auf die Fürsorge.

Im folgenden sei einzelnes aus dem ungeheuren Material der Fürsorge herausgegriffen.

Unsere Vorgänger in der Rathausverwaltung haben sich besonders viel auf ihre *Altersfürsorge* eingebildet. Die Altersfürsorge der Gemeinde ist nur eine klägliche Verkleisterung des Mangels eines Gesetzes über die Altersversorgung. Die Gemeinde muß einspringen, weil diejenigen, die aus dem Mehrwert Nutzen ziehen, das Instrument, das sie durch Jahrzehnte ausgebeutet haben, wegwerfen. Die offene Altersfürsorge betrifft die sogenannten Pfründner[7]. Wir haben ihnen die politischen Rechte, die ihnen früher geraubt wurden, natürlich zurückgegeben. Wir haben aus den Armenräten Fürsorgeräte gemacht. Das ist keine bloße Titeländerung, sondern der Ausdruck für eine *Aenderung des Betriebes*. Der Armenrat mit seiner geringen Verantwortung konnte eine große Menge von Menschen „befürsorgen". Für uns ist das unmöglich. Daher mußten wir die Zahl der Fürsorger ganz ungeheuer – auf fünftausend – vermehren und sie zur Fürsorge erziehen, indem wir sie in eine Schule schickten.

Die geschlossene Altersfürsorge war für die Christlichsozialen Gegenstand einer ganz besonderen Reklame. Das Um und Auf dieser Fürsorge war der Bau des *Lainzer*

---

[7] Bewohnerin oder Bewohner eines Altenheims (oder auch Obdachlosenheims).

Versorgungshauses. Von dieser Schöpfung hat die damalige Majorität lange Zeit politisch gelebt.

Gibt es aber *Stumpfsinnigeres und Niederträchtigeres*, als sechstausend unglückliche Leute zusammenzufangen und an einem Orte zusammenzusperren? Ich will nicht von dem Verwaltungsskandal, den wir in Lainz aufgedeckt haben, sprechen, sondern nur von der geschlossenen Fürsorge. Die Leute wurden der Reihe nach, wie sie kamen, in die Betten gelegt. Ein Blinder, ein Idiot, ein Tuberkulotiker, ein Epileptiker und ein Gesunder konnten in einem Zimmer untergebracht sein. Dieses Elend war gedeckt durch palastähnliche Bauten, mit denen man prunken konnte.

Unsere Pflicht war es, in dieses Chaos Ordnung zu bringen, gleichartige Unglückliche zusammenzubringen, Sieche und Alte zu scheiden.

So haben wir erreicht, daß jetzt in Lainz ein wirkliches Siechenhaus ist, noch kein Ideal, aber ein großer Schritt auf dem Wege zu der Vollendung, die uns vorschwebt. Wir haben es erreicht, daß die Leute dort halbwegs glücklich sind, soweit es eben in ihrer Lage möglich ist.

Wir haben in Lainz heute bereits eine 300 Betten umfassende Abteilung für die Alterstuberkulose. Dadurch haben wir die Quelle der Infektion für ihre Familien verstopft und es ist uns möglich, ihnen selbst den Lebensabend möglichst zu verschönern.

Dort haben wir auch die größte Nervenabteilung in Mitteleuropa, vielleicht auf dem Kontinent. Sie besitzt 450 Betten, ist modern ausgestattet und wird von einem ausgezeichneten Fachmann geleitet.

Der Gipfelpunkt der Fürsorge ist die *Jugendfürsorge*.

Die Fürsorge für den Menschen beginnt, bevor er gezeugt ist. Dort, wo wir imstande sind, die Erbqualitäten der Eltern günstig zu beinflussen, sollen wir es tun. Von der Eheerlaubnis habe ich nie etwas gehalten, aber ich meine, daß man die Eltern über die Wichtigkeit der Sache aufklären soll. Daher habe ich die *Eheberatungsstelle* geschaffen, die seitdem in Oesterreich, in Deutschland, in England nachgeahmt wurde.

Die Fürsorge erstreckt sich dann auf die *schwangere* Frau. Eine sozialistisch geführte Gesellschaft müßte für die Schwangeren unendlich viel mehr leisten als die heutige. Dazu gehört nicht nur Geld, sondern vor allem Erziehung.

Vor allem muß das werdende Kind vor der Ansteckung durch Syphilis behütet werden. Die Syphilis kostet uns jährlich Milliarden. Mindestens ein Fünftel unserer Ausgaben für Wohlfahrtspflege könnte entfallen, wenn die Syphilis genügend bekämpft würde. Es ist daher für uns von der allergrößten Bedeutung, die Menschen von der Syphilis zu heilen oder vor ihr zu bewahren. In den Mutterberatungsstellen wird der Kampf gegen die Syphilis programmatisch geführt; dadurch wird das werdende Kind vor der Ansteckung bewahrt.

Sind die Kinder geboren, so werden sie vom Jugendamt erfaßt, dessen Fürsorgerinnen sie der Mutterberatungsstelle zuführen. Dasselbe gilt für die Kinder, die in den Gebäranstalten zur Welt kommen, ohne Unterschied, ob sie ehelich oder unehelich sind. Daher ist Wien die einzige Großstadt auf dem Kontinent, die keine Findelanstalt besitzt. Im *Säuglingsheim* können alle Kinder, eheliche und uneheliche, Aufnahme finden.

Früher blieben die Proletarierkinder allein in den Wohnungen oder auf der Straße. Wir haben jetzt die *Volkskindergärten* errichtet, in denen die arbeitenden Frauen die Kinder deponieren können.

Wir haben heute 46 Schulärzte, 7 Schulzahnkliniken, die einen ungeheuren Aufwand erfordern.

Wir haben die *Ausspeisungen* der Kinder: die Gemeinde ernährt jetzt im Tage 20.000 Kinder in der Schulausspeisung oder Kindergartenausspeisung.

Wir geben den Kindern nach Möglichkeit eine Ferialerholung durch Wiens Jugendhilfswerk.

Ich bin der Meinung, daß ein weiterer Ausbau der Jugendfürsorge, die *Lehrlingsfürsorge*, unbedingt angestrebt werden muß. Sie liegt heute noch sehr im argen. Die Lehrlingsnot ist um so unerträglicher, als sich der Lehrling in einem kritischen Alter, in der Zeit der Mannbarkeit befindet.

Die Tuberkulösenfürsorge.

Man kann die Tuberkulose unbedingt besser durch eine gute Wohnungsfürsorge, eine gute Lohnpolitik bekämpfen als durch Heilstätten, sie ist mindestens ebenso durch Disziplin wie durch Heilmittel zu bekämpfen. Es ist der Gemeinde Wien durch ungeheure Anstrengung gelungen, über rund 2000 Betten zu verfügen. Das ist eher zu wenig. Aber das Bedeutungsvolle ist die Organisation. Keines der Betten ist vergebbar an einen Menschen, der sich nicht in Tuberkulösenfürsorge befindet. Das mag für manchen auf den ersten Blick grausam erscheinen. Aber es ist von ungeheurer Bedeutung. Denn dadurch werden die Menschen in die Tuberkulösenfürsorge hineingezwungen, so daß sie in beständiger Beobachtung sind. In den letzten Monaten mußten wir denn auch die Tuberkulösenfürsorgestellen verdoppeln.

Das Proletariat hat ein Recht darauf, daß ihm Fürsorger *aus seinen eigenen Reihen* zur Verfügung stehen. Es ist die Aufgabe unserer Partei, dafür zu sorgen, daß diese Fürsorger vorhanden sind.

(Lebhafter Beifall.)

15.4 Karl Honay: Das neue Wien für seine Jugend

Erstveröffentlicht als Karl Honay: Das neue Wien für seine Jugend, in: *Moderne Welt*, 13. Jg., Nr. 7 (April 1932), S. 19–23.

Zahlreiche reklameartige Texte wie dieser sollten anhand der Darstellung der Errungenschaften und Erfolge der Stadtverwaltung die Wohnbau- und Sozialpolitik des ‚neuen Wien' bewerben. Die mit hochwertigen Fotos illustrierten Beiträge erschienen bereits seit den späten 1920er Jahren nicht nur in Arbeitermedien, sondern zunehmend auch in Teilen der bürgerlichen Presse. Die Autorinnen und Autoren waren zum größten Teil Gemeindebedienstete oder bekleideten andere politische Ämter in der Gemeindeverwaltung, was den Werbetexten offiziellen Charakter verlieh. Das gilt auch für Karl Honay (1891–1959), sozialdemokratischer Klubsekretär, Leiter des städtischen Pressediensts und ab 1933 Stadtrat für Wohlfahrtswesen. Die Wiener Kinderheime, Erziehungsanstalten, Jugendämter, Kindergärten und nicht zuletzt die zentrale Kinderübernahmsstelle standen ganz oben auf der Liste der neuen ‚Wiener Sehenswürdigkeiten'. Besucherinnen und Besucher aus den anderen Bundesländern und dem Ausland wurden nun auch durch die Fürsorgeeinrichtungen der „Mutter Wien" geführt.[8]

In Wien war vor dem Krieg die private Fürsorge sehr stark entwickelt. Die Zahl der Vereine, die sich tatkräftigst der Kinder verarmter Familien annahmen, war sehr groß. Die Gemeindeverwaltung wurde durch das segensreiche Wirken dieser Vereinigungen stark entlastet.

Nach dem Krieg ist aber ein völliger Wandel eingetreten. Die Kreise, die aus sozialem Gefühl praktische Kinderfürsorge leisteten, waren durch die Entwertung des Geldes genötigt, diese Tätigkeit einzustellen oder stark einzuschränken. Viele Vereinigungen, die auf eine jahrzehntelange verdienstvolle Arbeit hinweisen konnten, mußten sich an die Gemeinde um geldliche Hilfe wenden; sie hätten sonst ihre Einrichtungen nicht mehr aufrechterhalten können. Immer spärlicher flossen private Mittel für soziale Zwecke.

Die Gemeindeverwaltung hat schon im Jahre 1919, dem Zug der Zeit folgend, die *Fürsorge der Jugend im eigenen Wirkungsbereiche* zu organisieren begonnen. Sie kann heute auf eine in fortschrittlichem Geist verwaltete Jugendfürsorge verweisen. Die Erfolge dieser Fürsorge werden auch von den Gegnern der gegenwärtigen Mehrheit des Wiener Gemeinderates anerkannt. Nicht weniger als rund 29 Millionen Schilling hat die Gemeinde im Jahre 1931 für Jugendfürsorge ausgegeben und auch für das Jahr 1932 die gleiche Summe präliminiert.

Die städtische Fürsorge betreut nun das Kind schon im Mutterleib. In 34 Mutterberatungsstellen werden mittellose schwangere Frauen beraten und von der Ge-

---

[8] Franz X. Friedrich: Mutter Wien, in: *Bettauers Wochenschrift*, 4. Jg., Nr. 33 (1927), S. 4–5; vgl. auch Anonym: Sonntagsfahrten durchs Neue Wien, in: *Das kleine Blatt*, 14. Mai 1927, S. 3.

meinde im Notfall unterstützt. In allen Wiener Entbindungsheimen und Gebärkliniken sind ständig städtische Fürsorgerinnen, um den Säuglingen und Müttern im Falle der Bedürftigkeit alle erreichbare Hilfe zukommen zu lassen. Aber auch alle übrigen Geburtenfälle werden von der Gemeinde beobachtet. *Es wird kein Kind in Wien geboren, ohne daß die Gemeinde hilfsbereit erscheint.* Seit 1927 gibt die Gemeinde allen nach Wien zuständigen Frauen für ihr Neugeborenes eine vollständige *Säuglingsausstattung unentgeltlich.* Der Bezug dieses Geburtstagsgeschenkes ist an keinerlei Erhebungen über die Bedürftigkeit geknüpft. Die Frauen müssen sich aber selbst melden. Mit den Verhältnissen nicht Vertraute bezeichnen die Gemeinde als Verschwenderin, weil sie der Frau Bankdirektor ebenso ein Paket Säuglingswäsche schenkt, wie der Frau des Arbeitslosen. Das trifft aber nicht zu. Vom 1. Jänner bis 30. Oktober 1931 erfolgten in Wien 13.786 Entbindungen. Ihnen steht eine Ausgabe von 9005 Paketen Säuglingswäsche gegenüber. Davon entfielen 2197 auf Geburten im Privathaushalt, 6111 auf Entbindungen in Kliniken und Spitälern und 480 auf Entbindungen in den Mittelstandssanatorien. In die eigentlichen Sanatorien wurden in diesem Zeitraum nur 217 Pakete zugestellt; aber auch von diesen Frauen waren 87 auf Kosten einer Krankenkasse verpflegt, so daß nur 130 Pakete an Frauen jener Kreise ausgegeben wurden, von denen immerhin gesagt werden kann, daß die Anschaffung aus eigenen Mitteln ohne weiteres hätte erfolgen können. Die genaue Erhebung der Bedürftigkeit würde allein mehr Verwaltungskosten verursachen, als die Ausgabe beträgt, die der Gemeinde durch den Bezug dieser 130 Säuglingswäschepakete erwachsen ist.

In vierzehn Bezirksjugendämtern werden einmal wöchentlich von einem Facharzt und einem Heilpädagogen unentgeltliche Beratungsstunden abgehalten. In 103 Kindergärten werden rund 10.000 kleine Kinder von vorzüglich ausgebildeten städtischen Kindergärtnerinnen betreut. Auf Wunsch der Eltern erhalten diese Kinder Frühstück und Mittagessen gegen Zahlung von S 3.12 wöchentlich, doch sind 64 Prozent der Kinder von dieser Zahlung gänzlich befreit! Einige dieser Kindergärten sind heute das Ziel der Pädagogen aus aller Welt. Es sind dies wahre Prachtgebäude wie der im Jahre 1930 eröffnete Kindergarten der Wohnhausanlage *Sandleiten* in Ottakring, der Kindergarten in [sic] Favoritener *Waldmüllerpark* und der erst im Vorjahre der Benützung übergebene *Montessori-Kindergarten auf dem Rudolfsplatze* in der Inneren Stadt.

Auf vollständig neue Grundlage wurde die Unterbringung verwahrloster und verlassener Kinder gestellt. Im Jahre 1924 wurde eine eigene *städtische Kinderübernahme-Stelle* auf dem Alsergrund gebaut, die alle Kinder sammelt, die der Hilfe bedürfen. In diesem Glaspalast bleiben die Kinder nur so lange, bis für sie eine geeignete Anstalt oder die passende Familienpflege gefunden worden ist. Die Gemeinde zahlt heute für 14.892 Kinder Pflegebeiträge bis zu 45 Schilling monatlich. Das neueste *Kinderheim* wurde in einem *Habsburgerschloß* eingerichtet, das sich auf dem Wilhelminenberg erhebt und im Jahre 1927 von der Gemeinde erworben worden ist. Kranke Kinder kommen in Heilanstalten. Für geschlechtskranke Kinder besteht eine eigene Anstalt. Kinder, die bei Pflegeeltern nicht unterzubringen sind und besonders gefährdete Kinder kommen in die städtischen Waisenhäuser. Für verwahrloste und schwer erziehbare Kinder bestehen in Eggenburg und Weinzierl besondere Anstalten, in denen die Zöglinge nach den Ergebnissen der neuesten Forschungen erzogen werden. Diese Anstalten besitzen eigene Schulen, Lehrwerkstätten für eine Reihe von Gewerben und eine Landwirtschaft. Sie entlassen ihre Zöglinge erst mit dem 18. Lebensjahr und sorgen auch dann noch für ihre Unterbringung bei privaten Arbeitgebern.

Eine äußerst segensreiche Tätigkeit entfaltet das städtische *Jugendamt*. Es übt heute bereits die Generalvormundschaft für 22.647 Mündel aus. Das Jugendamt ist auch Ziehkinderaufsichtsstelle, deren Bewilligung jedermann einzuholen hat, der fremde Kinder unter 14 Jahren in Pflege nehmen will. Ende Dezember 1931 waren 23.044 Kinder in Familien und rund 3000 in privaten Fürsorgeanstalten untergebracht. Die ungeheure Arbeit der städtischen Fürsorgerinnen zeigt wohl am besten die Zahl der Hausbesuche, die im Jahre 1931 rund 240.000 betragen hat. Die Zahl der städtischen Horte und Tagesheimstätten wurde auf 34 vermehrt; hier werden die Kinder in ihrer schulfreien Zeit von städtischen Lehrpersonen beschäftigt.

[...]

Die Gemeinde betreibt auch 31 Spielplätze, 13 Eislaufplätze und hat 22 Kinderfreibäder, eine Einrichtung, die es vor dem Krieg überhaupt nicht gegeben hat und die allen Kindern ohne Entgelt zur Verfügung stehen. Der körperlichen Ertüchtigung der Jugend dient auch das im Jahre 1931 eröffnete Stadion. An allen städtischen Schulen ist die *Unentgeltlichkeit der Lernmittel* eingeführt. Hier von Geldgeschenken an die Reichen zu sprechen wäre aber nicht am Platz. Die Gemeinde wird nach dem Vorschlag für 1932 rund 1.1 Millionen Schilling für Lehr- und Lernmittel ausgeben. Es ist einleuchtend, daß auch hier nicht sehr große Ersparnisse gemacht werden könnten, da bei der gegenwärtigen großen Wirtschaftsnot sicherlich an den weitaus überwiegenden Teil der Schulkinder „Armenlernmitteln" ausgegeben werden müßten. Armenlernbücher bedeuten aber Entwürdigung und würden Scham auf der einen und sozialen Hochmut auf der anderen Seite auslösen. Da auf ein Kind im Jahr nur 9.58 Schilling für Lernmittel entfallen, stünde der große moralische Schaden, der durch die Armenlernmittel angerichtet würde, wahrhaftig in keinem Verhältnis zu den paar tausend Schilling, die im Jahr erspart werden könnten. Die Gemeinde Wien hat im Jahre 1913 für das Schulwesen rund 42.7 Millionen Schilling ausgegeben, der bereits genehmigte Rechnungsabschluß für das Jahr 1930 zeigt einen Nettoaufwand von rund 77.6 Millionen Schilling, wovon rund 68 Millionen Schilling auf den persönlichen Aufwand entfielen.

Für die schulentlassene Jugend hat die Gemeinde ein eigenes *Berufsberatungsamt* eingerichtet, den Fortbildungsschulunterricht für Lehrlinge und Lehrmädchen modernisiert und ein eigenes, mit Lehrwerkstätten ausgestattetes Zentralfortbildungsschulgebäude für die holzverarbeitenden Gewerbe gebaut.

Mag manches an dem großen Werk der Wiener Jugendfürsorge und Schulreform umstritten sein, losgelöst vom Kampf der Weltanschauungen muß der objektive Betrachter feststellen, daß auf diesen wichtigen Gebieten grundlegende und nützliche Arbeit geleistet worden ist.

15.5 Anonym: Wer ist klüger: Affe oder Kleinkind?

Erstveröffentlicht als Wer ist klüger: Affe oder Kleinkind? 700 Kinder „getestet" – gewaltige Leistungen der Wiener Kinderpsychologischen Untersuchungsstelle, in: *Der Abend*, 22. September 1930, S. 4.

Als administrativer Schaltzentrale oblag der an das Karolinen-Kinderspital angebundenen Kinderübernahmsstelle vorwiegend die Aufnahme, Evaluierung, Versorgung und Weiterleitung kranker und ‚verwahrloster' Kinder. Die in die Einrichtung eingewiesenen Kinder wurden auch zur psychologischen und klinischen Forschung herangezogen. Dies war vor allem der engmaschigen Zusammenarbeit der Kinderpflegerinnen mit den Kinderpsychologinnen Charlotte Bühler (1893–1974) und Hildegard Hetzer (1899–1991) geschuldet. (Vgl. Kapitel 7) Der als „Glaspalast" bezeichnete Fürsorgebau war mit Glaswänden ausgestattet, um die Kinder mit ausreichend Licht – als Inbegriff der Sozialhygiene – zu versorgen, aber auch um diese besser beobachten zu können. Die Kinderübernahmsstelle erscheint heute nicht nur als Zufluchtsort für hilflose Kinder, als der sie in programmatischen Publikationen stets beworben wurde, sondern auch als Observations- und Experimentierraum, der rückwirkend fragwürdige Vorstellungen von Wissenschaft und Erziehung zur Debatte stellt.

Die Seelenkunde machte im Laufe der letzten Jahrzehnte, dank *Freud* und *Adler*, riesige Fortschritte. Aber die Entwicklungsanfänge lagen im Dunklen. Da hat sich nun die Wiener Schule *Bühler-Hetzer* durch den „Babytest" ungeheure Verdienste erworben. Die ersten Versuche, die Intelligenz des Säuglings und Kleinkindes festzustellen wurden von dem Schweizer [sic] *Binet* gemacht. Binet prüfte die Leistungen einiger Kleinkinder; vollbrachten sie sie, so erklärte er sie für vollsinnig, versagten sie, so erklärte er sie kurzerhand für schwachsinnig. Damit war nun nicht viel gewonnen. Außerdem bekam man nur einen knappen Einblick in die *Verstandesfähigkeit* der kleinsten Erdenbürger, wußte aber noch immer nichts über ihr Verhalten gegenüber der Umwelt, nichts über ihre Geschicklichkeitsleistungen und schon gar nichts über ihre Weiterentwicklung. Deutsche und amerikanische Forscher bauten das von *Binet* begründete System weiter aus, der Wiener Schule aber blieb es vorbehalten, den eigentlichen

Babytest.

zu schaffen. Das wird so gemacht: Eine Anzahl Kinder – es sind die in der Kinderübernahmsstelle der Gemeinde Wien in Pflege befindlichen Säuglinge und Kleinkinder – wurden eine Zeitlang unausgesetzt beobachtet. Dabei konnte festgestellt werden, wie sie sich in allen normalen Lebenslagen, beim Wachen und Schlafen verhalten. Die Beobachtungen, mit denen man vor vier Jahren, im Jahre 1926, begann – der „Abend" hat darüber seinerzeit ausführlich berichtet –, erstreckten sich damals auf 69 Kinder, von den ersten Tagen ihrer Geburt bis zum vollendeten ersten Lebensjahr. Auf Grund dieser Aufzeichnungen wurde ein sogenanntes „Inventar" angelegt. Das heißt, man wußte, wie sich diese 69 Kinder verhalten, welche Leistungen sie zu vollbringen imstande sind und wie sie sich zur Umwelt verhalten.

Damit hatte man die Grundlage gewonnen, um die verschiedene Verhaltensweise der Kinder zu überprüfen und Abweichungen vom normalen Verhalten festzustellen.[9]

Die erste Testreihe.

Man wußte nun also, was man von einem normalen Säugling verlangen darf, und für das Zweimonatkind wurde die „*erste Testreihe*" aufgestellt. Vermag es um diese Zeit: das Köpfchen hochzuhalten, in der Bauchlage den Kopf zu heben, dreht es bei einem Schallreiz den Kopf dem Schall entgegen, wehrt es sich gegen das Naseputzen, macht ein silbernes Glöckchen seine Augen glänzen, vermag es der Pflegeperson ins Auge zu sehen und beginnt das Fingerspiel bewußt zu werden, also nicht mehr das sinnlose Tasten des Säuglings, *dann kann das Kind als normal bezeichnet werden.*

Mit zehn Monaten verlangt man schon viel mehr von dem Säugling. Es muß eine Windel, mit der man sein Gesichtchen bedeckt, wegreißen, es muß schon nach einem Gegenstand tasten können, den man vor ihm versteckt hat, es muß bewundernd lauschen, wenn ein Erwachsener ein Pfeifchen bläst oder sonst seine Aufmerksamkeit erweckt, es muß auch selbst schon nachahmen wollen, wenn eine Glocke in Bewegung gesetzt wird, und es muß sich – allerdings ist die Zwischenzeit bloß mit 30 Sekunden bemessen – daran erinnern können, wenn man ihm ein Spielzeug weggenommen hat. Je älter das Kind wird, desto länger muß die Erinnerung währen. Bei 1¾ jährigen Kindern beträgt die normale Erinnerungszeit 19 Minuten.

Die Aufgaben werden selbstverständlich immer schwerer, der Test wird aber nicht mehr von Monat zu Monat geändert, sondern entsprechend der langsamer

---

9 Vgl. Charlotte Bühler, Hildegard Hetzer: *Kleinkindertests. Entwicklungstests vom 1. bis 6. Lebensjahr*, Leipzig: Barth 1932; Hildegard Hetzer: *Kindheit und Armut. Psychologische Methoden in Armutsforschung und Armutsbekämpfung* (= Psychologie der Fürsorge, Bd. 1), Leipzig: S. Hirzel 1929.

fortschreitenden Entwicklung werde neue Testreihen immer nur von Vierteljahr zu Vierteljahr aufgestellt. Es treten dann auch die „Werkzeugversuche" hinzu, die man zuerst mit Schimpansen angestellt hat.

Ein etwa 11 Monate altes Kind entspricht in seiner Intelligenzhöhe einem klugen Affen, und vermag ebenso wie das Tier einen ihm fernliegenden Gegenstand mittels Schnur oder Stock an sich heranzuziehen.

Spiel oder Ernst?

Das sieht alles nach Spielerei aus. Aber es steckt ungeheure praktische Bedeutung hinter dieser sorgfältigen Beobachtung der Säuglinge und Kleinkinder. Man hat zum Beispiel die für die Fürsorge außerordentlich wichtige Feststellung gemacht, daß die Anstaltsfürsorge für Kleinkinder durchaus ungeeignet ist, wodurch der schon längst von Professor *Tandler* eingenommene Standpunkt glänzend gerechtfertigt ist.

Die in die Kinderübernahmsstelle eingelieferten Kleinkinder, die aus häuslicher Pflege oder von einer Pflegemutter kamen, haben die „Normalleistungen" bis zu 75, ja sogar bis zu 85 v. H. bewältigt. Kinder, die aus der Verwahrlosung in die Kinderübernahmsstelle hinübergerettet wurden, vermochten noch immer bis zu 60 oder 70 v. H. zu entsprechen. Nur diejenigen, die aus Anstalten, und zwar sogar aus gut geführten Anstalten überstellt wurden, haben höchstens bis zu 50 v. H. die Durchschnittsleistung erreicht!

Das ist aber nicht die einzige Folgerung, die man aus dem Babytest ziehen kann. Es zeigt sich mit erschreckender Deutlichkeit, wie stark die Entwicklung des Kindes von der Umgebung abhängig ist. Ungepflegte Kinder bleiben schon im ersten Lebensjahr um einen ganzen Monat hinter den gepflegten zurück. Solche, die das Glück hatten, zu Beginn ihres Lebens in guten Pflegehänden zu verweilen, sinken rasch unter die Normalgrenze, wenn sie späterhin in eine schlechte Umgebung geraten. In den ersten Lebensjahren lassen sich die Unterschiede noch ausgleichen. Später ist das nicht mehr möglich, und es bleibt dem Proletarier die mangelhafte Körperbeherrschung und das unsichere Verhalten anhaften, wenn seine Jugend sich in einer der Entwicklung schädlichen Umgebung abspielte.

Für die Gründlichkeit, mit der der Babytest von der Leiterin der kinderpsychologischen Untersuchungsstelle, Frau Dr. *Hetzer*, durchgeführt wird, spricht die Sicherheit, mit der Voraussagen über die Entwicklung der getesteten Kinder eintreffen. Um sich zu überzeugen, ob das erste Urteil richtig war, werden nämlich die Kinder nach Ablauf eines Jahres zum zweitenmal [sic] getestet. Und da hat es sich denn gezeigt, daß die Voraussagen fast in

sämtlichen Fällen zutrafen. Aenderungen konnten nur dann festgestellt werden, wenn das Kind aus seiner damaligen Umgebung entfernt und in eine neue gebracht worden war.

Eine verbesserte Umgebung wirkte dann immer fördernd, eine schlechtere drückte sich sofort in dem herabgesetzten Maß der Leistungen aus.

Bis jetzt sind in Wien etwa 700 Kinder getestet worden. Die Wiener Schule hat dadurch auch im Ausland solche Berühmtheit erlangt, daß zum Beispiel Amerika seinen ersten großen Erziehungssprechfilm, der im Laufe des heurigen Jahres in der Urania vorgeführt werden soll, von Frau Professor Bühler leiten ließ.

Es braucht nicht hinzugefügt zu werden, daß das Ausland natürlich viel mehr von den Arbeiten dieser neuen Wiener kinderpsychologischen Schule weiß, als Wien selbst. Wir wollen dieses Dunkel lichten helfen.

15.6 D. R.: Wir besuchen junge Mütter

Erstveröffentlicht als D. R.: Wir besuchen junge Mütter, in: *Arbeiter-Zeitung*, 14. April 1932, S. 7.

Die vor der Landtags- und Gemeinderatswahl 1927 initiierte „Aktion Säuglingswäschepaket" wurde mit dem Slogan „Kein Wiener Kind darf auf Zeitungspapier geboren werden" beworben und am 22. März 1927 vom Stadtsenat beschlossen. Die Erstausstattung für Säuglinge konnte von allen in Wien wohnhaften und entbindenden Frauen nach Anmeldung entgegengenommen werden. Als städtische Zuwendung und erste Fürsorgemaßnahme sollte das Wäschepaket Müttern aller Schichten und ihren Neugeborenen, unabhängig von Status und Hilfsbedürftigkeit, zur Verfügung stehen.[10] *Die abschätzig als „Wahlwindeln" bezeichnete Aktion wurde von der Opposition kritisiert. Ab 1933 wurde das Säuglingswäschepaket nur noch eingeschränkt vergeben, bis die Verteilung ab 1934 schließlich gänzlich eingestellt wurde. Angesichts dessen, dass die Budgetierung für die Säuglingswäsche im Jahr 1933 bereits unsicher war, erscheint der hier abgedruckte Artikel als letzter Versuch, die Wichtigkeit der uneingeschränkten Vergabe zu betonen, und spricht dabei explizit auch die Arbeits- und Lebensverhältnisse der Väter an.*

In Wien kommen jährlich mehr als *16.000 Kinder* zur Welt. Wenn man einen ausgedehnten Bekanntenkreis unter den jungen Ehepaaren der Stadt hat, dann wird oft genug daran erinnert. Die Zeit vergeht und man wird immer mehr zum „Onkel". Ein richtiger Onkel hat vor allem eine Aufgabe, zu Besuch zu kommen. Und so geht man halt bei jungen Erdenbürgern seine ersten Visiten machen.

Die Mitzi habe ich schon gekannt, als sie selbst noch ein Säugling war. Das ist jetzt schon vierundzwanzig Jahre her. Ihre Mutter sagte von ihr, sie sei ein Glückskind, denn sie hätte schon am ersten Tage ihres Lebens Geld in das Haus gebracht.

---

[10] Vgl. Hans Paradeiser: Die Säuglingswäscheaktion der Gemeinde Wien, in: *Blätter für das Wohlfahrtswesen*, 26. Jg., Nr. 259 (1927), S. 38–39.

Den Eltern der Mitzi ging es damals sehr schlecht, so schlecht, daß Mitzi nicht einmal in einem Bett zur Welt kam, sondern auf einem Matratzenlager, das auf der bloßen Erde eingerichtet war. Die Hebamme brachte der Mutter am Tage der Entbindung drei Gulden, die von dieser braven Frau einem Wohltätigkeitsverein herausgerissen wurden. Ja, wenn die „weise Frau" nicht gewesen wäre, sie nahm für ihren Beistand kein Geld und verschaffte noch eine Unterstützung. Jetzt ist das „Glückskind" selbst schon Frau und Mutter, ihr Mann ist ein braver Arbeiter. Wenn er Arbeit hätte, ginge es der Mitzi ganz gut, aber leider hat er keine Arbeit.

Wer kümmert sich sonst um das Kind?

Das junge Paar hat eine kleine Wohnung in einem Zinshaus draußen in einem Arbeiterbezirk. Es ist ein Zinshaus wie so viele. Die Küche finster, einen Lichthof gibt es, das Klosett und die Wasserleitung sind auf dem Gang. Das ganze Haus trostlos grau, wie lange ist es her, daß es nur solche Häuser mit Wohnungen für Proleten gab.
 Die junge Mutter ist glücklich. „Schau", sagt sie, „die schöne Wäsch, die unsere Kleine gekriegt hat." Sie breitet Jäckchen und Windel stolz vor dem Besucher aus. Ich schau ihr wohl zu wenig begeistert aus und sie sagt ein wenig enttäuscht: „Es ist ja schad, einem Mannsbild so was zu zeigen. Ihr verstehts ja gar nicht was das bedeutet, wenn so ein Pamperletsch so eine herrliche Wäsch kriegt. Das ist Wäsche von der Kommune, das ist wirklich schön, daß sich jemand um mein Kind kümmert."
 Das fand die Frau des Kapellmeisters auch, die ich besuchte, nachdem sie aus der Anstalt nach Hause gekommen war. Ihr Mann ist ein junger, strebsamer Musiker, dem man Talent nachrühmt. Er hat schon einiges komponiert und ist der Kritik aufgefallen, wie man so schön zu sagen pflegt. Es gibt Leute, die der Meinung sind, der Mann habe eine Zukunft. Eine Gegenwart wäre ihm wohl lieber. Besonders jetzt, da ein Kind da ist. Dieses Kind, ein Mädchen, hat von Geburt an sehr viele Haare, darauf ist seine Mutter so stolz. Die Wäsche nahm sie sehr gern, besonders nett fand es die junge Frau, daß die Gemeinde Wert darauf legt, diese Wäsche in geschmackvoller Form zu verpacken. Der junge Musiker hat sich sehr genau erkundigt, wie das mit der Säuglingswäsche ist. Er hat sich früher nie mit kommunalpolitischen Problemen befaßt und wußte nicht recht, nach welchen Grundsätzen die Wäschepakete verteilt werden. Erst als er sich überzeugt hatte, daß die Wäsche alle nach Wien zuständigen Mütter bekommen können, daß es sich also nicht um eine Unterstützung für Bedürftige handle, hat er sich entschlossen, das Paket anzunehmen. „Na, sagen Sie, wenn es eine Sache für Bedürftige wäre, hätten Sie das Paket sicher nicht genommen?" fragte ich ihn. „Sicher nicht", antwortete er. „Schauen Sie", meinte ich, „es wäre Ihnen aber doch sehr schwer gefallen, gleichwertigen Ersatz für die zurückgewiesene Garnitur zu schaffen." „Da haben Sie vollkommen recht", gab er zu,

„aber trotzdem hätte ich mich nicht entschließen können", erklärte er, „ich kann gewisse Vorurteile nicht los werden."

Wenn aber die Gemeinde es für ihre Pflicht erklärt, alle Kinder mit Säuglingswäsche zu versorgen, dann vertritt sie ein Prinzip, daß [sic] man akzeptieren kann, ohne sich etwas zu vergeben, schließlich schickt heute doch schon ein jeder seine Kinder in die öffentliche Schule.

Das dritte Kind war ein sehr herziger Bub. Ich kann zwar ein Neugeborenes nicht vom andern unterscheiden, aber man versicherte mir so eindringlich, daß der Bub unerhört herzig sei, daß ich nicht anders konnte, als mich dieser Meinung anzuschließen. Der Vater des herzigen Buben ist ein Ingenieur. Er hat sogar eine Stelle. Allerdings eben eine Stelle, die danach ist. Er darf zwar recht komplizierte Arbeiten machen. Wenn man ihn aber nach seinem Gehalt fragt, dann lächelt er nur, man muß nicht immer fröhlich sein, wenn man lächelt. Es geht dem jungen Mann eben so, wie es den meisten jungen Akademikern heutzutage geht. Und nun hat er ein Kind. [...] Die Mutter des Ingenieurs war erst gegen die Gemeindewäsche, nämlich solange sie das Paket nicht gesehen hat. „Wie gefällt Ihnen die Wäsche?" frage ich und tue so, als wüßte ich nicht, daß sie ursprünglich voller Mißtrauen war. „Jo", antwortet sie mit einer Betonung, die genug sagt. Dann lachen aber die jungen Leute und der ganze Spaß ist verdorben. „Wissen Sie", sage ich zu der alten Frau, „daß die Antimarxisten im Jahre 1930 ein Flugblatt verbreitet haben, in dem behauptet wurde, die Gemeinde verteile gebrauchte Windeln." – „Eine solche Gemeinheit", schimpfte die Frau, „da gehört schon etwas dazu!"

Den Kopf voller Sorgen.

Ja, den hatte der kleine Kaufmann, den ich auch besuchen mußte, weil ihm ein Kindlein geboren ward, das mich auch einmal „Onkel" nennen wird. „Wie geht das Geschäft?" Man soll den Mann eigentlich nicht so fragen, denn seines geht wirklich schlecht. In seiner Lage bedeutete die Ankunft des Kindes keine kleine Last. „Es ist ja alles so teuer", klagt er, „man weiß wirklich nicht, wo man das Geld hernehmen soll. Jetzt ein Kind in die Welt zu setzen, ist wirklich keine Kleinigkeit. Wenn die Gemeinde sich nicht darum kümmern würde, daß die Kinder Windeln bekommen, dann möchten viele Familien gut ausschauen."

„Daß die Gemeinde die Kinderwäsche hergibt, ist eine sehr schöne Sache", erklärte die Frau des Kaufmannes. „Und das Beste daran ist die Selbstverständlichkeit, mit der das Paket gegeben wird." Das bestätigte auch der Gatte. „Schau'n Sie", sagte er, „wir brauchen das wirklich, aber selbst wenn ich alle Vorurteile über Bord werfe, könnte ich mich doch nicht um Wäsche für Bedürftige bewerben. Erstens würde ich sie doch nicht kriegen und zweitens könnte ich am nächsten Tag mein Geschäft zusperren. Denn kein Mensch würde mir mehr um einen Groschen Ware liefern. Ich wäre erledigt."

Ein wenig Statistik.

Als ich meine Besuche machte, wollten meine Freunde von mir wissen, wieviel Garnituren Säuglingswäsche bisher ausgegeben worden sind, wann mit der Aktion begonnen wurde, und der Kaufmann interessierte sich sogar dafür, was sie die Gemeinde kostet. Die Antwort auf diese Fragen will ich hierher setzen.

Für jedes neugeborene Kind, dessen Mutter nach Wien zuständig ist und hier lebt, hält die Gemeinde eine Garnitur Säuglingswäsche bereit. Jede Frau, die sich anmeldet, erhält das Paket. Das Paket ist in einem Holzkarton eingeschlossen, der außen die [Anton] Hanaksche „Mutter" mit der Unterschrift „Säuglingswäsche der Stadt Wien" trägt. Das Paket ist dreieinhalb Kilogramm schwer. Es enthält vierundzwanzig Stück Tetrawindeln, zwei Flanelle, sechs Hemdchen, sechs Jäckchen, ein Badetuch, zwei Nabelbinden, ein Tragkleidchen, eine Flanelldecke, zwei Gummieinlagen und eine Hautgarnitur (Seife, Creme und Hautpulver).

Die Aktion begann am 15. März 1927. Bis Ende 1931 wurden insgesamt *55.916 Säuglingswäschepakete* ausgefolgt. Die Gemeinde Wien hat im Jahre 1930 für Säuglingswäsche 631.799 Schilling ausgegeben. Im Jahre 1931 waren 718.000 Schilling für diesen Zweck vorgesehen. Im Budgetvoranschlag der Gemeinde Wien für das Jahr 1932 scheinen unter diesem Titel 500.000 Schilling auf.

15.7 August Aichhorn: Von der Fürsorgeerziehungsanstalt

Erstveröffentlicht als Von der Fürsorgeerziehungsanstalt, in: August Aichhorn: *Verwahrloste Jugend. Die Psychoanalyse in der Fürsorgeerziehung. Zehn Vorträge zur ersten Einführung*, Wien: Internationaler Psychoanalytischer Verlag 1925, S. 190–192.

Der Pädagoge und Psychoanalytiker August Aichhorn (1878–1949) arbeitete bereits vor dem Ersten Weltkrieg als Jugenderzieher, von 1918 bis 1922 leitete er die Erziehungsheime in Oberhollabrunn und St. Andrä an der Traisen.[11] *Nach der Auflösung dieser Einrichtungen wurde er damit beauftragt, die Erziehungsberatung des Wiener Jugendamts zu organisieren, und war von 1923 bis zu seiner Pensionierung 1930 für die Beratungsstellen in 14 Gemeindebezirken verantwortlich. In seiner Publikation widmet er sich der Frage, wie Fürsorge und Erziehung dem Problem der „Verwahrlosung" mit psychoanalytischen, sozialpädagogischen und humanistischen Erziehungsmethoden entgegenwirken können, was im folgenden Ausschnitt am Beispiel eines Besuchs in einer seiner Fürsorgeeinrichtungen dargestellt wird.*

---

11 Das ehemalige Flüchtlingslager in Oberhollabrunn wurde 1918 von der Gemeinde Wien übernommen und ab 1919 als Fürsorgeerziehungsheim der Stadt Wien für verwahrloste Kinder und Jugendliche geführt.

[...]
Wenn Sie an einem besonders guten Tag in eine der von mir geleiteten Fürsorgeerziehungsanstalten zu Besuch gekommen wären, hätten Sie leicht etwa folgendes erleben können: Noch ehe Sie den Bereich der Anstalt betreten, treffen Sie auf einen Ortseinwohner, der ganz unverhohlen seinem Unmute darüber Ausdruck gibt, daß die Verwahrlosten statt eingesperrt gehalten und in Reihen von Aufsehern spazieren geführt zu werden, hier so frei herumgehen dürfen. Weil Sie näheres von der Anstalt wissen wollen, fragen Sie ihn, warum er denn gar so erbost sei? Weil durch die Art, wie hier die Verwahrlosten gehalten werden, allem Unfug Tür und Tor geöffnet ist. Sie hören ihm weiter zu und erfahren, daß er sich eben zum Leiter beschweren geht, weil Zöglinge statt anständig und gesittet nach Hause zu gehen, sich gebalgt und in seinem Wohnhause eine Fensterscheibe eingeschlagen haben. Sie können bei mir nicht gleich vorkommen, weil ich schon in Anspruch genommen bin. Vor Ihnen will noch ein Gendarm vorgelassen werden. Aus meinem Zimmer hören Sie eine sehr erregte Stimme: der Besitzer eines Obstgartens duldet nicht, daß Zöglinge seinen Bäumen einen Besuch abstatten. Ich lasse Sie nun gleichzeitig mit dem Gendarm eintreten, mache keinerlei Geheimnis vor Ihnen und Sie werden nun Zeuge der Schilderung eines Vorfalles vom Tage vorher: Zwei Jugendliche haben im benachbarten Walde am offenen, von ihnen selbst angefachten Feuer eine Forelle gebraten, die sie nur aus dem unweit vorüberfließenden Werkbach gefischt haben können. Kaum ist der Anzeiger weg, und wir sind eben im Begriff, den von Ihnen gewünschten Rundgang zu beginnen, stürzt die Anstaltsköchin in höchster Erregung bei der Tür herein und erklärt empört, daß sie die Buchteln richtig abgezählt habe; wenn jetzt in der einen Gruppe fünf Stück fehlen, so haben sie die Essenträger verschwinden lassen. Sie leisten momentan auf die Besichtigung der Anstalt Verzicht, es war zu viel, was da an ersten Eindrücken auf Sie eingestürmt ist.

Überlegen wir, ob ein derartiger Zustand in einer Erziehungsanstalt zulässig ist, oder ob diese, wenn es so zugeht, je eher desto besser zu sperren ist?

Wir wissen bereits von der Erziehungsberatung her, daß der Fürsorgeerzieher auf den Defekt des Verwahrlosten eingeht und ihm anfänglich keine Widerstände entgegenstellt, den Zeitpunkt abwartet, bis er mit Versagungen einsetzt. Es ist nicht einzusehen, warum das in der Anstalt anders sein sollte, damit, daß dort mehr und ärger Verwahrloste beisammen und die Schwierigkeiten größere sind, läßt sich ein geänderter Vorgang doch nicht begründen.

Typisch für jeden Verwahrlosten ist die geringe Fähigkeit, Triebregungen unterdrücken und von primitiven Zielen ablenken zu können, sowie die ziemliche Wirkungslosigkeit der für die Gesellschaft geltenden sittlichen Normen; dazu kommt für den weitaus größten Prozentsatz der Fürsorgeerziehungszöglinge ein offener Konflikt mit der Gesellschaft als Folge eines in der Kindheit unbefriedigt gebliebenen Zärtlichkeitsbedürfnisses. In Erscheinung tritt sehr gesteigerter Lusthunger, primitive Form der Triebbefriedigung, Hemmungslosigkeit und verdecktes, aber desto größeres Verlangen nach Zuneigung. Soll die Verwahrlosung behoben und nicht nur deren Äußerungen unterdrückt werden, so bleibt nichts, als zuerst auf die Bedürfnisse der Dissozialen einzugehen, auch wenn es im Anfange ein wenig wüst zugeht und „verständige Menschen" darüber den Kopf schütteln. Wir wurden auch tatsächlich vielfach nicht verstanden; Ängstliche waren entsetzt, die nächsten Nachbarn nahmen uns manches sehr übel; jedesmal [sic], wenn einer über die Stränge geschlagen hatte, war großes Geschrei. Wir ließen uns aber trotzdem nicht irre machen, für uns war es wie in einer psychoanalytischen Behandlung: Verwertung der täglichen Konflikte zur Erreichung des Erziehungszweckes. Wir gewährten den Verwahrlosten im lustbetonten Milieu unsere Zuneigung, bedienten uns also der Liebesprämie, um einen versäumten Entwicklungsprozeß nachzuholen: den Übergang von der unwirklichen Lustwelt in die wirkliche Realität.

Es war uns von allem Anfange an rein gefühlsmäßig klar, daß wir Knaben und Mädchen und jungen Menschen im Alter von vierzehn bis achtzehn Jahren vor allem Freude zu bereiten hatten. Keinem von uns war je eingefallen, in ihnen Verwahrloste oder gar Verbrecher zu sehen, vor denen die Gesellschaft geschützt werden müsse; für uns waren es Menschen, denen das Leben eine zu starke Belastung gebracht hatte, deren negative Einstellung und deren Haß gegen die Gesellschaft berechtigt war; für die daher ein Milieu geschaffen werden mußte, in dem sie sich wohl fühlen konnten. Und es war dann auch tatsächlich ganz von selbst gegangen. Frohe Gesichter bei Erzieherinnen und Erziehern, freudiges Lachen aus Kinderaugen, auch aus Achtzehnjährigen – das waren eben die großen Kinder. – Ich erinnere mich noch der Spannung, mit der wir den ersten Zögling erwarteten, und seines Behagens, als wir uns auf ihn stürzten, um ihn zu verwöhnen, Wir haben später freilich manches Zuviel abgestreift, aber zur Beruhigung kann ich mitteilen, daß auch dem ersten die anfängliche arge Verwöhnung nicht geschadet hat. Er ist vollständig in Ordnung, seit Jahren im Erwerbsleben tätig.

[...]

„Wer leiht mir Bücher?", Plakat der Arbeiterbildungszentrale Wien mit dem Netzwerk der Wiener Arbeiterbüchereien, 1929. (Wienbibliothek im Rathaus)

16 Bildung für alle
Marie-Noëlle Yazdanpanah

Einleitung

„Verstand, Charakter und Gefühl in gleicher Stärke von der Leuchtidee des Sozialismus entflammen zu lassen, ist die Kunst der neuen Erziehung."[1] Mit revolutionärem Impetus verlieh Josef Luitpold Stern, Leiter der Zentralstelle für das Bildungswesen (1918–1922 bzw. ab 1932) und Rektor der Arbeiterhochschule, 1930 dem Anspruch der sozialdemokratischen Bildungsreform Ausdruck. Zu diesem Zeitpunkt waren Teile der Reform umgesetzt (z. B. Gratisschulbücher) und Bildungsangebote für Arbeiter und Arbeiterinnen intensiviert worden. Eine der wichtigsten Forderungen war die „Einheitsschule", eine gemeinsame Schule bis 14 Jahre, um allen, auch jenen aus sozial schlechtergestellten Familien, den Zugang zu höherer Bildung offenzuhalten, statt die Kinder bereits im Alter von 10 Jahren auf unterschiedliche Schultypen aufzuteilen und somit deren späteren Lebens- und Berufsweg vorzubestimmen. Mit der Annahme des Mittelschul- und Hauptschulgesetzes war dieses Konzept 1927 auf Bundesebene jedoch de facto gescheitert.

Neben dem Wohnbauprogramm und einer umfassenden Sozial- und Gesundheitspolitik war eine grundlegende Bildungsreform Kern der angestrebten gesellschaftlichen Erneuerung des Roten Wien. Diese war geleitet von der Idee eines lebenslangen Lernens – vom Kindergarten über die Schule bis ins Erwachsenenalter. Der Anspruch zielte nicht nur auf ein klassisches Bildungsideal ab, sondern vor allem auf Persönlichkeits- und politische Bildung: Arbeiter und Arbeiterinnen – als zentrale Subjekte der Reformen – sollten zu Solidarität, selbstständigem Denken und demokratischem Handeln erzogen werden. Die Positionen unterschieden sich zum Teil erheblich voneinander: Volksbildner und Volksbildnerinnen wie Ludo Moritz Hartmann glaubten an die Möglichkeit einer vorurteilsfreien, wertfreien Bildung. Austromarxisten und Austromarxistinnen wie Max Adler dagegen lehnten neutrale Bildung als „Selbsttäuschung" ab.[2] Und der Pädagoge und Kinderfreunde-Funktionär Otto Felix Kanitz forderte, das bürgerliche Bildungsmonopol müsse gebrochen und mithilfe sozialistischer Erziehung die Klassengesellschaft überwunden werden.

Die konkreten Maßnahmen gestalteten sich pragmatischer und weniger radikal. Vielfach setzte die sozialdemokratische Bildungspolitik liberale Positionen und Vorstellungen von Bildung um: Mit der Bildungsreform verbindet sich keine revolutionäre Vorstellung der Vernichtung und Vertreibung der herrschenden Klassen, son-

---

[1] Josef Luitpold Stern: *Klassenkampf und Massenschulung*, Wien: Wiener Volksbuchhandlung 1930, S. 29.
[2] Max Adler: *Neue Menschen. Gedanken über sozialistische Erziehung*, Berlin: Laub 1924, S. 26.

dern ein Versuch der Herstellung einer egalitäre(re)n Gesellschaft durch weitgehende Beseitigung sozialer Ungleichheit. Sie umfasste den Ausbau der Erwachsenenbildung in Kooperation mit den bestehenden Volksbildungseinrichtungen der Volkshochschulen. Diese und ein stadtweites Netz von Arbeiterbüchereien sollten allen den Zugang zu Wissen niederschwellig ermöglichen. Kernstück der Bildungsagenden jedoch war die Neugestaltung des Schulsystems: Schule sollte entmilitarisiert, demokratisiert, der Einfluss der Kirche zurückgedrängt werden. Otto Glöckel, bis zum Ausscheiden der Sozialdemokratischen Arbeiterpartei (SDAP) aus der Bundesregierung (1920) Unterstaatssekretär für Unterricht, schaffte 1919 die vorgeschriebene Teilnahme am Religionsunterricht und das verpflichtende Schulgebet ab. Dieser sogenannte Glöckel-Erlass stieß auf erbitterten Widerstand der Konservativen und wurde 1933 nach der Ausschaltung des Parlaments aufgehoben.

Aus der Bundespolitik verdrängt, konzentrierte sich die sozialdemokratische Bildungs- und Schulreform ab 1920 auf Wien. Da die Schulagenden im Wesentlichen in der Verantwortung des Bundes lagen, blieben die schulpolitischen Maßnahmen auf das Pflichtschulwesen beschränkt, auf die Gestaltung weiterführender Schulen und Universitäten konnte kein Einfluss genommen werden. Glöckel wurde 1922 Präsident des neu gegründeten Wiener Stadtschulrats und setzte v. a. mit Viktor Fadrus, der für die Reform der Volksschulen, der Lehrpläne und der Lehrerfortbildung zuständig war, sukzessive Teile des Programms gegen die Widerstände des christlichsozialen Unterrichtsministeriums um. Kindgemäße „Arbeitsschulen", in denen anstelle abstrakter Inhalte Lebenswirklichkeit und -probleme thematisiert und Lerninhalte eigenständig erarbeitet wurden, sollten die „Drill- und Lernschulen" ersetzen. Zum Teil anknüpfend an bestehende Reformmodelle wie jenes von Eugenie Schwarzwald wurden verschiedenste reformpädagogische Ansätze angewandt, weiterentwickelt, miteinander kombiniert: Auf private und städtische Initiative wurden Kindergärten eröffnet und in einigen davon wurden die Kinder nach der Montessori-Pädagogik, in einigen anknüpfend an Franz Čižeks Kunstpädagogik im freien Zeichnen unterrichtet. Der sozialdemokratische Verein der Kinderfreunde gründete ein Kinderheim sowie eine – nicht nur den Konservativen, sondern auch vielen aus den eigenen Reihen zu radikale – Schule für Erzieherinnen und Erzieher im ehemals kaiserlichen Palast in Schönbrunn. In Pilotschulen wurden experimentelle, egalitäre Unterrichtsmethoden erprobt.

Wichtige Bezugsrahmen waren Alfred Adlers Individualpsychologie mit dem zentralen Begriff des Gemeinschaftsgefühls, psychoanalytisch-pädagogische Konzepte – die beispielsweise in Siegfried Bernfelds Kinderheim Baumgarten oder Elsa Köhlers radikaler Arbeitsschule eingesetzt und weiterentwickelt wurden – sowie die Entwicklungspsychologie Charlotte und Karl Bühlers. (Vgl. Kapitel 7) Letztere hatte großen Einfluss auf die Ausbildung von Lehrerinnen und Lehrern am neuen Pädagogischen Institut der Stadt Wien. Auch wurde die Bedeutung der räumlichen Umgebung betont: Die hierarchische Raumordnung sollte aufgebrochen werden, Architekten und Architektinnen, Designer und Designerinnen wurden beauftragt, Kindergärten und Schulen mit hellen, funktionalen Räumen zu errichten und kindgerechte Möbel zu entwerfen.

Manche der Positionen und Aktivitäten wirken inzwischen paternalistisch und engstirnig, andere überraschen mit ihrer Radikalität und Anschlussfähigkeit. Sie spannen den Bogen von der Kritik an frühkindlicher, geschlechtsspezifischer Erziehung über reformpädagogische Perspektiven und Entwürfe einer sozialistischen Erziehung bis zur Erwachsenenbildung. Die Reichweite der (Schul-)Reform war jedoch geringer als die zeitgenössischen Texte nahelegen: nicht nur, weil wesentliche Bereiche der Bildungspolitik außerhalb des Zugriffs der Gemeinde und des Bundeslands Wien lagen. Auch, da aufgrund stagnierender Kinderzahlen und fehlender freier Stellen nur wenige der neu ausgebildeten Lehrerinnen und Lehrer unterrichteten und kaum neue Schulen gegründet wurden. 1934 wurden die meisten bildungspolitischen Reformen eingeschränkt oder verboten, 1938 endgültig beendet. Nach 1945, vor allem seit den Bildungsreformen der sozialdemokratischen Bundesregierungen Bruno Kreiskys (1970–1983), wird jedoch an manche der im Roten Wien experimentell erprobten Konzepte angeknüpft. Glöckels „Einheitsschule", die sogenannte Gesamtschule, ist allerdings in Österreich bis heute nicht realisiert und steht immer noch im Fokus bildungspolitischer Debatten.

Literatur

Benetka 2004.
Dewald 2019.
Göttlicher 2019.
Stifter 2005.
Weidenholzer 1981.
Zwieauer, Eichelberger 2001.

16.1 Gina Kaus: Geschlecht und Charakter in der Kinderstube

Erstveröffentlicht als Gina Kaus: Geschlecht und Charakter in der Kinderstube, in: *Die Mutter: Halbmonatsschrift für alle Fragen der Schwangerschaft, Säuglingshygiene und Kindererziehung*, 1. August 1925, S. 4–5.

Gina Kaus (1893–1985) kritisiert, dass Mädchen und Buben in der Erziehung bereits von Beginn an scheinbar fixe, klar unterscheidbare Charaktereigenschaften zugeschrieben werden und so das Selbstbewusstsein von Mädchen und Frauen entwertet wird. Die Bezugnahme auf Otto Weiningers misogynes Werk Geschlecht und Charakter *(1903) bringt ihre Kritik an Geschlechterrollen in der Erziehung auf den Punkt.*[3] *Die*

---

[3] Vgl. dazu auch: Gina Kaus: *Toni. Ein Schulmädchendrama in zehn Bildern*, Berlin: Arcadia-Verlag 1926 bzw. Kap. 25.

im Umkreis der Sozialdemokratie tätige Schriftstellerin Kaus betrieb eine Erziehungsberatungsstelle in Wien und war Herausgeberin der 1924 bis 1926 erscheinenden Zeitschrift Die Mutter. *Hier wie in (meist sozialdemokratischen) Medien in Österreich und Deutschland verfasste sie zahlreiche Artikel, in denen sie psychologische und sozialwissenschaftliche Einsichten zu Erziehungsfragen zu vermitteln suchte. Häufig, wie im vorliegenden Text, bezieht Kaus sich auf Alfred Adler, dessen Konzepte sie maßgeblich prägten.*[4]

Immer wieder hört man Mütter von ihren Kindern, auch wenn sie noch nicht einmal ein Jahr alt sind, sagen: „Das ist schon ein richtiger Junge," und ebenso oft andere: „der meine ist ganz wie ein Mädchen". Da möchte man, besonders wenn man selbst die Beobachtung gemacht hat, dass es ebenso viel bubenhaft ungezogene Mädchen als mädchenhaft sanfte Buben gibt, fragen, woher denn eigentlich diese so verbreitete Ansicht, dass jedes Geschlecht schon in den Windeln besondere Eigentümlichkeiten zeige, kommt, und ob diese Ansicht nicht jeder unvoreingenommenen Beobachtung vorausgeht. Und zweitens ob diese vorgefasste Ansicht nicht unmittelbar zu erzieherischen Kunstgriffen führt, die der Natur der Kinder Gewalt antun.

Die meisten Erzieher haben nicht nur die Überzeugung, dass Mädel und Buben nicht einfach Kinder, sondern Miniaturausgaben von Männern und Frauen sind, sondern sie stellen sich vor allem die Aufgabe, die Kinder nicht zu Menschen, sondern eben zu Männern und Frauen zu erziehen, obwohl man doch einsehen könnte, dass gerade die Entwicklung zum Geschlechtswesen sich von selbst vollziehen wird, während die Entwicklung zum Gemeinschaftswesen – zum Menschen – eben Sache der Erziehung sein soll. Schon in der frühesten Zeit wird mit einer verschiedenen Behandlung der Geschlechter begonnen: das kleine Mädchen bekommt zierliche hübsche Kleidchen, auf die es achtgeben muss, der Bub eine lederne Hose, die durchzuwetzen geradezu Ehrensache ist. Dem Mädchen gibt man eine Puppe zum Betreuen in den Arm, um die mütterlichen Instinkte, wo sie angeboren sind, zu befriedigen, wo sie fehlen, zu wecken, der Bub bekommt wieder Anspielungen auf spätere Berufstätigkeiten, einen Baukasten, eine Eisenbahn und wenn die Eltern dumm und gewissenlos genug sind, Soldaten, Säbel und Gewehre.

Später hält man die Knaben mehr zum Lernen und zu sportlichen Betätigungen an, die Mädchen zu häuslichen Arbeiten, man gibt den ersten bald zu verstehen, dass es ihre Aufgabe sein wird, mit ihrer Arbeit Geld zu verdienen, während man den Mädchen nahelegt, solche Vorzüge zu entwickeln, die – wenigstens nach Ansicht der Eltern – geeignet sind, das Wohlgefallen ordentlicher Männer zu erwecken. Allerdings haben die schweren Daseinsbedingungen der letzten Jahre die Notwendigkeit der Frauenberufe in immer weitere Kreise getragen und dadurch auch

---

[4] Vgl. Gina Kaus: Die seelische Entwicklung des Kindes, in: Erwin Wexberg (Hg.): *Handbuch der Individualpsychologie*, Bd. 2, Berlin, Heidelberg: Springer-Verlag 1926, S. 137–168.

die erzieherischen Vorbereitungen in dieser einen Hinsicht ein wenig nivelliert. Aber noch immer wird in den meisten Familien den Mädchen eine Berufsausübung nur als Provisorium bis zur erwünschteren ehelichen Versorgung nahegelegt und dadurch jeder tieferen Bedeutung beraubt.

Aber diese bewusste Einschulung auf eine spätere Geschlechtsrolle macht nur einen kleinen Teil der Erziehung aus; um Kinder entscheidend zu beeinflussen, bedarf es gar nicht des bewussten Drills, da genügen jene kleinen Worte und Andeutungen, die kaum in einer Kinderstube fehlen: „Du wirst doch nicht weinen, du bist doch ein Bub!" oder „Das schickt sich nicht für ein Mädchen", „Ein Bub darf nicht so schüchtern, ein Mädchen nicht so laut sein" usw. Allen diesen gedankenlos hingeworfenen Aussprüchen ist eines gemeinsam: dass sie – vom Kind aus gesehen zumindest – etwas Entwertendes für die Mädchen haben. Dass man artig und ordentlich sein muss, dafür aber feig und wehleidig sein darf, dass man in der Schule eher schlechte Fortgangsnoten als eine Rüge im sittlichen Betragen haben darf, sind lauter Dinge, die ein Kind tief entwürdigend empfindet.

Und hier ist die Wurzel einer ganzen Reihe von charaktereologischen Unterschieden, die wir später an den Buben und Mädchen wirklich beobachten können: sie wachsen nicht unter den gleichen Bedingungen auf, sondern es empfinden die Mädchen schon in ihrer frühesten Kindheit den Druck, nicht für vollwertig, nicht ebenso viel wie ein Junge zu gelten.

[...]

Dieses in frühester Kindheit in jedes Mädchen eingepflanzte Bewusstsein, einem minderwertigen Geschlecht anzugehören, gibt ihr eine Entmutigung mit auf den Lebensweg, die unentrinnbar ist wie das Geschlecht selbst, und die deshalb gefährlicher und schädigender ist als jede persönliche Entmutigung. Frauen, deren Glaube an ihre persönlichen Fähigkeiten längst durch ausgezeichnete Leistungen gekräftigt würde, stehen doch bei jeder neuen Kraftprobe vor der alten Frage: „Kann ich als Frau dem gewachsen sein?" Immer steht einer hinter ihnen und schaut ihnen zu: die eigene Unsicherheit. Ein unsichtbares, misstrauisches Publikum ist immer da und nimmt jeder Leistung die unmittelbare Ursprünglichkeit.

Aus dieser allgemein verbreiteten geringeren Schätzung der Mädchen kommt es, dass fast jedes kleine Mädchen nichts sehnlicher wünscht, als ein Junge zu sein. Dieser Wunsch, der den Erwachsenen lächeln machen mag, ist tragisch für das Kind, das ja im Grunde genau weiss, dass er ewig unerfüllbar bleiben muss. Und dieser unerfüllbare Wunsch, nicht dem minderwertigen Geschlecht anzugehören, entwickelt in dem Mädchen das, was Alfred *Adler* den „männlichen Protest" nennt, das ist ein auf viele verschiedene Arten immer wieder unternommener Versuch, einen Ausgleich für die Benachteiligung der Frauenrolle zu finden. Dieser ewige latente Protest ist die Quelle zahlloser Hysterien und die grösste Schwierigkeit für eine gute Beziehung zum anderen Geschlecht. Die ersten Ansätze dazu sehen wir schon in der Kinderstube: wir sehen das kleine Mädchen, das die Jungen zu verachten vorgibt; die Ehrgeizige, die jungenhafter als ein Junge sein will („Die gibt für zehn Buben aus!") oder die sich ein besonders hochgestecktes Berufsideal erwählt hat, das nur Männern vorbehalten erscheint. Andere wieder suchen die Überlegenheit, die männliche Kameraden ihnen gegenüber haben, durch Überlegenheit allem Kleineren gegenüber auszugleichen und zeigen dann gerne jene Mütterlichkeit gegen kleinere Geschwister, Tiere oder Puppen; gerade dieser [sic] Mütterlichkeit ist aber heute die seltenste Form des Protestes, und wer behaupten will, dass sie eine allgemeine Eigenschaft kleiner Mädchen sei, bewiese damit nur, dass er noch recht wenig Kinder beobachtet hat. Wenn in früheren Jahren die strengere Form der Erziehung, die weniger Ventile für den Geltungswillen der Mädchen offen liess, diesen Typus häufiger herausbildete, so beweist das nur wieder, dass er kein von der Natur, sondern von der Erziehung bestimmter ist.

Mag es also natürliche Charakterunterschiede zwischen Mädchen und Buben geben – wir wissen wenig davon, weil die durch Erziehungsfehler künstlich erzeugten die Beobachtung erschweren. Um diese Fehler zu vermeiden, muss man bloss sich selbst erst von allen Vorurteilen befreien können, und das ist gewiss nicht immer leicht, wenn man selbst unter ihnen gelitten oder aus ihnen Gewinn gezogen hat.

16.2 Lili Roubiczek: Das Kinderhaus

Erstveröffentlicht als Lilli Roubiczek: Das Kinderhaus. Montessori-Grundsätze und Architektur, in: *Der Aufbau: Österreichische Monatshefte für Siedlung und Städtebau*, 1. Jg., Nr. 8/9 (September 1926), S. 140–144.

Roubiczeks Text verknüpft neue Architektur, neue Erziehungsmodelle, Psychoanalyse und die Idee des ‚neuen Menschen': Der Raum löst das Spiel als zentrale Kategorie der Kindererziehung ab und funktioniert als dritter Lehrender – im Zentrum steht die Interaktion des Kindes und der räumlichen Umgebung. Die Psychoanalytikerin Lili (Lilli) Roubiczek(-Peller) (1898–1962), die eng mit Anna Freud zusammenarbeitete, kam während ihres Psychologiestudiums bei Charlotte und Karl Bühler mit Maria Montessori in Kontakt. Sie wurde eine der ersten Verbreiterinnen der Montessori-Pädagogik in Wien, entwickelte deren Konzepte weiter und baute das „Haus der Kinder" auf.[5] Sie beriet auch die Stadt Wien bei der Entwicklung reformpädagogischer Kindergärten. Die Gemeinde eröffnete z. B. 1930 im Goethehof nach Plänen von Friedl Dicker (-Brandeis) und Franz Singer einen Kindergarten, der Prinzipien von Montessori und des Bauhauses verknüpfte.[6] Wie fast alle Reformprojekte wurde er ab 1934 nicht mehr nach Montessori-Prinzipien geführt und 1938 geschlossen. Auch für das „Haus der

---

5 Es existierten zwei dieser Kindergärten, einer in einem Arbeiterbezirk, einer im Stadtzentrum.
6 Nach ihrer Ausbildung am Bauhaus gründeten die beiden 1923 in Berlin die Werkstätten Bildender Kunst, ab 1926 arbeiteten sie in Wien im Gemeinschaftsatelier Singer-Dicker. Singer war

Kinder" von Lili Roubiczek, die 1934 nach Palästina emigriert war, bedeutete der „Anschluss" das Ende.

[...] Beim Bau der Häuser berücksichtigen wir alle wesentlichen Forderungen, die die verschiedenen Menschengruppen stellen und bauen Häuser für *Gesunde und Kranke*, für *Minderbemittelte*, wir bauen *Stätten der Erholung* und *Zentren geistiger Arbeit*. Die Eigenart jeder dieser Häusertypen ist anerkannt und jeder Typus hat heute seine Sonderliteratur.

Die Forderung nach einer Architektur für Kinder erscheint heute noch vielen utopistisch. Warum? Weil sie nicht „allzu künstlich" sein wollen? O nein! Weil es so leicht ist, die Bedürfnisse der Kinder, der schwächsten und wehrlosesten Glieder unserer Gesellschaft, brutal zu übersehen, zu leugnen.

[...]

Die Umgebung besitzt für das unerwachsene Individuum eine weit größere Bedeutung als für das erwachsene. Das ist eine allgemeine biologische Tatsache, die wir nicht aus der Welt schaffen können. – Versuchen wir sie zu leugnen, so erreichen wir nur, daß unsere Kinder in einer für sie ungünstigen entwicklungshemmenden Umgebung aufwachsen. Welch sinnlose Vergeudung der Vitalität der kommenden Generation!

Die heute allgemein anerkannten Forderungen der physischen Hygiene (daß die Räume licht, gut durchlüftet und leicht zu reinigen seien) leugnen wir nicht – im Gegenteil, wir machen sie zur conditio sine qua non – auf der wir die darüber hinausgehenden Forderungen der „psychischen Hygiene" aufbauen.

Wir wissen, daß uns jeder Raum, den wir betreten, seine „Stimmung" mitteilt. Ein Konzertsaal tut dies ebenso wie eine Bierhalle. Diese Stimmung hat zur Folge, daß wir ihr unser ganzes Benehmen, unsere Gesten und Bewegungen, unsere Stimme anpassen. Die „Atmosphäre" des Raumes übt eine meist unbewußte Suggestivwirkung auf uns aus.

Von dieser Möglichkeit wollen wir bei der Einrichtung von Räumen für Kinder planmäßig den weitgehendsten Gebrauch machen, das heißt, *wir wollen dem Raum psychische Funktionen übertragen*. Funktionen, die bisher meist der Erzieher auf sich nehmen zu müssen glaubte.

Nun sind wir beim Kernpunkt der ganzen Frage angelangt. Für uns Erwachsene genügt der Raum, der unserer Arbeit, unserer Geselligkeit *Rahmen*, eventuell *Grundstimmung* gibt; der Raum für das Kind muß darüber hinausgehend – *geistiger Führer* – sein. Und doch – er kann nur ausstrahlen, was er unmittelbar empfangen hat. Und hier erschließt sich uns die neue Aufgabe, die der Erzieher auf sich nehmen muß: den Raum vorzubereiten, der geistige Führung gibt.

---

als Architekt tätig, Dicker(-Brandeis) v. a. als Innenarchitektin, Malerin und Kunstpädagogin. Sie wurde 1944 in Auschwitz ermordet.

Alle Schätze der Liebe und allen geistigen Reichtum, den er besitzt zur „Veredlung" des Raumes zu verwenden.

Unser Ziel ist das tätige, das selbsttätige Kind und alles was wir tun, wird durch dieses Ziel bestimmt. Wir fordern einen schönen Raum und schöne Gegenstände – nicht weil wir vor allem ästhetische Ideale haben – sondern weil schöne Dinge uns einladen sie zu gebrauchen – während Dinge die dem gleichen Zweck dienen, aber häßlich sind – uns gleichgültig lassen.

Wir fordern Ordnung – nicht weil Ordnung eine allgemein anerkannte Tugend ist, die auch uns schon auf der Schulbank gepredigt wurde – sondern weil Ordnung es dem Kinde erleichtert die Gegenstände, deren es zu einer bestimmten Tätigkeit bedarf – zu finden. Fühlt das Kind den Impuls zu dieser Tätigkeit, so braucht es nicht erst Kräfte aufs Suchen zu vergeuden.

Wir fordern eine Umgebung, die anregend und fröhlich ist, aber wir hüten uns vor einem wahllosen Zuviel der Dinge. Denn nur in einer Umgebung, die es auch intellektuell zu meistern vermag, kann sich das Kind behaglich fühlen und sich in seiner ganzen kindlichen Offenheit geben.

Wir fordern die *proportionierte Umgebung*, damit das Kind sich in seinem Hause so selbstverständlich wohl und frei fühle, wie wir in unserem. Dazu genügt es nicht, daß die wichtigsten Einrichtungs- und Gebrauchsgegenstände den Proportionen des Kindes entsprechen, alles – zum Beispiel auch die Höhe, in der Bilder angebracht sind, muß entsprechend sein. [...]

Raum und Einrichtung.

Es handelt sich um Räume, in denen eine Gruppe von etwa 30 drei- bis siebenjährigen Kindern den ganzen Tag verbringt. Wünschenswert sind zwei Räume. Ein Spiel- und ein Arbeitsraum und ein Raum, in dem die Kinder essen und die kleineren nachmittags schlafen.

Die Kinder beschäftigen sich tagsüber einzeln oder in kleinen Gruppen. Die Erzieherin geht von einem zum andern und gibt Rat, Hilfe und Anregung. Nur wenige Dinge, wie die Mahlzeiten, Musik usw. sind gemeinsam. So ist der äußere Zusammenhang der einzelnen Glieder dieser „kindlichen Gesellschaft" ein ziemlich lockerer. (Der innere allerdings ist, aus Gründen die hier nicht besprochen werden können, unvergleichlich stärker, als er in irgendeiner ganz gleichartig arbeitenden Gesellschaft sein kann.) Da soll nun der Raum seinen Einfluß geltend machen. Er soll so sein, daß er den Einzelnen immer wieder zum Zentrum zurückführt. – So wählen wir womöglich nicht den langgestreckten, ebenso nicht den rechtwinkeligen Raum. – *Oktogonale Räume* haben sich als sehr günstig erwiesen, sie wirken ausgeglichen und harmonisch.

Einzelne haben zeitweise das stärkste Bedürfnis sich abzusondern – ungestört zu sein. So erhält der Raum ein bis zwei Nischen, abgeschlossene Winkel mit ein paar bequemen Stühlchen – eventuell einem kleinen Ruhebett.

Einrichtung des Arbeitsraumes.

Alles Spiel- und Arbeitsmaterial ist gemeinsames Eigentum der Kinder. Es ist auf Stellagen und Wandbrettern so angeordnet, daß jedes einzelne Stück gut sichtbar ist. Schränke sind fast überflüssig – denn es soll kein Stück im Raume sein das nicht ständig gebraucht wird; und was ständig gebraucht wird soll zur Hand sein. Ein Kasten enthält so viele kleine Laden als Kinder da sind. Hier verwahrt jedes sein persönliches Eigentum – Zeichenblätter, Buntstifte usw. Stühle und Tische sind da – in verschiedenen Größen und verschiedener Form. Die Mehrzahl rechteckig, manche rund und manche quadratisch. Die Kinder können kleine Bastmatten oder Teppiche am Boden ausbreiten und es sich auf diesen mit ihren Spielen bequem machen.

Wie groß soll der Raum sein? Die Frage läßt sich nur ungefähr beantworten. Wenn alle Möbel aufgestellt sind, so soll noch etwa die Hälfte des Fußbodens leer sein.

Die Kinder dürfen durch die Raumgestalt nicht bedrückt werden, müssen sich durchaus als die Überlegenen vorkommen, denen der Raum zu dienen hat; er darf also nicht zu hoch sein, die Türen dürfen nicht zu breit sein und die Fenster, wenn auch groß, um viel Licht und Luft hereinzulassen, doch im angemessenen Verhältnis zum Kind, was aber nicht so verstanden werden soll, daß der Raum etwas Puppenstubenhaftes haben soll. Er wird eher etwa wie ein Atelier mit großen Fenstern auf Balkon oder Terrasse oder wie ein japanisches Zimmer aussehen. Der Raum für Kinder muß noch viel mehr alle Sentimentalität und Romantik vermeiden und gegen die Menschen und ihr Tun zurücktreten, wie wir es auch von den Räumen für Erwachsene fordern. Wir müssen auch hier an dem Grundsatz festhalten, daß ja Haus und Wohnung, Zimmer und Möbel nicht Selbstzweck sind, sondern daß sie von uns geschaffen werden, um uns zu dienen, daß wir nicht aus Angst vor „Architektur und Kunst" des Hauses und der Einrichtung zu ihren Sklaven werden; hier ist der Maßstab aber das Kind. So selbstverständlich das sich auch anhören mag, so wenig wurde es bisher bei den Häusern und Räumen für Erwachsene, aber noch viel mehr bei der Umgebung des Kindes beachtet. Dieses Vergehen an der Welt des Kindes gutzumachen, ist auch hier Ziel der Montessorierziehung.

16.3 Otto Felix Kanitz: Klassenpädagogik I

Erstveröffentlicht als Otto Felix Kanitz: Klassenpädagogik I, in: *Die sozialistische Erziehung: Reichsorgan des Arbeitervereins „Kinderfreunde" für Österreich*, 1. Jg., Nr. 3 (15. Juli 1921), S. 1–6.

Für den sozialdemokratischen Bildungsfunktionär und Journalisten Otto Felix Kanitz (1894–1940) ist in einer Klassengesellschaft „neutrale Erziehung" nicht möglich. Im Zentrum seines Konzepts der sozialistischen Erziehung steht die Förderung selbstständigen Denkens, Experimentierens und gegenseitigen Helfens.[7] Dies sollte in dem reformpädagogischen Projekt der Schönbrunner (Erzieher-)Schule (1919–1924), die Kanitz mit dem Pädagogen Anton Tesarek leitete, umgesetzt werden. Die Kinderfreunde richteten diese im Schloss Schönbrunn ein und eigneten sich damit einen ehemals imperialen Raum an. Lehrende waren u. a. Max Adler, Emmy Freundlich und Marianne Pollak. Kanitz' Pädagogik bietet bis heute Anknüpfungspunkte, da hier Selbstverwaltung eine wichtige Rolle spielte. Zugleich lassen seine Texte in ihrer Ausschließlichkeit nur mehr ein Entweder-oder zu: Sie erzählen vom Ringen des Roten Wien um Bildungsziele.

[...] Die wirtschaftliche Lage einer Klasse bestimmt in hervorragendem Maße ihr geistiges Leben. Nichts ist daher selbstverständlicher, als daß sich aus jeder Klasse auch ganz eigene, bestimmte Erziehungsideale entwickeln. Von einer neutralen Erziehung zu sprechen wäre einfach *unmarxistisch*.

Nehmen wir einige konkrete Beispiele. Welche Klasse hat Interesse daran, daß alle Kinder zum selbständigen und klaren Denken erzogen werden? Die Klasse der Unterdrücker oder der Unterdrückten? Das selbständige und klare Denken würde die Kinder zu der Erkenntnis führen, daß die Ursache ihres Elends, ihrer Not, ihrer Entbehrungen nicht aus irgendeinem göttlichen Gesetz herrührt, sondern aus der schlechten Organisation der heutigen Gesellschaft. Klare Vorstellungen und logisches Denken müßte die Kinder zu der Erkenntnis führen, daß arm und reich, Ausbeuter und Ausgebeutete, Lohnsklaverei und Faulenzertum durchaus keine Dinge seien, die immer so waren und immer so bleiben müssen, sondern, daß es nur von dem allgemeinen Sieg der Vernunft innerhalb des Menschengeschlechtes abhängt, daß all dies geändert werde. Klares Denken und logisches Urteilen würde die Kinder auch dahin führen, die richtigen Wege zu erkennen, die beschritten werden müssen, um die gegenwärtige Gesellschaftsordnung zu zertrümmern und an ihre Stelle eine für die Menschen glückbringendere zu setzen. Das Einführen zum klaren Erkennen aller Erscheinungen in der Natur und Geschichte, vor allem aber der Beziehungen der Menschen untereinander, liegt in erster Linie im Interesse der aus-

---

[7] Dieser Text war der erste einer dreiteiligen Serie. Vgl. Otto Felix Kanitz: Klassenpädagogik I bis III, in: *Die sozialistische Erziehung: Reichsorgan des Arbeitervereins „Kinderfreunde" für Österreich*, 1. Jg., Nr. 3–5 (1921).

gebeuteten Klasse. Die Erzieher dieser Klasse werden sich daher bemühen, klares, selbständiges Denken in ihren Kindern zu entwickeln.

Ganz anders die Klasse der Ausbeuter. Sie stützt ihre Macht und Herrlichkeit auf die Stumpfheit der Massen. Sie klammert sich zur Behauptung ihrer Herrschaft an die Autorität einer Gottheit oder der Tradition. Sie vermag den Ausgebeuteten keine Vernunftgründe zu geben dafür, daß sie sich ausbeuten lassen müssen. Der hungrige Magen ist ein ungemein logischer Denker. Er wird zumindest nicht begreifen, warum gerade er hungern muß und nicht der eines anderen Menschen. Mit Vernunftgründen wird die Ausbeuterklasse in den Gehirnen der Ausgebeuteten nichts richten können. Sie flieht zur Autorität, zur geistigen Vergewaltigung. Nicht *wissen* sollen die Kinder der Massen, sondern *glauben*. Blind glauben, daß diese Gesellschaftsordnung das Produkt der göttlichen Vorsehung oder der natürlichen Entwicklung sei. Die Erzieher dieser Klasse werden den Drang nach selbsttätigem Denken hemmen und die Forderung nach blindem Glauben an dessen Stelle setzen.

Ähnlich steht es mit der Entfaltung oder Hemmung des Dranges nach Freiheit. Die Klasse der Ausgebeuteten will, daß der Freiheitsdrang ihrer Kinder groß und gewaltig werde. Sie hat Interesse daran, in den Herzen ihrer Kinder *selbsttätige* Sittlichkeit zu sehen und sie von dem Zwange zu befreien, unter dem sie selber gelitten haben. Sie weiß, daß die Gesellschaftsordnung, die ihnen zu ihren Rechten verhelfen soll, ihren dauernden Bestand nur auf der Freiheit aller einzelnen aufbauen kann. Die Ausbeuterklasse hingegen, die sich nur durch Gewalt in ihrer, aller Vernunft und Menschlichkeit hohnsprechenden Lage erhalten kann, dringt darauf, in den Herzen der Kinder des Volkes Gehorsam und Knechtsinn wurzeln zu lassen. Sie bedient sich hiezu auch der Staatsreligion, die Unterwürfigkeit und Entsagung in den Kindern großzieht.

Und nun zum dritten Beispiel. Die Klasse der Unterdrückten, bedroht von der starken wirtschaftlichen Macht ihrer Unterdrücker, leidet unter den Gesetzen der heutigen Gesellschaft, die den erbitterten Kampf ums Dasein proklamiert; sie hat alles Interesse daran, in ihren Kindern den sozialen Trieb stark und mächtig zu entfalten, damit sich diese einerseits urgewaltig zu allen hingezogen fühlen, deren Los das gleiche ist wie das ihre, aber daß sie auch erkennen, daß die heutige Gesellschaft im scharfen Gegensatz zum Gesetz der gegenseitigen Hilfeleistung steht. Der Gedanke der *kollektivistischen Arbeit*, der Beglückung der Menschheit durch bestorganisiertes Füreinanderschaffen, muß in den Kindern der ausgebeuteten Klasse lebendig sein. An all dem hat naturgemäß die Ausbeuterklasse kein Interesse. [...]

Denn aus konsequenter Erziehung zur Klarheit, Freiheit und zur gegenseitigen Hilfeleistung kommt vor allem anderen das, was im heutigen Stadium der Entwicklung *das Notwendigste* ist, der *revolutionäre Kampfeswille*. Ein junger Mensch, der mit *klarem* Blick die heutige Gesellschaft sieht, muß sie bekämpfen. Will er ein wahrhaft *freier* Mensch sein, muß er gegen die heutige Welt der Knechtung Sturm laufen und ist er beseelt von der Sehnsucht nach der Welt der *gegenseitigen Hilfe*, der wahrhaften Arbeit für die Gemeinschaft, muß er, in die heutige Welt der kapitalistischen Knechtung gezwungen, naturnotwendig zum Revolutionär gegen diese Ordnung werden. Die Erziehung der unterdrückten Klasse sondert sich nicht nur scharf von der Erziehung der Unterdrücker, sie ist ihrem ganzen Wesen nach durch und durch revolutionär. Diese Klassenpädagogik wird, da sie ein Produkt der Klassenlage ist, an allen Orten und zu allen Zeiten ähnliche *Formen* annehmen. Heute sehen wir, daß sich in den Proletariermassen aller Länder starke Erziehungsströmungen bemerkbar machen, deren Ziele den unseren gleichen, deren Methoden sich nur unwesentlich voneinander unterscheiden. Und nun vergleichen wir unsere Klassenpädagogik mit derjenigen des Bürgertums, als es selbst noch eine unterdrückte Klasse war!

Ich habe schon des öfteren gehört, daß dasjenige, was ich unter sozialistischer Erziehung verstehe, doch gar nichts „Neues" sei. Das Bürgertum habe schon vor hundert Jahren ähnliche Forderungen aufgestellt. Gewiß, denn vor hundert Jahren befand, sich das Bürgertum in einer ähnlichen Situation wie wir, es war die *ausgebeutete* Klasse, die *revolutionär* gegen den Feudalismus kämpfte. Ihre geistige Verfassung von damals wird durch nichts besser gekennzeichnet als durch die Losungsworte des revolutionären Bürgertums „Freiheit, Gleichheit, Brüderlichkeit!" Diese Worte, sind sie nicht tausend- und tausendmal auch von den revolutionären Arbeitern ausgesprochen worden? Und sie waren doch auch „nichts Neues"! Haben wir nicht viele Ideen des revolutionären, kämpfenden Bürgertums auch als die unseren erkannt? Kein Wunder, denn die wirtschaftlichen Voraussetzungen waren ähnliche, wenn auch nicht die gleichen. Es ist daher kein Wunder, wenn vieles von dem, was wir heute „sozialistische Erziehung" nennen, Eigentum des revolutionär kämpfenden Bürgertums in jener Zeit war, als es eben eine unterdrückte Klasse gewesen ist. Damals empfand das Bürgertum dasselbe, was heute *wir* empfinden; es sah die Aufgabe vor sich, die Menschheit zu befreien, ein neues, wahres Menschentum zu schaffen. Damals wurde die Erziehung im Sinne der bürgerlichen Klasse, Erziehung zur Freiheit, Gleichheit und Brüderlichkeit gefordert. Dem Bürgertum konnte seine Mission nicht glücken. Es hat, zum Siege gelangt, ein neues System der *Ausbeutung* aufgerichtet. Heute erheben *wir* Anspruch darauf, als die Kämpfer für das echte Menschentum angesehen zu werden, wenn wir für den Sozialismus kämpfen. Sozialistische Erziehung oder Erziehung zum Menschentum ist für uns ein und dasselbe. Es ist eine Klassenerziehung, die aber – ebenso wie der Klassenkampf des Proletariats über die eigene Klasse hinaus wirkt, indem er alle Klassen beseitigen will – über das Klasseninteresse hinaus wirkend, die neue, *allgemeine Menschlichkeit* vorbereitet.

[...]

Die teilweise Ähnlichkeit zwischen den Erziehungsideen des revolutionären Bürgertums und denen des Proletariats ist also kein Beweis *gegen* das Sozialistische in unserer Erziehung, sondern der stärkste Beweis *dafür*. So wie in jenen Tagen das Bürgertum seine Kinder mit den Ideen seiner Klasse erfüllte und es aufrief zum revolutionären *Kampf* gegen die Unterdrückung, so haben wir heute das gleiche zu tun.

Es findet sich nun bei all den oben angeführten Beispielen folgende Alternative: Entweder ich *entwickle* das klare Denken, oder ich *hemme* seine Bildung, entweder ich *entfalte* den Trieb nach Freiheit, oder ich *dränge ihn zurück*, entweder ich *entwickle* stark das soziale Gefühl im Menschen, oder ich *erdrücke* es unter formalen Phrasen – *ein Drittes gibt es nicht*. Die erste Richtung erkannten wir als *sozialistische* Klassenerziehung, die zweite als *bürgerliche*.

Wir werden also nicht danach gefragt, ob wir eine Klassenpädagogik wollen oder nicht, sondern die heutige geschichtliche Situation legt uns einfach die Frage: „Bürgerliche oder sozialistische Klassenerziehung?" vor.

Da wir nicht gesonnen sind, Selbstmord zu begehen, entscheiden wir uns für die letztere.

16.4 Otto Glöckel: Das Tor der Zukunft

Erstveröffentlicht als Otto Glöckel: *Das Tor der Zukunft*, Wien: Verlag des Vereines Freie Schule o. J. [1917], S. 27–31.

Otto Glöckel (1874–1935), der zum Inbegriff der Wiener Schulreform geworden ist, skizziert in Das Tor der Zukunft *die Vision eines zukünftigen Bildungs- und Schulsystems. Der Text beruht auf dem gleichnamigen Vortrag, den Glöckel bei einer Versammlung des Vereins* Freie Schule[8] *am 7. Jänner 1917 im Wiener Konzerthaus und in Folge in mehreren Städten Österreichs gehalten hat. Die zentralen Grundlinien der Bildungsreform im Roten Wien sind hier bereits angesprochen: Freiheit der Schule, Unentgeltlichkeit des Unterrichts und der Lehrmittel, die Entwicklung neuer Lehrmethoden, eine Trennung von Schule und Kirche und die Schaffung einer Einheitsschule, um Chancengleichheit – zwischen den Klassen sowie zwischen Buben und Mädchen – herzustellen. Der Ausschnitt behandelt die äußere Schulreform und deren zentrale – gescheiterte – Forderung nach der Einheitsschule. Bemerkenswert ist auch, dass Glöckel Bildung schon bei der Geburt ansetzt, sie nicht nach dem 18. Lebensjahr als beendet ansieht und hier das Konzept des lebenslangen Lernens formuliert.*

---

8 1905 gegründet, kämpfte der von Sozialdemokraten und Sozialdemokratinnen und Liberalen getragene Verein v. a. gegen den Einfluss der Kirche auf das Schulsystem.

Die verwirrende Mannigfaltigkeit unseres Schulwesens.

[...] Durch unsere Schulorganisation zieht sich eine tiefe Kluft. Abgesehen davon, daß der Lehrstoff der Volksschule für die Mädchen ein geringerer ist als für die Knaben, daß die weiteren Bildungsmöglichkeiten ihnen außerordentlich erschwert sind, leiden auch die Knaben unter der jetzigen Organisation der Schulen. Bis zum 10. Lebensjahr besuchen sie die Volksschule, dann erfolgt die erste Gabelung in den Bildungsstätten. Die Kinder armer Eltern verbleiben in den Volksschulen oder kommen unter günstigeren örtlichen Verhältnissen in die Bürgerschule; die Kinder aus vermögenden Kreisen treten in die Mittelschule über. Dadurch wird die Volksschule zur

Armenschule

und bezeichnenderweise zum Stiefkind des Staates. Dieser überläßt die Sorge für die Schule des Volkes der Gemeinde, dem Bezirk oder dem Lande und spart seine Mittel für die Schulen für die privilegierten Schichten. [...] *[E]in Mittelschüler*[9] *kostet dem [sic] Staat 393mal, ein Hochschüler gar 1100mal soviel als ein Volksschüler!*

Von unserer Schulorganisation

ist leider auch nichts Gutes zu sagen. Sie ist unpraktisch und wirkt hemmend auf die geistige Entwicklung der jungen Generation. Eltern, die in der glücklichen Lage sind, ihren Kindern eine höhere Ausbildung zukommen zu lassen, sollen sich bereits im 10. Lebensjahre des Kindes darüber klar sein, welche Fähigkeiten im Kinde schlummern oder ausgebildet werden sollen, ja für welchen Beruf sich das Kind am ehesten eignet; hängt doch vom Eintritt in eine der verschiedenartigen Mittelschulen im Wesen die spätere Lebensstellung des jungen Menschen ab. Das eine ist richtig: eine ganze Musterkarte präsentiert der Staat zur Auswahl. Da gibt es Gymnasien, Realschulen, Real-Gymnasien, Gymnasien mit einer Vorbereitungsklasse, Reform-Realgymnasien: welche Fülle und Mannigfaltigkeit! All das wirkt verwirrend, erhöht die Qual der Wahl, wobei nicht zu übersehen ist, daß der Übertritt von einer in die andere Art von Anstalten nicht ohne schwere Störungen möglich ist. Wohin soll ich mich wenden? Es trifft nicht zu, daß die Verschiedenheit der Schultypen den verschiedenartigen Anlagen der Schüler entgegenkommt und so der Unterrichtszweck eher erreicht wird. Diese Organisation muß beim besten Willen zu verhängnisvollen Fehlentscheidungen führen.

Wir fragen: *Ist es unerläßlich, daß die Gabelung der Unterrichtsanstalten so frühzeitig erfolgt?* Sind die sich daraus ergebenden schwerwiegenden Übelstände nicht zu verhüten? Sieht man näher zu, so ergibt sich bald, daß in der Bürgerschule und in allen Arten der Untermittelschule, die Sprachen ausgenommen, im allgemeinen

---

[9] Mittelschule war in Österreich eine alternative Bezeichnung für Gymnasien, weiterbildende höhere Schulen, die mit der Matura, der Bedingung für ein Universitätsstudium, abschließen.

der gleiche Wissensstoff geboten wird. Es kann auch gar nicht anders sein! Es gibt eine gewisse Summe von Kenntnissen, über die jeder Mensch verfügen muß, ein „Minimalwissen". Es ist wirklich unverständlich, daß man schon im 10. Lebensjahr die Gabelung eintreten läßt, wenn dazu im 14. und 15. Jahre noch reichlich Zeit wäre.

Wir brauchen die Einheitsschule!

Im 15. Jahre soll erst entschieden werden, ob der junge Mensch die Fähigkeiten besitzt, um weiterzustudieren oder ob er neben der Erlernung eines praktischen Berufes, die obligate Fortbildungsschule besuchen solle. Also weg mit dem alten Zopf, auch wenn er mit verschiedenen bunten Bändern geschmückt ist! Selbst die Obermittelschule kann noch im Sinne der Einheitsschule ausgebaut werden, wenn auch daneben eine größere Zahl von wahlfreien Gegenständen, insbesondere Sprachen, treten muß. [...]

Wie soll das Schulwesen ausgebaut werden?

Bis zum vollendeten 6. Lebensjahr: Mutterschutz, Säuglings- und Kinderpflege, Kinderhorte und Kindergärten.

Bis zum vollendeten 14., beziehungsweise 15. Lebensjahre: Allgemeine Volksschule (Einheitsschule).

Vom 14., beziehungsweise 15. bis zum 17., beziehungsweise 18. Lebensjahre:
1. Die Oberstufe; sie hat zu *befähigen*:
   a) für die Hochschule (wissenschaftliche Richtung),
   b) für einen Beruf (praktische Richtung), Landwirtschaft, Gewerbe, Handel, Industrie, Kanzleidienst, Offiziersdienst.
2. Die Fortbildungsschule tritt obligatorisch *neben* die praktische Berufsausbildung. Landwirtschaft, Gewerbe, Industrie, Kunst, Haushaltung, Kindererziehung. Die Lehrlingsfürsorge müßte in erster Linie darauf gerichtet sein, an Stelle der häuslichen Lehre Lehrwerkstätten zu schaffen, in denen die jungen Leute für ihren Beruf praktisch und entsprechend den letzten Errungenschaften unterrichtet werden.

Vom 18. Lebensjahre an:
1. Die Hochschule mit drei Fakultäten, da die theologische Fakultät der Kirche übergeben werden sollte.
2. Freie Bildungseinrichtungen, wie volkstümliche Universitätskurse, Volksbibliotheken, landwirtschaftliche Winterschulen.

Jeder Begabung der richtige Weg!

Durch diese Organisation soll erreicht werden, daß jeder Begabung der richtige Weg gewiesen wird. Heute überläßt man den jungen Menschen mit 14 Jahren, also gerade in der Zeit der bedeutungsvollsten einschneidendsten Entwicklung dem blinden

Zufall. Es wird der Drang nach Fortbildung nicht geweckt und dauernder Schaden ist davon die Folge.

[...]

16.5 Otto Glöckel: Drillschule – Lernschule – Arbeitsschule

Hier zitiert nach Otto Glöckel: *Drillschule – Lernschule – Arbeitsschule*, Wien: Verlag der Organisation Wien der Sozialdemokratischen Partei 1928, S. 30–32.

Die „Richtlinien über das Schulwesen" enthalten in kondensierter Form zentrale Punkte der Bildungsreform und unterstreichen nochmals die Forderung nach der Einheitsschule. Sie sind Teil des 1926 verabschiedeten Linzer Programms, das als eines der wichtigsten Dokumente des Austromarxismus gilt, und bilden mit Überlegungen zur Frauenfrage, zu Wirtschafts-, Sozial-, Bevölkerungs- und Kulturpolitik jenen Abschnitt, der die „Aufgaben der Sozialdemokratischen Arbeiterpartei" formuliert. Glöckel stellte die „Richtlinien" an den Schluss seiner 1928 erschienenen Programmschrift Drillschule – Lernschule – Arbeitsschule, *die sowohl die Kompromisse bzw. Rückschläge der Bildungsreform – Volksschullehrplan (1926), Haupt- und Mittelschulgesetz (1927) – als auch ihre Erfolge – Ansätze zur Demokratisierung, Gratisunterrichtsmaterial, neue Lehrpläne und -methoden sowie eine neue Ausbildung von Lehrerinnen und Lehrern – resümiert. Letztere gehören zu jenen Reformen Glöckels, die anders als die gescheiterte Einheitsschule nach 1945 wieder aufgegriffen und umgesetzt wurden.*

Der Parteitag zu Linz
hat am 3. November 1926 innerhalb seines Programms *Richtlinien über das Schulwesen* beschlossen. Sie lauten:

„Die Sozialdemokratie erstrebt die Aufhebung des Bildungsmonopols der Bourgeoisie. Sie fordert die Reform des gesamten Schulwesens nach folgenden Grundsätzen:

Öffentlichkeit des gesamten Schulwesens. Unentgeltlichkeit des Unterrichtes, der Lehr-, Lern- und Arbeitsmittel auf allen Unterrichtsstufen.

Erziehung der Jugend auf allen Unterrichtsstufen zur Selbsttätigkeit (Arbeitsschule) und Selbstverwaltung (Schulgemeinde); Verbindung der geistigen mit Werksarbeit, der geistigen und der körperlichen Ausbildung auf allen Unterrichtsstufen. Erziehung in republikanischem und sozialem Geiste.

Ausdehnung der Schulpflicht zunächst auf acht volle Schuljahre; Aufhebung der Schulbesuchserleichterungen. Einheitsschule: vierjährige Grundschule; allgemeine Mittelschule als Pflichtschule vom fünften bis zum achten Schuljahre. Höchstzahl von dreißig Schülern in einer Schulklasse; verbindliche Sonder- und Hilfsschulen für Kinder mit körperlichen und geistigen Gebrechen.

Einheitliche Lehrerbildung an den Hochschulen in Verbindung mit pädagogischen Instituten.

Ausdehnung der Fortbildungsschulpflicht auf alle Schulmündigen, die nicht eine Fach- oder Oberschule besuchen. Errichtung fachlicher Fortbildungsschulen mit Lehrwerkstättenunterricht; körperliche und staatsbürgerliche Erziehung neben der Berufsausbildung; Tagesunterricht an Wochentagen. Einrechnung der Unterrichtszeit in die Arbeitszeit.

Staatliche Erziehungsanstalten, Studienstipendien und Studentenheime, die begabten Kindern aller Volksklassen den Besuch der Fachschulen, der Oberschulen und der Hochschulen ermöglichen.

Sicherung der Unparteilichkeit der Hochschulverwaltung, der Reform des Habilitations-, Berufungs- und Disziplinarwesens. Allgemeine Studentenkammern. Dem wissenschaftlichen Sozialismus ist an den Hochschulen freier Wettbewerb mit allen andern Geistesströmungen zu sichern."

Das Programm fordert auch *Trennung von Staat und Kirche* und setzt weiter fest:

„Das gesamte Unterrichts- und Erziehungswesen ist weltlich. Doch bleibt es jeder Weltanschauungsgemeinschaft überlassen, außerhalb des Rahmens des allgemeinen Unterrichtes für Weltanschauungsunterricht (Religionsunterricht) und Kultübungen der Schuljugend zu sorgen. Über die Teilnahme von Kindern bis zum 14. Lebensjahr entscheiden die Eltern. Die theologischen Fakultäten sind aus dem Verbande der Universitäten auszuscheiden."

Damit ist dem kommenden Schulkampf Weg und Ziel gewiesen.

Mit Stolz blicken wir auf den Fortschritt zurück, den wir in der Republik auf dem Gebiete des Schulwesens, wenn auch unter schweren Kämpfen, erreichen konnten! Die eroberten Stellungen sollen uns Stützpunkte für den weiteren Kampf sein. Bald werden junge Menschen in unsere Reihen einrücken, die, in der neuen Schule mit wertvollem Rüstzeug versehen, uns zunächst unterstützen und später ersetzen sollen. [...] *So soll voll froher Zuversicht der Kampf weitergeführt werden für eine freie Schule, für die Beseitigung des Bildungsprivilegs, für ein freies Volk!*

Hoch die Schulreform!

16.6 Max Lederer: Warum fordern wir die Einheitsschule?

Erstveröffentlicht als Max Lederer: Warum fordern wir die Einheitsschule?, in: *Der Kampf. Sozialdemokratische Monatsschrift*, 12. Jg., Nr. 34 (22. November 1919), S. 769–772.

Max Lederer analysiert das Schulsystem als Abbild der Klassenverhältnisse und fordert deren Überwindung durch die Einheitsschule. Sein Plädoyer für die Einführung dieser Gesamtschule für alle bis 14 Jahre, um die Perpetuierung gesellschaftlicher Ungleichheiten durch die Aufsplitterung der Schultypen in berufsbildende und höherbildende bzw. akademische zu beenden, steht am Beginn des sozialdemokratischen Reformprogramms. Die Einheitsschule war und ist eines der umkämpftesten Konzepte der österreichischen Bildungspolitik. Argumente wie die Notwendigkeit des Abbaus von Bildungsbarrieren und der Herstellung von Chancengleichheit – vorgebracht von Otto Glöckel, Viktor Fadrus, Therese Schlesinger u. a. – standen der konservativen Angst vor einer Nivellierung – wie von Richard Meister oder Richard Schmitz vertreten – gegenüber.[10]

[...] Inwiefern unser modernes Schulwesen – wenigstens bisher – den Interessen, besonders der bürgerlichen Klassen, angemessen ist, geht aus den Zwecken hervor, welche die bürgerliche Gesellschaft durch ihre Schule verfolgt. Es sind dies aber, wie die Reformbestrebungen auf dem Wege zur Einheitsmittelschule deutlich beweisen, durchaus konkrete Staats- und gesellschaftliche Zwecke. Der bürgerliche Klassenstaat braucht Beamte, Juristen, Aerzte, Ingenieure, Architekten, Künstler – unter allen diesen Kategorien auch beamtete – welche berufen sind, kraft ihrer wirtschaftlichen oder geistigen Hegemonie, welche sie ausüben, die bürgerliche Ideologie durch das materielle und geistige Gewicht ihrer Stellung fest und unerschütterlich im Bewußtsein der ganzen Gesellschaft, auch der diesen Kreisen nicht angehörigen, nicht bürgerlichen Klassen zu verankern. Diese vom Standpunkt des Klassenstaates aus selbstverständliche Notwendigkeit ist aber auch der Grund zu dem ganzen Komplex von Fragen und Problemen, von Tatsachen und Wünschen, die man unter dem Berechtigungswesen versteht und zusammenfaßt. [...] Indem der zukünftige Jurist, Arzt oder Ingenieur schon von seinem zehnten Lebensjahr von seinem weniger glücklichen Gefährten getrennt wird, welchem nur der Weg zur Bürgerschule offen steht, und in der Kindesseele in einem für Rivalitäten besonders empfänglichen Alter eine dünkelhafte Ueberhebung entsteht, pflanzt sich dieses Bewußtsein einer höheren Bestimmung bis in den Beruf hinein fort, dessen Angehörige, von wenigen rühmlichen Ausnahmen abgesehen, nicht bloß durch eine Kluft von ihren ehemaligen, jetzt proletarischen Klassengenossen getrennt sind, sondern auch innerhalb

---

[10] Richard Meister (1881–1964) war ab 1920 Professor für Pädagogik an der Universität Wien. Der Christlichsoziale Richard Schmitz (1885–1954) war seit 1926 Unterrichtsminister und ein Kontrahent Glöckels.

der bürgerlichen Sphäre den Kastengeist zu ansehnlicher Höhe und Wirkung entwickelt haben. Dieser zünftlerische Kastengeist, dessen Wesen und Inhalt es ist, zu trennen, indem er verbindet, ist bei allen sogenannten Intelligenzberufen, namentlich aber bei denjenigen wirksam, welche nur wenig mit proletarischen Kreisen in Berührung kommen und ist letzten Endes doch nur ein Ausfluß der schon im frühesten Kindesalter vollzogenen Loslösung aus der alle Glieder des Volkes umfassenden allgemeinen Schule und der Einschachtelung in Schulen, welche in dem Kind, wenn es glücklich durch das Fegefeuer der Aufnahmsprüfung gelangt ist, den Glauben erwecken, daß es nicht wie jene ist, welche es zurückgelassen hat, daß es vielmehr zu etwas Besserem, Höherem bestimmt sei. Das aber ist der wichtigste innere Grund, der zur Errichtung der Einheitsschule drängt: die Spaltung des Volkes zu verhindern, die Abgründe zu überbrücken, welche jahrzehnte- und jahrhundertealte Tradition zwischen den einzelnen Ständen und Berufen, zwischen den Klassen geschaffen hat und so wiederum ein einheitliches Volk heranzuziehen, das eine große Arbeitsgemeinschaft bildet, deren einzelne Glieder ihre Aufgabe im Dienste der Allgemeinheit erfüllen. Heute sind Bürgerschüler und Mittelschüler Bewohner zweier verschiedener Welten, die einander fast ebensowenig kennen wie die Erdenkinder die Bewohner des Mars. Daß es aber anders werde, daß dieser Unterschied schwinde, dafür gibt es nur ein Mittel: sowohl die heutige Bürgerschule als auch die heutige Mittelschule müssen verschwinden.

Für diese negative Forderung wie für die positive der Einheitsschule sprechen aber auch pädagogische Gründe. Es gibt nun Verfechter einer Art Einheitsschule, welche wir in – konservativeren Lagern finden. Allerdings besteht hier ein scheinbar geringfügiger Unterschied, der aber doch die ganze Tiefe des Gegensatzes in den Weltanschauungen enthüllt. Gemeinsam ist beiden Richtungen das Ziel, die Entscheidung über den Beruf möglichst weit hinauszuschieben, in ein Alter, in welchem sich bereits eine bestimmte Begabung oder Neigung erkennen läßt, das ist ungefähr das 14. Lebensjahr. Auch jene „gemäßigten" Schulreformer wollen die Entscheidung bis ins Pubertätsalter hinausschieben, aber nur für die Mittelschüler, sie treten nicht für die Einheitsschule ein, sondern für die Einheitsmittelschule. Die Trennung zwischen Bürgerschule und Mittelschule soll bestehen bleiben, es soll wie bisher unter den Zehn- bis Vierzehnjährigen zwei Kategorien von Schülern geben, Patrizier und Plebejer, die Masse und die Auserwählten. Daß den Auserwählten der Weg noch mehr als bisher geebnet werde, dagegen wäre grundsätzlich gewiß nichts einzuwenden; daß ein Mittelschüler sich erst nach dem 14. Lebensjahr endgültig für den weiteren Studiengang zu entscheiden hätte, wäre gewiß zu begrüßen. Aber daß dies nur eine bestimmte Klasse von Schülern dürfen und können soll, das vermehrt das bisherige Unrecht an der großen Masse, anstatt es zu mildern. Diese Wohltat muß auch der Masse zugänglich gemacht werden, und daraus folgt unweigerlich die Forderung, die allgemeine Schule (bis zum 14. Lebensjahr) auf ein solches Niveau zu heben, daß sie für jegliche Art von Fortbildung ein tragfähiger Unterbau werde. Auch dem Proletarierkind muß es möglich sein, nach einer tüchtigen Schulung bis zum 14. Lebensjahr noch immer jenen Weg offen zu finden, auf den es seine Begabung weist. Es darf nicht wie bisher nur ein Ausnahmsfall sein, daß entweder schon im 10. Lebensjahr die besondere Begabung des Kindes entdeckt wird und dieses dann unter den größten Schwierigkeiten, die bei den herrschenden sozialen Verhältnissen naturgemäß erwachsen, mit einem der Begabung nicht einmal entsprechenden Erfolge seinen Studien obliegt, oder daß es erst auf dem Umweg über die Bürgerschule, also mit einem Verlust von zwei bis vier Jahren, was besonders auf dem Lande öfter vorkommt, in die Mittelschule gelangt.

Daher also nicht Einheitsmittelschule, sondern Einheitsschule. Sie hat erstens den Zweck, die Entscheidung für den weiteren Bildungsgang – und zwar für alle Kinder ohne Unterschied – in ein höheres, entscheidungsfähigeres Alter zu versetzen. Sie soll aber auch den Abgrund überbrücken helfen, welcher gerade in der Zeit, da der Mensch am aufnahmsfähigsten wird, seine geistigen Kräfte sich von Tag zu Tag steigern und entwickeln, durch die frühzeitige Trennung von gleichaltrigen Kindern entstehen muß. [...] Und nun scheint eben ein tückischer Zufall zu wollen, daß just die Armen und Aermsten in die Bürgerschule kommen, die Wohlhabenderen aber oder die dem zwar schon proletarisierten, aber noch nicht zum proletarischen Klassenbewußtsein erwachten Mittelstand angehören, in die Mittelschule. Dieser tückische und doch so seltsam konsequente Zufall – denn der umgekehrte Fall ist kaum jemals bekannt geworden – ist letzten Endes der Grund, warum wir Sozialisten die Einheitsschule fordern. Wir wollen, daß den Kindern aller Bevölkerungsklassen bis zum 14. Lebensjahr das unschätzbare Gut gemeinsamer Erziehung, gemeinsam getragener Schulfreuden und -leiden gesichert werde, wir wollen in das seiner selbst noch nicht ganz bewußte Kindesalter – was aber hier eher einen Vorteil bedeutet – das Gefühl der großen Einheit des Volkes pflanzen, dessen einzelne Glieder gleichberechtigte und gleichverpflichtete Teile der Gesamtheit sind. [...]

16.7 Joseph Buttinger: Die Wiener Arbeiterhochschule

Erstveröffentlicht als Josef Buttinger: Die Wiener Arbeiterhochschule, in: *Der Kuckuck*, 13. Juli 1930, S. 14.

An der Arbeiterhochschule (1926–1930) wurden jährlich etwa 30 sozialdemokratische Funktionäre, darunter einige wenige Funktionärinnen ausgebildet – unter ihnen der Autor des Artikels, Joseph (Josef) Buttinger (1906–1992), Mitarbeiter der Kinderfreunde und nach 1934 Leiter der illegalisierten Revolutionären Sozialisten. Sein Text verweist nicht nur auf die Praxis der ideologischen Neubesetzung von historischen Orten durch die Arbeiterklasse: Mit dem ehemaligen Maria-Theresien-Schlössl wurde ein Ort, der für imperiale Vergangenheit steht, zum Raum für die Heranbildung des sozialistischen Menschen. Er verdeutlicht auch, dass sich nicht alle Bildungsangebote an die Masse richteten – die Arbeiterhochschule war ausgewählten Akteuren und Akteu-

rinnen der SDAP und Gewerkschaft vorbehalten. Die Aufzählung der Lehrenden, der Hinweis auf die Ausbildung von „Vertrauensmännern" mit „marxistischer Arbeiterbildung" sowie die dem Artikel beigestellten Fotos von männlichen Studierenden im Gespräch mit Vortragenden oder im Hörsaal verdeutlichen darüber hinaus eine Schieflage in der Geschlechterverteilung. [11]

In einem Habsburgerschlössel, draußen in Nußdorf, in dem sich einstmals die Kaiserin Maria Theresia mit besonderer Vorliebe aufhielt, nistet sich jetzt alljährlich eine Schar junger Vertrauenspersonen der österreichischen Arbeiterschaft ein. Die Kaiserin hat dort ihre Kinder zur Welt gebracht; eine bedeutsame Angelegenheit für sie und ihre Zeit. Die Arbeiterhochschüler studieren dort die Gesetze der gesellschaftlich-revolutionären Entwicklung; eine nicht minder wichtige Sache, wenn man bedenkt, daß die ersten Stöße dieser Revolution die ganze Sippe der Nachkommen Maria Theresias nicht nur aus diesem Schlößchen, sondern aus dem ganzen Lande vertrieben haben.

Die Arbeiterhochschule ist eine in mancher Hinsicht einzig dastehende Einrichtung. Sie wurde von der sozialdemokratischen Partei und den Gewerkschaften gegründet und im Jänner 1926 eröffnet. Unter den vielen Einrichtungen und Bestrebungen der österreichischen Arbeiterbildung kommt ihr ohne Zweifel die größte Bedeutung zu. Die Schule ist als Internat eingerichtet. Ungestört von materiellen Sorgen und befreit von allen Hemmungen des Alltags sind die Hörer in der Lage, sich ausschließlich und intensiv ihrer Lerntätigkeit zu widmen. Neben Sonderkursen für Frauen, Gewerkschafter, Jugendliche, Arbeitersänger findet alljährlich der sechs Monate währende Kurs für Gewerkschafts- und Parteifunktionäre statt. Die Teilnehmer an diesem Kurs werden von den Landesparteien, den Gewerkschaften und einzelnen Kulturorganisationen bestimmt. Sie kommen aus allen Berufen und Organisationen. Bei diesem Jahrgang waren unter anderem Metallarbeiter, Buchdrucker, Bauarbeiter, Angestellte, ein Hilfsarbeiter, ein Kleinbauer. Der Lehrplan umfaßt: Weltwirtschaft, Weltpolitik und Weltgeschichte. Alle drei Gebiete sind mehrfach gegliedert und werden von einer großen Zahl von Spezialreferenten behandelt. Den praktischen Erfordernissen der Arbeit in den Betrieben und Organisationen dienen Einführungen in die Sozialpolitik, Arbeitsrecht und Gewerkschaftswesen. Im ganzen sind an der Schule 19 Lehrer tätig, die ersten Praktiker und Theoretiker der österreichischen Partei- und Gewerkschaftsbewegung, wie etwa Otto Bauer, Karl Renner, Max Adler, Edmund Palla, Viktor Stein, Otto Neurath. [...]

Um 8 Uhr früh beginnt täglich der Unterricht. Vormittags wird vier Stunden vorgetragen, nachmittags werden von 4 bis 6 Uhr in der Regel seminaristische Übun-

---

[11] Jährlich wurde allerdings ein dreiwöchiger Intensivkurs für Frauen abgehalten. Vgl. Emmy Freundlich: Die erste Frauenschule in der Arbeiterhochschule, in: *Die Frau*, 35. Jg., Nr. 11 (1926), S. 5.

gen durchgeführt (Journalistik, Rhetorik, Arbeitsrecht). Die Mittwoch-Nachmittage werden in Verbindung mit dem Lehrplan zu Lehrausgängen und Betriebsbesichtigungen verwendet. In Arbeitsgemeinschaften wird der vorgetragene Stoff zunächst in Form von Diskussionen durchberaten und dann je nach dem Gegenstand gemeinsam oder einzeln, entweder schriftlich oder mündlich wiederholt und verarbeitet. Diese neuen kollektivistischen Formen der Lerntätigkeit Erwachsener würden vielleicht verdienen, von einem modernen Schulfachmann gekannt, beobachtet und beschrieben zu werden.

Direktor der Schule ist Josef Luitpold Stern. Sein Grundsatz ist: Die Glieder einer sozialistischen Schulgemeinschaft müssen imstande sein, ihre Angelegenheiten selbst in Ordnung zu bringen. Also möglichst unbeschränkte Selbstverwaltung. Die Hörerschaft gibt sich vor allem eine „Verfassung", in der die Grundsätze für das Zusammenleben während des Aufenthalts im Internat festgelegt sind. Tagwache, Unterricht, Lernzeit, Nachtruhe, Wahl der Vertrauensmänner. Drei Vertrauensmänner, für vier Wochen gewählt, bestimmen aus ihrer Mitte für jede Woche einen „Geschäftsführenden", der die laufenden Angelegenheiten zwischen Hörerschaft, Direktion und Lehrkörper regelt. Daneben gibt es noch einen Lehrmittelreferenten, einen Bücherfunktionär, Menagemeister, Exkursionsleiter, Bademeister und noch einige andere. Das Gebäude wurde vom Architekten [George] Karau den Aufgaben dieser Schulrepublik angepaßt. [...] Fast jede Woche kommen von irgendwoher Besucher. Im Vorjahr zum Beispiel die Hörer der Düsseldorfer Wirtschaftsschule, in diesem Jahr die Hörer der Leipziger Heimvolkshochschule, Besucher aus Amerika, Finnland.

Jährlich verlassen einige Dutzend Vertrauensmänner diese Produktionsstätte marxistischer Arbeiterbildung. Schon sind die Absolventen dieser Schule sichtbar im Partei- und Gewerkschaftsleben, Redaktionen und Sekretariaten. Und doch sind es erst 30 in jedem Jahr aus den Reihen der Hunderttausenden. Wie wird die geistige und organisatorische Kraft der sozialistischen Arbeiterbewegung erst wachsen, wenn es einmal mehr Arbeiterhochschulen gibt!

16.8 Ludo Moritz Hartmann: Demokratie und Volksbildung

Erstveröffentlicht als Ludo Moritz Hartmann: Demokratie und Volksbildung, in: *Volksbildung: Monatsschrift für die Förderung des Volksbildungswesens in Deutschösterreich*, 1. Jg., Nr. 1 (15. Oktober 1919), S. 18–21.

Das „Denkenlernen", die Befreiung von geistiger Bevormundung ist für den Historiker Ludo Moritz Hartmann (1865-1924) die Grundlage für eine demokratische Gesellschaft. Bildung und Wissen als Voraussetzung dafür müssen allen zugänglich und egalitär sein. Das von Hartmann vertretene Konzept der Volksbildung orientierte sich an den Idealen der Aufklärung und postulierte ein Gleichheitsprinzip. Hartmann gilt gemeinsam mit Emil Reich[12] als zentraler Initiator der Wiener Volkshochschulbewegung. Mit diesem gründete er 1901 das Volksheim Ottakring, die erste Abendvolkshochschule Europas. Beide waren auch im Roten Wien in diesem Bereich federführend tätig. Im Roten Wien kooperierten die Volkshochschulen eng mit der sozialistischen Stadtregierung, und viele Sozialdemokraten und Sozialdemokratinnen engagierten sich hier. Die Volkshochschulbewegung wollte wie die sozialdemokratischen Reformer und Reformerinnen „Bildung für alle", Hartmanns Konzept basiert jedoch auf einer sozial-integrativen Versöhnungstheorie der Klassen. Im Unterschied zu Max Adler oder Otto Felix Kanitz vertritt er das Prinzip eines weltanschaulich neutralen, rationalen, freien Denkens.

Demokratie und Volksbildung sind Begriffe, die einander ergänzen, denn weder wird sich die Demokratie jemals vollständig auswirken können, es sei denn auf der Grundlage allgemeiner Volksbildung, noch wird eine wirkliche Volksbildung jemals durchgeführt werden, außer auf dem Boden der Demokratie. [...]

Da jetzt, wenn auch nur gemäß den bescheidenen Mitteln, welche unserem Kleinstaat zur Verfügung stehen, das Volksbildungswesen von Staats wegen anerkannt und unterstützt werden soll, ist es doppelt notwendig, die Richtlinien klar zu erkennen, nach denen es sich entwickeln soll, damit nicht verschwendet und damit nicht geschadet wird. Darüber ist man wohl jetzt eines Sinnes, daß das Volksbildungswesen eine notwendige Ergänzung der Schule darstellt, indem es den Schulentlassenen und in der Welt der Arbeit auf irgendeinem Posten Stehenden die Möglichkeit bietet, sich nicht beruflich, sondern im Sinne der allgemeinen Bildung fortzubilden. Es erhebt sich also vor allem die Frage, was das Ziel dieser allgemeinen Bildung ist und welches die Mittel sind, sie Schülern, welche nicht mehr Kinder sind, sondern selbst schon durch das praktische Leben bis zu einem gewissen Grad gebildet worden sind, näherzubringen.

Man könnte wohl die Prinzipien des Volksbildungswesens ebenfalls in die drei alten Schlagworte der Demokratie zusammenfassen: Freiheit, Gleichheit, Brüderlichkeit. Aus dem Grundsatz der Freiheit ergibt sich die Lehr- und Lernfreiheit, durch welche das Volksbildungswesen von vornherein der Hochschule näher steht, als der Volks- und der Mittelschule, der ein zwangsläufiger Lehrplan zugrunde liegt. Dem Erwachsenen muß die Gelegenheit geboten werden, sich geistig fortzuentwickeln, aber nicht ein jeder kann bei demselben Punkt ansetzen. Der Mann, die Frau, die schon zum Individuum herangereift sind, werden dort anknüpfen, wo ihre geistigen Interessen liegen, die sie bisher aus ihrer Umwelt, aus ihrem Beruf u. dgl. [und dergleichen] gewonnen haben, und die sie nunmehr vertiefen wollen, indem sie lernen, was ihnen bisher systemlos zugeflogen ist, zu ordnen und zu ergänzen. Es kann für sie daher keinen allgemeingültigen Lehrplan geben. Aber auch in anderer

---

12 Vgl. Emil Reich: Bildungsarbeit, in: *Bildungsarbeit*, 6. Jg., Nr. 3/4 (Oktober 1919), S. 1–2.

Beziehung wollen sie frei sein, frei vor allem von geistiger Bevormundung, denn was sie vom Volksbildner zu erlangen hoffen, ist nicht ein Dogma, das durch die Predigt vermittelt wird, sondern geistige Freiheit, die Möglichkeit der Wahl. Selbstverständlich wird nichtsdestoweniger jede einzelne Partei versuchen, für ihre Idee zu werben, sei es in Parteischulen, sei es in Vereinen und Versammlungen, und diese Organisationen sind notwendige Bestandteile einer demokratischen Gesellschaft. Aber mit dem eigentlichen Volksbildungswesen haben sie *nichts* zu tun. Der politische Drill ist notwendig, aber zur Bildung eines eigenen Urteils gehört etwas anderes. Um sich ein Urteil zu bilden, gilt der alte Spruch: „Eines Mannes Rede ist keines Mannes Rede, man muß sie hören alle beede." Die Wahl zwischen verschiedenen Meinungen ist die Angelegenheit des Individuums, und um wählen zu können, muß es jene Anpassungsfähigkeit der Gedanken an die Tatsachen erwerben, die eben das Wesen der allgemeinen Bildung ist und vermittelt wird durch die voraussetzungslose Wissenschaft, das heißt also durch die Wissenschaft, welche nicht von Dogmen ausgeht, sondern in jedem Augenblick bereit ist, eine Voraussetzung, welche sich im Verlauf der Untersuchung als im Widerspruch zu einer neuen Tatsache stehend erweist, bedenkenlos aufzugeben, und neue vorläufige Hypothesen aufzubauen, die mit dem gegenwärtigen Stand der Kenntnis der Tatsachen übereinstimmen. So muß das Denkenlernen das Ziel und der Zweck eines jeden echten Volksbildungswesens sein. Wer richtig denkt, der wird das seinen Erfahrungen Gemäße wählen und wird nicht nur ein nützliches Mitglied des Staates und der Gesellschaft, sondern auch seiner Partei sein, weil er weiß, warum er so und nicht anders gewählt hat, er wird der gegebene Hüter der Demokratie und der sichere Verächter der Demagogie sein.

Das Prinzip der Gleichheit erfordert vor allem die *Allgemeinheit* des Volksbildungswesens. Es müssen seine Organisationen allen gleichmäßig zugänglich gemacht werden. Seine Institutionen dürfen nicht, wie heute noch vielfach die Mittelschulen, nur für bestimmte Kasten oder Klassen zugänglich sein, sie müssen sich auf Stadt und Land, auf Mann und Frau, auf Arbeiter und Bürger erstrecken, ebenso wie auf die Angehörigen *aller* Parteien. Gerade deshalb ist es notwendig, daß der Staat eingreift und das Netz der Volksbildungseinrichtungen derart fördert, daß sie allgemein sind wie die Volksschulen, und wenn der Staat auch dem Erwachsenen die Freiheit gibt, die er dem Kind verweigert, wenn er auch auf den Erwachsenen keinen Bildungszwang ausüben kann, so muß doch die Bildung in dem Sinne sozialisiert werden, daß sie nicht mehr Privileg Bevorrechteter ist.

Der Grundsatz der Brüderlichkeit aber muß sich nicht nur erstrecken auf alle Schüler, sondern auch auf das Verhältnis der Lehrer zu den Schülern. Der Lehrer darf nicht den Anspruch auf unbedingte Autorität erheben und darf niemals vergessen, daß ihm ein Gleichberechtigter gegenübersitzt. Er darf es nicht als Belästigung empfinden, wenn er gefragt wird oder ihm Einwürfe gemacht werden, er muß selbst von seinen Schülern lernen, um durch sie erst zu einem guten Lehrer zu werden. Er darf seine wissenschaftliche Überlegenheit nicht überschätzen und nicht betonen, denn erst dadurch wird er ein richtiger Volksbildner, daß er seine Bildungsschätze und noch mehr seine eigene Gedankenarbeit in die Form gießt, welche sie allgemein zugänglich macht. Das Ideal wäre natürlich ein Volksbildungsbetrieb, der dem Seminar- und Laboratoriumsbetrieb an den Hochschulen entspräche, in dem der Schüler weniger belehrt als zum Erarbeiten des Wissens und der Bildung angeleitet wird. Und wo dies möglich ist, sollten Methoden angewendet werden, welche den Kathederton ausschließen.

[...] Deshalb ist in dem Organisationsstatut für das Volksbildungswesen zweierlei vorgesehen, einerseits ein demokratischer Aufbau von unten her, der die unmittelbaren Bedürfnisse der Hörerschaft zur Geltung bringt, und andererseits der Einfluß der Hochschulen, welche ihrerseits darauf hinarbeiten müssen, daß jeder Dilettantismus in der Person und in der Sache ausgeschaltet wird. Auf diese Weise soll die Gewähr dafür geschaffen werden, daß der Bund zwischen der Wissenschaft und den breiten Schichten der Bevölkerung noch fester geschlossen wird.

Teil VI: **Vitalität**

Titelblatt der sozialdemokratischen Bildillustrierten *Der Kuckuck*, 7. Juni 1931. (VGA)

17 Arbeit und Freizeit
Vrääth Öhner

Einleitung

Die Forderung nach einer gesetzlichen Beschränkung der Arbeitszeit an Werktagen auf acht Stunden gehörte zu den ältesten Forderungen der Arbeiterbewegung. Zum ersten Mal wurde sie in den Dreißigerjahren des 19. Jahrhunderts in England erhoben, seit dem 1. Mai 1890, dem ersten „Tag der Arbeit", stand sie an der Spitze des Forderungskatalogs der Zweiten Internationale. Als die Provisorische Nationalversammlung Deutschösterreichs dann tatsächlich am 19. Dezember 1918 den Achtstundentag beschloss – zunächst auf Fabrikbetriebe beschränkt und erst ein Jahr später auf alle Betriebe ausgeweitet, die den Vorschriften der Gewerbeordnung unterlagen –, wurde die Erfüllung der jahrzehntelangen Forderung beinahe wie eine Selbstverständlichkeit hingenommen. Aus gutem Grund, stellte der Achtstundentag für die Sozialdemokratie doch nichts weiter dar als einen notwendigen ersten Schritt auf dem Weg zur Befreiung der Arbeiterklasse aus dem „Joch der ökonomischen Knechtschaft".[1]

Errichtete der Achtstundentag auf der einen Seite ein kleines Reich der Freiheit und der Selbstbestimmung im Leben der Arbeiter und Arbeiterinnen, so ist auf der anderen Seite kaum zu übersehen, dass dieses Reich nicht für alle dieselbe Ausdehnung hatte. Insbesondere berufstätige Frauen konnten von acht Stunden Erholung nur träumen, sah das traditionelle Rollenbild doch vor, dass sie zusätzlich die Arbeit im Haushalt und bei der Erziehung der Kinder übernehmen. Dazu kam, dass die Zeit der Erholung und der Muße asymmetrisch mit der Arbeitszeit verknüpft blieb. Wie die bahnbrechende Studie über „Die Arbeitslosen von Marienthal" zeigte, gibt es ohne Arbeit keine Freizeit, bedeutet Arbeitslosigkeit nicht einfach unbegrenzte Ausdehnung der freien Zeit, sondern Rückkehr zu einem „undifferenzierteren Zeiterlebnis".[2] Außerdem war die Freizeit im Verständnis der Sozialdemokratie dazu bestimmt, die „körperliche, geistige und seelische Entwicklung der Arbeiter"[3] voranzutreiben, die Zeit der Muße und der Erholung politischen, sozialen und kulturellen Zwecken dienstbar zu machen.

---

1 Anonym: Warum feiern die Arbeiter am 1. Mai?, in: *Arbeiter-Zeitung*, 13. April 1894, S. 2.
2 Marie Jahoda: Die Zeit, in: Österreichische Wirtschaftspsychologische Forschungsstelle (Hg.): *Die Arbeitslosen von Marienthal. Ein soziographischer Versuch über die Wirkungen langdauernder Arbeitslosigkeit; mit einem Anhang zur Geschichte der Soziographie*, Leipzig: S. Hirzel 1933, S. 69.
3 Anonym: *Der Kampf um den Achtstundentag. Festschrift zum 1. Mai 1890*, Leipzig: Eduard Schultes Buchhandlung 1890, S. 12.

Auf die Frage, wie die Arbeiter ihre neu erworbene Freizeit (im Schnitt drei Stunden mehr im Vergleich zur Vorkriegszeit) gestalten sollten, antwortete die Sozialdemokratische Arbeiterpartei (SDAP) mit einem engmaschigen Netz politischer und kultureller Einrichtungen und Angebote. Neben der ehrenamtlichen Arbeit für die Partei und dem Besuch von politischen Versammlungen bestand für Arbeiter und Arbeiterinnen im Roten Wien die Möglichkeit, aus dem Angebot von mehr als 40 kulturellen Organisationen zu wählen, die ein weites Spektrum von Aktivitäten abdeckten: vom Gesangsverein bis zum Radfahrerbund, vom Schachklub bis zu den Naturfreunden. Daneben verfügte die SDAP mit der Arbeiterbildungszentrale und der Sozialdemokratischen Kunststelle über Dachverbände, welche die Versorgung der Bevölkerung mit Bibliotheken und Publikationen, mit Vorträgen, Ausflügen und Ferienreisen, mit Konzert-, Theater- und Ausstellungsbesuchen koordinierten und kontrollierten.

Ebenso weit gespannt wie das Kultur- und Bildungsprogramm der Partei war das Ziel, das damit mehr oder weniger explizit verfolgt wurde: Es ging um nichts weniger als um die Hervorbringung einer genuin sozialistischen Gegenkultur, die sich das Beste aus dem Kanon bürgerlicher Hochkultur aneignet; die zugleich für die Erhaltung der demokratischen Institutionen der Republik sorgt und den bürgerlichen Klassenstaat bekämpft. Während am Horizont jeder einzelnen Aktivität bereits vage das Idealbild des klassenbewussten Proletariers auftauchte, der mit dem Joch der ökonomischen Knechtschaft auch die Fesseln ablegt, in die ihn Religion, Unwissenheit und Armut geschlagen hatten, bestand eine der unmittelbaren Aufgaben des sozialdemokratischen Kultur- und Bildungsprogramms schlicht darin, die Arbeiter und Arbeiterinnen von der Vergeudung ihrer Freizeit abzuhalten: von Alkohol und Kartenspiel im Wirtshaus, von billigem Spektakel im Prater, im Zirkus oder im Varieté, von seichter Unterhaltung, wie sie Groschenhefte und Boulevardblätter, Radio, Kino oder der moderne Zuschauersport boten.

Über den Erfolg dieses gegenkulturellen Entwurfs lässt sich ebenso streiten wie über die Anziehungskraft, die das sozialdemokratische Kultur- und Bildungsprogramm auf Milieus ausübte, die – wie die viel beschworene neue Mittelschicht der proletarisierten Angestellten – der Sozialdemokratie zumindest nicht feindlich gegenüberstanden. Für Helmut Gruber steht der bemerkenswert hohe Organisationsgrad der kulturellen Einrichtungen des Roten Wien, die im Jahr 1932 über mehr als 400.000 eingetragene Mitglieder verfügten, nur in einem bescheidenen Verhältnis zu den mehrere Hunderttausende zählenden Zuschauermassen, die wöchentlich das Kino oder ein Fußballspiel besuchten. Abgesehen davon, dass die Sozialdemokratie bei der politischen und kulturellen Erziehung der Arbeiterschaft, wie in anderen Bereichen auch, eine Politik der kleinen Schritte verfolgte – der Weg führte vom Wirtshaus über das Kino zum Fußballplatz, von dort zum Theater, zum Buch, in die Berge –, bedeutete der Zugewinn an freier Zeit durch den Achtstundentag aber jedenfalls eine Vergrößerung des Anteils der Arbeiter und Arbeiterinnen an der gesellschaftlichen Wertproduktion. Das schloss die Teilhabe an modernen Kulturgütern wie dem Weekend ausdrücklich ein, auch wenn die „kleinen Leute" ihr Wochenende eher am Badestrand im Zelt[4] als am Waldrand in einer hübschen Villa verbrachten.

Literatur

Gruber 1991.
Ingrisch, Korotin, Zwieauer 2004.
Schwarz 2016.

17.1 Julius Braunthal: Das Achtstunden-Gesetz

Erstveröffentlicht als Julius Braunthal: Das Achtstunden-Gesetz, in: *Der Kampf. Sozialdemokratische Monatsschrift*, 12. Jg., Nr. 39 (27. Dezember 1919), S. 841–843.

Julius Braunthals (1891–1972) Darstellung des Kampfs um den Achtstundentag ist einer der wenigen Kommentare, die dem endgültigen Beschluss des „Achtstundengesetzes" durch die Konstituierende Nationalversammlung am 17. Dezember 1919 noch ein kleines Stück Pathos abringen. Die Reduktion der Arbeitszeit um durchschnittlich zwei bis drei Stunden täglich im Vergleich zur Vorkriegszeit musste von einer Nationalversammlung, in der die Sozialdemokraten über die relative Mehrheit verfügten, einfach erwartet werden. Zudem war das „Achtstundengesetz" nur ein – wenn auch wesentlicher – Teil der unter Staatssekretär Ferdinand Hanusch beschlossenen Sozialgesetzgebung (der sogenannten Hanusch-Gesetze), die unter anderem auch die Arbeitslosenunterstützung, das Verbot der Nachtarbeit für Frauen und Jugendliche, das Arbeiterurlaubsgesetz oder die Einrichtung von Betriebsräten umfasste.

[...]

In keiner Gegenwartsforderung des Proletariats spiegelt sich mit solcher Reinheit der Gegensatz der Klassen wider wie in der Forderung nach dem proletarischen Arbeitstag. Der tiefe ökonomische Sinn des Klassenkampfes, den die Forscherarbeit Karl Marx' offenbarte, ist der Kampf um den Anteil an dem Wertprodukt, das die Gesellschaft erzeugt. Allen Reichtum entringt die menschliche Arbeit der Natur. Je geringer aber der Wertanteil der Arbeiterklasse an dem von ihr erzeugten Wertprodukt, je länger der Arbeitstag, in dem sich das Wertprodukt realisiert, desto größer der Wertanteil der Bourgeoisie an dem gesellschaftlichen Wertprodukt, desto höher die Mehrwertsrate, desto größer der Profit. Je mehr menschliche Arbeit, je mehr Arbeitszeit der Produktionsapparat in sich saugt, desto größer der gesellschaftliche

---

[4] Vgl. Austin Speer: Das Weekend der kleinen Leute, in: *Das kleine Blatt*, 10. August 1929, S. 3–4.

Reichtum und desto größer der Anteil der Bourgeoisie an ihm. Die Bourgeoisie würde daher am liebsten den Lebenstag des Arbeiters zu seinem Arbeitstag gestalten. Aber der Arbeitstag des Arbeiters findet seine natürliche Beschränkung in der Erschöpfung seiner Energie. Ihn aber bis zu den äußersten Grenzen der physischen und psychischen Leistungsfähigkeit des Arbeiters auszudehnen, ist daher das nüchterne und selbstverständliche Gebot der kapitalistischen Mehrwertsproduktion.

Der Gewalt der Bourgeoisie, die als Herrin über alle Rohstoffe und Produktionsmittel die Arbeiterklasse ihrem Willen unterwirft, widersetzt sich aber die Gewalt der Arbeiterklasse, deren Wirken „die Welt bewegt und erhält". Dem kapitalistischen Arbeitstag setzt sie den „Normalarbeitstag" entgegen. In der Geburtsstunde des Kapitalismus wurde auch der Kampf um den Normalarbeitstag geboren.

Er nahm seinen Ausgang von dem klassischen Lande der kapitalistischen Produktionsweise, von England. Die Chartistenbewegung erzwang im ersten Drittel des neunzehnten Jahrhunderts in einem beispiellos erbitterten, drei Jahrzehnte umfassenden Kampf den gesetzlichen Zehnstundentag. Seine große prinzipielle Bedeutung hatte Karl Marx in der Inauguraladresse gewürdigt. Er sagte dort: „Dieser Kampf um die gesetzliche Beschränkung der Arbeitszeit wütete immer heftiger, als er nicht nur ein Schrecken für die Habsucht war, sondern auch ein direkter Eingriff in den großen Kampf zwischen der *blinden Regel* der Gesetze über Angebot und Nachfrage, welche die politische Oekonomie der Bourgeoisie ausmachen, und der durch *soziale Fürsorge geregelten Produktion*, dem Inbegriff der politischen Oekonomie der Arbeiterklasse. Und deshalb war die Zehnstundenbill nicht bloß ein großer praktischer Erfolg, es war der *Sieg eines Prinzips*: zum erstenmal am hellen, lichten Tag unterlag die politische Oekonomie der Bourgeoisie der politischen Oekonomie der Arbeiterklasse."

Der Zehnstundentag bedeutete damals einen ungeheuren Gewinn für die Arbeiterklasse, aber doch nur eine Etappe auf ihrem Weg um ein Arbeitstaggesetz, das der Arbeiterklasse nicht nur allein die zur Sammlung ihrer erschöpften Energie, sondern auch die zum geistigen und gesellschaftlichen Leben nötige Muße gewährt. Daher forderten und erzwangen die bestorganisierten Korps der Arbeiterbewegung in Australien, England und Amerika schon in den Sechzigerjahren des vorigen Jahrhunderts den Achtstundentag. Zum erstenmal aber war es die internationale Arbeiterassoziation,[5] die im Jahre 1864 das *Gesetz* des Achtstundentages zur Forderung des Gesamtproletariats erhob. Karl Marx, der namens des Generalrates dem Genfer Kongreß die Denkschrift überreichte, erklärte damals:

„Wir betrachten die Beschränkung der Arbeitszeit als eine *Vorbedingung*, ohne die sich alle weiteren Versuche zur Verbesserung und Befreiung fruchtlos erweisen. Sie ist nötig, um die körperliche Energie und Gesundheit der Arbeiterklasse wieder

---

5 Die Internationale Arbeiterassoziation, später auch Erste Internationale genannt, wurde 1864 in London gegründet und war der erste internationale Zusammenschluss von Arbeiterorganisationen.

herzustellen, das heißt des großen Körpers jeder Nation. Sie ist nicht weniger nötig, um den Arbeitern die Möglichkeit geistiger Entwicklung, gesellschaftlichen Umganges, soziale und politische Tätigkeit zurückzugeben.

Wir schlagen vor, daß *acht Stunden die gesetzliche Grenze des Arbeitstages bilden*. Diese Beschränkung wird bereits allgemein verlangt von den Arbeitern der Vereinigten Staaten Amerikas und die Stimme des Kongresses wird sie zur *allgemeinen Fahne der Arbeiterklasse der Welt* erheben."

[...]

Der Achtstundentag ist nun Gesetz in Deutschösterreich sowie in fast allen Staaten Europas. Die Washingtoner Arbeitskonferenz[6] hat ihn aber bereits zum Gesetz für alle zivilisierten Staaten der Erde erhoben. Er ist das unzerstörbare Werk der Revolution, eine bedeutungsvolle Etappe im Kampfe des Proletariats um seine Emanzipation vom Kapitalismus. Die Deklarierung des Achtstundentages zum Gesetz der Nation ist eine historische Tat von allergrößter Bedeutung. Aber schon greift die Arbeiterklasse darüber hinaus. Eben marschiert das englische Proletariat zum Kampf um den Siebenstundentag, eben marschiert das amerikanische Proletariat zum Kampf um den Sechsstundentag auf.

17.2 Adelheid Popp: Die doppelte Bürde der Frauen

Erstveröffentlicht als Die doppelte Bürde der Frauen, in: Adelheid Popp: *Frauenarbeit in der kapitalistischen Gesellschaft*, Wien: Verlag des Frauen-Zentralkomitees 1922, S. 19–22.

Seit der politischen Gleichstellung von Frauen und Männern durch das allgemeine und gleiche Wahlrecht, das mit dem Verfassungsgesetz vom 12. November 1918 in Kraft getreten war, konnte der Kampf der Frauen für mehr Gerechtigkeit, soziale Anerkennung und Chancengleichheit vom Parlament aus geführt werden. Damit hielten die Frauen zwar, wie Adelheid Popp (1869–1939), Mitgründerin der proletarischen Frauenbewegung in Österreich, hervorhebt, eine wirksame Waffe in Händen; den Kampf für eine neue Auffassung und Einschätzung ihrer Stellung als Frau und als Arbeiterin würde ihnen aber weiterhin niemand abnehmen. So wendet sich Popps Forderung nach einer höheren Qualifizierung der Frauenarbeit ebenso explizit gegen den proletarischen Antifeminismus, der Arbeiterinnen als „Lohndrückerinnen" missverstand, wie gegen die zahlreichen Vorurteile „bürgerlicher" Frauen, die mehrheitlich christlichsozial und damit eine Politik gewählt hatten, die Frauen massiv benachteiligte.

---

6 Das erste Treffen der Internationalen Arbeitsorganisation (ILO), einer am 11. April 1919 auf der Friedenskonferenz von Versailles gegründeten ständigen Einrichtung des Völkerbundes, fand im Oktober 1919 in Washington, D.C., statt. Die Organisation war und ist damit beauftragt, internationale Arbeitsstandards zu entwickeln und auszuweiten.

Wir haben gesehen, daß die Frauen als Arbeiterinnen nicht geschont werden. Daß es schwer fällt, dem gesetzlichen Schutz Geltung zu verschaffen, sowohl bei den Frauen als auch bei den Jugendlichen und den Kindern unter 14 Jahren. Man denke aber an den Neid, an die giftige Kritik, die oft gefällt wird, wenn „Damen der Gesellschaft" Fabrikmädchen oder Arbeiterfrauen in gefälliger Kleidung sehen. Die ganze Erbitterung, die bei manchen durch das Kriegs- und Nachkriegselend hervorgerufen wurde, ergießt sich über diese arbeitenden Frauen, die es „so gut haben", um 5 Uhr und am Samstag nachmittags ganz frei zu sein, die sich „schöne Kleider, Schuhe und Putz kaufen können", während die Mittelstandsfrau, die Beamtens- oder Professorsgattin ihre alten Fähnchen immer wieder umzuarbeiten versuchen muß. Das ist wahr und es ist traurig. Wir wünschen allen Menschen, daß sie sich menschenwürdig nähren und gut und gefällig kleiden können. Theater, Musik, gute Bücher sollen allen Menschen zugänglich sein. *Allen Menschen.* Also auch den Fabrikarbeiterinnen, den Hausgehilfinnen, den „Waschweibern", wie der in der Umsturzzeit geprägte Ausdruck für die Frauen lautet, die für die Reinigung von Ämtern, Büros, Wohnungen etc. zu sorgen haben. Freilich, in der Vorstellung der meisten Menschen spukt noch der Gedanke, daß *Frauenarbeit, häusliche Arbeit, Reinigungsarbeit* eigentlich nur ein Zeitvertreib sei, um müßige Stunden auszufüllen. Indessen hat eine Statistik ergeben, daß die Beschäftigung mit den sogenannten häuslichen Arbeiten zu den *drei ungesundesten Berufen gehört.* Die Frauen, die selbst schon gelernt haben, ihre eigene Arbeit einzuschätzen, wissen längst, daß es eine Ungerechtigkeit ist, die häusliche Arbeit als so nebensächlich zu beurteilen. Die ununterbrochene Tätigkeit von frühmorgens bis zum Schlafengehen ist eine harte Fron. Vor allem bei den Frauen, die diese Arbeit im eigenen Haushalt verrichten, *ohne Bezahlung, ohne Ferien, ohne Sonntagsruhe, ohne Achtstundentag* und *ohne freien Samstagnachmittag.* Ja ohne Anerkennung. Nur Spott, Geringschätzung, Nichtachtung ist gewöhnlich der einzige Lohn, den sie ernten. Sie sind die ersten aus dem Bett und die letzten im Bett. Jedes gerissene Schuhband bei einem Mitglied der Familie, jede minderwertige Qualität der gemachten Einkäufe, jeder ausgebrochene Nagel, jede Beule, die ein Kind sich schlägt, die schlechten Noten, die ein anderes aus der Schule bringt, alles fällt zu Lasten der nie Ruhe genießenden Frau und Mutter. Als von Gott und Rechts wegen gefügt, haben die meisten die Rolle des Prügelknaben oder des Aschenbrödels immer hingenommen. Daß die Beschwerden der Schwangerschaft, die Qualen des Wochenbettes, die durchwachten Nächte bei den fiebernden Kindern an der Gesundheit, an den Nerven zehren, wenn sich nie die Möglichkeit ergibt zu ruhen, wurde nie beachtet. Wenn die Frau sich zwischen Fabrik- und Hausarbeit abmüht, wenn sie, obwohl auch sie dem Verdienst nachgeht, *dennoch* unbezahlt auch die häuslichen Arbeiten verrichtet, wird das nie als etwas Besonderes angesehen. Man sagt höchstens: *„Dazu sind die Weiber da."* Wie hetzen sie oft mittags nach Hause, wenn sie nicht allzu weit von der Wohnung entfernt arbeiten, nicht um zu essen und zu ruhen, sondern um das Mittagessen für die Familie zu bereiten, während sie selbst sich nicht Zeit nehmen können, in Ruhe ihren Teil zu genießen. Arbeiterin, Hausfrau und Mutter in einem sein, ist eine schwere Bürde. Die Frauen haben nicht nur das Recht, sondern die Pflicht, sich aufzulehnen gegen das Aschenbrödelschicksal, das man ihnen zugewiesen hat. Hat es aber einmal eine besser, so erweckt das in den anderen nicht das Bestreben, sich es ebensogut zu erringen, sondern es wendet sich oft die Mißgunst, die böse Nachrede gegen die glücklicheren Geschlechtsgenossinnen.

[...]

Die Arbeit der Frauen darf nicht dadurch zu einer niedriger bezahlten gemacht werden, daß man sie als *„Frauenarbeit"* qualifiziert und dadurch schon zum Ausdruck bringt, daß sie geringeren Lohn verdient. Es ist nicht wahr, daß die schlechter bezahlte Frau immer geringere Arbeit leistet. Wir sehen ja nach den Berichten der Gewerbeinspektoren, daß die Frauen zu Arbeiten verwendet werden, die das Gesetz für sie verbietet, die *Männerarbeiten* sind; dennoch wird jede Arbeit im Lohn herabgesetzt, sobald sie von Frauen gemacht wird. Die Frauenarbeit muß also höher qualifiziert werden, dann werden auch die Frauen keine Lohndrückerinnen mehr sein. Sollte aber die Arbeit der Frauen dem Unternehmer nicht zusagen, wenn sie nicht billiger ist, dann wird in manchen Berufen die Frau als Konkurrentin verschwinden, und der männliche Arbeiter wird, ungehindert durch die *Schmutzkonkurrenz der Frau*, für seine Arbeit die Bezahlung fordern und durchsetzen können, die es ihm ermöglicht, sich eine Frau und seinen Kindern eine Mutter zu leisten, die nicht eine doppelte Arbeitsbürde schleppen muß; ihre Arbeitsleistung im Haus und in der Familie wird bei *seinem Lohn mitbezahlt* sein müssen.

Da derzeit die Gemeinden nicht die ihnen zufallende Aufgabe erfüllen können, durch *Modernisierung der Arbeiterwohnhäuser* der Frau die *häusliche Arbeit zu erleichtern* oder *ganz abzunehmen*, wie das sozialistische Programm es fordert, da der *Neubau von Genossenschaftshäusern* und *kommunalen Wäschereien* an dem Mangel an Geld scheitert; da Warmwasserleitungen und Zentralheizungen heute nur ein Privilegium ganz reicher Leute sind, muß den Frauen, die doppelte Bürde tragen, auf anderem Wege Erleichterung geschaffen werden. Zeigt sich, daß die Industrie auf die Frauenarbeit nicht verzichten kann, und wir halten dies für das *Wahrscheinlichere*, denn wie sollte man die Frauen, die nach dem Ergebnis der Volkszählung *zu mehr als einem Drittel im Erwerbsleben stehen*, entbehren können? Dann aber muß erkannt werden, daß die für den Produktionsprozeß, für den Handel etc. genau so wie der Mann notwendige Frau auch gleich diesem bezahlt werden muß. Dann wird die verheiratete Arbeiterin sich nicht mehr aufreiben müssen zwischen zwei Berufen, sondern man wird die Reinigung der Wohnung und der Wäsche durch Dritte besorgen lassen können. Auf *die Frauen kommt es an*, daß der Prozeß, der auch ihnen das Recht auf Ruhe, auf Erholung, auf Urlaub sichert, beschleunigt wird.

Die Republik hat den Frauen in der politischen Gleichstellung und in den Arbeiterschutzgesetzen die Waffen gegeben; das *Weitere müssen die Frauen selbst besorgen*. Die sozialdemokratischen Männer werden es an der Unterstützung nicht fehlen lassen, wenn die Frauen einmal entschlossen sind, für eine *neue Auffassung* und eine neue Einschätzung ihrer Stellung als Frau und als Arbeiterin zu kämpfen.

17.3 Ida Foges: Weekend. Eine neue Wiener Sitte

Erstveröffentlicht als Ida Foges: Weekend. Eine neue Wiener Sitte, in: *Neues Wiener Journal*, 23. Oktober 1922, S. 3.

Die Erfindung des Endes der Woche als „Weekend", als eigenständige Phase der Erholung von Samstagnachmittag bis Sonntagabend, hat wesentlichen Anteil an der Modernisierung individueller Lebensstile in den Zwanzigerjahren. Nicht zuletzt durch den Achtstundentag ermöglicht, antwortet das Weekend im Sinne der planmäßigen Gestaltung des wöchentlichen Freiraums auf die gesteigerten Anforderungen sowohl im Betrieb (Stichworte hierzu sind Standardisierung, Normierung und Taylorisierung der Arbeitswelt)[7] als auch im großstädtischen Geistesleben. An die Stelle des traditionellen Verwandtenbesuchs oder des geruhsamen Sonntagsausflugs setzte das „Weekend" eine Vielzahl vorwiegend körperlicher Aktivitäten in der „freien Natur" als bewussten Ausgleich für die Strapazen des Arbeits- und Alltagslebens während der Woche. Zunächst eine Sache der neuen Mittelschichten, deren neues Lebensgefühl Ida Foges (1876–?) schildert, entwickelten sich bald auch proletarische Formen der Weekendkultur, wie etwa der kollektive Badeausflug zu den Gewässern in und um Wien.

Wer erinnert sich nicht aus der Schulzeit des wundervoll angenehmen Gefühls, wenn der Samstagmittag gekommen war: Da lag vor dem glücklichen Kinde ein freier Nachmittag, der doppelt und dreifach als Seligkeit zu werten war, weil ihm ein ganz freier Tag, der Sonntag folgte. Was dieser bedeutete, braucht eigentlich nicht erst gesagt werden, aber alle Sonntagsfreuden, langer Morgenschlaf, Spaziergang, festliches Mittagessen etc. waren eigentlich nichts gegen den Samstagnachmittag. Denn dem schönsten Sonntag folgte unweigerlich ein häßlicher Montag – bekanntlich ein psychologisches Problem, die allgemeine schlechte Montagslaune der Menschheit –, während der einleitende Samstagnachmittag alles Kinderglück in sich schloß. Später dann, im Erwerbsleben, war es meist anders. In vielen Gewerben war gerade der Samstag, als das Wochenende, der Tag, an dem weit über die gewöhnliche Zeit gearbeitet wurde, die Geschäfte blieben länger als sonst offen, die Angestellten kamen später als sonst nach Hause.

Jetzt hat sich das gründlich geändert. Seit das Wochenende Weekend heißt, hat es auch englische Manieren angenommen und gebärdet sich ganz sonntäglich, nur mit dem schönen Unterschied, der uns noch aus der Kinderzeit bekannt ist, der Vor-

---

[7] Frederick Winslow Taylor gilt als Gründer der Organisationslehre rationalisierter Bewegungsabläufe für menschliche Tätigkeiten („Taylorismus").

freude auf die Genüsse des Sonntags. In Wien hat sich der Weekend nahezu allen Berufen und allen Kreisen so vollkommen eingebürgert, daß alle Verhältnisse, alle Gewohnheiten danach eingerichtet werden. Schon annonciert ein Erholungsheim in der Nähe von Wien, dessen Name historischen Klang hat, weil sich alte Schubert-Erinnerungen an ihn knüpfen, daß es „zum Weekend" heizbare, gemütliche Zimmer vergibt und für Stimmung durch Musik und Tanz sorgt. Denn Stimmung gehört dazu, wenn man am Samstagnachmittag, nachdem man die ganze Woche hinter der Schreibmaschine gesessen ist, Krawatten oder Handschuhe verkauft oder das letzte Pariser Modell auf seinen historischen Ursprung, seine sozialpolitischen, psychischen, physischen und erotischen Wirkungen bei jung und alt sorgfältig geprüft hat, um es schließlich für die Frau Bankier X mit einigen sensationellen Abänderungen zu kopieren, Wien verläßt, um irgendwo am Waldesrand in einer hübschen Villa oder einem mehr oder minder eleganten Hotel vom Sonntag zu träumen und sich vor dem Montag zu fürchten.

Aber ich glaube trotzdem, die Ankündigung von Stimmungsmache durch Musik und Tanz ist eigentlich überflüssig. Man möge bloß einmal an einem Samstagnachmittag die Bahnhöfe ansehen, wenn die Züge der Semmeringbahn, die Züge nach Payerbach oder auch bloß die Lokalzüge der Westbahn oder Franz-Josefs-Bahn abgehen. Lauter Weekend-Leute gibt es da, junge Mädchen in Begleitung ihrer männlichen Bekannten, alle lustig und vergnügt, viele, sehr viele junge Ehepaare, die die Woche über beschäftigt sind, sich abends im gemieteten möblierten Zimmer bei Tee und belegten Broten zusammenfinden und im Ueberdruß über diese ihnen von den Verhältnissen aufgezwungene Lebensweise es vorziehen, den Sonntag und natürlich schon den halben Samstag irgendwo „draußen" zu genießen. Wenn sie erst Sonntag fahren würden, müßten sie sehr frühzeitig aufstehen, sie kämen erst vormittags an Ort und Stelle, eine Wolke am Morgenhimmel würde sie vielleicht dazu bestimmen, trotz bester Vorsätze wieder das Bett aufzusuchen. Wenn sie schon Samstag fahren, liegt der Abend vor ihnen, der ungeschmälerte Morgen, der, ist er schön, draußen in der Natur doppelt schön und sonntäglich ist, und der, ist er verregnet, Gelegenheit zum durch keinerlei Rücksichten gestörten Ausschlafen bietet. Unter den Pärchen, die sich als Ehepaare ausgeben, sind gar viele, die man nach dem Trauschein nicht fragen dürfte, viel junges, allzu schäumendes Blut, das sich sein Recht auf den Weekend nach seinem Sinne nicht nehmen läßt. Moralphilister mögen sich bekreuzigen – ja, die Welt ist schlecht. Zu ihrer Zeit, als sie noch jung und schäumenden Blutes waren, saß man zu Hause, lungerte im Kaffeehause herum, spielte Karten und schlich sich abends in dunkle, enge Gäßchen ...

[...]

Vielleicht hatten unsere Voreltern, die jahrelang ohne einen einzigen Tag Urlaub arbeiteten, die nur wenn sie krank und kurbedürftig waren, an eine Sommerreise dachten, dieses Aufatmen jede Woche nicht so nötig. Sie kannten es nicht und wären über die Gestaltung der Dinge gewiß sehr erstaunt und entsetzt. Sie lebten ruhiger, gemächlicher, ihr Leben war trotz Arbeit weniger aufreibend und außerdem, ihr Körper war besser ernährt. Kannten sie den Sonntag um diese Jahreszeit anders als durch einen guten, reichlichen Braten gefeiert, und kennt unsere Generation Backhühner, Gänsebraten oder auch bloß ein Stück reichlichen Schweinebratens? Kennt sie Oberskaffee, Mehlspeisen aus dem Kochbuche der Großmutter, das man von Rechts wegen aus der Welt schaffen sollte, weil es uns nur zeigt, wie tief wir verelendet sind? Der Weekend von heute, zwar eine englische Sitte, hat sich nicht zum wenigsten deshalb bei uns so rasch eingebürgert, weil wir eine Sonntagsfeier nach alter Sitte nicht mehr kennen. Uns und unseren unterernährten Nerven bietet die Natur Ersatz für die Sonntagsgelüste unserer Voreltern.

17.4 Anonym: Nur Zeit! Was mache ich in freien Stunden?

Erstveröffentlicht als Nur Zeit! Was mache ich in freien Stunden?, in: *Arbeiter-Zeitung*, 18. August 1929, S. 19.

Zum zehnten Jahrestag von „Achtstundengesetz" und Arbeiterurlaub rekapituliert die sozialdemokratische Arbeiter-Zeitung eine nur von der freien Zeit und ihrer richtigen Verwendung bewirkte „Kulturrevolution". Wie die von Parteimitgliedern verfassten Beiträge vorführen, kann sich der kulturelle Aufstieg in der Kultivierung des eigenen Gartens niederschlagen, in der Selbstüberwindung beim Sport oder in der Freude an aktiver Kulturproduktion. Als Anleitungen für gelungene Freizeitgestaltung abseits „kulturindustrieller" Angebote lassen die Beiträge aber auch eine Tendenz innerhalb der SDAP zur vorsichtigen Öffnung gegenüber jenen neuen Freizeit- und Konsumpraktiken erkennen, die von der boomenden illustrierten Presse propagiert wurden: So wie der Arbeitersport „überzeugte Sozialisten" auch ohne stundenlange Diskussion erzieht, schließt die Arbeit für das politische Kabarett einen Kinobesuch keineswegs aus.

Freizeit: Zauberwort, das alle Voraussetzungen des kulturellen Aufstiegs der Arbeiterklasse in sich birgt. *Zehn Jahre Achtstundentaggesetz*, zehn Jahre *Arbeiterurlaub* – neu errungene, köstliche Freizeit: zugleich ein Jahrzehnt intensivsten kulturellen Aufstiegs der breiten Volksmassen. Vom dumpfen, qualmigen Wirtshaus zum Kino, vom Kino zum Fußballplatz, von hier zum Theater, zum Buch, in die Berge: alle diese Serpentinenstraßen zur Höhe sind tausende Arbeiter und Angestellte gegangen und gehen sie immer weiter. Und es ist nichts andres als ein bißchen Zeit, das, in den Dienst eines Zweiges des großen proletarischen Befreiungskampfes gestellt, diese *Kulturrevolution*, die Selbstbesinnung auf Menschenwürde bewirkt. *Wie verwenden wir die Freizeit?* – diese Frage, die wir heute von einigen Genossen beantworten lassen, ist das große Problem der proletarischen Kultur, die Frage des Aufstiegs Hunderttausender zum Genuß der kostbarsten menschlichen Güter. Nur Zeit!

Arbeit im Siedlergarten.

Ich bewohne mit meiner Frau und zwei Kindern ein kleines, aber nettes *Siedlerhaus* in der Siedlung *Altmannsdorf-Hetzendorf* mit einem etwa 360 Quadratmeter großen Garten. Dieser Garten macht mir besonders viel Freude, weil er für mich eine wirkliche Stätte der Erholung in meiner freien Zeit ist. Wenn auch die Gartenarbeit im Herbst und im Frühjahr einige Mühe kostet, so lohnt der lange Sommer die Mühe reichlich. Ich beschäftige mich hauptsächlich mit der Blumenkultur und dem Obstbau und benütze den *größten Teil meiner freien Zeit für die Instandhaltung meines Gartens*. Mit besonderer Vorliebe ziehe ich kleine Obstbäume an niederen Drahtgestellen (Kordon); sie tragen reiche Früchte, da sie vor dem Wind gut geschützt sind. Auch das Veredeln der Rosen und das Setzen der verschiedenen Blumensorten in der frischen, sonnigen Luft bereitet mir sehr viel Freude und Erholung. Täglich wird der Garten „inspiziert": da hilft man mit der Schere nach, dort bewundert man eine Blume, die man gesetzt hat.

An heißen Sommertagen baden wir mit den Kindern in einem großen Wasserbecken, das wir im Garten hergerichtet haben. Ein Rasenplatz im Schatten der Obstbäume gewährt Ruhe während des Lesens der Zeitungen. An Sonntagen geht es da besonders lebhaft zu: jeder will zuerst die Arbeiter-Zeitung lesen, nur die Kleine gibt sich mit dem „Kleinen Kinderblatt" und dem Bobby Bär zufrieden.[8] Auch die *Parteiarbeit* vergessen wir nicht in der Siedlung. Sie nimmt *zwei bis drei Abende in der Woche* in Anspruch.

Jede Jahreszeit bringt uns hier neue Freude: der Frühling mit seiner Blütenpracht, der Sommer und Herbst mit seinen Früchten sind Abwechslung in unserem Alltagsleben. In Sonne, Luft und Licht werden wir kräftige und gesunde Menschen!
Franz Haskowetz, Betriebsleiter.
[...]

Sport.

[...]
Als ich in die Lehre ging, hatte ich keinen brennenderen Wunsch, als ein *Fahrrad* zu besitzen. Fahren konnt ich bald – aber nur auf fremden Rädern. Erst als ich frei wurde, konnte ich mir eine eigene Maschine anschaffen. Seither unternahm ich fast jeden Sonntag sehr große Touren. Nach einem Jahre hatte ich es zu einer derartigen Leistungsfähigkeit gebracht, daß ich Lust zum *Rennfahren* bekam. Es gefiel mir schon deshalb so gut, weil es so gewaltige Anforderungen stellt wie kaum ein

---

[8] *Bobby Bärs Abenteuer* war ein Comicstrip im *Kleinen Kinderblatt*, einer Beilage der sozialdemokratischen Tageszeitung *Das Kleine Blatt*.

andrer Sport und weil man dabei nie unmittelbar gegen den Gegner kämpft. Wenn man beim Rennfahren erfolgreich sein will, muß man sich einem sehr anstrengenden und gewissenhaften Training unterwerfen. Ich trainiere jede Woche dreimal.

Manchmal frage ich mich, *ob es nicht schade um die Zeit ist*. Wenn man aber beim Training so allein hinausfährt, nur auf sich selbst angewiesen ist und sich ein bestimmtes Ziel steckt oder wie beim Rennen höchste Aufmerksamkeit mit höchster Anstrengung verbinden muß, dann spürt man, wenn alles vorüber ist, ein solches *Gefühl der Ueberlegenheit und Stärke*, daß man weiß, man hätte nicht viel Besseres machen können.

Sobald die große Saison vorüber ist, widme ich mich neben dem Radfahren wieder mehr der Touristik. Im Winter bin ich natürlich ein begeisterter *Skifahrer*.

Ein Bedürfnis nach Freundschaft habe ich merkwürdigerweise nicht. Dafür habe ich aber eine größere Anzahl lieber *Sportkameraden*, mit denen ich manchmal auch über ernste Dinge spreche. Mit den älteren Genossen haben wir oft unser Kreuz. Auf dem Gebiet des Sports sind sie zuweilen derart unwissend, daß wir uns nur wundern müssen. Wenn sie wüßten, wie viele überzeugte Sozialisten der Arbeitersport schon erzogen hat, ohne daß man stundenlang disputieren muß, würden sie uns schon allmählich anders beurteilen lernen.

Anton Hietzinger, Schuhmacher.

Jetzt beginnt mein Tag ...

Gute Nacht! Welcher Angestellte atmet nicht erleichtert auf, wenn er nach diesen Worten abends die Bude verläßt! Vergessen sind die grauen Räume, das Magazin mit seinen Stellagen, das Büro, das Chefzimmer. Vergessen die Aergernisse und Demütigungen, an denen gerade das Angestelltendasein so reich ist. Ich denke nicht mehr daran: *jetzt beginnt mein Tag.*

Was hat der Chef heute wieder gesagt? Daß ich dumm, unfähig, ungeschickt bin, hat er gesagt? Was liegt daran? Für heute bin ich frei!

Ich werde jetzt nach Hause gehen, die Zeitung lesen, mit meiner Mutter plaudern, werde mich umziehen und dann weggehen, denn heute ist ja Aufführung des *Politischen Kabaretts*! Ich freue mich auf diese Aufführung, wie ich mich auf jede Aufführung des Kabaretts freue. Obwohl ich selbst mitspiele und daher den Inhalt längst kenne, muß ich jedesmal von neuem mit den Genossen mitlachen.

War das eine Hetz' bei den Proben! Jede neue Szene, jedes neue Couplet wurde von den Lachsalven der Schauspieler selbst unterbrochen, fand in uns selbst das dankbarste und begeistertste Publikum. An den Tagen, an denen Proben des Kabaretts stattfinden, erwache ich mit dem Gedanken: Fein, heute abend ... Ist es soweit, dann gehe ich so bald als möglich ins vereinbarte Lokal und die Arbeit kann beginnen. Es gibt gar vieles zu tun und zu erledigen. Es müssen Karten übernommen werden, Einladungen verschickt und Rollen abgeschrieben werden. Die Kostüme sind noch nicht fertig. Neugierig sehen die Girls ihren Bühnenkleidern entgegen. „Mir steht gelb nicht!" schreit hier jemand, während eine andre versichert, daß sie nur in Gelb halbwegs möglich aussehe. „Die Kostüme sind ein Gemisch aus Rokoko und Josefine Baker", jammert die Trude. Der Genosse, der den Würfel „Republik" zusammennagelt, sagt, daß er sich auf den Augenblick freue, in dem sie zusammenbrechen würde. Es sei das nur eine gerechte Strafe für die Exekutive, die kein Geld für einen neuen Hammer bewilligt.

Was man doch in wenigen freien Stunden zuwege bringen kann! Da gelingt es einigen Genossen, sogar eine kleine Bühne zu schaffen, und doch sind alle tagsüber beruflich angehängt.

Das ist aber nicht das einzige, was sich in der Freizeit bewältigen läßt! Zwei- bis dreimal im Monat gehe ich *in meinem Sprengel einkassieren*. Zweimal in der Woche arbeite ich in der Sektion am Kataster und verrechne meine Marken. Auch diese Tätigkeit hat nichts Aufregendes und Romantisches an sich. Freilich, es sind viele Genossen im Sekretariat, die dasselbe tun, und da gibt es immer fröhliches Plaudern.

Samstag gehe ich zur *Chorprobe*, die Mittelschüler, Rote Falken[9] und Jugendliche gemeinsam veranstalten. Da ist es immer sehr fein. Wir singen Kampflieder und Chöre der großen Meister, von Bach, Händel, Mozart und Haydn. Jede Chorprobe ist ein schönes Erlebnis.

Und *Sonntag geht es hinaus*! Im Winter mit den Brettern, im Sommer zu Fuß. Wenn es nicht zu spät wird, gehen wir abends noch ins *Kino* oder ins *Theater*. Vergessen ist der Alltag mit Chef und Berufssorgen, nur die Freude ist übriggeblieben!

Klara *Kaiser*, Angestellte.

[...]

17.5 Ernst Fischer: Arbeitsgesinnung und Sozialismus

Erstveröffentlicht als Ernst Fischer: Arbeitsgesinnung und Sozialismus, in: *Der Kampf. Sozialdemokratische Monatsschrift*, 24. Jg., Nr. 7/8 (Juli/August 1931), S. 369–373.

Auf den Spuren von Paul Lafargues „Recht auf Faulheit"[10] *entwirft Ernst Fischer (1899–1972) eine radikale Kritik am Arbeitsethos des bürgerlichen Zeitalters. Vom Proletariat in seinem Kampf um Anerkennung notgedrungen übernommen, gelte es gegenwärtig, in einer Zeit der Massenarbeitslosigkeit und der Entwertung der Arbeit durch die Technik, die bürgerliche Arbeitsgesinnung durch den „Willen zum Sozialismus" zu überwinden. Aus der Krise neuen revolutionären Elan zu schöpfen und insbe-*

---

9 Die 1925 von Anton Tesarek gegründeten Roten Falken sind eine sozialdemokratische Jugendorganisation für Zwölf- bis 15-Jährige.
10 Paul Lafargue: *Das Recht auf Faulheit. Widerlegung des „Rechts auf Arbeit"*, Hottingen, Zürich: Verlag der Volksbuchhandlungen 1887.

sondere der Parteijugend ein Ziel zu geben, für das es sich zu kämpfen lohnt, mag eines der Anliegen von Fischers Essay gewesen sein. Allerdings teilt seine Utopie von der „Kulturmission des Sozialismus" mit der Parteilinie, deren Festhalten an der „Arbeitsreligion" Fischer wirkungsvoll infrage stellt, ein zentrales Symptom: An die Stelle der politischen Aktion setzt auch Fischer die „Erziehung des Menschen zur Freizeit".

Wenn heute das traditionelle Lied der österreichischen Sozialdemokratie, *das Lied der Arbeit*,[11] gesungen wird, klingt es beinahe wie Hohn gegen hunderttausende Arbeitslose. Der brave Optimismus, der die Arbeit als hohe Braut, als welterhaltendes, weltbewegendes Prinzip feiert, mutet uns heute sonderbar an. Wir sind skeptisch geworden; nicht nur, weil die Arbeit Millionen Menschen verwehrt, Millionen Menschen gleichsam als Gnade zugebilligt wird, sondern auch, weil sie infolge der Technik immer weniger bedeutet, immer weniger geeignet ist, Lebensinhalt zu sein. Die Einschränkung der Arbeitszeit wird von Jahr zu Jahr notwendiger. Daß Millionen Menschen zu viel arbeiten, stürzt Millionen Menschen in dauernde Arbeitslosigkeit. Der Übergang von einer Welt, in der die Arbeit das Maß alles Menschlichen ist, zu einer Welt, in der ein anderer Maßstab gilt, muß gefunden werden.

[...] Heute ist Arbeitslosigkeit untrennbar mit schlechtem Gewissen verknüpft. Der Arbeitslose leidet nicht nur unter der materiellen Not, der er preisgegeben ist, unter der lähmenden Untätigkeit, zu der man ihn verurteilt hat, sondern auch unter tiefen Minderwertigkeitsgefühlen, unter dem unausgesprochenen Vorwurf, es sei eine Schuld und eine Schande, von aller Arbeit ausgeschlossen zu sein. Daß es die Pflicht jedes Menschen sei, zu arbeiten, gilt als selbstverständlich; ja, noch mehr, daß der wahre Wert eines Menschen abhängig sei von der Arbeit, die er vollbringt, ist ein Grundsatz, den man bedingungslos anerkennt. Jeder beeilt sich zu versichern, daß er arbeite und selbst die Nichtstuer haben nicht den Mut, sich zu ihrem Nichtstun zu bekennen; sie täuschen irgendeine Arbeit vor und sei es nur durch eine Aktentasche oder ein anderes Attribut unentwegter Geschäftigkeit. Je mehr ein Mensch zu tun hat, desto höher wird er geschätzt, je mehr ein Mensch von seiner Arbeit absorbiert wird, desto größer ist die Achtung, die ihm von allen zuteil wird, die er sich selber entgegenbringt. Wer von seiner Arbeit kein Aufhebens macht, sondern sie ohne Lärm und Selbstgefälligkeit erledigt, das Hauptgewicht seines Lebens nicht in sie, sondern in andere Interessensphären, in andere Leidenschaften und Liebhabereien verlegend, wird stets auf Mißtrauen, stets auf Ablehnung stoßen. Arbeit ist die *Religion des Jahrhunderts*, eine Religion, die von jedem Europäer, von jedem Amerikaner respektiert wird; das idiotische Wort: „Man arbeitet nicht, um zu leben, man lebt, um zu arbeiten!" erfreut sich tausendfältiger Billigung. Aber die Arbeit wurde nicht immer mit solcher Inbrunst angebetet – sie wird auch nicht im-

---

11 Das *Lied der Arbeit* gilt als eine Hymne der Sozialdemokratischen Partei. Erstmals 1868 öffentlich gesungen, gehört es bis heute zum Repertoire sozialdemokratischer Feiern, etwa am 1. Mai.

mer die oberste Gottheit sein. Die Arbeitsreligion ist *die Weltanschauung des bürgerlichen Zeitalters*. Das Bürgertum fühlte sich durch die Arbeit „geadelt". In der sozialistischen Gesellschaft wird man mit solcher Adelung wenig anfangen können. Da der Sozialismus nicht mehr ein ferner Traum, sondern eine nahe Aufgabe ist, ist es keine müßige Spielerei, die Wandlung der Arbeitsideologie in Europa zu untersuchen.

In jedem aristokratischen Zeitalter galt Arbeit als etwas Minderwertiges; der Freie überließ sie den Unfreien, den Sklaven und Hörigen, den Leuten ohne Rang und ohne Recht. Krieg und Politik, Jagd und Abenteuer waren die Tätigkeit des freien Mannes. Die Tugenden des Arbeitsmenschen, Fleiß, Willigkeit, Brauchbarkeit, wurden gering geachtet; andere Tugenden pflegten die Vornehmen: Tapferkeit, Ritterlichkeit, Höflichkeit, Haltung in allen Situationen. Heute, da die Macht des Adels gebrochen, sein Einfluß so gut wie beseitigt ist, können wir ihm Gerechtigkeit widerfahren lassen; gegen eine Gesellschaftsordnung, die auf Sklaventum, Hörigkeit, Ohnmacht der Namenlosen aufgebaut war, zu polemisieren, hieße gegen Schatten und Schemen schießen. Wir dürfen heute ohne Groll und Vorurteil *das Leistungsprinzip der Adelsgesellschaft* analysieren. Wir werden dabei entdecken, daß Leistung durchaus nicht mit Arbeit in unserem Sinn verknüpft sein muß.

Die Leistung der Adelsgesellschaft war der adelige Mensch. Nicht die Gewinnung von Nahrungsmitteln, die Erzeugung von Gebrauchsgegenständen, die Produktion von Waren, sondern die Züchtung eines untadeligen Menschentyps, *die Verwirklichung einer Idee in Körper, Gebärde und Lebensart der herrschenden Klasse* war das entscheidende. Der herrschenden Klasse anzugehören war, anders als in der kapitalistischen Welt, nicht nur ein hoher *Vorzug*, sondern auch eine strenge *Aufgabe*; nicht von dem, was er *machte*, sondern von dem, was er *war*, wurde der Wert eines Menschen bestimmt. Der Adel diente einem Kollektivideal; nicht die Originalität des einzelnen, sondern die Annäherung aller an den Typus, an den Begriff des adeligen Menschen, war das Ziel der Erziehung. Es wäre ganz falsch, den adeligen „Nichtstuer" dem produktiven Bauern oder Handwerker gegenüberzustellen; das Nichtstun des Adels war Arbeit an der eigenen Zucht und Form, Arbeit, bei der kein Schweiß vergossen, von der kein Aufhebens gemacht wurde – da es zur vornehmen Lebensart gehörte, Anstrengungen zu verbergen und sich niemals gehen zu lassen. Aus der Perspektive der bürgerlichen Arbeitsgesinnung scheint das alles nichtig und nichtsnutzig; denn das Bürgertum hat als Leistung nur anerkannt, was der Mensch an greifbaren Gütern produzierte, was man irgendwie in Geld ausdrücken konnte. Lebensmittel, Gebrauchsgegenstände, Luxusfabrikate, Gebäude, Bücher, Bilder, das alles kann man verkaufen, das alles repräsentiert einen materiellen Wert – die Lebenshaltung, die glänzenden und liebenswürdigen Eigenschaften eines Menschen, seine Schönheit und seine Harmonie sind in einer Bilanz nicht unterzubringen, sind daher zwecklos und überflüssig. Nicht der Mensch ist heute das Maß aller Dinge, sondern an den Dingen, die er produziert, an der Arbeit, die er dafür aufwendet, wird der Mensch gemessen.

[...]
Die Arbeit war der gemeinsame Nenner, das Geld der trennende Zähler dieser neuen Gesellschaftsordnung. Bisher war der soziale Unterschied im Prinzip *qualitativ*, nun wurde er rein *quantitativ*; in die Gemeinschaft des Adels konnte niemand aufgenommen werden, zum Bürgertum gehörte jeder, der genug Geld verdiente. Geld aber drückte das Arbeitsquantum aus; an dieser Fiktion hat die Bourgeoisie festgehalten, diese Legende hat sie unbeirrbar verteidigt. Das Geld war die Macht, die Arbeit aber war das moralische Fundament dieser Macht. Man ist daher noch heute bestrebt, die Kapitalisten als besonders arbeitsam zu schildern, ihrer besonders hochwertigen Arbeit den Gewinn ihrer Unternehmungen zuzuschreiben. [...]

Das Geld ist die kühnste Abstraktion, die jemals über Lebendiges Macht gewonnen hat. Dieses Tauschmittel, dieses Medium, das die verschiedenartigen Dinge zueinander in Beziehung brachte, dieser substanzlose Äther, in den sich alle Arbeitsprodukte verflüchtigen, der sich zu allen Arbeitsprodukten verdichten konnte, hat ein dämonisches Eigenleben angenommen. Da alles sein Geld wert ist, hat alles an eigenem Wert verloren. Da man alles in Geld ausdrücken kann, ist alles prinzipiell gleich wichtig, gleich nichtig geworden. Ob man Kinderwagen oder Kanonenrohre erzeugt, Brot oder Parfüm, Betten oder gefälschte Buddhastatuen, ist gleichgültig; all das wird bezahlt, all das ist Arbeit und als Arbeit der höchsten Achtung wert. Ja, *die Arbeit ist abstrakt wie das Geld*; es genügt, daß ein Mensch arbeitet und an seiner Arbeit verdient – ob diese Arbeit sinnvoll ist oder sinnlos, gilt als irrelevant. „Ich arbeite!" – das kann heißen, ich schreibe ein Buch, ich drehe Schrauben, ich beschäftige mich mit Schiebungen, ich pflüge den Boden oder ich werfe Sand auf einen Haufen und trage den Haufen wieder ab. Ob meine Arbeit ein Dreck ist oder ein Wunderwerk, ob sie der Menschheit schadet oder der Menschheit nützt, ist völlig belanglos; *die Arbeit an sich*, die Zeit, die dafür verwendet, die Kraft, die dafür verbraucht, das Geld, das dabei verdient wird, ist das Positive. Schwitzen, gehetzt sein, nicht zum Atmen kommen, lärmende Maschinerie, ob sie das Nötige produziert oder ob sie leerläuft, Eslein streck dich, bis dir die Zunge heraushängt und das Geld aus den Eingeweiden kollert – das ist das Arbeitsideal der kapitalistischen Gesellschaft.

[...]
Diese europäische „Arbeitsgesinnung" hat sich auch das Proletariat zu eigen gemacht – mit Fug und Recht, solange es in der kapitalistischen Welt um volle Anerkennung ringt. „Unsere Arbeit ist nicht geringer als eure, sie wird nur geringer entlohnt; unsere Arbeit ist wichtiger als eure – wir verlangen daher, daß sie ebenso geachtet, ebenso gewertet werde!" Das war ein selbstverständlicher Anspruch; und daß es gelang, den Arbeiter auf seine Arbeit stolz zu machen, war eine Leistung ersten Ranges. Ja, es war sogar notwendig, die Bedeutung der manuellen Arbeit übermäßig zu betonen, die manuelle als die eigentliche Arbeit zu feiern, da sie schlechter bezahlt und daher mit dem Makel der Minderwertigkeit behaftet war. Der Arbeiter soll und muß in der kapitalistischen Welt auf seine Arbeit pochen, aus seiner

Arbeit das Recht ableiten, nicht schlechter zu leben als der Bürger – aber er möge sich vor einer prinzipiellen Überschätzung der Arbeit hüten! Es spricht gewiß *gegen* einen Menschen, wenn er seine Arbeit nicht tadellos durchführt – aber es spricht noch lange nicht *für* einen Menschen, daß er seiner Arbeit gewachsen ist. Wir werten anders. Wir werten jeden Arbeiter nach seiner sozialistischen Gesinnung und nach der Leistung, die er für den Sozialismus vollbringt. *Nicht die Arbeit, sondern der Sozialismus erhöht das Proletariat über die Bourgeoisie, verleiht ihm weltgeschichtliche Größe; nicht die Arbeitstüchtigkeit, sondern der Wille zum Sozialismus unterscheidet uns von der herrschenden Klasse.*

Der Sozialismus aber ist *eine Weltanschauung und eine Lebenshaltung.* Daß in einer sozialistischen Welt alle Menschen arbeiten werden, ist nicht das Entscheidende; entscheidend ist, daß diese Arbeit einen höheren Sinn haben wird: Dienst an der Gemeinschaft! Entscheidend ist, daß die menschlichen Beziehungen völlig andersgeartet sein werden als heute. Ein Sozialist sein, das bedeutet: einen neuen Menschentypus verwirklichen, eine Idee in Fleisch und Blut übersetzen. Dank der Technik wird die Arbeit immer weniger Zeit beanspruchen; schon jetzt wäre, wenn alle Menschen arbeiten würden, der Achtstundentag nicht zu halten, der Sechsstundentag vollauf genügend – in der sozialistischen Gesellschaft wird also, nach den ersten Jahren gigantischer Wirtschaftsumgestaltung, die Arbeit nicht mehr das Zentralproblem sein. *In der Freizeit wird das Wesentliche geschehen, die Erziehung des Menschen zur Freizeit wird die Kulturmission des Sozialismus sein.* Es wird sich zeigen, daß die Arbeit den Menschen vielfach verdorben hat, daß Millionen Menschen nicht fähig sind, sich planvoll in die Freizeit zu fügen, daß das Gefühl der Verantwortung außerhalb des Berufes, jenseits der Zwangsarbeit, erst geweckt werden muß. Die meisten meinen heute, daß sie das ihre getan haben, wenn sie acht Stunden an der Maschine gestanden oder im Büro gesessen sind, daß sie sich nun ungehemmt gehen lassen dürfen. „Ich arbeite!", sagt der Bürger. „Mehr kann niemand von mir verlangen. In meinem Privatleben darf ich tun, was mir beliebt – soweit es das Strafgesetz nicht verbietet." Diese bürgerliche Disziplinlosigkeit auszumerzen und den Menschen begreiflich zu machen, daß gerade dort, wo bisher die Aufgabe des Lebens geendet hat, im Privatleben, die wahre Aufgabe des Lebens beginnt, wird dem Sozialismus vorbehalten sein.

[...]

So wird der Sozialismus die bürgerliche Arbeitsgesinnung überwinden und das Leistungsprinzip des Adels auf einer höheren und weiteren Ebene wieder lebendig machen. Was in der Adelsgesellschaft das Privileg und die Aufgabe einer kleinen Herrengruppe war, der Dienst an einer Idee menschlicher Vollkommenheit, wird in der sozialistischen Gesellschaft das Recht und die Pflicht *aller* Menschen sein. Galt in der Adelsgesellschaft das *Sein*, in der bürgerlich-kapitalistischen Gesellschaft das *Tun* als Maß aller Werte, so wird in der sozialistischen Gesellschaft das Sein und das Tun zur großen Synthese verschmelzen. *Mit seinem ganzen Tun und seinem gan-*

zen Sein wird der Mensch dem Sozialismus, der Fülle, Freude und Steigerung des Kollektivlebens dienen.

17.6 Marie Jahoda: Die Zeit

Erstveröffentlicht als Die Zeit, in: Österreichische Wirtschaftspsychologische Forschungsstelle (Hg.): *Die Arbeitslosen von Marienthal. Ein soziographischer Versuch über die Wirkungen langdauernder Arbeitslosigkeit; mit einem Anhang zur Geschichte der Soziographie* (= Psychologische Monografien, hg. von Karl Bühler, Bd. 5), Leipzig: S. Hirzel 1933, S. 59–69.

Die auf Anregung von Otto Bauer begonnene und von November 1931 bis Mitte Mai 1932 von einem 17 Personen umfassenden Projektteam unter der Leitung von Paul F. Lazarsfeld (1901–1976) durchgeführte Marienthal-Studie dokumentiert die dramatischen materiellen, sozialen und psychischen Folgen von Massenarbeitslosigkeit in einem Fabrikdorf südöstlich von Wien. Unter anderem stellte die Studie eine im sozialdemokratischen Lager weitverbreitete Vorstellung infrage – nämlich die vom Arbeitslosen als revolutionärem Subjekt. Weil insbesondere die männlichen Arbeitslosen mit der Arbeit auch die „materiellen und moralischen Möglichkeiten" zu sinnvoller Zeitgestaltung verlieren, sind nicht Revolte, sondern Entpolitisierung und Resignation das Resultat von Arbeitslosigkeit. 1933 in Leipzig erstmals veröffentlicht, erlangte die Marienthal-Studie erst nach ihrer Übertragung ins Englische 1971 Weltruhm. (Vgl. Kapitel 4)

Wer weiß, mit welcher Zähigkeit die Arbeiterschaft seit den Anfängen ihrer Organisation um die Verlängerung der Freizeit kämpft, der könnte meinen, daß in allem Elend der Arbeitslosigkeit die unbegrenzte freie Zeit für den Menschen doch ein Gewinn sei. Aber bei näherem Zusehen erweist sich diese Freizeit als tragisches Geschenk. Losgelöst von ihrer Arbeit und ohne Kontakt mit der Außenwelt, haben die Arbeiter die materiellen und moralischen Möglichkeiten eingebüßt, die Zeit zu verwenden. Sie, die sich nicht mehr beeilen müssen, beginnen auch nichts mehr und gleiten allmählich ab aus einer geregelten Existenz ins Ungebundene und Leere. Wenn sie Rückschau halten über einen Abschnitt dieser freien Zeit, dann will ihnen nichts einfallen, was der Mühe wert wäre, erzählt zu werden.

Viele Stunden stehen die Männer auf der Straße herum, einzeln oder in kleinen Gruppen; sie lehnen an der Hauswand, am Brückengeländer. Wenn ein Wagen durch den Ort fährt, drehen sie den Kopf ein wenig; mancher raucht eine Pfeife. Langsame Gespräche werden geführt, für die man unbegrenzt Zeit hat. Nichts mehr muß schnell geschehen, die Menschen haben verlernt, sich zu beeilen.

[...]

Doppelt verläuft die Zeit in Marienthal, anders den Frauen und anders den Männern. Für die letzteren hat die Stundeneinteilung längst ihren Sinn verloren. Aufstehen – Mittagessen – Schlafengehen sind die Orientierungspunkte im Tag, die übriggeblieben sind. Zwischendurch vergeht die Zeit, ohne daß man recht weiß, was geschehen ist. Die Zeitverwendungsbogen zeigen das drastisch. Ein 33jähriger Arbeitsloser schreibt:

6–½7   stehe ich auf,
7–8   wecke ich die Buben auf, da sie in die Schule gehen müssen,
8–9   wenn sie fort sind, gehe ich in den Schuppen, bringe Holz und Wasser herauf,
9–10   wenn ich hinaufkomme, fragt mich immer meine Frau, was sie kochen soll; um dieser Frage zu entgehen, gehe ich in die Au,
10–11   einstweilen wird es Mittag,
11–12   (leer),
12–13   1 Uhr wird gegessen, da die Kinder erst aus der Schule kommen,
13–14   nach dem Essen wird die Zeitung durchgesehen,
14–15   bin ich hinunter gegangen,
15–16   zum Treer [...] gegangen,
16–17   beim Baumfällen im Park zugeschaut, schade um den Park.
17–18   Nach Hause gegangen[,]
18–19   dann nachtmahlten wir, Nudeln in Gries geröstet,
19–20   schlafen gehen [...].

Das Aufwecken der Kinder hat gewiß keine volle Stunde in Anspruch genommen. Der Kaufmann Treer (15–16) ist 3 Minuten vom Wohnort dieses Arbeiters entfernt, und der Weg vom Park nach Hause, den er zwischen 17–18 zurücklegt, ist 300 Schritte lang. Was ist also in der fehlenden Zeit geschehen? [...]

Es ist immer dasselbe: nur an wenige „Ereignisse" erinnert sich der Marienthaler Arbeitslose, wenn er den Bogen ausfüllt. Denn was zwischen den drei Orientierungspunkten Aufstehen – Essen – Schlafengehen liegt, die Pausen, das Nichtstun ist selbst für den Beobachter, sicher für den Arbeitslosen schwer beschreibbar. Er weiß nur: Einstweilen wird es Mittag. Und wenn er versucht, dieses „einstweilen" zu beschreiben, dann entstehen die seltsamen Verzeichnungen in dem Zeitbogen: daß Beschäftigungen, die nicht mehr als 5 Minuten gedauert haben, eine ganze Stunde füllen sollen. Diese Art, die Zeitbogen auszufüllen, beruht keineswegs auf einer geringeren intellektuellen Begabung der Bevölkerung; die viel schwierigere Aufgabe der Führung von Haushaltbüchern wurde gut gelöst. Der Arbeitslose ist einfach nicht mehr imstande, über alles, was er im Laufe des Tages getan hat, Rechenschaft zu geben. Nennen und aufzählen lassen sich außer den Orientierungspunkten nur die wenigen noch sinnerfüllten Handlungen am Tag: Buben waschen, Hasen füttern usw. Alles was sonst geschieht, steht mit der eigenen Existenz nicht mehr in sinnvollem Zusammenhang. Zwischen den wenigen wirklichen Beschäftigungen, dort, wo im Bogen steht: „Einstweilen wird es Mittag" – liegt das *Nichtstun*, der völlige Mangel einer sinnvollen Zeitausfüllung. Alles, was geschieht, geschieht gleichsam unabsichtlich. Irgendeine geringfügige Kleinigkeit bestimmt die Beschäftigung in der nächsten halben Stunde. Sie ist so geringfügig, daß sie kaum ins Bewußtsein tritt, und soll sie nachher berichtet werden, ist sie längst dem Gedächtnis entschwunden. Man hört draußen auf der Straße ein bangloses Geräusch, man tritt hinaus, und schon einen Augenblick später ist das Geräusch vergessen. Aber man steht nun draußen, bis irgendeine andere geringfügige Sinneswahrnehmung wieder ein Stück weiterführt.

[...]

Daß den Arbeitern die Sinnlosigkeit dieser Zeitverwendung bewußt ist, zeigen folgende Bemerkungen, die sich als Zusätze in dem Bogen finden.

„Was soll ein Arbeitsloser denn mit seiner Zeit machen?" Oder ein Hinweis auf früher: „Ich hab früher weniger Zeit für mich gehabt, aber mehr für mich getan." Oder: „Für uns Arbeitslose gibt es ja keine Möglichkeit mehr, sich zu beschäftigen."

Besonders gut verstehen wir dieses „Ich habe früher mehr für mich getan", wenn wir noch einmal den Freizeitbogen jenes Wiener Arbeiters zum Vergleich heranziehen. Das Gefühl, freie Zeit nur in beschränktem Ausmaß zur Verfügung zu haben, treibt zu ihrer überlegten Verwendung; das Gefühl aber, unbegrenzt Zeit zu haben, macht jede Zeiteinteilung überflüssig. Was man vor dem Essen unternehmen möchte, kann ja ebensogut nachher geschehen, oder am Abend; und plötzlich ist der Tag um, ohne daß es geschehen wäre.

[...]

Das alles gilt aber nur für die Männer, denn die Frauen sind nur verdienstlos, nicht arbeitslos im strengsten Wortsinn geworden. Sie haben den Haushalt zu führen, der ihren Tag ausfüllt. Ihre Arbeit ist in einem festen Sinnzusammenhang, mit vielen Orientierungspunkten, Funktionen und Verpflichtungen zur Regelmäßigkeit.

[...]

Der typische Zeitverwendungsbogen einer Frau sieht so aus:

6–7	ankleiden, einheizen, Frühstück herrichten,
7–8	waschen, frisieren, Kinder ankleiden und zur Schule begleiten,
8–9	Geschirr abwaschen und einkaufen gehen,
9–10	Zimmer aufräumen,
10–11	Kochen herrichten,
11–12	fertig kochen und essen,
12–13	Geschirr abwaschen, Küche zusammenräumen,
13–14	Kinder in das Heim begleiten,
14–15	stopfen und nähen,
15–16	stopfen und nähen,
16–17	stopfen und nähen,
17–18	Kinder abholen,
18–19	Nachtma[h]l essen,
19–20	Kinder auskleiden und waschen und schlafen gehen,
20–21	Nähen,

21–22 nähen,
22–23 schlafen gehen.

So ist der Tag für die Frauen von Arbeit erfüllt: Sie kochen und scheuern, sie flicken und versorgen die Kinder, sie rechnen und überlegen und haben nur wenig Muße neben ihrer Hausarbeit, die in dieser Zeit eingeschränkter Unterhaltsmittel doppelt schwierig ist. Man vergleiche damit die oben angeführte Tabelle für die Männer. So grundverschieden ist die Zeitverwendung bei Männern und Frauen, daß man für sie nicht einmal dieselben Kategorien aufstellen konnte.

[...]

Sieht man den Frauen bei ihrer Arbeit zu, dann scheint es kaum begreiflich, daß sie fast all das früher nur nebenbei, nach 8stündiger Fabrikarbeit geleistet haben. Wohl ist die Wirtschaftsführung durch die Beschränkung der Mittel heute ungleich schwieriger und zeitraubender als früher, aber trotzdem war die rein physische Anstrengung ehemals ungleich größer. Das wissen und erzählen die Frauen auch; in fast allen Frauenbiographien wird berichtet, daß man früher bis in die späte Nacht hinein nach der Fabrikarbeit hat wirtschaften müssen. Aber fast in allen Frauenbiographien kommt dann doch der Satz: „Wenn wir nur wieder in die Arbeit könnten." Als rein materieller Wunsch wäre das nicht weiter erstaunlich, aber die Frauen fügen immer wieder hinzu: auch wenn wir vom Geld absehen.

Frau A. (29 Jahre) sagt:

> „Wenn ich wieder in die Fabrik zurück könnte, wäre das mein schönster Tag. Es ist nicht nur wegen dem Geld, aber hier in seinen vier Wänden, so allein, da lebt man ja gar nicht." – Oder Frau R. (28 Jahre): „Jetzt ist die Arbeit leichter, wie in der Fabrikszeit. Damals war ich die halbe Nacht auf und hab für die Wirtschaft gearbeitet, trotzdem war es mir lieber." – Frau M. (32 Jahre): „Früher war es ja herrlich in Marienthal, schon die Fabrik war eine Zerstreuung." – Frau S. (37 Jahre): „Seit dem Stillstand der Fabrik ist das Leben viel schwerer. Man muß sich immer den Kopf zerbrechen, was man kochen soll, das Geld reicht nicht. Man kommt auch nirgens hin, den ganzen Tag ist man eingesperrt." – Frau P. (78 Jahre): „Ich würde gleich wieder webern gehen, wenn's möglich wäre, die Arbeit fehlt mir halt."

Die Frauen wollen also trotz der Mehrbelastung nicht nur aus materiellen Gründen wieder in die Fabrik zurück; die Fabrik hat ihren Lebensraum erweitert und ihnen soziale Kontaktmöglichkeiten gegeben, die sie jetzt entbehren. Ein Zeitzerfall aber, wie wir ihn bei den Männern gefunden haben, läßt sich bei den Frauen nicht nachweisen.

Auf eine Veränderung im größeren Zeitrhythmus stoßen wir, wenn wir zum Schluß noch einmal den Ort als Ganzes ins Auge fassen. Sonn- und Feiertage haben viel von ihrer Bedeutung verloren; der Bibliothekar berichtet z. B., daß die Entlehnungen, die wie überall so auch in Marienthal an Sonn- und Feiertagen besonders stark waren, heute diese periodische Steigerung kaum mehr aufweisen. In wirtschaftlicher Beziehung hat die Funktion von Wochen- und Monatsende der 14tägig wiederkehrende Auszahlungstermin der Unterstützungen übernommen. Nur von den Schulkindern geht noch ein größeres Festhalten an der Wocheneinteilung aus, das sich zum Teil auch auf die Familie überträgt. Stärker tritt jetzt auch der Wechsel der Jahreszeiten in Erscheinung: Der Ausfall von Beleuchtung und Heizung, die Erleichterung durch den Ertrag des Schrebergartens und die Möglichkeit landwirtschaftlicher Hilfsarbeit bekommen ein Gewicht, das sie im Haushalt des Industriearbeiters nicht zu haben pflegen.

So zeigt sich im Gesamtverlauf wie im kleinen, daß die Marienthaler zu einem primitiveren, undifferenzierteren Zeiterlebnis zurückgekehrt sind: Es werden nicht die neuen Verhältnisse in das gewohnte Zeitschema eingeordnet, sondern es beginnt der ärmer gewordenen Ereignis- und Anforderungswelt allmählich eine ärmere Zeitordnung zu entsprechen.

Collage von F. Fröschl für das Cover der mehrsprachig auf Deutsch, Französisch, Tschechisch und Esperanto erschienenen Broschüre *2. Arbeiter-Olympiade in Bild und Wort*, Wien 1931. (VGA)

18 Sport und Körperkultur
Georg Spitaler

Einleitung

Die Anfänge des Arbeitersports reichen mit der Gründung von Arbeiterturnvereinen, Radfahrvereinen oder des Tourismusklubs Naturfreunde bis vor 1900 zurück. Erst nach 1918 wurde der Sport jedoch als wichtige Säule der sozialdemokratischen Bewegung verstanden. Im Roten Wien sollte der ‚neue Mensch' kulturell geprägt werden, zu dieser Prägung zählte nun auch die Bewegungskultur. Ihren Höhepunkt fanden solche Konzepte in der 2. Arbeiterolympiade 1931, die mit einer Synthese aus kollektiven Sport- und Feierelementen (u. a. einem „Massenfestspiel" zur Heldengeschichte des Proletariats) zehntausende Teilnehmer und Teilnehmerinnen in Wien versammelte. Wichtiger Schauplatz war das neu eröffnete Praterstadion, das mit seiner verglasten Sichtbetonfassade und der demokratischen Anordnung der Tribünen, die ohne soziale Segmentierung aufgebaut waren, zu einem Landmark fortschrittlicher Massenarchitektur wurde.

Die Sozialdemokratische Arbeiterpartei (SDAP) musste jedoch mit dem Erfolg der kommerziell organisierten Massen- und Popularkultur des Sports konkurrieren. Das betrifft v. a. den Aufschwung des Zuschauersports nach dem Ersten Weltkrieg, nicht zuletzt des Fußballs. So beschrieb der bekannte Sportfeuilletonist Emil Reich (1884–1944) Wien 1924 als die „Fußballstadt Europas". Keine andere Metropole auf dem europäischen Festland verfüge über eine größere Anzahl an Fußballklubs und höhere Zuschauerzahlen, nirgends sei das allgemeine Interesse an den Spielen höher. „In dieser Beziehung hat Wien allen europäischen Städten den Rang abgelaufen, mag man das nun als einen Vorteil oder einen Nachteil betrachten."[1] Eigene Sportzeitungen und Zeitschriften boomten, auch Intellektuelle begeisterten sich für das populäre Vergnügen. Der Sport diente als Bühne für Männlichkeits- und (neue) Weiblichkeitsmodelle, Identitätspolitik und lokale Identifikation, wobei neben „unpolitischen" Vereinen des bürgerlichen Sports und Vereinen des Arbeitersports auch solche anderer politischer und konfessioneller Bewegungskulturen existierten, etwa die deutschnationalen Turner und alpinen Vereinigungen oder zionistische Vereine wie der SC Hakoah.

Die Sozialdemokratie entwickelte ein zwiespältiges Verhältnis zum Sport, der als moderne Unterhaltungskultur die emanzipatorische Kraft unterlief, die dem Arbeitersport zugeschrieben wurde. Das betraf nicht zuletzt die Anziehung des Zuschauersports auf die Arbeiterjugend, die er vom politischen Kampf ablenke. So sprach Otto Bauer davon, dass die Masse der Jugendlichen „das bißchen mehr

---

[1] Emil Reich: Die Fußballstadt Europas, in: *Neues Wiener Journal*, 15. November 1924, S. 17.

Recht und bißchen mehr Zeit" statt für Politik „nur zum Besuch von Fußballwettspielen und Kinos" nütze.[2] Die Jugendlichen gewinne die Partei daher nur, wenn es ihr gelinge, „ihnen die Freude [zu] erwecken an größerem, gewaltigerem Wettkampf, wir wollen ihr Interesse dafür erwecken, was am Ende noch interessanter ist als das, ob ‚Rapid' die ‚Amateure' schlägt,[3] dafür, ob die Arbeiterklasse oder die Kapitalistenklasse in dem Match der Geschichte den Cup erobert!"[4]

Kernpunkte der Auseinandersetzung waren u. a. die Verbindung von Sport und Kapitalismus und die Rolle des Sports im Verhältnis von Arbeit und Freizeit. So galt etwa der 1924 eingeführte Profifußball als ungeliebte „Sportartistik", die dem Geist des sozialdemokratischen Sports widerspreche. Dieser, so der Parteijournalist Jacques Hannak, fände sich dagegen „auf dem Krautacker, wo ein paar bloßfüßige Buben sich um einen Fetzenball balgen, auf einer Wiese, wo Ausflügler fröhliche Übungen im Springen und Laufen austragen, in einem Schwimmbassin, [...] dort wird Sport getrieben, dort ist seine wahre Heimat, bei den Namenlosen, bei den Dilettanten."[5] Im Profisport hingegen würde die Freizeit wieder zur kapitalistisch organisierten Arbeit. Kommerzielle Sportveranstaltungen wurden daher durch die städtische Lustbarkeitsabgabe besteuert.

Während die neue Sportkultur ähnlich wie in der Weimarer Republik einerseits als Beispiel einer Modernität amerikanischen Typs, der Sportler als Menschentyp des Industriezeitalters verstanden werden konnte, wurde andererseits in bürgerlichen wie sozialdemokratischen Diskursen die Rolle der ‚Körperkultur' als Mittel gegen die Entfremdung von der Natur in der modernen Zivilisation beschworen.

Die Sportkonzepte des Roten Wien waren explizit politisch, was sie von vielen anderen Definitionen des Sports unterscheidet. Körperlichem Training wurde außerdem eine wichtige Rolle für die Selbstverteidigung und zur Vorbereitung auf einen allfälligen bewaffneten Kampf zugeschrieben. Einer der bedeutendsten Vertreter solcher Standpunkte war der SDAP-Politiker und Sportfunktionär Julius Deutsch. Als Leiter des Republikanischen Schutzbundes und des Arbeiterbunds für Sport und Körperkultur in Österreich (ASKÖ) gehörte er auch zu den Befürwortern eines militärisch organisierten Sports und förderte die Aufstellung von Wehrturner-Verbänden als Verteidigungskräften gegen die Gefahr des europäischen Faschismus.[6]

---

2 Otto Bauer: *Die Arbeiterjugend und die Weltlage des Sozialismus. Rede, gehalten auf der Jahreskonferenz des Kreises Wien des Verbandes der sozialistischen Arbeiterjugend am 2. März 1924*, Sozialistische Jugendbücherei Nr. 1, Wien: Verband der Sozialistischen Arbeiterjugend [1924], S. 25.
3 Der Sportklub Rapid und der Wiener Amateur-Sportverein (später FK Austria) gehörten zu den bekanntesten Fußballklubs Wiens.
4 Bauer, Arbeiterjugend, S. 26.
5 Jacques Hannak: Sport und Kunst, in: *Kunst und Volk: Mitteilungen des Vereins „Sozialdemokratische Kunststelle"*, 2. Jg., Nr. 7 (Oktober 1927), S. 2–3.
6 Vgl. Julius Deutsch: Sport und Wehrhaftigkeit, in: *Erstes österreichisches Arbeiter-Turn- und Sportfest Wien*, Nr. 2 (Juli 1926), S. 1.

Literatur

Hachleitner, Marschik, Spitaler 2018.
Horak, Maderthaner 1997.
Krammer 1981.
Kuhn 2017.
Marschik 1994.
Rásky 1992.

18.1 Willy Meisl: Der Sport am Scheidewege

Erstveröffentlicht als Willy Meisl: *Der Sport am Scheidewege*, Heidelberg: Iris Verlag 1928, S. 19–22.

In dem hier abgedruckten Ausschnitt eines umfangreichen Essays beschreibt Willy Meisl (1895–1968) den Boom der Massenkultur des Sports als „Zeitphänomen" nach den Schrecken des Weltkriegs. Meisl, Bruder des Fußball-„Wunderteam"-Verbandskapitäns Hugo Meisl,[7] betätigte sich als junger Mann als Allroundsportler, Funktionär und Trainer, er war erfolgreicher Fußballtormann und Wasserballer des Wiener Amateur-Sportvereins. Bereits kurz nach dem Ersten Weltkrieg begann er eine Karriere als Journalist, 1924 ging er nach Berlin, wo er u. a. das Sportressort der Vossischen Zeitung *leitete. Der von Meisl verfasste Band* Der Sport am Scheidewege *(1928), der neben seinem eigenen Text auch Beiträge von Egon Erwin Kisch, Frank Thiess, Arnold Bronnen, Bert Brecht, Heinz Landmann und Carl Diem enthält, gilt als Beispiel einer Diskussion des Sports aus dem Geist der Neuen Sachlichkeit. Im Kontext des Roten Wien steht Meisl auch für den intellektuellen Austausch zwischen Wien und Berlin.*

Ein Problem unserer Zeit

[...]

Kann es denn Zufall sein, daß gerade unsere Epoche, gerade die kurze, noch nicht einmal vollendete Nachkriegsdekade diese springflutartige Ausbreitung der Sportbewegung mit sich brachte? Ich glaube nicht an solchen Zufall. Unsere Zeit der Zivilisation hat ein Loch, hat mehrere Löcher und die sollen verstopft oder wenigstens verkleistert werden. Vielleicht ist der Sport ein solches Bindemittel, ein Medikament, den kulturellen Durchfall dieser Epoche einigermaßen zu stopfen, viel-

---

[7] Als „Wunderteam" wird jene Auswahl des Österreichischen Fußball-Bunds bezeichnet, die von 1931 bis 1933 zahlreiche Erfolge in internationalen Begegnungen feierte und zwölf Spiele ungeschlagen blieb.

leicht soll er die Heilung durch das Gegenteil bewirken. Wir wollen den Fall einmal näher betrachten.

Von vornherein dürfen wir wohl behaupten, daß der Sport ein Produkt seiner Zeit ist und nicht diese das seine. Freilich, wer ergründet die Beziehung zwischen Schöpfer und Geschaffenem, zwischen Vater und Kind, Künstler und Werk? Ist nicht sogar Gott des Menschen Ebenbild geworden? Der Sport wuchs aus unserer Zeit. Schon vor Jahrzehnten hatte er Wurzel zu schlagen angefangen. Alles, was in den Menschen natur- und wirklich kulturnahe war, strebte weg von den wuchernden Städten. Das Erwerbsleben zwang in sie hinein und zwischen Streben und Zwang schuf sich ein kleines Kompromiß, Betätigung um der Betätigung selbst willen, Leibesübung als kleine Andacht für das uns nächste Naturstück, unseren Körper. Dann kam der Krieg. Viele, die jahrelang in Stuben, Lazaretten oder Schützengräben gelegen hatten, viele, die der Druck der Kriegsjahre weniger vertieft als platt geschlagen hatte, sie erkannten vielleicht zum ersten Male, wie schön die Sonne schien, sie spürten im krassen Kontraste besonders kräftig, was Luft und Leben, Wasser und Sichbewegen bedeutet, bedeuten kann, sie fühlten: Freiheit.

Möglich, daß der Pendel so lange gehemmt und gewaltsam zurückgehalten, so lange durch Bildung, die sich Kultur dünkte, gebremst, durch falsche Scham und dumme Einbildung gedrosselt, daß dieser Pendel nun mit einem Male gelöst, weiter ausschlägt als ihm im Rhythmus geregelten Gesamtgeschehens zukäme. Aber wo schlägt dieser Rhythmus? Auf welchem Gebiete unseres Lebens herrscht der Takt? Der Sport-Pendel wird sich schon einschwingen. Jeder Reaktion muß die Aktion folgen, wie der Aktion die Reaktion. Die Negierung des Leibes, die Hypertrophie des Geistes und was sich so nannte, der Terror der Bildungsbesessenen mußte zu einem Aufstand des Unterdrückten führen. Mit Recht könnte eine moderne Abwandlung der alten Sage vom mons sacer[8] erzählen, der Körper habe seinen Führern Geist und Seele erklärt, er sei mit ihren Leistungen nicht länger zufrieden, er mache sich selbständig und werde von ihnen nur übernehmen, was ihm nötig und nützlich schiene.

Mit solchen Bildern und Behauptungen scheine ich jene zu unterstützen, die für Vergangenes kämpfen, und es könnte fast so aussehen, als ob ich Herrn Stresemann assistieren wollte, der vor kurzem eine scharfe Absage an die „Bizeps-Kultur" veröffentlichte, die die frühere Vorherrschaft der Geistesaristokratie völlig verdränge.[9] Schon damals erlaubte ich mir die Frage zu stellen, wann und wo denn früher die Geistesaristokratie geherrscht habe, die der überentwickelte Bizeps in jäher Schwel-

---

[8] Laut antiker Geschichtsschreibung verließen die römischen Plebejer 494 v. Chr. die Stadt und zogen auf diesen Berg, um in ihrem Konflikt mit den Patriziern politische Rechte einzufordern.
[9] Rede des deutschen Außenministers und ehemaligen Reichskanzlers Gustav Stresemann auf dem Parteitag der Deutschen Volkspartei (DVP) in Köln, 2. Oktober 1926.

lung vom Throne geschleudert haben soll.[10] Aber nehmen wir selbst an, daß früher Geisteskultur und Geistesaristokratie geherrscht oder eine mehr führende Rolle gespielt haben, als heutzutage. Wenn diese Hegemonie die Welt dorthin gebracht hat, wohin sie gekommen ist – als es noch keine oder doch kaum eine Körperkultur gab – dann dürfen wir es doch wohl einmal mit dieser Variante versuchen. Viel schlechter kann es der Menschheit und ihren geistigen Idealen dabei auch nicht mehr ergehen.

Der Krieg – wagt angesichts dieses Wortes noch jemand von Geistesaristokratie und Kultur zu sprechen? – der Krieg war geschlossen und der Frieden ausgebrochen. Viele Millionen Menschen kamen aus einem Elend ins andere, standen Schlange um Brot, froren in Finsternis, hungerten. Sie waren frei und fühlten sich fast auch vogelfrei. Sie hatten gelernt, wie leicht das Leben wiege, sie hatten gefühlt, daß es gelebt sein will. Ein dumpf empfundener Druck trieb sie, sie kamen vom Tode und suchten das Leben, sie versuchten das Abenteuer, denn die bekannten Bahnen boten für sie keinen Weg.

Dasselbe Abenteuer suchten von der anderen Seite diejenigen, die nun hatten, was sie nie gehabt, die zum Teile gewonnen hatten, was die Masse verloren – Geld, und bald auch die Gewohnheit, es auszugeben. Beiden bot sich fast die gleiche Gelegenheit ihr Teilchen Erleben zu finden, wenn sie teilnahmen an der Sensation, die andere schufen.

Der Leib war der Schlager der Stunde. Sport war im Kommen. Die Kommerznase des Jahrzehnts witterte die Konjunktur, die die Kulturnase jahrzehntelang instinktlos ungerochen gelassen hatte. Man bot Sport an, Sport wurde gefragt, man lieferte Sport. Es kam der große boxing-boom, ein „Baum", der goldene Früchte trug, obwohl seine Wurzeln bald angefault, seine Gärtner bald Böcke waren. Sechstagerennen florierten. Aber um diese circenses herum wuchs auch die Wiese sportlichen Alltags. Sportplatz auf Sportplatz, Verein auf Verein, Freistunde auf Freistunde stellte sich ein, schließlich entdeckte man gar eine neue Welt – das Wochenende.

Der Sport und alle seine vielen Spielarten war eine Macht geworden. Die Konjunktur hatte ihn hochgebracht, aber auch als sie abebbte schwamm er weiter obenauf. Er war eine der wenigen Erscheinungen, die den großen Kladderadatsch fast unbeschadet überlebten, und heute steht er größer und gesünder da als damals. Sehen wir ihn uns einmal an, den neuen Gargantua, woran er wuchs, woran er leidet und weshalb er andere leiden macht. Ist er es wirklich, der uns der Segnungen der Kultur berauben will, der die Theater leer und die Bücher ungelesen macht, die Jugend entfesselt und von allem Lernen fernhält, die Männer verlockt und jetzt auch schon die Frauen verführt?

---

10 Willy Meisl: Was die Woche brachte, in: *Vossische Zeitung*, 1. Februar 1927, S. 9–10.

18.2 Stephanie Endres: Rhythmus und Proletariat

Erstveröffentlicht als Stephanie Endres: Rhythmus und Proletariat, in: *Oesterreichische Arbeiter-Turn- und Sport-Zeitung*, 7. Jg., Nr. 9 (Mai 1930), S. 66–67.

In ihrem Aufsatz Rhythmus und Proletariat *setzt die sozialdemokratische Pädagogin Stephanie (Steffi) Endres (1891–1974) dem mit Amerika assoziierten Taylorismus ein europäisches Modell entgegen, das durch eine neue Körperkultur eine Heilung der kapitalistischen Deformation des Proletariats verspricht. Individualität und Natur werden zu Gegenbegriffen eines „technisch artifiziellen" Rhythmus der Arbeitswelt erklärt und sollen eine menschengerechte Entfaltung des Körpers ermöglichen. Notwendig dafür ist eine neue Erziehung, die die Bewegungskultur miteinschließt und die Jugend – etwa im Turnen – durch die „Übung im individuellen Rhythmus" anleitet. Neben ihrer Tätigkeit im Arbeiterbund für Sport und Körperkultur in Österreich (ASKÖ) war Endres in verschiedene intellektuelle Netzwerke im Umfeld des Roten Wien eingebunden: Als reformpädagogische Lehrerin war sie u. a. in der Schwarzwaldschule und der Schönbrunner Schule tätig. Sie war im laizistischen Freidenkerbund und dem Verein Ernst Mach (vgl. Kapitel 5) aktiv und Autorin zahlreicher Kurse, (Radio-)Vorträge und Texte zur Körpererziehung von Kindern und zu feministischer Körperkultur.*

Man turnt nur anfängerhaft um des Körpers willen; wer weiter kommt, sucht die Seele, noch eine Stufe höher das Leben. F. Giese.

Ein Menschenheer strömt des Morgens zur Arbeitsstelle. Da beginnt das Pochen der Hämmer, das Brummen der Transformatoren, das Klingeln der Telephone, das Schlagen, das Surren, das Sausen; Tempo, Maschinentakt, Motorenrhythmus, alles tote Dinge! Und in diesen [sic] Lärmrhythmus des Jahrtausends der kollektiven Arbeit steht der Proletarier, der Mensch mit eigenem Herzschlag, mit eigenem Puls, mit eigenem Rhythmus. Aber er wird von der Motorik der Maschinen gefesselt, zum Hörigen, zum Sklaven gemacht.

Wenn das Altertum das physisch rechtlose Sklaventum geboren hat, das Mittelalter das geistige Sklaventum entstehen ließ, so zeitigte die Gegenwart das rhythmische Sklaventum. Wir wähnen uns frei, weil uns die Staatsverfassung, die Demokratie, physische und geistige Freiheit gebracht hat und doch sind wir im Grunde unserer Seele die echtesten Sklaven, Sklaven der Maschinen.

[...] Wie es der Takt der Maschine verlangt, so muß der Proletarier sein Bein auf den Hebel aufsetzen und abziehen, seinen Arm heben und senken. Ein Eingriff in die Natur mit folgenschwersten Wirkungen.

Abgesehen von den bekannten Proletarierkrankheiten wie Tuberkulose, Skrophulose usw., die ihre Ursachen in den schlecht gelüfteten, stauberfüllten Fabriksräumen haben, bringt Maschinenarbeit den Menschen um jede Individualität.

Aber auch der geistige Arbeiter hat infolge einseitiger Wissensbildung, hastenden Geschäftsgeistes und Mechanisierung des ganzen Lebens an seiner Gesundheit stark Schaden genommen.

So hat der Sozialismus daher nicht allein den Kampf gegen die wirtschaftliche Ausbeutung der arbeitenden Menschen zu führen, sondern ihn auch gegen die körperlich-rhythmische Versklavung des Proletariats, gegen seinen sicheren Untergang im Großstadtlärm aufzunehmen.

Wie und wo hat der Kampf einzusetzen? Es liegen uns bereits zwei Versuche vor.

Es wurde zuerst von Bücher hingewiesen, daß zwischen Arbeit und Rhythmus ein gewisser Zusammenhang bestehe.[11] Arbeit wird unterstützt durch rhythmische Zurufe und rhythmisch ausgeführte Bewegungen. So rufen beim Verladen die Arbeiter hoi-hoi, beim Heben he-hopp einander zu. Diese primitivsten rhythmischen Arbeitsformen sind nun bewußt in den Maschinensaal übertragen worden.

Die neuzeitlichen Fabriken kennen nur noch die Fließarbeit als das kommende Ziel. Der Amerikaner Taylor hat dieses Prinzip – Arbeit wird durch Rhythmus unterstützt – wissenschaftlich ausgewertet in seinem bekannten Taylor-System. [...]

Und ganz Amerika, seine ganze Kultur, steht im Zeichen dieses neuen „technisch artifiziellen" Rhythmus. „Modernste Arbeitsgriffe", wie die Unfallverhütung, operieren mit der Erziehung zu diesem neuen Rhythmus. So werden die Schaffenden darauf gedrillt, in Takteinheiten zu heben, abzuladen, auszuweichen usw.: um Unfälle zurückzuschrauben, um das Einzeltempo einem Gesamtzeitmaß, um die Individualkraft der Mengenleistung einzuordnen. Industrie, Technik, Wirtschaft, Handel, Verkehr und Großstadt sind die Riesen unserer Zeit, die den einzelnen und die Mengen in ihre Kräfte einspannen und so den Großstadtrhythmus entstehen ließen.

Und nun der große Unterschied zwischen Amerika und Europa. Während Amerika vor allem die Zweckmäßigkeit durch biologische Anpassung und Auswertung zum System erhob und daher einen kürzeren Weg zum Dollar, aber nicht den kürzeren zur wahren Befreiung des Proletariats fand, ging Europa einen anderen Weg. Es vergaß bei allem unentbehrlichen Zweckrealismus nicht den Menschen, den Menschen als lebendiges, aus innerer Gesetzlichkeit wirkendes, rhythmisches Wesen. Europa und die Arbeiterschaft Europas suchen jene lebensvolle Einfühlung in das Weltall, in den Lauf von Puls, Atem, Blut und Herzschlag. Anpassung an die Natur. Europas Arbeiterschaft sucht nach der Befreiung des arbeitenden Volkes aus dem lebenzerstörenden Zwang der Maschine. Nicht als ob es sich darum handelte, die Maschine zu zertrümmern und zum ehrwürdigen Handwerk zurückzukehren. Das wäre weltfremde Romantik und schon unmöglich mit Rücksicht auf die Lebenserfordernisse unserer Zeit. Worauf es ankommt, ist, die Arbeit an der Maschine un-

---

11 Vgl. Karl Bücher: *Arbeit und Rhythmus*, Leipzig: B. G. Teubner 1899 (6., verb. und erw. Aufl. Leipzig: Emmanuel Reinicke 1924).

serem rhythmischen Lebensablauf anzupassen, aus einem Sklaven der Maschine zum Beherrscher der Maschine zu werden. Den ununterbrochenen Arbeitslauf der Maschine dem menschlichen Rhythmus von Spannung und Entspannung unterzuordnen, ist nicht so leicht, aber die Zeit und der Mensch selbst fordern es und zeigen uns den Weg.

Die Natur im Menschen wehrt sich instinktiv gegen die Verkümmerung des Lebens. Die neue Generation, geboren im Großstadtlärm, gewöhnt an das Klingeln der Straßenbahn, die sie aufdringlich einladet – denn die Werkstätte ist weit und es drängt die Zeit –, sie zu benutzen, anstatt die eigenen Beine zu bewegen, gewöhnt an das Hupen der Automobile, gewöhnt an das Atmen in schlechter Luft, diese neue Generation flieht des Sonntags die Mauern der Großstadt und sucht in ungebundenem Wanderleben ein Heilmittel gegen Großstadtluft.

Diese neue Generation hat aber auch erkannt, daß körperliche Gesundheit die unentbehrliche Grundlage für alle geistige Kultur ist. Darum fängt die Schule an, der körperlichen Erziehung größere Wichtigkeit beizulegen.

Diese neue Generation verlangt auch Schaffung gesunder Daseinsbedingungen für alle Volksgenossen, um der Allgemeinheit ein Leben in Gesundheit und Natürlichkeit zu ermöglichen.

Aber noch hält die Macht der Gewohnheit vieles mit starker Faust in ihrem Bann. Der Wille zu neuer Leibhaftigkeit, das tiefere Verständnis für Menschenwert und die Aufgaben der Erziehung werden durch althergebrachte Anschauungen stark geschwächt und beeinflußt.

Will das Proletariat aber gesunden, dann muß es den Kampf aufnehmen, dem lang versklavten Menschenleib die Fesseln zu nehmen. Nur eine neue Erziehung, eine neue Schule kann Befreiung bringen. Neben der geistigen Ausbildung hat auch eine körperliche zu erfolgen, und zwar so, daß der Körper in seiner natürlichen biologischen Funktion gekräftigt und entwickelt wird und er gleichzeitig für die Erfüllung zweckhafter Leistungen bereitgemacht und gestählt wird, jedoch so, daß bei größtmöglicher Arbeitsleistung niemals der natürliche Lebensrhythmus vergewaltigt wird.

Das Turnen braucht daher eine Neubeseelung durch ein stärkeres Gefühl für das, was dem menschlichen Körper Kraft und Form zugleich verleiht: für den rhythmischen Ablauf aller Bewegung. Automatische Bewegungen nach Kommando der Musik (im letzteren Falle tatsächlich als „rhythmische Gymnastik" bezeichnet!), verkrampfte Bewegungen an Reck und Barren, schwitzende, atemlose, bleiche oder von plötzlichem Blutandrang gerötete Gestalten mit hervorquellenden Adern und krampfhaft gespannten Sehnen, fördern sie das rhythmische Gefühl des Proletariers, das er braucht zu seiner Gesundung?

Ebenso muß auch im Sport der Höchstleistungsgedanke, der gefährliche Feind gesunder Körperentwicklung, der rhythmischen Körperbildung weichen.

Was das Proletariat zur Erhaltung seiner Gesundheit, seiner Lebensfreude braucht, ist die stetige Uebung im individuellen Rhythmus. In der Kollektivität des wirtschaftlichen Sozialismus darf die Individualität des Gesinnungssozialismus nicht untergehen, denn letzteres ist notwendig, um die arbeitende Klasse zum Kulturträger zu machen.

Im Proletariat muß der Rhythmus zum Leben erwachen, zum Leben, das die Arbeit braucht. Nur so wird aus einem Diener des Lebens ein geistig, körperlich und seelisch freier Mensch.

18.3 Julius Deutsch: Sport und Politik

Erstveröffentlicht als Julius Deutsch: *Sport und Politik. Im Auftrage der Sozialistischen Arbeiter-Sport-Internationale*, Berlin: Verlag J. H. W. Dietz Nachfolger 1928, S. 20–31.

Ein Ausschnitt aus dem Kapitel „Gibt es einen neutralen Sport?" aus Julius Deutschs (1884–1968) einflussreichem Buch gibt einen guten Überblick über die explizit politischen Sportkonzepte des Roten Wien[12] – und bietet eine polemische Abrechnung mit konkurrierenden bürgerlichen Modellen der Sport- und Bewegungskultur. Neben seinen anderen politischen Funktionen in der SDAP war Deutsch ein führender Arbeitersportfunktionär. 1926 übernahm er als Obmann des Republikanischen Schutzbundes den Vorsitz des Arbeiterbunds für Sport und Körperkultur in Österreich (ASKÖ), im Jahr darauf wurde er zu einem Präsidenten der Sozialistischen Arbeiter-Sport-Internationale (SASI) gewählt. Deutsch spielte durch seine theoretischen Texte sowie als Mitorganisator des Arbeiter- Turn- und Sportfestes 1926 und v. a. der 2. Arbeiterolympiade 1931 eine zentrale Rolle im europäischen Arbeitersport.

IV. Gibt es einen neutralen Sport?

Unter den vielen Hunderten bürgerlicher Zeitungen, die jahraus und jahrein über den Sport schreiben, wird es wohl nur ganz wenige geben, die nicht mit dem Brusttone der Ueberzeugung versicherten, daß es ihnen gar nicht einfalle, auch auf diesem Gebiete „Politik" zu treiben. Nein, der Sport, so wird uns immer wieder versichert, sei eine rein menschliche Angelegenheit, die mit den Gegensätzen der Klassen und Parteien nichts, aber schon gar nichts zu tun habe. Nur die unentwegten Klassenkämpfer auf der proletarischen Seite seien es, die auch in das harmlose Treiben des Sports ihre Brandfackeln schleudern und so den Frieden gewalttätig stören. ... Es scheint, als ob die Heuchelei zum unentbehrlichen Rüstzeug der Diskussion über den Sport gehörte, denn sonst würde man nicht immer wieder diesem Versuche begegnen, die Tatsachen zu verschleiern.

---

12 Teile überarbeitet erschienen in: Julius Deutsch: *Unter roten Fahnen! Vom Rekord- zum Massensport*, Wien: Verlag der Organisation Wien der Sozialdemokratischen Partei 1931.

Betrachten wir einmal das, was man uns als neutralen Sport zu präsentieren sucht, was wir aber viel einfacher und klarer als *bürgerlichen Sport* bezeichnen:

In seiner Reinkultur zeigt er sich bei den großen, prunkvollen Veranstaltungen, die die Sensationslust veranstaltet. Da werden Wochen vorher die Reklametrommeln gerührt, bis zehntausende Menschen am Tage des Ereignisses zusammenströmen. Die sehen dann voll fieberhafter und mit allem Raffinement künstlich aufgestachelter Leidenschaft zu, wie einige Rekordjäger sich um einen hohen Preis raufen. Der hohe Preis, um den es geht, gehört genau so dazu, wie die sonstige marktschreierische Aufmachung. Je roher und gefährlicher der Sportzweig ist, um den es sich da handelt, desto größer ist die Anziehungskraft. Die Wettkämpfe der *Boxer* stellen aus diesem Grunde alle anderen in den Schatten.

[...]

Das sind Artistenkunststücke, die mit Sport, der einer harmonischen Ausbildung des ganzen Körpers, nicht aber der hypertropischen Entwicklung einzelner Körperteile zustrebt, nichts zu tun haben. Artistenkunststücke gehören in den Zirkus, gegen den wir, als einer Stätte des Vergnügens, natürlich nichts einzuwenden haben. Man soll uns nur nicht einzureden versuchen, daß zwischen Zirkus und der Volksgesundheitspflege des echten Sports ein Zusammenhang besteht.

Das Streben nach Spitzenleistungen im Sportbetrieb ist verständlich, hat auch einen gewissen erzieherischen Wert und wird deshalb von uns keineswegs in Bausch und Bogen verdammt. Wir wenden uns aber mit aller Entschiedenheit gegen die von der bürgerlichen Presse aller Länder so sorgsam gehätschelten [sic] Uebertreibung der Spitzenleistung, gegen die Rekordsucht, die eine große Gefahr für jeden ernsten Sportbetrieb ist.

Aber der Rekordfanatismus des Bürgertums ist durchaus kein Zufall. *Der bürgerliche Sport ist individualistisch. Das ist seine tiefste Wesenheit.* Er stellt die Gemeinschaftsleistung des Massensports gegen die Spitzenleistung des einzelnen zurück.

Der bürgerliche Sport kann folgerichtig nichts anderes sein als der sportliche Ausdruck des sonstigen bürgerlichen Lebens. So wie in der Gesellschaftsordnung des Kapitalismus der Stärkere über den Schwächeren siegt und zu Ehre, Ruhm und Reichtum aufsteigt, ist es auch im bürgerlichen Sportleben. Jeder kämpft für sich und gegen alle.

Für unsere Betrachtung ergibt sich somit die Feststellung, daß der bürgerliche Sport mit Notwendigkeit jene Charaktereigenschaft herausbildet, die dem kapitalistischen Leben eigentümlich ist, vor allem also einen hemmungslosen *Egoismus*.

In der gegenwärtigen Gesellschaftsordnung ist *um Geld* alles feil. Warum sollte man da sich nicht auch die Sportler *kaufen* können? Von der Rekordjägerei zum *Berufsspielertum* ist nur ein Schritt. So wie man die Artisten eines Zirkusses bezahlt, macht man es alsbald mit den Sportlern, die besondere Leistungen zu vollbringen imstande sind. An und für sich ist es natürlich nicht unehrenhaft, um Geld sportliche Leistungen zu zeigen. So wenig wie das Gewerbe des Artisten hat das des Berufsspielers etwas Anrüchiges an sich. Der eine wie der andere kann selbstverständlich ein durchaus ehrenhafter Mensch sein und auf einwandfreie Weise sich sein Brot verdienen. Darum handelt es sich in diesem Zusammenhang nicht. Es gilt vielmehr zu untersuchen, ob und welche volkserzieherischen Qualitäten dem Sporte innewohnen. [...]

Wir kommen demnach zu dem Schlusse, daß der bürgerliche Sport, der zur Rekordhascherei und zum Berufsspielertum führt, als ein Ausdruck kapitalistischen Wesens von der Arbeiterklasse prinzipiell abgelehnt werden muß. *Es ist nicht wahr, daß er neutral ist*; er ist vielmehr ein Stück jener Gesellschaftsordnung und Kulturauffassung, die zu zerstören die historische Aufgabe und die sittliche Pflicht des Proletariats ist.

Dabei haben wir von den schmutzigen Begleiterscheinungen dieser Art Sport bisher nur in einigen Randbemerkungen gesprochen. Es sei der Vollständigkeit halber auf das geradezu ekelhafte Treiben hingewiesen, das sich rund um den bürgerlichen Sport breitmacht. Diese Atmosphäre von Geldgier und Spielerkauf, von Wetten und Sensationslust, von Tratsch und Klatsch, von zweideutigen Vergnügungen und Alkohol – das ist wahrlich keine Luft, in der eine Kultur aufstrebender Arbeiter gedeihen könnte. Im Gegenteil, wo sie sich regte, mußte sie alsbald wieder untergehen. *Der neutrale Sportbetrieb lenkt die Arbeiter von ihren Klasseninteressen ab.* Er bringt sie in den Gedankenkreis bürgerlichen Strebens, in die Umwelt bürgerlicher Moral und macht sie schließlich zu Gladiatoren für fremde Zwecke, die dem Streben der eigenen Klasse verständnislos, wenn nicht gar feindlich gegenüberstehen.

***

Die bürgerlichen Klassen haben neben der Sportbewegung, die sich ein neutrales Mäntelchen umzuhängen versucht, in den meisten Ländern auch Sportvereinigungen geschaffen, die mehr oder weniger deutlich einen *politischen Kampfescharakter* zeigen. Ganz offen treten allerdings auch sie nur selten in die Arena. Sie geben sich vielmehr als allgemeine *vaterländische* oder zuweilen auch als *konfessionelle* Organisationen, weil sie – und leider nicht mit Unrecht – hoffen dürfen, auf diese Weise eine erkleckliche Anzahl naiver Arbeiter leichter einfangen und festhalten zu können.

[...]

In ähnlicher Weise wie in Deutschland vollzog sich die Entwicklung in den deutschen Gebieten *Oesterreichs*. Bis zum Ende des Weltkrieges war die bürgerliche Turnerschaft ihren Gesinnungs- und Sportgenossen im Reiche ziemlich getreulich gefolgt. Sie war auch in Oesterreich zuerst demokratisch und sogar republikanisch gewesen, um dann allmählich in das Lager der Reaktion abzuschwenken. Dieser Entwicklungsprozeß vollzog sich hier etwas langsamer, weil die deutschnationalen Turner vor dem Weltkriege bis zu einem gewissen Grade großdeutsch und antihabsburgisch eingestellt waren. Nach dem Umsturz sind sie dafür womöglich noch reaktionärer geworden als ihre Sportgenossen in Deutschland.[13] Sie sind heute eine ausgesprochene Kampfestruppe der reaktionären bürgerlichen Parteien und als solche bereit, jeden Gewaltstreich gegen die Republik und die Demokratie mitzumachen.

[...]

Sie sind vom Geiste des *Faschismus* erfüllt und bilden eine nicht zu unterschätzende *ernste Gefahr für den Bürgerfrieden des Landes*. Was aber nicht hindert, daß es nach wie vor Leute in allen Lagern gibt, die unentwegt das alte Sprüchlein vom „unpolitischen Sport" herunterleiern und die Arbeiterklasse beschwören, sich nur ja nicht zur Gründung eigener Sportvereine verleiten zu lassen, denn das bedeute ein Abirren vom Wege der tugendhaften alleinseligmachenden Neutralität. Und während man so zur Arbeiterschaft redet und schreibt, rüsten die *bürgerlichen* Sportvereine *bewaffnete Bataillone* aus, die der sozialistischen Bewegung mit Flintenschüssen und Maschinengewehrsalven den Garaus machen sollen. ... [...]

18.4 Roch: Der Meisterschaftssieg der Hakoah

Erstveröffentlicht als Roch: Der Meisterschaftssieg der Hakoah, in: *Wiener Morgenzeitung,* 23. Juni 1925, S. 8.

Der Autor „Roch" – vermutlich Chefredakteur Robert Stricker (1879–1944) – berichtet im Sportteil der zionistischen Wiener Morgenzeitung *über den Sieg des jüdischen Sportvereins SC Hakoah in der 1. Klasse der Fußballmeisterschaft, die in der Saison 1924/25 erstmals als Profiliga ausgetragen wurde. Zitiert wird ein euphorischer Bericht des zionistischen Prager Wochenblatts* Selbstwehr, *der den denkwürdigen Erfolg der jüdischen Sportler in der „hakenkreuzverseuchten" Stadt Wien als Gegenbeweis für die angebliche Inferiorität des jüdischen Körpers feiert und als Vorbild für andere Länder preist. Implizit angesprochen wird jedoch auch die Gefahr, dass der kostspielige und umstrittene Profibetrieb in Zukunft mit der eigentlichen Aufgabe der zionistischen Sportbewegung, der Erziehung der Jugend im Sinne des „Muskeljudentums"[14], in Konflikt geraten könnte.*

---

[13] Gemeint ist der Deutsche Turnerbund (1919), der wie die deutschnationalen Burschenschaften ein wichtiges Rekrutierungsfeld deutschnationaler bzw. später nationalsozialistischer Bewegungen in Österreich darstellte.

[14] Vgl. Max Nordau: „Muskeljudentum" bzw. „Was bedeutet das Turnen für uns Juden?", in: Zionistisches Aktionskomitee (Hg.): *Max Nordau's zionistische Schriften*, Köln, Leipzig: Jüdischer Verlag 1909, S. 379–381 bzw. 382–388.

Das Echo im jüdischen Sportpublikum.

Der große und bedeutungsvollste Sieg der Hakoah seit ihrer Gründung, der auch von *nichtjüdischer* Seite *anerkannt* werden muß, hat besonders in den *jüdischen* Sportkreisen der ganzen Welt *große Begeisterung* ausgelöst und tiefsten Eindruck gemacht. Täglich laufen bei der Hakoah aus allen Teilen der Erde *Glückwünsche* der Brudervereine ein. Sechzehn Jahre nach ihrer Gründung, dem fünften Jahre ihrer Meisterschaftskämpfe, konnte Hakoah die *höchste Trophäe* im österreichischen Fußballsport erringen. Den starken Widerhall dieses großen Ereignisses der jüdischen Regeneration beweist folgende Würdigung der Prager „Selbstwehr":

Die Hakoah – Wiener Fußballmeister.

Das Jahr 1925 wird in der Geschichte der jüdischen Körpersportbewegung stets denkwürdig bleiben. Hakoah (Wien), die den Gedanken von der körperlichen Renaissance der jüdischen Jugend in die Massen zu tragen wußte, errang die Meisterschaft der ersten österreichischen Liga. Eine jüdische Mannschaft ist also nunmehr in jenem kontinentalen Lande führend geworden, in dem zuerst der englische Assoziationsfußball heimisch wurde, eine jüdische Mannschaft ist derzeit berufen, Oesterreich, ein Fußballand katexochen, sportlich zu vertreten.

Hakoah hat in dem hakenkreuzverseuchten Wien wahrlich keinen leichten und beneidenswerten Stand. Seit ihrer Gründung hatte sie mit einer ununterbrochenen Kette häßlichster Widerwärtigkeiten zu kämpfen und trotz aller Feindseligkeiten, mit der man ihr als bewußt jüdischem Verein begegnete, brachte sie das Kunststück fertig, in die erste Klasse aufzurücken und nicht nur zu reüssieren, sondern auch hier alle Gegner zu überflügeln und sich die Spitze der Tabelle zu erobern. Hakoah hat sich durch diese sportliche Großtat selbst am schönsten belohnt, hat aber dadurch auch einen schlagenden Gegenbeweis dafür erbracht, daß die *Galuthjuden*[15] in *körperlicher* Beziehung *inferior* sind. Die jüdische Oeffentlichkeit wird von der prachtvollen Leistung der Wiener Hakoah mit dankbarer Genugtuung Kenntnis nehmen und wird ihr die Anerkennung nicht versagen. Die jüdische Mannschaft darf stolz sein auf das Errungene, das ihr ein Ansporn dafür sein möge, auch in Hinkunft intensiv für sich und so auch für die jüdische Massensportbewegung zu arbeiten. Stolz dürfen auch ihre Führer sein, an deren Spitze seit langer Zeit Herr Dr. *Körner*, ein gebürtiger Mährer, mit unendlicher Aufopferung tätig ist.[16]

Die Entwicklung des Fußballsportes am Kontinent hat Hakoah, wie alle erstklassigen Klubs, gezwungen, den *offenen, ehrlichen Professionalismus* einzuführen.

---

15 Galut = jüdische Diaspora.
16 Ignaz Hermann Körner (1881–1944), langjähriger Präsident bzw. Ehrenpräsident des SC Hakoah.

Dieser Schritt, der in erster Linie wirtschaftlichen Beweggründen entspringt, darf solange nicht überschätzt werden, als Hakoah ihren seit der Gründung hochgehaltenen Idealen treu bleibt. Solange Hakoah der hohen *Mission*, den jüdischen Sport in die *jüdische Masse* zu tragen, eingedenk ist, steht die *gesamte jüdische Oeffentlichkeit hinter ihr*. Und in diesem Sinne darf gerade jetzt, in dem Momente leicht begreiflicher Siegesfreude, von den Hakoahnern und ihren Führern gefordert werden, daß der größte und einflußreichste jüdische Sportverein seinen alten Traditionen Treue bewahrt und keinen Finger breit von der eingeschlagenen Linie abweicht.

In unserem Lande hat die jüdische Sportbewegung nach dem ganz wundervollen Aufschwung der Umsturzjahre nunmehr eine gewisse Stagnation zu verzeichnen. [...] Der *Triumph der Wiener Hakoah* möge ein *Ansporn* sein, die unterbrochene Arbeit mit unbeugsamer Energie wieder aufzunehmen oder, falls nötig, unverdrossen von vorne zu beginnen.

18.5 Jacques Hannak: Nur ein Fußballmatch ...?

Erstveröffentlicht als Jacques Hannak: Nur ein Fußballmatch ...?, in: *Arbeiter-Zeitung*, 6. Dezember 1932, S. 6.

In einem Vorbericht der Arbeiter-Zeitung *zum Fußball-Länderspiel des österreichischen Nationalteams gegen England am 7. Dezember 1932 sieht sich der SDAP-Parteipublizist Jacques Hannak (1892–1973) veranlasst, das Antreten des sogenannten Wunderteams – eine aus ‚Professionals' und nicht aus Arbeiterfußballern gebildete Mannschaft – vorsichtig zu würdigen. Das Spiel an der Londoner Stamford Bridge erregte in Wien enorme Aufmerksamkeit und wurde u. a. durch die Radioübertragung per Unterseekabel zu einem modernen Medienereignis. Die SDAP sah sich in diesem Fall gezwungen, die Macht populärer Massenkultur anzuerkennen. Das stieß jedoch auf Widerspruch in der Partei. So kritisierte Hans Gastgeb, Bundessekretär des Arbeiterbunds für Sport und Körperkultur in Österreich (ASKÖ), dass auch Sozialdemokraten beim „nationalistischen Schwindel" rund um das Spiel mitgemacht hätten. Der Arbeitersport lehne jedoch sowohl den Nationalismus als auch den kapitalistischen Profibetrieb des bürgerlichen Fußballs ab.*[17]

Das kleine Oesterreich macht dem großen England die Vorherrschaft streitig

In London wird morgen nachmittag auf einem Fußballsportplatz eine von Hunderttausenden mit leidenschaftlicher Spannung erwartete Entscheidung fallen: inner-

---

[17] Hans Gastgeb: Panem et circenses, in: *Der Kampf. Sozialdemokratische Monatsschrift*, 26. Jg., Nr. 1 (1933), S. 36–38.

halb von neunzig Minuten wird sich erweisen, ob England, das Mutterland des Sports, noch imstande ist, seine Machtposition zu behaupten. Der englische Sport ist in den letzten Jahrzehnten in seiner Vormachtstellung immer mehr erschüttert worden: [...] Nur ein Sportzweig blieb bisher noch – ungeachtet vieler und immer zahlreicher werdender Niederlagen englischer Mannschaften auf dem Kontinent – eine Domäne Großbritanniens: es ist just der populärste Sportzweig der Welt, *Fußball*, an dem sich der englische Machtwille am zähesten festgeklammert hat. Und da kommt nun dieser Zwerg Oesterreich und will den Riesen aus seinem letzten Sperrfort verjagen, da kommt nun dieses Oesterreich und will Weltmeister im Fußball werden – an Englands Statt.

Vor fünfundzwanzig Jahren.

Als vor fünfundzwanzig Jahren die Nationalmannschaft Englands zum erstenmal nach Wien kam und hier mit den Oesterreichern nicht Fußball, sondern Katz und Maus spielte, hieß es in den Berichten der Zeitungen, daß dem Spiel eine sensationell große Zuschauermasse beigewohnt habe: *sechstausend Menschen!* Vor wenigen Tagen haben allein sechstausend Menschen den Wiener Spielern, die nach England fuhren, das Geleite zum Bahnhof gegeben, und nicht viel weniger als sechstausend sind es, die aus allen Ländern Europas als Gäste *nach England mitgefahren* sind, um dabei zu sein, wenn David und Goliath ihre Kräfte messen. Und der Mann, der damals vor fünfundzwanzig Jahren in dem Katz-und-Maus-Spiel das einzige Goal der Oesterreicher geschossen hatte, Willy *Schmieger*, wird morgen auf dem Londoner Chelseaplatz am Mikrophon stehen und sozusagen ganz Europa über den Verlauf der Ereignisse informieren.[18]

Und wir werden dabei sein – durchs Radio.

Schon dies, ein technisches Wunder, dessen Möglichkeit man vor fünfundzwanzig Jahren nur als einen schlechten Witz belacht hätte: Schmieger wird per Unterseekabel nach Wien sprechen, und in demselben Augenblick, in dem seine Stimme hier einlangt, wird sie alsogleich per Radio in den Aether hinausgestrahlt. Und zugleich, wie er spricht und während er spricht, werden *Photographien* des Spieles in alle Welt hinausgefunkt. Am Morgen des nächsten Tages werden die Bilder bereits in den Zeitungen sein. Sechzigtausend Menschen werden in London *zusehen*, zumin-

---

[18] Wilhelm (Willy) Schmieger (1887–1950), Sportjournalist und Radioreporter, war als Funktionär des bürgerlichen Wiener Sport-Clubs ansonsten oft ein Widersacher der Arbeitersportpresse.

dest die zwanzigfache Anzahl wird *zuhören*. Von sechstausend Interessierten Anno 1908 zu Millionen – es ist eine andre Welt, in der wir leben ...

Jedes zweite Kaffeehaus in Wien kündigt an, daß man in seinen Räumen die Uebertragung hören wird. Die Winterhilfe[19] ladet auf den Heldenplatz ein: für zwanzig Groschen könnt ihr dort Oesterreich–England „hören". Die Wiener Sportplätze stellen Lautsprecheranlagen auf und die Massen werden sich morgen auf ihnen drängen, nicht wie sonst, um etwas zu sehen, sondern, um zu hören, was sich zur selben Stunde, durch einen Ozean von ihnen getrennt, begibt.

Nur ein Fußballmatch, gewiß. Nur ein Spiel um einen runden Lederball, und die Welt hat zweifellos schwierigere Probleme. Aber, ob es uns gefällt oder nicht: wir müssen sehen, was *ist*, und wir wollen nicht einmal sagen, daß es kein Fortschritt ist. Von Hiden zu Haydn und von Sindelars Dribbelkünsten zu Goethe[20] ist gewiß noch ein weiter Weg, den die Kultur zurückzulegen hat – aber von der Schnapsbudik zu Hiden und auf die Fußballplätze des *Arbeitersports*, wo die Massen nicht zuschauen, sondern *selber spielen*, ihren Körper erziehen und kräftigen, war der Weg noch viel, viel weiter.

Wenn ...

Ja was liegt denn schon dran, ob auf dem Boden des Chelseaplatzes und in den Nebelschwaden eines garstigen Londoner Frühwintertages die elf Wiener Jungen ihren „Heldenkampf" verlieren oder gewinnen? Freilich, die Welt wird weder so noch so untergehen und Oesterreich wird weder so noch so geholfen sein. Aber tadelt darob nicht die Menschen, tadelt nur die Armseligkeit der Zeit, die den Menschen kein höheres Ideal zu geben vermag! Im Rahmen dieser Zeitbedingungen, in der Enge und Kümmerlichkeit des Daseins, müssen notwendig auch die Ideale eng und kümmerlich sein. Wenn man gerecht ist, muß man anerkennen, daß diese „Wikingerfahrt" eines österreichischen Fußballfähnleins in das stolze Albion ein, sei es noch so ein bescheidener, Versuch ist, die Enge und Kümmerlichkeit des Daseins zu weiten. Einen Tag lang steht die klägliche Nichtigkeit Oesterreichs Schulter an Schulter mit einer Weltmacht, einen Tag lang spricht die Welt nicht von England, ohne gleichzeitig auch an „Austria" zu denken. *Und wenn nun Austria gar gewänne ...*

Wien fiebert in dieser Erwartung. Wenn heute irgendwo zwei Leute zusammenstehen und du hörst eine Zahl nennen, sei versichert, es ist kein Börsentip, es ist nicht einmal die Zahl seiner Schulden, es ist nur das Fußballresultat aus England,

---

19 1931 als gemeinsames Hilfsprogramm von Stadt Wien, Bundesregierung und privaten Einrichtungen für Arbeitslose in der Wirtschaftskrise gegründet.
20 Rudolf Hiden (1909–1973) und Matthias Sindelar (1903–1939) waren zwei Stars des „Wunderteams".

das jener dem andern haarscharf vorweg beweisen will. Wenn du in der Elektrischen[21] sitzest und beobachtest, was die Leute heute in den Zeitungen lesen: heute einmal nicht die Morde und Gerichtsfälle und den Roman, nein, *nur Oesterreich–England*! Wenn du in den Aemtern heute lange warten mußt, es macht dir nichts, man plaudert halt über Oesterreich–England! Wenn du zum Friseur kommst und er dich just, da das Messer dich am Halse kitzelt, unverfänglich fragt: „Na, wer mas gewinnen?" – dich stört dann nicht einmal das Rasiermesser und unter Todesgefahr raunst du ihm zu: „Jawohl, drei zu ans!"

Zwei Methoden.

Aber was die Wiener schon jetzt tröstet: auch wenn Oesterreich verlieren sollte, haben wir eine gute Ausrede schon fix und fertig vorbereitet: „No, die Engländer ham's halt nur mit der Kraft g'macht." Und etwas Wahres ist in der Tat daran. In London stehen sich nämlich morgen nicht nur zwei Länder im Fußballkampf gegenüber, sondern sozusagen auch *zwei Methoden*. Das kleine Oesterreich war der gelehrigste Schüler des englischen Fußballsports, so wie wir ihn 1908 gesehen haben: ein feines, fintenreiches, die bloße Körperkraft durch raffinierte Technik und überlegte Kombination überwindendes *Mannschaftsspiel*. Unter allen Ländern des Kontinents hat sich Oesterreich diesen Stil am besten angeeignet und ihm durch den zweifellos auch aus dem Sport nicht wegzuleugnenden Wiener „Geist" eine eigenartige neue Färbung verliehen. Diese Eigenart des aus dem britischen Vorkriegsstil hervorgegangenen österreichischen Nachkriegsstils, der übrigens auch ein glänzendes Charakteristikum des in Europa *ebenfalls* führenden österreichischen *Arbeiterfußballsports* ist, hat den österreichischen Berufsfußballern in den letzten zwei Jahren eine Kette beispielloser Triumphe gebracht: in dreizehn aufeinanderfolgenden Spielen hat die österreichische Ländermannschaft unbesiegt den Nationalmannschaften Schottlands, Deutschlands, Ungarns, Italiens, der Tschechoslowakei, der Schweiz, Frankreichs, Belgiens, Schwedens, also fast ganz Europas, standgehalten. Der „Wiener Stil" ist also heute der *anerkannte Repräsentant des kontinentalen Fußballsports*.

Der englische Fußballsport hingegen hat sich seit dem Kriegsende von seinem eigenen leuchtenden Vorbild abgewendet: nicht mehr die vergeistigte Methodik, sondern harte Kraft, Schnelligkeit, Geradlinigkeit und Wucht sind die Kennzeichen der englischen Spielweise. Der Spiritus ist verflogen, die Schönheit ist zum Teufel gegangen, nur die Macht behalten ist alles!

Kraft gegen Geist – das ist die Formel, auf die in fast allen europäischen Sportzentren bei der Erwägung der Gewinnchancen die Spielmethode Oesterreichs und

---

[21] Wiener Begriff für Straßenbahn.

Englands gebracht wird. Das ist vielleicht eine zu einseitige Gegenüberstellung, aber sicherlich ist etwas dran: der Engländer ist besser genährt als der Oesterreicher, er kennt die lokalen Bedingungen besser, ist gewohnt, in Nebel und auf tiefem Boden zu spielen. Er hat diese Trümpfe alle in der Hand. Er kämpft um das Prestige eines Jahrhunderts, er wird sich mit Zähnen und Klauen wehren. Aber das kleine Oesterreich hat nichts zu verlieren als eine Hoffnung. Gewinnen kann es mehr als ein Fußballmatch: gewinnen kann es die Ueberzeugung der Welt, daß in dieser bitteren Armut, Austria genannt, ein freier, schöpferischer Geist und die Kraft junger Menschen lebt, die, wenn sie könnte, der Welt noch ganz andre Dinge böte, als den Sieg in einem Fußballmatch ...[22]

18.6 Marie Deutsch-Kramer: Aufstieg

Erstveröffentlicht als Maria Deutsch-Kramer: Aufstieg, in: *Arbeiter-Zeitung*, 19. Juli 1931, S. 8.

Anlässlich der Arbeiterolympiade 1931 in Wien beschreibt die sozialdemokratische Frauenpolitikerin Marie Deutsch-Kramer (1884–1973) in ihrem lyrisch gehaltenen Text Aufstieg *den politischen und gesellschaftlichen Fortschritt der Frau, dessen sichtbarer Ausdruck die weibliche Beteiligung an der Olympiade sei. Deutsch-Kramer wurde als Mitglied des 1928 gegründeten Frauensportausschusses im Arbeiterbund für Sport und Körperkultur in Österreich (ASKÖ) zu einer wichtigen internationalen Arbeitersportfunktionärin – 1929 übernahm die Sozialistische Arbeiter-Sport-Internationale (SASI) ein von den ASKÖ-Frauen ausgearbeitetes Frauensportprogramm. Deutsch-Kramer war als Vorsitzende der ASKÖ-Frauen prominent in den Publikationen zur Arbeiterolympiade vertreten und sollte gemeinsam mit Stephanie Endres auch Autorin des Massenspiels zur Maifeier des ASKÖ 1932 im Praterstadion werden. In zahlreichen Artikeln und (Radio-)Vorträgen entwarf Deutsch-Kramer ein Bild der Befreiung der Frau durch Sozialismus und Sport.*

Vor drei Generationen die Postkutsche als schnellstes Verkehrsmittel und die erste kleine Lokomotive Stephensons – ein Weltwunder, ängstlich und ungläubig bestaunt.

Heute: Raketenauto – Schienenzeppelin – 300 Kilometer Stundengeschwindigkeit – mit dem Zeppelin in achtundvierzig Stunden nach Amerika – Stratosphärenflug – ungeahnte Möglichkeiten – das Weltall den Menschen!

Vor einer Generation: die Frauen, ausgeschlossen von allen öffentlichen Rechten, ausgeschlossen von jeder öffentlichen Wirksamkeit, ausgeschlossen von fast allen Lern- und Studienmöglichkeiten, gebannt ins Haus, geistig gehemmt durch ei-

---

[22] Das Spiel endete mit einem 4:3-Sieg für England.

nen Wust sinnloser Vorurteile und uralter Gesetze, unfrei und Sklavinnen, körperlich im Zwange einer lächerlichen, den Körper verunstaltenden und seine Entwicklung hemmenden Mode.

Heute: Befreit durch die Revolution, vorwärts stürmend auf der Bahn der Freiheit, geistig und politisch den Männern ebenbürtig, rechtlich um ihre Gleichstellung ringend, siegreich eine neue Zeit erkämpfend, in der nicht mehr die männliche Vorherrschaft auf allen Gebieten der Kultur und des Lebens das bürgerliche Weltbild formt, sondern in der die Geschlechter, gleichberechtigt, dem Sozialismus den Weg bahnen.

Und förmlich als äußerliches Sinnbild dieser Errungenschaften des weiblichen Geschlechts sehen wir die *Frauen als gleichwertige Kämpferinnen neben den Männern bei der Arbeiterolympiade.*

Sie haben ihre Zeit verstanden – diese Frauen und Mädchen, die zu Tausenden und Zehntausenden in die Reihen der Arbeitersportler eingetreten sind. Sie wissen, daß nur der wirklich frei ist, der nicht nur seinen Geist durch den Glauben an den Sozialismus befreit hat, sondern der auch seinen Körper frei gemacht hat von allen Hemmungen und Schäden, die der Beruf und die Arbeit ihm auferlegen und zufügen.

Mit wundervoller Schwungkraft hat das weibliche Geschlecht sich den Forderungen einer neuen Zeit angepaßt.

Wenn wir im Festzug die vielen tausend Sportlerinnen sehen werden, bei den Massenübungen der Turnerinnen, zu denen Oesterreich allein mehr als viertausend Frauen stellt, wenn wir hören, daß von Oesterreich allein sich Hunderte an den olympischen Kämpfen beteiligen, die Besten der Besten, dann erkennen wir, daß der Fortschritt der Frauen ungeheuer ist.

Seht sie nur, die Läuferinnen und Springerinnen, ihre fliegende Grazie, ihre ausdauernde Zähigkeit, die Speerwerferinnen, die Radfahrerinnen und die im Handball und Tennis ihr harmonisches Training zeigen!

Seht endlich die vielen hundert Mädchen und Frauen im bunten Reigen der Festspiele, die leichtbeschwingten Tänzerinnen, und erkennt: *Diese Frauen lassen sich nie mehr in das alte Joch zurückdrängen.* Sie wissen, was sie für sich und ihre Kinder zu fordern haben. Sie beugen ihr Haupt nicht mehr unter die Knute der alten Lehre: „Es muß immer Arme und Reiche geben" und „Seid demütig und ertragt in Geduld euer Los".

Wer einmal den Stratosphärenflug erlebt hat, der wird nicht mehr mit der Postkutsche fahren wollen. Und wer sich einmal so frei gemacht hat wie diese Sportlerinnen, der kennt nur noch ein Stürmen nach vorwärts. Aber innig anschließen müssen sie sich an die große Schar der Kämpferinnen in der sozialdemokratischen Partei. Und diese Frauen müssen ihre Hand den Gefährtinnen im Sport reichen, damit der Gedanke: der Sozialismus für die Sportlerinnen – der Sport für alle Sozialistinnen, wie ein Wechselstrom hinüber und herüber kreise.

Nach der Schlacht bei Marathon brachte ein Läufer die Kunde vom Sieg über die Perser den harrenden Griechen. Durch das Marathontor im neuen Stadion stürmen die Massen der Sportler und Sportlerinnen. Aber nicht die Kunde vom blutigen Kampf und Sieg bringen sie – sondern die wundervolle Botschaft des Friedens und der Freundschaft der arbeitenden Klassen aller Nationen.

Marathonläufer der erdumschließenden Internationale, die Frauen Seite an Seite mit den Männern – so marschieren sie in die neue Zeit. Trotz Not und Elend der Gegenwart – sie bringen die Kunde von der Hoffnung, die im Zusammenschluß aller arbeitenden Menschen liegt, von der Hoffnung auf die Kraft des sozialistischen Gedankens. Nichts hemmt das moralische Wollen, wenn es von Begeisterung und Opfermut getragen wird und von dem Bewußtsein der Gemeinsamkeit. Dieses Gefühl der Zusammengehörigkeit möge der Grundgedanke der Olympiade sein, wie sie einst im alten Griechenland das Einigungsfest der griechischen Stimme war. Und hierbei als gleichwertige Sportgefährten mitwirken zu können, sei das stolze Bewußtsein der Frauen, der Beweis für ihren Aufstieg.

18.7 Ernst Fischer: Krise der Weltanschauung

Erstveröffentlicht als Krise der Weltanschauung, in: Ernst Fischer: *Krise der Jugend*, Wien, Leipzig: Hess & Co 1931, S. 71–127.

1931 veröffentlicht Ernst Fischer (1899–1972) sein Buch Krise der Jugend, *in dem er ein sozialpsychologisches Porträt der Nachkriegsjugend zeichnet, aber auch der Unzufriedenheit der linken Parteijugend in Hinblick auf die Passivität der Partei und die fehlende „heroische Weltanschauung" Ausdruck verleiht. Der Autor und Literaturkritiker der* Arbeiter-Zeitung *war Mitgründer einer parteiinternen linken Opposition, die sich zu dieser Zeit in der Jungfront der SDAP organisierte.*[23] *Neben einem wachen Blick für die sexuellen Nöte einer unter repressiven Sexual- und Geschlechterverhältnissen und der Wirtschaftskrise leidenden Jugend richtet Fischer seine Aufmerksamkeit auch auf eine Generation, die zwischen dem Wunsch nach radikaler Veränderung und dem Rückzug ins Privatleben schwankt. Viele junge Menschen, so Fischer, wenden sich den faschistischen Parteien zu, die statt des „ergebnislosen Hin- und Hergewoges der parlamentarischen Politik" den Umsturz versprechen. Fischer zeichnet ein kritisches Bild sportlicher Betätigung – er versteht sie als Ersatz und Flucht in die Körperkultur – und zweifelt ihren Nutzen auch innerhalb der sozialistischen Jugendbewegung an.*

---

23 Nach dem Februar 1934 wird Fischer der KPÖ beitreten.

[...]

Vielleicht ist der Sport die einzige Lebensform, die heute unzähligen jungen Menschen Befriedigung gewährt. Und von allen Ideologien, die heute entstehn und Altes verdrängen, ist die Ideologie des Sports die wichtigste. Die Revolte gegen den Rationalismus, gegen die Überschätzung des Intellekts, des Lernens und des Wissens, baut sich im Sport die stärkste Barrikade; hier erhebt sich siegreich der Gegensatz zu der alten Welt, hier triumphiert die Tat über das Wort, der Körper über den Intellekt, die Kühnheit der Jugend über die Vorsicht des Alters. Im Sport gibt es alles das, was die Gesellschaftsordnung den jungen Menschen schuldig bleibt: den eindeutigen Erfolg der Leistung, den klaren, unverrückbaren Sieg einer Partei oder einer Persönlichkeit, die täglich neue Erprobung der jungen Generation. Hier gibt es, gegen den dumpfen und stumpfen Kollektivismus der kapitalistischen Welt, die jeden zu einem namenlosen Stück Maschinerie herabwürdigt, die unzähligen niemals die Chance gibt, ihre Kraft, ihr Können und ihre Leistungsfähigkeit zu beweisen, den Rekord des einzelnen, das Hervortreten aus der Masse, den Aufstieg in den Schimmer heldischen Ruhms. Und hier gibt es gleichzeitig den Kollektivwillen, die Gemeinschaftsarbeit der Gruppe, des Fußballklubs, des Rudervereins, die Verwandlung der Organisation in einen lebendigen Organismus, Individualismus und Kollektivismus, der Vorstoß des einzelnen und die Bindung der Gruppe, scheinbar die schärfsten Gegensätze in unsrer mißratenen Gesellschaftsordnung, werden im Sport harmonisch vereint. Wundert man sich, daß die Jugend in solchem Tun die Freude, die Genugtuung findet, die man ihr sonst so hundertfach versagt, daß sie aus der mechanisierten Unzulänglichkeit der herrschenden Wirtschaft, der herrschenden Politik Hals über Kopf in den Sport flüchtet?

Aber diese *Flucht in den Sport* ist das ernste Symptom einer höchst gefährlichen Krankheit. Der Sport ist heute *Ersatz* für alles Fehlende, es steht nicht gut um eine Welt, deren Jugend sich mit Ersatz zufrieden gibt. Im Sport *spielt* der junge Mensch die Rolle, die er in der Gesellschaftsordnung, im kulturellen und politischen Leben als *Funktion* übernehmen müßte; er spielt die Rolle des Freien, des Kühnen, des von Aktivität Überschäumenden. Wenn er mit seinen Brettln zu Tal fährt oder in einem Wettspiel triumphiert, pfeift er auf das übrige Leben, fühlt er: Das ist meine Wirklichkeit, alles andere soll der Teufel holen! Er verliebt sich in seinen Körper, in seine Spannkraft, in seine Geschmeidigkeit, ein Muskel- und Sehnen-Egoismus entsteht in ihm, ein unfruchtbares Auf-sich-selber-Bezogensein wird sein innerstes Wesen; gewiß, er zeigt sich gern in einem Demonstrationszug, seine sonngebräunte Vollkommenheit stellt er gern zur Schau, man jubelt ihm zu, man feiert ihn als den idealen Typus einer neuen Generation. Aber der Sportler ist keineswegs ein idealer Typus; so sehr man die Sportbewegung verstehn und gutheißen, so sehr man sich der Körperschönheit dieser Freiluftjugend freuen muß – es drängt sich dabei die Frage auf: Und alle diese Kraft, diese Leistungsfähigkeit soll nur dazu dienen, hübsche Körper zu modellieren, Läufer, Schwimmer, Skifahrer, Fußballspieler heranzuzüchten? Genügt es dieser Jugend wirklich, über Schanzen zu springen und den Ball in ein Netz zu schleudern, glaubt sie wirklich, daß man mit wohltrainiertem Fleisch, mit der Geistesgegenwart, die jeden Muskel beherrscht, eine Welt aus den Angeln heben kann? Es ist eine Phrase, wenn man das alte Sprichwort zitiert: Ein gesunder Geist in einem gesunden Körper. Kann uns jemand erklären, was das überhaupt ist: ein gesunder Geist? Ich fürchte, man meint damit einen wohltemperierten Geist, der gegen radikale Ideen, gegen die Leidenschaft einer Weltanschauung gefeit ist, jenen „gesunden Menschenverstand", der stets das Entzücken aller Spießer war. Ich fürchte außerdem, daß die Sorgfalt, die man dem Körper angedeihen läßt, nur selten dem Geist zugute kommt, daß ein Übermaß von Körperkultur alles Geistige eher schädigt als fördert.

In der Sportideologie findet man neben Elementen einer neuen Synthese von Persönlichkeit und Gemeinschaft, von Heldentum und Gruppendisziplin viele Elemente einer durchaus kapitalistischen Welt. [...] Eine sozialistische Sportideologie müßte sinnvoller Harmonie, nicht sinnloser Jagd nach Spitzenleistungen dienen; theoretisch weiß man das längst, jedoch praktisch kann man sich dem Einfluß der kapitalistischen Atmosphäre nicht entziehn.

Aber nicht die kapitalistischen Elemente in der Sportideologie sind die eigentliche Gefahr, sondern *die katastrophale Ideenlosigkeit*, in der diese Flucht zum eigenen Körper, zum eigenen Körpererfolg schließlich mündet. Heute schon spürt man, was es bedeutet, wenn unzählige der aktivsten, der brauchbarsten jungen Leute vor den großen Aufgaben der Gesellschaft davonlaufen und im unproduktiven Heldentum, in den Sensationen des Privatlebens den Ersatz für heroische Gesinnungen und überpersönliche Ziele finden. Vielfach sind es nur die Streber, die nervenlosen Carrieremacher, die den sozialistischen Parteien erhalten bleiben, die unjungen, unlebendigen Kanzleinaturen, die mit zwanzig, fünfundzwanzig Jahren bereits ausgepichte und ausgelernte Apparatleute sind. Aber das soll man mit vierzig, mit fünfzig Jahren sein; die Jugend möge dem Geist und nicht dem Apparat der Bewegung dienen!

Ein Teil dieser Jugend, dem Aberglauben an die Gewalt verfallend, Neues nur von neuen Bewegungen erwartend, läuft den Parteien des Fascismus zu. In Deutschland sind sie Nationalsozialisten, in Österreich waren sie bei der Heimwehr,[24] schließen sie sich nun dem Nationalsozialismus an. [...]

---

24 Vgl. Kapitel 36.

Jugend von heute
Von E. Dowisch

Vor noch nicht allzulanger Zeit mußten die Mädchen und jungen Damen mit niedergeschlagenem Blick, schön sittsam drei Schritte vor den Eltern auf der Straße einhermarschieren. Jede rasche Bewegung, jedes fröhliche Lachen war verpönt und brachte Schelte und Verruf. Wehe dem Mädchen, das sich seinerzeit erlaubt hätte, mit Jungen gemeinsam Spiel und Sport zu betreiben, von gemeinsamem Wandern und Baden gar nicht zu reden. Eltern, Großmütter und Tanten wären über sie hergefallen und hätten die „Schamlose" aus dem Familienkreis und der Gesellschaft verbannt.

Wie arm und elend war damals die Jugend! Abgeschlossen von Luft und Sonne, waren die Körper zur Schlaffheit und Verkümmerung verdammt. Kein Wunder, daß eine lügenhafte Moral auf diesem ungesunden Boden wahre Triumphe feiern konnte, die einer ganzen Menschheit zum Nachteil gereichte.

Wie waren die Mädchen von ehemals? Bleich, lau bis zur Bewußtlosigkeit und abgehärmt nach der Erfüllung einer nicht geklärten Sehnsucht; verlogen keusch in dem aufrichtigen Bewußtsein ihrer körperlichen Armut und Minderwertigkeit. Die bis zur Prüderie gesteigerte

Emil Dowisch, „Jugend von heute". Das Bild soll die ‚befreite' und selbstbewusste Frau versinnbildlichen, die Sport und andere Freiluftaktivitäten ebenfalls genießen kann. In: *Wasser und Sonne*, 6. Juli 1928, S. 20. (ANNO/ÖNB)

19 Natur
Cara Tovey

Einleitung

Zwar erscheint der Bereich der Natur auf den ersten Blick als unpolitisch, tatsächlich aber war er im frühen 20. Jahrhundert ein Ort aktiver Auseinandersetzung für viele soziale und politische Fragen. Gerade weil Natur als eigene, von der Zivilisation nicht korrumpierte Sphäre gesehen wurde, boten ihre Gesetzmäßigkeiten politischen Institutionen und sozialen Bewegungen ein attraktives Modell, das sowohl als Ziel als auch als Mittel angesehen wurde, um dieses Ziel zu erreichen. Indem sie ihre Ideale wie auch ihre Strukturen nach dem Vorbild der Natur gestalteten, legitimierten sie sich als Beförderer der richtigen Lebensführung.

Die Natur stand im Zentrum der Lebensreformbewegung, die im späten 19. Jahrhundert entstanden war und die sich auf die aufklärerische Tradition der Zivilisationskritik ebenso wie auf die Fortschritte und Entdeckungen der Naturwissenschaften berief. Daraus entstand nicht nur ein neues Verständnis und eine neue Wertschätzung der Natur, sondern auch ein neues Konzept von Natürlichkeit. Als ein Ort, der dem Zugriff der Menschen entzogen war, wurde Natur als von sich aus gut aufgefasst. Folglich wurde auch das, was als natürlich verstanden wurde, idealisiert. So bot die Natur ein Modell für das gute Leben. Das viel zitierte Schlagwort „Zurück zur Natur", das auf Rousseaus Naturverständnis aufbaute, verkörperte den Geist dieser Bewegung. Allerdings war dieses Motto oft missverständlich, da viele Vertreter und Vertreterinnen eines natürlichen Lebensstils tatsächlich zukunftsorientiert dachten und weniger einer verlorenen Vergangenheit nachtrauerten.[1]

Die Wertschätzung der Natur war jedoch nicht nur Sache der Lebensreformbewegung. Ab der Mitte des 19. Jahrhunderts hatte das Bürgertum ganz allgemein Aktivitäten im Freien als Freizeitbeschäftigung für sich entdeckt, vor allem das Wandern und das Bergsteigen. Der 1862 gegründete Oesterreichische Alpenverein (ab 1873 Deutscher und Oesterreichischer Alpenverein) setzte sich für Respekt gegenüber der Natur und deren Wertschätzung ein und war federführend am Konzept des Naturschutzes beteiligt. Der Alpenverein, dessen Mitglieder sich vor allem aus dem Bürgertum zusammensetzten, verstand sich als patriotische und nationale Organisation, was deutschnationale und antisemitische Haltungen vieler seiner Mitglieder begünstigte. Gleichwohl gab es innerhalb und außerhalb des Alpenvereins auch

---

[1] Einige zeitgenössische Publikationen thematisierten, dass das Motto der Lebensreformbewegung in seiner Umsetzung keinen Rückschritt darstellte. Vgl. z. B. R. M.: Treu der Natur, in: *Kraft und Schönheit*, 1. Jg., Nr. 9 (1901), S. 97–98; Robert Landmann: *Monte Verità: die Geschichte eines Berges*, Ascona: Pancaldi 1934.

eine starke bergsteigerische Tradition jüdischer Alpinistinnen und Alpinisten, in Wien ebenso wie in ganz Europa. Aus Protest gegen den sich nach dem Ersten Weltkrieg verschärfenden Antisemitismus unter den Vereinsmitgliedern und die Aufnahme des Arierparagrafen in die Statuen zahlreicher Sektionen ab 1919 gründeten v. a. jüdische Wiener Vereinsmitglieder des Alpenvereins die Sektion Donauland, die 1924, nach dem offiziellen Ausschluss aus der Organisation, unabhängig wurde.[2] Die Naturfreunde, 1895 als sozialdemokratische Organisation gegründet, rekrutierten sich hingegen vor allem aus Mitgliedern der Arbeiterbewegung.

Auch in der Wohlfahrts- und Bevölkerungspolitik des Roten Wien spielten Konzepte von Natur eine große Rolle. Stadtplanung und Architektur zielten auf eine Wiederanbindung des täglichen Lebens der Stadtbevölkerung an die Natur ab. (Vgl. Kapitel 20 und 21) Dies beinhaltete etwa die Schaffung von Grünflächen und die Durchflutung von neuen Gebäuden mit möglichst viel natürlichem Licht.[3] Der Zugang zur Natur zeigt sich auch in der Förderung von Kleingärten, die den Menschen die Möglichkeit des Obst- und Gemüseanbaus gaben und ihnen so auch den Weg zu einer gesunden Ernährung weisen sollten. Schließlich wurde gerade die Freizeitkultur des Roten Wien von einer Wertschätzung der Natur geprägt. So verbanden die Naturfreunde in ihren Freiluftaktivitäten wie Wandern und Bergsteigen die Förderung körperlicher Gesundheit und des Gemeinsinns mit sozialistischen Idealen. Viele Wienerinnen und Wiener nützten die Donau zum Schwimmen und für andere Wassersportarten. Diese Aktivitäten boten der Arbeiterschaft einen Erholungsraum fernab der Mühen des täglichen Großstadtlebens. In all diesen Aspekten kam die Bevölkerung des Roten Wien regelmäßig und produktiv mit der Natur in Kontakt, was einen grundlegenden Bestandteil des Konzepts des ‚neuen Menschen' auf individueller wie auf gesellschaftlicher Ebene darstellte. Das Bewusstsein für die und der Respekt vor der Natur im Roten Wien waren Teil eines breiteren Trends, der Europa zu dieser Zeit erfasste.

---

2 Die Sektion Donauland thematisierte die Gründung in ihrer Zeitschrift *Nachrichten der Sektion Donauland*, 1. Jg., Nr. 1 (1921). Siehe auch Oskar Marmorek: 50. Hauptversammlung des Deutschen und Österreichischen Alpenvereins zu Rosenheim (19. und 20. Juli 1924), in: *Nachrichten der Sektion „Donauland"*, 4. Jg., Nr. 36 (1924), S. 109–112.
3 Vgl. Kap. 20 und 21 bzw. verschiedene Beiträge in Wiener Zeitungen, die sich mit dem Thema Gesundheit und Architektur auseinandersetzen, z. B.: Walter Guth: Neues Wohnen – Neues Bauen. Neue Formen, in: *Dein Ziel*, 3. Jg., Nr. 12 (1931), S. 5–7; Sind moderne Wohnungen ungesund?, in: *Neues Wiener Journal*, 25. August 1932, S. 4–5.

Literatur

Brunner, Schneider 2011.
Deutscher Alpenverein, Oesterreichischer Alpenverein und Alpenverein Südtirol 2011.
Flasch 2000.
Günther 1997.
Günther 1998.
Keller 2016.
Loewy, Milchram 2009.
Morris 2012.
Pils 1994.
Rohkrämer 1999.

19.1 Robert Winter: Der Sozialismus in der Natur

Erstveröffentlicht als Robert Winter: *Der Sozialismus in der Natur*, Innsbruck: Innsbrucker Buchdruckerei und Verlagsanstalt 1919, S. 5–9.

Mit Bezugnahme auf die Autorität der seit dem 18. Jahrhundert im Aufstieg begriffenen Naturwissenschaften sucht Robert Winter nach vorgeschichtlicher, empirischer Evidenz für den Sozialismus in der Sphäre der Natur, um daraus eine Begründung für dessen Natürlichkeit und gesellschaftliche Funktionalität abzuleiten. Zunächst als Serie in der Innsbrucker Volkszeitung *veröffentlicht, ist Winters Text nicht nur eine wissenschaftlich verstandene Abhandlung über nicht-menschliche Erscheinungsformen des Sozialismus in der Natur, sondern auch eine Reflexion über den Platz des Menschen in der natürlichen Umwelt sowie über die Frage, was Kultur und Formen der Selbstorganisation von Gesellschaft auszeichnet. Der folgende Ausschnitt stammt aus dem ersten Beitrag der Serie mit dem Titel* Das Urdarmtier.

[...]
   Der Sozialismus in der Natur ist älter, als wir beide, er ist auch älter als Christus und Moses. Ja, er ist älter als der Mensch bis zu seinen ersten Spuren in den Höhlen der Vorzeit, was sage ich, er ist auch älter als das Säugetier, als das Reptil, Amphibium, als der Fisch und der Wurm!
   [...]
   Rücken wir den Zeiger der Zeit um rund hundert Millionen Jahre der Erdgeschichte zurück. Ein nettes Sümmchen, aber für die Ewigkeit natürlich gerade so viel oder gerade so wenig, als ein Menschenalter oder eine einzige Herzschlagsperiode.
   Urmeer. Erste Wärmekonstellation. Sonnenwärme plus Eigenwärmerest der Erde.
   Du wirst lachen, Freund, aber damals hat es schon einen Sozialismus gegeben in diesem Urmeer. Und was für einen Sozialismus. Einen Sozialismus in einer solch

gewaltigen Folgerichtigkeit, daß unser heutiger Menschensozialismus, der sich ja so unsagbar mühselig in den Geistern Bahn brechen muß, dagegen verblaßt wie der Mond gegen die Sonne. Der Naturforscher Ernst Haeckel[4] hat auf Grund exakter Forschungen über die Keimesgeschichte der Korallentiere und nach dem Grundgesetz der Lebensentstehung (biogenetisches Grundgesetz) eine brauchbare Urstammesgeschichte systemisiert, die uns zur Anerkennung der einstmaligen Existenz eines Tierchens zwingt, das als erste sozialistische Vereinigung einiger hundert Urzellen gelten kann. Dies war das *Urdarmtier* oder die Gastrea.

Es ist klar: Von den späteren größeren Tieren mit ihrem starken Knochenbau schon, hat uns die Erdrinde getreulich gar manches Skelett eines ausgestorbenen Tieres aufbewahrt. Eine Urschleimmasse aber mit einigen hundert vereinigten Zelltierchen, noch dazu im Wasser lebend, kann nirgends und niemals für unsere schönen Menschenaugen einen Abdruck hinterlassen, da muß eben die Keimesgeschichte zur Forschung herangezogen werden. Im Mikroskop kann sie jederzeit erforscht werden und so auch der Urdarmkeim, die Gastrula, als hypothetisches Urdarmtier oder Gastrea.

Mit diesem Tierchen wird der Sozialismus in der Natur schon ganz dick.

Stelle dir eine Birne vor, nehme an, du hättest den Stengel ausgerissen, so hast du vorne ein Loch, dann denke dir die halbe Birne innen schön rund ausgehöhlt und noch dazu, daß an Stelle des verbliebenen Birnenfleisches, rhythmisch aneinandergereiht, zwei Schichten mikroskopisch kleiner Urzellentierchen sitzen – so hast du das ganze Wesen vor dir. Es ist im strengsten Wortsinn kein Tierchen mehr, kein Individuum, sondern ein Tierstock, eine Tiergemeinde, eine Zellengenossenschaft, ein Zellenstaat oder wie immer du es nennen willst. Nur banne den Gedanken gleich recht weit weg von dir, daß du es mit einem Einzelwesen zu tun hättest. Eine vereinte Masse ist kein Einzelwesen mehr.

Die an der inneren Bauchwand gelegenen Zellen fressen, das heißt, sie saugen die beim Urmund vorne hereinfließende Nahrung im direkten Aufnahmeprozeß in sich ein. Soweit wäre die Sache noch kein vollkommener Sozialismus. Das einfache Fressen ist keine sozialistische Handlung. Aber die kommt gleich. Bei der Zellenschicht an der Außenseite der gedachten Birne haben die Zellen kleine Härchen angesetzt, mit Hilfe derer sie die ganze Gesellschaft im Wasser fortbewegen, zum Fressen haben diese Außenseiter indeß nicht Zeit und nicht Gelegenheit, also erhalten sie die Nahrung nach der urzeitlichen Sozialistenlogik von ihren Brüdern an der inneren Bauchwand zugesteckt. Die Nahrung fließt von angepaßter Zelle zu angepaßter Zelle auf geradem Wege über. Die Darmzellen fressen für sich und die Ruderer- zellen – diese wieder rudern für sich und für die Darmzellen – Einer für alle, alle für

---

[4] Ernst Haeckel (1834–1919) war ein einflussreicher Naturwissenschaftler und Philosoph. Er ist der Autor von *Die Welträthsel. Gemeinverständliche Studien über monistische Philosophie* (Bonn: Verlag von Emil Strauß 1899).

einen! Jeder tut seine Pflicht. Es gibt keinen Aufpasser, keinen Abteilungsvorsteher, keinen Oberaufseher, keinen General und keinen König. Das sind lauter Demokraten, starre Republikaner, echte Sozialisten. – Die Masse frißt sich durch das Leben durch, nicht ein Einzelner! Die Konkurrenz, der freie Handel, ja sogar der Schleichhandel sind in solcher Gastreagemeinde vollkommen brachgelegt. Und dennoch klappt die Maschinerie. Merkwürdigerweise. Man sollte doch annehmen, daß diese dumme Gleichheit zu nichts Gutem führen kann?

Dies, Freund, ist eben das Geheimnis der Natur, daß sie die älteste Sozialistin ist.

Was ist Natur im letzten, tiefsten Grunde? Der menschlichsprachliche Ausdruck für eine Erscheinungswelt, die *notwendig* so ist, wie sie ist. Denn wäre sie nicht notwendig, so wäre sie nicht und wir wären nicht mit ihr. Beachte einmal folgendes: Aus der Gastrea ist der Wurm, aus dem Wurm das Lanzettierchen mit dem ersten Wirbel, aus diesem der Fisch, aus diesem das Amphibium und weiter das Reptil und das Säugetier entstanden, mit dem Säugetier an der derzeit höchsten Spitze du selbst und ich, der Mensch. Wir Menschen sind alle die gleichen Zellenstaaten, wie Mutter Gastrea. Wir alle sind vereinte Massen und – *nicht Individuen*.

Rege dich darob nicht auf und höre weiter. Unser Blick in die Sonne soll uns dadurch nicht genommen werden, daß wir zur Erkenntnis gelangen, wir seien gar keine Individuen als Einzelmenschen, nur unserem verträumten, natur- und weltfremden Blick geht es an den Kragen. Wir sollen *nüchtern* den Tatsachen ins Antlitz blicken. Und nüchtern ist die sozialistische Lehre, die wir, obwohl wir sie schon in uns haben, dennoch nachträglich nochmals bei dem hundert Jahrmillionen alten Urdarmwesen rückschauend wiederfinden. Wiederfinden? – Ist es nicht vielleicht richtiger, wir sagen, die Natur, die sozialistische Natur findet sich endlich wieder in dem ersten Bewußtsein jener Menschen, die Sozialisten sind oder die es werden wollen? Konnte die Gastrea über den Menschen oder muß nicht vielmehr der Mensch über die Gastrea ein Bewußtsein erlangen?

Du siehst, Freund, es sind eigentlich recht einfache Dinge, die sich da um die Tatsache eines Sozialismus in der Natur herumspinnen. Es dreht sich alles darum, ob innerhalb eines organisierten Staatsgebietes die Glieder des Ganzen sich gegenseitig die Nahrung und heute auf unserer Menschenhöhe auch schon den Kulturgenuß vorenthalten, oder ob sie beide Dinge sich nicht gegenseitig vermitteln sollen. Und auch darum handelt es sich, ob alle Glieder arbeiten und schaffen wollen im Ganzen und für das Ganze.

[...]

19.2 Gustav Harter: Zurück zur Natur

Erstveröffentlicht als Gustav Harter: Zurück zur Natur, in: *Neues Wiener Tagblatt*, 2. Oktober 1923, S. 2–4.

Das viel zitierte Motto der Lebensreformbewegung „Zurück zur Natur" gewann nach dem Ersten Weltkrieg an Popularität. Gustav Harter widmet sich der Frage nach dieser Rückkehr aus dem Blickwinkel der Medizin. Nach einer einleitenden Betrachtung, in der er als Grund für den Untergang der meisten großen Kulturen deren Abkehr von der Natur ausmacht, analysiert Harter zeitgenössische Versuche, Natur und Alltag zu verbinden, ebenso wie deren Rolle für Heilkraft und Hygiene. An anderer Stelle liefert er einige zeitgenössische Beispiele für die heilende Wirkung der Natur in der Medizin. Der vorliegende Ausschnitt legt das Augenmerk auf gesellschaftliche Pioniere und Institutionen in Wien, die auf den Einklang mit der Natur abzielten.

Die allgemeine Volksgesundheit und damit die ganze Kraft, das Leben, Denken und Schaffen einer Nation hängen, außer von gewissen Umständen, wie Klima, Boden- und Wasserbeschaffenheit, Erwerbs-, Ernährungsverhältnissen und andern, hauptsächlich davon ab, ob sich die große Masse des Volkes in der Führung des Lebens von den natürlichen Richtlinien so wenig wie möglich entfernt. Sie sind sehr einfacher Art, und der Instinkt freilebender Tiere oder der von Naturvölkern hat hier stets ganz von selbst den richtigen Weg gefunden, von dem aber jedes ältere Kulturvolk mit der Zeit immer mehr und mehr abweicht. Richtige Ernährung des Neugebornen, die ganz allein die Mutter-, nur im Notfall die Ammenbrust bieten kann, passende Pflege des Heranwachsenden, gesunde, nicht einseitige Nahrung, die die naturgegebene Speise so wenig wie möglich ihres Nährwertes beraubt, Reinlichkeit, einwandfreie Wohnungs- und Bekleidungsverhältnisse, genügende Bewegung im Freien in sonnendurchleuchteter, reiner Luft, ein harmonisches Verhältnis zwischen körperlicher und geistiger Anstrengung sowie den nötigen Ruhepausen, schließlich ein gesundes sexuelles Leben: das sind wohl die Hauptleitpunkte für die allgemeine Volksgesundheit. Je mehr ein Volk in seiner Lebensführung von der naturgewollten abweicht, desto mehr schwächt es seine körperliche und geistige Gesundheit, seine Fortpflanzungsfähigkeit, desto rascher treibt es dem Untergange zu.
[...]
Was wußte der Stadtmensch bei uns noch vor etlichen sechzig Jahren von dem Segen einer Wanderung in der freien Natur, im Hochgebirge, von der Touristik! Wohl zog der Handwerksbursche durch das Land, es hatten auch schon einzelne, wie Seume oder Kyselak,[5] weite Fußwanderungen unternommen, aber die große

---

[5] Johann Gottfried Seume (1763–1810), deutscher Schriftsteller, vor allem bekannt für seinen zum Großteil tatsächlich zu Fuß unternommenen *Spaziergang nach Syrakus im Jahre 1802*, Braunschweig, Leipzig: Vieweg 1803. Joseph Kyselak (1798–1831), österreichischer Alpinist und Beamter,

Masse der Städter kannte noch nicht den nervenstärkenden Einfluß einer Gebirgswanderung. Seine freie Zeit versaß man in rauchigen Wirts- oder Kaffeehäusern, fuhr zum Heurigen oder höchstens in den Prater hinunter. Erst die „romantische Zeit" mit ihrer Schwärmerei für Ruinen oder groteske Felspartien lockte die Wiener allmählich aus der Stadt. Die Erbauung der Eisenbahnen erleichterte das Reisen und erlaubte es auch, den minderbemittelten Klassen, im Sommer einige Zeit Gesundheit sammelnd auf dem Lande zu verbringen. Immer größer wurde die Anhängerschaft der Touristik, deren erste begeisterte Jünger noch als „Bergfexen" verhöhnt wurden. Welch riesige Verbreitung sie heute gewonnen, welch segensreichen Einfluß sie auf die Volksgesundheit ausübt, darüber brauche ich wohl keine Worte zu verlieren. Schon längst hatte das Volke die gesundheitsfördernde Wirkung der Sonnenbestrahlung erkannt, was wohl zwei alte Sprichwörter bezeugen: „wo die Sonne nicht hinkommt, dort kommt der Arzt hin!" und „Auf der Schattenseite der Straße hält der Leichenwagen doppelt so oft wie auf der Sonnenseite!" Es blieb aber bei den Sprichworten, und im Leben scheute man das Sonnenlicht. Liefen doch in den achtziger Jahren sogar die Herren in den Wiener Straßen mit Schattenspendern herum! Die zünftige Medizin hatte auch viele Jahre später noch immer keine Ahnung von den kräftigenden, anregenden, entgiftenden Wirkungen eines Sonnen- oder Luftbades, das unsre Vorfahren zur Zeit eines Tacitus wohl alltäglich genossen, das die römischen Aerzte schon gekannt und das der Laie Rikli[6] bereits 1855 in seiner Heilanstalt in Veldes anwendete.

[...]

Es ist interessant, daß einer der ersten und folgenschwersten Schritte zurück zur Natur in der Medizin gerade in unsrer Stadt gemacht wurde. Der berühmte Professor Skoda[7] war es, dem neben Rokitansky[8] die Wiener medizinische Schule ihren Weltruf verdankt, der als erster in den vierziger Jahren mit dem unsinnigen, zumeist überflüssigen, oft auch schädlichen Rezeptkram aufräumte, der damals die Therapie beherrschte. Er zeigte unwiderleglich, daß viele Krankheiten auch dann in Genesung übergingen, wenn sie ganz unbehandelt gelassen wurden. Natürlich fand Skoda anfangs heftige Opposition bei seinen Kollegen. [...] Der Fehler Skodas war der, daß er bei seinen Kranken überhaupt fast gar keine Therapie anwendete, was ihn bei den Leuten nicht mit Unrecht sehr in Mißkredit brachte. Leider gelangte dadurch damals wieder das Rezept mit seinem mysteriösen Inhalt für lange Zeit zu ei-

---

der auf seinen Touren Gravuren seines Namens hinterließ und deswegen als Vorläufer der Graffiti- und Tagging-Kultur gilt.
6 Arnold Rikli (1823–1906), Schweizer Naturheiler.
7 Joseph Skoda (1805–1881), aus Pilsen (Böhmen) stammender Arzt und Professor für Pathologie in Wien.
8 Carl Freiherr von Rokitansky (1804–1878), in Königgrätz (Böhmen) und in Wien wirkender Pathologe, Politiker und Philosoph.

ner Art Alleinherrschaft in der Therapie, obwohl schon Prießnitz[9] in Gräfenberg, vor ihm der unbeachtete Wiener Arzt Ferro,[10] mit ihren Wasserkuren, Schroth[11] in Lindewiese mit den gleichen und auch Diätkuren eine Bresche in ein bloß auf höchst zweifelhafte Medikamente eingeschworenes Heilverfahren gelegt hatten. Später gesellte sich noch der bereits erwähnte Rikli in Veldes dazu, der mit seinen Sonnenbädern und Freiliegekuren der Vorläufer aller modernen Lichttherapien und der segensreichen Heilstättenbewegungen gewesen ist. Ahnt man, welch gewaltigen Fortschritt es bedeutet, daß der arme Tuberkulöse, dem noch zu helfen ist, heute nicht mehr in luft- und lichtlosen Spitalsälen, sondern in guter Luft, im Freien im Sonnenschein liegt? Man gehe nur einmal in Grinzing die Himmelstraße hinauf und sehe sich die Liegehallen für die Kranken an! Und an den glänzenden Erfolgen einer derartigen Behandlung möge man dann erkennen, wie gut es war, daß die Heilkunde den Weg zur Natur zurückgefunden.

Den anfangs vielbekämpften Naturheilvereinen muß man das Verdienst lassen, daß sie die lautesten und erfolgreichsten Vorkämpfer des „Zurück zur Natur!" in der Medizin waren. Mögen auch manche ihrer Anhänger gar oft über die Schnur gehauen und zu berechtigter Kritik herausgefordert haben, im großen ganzen haben diese Vereine unendlich viel des Guten geschaffen, indem sie die Bevölkerung in nachdrücklichster Weise über den Wert natürlicher Heilfaktoren aufklärten, derartige Behandlungen in die Mode, eine gesunde Mode, brachten und dadurch auch die offizielle Medizin zwangen, diese Heilmethoden in ihren Schoß aufzunehmen.

Wenn neben anderm, das aufzuzählen mir hier leider der Raum fehlt, die Wiener heute ein Gänsehäufel[12] und ähnliche zahlreiche Einrichtungen besitzen, wenn sie sich daran erfreuen und stärken können, so mögen sie nicht vergessen, daß diejenigen, die ihnen den Weg zu diesen Quellen der Gesundheit gezeigt haben, die Naturheilvereine waren. Meines Erachtens hat der einfache Mann Florian Berndl,[13] der einst in gesundem, natürlichem Instinkt das Gänsehäufel gründete und damit die Wiener scharenhaft aus verstaubten, verräucherten Zimmern ins kühle Naß, ins Licht, in den sonnendurchglühten Sand lockte, mehr getan für die öffentliche Gesundheit als manche sogenannte medizinische Größe.

---

9 Vincenz Prießnitz (1799–1851), ein Naturheiler aus Österreichisch-Schlesien.
10 Pascal Joseph de Ferro (1753–1809), in Bonn geborener und in Wien wirkender Arzt und Gesundheitspolitiker, der als Pionier des modernen Rettungswesens und der Vakzination in Österreich gilt.
11 Johann Schroth (1798–1856), ein Naturheiler aus Österreichisch-Schlesien, Schulkamerad von Prießnitz und Erfinder der nach ihm benannten Schrothkur.
12 Bis heute beherbergt das Gänsehäufel, eine Insel in der Alten Donau im 22. Wiener Gemeindebezirk, eine weitläufige Badeanlage.
13 Florian Berndl (1856–1934), ein Naturheilkundler und Naturist, Begründer des Badebetriebs auf dem Gänsehäufel.

Es wäre noch viel über das Thema „Rückkehr zur Natur" zu sagen: über Sport, die Schrebergärten,[14] die den Großstadtproletarier zur Mutter Erde zurückführen, über Abstinenzbewegung,[15] die heutige naturgemäßere Kleidung der Frauen, über das Schwinden einer unnatürlichen, muckerhaften Scham, die früher die beiden Geschlechter beim Baden streng getrennt hielt und die vor mancher heute unauffällig gewordenen, erotisch bekanntlich vielmehr beruhigend als aufregend wirkenden Nacktheit zurückscheute, wie wenn es sich um eine schwere Sünde gehandelt hätte. Ueber diese und noch viele andre Dinge wäre noch gar manches anzuführen; aber dann müßte ich ein Buch schreiben und kein Feuilleton.

[...]

19.3 Gustav Müller: Die Berge und ihre Bedeutung für den Wiederaufbau des deutschen Volkes

Erstveröffentlicht als Gustav Müller: Die Berge und ihre Bedeutung für den Wiederaufbau des deutschen Volkes, in: *Zeitschrift des Deutschen und Österreichischen Alpenvereins*, 53. Jg., Nr. 1 (1922), S. 1–9.

In den im Ersten Weltkrieg besiegten Staaten Deutschland und Österreich war die Rhetorik nationaler Wiedergeburt und der Erneuerung weitverbreitet. Hatten viele gehofft, dass der Krieg die Gesellschaft von dem, was sie als den moralischen Verfall der vorangegangenen Jahrzehnte ansahen, befreien würde, so hatte er den moralischen Bankrott nur umso stärker zutage gebracht. So wandten sich viele der Natur als Inspirationsquelle für die Erneuerung von Körper und Geist und der Gesellschaft als solcher zu. Gustav Müller (1871–1943), der Leiter der Münchner Sektion des Alpenvereins, spricht diese Fragen in seinem Artikel in der Zeitschrift des Deutschen und Oesterreichischen Alpenvereins an, indem er untersucht, warum das Bergsteigen für so viele Menschen attraktiv ist. Im vorliegenden Auszug widmet er sich dem Konzept des Kampfs mit der Natur und der Frage, wie Wandern und Bergsteigen die Menschen zum Sieg in dieser Auseinandersetzung anleiten kann. Mit seiner Rhetorik des „Überlebens der Stärkeren" repräsentiert dieser Text anschaulich die nationalistischen und antisemitischen Haltungen innerhalb des Alpenvereins.

---

14 Kleingärten oder Schrebergärten sind nach dem deutschen Arzt Daniel Gottlob Moritz Schreber (1808–1861) benannte gemeinschaftliche Gärten, die, meist an den Stadträndern gelegen, Privatpersonen u. a. die Möglichkeit des Obst- und Gemüseanbaus boten.
15 Die Abstinenzbewegung verbreitete sich von Irland, Großbritannien und Skandinavien ausgehend ab den 1830er Jahren in Europa, wandte sich gegen den Genuss von Alkohol und Drogen und erreichte um die Wende zum 20. Jahrhundert in Europa ihren Höhepunkt.

[...] Uns Bergsteiger belehren die Berge eines anderen. Es ist eine seichte Art, sich den Bergen mit dem so oft beliebten, überhebenden, ästhetischen Behagen zu nahen oder mit keinem tieferen Gefühle als dem, ein schönes Schaustück zu genießen, oder mit den kleinlichen Eitelkeiten des Sports oder jenem marabugehirnartigen Wissenwollen, das doch nicht einmal durch die dünne Erdkruste dringt. Es ist tiefe Art, sich den Bergen mit Demut gegenüber der Allmacht zu nahen, mit Seele ihre Häupter zu betreten und, wie die Bergpflanze, die sich dem Wechsel ihrer Lebensbedingungen anpaßt, sich *in das rechte Maß der Maße zu finden*. Das ist die Sprache und die Philosophie der Berge. Hier endet die *Unrast*, hier *stirbt der Egoismus* und hier *beginnt die Ruhe*. Wer erkennt, daß die Urkraft uns in Grenzen gebannt hat, daß sie in ihrer majestätischen Ruhe verharrt, wenn ihr Geschöpf über seine Grenzen springen will, dem wird der in der Anpassung an das Sein gelegene Lohn, die *Seelenruhe* zuteil. Darin liegt das Wonnegefühl des Bergfriedens, des seelischen Gleichgewichts, der Übereinstimmung mit der Umwelt, die aus der gleichen Urkraft stammt, der seelischen Erholung und Erstarkung begründet.

Damit bestätige ich aber durchaus nicht die Richtigkeit des so oft gehörten Satzes: „Auf den Bergen wohnt der Friede." [...] *Kampf ist überall in den Bergen*. Es kämpft der schäumende Bergbach, es kämpft der Eisstrom mit dem Fels, es kämpft die zarteste Pflanze um ihr Sein. *Das Wesen der Bergwelt ist Kampf*. Das Wesen der scheinbar leblosen Materie der Flora, der Fauna in den Bergen, immer ist es *Kampf*. Auch wir Bergsteiger können uns ihm nicht entziehen, wir sollen und wollen es nicht. *Wir suchen den Kampf und freuen uns, ihn in den Bergen zu finden.* [...] Der Kampf ist auch unser Element und, weil wir uns nicht scheuen, dies anzuerkennen und danach zu handeln, Kraft und Tat und Kampf wollen, deshalb stellt sich das Ergebnis der Übereinstimmung mit der schöpferischen Urkraft, die Befriedigung, die *Freude am sinngemäßen Sein* von selber ein. Diese Gabe der Berge ist Kraft zu Kampf und Sieg, ist Kraft zur Überwindung aller Hindernisse, die einem gutgewollten Ziele sich entgegenstellen.

Die oft gehörten Phrasen über den Kampf, Stahlbad des Krieges usw. mache ich mir nicht zu eigen. Aber an der Erkenntnis, daß der Kampf eine Naturnotwendigkeit ist, kann kein Bergsteiger, der klare und furchtlose Sinne und gesundes Mark in den Knochen hat, vorübergehen. Er nimmt das *Kampf*prinzip auf Schritt und Tritt wahr. Er sieht, daß *alles, was nicht kämpft, nicht mehr zu kämpfen gewillt oder nicht dazu imstande ist, nach einem starren und unabänderlichen Gesetze zugrunde gehen muß. Nichtkämpfen ist Untergang*! Nicht im Behagen des mühelosen oder feige dem Kampfe ausweichenden Genusses, sondern nur in der Mühe und Spannung des Kampfes wird jedes Wesen seiner Bestimmung, seines Zwecks und seiner Kräfte inne und seiner Bestimmung gerecht. Behagen des Genusses ist nur Lohn nach bestandenem Kampf. Nirgends ist mir in den Erscheinungen des Lebens Kants Gebot:

„*Tu, was du sollst, weil du sollst*"[16] so deutlich zu Bewußtsein gekommen, wie in den Bergen. Hier tritt es in seiner herben, fast schaurigen und doch unwiderstehlich anziehenden Kraft hervor. *Kämpfe, weil du sollst, erkämpfe, was du sollst!* Nach diesem Gesetze lebt die Bergpflanze, leben die einfachen Bewohner und die Tiere der Berge. Diesem Gesetze ist die Entwicklung aller Dinge in den Bergen unterworfen. Lust oder Unlust, Leid oder Freud, Können, oder Nichtkönnen, Wollen oder Nichtwollen, kommen hier letzten Endes nicht in Frage. Nur müssen, weil es sein soll, ist hier das Entscheidende. Das ist das eherne Weltgesetz, das in den Bergen zu lesen ist. Für mit Willen ausgestattete Wesen lautet es: „Tu, was du sollst" und „du sollst kämpfen mit dir selbst und allem, was sich dir entgegenstellt". „Tu deine Pflicht!" Wer mit der Seele auf die Berge steigt, dem raunen sie zu: Die Ehrwürdigkeit der Pflicht hat nichts mit Lebensgenuß zu schaffen, sie ist der Lebenszweck selbst; darum tu deine Pflicht! So viel Schönes uns die Berge spenden, so scharf trennen sie Ernst und Nichternst. Sie rufen und stählen zu ernstem und hartem Kampf mit ihnen, mit uns und der Umwelt.

So werfen die Berge dem Nachsinnenden gesunde Früchte in den Schoß, spenden Kraft der Seele, reichlich genug, ein krankes Volk zu ertüchtigen.

[...]

Das kleine Griechenland beherbergte ein großes und unüberwindliches Volk, solange der Ölzweig als höchster Lohn des Sieges galt. *Nur dann, wenn Deutschlands Volk und vor allem Deutschlands Jugend den Kampf als ehernes Weltgesetz anerkennt und für die Erfüllung seiner Pflicht in Kampf, Not und Gefahr keinen anderen Lohn verlangt als das Bewußtsein, dem, was es soll, gemäß gehandelt zu haben, nur dann werden wir Deutschen uns wieder ein großes Volk nennen dürfen und unbesiegbar sein.* Dazu können die Berge uns wertvolle Werte liefern. Die Hoffnung kann ich nicht aufgeben, denn noch gibt es Kerle unter uns, die für Mühe und Gefahr keinen anderen Lohn begehren, als *einen Blick von Bergeshöhe*, ins heilige Licht, hinüber ins Überweltliche, ins Ewige, empor zum Spender dieser Werke.

Ja, in den Bergen thronen noch die *Ideale*. Dort ist *Erkenntnis der Bedeutungslosigkeit des eigenen Ichs*. Dort paaren sich *Demut* und *Mut*, dort straffen sich *Sinn und Trachten zum unbeugsamen Willen*, dort lernt sich *herbes Müssen* und *Ausharren* im Kampf, dort erhebt sich das Herz frei von Angelerntem, von Scheinheiligkeit und Gewohnheit, zum *Gebet*, dort verlieren sich im Zauber des Ewigen die Schauer vor ihm, dort sind *Seele* und *Kraft*, dort gilt nur *der Wert um seiner selbst willen*, nicht die Maske, dort ist das Land des uneigennützigen Kampfes, dort lodert das *Feuer der Liebe zur Heimat*.

---

16 Hier handelt es sich nicht um ein Zitat Kants, eher um eine inhaltliche Zusammenfassung und Neuinterpretation seines grundlegenden ethischen Prinzips des kategorischen Imperativs.

Aus diesen Schätzen, Alldeutschland, hole dir Willen, Mut und Kraft zum Kampf um dein Sein, dort, Jungdeutschland, stähle Arme, Sinne und Willen, nähre deine Seele und schmiede deine Wehr!

19.4 Franz Kleinhans: Zur Frage des Arierparagraphen

Erstveröffentlicht als Franz Kleinhans: Zur Frage des Arierparagraphen, in: *Nachrichten der Sektion „Donauland"*, 4. Jg., Nr. 36 (1. Juli 1924), S. 112–113.

Obwohl der Deutsche und Oesterreichische Alpenverein über eine maßgebliche Zahl an jüdischen Mitgliedern verfügte, führten zahlreiche Sektionen ab 1919 den sogenannten Arierpagrafen ein und begannen mit einer offenen Diskriminierung von Juden und Jüdinnen. Die Antwort der Sektion Donauland auf die antisemitische Kampagne, die gegen sie losgetreten worden war, wirft sowohl einen kritischen Blick auf den Arierparagrafen als auch auf das Selbstverständnis der Alpinisten. Franz Kleinhans (1877–1954), ein prominenter Protagonist des Österreichischen Touristenklubs, formuliert hier ein ebenso strategisches wie moralisches Argument für die Einbindung von Juden und Jüdinnen in die alpinen Vereine.

[...]
Der Arierparagraph bezweckt seinem Sinne nach, kurz gesagt, Juden satzungsgemäß von der Mitgliedschaft in Sektionskreisen auszuschließen. Rechtlich genommen steht es natürlich jedem Verbande frei, im Rahmen der Satzungen sich seine Mitglieder auszusuchen. Nun hatte der Alpenverein seit jeher Juden in seinen Reihen. Der Arierparagraph bedeutet daher den Ausschluß alter Mitglieder und die Aufrollung der Frage in der Sektion Austria sowie die nebenhergehenden Begleitumstände ließen keinen Zweifel übrig, daß nicht etwa ein grobes Verschulden in alpiner Hinsicht, sondern *lediglich* Antisemitismus als Beweggrund des Ausschlusses zu gelten habe. Es ist klar, daß unter solchen Umständen jüdische Sektionsmitglieder austraten, auch wenn die Satzungsänderung nicht ausdrücklich dies verlangte, sondern nur neu aufzunehmende Mitglieder betraf. Die alten Mitglieder schlossen sich in Wahrung alter Rechte und zur Abwehr gegen die Maßregelung, die sie als tief verletzend empfindend mußten, in einer neuen Sektion zusammen. So entstand die „Donauland". Entstehung und Bestand der Sektion Donauland im Alpenverein darf unter diesen Umständen wohl nicht als beabsichtigte Provokation, sondern nur als *natürliche Folge* der vorangehenden Ereignisse bezeichnet werden.
Der Kampf ging weiter und war besonders im Anfang der Bewegung von Erscheinungen begleitet, die deutlich darauf hinwiesen, daß man sich nicht begnügen wollte, innerhalb der Sektion unter sich zu sein. Die Juden blieben ja im Gesamtverein. Man traf sie in den Schutzhütten. So kam es zu den Versuchen, Juden vom Betreten oder dem Besuch von Schutzhütten auszuschließen. Die in ihrer durch die

Besonderheit des alpinen Rahmens doppelt scharf beleuchtete Situation ließ von einem Fortschreiten auf dieser Bahn absehen.[17] Wo Menschen oder Menschlichkeit schwiegen, begannen die Berge eine eindringliche Sprache zu sprechen. Und so blieb als zwar unerfreulicher, aber harmlosester Rest die heute noch in vielen Schutzhütten prangende Tafel „Juden und Mitglieder der Sektion Donauland sind ungebetene Gäste". – Es gab eine Zeit im Alpinismus, da galt kein Besinnen, wenn der Ruf erscholl: Menschen in Not! Heute fragt man sich in gewissen Kreisen bereits ängstlich, ob der Hilfeheischende nicht etwa Mitglied der Sektion „Donauland" sei. Die Zeiten sind äußerlicher geworden. Man heftet sich das Sonnenrad[18] an die Brust. *Im Innern aber ist es dunkel geworden.*

[...]

Weniger als um die prinzipielle Stellung in der Frage des Antisemitismus selbst kann es sich also hier nur darum handeln, jene *rohen Formen und Auswüchse* des Antisemitismus von den Bergen fernzuhalten, wie sie zwar in den Niederungen des Alltags gedeihen, in der reinen Luft der Berge aber doppelt abstoßend wirken. Und schließlich mag die Frage aufgeworfen werden, ob und inwieweit Antisemitismus in den Bergen und im Alpinismus überhaupt eine Möglichkeit oder Berechtigung hat und ob es sich im Alpinismus nicht um eine ähnliche Grenze handelt, vor der Antisemitismus Halt zu machen hat, wie dies beispielsweise auf wissenschaftlichen oder künstlerischen Gebieten der Fall ist, auf allen Gebieten also, wo der ganze Mensch spricht, wo das Wesen der Sache die persönliche Wertung des Einzelnen und seine geistige Eigenart mehr hervortreten läßt gegenüber Fragen der Abstammung oder des Blutes. Daß diese Frage nicht unberechtigt ist, erhellt schon daraus, daß es genug Menschen gibt, die auf dem Standpunkt stehen, in allen Dingen den Menschen vor allem als *Menschen* zu nehmen und zu bewerten. Sie stellen das Individium [sic], die Persönlichkeit höher als Abstammung und Rasse. Sie wollen sich in ihrem Urteil nicht davon abhängig machen, daß der Zufall der Geburt in einem gewissen Milieu oder Volk von ausschlaggebender ständiger Bedeutung für die Wertung des ganzen Menschen sei. Man denke sich in die Lage eines Menschen, den das Schicksal in eine Rasse stellte, wie die des jüdischen Volkes, und der, von Jugend auf zurückgestoßen und geächtet, selbst die Keime einer guten Entwicklung mißachtet und zertreten sieht. Man nehme die Minderwertigkeit oder Schädlichkeit der semitischen Rasse als bewiesen an; kann solches Verhalten dazu führen zu ver-

---

17 Während einzelnen Sektionen des Alpenvereins die Einführung des Arierparagrafen in ihre Vereinsstatuten zwar gestattet worden war, erlaubte das Statut der Zentralorganisation aber nicht den Ausschluss von Mitgliedern anderer Sektionen von der Benutzung ihrer Hütten. Die offen antisemitischen Sektionen antworteten darauf mit dem Anbringen von Schildern, die besagten, dass Juden und Jüdinnen sowie Mitglieder der Sektion „Donauland" nicht willkommen seien, ohne ihnen den Zugang strikt verbieten zu können.
18 Das Sonnenrad fungiert hier als alternative Bezeichnung für das Hakenkreuz (der Begriff kann neben der ursprünglich hinduistischen Swastika auch das altnordische Radkreuz bezeichnen).

gessen, was man selbst Verbrechern oder wilden Tieren gegenüber als Gebot der Menschlichkeit empfindet: *das Fühlen des Wesens auch im Andern* und aus diesem Gefühl herauswachsend das der Mithilfe, ohne deshalb in ein schwächliches Sichgefallenlassen alles und eines jeden zu fallen?

Ein Umstand mag das Hervorheben dieses Standpunktes im besonderen rechtfertigen. Nicht leicht wird in irgend einer geistigen Bewegung mehr das Streben nach freier Entwicklung der Persönlichkeit zum Ausdruck kommen als gerade im Alpinismus. Alpinismus bedeutet die Hingabe, das Einfühlen in dem, was hinter der Reinheit, Erhabenheit und Göttlichkeit kündenden Formen der Bergwelt als Geistiges webt. Alpinismus ist keine Massenangelegenheit, sondern mehr als irgend etwas Sache der Persönlichkeit. *Alpinismus ist voll und ganz Gesinnungssache.* Wer sich in der richtigen Gesinnung den Bergen zu nähern versucht, der allein ist wirklich Alpinist zu nennen. Diese Versuche unternehmen viele. Sie seien uns im Namen einer großen Sache willkommen. Sie gehören zur Schar derjenigen, die nach aufwärts streben.

[...]

19.5 Theodor Hartwig: Die politische Auswirkung unserer unpolitischen Tätigkeit

Erstveröffentlicht als Theodor Hartwig: Die politische Auswirkung unserer unpolitischen Tätigkeit, in: *Der Naturfreund,* 33. Jg., Nr. 1–2 (Jänner/Februar 1929), S. 35.

In diesem Artikel argumentiert der Freidenker und Soziologe Theodor Hartwig (1872–1958) unter Darlegung der Philosophie der Naturfreunde, dass die Natur, besonders die Bergwelt, schon immer eine enge Verbindung zur Politik aufgewiesen habe. Er nimmt in Anspruch, dass die Naturfreunde den Sozialismus nicht nur propagieren, sondern in den Bergen auch leben würden. Auf diese Weise lieferten sie mit ihren Freizeitaktivitäten ein Vorbild für die Verwirklichung eines gesunden Sozialismus, wodurch sich auch ihr politischer Wert erkläre.

Man macht uns Naturfreunden von gegnerischer Seite den Vorwurf, daß wir Politik in die Berge tragen. Das ist nicht richtig. Die Politik war bereits in den Bergen, ehe es eine Naturfreundebewegung gab. Die Politik war in den Schutzhütten der bürgerlichen Alpenvereine, denn die Touristik wurde als ein Reservat der bevorrechteten Klasse betrachtet. Nur der „bessere" Mensch durfte Sinn für die Schönheiten der Natur haben und das Menschentum wurde nach der Höhe des Einkommens bemessen. In der feudalistischen Epoche war die Redensart geläufig: „Der Mensch fängt erst beim Baron an." Und heute heißt es offenbar: Der Mensch fängt erst beim Autobesitzer an. Das Volk ist „Mob", gut genug als Kulturdünger für die herrschende Klasse.

Diese Einstellung war nicht nur in den großen Hotels der Fremdenindustrie zu finden, sondern auch auf den Schutzhütten. Die Kultur der Höhenluft taugte nur für die „oberen Zehntausend". Daher auch die scharfe Scheidung zwischen „Führer"[19] und „Herrschaft". Der Führer gehörte in die Führerstube; er wurde ja bezahlt und man verfügte daher über seine „Arbeitskraft". Solange der „Herr" mit seinem Führer durch das Seil auf Tod und Leben verbunden war, gab es keine Klassenscheidung: Mensch und Mensch standen gemeinsam in Not und Gefahr. Sobald aber die „Bindung" gelöst war, trat die gesellschaftliche Absonderung in ihr Recht: Die sozialen Schranken wurden wieder aufgerichtet.

Aber noch in einem anderen Sinne gab es in den Bergen Politik. Nicht nur das Bergführerproletariat bekam den Hauch der bestehenden Gesellschaftsordnung zu verspüren, auch die Bauern in den Tälern bis herab zum letzten Forst- und Lohnarbeiter wurden durch den kapitalistischen Geist verseucht. Pfarrer und Lehrer hatten den Gedanken der staatlichen Autorität in die entlegensten Winkel des Gebirges zu tragen. Schule und Kirche sorgten für Zucht und Ordnung in der Seele der ihnen anvertrauten großen und kleinen Kinder des Volkes. Vom Katheder und von der Kanzel wurde gegen das rote Gespenst des Sozialismus gewettert. Die geistige Heimwehr wurde mobilisiert, ehe es noch richtige Heimwehren[20] gab. Der Sozialismus wurde als Teufel an die Wand gemalt, der darauf ausgehe, dem Bauern sein Privateigentum zu rauben, die Familie zu zerstören, Religionslosigkeit zu predigen und Unsittlichkeit zu verbreiten.

Da kam die Naturfreundebewegung. Haßerfüllt nahm die bürgerliche Touristik gegen diese Anmaßung des Proletariats Stellung. Der Bauer wendete sich trotzig gegen die rote Flut, die sich in die Berge wälzte. Böse Blicke verfolgten uns Naturfreunde, wo immer wir uns zeigten.

Wir haben uns nicht beirren lassen und unsere Pionierarbeit im Gebirge geleistet. Wir haben kein Wort vom Sozialismus gesprochen und dennoch für den Sozialismus Werbearbeit getan. Wir Naturfreunde predigen nicht den Sozialismus, sondern wir leben ihn.[21] Und die Bauern haben im Verkehr mit uns erfahren, daß wir Sozialisten sozusagen auch „Menschen" sind und sogar sehr umgängliche Menschen, frei von Vorurteilen. Wir haben unsere Naturfreundehäuser errichtet und langsam haben die „Einheimischen" Zutrauen zu uns gefaßt, trotz aller Hetze bürgerlicher und klerikaler Blätter gegen den Sozialismus.

Wer diese Auswirkung der Naturfreundebewegung studieren will, der möge in das Rauriser Tal hinauswandern, wo die Wiener Naturfreunde ihr schönes Haus in

---

19 Gemeint ist Bergführer.
20 Die Heimwehr war eine nationalistische, paramilitärische Vereinigung in den 1920er und 1930er Jahren in Österreich. (Vgl. Kapitel 36)
21 Literaturverweis im Original: [Theodor Hartwig]: Wanderlust und Bergfreude, Wien: Verlag R. Cerny [1928].

Kolm-Saigurn errichtet haben. Die Bauern haben sich mit uns in Verbindung gesetzt, um mit uns gemeinsam die Straße zu erhalten und auszubauen. Im ganzen Rauriser Tal, wo früher ein freundlicher Gruß kaum mit einem mürrischen „Grüß Gott!" erwidert wurde, ist heute der sozialistische Gruß „Freundschaft!" heimisch.

Ein Symbol! Mit der Naturfreundebewegung wandert der sozialistische Gedanke in die Berge. Das ist die politische Auswirkung unserer unpolitischen Tätigkeit.

19.6 Karl Renner: Über die Naturfreunde

Erstveröffentlicht als Dr. Karl Renner über die Naturfreunde, in: *Der Naturfreund*, 35. Jg., Nr. 5–6 (Mai/Juni 1931), S. 104–105.

Als sozialdemokratische Führungsfigur und Gründungsmitglied der Naturfreunde hielt Karl Renner (1870–1950) anlässlich der Eröffnung einer neuen Verbandszentrale in Wien die folgende Rede. Er führt aus, wie die Arbeiterklasse historisch von der Sphäre der Natur ausgeschlossen worden war und Vereine wie die Naturfreunde der Arbeiterschaft dabei helfen würden, endlich eine Verbindung zur Natur aufzubauen. Daraus resultiere eine optimistische, sozialistische Zukunftsvision für Wien wie auch für die Naturfreunde selbst.

[...] Der Proletarier war auf der Höhe des vorigen Jahrhunderts nicht nur ausgeschlossen aus der menschlichen Gesellschaft, in die er sich den Eintritt wieder erkämpfen hatte, er war auch ausgestoßen aus der Natur! Als Besitzloser hatte er keinen Teil an Feld und Flur und Wald und Weide, am Boden der Städte. Zusammengepfercht des Nachts in luft- und lichtlosen Elendswohnungen, zusammengeschart untertags in Fabriken und Werkstätten, in welche selten das Auge des Gewerbeinspektors fiel, war er in den Zwischenpausen angewiesen auf elendige Wirtshausräume und auf den Tröster Alkohol. Von der unendlichen Natur blieb ihm nichts als die staubige Landstraße zur Arbeitsuche. Es galt dem Proletarier auch die Natur zurückzuerobern, die Natur mit ihrem unversiegbaren Born an Kraft und Schönheit, die Natur mit ihren wunderbaren Gesetzen, die der menschliche Geist allmählich entsiegelt hatte. Welch ein aufreizender Widerspruch: Derselbe Arbeiter, der in der Fabrik berufen war, die Naturgesetze anzuwenden, der in unzähligen Werkstätten die Kraft des Dampfes und die wunderbare Macht, die im Blitz sich offenbart, durch geduldige Drähte lenkte, zugleich der Diener und Herr der Naturkräfte, er war von dieser Natur ausgeschlossen. Aber gerade er fühlte in sich die unbändige Liebe zu der Mutter Natur, von der er enterbt war, fühlte die Begeisterung für die Natur, die er beherrschen gelernt hatte, am allermeisten. Es galt bloß, ihn aus dem Alkoholdunst des Wirtshauses einmal herauszuführen und hinauszuleiten mitten in die schwellenden Wiesen, rauschenden Wälder, ihn gegenüberzustellen den

Bergriesen, den tosenden Wasserfällen und ihm von den umnachteten Berggipfeln das Firmament mit den kreisenden Gestirnen zu zeigen, um den Jubel der Erlösung aus seiner Seele loszubinden.

Für die paar Dutzend Leute der „Touristischen Gruppe" war die Naturpropaganda ein reiner Siegeszug: In wenigen Jahren wurden aus den Dutzenden Hunderte, aus den Hunderten Tausende, aus den Tausenden Zehntausende. Aus der bloßen Naturbetrachtung, deren Pioniere wir waren, wurde bald die Liebe zur Naturwissenschaft, die Freude an der Naturerforschung. Naturfreunde erschlossen und erforschten Höhlen, bestiegen und erstiegen Gipfel, befuhren mit dem Paddelboot Flüsse und Ströme und vertrauten sich bald auch mühselig und primitiv zusammengezimmerten Segelflugzeugen an. Naturfreunde wurden Korrespondenten von Naturforschern und ihren Instituten. An den geselligen Abenden, die man in der Stadt zu verbringen gezwungen war, führten die jungen Forscher im Lichtbild ihre Erfahrungen vor, brachten Gelehrte neueste Entdeckungen vor die verständnisvoll gewordenen Massen. Ein Zweig der Wissenschaft hatte so eine Gefolg- und Hörerschaft gewonnen, die bereit war, nicht nur aufzunehmen, sondern auch mitzuschaffen.

Damit aber entrollte sich eine Perspektive der Zukunft, die heute noch nicht jedem vertraut ist, die sich aber deutlich aus dem wirren Wandel unserer Zeit heraushebt. Zusammengehalten mit allen anderen Organisationen, welche die Arbeiterbewegung geschaffen hat, ergibt sich folgendes Bild: Die freie Gemeinde der Schul- und Kinderfreunde bemächtigt sich von unten her des Erziehungsproblems, dem ein Ministerium mit all seinen Anstalten von oben her dient. Die freie Gemeinde der Kunststelle bemächtigt sich von unten her des Theaters, der Museen, der Galerien, die heute von oben her durch den Staat verwaltet werden. Die freie Gemeinde der Krankenkassenmitglieder bemächtigt sich von unten her der Heilkunde, der von oben her die staatlichen Heilanstalten dienen. Die freie Gemeinde der Naturfreunde erobert die Naturwissenschaften, die von Staats wegen, also von oben her, Sache der Hochschulen sind. Und so fort! [...]

Wir sehen voraus, wie diese künftige Gesellschaft nicht mehr diktatorisch beherrscht, nicht mehr bürokratisch regiert wird, sondern in einer reichen Fülle von freien Sonderorganisationen sich selber regiert. Und eine solche künftige Gesellschaft – das ist eben die Vollendung der Demokratie, das ist eben die Verwirklichung des Sozialismus. Und jetzt wird uns klar, daß die Naturfreunde sowie alle Sportorganisationen wie alle anderen kulturellen und geistigen Zweige der Arbeiterbewegung nicht etwa ein Abweg vom Ziel des Sozialismus, sondern die Vorbereitung des echten und rechten Sozialismus sind, des Sozialismus, der alle Seiten des menschlichen Daseins ergreift und in demokratischen Organisationen gestaltet. So haben die Naturfreunde recht behalten. Auf ihrem Gebiete sind sie die Pioniere des Sozialismus geworden, indem sie der Arbeiterklasse die Natur, die Naturwissenschaften erobern und das politische Werk des Proletariats auf ihrem Sondergebiet wirksam ergänzen.

[...]

19.7 Anonym: Die Sonntagsflotte

Erstveröffentlicht als Die Sonntagsflotte, in: *Der Kuckuck*, 21. Juni 1931, S. 3.

Um Natur zu erleben, musste sich die Wiener Bevölkerung nicht in die Berge begeben. Wien bot Parkanlagen und andere Erholungsgebiete innerhalb und außerhalb der Stadtgrenzen. Eines der beliebtesten Erholungsgebiete war die Donau. Der folgende Ausschnitt setzt sich mit dem „Faltboottrend" und den unzähligen bemannten Booten auseinander, mit denen Arbeiterinnen und Arbeiter an Sonntagen die Donau befuhren. Der Verfasser oder die Verfasserin sieht darin ein Zeugnis sozialistischer Errungenschaften, die sich darin äußern, dass das Wiener Proletariat nach Jahrhunderten, in denen es auf „seinen" Fluss, den die Eliten für sich vereinnahmt hatten, nur schauen konnte, die Donau endlich für sich selbst in Besitz nehmen könne. Der Originalartikel war mit einer Reihe von Fotografien dieser Freizeitaktivitäten illustriert. Zu sehen sind persönliche Momente, etwa bei der Rasur, beim Kochen, bei der Vorbereitung der Boote, und schließlich die Faltbootfahrt auf dem Wasser.

Am Nußdorfer Spitz. Hier beginnt Wien und die Wasser der Donau brechen sich rauschend an den Steinen des Kunstbaues, den die Donauregulierungskommission einst in den Strom hineingeschoben hat. Die Sonne ist im Untergehen, dunkel und fremdartig wuchtet der Leopoldsberg empor, weich und breit hingegossen liegt drüben der merkwürdige Bisamberg. An beiden Ufern des Stromes emsiges Kommen und Gehen, die Badezüge der Franz-Josefs-Bahn keuchen hin und her. Der Strom aber schiebt seine glitzernden Wassermassen in majestätischem Gleichmut dem Schwarzen Meere zu. Da auf einmal ganz in der Ferne auf seinem Rücken etwas Unruhiges, Sonderbares, etwas, das aussieht wie ein großer, großer Vogelschwarm, es kommt näher und man erkennt Faltboote, viele, viele Faltboote, die den Strom bedecken, hurtig ihn heruntergleiten, und immer mehr werden es ihrer.

Grammophone, die manche Ruderer vor sich auf dem Boot stehen haben, spielen fröhlich in die Abendluft hinein und ganz eigenartig silbrig-dünn klingt die Musik über den Spiegel der dahingleitenden Wassermassen. Der Zug der Boote reißt nicht ab. Beim Spitz biegen sie in den Donaukanal, da und dort wird gelandet. Aber immer neue Fahrzeuge tauchen auf, immer neue Weisen erklingen und alles ist so leicht, frei und beschwingt. Das ist die abendliche Heimkehr der Wiener Faltbootfahrer am Sonntag. Die Heimkehr in den Wochentag der Stadt.

Lange, bis zum Anbruch der Dunkelheit, gleiten die Faltboote heran, landen, werden eilends zerlegt, eingepackt, und dieses Schauspiel fesselt immer wieder neue Mengen von Zuschauern, von gemächlichen Weinbeißern alten Schlages, die halb wohlwollend, halb griesgrämig diese Menschen des neuen Wiens betrachten, die sich nun auch die Donau, den Strom, der ewig im Dornröschenschlaf liegt, erkämpft und erobert haben. Den Strom, der jahrhundertelang durch das Leben der

Wiener Proletarier geflossen ist, ohne daß sie ihn gekannt, ohne daß sie seine traumhafte Schönheit, seine majestätische Gewalt jemals hätten erleben dürfen.

19.8 Adele Jellinek: Der Erobererzug

Erstveröffentlicht als Adele Jellinek: Der Erobererzug, in: *Arbeiter-Zeitung*, 26. August 1931, S. 7.

Auch in der Literatur des Roten Wien hatte die Natur ihren Platz. Adele Jellinek (1890–1943) war eine Autorin, die vor dem Siegeszug des Faschismus in Österreich zahlreiche Erzählungen und Feuilletons in Wiener Zeitungen veröffentlichte. In einem in der Arbeiter-Zeitung *abgedruckten autobiografischen Text setzt sich Jellinek damit auseinander, wie ihre Beziehung zur Natur in der Kindheit geprägt wurde. Sie fragt sich, wie diese Beziehung durch Geschlecht und soziale Stellung beeinflusst wurde. Die von den Kindern leidenschaftlich verteidigte idyllische Vorstellung der Natur bildet dabei ein starkes Gegenbild zur Stadt. Indem sie diese Fragen mit ihrer persönlichen Erzählung verknüpft, entwirft Jellinek einen kritisch reflektierten Text, der individuelle Naturerfahrung jenseits des zeitgenössischen Vereinswesens beschreibt.*

[...]
Merkwürdig ist es, wie sich in uns der Begriff der Natur bildete. Zuerst war es nur die dunkle Silhouette eines Baumes, eines Hügelstreifens im fernen Dämmer der Kinderjahre. Dann kamen die Lieder, die die Mägde im Hof sangen: von der Linde im Tal, von den Bergen und Seen, von dem Schatz, der weit in die Ferne auf die Wanderschaft zieht. Dann die zerlesenen Märchenbücher, in denen der deutsche Wald lebte. Wo hätten wir jemals von dem tiefdunkelgrünen Bergsee gehört, wenn nicht der Froschkönig dort gewohnt hätte? Dann kam die Schule, die uns kühl und verstandesgemäß ein wenig in die Werkstätte der Natur blicken ließ. In den Schulaufsätzen waren wir darauf aus, ihr intimes Leben zu entschleiern, trotzdem wir sie weder von außen noch von innen kannten.

Nur wenige waren unter uns, die sich den Weg zu ihr erzwangen. Das waren die Jungen, die kleine Eroberungszüge in die Natur hinaus veranstalteten. Um vier Uhr früh standen sie auf, nahmen Einsiedegläser mit einer Schlinge aus Draht oder Spagat, irgendeine alte Botanisiertrommel ohne Verschluß und zogen hinaus. Wenn sie dann am Abend wiederkamen, haftete an ihnen derselbe fremdartige Geruch, den der Wind manchmal herübertrug. In den Einsiedegläsern hatten sie dann köstliche Erdbeeren oder auch manchmal ein silbernes Fischlein und in der Trommel Käfer und Kräuter. Wir Mädel aber waren von diesen Erobererzügen ausgeschlossen, die Mütter ließen uns nicht mit.

Wie es dennoch kam, daß wir einmal einen großen, großartigen Heereszug in die Natur veranstalteten? Das kam so. Wir saßen und schrieben fein säuberlich einen Schulaufsatz mit dem Titel: „Die Allmutter Natur". Unser Schlafbursche,[22] der uns über die Schulter sah, verzog das Gesicht und meinte spöttisch, diese „Allmutter" mache es wie jene gewissen Frauenzimmer, die es lieber mit denjenigen halten, die Geld haben. Er gebrauchte einen viel unverblümteren, zynischeren Ausdruck. Es war ihm aber manches an seiner gallischen Natur zugute zu halten, denn er war schwer lungenkrank, und der Kassenarzt fragte ihn zuweilen, ob er nicht Verwandte auf dem Land habe, möglichst in südlicheren Gegenden, worauf der Bursche stets antwortete: Nein, er habe keinen Onkel in Brioni.

Da wir so leidenschaftlich protestierten, ließ er sich mit uns in eine Debatte ein. Wer von unseren Schulkameraden das Glück habe, im Sommer aufs Land zu fahren, in die Natur hinaus? Ob es nicht diejenigen wären, deren Väter etwas hatten? Wir mußten es zugestehen. Und wer von uns den großen Pfingstausflug der Schule auf die Rax mitmachen konnte? Ob nicht auch da ein Zusammenhang zwischen Natur und Geld war? Und ob wir nicht glaubten, daß er auch gesünder sein könnte, wenn sein Bett statt in dieser dumpfen, kleinen Küche in einem Sanatorium- oder Pensionszimmer am Meer stünde?

Wir mußten das alles zugestehen und dennoch wehrte sich alles in uns gegen diese groteske Argumentation. Das schien uns doch die Welt auf den Kopf zu stellen. Der Streit wurde immer lebhafter, andre kamen hinzu, dem Schlafburschen schien es außerordentlich wohl zu behagen, einmal seine Galle loszuwerden. Er spielte mit uns wie die Katze mit der Maus, er kämpfte in verbissener Lustigkeit mit irgendeiner dunklen Macht auf dem Rücken unserer armen kleinen Logik. Wenn einer von uns etwas entgegnete, sagte er lustig: „Danke, Herr Verteidiger!", oder: „Danke, Herr Zeuge!" Und da sprangen wir denn auch mit beiden Füßen aus dem Ernst in das lustige Spiel. Es wurde eine regelrechte Gerichtsverhandlung und wir waren Verteidiger, Geschworne, Zeugen, alles in allem. Unsichtbar auf der Anklagebank saß die „Allmutter Natur", sie mußte sich vor einem Gerichtshof kleiner Parias verteidigen, und trotz unserer leidenschaftlichen Parteinahme für sie wurde sie auch für schuldig befunden.

So spaßhaft das auch von uns genommen wurde, es blieb doch ein kleiner Stachel zurück. Und das war vielleicht der Anlaß, daß plötzlich der Plan aufsprang, einen großen, großen Erobererzug in die Natur hinaus zu unternehmen, an dem nicht nur die Buben teilnehmen sollten, sondern alle, alle – auch unser spottlustiger Freund. Und an einem schönen Tag setzte sich wirklich ein großer Trupp in Bewegung, der die Straße mit Lärm und Geschrei erfüllte. Alte Botanisiertrommeln, Einsiedegläser und Feldflaschen spielten darin eine große Rolle. Leider wohnten

---

[22] Schlafburschen oder Bettgeher waren schlecht bezahlte Schichtarbeiter, die für einige Stunden am Tag ein Bett günstig mieteten. Aufgrund der hohen Wohnungspreise während der industriellen Revolution bot die Weitervermietung von Betten in der Zeit, in der diese nicht benutzt wurden, vielen Familien erst die Möglichkeit, sich eine eigene Wohnung leisten zu können.

wir tief innen im Häusermeer, und so mußten wir lange, lange wandern, um an den Rand der Stadt zu kommen, dort, wo die „Natur" begann.

Zweieinhalb Stunden ging es durch die sonnenheißen Straßen und es war begreiflich, als wir den ersten Waldstreifen erreichten, daß wir ihn aus dem Uebermaß von Erwartung und Anstrengung mit etwas enttäuschten Augen ansahen. Die Großstadt hatte ihm bereits ihren Stempel der Entartung aufgedrückt. Es war darum verständlich, daß uns die Jungen nach einer halben Stunde Rast das Ultimatum stellten, entweder ohne sie hier zu bleiben in diesem „Krätzenwald", wie sie ihn nannten, und von ihnen abends abgeholt zu werden, oder mit ihnen weiterzuwandern. Wir entschieden uns seufzend für das letztere.

Nun ging es wieder stundenlang weiter und langsam fing der Wald, der wirkliche und echte Wald, sich vor uns zu erschließen an. Immer mehr Nachzügler gab es und der hartnäckigste unter ihnen war der Schlafbursche. Sein Gesicht war unheimlich blaß vor Anstrengung und ein intensiver Schweißgeruch ging von ihm aus. Schließlich sagte er uns, wir sollen uns nicht weiter um ihn kümmern, wir mögen nur weitergehen, er komme uns schon langsam nach.

Auf einem großen Wiesenhang wurde endlich haltgemacht und wir richteten uns häuslich ein. Es dauerte auch nicht gar lange, da war unsere Müdigkeit verflogen und wir fingen an, auf der Wiese herumzutollen. Plötzlich entdeckten wir, daß unser großer Freund nicht nachgekommen war. Obwohl natürlich kein Grund zur Sorge war, denn er war ein erwachsener Mensch und kannte sich dort viel besser aus als wir, ließen wir uns auch nur die Spur eines Abenteuers nicht so leicht entgehen. Und so taten wir, als sei der Mann mindestens in Gefahr, sich im Urwald zu verirren. Sofort wurden mehrere Gruppen gebildet, die in allen Himmelsrichtungen ausschwärmen sollten. Pfeif- und Rufsignale wurden vereinbart.

Wir brauchten aber nur etwa zehn Minuten auf dem Weg zurückgehen, den wir gekommen, da sahen wir ihn liegen. Er hatte sich wohl, von Müdigkeit übermannt, zum Schlafen hingelegt. Zur Strafe vollführten wir mit Gebrüll einen Ueberfall auf ihn. Aber er schien fest zu schlafen, er rührte sich nicht. Als wir näher zusahen, bemerkten wir in der unheimlichen Blässe seines Gesichts einen dünnen roten Faden, der vom rechten Mundwinkel die Wange abwärts lief. Auch der Waldboden zeigte dunkle Flecke. Wir suchten den Freund aufzurichten, da verbreitete sich sofort das rote Bächlein, das aus seinem Munde floß. Die kranke Lunge hatte noch nicht zu Ende geblutet. Bald stand der ganze Kindertrupp mit entsetzten Gesichtern um den Bewußtlosen. Wir beratschlagten, was zu tun sei. Ein paar von den Jungen sollten in die nächstgelegene Gastwirtschaft laufen, dort gab es sicher ein Telephon, von dort war Hilfe zu rufen. Wir andern mußten bleiben. Aber es dauerte ewig, ewig lange, bis Hilfe erschien, bis eine Tragbahre den Kranken aufnahm.

Wir kamen spät heim, die Mütter waren schon um uns in Sorge. Wir brachten keine Blumen mit, keine Erdbeeren, in den Einsiedegläsern schwammen keine Fischlein. Und auch das, was wir uns innerlich erobert hatten, das Bild von Wald und Wiesen, von herrlicher grüner Fülle des Wachstums, das war überdeckt von dem Bild des bleichen Mannes, der seinen Erobererzug in die Natur so schwer bezahlen mußte. Er kam nie wieder heim ...

Teil VII: **Wohnen**

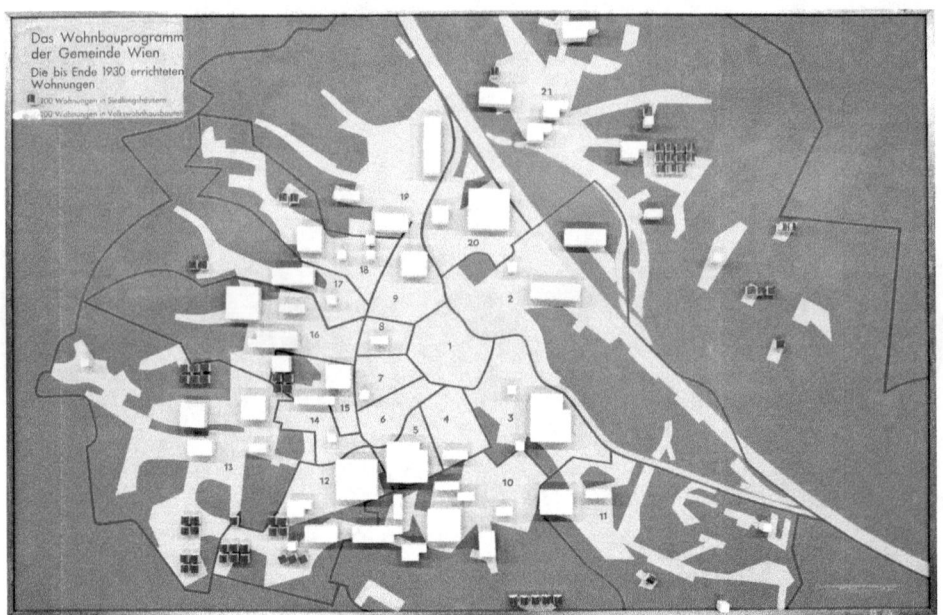

Gerd Arntz: Das Wohnbauprogramm der Gemeinde Wien. Die bis Ende 1930 errichteten Wohnungen. Schautafel des Gesellschafts- und Wirtschaftsmuseums, ca. 1931. (International Institute of Social History, Amsterdam, Gerd Arntz Estate/Bildrecht, Wien 2020)

20 Stadtplanung
Aleks Kudryashova, Werner Michael Schwarz

Einleitung

Durch die Errichtung von knapp 400 Gemeindebauten mit mehr als 60.000 Wohnungen und den Bau von Fürsorge-, Sport- und Kultureinrichtungen hat sich das Rote Wien langfristig in die Stadt eingeschrieben. Das Bauprogramm mit dem Anspruch auf eine soziale und demokratische ‚neue Stadt' wurde in großem Maßstab 1923 in Angriff genommen, definierte Wohnen als öffentliche Aufgabe und machte es zum Angelpunkt einer komplexen Bildungs- und Wohlfahrtspolitik. Eine klare Vorstellung allerdings, wie diese ‚neue Stadt' beschaffen sein sollte, so Eve Blau, gab es zunächst nicht. Die dramatische soziale und ökonomische Notlage in Wien nach dem Ersten Weltkrieg ließ anfangs auch wenig Spielraum für Planungsfragen. Die Versorgungslage war desaströs. Trotz erheblichen Rückgangs der Bevölkerung hatte sich auch die Wohnungskrise weiter verschärft. Bereits vor 1914 konnte der Wohnungsmarkt, der, fast ausschließlich kapitalistisch und privatrechtlich organisiert, von steigenden Bodenpreisen und Bauspekulation geprägt war, den Bedarf weder quantitativ noch qualitativ decken. Die Folgen waren u. a. eine im internationalen Vergleich hohe Bebauungsdichte (85 Prozent der Grundfläche) und eine Überbelegung in den vornehmlich Klein- und Kleinstwohnungen.

Während des Kriegs kam die Bautätigkeit weitgehend zum Erliegen, die Einführung des Mieterschutzes 1917, der einen weitgehenden Kündigungsschutz bot und die Mieten auf Vorkriegsniveau einfror, machte Investitionen in die bestehende Substanz unrentabel. Nach Kriegsende stieg die Zahl der Eheschließungen stark an, junge Paare und Familien drängten auf den Wohnungsmarkt. Wichtigstes öffentliches Steuerungsinstrument war in dieser Phase die 1919 eingeführte „Wohnungsanforderung", mit der privater Wohnraum auch zwangsweise an Bedürftige vergeben werden konnte.

Gleichzeitig hatte sich im Kontext der besonderen Notlage eine im internationalen Vergleich bemerkenswerte Selbsthilfebewegung formiert. „Wilde" Siedler und Siedlerinnen besetzten nach Kriegsende Land am Stadtrand von Wien, um sich mit Obst- und Gemüseanbau sowie Kleintierhaltung zu versorgen. Aus dieser Selbsthilfe entstand Anfang der 1920er Jahre die genossenschaftlich orientierte Wiener Siedlungsbewegung. Ihre Grundsätze beinhalteten das gemeinnützige Genossenschaftseigentum am Haus, eigenen Arbeitseinsatz, eine gemeinschaftliche Infrastruktur sowie Selbstverwaltung. Intellektuelle sowie Architekten und Architektinnen wie Adolf Loos, Otto Neurath, Grete Lihotzky oder Josef Frank unterstützten die Bewegung euphorisch und sahen in der gebotenen Schlichtheit der Siedlungen und im Ideal der Selbstversorgung die Verwirklichung einer neuen demokratischen Stadt und Wohnkultur. Die Siedler und Siedlerinnen setzten die Stadtregierung, die der Bewegung zunächst zögerlich gegenüberstand, mit mehreren Großdemonstrationen unter Druck und erzwangen ihre Unterstützung.

In dieser Phase, in der die Siedlungsbewegung die künftige Stadtentwicklung zu bestimmen schien, ergaben sich jene Voraussetzungen, die den großen Paradigmenwechsel in der Wohnungspolitik und Stadtentwicklung vorbereiten sollten. Wien wurde 1922 ein eigenes Bundesland, wodurch die Stadt weitreichende Kompetenzen in Steuerfragen erhielt. Gleichzeitig waren Verhandlungen über eine Gebietserweiterung mit der christlichsozialen Bundesregierung gescheitert, wodurch die Option auf neue, große Siedlungsflächen entfiel. 1923 wurde die zweckgebundene, stark progressive Wohnbausteuer eingeführt und der Bau von zunächst 25.000 Gemeindewohnungen beschlossen. Anstelle von Siedlungen an der Peripherie, wie das international favorisiert wurde, entschied sich die Gemeinde für den Bau von mehrgeschoßigen Wohnhäusern mit teils großen und begrünten Hofanlagen. Einige dieser Wohnhöfe, wie der Metzleinstaler Hof, waren bereits während des Kriegs konzipiert und knapp danach fertiggestellt worden und gelten so als Prototypen. Dieses ‚neue Wien' wurde nicht als Gegenstadt konzipiert, sondern in die bestehende Stadt integriert, wofür pragmatische und politische Gründe sprachen. Die Gemeinde konnte durch den Verfall der Bodenpreise nach 1918 in Summe zwar große, aber nur über das gesamte Stadtgebiet verteilte Flächen erwerben. Zudem besserte sich die ökonomische Lage, wodurch die Selbstversorgung als Argument für den Siedlungsbau entfiel.

Die Entscheidung, der kein formeller Beschluss voranging, lässt sich politisch in eine grundlegende Linie des Roten Wien einordnen. Anstelle eines radikalen Bruchs mit dem Bestehenden sollte die Stadt sozial und demokratisch von innen her transformiert werden. Das ‚neue Wien' blieb äußerlich so im Rahmen der liberalen Planungen des späten 19. Jahrhunderts, die wie Otto Wagners Siegerprojekt für den Generalregulierungsplan 1892 selbst von der historisch gewachsenen Stadt ausgegangen waren. Auch konnte das Rote Wien auf die Kommunalisierungspolitik der christlichsozialen Vorgängerregierung aufbauen, die den öffentlichen Verkehr, die Gas- und Stromversorgung unter städtische Verwaltung gebracht hatte.

Diese Wohn- und Städtebaupolitik reflektierte auch die in der Theorie des Roten Wien angelegten Aushandlungsprozesse zwischen Individuum und Kollektiv, privat und öffentlich. So waren die Wohnungen in der Regel nicht größer als im Massenwohnbau vor 1914, dafür hatten die Höfe teils großzügige Gemeinschaftseinrichtungen, wie Waschküchen, Turnhallen, Beratungsstellen, Kindergärten etc. und boten auch für die unmittelbare Umgebung öffentliche Flächen. Zeitgenössisch standen die Abwendung vom Siedlungsbau und die Anlehnung an historische, repräsentative Bauformen („Volkswohnpalast") zum Teil in heftiger Kritik, die auch aktuell insbesondere unter dem Aspekt von Kontrolle intensiv diskutiert werden.

Literatur

Blau 2014.
Blau, Heindl, Platzer 2019.
Hautmann, Hautmann 1980.
Nierhaus, Orosz 2012.
Novy, Förster 1985.
Sieder 2019.
Weihsmann 2019.

20.1 Otto Neurath: Städtebau und Proletariat

Erstveröffentlicht als Otto Neurath: Städtebau und Proletariat, in: *Der Kampf. Sozialdemokratische Monatsschrift,* 17. Jg., Nr. 6 (Juni 1924), S. 236–242.

Otto Neurath (1882–1945), Nationalökonom, Wissenschaftstheoretiker, Volksbildner und Begründer der Wiener Methode der Bildstatistik (später Isotype), zählte zum Kreis der prominenten Unterstützer der Siedlungsbewegung. 1920 initiierte er den Österreichischen Verband für Siedlungs- und Kleingartenwesen, 1923/24 folgte das Museum für Siedlungs- und Städtebau (später Gesellschafts- und Wirtschaftsmuseum). In Anbetracht des nur begrenzt verfügbaren Baulands in und um Wien plädierte er für die Schaffung hybrider Räume, für eine ausgewogene Mischung von kleinen Einfamilienhäusern, mittelgroßen Reihenhäusern, Siedlungsbauten, städtischen Gartenanlagen und Hochhäusern, die von öffentlichen Grünflächen durchzogen sein sollten. Seine Vision des ‚neuen Wien' als harmonisches, architektonisches Ganzes, als „kulturelle, wirtschaftliche und ästhetische Einheit" aus Industrie- und Wohngebäuden, öffentlichen Einrichtungen und Gewerbevierteln gipfelte in einem ehrgeizigen Generalarchitekturplan, der vom Siedlungsverband beauftragt wurde und an die Stelle des Generalregulierungsplans aus dem Jahr 1892 treten sollte, letztlich aber über das Planungsstadium nicht hinauskam.[1]

[...]
Wie wird die kommende Stadt aussehen? Vor allem arbeitet an ihr die moderne, großorganisierte Industrie, der weltumspannende Handel. Hafenanlagen, Bahnhöfe, Silos, Lagerhäuser, Fabriken, kühn geschwungene Hochbahnen, Eisenkonstruktionen kennzeichnen die kommende Stadt, Wolkenkratzer recken sich stolz empor, an bestimmten Stellen durch bestimmte Zwecke bedingt, einem Gesamtbild unter Umständen durchaus harmonisch eingefügt. Wie aber werden die Wohnungen verteilt sein? Es wird immer unwahrscheinlicher, daß die Zusammenpressung der Men-

---

[1] Vgl. Otto Neurath: Neu-Wiens Gesamtarchitektur – eine Aufgabe des Proletariats, in: *Arbeiter-Zeitung,* 28. Oktober 1923, S. 5.

schen gesteigert werden wird. Vieles spricht dafür, daß die inneren Stadtteile zu reinen Geschäftsbezirken werden; die Wohngebiete aber dürften aufgelöst werden. Wie dies geschehen könnte, das beschäftigt heute führende Architekten. Es geht darum, nicht nur die Industrie- und Wohnbauten richtig zu verteilen, Wohnungen mit den Verkehrswegen richtig zu verknüpfen, es geht auch darum, das so Geschaffene *architektonisch* harmonisch zusammenzufügen, die Stadt als *eine einzige architektonische Einheit anzusehen*! Der *Generalarchitekturplan* kann bereits zu einer Zeit Gemeingut breiter Massen geworden sein, ehe noch ein Generalwirtschaftsplan die Produktion und Lebenslagen verteilen hilft. Und wie die Aufklärungsphilosophie machtvoll einsetzte, als die großen Umwälzungen der Wirtschafts- und Gesellschaftsordnung eben erst begannen, so wird vielleicht die Architektur jenes Kulturgebiet sein, auf dem zuerst die neue Zeit des proletarischen Sozialismus sich kräftiger offenbart. Die Architektur ist stärker von der neuen Gesellschaftsordnung abhängig als etwa die Malerei, weil die Architektur durchaus zweckbedingt ist, während der Maler unabhängig vom Treiben des Tages malen kann, was vielleicht nur ihn allein freut.

Was für Architekturideen leben nun in den Architekten und Organisatoren, was für Architekturideen werden von den breiten Massen aufgesogen? Man wendet sich immer mehr von dem Gedanken ab, den inneren Hochhausleib der Großstädte unbegrenzt anwachsen zu lassen. In Wien liegt es nahe, vom Wald- und Wiesengürtel her *Grünzungen* möglichst nahe an die Hochhäuser heranreichen zu lassen, damit die Werktätigen, wenn sie Erholung suchen, möglichst rasch zu einem Grünstreifen kommen, der sie dann zum Wald- und Wiesengürtel führt. Solche Grünstreifen, die man auch untereinander mit querlaufenden Alleen- und Parkgruppen verbinden mag, können von Hochhäusern flankiert werden. Der Siedler- und Kleingartenbewegung nahestehende führende Architekten haben Pläne entworfen, um Kleingartenanlagen und Siedlungen in diese Grünzungen hineinzuverlegen. Oskar *Strnad* hat zum Beispiel für Favoriten einen Plan skizziert, nach dem ein solcher Streifen von Kleingärten von Terrassenhäusern umsäumt werden soll, wie sie in anderer Form auch Adolf *Loos* und Peter *Behrens* vorschlagen. Von der Stadtseite her sollen zwei Wolkenkratzer diese Anlage abschließen, während nach auße[n] hin die Hausbauten abgestuft gegen die Siedlung hin sich öffnen. Ein Beispiel dafür, wie moderne Architekten diese Extreme vereinigen. Der Spaziergänger kann dann von den letzten Hochhäusern her durch Kleingartenanlagen und Siedlungen bis zum Laaerberg wandern, wo etwa eine Terrasse einen Ausblick über ganz Wien gewähren könnte. Dem Geist der neuen Zeit entspräche es, dorthin zur Förderung Favoritens Kulturstätten zu verlegen, die sich hoch über Wien emporrecken würden, gewissermaßen zum Steinhofkomplex und zum Versorgungshaus ein Gegengewicht bildend. Ähnliche Grünzungenprojekte haben auch Josef *Frank* und Peter *Behrens* entworfen.

Solche Verknüpfung von Hochhäusern, Kleingartenanlagen, die zu öffentlichen Parks umgewandelt würden, in denen statt Baumgruppen Obstbäume, statt Wiesen Gemüse zu sehen wäre, könnte die gegenwärtige Periode kennzeichnen, in der sich demokratische Gruppenbildung mit Verwaltungszentralismus verbindet. Die Gestaltung solcher Anlagen mit Kinderspielplätzen, Sportplätzen und anderen Einrichtungen kann auf die Arbeiterschaft eines Bezirkes einen tiefen Eindruck machen. Es beweist von tiefer Erfassung des Wesens aller Architektur, wenn ein Arbeiter, sich tief einfühlend von Strnads Projekt meinte, man komme zwischen den Wolkenkratzern aus der dunklen Stadt wie durch ein Tor ins Paradies!

Die Siedler und Kleingärtner, aus kleinen und engen Anfängen emporgewachsen, mit viel Engem und Kleinlichem verknüpft, haben durch ihre Spitzenorganisation großformige Ideen gewonnen; voll Stoßkraft und von starkem Bauwillen erfüllt, marschieren sie, was architektonisches Interesse anlangt, augenblicklich an der Spitze des Proletariats. Durch ihre Architekten gelingt es ihnen, auch das übrige Proletariat für ihre Sache zu interessieren. Und es wird nicht nur die Kleingärtner, sondern alle Arbeiter bald schmerzen, wenn infolge des Widerstandes, den die bürgerliche Ordnung leistet, Hochhäuser an manchen Stellen infolge Bodenmangels von der Gemeinde errichtet werden müssen, wo sie ebenso wie die Siedler und Kleingärtner und das gesamte Proletariat vielleicht lieber Kleingartenanlagen gesehen hätte. Daß so schöne und bedeutsame Pläne sich nur ganz bruchstückweise jetzt verwirklichen lassen, zum Teil noch einige Zeit verschoben, ja zum Teil von vornherein geschädigt werden müssen, wird in breiten Massen die Empörung gegen die Bodenverteilung weiter steigern. Es wird bald dem Proletariat nicht mehr gleichgültig sein, ob ein Hochhaus mit Kleinwohnungen hierhin oder dorthin gestellt wird, es wird bald dafür kämpfen, daß die Verteilung der Hochhäuser, Siedlungen und Kleingärten im Interesse der Gesamtheit erfolgt, ohne Rücksicht auf den Privatgewinn von Bodenspekulanten. Der Bauwille der Arbeiterschaft, der Bauwille der Gemeinde Wien wird von den Mächten, die den Boden in Händen haben, gewürgt. Es geht um eine große und ernste Sache, es geht um die Gestaltung der Stadt als Sache des Proletariats.

Große, klare, innerlich wahrhafte Baugedanken werden wieder einmal geschichtliche Wirklichkeit werden, denn das Proletariat ist eine emporsteigende Klasse, die weiß, was sie will, die keines leeren Scheines bedarf, sowenig das mittelalterliche Bürgertum leeren Scheines bedurfte. Und der neue Stil wird dies zeigen! Er führt weg von den Schöpfungen des zusammenbrechenden Bürgertums, das in öder Hohlheit endet. Was ist die Kuppel der Karlskirche? Ein Abbild des Himmels. Wer eintritt, wird von Licht umflutet, sein Blick durch Helligkeiten und Schatten in ferne Höhen geleitet. Von außen ist dies Gewölbe mächtig sichtbar! Was ist die Kuppel des Kunsthistorischen Hofmuseums? Eine unnütze Wölbung über einem unnützen Raum! Wer unterhalb der Kuppel sitzend, in die Eingangshalle hinabblickt, fragt sich, wozu das gut ist, und schaut er empor, nichts lockt ihn, das Auge dort ruhen zu lassen. Was aber ist die Kuppel des Kriegsministeriums? Ein Stück leerer Dachboden! Sie überwölbt nichts mehr, sie ist eine *Kulisse* geworden! Die Karlskirche, eine Schöpfung des selbstbewußten, machterfüllten Barocks! Die Hofmuseen, prunkhafte Gebäude der Gründerperiode, das Kriegsministerium ein Bau, den herrschende Klassen errichten ließen, die nicht mehr an sich selbst glauben konnten. Das ist der Weg! Die Arbeiterschaft wird keine Kuppeln bauen, die etwas vortäuschen, sie wird aber auch wahrscheinlich keine Himmelsdome bauen, sondern selbstbewußte, mächtige Versammlungshallen, Konzerthäuser, Theater, Stätten der Wissenschaft und der Fröhlichkeit, die das sind, was man beim unmittelbaren Anblick erkennt! Ob eine fernere Zukunft uns wieder mit trübem Scheinwesen belasten wird? Die Frage bleibe heute offen.

[...]

20.2 Anonym: Mein Wolkenkratzer

Erstveröffentlicht als tt: Mein Wolkenkratzer, in: *Der Tag*, 2. Februar 1924, S. 3–4.

Debatten über die städtebauliche Zukunft wurden in den 1920er und 1930er Jahren um zwei konkurrierende Bautypen geführt, den Flach- und den Hochbau. Flachbauten waren eng mit dem Siedlungsbau verbunden, der Begriff Hochbau inkludierte unterschiedliche Typen von Hochhäusern, von mehrstöckigen Wohnkomplexen bis zu Wolkenkratzern. Die Auseinandersetzungen über Vor- und Nachteile von Hochhäusern und insbesondere von Wolkenkratzern intensivierten sich in Wien ab Jänner 1924, nachdem Hubert Gessners (1871–1943) Entwurf für den Reumannhof publik geworden war, der im Zentrum der großen Wohnhausanlage einen zwölfstöckigen Turm vorsah.[2] Einzelne Journalisten und Experten plädierten für die Hochhausstadt als Lösung von Wohnungsnot und Verkehrsproblemen, die Mehrheit aber blieb skeptisch und lehnte sie vor allem für Wien ab. Auch der für den Reumannhof geplante Turm wurde nicht realisiert.

Wieder wird einmal in Wien Blödsinn literweise verzapft. Eine Wolkenkratzer-Schwärmerei ist ausgebrochen. Die Architekten und die Geschäftsleute, die Ehepaare und Brautpaare, die endlich Kinder bekommen möchten – alle schreien nach dem Wolkenkratzer, der ihnen alle Wünsche erfüllen, der Wohnungsnot ein Ende bereiten und denen, die oben im vierzigsten Stock wohnen, eine herrliche Aussicht gewähren soll.

Meiner Ansicht nach gehören Wolkenkratzer nach Wien wie ein Paar Goiserner Bergschuhe ins Auge. Der Wolkenkratzer ist eine natürliche Folge des Raummangels. Das eigentliche New York, Manhattan also, hat keinen entbehrlichen Quadratmeter, kann sich, eingezwängt vom Hudson und East River, nicht ausdehnen. Und da sich dort, wie überall auf der westlichen Welt, das Geschäftsleben ausschließlich

---

[2] Vgl. Anonym: Der erste Wolkenkratzer in Wien, in: *Die Neue Wirtschaft. Wiener Organ für Finanzpolitik und Volkswirtschaft*, 10. Jänner 1924, S. 9.

auf die sogenannte City, einen räumlich ganz begrenzten Stadtteil, beschränkt, so mußten naturgemäß turmhohe Gebäude entstehen. Das höchste ist das Woolworth-Building mit seinen sechsundfünfzig Stockwerken. So benannt nach dem Besitzer Henry Woolworth, der vor ungefähr dreißig Jahren Hausierer war, dann kleine Ramschgeschäfte errichtete, in denen es nur Waren für fünf und für zehn Cents gab, und nun zu den Reichsten gehört. Ganz Amerika ist auf diesen Woolworth stolz. Bei uns wird einer, der klein angefangen und es zu etwas gebracht hat, besetzt und besiegelt, jeder Diurnist rechnet ihm seinen Reichtum nach und hält sich für ethisch überlegen, weil er ein Schnorrer geblieben ist. Bei uns ist nur der vollwertig, dem schon als Säugling Gold in die Windeln geschmissen wurde!

Aber nicht davon will ich reden, sondern von den Wolkenkratzern. Wenn eine Großstadt auf der Welt keine braucht, so Wien. Inmitten der Inneren Stadt, in Mariahilf, überhaupt überall gibt es noch winzige, einstöckige Häuser mit großen Höfen. Gegenüber dem mächtigen Druckereigebäude in der Canisiusgasse befinden sich Häuser, deren Dächer man mit der Hand erreichen kann. Bevor man grauenhafte Wolkenkratzer baut, die der ganzen Gegend Luft und Licht nehmen, demoliere man die Baracken und ersetze sie durch anständige fünfstöckige Häuser, die sich architektonisch in das Stadtbild fügen.

Gegenüber all dem Geschwätz sei nachdrücklich festgestellt, daß es in Wolkenkratzern keine Wohnungen gibt, sondern nur Bureaus. Auch aus Gründen der Feuergefährlichkeit Wohnungen gar nicht geben darf. Weiters sei festgestellt, daß der Wolkenkratzer auch als Bureaugebäude durchaus kein Eldorado ist. Ich habe in New York durch fast fünf Jahre im siebundzwanzigsten Stockwerk Enten ausgebrütet und kann versichern, daß ich die Erbauer aller Wolkenkratzer zum Teufel gewünscht habe. Wolkenkratzer haben nämlich die sympathische Eigenschaft, ununterbrochen zu wackeln. Sie müssen wackeln können, weil sie der Wind sonst umschmeißen würde. Sie sind eigens zum Wackeln eingerichtet. Wenn man den Federstiel auf den Schreibtisch legt, so rollt er ununterbrochen auf und ab. Und wenn man sehr empfindlich ist, kann man seekrank werden.

Außerdem zieht es vom zehnten Stock aufwärts immer. Ausgeschlossen, im Sommer die Fenster offen zu halten! Es bläst einem die Papiere durcheinander und vermengt die Salamischeiben mit den schönsten Gedichten. New York ist eine windstille Stadt, Wien eine windreiche. Lustig müßte das sein, wenn man hier im dreißigsten Stockwerke ein Fenster öffnete! Also, wenn man unserem Generalkommissär Dr. Zimmermann sein Bureau im fünfzigsten Stockwerk anweisen würde, so hätte das vielleicht sein Gutes.[3] Wenn es schon auf der ganz flachen Simmeringer

---

3 Alfred Zimmermann (1869–1937), ehemaliger Bürgermeister von Rotterdam, diente 1922–1926 als Generalkommissar des Völkerbunds für die wirtschaftliche Wiederaufrichtung Österreichs. Zimmermann wurde häufig für seine Haltung, sein Temperament und seinen für einen Beamten eher verschwenderischen Lebensstil kritisiert.

Heide einen harmlosen Schneider verweht hat, wie würde das erst dort oben werden?[4]

Vor allem aber halte ich aus psychologischen Gründen den Wolkenkratzer in Wien für ganz ausgeschlossen. Der Wolkenkratzer beansprucht mindestens drei oder vier Lifts, die ununterbrochen in Bewegung sind. Das ist in Wien nicht möglich! In Wien hat jeder Lift Hemmungen. Er geht mindestens dreimal in der Woche nicht. Außerdem geht der Wiener Lift so langsam, daß die Mittagspause des Tippmädels knapp ausreichen würde, um die dreißig Stockwerke hinauf oder herunter zu kommen. Apropos herunter: Vollkommen ausgeschlossen, daß ein Wiener „Purtiäh" [Portier] dulden würde, daß man den Lift zur Abwärtsfahrt benützt. Man müßte die dreißig, vierzig, fünfzig Stockwerke gehen.

Nein, ich bin fest überzeugt davon, daß wir demnächst ein Paar schöne neue Kaffeehäuser bekommen werden, nie aber einen Wolkenkratzer. Und wir brauchen auch gar keinen. Den Kopf kratzen kann man sich auch im vierten Stock, dazu braucht man nicht in die Wolken zu steigen. Und wir werden uns noch lange verlegen den Kopf kratzen!

20.3 Franz Siegel: Wie baut die Gemeinde? Sonnige und gesunde Wohnungen

Erstveröffentlicht als Franz Siegel: Wie baut die Gemeinde? Sonnige und gesunde Wohnungen, in: *Arbeiter-Zeitung*, 22. Februar 1924, S. 8.

Am 21. September 1923 wurde im Wiener Gemeinderat der Bau von 25.000 Wohnungen innerhalb der nächsten fünf Jahre beschlossen. Finanzielle Basis war die bereits im Jänner dieses Jahres eingeführte, stark progressive Wohnbausteuer. Franz Siegel (1876–1927) führte als Stadtrat das Ressort für „Technische Angelegenheiten", dem auch die Stadtbaudirektion angehörte, die für die Planungen und die Beauftragungen der Architekten und Architektinnen verantwortlich war. Siegels Text vermittelt exemplarisch, wie stark im Roten Wien Ziele und Qualitäten des künftigen Wohnbauprogramms in Abgrenzung von den Missständen der Vergangenheit entwickelt und argumentiert wurden.

---

4 Der Verfasser des Texts bezieht sich hier auf ein populäres Spottlied über den ungarischen Schneider János Libényi, der 1853 ein Attentat auf Kaiser Franz Joseph I. zu verüben versuchte und später, wie das Lied verrät, auf der Simmeringer Haide (oder Had) durch den Strang hingerichtet wurde (obwohl die eigentliche Hinrichtung, wie manche Quellen andeuten, vermutlich an einem anderen Ort stattfand).

Die sozialdemokratische Gemeindeverwaltung erachtet es nicht nur als ihre Pflicht, Wohnungen überhaupt, sondern die Wohnungen *möglichst gesund und vorteilhaft* für die Bewohner zu bauen.

Wie groß die Wohnungsnot, wie unleidlich die Wohnungsverhältnisse in Wien schon vor dem Kriege waren, beweist die Tatsache, daß 73 Prozent aller Wohnungen *Kleinwohnungen*, das heißt Wohnungen mit nur *einem* Wohnraum, sind. Nirgends in der Welt sind so schlechte Wohnungsverhältnisse als in Wien. Die sozialdemokratische Gemeindeverwaltung will *Lungenflügel*, das heißt grüne Anlagen bis weit in die Stadt hinein errichten. Die Gemeinde wird auch die sogenannte *Gartenzone* schaffen, das heißt ein Verbot der Verbauung der großen Gartenanlagen Schönbrunn, Belvedere, Prater u. s. w. erlassen. Damit wird sie auch dem Plan, Schönbrunn zu verbauen, entgegentreten.

Bisher wurden die Wiener Häuser alle so gebaut, daß der Mittelgang und die *Küchen immer finster* waren. Und alle Häuser haben kleine Lichthöfe. Die Gemeinde baut große Häusergruppen mit mächtigen Höfen, in denen Rasenanlagen und Planschbecken sind. Das Haus in der Lechnerstraße zum Beispiel hat einen großen Hof, der gegen den Donaukanal zu offen ist. Die Bewohner des Hauses haben einen freundlichen Ausblick auf die Prateralleen.

Der Proletarier verbringt nahezu sein ganzes Leben in der Küche. Deswegen will die Gemeinde dem Arbeiter statt der finsteren Küche eine *große, freundliche Küche* schaffen, in der er nicht nur kochen, sondern auch *wohnen* kann. In dieser *Wohnküche* gibt es einen kleinen Nebenraum, in dem die unangenehmen Küchenarbeiten, Erdäpfelschälen, Abwaschen, und dergleichen verrichtet werden. In einem *Erkerraum* soll der Arbeiter seine Mahlzeit einnehmen können. Diese Type der Wohnküche, an die sich die übrigen Wohnräume anreihen, wird in allen Gemeindebauten eingeführt.

Das Aeußere der Häuser soll von einfacher Schönheit sein.

Bedingung aber ist bei jedem Bau der Gemeinde, daß die meisten Wohnungen *nach der Sonne* gerichtet sind, gleichgültig, ob das die Straßenseite ist oder nicht. Wenn das nicht möglich ist, muß wenigstens ein Wohnraum gegen Süden gelegen sein.

Die Spielplätze für die Kinder, die in den Höfen sind, können im Winter auch in Eislaufplätze umgewandelt werden. Daneben aber gibt es in den großen Häusergruppen der Gemeinde auch gemeinsame Aufenthaltsräume bei schlechtem Wetter, und Volksbibliotheken und Lesezimmer sollen errichtet werden.

An Stelle der Waschküchen soll der *zentrale, maschinelle Waschbetrieb*, der die Hausfrau sehr entlastet, kommen.

Besondere Vorteile für die Hausfrau wird die *Taylor-Arbeitsweise* in der Küche haben. In einem kleinen Raum wird jeder Gegenstand seinen bestimmten Platz haben, und mit dem geringsten Arbeitsaufwand soll gekocht und sollen alle Arbeiten vor- und nachher verrichtet werden.

Also wird die Gemeinde in den nächsten fünf Jahren 25.000 luftige, sonnige, mit einem Worte *gesunde* Wohnungen erbauen.

20.4 Adolf Loos: Der Tag der Siedler

Erstveröffentlicht als Adolf Loos: Der Tag der Siedler, in: *Neue Freie Presse*, 3. April 1921, S. 10–11.

Aufgrund der Versorgungskrise waren bis 1921 an der Peripherie Wiens zahlreiche „wilde" Siedlungen und Kleingärten entstanden, die nach dem deutschen Arzt Dr. Daniel Gottlob Moritz Schreber (1808–1861) auch Schrebergärten genannt wurden. Als der berühmte österreichische Architekt und Theoretiker Adolf Loos (1870–1933) im Mai 1921 Chefarchitekt des Siedlungsamts wurde, das die weitere Entwicklung koordinieren und steuern sollte, hatte die an der Gartenstadtidee orientierte Bewegung bereits genügend wirtschaftliches Potenzial und auch die Unterstützung von Architekten und Architektinnen, Intellektuellen und Beamten, um als langfristige Alternative gegenüber anderen Formen städtischen Wohnens zu bestehen. Der Artikel von Loos erschien am Tag einer großen Demonstration der Siedler und Siedlerinnen vor dem Wiener Rathaus. Euphorisch warb Loos für deren Anliegen und vermittelte den Siedlungsbau als Modell für die zukünftige Stadtentwicklung, wirtschaftliche Stabilität und eine kulturelle Erneuerung der arbeitenden Massen.

Die Ernährung eines Volkes wird bestimmt durch die Nahrungsmittel, die das bebaute Land liefert. Jedes Volk hat daher eine eigene Ernährungsart, seine eigene Küche.

Man sprach sehr viel von der österreichischen Küche. Aber erst heute werden wir gewahr, daß diese Küche nur dadurch möglich war, daß ein Staatengebilde, das man die österreichisch-ungarische Monarchie nannte, durch Jahrhunderte bestand.

Mähren, Polen und Ungarn lieferten das Mehl, Südungarn und Böhmen Pflaumen, Böhmen und Mähren Zucker. Die Natur hatte die nichtdeutschen Länder in verschwenderischer Weise ausgestattet. Weite Ebenen, eine schwarze Ackererde, brennende Sonne. Alles, was uns einst ernährte, haben wir heute verloren. Und da heißt es umlernen. Wir müssen uns eine eigene nationale Küche schaffen. Die böhmischen Knödel, die mährischen Buchtel, die italienischen Schnitzel (frittura), lauter Dinge, die jahrhundertelang zum eisernen Bestand der Wiener Küche gehörten, müssen durch heimische Nahrungsmittel ersetzt werden.

[...]

Vor siebzig Jahren starb in Leipzig ein Mann namens Dr. Daniel Gottlieb Moritz Schreber. Er sah die spielenden Kinder in den bevölkerten Straßen, die von Mietskasernen flankiert waren, und sagte sich: die kinderreichen Familien mögen sich zusammentun, ein kleines Stück Land vor den Toren der Stadt pachten und die Kinder unter der Leitung einer Aufsichtsperson, die von Tag zu Tag von einer anderen

Familie beigestellt werden soll, unter freiem Himmel, fern von dem Getümmel und Staub der Großstadt, in Luft und Sonne spielen lassen. Das kleine Grundstück möge von Laubhütten eingefaßt werden, wo Vater und Mutter nach getaner Arbeit ihren Feierabend verleben können.

Und so geschah's. [...]

Der Vater sah das freie unbebaute Land. Er, der den ganzen Tag in der Fabrik sich müde gearbeitet hatte, nahm die Schaufel in die Hand und begann die Erde umzugraben. An Stelle der von Dr. Schreber gedachten Kinderspielplätze entstand Ackerland. Frau und Kinder halfen mit. Es entstand, was wir heute Schrebergarten nennen. Es ist falsch, wenn wir den Schrebergarten mit Dr. Schreber in Verbindung bringen. Er ist nicht dem Hirn eines einzelnen entsproßen. Er ist geworden, wie alles Notwendige geworden ist, aus seelischer Not. Er ist das Ergebnis einer Revolution, die der Arbeiter gegen den Kasernenzwang der Fabriken unternommen hat, das Ergebnis einer unblutigen Revolution und daher mit einem menschlichen Resultat. Zum Unterschied einer blutigen, die uns das un-menschliche Metermaß aufgezwungen hat.

Man glaube nicht, daß die Schrebergärtnerei eine augenblickliche Psychose ist. Für alle kommenden Zeiten wird das Stück Land, das sich der Mensch selbst bebaut, das bleiben, was es heute ist: die Zuflucht zur Mutter Natur, sein wahres Glück und seine einzige Seligkeit.

Es ist Sache des Gesetzgebers, diese Psychose in richtige Bahnen zu leiten. Er steht vor der Aufgabe, diese Arbeitsleistung, der sich ein Teil der Stadtbewohner freiwillig unterziehen will, für die Allgemeinheit am besten auszunützen. Die Arbeit des Schrebergärtners bringt Nahrung, die ohne diese Arbeit aus dem Auslande hätte bezogen werden müssen. Die Schrebergärtner Wiens haben im letzten Jahre [1920] für eine Milliarde Nahrungsmittel gewonnen. Die Frage des Gesetzgebers lautet: wie kann man diese Summe erhöhen, um den Lebensmitteleinkauf aus dem Auslande zu verringern?

Zwei Mittel gibt es. Das erste ist, daß man jedem, der sich der freiwilligen Mitarbeit an der Erzeugung von Nahrungsmitteln erbötig macht, Land zuweist. Es gibt Hunderttausende in Wien, Millionen in Oesterreich, die sich zur Gärtnerarbeit in ihren Mußestunden drängen, deren Arbeitslust und Arbeitskraft nicht ausgenützt wird. *Eight hours to work, eight hours to play, eight hours to rest and eight shillings a day,* lautet der englische Gewerkschaftsspruch. Die acht Stunden Spiel wollen von einem Teil unserer Arbeiter nutzbringend angelegt werden. Der Einwand, daß diese acht Stunden der Facharbeit verloren gehen, weil der Arbeiter sich in seinem Garten überanstrengt und dadurch Kräfte verloren gehen, ist falsch. Das Gegenteil ist richtig. Diese Gartenarbeit ist ein tonisches Mittel ersten Ranges. Ich brauche wohl nicht auszumalen, wie diese acht Stunden „Spiel" sonst verwendet werden.

Der Schrebergarten, der weit von der Wohnfläche liegt, ist ein Stundenfresser. Gar mancher verbringt eine Stunde hin, eine Stunde zurück auf der Straßenbahn. Daher wende man schleunigst das zweite Mittel an. Jeder Schrebergärtner möge dort wohnen, wo sein Garten liegt. Dadurch können alle Hausgenossen tagsüber den Garten betreuen. Die für den Garten so wichtige Morgenarbeit könnte verrichtet werden, der ganze Abfall aus Küche, Kehricht und Kanal könnte zur Bereitung der Gartenerde verwendet werden. Bei demselben Zeitaufwand, mit dem die Schrebergärtner Wiens eine Milliarde erzielten, würde der Siedler in einigen Jahren das Fünffache – solange dauert die Bereitung des Bodens – dem Garten abgewinnen können.

Hier aber ist der Punkt, wo eine bedeutende volkswirtschaftliche Neuerung ihren Hebel einsetzen kann. Der Arbeiter, der weder Heim noch Garten besitzt, also der Wiener Arbeiter (wer wollte eine Wiener Arbeiterwohnung im Zinshaus als Heim bezeichnen!), sucht diese acht Stunden „Spiel" womöglich auf den ganzen Tag mit Hilfe von Arbeitspausen zu verteilen. Das ist unökonomisch. Der Siedler wird der Pionier der ungeteilten Arbeitszeit sein. Er wird trachten, möglichst spät auf seinem Arbeitsort zu erscheinen, möglichst früh seinen Garten zu erreichen. Sein Heim macht ihm Freude. Er wird einen Tisch zu Hause vorfinden, um den sich die Familie versammeln kann. Wie das doch der ärmste Häusler, der ärmste Holzschläger kann. Weiß man es in der Welt, daß es eine Millionenstadt gibt, in der achtzig Prozent der Einwohner ihre Mahlzeiten nicht bei Tisch einnehmen?

Dieser Tisch, der dem Wiener Arbeiter gegeben werden soll, wird Mahlzeiten verabreichen, die neue, moderne, wirklich österreichische Küche repräsentieren. Die Siedlerfrau wird nicht mehr das Gemüse zu strecken brauchen. Die intensive gärtnerische Bodenbearbeitung, die im Jahre drei Ernten ergibt, wird jene Ernährungsform zeitigen, die andere Kulturvölker schon lange besitzen, zum Unterschied von jenen Völkern, die mit extensiven Jahresernten rechnen. Das gärtnerisch gezogene Gemüse wird das Mehl ersetzen. Wir werden durch Arbeit ersetzen, was uns an fruchtbringendem Boden fehlt.

Morgen ziehen die Siedler in geschlossenem Zuge über die Ringstraße. Unter dem Zeichen des die Erde zerstörenden Spatens und des Häuser bauenden Richtmaßes, ein Zeichen von symbolischer Kraft, werden sie schweigend und ernst dahinschreiten. Es soll eine Heerschau sein einer freiwilligen Arbeitsarmee. Unter die Siedler zu gehen, bedeutet einen heroischen Entschluß. Die acht Stunden freie Zeit des Wochentags, die ganzen Sonn- und Feiertage wollen sie dem Wiederaufbau des Staates widmen. Von Wirtshaus und Kaffeehaus, vom Gartenkonzert am Sonntagnachmittag, von allen lieben Wiener Gewohnheiten wollen sie sich in Zukunft ausschließen. Ihnen lacht nicht mehr die Feiertagssonne lockend zum Ausflug in die schönste Umgebung, die eine Großstadt besitzt. Der Garten ruft und verlangt seine Fron, je glühender die Sonne scheint. Nehmt die Hüte ab, Wiener, und beugt euch. Blickt empor zu diesen Männern, Frauen und Kindern!

20.5 Anonym: Hätte das Programm der 25.000 Volkswohnungen in Gestalt einer Gartenstadt verwirklicht werden können?

Erstveröffentlicht als Hätte das Programm der 25.000 Volkswohnungen in Gestalt einer Gartenstadt verwirklicht werden können?, in: *Die Wohnungspolitik der Gemeinde Wien: ein Überblick über die Tätigkeit der Stadt Wien seit dem Kriegsende zur Bekämpfung der Wohnungsnot und zur Hebung der Wohnkultur*, Wien: Dt.-Österr. Städtebund 1926, S. 17–22.

Auch nach dem offiziellen Beginn des städtischen Wohnbauprogramms im Jahr 1923, das die Errichtung von mehr als 25.000 Wohneinheiten in einem Zeitraum von fünf Jahren vorsah, blieb die Frage, ob das Modell der Gartenstadt in größerem Umfang hätte verwirklicht werden können, ein viel diskutiertes Thema in den Debatten über die Zukunft des Roten Wien. Vertreter des Einfamiliensiedlungshauses wie Otto Neurath (1882–1945) und Hans Kampffmeyer (1876–1932), die beide zeitweise dem Österreichischen Verband für Siedlungs- und Kleingartenwesen vorstanden, erkannten durchaus jene Hürden an, die durch die Wirtschaftslage und die vorhandenen räumlichen Arrangements der Stadt und ihres Umlands gegeben waren. Franz Musil (1884–1966), seit 1925 Wiener Stadtbaudirektor, sah ein großes Hindernis in der fehlenden Infrastruktur in den Außenbezirken, nicht zuletzt im Mangel von „Schnellverkehrsmitteln", die Gartensiedlungen am Stadtrand und „Trabantenstädte" benötigen würden.[5] *Mehrgeschoßbauten erschienen als machbare Alternative für eine Stadt, in der, ähnlich wie in Berlin und Paris, große Teile der Bevölkerung bereits in mehrstöckigen Mietshäusern lebten.*

Jene Freunde der Gartenstadtbewegung, die ohne genaue Kenntnis der Wiener Verhältnisse die Art der Verwirklichung des Programmes der 25.000 Wohnungen beurteilen, können leicht zu der Meinung verleitet werden, daß die Gemeinde Wien durch die Ausführung des größten Teiles dieser Wohnungen in Stockwerksbauten einen grundsätzlichen Fehler begangen habe. Es drängt sich daher die Frage auf, ob es möglich gewesen wäre, die 25.000 Wohnungen rasch in einer Gartensiedlung in Gestalt von Einfamilienhäusern zu errichten und warum dies unterlassen wurde.

Die außerordentlichen Vorzüge der Gartensiedlungen sind einleuchtend und diese Art des Wohnens im Einfamilienhaus ist selbstverständlich auch für Wien das Erstrebenswerte. Tatsache ist, daß das Einfamilienhaus im großen Maße nur in den westlichen, reichen Ländern die herrschende Wohnform geworden ist. In den Großstädten des europäischen Festlandes hat es sich mit dem Einsetzen der starken industriellen Entwicklung dieser Städte nicht mehr zu behaupten vermocht. Paris, Berlin, Wien, Budapest weisen denselben Typus der Mietkaserne für die arbeitenden Klassen schon in der Vorkriegszeit ausschließlich auf. Es hat sich eben gezeigt,

---

[5] Franz Musil: Hochbau oder Flachbau?, in: *Arbeiter-Zeitung*, 12. Oktober 1926, S. 6; ders.: Sollen wir die Untergrundbahn schon jetzt bauen?, in: *Arbeiter-Zeitung*, 8. Juli 1927, S. 8.

daß die Schaffung des Eigenheimes mit kleinem Garten über die wirtschaftliche Kraft der Arbeiter- und Angestelltenbevölkerung dieser Städte weit hinausgeht. Ganz anders bei den viel besser bezahlten Industriearbeitern Amerikas und Englands. Doch finden wir bemerkenswerter Weise auch in den Großstädten Nordamerikas bereits den Kampf zwischen Einfamilienhaus und dem Miethaus mit mehreren Stockwerken. Dabei ist hervorzuheben, daß die amerikanischen Städte als ganz moderne Siedlungszentren erst in einer Zeit zu Großstädten angewachsen sind, als ihnen bereits technisch hochentwickelte Massenverkehrsmittel, elektrische Schnellbahnen, zur Verfügung standen. Mit diesen Verkehrsmitteln und durch sie konnten sich die Städte genügend rasch und weit ausdehnen, um das Einfamilienhaus auch noch für die arbeitenden Schichten zu ermöglichen. Während also die Bodenpreise in der „down-town" schwindelnde Höhe erreichen, ganz so wie die dortigen Geschäftshäuser, sind die Bodenpreise in den Wohnvororten durchaus mäßig geblieben, weil es immer ein leichtes war, durch schnelllaufende Bahnen neues Wohngelände in großem Maßstabe zu erschließen. Da überdies eine stetige glänzende wirtschaftliche Entwicklung vorliegt, war den spekulativen Bau- und Bahnunternehmungen immer genügender Anlaß zum Weiterbauen gegeben und die amerikanischen Städte wissen nichts von einer chronischen Wohnungsnot, wie die alte einstige Festungsstadt Wien. Unsere Stadt hatte die erste Million Einwohner bereits überschritten, als ihr durch die Einführung der elektrischen Straßenbahn ein Verkehrsmittel geboten wurde, welches zwar die brennendste Verkehrsfrage notdürftig löst, keineswegs aber die bodenerschließende Wirkung von weit hinausstrahlenden Schnellbahnen auszuüben vermag. Wien fehlten also und fehlen noch immer die Schnellverkehrsmittel, welche allein in Zeiten einer normalen Wirtschaftslage den notwendigen Impuls auszuüben vermöchten, um die Bautätigkeit auch an den entferntesten Rändern der Stadt immer wieder neu anzuspornen. Dies mag als einer jener Gründe angeführt werden, die schon vor dem Kriege das mehrstöckige Miethaus zur herrschenden Wohntype werden ließen. Die überaus hohe Besteuerung des Wohnraumes war ein anderer, gleichfalls sehr wesentlicher Grund.

In den letzten Friedensjahren ist in der Gartenstadtbewegung als Ideal die Trabantenstadt aufgestellt worden. Als Beispiel sei auf die in der Umgebung Londons gelegenen „satellite-towns" Letchworth und Welwyn hingewiesen. Bleiben wir zunächst bei den Trabantenstädten. Ihre Anhänger lehnen sogar die Gartenvorstädte als noch immer mit wesentlichen Nachteilen der Großstadt behaftet ab und sagen: die ideale Gartenstadt soll als Trabantenstadt mit eigenem, von der Großstadt unabhängigem Leben geselliger und wirtschaftlicher Natur geschaffen werden. Sie soll von jeder anderen Ansiedlung durch einen breiten, landwirtschaftlichen Gürtel getrennt sein und die Vorzüge des Landlebens mit jenen des Aufenthaltes in einer größeren, aber geistig regen Stadt vereinigen. Sie soll kein Vorort sein, in dem man nur wohnt, um täglich zur Arbeitsstätte in die benachbarte Großstadt zu fahren, sondern die in der Trabantenstadt Wohnenden sollen auch dort ihren Lebensunterhalt verdienen. Die Trabantenstadt braucht daher eigene Industrien. Sie steht und fällt mit der Möglichkeit der Niederlassung neuer oder von anderen Städten abgewanderten Industrien auf ihrem Gebiete.

Die Schaffung einer solchen Trabantenstadt zur Behebung der drängenden Wiener Wohnungsnot konnte überhaupt nicht in Betracht kommen. Österreich führt seit dem Friedensschluß einen schweren Kampf um Absatzmärkte. Die bestehenden Industrien sind nur teilweise beschäftigt, die Gründung neuer Industrien oder die Übertragung bestehender Fabriken an neue Örtlichkeiten kommt in Anbetracht der geringen Prosperität und der außerordentlichen Geldnot gar nicht in Frage. Es blieb noch der Gedanke von Gartenvorstädten auf Wiener Boden zu überlegen. Eine Gartenvorstadt für 25.000 Familien erfordert, wenn man für ein Haus mit Garten 200 m² und samt Straßenanteil und Freiflächen 300 m² rechnet, ein Gelände von 7,500.000 m² = 7½ Quadratkilometer. Ein solches zusammenhängendes Gebiet war weder im Besitze der Stadt, noch hätte es beschafft werden können. Auch mehrere baureife Gelände, die zusammen dieses Flächenausmaß ergeben hätten, waren zu angemessenem Preise nicht erhältlich gewesen. Man stelle sich die gewaltigen Aufschließungskosten für ein so großes Gebiet vor. Hauptsammelkanäle, Hauptrohrstränge für die Wasserversorgung, Zuleitungen für Gas und Strom, ein Netz von Verkehrs- und Wohnstraßen hätten geschaffen werden müssen. Dieses große Baugelände hätte natürlich auch einer vorzüglichen Schnellbahnverbindung mit dem Stadtkerne bedurft, deren Kosten ganz außerordentlich hoch wären, da hiefür nur eine Hoch- und Untergrundbahn in Betracht kommen könnte.

Da die Wohnungsnot in Wien raschester Abhilfe bedurfte, mußte die Stadtverwaltung auf alle jene kleineren Flächen greifen, die käuflich waren und die wegen des Vorhandenseins benachbarter Straßen, Kanäle, Gas- und Wasserleitungsanlagen, Stromleitungen usw. das rasche Bauen ohne großen Aufwand für diese Einrichtungen erlaubten. Auch konnte derart die Errichtung neuer Gebäude für Schul- und Amtszwecke, Markthallen, Feuerwachen u. dgl. unterbleiben. Die von der Gemeinde gewählten Baugründe haben durchwegs günstige Lage zur elektrischen Straßenbahn. Allerdings bieten sie kein größeres, zusammenhängendes Gelände für eine Gartenvorstadt, doch reichten sie hin, um stattliche Baublöcke mit bemerkenswerten Gartenhöfen zu erstellen. Wo der Gemeinde größere Grundflächen in einer verhältnismäßig noch ländlichen Charakter tragenden Umgebung zur Verfügung standen, wurden sie ohnehin für die Errichtung von Gartensiedlungen gewidmet. Wenn sonach die Gemeinde bei Verwirklichung ihres großen Bauvorhabens einen Weg beschritten hat, der für Wien der einzig mögliche war, so ist sie dennoch nicht an der Gartenstadtbewegung interesselos vorübergegangen. Im Gegenteil! Tausende von Familienhäusern in schmucken Gartensiedlungen zeigen das volle Verständnis der Stadtverwaltung für den Flachbau und die Gartenkultur. Die Siedlerhäuser bieten die Vorzüge des Eigenwohnhauses mit Garten solchen Bevölkerungsschichten, die selbst in jahrzehntelanger Arbeit während der Friedenszeit nicht imstande gewesen wären, die Sehnsucht nach dem eigenen Garten zu verwirklichen. Es muß aber offen ausgesprochen werden, daß es heute undenkbar ist, auf Kosten der Allgemeinheit das für Wien verhältnismäßig zu teuere Einfamilienhaus mit Nutzgarten zur alleinherrschenden Type zu machen. Die Wohnungsnot kann man nur beheben, in dem man einer sehr großen Anzahl von Wohnungssuchenden eine gesunde Wohnung im Stockwerkshaus bietet.

Nachdem festgestellt worden ist, daß die Gemeindeverwaltung die drängende Wohnungsnot durchgreifend nur durch Stockwerksbauten zu beheben vermag, wird zu prüfen sein, was geschehen ist, um diese Wohnungen so günstig und gesund als nur möglich zu gestalten, um die so furchtbar zurückgebliebene Wohnkultur Wiens zu heben.

20.6 Werner Hegemann: Kritisches zu den Wohnbauten der Stadt Wien

Erstveröffentlicht als Schriftleitung: Kritisches zu den Wohnbauten der Stadt Wien, in: *Wasmuths Monatshefte für Baukunst und Städtebau*, 10. Jg., Nr. 9 (1926), S. 362–370.

Das ehrgeizige Wohnbauprogramm des Roten Wien wurde in der internationalen Fachpresse aufmerksam und kontroversiell diskutiert. Kritisch fiel das Urteil des renommierten Stadtplaners, Architekturkritikers und Herausgebers von Wasmuths Monatsheften für Architektur und Städtebau, *Werner Hegemann (1881–1936), aus. So nennt er die neuen Mehrgeschoßbauten an anderer Stelle abwertend „Mietshausblöcke" und ruft damit die Mietskasernen der Gründerzeit in Erinnerung. Er bemängelt das Fehlen eines Bebauungsplans für die Stadt, vermisst an der Architektur eine „künstlerische Einheitlichkeit" und spricht stattdessen von „architektonischem Chaos". Tatsächlich bestand eine Besonderheit des Wiener Bauprogramms darin, dass auf Typisierungen weitgehend verzichtet und eine Vielzahl von Architekten und Architektinnen beauftragt wurde, die über einen vergleichsweise großen Gestaltungsspielraum verfügten.*

[...]
Die Leistungen der Gemeinde Wien auf jedem Gebiet, auch außer dem Bau- und Wohnungswesen z. B. im Schulwesen – alle Lehrmittel sind vollständig unentgeltlich –, Schulreform, Fürsorge sind erstaunlich. Wien hat heute vielleicht den größten und bedeutendsten Fürsorgeapparat aller Städte Europas. Die Gemeinde hat in den letzten Jahren Fürsorgestellen jeder Art errichtet, ein großes Spital gebaut, eine große Kinderübernahmestelle und Hunderte von Kindergärten, Spielplätzen, Kinderbäder in den Parks usw. geschaffen. Die Tatsache, daß innerhalb eines solchen Willens zur Aufbauarbeit gerade hinsichtlich der Wohnkultur so arg gefehlt wird, hat vielleicht vornehmlich diesen Grund: Die Siedlungsbewegung war in Wien bis zum Krieg unbekannt. Es ist daher die Siedlungsbewegung in ihren technischen, finanziellen, sozialen und kulturellen Fragen Neuland gewesen. Innerhalb der Archi-

tektenkreise hat sich dies allerdings durch den Einfluß der deutschen Fachliteratur etwas geändert. Die Baubeamtenschaft steht dagegen der Siedlungsbewegung noch jetzt fremd, ja ablehnend gegenüber. Die Leute, die in einer Siedlung wohnen, werden in Wien bedauert. Das Siedlungsamt, das unter dem Zwang der Nachkriegsverhältnisse errichtet wurde, hat als Amt innerhalb der Baubehörde keinen Einfluß und ist nicht mit der Baubehörde sondern mit dem Wohnungsamt verbunden. Bei der Notwendigkeit, in verschwindend kurzer Zeit 25000 Wohnungen zu bauen, haben die Baubeamten und die zu Rate gezogenen Privatarchitekten auf jenes Gebiet gegriffen, das ihnen am nächsten lag und dessen Bewältigung ihnen laut Bauordnung und Vorkriegseinstellung einzig und allein möglich schien: den Hochhausbau. Der Siedlungsbau blieb, soweit er von der Gemeinde gefördert wurde, den Genossenschaften überlassen.

Gute Kenner der Verhältnisse wissen einen weiteren Grund anzugeben, der neuzeitliche Siedlungen in Wien ungemein erschwert: die hartnäckige Eigenwilligkeit der Siedler, die von einer einheitlichen Großzügigkeit der Siedlungshäuser nichts wissen wollen und in manchen Fällen [...] eine ersprießliche Arbeit zu unterbinden verstehen.

Gewisse politische Erwägungen gegen die Siedlungsbautätigkeit liefen weiterhin vor. Es ist von einem Politiker, der sich bis dahin mit allgemeinen politischen Fragen befaßt hatte, kaum zu verlangen, daß er in kulturellen und baulichen Fragen besser unterrichtet sei als die zuständigen Baubeamten und Fachkreise. Die österreichische Architektenschaft trifft damit der große Vorwurf, daß sie das politische Programm der Erbauung von 25000 Wohnungen aufgenommen hat, ohne es nach seiner kulturellen und sozialen Seite hin zu bewerten und zu verbessern. In Wien wäre es der Architektenschaft bei der politischen Einstellung der Stadtvertreter besonders leicht gewesen, Einfluß auf die architektonische Lösung dieser Fragen zu nehmen, wenn sie nur selbst zielbewußt gewesen wäre und selbst mehr gewollt hätte als lediglich Aufträge. Die Politiker und Baubeamten waren nicht die Menschen, um einer so gewaltigen Aufgabe eine kulturell-städtebauliche und künstlerisch bedeutende Richtung zu geben. Die österreichische Architektenschaft bemüht sich, die Bautätigkeit der Gemeinde Wien auch heute noch auf das äußerste zu loben, gerade nicht nach ihrer politischen und finanziellen Seite hin, wo sie lobenswert ist, sondern besonders nach ihrer baukünstlerischen und kulturellen Seite.

Die Wiener Abbildungen dieses Heftes geben einen Überblick über das architektonische Formenchaos, wie es heute in Wien gefordert und gefördert wird. Es drängt sich der Gedanke auf, daß große städtebauliche Gelegenheiten verpaßt worden sind – denn der Neubau von 25000 Wohnungen innerhalb weniger Jahre ist eine Aufgabe von ungewöhnlichem Ausmaß auch in städtebaulicher Hinsicht. Statt großzügiger künstlerischer Einheitlichkeit ist eine Vielzahl von Einzellösungen ohne inneren Zusammenhang entstanden. Wie wenig wirklich städtebauliche Gesichtspunkte berücksichtigt wurden, beweist u. a. der Umstand, daß z. B. im 10. Bezirk bei der Bebauung dreier großer an einer Straße *nebeneinander* liegender Grundstücke die drei Volkswohnungshäuser von drei verschiedenen Architekten gebaut wurden und jedes einzelne Haus seiner Architektur nach das Gegenteil des Nachbarn ist. So sind am mittleren Haus Gesimsuntersicht und Dachrinne tief ultramarinblau, während der Nachbar alles grau im Putzton nimmt und im Gegensatz zu den anderen Giebel, Dachreiter und dergleichen verwendet. Die drei Bauten, fast zur selben Zeit fertiggestellt, sehen keineswegs aus, als wären sie von demselben Bauherrn, bei dem man doch irgend eine Baugesinnung voraussetzen müßte, in Auftrag gegeben. Leider ist dies kein Einzelfall, sondern typisch. In einem andern Bezirk stehen sich zwei große Wohnungsbauten mit rd. je 150 m Frontlänge gegenüber. Es wäre hier möglich gewesen, eine städtebaulich gute Straßenlösung zu zeigen. Aber die linke Seite der neuen Straße hat architektonisch (Simshöhe, Fenstereinteilung, Vorbauten, Toreingänge) nichts mit der rechten gemein. Man könnte dies alles ja damit erklären und entschuldigen, daß die Gemeinde eben jedem Architekten volle Freiheit läßt. Das Gegenteil aber davon ist wahr. Bis auf die wenigen, deren kleinstädtische und heimatschützlerische Architektur den Baubeamten gerade zusagt, ist noch jeder Architekt mit seinem Projekt, das in zahllosen Besprechungen von den Baubeamten begutachtet und verbessert wird, vergewaltigt worden.

20.7 Anonym: Ringstraße des Proletariats

Erstveröffentlicht als Ringstraße des Proletariats, in: *Die Unzufriedene*, 30. August 1930, S. 1.

Viele kommunale Wohnanlagen wurden am Margaretengürtel errichtet,[6] *wo die Stadt nach dem Ersten Weltkrieg große Grundstücksflächen erwerben konnte. In der sozialdemokratischen Kommunikation wird der Gürtelabschnitt zwischen den Arbeitervierteln Margareten und Meidling spätestens seit 1930 als „Ringstraße des Proletariats" bezeichnet, was auf die palastartige Ausführung einzelner Gemeindebauten anspielte und insgesamt eine Machtverschiebung vom Bürgertum zur Arbeiterschaft, von der historischen Ringstraße zum Gürtel im ‚neuen Wien' behauptete, wie Bürgermeister Karl Seitz stolz verkündete.*[7] *Während in Wien und international Architekten und Architektinnen den monumentalen Anlagen – viele von Schülern Otto Wagners geplant – oft skeptisch gegenüberstanden, feierte die sozialdemokratische Frauenzeitschrift* Die Unzufriedene *die „Ringstraße des Proletariats" auf ihrer Titelseite und lud die Leserinnen und Leser zu einer Begehung ein.*

Geht der Spaziergänger über den Sechshauser Gürtel gegen die Schönbrunnerstraße, so gelangt er auf den Margaretengürtel. Da wird plötzlich die Gürtelstraße um

---

6 U. a. Reumannhof, Metzleinstaler Hof, Franz-Domes-Hof, Julius-Popp-Hof.
7 Anonym: Eine zweite Ringstraße in Wien. Der Bürgermeister eröffnet drei Wohnhausbauten am Margaretengürtel, in: *Arbeiter-Zeitung*, 29. Juni 1930, S. 9.

ein vieles breiter und schnurgerade zieht sie sich bis zur Südbahnlinie, um dann im rechten Winkel nach rechts abzubiegen. Schon bei der Schönbrunnerstraße sieht der Spaziergänger, einige hundert Meter weit links, einen wahren Wald von hohen Gerüstbäumen. Vor diesem liegen tausende Ziegel aufgetürmt, weithin leuchtend. Kabswagen [sic] führen Erde weg und große Lastautos bringen Ziegel und andere Baumaterialien. Je näher der Neugierige kommt, desto größer wird der Lärm um ihn herum, und desto mehr Leute trifft er an, die dem Aufführen eines Baues neugierig zusehen. Weit ausgreifend steht hier ein im Werden begriffener Wohnhausbau der roten Gemeinde Wien. Er scheint in seiner Form ungefähr dem Reumann-Hof ähnlich werden zu wollen.

Vor nicht langer Zeit war der Platz, auf dem sich nun dieser Bau erhebt, der Tummelplatz zahlreicher Arbeiterkinder und zugleich die Ablagestelle für altes Gerümpel, ein starker, unangenehm auffallender Gegensatz zu den gegenüberliegenden Parkanlagen und dem schönen, stilvollen Eisenbahnerheim. Schloßähnlich wächst nun aus diesem Boden der große Wohnbau. Tausende Hände sind bemüht, dem Willen der roten Gemeindeverwaltung die Form zu geben. Gleich daneben steht ein früher begonnener Bau, dem schon der Dachstuhl aufgesetzt wird. Ihm gegenüber, aber nicht am Gürtel, steht der Fuchsenfeld-Hof. Auf der rechten Seite des Gürtels wird auch mit einem Gemeindebau begonnen. Von dem zweiten Bau grüßt ein Plakat herunter, das die Gemeinde Wien und die Firma, die schon eine Anzahl Gemeindebauten aufgeführt hat, hochleben läßt.

Zweihundert Schritte weiter oben erhebt sich der Reumann-Hof, wohl der schönste Wohnbau der Gemeinde Wien. Vor ihm, auf der rechten Seite des Gürtels, breitet sich ein neuangelegter Park aus. Sein frisches Grün bietet im Sommer den Bewohnern der umliegenden Häuser nach den Stunden der Arbeit und der Mühsal Erholung.

Anschließend daran ist ein Jugendspiel- und Turnplatz. Eine große Anzahl von Kindern, die städtische [sic] Kindergärtnerinnen zur Beaufsichtigung anvertraut ist, tummelt sich fröhlich auf dem grünen Rasen, während bei den Turngeräten Jugendliche, kräftige Gestalten, allen Verdammungen Gföllners[8] zu Trotz, ihre Muskel stählen. Wahrlich, eine glückliche und klassenbewußte Jugend.

Neben dem Reumann-Hofe steht ein Wohnhausbau, der gleich nach dem Umsturz errichtet wurde. An ihm vorüber, gelangt nun der Spaziergänger zu einem riesengroßen Komplex von Gemeindebauten, die vom Metzleinstalerhof hofe [sic] beherrscht werden. Hier ist fast eine kleine Stadt entstanden, und weithin leuchtet der gelbe Anstrich dieser Bauten. Fährt man in der Straßenbahn diese beschriebene Strecke und beobachtet die Fahrgäste, so hört man allgemein Worte der Bewunderung über die Leistungen der Gemeinde Wien. Nur selten findet sich ein Nörgler, der meist aus Haß oder Borniertheit abfällige Äußerungen macht. Doch wird er gewöhnlich belehrt oder – belächelt.

---

8 Johannes Maria Gföllner (1867–1941) war seit 1915 Bischof von Linz.

Dieser Komplex der Wohnhausanlagen in seiner modernen Stilführung stellt einen der schönsten Stadtteile des neuen Wien dar. Auch im alten Wien besitzen wir schöne Straßenzüge, deren schönster die Ringstraße ist. Doch dort wohnen keine Proletarier in den Palästen, sie wurden an die Peripherie der Stadt verdammt. Kalt, stolz und hochmütig blicken diese prunkvollen Bauten, Repräsentanten der Bourgeoisie, auf die anderen Häuser. Sie werden zumeist von Leuten bewohnt, die die neue Zeit und ihre Forderungen nicht begreifen oder begreifen wollen.

Doch draußen, in diesem Stück Gürtel, stehen auch Paläste. Paläste, die keinen überflüssigen Tand an sich haben. In diesen wohnen Menschen, die die Träger der neuen Zeit sind. Sie müssen Licht, Luft und Sonne haben, damit aus ihnen ein starkes, fröhliches und kampfmutiges Geschlecht hervorgehen kann.

Grau und hochmütig stehen die Kolosse auf der Ringstraße. Mächtige Gebäude, in deren Räumen einige wenige Menschen wohnen, die früher einmal durch Adelsprivilegien in Kasten eingeteilt waren. Dort die Bourgeoisie, hier das Proletariat. Dort der verneinende, hier der bejahende Geist, beide in herrlichen Bauten. Doch nicht sehr lange ist es her und das Proletariat nannte solche Bauten nicht sein eigen. Erst die Männer aus ihrer Mitte heraus, schufen ihm menschenwürdige Wohnstätten, schufen das „Neue Wien".

Kinderplanschbecken im Fuchsenfeldhof, Fotografie von Martin Gerlach jun., ca. 1926. Das Bild erschien 1934 in dem Band *Modern Housing* der amerikanischen Autorin Catherine Bauer Wurster. (Wien Museum)

21 Architektur
Georg Vasold, Aleks Kudryashova

Einleitung

Von allen gesellschaftspolitischen Maßnahmen des Roten Wien war die architektonische Umgestaltung der Stadt die vielleicht ambitionierteste, gewiss aber die sichtbarste. Innerhalb der knappen Zeitspanne von nur etwas mehr als einem Jahrzehnt wurden fast 64.000 Wohnungen in annähernd 400 Gemeindebauten, rund 2.000 Geschäftslokale, über 5.000 Siedlerstellen und zahlreiche kommunale Einrichtungen wie Kindergärten, Schulen, Bäder, Sportanlagen, Ambulatorien, Bibliotheken, Künstlerateliers etc. geplant, errichtet und der Öffentlichkeit übergeben. Als Reaktion auf die in Wien seit Jahrzehnten bestehende dramatische Wohnungsnot startete der Wiener Gemeinderat 1919 eine erste, noch recht bescheidene Bauoffensive und verabschiedete 1923 schließlich ein mehrjähriges, umfassendes Bauprogramm, das modernen und billigen Wohnraum zu schaffen versprach. Dieses ehrgeizige Vorhaben wurde von einer breiten medialen Berichterstattung begleitet. In Zeitungsartikeln, illustrierten Festschriften, Broschüren und statistischen Jahresberichten informierte die Stadtregierung kontinuierlich über den raschen Fortgang des hoch ambitionierten Unternehmens – ein planerisches Großprojekt, das das Erscheinungsbild Wiens von Grund verändern sollte.

Was sich rückblickend als beispiellose Erfolgsgeschichte des modernen Wohnbaus ausnimmt, war jedoch von Anfang an von unterschiedlichen politischen, weltanschaulichen und nicht zuletzt baukünstlerischen Ansichten geprägt. Über die Notwendigkeit, wirksame Maßnahmen gegen die untragbaren Wohnverhältnisse zu setzen, bestand zwar Einigkeit. Doch über die Umsetzung des Plans gingen die Meinungen weit auseinander. Insbesondere die Christlichsoziale Partei, in deren Reihen viele Hausbesitzer saßen, stieß sich an den zur Finanzierung eigens eingeführten Steuern, allen voran an der zweckgebundenen Wohnbausteuer, sowie an dem seit dem Krieg bestehenden strengen Mieterschutz. Überdies sah sie in der Errichtung von kommunalen Miethäusern einen Angriff auf das Prinzip des Eigentums und erblickte im Konzept des von der Gemeinde präferierten kollektiven arbeitsteiligen Wohnens die Vorstufe einer revolutionären, letztlich bolschewistischen Lebensführung.

Uneinigkeit bestand aber auch unter den fast 200 von der Stadtverwaltung beauftragten Architekten und Architektinnen, die höchst unterschiedliche Vorstellungen von modernem Wohnen hatten. Auf der einen Seite standen die Anhänger der Siedlerbewegung, die für den Bau von Reihenhäusern am Stadtrand plädierten und dabei u. a. nahrungswirtschaftliche Gründe anführten: Dem Leben im Grünen sei allein schon deshalb der Vorzug zu geben, weil man im Fall ungesicherter Versorgungslagen im eigenen Garten Obst und Gemüse anbauen könne – eine im hungernden Nachkriegswien durchaus berechtigte Überlegung. Auf der anderen Seite standen jene Architekten und Architektinnen, deren Vorstellung von zeitgemäßer Urbanität auf das Errichten von mehrgeschoßigen Wohnhausanlagen im Stadtinneren abzielte. Für sie bestand kein Zweifel, dass das zentrumsnahe Bauen von Mietwohnungen nicht nur fortschrittlicher, sondern letzten Endes auch ökonomischer sei, weil Siedlungshäuser vergleichsweise höhere Errichtungs- und Infrastrukturkosten verursachten.

Die daraus resultierenden mannigfachen Architekturkonzepte, über deren Vor- und Nachteile in oft scharfen Polemiken diskutiert wurde und die sich in den Begriffspolaritäten wie Siedlungsbau *versus* Wohnhausblock („Superblock"), Steildach *versus* Flachdach, Selbstverwaltung *versus* Kommunalverwaltung oder Individualität *versus* Kollektivität zusammenfassen lassen, waren allerdings nicht ganz neu. Vielmehr rekurrierten die Vertreter und Vertreterinnen beider Lager auffallend oft auf die nationale wie internationale Baugeschichte. So orientierten sie sich etwa an britischen Arbeitersiedlungen des 19. Jahrhunderts, analysierten den modernen Gemeindewohnbau in Amsterdam, verwiesen auf die bahnbrechenden Schriften von Camillo Sitte (dieser hatte schon in den 1880er Jahren auf die Bedeutung städtischer Grünanlagen aufmerksam gemacht und unverbaute Freiflächen als Grundlage eines qualitätsvollen Wohnens erkannt)[1] oder beriefen sich auf Otto Wagner, aus dessen Schule viele der Architekten des Roten Wien stammten. Wagner hatte insbesondere in seinen letzten Lebensjahren intensiv über die Struktur rasch wachsender Städte nachgedacht und z. B. 1911 in einem Vortragstext, der auf Anregung der Columbia University zustande kam, die Lösung der „Großstadtbaufrage"[2] zur Kernaufgabe künftiger Generationen erklärt.

In kritischer Fortführung all dessen entstand in Wien ab den frühen 1920er Jahren eine Architektur, die – diskursiv gerahmt von wortgewaltigen Texten aus der Feder eines Adolf Loos, Josef Frank oder Otto Neurath – fast durchwegs von einem stark ausgeprägten Geschichtsbewusstsein zeugt. Zwar gab es auch Stimmen, die einen radikalen Bruch mit der eigenen Vergangenheit, und das hieß: mit der Architektur des Historismus sowie des Jugendstils forderten und für die Hinwendung zu einem strengen Funktionalismus nach dem Vorbild des Neuen Frankfurt plädierten. Doch waren solche Positionen eher in der Minderheit. Im Roten Wien ging es vielmehr um ein innovatives Weiterentwickeln des vorhandenen architektonischen Erbes, d. h. um das behutsame Einbinden der Neubauten in die historische Stadtstruktur. Das bedeutete u. a., dass die Wiener Architekten erprobte Konzepte und tradi-

---

[1] Vgl. Camillo Sitte: *Der Städte-Bau nach seinen künstlerischen Grundsätzen*, Wien: Carl Graeser 1889.
[2] Otto Wagner: *Die Großstadt*, Wien: Schroll 1911, zit. nach Otto Antonia Graf: Otto Wagner. Das Werk des Architekten, Bd. 2, Wien u. a.: Böhlau 1994, S. 641.

tionelle Baufiguren – etwa das Motiv des Hofs, der Terrasse, der Arkade oder der sogenannten Pawlatsche – übernahmen, diese aber jeweils den neuen gesellschaftlichen Anforderungen anpassten. Nicht so sehr die Erfindung einer typisierten, dem ‚neuen Menschen' dienenden proletarischen Form stand dabei im Zentrum, sondern, unter grundsätzlicher Anerkennung des Individuums, die bestmögliche Umsetzung praktischer Wohnbedürfnisse im Sinne einer neuen sozialdemokratischen Gesellschaftsordnung. Gemäß den populären Schlagworten von „Licht – Luft – Sonne", „Sparsamkeit" oder „Wohnhygiene" ging es konkret etwa um die Schaffung gut durchlüfteter und v. a. heller Räume, um das Einleiten von Fließwasser in alle Wohnungen, um den Einbau von strombetriebenen Wasch- und Trockenmaschinen sowie um die Möglichkeit, gesundes Essen kostengünstig und zeitsparend zuzubereiten. Besonderes Augenmerk galt überdies der Errichtung von Klub- und Versammlungsräumen in fast allen Wohnhausanlagen, um solcherart das gesellschaftliche Leben zu fördern: Etwas, so Margarete Schütte-Lihotzky, „worüber man in Frankfurt nicht einmal diskutierte".[3] Die Besonderheit der Architektur des Roten Wien liegt somit darin, dass innerhalb kurzer Zeit nicht nur moderner und zweckmäßiger Wohnraum für rund zehn Prozent der städtischen Gesamtbevölkerung geschaffen wurde, sondern dass dieser – oft in kritischer Bezugnahme auf die lokale Baugeschichte – auch als urbaner Begegnungsort konzipiert wurde. In diesem Sinn nahmen die Wiener Architekten und Architektinnen eine Entwicklung vorweg, die später als „Humanisierung der Stadt" (Sigfried Giedion) beschrieben wurde: als ein Prozess, bei dem „die Beziehung der Teile zum Ganzen, die Wiederherstellung des Kontakts zwischen Individuum und Gemeinschaft"[4] in den Vordergrund tritt.

Literatur

Blau 2014.
Czeike 1959.
Hautmann, Hautmann 1980.
Tafuri 1980.
Weihsmann 2019.

---

[3] Margarete Schütte-Lihotzky: *Warum ich Architektin wurde*, Salzburg: Residenz Verlag 2004, S. 125.
[4] Sigfried Giedion: *Architektur und Gemeinschaft. Tagebuch einer Entwicklung*, Hamburg: Rowohlt 1956, S. 72.

21.1 Franz Schuster, Franz Schacherl: Proletarische Architektur

Erstveröffentlicht als Franz Schuster, Franz Schacherl: Proletarische Architektur, in: *Der Kampf. Sozialdemokratische Monatsschrift*, 19. Jg., Nr. 1 (Jänner 1926), S. 34–39.

Nach Ansicht der Autoren dieses radikalen Manifests, Franz Schacherl (1895–1943) und Franz Schuster (1892–1972), gewinnt man eine Vorstellung von proletarischer Architektur durch die Darlegung dessen, was sie nicht sein kann und nicht sein soll – nämlich der räumliche Ausdruck einer veralteten imperialen, klerikalen oder kleinbürgerlichen Weltsicht. Die Verantwortung der Architekten als, wie es an anderer Stelle des Artikels heißt, „Zertrümmerer von Kulturen" bestehe nicht darin, „das Alte, das nur Unklarheit ist, nur Unwahrheit", zu pflegen. Vielmehr gehe es darum, unter den Menschen ein Bewusstsein für die „Schönheit der sozialistischen Architektur in ihrer großen Einfachheit, Klarheit, in ihrer Reinheit und Sachlichkeit" zu schaffen. Die radikale Position der Autoren war geprägt von den politischen Ansichten linksgerichteter Architekturtheorie im sozialdemokratischen Wien. Der Ruf nach Klarheit, Funktionalität und Einfachheit als Signum eines neuen Zeitalters spiegelt aber auch die Formensprache zentraler Vertreter und Vertreterinnen des ‚neuen Bauens' in Deutschland wider. Ein Jahr nach Veröffentlichung des Artikels reiste Schuster nach Frankfurt am Main, wo er unter dem Chefstadtplaner und Gründer des Neuen Frankfurt, Ernst May, weiter an seinen Projekten arbeitete.

[...]
Was Proletarier heute meist noch unter einer schön eingerichteten Wohnung verstehen, ist so verlogener und falscher Schein, daß wir alles daran setzen müssen, *wahre Wohnbegriffe* proletarischer Art zu verbreiten. Der Ordner, der stolz seine Uniform trägt, der Arbeiter, der stolz seine Bluse trägt, der in der Versammlung sich eins fühlt mit einem großen Wollen, der seine persönlichen Wünsche zurückstellt hinter den Wünschen der Allgemeinheit, des Nachbars, des Arbeitskollegen und nur mit ihm gemeinsam und durch ihn etwas erreichen kann und der diese Macht der Einheitlichkeit kennt, ist in seiner Wohnung individualistisch bis zum äußersten. Was er aber unter Individualität, unter Persönlichem versteht, ist nichts anderes als der gemeinschaftliche Ausdruck *anderer* Gesellschaftskreise. So unpersönlich, so wenig individuell eine bürgerliche Wohnung mit ihrer ganzen Verlogenheit auch ist, so erscheint sie dem Arbeiter doch als das Erstebenswerte. Er übernimmt gedankenlos alle diese überholten, verstaubten Formen und meint, er schaffe sich eine eigene Wohnkultur. Er fürchtet die Einfachheit, die Klarheit und Sachlichkeit in seiner Wohnung, fürchtet, daß wenn er sich einfach und sachlich einrichtet, alle Poesie, Kultur und Kunst aus seiner Wohnung verschwinden. Er merkt aber nicht, daß er an Stelle einer befreienden Sachlichkeit, einer überlebten und von ihm sonst verachteten Welt Formen entlehnt, die mit seinem Denken nichts zu tun haben. Der große Organisator, der Gewerkschaftsführer, der Politiker, der organisierte Arbeiter,

der in der großen Massenversammlung klug und klar zu reden versteht, hat in seiner Wohnung den verlogensten, unbrauchbarsten und überflüssigsten Kleinkram der kleinbürgerlichen Welt. Sein Ideal ist eine schmutzige und verstaubte Romantik. Alle die Spitzen und Decken und Samtvorhänge und geschnörkelten und geschnitzten Möbel, die Psychen und wie die Dinge alle heißen, scheinen ihm wichtig, weil sie ein absterbendes Bürgertum wichtig nimmt, um damit einen äußeren Glanz noch zu wahren, der ihm innerlich schon lange abhandengekommen ist. Seien wir doch ehrlich! Die so sehr beliebte Psyche, der dreiteilige Spiegel, ist er nicht das Inventarstück der oberflächlichen und nur auf Putz bedachten Kinodiva? Das große Buffet mit seinen vielen Laden, seinen Glastüren in allen Farben, seinem Schnitzwerke, wie man es in der Möbelhalle kauft, ist es nicht das verlogene und schundige Erbteil aus mächtiger, aber gänzlich fremder und vergangener Patrizierherrlichkeit? Einer Patrizierherrlichkeit, in der dieses Prunkstück die große Halle füllte, das jetzt in der Wohnküche stehen soll und muß. Sind die Himmelbetten und Spitzenvorhänge und verzierten Möbel, auch wenn sie modern erscheinen, nicht Reste und gedankenlose Nachahmungen königlicher Herrlichkeit? Und was wir unter „Biedermeier" verstehen, ist es nicht – obwohl es in seiner Einfachheit unserer Einfachheit doch weit entgegenkommt – ein schlechtes Nachahmen einer Zeit, die hundert Jahre hinter uns liegt? Ist es nicht beschämend, daß wir unsere Wohnung und das tägliche Gebrauchsstück unseres Lebens aus längst vergangenen Zeiten holen? Aus Welten und Weltanschauungen, die uns nicht nur *fremd*, sondern auch *feindlich* sind? Würden wir nicht lachen, wenn der Arbeiter mit Schnallenschuhen und einem geschlitzten Wams, mit einem Degen an der Seite, den er als Aufputz trägt, Sonntags wandern würde? Wir finden das lächerlich und doch ist das, was der Arbeiter aus seiner Wohnung macht, *nichts anderes, unbedingt nichts anderes*.

Die proletarische Wohnung wird eine *eigene* Form bekommen, einen eigenen Stil und eine eigene Kultur. Die Kultur der Sachlichkeit, der Reinlichkeit und der Klarheit, schon deshalb, weil dies auch das Wirtschaftlichste und Befreiendste für die Hausfrau ist und alle unsere Bemühungen, die Frau von der Versklavung zu befreien, scheitern müßten, wenn wir unseren Kopf nicht klar machen für die Idee, die zu einer Befreiung von diesem Wohngreuel führt. Was nützt es, wenn die Frau *gesellschaftlich frei* wird und *die Sklavin einer verlogenen Wohnromantik* bleibt, wenn sie ihre Zeit darauf verschwendet, die vielen Winkel und Staubfänger zu putzen, die belanglosen Nippgegenstände abzustauben, noch dazu, wenn diese vermeintlichen Zierden der Kommode – haben sie künstlerischen Wert, sind sie zu teuer – aus dem Fünfundzwanzig-Kreuzer-Basar bezogen werden. *Die Uniformität des Wohngreuels und des Weltschundes*, der in Paris und Reichenberg, Neuyork und Hanau gleich ist, *die* fürchtet der Proletarier nicht, *die Uniformität der Reinheit und Sauberkeit und Sachlichkeit* vermeidet er. Diese Dinge aber würden ihn vorwärtsbringen.

Es erwächst dem Proletarier die Pflicht, all dies mit sozialistischem Geiste neu durchzudenken. In gewissem Sinn ist Architektur der künstlerische Niederschlag brennender Wirtschafts- und Kulturaufgaben, die heute im Mittelpunkt unserer Not und unseres Aufbaues stehen. Die Wohnungsfrage, die Frage der Stadtentwicklung sind Tagesfragen. Es ist nicht gleichgültig, wie Sozialisten zu diesen Dingen stehen. Es ist nicht gleichgültig, ob wir Siedlungen oder Hochhäuser bauen. Vielleicht ist es nicht opportun, dieses ernste Stadtentwicklungsproblem jetzt zu erörtern, doch ist dies für die sozialistische Entwicklung eine entscheidende Frage. Die neuen Ziele des Städtebaues, einer neuen Wohnkultur, einer neuen technischen und wirtschaftlichen Bauauffassung sind von solcher Bedeutung, daß der Städtebauer, der Architekt und der Bauorganisator die Unterstützung aller Kreise brauchen, um notwendige Umstellungen vorzubereiten.

Es sei nur an Aufgaben erinnert, die heute alle führenden Menschen auf diesen Gebieten sehr ernst beschäftigen. Landesplanung, Gartenstadt- und Siedlungsbewegung, Grünflächenpolitik, moderne Bauwirtschaft und dergleichen bedeuten Programme, für die der Sozialist sich unbedingt einsetzen muß, da sie die Erfüllung wichtiger sozialer Forderungen anbahnen und bezwecken. *Proletarische Architektur* – nicht engherzig aufgefaßt – umschließt letzten Endes alle großen Gestaltungsaufgaben: die Baukunst ist von allen Künsten am engsten an das Leben gebunden, und da wir fordern, daß unser Leben nach so viel Unklarheit, Unreinheit und Verlogenheit klar, rein und ehrlich werde, so müssen wir fordern, daß mit einem zielbewußten Vorwärtsstreben einer proletarischen, sozialistischen Welt zu Hand in Hand gehe ein freudiges, aufrechtes und mutiges Bekenntnis zu einer *klaren, sachlichen, einfachen Baukunst*, die die Möglichkeit einer Entwicklung läßt, weil sie sich dem Neuen nicht verschließt, müssen es fordern selbst auf die Gefahr hin, daß breite Schichten in ihrer Unklarheit und traditionellen Voreingenommenheit vernichtende Kritik daran üben, weil sie es nicht verstehen, *noch* nicht verstehen.

21.2 Anton Brenner: Siedlungshaus und Miethaus – Gegenseitige Beeinflussung

Erstveröffentlicht als Anton Brenner: Siedlungshaus und Miethaus – Gegenseitige Beeinflussung, in: *Bauwelt: Zeitschrift für das gesamte Bauwesen*, 19. Jg., Nr. 1 (5. Jänner 1928), S. 6–8.

Die intensiv geführten öffentlichen Debatten zwischen den Architekten und Architektinnen, Stadtplanern und Politikern, die den Bau mehrgeschoßiger Wohnblöcke befürworteten, und jenen, die die Vorteile des Flachbaus nach Art der Siedlerhäuser propagierten, überschatteten andere Bemühungen, deren Ziel es war, diese beiden scheinbar unterschiedlichen Bauformen bzw. Bauaufgaben miteinander zu verknüpfen. Was Anton Brenners (1896–1957) Beitrag auszeichnet, ist sein Vorschlag, die Vor- und Nachteile bestehender Gebäude auszuloten und in der Folge hybride, synkretistische und für neue Funktionen offene Baustrukturen zu schaffen. Im Laufe seiner Karriere entwickelte er unterschiedliche Entwürfe für mehrstöckige Wohnbauten mit offenen

Durchgängen, die an Laubenganghäuser in Siedlungen erinnern. Als Schüler von Oskar Strnad, Josef Frank, Peter Behrens und Clemens Holzmeister wurde Brenner stark von Architekten der Neuen Sachlichkeit beeinflusst. 1926 zog er nach Frankfurt, um dort unter Ernst May für das städtische Bau- und Siedlungsamt und das Programm Neues Frankfurt zu arbeiten. 1929 wurde er zum Leiter der Architekturabteilung am Bauhaus in Dessau berufen, kehrte jedoch 1931 nach Österreich zurück, wo er sich fortan mit standardisiertem Möbeldesign für die wachsende Zahl kommunaler Gemeindebauten beschäftigte.

Die Streitfrage, ob die Wohnung im Siedlungshaus oder die Wohnung im Stockwerksbau in wirtschaftlicher, wohntechnischer und kultureller Hinsicht der anderen vorzuziehen ist, kann heute kaum entschieden werden, da noch gar keine Vergleichsbauten geschaffen sind, die eine Stellung rechtfertigen. Die wenigsten vorhandenen Wohntypen entsprechen den an eine moderne Wohnung zu stellenden Anforderungen vom wohntechnischen und kulturellen Standpunkt, auch nicht in Bezug auf Miete und Möblierung dem Einkommen der Mehrheit vom wirtschaftlichen Standpunkt aus. Alles Bestreben der Architekten und Wohnreformer wird, wie bei der Stuttgarter Werkbundsiedlung, immer den Menschen ihrer und höherer Lebensstellung gelten und keinerlei nennenswerten Einfluß auf die Behebung der Wohnungsnot der Masse haben.

[...]

Wenn statt eines Wettstreites um die Vorzüge und Nachteile der beiden Wohnarten, der fast ebenso unnütz ist wie der Kampf um Steil- und Flachdach, eine gegenseitige Beeinflussung versucht wird, so kann möglicherweise ein Weg gefunden werden, der zur Lösung der Kleinwohnungsfrage in beiden Fällen führt.

Eine Wohnung, die ohne Bedienung in Ordnung gehalten werden muß, verlangt schon aus diesem Grunde eine bedeutende Beschränkung an Raum sowie Zahl und Größe der Zimmer. Da diese Beschränkung beim Siedlungshaus noch seltener möglich ist, als bei der Mietwohnung, wird die Siedlungswohnung weniger von der Hausfrau, die durch die Bewirtschaftung eines Hauses in 3 bis 4 Geschossen (Keller-, Erd-, Ober- und Dachgeschoß) übermäßig angestrengt wird, als vom Familienhaupt wegen der verhältnismäßig größeren Unabhängigkeit bevorzugt. Das Aufwachsen und gemeinsame Spielen der Kinder im Freien, in der Natur, ist heute mehr von der Wohnlage als von der Wohnform abhängig, da die gärtnerisch geschmückten, mit Planschbecken, Sand und Spielplatz ausgestatteten, weiträumigen Gartenhöfe der modernen Miethäuser dazu vielleicht eher die Möglichkeit schaffen, als die voneinander getrennten, mit Gemüse und Blumen bepflanzten Gärten der Siedler. Durch die notwendige Anordnung einer Treppe in jedem Siedlungshaus wird schon sehr viel von der Grundfläche eingebüßt. Das Leben und Wohnen teilt sich darin entsprechend dem Erd- und Obergeschoß in Tag und Nacht, ein Luxus, der bei der Kleinstwohnung nicht in Frage kommt. Schlafzimmer müssen durch Anordnung von einfachen Klappbetten ebenso tagsüber benützt werden können, wie die Wohnräume auch nachts als Schlafraum verwendet werden müssen.

Wird der Vorzug der Mietwohnung – alle Räume in einer Geschoßhöhe – in dem Entwurf für die *ebenerdige Siedlung* verwertet, so müßte doch auch auf eine möglichst lange, gemeinsame Mauer mit dem Nachbar und eine nicht allzu große Hausbreite hingearbeitet werden. Da Wohn- und Schlafräume die beiden Fensterfronten für sich fordern, kann die Küche mit einem großen Oberlicht ausgestattet werden, das die Gewähr einer allseits gut belichteten Arbeitsfläche gibt; auch eine Lüftung über das Dach der im Verhältnis zum größeren Wohnraum niedriger gehaltenen Schlafräume kann vorgesehen werden. Obwohl im Kellerraum des nur halb unterkellerten Hauses genügend Platz für eine Trennung in Waschküche mit Badegelegenheit und Vorratskeller vorhanden wäre, empfiehlt es sich doch, wie in einem modernen Mietwohnungsblock, eine gemeinsame maschinelle Wäschereianlage mit Badehaus gesondert anzuordnen. Für das tägliche Baden und Waschen morgens oder nach der Arbeit ist für diese Verhältnisse und Lebensgewohnheiten ein Brausebad und Waschbecken in einem Raum mit dem Abort das geeignetste.

Nicht alle Menschen wollen in einem Siedlungshaus wohnen und den Garten bebauen. Viele wünschen die Stadtnähe und die Vorzüge des Wohnens in und bei der Stadt. Jedenfalls werden auf Jahre hinaus *Miethäuser* gebaut werden. Deshalb ist es besser, die wirtschaftlichste und möglichst kulturelle Form dieser Wohnweise für den Kleinwohnungsbau zu suchen, als über diese Wohnform den Stab zu brechen und sie als veraltet und ungesund abzulehnen. War [sic] bei der ebenerdigen Siedlung die Vorzüge der Mietwohnung der Ausgangspunkt zu dieser neuen Gestaltung, so kann umgekehrt der Siedlungsbau den Miethausbau beeinflussen.

Um möglichst viele Wohnungen an ein Treppenhaus zu legen, ohne auf die so notwendig erachtete Querlüftung der Wohnung zu verzichten, muß zu dem *Gangsystem* gegriffen werden. So wie die Siedlungsbewohner ihre Wohnung, ihr Haus, verlassen und auf den Fußsteig treten, so können die Bewohner der Mietwohnung auf einen offenen Gang treten, der ein Fußsteig in den Stockwerken ist und zum geschlossenen Treppenhaus führt. Diese Wohnform ist uralt. Im alten Oesterreich war sie vielfach üblich, in Budapest wird heute noch so gebaut. Man findet diese alte Wohnform mit offenem Gang noch hier und da in Wien, besonders häufig und reizvoll aber in den kleinen Orten an der Donau. In einer weiteren Entwicklung wurde der Gang verglast, später blieben nur noch einige Fenster übrig. Die Wohngröße und -anordnung blieb dieselbe; Abort und Wasserzapfstelle wurden an dem gemeinsamen Gang angeordnet. Der Vorteil, zum Abort und zur Wasserzapfstelle nicht mehr über das Freie, wie beim offenen Gang, zu gelangen, wurde durch den Nachteil, daß die Küchen nun nur mehr über den jetzt geschlossenen Gang, also indirekt belichtet und kaum mehr lüftbar sind, erkauft. Da der überwiegend größte Teil der Wiener Bevölkerung noch in dieser Art wohnt, sind selbst die von der Gemeinde Wien jetzt erbauten Zimmer-Küche-Wohnungen ein großer kultureller Fort-

schritt. Wenn auch die Raumgröße sich nicht viel von der alten Gangwohnung unterscheidet, so haben jetzt doch alle Mieter den Abort in der eigenen Wohnung.
[...]

21.3 Ernst Toller: In einem Wohnhaus des sozialistischen Wien

Erstveröffentlicht als Ernst Toller: In einem Wohnhaus des sozialistischen Wien, in: *Arbeiter-Zeitung*, 20. März 1927, S. 17.

Im Jänner 1926 kam der deutsche expressionistische Dramatiker Ernst Toller (1893–1939) – der als politischer Aktivist kurzfristig Präsident der Münchner Räterepublik (1919) war – auf seiner Reise durch Europa auch nach Wien. In einem Artikel, der zuerst in der Berliner Zeitschrift Die Weltbühne *(Nr. 23, 1927) und später auch in Wien veröffentlicht wurde, gibt Toller einige seiner Beobachtungen wieder. Besonderes Augenmerk schenkte er dem im 20. Wiener Gemeindebezirk, Brigittenau, gelegenen Winarskyhof (1924–1926). Diese monumentale Wohnhausanlage wurde von acht prominenten Architekten und einer Architektin als architektonisches Ensemble geplant, dessen unterschiedlich gestaltete Teile sich zu einem räumlichen Ganzen fügen.[5] Während Toller die Leistungen der Stadt Wien lobt, kritisiert er den nüchternen, funktionalistischen Stil der Architektur, die im Sinne der Neuen Sachlichkeit bereit war, die Wohnfreude, die sich etwa durch florale Verzierungen und spielerische Ornamentik einstellt, einer asketischen und allzu nüchternen Formensprache zu opfern. Die ArchitektInnen, so argumentiert Toller, projizierten ihre eigenen anspruchsvollen Geschmäcker auf die Arbeiterklasse und ignorierten den legitimen Anspruch der Arbeiter und Arbeiterinnen auf Komfort und bürgerlichen Lebensstil.*

[...]

Auch ich habe vor kurzem gesehen, was der Wiener Gemeinderat, der eine starke sozialistische Mehrheit besitzt, leistet, und was ich an Verwirklichung sah, zerstörte mit wundervoller Gewalt das depressive Empfinden, das der deutsche radikale Sozialist in sich verkrustet trägt. Erklärlich wird, warum die Kommunistische Partei in Oesterreich bedeutungslos ist. Die Radikalen blieben bei der sozialistischen Partei. Nur Rußland leistet in kultureller Beziehung ähnliches.

Wohnungen werden nach Art der architektonischen Einrichtung und Zimmerzahl besteuert, für kleine Wohnungen zahlt der Mieter einen lächerlich geringen Betrag Miete und Steuer (denn durch gesetzlichen Mieterschutz wird auch die Höhe

---

[5] Der Winarskyhof wurde von Peter Behrens, Karl Dirnhuber, Josef Frank, Josef Hoffmann, Grete Lihotzky, Adolf Loos, Franz Schuster, Oskar Strnad und Oskar Wlach geplant. Der auf der gegenüberliegenden Straßenseite befindliche zweite Teil der Anlage wurde später in Otto-Haas-Hof umbenannt.

der Miete bestimmt), aber für eine Achtzimmerwohnung muß der Mieter allein 300 Schilling städtische Abgaben monatlich zahlen. Aus den Mitteln der Wohnbausteuer wurden in den letzten Jahren Arbeiterwohnhäuser, Kinderspielgärten, Entbindungsheime, Übergangsheime für elternlose und verlassene Kinder, Arbeiterhochschulen, Volksbäder und andres gebaut. Von 1919 bis Ende 1923 hat die Gemeindeverwaltung 7259 Wohnungen errichtet. Im September 1923 wurde das große Wohnbauprogramm beschlossen, das 25.000 Wohnungen umfaßt und nun ausgeführt ist. Insgesamt wurden also etwa 32.000 Wohnungen gebaut. Die besten Architekten werden für Plan und Inneneinrichtung der Häuser verwendet.

Der Winarsky-Hof, benannt nach einem verstorbenen sozialistischen Arbeiter, ist einer dieser Massenbauten, ein Komplex vieler Häuser, durch luftige, bäumebewachsene Höfe verbunden. In diesem Hause gibt es 800 Parteien und 3400 Menschen. Von ihnen sind 1500 bei der sozialistischen Partei organisiert. (Die Stadt Wien hat 330.000 organisierte Sozialisten.) Die kleinste Wohnung besteht aus Zimmer, Wohnküche und Vorzimmer; im allgemeinen umfassen die Wohnungen zwei Zimmer und Küche. Jedes Zimmer hat Parkettfußboden, jedes Haus Zentralwasch- und Trockenanlagen, gemeinsamen Kindergarten, Bibliothek, Versammlungssaal, Kino, Sitzungszimmer. Man bedenke, was es für proletarische Frauen bedeutet, die Kinder während der Arbeit im Hause zurücklassen zu können, die Wäsche in der großen Waschküche einem elektrisch betriebenen Waschkessel zu übergeben und mit einigen Handgriffen eine Arbeit zu leisten, die sonst ein bis zwei Tage dauert.

Ich schaue mir die *Bibliothek* an, deren Tische und Stühle von Peter Behrens entworfen sind. Ich schlage wahllos den Katalog für schöne Literatur auf und lese unter F: Flake, Flaubert, Fontane, France, Frank. Ich gehe ins *Hauskino*, einen großen Saal, der durch mechanisches Herablassen von Wänden in drei kleinere Säle verwandelt werden kann. Die Kinder aus der nahen Schule sehen einen Naturfilm, der ihnen in anschaulicher Weise Gesteinskunde vermittelt. Das Programm für den Abend zeigt den russischen Film „Die Bucht des Todes" und den Film „Menschen unter Menschen".[6] Ab und zu finden im Kinosaal gute Konzerte, Vorträge und Theateraufführungen statt.

Man muß die alten Wiener Arbeiterwohnungen gesehen haben, *um zu ermessen, was die Stadt geschaffen hat.*

An jedem Hause ist plastisch und deutlich auf einer Tafel zur Freude der Reichen eingemeißelt: „Errichtet aus den Erträgnissen der Wohnbausteuer."

Das architektonische Bild der Bauten wirkt unterschiedlich. Die vor einigen Jahren errichteten Bauten (zum Beispiel der Fuchsenfeldhof) haben nach außenhin

---

6 Der Originaltitel des russischen Films lautet *Bukhta smerti* (R: Abram Room, UdSSR 1926). Der deutsche Titel von *Les Misérables* (R: Henri Fescourt, F 1925), *Mensch unter Menschen*, wurde von Toller irrtümlich als *Menschen unter Menschen* angegeben.

mehr palastartigen Ziercharakter, die in jüngster Zeit geschaffen werden von strenger, zweckvoller Nüchternheit beherrscht.

Es ist mir bedeutsam, festzustellen, daß der Arbeiter im allgemeinen spielerische Ornamentik *liebt* und für die neue Einfachheit moderner Architektur kein Verständnis besitzt. Warum? Der moderne Architekt kam zu seiner Einfachheit vom spielerisch luxuriösen Ueberfluß. Er hat den Luxus überwunden und entnahm ihm für seine neue Form nur die zweckdienlichen Elemente. Der Arbeiter kommt aus dem Zustand des *Mangels*. Grau und monoton war alles in seiner alten Wohnung. Luxus war ihm Traum und Wunschbild. Man denke an seine Vorliebe für Filme, die in Prunkwohnungen spielen. Er sehnt sich nach ein bißchen Verschönerung, die er nur in Gestalt spielerischer Verzierung zu erkennen vermag, und nun findet er wieder nüchterne Einfachheit. Weil ihm der qualitative Unterschied dieser Form der Einfachheit im Vergleich zu seiner früheren Einfachheit nicht im Gefühl offenbar wird, ist sein Unbehagen verständlich. So scheint für den Arbeiter unserer Generation das Gesetz zu herrschen, daß er Irrwege des Bürgers eine Zeitlang selbst gehen muß, um imstande zu sein, sie aus innerster Notwendigkeit bekämpfen zu können.

Gewiß gibt es in so großen Häusern auch kleine Streitigkeiten. Denn die Menschen, die hineinkommen, sind von wenig Kollektivbewußtsein erfüllt. Die eine Frau ist unzufrieden, daß die andre ihr in der Zentralwaschküche in die Wäsche hineinguckt, die andre Frau behauptet, die Nachbarin kontrolliere sie; aber man kann beobachten, daß diese Streitigkeiten, die von einem eigens gebildeten Hausausschuß geschlichtet werden, geringer und geringer werden, daß sich ein *Kollektivbewußtsein* zunehmend bildet. In Fällen, in denen Mieter arbeitslos werden, helfen die Nachbarn dem Betroffenen in schöner Solidarität.

Ein andres Problem ist die Frage, ob solche Hauspaläste oder Hauskasernen die ideale Lösung für die Wohnungsnot der Großstadt darstellen. Ich gestehe ehrlich, daß bei aller Bewunderung für das Geschaffene mich die Form des Siedlungshauses die sinnvollere dünkt. (Es gibt auch in Wien eine Reihe von gut eingerichteten Siedlungen.) Aber ein Siedlungsgürtel um eine Großstadt ist *nur dann möglich*, wenn beste Schnellverbindungen vorhanden sind, sonst verliert der Arbeiter zwei bis drei Stunden für Hin- und Rückfahrt zur Fabrik. Ich verkenne auch nicht, daß für den durch Schule und Erziehung unserer Zeit gewordenen Menschen die Gefahr droht, daß er im Siedlungshaus zum *kleinen, zänkischen Spießer* wird, der seinen Kohl baut, mit seinem Nachbar im Streit lebt, seine Ruhe haben will und sich um seine Arbeitsbrüder nicht mehr kümmert.

Wir stoßen immer wieder auf die gleiche Schwierigkeit: Wir müssen neue Gebilde schaffen, müssen uns aber bewußt sein, daß der alte Adam in diese neuen Gebilde einzieht und nur mählich durch gütigen Zwang sich in ihm die verkümmerten Gemeinschaftsinstinkte neu bilden.

21.4 Gustav A. Fuchs: Der Fuchsenfeldhof

Erstveröffentlicht als Gustav A. Fuchs: Der Fuchsenfeldhof. Hg. vom Wiener Magistrat, I., Rathaus, Wien 1923, S. 3–9.

Zwischen 1924 und 1932 gab die Stadt Wien dutzende Broschüren heraus, in denen die Leistungen des offiziellen Bauprogramms und insbesondere die Wohnhausanlagen wie etwa der Fuchsenfeldhof (1922–1925) im 12. Wiener Gemeindebezirk vorgestellt und gepriesen wurden.[7] *Diese Broschüren informierten nicht nur über den genauen Standort und die Architekten, Ingenieure und Handwerker, die an dem Programm beteiligt waren. Sie enthielten auch detaillierte Beschreibungen der Gebäude und waren mit zahlreichen Skizzen, Grundrissen und Fotografien versehen, die unterschiedliche Aspekte hervorhoben und Einblicke ins Innere boten. Die hier vom Oberstadtbaurat Gustav Adolf Fuchs vorgestellte Wohnanlage*[8] *war eines der ersten Projekte, das durch die Wiener Wohnbausteuer gefördert und nach den neuen Bauvorschriften der Stadt am Margaretengürtel, auch bekannt als „Ringstraße des Proletariats", errichtet wurde. Der Komplex war als Teil des Wohngebiets „Am Fuchsenfeld" (1924–1926) entworfen worden und entstand nach den Plänen der Architekten Heinrich Schmid (1885–1949) und Hermann Aichinger (1885–1952).*

[...]

Ein hervorragendes Beispiel für die Wohnbautätigkeit der Gemeinde Wien bildet der *„Fuchsenfeldhof"*. Er befindet sich auf den Gründen des ehemaligen „Fuchsenfeldes" im XII. Bezirke, Meidling, und wird von der Längenfeldgasse, der Murlingen-, Aßmayer- und Neuwallgasse begrenzt. Die Erbauung dieser Wohnhausanlage erfolgte nach den Plänen der Architekten Z. B. *H. Schmid* und *H. Aichinger* in zwei Etappen. Der erste Teil wurde im Frühjahr 1923 besiedelt, der zweite Teil nunmehr vollendet. Die Anlage enthält 211 und 269, somit 480 Wohnungen. Durch 24 Stiegenanlagen gelangt man aus den großen, gärtnerisch ausgestalteten Höfen in die Stockwerke. Im ersten Hof, der eine Fläche von 1500 m² besitzt, befinden sich zwei Spielplätze für die Kinder des Hauses. Der zweite Hof mit einer Fläche von 1200 m² besitzt einen auf der Dachterrasse der zum Teil in die Erde eingebauten Waschküchenanlage errichteten Blumengarten mit einem kleinen Pavillon. Der dritte Hof, der wie der erste rund 1500 m² groß ist, enthält ein Plantschbecken, welches im Winter zum Eislaufen verwendet werden kann und einen anschließenden großen Spielplatz, der vierte Hof eine Sitzplatz- und eine Terrassenanlage. In den vier Höfen sind reichliche Sitzgelegenheiten vorgesehen.

---

[7] Vgl. Josef Bittner (Hg.): *Neubauten der Stadt Wien, Bd. 1: Die Wohnhausbauten*, Wien, Leipzig, New York: Gerlach und Wiedling 1926.
[8] Vgl. Gustav A. Fuchs: Der moderne Wohnungsbau, in: *Arbeiter-Zeitung*, 23. August 1924, S. 9.

Bei der *Anlage der Wohnungen* wurde in erster Linie auf die wohnungshygienischen Grundsätze Rücksicht genommen. Es wurde streng darauf gesehen, daß jede Wohnung einen der Besonnung ausgesetzten Raum enthält, so daß reine Nordwohnungen nicht vorkommen. In der ganzen großen Einlage befindet sich kein einziger indirekt belichteter Raum. Selbst von den Aborten und Spülen führt ein Fenster in einen der großen Höfe oder auf die Straße und nicht wie bisher üblich in einen Lichthof. Eine Ausnahme hievon bilden nur die Vorräume der Wohnungen, die jedoch eigentlich nur als Puffer gegen Kälte und Lärm dienen. In jedem Stockwerke befinden sich, wie der Grundriß zeigt, 3 bis 5 Wohnungen. Auffallend ist das vollkommene Fehlen der sogenannten „Gangfenster". Dies ist durch die früher erwähnte Tatsache, daß alle Räume ein Fenster in's Freie haben, erklärt. Dieser Mangel der Gangfenster ist einerseits für den Frieden des Hauses sehr fördernd, da dadurch die Gelegenheit für Tratsch ganz wesentlich eingeschränkt ist, andererseits vermißt man in den Stiegenhäusern den sonst sich so unangenehm fühlbar machenden Küchendunst. Vom Stiegenpodest gelangt man durch den Vorraum in die Küche oder in einen Wohnraum. Die Küchen sind sämtlich als *Wohnküchen* ausgebildet. [...] Sie sind 16 bis 20 m² groß, besitzen beim Fenster eine Sitznische, deren Tisch als Eßtisch für die Familie, als Arbeitstisch für die Hausfrau dient und bei welchem die Kinder ihre Schulaufgaben schreiben können. Als Kochstelle dient ein Gasherd mit Bratrohr, Nachwärmestellen, Abstellplatten und Tellerwärmer. Dadurch entfällt die lästige Plage mit Ruß, Asche und Rauch. In der von der Küche aus zugänglichen Spüle kann das Gemüse und Fleisch gewaschen und das Geschirr gereinigt werden. Zu diesem Zwecke ist ein ein- oder mehrteiliger Abwaschtrog vorhanden mit direktem Wasserzufluß. Von der Spüle aus ist der Abort mit dem Wasserklosett zugänglich. Die Anordnung von Wasserleitung und Abort im Wohnungsverband beugt den Mißhelligkeiten vor, die durch die früher übliche Anordnung auf dem Hausgang so oft entstanden sind. Die Wohnküche, wie die anschließenden Wohnräume, besitzen größtenteil dreiteilige Fenster, deren Größe bis 1/10 der Wohnfläche beträgt. Für die elektrische Beleuchtung sämtlicher Wohn- und Nebenräume ist vorgesorgt. Gasmesser und Stromzähler wurden auf den Stiegenpodesten in eigenen Nischen mit versperrbaren Türen eingebaut. Dadurch ist es den Bediensteten der beiden städtischen Unternehmungen jederzeit möglich, die verbrauchten Mengen festzustellen, ohne auf die Anwesenheit der Parteien angewiesen zu sein. Durch diese Anordnung wird sowohl den Parteien als auch den Angestellten der Werke viel Zeit erspart.

Um die Anlage der vielen Waschküchen und Trockenböden, die für die große Anzahl von Wohnungen notwendig wären, zu ersparen, wurde eine *zentrale Waschküche* angelegt. In dieser Anlage können die Hausparteien ihre Wäsche waschen, trocknen und mangeln. Die Waschküche besitzt sämtliche Einrichtungen einer modernen Dampfwäscherei. Der Hausfrau wird warmes Wasser zum Waschen und Auskochen der Wäsche beigestellt, Waschmaschinen und Zentrifugen stehen zum Gebrauch zur Verfügung. Zum Trocknen der Wäsche sind mit Dampf geheizte Kulissen-Trockenapparate vorhanden. Zum Mangeln der Wäsche stehen nebst den

Einspritzvorrichtungen elektrisch angetriebene Mangeln zur Verfügung. Zu jedem der 20 Waschstände gehört ein mit Dampf geheizter Duplikatkessel. Die Waschtröge haben direkten Zufluss von kaltem und warmen Wasser. Die 10 Waschmaschinen und Schleudermaschinen haben elektrischen Antrieb. Mit Hilfe der Kulissentrockenapparate und der elektrisch angetriebenen Mangeln ist es den Hausfrauen ermöglicht, nach vier Stunden die Wäsche von 4 Personen und 4 Wochen in einem Halbtag gemangelt in die Wohnung zu bringen.

An den Dampfkessel ist auch eine *Badeanlage* angeschlossen. Ein Teil dieser Anlage befindet sich im Untergeschoß zwischen den Stiegen 4 und 5, ein Teil zwischen den Stiegen 13 und 14. Die Anlage ist in ein Männer- und ein Frauenbad eingeteilt und enthält 10 Brausezellen mit Auskleidekabinen und 11 Wannenzellen.

Die Kosten für die Benützung der Waschküche werden nach demselben Schlüssel wie die Betriebskosten des Hauses auf Grund der errechneten Selbstkosten aufgeteilt. Für die Benützung der Badeanlage wird eine separate Gebühr eingehoben.

Für die Kinder des Fuchsenfeldhofes stehen außer den bereits erwähnten Spielplätzen und dem Plantschbecken noch *zwei Kinderaufenthaltsräume* zur Verfügung. Der größere der beiden besitzt eine Länge von 18,20 m und eine Breite von 10,90 m. Er schließt unmittelbar an den im dritten Hof befindlichen Spielplatz an. An weiteren Räumen steht eine *Lehrwerkstätte* und ein *Lesezimmer* den Kindern zur Verfügung. In der kleinen Werkstätte soll den Schulentwachsenen, unter der Leitung erfahrener Männer der Arbeit, die Liebe zu dieser und die Freude am Schaffen beigebracht werden. Das Lesezimmer soll nicht nur zum Gebrauch der kleinen, gediegenen Bücherei einladen, sondern es soll den Kindern dort auch Gelegenheit gegeben werden, in Ruhe ihre Schulaufgaben zu machen. Die Leitung dieser Anlage und die Beaufsichtigung der Kinder ist ein von den gesamten Mietern verliehenes Ehrenamt.

Der Fuchsenfeldhof ist durchwegs aus Ziegel gebaut. Die Geschoßhöhe beträgt 3,20 m. Sämtliche Zwischendecken sind aus Eisenbeton. Die Stufen aus Eisenbeton mit Kunststeinüberzug. Für die Pflasterung der Stiegenpodeste, Hausflure und Herdplatzel wurden Terrazzoplatten verwendet. Die Fußböden der Wohnräume und der Wohnküchen wurden aus Eichenbrettel hergestellt, in den Vorzimmern Schiffböden verlegt.

[...]

Der „Fuchsenfeldhof" wurde unter der Leitung des *Stadtbauamtes* von jenen Firmen ausgeführt, die als Bestbieter die einzelnen Arbeiten erstanden. Auch die meisten Baustoffe wie Ziegel, Kalk, Sand, Zement, Rundeisen, Glas, Farben und dgl. wurden vom Stadtbauamte beigestellt.

Der „Fuchsenfeldhof" ist ein beredtes Beispiel dafür, daß die Verwaltung der Gemeinde Wien nicht nur Unterkünfte für die Wohnungslosen schafft. Durch diese Wohnbautätigkeit wird auch die wertvollste Arbeitslosenfürsorge – die Schaffung von Arbeitsgelegenheit – betätigt. Schließlich läßt dieser Bau auch das Bestreben der Gemeinde erkennen, trotz aller Sparsamkeit das sehr tiefe Niveau der Wiener Arbeiterwohnung zu heben.

21.5 Anonym: Merkbüchlein für Mieter in den Volkswohnhäusern

Erstveröffentlicht als Magistrats-Abteilung 17 (Hg.): Merkbüchlein für Mieter in den Volkswohnhäusern, Wien: Gewista 1928, S. 19–23, 35.

Diese von der damals für das Wohnwesen zuständigen Magistratsabteilung der Stadt Wien (MA 17) herausgegebene 50-seitige Broschüre sollte Mietern und Mieterinnen, die Schwierigkeiten bei der Eingewöhnung in ihr neues Zuhause haben könnten, einen praktischen Leitfaden an die Hand geben und sie gleichzeitig an ihre Verantwortung gegenüber der Allgemeinheit erinnern. Dieser Leitfaden für den Alltag im Gemeindebau enthielt sowohl programmatische Informationen über die neue städtische Wohnungspolitik als auch praktische Anleitungen zur Nutzung von Strom und Gas, Hinweise auf die richtige Platzierung von Radioantennen, Informationen über die Nutzung der Toiletten, Wäschereien und öffentlichen Bäder sowie allgemeine Ratschläge zur Wahrung des Friedens im Zusammenleben mit den Nachbarn. Obwohl das Heft alle Mieter und Mieterinnen ansprechen sollte, war der Fokus eindeutig auf die Hausfrau gelegt. Mehrere Abschnitte richteten sich an die Frauen als Haushälterinnen und als Hüterinnen des privaten wie des öffentlichen Raums, der von den Erwachsenen und ihrem Nachwuchs gemeinsam genutzt werden sollte.

„Ordnung hält's Haus"
sagt ein altes Sprichwort. In erhöhtem Sinne gilt dies für die städtischen Wohnhäuser. Jede Wohnpartei hat ein Recht auf einen ordentlichen ungestörten Genuß der Wohnung und aller Gemeinschaftseinrichtungen; daher hat jede Partei auch die Pflicht, auf die Mitbewohner des Hauses gebührend Rücksicht zu nehmen und auf Ruhe und Ordnung, auf Reinlichkeit und Schönheit selbst zu achten. Würde dies nicht geschehen, so wäre das Wohnen bald ebenso unerträglich, wie die Verwaltung der Häuser unmöglich.

Je mehr Selbstdisziplin jeder Mieter aufbringt und je gewissenhafter die Hausordnung von ihm eingehalten wird, umsomehr wird sich jeder des Genusses der Wohnung und aller Anlagen erfreuen. Dort wo die Selbstdisziplin fehlt und der Einzelne auf die Allgemeinheit keine Rücksicht nimmt, muß die Wohnhäuserverwaltung, wenn nötig, *mit größter Strenge* vorgehen. Sie wird glücklich sein, wenn ihr dies erspart bleibt.

Beachte daher die Hausordnung, du findest sie im Hausflur angeschlagen!

Was jeder Mieter wissen muss!
(Ein paar Worte an die Hausfrau.)

Das Haus, in dem Du wohnst, wurde aus öffentlichen Mitteln zur Bekämpfung der Wohnungsnot von der Gemeinde erbaut. Fühle Dich daher als Sachverwalter öffentlichen Gutes, pflege die Dir anvertraute Wohnung so, daß ihr Wert dauernd erhalten bleibt und sorge dafür, daß auch die Kinder Haus und Hof schonungsvoll benützen. Für alle verursachten Schäden mußt ja Du aufkommen.

Halte Deine Wohnung sauber. Kehre sie täglich und nimm mindestens einmal wöchentlich eine gründliche Reinigung vor.

„Wohin die Sonne nicht kommt, da kommt der Arzt hin", sagt ein Sprichwort. Lasse deshalb dem Tageslicht freien Zutritt und schränke ihn nicht durch dunkle Vorhänge und Draperien ein.

Lüftung und Heizung.
Fast den dritten Teil Deines Lebens bringst Du im Bette zu. Deshalb lüfte den Schlafraum ausreichend. Wenn es das Wetter gestattet, schlafe bei offenem Fenster. In frischer Luft schläfst Du besser und ruhiger, als in verbrauchter, sauerstoffarmer Luft. Besonders in einem Neubau ist in den ersten Jahren sorgfältiges Lüften die wichtigste Forderung der Wohnungs- und Gesundheitspflege.
[...]

Der Fussboden
soll der Stolz jeder Hausfrau sein. An seinem Zustand ist die Reinlichkeit und Ordnungsliebe zu erkennen.
[...]

Rücksicht auf die Mitbewohner.
Störe die Ruhe der Hausbewohner nicht. Nach 10 Uhr abends unterlasse Gesang und Musik und nimm auch sonst auf Deine Mietbewohner [sic] jene Rücksichten, von denen Du wünschest, daß sie Dir entgegengebracht werden.

Schone die Gartenanlagen, Einfriedungen, Rasenflächen, Sitzgelegenheiten usw. Nimm auf Deine Mitbewohner und Kinder Einfluß, daß auch sie die für die Kinder bestimmten Spielplätze, Planschbecken, Aufenthaltsräume, Höfe und Stiegenaufgänge schonungsvoll benützen. Durch gutes Beispiel und gute Worte wirst Du hiebei immer Erfolg haben.

21.6 Otto Neurath: Einküchenhaus

Erstveröffentlicht als Otto Neurath: Einküchenhaus, in: *Arbeiter-Zeitung*, 2. Juni 1923, S. 6–7.

Das „Einküchenhaus", auch bekannt als „Zentralwirtschaftshaus", ein mit einer einzigen zentralen Küche ausgestattetes Mehrfamilienhaus, stellt ein interessantes, in der Geschichte Wiens jedoch singulär gebliebenes Experiment dar, das von österreichischen Architekten wie Oskar Wlach[9] und Aktivistinnen wie Käthe Leichter und Therese Schlesinger[10] propagiert wurde. Die Idee des kooperativen Wohnens mit Gemeinschaftseinrichtungen war zu der Zeit keineswegs neu und geht auf die Frühphase der Frauenbewegung im 19. Jahrhundert zurück. Trotz des großen Interesses, das feministische Zeitschriften wie Die Österreicherin der Idee entgegenbrachten, wurde in Wien nur ein einziges Projekt dieser Art realisiert: die Wohnbaugenossenschaft Heimhof im 15. Wiener Gemeindebezirk, Rudolfsheim-Fünfhaus.[11] In den Wohnungen des Einküchenhauses sollten Familien und junge Paare leben. Allerdings konnten sich nur wenige die Miete und die anfallenden Kosten, die durch den Betrieb der zentralen Einrichtungen und ihres Personals verursacht wurden, leisten. Die Gegner des Projekts kritisierten das Konzept mit dem Argument, die Befreiung der Frauen von ihren Haushaltspflichten würde die Kernfamilie zerstören. Otto Neurath (1882–1945) hingegen verteidigte das reformistische Lebensmodell und erblickte in ihm den wahren Ausdruck des proletarischen Geistes sowie ein unvermeidliches Zeichen des technologischen Fortschritts.

Die kapitalistische Periode zersprengte die feudalen und zünftlerischen Großorganisationen. An die Stelle der Gemeinschaft von Lehensherr und Vasall, von Meister, Lehrling und Geselle trat die Vielzahl vereinzelter Unternehmer und Arbeiter, die allmählich zusammengeballt wurden. Diese Zusammenballung führt bei der Arbeiterschaft zur Entwicklung *neuer Gemeinschaftsgefühle* auf dem Boden der Klassensolidarität. Die Not zwingt die Arbeiter, ihre Kinder der Straße anzuvertrauen, wo die erste proletarische Solidarität entsteht; sobald die Kinderfreunde, die Jugendorganisation, sich dieser heranwachsenden Jugend annehmen, wird die Gemeinschaft der Jugendlichen bewußt gestaltet. *So entsteht die neue Jugendgemeinschaft.* Wie ist es mit den Erwachsenen? Die Arbeiterfamilien leben bisher durchaus kleinbürgerlich-individualistisch. Bis auf die Gemeinschaft, welche durch Gang und Hof geschaffen wird, sind die Arbeiterfamilien in großen Zinskasernen zusammengepfercht, ohne daß daraus bisher eine richtige Gemeinschaft entstanden wäre. Technisch ist diese Häufung einzelner Haushalte durchaus unvollkommen. Man denke, was es bedeutet, daß in hundert einzelnen Küchen hundertmal ungefähr dasselbe gekocht wird. Hundert Hausfrauen bringen in hundert Henkelkörben hundertmal Kartoffeln, Sauerkraut, Fleisch, Mehl heim. Dabei wissen wir – das zeigt jede Kom-

---

9 Vgl. Oskar Wlach: Zentralwirtschaftshäuser, in: *Die Neue Wirtschaft*, 17. Jänner 1924, S. 11–12; Anonym: Einküchenhaus-Projekt von Oskar Wlach, in: *Der Architekt*, 22. Jg. (1919), S. 120–123.
10 Vgl. Therese Schlesinger: Genossenschaften und Großhaushalt, in: *Arbeiter-Zeitung*, 1. Juni 1921, S. 5–6.
11 Vgl. Anonym: Das erste Familien-Einküchenhaus in Wien, in: *Arbeiter-Zeitung*, 14. Februar 1922, S. 7. Der Bau wurde von Otto Polak-Hellwig geplant, der Anleihen bei ähnlichen Projekten aus der Vorkriegszeit nahm. Es existiert auch ein kurzer Werbefilm über das Einküchenhaus (*Das Einküchenhaus*, R: Leopold Niernberger, A 1922).

pagnieküche, jede Speisewagenküche –, daß in einer Küche, die so groß wie eine Proletarierküche oder sogar kleiner als sie ist, ein oder zwei Köchinnen für hundert und mehr Menschen zu kochen vermögen.

Der Techniker weiß, was zu tun. Man baut ein *Einküchenhaus*. Im Erdgeschoß die gemeinsame Küche, der gemeinsame Speisesaal, hell und sauber. Gemeinsame Spielplätze der Kinder auf dem flachen Dach. Der Vertreter der Arbeiterbewegung kann zufrieden sein. Die Frau wird entlastet. Als Arbeitsgefährtin des Mannes wird sie noch mehr als bisher seine Klassengenossin, die auch die Abende ihrer Ausbildung und veredelnden Erholung widmen kann, nicht mehr abgerackert durch Hausarbeit. *Zentrale Wirtschaft, technisch hochentwickeltes Dasein*. Ein neues Leben für die Verheirateten, eine neue Zuflucht für die Ledigen.

Wie aber sieht die Wirklichkeit aus? Die proletarischen Massen wehren sich gegen das Einküchenhaus, die Verheirateten, aber auch die Ledigen, gleichzeitig sehen wir aber die sich mächtig entfaltende Kleingarten- und Siedlungsbewegung, welche gerade proletarisches Sehnen befriedigt. Die Einküchenhäuser werden bei uns heute hauptsächlich von bürgerlichen Intellektuellen mit gutem Einkommen benützt.

Wie ist das zu deuten? Seelische Hemmungen werden wirksam. Um mit dem Einküchenhaus für Ledige zu beginnen. Ein solches Ledigenheim wird allzu leicht ein Greisenasyl oder ein Narrenturm. Junggesellen sind meist Sonderlinge. Und gerade die Sonderlinge bleiben in den Heimen, um dort zu vergreisen, während die Durchschnittsjugend in die Ehe wegschwimmt. Allerlei Gezänk und Wirtschaftsstreitigkeiten werden überwichtig. Das gilt im ganzen auch von den Heimen für alleinstehende Frauen. Sicher spricht viel für solche Ledigenheime als Notbehelf, aber niemand kann sich ihrer recht freuen. Das wäre dann zum Beispiel möglich, wenn die Insassen eine gemeinsame Idee einigte, wie das in den Klöstern der Fall war. Heute aber ist die Zahl derer nicht groß, die sich solche Heime wünschen.

Aber auch die proletarischen Familien meiden bisher das Einküchenhaus. Bürgerliche Familien entschließen sich vielfach dazu, um die Hausgehilfin zu ersparen, oder aus reinen Zweckmäßigkeitserwägungen heraus, gelegentlich wohl auch, weil es „modern" ist. Dem entspricht es, daß die bisherigen Einküchenhäuser in bürgerlichem Geschmack und verhältnismäßig splendid gebaut sind.

Was soll geschehen? Die zentrale Hauswirtschaft hat sicher die Zukunft. Hätte eine proletarische Einküchenhauspropaganda Aussicht auf großen Erfolg? Wohl kaum. Am besten wäre es, die Gemeinde baute Einküchenhäuser, soweit sie den Bau von Hochhäusern für unabweislich hält; da könnte man viele Erfahrungen sammeln.

Aber der Weg zur zentralisierten Hauswirtschaft dürfte ein anderer sein. Zusammenballungen einander fremder Menschen entsprechen nicht dem Geiste der Arbeiterbewegung, der drängt zur Solidarität. Wie kann bei uns Solidarität entstehen, die zum technisch vollkommenen Zentralismus führt?

Ein Beispiel gibt die Siedlungsbewegung. Proletarier finden sich in Genossenschaften und bilden wirkliche Gemeinschaften, die durch gemeinsames Arbeiten, gemeinsames Leben allmählich innerlich zusammengeschweißt werden. Zunächst wollen die meisten Arbeiter in durchaus kleinbürgerlichem Geist in einzelstehenden Häuschen wohnen, ringsum von ihrem Garten umgeben. Aber die geringen zur Verfügung stehenden Mittel und Zweckmäßigkeitserwägungen aller Art erzwingen das Reihenhaus. Und nun zeigt sich dort, wo die Kleingärten angelegt werden sollen, der Geist planmäßiger Großorganisation. In vorbildlichen Siedlungen, wie etwa in der Hoffingergasse, werden die Gärten zwar gesondert, aber nach einem Gesamtentwurf angelegt. Auf Schatten und Wurzeln der Bäume wird Rücksicht genommen. Die Umzäunung wird einheitlich geschaffen. Die langgliedrigen Wohnanlagen in einem Stil üben eine architektonische Wirkung aus, die durchaus dem Geiste der Solidarität angemessen ist. Das Kleinbürgertum hat sich in die Häuser zurückgezogen. Dort ist noch der übliche, meist arg dekorierte Hausrat zu finden; nur vereinzelt sieht man dem neuen Heim angepaßte Möbel oder eingebaute Behälter für Kleider, Geschirr. Jedes Haus hat seinen Kochherd, seinen Waschkessel. *Aber die Küche schrumpft ein und ist technisch vollkommener als früher.* Sie ist eine Küchenecke in der großen Wohnküche geworden oder eine Zwergküche (Kochnische), wie sie in der letzten Kleingartenausstellung zu sehen war. Eine solche Zwergküche, allen Handgriffen angepasst, erzieht zu technischem Denken. Sie nimmt so wenig Raum ein, daß ihre Ausschaltung ohneweiters erfolgen kann. Der Abbau ist nicht fern. Genossenschaftshäuser und gemeinsame Waschküchen sind im Entstehen begriffen. Gemeinsame Mahlzeiten zunächst für Ledige und einzelne, die in der Familie schwer ein Essen bekommen, werden nicht ausbleiben. Besonders für Kinder wird die gemeinsame Ausspeisung im Sinne der Schulspeisung naheliegen. *Echte Gemeinschaft ist technischem Zentralismus durchaus günstig.* Die Siedlung zeigt, wie *schrittweise* über eine technisch vollkommener und planmäßig eingerichtete Gemeinschaft eine neue Zentralorganisation entsteht. Es wäre wohl denkbar, daß sich auch in den Großhäusern, nicht von *außen her*, sondern von *innen her*, die Lebensformen der Zukunft entwickeln. Mieterräte, Mietergenossenschaften, die echte Solidarität schaffen, müssen vielleicht Vorstufen der Zukunft schaffen.

Ledigenheime organisierter Arbeiterjugend, die gleichzeitig Erziehungsgemeinschaften sind, können ebenfalls zu echten Gemeinschaften werden. Die Vereinzelung des kleinbürgerlichen Wesens *wird durch die Errichtung von Einküchenhäusern nicht überwunden*, solange sie rein äußerliches Nebeneinanderleben bewirken. Die Pflege des Gemeinschaftslebens unter proletarischen Gruppen, die Errichtung gemeinsamer Kinderheime und Jugendhorte sind Vorarbeiten für die *zentralistische* Technik der Zukunft. Gemeinsame Küche, gemeinsames Kinderspiel, gemeinsame Erholung ist nur möglich bei gemeinsamem Leben, *wie es heute dem Bürgertum fremd und dem Proletariat eigen ist*. Wo sich Gemeinschaftsleben im Rahmen der proletarischen Klasse betätigen kann, dort ist bereits Zukunft unmittelbar zu fühlen.

So kommt es, daß *Einküchenhaus* und *Siedlung* nebeneinander Ausdruck der Arbeiterbewegung sein können.

Zentralküchen, Zentralkinderheime, Zentraljugendhorte, schöne Gemeinschaftsgruppen des Proletariats sind daher die erste Etappe für die Zukunft. Nun ist es Sache der Architekten, aus dem Wesen der Arbeiterbewegung heraus, im engsten Einvernehmen mit der organisierten Arbeiterschaft all diese Zentralisationen, all diese Planmäßigkeit vorzubereiten.

21.7 Adolf Loos: Das Grand-Hotel Babylon

Erstveröffentlicht als Adolf Loos: Das Grand-Hotel Babylon, in: *Die Neue Wirtschaft. Wiener Organ für Finanzpolitik und Volkswirtschaft*, 20. Dezember 1923, S. 10–11.

Der österreichische Architekt, Designer und Kritiker Adolf Loos (1870–1933) stellte seine Entwürfe für ein mehrstöckiges terrassenförmiges Hotel erstmals 1923 auf der jährlich stattfindenden Ausstellung des Salon d'Automne in Paris vor. Wie bei anderen Projekten, die Loos im Laufe seiner Karriere entwickelte, war auch das Grand Hotel Babylon ein programmatischer Versuch, zwei konkurrierende Wohnformen zu synthetisieren: den Flachbau vom Siedlungshaustyp mit Zugang zu einem angrenzenden privaten Garten, und das Wohnhochhaus mit seinen Annehmlichkeiten und integrierten Gemeinschaftseinrichtungen. Zu Loos' Verbitterung wurde das Projekt nie realisiert, aber seine Idee, Terrassengärten als verbindendes Element zwischen privatem Wohnbereich und öffentlichem Raum einzusetzen, fand bei bei Architekten und Architektinnen sowie bei Stadtplanern und Stadtplanerinnen im In- und Ausland Anklang.

Vor zehn Jahren baute ich die Villa des Dr. Gustav Scheu in Hietzing bei Wien. Sie erregte allgemeines Kopfschütteln. Man meinte, daß eine solche Bauweise wohl in Algier am Platze wäre, nicht aber in Wien. Ich hatte bei dem Entwurf dieses Hauses nicht im entferntesten an den Orient gedacht. Ich meinte nur, daß es von großer Annehmlichkeit wäre, von den Schlafräumen, die sich im ersten Stockwerke befanden, *eine große, gemeinschaftliche Terrasse betreten* zu können. Ueberall, sowohl in Algier, wie in Wien. Also diese Terrasse, die sich im zweiten Stockwerke – einer Mietswohnung – noch einmal wiederholte, war das Ungewohnte, Außergewöhnliche. Ein Interpellant im Gemeinderat verlangte, daß eine solche Bauweise vom Stadtbauamt verboten werden solle.

Man muß sich fragen, warum die Terrassen seit Jahrtausenden im Orient gebräuchlich sind und warum sie in unserem Himmelsstrich nicht angewendet wurden. Die Antwort ist einfach: Die bisher bekannten Baukonstruktionen konnten das flache Dach und die Terrasse nur in frostfreien Gegenden zur Anwendung bringen. Seit der Erfindung des Holzzementdaches (Kiesdach, Schotterdach) und seit der Verwendung des Asphalts ist auch das flache Dach und somit auch die Terrasse möglich. Seit vier Jahrhunderten war das flache Dach der Traum der Baukünstler. Mitte des 19. Jahrhunderts ging der Traum in Erfüllung. Aber die meisten Architekten wußten mit dem flachen Dach nichts anzufangen. Heute kann man sagen: Das flache Dach ist, da es das beste, billigste und dauerhafteste Dach ist, das Kriterium dafür, ob man es mit einem Architekten oder einem Theaterdekorateur zu tun hat.

Es war immer meine Sehnsucht, ein solches *Terrassenhaus für Arbeiterwohnungen* zu bauen. Das Schicksal des Proletarierkindes vom ersten Lebensjahr bis zum Eintritt in die Schule dünkt mich besonders hart. Dem von den Eltern in die Wohnung eingesperrtem [sic] Kinde sollte die *gemeinschaftliche* Terrasse, die eine nachbarliche Aufsicht ermöglicht, den Wohnungskerker öffnen. Als ich vom Pariser Herbstsalon zu einer Ausstellung meiner Werke eingeladen wurde, stand ich vor der Wahl, ein Projekt eines solchen Arbeiterterrassenhauses, oder aber der wirksamen Propaganda wegen ein *Terrassenhotel* auszustellen. Es gibt einen vielgelesenen Roman von Arnold Bennett: „The grand Babylon Hotel". Den Namen also hatte ich.

Jedes Hotel muß auf die Bedürfnisse des betreffenden Ortes zugeschnitten sein. Ich entschied mich für die Riviera, die ich genau kannte. Jedes Hotel sollte aber auch auf eine bestimmte Gesellschaftsklasse zugeschnitten sein. Die baulichen Unzulänglichkeiten machen aber diese Forderungen unmöglich. Dunkle Hofzimmer müssen selbst im Luxushotel zu billigen Preisen vermietet werden. *Das Terrassenhotel hat überhaupt keine Hofzimmer*, sondern nur Außenzimmer [...]. Ueberdies wird durch die traversenartige Verbauung die Sonnenseite, Ost- und Westseite verlängert. Das wichtigste aber ist, *daß jedes Zimmer eine Terrasse vorgelagert bekommt*. Nur dem senkrechten Nordflügel fehlen sie. Die Länge und Breite dieses Flügels machen es möglich, seine horizontale Dachfläche als Aeroplanstation zu verwenden [...].

Wenn wir das Projekt mit *zwei gekuppelten Pyramiden* vergleichen, so werden wir von zwei riesigen Grabkammern sprechen können, den [sic] Kern der Pyramiden [...]. Die eine Grabkammer soll als Eispalast ausgebildet werden, die andere als großer Festsaal. Zwischen den beiden Pyramiden ist die Halle mit Oberlicht gelagert, die an Stelle des Glasdaches, das einen unschönen Anblick von den inneren Terrassen aus bieten würde, ein Wasserbassin mit Luxferboden erhalten soll.

Falls der in Aussicht genommene Bauplatz gesichert wäre, könnte das Hotel gebaut werden. Die fünfzig Geschäftslokale, die sich teils im Hotel, teils an den Straßenfronten befinden, sichern dem Gebäude bei der außerordentlichen Höhe des Mietzinses, der in dem betreffenden Orte üblich ist, eine Verzinsung von fünf Prozent, die von der Führung des Hotels und von allen übrigen Konstellationen unabhängig sind. Daß aber ein Hotel mit 1000 Betten (700 Zimmern) auch ein Erträgnis abwerfen muß, darf wohl angenommen werden.

21.8 Josef Frank: Der Volkswohnungspalast

Erstveröffentlicht als Josef Frank: Der Volkswohnungspalast. Eine Rede, anlässlich der Grundsteinlegung, die nicht gehalten wurde, in: *Der Aufbau: Österreichische Monatshefte für Siedlung und Städtebau*, 1. Jg., Nr. 7 (1926), S. 107–111.

Josef Frank (1885–1967), ein äußerst produktiver Autor und Pionier der modernen Architektur und Innenraumgestaltung, setzte sich für die Idee der Gartenstadt und das Siedlungsexperiment ein. Zwar erkannte Frank an, dass kommunale mehrstöckige Wohnbauten in Zeiten der Wohnungsnot als notwendiger Kompromiss dienten, kritisierte aber die von der Stadt finanzierten kleinen, isolierten Wohnungen als eine kaum akzeptable Verbesserung gegenüber den Wohnbedingungen und Lebensstandards der Vorkriegszeit. Der folgende Essay, der ursprünglich in Franz Schusters und Franz Schacherls einflussreicher, aber kurzlebiger Zeitschrift Der Aufbau *veröffentlicht wurde, ist ein hervorragendes Beispiel für Franks polemischen Stil. Der Text kann als Angriff auf Hubert Gessner, einen der renommiertesten Architekten des Roten Wien, sowie auf die Generation der in der Schule von Otto Wagner ausgebildeten Architekten gelesen werden. Frank karikiert ihre Vorliebe für kaiserliche Größe und äußere Pracht sowie ihr Streben nach monumentalen und pathetischen Formen, die sie als Ausdruck der modernen (Arbeiter-)Kultur betrachteten, Frank jedoch als obsolet ansah.*

Sehr geehrter Herr Bundespräsident, sehr geehrter Herr Bürgermeister, sehr geehrte Festgäste!

Das große Versprechen, fünfundzwanzigtausend Wohnungen zu schaffen, hat die Gemeinde erfüllt. Trotz aller Schwierigkeiten, trotz aller bösen Prophezeiungen ist hier in Wiens schwerster Zeit ein Werk durchgeführt worden, dessen Bedeutung in seiner besten Zeit nicht einmal erkannt worden ist. Und keine Anerkennung für dessen Schöpfer und deren Helfer kann ihre Verdienste genügend würdigen. Und nun sei es mir gestattet, anläßlich der Feier der Grundsteinlegung zu diesem Volkswohnungspalast, der die dreiundzwanzigtausendsechshundertste bis fünfundzwanzigtausendste Wohnung enthalten soll, zwei Wünsche für die Zukunft auszusprechen. Der erste: Möge alles, was bisher geschehen ist, erst ein bescheidener Anfang zu neuen Taten unserer Gemeinde sein! Der zweite: Möge dies der letzte Volkswohnungspalast sein, der in Wien erbaut wird!

Das ist kein Widerspruch; mir erscheint es viel eher als ein solcher, wenn ich die beiden Wörter „Volkswohnung" und „Palast" zu einem verbunden lese. Und ich habe die Empfindung, daß hier zwei Dinge miteinander verschmolzen werden sollen, die nie etwas miteinander zu tun gehabt haben und bei deren Vereinigung notwendig der eine Teil zu kurz kommen muß, wobei es der geringere Schaden ist, wenn dies dem Palast geschieht. [...] Wenn wir aber heute das Wort „Volkswohnung" hören, so verbinden wir damit sofort eine bestimmte Vorstellung und ein bestimmtes Ideal, das weitab vom Palast führt. Wir sehen ein Heim, licht, luftig, leicht bewirtschaftbar; helle Farben, Sonne, Blumen; wir sehen einfachsten Hausrat, unserer Industrie und unserer Handwerkskunst entstammend, nach dem Geschmack der Bewohner in mannigfaltigster Art geordnet. Und nun der Palast! [...] Ich schlage im Brockhaus nach und finde dort: *„Der Palast ist ein zum friedlichen Wohnsitz für Fürsten und Herren bestimmtes Bauwerk. – In Zeiten eines schlichten Bürgertums (in Athen, dem republikanischen Rom, in den deutschen Städten des Mittelalters) entstanden keine Paläste. – In Wien nennt man Palast sogar solche große Miethäuser, in welchen nur ein Geschoß für den Besitzer künstlerisch ausgestattet ist."* Wir waren also mit der Verleihung dieses Titels immer am freigebigsten, was etwa jener Gesinnung des Greislers entspricht, der jede Kundschaft, wenn sie mehr als ein viertel Kilo Zwetschken auf einmal kauft, „Frau von" anredet. Heute gibt es Paläste jeder Art: Industrie-, Tanz-, Gefrorenes-, Restenpaläste, lauter Lokale, die mit dieser Titulatur andeuten, daß sie nach mehr aussehen wollen als sie wirklich sind; deren äußere Aufmachung und Prachtentfaltung, die meist an Calafatti[12] erinnert, nur für die oberflächlichste Betrachtung bestimmt ist. Das war freilich auch oft bei fürstlichen Palästen der Fall, wenn ihre Besitzer mehr prunk- als kunstverständig waren und ihr Geld dementsprechend verwendeten. Man sehe zum Beispiel die Wohnräume in Schönbrunn. Dieser äußerliche Prunk dokumentiert eine Gesinnung, die uns heute ferner liegen sollte als jede andere. Das Haus aus der Zeit „schlichten Bürgertums" weist hingegen auch bei großem Reichtum jene Ehrlichkeit und Sachlichkeit auf, die für uns den Uebergang zur Volkswohnung bedeuten.

[...]

Die Sehenswürdigkeiten Wiens bestehen heute zum großen Teil aus diesen alten Palästen; da ist es kein Wunder, wenn dieser Einfluß durch so lange Zeit hindurch wirkt, denn es ist viel leichter, ein bestehendes Ideal zu haben, als ein unbekanntes. [...] Wer erinnert sich nicht noch der typischen Baubeschreibung der Spekulantenhäuser, deren letzter Punkt auch bei Häusern schlechtester Ausführung die Hausordnung in reich geschnitztem imitiertem Eichenrahmen war? Genug davon! Genug von dieser tausendmal – und doch nicht genügend oft! – beschriebenen Wohnung, die Ihnen ja hinlänglich bekannt ist, gegen die unsere Wohnungsreform seit einem halben Jahrhundert kämpft, ohne ihr Ziel erreicht zu haben.

Ueber die Ziele dieser Wohnungsreform gibt es wohl keine Zweifel: Hebung der Wohnkultur, Licht, Luft, Raum, Sonne usw. Nun soll ja auch noch darangegangen werden die Bewohner mit dem notwendigen Hausrat zu versehen, die ihre schlichten Räume füllen soll im Volkswohnungs-*Palast*. Und hinter diesem Wort – (und das Wort ward Fleisch und wohnt unter uns) – sehen wir auf einmal wieder eine ganze Gesinnung auftauchen, die des gesinnungslos gewordenen Kleinbürgertums. Eine Gesinnung, die vom Stützpunkt des Palastes ausgehend, ihren ganzen Drang nach Repräsentation auf Kosten der Wohnkultur auf unsere Zeit gerettet hat. Gewiß,

---

[12] Die Statue eines riesigen Chinesen im Wiener Wurstelprater.

wir konnten keinen anderen Weg gehen. Unser Vorbild war eben der adelige Palast, das einzige wertvolle Baudenkmal Wiens, aber mit ihm eine Kultur, die nicht die unsrige ist, die von oben und nicht von unten kommt und keinen Boden mehr hat. Die Wohnung des Arbeiters ist wiederum die dem Kleinbürgertum entlehnte; auch das ist nicht seine Schuld, sondern die der Umstände und Kulturbegriffe unserer Bauspekulanten. Was eine Wohnung ist, hat der Wiener bis 1920 nicht gewußt; denn die seine bestand jederzeit nur aus einem Korridor, der durch Wände in Räume abgeteilt war. Die normale Kleinwohnung Wiens bestand aus einer kleinen Küche und einem größeren Zimmer. Die Küche war der eigentliche Aufenthaltsraum der Familie, das Zimmer diente zum Schlafen und der Repräsentation, da „man doch in die Küche niemanden führen kann". Wie früher, nach einem bekannten Ausspruch, der Mensch erst beim Baron begann, so begann er nun beim politierten Schlafzimmer; die Einrichtung wurde Selbstzweck. Für diese hier geschilderte Wohnungseinteilung waren auch falsche hygienische Vorurteile maßgebend, die das offene Fenster nicht kannten. Wir wissen heute schon, daß ein offenes Fenster, namentlich knapp unter der Decke, die Luft des Zimmers mit der der ganzen Erde in Verbindung bringt. Und wir wissen auch, daß der größte Teil der zivilisierten Menschheit in der Küche lebt; nicht in unserer Kuchel, sondern in der sogenannten Wohnküche. Wir wissen, daß große Zimmerhöhen einen Raum zwar schwerer heizbar und teurer, aber gewiß nicht wohnlicher machen; wer dies nicht einsehen kann, hat eben Palastideale. Wir wissen auch, daß die englische Bauvorschrift, die auf diesem Gebiet viel mehr Erfahrung hat als die unsrige, die Höhe der mit Unterstützung gebauten Wohnungen mit 2 Meter 44 Zentimeter begrenzt, trotzdem der Engländer im Durchschnitt größer und auch reicher ist als der Wiener. Aber der Vorurteile gibt es so viele, daß sie berücksichtigt werden müssen und Rom ist nicht an einem Tag erbaut worden. Das neue Wien auch nicht und auch nicht in fünf Jahren. Wir haben die Zukunft vor uns.

[...]

Die Wohnungen dieses Palastes werden uns folgendermaßen beschrieben: „Die fortschreitende Entwicklung zeigt sich aber auch deutlich an den Wohnungen selbst. Die neue große Wohnhausanlage in Floridsdorf wird eine *ganz neue* Wohnungstype zur Geltung bringen. Es wird von dem Wohnküchensystem ganz Abstand genommen. Selbst die kleinste Wohnung wird einen Vorraum und eine eigene Küche besitzen." Diese mit Genugtuung abgegebene Erklärung bedeutet nicht weniger, als daß der Angriff gegen die alte Wohnungsunkultur hiemit siegreich abgeschlagen worden ist. Die Wohnküche, die große Errungenschaft unserer Siedlerzeit, wird abgebaut und wir kehren beruhigt wieder zu unserem alten Spekulantenstandpunkt zurück, worin das wesentliche dieser ganz neuen Wohnungstype besteht. [...] Wir sind uns gewiß alle darüber im klaren, daß diese neue Wohnung kein Ziel ist, sondern ein Kompromiß, geschlossen zwischen Not, Unkultur und auch bösem Willen einerseits und Tatkraft, Fortschritt und Gemeinsinn anderseits. Der Erfolg hat gezeigt, wie bedeutsam dieser erste Schritt war. Wir dürfen aber trotz alledem unser endgültiges Wohnungsideal nicht aufgeben, dem wir vielleicht einmal schon näher waren als heute: das ist das Siedlerhaus.

Es kann nicht oft genug betont werden, daß das Einfamilienhaus die Grundlage unserer gesamten modernen Baukunst und unserer Stadtanlagen ist.

[...]

Der Engländer sagt: „My House is my Castle", das heißt auf deutsch: Mein Haus ist mein Schloß oder meine Burg oder, wenn Sie es freier übersetzen wollen, mein Palast. Und das bedeutet, daß er in ihm tun und lassen können will, was ihm beliebt: daß ihm das Gefühl der Unabhängigkeit das wesentlichste ist, ein Gefühl, das ihm Stolz und Selbstbewußtsein gibt, wie es durch andre Wohnungsformen nicht erreicht werden kann. Wir wissen heute schon, daß die scheinbare Primitivität des Siedlerhauses – dünne Wände, dünne Decken – kein Nachteil sind, sondern dazu führen, daß die einzelnen Hausbewohner aufeinander mehr notwendige Rücksicht nehmen. Der Gemeinsinn wird hiedurch derart gefördert, daß der amerikanische Siedler, der schon lang in dieser Tradition lebt, seinen Grund nicht einmal mehr mit Zäunen umgibt. Wer uns heute erklärt, daß wir eben noch nicht so weit sind, der gleicht demjenigen, der uns auch noch unreif für die Republik hält und uns gern noch ein paar hundert Jahre Monarchie aufdiktieren möchte. Zu Erziehungszwecken. Niemand im Miethaus wird das Haus für seinen Palast halten, kaum Hausherr und Hausmeister. Unser neuer Palast sieht ganz anders aus.

[...]

Sparsam eingerichtete, lichtdurchflutete Wohnküche im Fuchsenfeldhof, ca. 1923. Das Bild wurde erstmals in der Broschüre *Der Fuchsenfeldhof* von Gustav A. Fuchs (Wien 1923) veröffentlicht und später vom Gesellschafts- und Wirtschaftsmuseum verwendet. (Wien Museum)

22 Wohndesign
Aleks Kudryashova

Einleitung

Sobald sich die österreichische Hauptstadt langsam von den unmittelbaren Auswirkungen des Ersten Weltkriegs erholt hatte, waren in der Stadt Zeichen rasanter Veränderung zu bemerken. Der Wandel der Stadtlandschaft, der von vielen prominenten Gästen aus dem Ausland – wie dem deutschen Autor Ernst Toller (1893–1939) – beschrieben wurde (Vgl. Kapitel 21), fand seine Entsprechung, versteckt hinter den Häuserfassaden, in nicht weniger tief greifenden Veränderungen privater Räume. Die neuen Siedlungshäuser und hunderte neue Wohnungen, die überall in der Stadt entstanden waren, verlangten nach neuartigen funktionalen Einrichtungslösungen und modernen Zugängen zu der Raumgestaltung. Architekten und Architektinnen, Designer und Designerinnen, Kunstschaffende und andere Fachleute standen vor der Aufgabe, Ideen dafür zu entwickeln, wie die Lebensbedingungen der Arbeiterschaft verbessert werden könnten. Institutionen wie die vom Österreichischen Verband für Wohnungsreform gegründete Beratungsstelle für Inneneinrichtung und Wohnungshygiene (BEST) präsentierten Mustereinrichtungen und unterstützten neue Mieter und Mieterinnen bei der Auswahl ihrer Möbel. Ziel war es auch, durch Vorträge und Publikationen in der Bevölkerung das Bewusstsein dafür zu wecken, dass moderne Architektur und Design die neue Gesellschaftsordnung voranbringen würden, und eine neue, authentische Wohnkultur zu fördern, die die Wiener Bevölkerung durch den Krieg verloren zu haben schien. Durchdachte Einrichtungen mit klugen technischen Lösungen sollten die Arbeiter – und vor allem die Arbeiterinnen – von den Mühen der Hausarbeit befreien, und lichte, luftige und gesunde Räume geschaffen werden, die leicht zu pflegen waren und keine dauernde Betreuung durch die Hausfrau benötigten.

Die Voraussetzung für die Leistbarkeit und den breiten Absatz der neuen Innenausstattungen und Möbel war jedoch deren Vereinfachung, Standardisierung und Serienreife. Zu diesem Zweck brachte der österreichische Werkbund Architektur, Design, Industrie und Kunsthandwerk zusammen, um mit modernen Materialien und Konstruktionsmethoden zu experimentieren und zeitgemäßes, günstiges Mobiliar zu erzeugen, das an individuelle Wohnungsbedürfnisse angepasst werden konnte. Architekten wie Anton Brenner (1896–1957) entwarfen Musterwohnungen, „Wohnmaschinen", wie er sie nannte, mit kompakten Einbauschränken und Kästen, Klappbetten und kleinen Einbauküchen.[1]

Kücheneinrichtungen stellten ein weiteres großes Problem für die Stadt dar, da die mangelhaften und oft unhygienischen Zustände in den meisten Wiener Wohnungen unvereinbar mit den Ansprüchen der Zeit waren. Die Anordnung des Küchenarbeitsplatzes war ineffizient und unpraktisch und verursachte zahlreiche unnütze Wege sowie unnötige Zusatzarbeit für die Hausfrau. Vor die Wahl zwischen der traditionellen Wohnküche, der etwas kleineren Essküche und der vom Wohn- und Essbereich getrennten Arbeitsküche gestellt, entschieden sich Anton Brenner und Grete Lihotzky – die an Brenners Entwurf eines Gemeindebaus in der Rauchfangkehrergasse in Sechshaus, dem damaligen 14. Wiener Gemeindebezirk, mitarbeitete und zur gleichen Zeit ihre eigenen Ideen entwickelte – nicht zuletzt aus hygienischen Gründen für die auch ökonomisch sparsame dritte Variante. Ihre Vorschläge für eine rationalisierte, arbeits- und platzsparende Form der städtischen Küche, die von Frederick W. Taylors System wissenschaftlicher Betriebsführung beeinflusst waren,[2] bedeuteten einen Durchbruch im Wohnungsdesign und Haushaltsmanagement. Die lokale Wiener Presse brachte die funktionalen Lösungen begeistert ihrem Publikum näher – zahllose Diagramme quantifizierten die Effizienz der akribisch strukturierten Arbeitsküchen und verglichen diese mit den klassischen Vorkriegsküchen.[3] Andere Fachleute, darunter so prominente Figuren wie Adolf Loos (1870–1933) und Josef Frank (1885–1967), verteidigten den traditionellen Typus der Wohnküche, der Wohn- und Küchenraum verband und in ihrer Sicht besser den alltäglichen Lebensgewohnheiten und häuslichen Routinen der Arbeiterklasse entsprach. Der offene, multifunktionale Raum der Wohnküche erfüllte auch eine soziale Funktion: So konnte die Frau bei ihrer täglichen Hausarbeit sichtbar bleiben statt in einem isolierten Kochbereich vom Rest der Familie getrennt zu sein.

Die Innenarchitekten und -architektinnen des Roten Wien standen vor der Herausforderung, dass sich viele Konsumenten und Konsumentinnen aus der Arbeiterschaft nur ungern von ihren lieb gewonnenen Haushaltsmöbeln, so altmodisch und unpraktisch diese auch sein mochten, trennen wollten. Dies erschwerte die Aufgabe für Vertreter und Vertreterinnen des Funktionalismus und der Neuen Sachlichkeit, etwa der Design- und Architekturschule des Bauhauses (1919–1933). Sie beklagten die Tatsache, dass sich das Aussehen der meisten Massenwaren trotz des dramatischen Wandels der Produktionsmittel nicht verändert habe. Da die Menschen ihre Kaufentscheidung nach Gewohnheit und Leistbarkeit träfen, beherrschten altmodisches Mobiliar und Hausrat noch immer den Markt. Die Zukunft gehöre jedoch der einfachen, geraden und klaren Form. Moderne Möbel müssten den individuellen Zierrat loswerden und eine technische, objektive Form annehmen.

Nicht alle fortschrittlichen Köpfe stimmten mit dieser radikalen Position überein, die vielmehr dem Geschmack einer intellektuellen Elite zu entsprechen schien

---

1 Brenners Projekt erregte in der Öffentlichkeit einiges Aufsehen, wie der folgende Zeitungsbericht zeigt: Anonym: Das Haus mit den eingebauten Möbeln: Plan einer Zweizimmerwohnung, in: *Illustrierte Kronen-Zeitung*, 19. August 1925, S. 3.
2 Frederick W. Taylor: *The Principles of Scientific Management*, New York, London: Harper and Brothers Publishers 1911.
3 Vgl. z. B. Anonym: Arbeitsersparnis in der Küche, in: *Arbeiter-Zeitung*, 24. Mai 1924, S. 12.

und nur wenig Rücksicht auf die Bedürfnisse, Wünsche und persönlichen Ansichten der Arbeiterinnen und Arbeiter nahm. GegnerInnen des funktionalistischen Diskurses blieben gegenüber solchen Grundsätzen radikaler Avantgarde skeptisch, auch wenn sie der neuen Ästhetik nicht grundsätzlich kritisch gegenüberstanden. Stattdessen verteidigten sie das Recht der Bewohnerinnen und Bewohner, eigene kreative Entscheidungen zu treffen, einzelne Möbelstücke als „selbständiges Wesen" zu sehen[4] und in dem verfügbaren Raum durch eine Verbindung von Funktionalität und Individualität eine behagliche Atmosphäre zu schaffen. Der Architekt, so Josef Frank, „kann nichts anderes bieten als ein Gerippe oder einen Rahmen", das Wohnzimmer sei „nie unfertig und nie fertig, es lebt mit den Menschen, die in ihm wohnen".[5]

Wohndesign im Roten Wien stellt gleichzeitig nur einen Teil der komplexen Geschichte von Innenarchitektur, angewandter Kunst und Industriedesign im Österreich der Zwischenkriegszeit dar. Die in diesem Kapitel vorgestellten Persönlichkeiten aus dem Feld der Architektur, des Designs und des politischen Aktivismus waren Teil internationaler Netzwerke, viele – wie das Multitalent Liane Zimbler (1892–1987) – waren erfolgreich in Wien und im Ausland tätig. Diejenigen, die zur Emigration gezwungen wurden, nahmen ihre Ideen später in die Vereinigten Staaten, nach Schweden, Großbritannien oder in die Sowjetunion mit, wo ihr Einfluss noch heute spürbar ist.

Literatur

Blau 2014.
Brandstätter 2003.
Brugger 1999.
Hanisch 2018.
Lefaivre 2017.
Long 1997/98.
Plakolm-Forsthuber 1994.
Spechtenhauser 2006.

---

[4] Oskar Strnad: Neue Wege in der Wohnraumeinrichtung, in: *Innendekoration*, 33. Jg., Nr. 10 (1922), S. 323–328, hier S. 324.
[5] Josef Frank: Die Einrichtung des Wohnzimmers, in: *Innendekoration*, 30. Jg., Nr. 12 (1919), S. 416–417, hier S. 417.

22.1 Adolf Loos: Wohnen lernen!

Erstveröffentlicht als Adolf Loos: Wohnen lernen!, in: *Neues Wiener Tagblatt*, 15. Mai 1921, S. 8.

Zwar wird der Name von Adolf Loos (1870–1933) eher im Zusammenhang mit der ersten Wiener Moderne der Jahrhundertwende genannt, doch setzte er seine Karriere als Architekt und Raumgestalter, Kulturkritiker und führender Theoretiker seiner Zeit danach erfolgreich fort. Auch in der Zwischenkriegszeit übten seine Pläne, Entwürfe und theoretischen Schriften bleibenden Eindruck auf die Entwicklung von Architektur und Inneneinrichtung aus. 1921 übernahm Loos die Position als Chefarchitekt des Siedlungsamts und damit den Auftrag, die Tätigkeiten der Siedlerbewegung in geordnete Bahnen zu lenken und ihnen mit Rat und Tat zur Seite zu stehen. In seiner Funktion hielt Loos zahlreiche Vorträge und veröffentlichte seine Ideen im Rahmen der Aufklärungsmission des Siedlungsamts. Wie der folgende Beitrag zeigt, beschränkte sich seine Vorstellung von Wiener Wohnkultur, die aus diesen Texten hervorgeht, keineswegs auf Formen und Funktion der Architektur des Hauses, sondern verknüpfte diese mit Alltagspraktiken, kulturellen Gewohnheiten, Lebensstilen bis hin zu kulinarischen Vorlieben der österreichischen Arbeiterschaft, die er in starkem Widerspruch zu angloamerikanischen Vorstellungen von Häuslichkeit sah.

[...] Der Mensch im Eigenheim wohnt in zwei Stockwerken. Er trennt sein Leben scharf in zwei Teile. In das Leben bei Tage und das in der Nacht. In Wohnen und Schlafen.

Man darf sich das Leben in zwei Stockwerken nicht unbequem vorstellen. Schlafzimmer nach unserm Begriff gibt es allerdings nicht. Dazu sind sie zu klein und unwohnlich. Das einzige Möbel ist das weißlackierte Eisen- oder Messingbett. Schon ein Nachtkästchen wird man vergeblich suchen. Und Kasten gibt's schon gar nicht. Das oder besser der „*closet*", der Wandschrank, wörtlich der Verschluß, tritt an Stelle der Schränke. Diese Schlafräume dienen wirklich nur zum Schlafen. Sie sind leicht aufzuräumen. Aber eines haben sie unserm Schlafzimmer voraus, sie haben nur eine Eingangstür und können niemals als Durchgangszimmer benützt werden. Des Morgens kommen alle Familienmitglieder zu gleicher Zeit herunter. Auch das Baby wird herunter gebracht und bleibt nun tagsüber bei der Mutter in den Wohnräumen.

In jeder Familie gibt es einen Tisch, um den sich die ganze Familie zur Mahlzeit versammeln kann. Also wie bei den Bauern. Denn in Wien können das nur 20 Prozent dieser Stadt tun. Wie machen's die übrigen 80 Prozent? Nun, einer sitzt beim Herd, einer hält einen Topf in der Hand, drei bei Tisch, die übrigen okkupieren die Fensterbretter.

Und nun soll jede Familie, die ein eigenes Heim bekommt, einen Tisch erhalten, der sich wie der Tisch des Bauern in der Wohnzimmerecke befindet. Wie bei den

Bauern. Das wird eine schöne Revolution geben! Man hört Stimmen für und wider. „Na, na, dös tun mer nöt! Dös hab' ich bei den Bauern in Oberösterreich gesehen. Dort sitz'n s' um an Tisch und essen alle aus derselben Schüssel. A na, wir san so was nöt g'wöhnt. Wir essen einzeln." Und ein vorsorgender Vater meinte: „Was, um an Tisch? Daß sich meine Kinder das Wirtshausgehen angewöhnen!"

Und wenn ich das erzähle, so lachen die Leute. Aber ich weine innerlich.

Des Tisches wegen werden wir uns nicht streiten. Man wird schon bald dahinter kommen, daß das gemeinschaftliche Frühstück Geld erspart. Das Wiener Frühstück – einen Schluck Kaffee stehend am Herd und das Stück Brot, das zur Hälfte auf der Treppe, zur andern Hälfte auf der Straße verzehrt wird, verlangt um zehn Uhr ein Gulasch, also einen Magenbetrug, und da das Gulasch schön papriziert ist, ein Krügel Bier. Diese Mahlzeit, die der Engländer und Amerikaner nicht einmal dem Namen nach kennt, heißt bei uns Gabelfrühstück, offenbar deshalb, weil dabei nur das Messer in Aktion tritt. Man soll zwar nicht mit dem Messer essen – „aber womit essen s' denn nachher die Soß?!"

Dieses zweite Frühstück sei dem Hausvater gegönnt, so lange er sich mit dem Schluck schwarzen Kaffee zu Hause begnügen muß. Aber seine Frau wird bald dahinter kommen, daß um dieses Geld für die ganze Familie einen herrlichen amerikanischen Frühstückstisch erhalten kann, so sättigend, daß man bis mittag nichts essen kann. In der amerikanischen Familie ist das Frühstück die schönste Mahlzeit. Alles ist durch den Schlaf erfrischt, das Zimmer behaglich, frisch durchlüftet und warm. Der ganze Tisch ist mit Speisen besetzt. Zuerst ißt jeder einen Apfel. Und dann teilt die Mutter das oatmeal aus, diese herrliche Speise, der Amerika seine energischen Menschen, seine Größe und seine Wohlfahrt verdankt. Die Wiener werden allerdings lange Gesichter machen, wenn ich ihnen verrate, daß oat – Hafer und meal – Speise bedeutet. Aber wir werden in Lainz den Ausflüglern die Hafergrütze nach amerikanischer Art zubereitet vorsetzen und hoffen, ganz Wien zu Haferessern zu bekehren.[6] Was nützen uns die mit Hafer gefütterten schönen Pferde, auf die wir so stolz sind! Auch die Menschen sollten bei uns „trockene" Köpfe, ausdrucksvolle Gesichter bekommen.

Ob arm oder reich, Pauper oder Milliardär, die Hafergrütze fehlt in Amerika auf keinem Frühstückstisch. Alles Übrige, der billige Fisch oder das teure Kalbskotelett, richtet sich nach den Verhältnissen. Natürlich gibt es Tee und Brot, das merkwürdigerweise auch zu Mittag und Abend serviert wird.

Das Mittagessen ist eine sehr einfache Sache. Der Vater ist nicht zu Hause, die Mutter hat den ganzen Vormittag zu tun, um das Haus in Ordnung zu bringen. Denn einen Dienstboten hat die Hausfrau nicht. Und dieses Fehlen des dienstbaren Geistes hat es mit sich gebracht, daß die Speisen im Wohnraum zubereitet werden.

---

[6] Lainz ist ein Teil des 13. Wiener Gemeindebezirks, Hietzing, am Rande des Wienerwalds.

Denn die Frau des Hauses hat ein Anrecht darauf, ihre Zeit nicht in der Küche, sondern im Wohnzimmer zu verbringen.

Diese Anordnung aber bedingt eine Zweiteilung des Kochens. Diese Arbeit zerfällt in zwei scharf getrennte Teile. Der eine Teil ist die Arbeit beim Feuer, die Arbeit am Herde. Der andre Teil ist die Vorarbeit und die Reinigung des Geschirrs. Der erste Teil wird im Wohnzimmer, wo sich der Herd befindet, absolviert. Dazu ist allerdings notwendig, daß der Herd sich dem Blick des Bewohners so viel als möglich verbirgt.

Was ist nicht alles in Amerika erfunden worden, um dieses Problem zu lösen! Erst neulich sah ich in einem Blatte eine Photographie, vielmehr zwei Photographien. Das eine Bild zeigte einen Herd, der in einer Wandnische untergebracht war, das zweite einen Schreibtisch. Es war dieselbe Nische in der Wand: ein Druck auf einen Knopf und wie bei einem Tabernakel dreht sich, je nach Bedarf, durch elektrischen Strom getrieben das Werk um.

Aber eine solche Anordnung verlangt mehr, als die Technik hervorbringen kann. Sie verlangt Menschen, die sich vor dem Kochen nicht fürchten. Wir, die wir alle ein gelindes Grauen vor dem Kochen empfinden, ein Gefühl, das Bauern, Engländer und Amerikaner nicht besitzen, wundern uns, daß diesen Exoten in den Hotels Speiseräume geboten werden, in denen vor den speisenden Gästen gekocht wird. Rostraum hieß dieser Raum während des Krieges, Grillroom heißt er jetzt wieder. Aber der einfache Siedler wird ihn Wohnküche oder Kochzimmer nennen und wird es so nobel haben, wie ein englischer Lord. Oder so ordinär wie ein österreichischer Bauer.

Wer siedeln will, muß umlernen. Das städtische Zinshauswohnen müssen wir vergessen. Wenn wir aufs Land wollen, müssen wir beim Bauern in die Schule gehen und sehen, wie er's macht. Wir müssen wohnen lernen.

22.2 Hans Ankwicz-Kleehoven: Einfacher Hausrat

Erstveröffentlicht als Hans Ankwicz-Kleehoven: „Einfacher Hausrat". Zur Ausstellung im Österreichischen Museum für Kunst und Industrie, in: *Der Architekt*, 23. Jg., Nr. 11/12 (1920), S. 81–83.

In der unmittelbaren Nachkriegszeit richteten viele von Wiens führenden Persönlichkeiten in Architektur, Design und Kunst ihre Anstrengungen darauf, brauchbare, praktische und vor allem kostengünstige Lösungen für die akuten Herausforderungen der drückenden Wohnungsnot zu finden. Diese Entwürfe umfassten auch Vorschläge, wie die individuellen Lebensbedingungen durch die Anpassung des verfügbaren Wohnraums an moderne Bedürfnisse und Standards verbessert werden könnten. Zu diesem Zweck schrieb das Österreichische Museum für Kunst und Industrie einen Wettbewerb aus, dessen Ergebnisse in einer Ausstellung präsentiert wurden. Ziel war die Bewerbung und Popularisierung von modellhaften Inneneinrichtungen, alltäglichen Haus-

haltsgegenständen und einfachem, leicht adaptierbarem Mobiliar, die in der nahen Zukunft in Serienproduktion gehen und so für eine breitere Öffentlichkeit erschwinglich sein könnten. Dieser kurze, vom Kunsthistoriker und Bibliothekar Hans Ankwicz-Kleehoven (1883–1962) verfasste Bericht skizziert die Ideen hinter den einzelnen präsentierten Entwürfen für Arbeiterhaushalte und spricht dabei auch einige Mängel an, die die verschiedenen Zugänge der Architekten und Architektinnen aufwiesen.

[...]

Der Direktion des Österreichischen Museums und ihrem fachkundigen Berater Architekten Prof. Karl *Witzmann* gebührt das Verdienst, in einer Zeit der ärgsten Transportschwierigkeiten und von Tag zu Tag steigender Materialpreise und Arbeitslöhne das Wagnis unternommen zu haben, eine Ausstellung „einfachen Hausrats" zu veranstalten, die dem Publikum einerseits einen Überblick über den derzeitigen Stand der Wohnungsreformbewegung geben soll, andererseits aber auch dazu bestimmt ist, praktische Beihilfe bei der Beschaffung einfachen, jedoch künstlerisch einwandfreien Hausgerätes zu leisten.

Die Ausstellungsleitung hat dabei von vorneherein keinen Zweifel darüber gelassen, daß angesichts der großen Schwierigkeiten, mit denen die Möbelindustrie gegenwärtig zu kämpfen hat, eine allseits befriedigende Lösung der einschlägigen Probleme noch nicht zu erwarten ist, und deshalb auch im Vorwort zum Kataloge bemerkt: „Es ist noch nicht das letzte Wort, das in dieser Sache zu sprechen ist, es gibt noch viele andere Möglichkeiten; es sollte im Anschlusse an frühere Bemühungen des Österreichischen Museums, wie sie zuletzt anläßlich des Internationalen Wohnungskongresses zutage traten, nur neuerlich und noch eindringlicher das Ziel des Strebens nach Schaffung einfacher Typen aufgewiesen werden." Diesen „einfachen Typ" zu finden, ist zwar noch nicht in allen Fällen gelungen, aber schon das konsequente Streben, Form und Material der wesentlichsten Hausgeräte nicht nur mit ihrem Zweck, sondern auch mit der notgedrungenen Beschränktheit der heutigen Lebensverhältnisse in Einklang zu bringen, ist ein wichtiger Schritt nach vorwärts und sichert der Ausstellung dauernden Wert. Daß freilich die Preise selbst der bescheidensten Einrichtungen nicht bis auf jenes Niveau herabgesetzt werden konnten, das dem normalen Einkommen des Arbeiter- und mittleren Bürgerstandes erreichbar ist, ist ein bedauerlicher Nachteil, der den praktischen Nutzen der Ausstellung wohl wesentlich zu beeinträchtigen, keinesfalls aber ganz in Frage zu stellen vermag, da es sich ja hier nicht nur um eine Verkaufsausstellung, sondern in erster Linie darum handelt, den Sinn des großen Publikums für Qualitätsarbeit zu wecken und es dadurch vor dem Ankauf wertloser, schlechter Händlerware zu schützen.

[...]

Die zweite Abteilung führt in 48 meist recht geschmackvoll arrangierten Interieurs charakteristische Beispiele jener wenigen Einrichtungstypen vor, die für den auf sparsamste Raumausnützung angewiesenen Arbeiter und Mittelständler heutzutage noch in Betracht kommen: das auf die einfachsten Formen gebrachte, in der Regel in Weichholz hergestellte Mobiliar für Vorzimmer, Küche (Wohnküche), Schlafraum und Wohn- (Speise-) Zimmer. Schon in den Maßen der Wohnräume wird hier unter aller Bedachtnahme auf die Forderungen der Hygiene möglichste Sparsamkeit geübt; nicht allein der Flächenraum wurde in allen diesen bei aller Kargheit doch ganz wohnlich anmutenden Interieurs auf das Notwendigste beschränkt, auch die Zimmerhöhe erfuhr, ohne daß dadurch die Räume irgendwie gedrückt erschienen, eine Herabminderung von den üblichen 3'20 m auf 2'50 m, wodurch sich eine Ersparnis von 70 cm ergab, die bei einem dreistöckigen Gebäude fast einem vollen Stockwerk entspricht.

Ähnlich haushälterisch verfuhr man auch bei der Formgebung der einzelnen Möbelstücke, bei denen man sich unter Verzicht auf alles überflüssige Zierat mit Knöpfen, Griffen und Beschlägen aus Holz oder Eisen statt aus Messing oder Bronze begnügte. In gleicher Weise wurden die Beleuchtungsgegenstände aus einfachstem und billigstem Material verfertigt, die meisten Möbel nur gestrichen, nicht politiert, wobei allerdings etwas mehr Farbenfreudigkeit von Vorteil gewesen wäre, in einzelnen Fällen wurden auch, um eine allzu rasche Abnützung des Anstrichs zu verhindern, die Kanten abgerundet. Ein Musterbeispiel für diesen vereinfachten, den Zeiterfordernissen Rechnung tragenden Möbelstil ist die weiß lackierte hübsche Wohnungseinrichtung (Raum 39 bis 42), welche die Firma Frana & Co. nach den sorgsam durchdachten Entwürfen des Architekten Prof. K. *Witzmann* ausgeführt hat. Nicht umsonst hat man sich in letzter Zeit viel mit dem Biedermeierstil beschäftigt, dem aus einer ähnlichen Verarmung, wie wir sie gegenwärtig erleben, die Nötigung zu weitestgehender Vereinfachung erwuchs, deren Folge jene schlichten, aber sinnvollen Formen waren, die uns heute so sehr ansprechen. In Witzmanns Arbeiten kann man diesen Geist der Biedermeierzeit häufig zu neuem Leben erwacht finden, aber auch manche der andern Innenarchitekten lassen eine bewußte Anlehnung an die reizvollen Möbelformen unserer Urgroßväter nicht verkennen. Ganz moderne Wege wandelt dagegen der Architekt Hugo *Gorge*, der in einem von der Firma R. *Lorenz* angefertigten Wohn- und Schlafzimmer eine mehr persönliche Note zum Ausdruck bringen will und dabei vielfach zu sehr originellen, wenn auch manchmal etwas gesuchten Lösungen gelangt. Einen ausnehmend guten Eindruck macht das aus Wohnküche und Schlafzimmer bestehende Arbeiterheim (Raum 18 bis 20), zu welchem Architekt Prof. Dr. Josef *Frank* die Entwürfe geliefert hat. Es stammt aus einer von der Betonbaugesellschaft *Diß & Co.* im Hohlbausystem, Immobiliar Adutt, errichteten niederösterreichischen Arbeiterkolonie und ist schon durch den mäßigen Preis bemerkenswert. Denn das ganze Häuschen kostet samt kompletter Einrichtung bloß 100.000 Kronen, eine Summe, die – vor allem bei ratenweiser Bezahlung – auch für die minderbemittelten Kreise der erwerbenden Bevölkerung erschwinglich wäre und sicherlich gerne aufgewendet würde, wenn damit der Besitz eigenen Grund und Bodens sowie eines eigenen kleinen Heims in nahe Aussicht gerückt erschiene. Derlei Möglichkeiten lassen sich aber unter den augenblicklichen

Verhältnissen wohl nur im Anschluß an den Siedlungsgedanken verwirklichen, von dessen erfolgreichem Durchdringen dahr [sic] nicht bloß eine günstige Lösung vieler wirtschaftlicher und sozialer Fragen, sondern auch des drängenden Problems der Wohnungsreform zu erhoffen ist, zu welchem die Ausstellung „Einfacher Hausrat" einen recht anregenden und instruktiven Beitrag bildet.

22.3 Ernst Lichtblau: Ästhetik aus dem Geiste der Wirtschaft!

Erstveröffentlicht als Ernst Lichtblau: Ästhetik aus dem Geiste der Wirtschaft!, in: *Die Ware. Eine Zeitschrift für wirtschaftliche Bildung und Qualitäts-Produktion*, 1. Jg., Nr. 3/4 (1923), S. 70.

Ernst Lichtblau (1883–1963) war einer der wenigen Schüler Otto Wagners an der Akademie der bildenden Künste in Wien, der sich der zeitgenössischen Moderne verschrieb und sich damit tendenziell von den monumentalen Entwürfen seines Lehrers entfernte. Lichtblau war als freiberuflicher (Innen-)Architekt tätig, in enger Verbindung mit dem Projekt fortschrittlicher Kräfte aus Kunst, Design und Kunsthandwerk, die sich unter dem Namen der Wiener Werkstätte zusammengeschlossen hatten. Er war Schlüsselfigur und Gründungsmitglied der von Architekten und Unternehmern ins Leben gerufenen Vereinigung des österreichischen Werkbunds sowie Leiter der Beratungsstelle für Inneneinrichtung und Wohnungshygiene (BEST). Diese im Karl-Marx-Hof angesiedelte Einrichtung diente als permanenter Ausstellungsraum und als Informationsstelle für die Mieterschaft der neu errichteten Gemeindebauten, die Rat im Hinblick auf die effiziente Gestaltung und Möblierung ihrer Wohnungen suchten. Beworben wurden einfache, erfinderische und dabei halbwegs günstige, wenn auch nicht immer erschwingliche Lösungen, die die neuen sozioökonomischen Gebote widerspiegelten. In diesem kurzen Beitrag für die Die Ware, eine Zeitschrift für „wirtschaftliche Bildung und Qualitäts-Produktion", stellt Lichtblau seine Vision dieser neuen Ästhetik vor und betont dabei den immanenten Zusammenhang zwischen Stil, Form und Funktion.

Die Ziele einer Werkstätte für Erzeugnisse des Kunsthandwerks müssen vor allem sozialer Natur sein. Es soll angestrebt werden, die große Masse des konsumierenden Publikums vom Ungeist jener Formlosigkeit zu befreien, die bisher eine Verständigung zwischen Künstler und Konsumenten verhinderte.

Im wirtschaftlichen Bedarf des Menschen liegt schon ein Wink der Natur, der für den Künstler zum Ausgangspunkt werden kann, Formen zu finden, die, dem Verwendungszweck der Bedarfsgegenstände organisch verbunden, gleichsam der sinnlich wahrnehmbare Ausdruck dieses Zweckes sind. Klare Formen geben den Dingen unserer Umgebung erst das Leben, das sie auf dem Wege über die Sinne an unser Herz heranbringt, sie uns lieb und gleichsam beseelt werden läßt.

Die erschöpfende Analyse der Funktionen aller Gegenstände des Gebrauches ist eine Aufgabe von größter volkswirtschaftlicher Bedeutung; die Zukunft unseres Wirtschaftslebens hängt mit davon ab, ob es gelingt, den Konsumenten soweit zu beeinflussen, daß er immer mehr ästhetische Forderungen an die Gegenstände des täglichen Bedarfes stellt, um sich so vom Ballast konventioneller Formlosigkeit zu befreien.

Vielleicht gelingt es, durch Anpassung des Künstlers an die ökonomischen Forderungen unserer Zeit eine Formästhetik zu schaffen, die geeignet wäre, einen Stil aus dem Geiste der Wirtschaft heraufzuführen; denn nicht so sehr um die Schöpfung immer neuer Formenreize ist es uns zu tun, als um Züge, die vom wahren Zustande der Dinge anregend zu erzählen wissen.

22.4 Josef Frank: Der Gschnas fürs G'müt und der Gschnas als Problem

Erstveröffentlicht als Josef Frank: Der Gschnas fürs G'müt und der Gschnas als Problem, in: Deutscher Werkbund (Hg.): *Bau und Wohnung. Die Bauten der Weißenhofsiedlung in Stuttgart errichtet 1927 nach Vorschlägen des Deutschen Werkbundes im Auftrag der Stadt Stuttgart und im Rahmen der Werkbundausstellung „Die Wohnung"*, Stuttgart: Akademischer Verlag Dr. Fr. Wedekind & Co. 1927, S. 48–57.

Josef Frank (1885–1967) gilt zu Recht als eine der einflussreichsten und außergewöhnlichsten Figuren des Roten Wien. Der vielschichtige Denker nahm in seinem Versuch, die Lebens- und Wohnbedingungen der Arbeiterschaft zu verbessern, eine Position ein, die oft in Konflikt mit der Stadtverwaltung geriet, da die Stadt den Bau großer Wohnblöcke gegenüber aufgelockerten Siedlerflächen favorisierte. Frank lehnte aber auch die funktionalistischen Entwürfe der radikalen Avantgarde ab, genauso wie deren abwertende Haltung zur Vorliebe des Proletariats für dekorative Formen. Stattdessen betonte er immer wieder die Bedeutung einer kontinuierlichen Beziehung zwischen modernem Design und den Formen der Vergangenheit. Der folgende Beitrag hebt sich aus der Fülle von Franks Schriften der Zwischenkriegszeit dadurch ab, dass er Überlegungen zu traditionellem Kunsthandwerk, Industriedesign und der Rolle sozialdemokratischer Reform für die Gestaltung einer neuen kulturellen Identität verbindet. In seiner typisch bissigen Art problematisiert Frank die Frage des Ornaments und stellt sich gleichzeitig gegen die Strenge des funktionalistischen Stils in der Tradition des Bauhauses.

Der Modernekulturverkünder sagt (und das gehört zu seinem Abc): „Der Mensch, der in Eisenbahn, Automobil, Aeroplan fährt, kann unmöglich, nach Hause zurückgekehrt, wieder in einem Louis quatorze-quinze-seize-Sessel sitzen, ohne sich einer innerlichen Lüge bewußt zu werden und sich vor sich selbst lächerlich zu machen. Unsere Zeit verlangt Sachlichkeit, Einfachheit, Echtheit, Maschinenarbeit und würde – entspräche man allgemein diesem Verlangen – zu einer Gesamtkultur kommen, wie sie die Neger angeblich heute noch haben. Wozu den ganzen Plunder alter Zeiten mitschleppen? Denkmäler der Geschmacklosigkeit, Zeugen des Unvermögens, Staubfänger usw. Und das zu einer Zeit (nicht etwa wie im vorigen Jahr), in der wir durch unsere Erkenntnis die Möglichkeit gewonnen haben, alles neu zu gestalten?"

[...]

Es ist sehr leicht, die Welt vom Kunstgewerbe aus zu reformieren. Das Kunstwerk braucht die Persönlichkeit, die Erfindung, braucht die Idee. Das Kunstgewerbe braucht das alles nicht. Es braucht ein System, auf Geschmack und jene Art von Geschicklichkeit aufgebaut, die fast alle Menschen haben; ein jedes System, konsequent durchgeführt, wird eine gewisse Zeitlang seine Wirkung haben. Jeder Mensch, der sich mit verwendbaren Gegenständen befaßt, kann ein derartiges durchführen. Es wird hier nichts Neues geschaffen, sondern nur bereits Vorhandenes auf mannigfache Art abgeändert, dazu bestimmt, es dem Erzeuger oder Besitzer zu erlauben, seinen sehr persönlichen Geschmack zu zeigen, worauf das Publikum großen Wert legt. Der Mensch läßt sich lieber einen Raubmord vorwerfen als schlechten Geschmack. Und es ist klar, daß dieses Bedürfnis nach geschmacklicher Betätigung um so größer ist, je weniger Möglichkeit vorhanden ist, diese innerhalb der Berufstätigkeit auszuüben, sich in diesem Sinn auszuleben und das Gemüt zu befriedigen.

Kunstgewerbe wird heute in so großem Maße betrieben, weil es sehr viele gebildete Menschen ohne Beschäftigung gibt und es immerhin eine wirklich geistige Arbeit verlangt, die (im Gegensatz etwa zu Buchhaltung usw.) andauernd anregt und ohne besondere Begabung ausgeführt werden kann, also die ideale Beschäftigung für die gesamte Menschheit, die glücklich wäre, nichts als Kunstgewerbe produzieren zu müssen. Wer aber heute das geistig-fortschrittliche Publikum um seine Meinung darüber befragt, der wird zu seiner großen Überraschung hören, daß es gar kein Bedürfnis danach hat und daß es durch nichts in seiner Umgebung in seiner persönlich-individualistischen Eitelkeit gestört werden will. Man will und verlangt Sachlichkeit und Unpersönlichkeit, um in diesem Rahmen seine eigene Person wirkungsvoll unterbringen zu können. *Kunstgewerbe wird gemacht um gemacht, nicht um verwendet zu werden.* Und da es nun einmal da ist, wird es den Menschen aufgedrängt. Bei uns traditionslosen Menschen jüngerer Kultur, die Antiquitäten als unorganische Dekorationsgegenstände verwenden müssen, ist die Notwendigkeit da, für diese im Gefühlsleben so wichtigen Dinge Ersatz zu schaffen. Es war schon das Ziel von Morris, dem Leben in ästhetisch-japanischer Art Form zu geben, ein noch bestehendes Ideal, zu dem uns aber andere Wege führen als die seinen es waren.[7] Wir brauchen die Arbeit der von ihm bekämpften Maschine sehr notwendig. Altes,

---

[7] Frank bezieht sich hier auf den viktorianischen Autor William Morris (1834–1896), Designer, politischer Aktivist und Mitbegründer der Arts-and-Crafts-Bewegung.

was notwendig da sein muß, wird es immer in guter und schlechter Art geben, weil eben nicht alle Menschen Meister sind. Es ist darum sehr nützlich, den Dilettantismus derart zu fördern, daß ein jeder im Stande sein kann, sich auf der Grundlage unserer mechanisierten Welt dilettantisch-geschmacklich zu betätigen, was hoffentlich das Ende des heutigen Kunstgewerbetrubels sein wird.

Der pathetisch tätige Mensch, der die sentimentale Umgebung braucht, will sich zu Hause von seinem Beruf ausruhen und das Bewußtsein haben, daß sich hier jemand um ihn gekümmert hat; ein Bewußtsein, das beim Staubabwischen beginnt und bei reicher Ornamentik endet. Diese bedeutet unbedingt für uns Ruhe, da sie eine über das Notwendige hinausgehende, überflüssig spielerische Beschäftigung voraussetzt. Je reicher etwas geschmückt ist, desto ruhiger wirkt es, vorausgesetzt, daß wir es lange genug anschauen können, denn wir haben das Gefühl, daß ein jedes Ding in der Zeit des sich damit Befassens auch vollständig erfaßt werden muß. Ein Wartesaal muß dem Durchlaufenden klar werden, einen persischen Teppich sieht man nie zu Ende. Die Forderung nach Kahlheit wird auch namentlich von solchen gestellt, die ununterbrochen denken oder es doch wenigstens können müssen, die sich ihre Behaglichkeit und Ruhe auf andere Art verschaffen können. Ihre Unterhaltung ist mehr geistig-variabler Art; sie haben Bücher und Bilder, die ihnen von befreundeten Künstlern geschenkt worden sind. Spielerische Ausschmückung ist in diesem Fall nicht notwendig. Ein Bauernschreibtisch, ein gebogener Sessel, eine Arbeitslampe genügen, lauter Skizzen zu Gegenständen, die aber als solche echt sind, während alles Weiterarbeiten an ihnen (Zweck und Ziel des Kunstgewerbes) auf das sehr unechte Gebiet der Nachahmung und der Erinnerung führt. Dies ist auch bei Kunstwerken so, weshalb Skizzen von Künstlern geringer Bedeutung erträglicher sind als ihre vollendeten Werke, weil in ihnen doch wenigstens eine Persönlichkeit restlos zum Ausdruck kommt. Ein Dachboden, eine Eisentreppe sind echt, wenn auch nicht „schön", weil sie selbstverständlich aus einer Notwendigkeit entstanden sind und deshalb wertvoll.

Dieses Weiterarbeiten an fertigen Dingen ist aber eine unerschöpfliche Tätigkeit, weil es der Variationen unendlich viele gibt. Hier setzte die moderne Bewegung ein und sagte: „Unsere Umgebung hat sich merkwürdigerweise nicht in gleicher organischer Art entwickelt wie unsere Kleider, Schiffe, Pfeifen. Das muß nachgeholt werden." *Das Kunstgewerbe wird zum Problem.* Es ist eine der Plagen unserer Zeit, überall Probleme zu sehen; dieses zerstörte den ganzen Sinn der von ihm erfaßten Gegenstände, machte sie pathetisch und deshalb unbrauchbar, während ihre frühere angenehme Ausstrahlung eben von ihrem gemütlich-problemlosen Dasein ausgegangen ist, das sogar Ewigkeitswert hatte. Wir geben heute vor, das Ding an sich zu suchen; den Sessel an sich, den Teppich an sich, die Lampe an sich, Dinge, die es zum Teil sogar schon gibt. Tatsächlich suchen wir aber die Beschäftigungsmöglichkeit mit ihnen. [...]

Der Maschine, die heute göttliche Ehren genießt, werden täglich neue Formen als Opfer dargebracht. Da sie nichts anderes ist als ein Werkzeug, das alles machen kann, gibt es keine Form, die für sie erfunden worden ist. Aber aus ängstlichem Zartgefühl für das geliebte Wesen, rücksichtsvoll, es ja nicht zu überanstrengen, wird die gerade Linie, Zweck, Einfachheit, Uniformität gelehrt mit dem geheimen Hintergedanken (nur daß sich ihre Auguren ruhig in die Augen blicken) wieder durch die Hintertür zu den gleichen Antiquitäten zu kommen. Man gebe einem unserer modernen Kunstgewerbler den modernen Schuh zu entwerfen. Er wird sofort die Zweckform für die Maschine gefunden haben. Er wird zwei Röhren nehmen, die er ineinandersteckt, die eine vertikal, die andere horizontal. Ein einziger Schuh für alle. Für rechts und links. Wem er nicht paßt, der stopfe ihn aus! Und die Maschine atmet erleichtert auf und kann sich ausruhen. Ja, der Sessel aus geraden Stäben hat seine Berechtigung, wenn er auf die billigste Weise hergestellt werden muß – auch auf Kosten der Bequemlichkeit. Wer dies aber aus formproblematischen Gründen und nicht aus den [sic] der Brauchbarkeit auch in anderen Fällen beibehält, der gleicht dem Menschen, der sein Haus ohne Licht und Bad baut, um sich seinen gotischen Erker leisten zu können. Wesentlich ist nicht die Größe der auf gewendeten Mittel, sondern ihre Verteilung. Unser heutiges Leben ist reich genug, vieles übernehmen zu können, das wir nur gewohnt sind, wenn es auch aus einer früheren Entwicklungsperiode stammt. Frühere Menschen, räumlich eingeschränkt, mußten in allem modern sein. *Man kann alles verwenden, was man verwenden kann.* Was unbrauchbar wird, das wird von selbst abgestoßen. Im Wagen des Achilles kann man heute ebensowenig fahren wie in dem Napoleons; aber auf ihren dekorierten Sesseln kann man sitzen. Und wer denkt moderner: wer diese Dinge annimmt wie sie sind, oder der ihren vergänglichen Teil dadurch erhält, daß er ihn modernisiert? Im Jahre 1802 wurde das Rathaus von New-York gebaut. Die Nordseite erhielt im Gegensatz zu den übrigen Fassaden keine Marmorverkleidung, da man nicht glaubte, daß jemals hinter ihm noch Wohnhäuser erbaut werden würden. Heute steht es am Südende der Stadt. Das ist das Schicksal unserer Reformer. Sie verteidigen sich immer nach rechts und wissen nicht, daß sie bereits am rechten Flügel stehen.

22.5 Margarete Schütte-Lihotzky: Rationalisierung im Haushalt

Erstveröffentlicht als Grete Lihotzky: Rationalisierung im Haushalt, in: *Das Neue Frankfurt*, 1. Jg., Nr. 5 (April-Juni 1927), S. 120–123.

Margarete Schütte-Lihotzky (1897–2000) ist vermutlich vordringlich für die Frankfurter Küche bekannt, ihren international hochgelobten Entwurf einer vorgefertigten Einbauküche und Klassiker des Wohnungsdesigns. Nachdem sie ihre Ausbildung als Architektin bei Heinrich Tessenow und Oskar Strnad absolviert hatte, begann Lihotzky im Rahmen ihrer Tätigkeit für den Österreichischen Verband für Siedlungs- und Kleingartenwesen (1922–1924) mit Entwürfen serienmäßiger Küchen zu experimentieren. Dort traf sie auf Josef Frank und Adolf Loos, mit dem sie auch zusammenarbeitete. In

Frankfurt am Main, wohin sie 1926 auf Einladung des Siedlungsdezernenten der Stadt, Ernst May, übersiedelte, entwickelte sie ihre Entwürfe weiter. Mit dem zunehmenden Einzug von Frauen in die Arbeitswelt stieg die Nachfrage nach günstigen, kompakten, gleichzeitig vielseitig verwendbaren und vor allem technisch effizienten Kücheneinrichtungen und -geräten, die die Hausarbeit vereinfachen und damit die Frauen von ihrer Doppelbelastung befreien sollten. In einem in der von Ernst May herausgegebenen Zeitschrift Das Neue Frankfurt *erschienenen Artikel spricht Lihotzky die Zurückhaltung vieler Frauen an, technische Neuerungen anzunehmen, und ermuntert sie, sich an der Ausstellung* Die neue Wohnung und ihr Innenausbau *und ihren eigenen dort gezeigten Modelleinrichtungen ein Vorbild zu nehmen.*

Jede denkende Frau muß die Rückständigkeit bisheriger Haushaltführung empfinden und darin schwerste Hemmung eigener Entwicklung und somit auch der Entwicklung ihrer Familie erkennen. Die Frau, an die das heutige hastige Großstadtleben weit höhere Ansprüche stellt, als das beschauliche Leben vor 80 Jahren, ist dazu verdammt, ihren Haushalt, einige wenige Erleichterungen ausgenommen, noch immer so zu führen wie zu Großmutters Zeiten.

Das Problem, die Arbeit der Hausfrau rationeller zu gestalten, ist fast für alle Schichten der Bevölkerung von gleicher Wichtigkeit. Sowohl die Frauen des Mittelstandes, die vielfach ohne irgend welche Hilfe im Hause wirtschaften, als auch die Frauen des Arbeiterstandes, die häufig noch anderer Berufsarbeit nachgehen müssen, sind so überlastet, daß ihre Überarbeitung auf die Dauer nicht ohne Folgen für die gesamte Volksgesundheit bleiben kann.

[...]

Wie können wir aber die bisher übliche kraft- und zeitvergeudende Arbeitsweise im Haushalt verbessern? Wir können die Grundsätze arbeitsparender, wirtschaftlicher Betriebsführung, deren Verwirklichung in Fabriken und Büros zu ungeahnten Steigerungen der Leistungsfähigkeit geführt hat, auf die Hausarbeit übertragen. Wir müssen erkennen, daß es für jede Arbeit einen besten und einfachsten Weg geben muß, der daher auch der am wenigsten ermüdende ist. Für 3 Arbeitsgruppen, das sind Hausfrauen, Fabrikanten und Architekten, ist es eine wichtige und verantwortungsvolle Aufgabe, in gemeinsamer Arbeit diese einfachste Art der Ausführung jeder Hausarbeit zu ermitteln und zu ermöglichen.

Unter den Hausfrauen wird die geistig geschulte Frau auch immer rationeller arbeiten. Sie wird, unterstützt von richtigen Geräten und Maschinen und bei richtiger Wohnungseinteilung bald die zweckmäßigste Art und Weise ihrer Arbeit erkennen.

Unter den Fabrikanten (mit Ausnahme der Möbelfabrikanten) gibt es heute schon viele, die sich auf die neuen Forderungen unserer Zeit einstellen und brauchbare, arbeitsparende Geräte und Maschinen in den Handel bringen. Die weitaus größte Rückständigkeit aber herrscht noch bei der Art der Wohnungseinrichtung. Wann wird die Allgemeinheit einmal erkennen, welche Art der Wohnungseinrichtung die für sie zweckmäßigste und beste ist? Jahrelange Bemühungen des deutschen Werkbundes und einzelner Architekten, unzählige Schriften und Vorträge, in denen Klarheit, Einfachheit und Zweckmäßigkeit der Einrichtung und Abkehr von dem überlieferten Kitsch der letzten fünfzig Jahre verlangt wurde, haben fast garnichts genützt.

Kommen wir in die Wohnungen, so finden wir noch immer den alten Tand und die üble übliche „Dekoration". Daß alle diese Bemühungen praktisch so wenig Erfolg hatten, liegt in der Hauptsache an den Frauen, die merkwürdigerweise den neuen Ideen wenig zugänglich sind. Die Möbelhändler sagen, die Käufer verlangen immer wieder das Alte. Die Frauen nehmen lieber alle Mehrarbeit auf sich, um ein „trauliches und gemütliches" Heim zu haben. *Einfachheit und Zweckmäßigkeit hält die Mehrzahl heute noch für gleichbedeutend mit Nüchternheit.* Das Hochbauamt der Stadt Frankfurt a. M. hat durch Aufstellung eines vollständig eingerichteten Musterhauses bei der im Rahmen der Frankfurter Messe stattfindenden Ausstellung „Die neue Wohnung und ihr Innenausbau" versucht, die Menschen vom Gegenteil zu überzeugen. Es will beweisen, daß Einfachheit und Zweckmäßigkeit nicht nur Arbeitsersparnis bedeuten, sondern, verbunden mit gutem Material und richtiger Form und Farbe, Klarheit und Schönheit ist.

Auf dieser Ausstellung hat eine eigene Abteilung des Frankfurter Hausfrauenvereins die Wichtigkeit der Rationalisierung des Haushalts besonders vor Augen geführt. Dieser Teil der Ausstellung mit dem Titel: „Der neuzeitliche Haushalt" behandelte in erster Linie das Problem der arbeitssparenden Küche. Als besonders lehrreiches Beispiel für Schritt- und Griffersparnis wurde zuerst eine vollständig eingerichtete Speisewagenküche und -Anrichte ausgestellt. Drei weitere eingerichtete Küchen mit eingebauten Möbeln, von denen die ersten zwei in Frankfurt rund 3000 mal ausgeführt werden, zeigten, wie durch richtige Einteilung und Anordnung der Möbel die Arbeit erleichtert werden kann. Hierbei wurden die drei verschiedenen Arten des Küchenbetriebes berücksichtigt:
1. Der Haushalt ohne Hausgehilfin (bis zu einem Jahreseinkommen von etwa 5000 Mk.)
2. Der Haushalt mit einer Hausgehilfin (mit einem Jahreseinkommen von etwa 10 000 Mk.)
3. Der Haushalt mit zwei Hausgehilfinnen (mit einem Jahreseinkommen von über 10 000 Mk.)

Außer diesen Kücheneinrichtungen aus Holz wurde noch eine kleine Kochnische für Ledigenwohnungen aus Metall und eine Küche aus abwaschbaren Formsteinen gezeigt, diese beiden Küchen stellen Versuche dar, um neue brauchbare Materialien, die äußeren Einflüssen weniger zugänglich find als Holz, zu finden. Alle Küchen sind zwecks Arbeitsersparnis klein und vom Wohnraum vollkommen abtrennbar. Die alte Form der Wohnküche erscheint überholt. Auch vorbildliche freistehende, im Handel erhältliche Küchenmöbel, die zur Erleichterung der Hausarbeit wesentlich beitragen, wurden vorgeführt. Gute und schlechte Haus- und Küchengeräte, arbeitvergeudende und arbeitsparende, leicht und schwer zu reinigende werden durch Schilder mit verschiedenen Farben kenntlich gemacht. Abtropfgestelle für Schüsseln, Teller und Tassen, die das Abtrocknen des Porzellangeschirres sparen, Mehltrichter, aus denen man eine bestimmt abmeßbare Menge in die Schüssel rinnen lassen kann, zeigten der Hausfrau im Ausland schon längst bewährte Einrichtungen.

Besondere Aufmerksamkeit wurde der Ausstellung der elektrischen Apparate und Geräte gewidmet. Obwohl heute für den Minderbemittelten praktisch noch nicht verwendbar, wissen wir doch, daß in absehbarer Zeit der elektrischen Küche die Zukunft gehört. Beispiele elektrischer Zentralwaschanlagen, wie sie in jedem größeren Wohnhausblock eingebaut werden müßten, sollen die Frauen auf die dadurch ermöglichte Arbeitserleichterung verweisen und sie dazu anregen, Anlagen solcher Waschküchen, die auch schon für Familien mit geringem Einkommen rentabel sind, in genügender Anzahl zu fordern. In einer in Frankfurt a. M. eingerichteten Zentralwaschküche wurden auf Verlangen der Mieter außer elektrisch betriebenen Waschmaschinen noch solche für Handbetrieb aufgeteilt. Heute nach einem Jahr stehen die Handwaschmaschinen still, da alle Frauen nur noch auf der anderen waschen wollen. „Das kleinste Bad auf kleinstem Raum" in der Größe von 1,65 x 1,35 m beweist, daß die Forderung „jeder Wohnung ein Bad" nicht mehr ein undurchführbares Ideal darstellt. Auf die Möglichkeit, durch eine zwischen zwei Schlafräumen eingeschobene „Wasch- und Duschnische" Raum zu sparen, konnte durch ein Modell 1:10 einer Stockwerkswohnung mit einer solchen Anlage, sowie durch einen 1,6 qm großen eingerichteten Duschraum hingewiesen werden. Durch das ständig fließende Wasser kann die Reinigung hier eine gründlichere sein als in der Wanne.

Weitgehende Verwendung von Gas im Haushalt wurde durch ein Modell eines vollständig durch Gas versorgten Einfamilienhauses vor Augen geführt. Auf das wichtige Kapitel guter Beleuchtung im Hause wurde auf der Ausstellung mit besonderer Sorgfalt eingegangen. Wieviel Geld kann allein durch richtige Wahl von Tapeten, die die Leuchtkraft erhöhen, gespart werden! Wie wichtig ist es für die Gesundheit der Familie, daß die Frauen, die ja die Mehrzahl der Käufer darstellen, auf richtige und lichttechnisch einwandfreie Arbeitslampen verwiesen werden, und nicht gedankenlos immer noch die kleinen, verzierten Stehlampen mit dem dunklen staubsammelnden Seidenschirmchen kaufen.

[...]

22.6 Else Hofmann: Wohn- und Arbeitsstätte eines berufstätigen Ehepaares

Erstveröffentlicht als Else Hofmann: Wohn- und Arbeitsstätte eines berufstätigen Ehepaares. Eine Schöpfung der Architektinnen Liane Zimbler und Annie Herrnheiser, in: *Die Österreicherin*, 2. Jg., Nr. 10 (1. Dezember 1929), S. 4–5.

Die typischen Gemeindewohnungen der Stadt Wien waren relativ klein, gleichzeitig waren sie kaum für ledige berufstätige Frauen oder die Raumbedürfnisse von verheirateten Paaren ausgerichtet, die ihre Arbeit von zu Hause aus ausübten. Zwar gab es einzelne Versuche, geeigneten Wohnraum für unverheiratete Frauen zu schaffen, etwa durch genossenschaftliche Projekte mit Gemeinschaftseinrichtungen, wie den von den Ideen der Frauenrechtlerin und Sozialreformerin Auguste Fickert (1855–1910) inspirierten Heimhof. (Vgl. Kap. 12) Die diesbezügliche Nachfrage wurde von der Stadtverwaltung aber bei Weitem nicht gedeckt. Vorschläge zur Verbesserung des Lebensstandards von Frauen waren ein beliebtes Thema in Zeitschriften wie der vom liberalen Bund Österreichischer Frauenvereine herausgegebenen Die Österreicherin. *Als regelmäßige Autorin des Blatts versuchte die Journalistin Else Hofmann die Arbeit von Architektinnen wie Liane Zimbler, geb. Juliana Fischer (1892–1987), bekannt zu machen. Zimblers Tätigkeiten im Bereich von Architektur, Mode-, Möbel- und Inneneinrichtungsdesign waren vielfältig. Sie unterrichtete, hielt öffentliche Vorträge und unterhielt ein Büro in Wien und später, gemeinsam mit ihrer Partnerin Annie Herrnheiser, eines in Prag. Ihre innovativen und eleganten Entwürfe für kleine Ein- und Zweizimmerwohnungen waren vor allem in der Mittelschicht sehr beliebt.*

Die Wohnung der arbeitenden Junggesellin ist in den letzten Jahrzehnten aufstrebender Frauenarbeit, insbesondere aber in der Zeit nach dem Kriege, ein Hauptproblem der modernen Architektur und der sozialen Fürsorge geworden. Wohnsiedlungen für arbeitende Frauen, wie etwa die vorbildliche *Fickert*sche [sic] Gründung „Heimhof" in Wien oder das wundervolle Studentinnenheim in Charlottenburg (ein Werk der Architektin Emilie Winckelmann), suchen das Problem der Einzimmerwohnung der berufstätigen Junggesellin, die private und berufliche Besuche bei sich empfängt, durch Sitzbetten, eingebaute Waschnischen oder Waschkabinen, Kochnischen und so fort, in zweckentsprechender und geschmackvoller Weise zu lösen. Auch die neuen Entwürfe der Architektin Grete Schütte-Lihotzky für Wohnsiedlungen des Frankfurter Stadtbauamtes befassen sich eingehend mit der Wohnung der berufstätigen Junggesellin, die die lebenskluge Architektin allerdings nicht in Frauensiedlungen zusammen fassen, sondern versprengt zwischen Wohnungen von Ehepaaren einbauen will.

Es ist begreiflich, daß die Fürsorge führender Frauen und Sozialpolitiker sich zunächst der *alleinstehenden Berufsfrau* zuwandte. Aber der Zug der Zeit hat es mit sich gebracht, daß ein Großteil der verheirateten Frauen ebenfalls im Beruf steht und samt Mann, eventuell auch Kind in bescheidenen Wohnungen hausen muß. Hat nun der Mann einen Beruf, der ihn ganz oder teilweise ans Haus fesselt (Arzt, Schriftsteller, Vertreter und so fort), so ist für solche Ehepaare die konventionelle, aus Schlaf- und Speisezimmer bestehende Wohnung ganz unbrauchbar, aber auch die schon modernere Type der aus Schlaf- und Wohnraum bestehenden Wohnung nicht zweckentsprechend. Es muß der verheirateten Berufstätigen möglich gemacht werden, sich, ohne den Ehepartner zu stören, in einen ihren Wohn- und Berufswünschen angepaßten Raum zurückzuziehen, doch soll die Wohnung auch zur Entfaltung einer bescheidenen Geselligkeit die Möglichkeit bieten. Den Raumkünstlerinnen *Architektin Liane Zimbler* und *Annie Herrnheiser* ist eine solche Lösung bei der Gestaltung einer Wohnung in Prag gelungen.

Mit großer Geschicklichkeit wurde die Aufgabe durchgeführt, ein intellektuelles Ehepaar, zwei Kulturmenschen mit verschiedenen Berufen (Musiklehrerin und Schriftsteller) in dem beschränkten Raume einer Zweizimmerwohnung mit Vorzimmer, Kammer und Nebenräumen so unterzubringen, daß die beiderseitigen Berufsinteressen, Kulturwünsche und menschlichen Notwendigkeiten in gleicher Weise berücksichtigt erscheinen.

Der Schlafraum, der zugleich als Musikzimmer dient, enthält die beiden modernen Typen des Bettes, das eine in eine durch Kasten und Wand geschaffene Nische hineingestellt und durch hübsche englische Kretonvorhänge abschließbar, das andere als Sitzbett mit niedrigem Tischchen. Fauteuils und Stehlampe in den reizvollen Bücherwinkel beim Fenster eingebaut. So ist das schwere Problem des Bettes im Berufszimmer der Frau auf zwei Arten einwandfrei gelöst, und zwar so, daß es eine Bereicherung des Raumes darstellt. Dieses ganze Schlaf-Wohnzimmer mit hellgelben Wänden und japanroten Gesimsen, Schrankmöbeln in weißem Schleiflack, bunten Vorhängen, gelbbraunen Bezügen auf den bequemen Nußholzfauteuils, tiefbraunem schlichtem Teppich verbindet in eigenartiger Weise diskrete Abdämpfung und Ruhe (die Skala gelb, drapp, braun) mit kühn aufgesetzten Lichtern einer krapproten Gesimsfärbung. Dieser Raum birgt also eine Wohnecke, eine Klavierseite und ein ganzes Schlafzimmer in sich, da das gemütliche Nischenbett durch einen außerordentlich praktischen gewaltigen Gehschrank, der die ganze Garderobe der Frau enthält, gegenüber dem übrigen Raume abgeschlossen ist.

Der anschließende Eß-Wohnraum, das Arbeitszimmer des Herrn, enthält Bücherregale und einen Schreibsekretär, eine Sitzecke mit ausziehbarem Eßtisch. Außerordentlich praktisch ist das Büfett aus mittelbrauner Eiche, dessen Mittelteil sich klappenartig nach vorne öffnet (eine originelle und höchst brauchbare Übertragung von der Form des Schreibsekretärs) und das sonst wohlverschlossene Innenbüfett mit Servierstellagen und das niedergeklappte Servierbrett bietet. Die gleiche Behandlung der Wand wie im Schlafzimmer gibt dem Zimmer Helligkeit, die aber durch das ruhige Dunkel der Eichenmöbel wie durch die dunkelblau und braun gestreiften Bezüge und drapp Behänge gemildert wird. Satt und voll heben sich alle Farben von dem weinroten Fond eines großen Perserteppichs ab, der den ganzen

Raum deckt. Das ganze ist wohldurchdacht und für den lebensklugen Geist seiner Schöpferinnen charakteristisch. Der Vorraum, durch eine Schrankwand, enthaltend die Herrengarderobe, in eine Diele und eine Kleiderablage geteilt, enthält in seinem Dielenteil eine Sitzbank aus gebranntem Fichtenholz. Die bunten Kissen, der gestreifte Portierenstoff im Kontrast zu dunklem Holz und weißer Wand wirkten heiter und modern, ohne Aufdringlichkeit und Übertriebenheit.

Wie in dieser Zweizimmerwohnung eines berufstätigen Ehepaares das Problem der berufstätigen und dabei verheirateten Frau, das heute ebenso wichtig ist, wie das der berufstätigen unverheirateten, mit Energie und Sachkunde, und was auch nicht unwichtig ist, mit beschränkten Mitteln, aufgegriffen und gelöst ist, so zeigen auch andere Raumschöpfungen von *Zimbler und Herrnheiser* eine geschickte und übersichtliche Disposition der Wohnräume und Grundrißlösungen. Ausgezeichnet ist immer die Anordnung der Küchen-, Bade- und Wirtschaftsräume, Kleiderablagen und so fort.

Fachlicher Architektengeist verbindet sich mit hausfraulicher Anordnungsgabe, um beispielgebend zu schaffen. Auf der Grundlage dieser Vorbedingungen konnte auch das wichtige Problem „Berufswohnung der verheirateten Frau in bescheidenen Verhältnissen" mit Feingefühl und Energie gelöst werden.

22.7 Franz Schuster: Ein Möbelbuch

Hier zitiert nach Franz Schuster: *Ein Möbelbuch. Ein Beitrag zum Problem des zeitgemäßen Möbels.* 2. erweiterte Auflage, Stuttgart: Julius Hoffmann 1932, S. 3–6.

Franz Schuster (1892–1972), ein Schüler des international renommierten deutschen Architekten und Stadtplaners Heinrich Tessenow und ein überzeugter Vertreter der Gartenstadtbewegung, hatte sich bald nach dem Ersten Weltkrieg dem Österreichischen Verband für Siedlungs- und Kleingartenwesen angeschlossen. Schuster, der sich aktiv im Kampf gegen die Wohnungsnot und die damit verbundenen Schwierigkeiten und Sorgen engagierte, war unzufrieden mit den Einrichtungslösungen bestehender Durchschnittswohnungen. Gleichzeitig war er mit dem Fehlen realisierbarer und vor allem leistbarer Alternativen konfrontiert. So begann er mit der Konzeption eigener Entwürfe, die er in seinem Möbelbuch *bewarb, einem schlanken Band, der über einhundert Abbildungen sogenannter Aufbaumöbel enthielt, außerdem detaillierte Übersichtspläne unterschiedlicher Wohnungstypen und Vorschläge zur Organisation und Möblierung des verfügbaren Wohnraums. Anhand ihrer Form und Funktion unterteilte Schuster seine Entwürfe in vier Kategorien (G, K, L, R).*[8] *Diese einfachen und unkomplizierten Formen bildeten den Grundstock seines modernen modularen Möbelsystems, auf*

---

8 G = Gestell; K = Kasten; L = Lade; R = Regal.

dessen Basis die einzelnen Elemente in unterschiedlichen Varianten kombiniert werden konnten. Jede neue Anordnung setzte sich aus den gleichen, vereinfachten und standardisierten Bauteilen zusammen.

Grundsätzliches

[...]

Das Möbel war, wie die Kleider, Schuhe und die Geräte des Hauses, immer ein Gebrauchsgegenstand, und es ist ein Zeichen allgemeiner Unklarheit und Verwirrung, wenn wir Selbstverständlichkeiten so oft wiederholen oder sie als neue Wahrheiten ausgeben müssen. Als die Männer Halskrausen und gestickte Fräcke, Hosen mit Bändern und Schuhe mit Schnallen trugen, waren die Möbel, die diese Menschen gebrauchten, in Übereinstimmung mit diesen Dingen; immer entsprach ihre Form allen übrigen Formen und ihre Haltung der Gesamthaltung der Zeit. Aus der veränderten Gesamtlage ergaben sich veränderte Forderungen des Gebrauchs und daraus neue Formen. Die Formen der Geräte des täglichen Gebrauchs und der Kleidung entsprechen den neuen Methoden der Arbeit und den geänderten Verhältnissen. Es ist uns selbstverständlich geworden, daß die Schreibfeder, die wir gebrauchen, und der Hut und alle übrigen für die gewöhnlichen Bedürfnisse des Menschen nötigen Dinge nicht für jeden Einzelnen besonders angefertigt werden; es ist einleuchtend, daß sie dann nicht in der notwendigen Menge und zu dem entsprechenden Preis hergestellt werden könnten. Auch beim Möbel ist es nicht anders; es gibt Fabriken, die nur Stühle herstellen, andere nur Tische, und wieder andere machen jahraus jahrein den gleichen Typ Schlafzimmer oder Wohnzimmer. Die Arbeitsmethoden sind die neuen Methoden unseres Jahrhunderts, die Form der Möbel aber ist in der Regel die Form vergangener Zeiten. So kommt es, daß der oftmals veränderte und verflachte Abklatsch des Barock- oder Biedermeiermöbels in Massen hergestellt wird, und da er billig ist, auch von der Masse gekauft wird, die in menschlicher Schwäche in diesen Formen einen Ersatz sucht für in der überstürzten Entwicklung verlorene innere Werte. Eine Zeit, die den äußeren Reichtum in jeder Form schätzt und überschätzt, auch wenn er nur scheinbar ist, übersieht auch beim Möbel die Falschheit dieses äußeren Reichtums an Form. Alle jene Dinge, die ein Ausdruck neuer Erkenntnisse und Möglichkeiten sind, bedürfen dieses Beiwerkes nicht und es wird an ihnen nicht vermißt. Radio und Luftschiff, Eisenbahn und Auto, die tausend neuen Dinge unserer Zeit, haben ihre eigene selbstverständliche, wesentliche Form; wir finden sie schön, so wie sie aus der Erfüllung der klaren und einfachen Aufgabe geworden sind. Nur sie geben der Zeit das besondere Gepräge, sie sind die Vorstufen künftiger Dinge und ihr innerer Wert und ihr innerer Reichtum an neuen Möglichkeiten ist, ob im Augenblick recht oder falsch gebraucht, der Reichtum unserer Zeit. Sie bedürfen keiner Anleihe aus anderen Zeiten. Dieser Fülle an neuen Möglichkeiten des äußeren Lebens steht nun eine Leere an innerem Leben gegenüber, die zu beseitigen ein Ziel und ein Zwang der kommenden Jahre ist. Diese Sehnsucht nach jenem inneren Reichtum aber wird nur dann den rechten Weg finden, wenn wir die Aufgaben unserer Zeit so gestalten, daß sie eine breite und einheitliche Grundlage für die kommende ergeben. Das Möbel als Gebrauchsgegenstand in Massen hergestellt muß auf alle Anlehnung an handwerklich individuelle Formen verzichten, es muß jene technische objektive Form bekommen, wie sie bei der Schreibfeder und dem Radiator, bei der Badewanne und dem Kochgeschirr und bei allen übrigen Geräten des Gebrauchs und der Arbeit selbstverständlich sind. Der Wert der neuen Form wird gerade in ihrer Wesentlichkeit und Sinnfälligkeit liegen, mit der sie die Methoden der Herstellung und die Forderungen der Verwendung in jeder Hinsicht berücksichtigt und erfüllt.

Daß das Menschliche dabei zu kurz kommt, ist nicht zu befürchten, es wird sich nur anders auswirken als durch das Betonen einer Verzierung. Die Hüte und Mützen, die wir tragen, sind alle gleich, sie erhalten ihren besonderen Ausdruck durch den Menschen, der sie trägt; die Möbel, die wir kaufen, sind zu tausenden gleich erzeugt, ihre Ornamente und ihre scheinbar individuelle Form machen sie nicht zu etwas besonderem; wenn alle Möbel eine objektive Form haben, so wird wieder der Mensch der Wohnung ihren besonderen Ausdruck geben müssen. Es wird sichtbar werden, daß er den meisten Menschen fehlt und daß es der Mangel an innerem Reichtum ist, der durch den Zierat zugedeckt werden soll.

Und gerade auch deshalb, nicht nur weil sie unserer Zeit entspricht, müssen wir die objektive Form suchen und fördern, damit sie der Wegbereiter werde für jene andere kommende Zeit.

Das einfache Möbel ist vorerst noch eine Einzelerscheinung und seine Kosten liegen daher über dem Durchschnitt billiger Massenware. Da zugleich scheinbarer Reichtum mit wirklichem und einfache Form mit Armut verwechselt wird, so besteht die Vorstellung, daß das einfache, glatte Möbel das billigste sein muß. Das schlichte Möbel wird bei gleichen Voraussetzungen immer das teuerere [sic] sein, da Material und Arbeit besser sein müssen als bei dem verzierten Möbel, denn bei diesem können Fehler im Material und mangelhafte Arbeit durch Zierat verdeckt werden. In einer Zeit, in der Hersteller und Käufer das verzierte Möbel bevorzugen – das Verhältnis zum einfachen glatten Möbel ist etwa tausend zu eins – ist es besonders schwierig, die Voraussetzungen zu schaffen, die zu einer Massenerzeugung und dadurch zu einer Verbilligung des schlichten Möbels führen könnten. Da die verzierten Möbel den Massenumsatz erzielen und die Industrie kein Interesse an kulturellen Aufgaben hat, die nicht Geld einbringen, so steht der allgemeinen Einführung des einfachen Möbels noch viel entgegen. Es entsteht da der bekannte Kreislauf: die meisten Menschen können nur billige Möbel kaufen und da das billigste Möbel das verzierte ist, so wird es am meisten gekauft und kann daher in Serien hergestellt werden. Das schlichte Möbel ist, da es nicht in Massen hergestellt wird, teurer und so wird es nicht so oft gekauft, daß es in großen Serien bestellt werden kann und kann daher nicht billiger werden.

Das Aufbaumöbel ist ein Versuch, diesen Kreislauf zu durchbrechen; unter Berücksichtigung aller vorhergehenden Ausführungen stellt es einen Weg zum zeitgemäßen Gebrauchsmöbel dar.

22.8 Fritz Czuczka: Zehn Gebote zur Wohnungseinrichtung

Erstveröffentlicht als Fritz Czuczka: Zehn Gebote zur Wohnungseinrichtung, in: *Die Unzufriedene*, 12. November 1933, S. 13.

Sozialdemokratische Medien, speziell solche, die sich an weibliche Konsumierende richteten, enthielten regelmäßig Artikel zur Einrichtungsfrage der modernen Wiener Wohnung. Solche kurzen Texte, wie der folgende, in der Zeitschrift Die Unzufriedene *in der Rubrik „Mein Heim" erschienene Beitrag des Architekten Fritz Czuczka (1893–1967), gaben allgemeine Ratschläge und Tipps, wie kleine und mit altmodischem Zierrat und Polstermöbeln vollgestellte Wohnungen von ihren Bewohnerinnen und Bewohnern in helle, luftdurchflutete, funktionale und vor allem wohnliche Orte verwandelt werden konnten. Als praktische und zeitgemäße Alternative zu den schweren Stilmöbeln, die noch immer den Massengeschmack bestimmten, wurden leistbare Möbel und einfache, nur leicht akzentuierte Formen propagiert.*

1. Denke vor allem bei der Wohnungseinrichtung daran, daß die Wohnung für *dich* da ist und daß du dir deine Bewegungsfreiheit erhalten mußt. Du darfst also keinesfalls zu viel Möbel haben, weil dann für dich zu wenig Platz bleibt. Durch zu viele Möbel verkleinerst du die Räume, die ja ohnehin meist nicht gar zu groß sind.
2. Schaffe nicht „Zimmereinrichtungen" an mit zueinander „passenden" Stücken. Sie geben dem Raum, in dem sie stehen, einen zu eindeutigen Charakter. Du hast ein „Schlafzimmer", ein „Speisezimmer". Verwende lieber moderne Stücke, die nicht zueinander „passen", aber dem Raum das gewisse wohnliche Aussehen geben.
3. Nicht das noble Holz bedingt den Wert der Einrichtungsgegenstände allein. Auch Weichholzmöbel, lackiert, oder Möbel, deren Flächen aus gewichsten Sperrholzplatten bestehen, Lärchenholzmöbel werden deine Wohnräume sehr schön möblieren, wenn sie von guter *praktischer Einteilung* und *einfacher, schmuckloser Form* sind. (Die gute handwerkmäßige Ausführung wird dir dauernd Freude machen.)
4. Wichtig ist, daß deine Tische die richtige Höhe, deine Stühle die rechten Sitzflächen- und Rücklehnenmaße haben. Daß deine Schränke nicht zu hoch sind, daß sie auch nicht zu weit zum Boden reichen. Mit einem Wort, daß alle deine Möbelstücke die Maße haben, wie sie dem menschlichen Körper entsprechen.

5. Auch die Küchenmöbel brauchen nicht zueinander passen. Hier, wo besonders praktische und zweckmäßige Gegenstände nötig sind, die Zeit und Arbeit sparen sollen, muß alles so beschaffen sein, wie es den persönlichen Gewohnheiten am besten entspricht. Überlege also recht gut, wie du in der kleinen Küche die notwendigen Möbel aufstellen willst, so daß dir auch ein geeigneter Sitz- und eventuell Eßplatz bleibt.
6. Suche in der Wohnung einen geeigneten Platz zur Unterbringung der Putzgeräte. Suche einen Platz, wo du alles seltener Gebrauchte verwahren kannst, wo du im Sommer deine Winterkleider aufhebst. Du hast dadurch den Vorteil erreicht, daß diese Gegenstände nicht im Weg sind, daß du jederzeit weißt, wo du etwas zu suchen hast.
7. Male deine Wohnung in hellen, freundlichen Farben aus. Verziere die Wände nicht mit komplizierten Schablonenmustern, weil alles im Raum Befindliche vor der glatten Wand viel besser zur Wirkung kommt. Male Decke und Wände in einer Farbe, so wird der Raum noch viel heimlicher.
8. Verwende Lampen, die dir das beste Licht geben. Du brauchst gutes Licht zum Arbeiten, Lesen, Essen, du willst einmal die Beleuchtung auf einen kleinen Teil des Zimmers beschränken, einmal den ganzen Raum beleuchten. Wähle daher solche Beleuchtungskörper, die für den gewünschten Zweck am besten geeignet sind, und lasse dich nicht durch unsachliche Verzierungen verleiten, etwas Unpraktisches zu kaufen. Du wirst sicherlich Stehlampen und Hängelampen finden, die dir den besten Lichteffekt erzielen.
9. Fertige Vorhänge, Polster und Kissen nicht nach Vordruckmustern längst vergangener Zeit an. Wende deine Mühe nicht auf die meist geschmacklosen Ornamente, sondern wähle moderne, einfache Motive, die dir auch nicht so viel Arbeit geben werden. Die buntfarbigen Kissen werden deiner Wohnung ein recht freundliches Aussehen verleihen.
10. Lasse dich nicht verleiten, deine Wohnung so einzurichten, wie sie dir bei jemand anderem gefallen hat. Jede Wohnung soll nur den Charakter, die Eigentümlichkeiten des in ihr Wohnenden widerspiegeln. Lasse also deinen persönlichen Wünschen freien Lauf und möbliere die Wohnung so, wie du sie haben willst, und nicht so, wie sie vielleicht dein Nachbar hat.

Teil VIII: **Kulturpolitik**

Doppeltbelichtetes Gruppenbild der Abteilung für Ornamentale Formenlehre der Wiener Kunstgewerbeschule (darunter Erika Giovanna Klien, Elisabeth Karlinsky, Otto Erich Wagner, Marianne/My Ullmann, Walter Hanisch, rechts hinten Franz Čižek), um 1923/24. (Wien Museum)

23 Bildende Kunst
Georg Vasold

Einleitung

In der künstlerischen Entwicklung Österreichs und insbesondere Wiens markiert das Jahr 1918 einen dramatischen Wendepunkt. Die vereinzelt schon davor empfundene diffuse Ahnung einer bevorstehenden Zeitenwende verdichtete sich nun, im Angesicht des Zusammenbruchs der politischen Ordnung, zu einem echten Krisenbewusstsein. Dieses Gefühl wurde durch den in diesem Jahr zu beklagenden Tod von führenden Repräsentanten des Wiener Kunstlebens noch gesteigert. Innerhalb weniger Monate verstarben Gustav Klimt, Otto Wagner, Koloman Moser und Egon Schiele. Die in der Kunstszene daraufhin einsetzende Orientierungslosigkeit war fundamental, sie erfasste Künstler und Künstlerinnen, Kritiker und Kulturpolitiker gleichermaßen. Unklare und beunruhigende Verhältnisse – der Kunsthistoriker Hans Tietze sprach von „Chaos"[1] – gab es zuhauf. Dazu zählte der Niedergang traditionsreicher Einrichtungen wie der Wiener Secession, die im Krieg als Reservespital diente; das Kappen oder Einfrieren internationaler Künstlerkontakte (die Secession verlor im ersten Nachkriegsjahr 67 korrespondierende ausländische Mitglieder); das ungewisse Schicksal der höfischen Sammlungen, deren Bestand von Restitutionsforderungen v. a. seitens Italiens bedroht war; die identitätspolitisch brisante, gleichwohl offene Frage, ob der junge Staat mit seinen reichen Kunstschätzen als legitimer Nachfolger des Habsburgerreichs zu betrachten sei; und nicht zuletzt das von vielen Kulturtreibenden eingeforderte Bekenntnis zur stärkeren Förderung junger Kunst durch die öffentliche Hand – auch das ein brisantes Thema, weil man gerade in Wien vor der Entscheidung stand, ob das künstlerische Profil der Stadt modern, d. h. zeitgenössisch und in die Zukunft gerichtet sein soll, oder ob es nicht besser sei, sich tourismuswirksam als glanzvolle ehemalige Kaisermetropole zu repräsentieren.

Auf all diese Fragen vermochte das Rote Wien keine einheitliche Antwort zu geben. Jahrelang wurde in den Parteiorganen über die Zielsetzungen einer zeitgemäßen, i. e. sozialdemokratischen Kunstpolitik gestritten. Parallel dazu kam es zu Debatten über die Existenz eines vermeintlich typisch österreichischen Stils. Hier bot sich aus mehreren Gründen zunächst der Expressionismus an. Erstens, weil er dank des kraftvollen Auftretens v. a. eines Oskar Kokoschka die Chance eröffnete, die durch den Krieg unterbrochene künstlerische Entwicklung fortzusetzen und an die Glanzzeiten der Vorkriegsjahre anzuknüpfen. Zweitens, weil sich mit Hinweis auf

---

[1] Hans Tietze: *Lebendige Kunstwissenschaft. Zur Krise der Kunst und der Kunstgeschichte*, Wien: Krystall-Verlag 1925, S. 35.

seine malerischen Qualitäten ein kunsthistorisches Narrativ formen ließ, das bis zum Barock zurückweist. Der heimische Expressionismus wurde in diesem Sinn als ein in die Gegenwart „transponierter Barock" beschrieben,[2] was den Vorteil bot, die Malerei lokalspezifisch zu verorten und in eine originäre Wiener Kulturtradition einzuschreiben. Drittens aber hatte der Expressionismus, der in seiner Spätphase mit kubistischen und futuristischen Elementen durchsetzt war und deshalb immer noch als innovativ galt, eine stark vitalistische Komponente. In den Schriften jener Jahre ist unentwegt von *Wachstum, Leben* und *Lebendigkeit* die Rede, was nach den Kriegserfahrungen zumeist positiv gesehen wurde.

Um 1925 war die Kraft des Expressionismus jedoch erloschen, und es zeichnete sich deutlich ab, dass Wien den Anschluss an die internationale Kunstentwicklung zu verpassen drohte. Manche Künstler und Künstlerinnen – insbesondere jene, die der Neuen Sachlichkeit anhingen – bemühten sich zwar, Kontakte nach Paris und v. a. Berlin zu schmieden, und analog dazu forderten einige Intellektuelle dazu auf, die heimische Kunst wieder stärker in einen internationalen Bezugsrahmen zu setzen. Doch bei den Politikern fanden sie damit nur wenig Gehör. In angstvoller Reserviertheit gegenüber den grenzüberschreitenden Avantgarden setzten jene eher auf die Förderung lokaler Traditionen und nahmen die Kunst in den Dienst der Volksbildung oder der politischen Propaganda.

Dass Wien damals dennoch zahlreiche künstlerische Innovationen hervorbrachte und die Stadt zumindest für kurze Zeit zu einer Art Brückenkopf zwischen den ost- und den westeuropäischen Avantgarden werden konnte, war dem Engagement einer Handvoll fortschrittlich gesinnter Denker geschuldet, die nicht selten Migrationserfahrung hatten. Hier ist v. a. an den Kreis der aus Ungarn geflüchteten Künstler und Künstlerinnen zu erinnern, die sich unter der Ägide von Lajos Kassák und mithilfe der Zeitschrift *Ma* für eine radikale Ausweitung des Kunstbegriffs einsetzten. In dieselbe Kerbe schlug der schon erwähnte Hans Tietze, der wiederholt auf die Defizite in der Kunstpolitik aufmerksam machte und vor einer Provinzialisierung Wiens warnte. Um dieser entgegenzuwirken, initiierte er im Herbst 1924 gemeinsam mit dem aus Czernowitz stammenden Friedrich Kiesler die *Internationale Ausstellung neuer Theatertechnik*, die konstruktivistische und futuristische Positionen zusammenführte, den Film propagierte und für die Anerkennung einer zeitgemäßen Maschinenästhetik eintrat.

Einen etwas anderen Weg beschritt der Designer und Kunsterzieher Franz Čižek, der in seinen „Jugendkunstklassen" das kreative Potenzial von Kindern und Jugendlichen freizulegen suchte. Dieser kunstpädagogische Ansatz, der mit den gesellschaftspolitischen Ideen des Roten Wien korrelierte, sorgte international für Aufsehen. Čižeks Klassen, die von vielen Mädchen und jungen Frauen besucht wurden und als Keimzelle des Kinetismus (einer österreichischen Spielart des Futuris-

---

[2] Max Roden: Faistenauer †, in: *Volks-Zeitung*, 14. Februar 1930, S. 1.

mus) gelten, stellten in den 1920er und 1930er Jahren u. a. in England, den USA und Kanada aus.

Begleitet wurden all diese Aktivitäten, die insgesamt ein sehr pluralistisches Bild des Kunstlebens im Roten Wien ergaben, von z. T. bahnbrechenden Theorien in der „Wiener Schule der Kunstgeschichte". In Weiterentwicklung methodischer Grundsätze aus der Zeit um 1900 traten die Vertreter der sogenannten zweiten Wiener Schule an, die Kunstforschung grundlegend zu modernisieren. Dabei kam es einerseits zu einer Ausweitung des Blickfelds in Richtung Weltkunst, andererseits suchten die Forscher und Forscherinnen Anschluss an benachbarte Disziplinen wie die Soziologie, die Psychoanalyse oder die Gestalttheorie. Gültig formuliert und in den Kanon der Kunstwissenschaft eingeführt wurden die damals entwickelten Ansätze allerdings oft erst in England oder den USA, wohin viele der Wiener Kunstforscher und -forscherinnen aufgrund ihrer jüdischen Herkunft in den späten 1930er Jahren emigrieren mussten.

Literatur

Bertsch 2015.
Bogner, Bogner, Hubin, Millautz 2017.
Fuchs 1991.
Laven 2006.
Platzer, Storch 2006.
Wood 2000.

23.1 Stella Kramrisch: Sofie Korner

Erstveröffentlicht als Stella Kramrisch: Sofie Korner, in: *Die bildenden Künste. Wiener Monatshefte*, 3. Jg. (1920), S. 104–107.

Sofie Korner (1879–1942) steht paradigmatisch für den Aufbruch der Künstlerinnen im Wien der Zwischenkriegszeit. Ausgebildet an der Wiener Kunstgewerbeschule (an der Akademie der bildenden Künste wurden Frauen erst 1920 zum Studium zugelassen), Mitglied der seit 1910 bestehenden Vereinigung bildender Künstlerinnen Österreichs und des von Robert Müller 1918 initiierten Bunds geistig Tätiger, wandte sie sich in ihren Arbeiten schon früh dem Expressionismus zu – und drang damit in einen eindeutig männlich dominierten Wirkbereich vor. Die junge Stella Kramrisch (1896–1993), Schülerin des wegen seines Rassismus umstrittenen Kunsthistorikers Josef Strzygowski (1862–1941) und nachmalig erste Professorin für Kunstgeschichte an der Universität von Kalkutta, suchte in ihrem Artikel die Form- und Farbqualitäten von Korners Gemälden sprachlich adäquat zu erfassen. Diese Art, Erscheinungen der bildenden Kunst poetisch abzubilden, d. h. visuelle und sprachliche Phänomene zur Deckung zu brin-

gen, war in der expressionistischen Kunstliteratur lange Zeit beliebt, fand in Otto Pächt (1902–1988) aber bald einen scharfen Kritiker.

Sofie Korner steht immer in der Zeit, weit vorn, wo heute morgen wird, nie aber ist schon die Sonne aufgegangen, oder es steht ein Berg davor. Die Form, die um sie her entstanden ist, hebt Sofie Korner leise auf, voll Sorgfalt, und drückt ihr Wesen in sie hinein. Das gibt jedem einzelnen ihrer Bilder eine Sicherheit, die alle Qual des Suchens und jedes Problem der Anschaubarkeit beruhigt über sich selbst erhebt, das läßt ihr Werk, als Ganzes gesehen, vielleicht um eine Sekunde zu spät erscheinen. Darum klingt in ihm die herbe Wehmut der Erfüllung, und es weiß nichts vom Wahnsinn des leeren Griffes ins Unendliche und vom fanatischen Jubel des selbstgeschaffenen Glaubens.

Es ist still in den Bildern, sie geben dem Augenblick der milde, müde siegenden Ruhe nach viel Kampf die Dauer des Zuständlichen. So sind die Landschaften ohne Sturm, aber ein Beben von innen her hat alle Bäume und Häuser und Straßen verbogen. Jetzt aber haben sie sich darein gefunden und haben erst seither ihr wirkliches Leben bekommen, untrennbar in eins verbunden. So sind auch ihre Menschenbilder. Ein jeder hat sich – er hat schon lange früher gelebt, selbst dann, wenn er noch sehr jung ist –, so wie er geworden ist, auf einmal selbst gesehen und weiß sich von diesem Augenblick, der der Augenblick des Bildes ist, als Ich und Schicksal zugleich. So werden Individuum und überindividuelle Macht zum Körper *einer* Bildgestalt im Porträt, werden es aber Bilder mit zwei und mehreren Gestalten, so spielen diese keine andere Rolle, als Wiesen und Wasser *einer* Landschaft. Sie kennt nicht Spieler und Gegenspieler und den selbstsicheren Willen des einzelnen, sondern sieht in allen Gestalten die Wirklichkeit und gleichzeitig den Dämon und in ihrem Beisammensein die lastende, unheimlich sichere Gewalt, die sich von Leben zu Leben zieht, lautlos und mächtig unter dem ungeheuren Gebot eines fast vernunftklaren Himmels.

Am reinsten wird die künstlerische Absicht in den Landschaften erreicht. Hier wachsen die einzelnen Gegenstände des Raumausschnittes in ein Geschiebe gewaltsam sich türmender, fest ineinandergreifender Farbflächen zusammen, so daß sie als einzelne Gegenstände aufhören zu sein und nicht mehr vereinsamt im Raum stehen, sondern als unteilbarer Organismus, im Vor und Zurück und der treibenden Kraft des Aufwärtsstrebens ihr neues Leben gefunden haben, das sie in einen luftleeren Raum, mit angehaltenem Atem, bebend und zugleich wie festgebannt hebt.

[...]

Haus und Baum sind die bevorzugten Elemente der Landschaft. Auch der Berg, der Hügel spielt eine Rolle. Wiese, Wasser, Tal und Straße erscheinen hingegen ohne konstituierenden Eigenwert, sind bloß als Ergänzung und Entsprechung notwendig. Die wachsende, aufstrebende Gestalt ist es, die hier in produktivem Sinn umgewertet wird. Dem kommt die Dynamik der Aufwärtsbewegung einerseits, der Flächencharakter des lotrechten Gebildes anderseits fördernd entgegen. Hier ist auch der Ausgangspunkt der Bildgestaltung in Fläche und Tiefe zu suchen. Er ist dynamischer Natur, ein Expressionismus der bewegten, abgegrenzten Farbfläche, die das Bild zu einem lebendigen Organismus werden läßt. Tiefe als Richtung ist für den Bildcharakter nicht maßgebend, innere Bewegung läßt alle Gegenstände und Flächen im Vor und Zurück das Bild füllen.

Sind so die Gegenstände als Kontinuum bewegter Flächen bewältigt, deren Farbe Tönung der Luft und Eigenleuchten enthält, so bleibt der Weite des Himmels nichts übrig, als still und fast ohne Gebärde, Klang und Willen der Dinge in sich aufzunehmen und zur Ruhe zu bringen. Unmerklich schwingt die Bewegung der Flächen und Linien fort, frei geworden vom Gegenstand und aufgelöst in den blassen Schimmer des Äthers.

[...]

23.2 Lajos Kassák: Buch neuer Künstler

Erstveröffentlicht als Ludwig Kassák: [Vorwort zu:] *Buch neuer Künstler*, Wien: MA 1922, o. S.

Nach dem Zusammenbruch der ungarischen Räterepublik im August 1919 flüchteten führende Künstler des Landes – darunter Béla Uitz, László Moholy-Nagy und Lajos Kassák – nach Wien, wo sie ihre in Budapest begonnenen Arbeiten rasch wieder aufnahmen. In der von Kassák 1916 gegründeten Zeitschrift Ma, *die sich in Wien zum führenden Sprachrohr der avantgardistischen Strömungen Ost- und Südosteuropas entwickelte, propagierten sie mittels zahlreicher Manifeste ihre Ideen von einer neuen Kunst in einer neuen Gesellschaft. Dies traf sich tendenziell mit den Intentionen des Roten Wien, auch wenn es zwischen Kassák und den Wiener Künstlern kaum Kontakte gab. Auf dem Höhepunkt seiner Bemühungen veröffentlichte er gemeinsam mit Moholy-Nagy, der damals bereits in Berlin lebte, die programmatische Schrift* Buch neuer Künstler. *Der Einleitung, die sich als radikale Abrechnung mit der gesamten Kunstgeschichte liest, folgt ein umfangreicher Abbildungsteil, dessen erstes Bild zwei Hochspannungsmasten zeigt – ein Sinnbild für Kassáks Sehnsucht nach einem „Zeitalter der Konstruktivität".*

Indem wir gegenwärtiges Buch mitten unter den Phrasen demagogischer Politiker und den Seufzern süßholzraspelnder Ästhetiker der Öffentlichkeit vorlegen, schreiben wir es mit der schlichten Kraft der Gewißheit hin:

da habt Ihr die Helden der Vernichtung
und da habt Ihr die Fanatiker des Aufbaues.

Wir sehen das an tausend Wunden dahinsiechende Leben der Menschheit und wir treten, wenn auch in scheinbarer Flucht vor dem Handeln, ans Licht hervor, um im Flusse der Zeit den Unterschied zwischen Menschen und Menschen zu zeigen.

Denn unüberbrückbare Unterschiede gibt es da an Geist und Körper.

Die evolutionären und revolutionären Umwälzungen der Zeitalter sind durch diese Unterschiede bedingt, und der einzig reale Wertmesser dieser Umwälzungen heißt Schaffen.

Jedes Schaffen ist Offenbarung höherer Kräfte.

Die Kunst ist die höchste Form des Schaffens.

[...]

Der neue Mensch und sein Schaffen ist Selbstzweck, ist eine Folge des immer mehr bewußtwerdenden Lebens, und seine Tendenz ist die dem neuen Menschen zum Ausdruck verhelfende neue kollektive Lebenstendenz.

Die Kollektivität des christlichen Zeitalters war im Grunde Resignation, die kollektive Lebenstendenz des naturwissenschaftlich geschulten Menschen hat den Begriff der Erwerbung zur Basis. Der Mensch von heute steckt sich keinen imaginären Zweck, er will sich nicht in die Menge verlieren, um gleichsam die Bürde seines Ich abzuschütteln, er will vielmehr sich selbst erreichen, denn er weiß es aus der Geschichte der Jahrhunderte und fühlt es mit seinem potenzierten Menschentum: nur in ihm, nur durch sein Verantwortlichkeitsgefühl kann sich die Welt auf eine höhere Stufe des Glücks emporringen.

Und dieser vorbehaltlose Anspruch auf Verantwortlichkeitsgefühl verleiht dem revolutionären Leben unserer Generation und seinem primären Schaffensdrang den Sinn und den fast übermenschlichen Charakter.

Es gibt enttäuschte Titanen und titanisierende Schwachköpfe, die heute die Berechtigung der Kunst anzweifeln; die den Bankerott der schaffenden Kräfte predigen und nicht merken können, daß es noch keine der unsrigen vergleichbare Epoche gab, in der so mächtige Legionen der zum Selbstgefühl erwachten Menschen nach so vielen Richtungen hin auf die Suche nach neuen Formen ausgezogen wären, in der so viele Menschen mit solchem fanatischen Willen jene Flammen aus sich herausgerissen hätten, aus denen die Geburt des neuen Geschlechtes schreit.

Man schaue sich um und erkenne, daß unser Leben doch einen Sinn hat, der zumindest im Kampf selbst besteht, und wenn uns der Kampf gegen die Vergangenheit auferlegt wurde, so müssen wir auch den Schaffenszwang für die Zukunft haben.

Kunst ist Schaffen.

[...]

Die Perioden, die die Menschheit seit der Auflösung der christlichen gesellschaftlichen Hierarchie und der Kunstgotik des Christentums durchmachte, stellten sowohl gesellschaftlich wie auch kunsthistorisch das mehr oder weniger bewußtgewordene Suchen nach einem neuen Gleichgewicht dar. Immer aber ist es der von den entkräfteten, überentwickelten Formen losgelöste Mensch, der sich mit ständig erneutem Willensdrang nach der absoluten Form, nach dem Ruhepunkt der Einheit, als dem ewigen Zweck der Lebenskräfte sehnt.

Unsere Generation hat bereits in gesellschaftlicher und kunsthistorischer Beziehung eine Geschichte hinter sich.

In uns und um uns spielten sich welterschütternde Kriege und Revolutionen ab, ganze Generationen gingen an unserer Seite von heute auf morgen unter, von heute auf morgen fielen die Schuppen altehrwürdiger Wahrheiten von uns herab, um unserem schmerzlichsten und mutwilligsten Selbst zum Ausdruck und zum Handeln zu verhelfen.

Gleichzeitig mit der Offenbarung dieses Willens, für uns selbst zu handeln, beginnt die Möglichkeit der neuen Entwicklung der Kunst und der Kampf der neuen Richtungen, die einander erzeugen und töten. Das erste Ergebnis war die rücksichtslose Verneinung des in Unsicherheit gedehnten Chaos gegenüber den bejahenden Formen der bestehenden Ordnung: ein Negatives gegenüber einem Positiven.

Futurismus: die Befreiung der rohen, noch richtungslosen Kräfte aus den Fesseln der klassischen Ästhetik. In erster Reihe eine Aktion der Muskeln und der Sehnen, und der Geist schwebt nach wie vor traumtrunken über den vielgeschmähten Lagunen Venedigs. Schwung ohne Richtung. Ziel ohne Kraft. Und die lungenstärksten Posaunenbläser des Futurismus steuerten mit den Losungsworten der Freiheit und des Heldentums blindlings in den Rachen des bisher größten und gierigsten Menschenfressers, des Weltkrieges, hinein. Ihre Kunst unterschied sich vom auf den Oberflächen schwimmenden Impressionismus im großen und ganzen nur durch die gedopte Geste.

Der *Expressionismus* meldete sich als unmittelbare Reaktion des Futurismus. Die großen Worte verpufften sich, das Auflodern einer Handvoll Menschen beleuchtete ein Dezennium, und nun kam mit erneuter Kraft die letzte Blüte der sentimental zugespitzten, in alle Ich-Krankheiten tödlich verliebten kleinbürgerlichen Seele. Ein ästhetischer Abglanz der primitiv christlichen Kunst, allerdings ohne das Gottessuchen und Gottesauslösen der urkräftigen und urgläubigen Vorfahren. Aus der empfindsamen Seele wurde statt des himmelwärts zeigenden Turmfingers der christlichen Kirche die „absolute Piktur" und die „absolute Dichtkunst" geboren. Ihre „Schöpfungen" sind verschüttete Empfindungspfützen im Mondschein. Und wohl gab es noch keine Kunstrichtung, die so übermäßig schnell zum Ziel gelangt und so widerspruchslos entschlafen wäre wie der Expressionismus in den Goldrahmen der Ausstellungen oder inmitten der Nippes, Spitzen und Gobelins der gutbürgerlichen Zimmer.

Der *Kubismus* ist die erste Kunstrichtung des modernen Zeitalters, die die Weseneinheit von Stoff und Form erkannte. Im Gegensatz zum willkürlichen Farben- und Linienspiel des Expressionismus zog sie auf die Suche nach dem einheitlichen Stil, als dem alleinigen Merkmal des Schaffens, aus, um die auf den festgefügten Gesetzen der Kausalität erbaute Kompositionsform zu finden. Ich betone die Komposition, deren Gesetze vom heutigen Künstler, ob willkürlich oder unwillkürlich, nur in der Vergangenheit ausfindig gemacht werden können. Und der Kubismus ist eine Kunst mit analytischer Methode, und obwohl die erste Offenbarung unseres Zeitalters, die sich bis zum äußersten Fundament eines neuen Anfangs zurückfolgerte – mußte er doch an seiner analytischen Methode zerschellen und den intonierten Lebensrhythmus an der von der Vergangenheit ererbten Kompositionsbestrebung verlieren. Die ganze Bewegung blieb bei der Konstatierung stehen, und ohne sich und die neuen Gesetze offenbart haben zu können, erschlaffte sie bereits in der Farb- und Bewegungslosigkeit.

Der *Dadaismus* ist gleichsam ein tragischer Aufschrei unseres ganzen gesellschaftlichen Lebens – er verlieh dem Bankerott des Kubismus mit dem plötzlichen Zusammenbruch der ganzen Ordnung einen Sinn. Der Kubismus kam zur erneuten Menschheit, um etwas zu bauen und vergaß, daß die Räume noch mit den Trümmern von gestern überfüllt waren. Er war opportunistisch, vergeudete seine Kraft in der Arbeit des Hinüberrettens, und so mußte der Dadaismus als Gegner auftreten, auf daß die Bahn frei wird und der Flieger mit dem Ballast der Zweckmäßigkeit nicht auch die Leichen der Ahnen mitzuschleppen braucht. Was der Kubismus uns vermachte, ist der Glaube des Suchens und die Sehnsucht nach Reinheit. Was wir vom Dadaismus bejahen, ist der Fanatismus der Vernichtung. Und zweifelsohne waren die Letztgenannten die größten Helden unseres von Künstlersehnsucht strotzenden Zeitalters: sie waren schöpferische Kräfte, die sich freiwillig dem Umwerfen alter Götzen opferten. Und ihre Arbeit war die revolutionärste Tat, denn sie unterzogen sich ihr nicht in der Absicht, in einer besseren Welt zu leben, sondern weil sie das Leben in dieser Welt und unter solchen Bedingungen nicht weiter zu ertragen vermochten. Was bei den Vorfahren das Streben nach romantischen Zielen war, ist bei diesen zur selbstverständlichen Folge geworden und was nach ihnen zurückblieb, war jungfräulicher Grund und die reelle Arbeit der neuen Baumeister.

[...]

Unser Zeitalter ist das der Konstruktivität. Die der transzendentalen Atmosphäre entronnenen produktiven Kräfte ließen den Mann des praktischen Alltags über den Klassenkampf mit der Notwendigkeit des einheitlichen Zieles an den gesellschaftlichen Aufbau der Klassen schreiten und schlugen auch dem Künstler die Präzisionswage der Ästhetik aus der Hand, auf daß er endlich die neue Einheit der zerfallenen Welt: die Architektur der Kraft und des Geistes aus sich hervorbringt.

Kunst, Wissenschaft, Technik berühren sich an einem Punkt.

Es muß geändert werden!

Es muß geschaffen werden, denn Bewegung heißt Schaffen.

Die Bewegung muß in Gleichgewicht gebracht werden, denn so kann man zur Form gelangen.

Die neue Form ist die Architektur.

Das gründliche Aufräumen.

Die Stärke des Willens.

Die Einfachheit des Sicherheitsgefühls.

Die neue Kunst aber ist einfach, wie die Güte des Kindes, kategorisch und sieghaft über
alle Stoffe.
Wien, am 31. Mai 1922.

23.3 Leopold W. Rochowanski: Der Formwille der Zeit in der angewandten Kunst

Erstveröffentlicht als L. W. Rochowanski: *Der Formwille der Zeit in der angewandten Kunst*, Wien: Burgverlag 1922, S. 8–51.

Der Schriftsteller, Verleger, Ausstellungsmacher, Librettist und Tänzer Leopold W. Rochowanski (1885–1961) war Sprachrohr und Chronist der von Franz Čižek (1865–1946) geleiteten „Wiener Jugendkunstklasse". Diese bestand als eigene Abteilung an der Wiener Kunstgewerbeschule und verfolgte das Ziel, die Kunsterziehung nach modernen Grundsätzen zu organisieren. Gemäß der Überzeugung Čižeks, der vom Schulreformer Otto Glöckel (1874–1935) unterstützt wurde und mit Maria Montessori (1870–1952) ebenso in Kontakt stand wie mit dem deutschen Reformarchitekten Heinrich Tessenow (1875–1950), sollte an die Stelle des bis dahin üblichen Kopierens von Vorlagen die Förderung des freien, in jedem Menschen angelegten kreativen Schöpfertums treten. Rochowanskis hier abgedruckte Ausführungen, die der reich bebilderten und grafisch vom Autor selbst gestalteten Publikation Formwille der Zeit *entnommen sind, stellen die pädagogischen Prinzipien der Jugendkunstklasse vor und verknüpfen sie mit zentralen kunsttheoretischen Begriffen der Zeit („Neubelebung", „Energie", „Rhythmus", „neues Sehen").*

… in der Abteilung des Regierungsrates Professor Franz Čižek[3] an der Wiener Kunstgewerbeschule ist Jugend, ist Zeitbewußtsein, ist Kraft! Herz, Aug' und Ohr sitzen in der Stirn, die ein starker Wille formt!

Čižeks heiligster Grundsatz: Nichts lehren, nichts lernen! Wachsen lassen aus eigener Wurzel!

Hier gibt es keine Mauern, keine Barrikaden gegen den Einbruch der Zeit, der Weg liegt frei und alle Sinne sind bereit zum Empfangen und zum Wiederverschenken! Ewiges Gabenfest! Wachsender Bau!

Die Schüler dürfen sich suchen, sich erkennen, an der Erkenntnis erstarken. Einziger Besitz des Schülers: das mitgebrachte Erbgut. Es mag groß oder klein sein, es lässt sich niemals verleugnen, jede Arbeit verrät es. Die ewig wirkenden Erbgüter:

---

3 Im Original jeweils „Cizek".

das Triebhaft-Treibende (die Gotik), das Erbgut ernster Wohlgewogenheit, klingender Ruhe (die Klassik), das Beschwingende, Belebende (die Barocke).

Die Kunst des Lehrers: das Wecken neuer Kräfte.

Das Wecken der Gefühle (Expressionismus),

das Wecken des Gehirnes (Kubismus),

das Wecken der Augen (Kinetismus).

Neues Empfinden, neues Denken, neues Sehen.

[...]

Es gibt keine Arbeit von Čižekschülern, in der nicht der Atem, die Gedanken, die Triebkräfte unserer Zeit zu spüren sind.

Der Unterricht (o altes Wort!) beginnt mit der Aufforderung, sich hemmungslos mit der zügellosen Wildheit vorhandener Energien zu geben. Es entsteht: das Chaos. Aber schon die nächste Stunde ruft: Besinnung. Und die nächste Steigerung heißt: Ordnung.

Schon diese einleitenden Aufgaben sind eine prüfende Probe für das vorhandene Kraftvermögen des Schülers.

Die Expression ist eine Besitzentleerung zum Besitz für andere, sagt Rubiner[4]. Was nun folgt, ist ein gewaltiges fortwährendes Sichentladen. Zuerst kommt das Projizieren bestimmter Gefühle: Freude, Trauer, Neid, Sehnsucht, Erhabenheit, Kälte, Wärme. Alle Superlative von Leidenschaften. Das Ausschöpfen von Bewegungsenergien: Spießen, Drängen, Treiben, Sprengen, Emporstreben, (wobei zugleich die Differenzierung des Sprachgefühles zum Ausdruck kommt und kontrollierbar wird). Die Empfindungen durchs Auge: Licht, Finsternis. Durchs Ohr: Straßengeräusche, Donner, Musik. Eine Verbindung psychischer, auditiver und visueller Eindrücke: Donner und Blitz. Durch die Nase: Blumenduft, Brand. Aus dem Für und Wider der Kräfte springt: der Kampf. Kampf der Ordnung gegen die Unordnung. (Aber beliebter ist: Kampf der Unordnung gegen die Ordnung und das ist begreiflich aus der Zeit, denn auch die Unordnung hat ihre Ordnung und die Ordnung der Ordnung ist uns verhaßt seit langem! Bei manchen Schülern wird es – wie Professor Čižek lächelnd feststellt – ein Kampf der Unordnung gegen die Schlamperei.) Ewiges Kräftespiel, Auf und Ab, Überrennen, Überstürzen, Härte gegen Weichheit, Gut gegen Böse, Licht gegen Dunkelheit.

Rhythmus. Neuer Rhythmus. Bei seiner rein gefühlsmäßigen Gewinnung kommt der Musik dienende Bedeutung zu. Darum fehlt die Musik in seiner Schule fast niemals. Nicht nur, daß Musikstücke gezeichnet und schöne kleine Kapellen aus Gei-

---

4 Ludwig Rubiner (1881–1920), Berliner Dichter des Expressionismus, Mitarbeiter von Franz Pfemferts Zeitschrift *Die Aktion*, stand in Kontakt mit zahlreichen Künstlern und Kunsttheoretikern, u. a. mit Carl Einstein, Marc Chagall und Kees van Dongen.

gen, Flöten, Waldhorn und Cellis zusammengestellt wurden, – über jede Unterrichtsstunde fließen die Rhythmen der Töne. [...] Musik. Rhythmus. Er fließt durch die Körper der Schüler und wenn vom Schüler ein Körper zeichnerisch erfaßt werden soll, wird nicht der Körper, sondern sein Rhythmus wiedergegeben und wenn ein Raum gegliedert wird, geschieht es nicht willkürlich oder nach alten geometrisch-ästhetischen Regeln, sondern durch seelische Vorgänge [...].

[...]

Kubismus, sagt Professor Čižek, ist der kristallinische Ausdruck triebhaft drängender Gestaltungsenergien. Dieser Kubismus hat nichts Antipolitisches, erscheint mir eher sozial, denn es wird der Raum untersucht und gegeben, in dem die Körper leben und erst die weiteste Differenzierung führt zur Darstellung des Körpers selbst. In diesem Suchen nach der kubischen Existenz aller Dinge ist der Kubist selbst wieder abhängig von dem Raum, von der Landschaft, in der sein Körper und seine Seele lebt und es wird seine nahe Verwandtschaft zum schöpferischen Tänzer bewußt.

[...]

Kinetismus von χινειν = bewegen. Bisher war alles Stillleben, nicht bloß die Rüben, Krautköpfe, Äpfel, Schinken und Weinbecher, die uns noch immer serviert werden, sondern auch der Mensch. Nun soll das Leben, die Bewegung gewonnen werden. Die Bewegung der Objekte: Erdbeben, Sturm, das rollende Rad. Dann unsere Bewegung durch die Objekte (die sich auch bewegen können) hindurch: die Fahrt durch die Straßen mit eilenden Menschen.

[...]

In Čižeks Schule wurde der von Ehmke[5] [sic] einmal geäußerte Wunsch, die moderne Kunst auf das Kunstgewerbe anzuwenden, zum erstenmal verwirklicht. Nur heißt es hier genauer bestimmen. Kunstgewerbe ist eine Veräußerlichung künstlerischer Grundsätze. Es ist eine Scheidung zu machen zwischen diesem und angewandter Kunst. Hier handelt es sich nicht um Kunstgewerbe, sondern um die Anwendung und Nutzbarmachung der im Expressionismus, im Kubismus und Kinetismus gewonnenen Rhythmen.

Ihr Anfang liegt in Malerei und Plastik. Hier ist noch Einmaligkeit. Schon die Keramik verleitet zur Mehrzahl, was nicht geschehen soll. Das Extrem bedeutet etwa die Tapete. Die Tapete, die der Künstler zeichnet, ist noch eine künstlerische Angelegenheit. Was sie uns aber unsympathisch macht, ist der Gedanke an die gewerbsmäßige Vervielfältigung.

Nichts wurde übersehen. Tapete, Plakat, Bucheinband, Architektur und Theater, Spitze, Stickerei, Keramik – sie alle wurden erneuert durch den Gewinn rhythmischer Kräfte. Überraschend ist überall der unerschöpfliche, überströmende For-

---

5 Fritz Helmuth Ehmcke (1878–1965), dt. Grafiker und Architekt, an der Kunstgewerbeschule in München sowie an der Zürcher Gewerbeschule tätig, erlangte als Verantwortlicher der Kölner Sonderbundausstellung 1912 internationale Bekanntheit.

menreichtum, der aus den erschlossenen Energiequellen zufließt. So recht deutlich wird dies an den absoluten Plastiken und ohne sachlichen Inhalt. Wunderbare Belebung wird dem Theater zuteil, das zeigen die Entwürfe von Harry Täuber[6], der die Feuerprobe bereits mit der Inszenierung von Werfels „Spiegelmensch" für das Wiener Burgtheater bestand. Ein phantastischer Zukunftsraum ist das kubistische Kinotheater von Ludwig Reutterer.[7]

Die kinetische Kuppel strahlt in alle Augen, Millionen Augen ihr farbiges Wort *Kino*, vor dem Eingange sehe ich einen eisernen Mann stehen mit ewigrotierenden Armen, aus denen bunte Lichter springen, in seinem Maul sitzt eine Grammophonplatte mit ungeheurer Verstärkung, die das neueste Programm über alle Höllengeräusche des Großstadtpflasters weithin über Wolkenkratzer und Riesenplätze verbrüllt.

Bedauernswert sind die Leute, die immer klagen, daß sie gerade in eine so traurige Zeit hineingeboren wurden. Das sind natürlich die, die nur ans Essen denken und nicht gerne arbeiten. Wir leben in der schönsten Zeit, in einem stürmischen Drang, in einem beglückenden Kampf, wir sind keine Pensionisten müder Tage, wir sind gerufen zur Tat, zur Neubelebung, wir schreiten über Tod und Verkündigung zur Auferstehung, wir sind nicht verurteilt zum toten Leben in anderen, wir dürfen endlich wir selbst sein!

23.4 Hans Tietze: Gemeindepolitik und moderne Kunst

Erstveröffentlicht als Hans Tietze: Gemeindepolitik und moderne Kunst, in: *Der Kampf. Sozialdemokratische Monatsschrift*, 20. Jg., Nr. 8 (August 1927), S. 373–378.

Anders als viele seiner Zeitgenossen, die Schwierigkeiten hatten, sich nach 1918 in die neuen Verhältnisse einzufinden, begriff der aus Prag stammende Wiener Kunsthistoriker Hans Tietze (1880–1954) die veränderte Lage auch als Chance. Als Universitätsdozent, der als einer der Ersten die Kunst in ihrer sozialen Dimension erkannte, als Denkmalschützer, der für die Neuordnung der Museen in Deutschösterreich zuständig war, als Förderer moderner Kunst, Organisator großer Ausstellungen, Begründer von Zeitschriften und Verfasser zahlloser Artikel für die Tagespresse (u. a. in der sozialdemokratischen Arbeiter-Zeitung) war Tietze einer der führenden Intellektuellen im Roten Wien. So sehr er sich den Sozialdemokraten ideologisch zugehörig fühlte, so kritisch

---

[6] Harry Täuber (1900–1975), Schüler von Franz Čižek, Josef Hoffmann und Josef Frank, Theater- und Filmausstatter in Wien und Berlin, entwarf u. a. Tanzkostüme für Anita Berber und Gertrud Bodenwieser.

[7] Ludwig Reutterer (1893–1985), nach einer Buchbinder- und Druckerlehre ab 1914 Schüler von Čižek, mit dem er bis zu dessen Tod in Kontakt stand; schuf als Vertreter des Kinetismus Bilder von rhythmisch bewegten Körpern und kubistisch zerlegten Stadtansichten.

fiel sein Urteil 1927 über die städtische Kunstpolitik aus. Sie sei reaktionär, provinziell, ignorant gegenüber der Gegenwartskunst und ungerecht in der Verteilung der Mittel. Dies sei nicht hinzunehmen, weil es dadurch zu einer Abwanderung der fähigsten Künstler aus Österreich komme.

Auf dem Erreichten ruhen ist immer ein schlechtes Zeichen; wer sich nicht aufgibt, wird immer wieder das Verhältnis des Erstrebten und des Erlangten festzustellen versuchen. Ziehen wir das Fazit dieser Jahre sozialistischer Gemeindeverwaltung. Rechnen wir auf der einen Seite all das ab, was infolge der Ungunst der allgemeinen wirtschaftlichen Lage und des Widerstandes anderer Faktoren nicht durchgesetzt werden konnte, auf der anderen Seite all das, was der natürlichen, gewissermaßen selbstverständlichen Entwicklung zuzuschreiben ist und was, durch die Kriegsjahre unterbrochen, danach sich umso stürmischer durchsetzen mußte, so bleibt ein Bild, das zu Befriedigung und Hoffnung berechtigt. Abgesehen von vielen positiven Erfolgen, die zahlreiche Urteile wohlwollender und kritischer Ausländer in ihrer über die Bezeugung gastfreundlicher Höflichkeit weit hinausgehenden Wärme als feststehend bestätigen, bleibt noch der Eindruck eines erneuten, sich in den verschiedensten Richtungen auswirkenden Lebensgefühls. Wie immer man politisch zu den Mitteln und Methoden der gegenwärtigen Verwaltung Wiens stehe, man kann diesen Lebenswillen nicht leugnen; man kann ihn vielleicht als ungesund oder unzeitgemäß – oder einfach als unbequem – verwerfen, aber man kann nicht übersehen, daß ein neues soziales Bewußtsein und ein neues Verantwortungsgefühl gegenüber der breitesten Allgemeinheit die mannigfachen Betätigungen der Stadt durchdringt. Eigentlich erscheint es selbstverständlich, daß eine republikanische Hauptstadt und eine kaiserliche Residenz, eine sozialdemokratische und eine christlichsoziale Stadt einen solchen Gegensatz bilden wie Schwarz und Weiß oder wie Schwarz und Rot.[8]

Dennoch ist dieser Gegensatz kein völliger. Während Wien anderweitig so rüstig ausschreitet, steht es als Kunststadt völlig still; auf allen Feldern geistiger und materieller Arbeit fortschrittlich, ist es gerade auf einem Gebiet reaktionär, auf dem es sich fortwährend seiner besonderen Begabung rühmt. Wien zehrt hier völlig von seiner Vergangenheit, als lebende Kunststadt spielt es keine Rolle in der Welt. Dies klar und scharf auszusprechen, scheint mir eine unbedingte Verpflichtung zu sein; nicht durch Lobhudeln oder durch Beschönigen des Mangelhaften fördern wir das heutige Wien und auch den so stark in ihm verwurzelten Gedanken des sozialen und kulturellen Fortschrittes, sondern durch ehrliche Kritik. Und deshalb wiederhole ich: Wien ist als Kunststadt der Schatten vergangener Jahrhunderte, als lebendiger Faktor existiert es nicht. Denn unter einer Kunststadt kann ich nur ein solches

---

8 Tietze bezieht sich hier auf das Farbspektrum der politischen Lager in Österreich, Rot für die Sozialdemokratie und Schwarz für die christlichsoziale Partei.

Gemeinwesen verstehen, das den lebendigen Kräften der Zeit Wirkungsmöglichkeit und Förderung bietet und das anderseits jene künstlerischen Werte fördert, die nicht am engen lokalen Interesse haften, sondern Weltgültigkeit besitzen; eine lebendige Kunststadt muß modern und muß international gesinnt sein.

Es bedarf kaum eines Beweises, daß beides für Wien, für das Wien von heute nicht zutrifft; nirgends herrscht retrospektive Gesinnung so unbeschränkt und nirgends ist das Interesse an der Kunst so einseitig im Lokalen verankert. [...] Wiens geistige Atmosphäre ist noch intensiver als die Österreichs eine Erscheinung für sich, von der Spannung zahlreicher und eigentümlicher Kräfte vibrierend, es gibt wirklich nur eine Kaiserstadt – auch ohne Kaiser. Infolge dieser vitalen Wichtigkeit des Historischen und des Lokalen in der geistigen Substanz Wiens wäre die Verneinung der beiden Elemente – wie sie von gewissen Eisenbarten der Kulturtherapie[9] immer wieder empfohlen und gefordert wird – eine Selbstaufhebung und eine Art Selbstmord; Vergangenheits- und Bodengefühl bleiben uns angeschmiedet – Fluch oder Segen, jedenfalls ein Stück Existenz – und selbst eine sozialistische Gesinnung muß sich damit abfinden, auf die Gefahr hin, daß im Strome dieser Empfindsamkeit ein paar reaktionäre Trümmer mitschwimmen.

Deshalb erscheint es begreiflich, daß auch die gegenwärtige Stadtverwaltung diesen Erinnerungen und dieser Bodenständigkeit achtsame Pflege zuteil werden läßt. Aber diese pflichtgemäße Obsorge darf nicht alle Kräfte derart absorbieren, daß das Lebendige und Zeitgemäße darunter leide. [...] Wien bläht sich im Stolz einer Kulturstadt, weil Beethoven hier vor hundert Jahren gestorben ist und Waldmüller[10] etwas später hier nicht leben konnte und vergißt darob an die Künstler von heute. Damit werden jene Bindungen an Zeit und Boden, die wir als die Adelstitel der Wiener Kulturtradition empfinden, zu kulturwidrigen Faktoren; zum Ausdruck eines Sumpertums, das aus den Aufgaben des Tages in Vergangenheitsanbetung und Selbstverliebtheit flüchtet. Welch sentimentaler Backhendelgeist und welche muffige Duliähstimmung dringen dann in den Refrain von der einzigen Kaiserstadt ein!

[...]

Es ist kein Wunder, daß Kokoschka, so urwienerisch als Künstler und Mensch, es entrüstet ablehnt, als Österreicher auszustellen oder sich als Österreicher bezeichnen zu lassen. Und Kokoschka ist vielleicht der krasseste, er ist nicht der einzige Fall. Wiegele ist mehr als zur Hälfte in Zürich zu Hause, Floch und Harta sind nach Paris übersiedelt, Hammer nach Florenz; Adolf Loos, dieser Stocksösterreicher,

---

9 Gemeint ist der bayerische Wanderdoktor Johann Andreas Eisenbarth (1663–1727) und dessen oft letale Behandlungsmethoden. Der populäre Scharlatan wurde im 19. und frühen 20. Jahrhundert in zahlreichen Gedichten und Spottliedern verewigt.
10 Ferdinand Georg Waldmüller (1793–1865), österreichischer Maler und Professor an der Akademie der bildenden Künste in Wien, an der er aufgrund seiner fortschrittlichen Ideen auf Widerstand stieß.

raunzt sich in Paris vor vollen Sälen aus, von vielen anderen weiß ich, die nur deshalb noch da sind, weil sie noch nichts anderes gefunden haben oder weil sie familiäre oder materielle Bande an Wien fesseln. Alle streben sie aber hinaus, allen ist Wien das Zentrum geworden, das sie fliehen. Die Zurückgebliebenen hat diese zentrifugale Wirkung und die Abwanderung so vieler Begabungen nicht gefördert; sie alle kämpfen, so weit sie nicht irgendeine staatliche Stellung notdürftig über Wasser hält, mit dem materiellen Elend, kämpfen noch viel verzweifelter mit der allgemeinen Teilnahmslosigkeit und Gleichgültigkeit.

[...]

Tatsache ist, daß die kunstfördernde Tätigkeit des modernen Staates sich fast überall als gänzlich unfruchtbar erwiesen hat, während Gemeinden vielfach zur lebenden Kunst in ein ersprießliches Verhältnis getreten sind. Namentlich Stadtgemeinden Deutschlands haben sich im Lauf der letzten Jahrzehnte vielfach glücklich betätigt; [...] Die Gemeinde Wien hat sich zu einer solchen Auffassung bisher nicht bekannt. Sie hat bei ihrer Bautätigkeit – notwendigerweise oder nicht – die künstlerischen Bedürfnisse sowohl vom architektonischen als auch vom städtebaulichen Standpunkt zurückgestellt; sie hat, soweit mir bekannt ist, für ihre Sammlungen noch niemals ein nennenswertes, modernes Werk von überlokalem Wert erworben, sondern beschränkt sich auf das Sammeln jenes lokalen Erinnerungstandes, der überall als das Merkmal des Provinziellen gilt; und sie hat unter den zahlreichen Kunstaufträgen, die sie vergeben hat, nur ganz ausnahmsweise überdurchschnittliche Künstler ([Anton] Hanak) verwendet, den größten Teil auf die durchschnittliche Mittelmäßigkeit aufgeteilt. Ihre Kunstförderung wäre zum größeren Teil als eine Gewerbeförderung zu bezeichnen; Unterstützung eines darniederliegenden Gewerbszweiges, nicht Bemühung, große künstlerische Leistungen zu erzielen.

Die Schwierigkeiten, die besonders in der Notwendigkeit der ersten Nachkriegsjahre lagen, rasch und durchgreifend das Dringendste zu tun, sollen keineswegs verkannt werden; dennoch glaube ich nicht unrecht zu tun, wenn ich sage, daß die Verwaltung der Gemeinde die Beförderung oder Erwerbung überragender künstlerischer Leistungen nicht für eine ihrer wesentlichen Aufgaben hält, das heißt, daß sie der Allgemeinheit, der sie in bezug auf Wohnhygiene, Volksgesundheit, Unterricht, Verkehr, Volksbildung usw. das Modernste und Höchstqualifizierte zur Verfügung stellt, auch in der Kunst nicht das Beste und Zeitgemäßeste bieten zu müssen glaubt. Sie begnügt sich mit einer gewiß nicht unverdienstlichen Unterstützung der laufenden, häufig mitlaufenden Produktion, für große und starke Kunst hat sie nichts übrig.

[...]

23.5 Eduard Leisching: Gemeindepolitik und moderne Kunst. Eine Entgegnung

Erstveröffentlicht als Eduard Leisching: Gemeindepolitik und moderne Kunst. Eine Entgegnung, in: *Der Kampf. Sozialdemokratische Monatsschrift*, 20. Jg., Nr. 9 (September 1927), S. 418–425.

Tietzes Kritik, der sich u. a. der damalige außenpolitische Redakteur der Arbeiter-Zeitung, *Oscar Pollak (1893–1963), anschloss,[11] blieb nicht unwidersprochen. Nur wenige Wochen nach dem Erscheinen des Artikels veröffentlichte Eduard Leisching (1858–1938), der Begründer des Wiener Volksbildungsvereins und langjährige Kunstberater der Gemeinde Wien, eine Entgegnung, in der die Rat- und Mutlosigkeit der sozialdemokratischen Kunstpolitik jener Jahre offen zutage tritt. Leischings Artikel markiert präzise die Bruchlinie in den divergenten Kunstauffassungen im Roten Wien. Während Tietze Weltoffenheit einfordert, räsoniert Leisching über Zuzugsbeschränkungen für Künstler; während sich Tietze für die Avantgarde einsetzt, warnt Leisching vor einer intellektuellen Überforderung des Publikums; und während Tietze die Stadt finanziell stärker in die Pflicht nehmen will und mehr Mittel für die Kunst fordert, delegiert Leisching diese Verantwortung an den Bund, der – so sein Vorwurf – die Künstler nicht ausreichend unterstütze.*

Hans Tietzes, unter obigem Titel in der Augustnummer des „Kampf" erschienener Artikel fordert zu einer Entgegnung heraus, um der Sache willen und in Ansehung des Autors, der ein Recht darauf hat, daß man alles, was er sagt, ernst nimmt, sich darüber Gedanken macht, und Folgerungen daraus zieht, aber auch Irrtümer und Mißverständnisse, die ihm unterlaufen sind, berichtigt. Denn dieser streitbare, mutige, um den Fortschritt unseres geistigen Lebens ehrlich besorgte Mann ist über den Verdacht erhaben, unter allen Umständen recht behalten zu wollen und sachlichen Erwägungen unzugänglich zu sein.

Ich fühle doppelte Verpflichtung zu dieser Entgegnung: als dermaliger Kunstberater der Gemeinde Wien und als alter überzeugter Mitstreiter für Anerkennung und Durchsetzung der modernen Kunst. Nach oben und rechts hatte ich in meinem Leben so manchen Strauß auf diesem Felde der Kulturarbeit auszufechten. So stehe ich also durchaus auf Tietzes Seite in dem Wunsche, daß die Wiener öffentlichen Sammlungen, welche in ihrer Gesamtheit die Kunst der alten und jüngeren Vergangenheit in glanzvoller Weise zur Anschauung bringen, das starke, lebendige, kampffreudige Schaffen der Gegenwart jedoch aus Mangel an Mitteln und wegen starrsinnigen Widerstandes offizieller und offiziöser Kreise zu vernachlässigen ge-

---

11 Vgl. Oskar Pollak: Warum haben wir keine sozialdemokratische Kunstpolitik?, in: *Der Kampf. Sozialdemokratische Monatsschrift*, 22. Jg., Nr. 2 (1929), S. 83–86. (Vgl. Kapitel 26)

zwungen gewesen sind, endlich – ehe es zu spät ist – in den Stand versetzt werden, diese beklagenswerte und gefahrvolle Lücke auszufüllen.

Allerdings bin ich auch in dieser Hinsicht der Meinung, daß es uns auf systematische Geschlossenheit der Gegenwart ankommen müsse, bei welcher das, was echt ist und Qualität hat (aber nur insofern eine solche besitzt), auch dann, wenn es in Ausdruck und Form nicht das Allermodernste ist, seinen Platz zu finden hätte. Nicht alles, was den einen oder anderen noch so Einsichtsvollen subjektiv mißfällt, verdient schlechthin und ohne weiteres als kitschig und dekadent verurteilt zu werden; neben dem absolut Gültigen, soweit es ein solches gibt, wird qualifiziertes ehrlich empfundenes, technisch einwandfreies Mittelgut, wie in den Galerien alter Kunst, so auch in jenen der Gegenwartskunst, die ja etwas Fließendes ist, durchaus nicht fehlen dürfen. Wenn es sich um die Ausweisung historischer Entwicklung handelt, wird Einseitigkeit der Dokumentenauswahl immer von Übel sein.

[...]

Tietzes persönliche Erfahrungen [...] beweisen, wie schwer es ist, die öffentliche Kritik und das Publikum für moderne Unternehmungen zu gewinnen; mehr aber als dieser Widerstand sind die allgemeinen Verhältnisse, in denen wir leben und unter denen wir leiden, für alle äußerlichen Mißerfolge in letzter Zeit verantwortlich zu machen. Die täglichen Sorgen und Kämpfe, von denen alle Schichten bedrückt sind, die Hast, in der sich unser ganzes Leben abspielt, die relativ hohen Eintritts- und Katalogpreise der Ausstellungen sind wahrlich Grund genug, viele und gerade die, auf welche es ankommt, vom Besuch der Ausstellungen abzuhalten. [...] Wenn Führungen stattfinden, welche Interessenten heranzuziehen bestimmt sind, so geschieht dies fast ausschließlich nur seitens der Unterrichtsorganisation und der von der Gemeinde Wien unterstützen Volksbildungsvereine. [...] Hier zeigt sich, [...] daß gerade die literarisch nicht beschwerten, von der traditionellen Kunst unberührten Volksschichten naiv und mit ehrlich aufgeschlossenen Herzen an jene Werke, die neue Wege weisen, herantreten, wenn diese Schöpfungen in schlicht-volkstümlicher Weise aus dem Geiste der Zeit heraus ihre Erklärung finden. Das Problem der künstlerischen Volkserziehung wird also keineswegs außer acht gelassen, und die Stadt Wien hat ihr unbestreitbares Verdienst an seiner schrittweisen Lösung[.] [...] Von Mangel an Pflichterkenntnis und Bereitwilligkeit zu helfen kann also nicht die Rede sein, und wenn noch lange nicht alles so ist, wie wir es wünschen müssen, und der Aufstieg einer neuen Kunstgesinnung durch die bis dahin ihr ferngestandenen und von ihr ferngehaltenen Volkskreise nur langsam vor sich geht, so hat dies psychologische Ursachen, die ein so guter Kenner der Volksseele, wie Tietze es ist, nicht außer acht lassen wird.

[...]

Kommen wir auf die eigentliche Absicht seiner Ausführungen zurück, die nicht ein Stoßseufzer, sondern eine laute Anklage sind, so hört man aus allem, was er hervorgebracht hat, den strengen Tadel heraus, daß die städtischen Sammlungen nur Werke von lokalem Werte erwerben, und daß die Gemeinde Wien für große und starke Kunst nichts übrig habe, sich lediglich auf die Unterstützung der laufenden Produktion, die Tietze nicht eben hoch einschätzt, beschränke. Daß die Gemeinde die „laufende" Produktion im Auge hat, kann ihr angesichts der furchtbaren Not, in der sich die Künstlerschaft befindet, keineswegs zum Vorwurfe gereichen. Da die Mittel des Bundes so geringfügig sind, daß er Künstlerfürsorge fast gar nicht mehr zu üben vermag, so muß die Gemeinde in sehr beträchtlichem Maße eintreten und wenn sie auch nicht allen, die es nötig hätten, helfen kann, ihr Leben zu fristen und bei der Arbeit auszuharren, so tut sie eben doch, was eben möglich ist. Und es kann versichert werden, daß sich unten den von ihr fallweise berücksichtigtem Künstlern hochangesehene Namen befinden, die immer mit Ehren zu nennen sei werden.

[...]

Es ist aussichtslos und ungerecht, von der Gemeinde zu verlangen, daß sie das ganze große Elend behebt, das heute in Künstlerkreisen herrscht; sie kann nicht einmal mit der Warnung, „Zuzug fernhalten", darauf Einfluß nehmen, daß der widernatürlichen, schrankenlosen Vermehrung der einander konkurrierenden Künstler Einhalt geboten wird. Das Problem, wie hier Ordnung geschaffen werden kann, ist noch nicht erörtert worden. Tatsache ist, daß wir vor dem Kriege, unter besseren Verhältnissen, zahlreiche künstlerisch qualifizierte Kräfte an das Ausland abgegeben haben und heute in den verschiedenen Kunstschulen Wiens nahezu doppelt so viele Kunstjünger heranbilden als damals. Wer es wirklich ernst meint mit Kunstpolitik, müsste darauf dringen, daß bei den Aufnahmeprüfungen an den staatlichen Lehranstalten auch weiterhin nach der ersten schulmäßigen Erprobung der neu eingestellten Studierenden mit der äußersten Strenge eine Ausscheidung der minder starken Elemente stattfindet, so lange sie noch in den Jahren, einen anderen Lebensweg einzuschlagen. Immer wieder zu erneuern ist auch die Forderung, daß bei öffentlichen Aufträgen aus öffentlichen und privaten Mitteln nur das hervorragende reife künstlerische Talent berücksichtigt wird und keinerlei persönliche Gunstbezeigung ausschlaggebend sein darf. Unser geistiges Stadtbild würde ganz anders aussehen, wenn berufene Kritiker, wie Tietze, bei jeder Gelegenheit auf all diese Umstände mit nachdrucksvollem Freimut hinweisen. Ihre Aufgabe ist es nicht allein, das, was geschehen und nicht mehr zu ändern ist, zu tadeln oder zu loben, sie müssen ihrer Verantwortung bewusst, an der Erziehungsarbeit teil haben und nehmen, die hierzulande in künstlerischen Dingen seit jeher sehr im argen lag.

[...]

23.6 Josef Luitpold, Otto Rudolf Schatz: Die neue Stadt

Erstveröffentlicht als Josef Luitpold, Otto Rudolf Schatz: *Die neue Stadt*, Berlin: Büchergilde Gutenberg 1927.

Zu jenen Künstlern, die im Roten Wien besonders gefördert wurden, zählte der Maler und Grafiker Otto Rudolf Schatz (1900–1961). In über 1500 Holzschnitten, die anfangs dem Expressionismus, später der Neuen Sachlichkeit verpflichteten waren, widmete er sich häufig Aspekten des urbanen Lebens und der modernen Arbeitswelt. 1927 veröffentlichte er gemeinsam mit Josef Luitpold Stern (1886–1966), dem Rektor der Arbeiterhochschule und ehemaligen Leiter der Arbeiterbildungszentrale – die dieser 1932 wieder übernehmen sollte –, das großformatige Bilderbuch Die neue Stadt, *das die wohltätigen Leistungen der Wiener Landesregierung feierte. Dieses v. a. typografisch ambitionierte Buch war als Gesamtkunstwerk konzipiert und sollte das produktive Zusammenwirken von Künstlern und Künstlerinnen, Dichtern und Komponisten propagandistisch zur Schau stellen. Der von Stern verfasste Text wurde von Paul Amadeus Pisk (1893–1990) vertont und erlebte als volkstümliches Singspiel am 12. November 1926 im Wiener Konzerthaus seine Wiener Uraufführung. Großer Erfolg war dem pathosschwangeren Werk indes nicht beschieden, insbesondere Karl Kraus (1874–1936) machte sich noch Jahre später über den „Kitsch" der „Wohnbaukantate" lustig.*[12]

Die neue Stadt

> Ihr senket stillen Stein in stillen Grund. Wer ist des Grundes, wer des Steines Mund?
> Des Dichters Bote tritt in euern Kreis. Vielleicht, dass er das Wort der Stunde weiss?
> Seid Zeugen wie sich seiner Brust entreisst ein neuer erdengläubiger Psalmengeist:
> Selig sind, die Häuser schaffen für die Völker der Erde.
> Selig sind, die ihre Kraft einsetzen für die Heimstätten der Menschen.
> O bitteres Leben düster und dumpf armseliger Urväter,
> O karge Freude, unstete Rast, gefahrenumstellt
> in Kraal und Lager,
> in Dolmen und Höhlen,
> in schwankem Zelt aus Rohr und Farnkraut in Hütten auf Pfählen über Sumpf.
> Wer lacht und wer prasst mit gutem Gewissen
> in Burg und Palast, wenn Froner und Knecht,
> die Opfer der Mächtigen,

---

[12] Karl Kraus: Die Wohnbaukantate, in: *Die Fackel*, Nr. 820–826 (Oktober 1929), S. 57–64.

Gram in der Seele, Fluch auf den Lippen, in feuchten Gewölben nächtigen?
Doch dreimal verloren ihr betrogenen Armen
der schlechten Viertel
in Keller und Kammer, in bröckelnder Feuchte,
in den Höhlen des Unflats, den verruchten Nestern der Seuchen.
O schuldlos Gefangene der schmutzigen Zinskasernen.
O hilflose Beute der Miete.
Selig sind, denen das Herz ergrimmt,
vor dem niedrigen Sinnen der Satten.
Selig die Massen, wenn sie beginnen,
die Erde in ein Heim für jeden zu wandeln.
Nicht stört sie das Lächeln der Unbeteiligten.
Nicht lähmt ihren Eifer Unverstand.
Nicht bläht ihre Herzen erster Erfolg.
Ihre Lebensfreude heisst: Bauen für alle!
Ihr Sonntag heisst: Grundstein legen zu neuen Heimen
oder die Pforten ragender Häuser staunenden dankbaren Wohnern zu öffnen.
Selig der Mensch der kommenden Tage.
Er kennt nicht die Steinschlucht der bösen Strassen,
er kennt nicht das Schrecknis lichtlosen Atmens.
Die allzu kurze Spanne des Lebens
wird er sich heimisch fühlen auf der wohnlich gewordenen Erde.
Die Städte werden seinem Anblick wohlgefallen,
wie Synfonien seinem Ohr[.]
Jedes Tor Pforte der Schönheit.
Jedes Fenster Auge der Klugheit.
Plan und Ordnung wird der ganze Erdball predigen.
Sonnenauf- und Niedergang[,] Baumlaub, Vogelsang,
jedes Menschen tägliche Sommersegnung.
Und winters schimmern die Lichter in Festsälen und Bücherhallen
und in den Herzen
der gerne lernenden Masse.
Niemand ohne Licht und Grün[,]
Raum zur Arbeit, Raum zur Freude,
Raum zum Spiele, Raum zur Ruhe.
Keiner mehr Herr im Hause.
Jeder brüderlich Mitverwalter im Hause der Gemeinschaft.
Der neuen Stadt, der neue Mensch.
O süsse Kindheit einer schönern Zeit.
Selig, selig das Menschengeschlecht,
das zu ahnen beginnt,

zu gestalten beginnt,
edlerer Zukunft erhabenes Stadtbild.
So seid ihr Zeugen, wie sich Psalmengeist,
auch unsrer Brust, auch unsrer Zeit entreisst.
Gesprochen hat zu uns der Zukunft Mund.
Nun senkt den Stein in benedeiten Grund.

Dieser Psalm wurde von Josef Luitpold geschrieben,
von O. R. Schatz in den Jahren 1926–1927 in Holz geschnitten von der Buchdruck-Werkstätte G.m.b.H. in Berlin vom Stock gedruckt.

23.7 Otto Pächt: Das Ende der Abbildtheorie

Erstveröffentlicht als Otto Pächt: Das Ende der Abbildtheorie, in: *Kritische Berichte zur kunstgeschichtlichen Literatur*, 3. Jg., Nr. 1 (1930–1931), S. 1–9.

Mit dem unerwarteten Tod von Max Dvořák (1874–1921) stürzte die traditionsreiche „Wiener Schule der Kunstgeschichte" in eine personelle wie methodologische Krise, aus der sich die jüngere Generation durch die Hinwendung zu angrenzenden Disziplinen zu befreien suchte. Als besonders ertragreich erwies sich dabei die Beschäftigung mit der Gestaltpsychologie, deren Anschlussfähigkeit in Wien v. a. von Hans Sedlmayr (1896–1984) und Otto Pächt (1902–1988) erkannt wurde. Der mit Robert Musil (1880–1942) und Oskar Kokoschka (1886–1980) befreundete Pächt zählte schon in jungen Jahren zu den führenden Vertretern der „Wiener Schule". Er publizierte regelmäßig in den Kritischen Berichten (Wien/Leipzig) und war Schriftleiter der Zeitschrift Kunstwissenschaftliche Forschungen (Berlin), deren Innovationskraft u. a. von Walter Benjamin (1892–1940) und Meyer Schapiro (1904–1996) gewürdigt wurde.[13] Im Mittelpunkt von Pächts Ausführungen über „das Ende der Abbildtheorie" steht die unbedingte Forderung nach wissenschaftlicher Objektivität. Diese sei für das Fortbestehen des Fachs unabdingbar, lasse sich aber nur erfüllen, wenn das Verhältnis zwischen Wort und Bild geklärt – Angelpunkt von Pächts Überlegungen ist der Begriff der „Übersetzung" – und dabei die Wahrnehmung gestaltpsychologisch im Sinne Kurt Koffkas (1886–1941) verstanden werde.

Es gibt eine Art, Kunstwerke zu beschreiben, die den Anschein erwecken muß, als sollten die Werke der bildenden Kunst mit poetischen Mitteln wiedergegeben, in

---

13 Vgl. Walter Benjamin: Strenge Kunstwissenschaft. Zum ersten Band der „Kunstwissenschaftlichen Forschungen", Erste u. Zweite Fassung [1932], in: *Gesammelte Schriften III*, Frankfurt/Main: Suhrkamp 1972, S. 363–374; Meyer Schapiro: The New Viennese School, in: *Art Bulletin*, 18. Jg., Nr. 2 (1936), S. 258–266.

Worten abgebildet werden. Gerechterweise wird man diesem Verfahren zubilligen müssen, daß es nicht wenig zur Popularisierung der Kunstgeschichte beigetragen hat, und selbst wenn dies ein sehr zweifelhaftes Verdienst sein sollte, wird man doch das eine sagen dürfen, daß es offenbar einem lebendigen Bedürfnis unserer Zeit entgegengekommen sein muß. Ganz zum Unterschied von diesem hohen Ansehen, das die ‚poetische' Beschreibung genießt, steht es mit ihrer theoretischen Fundierung denkbar schlecht. Denn sie setzt notwendig die Gültigkeit eines Begriffs wissenschaftlicher Wahrheit voraus – Wahrheit als getreuer Abspiegelung, Imitation der Wirklichkeit –, der unhaltbar geworden ist, seitdem es eine moderne Erkenntnistheorie gibt[14]. Jede Wissenschaft geht in erster Linie auf eine begriffliche Fassung ihrer Gegenstände aus. Begriffe aber sind kein Ersatz und keine Abbildung des Objektes der wissenschaftlichen Betrachtung, sondern Zeichen und Symbole, die man so zu wählen hat, daß mit ihnen zugleich etwas vom Wesen des bezeichneten Objekts verständlich wird.

Macht man mit dem nachdichtenden Reproduzieren eines Kunstwerkes völligen Ernst, so beabsichtigt man im Grunde nichts anderes als den künstlerischen Gehalt aus dem einen in ein anderes ästhetisches Mittel zu transponieren. Zunächst einmal ist eine solche Übersetzung eine rein künstlerische Aufgabe, setzt die seltene Gabe dichterischer Formkraft voraus, verlangt ästhetische Produktivität, nicht Reproduktivität. Der Wissenschaft würde man zumuten, sich bei einer ihrer elementarsten und alltäglichsten Beschäftigungen auf die Zufälle dichterischer Inspiration und die Gnade glücklicher Stunden zu verlassen. Wir sehen hier ganz von anderen unausweichlichen Schwierigkeiten ab, so von dem heiklen Problem, wie bei der Übertragung in einen notwendig heterogenen Stil die Subjektivität der Interpretation vermieden und das unumstößliche Postulat der wissenschaftlichen Objektivität gewahrt werden könnte, und wollen nur die eine Überlegung anstellen, was denn eigentlich mit dem Übergang aus der visuellen in die sprachliche Sphäre erreicht werden soll. Offenbar dies: dem künstlerischen Gehalt eine Form zu geben, in der Sinn und Bedeutung leicht zu erfassen sind. In einem rationalistischen Vorurteil befangen meint man nun, ein *literarisches* Produkt sei kritischer Reflexion leichter zugänglich, da sein Ausdrucksmittel, die Sprache, auch dem kritischen Verstand als Organ dient[15].

---

14 Fußnote im Original: Vgl. M. Schlick, *Allgemeine Erkenntnislehre*, 2. Aufl., Berlin[: Springer] 1925, S. 55ff. Ferner mit direktem Bezug auf die spezifisch geschichtstheoretische Problematik A. Vierkandt, Gesellschafts- und Geschichtsphilosophie, in: *Lehrbuch der Philosophie*, hrsg. von Max Dessoir, Berlin[: Ullstein] 1925, S. 919.

15 Fußnote im Original: Der richtige Gedanke, der hinter diesem Vorurteil steckt, führt, voll und ganz begriffen, notwendig zur Aufdeckung des inneren Widerspruchs der poetischen Beschreibung und ihrer Halbheiten. Selbst dieses ‚Abbilden' wird erst dadurch möglich, daß Worte – auch die, denen ästhetische Absichten zugrunde liegen – einen begrifflichen Kern haben, wenn auch der begriffliche Gehalt denkbar unbestimmt, verwaschen und fluktuierend ist. Ein Abbilden bloß durch

[...]
In der jüngstvergangenen Epoche der Kunstwissenschaft ließen sich hinsichtlich des Problems der Beschreibung zwei Parteien unterscheiden[16]. Die einen möchten vom individuellen Objekt her die Deskriptionsbegriffe bilden und glauben, nur so dem vollen konkreten Anschauungsgehalt ihres Phänomens gerecht werden zu können. Die anderen wollen durch die Differenzierung einiger weniger deduktiv gewonnener Grundbegriffe zu einer wenn auch nur näherungsweisen Beschreibung kommen. Beschreibung ist hier mehr Bestimmung des Ortes, welcher dem besonderen Gegenstand innerhalb eines ganz bestimmten allgemeinen Ordnungssystems zuzuweisen ist. Das erstere Verfahren scheint den Vorzug der Gegenstandsadäquatheit zu besitzen, nur ist nicht recht zu ersehen, wie es sich zu wirklich strengen begrifflichen Fassungen emporentwickeln soll und wie die Begriffe, die aus mehreren solcher individueller Beschreibungen gewonnen würden, auf dieselbe Bezugsebene gebracht werden könnten. Darin sah man aber bisher ein unbedingtes Erfordernis für die Durchführung der meisten Operationen der historischen und vergleichenden Disziplinen der Kunstwissenschaft. Die andere Methode – von einem festen Bezugssystem ausgehend – hat sich die wissenschaftliche Form von vornherein gesichert, dagegen kann sie eine gewisse Gegenstandsferne schwer überwinden. Und da die Geschichte es nach der landläufigen Meinung vorzugsweise mit dem Einmaligen zu tun hat, droht hier der Vorwurf der apriorischen Konstruktion, des Unhistorischen, während die Gegenpartei es sich gefallen lassen muß, daß ihre Aufstellungen wissenschaftlich nicht für verbindlich angesehen werden. Es ist nötig, über dieses starre Entweder-Oder der beiden Standpunkte hinauszukommen.

Daß der Gegensatz zwischen den beiden Verfahren sich zu einem geradezu kontradiktorischen zugespitzt hat, rührt überhaupt nur daher, daß die meisten Anhänger der systemfreien Beschreibung es für ihre Pflicht halten, sich möglichst unbefangen, frei von jeder reflektierten Hinstellung zu bewahren, um das Kunstwerk ganz rein und ungeschwächt auf sich einwirken lassen zu können. In gänzlicher Unvoreingenommenheit und Naivität dem Objekt seiner Betrachtung gegenüberzutreten, ist jedoch ein unerfüllbarer Wunsch. In ihm äußert sich eine völlige Verkennung des Wesens der Wahrnehmung im allgemeinen und des Erfassens von Kunstwerken im besonderen.[17] Die Anhänger der freien Beschreibung würden mit ihrem

---

Wortklänge wäre unmöglich. Daher erscheint ein Abbilden von bildender Kunst durch Musik von vornherein als ganz aussichtslos.

16 Fußnote im Original: Vgl. hierzu die in den *Kunstwissenschaftlichen Forschungen*, I, Berlin 1931, S. 7ff. erscheinende Studie von H. Sedlmayr, Zu einer strengen Kunstwissenschaft.

17 Fußnote im Original: Die folgenden Darlegungen sind weiter nichts als ein gedrängtes Referat über die Lehre von der Wahrnehmung, wie sie von der Gestaltpsychologie entwickelt worden ist (s. vor allem K. Koffka, Psychologie, in: *Dessoirs Lehrbuch der Philosophie*, Berlin[: Ullstein] 1925, S. 559ff. und K. Koffka, Zur Theorie der Erlebniswahrnehmung, [in:] *Annalen d. Philos.* 3, 192[3 (recte 1922), S. 375–399]), die hier wie für viele andere methodische Probleme der Kunstgeschichte die

Sichabschließen gegen jede intellektualistische Beeinflussung im Recht sein, wenn sich im Wahrnehmungsprozeß die Gegenstände wie auf einem weißen unbeschriebenen Blatt Papier abzeichneten. Dann hätte es Sinn, das Blatt ganz weiß, den Spiegel ganz rein zu halten, um das einfallende Bild nicht zu trüben. In Wirklichkeit steht die Sache ganz anders. Einen Gegenstand, und zwar schon ein Außenweltding, könnten wir gar nicht erfassen, wenn wir dazu nicht eine gewisse Disposition, eine bestimmte Gestalt-Einstellung mitbrächten. Maßgebend für das Zustandekommen eines Phänomens und seine endgültige Gestalt mitbestimmend sind nicht nur die äußeren gegenständlichen Daten (die Reizkonstellation), sondern auch wesentlich der Zustand des Empfangsapparates, der stark durch frühere Erfahrungen geformt ist, also äußere wie innere Bedingungen. Gilt dies schon für ein Außenweltding, um wieviel mehr Bedeutung muß den zentralen Faktoren bei der Erfassung eines Kunstwerkes zukommen, das aus seinem materiellen Substrat – dem Kunstding – zum Kunstgebilde erst in einer besonderen Einstellung wird.[18] Von verschiedenen Einstellungen aus ergeben sich demselben Objekt gegenüber ganz verschiedene Phänomene, vor allem verschieden gute. Und nur in der adäquaten Einstellung ist ein wirklich gutes Phänomen – das auch eine gute Beschreibung zuläßt – möglich. Allerdings ist jede Einstellung bildsam und andererseits liegt im Kunstwerk selbst ein Drängen nach einer ganz bestimmten Auffassung, so daß sich das endgültige Phänomen in einer fortwährenden Wechselwirkung zwischen den zentralen und peripheren Faktoren herausbildet. Aber daß ohne unser Dazutun, bei ganz passivem Verhalten von unserer ursprünglichen, und d. h. in bezug auf den Gegenstand der Betrachtung notwendig willkürlichen Einstellung dieses Ziel erreicht wird, dafür fehlt jede Garantie. Pflicht einer Wissenschaft ist es, sich aktiv um die adäquate Einstellung zu bemühen, d. h. sie muß sich das methodologische Problem sehr angelegen sein lassen, bestimmte Verfahren auszuarbeiten, deren Anwendung den Wahrnehmungsprozeß in günstigem Sinne beeinflußt. Wer sich gegen jeden Versuch planmäßiger Förderung der ästhetischen Empfänglichkeit wehrt, weil er hierin eine Gefahr rationalistischer Verbildung sieht, hat sich klarzumachen, daß er sich nicht, wie er vermeint, unvoreingenommen bewahrt, sondern sich unverändert seine vorwissenschaftlichen vulgär-psychologischen, d. h. aus einem früheren Zustand der Wissenschaft in die allgemeine Meinung eingedrungenen Anschauungen erhält. Mit dieser unzulänglichen, veralteten Einstellung reagiert er, ohne sich dessen bewußt zu sein, auf die neu dargebotenen Objekte.

[...]

---

entscheidenden Aufschlüsse bringt. Die grundlegende Bedeutung der modernen Gestalttheorie für die Entwicklung des kunstgeschichtlichen Denkens hat als erster Hans Sedlmayr erkannt und ihre Anschauungen und Ergebnisse zum erstenmal auf unsere Disziplin angewandt.
18 Fußnote im Original: H. Sedlmayr, [Fischer von Erlach. Gegenwärtige Erkenntnislage, in:] *Kritische Berichte*, Jg. 1927/28, Heft 4, S. 118.

Plakat der Sozialdemokratischen Kunststelle anlässlich des zehnten Jahrestags der Republik: Arbeiter-Sinfonie-Konzert mit Werken von Gustav Mahler und Arnold Schoenberg unter der Leitung Anton Weberns, 1928. (Wien Museum)

24 Neue Musik
Wolfgang Fichna

Einleitung

Die Komplexität der Wiener Musiklandschaft der 1920er Jahre erscheint durch ihr Verhältnis zur sozialdemokratischen Kulturpolitik noch einmal verstärkt und spiegelt sich auch in deren prominentesten Vertretern: Arnold Schoenberg verortete sich selbst als bürgerlich, verstand seine Arbeit zugleich am deutlichsten als historische Notwendigkeit und war einigen bedeutenden Kulturpolitikern des Roten Wien in besonderer Freundschaft verbunden. Alban Berg wiederum schuf mit seinen Opern *Wozzeck* und *Lulu* die sozialkritischsten Werke der Zweiten Wiener Schule, während Anton Webern durch sein Wirken als Dirigent und Kurator für die Arbeiter-Sinfonie-Konzerte und die Sozialdemokratische Kunststelle institutionell am engsten eingebunden war. Zu Atonalität und Zwölftontechnik des Schoenberg-Kreises gesellten sich weitere neue Klänge, besonders der Sound des Jazz, mittels derer sich Komponisten wie Ernst Krenek auf die Suche nach einer der Moderne entsprechenden, neuen Klangästhetik begaben.

Aufseiten der Sozialdemokratischen Arbeiterpartei (SDAP) war David Josef Bach (1874–1947) der zentrale kulturpolitische Akteur. Der Schulkollege und enge Freund Schoenbergs arbeitete als Schriftsteller, Journalist und Musikkritiker der *Arbeiter-Zeitung*, deren Feuilletonchef er ab 1918 war. Bereits 1905 waren auf Bachs Initiative die Arbeiter-Sinfonie-Konzerte ins Leben gerufen worden, die den Anspruch hatten, dem Proletariat den Kanon der klassischen Musik zu vermitteln und ihm zugleich den Zugang zu den maßgeblichen Wiener Veranstaltungsorten wie dem Musikvereinssaal oder dem Konzerthaus zu ermöglichen. Nicht zuletzt durch den Erfolg dieser Veranstaltungsreihe wurde Bach 1919 zum Leiter der neu gegründeten Sozialdemokratischen Kunststelle, deren Ziel vor allem die Kunstvermittlung in allen kulturellen Bereichen war, wobei die Arbeiter-Sinfonie-Konzerte als Vorbild dienten. Bach war, wie sein Parteifreund, der Musikwissenschaftler und Komponist Paul Amadeus Pisk (1893–1990), ein klarer Verfechter der musikalischen Moderne. Beide waren wichtige Funktionäre der International Society for Contemporary Music und gemeinsam mit Theodor W. Adorno Mitarbeiter der *Musikblätter des Anbruch*. Pisk war auch Vorstandsmitglied und Pianist des Vereins für musikalische Privataufführungen, des Netzwerks des Schoenberg-Kreises.

Besonders Bach musste sich von Karl Kraus den Vorwurf gefallen lassen, dass sein Zugang zu Musik grundsätzlich bürgerlich sei und seine Vermittlungsarbeit folglich der Arbeiterklasse bürgerliche Kultur aufdränge.[1] Einige sozialdemokratische Parteigenossen wie Josef Luitpold Stern und Fritz Brügel gingen noch weiter: Sie forderten eine proletarische Musik; Arbeiter- und Kampflieder sowie mit der „sowjetischen Schaffensperiode" Sergei Prokofjews vergleichbare Werke, die, aus der Volksmusik schöpfend, mittels vereinfachter Harmonik und klarer Konturen einen gesellschaftlichen Auftrag erfüllen sollten. Von konservativer und völkischer Seite kam erwartbare Kritik an modernistischen Kunstvorstellungen, die antisemitisch sowie, im Falle des Jazz, rassistisch geprägt war und letztendlich in den Diffamierungen durch die Nationalsozialisten mündete, die in den nachhaltig wirkenden Propagandaausstellungen *Entartete Kunst* (München 1937, nach dem „Anschluss" 1939 auch in Wien gezeigt) und *Entartete Musik* (Düsseldorf 1938) gipfelten.

Die Vorstellungen von Bach und Pisk beeinflussten, wiewohl sie sich aus der wenig massentauglichen Position modernistischer Musikauffassung speisten, die Kulturpolitik der Sozialdemokratie nachhaltig. Sie korrespondierten mit den programmatischen Entwürfen des Austromarxismus und sollten die Arbeiterschaft in die künstlerische Moderne führen. Dabei verbanden sich Bachs unorthodoxe Ideen einer „Volkstümlichkeit", die sich vom Begriff des Populären klar unterschied, mit den musiksoziologischen Ansätzen Adornos, die einen Fortschritt der Neuen Musik, analog zur Abstraktion in der Malerei, konstatierten. Erreicht werden konnte dieser Fortschritt, so Bach im Einklang mit dem Schoenberg-Kreis, aber nur durch die konsequente Vermittlung musikalischen Grundwissens von Johann Sebastian Bach über Ludwig van Beethoven bis hin zu Gustav Mahler. Neben den Arbeiter-Sinfonie-Konzerten sollten dazu Institutionen wie die Volkshochschulen und das Konservatorium für volkstümliche Musikpflege dienen, in dem der Arbeiterklasse praktischer Unterricht in Gesang, Klavier und Orchester-, Jazz- und volkstümlichen Instrumenten angeboten wurde. 1924 wurde unter Bachs Leitung das *Musik- und Theaterfest* veranstaltet, das zwar auch wegen des hohen Anteils an moderner Musik, vor allem aber aus wirtschaftlichen Gründen kritisiert wurde. Trotzdem wurde das Festival zum Vorbild der ab 1927 abgehaltenen Wiener Festwochen.

Die Vertreter der Neuen Musik haben sich, oft schon aus dem Anspruch einer autonomen Kunstproduktion heraus, selten direkt in den Dienst der sozialdemokratischen Kunstpolitik gestellt. Anton Weberns Zusammenarbeit mit den Kulturinstitutionen des Roten Wien kann als das engste Verhältnis eines prominenten Vertreters der musikalischen Moderne mit der Sozialdemokratie bezeichnet werden. Er und Egon Wellesz waren auch jene Komponisten, die gemeinsam mit anderen intellektuellen und kulturellen Größen wie Alfred Adler, Sigmund Freud, Hans Kelsen,

---

[1] Vgl. Karl Kraus: An die sozialdemokratische Kunststelle, in: *Die Fackel*, 27. Jg., Nr. 706–711 (1925), S. 66.

Alma Mahler, Robert Musil oder Franz Werfel 1927 den Aufruf *Eine Kundgebung des geistigen Wien* in der *Arbeiter-Zeitung* unterzeichneten: „Wesen des Geistes ist vor allem die Freiheit, die jetzt gefährdet ist und die zu schützen wir uns verpflichtet fühlen. Das Ringen um eine höhere Menschlichkeit und der Kampf gegen Trägheit und Verödung wird uns immer bereit finden."[2] (Vgl. Kapitel 34)

Literatur

Beniston, Vilain 2006.
Fichna 2019.
Krenek 2012.
Schoenberg 1984.
Steinert 1989.
Zapke 2019.

24.1 August Forstner: Die Transportarbeiter im ersten Arbeiter-Sinfoniekonzert

Erstveröffentlicht als August Forstner: Die Transportarbeiter im ersten Arbeiter-Sinfoniekonzert, in: *Kunst und Volk: Mitteilungen des Vereines „Sozialdemokratische Kunststelle"*, 3. Jg., Nr. 2 (Oktober 1928), S. 4–5.

1926 bis 1931 erschien unter der Leitung David Josef Bachs die Monatszeitschrift der Sozialdemokratischen Kunststelle, Kunst und Volk, *als Forum der Debatten um die Ausrichtung der Arbeiterkultur, vor allem aber als Medium der sozialistischen Kunstkritik und Kunsttheorie, mit besonderer Aufmerksamkeit auf die Musik. Der ehemalige Kutscher und Nationalratsabgeordnete August Forstner (1876–1941) war ein untypischer Autor der intellektuell ausgerichteten Zeitschrift. Als Zeitzeuge berichtete er vom ersten Arbeiter-Sinfonie-Konzert im Wiener Musikvereinssaal, bei dem Werke von Beethoven, Wagner, Weber und Wolf gespielt wurden, und konzentrierte sich dabei weniger auf die viel diskutierte Frage der Leistbarkeit von Kunstveranstaltungen für das Proletariat, sondern darauf, welche alltäglichen Probleme, wie Zeitmanagement und Bekleidungsvorschriften, die interessierte Arbeiterschaft in den bürgerlich-elitären Veranstaltungsorten zu bewältigen hatte.*

Als für den 28. Dezember 1905 das erste Arbeiter-Sinfoniekonzert in der „Arbeiter-Zeitung" angekündigt wurde, war es für die Männer, die sonst im Stalle und auf der Straße mit Pferden zu tun hatten, sowie für die Speditionsarbeiter und Möbelpacker klar, daß sie bei einem von Arbeitern veranstalteten Konzert dabei sein müßten,

---

[2] *Arbeiter-Zeitung*, 20. April, 1927, S. 1.

daß die Partei mit ihrer Anwesenheit rechne. Sie entschlossen sich daher, dieses Konzert unter allen Umständen zu besuchen. Die Organisation der Transportarbeiter war damals schon über die ersten Anfänge hinaus; vorbei war die Zeit, da den Versammlungen stets Tanzmusik mit Harmonikabegleitung folgen mußte, zu denen ich nicht nur die wochentags schwer von zeitlich früh bis spät in die Nacht arbeitenden Transportarbeiter, sondern auch die Tänzerinnen, Dienstmädchen und dergleichen, bei den Dienstvermittlungsstellen akquirieren mußte. Die Organisation war schon bei der nächsten Etappe angelangt. Ich hatte damals meinen Kameraden schon längst in Versammlungen die Schönheiten der Welt geschildert, ihnen gezeigt, daß es sogar noch schöneres gibt als Schnapskarten und dumpfige, rauchige stinkige Wirtshauslokale, indem ich durch Vorlesungen aus Klassikern das Verlangen in ihnen, die Größe auf der Bühne zu sehen, wachrief. Zuerst mußte ich natürlich lustige Sachen vorlesen. Später kamen dann schon ernstere Dinge daran. So mußte ich es auch bei den Opern halten. Zuerst also las ich „Der zerbrochene Krug", „Die verkaufte Braut", „Zar und Zimmermann", später kamen dann schon „Wilhelm Tell", „Wallenstein", „Die Räuber", „Die Ahnfrau" und viele Sachen Anzengrubers. Dann wurde das Burgtheater und die Oper besucht und gerade als das Arbeiter-Sinfoniekonzert angekündigt wurde, waren wir daran, Wagnerische Opern in der Oper und Volksoper zu hören.

So vorbereitet konnten wir uns schon daran machen, das erste Arbeiter-Sinfoniekonzert zu besuchen. Aber es war noch eine große Schwierigkeit zu überwinden. Die Theater konnten wir Sonntag nachmittags und abends besuchen, wenn die Pferde gefüttert und getränkt waren, aber das Arbeiter-Sinfoniekonzert war auf einen Wochentagabend angesetzt, zu einer Zeit also, in der die Tagesarbeit beendet war, die Pferde gefüttert und getränkt werden mußten. Es blieb also keine Zeit zum Waschen und Umkleiden. Was tun? In der Arbeiterkleidung wollten die Transportarbeiter denn doch nicht in den Musikvereinssaal zum Konzert gehen und die Pferde mußten vorher auch betreut werden. Nach längerem Sträuben konnte ich die Transportarbeiter endlich dahin bringen, denn doch in den Arbeitskleidern in das Konzert zu gehen; die blaue Schürze der Kutscher und die weiße der Speditionsarbeiter, Aufleger und Möbelpacker, wurde einfach aufgerollt und unter der Weste versteckt. Die Fütterung der Pferde übernahmen andere Kollegen. Ich erreichte das bei den Arbeitern nur dadurch, daß ich ihnen einfach sagte, dieses Konzert sei für Arbeiter geschaffen und diejenigen Personen, die in dem Konzert anwesend sein werden, sind eben auch Arbeiter, die keinen Anstoß daran nehmen würden, wenn Arbeiter, die keine Zeit zum Umkleiden haben, eben in den Arbeitskleidern in das Konzert gehen. Aber sie ließen es sich doch nicht nehmen, einen besseren Rock bei einem bekannten Wirt für den Abend aufzubewahren.

Tatsache ist, daß einige Konzertbesucher sehr erstaunt aufsahen, als die Transportarbeiter, einer nach dem anderen, schön langsam mit ihren schweren Stiefeln, den weichen „verdepschten" Hut in der Hand, den Musikvereinssaal an der Seite ihrer Frauen betraten. Die jüngeren Frauen trugen wohl schon Hüte, aber die älteren hatten doch ihrer „Gugel"³ auf dem Kopfe. Einigen Kutschern war die aufgerollte Schürze herab über die Oberschenkel geglitten, ohne daß sie es merkten. Bei dem Konzert selbst horchten unsere Kollegen mit großer Aufmerksamkeit den Darbietungen, und bei manchen Stellen wurden sie auch etwas unruhig, so daß man merken konnte, wie sehr die Musik auf sie wirkte.

Später hatte die Organisation dann schon manche Erfolge, die Arbeitszeit konnte verkürzt werden und heute merkt man in den Arbeiter-Sinfoniekonzerten und in den Theatern nur dann, daß man neben einem Transportarbeiter sitzt, wenn er einem beim Weggehen die harte schwielige, abgearbeitete Hand reicht. Sonst unterscheiden sie sich von den übrigen Arbeitern nicht mehr, denn auch sie haben jetzt den Achtstundentag, kommen zwischen 5 und 6 Uhr abends nach Hause und haben Zeit sich umzukleiden. Denn auch die Transportarbeiter wissen, was sich gehört, daß man klassische Kunst in Festkleidern genießen muß. Wenn dieses Festkleid auch kein schwarzer Salonrock ist, der übrigens Gott sei Dank schon aus der Mode gekommen ist, so ist dieses Festkleid doch der Feiertagsanzug. Aber in Erinnerung blieb den Transportarbeitern dieses erste Arbeiter-Sinfoniekonzert bis auf den heutigen Tag, es war der Übergang von der Zeit, da der Arbeiter noch ein geknechtetes Lasttier gewesen ist, in eine bessere Zeit. Die jungen Transportarbeiter von heute tragen den Kopf schon viel höher als die alten, sie sind eingereiht in die großen Kulturorganisationen unserer Zeit und nehmen von dem, was die Partei den Arbeitern an Kultur und Kunst zu bieten vermag, so viel sie nur bekommen können. Die Jungen von heute wissen nicht mehr wie schwer der Übergang war, denn sie leben in einer schöneren Zeit, in der sich die Arbeiterschaft doch schon einige Bewegungsfreiheit erobert hat.

24.2 David Josef Bach: Warum haben wir keine sozialdemokratische Kunstpolitik?

Erstveröffentlicht als David Josef Bach: Warum haben wir keine sozialdemokratische Kunstpolitik?, in: *Der Kampf. Sozialdemokratische Monatsschrift*, 22. Jg., Nr. 3 (März 1929), S. 139–148.

Mit der Gründung der durch die Lustbarkeitsabgabe finanzierten Sozialdemokratischen Kunststelle begann 1919 die institutionalisierte Kunst- und Kulturpolitik der SDAP. Damit entflammten auch innerhalb der Sozialdemokratie die Debatten um deren Ausrichtung und Umsetzung. Im Theorieorgan der Partei, Der Kampf, *kritisierte 1929 der spätere Chefredakteur der* Arbeiter-Zeitung, *Oscar Pollak, die Ansätze der Kunststelle als bürgerlich und nicht effizient.*⁴ *Er forderte eine Politik nach dem Vor-*

---

3 Aus dem Mittelalter stammende kapuzenartige Kopfbedeckung.
4 Oskar Pollak: Warum haben wir keine sozialdemokratische Kunstpolitik? in: *Der Kampf. Sozialdemokratische Monatsschrift*, 22. Jg., Nr. 2 (Februar 1929), S. 83–86. (Vgl. Kapitel 26)

bild des Arbeitersports und eine Überwindung der Elitenkultur. In der folgenden Ausgabe von Der Kampf *erschien unter dem gleichen Titel wie Pollaks Text eine Entgegnung des Leiters der Kunststelle, David Josef Bach.*

[...]
    Einmal war es ein Aufsehen, daß in einem Arbeiter-Sinfoniekonzert die Neunte Sinfonie Beethovens aufgeführt wurde, noch mit bürgerlichen Chören, und damals war es eine Vermessenheit, zu fordern, daß die besten Arbeitergesangvereine Wiens den Schlußchor singen sollten. Längst ist diese Forderung erfüllt. Wir sind in der sozialdemokratischen Kunstpflege wenigstens auf einzelnen Gebieten so weit, daß Ausführende auf dem Podium und die Hörer unten im Saal derselben Arbeiterklasse angehören und daß sie dieselbe Liebe zum Sozialismus und zur Kunst eint. Zur Republikfeier 1928 hat es in den Arbeiter-Sinfoniekonzerten ein Werk von Schönberg und ein Werk von Gustav Mahler gegeben, beide gesungen von vierhundert Arbeitersängern. Dieses Konzert war für die Aufführung und für die Wiederholung ausverkauft, und jetzt wird dieses Konzert noch zweimal wiederholt, nur für die organisierten Buchdrucker. Es haben also diese zwei Werke, von denen eines bis heute fast für unaufführbar galt und das andere vor zwanzig Jahren bei seiner ersten Aufführung beschimpft wurde, gering gerechnet 7000 Arbeiter in einem Jahr gehört, mit Begeisterung aufgenommen und mit ihren Arbeitskollegen der Kunst und dem Volk, dem Gedanken ihrer Vermählung, einen triumphalen Sieg bereitet. Da kann man wirklich nur fragen: „Warum haben wir in Wien keinerlei Erfolge auf dem Gebiete sozialdemokratischer Kunstpolitik?" Als ich – ich bitte den Leser um Verzeihung, denn von mir ist in dem Aufsatz des Genossen die Rede, wenn auch mein Name nicht genannt wird – vor soviel Jahren, vor der Existenz der Kunststelle, ja auch vor der Existenz der viel älteren Arbeiter-Sinfoniekonzerte, diese Kunstpolitik begann, die ich für eine *sozialdemokratische* Kunstpolitik halte, da habe ich mich, weil ich kämpfen mußte, nicht umgesehen; doch als ich mich jetzt umsah, da merkte ich, daß die Massen folgten, und in der Tat, die bürgerlichen Kaffeehäuser wundern sich und haben allen Grund dazu.
    Wenn also der Spott des Genossen Pollak über die „seltene Auslese der Hörer" solcher Sinfoniekonzerte ins Leere trifft, so bleibt trotzdem zu bedenken, daß Musik, gar Kunstmusik, immer nur auf einen Kreis von Menschen beschränkt ist. Aber diesen Kreis zu vergrößern, *verborgene Energien im Proletariat zu wecken*, ist ebenfalls eine Aufgabe sozialdemokratischer Kunstpolitik, und an dieser Aufgabe sind wir nicht vorbeigegangen.
    [...]

Proletarische Festkultur.

Damit sind wir bei einer neuen Aufgabe sozialdemokratischer Kunstpolitik angelangt, bei der *proletarischen Festkultur*, die wesentlich dazu beiträgt, das Verhältnis zwischen Arbeiterschaft auf der einen und Kunst und Künstler auf der anderen Seite inniger zu gestalten. Wir stehen heute vor einer Wende in dieser Festkultur. Neue Bestrebungen, neue Entwicklungen machen sich geltend, die naturgemäß unter Umständen auch in Gegensatz zu dem Bisherigen treten. Aber auch die letzten 80 Jahre sind nicht ohne eine Festkultur gewesen, wenn auch ihre Form, wie ich gerne zugeben will, sich vielfach überlebt hat. Schon die Schiller-Feier der Partei im Jahre 1905, draußen beim Weigl,[5] brachte die Fünfte Sinfonie Beethovens, und bei der Siegesfeier [zur Reichsratswahl] im Jahre 1911 hörten die Vertrauensmänner Wiens mit Begeisterung die ganze „Egmont"-Musik. Dies war damals durchaus keine Selbstverständlichkeit. Wenn es inzwischen solch eine geworden ist, so dank der sozialdemokratischen Kunstpolitik, von der man jetzt behaupten will, daß sie erstens überhaupt nicht existiere und zweitens, wenn sie existiere, so doch keine Erfolge habe. Allmählich hat sich für Parteifeiern, in größerem oder kleinerem Kreis, die Form der Akademie herausgebildet, die je nach Umständen besser oder schlechter ausfällt. Aber im Rahmen solch einer Akademie ist es geschehen, daß für den Internationalen Transportarbeiterkongreß der Festsaal der Hofburg überhaupt, und zwar mit den Klängen der „Internationale", eröffnet wurde. Eine Akademie war es, die einige Jahre hindurch jedesmal am 1. Mai im Festsaal des Rathauses den Vertrauensmännern Wiens Strauß und Lanner, gespielt von den Philharmonikern, bot; es war die symbolische Besitzergreifung des künstlerischen Wiener Erbes durch das neue Volk von Wien. Die Kunststelle hat diese Mai-Akademien im Rathaus veranstaltet, niemand anderer. Die Programmzettel der Feiern, welche die Kunststelle für große und kleine Organisationen veranstaltet hat, füllen einige Bände unseres Archivs. Bei diesen Feiern sind so ziemlich alle bedeutenden Bühnenkünstler Wiens vor den Wiener Arbeitern aufgetreten, nicht bloß in großen Konzert- und Festsälen, sondern auch in den Arbeiterheimen und in den kleinen und kleinsten Parteilokalen. Die Zahl dieser Akademien hat in den letzten Jahren abgenommen. Erstens aus wirtschaftlichen Gründen und zweitens, weil gerade bei der Ausdehnung der Partei wohl noch eine zentralistische Beratung, aber kaum noch eine vollkommen strenge zentralistische Bewirtschaftung durchführbar ist. Jeder erfahrene Bildungsfunktionär weiß, daß auch die Bildungsvorträge im Bezirk schlechter besucht sind, wenn sie zentral vom Bezirk, als wenn sie von einer einzelnen Sektion veranstaltet werden. Drittens aber kommt das schon erwähnte Moment einer neuen Entwicklung hinzu. Diese sucht ihr Wesentliches keineswegs in dem betonten politischen Charakter der Veranstaltung allein, sondern auch in der Heranziehung der künstleri-

---

5 Vermutlich der Veranstaltungsort „Weigls Dreherpark" im 12. Wiener Gemeindebezirk, Meidling.

schen Möglichkeiten aus der Arbeiterklasse selbst. Diese Entwicklung hat die Kunststelle durch ihre Kunstpolitik im positiven Sinne heraufführen helfen. Einzelnes ist schon erwähnt worden. Dazu kommt unter anderen das spezifisch proletarische Kunstmittel des *Sprechchores der Kunststelle*, der schon über fünf Jahre besteht, sich in der Partei eingebürgert und Nachfolge, insbesondere in den Jugendorganisationen, geschaffen hat. Dazu kommen die Bemühungen um die sogenannten volkstümlichen Instrumente, deren Beherrschung im Proletariat sehr verbreitet ist, die *Mandoline, Zither* und *Gitarre*. Diese Instrumente sind nicht bloß in den Lehrplan des genannten Arbeiterkonservatoriums aufgenommen, sondern auch im Arbeitsplan der Kunststelle. Erst das letzte Heft der Vereinszeitschrift „Kunst und Volk", von der Zehntausende glauben, daß sie sozialdemokratische Kunstpolitik betreibt, war diesem Teil dieser volkstümlichen Kunstpflege gewidmet.

[...]

Die Künstler und die Partei.

Er [Oscar Pollak, Anm.] kann ja auch ernstlich nicht die Kunststelle meinen, wenn er davon spricht, es sei nicht gelungen, die Künstler zur Arbeiterschaft zu bringen. Ganz verfehlt ist es, da den Künstlern Vorwürfe machen zu wollen. Man kann von den Künstlern nicht nur immer fordern, man muß ihnen auch etwas geben. Man kann keine Kunst haben, wenn man dem lebenden Künstler nicht die Möglichkeit des Schaffens gibt. Ihm die *materiellen* Möglichkeiten zu gewähren, kommt für die Kunststelle, sofern es sich um schaffende Künstler handelt, faktisch kaum in Betracht, eher noch, wenn es sich um nachschaffende Künstler handelt. Also etwa um Dirigenten, Solisten, Schauspieler usw. Hier hat die Kunststelle wahrlich ihre Pflicht erfüllt. Sie hat nicht darauf gewartet, ob dieser oder jener schon berühmt genug sei, sondern sie hat sich nur um seine Leistung gekümmert. Nicht Eitelkeit, nicht Renommiersucht, nicht der Wunsch, alle Tage ein neues Talent zu entdecken, hat ihr diesen Weg gewiesen, sondern eine wahrhaft sozialistische Überzeugung von der Notwendigkeit des Künstlers in der Gemeinschaft. Wäre sie den anderen Weg gegangen, so hätte sie ihr Publikum auf die Bahn des Snobbismus gebracht, der Sensation. Es ist nicht immer ganz leicht, dieser Gefahr auszuweichen. Wohl aber hat die Kunststelle und die Feuilleton- und Kunstredaktion der „Arbeiter-Zeitung" in aller Schärfe immer das Recht der lebenden Künstler vertreten, auf die Gefahr hin, daß diese Künstler nicht so bequem sind wie die gefällige Mittelmäßigkeit. Die „Arbeiter-Zeitung" hat für die Lebenden gekämpft, hat manchen Künstler erst in die Öffentlichkeit und in das proletarische Bewußtsein eingeführt. Durch diese Kunstpolitik ist es gelungen, auch *proletarische Dichter* zu finden, zu ermutigen, zu fördern. Solche sozialistische Kunstpolitik kann natürlich weder auf die „Arbeiter-Zeitung", noch auf die Kunststelle beschränkt bleiben, wenn sie sich mit der ganzen Kraft auswirken soll, die der Größe unserer Bewegung entspricht.

Es ist kein Zufall, das [sic] Angriffe gegen die sozialdemokratische Kunstpolitik, ja die Bezweiflung ihrer Existenz zunächst die Kunststelle treffen. Denn die Kunststelle ist der vorgeschobene Posten auf dem Kunstgebiet, und ihr künstlerischer Leiter ist naturgemäß am meisten exponiert. Der Nachteil dieser Stellung ist auch ein Vorzug. Die Kunststelle und ihre Politik kann weder im Guten, noch im Bösen unbemerkt bleiben, wenn auch das Böse schneller und leichter beobachtet wird. Beklagenswert wäre allerdings, wenn die Teilnahme der Parteigenossen und der ganzen Parteiöffentlichkeit nur auf zustimmende oder ablehnende Kritik beschränkt bliebe. Die Schlußfolgerung des Genossen Pollak: „Wir haben in Wien keine sozialdemokratische Kunstpolitik", glaube ich als falsch, als einen Fehlschluß aus ungenügendem Tatsachenmaterial dargetan zu haben. Zum Ende will ich es nochmals sagen:

Zu einer sozialdemokratischen Kunstpolitik gehören die Machtmittel der sozialdemokratischen Partei, ihre finanziellen, organisatorischen und moralischen Machtmittel.

24.3 Paul A. Pisk: Kann der Arbeiter ein inneres Verhältnis zur zeitgenössischen Musik finden?

Erstveröffentlicht als Paul A. Pisk: Kann der Arbeiter ein inneres Verhältnis zur zeitgenössischen Musik finden?, in: Kunst und Volk: Mitteilungen des *Vereines „Sozialdemokratische Kunststelle"*, 2. Jg., Nr. 2 (Februar 1927), S. 4–5.

Der Komponist, Musikwissenschaftler und Kritiker Paul Amadeus Pisk (1893–1990) war wie David Josef Bach ein überzeugter Vertreter der Neuen Musik und der Zweiten Wiener Schule. Wie Bach war auch Pisk der Ansicht, dass die Sozialdemokratie die Arbeiterklasse durch Kunstvermittlung und praktische Musikausbildung an die Moderne heranzuführen hatte, und vertrat diese Position auch in der Monatszeitschrift der Sozialdemokratischen Kunststelle.

Wie in jeder Kunst, ist auch in der Musik der Begriff des Zeitgenössischen nicht einheitlich. Abgesehen davon, daß mehrere Künstlergenerationen Werke hervorbringen, die sich naturgemäß in ihren Stilen voneinander unterscheiden, sind auch die Werke der Jüngeren absolut nicht gleichartig. Das hängt vielleicht damit zusammen, daß unserer Zeit die geistige Kulturgemeinschaft fehlt, die allein ein einheitliches Kunstschaffen ermöglicht. In dem Zeitalter des ausgeprägten Individualismus, der besonders die Intellektuellen und unter diesen wieder vor allem die Künstler erfaßt hat, spricht jeder seine eigene Sprache und wird daher nur von wenigen verstanden.

Hier soll von solcher Musik gesprochen werden, die sich von dem harmonischen und melodischen Denken der Allgemeinheit (unter der hier die Musik liebende, Musik aufnehmende, aber nicht musikalisch geschulte Masse verstanden wird) entfernt. Es ist allgemein bekannt, daß in den letzten Jahren in allen Ländern, unabhängig von gegenseitigen Einflüssen, neue Ausdrucksmittel in der Musik gesucht wurden, die sich von den bisher gebräuchlichen stark unterscheiden. Der Laie steht dieser Musik zunächst völlig ratlos gegenüber. Naturgemäß neigt er dann dazu, sie entweder als Unsinn abzulehnen oder sie infolge seiner Unfähigkeit, sie aufzunehmen, zu mißdeuten.

Bevor der Weg zum Verständnis dieser neuen Kunst gezeigt werden soll, wäre es am Platze, überhaupt den Begriff des Musikverständnisses zu erörtern. Dieser ist je nach der geistigen Verfassung und Einstellung des Hörers ganz verschieden. Die tiefstehende Gruppe der Aufnehmenden erkennt den Ablauf der Töne und Klangfiguren nach Art der Betrachtung eines Kaleidoskops, ebenso wie sie das Abrollen der Bilder im Film ansieht. Nur die bunte Folge, das Wechselspiel interessiert, ohne daß tiefere seelische oder intellektuelle Gebiete berührt würden. Höher stehen Hörer, die zwar den Ablauf des musikalischen Geschehens nicht verstandesmäßig erfassen können, bei denen aber durch das Anhören der Musik Gefühlseindrücke entstehen. Sie sehen entweder merkwürdige Bilder vor ihrem geistigen Auge oder empfinden engumgrenzte „Stimmungen". Die Musik wirkt bei ihnen auf das Seelische. Auch dies genügt noch nicht, um Musik zu *verstehen.* Denn dem wirklich begreifenden Hörer muß, wenn auch unbewußt, die innere Gesetzmäßigkeit der Kunstwerks klar werden; er muß erfühlen, daß ein formal und architektonisch geschlossenes Gebilde vor seinem Ohr vorüberzieht, dessen Schönheit nicht nur in dem Gefühlswert besteht, den er selbst in das Werk nur nach Maßgabe seines eigenen Fühlens hineinlegen kann, sondern in der Ebenmäßigkeit des Aufbaues und der Anlage. Bei Gebäuden und Bildern ist es viel leichter, die formalen Seiten zu beobachten und zu erkennen. Das Musikstück zieht am Ohr vorbei, es spielt sich in der Zeit, nicht im Raume ab und der Zeitsinn ist bei den meisten Menschen schwächer entwickelt als der Raumsinn. Das Notenbild, das eine Art optische Verdeutlichung des akustischen Vorganges gibt, ist im allgemeinen für die große Masse der Durchschnittshörer nicht lesbar und auch von denen, die die Zeichen verstehen, oft nicht als Klangbild deutbar.

Es ist von vornherein ausgeschlossen, daß man mit großen Zuhörermassen praktische „Formanalyse" betreiben könnte, das heißt, daß man durch Zergliederung der einzelnen Stücke ihnen Zusammenhänge klarmachen könnte, ohne daß jeder einzelne von ihnen das Werk für sich selbst zu lesen und zu zergliedern imstande wäre. Im Konzertbetrieb hilft man sich mit den sogenannten Einführungen in den Programmbüchern, in denen teils der Verlauf des einzelnen Werks beschrieben wird, teils auch besonders charakteristische Stellen in bezug auf ihre Gefühlswirkung hervorgehoben werden. Dieser Ersatz ist natürlich nur zum geringen Teil geeignet, das „Verständnis" zu ermöglichen.

Die musikalische Bildung des Laien ist im allgemeinen heute so weit fortgeschritten, daß er einfach Volkslieder und Tänze vollständig in sich aufnehmen kann. Er vermag den kurzen Abschnitten der Melodie, die scharf gegliedert ist, genau zu folgen, die Wiederholungen des Gleichartigen zu erkennen und auch Kontrastwirkungen zu spüren. Das Empfinden der harmonischen Kadenzen, als gewisser zwingend notwendiger Akkordfolgen, die Einschnitte und Schlüsse anzeigen, erleichtert ihm den Verlauf des Musikstückes wahrzunehmen.

Die Kunstwerke der klassischen und romantischen Zeit bringen Einfachheit des Aufbaues der Melodie und der Kadenz nicht mehr in dem Grade zum Vorschein, wie die Volksmusik. Deshalb wird der bestimmte Eindruck, den etwa der Arbeiter von einem Volksgesang hat, sofort unbestimmter, wenn es sich um größer angelegte Tonformen handelt. Dazu kommt noch, daß das Verständnis der absoluten Musik, bei der die Worte fehlen, viel schwieriger ist, als das der textierten, da die Worte bei dieser Gattung wenigstens Gedanken und Gefühle in bestimmte Richtungen lenken.

Bei der modernen Musik, die nicht nur die einfachen melodischen Linien, sondern auch die Kadenz im hergebrachten Sinne aufgibt, ist der Weg, um einen eindeutigen Eindruck zu erzielen, für den Durchschnittshörer nur sehr schwer gangbar. Der Eindruck des Ablaufes der Töne und auch das gefühlsmäßige Empfinden der inneren musikalischen Vorgänge ist ja nicht genügend, um das Werk zu erfassen. Andererseits steht der Weg zur geistigen Erfassung nicht offen, da Schulung fehlt. Es bleibt also nur das Mittel übrig, das auch auf anderen Gebieten des Lebens des Menschen stärkster Lehrmeister ist: eigene *Erfahrung* und langsames allmähliches *Gewöhnen*, in diesem Fall durch beständiges, immer wiederholtes Hören solcher Kunstwerke.

Der Arbeiter muß, schon um seiner Weltanschauung willen, für das Neue, das in die Zukunft weist, kämpfen, er darf daher keineswegs zeitgenössische Musik von vornherein abweisen. Er darf sich aber auch nicht von seinen musikalischen Lehrmeistern, die sich meist bestimmten Kunstrichtungen angeschlossen haben, dahin beeinflussen lassen, daß er nur klassische oder sonst irgendwie anerkannte Werke zu verstehen anstrebt und für andere kein Verständnis zeigt. Wenn er musikalisch ungebildet ist, wird es für ihn nicht viel leichter sein, sich zum Verständnis eines klassischen Werkes emporzuringen, als zu dem eines modernen.

Und da es unser aller Hoffnung ist, daß das Volk in seiner Gesamtheit, das Proletariat, Träger der musikalischen Kultur der Zukunft sein soll, ist schon jetzt das Gewicht drauf zu legen, daß sich der Arbeiter mit der Musik beschäftigt, die Künstler der Gegenwart für eine Gemeinschaft der Zukunft schaffen. Und trotz der einander durchkreuzenden Richtungen, trotz der Eigenbrötlerei vieler Künstler sind Ansätze zu einer solchen wahrhaft sozialen Kunst schon jetzt zu spüren. Die Aufgabe, ihr nachzugehen, erfordert Zähigkeit und Hingabe, aber der Arbeiter, dem der Aufstieg auch auf anderen Gebieten des Lebens schwer gemacht wird, ist befähigt, sie zu lösen.

24.4 Anton Webern: Der Weg zur neuen Musik

Hier zitiert nach Der Weg zur neuen Musik. II. Vortrag, in: Anton Webern: *Der Weg zur neuen Musik*, hg. von Willi Reich, Wien: Universal Edition 1960 [27. Februar 1933], S. 13–17.

Zwischen 1932 und 1933 hielt Anton Webern vor einem ausgewählten Kreis zwei achtteilige Vortragszyklen in einem Wiener Privathaus, die von seinem Freund, dem Rechtsanwalt Rudolf Ploderer, mitstenografiert wurden. Die Zyklen trugen die Titel Der Weg zur Komposition in zwölf Tönen *und* Wege zur neuen Musik. *Weberns Präsentation beinhaltete ausführliche, am Klavier vorgetragene Beispiele und war mit bewussten Wiederholungen und Pausen musikalisch strukturiert. Wie für Schoenberg funktionierten diese Wege für Webern nur über die intensive Auseinandersetzung mit den großen Werken der Musikgeschichte und das Verständnis ihrer Gesetzmäßigkeiten, aus denen sich dann auch jene der zeitgenössischen Musik ableiten ließen.*

[...]
    Wie hören Menschen denn Musik? Wie hört sie die große Masse? – Sie muß sich anscheinend an irgendwelche Bilder und „Stimmungen" halten können. Wenn sie sich nicht eine grüne Wiese, einen blauen Himmel oder so etwas vorstellen kann, dann weiß sie sich nicht mehr zurechtzufinden. Wenn Sie mir jetzt zuhören, dann folgen Sie doch irgendeiner logischen, gedanklichen Entwicklung. So ein Mensch folgt aber doch wohl gar nicht den Tönen. Wenn ich etwas ganz Einfaches etwas Einstimmiges vorsinge – „Es kommt ein Vogerl geflogen" oder die Hirtenmelodie aus „Tristan" –, wo also der musikalische Gedanke nur einen schmalen Raum ohne tiefere Dimension einnimmt, kommt es da nicht jedem zu Bewußtsein, daß da ein „Thema", eine Melodie, ein musikalischer Gedanke vorliegt? – Wenigstens für den, der in Musik denkt – und dazu will ich Sie ein wenig führen –, ist kein Zweifel, um was es sich da handelt. Ich erkenne, ob es sich um einen gemeinen, platten Gedanken handelt – das hat nichts damit zu tun, ob es ein bekannter Gedanke ist –, ich weiß den banalen vom höheren, wertvollen Gedanken zu unterscheiden. – Gerade der Satz von Karl Kraus über die „Gedankenküste"[6] ist so charakteristisch! – Das soll doch wohl eine Herabsetzung sein. – Ist das, was Bach und Beethoven schrieben, „Stimmungsgeschmier" *neben* den Gedanken her? – Was ist also vielmehr das, was der Sprachlehre entspricht, die Karl Kraus – mit Recht – so hochstellt? – Die *Gesetze* der musikalischen Gestaltung!

---

6 „Musik bespült die Gedankenküste. Nur wer kein Festland hat, wohnt in der Musik. Die leichteste Melodie weckt Gedanken wie die leichteste Frau. Wer sie nicht hat, sucht sie in der Musik und im Weibe. Die neue Musik ist ein Frauenzimmer, das seine natürlichen Mängel durch eine vollständige Beherrschung des Sanskrit ausgleicht." Karl Kraus: *Sprüche und Widersprüche*, 3., überarb. Auflage, Wien, Leipzig: Verlag Die Fackel 1924, S. 145.

Das Zweite, von dem Karl Kraus ausgeht, ist der „moralische Gewinn". Wenn man von den Gesetzen eine Ahnung bekommt, dann muß man doch in einem ganz anderen Verhältnis zu jenen Geistern stehen als vorher! Man kann es dann nicht so auffassen, daß das Werk sein kann oder auch nicht sein kann – sondern daß es sein hat *müssen*. Wo Besonderes ausgesagt wurde, dort mußten immer Jahrhunderte vergehen, bis die Menschen der Sache nahegekommen sind. – Das ist der „moralische Gewinn".

Wenn ich dann Goethe zitierte, um Ihnen meine Auffassung über Kunst näherzubringen, so war es: damit sie die Gesetzmäßigkeit in der Kunst wie in der Natur erkennen. Kunst ist ein Produkt der allgemeinen Natur in der besonderen Form der menschlichen Natur.

Welche Perspektiven eröffnen sich da! Es ist ein Vorgang, der von aller Willkür fern ist. – Ich erinnere mich da an ein Wort, das Schönberg [sic] beim Militär aussprach: Ein Vorgesetzter fragte ihn verwundert: „Sind Sie etwa der Komponist?" – Worauf Schönberg antwortete: „Ja, – keiner hat es sein wollen, da habe ich mich dazu hergeben müssen!"

Konkret gesprochen: Der Ton ist die gesetzmäßige Natur in bezug auf den Sinn des Ohres. – Wir haben nun neulich das Material angesehen und daran diese Gesetzmäßigkeit festgestellt. – Mir geht es immer wieder darum, Sie anzuleiten, in einer bestimmten Art zu denken und in dieser Art die Dinge anzuschauen. – Der Ton ist also, wie Sie gehört haben, ein Zusammengesetztes, zusammengesetzt aus Grundton und den Obertönen. Und nun hat sich der Prozeß vollzogen, daß die Musik von Stufe zu Stufe dieses zusammengesetzte Material fortschreitend ausgenützt hat. Dies ist der eine Weg: wie erst das Nächstliegende und dann das Fernerliegende herangezogen wurde. Nichts Falscheres also als die auch heute immer wieder auftauchende Ansicht die es immer gab: „So wie früher soll man komponieren, nicht so voll Dissonanzen, wie jetzt!" – Denn wir stehen vor einer immer fortschreitenden Besitzergreifung des durch die Natur Gegebenen! – Die Reihe der Obertöne ist praktisch als eine unendliche zu bezeichnen. Immer feinere Differenzierungen sind da denkbar, und es ist unter diesem Gesichtspunkte nichts gegen die Bestrebungen der Vierteltonmusik und ähnliches zu sagen –, es ist nur die Frage, ob die heutige Zeit dazu schon reif ist. – Aber der Weg ist völlig richtig, durch die Natur des Tones gegeben. – Wir wollen uns also klar werden, daß das, was heute angefeindet wird, ebenso von Natur gegeben ist, wie das, was früher praktiziert wurde.

Und warum ist es wichtig, daß wir uns darüber Rechenschaft geben? – Schauen wir uns die Musik unserer Tage an! – Die Verwirrung scheint um sich zu greifen, es ist beispiellos, was da geschieht. Man spricht da von „Richtungen". Oder: Welcher Richtung sollen wir glauben und vertrauen? – Es wird Ihnen ja bewußt sein, was ich unter diesen „Richtungen" meine.

Ich wiederhole: Die diatonische Reihe wurde nicht erfunden, sondern gefunden. Sie ist also schon gegeben, und die Ableitung war uns sehr einfach und klar: die Obertöne des „Kräfteparallelogramms" der drei benachbarten, verwandten Töne bilden die Töne der Skala. Es sind also gerade die wichtigsten Obertöne, die im nächsten Verhältnis stehenden – etwas ganz Natürliches, nicht Eingebildetes –, die die diatonische Reihe bilden. – Was ist aber mit den dazwischenliegenden Tönen? – Da beginnt eine neue Epoche, damit werden wir uns später beschäftigen.

Der Dreiklang, über dessen Verschwinden die Leute sich so aufregen und der in der bisherigen Musik eine solche Rolle gespielt hat – was ist denn dieser Dreiklang? – Der erste vom Grundton verschiedene Oberton und der zweite – also eine Nachbildung dieser Obertöne und Nachahmung der Natur, der ersten im Ton gegebenen primitiven Verhältnisse. Darum klingt er unserem Ohr so angenehm und wurde zunächst verwendet.

Nun noch etwas, das – soviel ich weiß – von Schönberg [sic] als erstem ausgesprochen wurde: Diese einfachen Zusammenklänge nennt man Konsonanzen; man fand aber bald, daß die ferneren Obertonverhältnisse, die man als Dissonanzen bezeichnete, sich als eine Würze empfinden lassen. Wir müssen aber verstehen, daß Konsonanz und Dissonanz im Wesen sich nicht unterscheiden, daß es also kein wesentlicher, sondern nur ein gradueller Unterschied ist, der bei ihnen besteht. Die Dissonanz ist nur eine weitere Staffel auf der Leiter, die sich da fortentwickelt. Wir wissen nicht, wohin der Kampf gegen Schönberg führt, der vom Vorwurf der übermäßigen Verwendung der Dissonanzen ausgeht. Das ist natürlich ein Unsinn, das war der Kampf, den die Musik seit jeher zu führen hatte. Das hat man allen vorgeworfen, die einen Vorstoß wagten. – Im letzten Vierteljahrhundert war der Vorstoß allerdings ganz vehement und ein so großer, wie er – man kann das ruhig sagen – noch niemals in der Musikgeschichte vorgekommen ist. – Wer aber einen wesentlichen Unterschied annimmt zwischen Konsonanz und Dissonanz, der hat Unrecht, denn in den Tönen, wie sie die Natur gegeben hat, ist der ganze Bereich der Tonmöglichkeiten enthalten – und so war der Vorgang. – Ganz wichtig aber ist immer die Art der Anschauung.

[...]

24.5 Elsa Bienenfeld: Schönbergs „Pierrot lunaire"

Erstveröffentlicht als Elsa Bienenfeld: Konzerte. Schönbergs „Pierrot lunaire", in: *Neues Wiener Journal*, 13. November 1922, S. 2.

Pierrot lunaire wurde bereits 1912 als kammermusikalisches Melodrama nach den gleichnamigen expressionistischen Gedichten Albert Girauds in Berlin uraufgeführt und gilt als Meilenstein der Moderne. Arnold Schoenberg komponierte das Werk atonal und verstand die Musik als absolut, also nicht als Illustration des Textes. Die Reaktionen auf die ersten Aufführungen bewegten sich zwischen großer Zustimmung und handfestem Skandal. Elsa Bienenfeld (1877–1942), Musikwissenschaftlerin, Kritikerin und Musikpädagogin, war selbst Schülerin von Alexander Zemlinsky und Schoenberg.

Sie nutzte ihre Rezension einer Aufführung von Pierrot lunaire *im Wiener Konzerthaus 1922, um (die nicht belegbare) Behauptung aufzustellen, das Wiener Publikum sei im Gegensatz zum deutschen mit der neuen Musik längst nicht mehr aufzuregen. Gleichzeitig ging sie auf ironische Distanz zu ihrem ehemaligen Lehrer.*

Es gibt in Wien einen Verein für musikalische Privataufführungen. In diesem Verein ist Arnold Schönberg der regierende Potentat. Seit mehreren Jahren wird unter seiner Führung ein Erziehungswerk vollbracht. Mit Ausschluß der Oeffentlichkeit und unter dem Verbot der öffentlichen Berichterstattung wurden die Mitglieder des Vereins mit Schöpfungen der neuesten Musik bekannt gemacht. Einige junge Leute, Schüler von Schönberg, gaben sich mit Feuereifer den Vereinsaufgaben hin. An erster Stelle ist der Pianist Eduard Steuermann zu nennen, dann der Kapellmeister Erwin Stein, beide durch reinen künstlerischen Ehrgeiz ausgezeichnete Begabungen. Von Zeit zu Zeit veranstaltet der Verein Propagandakonzerte. Mahler, Strauß, Reger, Debussy, die bei solchen Gelegenheiten in die vorderen Reihen vorgeschoben werden, sind zwar nicht mehr propagandabedürftig. Eigentlich auch Schönberg selbst nicht mehr, der schon längst zu den, wenn schon nicht Unerkannten, so doch Gekannten zählt. Immerhin war es höchst interessant, Schönbergs „Pierrot lunaire" nach langer Zeit wieder zu hören.

Die Aufführung fand im mittleren Konzerthaussaal statt. Vor einem Publikum, das nicht gerade zahlreich gewesen ist. Geduldig wurde der ganze Zyklus angehört, man applaudierte sogar an den schicklichen Stellen, nämlich dort wo die ausführenden Künstler eine längere Pause machten; es war ein Konzert wie jedes andere und weder durch Zischen noch durch Beifall irgendwie aufregend. Während aus Deutschland, wo gegenwärtig eine eifrige Propaganda mit dem „Pierrot lunaire" getrieben wird, noch Berichte über Tumultszenen einlaufen, ist man in Wien schon wieder einen Schritt weiter. Es gibt hier hinsichtlich des Falles Schönberg keine Meinungskämpfe mehr.

„Pierrot lunaire" ist eine merkwürdige Zwitterkomposition. Sie umfaßt je sieben aufeinanderfolgende Gedichte aus dem Zyklus des französischen Dichters Albert Giraud, der das ist, was man damals einen modernen Fin-de-siècle-Dichter nannte. Krankhafte Empfindungen, verlegene Worte, Stimmungsfetzen täuschen etwas unendlich schwer Verständliches, aus absynthtiefem Seelensatz wieder Herausgeschleudertes vor. Ein Verlaine ohne die Kraft der Vision (trotz der Uebersetzung von Otto Erich Hartleben). Schönberg setzte die Verse in eine Musik, an der ein Klavier, eine Flöte, eine Klarinette, eine Geige, ein Violoncell und eine Sprechstimme beteiligt sind. Die Sprechstimme deklamiert die Werke nach vorgeschriebenen Akzentzeichen, Pausen und Dehnungen. (Der entzückenden Erika Wagner hätte man auch mit Vergnügen zugehört und zugeschaut, wenn sie chinesisch gesprochen hätte.) Die Instrumente werfen mit einzelnen Klängen Licht und Dunkel hinein. Sie formen weder Themen noch Motive; sie wollen nur Urlaute sein, nur plötzlich auftauchende Sinnesreize. Ein luftiges Violoncellvibrato, ein heller Klarinettenton, eine arme Geigenfigur: sie machen irgendein groteskes oder jämmerlich-trauriges Maskenerlebnis. Aber plötzlich gibt es Augenblicke, wo es scheint, als ob eine nackte Seele schluchzte. Hinter Tonschleiern flimmert es wie ein Abzug vom Menschlichen. Verzweifeltes Stammeln! Furchtbar, ja erschütternd mit anzuhören, wie die Pein von Sterbenden, die nicht mehr aussprechen können, was sie sagen wollen, wenn die Schwäche so groß wird, daß der Weg vom Hirn zum Mund zu weit ist.

So drücken die Töne, die Klänge nur ein Ungefähr aus von dem, was vielleicht ihr innerster Sinn, ihr eigentliches Wollen ist. Diese Töne, diese Klänge bauen keine Brücke, über die unsere Sinne, unser Verständnis hinüberschreiten könnte zu dem, was jener Wille wirklich will. Ein merkwürdiger Zufall übrigens, daß in diesem „Pierrot lunaire", in dem alles verrenkt aussieht und windschief klingt, der Geiger (Rudolf Kolisch) sein Instrument im rechten Arm hielt und den Bogen mit der Linken führte. Freilich gibt es Linkshänder; aber daß diese gerade Geiger werden, ist verwunderlich. So gibt es auch philosophische Genies; daß diese aber gerade als Komponisten wirken wollen, ist auch verwunderlich.

24.6 Theodor W. Adorno: Zum „Anbruch". Exposé

Hier zitiert nach Theodor W. Adorno: Zum „Anbruch". Exposé, in: ders.: Gesammelte Schriften, Bd. 19: Musikalische Schriften, Bd. 6: Opern- und Konzertkritiken, Kompositionskritiken, hg. von Rolf Tiedemann, Frankfurt am Main: Suhrkamp 2003 [1928], S. 595–604.

Theodor Adorno (1903–1969) lebte 1925/26 in Wien, um bei Alban Berg Komposition zu studieren. 1928 wurde er Redakteur der Musikblätter des Anbruch *(ab 1929* Anbruch*), einer bedeutenden österreichischen Musikzeitschrift, deren Hauptinteresse der neuen Musik galt. Neben Komponisten wie Béla Bartók, Arnold Schoenberg und Berg verfassten auch Musikkritiker wie Paul Bekker und Hans Heinz Stuckenschmidt zahlreiche Beiträge, Paul Amadeus Pisk und David Josef Bach waren ebenfalls Mitarbeiter. Ganz den Debatten um die Moderne in der Musik verpflichtet, erschien 1925 eine Sondernummer zu Jazz. In seinem zu Lebzeiten unveröffentlichten Exposé von 1928, das der Neugestaltung der Zeitschrift im darauf folgenden Jahr vorangeht, reflektiert Adorno u. a. auf eine für ihn typische Art auch die Rolle der leichten Musik in der zeitgenössischen Musiklandschaft und zeigt nebenbei starke Übereinstimmungen mit den Auffassungen David Josef Bachs.*

Es kommt darauf an, den Anbruch zu einem voll aktuellen Organ umzugestalten, das als repräsentative Zeitschrift der Moderne in die Musikpolitik mit allen Kräften eingreift. Sein Standpunkt bestimmt sich von einem Begriff der musikalischen Aktualität aus, der nicht abstrakt zu benennen ist, sondern aus dem gesamten Habitus des Blattes unmittelbar evident werden muß. Konkret musikalisch bieten dafür die Richtschnur die Werke der Autoren, die die Produktion der Universal-Edition repräsentativ bestimmen, d. h. Mahlers und der Schönbergschule. Das soll nicht heißen, daß der Anbruch auf jene Autoren einseitig festgelegt werde; starke und radikale Kräfte außerhalb jenes Umkreises wie [die Komponisten] Kurt Weill und Křenek verdienen selbstverständlich alle Berücksichtigung. Von der Schönbergschule, die ja geistig die fortgeschrittenste und radikalste Gruppe der gegenwärtigen Musik ist, sollen nur gewissermaßen die latenten Grundkategorien des Anbruch gestellt werden, sowohl nach der musikalisch-immanenten wie nach der theoretischen und soziologischen Seite. Das hat sich nicht durch eine cénacle-Terminologie[7] und Dogmatik zu erweisen, sondern allein durch den sachlichen Ernst der Stellungnahme.

[...]

Im Zusammenhang mit der soziologischen Diskussion ist eine ganze Gruppe von Musik in den Bereich des Anbruch zu ziehen, der [sic] bisher von jeder ernsten Betrachtung ausgeschlossen war. Nämlich die gesamte Sphäre der ‚leichten Musik', des Kitschs, nicht nur des Jazz, sondern auch der europäischen Operette, des Schlagers usw. Operetten- und Revuekritik ist einzuführen. Dabei ist eine bestimmte Haltung einzunehmen, die nach zwei Seiten abgegrenzt werden muß. Einerseits muß mit dem Hochmut einer Auffassung von der ‚ernsten' Musik gebrochen werden, die glaubt, mit der Musik überhaupt nicht rechnen zu müssen, die dem größten Teil aller Menschen heute den einzigen musikalischen Konsumtionsstoff bietet. Gegen alle bloß gehobene mittlere Kunst, gegen die verfallenen Ideale von Persönlichkeit, Kultur usw. ist der Kitsch auszuspielen und zu verteidigen. Andererseits aber hat man nicht der heute vor allem in Berlin modischen blanken Kitschverherrlichung zu verfallen und ihn um seiner Popularität willen als die wahre Kunst der Zeit auszugeben.

Sondern die radikale Problematik des Kitschs und seiner vorgeblichen ‚Volkstümlichkeit' ist rücksichtslos herauszukehren, und der Kitsch verfällt toto genere der soziologischen Kritik, die aufweist, daß es keineswegs eine ‚Gemeinschaftskunst', sondern deren von bestimmten Klasseninteressen diktiertes ideologisches Surrogat ist. Zugleich ist die ‚Modernität' des Kitschs durch Hinweis auf seine musikalische Rückständigkeit zu widerlegen. Aber der sentimentale Kitsch hat allemal recht gegen sentimentale Kunst mit Prätentionen; etwa auch der echte Gebrauchsjazz gegen die Versuche, den Jazz in die Kunstmusik zu verpflanzen und zu ‚veredeln', wodurch ihm sowohl wie der Kunstmusik Unrecht geschieht. [...] Der Kitsch ist ein Gegenstand der Interpretation; als solcher aber von höchster Wichtigkeit. Ich werde gelegentlich gerne für die detaillierte Behandlung der Kitschprobleme genaue Richtlinien geben. Aber unter allen Umständen muß die leichte Musik mit allem Ernst (der natürlich nicht komisch-gediegen ausschauen darf) in den Anbruch hereingezogen werden. Ob sich dafür die Errichtung einer Spezialrubrik ‚leichte Musik' empfiehlt oder die Behandlung in ganz freier Weise besser geschieht, wird die

---

7 Kleiner Kreis.

Praxis zeigen. Auf diesen Punkt der Aktualisierung des Anbruchs lege ich ganz besonders großen Wert.
[...]

24.7 Anonym: Die Jungen, die Alten und wir

Erstveröffentlicht als Die Jungen, die Alten und wir. Bürgerliche Jugend der Nachkriegszeit, in: *Arbeiter-Zeitung*, 8. Jänner 1928, S. 1–2.

Ernst Kreneks 1927 in Leipzig uraufgeführte Zeitoper Jonny spielt auf *ging als Jazzoper in die Musikgeschichte ein und wurde der größte internationale Erfolg des Komponisten. Wie die 1927 in Wien aufgetretene Josephine Baker erregte die Figur des afroamerikanischen Jazzgeigers Jonny die völkischen und konservativen Gemüter nachhaltig. In der* Arbeiter-Zeitung *fanden sich im Vergleich zur bürgerlichen Presse auffallend wenige Beiträge zur Premiere in der Wiener Staatsoper im Jänner 1928. Der bürgerlichen Kritik wurde weniger inhaltlich als pragmatisch widersprochen: „Endlich hat die aus Mitteln der Steuerzahler erhaltene Staatoper ein Zugstück, und das sollte abgesagt werden?"[8] Allein ein Kommentar beschäftigt sich mit der Rolle des Jazz in der Kunstmusik als Ausdrucksversuch eines neuen bürgerlichen Lebensgefühls – modern und jugendlich, aber auch hektisch und auf der Suche nach Sensationen. Dem gegenübergestellt wird die Unterhaltungskultur der Arbeiterjugend, wobei sich der anonyme Autor stark an Otto Bauers Auffassung von Massenkultur anlehnt, die dieser bereits 1924 in einer Rede vor Funktionären der Sozialistischen Arbeiterjugend formuliert hat.[9]*

Die Bürgersöhne, die heute fünfundzwanzig Jahre alt sind, waren zwölf, als der Krieg begann, sechzehn, als das Habsburgerreich zusammenbrach. Die wirtschaftliche Behaglichkeit des Alt-Wiener Bürgertums, das ein Jahrhundert lang Träger der Wiener Kultur war, hat die Geldentwertung zerstört, das Kulturmilieu des alten Reiches, an dem das Alt-Wiener Patriziat treu hing, hat die Revolution zerschlagen, alle Kulturtraditionen hat der Krieg zerrissen. Was fordert ihr von dieser Jugend? Ideale? Das Bürgertum hat keine Ideale mehr zu verwirklichen. Enthusiasmus? Soll der Kampf um die Breitner-Steuern, in dem dieses Bürgertum aufgeht, junge Seelen mit Begeisterung füllen? Pathos? Es gibt kein Pathos, wo es keine Ideale mehr gibt. Weltweise Beschaulichkeit? Ihre Basis war die Rente; mit dem Behagen ist die Beschaulichkeit verschwunden. Respekt vor den Kulturgütern der Vergangenheit? Wie

---

[8] Anonym: Die Neue Freie Presse tanzt, in: *Arbeiter-Zeitung*, 7. Jänner 1928, S. 4.
[9] Vgl. Otto Bauer: *Die Arbeiterjugend und die Weltlage des Sozialismus. Rede, gehalten auf der Jahreskonferenz des Kreises Wien des Verbandes der sozialistischen Arbeiterjugend*, Wien: Sozialistische Jugendbücherei 1924.

kann den Jungen die in so ganz anderen Verhältnissen leben, heilig bleiben, was ihren Vätern und Großvätern als heilig galt? Jazzband und Schimmy, Kino, Revue und Bar, Fußball und Skier sind die Vergnügungen ihrer Mußestunden und formen ihren Geschmack. Skeptisch gegenüber allen Autoritäten, allen Idealen, allen Formen der Vergangenheit, suchen sie im Lärm der Autohupen, der Radiolautsprecher, der Lichtreklame das Neue, das Sensationelle. Suchen sie eine Kunst, die, von allen Traditionen befreit, dieses neuen Geschlechts Spiegelbild sein soll.

In Kreneks „Jonny spielt auf" ironisiert diese neue Generation sich selbst. Nichts mehr von der traditionellen Oper. Das Leben, wie es diese Bourgeoisjugend führt. Es folgt nicht mehr poetisch Gretchen Fausten in die Laube, sondern ganz prosaisch die Sängerin dem Geiger ins Hotelzimmer. Der Charleston ersetzt das Eröffnungsmotiv des romantischen Musikdramas. Aber diese Wirklichkeit eingefangen in die pessimistische Ironie einer Generation, die weiß, daß dieses ihr Leben doch nur das Resultat der geschichtlichen Niederlage, der ökonomischen Katastrophe ihrer Klasse ist. So malt sie sich den amerikanischen Neger, dessen Tänze sie tanzt und der ihr ihre Wundergeige stiehlt, als den kommenden Herrn der Welt. Du mein Gott! Es ist das Ressentiment der Verarmten, denen amerikanische Kapitalisten Sängerinnen, Professoren und Bilder vor der Nase wegkaufen. Der Schuldner hat sich immer am Gläubiger gerächt, indem er ihn als Harpagon[10] oder als Shylock malte. So macht Krenek John Pierpont Morgan zum Neger.

Die alten Tanten der Bourgeoisie sind entrüstet. Daß die Bürgerjugend so fühlt und so lebt – sie können es nicht ändern. Aber daß dieses Leben und Fühlen nun auch Buch und Musik gestalten – entsetzlich! Und das nun auch noch in der alten Hofoper! Das Alter der Bourgeoisie ist über ihre Jugend, ihre Vergangenheit über ihre Gegenwart, die Lüge, die das Lebensgefühl einer neuen Generation in die Kunstformen einer in einem Weltbrand aufgegangenen Gesellschaft pressen will, über den Mut zur Wahrheit empört. Was wollt ihr? Gefällt euch das Spiegelbild der Zeit nicht? Nun so klagt die Zeit an, nicht den Spiegel!

Aber wir Sozialisten? Nun ja, wenn Galerie und Stehparterre das Zischen des Parketts und der Logen niederapplaudieren, so applaudieren wir mit. Wir freuen uns des Mutes zum Bruch mit einer Tradition, die eine Weltumwälzung zu schaler Lüge gemacht hat. Man rede uns nicht von der Kultur, die sich da auflöse! Wir haben die letzten Früchte jener Kultur gesehen in zerfetzten Menschenleibern an den Stacheldrähten und erlebt, als die Patrizier zu Schiebern geworden sind. Aber wenn wir des gelungenen Scherzes, in dem die Zeit sich selbst ironisiert, mitlachen und das Geifern der erbosten alten Tanten uns den Spaß vergrößert, so übersehen wir darum doch die ganze Geistlosigkeit, Ideenlosigkeit, Kulturlosigkeit des Bildes nicht, das der Spiegel uns unterhaltend reflektiert. Denn daß *das* das Lebensgefühl

---

10 *Der Geizige* von Molière.

dieses Nachkriegsbürgertums ist, das beweist uns doch nur, daß neue *große* Kunst nicht mehr aus dem Lebensgefühl des Bürgertums werden kann!

Gewiß, die Vergnügungen jeder Zeit sind die Vergnügungen der herrschenden Klasse. Auch die Vergnügungen der jungen Arbeitergeneration erschöpfen sich zumeist noch in Kino, Radio und Fußball. Denn wie sie das neue Selbstbewußtsein, mit dem die Revolution sie erfüllt hat, zu bestätigen, die vermehrte Muße, die sie dem Achtstundentag verdankt, auszunützen versteht, bleibt doch immer bestimmt durch das Kulturniveau, das sie im Kampfe gegen das Kapital zu erringen vermochte, bestimmt durch dürftige Schulbildung, durch mechanische Tagesarbeit acht Stunden täglich und drückende Enge in den überfüllten Arbeiterwohnungen am Feierabend. Und dennoch hat diese Arbeiterjugend vor der bürgerlichen Jugend ungeheures voraus. Sie hat vor ihr voraus ein Ideal, um das sie ringt. Sie hat vor ihr voraus das Bewußtsein ihrer geschichtlichen Sendung. Sie hat vor ihr voraus den Idealismus, die Begeisterung, das Ethos und das Pathos, das [sic] nur aus dem Kampfe um ein großes Ziel, um die Neugestaltung der Menschheit erwachsen. Nur hier, nur aus dem zukunftsfreudigen, zukunftssicheren Lebensgefühl der jungen Arbeitergeneration und derjenigen Gruppen bürgerlicher Jugend, die, die Schranken eines ziellos, aussichtslos gewordenen bürgerlichen Denkens in sich zerbrechend, zu der Jugend der Arbeiterklasse stoßen und sich ihre Ideale aneignen, nur hier können die Elemente der neuen großen Kunst der Zukunft entstehen. Denn große Kunst wird freilich nicht aus aussichtsloser Selbstironie eines entgeisteten Geschlechts. Sie wird nur aus dem Geistesringen um der Menschheit großer Gegenstände.

Im neuen amerikanischen Roman wird sich ein junges großes Volk, das bis vor kurzem noch unkritisch der märchenhaften Entwicklung seines gigantischen Kapitalismus, seiner rasenden Technik gläubig gedient hat, zum erstenmal der Mechanisiertheit, der Geistlosigkeit, der Knechtschaft, seines von den Geldmächten beherrschten, von der Maschine tyrannisierten, im Geschäft aufgegangenen Lebens bewußt; da geht die literarische Kritik an dem herrschenden System, wie es so oft in der Geschichte geschehen, den kommenden Klassenkämpfern gegen diese System voraus. In der neuen russischen Lyrik und im neuen russischen Roman spiegelt sich die Geschichte der Revolution, folgt die Dichtung ungeheurem sozialen und politischem Geschehen. So nur, aus den großen Kämpfen der Zeit, kann neue Zukunft werden. Kennt ihr Wladimir Majakowskijs im Sturm der Revolution gedichteten Ruf an die Künstler?

> Hört auf von der Schönheit zu winseln!
> Zerreißt in euch selbst die Ketten!
> Die Straßen sind unsere Pinsel!
> Die Plätze sind unsere Paletten!
> Das Buch der Zeiten
> Auf tausend Blättern

Verdammt das alte Gelichter.
Auf die Straße! Zu neuem Schmettern,
Futuristen, Trommler und Dichter!

Bezirk	Autor	Zahl d. Entlehnungen	Autor	Zahl d. Entlehnungen	Autor	Zahl d. Entlehnungen	Autor	Zahl d. Entlehnungen	Autor	Zahl d. Entlehnungen	Das meistentlehnte Buch	Zahl d. Entlehnungen
I.	Traven	255	Asch Sch.	225	Lewis	174	Gladkow	120	Dreiser	112	Munthe, Das Buch von San Michele	35
II.	London	2958	Sinclair	1817	Zola	1537	Galsworthy	1433	Wassermann	1017	Traven, Baumwollpflücker	187
III.	London	1185	Sinclair	847	Zola	622	Traven	534	Zahn	501	Traven, Der Schatz d. Sierra Madre	128
IV.[2]	Sinclair	?	Remarque	?	London	?	Dreiser	?	Wallace	?	Sinclair, Petroleum	?
V.	London	2864	Wallace	2480	Zahn	2015	Traven	1972	Bettauer	1873	Remarque, Weg zurück	417
VI.	London	504	Sinclair	241	Lewis	199	Zola	186	Galsworthy	174	Remarque, Weg zurück	58
VII.	London	531	Galsworthy	372	Asch Sch.	334	Sinclair	296	Traven	249	Traven, Baumwollpflücker	61
VIII.[2]	Kästner	?	Wallace	?	Wassermann	?	Michaelis	?	—		Kästner, Fabian	?
IX.	London	2551	Asch Sch.	1822	Traven	1531	Galsworthy	1494	Sinclair	1490	Remarque, Weg zurück	268
X.[2]	—		—		—		—		—		—	
XI.	London	1893	Zola	1394	Sinclair	968	Greinz R.	910	Marriot	866	Baum, Helene Willfuer	179
XII.	London	6127	Sinclair	3371	Greinz R.	2944	Traven	2820	Zola	2623	Remarque, Weg zurück	486
XIII.[2]	—		—		—		—		—		—	
XIV.	London	3911	Ganghofer	2801	Greinz R.	2085	Wallace	1987	Zahn	1968	Remarque, Weg zurück	581
XV.	Traven	972	London	746	Galsworthy	321	Viebig	208	Sinclair	195	Galsworthy, Forsyte Saga	94
XVI.	London	6061	Sinclair	4412	Viebig	2666	Traven	2386	Wallace	2218	Remarque, Weg zurück	547
XVII.	London	1224	Zola	765	Sinclair	576	Rosegger	487	Remarque	340	Remarque, Weg zurück	148
XVIII.	London	2365	Wallace	1467	Greinz R.	1401	Michaelis	1135	Ganghofer	1120	Frank J. M., Das Leben der Marie Szameital	525
XIX.	London	1590	Zola	1134	Sinclair	972	—		—		London, Wolfsblut	?
XX.	London	6015	Traven	3359	Sinclair	3114	Zola	3098	Zweig St.	1528	Traven, Weiße Rose	816
XXI.[2]	Heye A.	?	London	?	Traven	?	Zahn	?	Zola	?		

[1] Vergleiche Statistik 1929 im Jahrgang 1930 der „Bildungsarbeit" — [2] Wo genaue Ziffern fehlen, erfolgt die Angabe auf Grund der Erfahrungen der Bibliothekare — [3] Diese Bezirke haben nicht berichtet

Meistentlehnte Schriftsteller und Werke der Gruppe Dichtungen in den Wiener Arbeiterbüchereien (1932), in: *Bildungsarbeit. Blätter für sozialistisches Bildungswesen*, 20. Jg., Nr. 7–8 (Juli/August 1933). (VGA)

25 Literatur
Richard Lambert, Gernot Waldner

Einleitung

Die Literatur des Roten Wien zeichnet sich weder durch eine dominierende Auffassung von Literatur noch durch einen einheitlichen Stil aus. Für die Partei verfasste Josef Luitpold Stern bereits vor dem Ersten Weltkrieg eine programmatische Schrift (*Wiener Volksbildungswesen*, 1910), in der die Aufgabe der Literatur definiert wurde. Stern sah die Literatur als ein Mittel, um den Einfluss von „Kitsch, Schmutz und Schund" (worunter er unter anderem die Abenteuerromane Karl Mays verstand) zurückzudrängen. Statt populärer Literatur propagierte die Partei die Literatur der Weimarer Klassik sowie eine Reihe von sozialrealistischen Arbeiten von Alfons Petzold, Else Feldmann, Stern selbst und anderen. Faktisch verdeutlichen Lesestatistiken, Publikationslisten und Rezensionen der Zeit jedoch, dass es im Roten Wien eine dynamische literarische Kultur gab, in der Kitsch und Klassik neben heute als kanonisch geltenden Werken standen. Die Literatur des Roten Wien kann daher nicht als ein Korpus von Texten gelten, der von Funktionären oder Kritikern der Partei geschätzt wurde (Oscar Pollak, Ernst Fischer, Ernst Waldinger), sondern als Konstellation von Schriftstellern und Schriftstellerinnen sowohl aus dem Zentrum als auch aus der Peripherie (Stefan Zweig, Hermann Broch, Jura Soyfer), deren Texte auch von Teilen der Arbeiterschicht positiv aufgenommen wurden.

Die literarische Kultur des Roten Wien profitierte vor allem von zwei Institutionen: den Arbeiterbüchereien und der enormen Presselandschaft. Das Standortnetz der bereits vor dem Ersten Weltkrieg gegründeten Arbeiterbüchereien wurde erweitert, wodurch eine weitreichende Institution entstand, die in der Lage war, Lesegewohnheiten zu beeinflussen und diesen Vorgang empirisch zu dokumentieren. Der Schwerpunkt der Bestände der Arbeiterbüchereien lag auf realistischer Literatur, den Natur- und Sozialwissenschaften. Diese Auswahl entsprach der Parteilinie eines empirischen Marxismus und dem Bildungsideal der Partei. Während die Arbeiterbüchereien die Lesegewohnheiten zu beeinflussen versuchten, trug die enorme Publikationslandschaft dazu bei, dass unterschiedliche literarische Formen entstanden. Das Angebot der Presse reichte von seriösem Journalismus oder politischen Zeitschriften bis zum Boulevardblatt. Entsprechend vielfältig waren die literarischen Formen: Dialektgedichte, Märchen, Puppenspiele, Reiseromane und andere Formen waren täglich zu lesen. Einige Zeitungen druckten auch literarische Übersetzungen ab, wobei jene von Werken von Upton Sinclair, O. Henry und Jack London die bekanntesten waren. Die Popularität dieser Autoren im Roten Wien erklärt sich wohl daher, dass es diesen Autoren gelang, Eskapismus, Unterhaltung und Sozialkritik zu kombinieren, ohne dem deprimierenden Realismus zu verfallen, der viele der sogenannten Arbeiterromane auszeichnete. Die Sozialdemokratische Arbeiterpartei (SDAP) unterstützte auch Autoren wie Hugo Bettauer, Johann Ferch, Theodor Kramer und Hans Kirchsteiner. Obwohl nicht alle Funktionäre und Funktionärinnen diese Autoren schätzten, galten sie als wichtige Verbündete gegen das klerikale Österreich.

Diese Spannung zwischen den Lesegewohnheiten der Arbeiterschicht und den Parteipräferenzen für politisch engagierte Texte ist typisch für die Widersprüche, die die Erforschung der literarischen Kultur des Roten Wien erschwert haben. Während populäre Bücher – egal ob fremdsprachiger oder deutschsprachiger Provenienz (etwa Erich Kästner) – soziale Themen abdecken, die die Bildung eines Klassenbewusstseins im Sinne der Partei förderten, ist der zentrale Stellenwert ihrer Autorinnen und Autoren für die Leserinnen und Leser im Roten Wien nicht zu belegen. Die heterogene Ansammlung von lokalen und internationalen Quellen, kanonischen und unbekannten Autorinnen und Autoren, autonomen, utopischen und politisch motivierten Beiträgen trug zur Publikation und Rezeption der Literatur des Roten Wien bei. Deshalb weist die Literatur des Roten Wien weder klare räumlich noch zeitliche Grenzen auf, inhaltlich ist sie geprägt von ästhetischen, sozialen und historischen Diskussionen. Proletarische Träume sozialer Mobilität treffen auf Versuche, eine klare Arbeiteridentität auszubilden, heute kanonische Autoren der österreichischen Moderne treffen auf die Parteiliteratur loyaler Funktionäre und Funktionärinnen. Diese Widersprüche ergeben eine komplexe Konstellation konkurrierender Perspektiven, die kulturelle, soziale, ökonomische und ästhetische Aspekte beinhalten. Diese Aspekte gilt es zu berücksichtigen, wenn die Rolle der Literatur innerhalb der Kultur des Roten Wien erfasst werden soll.

Es gibt daher keine Definition der Literatur des Roten Wien. Obwohl manche Texte dem Bildungsprogramm der SDAP entsprechen – wie Luitpold Sterns Ballade *Die Rückkehr des Prometheus* –, decken diese Texte nur einen kleinen Teil der literarischen Produktion ab. Dieses Kapitel versucht deshalb die unterschiedlichen literarischen Ausdrucksformen anzudeuten, die im sozialen Experiment des Roten Wien eine Rolle spielten: weibliche Identität innerhalb der Arbeiterklasse, durch Märchen vermittelte Bildung, Formen der Weimarer Klassik, das Erbe des logischen Empirismus und ein weites Spektrum von Interessen, vom politischen Erfolg zum sozialen Aufstieg, die literarische Karrieren in Gang setzten. Zudem wird die politische Seite heute kanonischer Autoren (Robert Musil,[1] Stefan Zweig) thematisiert. Die Inklusion dieser Autoren ist wichtig, um die literarische Szene des Roten Wien im Kontext der deutschsprachigen Moderne zu verorten. Diese unterschiedlichen Gesichtspunkte zeigen, dass Literatur im Roten Wien mehr war als ein pädagogisches Mittel, um

---

[1] Vgl. auch: Eine Kundgebung des geistigen Wien: Ein Zeugnis für die große soziale und kulturelle Leistung der Wiener Gemeinde, in: *Arbeiter-Zeitung*, 20. April 1927, S. 1. (Vgl. Kapitel 34)

politische Werte zu verbreiten, sondern auch ein Forum, in dem die vielen Transformationen des Lebens im Roten Wien synthetisiert wurden.

Literatur

Holmes, Silverman 2009.
Pfoser 1980.
Schmidt-Dengler 2002.
Holmes, Silverman 2009.
Transdisziplinäre Konstellationen in der österreichischen Literatur 2019.

25.1 Rudolf Brunngraber: Die größtmögliche Ordnung

Erstveröffentlicht als 1880–1893. Die größtmögliche Ordnung, in: Rudolf Brunngraber: *Karl und das 20. Jahrhundert,* Frankfurt am Main: Societäts-Verlag 1933, S. 9–10. Neu aufgelegt als Rudolf Brunngraber: *Karl und das zwanzigste Jahrhundert. Roman,* Wien: Milena Verlag, 2010.

Karl und das 20. Jahrhundert *gilt als einziger literarischer Vertreter der neuen Sachlichkeit aus Österreich. Seine wesentlichen Impulse erhält der Text aber von Otto Neurath, in dessen Gesellschafts- und Wirtschaftsmuseum Rudolf Brunngraber (1901–1960) tätig war. Wie der Titel vermuten lässt, hat der Roman zwei Protagonisten: ein Arbeiterkind aus Hernals, Karl Lakner, und die quantitativ erfasste Wirtschafts- und Sozialgeschichte vom Beginn der zweiten industriellen Revolution bis zur Weltwirtschaftskrise von 1931. Brunngraber, der auch erster Vorsitzender der Vereinigung sozialistischer Schriftsteller war, demonstriert anhand dieser beiden Protagonisten die eklatante Diskrepanz zwischen der Verbreitung des Taylorismus, der Bildung globaler Kartelle, den Risiken der Überproduktion einerseits und den intellektuell defizitären Mitteln eines Mitglieds der Unterschicht andererseits, dem die Prozesse, die sein Leben direkt und indirekt bestimmen, so fremd wie unverständlich bleiben müssen. Durch das Aufweisen dieser Diskrepanz wird der von Neurath forcierten statistischen Bildung der Arbeiterschaft das Wort geredet.*

Als Frederick W. Taylor (Philadelphia) 1880 als Erster konsequent den Gedanken der Rationalisierung faßte, war der Wiener Karl Lakner noch nicht unter den Lebenden. Das entschied sich zu seinem Nachteil. Denn er hätte ebensogut damals schon achtzig Jahre alt sein können. Wäre er vierzehn gewesen und mit einem Kropf behaftet und hätte er sich einer Operation unterzogen, dann würde man ihm allerdings mit dem Kropf die Schilddrüse herausgeschnitten haben und er wäre ein Kretin geworden. Von dem Stand der medizinischen Wissenschaft jedoch abgesehen, war das Leben damals verhältnismäßig noch ungefährlich. Allein Karl Lakner war weder in der einen noch in der anderen Form vorhanden. Das Schicksal hatte ihn mit achtzehnhundert Millionen anderen ausersehen, am bislang gewalttätigsten Zeitalter dieser Erde teilzuhaben.

Mr. Taylor trug indessen das seine dazu bei, die Schienen, auf denen dieses Zeitalter rollen sollte, straffzuziehen. Er hatte den Nerv für das, was man Zivilisation nennt. Obgleich ihm das Reifezeugnis für die Harvarduniversität ausgestellt worden war, trat er bei der Midvale Steel Company als Hilfsarbeiter ein. Mit der Zielbewußtheit freilich, die nur Naturen eignet, in denen die Familie ihren biologischen Höhepunkt erreicht hat. Die Midvale Steel Co. war auch der properste Boden für einen solchen Mann. Durch ihren Betrieb waren die bekannten Pioniere der neuzeitigen Betriebsführung gegangen, Henry R. Towne, Wilfred Levis, Carl G. Barth. Das bewies, daß der Kopf des Unternehmens, Mr. William Sellers, seine Sinne offen hielt für das Kommende.

Die Arbeiter der Midvale Steel Co. fanden sich ungefähr in der Lage von Menschen, die man in die Zugluft gestellt hat. Daß das Land eine Menge Eisenbahnen erhalten hatte, wußte jeder Zeitungsleser. Desgleichen, daß man in Chikago den ersten Wolkenkratzer baute (1883), daß man im Osten mit elektrischen Lifts in die Häuser hinauffuhr und im Westen aus jedem Kartoffelacker eine Petroleumfontäne stach. Hier innen aber spürte man die Bedeutung von all dem, den Wind, der damit anhob. Was gestern Arbeit gewesen war, war heute Engagement innerhalb etwas, das man Neuzeitige Betriebsführung nannte. Es wurde einem wie Verbrechern auf die Finger gesehen. Zudem wandelten sich die Werkzeuge von Schicht zu Schicht, und der Werkgang erfuhr, mit und ohne Zuwachs neuer Apparaturen, fortwährend Umstellungen. Zugegeben, verdammt, daß sich alles handlicher gestaltete; der Vorgang an sich aber war unheimlich. Hier wurde die Vertrautheit zwischen Mann und Maschine, und damit die zwischen Leben und Arbeit, in einer Weise gestört, die ein Grauen vor der Zukunft einflößte.

Das war es: die Neuzeitige Betriebsführung war ein System.

[...]

25.2 Hermynia zur Mühlen: Die Bundesgenossin

Erstveröffentlicht als Hermynia zur Mühlen: Die Bundesgenossin, in: dies.: *Das Schloß der Wahrheit. Ein Märchenbuch*, Berlin-Schöneberg: Verlag der Jugendinternationale 1924, S. 24–26.

Das sozialistische Märchen Die Bundesgenossin *diskutiert Niccolò Machiavellis Lehre vom Machterhalt eines Herrschers. Es erschien in* Das Schloß der Wahrheit, *einem Buch, das im Gegensatz zu Hermynia zur Mühlens (1883–1951) ersten Märchenbüchern zur älteren Form einer Sammlung disparater Einzelmärchen zurückkehrt. Fast das gesamte Buch greift kanonische Märchen als Vorlagen auf, die Moral ist jedoch, wie im Genre des sozialistischen Märchens üblich, marxistisch. In der Adaption von* Aschenbrödel *werden etwa die reichen Gäste des Hochzeitsfests verwiesen, unter den*

Verbliebenen wird die Herrschaft des Proletariats ausgerufen. In anderen Märchen wird die intellektuelle Unabhängigkeit der Verfasserin deutlich, indem etwa ihre Interpretation des Christentums nicht im Gegensatz zum Marxismus steht: Kaspar, Melchior und Balthasar stellen in einem Märchen eine vereinigte Front aus Arbeitern, Bauern und Intellektuellen dar. Zur Mühlen selbst wurde durch sozialkritische Romane, Feuilletons und zahlreiche Übersetzungen bekannt. Eine Verbindung dieses Märchens zum Roten Wien besteht darin, dass in Die Bundesgenossin *die Zufriedenheit als der Geist erscheint, der es dem Despoten erlaubt, uneingeschränkt zu herrschen – ein Jahr nachdem die erste Ausgabe der feministischen Zeitschrift* Die Unzufriedene *erschienen war.*

Im Morgenland, dort, wo die Sonne heller scheint und Blumen und Früchte reichlicher blühen und gedeihen, lebte einmal ein mächtiger Fürst. Er war grausam und seine Habgier vermochte nichts zu befriedigen, nicht die gefüllten Schatzkammern und nicht die üppigen Felder, und nicht die Marmorpaläste, noch die ungezählten prächtigen Pferde und Kamele, die seine Ställe füllten. Seine Untertanen hatten ein gar hartes Leben, sie mußten schuften, daß ihnen fast, wie erschöpften Hunden, die Zunge zum Mund heraushing, erhielten dafür nur spärliche Nahrung und lebten in elenden Erdhütten. Da geschah es, daß sich unter dem Volk ein großes Murren erhob und der Lärm dieses Murrens schlug zur Nachtzeit gegen den Fürstenpalast, wie die Brandung des Meeres. Und dem Fürsten kam große Angst an, denn er war feige, wie alle Tyrannen. Er ließ seinen Hofzauberer rufen und sprach zu ihm: „Gefahr droht mir und ich muß mich schützen. Doch traue ich nicht meinen Soldaten, denn sie sind die Brüder und Söhne der Unzufriedenen und es wäre möglich, daß sie ihnen beistehen, statt mir. Deshalb will ich in der Geisterwelt meine Verbündeten suchen. Rufe die Geister herbei."

Und der Zauberer zog auf dem Boden einen Kreis und sprach Beschwörungsworte.

Da erzitterte plötzlich der große Saal, die Fenster klirrten, als ob ein heftiger Sturm gesaust käme, und in dem Kreis erschien ein riesenhafter Mann, furchtbar anzusehen, mit struppigem Haar, lodernden Augen und geballten Fäusten. Der Fürst wich einige Schritte zurück und fragte den Zauberer: „Wer ist das?"

„Das ist der Haß", entgegnete der Zauberer.

Und der Haß sprach: „Ich reize die Menschen wider einander auf, daß sie einander töten. Schicke mich ins Volk, und der Bruder wird den Bruder morden, und der Vater den Sohn. Ich bin stark wie das Meer und hart wie ein Granitfelsen."

Aber der Fürst war vorsichtig und fragte: „Bist du dessen gewiß, daß du sie lehren wirst, nur einander zu hassen?"

„Das kann ich nicht versprechen", erwiderte der Haß.

„Wehe!" rief der Fürst, „Wenn sie lernten, mich zu hassen, und du weiltest unter ihnen – das wäre mein Tod! Fort, dich will ich nicht zum Bundesgenossen!"

Der Haß verschwand und im Kreis erschien ein uraltes Weib mit gefurchtem Gesicht und gebeugtem Nacken, zahnlos, armselig und mit verängsteten Augen.

„Das ist die Not", erklärte der Zauberer.

„Ich bin die beste Bundesgenossin", prahlte die Not mit heiterer Stimme. „Wohin ich komme, dort werden die Menschen voller Angst, ducken sich und sind leicht zu bändigen. Ich lasse sie schwach werden, ihre Gesichter fallen ein, ihre Glieder trocknen aus. Wo ich vorübergegangen bin, dort haben die Menschen nichts mehr zu verlieren."

„Wenn sie schwach werden", meinte der Fürst mit gerunzelter Stirn, „so können sie nicht mehr arbeiten, und wer weiß, was für Gedanken ihnen kommen, wenn sie erkennen, daß sie nichts mehr zu verlieren haben. Fort, alte Vettel, du bist nicht die Rechte!"

Und es kamen noch allerlei Geister, aber bei jedem drohte die Gefahr, daß sein Einfluß auch gegen den Fürsten wirken könnte. Die Verzweiflung sprach: „Der Mensch, den ich berührt habe, achtet nicht mehr des eigenen und nicht mehr des fremden Lebens." Der Hunger sprach: „Ich habe schon mehr als ein Volk angeführt gegen seinen Herrscher." Und die Mißgunst erklärte: „Wohl vermag ich die Herzen der Menschen mit Neid zu erfüllen. Worum aber sollen die Armen die Armen beneiden? Aller Neid fiele auf dich, der du so herrlich lebst."

Schließlich ergrimmte der Fürst und er drohte dem Zauberer, ihm den Kopf abschlagen zu lassen, wenn er nicht allsogleich den richtigen Geist herbeirufe. Da schrie der Zauberer laut in seiner Angst die Zauberworte, und siehe, mitten im Kreis stand ein kleines Weiblein, weder jung noch alt, sauber gekleidet, mit glattgekämmtem Haar, und es machte einen schönen Knicks und lächelte über das ganze Gesicht.

Da kam dem Fürsten heftiger Zorn an und er schrie: „Du willst mich wohl narren, du schurkischer Zauberer? Was kann dieses kleine, lächelnde, dumme Weiblein tun? Schicke es fort!"

Aber der Zauberer sprach zitternd: „Oh, Herr, dieses kleine Weiblein ist die Zufriedenheit und es ist mächtiger denn alle anderen Geister. Ich bitte dich, gestatte ihm zu sprechen."

Und das lächelnde Weiblein hub an: „Wo ich hinkomme, verstummt das Murren, die Menschen hören auf zu denken, sie blicken sich um und sprechen: ‚Freilich geht es uns nicht gut, aber es könnte uns noch viel schlechter gehen. Wir wollen froh und dankbar sein, daß unser Elend nicht noch größer ist!' Und die Menschen essen trockenes Brot und leben in Erdlöchern und schuften wie das liebe Vieh und sind still und ergeben. Und besonders die Frauen lassen mich ein in ihr Herz und wenn die Männer etwas wagen sollen, um ihr Leben um ein Geringes besser zu gestalten, so hindern sie sie daran und jammern: ‚Nein, nein, tut es nicht, wer weiß, ob euer Wagnis glücken wird, und glückt es nicht, so wird es uns vielleicht noch schlechter gehen. Wir wollen froh sein, daß wir nicht ganz verhungern und auf der bloßen Erde schlafen müssen!'"

Der Fürst nickte gnädig; er nahm von seinem Halse die Goldkette, hing sie dem lächelnden Weib um und ernannte es feierlich zu seiner Bundesgenossin.

Und von nun quälte ihn keine Furcht mehr; seine Tage waren voller Freuden und seine Nächte voller Ruhe, denn dort, wo in den Herzen der Menschen die Zufriedenheit herrscht, können die Unterdrücker und Ausbeuter ruhig schlafen; es droht ihnen keine Gefahr.

25.3 Else Feldmann: Löwenzahn – Eine Kindheit

Erstveröffentlicht als Else Feldmann: *Löwenzahn – Eine Kindheit*, Wien u. a.: Rikola-Verlag 1921, S. 19–21.

Die im zweiten und zwanzigsten Wiener Gemeindebezirk aufgewachsene Schriftstellerin und Journalistin Else Feldmann (1884–1942) schildert im Roman Löwenzahn *eine Kindheit in den Mietskasernen der jüdischen Unterschicht. Selbst aus einer armen Familie kommend, arbeitete Feldmann zunächst in einer Fabrik, bevor sie Gerichtsreportagen für mehrere Zeitungen schrieb, Theaterstücke verfasste und Klassiker adaptierte.*[2] *Sie stand mit Arthur Schnitzler in Briefkontakt, war Gründungsmitglied der Vereinigung sozialistischer Schriftsteller, verkörperte also die Biografie einer intellektuellen Aufsteigerin. Die Erzählperspektive des Romans entspricht inhaltlich sozialrealistischen Erwartungen, bricht aber formal mit ihnen, da die Welt der Mietskasernen aus der verfremdenden Perspektive eines Kinds dargestellt wird.*

Martha Hauer lächelte eigentümlich und sagte: Aber geh, ich hab' ganz andere Freundinnen.

Ich fragte: Wen hast du?

Ach alle. Die Primaballerina und die in der zweiten Quadrille und das ganze *Corps de ballet* und erst die Tänzer! Einen solchen Berg Bonbons habe ich zu Hause.

Ich konnte nichts sagen vor Staunen, ich sah sie nur an. Dann sagte sie mir Adjö, sie müsse jetzt sofort nach Hause, denn um zwei Uhr wäre die Probe, wo sie in einem roten Gazekleid als Teufelin um die Primaballerina zu tanzen habe.

Martha Hauer als Teufelin in der großen Oper! Mein Kopf konnte das nicht fassen. Ein paar Mal suchte ich noch in ihre Nähe zu gelangen, ob sie mir wieder von der Ballerina erzählen würde – ich wäre schon darüber sehr froh gewesen – aber es kam nicht vor; Martha Hauer sprach nie wieder ein Wort zu mir.

Olga Welt gefiel mir, weil sie Überschuhe und ein samtenes Kleid trug und weil sie zugleich lachen und weinen konnte. Sie war auch fast immer lustig, und sie war die einzige, über die unsere Lehrerin eine Sekunde lang gelacht hatte. Ich hätte

---

[2] Zu ihren Übersetzungen gehört N. W. Gogols im Original 1842 erschienene Kurzgeschichte *Der Mantel* (1927).

mich gerne mit Olga Welt befreundet, doch wie ich zu ihr ging und mit ihr sprechen wollte, sagte sie, sie möchte ganz gern meine Freundin sein, doch erlaube es ihre Mama nicht, daß sie mit armen Kindern verkehre. Sie ging immer mit Grete Hupfeld und Klara Martin; die hatten gleichfalls Überschuhe und im Frühling, wenn es geregnet hatte, kamen sie in schottischen Mänteln.

Ich ging noch am selben Tag zu Ploni in die Küche und fragte: Ploni, bin ich ein armes Kind?

Freilich bist du ein armes Kind.

Warum, Ploni?

Weil deine Eltern kein Geld haben.

Ja, das begriff ich.

Ich warb nun nicht mehr um Olga Welt und hatte auch nicht mehr den Mut, eine andere zu fragen, sondern ging fortan allein, die Wand entlang.

Ich nahm mir vor, fleißiger zu sein als alle anderen. Aber es ging mir sehr schwer, am schwersten ging es mit dem Schreiben und mit dem Rechnen. Und wenn die Lehrerin fragte: Sind alle fertig mit dem Satz? sagten alle ja, nur ich war noch nicht fertig. Dann kam sie und sagte: Leg' einmal die Hände auf die Bank! Und schlug mit dem Lineal darauf: zwei-, drei- viermal fest – so, sagte sie, hast du genug? Wie aus Holz sind deine Finger.

Die Mädchen lachten. Die Lehrerin hatte ihrem Zorn Luft gemacht, war wieder ruhig, nahm die Brille ab, um sie zu putzen, und es kamen ihre schrecklichen Augen zum Vorschein. Ich saß da mit meinen hölzernen, geschlagenen Fingern. O wie war mir so bange!

Dann kam ein Jubel, Jubel ohnegleichen. Wir zogen aus dem Hause fort, in ein anderes Haus. Die Fenster gingen in einen Lichthof. Da gab es Katzen; braune, schwarze, schneeweiße mit Glasperlenaugen; die schrien morgens wie kleine Kinder; dann wurde ein Tisch in den Hof gebracht; die zwei Kürschnergehilfen legten einen Pelz hin und klopften ihn mit einem Rohrstock im Takte. Dann kamen Kinder aus dem Trödlerladen im Hofe mit ihrer häßlichen alten Bulldogge Drotschke, die aussah, als hätte sie Brillen, und unserer Lehrerin überhaupt sehr ähnlich war.

[...]

25.4 Anton Kuh: Bettauer

Erstveröffentlicht als Anton Kuh: Bettauer, in: *Die Stunde*, 6. Oktober 1925, S. 5.

Am 26. März 1925 erlag Hugo Bettauer (geb. 1872) den Folgen eines von Otto Rothstock, einem der NSDAP nahestehenden Zahntechniker, verübten Attentats. Der als Literat (Die Stadt ohne Juden), Journalist und Herausgeber bekannte Bettauer wurde davor kontinuierlich von Christlichsozialen und Nationalsozialisten als „Roter Dicher" oder „Verderber der Jugend" für seine freizügigen Texte und seine Zeitschrift Bettauers Wochenschrift *angefeindet. Anton Kuh, einer der produktivsten und stilistisch herausragendsten Journalisten der Zeit, diskutiert in diesem Artikel, der aus Anlass des Prozessbeginns gegen Bettauers Mörder erschien, die Rezeption von Bettauers Arbeiten und die Reaktion auf dessen Ermordung in der Wiener Literaturszene. Folgt man Kuhs Text, so wird deutlich, dass Bettauers Stil und seine populären Formate ihm unter den Literatinnen und Literaten keine Solidarität bescherten, da Bettauers Arbeiten als mit literarischer Hochkultur unvereinbar angesehen wurden.*

Manchmal ist ein Mord nötig, damit ein Vorurteil verdampft.

Ich sehe einen Zettel vor mir, den nach dem Attentat auf den Ex-Kanzler Seipel die Wiener Hakenkreuzler in Umlauf gesetzt hatten und worauf unter dem Titel „Wer sind die Mörder?" die Namen einiger Schriftsteller und Journalisten knallschwarz aufgeschrieben standen. Der Zufall hatte meinen Namen mit dem Bettauers in einer Separat-Zeile vereinigt. Und ich erinnere mich noch, kurze Zeit danach dem Chefredakteur der „Arbeiter-Zeitung" (der sehr widerwillig unser Proskriptionsgenosse war) darüber gesagt zu haben: „Welche Bosheit! Man setzt einen auf die Liste und nimmt ihm zugleich die Ehre davon, indem man ihm die unerwünschteste Gesellschaft beigibt!"

Denn ich hatte für meinen Zettel-Nachbarn kein zu großes Faible.

Keiner unter den Wiener Literaten hatte es. (Auch nicht unter den ausländischen.) Sie waren gegen seine Karnickel-Produktivität, gegen die fast als unverschämt empfundene Leichtfüßigkeit, mit der seine Schreibmaschine den Problemen obsiegte, gegen die Verflachung oppositioneller und rebellischer Erkenntnisse und gegen die ungeheure Volkstümlichkeit, die sich aus all dem für seine Person ergab. Selbst am Tag, da die Nachricht von seiner Ermordung in die Kaffeehäuser, Bars und Geschäftsbureaus drang, konnte sich einer aus ihrer Sippe nicht des Ausspruchs enthalten:

„Das ist die tragische Schuld, wenn man die Leute in seine Sprache hereinläßt. Wer die Leute in seinen Stil hereinläßt, läßt sie auch in sein Zimmer herein – und dann schießen sie ihn tot!"

Es war das mildeste Urteil. Aber indem es der Sprecher abgab und sich sofort giftzüngig übertrumpft sah, kam ihm mit dem Ekel vor diesen Burschen die Erkenntnis, welche Lobpreisung des Ermordeten er da im Grund ausgesprochen; und welches Unrecht er ihm vordem getan.

Hatte denn die nasenrümpfende Geringschätzigkeit der Literaten, dieser Hermaphroditen aus Kunst und Bürgerlichkeit, die aus einer stockreaktionären Leiblichkeit ein fortgeschrittenes Hirn bedienen, eine andere Ursache als eben dieses In-die-Sprachtür-Hineinlassen? Mißachteten sie ihn, aus ihrem ganz unrevolutionären Wesen heraus, nicht weit eher wegen des Verrats am Inhalt als an der Form, das heißt: von der Verdeutlichung und Preisgebung gewisser reservatester Wahrheiten aus, die sonst Geheimgut des kleinen Intellektuellen-Zirkels bleiben, und keineswegs vom Standpunkt ihrer sprachlichen und geistigen Diskreditiertheit?

Ja, das war ihres Hasses Grund, deshalb bespieen sie ihn noch nach seinem Tod in Essays und Artikeln! Nichts können die Intellektuellen weniger verzeihen, als zu sehen, daß jemand Wahrheiten, die sie selbst neben dem Leben und außerhalb der Menge kultivieren, demagogisch unter die Leute bringt! Nichts vergibt der Literat weniger, als seine freieren Gedanken auf der Straße zu sehen. Er spiegelt sich dann vor, nicht die Hinaustragung dieser Gedanken sei es, was ihn erzürnt, sondern der Straßenschmutz, in dem sie kollern – aber er lügt, er meint ja doch immer nur sich.

Und das ist dann der Punkt, wo der Halbgeschlechtler dem Nullgeschlechtler, der Literat dem Hakenkreuzler, der Snob dem Mob gefällig die Hand reicht.

Bettauer, der Wiener, war nach langem Aufenthalt drüben aus Amerika gekommen. Vielleicht war auch dies so etwas wie „tragische Schuld". Seine Popularität war ebenso enorm wie beklemmend; sie war wienerisch, schuf und befruchtete Wienerisches, aber ihr Triebrad arbeitete zu leicht, zu hemmungslos, zu sachlich.

Er kam mit der Gabe der Eitelkeitslosigkeit heim, entgiftet vom Ehrgeiz nach Niveau; und hatte den Willen, die demokratischen, sozialen, sexualaufklärerischen Erkenntnisse des alten Erdteils in der Diktaphonsprache des neuen niederzuschreiben. Also: Unterhaltungsbelletristik mit negativem Vorzeichen; Anti-Courths-Mahler-Gesinnung in der Courths-Mahler-Sprache.[3] Er selbst berühmte sich, so zu schreiben, wie seine Leser, könnten sie ihre Meinung in Worte fassen, es schrieben. Die Thematik war diesem Vorsatz angemessen: Dienstbodenschindung [sic]; die vernachlässigte Gattin; das verführte Bureaufräulein; darf man Kinder abtreiben?; Geld und Liebe usw. Er leuchtete mit einer revolutionären Zwei-Groschen-Psychologie – die gleichwohl viel mehr wert war! – in die dumpfen Heim-Kümmerlichkeiten, sprach das Ungesprochenste aus, ermunterte den zermürbten Anspruch auf Duft und Sinnenglück, der in den armen Frauen und Mädchen nagt, und setzte ihnen den Keim zur revolutionären Forderung nach Glück in die Brust, die vieltausendmal wichtiger ist als alle sozialistischen Forderungen nach Brot. (Sintemalen aber die beiden Wünsche unzertrennlich sind, so hätte sich Bettauer bei den dogmatischen Nichtsriskierern immerhin ein Denkmal verdient.)

Die solchem Zweck zuliebe gegründete und nach ihm benannte Zeitschrift fand reißenden Absatz; noch gellt der wehklagend-langgezogene Wiener Wochenruf nach, der – phonetische Vorahnung? – wie eine Panik der Trivialität ins Gehör drang. Die Leute wallfahrteten in die Sprechstunden; der Fragekasten wurde zum Duchent-Orakel; selten hatte Wien eine demagogischere Wirkung des Druckbuchstabens gesehen. Spötter sagten: „Das ist Psychoanalyse für Dienstmädchen." (Oh, um wieviel praktischer und gesünder als das gleichnamige, sich seelischer Klistiere bedienende Gesellschaftsspiel!) Objektivere meinten: „Er revolutioniert die Stenotypistinnen." Und diese Meinung hatte recht. Die kleinen hübschen, lebensarmen Bubikopf-Wesen, die Manikuren, Friseusen, Stenotypistinnen, sie hatten den Mann ge-

---

3 Hedwig Courths-Mahler, produktive Autorin sehr erfolgreicher Kerzenscheinromane.

funden, der sie geradewegs vom unbefangenen Liebeswunsch, von ihrer Sehnsucht nach Wohlgeruch, Zärtlichkeit, Wärme aus revolutionierte. Möglich, daß sie der Anblick ihres Befreiers – trotz dem mächtigen Goethe-Kopf ein bürgerlich ausgeruhter Herr – ein bißchen enttäuschte. Aber er war ihr Gott. Nein, mehr: Ihr Lueger.[4]

Es gibt aber außer unzufriedenen Kleinbürgersfrauen, problematischen Bubiköpfen, glückshungrigen Schreiberinnen und tragischen Kindermädeln noch andere Wesen auf der Welt; Geschöpfe, die zu verstockt und verschämt sind, ihr Leid einem Geschlechtsführer anzuvertrauen, und es lieber in Politikerhände legen; Jünglinge, denen wohlweislich gepredigt wurde, daß die Wahrheit der Liebe ein Höllenspuk und die wirkliche ideale Welt ein stahlschimmernder, geharnischter, wortgefügter Überbau über dem Verzicht ist. Sie gehen mit dem eingetrockneten Schweiß ihres Unglücks umher, gleich bösartigen Kindern, die aus dem Spielpark gewiesen wurden; dann und wann schwingen sie Stöcke oder Fahnen. Ihnen ist so oft der unaufgeklärte stumpfe Bubikopf unnahbar. Was sollten sie erst mit dem zum Glück gestachelten anspruchsvolleren tun, der alle Politik verlacht und nur Heiterkeit will? Und da kam noch jemand, der sie mit seinen Schriftzeichen eine um die andere zum Fordern erzog und noch weiter wegführte! Undenkbar! – Der Schuß mußte fallen.

Der Literat aber schrieb, als die Meldung von diesem Mord kam, gerade am sechsten Band seiner chinesischen Liebesgleichnisse.

Begreift er heute, daß der Mut allein, der den erschossenen Bettauer von solchem Zeitvertreib abhielt, ihm die Ehre sichert, als Märtyrer dazustehen?

25.5 Joe Lederer: Tippmamsell

Erstveröffentlicht als Joe Lederer: Tippmamsell, in: *Bettauers Wochenschrift: Probleme des Lebens*, Nr. 51 (1925), S. 2.

Wie viele Gedichte von Josefine „Joe" Lederer (1904–1987) basiert auch dieses auf biografischen Erfahrungen. Trotz bürgerlicher Herkunft war ihre Familie infolge der Inflation verarmt, was Lederer zwang, als Stenotypistin im Bankhaus Pollak zu arbeiten. Sie verdiente weniger als ihre männlichen Kollegen, hatte keine Aufstiegschancen und war sexistischer Diskriminierung ausgesetzt. Literarischen Niederschlag fanden diese Erfahrungen erst, als Lederer von 1925 bis 1928 für Bettauers Wochenschrift arbeitete und, angeregt vom Austausch mit Leserinnen und Lesern und von der progressiven Linie des Blatts, eigene Gedichte verfasste. Im Kontext des Roten Wien sind diese Gedichte bedeutsam, da sie eine weibliche Angestelltenperspektive thematisieren –

---

[4] Der einflussreiche christlichsoziale Politiker, bekannt für seinen Antisemitismus, war ein Gegenspieler der Sozialdemokratie und von 1897 bis zu seinem Tod 1910 Bürgermeister von Wien.

eine Perspektive, die in der ästhetischen Produktion des Roten Wien nicht zentral war und diese Gedichte der Literatur der Weimarer Republik annähert.

Tippmamsell
Ich bin das Mädchen, das junge Mädchen deiner Zeit ...
aber ich glaube, die Menschen kennen mich eigentlich nicht,
sie verwechseln mich mit der Dame im Abendkleid,
mit der Jazzmusik, der Bar in dämmerndem Licht,
und ich habe doch mein Lächeln und mein Gesicht
hundertmal durch euer Leben getragen ...
Ich bin das kleine Mädchen im Straßenbahnwagen,
das früh verschlafen in die Arbeit fährt.
Mein Mantel ist ganz schäbig und verdrückt,
aber sicher hat dich mein Füßchen im Seidenstrumpf
einmal ein paar Stationen lang entzückt,
und du hast mich zitternd und verliebt begehrt.
Ich bin das kleine Mädchen im Büro,
das an der Schreibmaschine für dich schreibt,
ich bin dein Schatz, der dir die Zeit vertreibt,
vielleicht auch deine Schwester und dein Kind,
ich bin ja tausendfach, und immer gleich ...
Sahst du es nie: ich bin so krank und bleich
unter der Schminke und dem Lippenrot,
ich blühte kaum, da brach mich schon die Not.
Aber mein Lächeln schwingt noch zart und weich
um meinen Mund. Lächelnd will ich vergeuden
was mir noch blieb an süßer Zärtlichkeit ...
Ich bin die kleine Freundin deiner Freuden,
ich bin das junge Mädchen deiner Zeit ...

25.6 Josef Luitpold: Die Rückkehr des Prometheus

Erstveröffentlicht als Josef Luitpold: *Die Rückkehr des Prometheus*, Berlin: Buchmeister-Verlag 1927, S. 13, 15–17.

Josef Luitpold Stern (1886–1966) war eine zentrale Figur in der sozialdemokratischen Bildungsbewegung: die Arbeiterhochschule, die Arbeiterbildungszentrale, die Sozialdemokratische Kunststelle, die Arbeiterbüchereien, die Volksbühne und die Arbeiter-Zeitung zählten zu seinem Wirkungskreis. In einem seiner wichtigsten programma-

tischen Texte, Klassenkampf und Massenschulung[5], *fordert er die Ausrichtung der humanistischen Bildung der Arbeiterschaft am Vorbild der deutschen Klassik. Der folgende Auszug aus einem von Luitpold Sterns bedeutendsten literarischen Werken kann als die beispielhafte Umsetzung seiner Programmatik gesehen werden. Die analytisch von marxistischem Vokabular („Produktivkräfte") geprägte Adaption der Legende des Prometheus versucht den Brückenschlag zwischen einer Wiederbelebung der deutschen Klassik und der Entwicklung einer genuin proletarischen Literatur.*

Einleitung
[...]
Ihr versteht nun, Freunde, dass dieses Buch gerne vieles zugleich wäre: ein Männerbuch und ein Begleiter der Mädchen, ein Frauenbuch und ein Brevier der Jünglinge, ein Buch von Heiligen und ein Buch vom Trotz, ein Buch für stille Stunden und ein Buch für Volksversammlungen, aber immer ein Buch zur Weckung des planetarischen Geistes.

Rückkehr des Prometheus
Prometheus stand vor Zeus.
Versammelt waren die Göttlichen alle.

Und der Kronide hub an zu sprechen:
Siehe nun atmest du wieder den Himmel
ferne dem irdischen Staub.
Vergiss die Qualen, die du gelitten,
freu' dich der Ruhe der Seligen wieder,
sei uns gegrüßt, Prometheus!

Aber dem bleichen hageren Manne
zuckte der hart verschlossene Mund,
trotzig warf er das Haupt empor,
sah sich um in der Runde der Götter,
wehrte die Grüße finster ab
und begann:

Du hast mich entfesselt, Kronide,
nicht blutet mir mehr der Leib,
in den Himmel bin ich befohlen,
Gott zu sein unter den Göttern.

---

[5] Josef Luitpold Stern: *Klassenkampf und Massenschulung*, Prag: Zentralstelle für das Bildungswesen der Deutschen sozialdemokratischen Arbeiterpartei 1924.

Lass an den Felsen wieder mich schmieden!
Schick' wieder die Martern all' über mich!
Irrtum, Irrtum war deine Milde,
Irrtum war dein Verzeihn.

[...]

Morden, leiden, sterben im Feuer
sah ich die Menschen wie du.
Aber da glühte gewaltiger Wille
unvernichtbar mir durchs Herz:
die Menschen ihre Götterkraft zu lehren!

[...]
[S]ie dienen zu lehren dem heiligen Feuer,
dass sie die Erde zum Himmel machen,
den Menschen zum Gotte.

[...]

25.7 Josef Weinheber: Der Auflauf

Hier zitiert nach Josef Weinheber: Der Auflauf, in: ders.: *Wien wörtlich*, Wien, Leipzig: Adolf Luser Verlag 1935, S. 18.

Der aus einfachen Verhältnissen kommende Josef Weinheber (1892–1945) schrieb zunächst für satirische Zeitschriften, bevor er sich inspiriert von Karl Kraus und Anton Wildgans der Lyrik zuwandte. Mitte der 1920er Jahre verfasste Weinheber Gedichte und einen Fortsetzungsroman (Das Waisenhaus) für die Arbeiter-Zeitung. Erst nach dem Ende des Roten Wien wurde Weinheber durch den Gedichtband Adel und Untergang berühmt, seine Milieu- und Sprachstudien wurden politisch von allen Seiten gefeiert, auch im Nationalsozialismus galt er als einer der bedeutendsten Lyriker. Weinhebers Biografie weist weitere Brüche auf: Austritt aus der katholischen Kirche, konvertiert zum Protestantismus, 1944 Wiedereintritt in die katholische Kirche. Das hier ausgewählte Gedicht zeichnet sich durch die Thematisierung des Dialekts aus, der zur Lyrik erhöht wird, aber nie den schlichten Stil verlässt. Weinhebers Fokus auf das Volkstümliche, hier repräsentiert durch die Wiener Institution des Würstelstands, deutet sowohl die sozialkritische als auch die sprachpolitische Dimension seines Werks an.

Der Auflauf
„Wås gibts denn då? Wås is denn gschegn?"
– „Mir scheint, es setzt a Gaudi." –
„San zu vü' Leut, ma kann nix segn."
– „Geh, druck di fiari, trau di!"

„Aha, an Diab ham s' arretiert."
– „A Wolfshund håt wem bissn." –
„Sågn S', Herr, wås is denn då passiert?"
– „A Baumberl håt er gschmissn."

„Bei sowås segn S' kan Wåchmann net,
derwei kann ans verblüatn."
– „An Herzstich? Schrecklich!" – „D' Rettung steht
scho durt ums Eck, beim Wirten."

„Einsturzgefahr beim Würstelstand!"
– „Göl, der durt is der Mörder?"
„Des schiefe Gschau! Auf d' Pritschen gspannt
und urndlich trückert ghört er."

„Na, endlich a Inspekter, sixt?"
– „Tun S' da kein Auflauf machen!" –
„Er håt eahm scho. Jetzt, Freunderl, pickst."
– „Sie, da is nix zum Lachen!

Sie gehen mit!" – „Då bin i gspannt."
– „Sie revoltiern die Gassen!" –
„I håb do nur beim Würschtelstand
zehn Eß wolln wechseln låssen ..."

25.8 Stefan Zweig: Reise nach Rußland

Erstveröffentlicht als Stefan Zweig: Reise nach Rußland, in: *Neue Freie Presse*, 21. Oktober 1928, S. 1–2.

Stefan Zweig (1881–1942) zählt zu den populärsten österreichischen Autoren der Zwischenkriegszeit. Zweig versuchte nie, seine Erfolge direkt politisch zu nutzen, er bevorzugte die Rolle des bürgerlichen Ästheten gegenüber der des politischen Aktivisten. Im Jahr 1928 nahm Zweig aber eine Einladung der sowjetischen Regierung an, an der Fei-

er zu Leo Tolstois hundertstem Geburtstag teilzunehmen. Der Bericht, der aus dieser Reise hervorging, romantisiert viele Aspekte der russischen Gesellschaft. Angesichts überfüllter Städte und sichtbarer Armut argumentiert Zweig, dass die russische Kultur eine neue Einheit, Leidenschaft und ein Bewusstsein ihrer sozialen Verbindungen erlangt hätte. Zweigs positiver Bericht zog zahlreiche Konsequenzen nach sich. Obwohl das Rote Wien mit dem sowjetischen Kommunismus konkurrierte und sich auch wiederholt mit Kritik seitens der Kommunistischen Partei Österreichs konfrontiert sah, befeuerte die prominente Befürwortung des Sozialismus durch Zweig die politische Imagination der österreichischen Linken. Das Nachspiel dieses Berichts brachte Zweig einige Auftritte, Radiosendungen und Artikel ein. Rechte Kommentatoren wiesen auf den Widerspruch zwischen Zweigs Lob der Sowjetunion und seinem opulenten Lebensstil hin. Insgesamt zeigt diese von Zweigs Reisebericht ausgelöste Debatte, dass selbst für Autoren und Autorinnen, die sich als apolitisch verstanden, der Kontext des Roten Wien relevant werden konnte.[6]

[...]

Redliche Vorbemerkung.

Welche Reise innerhalb unserer näheren Welt wäre heute (1928) auch nur annähernd so interessant, bezaubernd, belehrend und aufregend wie jene nach Rußland? Während unser Europa, und besonders die Hauptstädte, dem unaufhaltsam zeitgemäßen Prozeß wechselseitiger Anformung und Verähnlichung unterliegen, bleibt Rußland völlig vergleichslos. Nicht nur das Auge, nicht nur der ästhetische Sinn wird von dieser urtümlichen Architektonik, dieser neuen Volkswesenheit in unablässiger Überraschtheit ergriffen, auch die geistigen Dinge formen sich hier anders, aus anderen Vergangenheiten in eine besondere Zukunft hinein. Die wichtigsten Fragen gesellschaftlich-geistiger Struktur drängen sich an jeder Straßenecke, in jedem Gespräch, in jeder Begegnung unabweisbar auf, ununterbrochen fühlt man sich beschäftigt, interessiert, angeregt und zwischen Begeisterung und Zweifel, zwischen Staunen und Bedenken leidenschaftlich angerufen. So voll ballt sich jede Stunde mit Weltstoff und Denkstoff, daß es leicht wäre, über zehn Tage Rußland ein Buch zu schreiben.

Das haben nun in den letzten Jahren ein paar Dutzend europäische Schriftsteller getan: ich persönlich beneide sie um ihren Mut. Denn klug oder töricht, lügnerisch oder wahr, vorsichtig oder apodiktisch, alle haben sie doch eine fatale Ähnlichkeit mit jenen amerikanischen Reportern, die nach zwei Wochen Cook-

---

[6] Zu den unterschiedlichen Reaktionen vgl. z. B. Anonym: Wegweiser durch das RAVAG Programm, in: *Die Rote Fahne*, 22. November 1931, S. 10 bzw. E. P.: Offener Brief an Stefan Zweig, in: *Freiheit!*, 9. November 1928, S. 2.

Rundfahrten sich ein Buch über Europa erlauben. Wer der russischen Sprache nicht mächtig ist, nur die Hauptstädte Moskau und Leningrad, bloß also die beiden Augen des russischen Riesen gesehen, wer außerdem die neue revolutionäre Ordnung mit den zaristischen Zuständen nicht aus früherer Erfahrung zu vergleichen vermag, sollte, meine ich, redlicherweise lieber verzichten auf Prophezeiung und auf pathetische Entdeckungen. Er darf nur Impressionen geben, farbig und flüchtig wie sie waren, ohne jeden anderen Wert und Anspruch als den gerade in bezug auf Rußland heute wichtigsten: nicht zu übertreiben, nicht zu entstellen und vor allem nicht zu lügen.

[...]

Moskau: Straße vom Bahnhof her.

Kaum aus dem Zuge nach zwei Nächten und einem Tage – ein heißer, erster, neugieriger Blick durch das klirrende Wagenfenster auf die Straße hin. Überall Drängen und Geschwirr, überfülltes, heftiges, vehementes Leben: es sind plötzlich zu viele Menschen in die neue Hauptstadt gegossen worden, und ihre Häuser, ihre Plätze, ihre Straßen quellen und kochen über von dieser stürmischen Bewegtheit. Über die stolperigen Pflaster flirren flink die Iswotschniks mit ihren Wägelchen und struppig-süßen Bauernpferdchen, Trambahnen sausen blitzschnell mit schwarz angehängten Menschentrauben an der Plattform, dem Strom der Fußgänger stellen sich wie auf einem Jahrmarkt überall kleine Holzbuden entgegen, mitten im Trubel bieten hingekauerte Weiber gemächlich ihre Äpfel, Melonen und Kleinzeug zum Verkauf. All das schwirrt, drängt, stößt mit einer in Rußland gar nicht erwarteten Flinkheit und Eile durcheinander.

Dennoch aber, trotz dieser herrlichen Vitalität, wirkt etwas in dieser Straße nicht voll lebhaft mit. Etwas Düsteres, Graues, Schattenhaftes mengt sich ein, und dieser Schatten kommt von den Häusern. Die stehen über diesem verwirrend phantastischen Treiben irgendwie alt und zermürbt, mit Runzeln und zerfalteten Wangen, mit blinden und beschmutzten Augenlichtern; man erinnert sich an Wien 1919. Der Putz ist von den Fassaden gefallen, den Fensterkreuzen fehlt Farbe und Frische, den Portalen Festigkeit und Glanz. Es war noch keine Zeit, kein Geld da, sie alle zu verjüngen und aufzufrischen, man hat sie vergessen, darum blicken sie derart mürrisch und verjährt. Und dann – was so besonders eindrucksvoll wirkt: während die Straße rauscht, redet, sprudelt, spricht, stehen die Häuser stumm. In den anderen Großstädten gestikulieren, schreien, blitzen die Kaufläden in die Straße hinein, sie türmen lockende Farbspiele, werfen Fangschlingen der Reklame aus, um den Vorübergehenden zu fassen, ihn für einen Augenblick vor den phantastisch bunten Spiegelscheiben festzuhalten. Hier schatten die Laden stumm; ganz still, ohne kunstvolle Türmung, ohne Hilfe eines raffinierten Auslagearrangeurs legen sie ihre paar bescheidenen Dinge (denn keine Luxusware ist hier verstattet) unter die mißmutigen

Fensterscheiben. Sie müssen nicht streiten miteinander, nicht ringen und nicht wettkämpfen, die Kaufladen von nebenan und gegenüber, denn sie gehören doch, die einen und die andern, demselben Besitzer, dem Staat, und die notwendigen Dinge brauchen nicht Käufer zu suchen, sie werden selber gesucht; nur das Überflüssige, der Luxus, das eigentlich nicht Gebrauchte, *„Le superflu"*, wie die französische Revolution es nannte, muß sich ausbieten, muß dem Vorübergehenden nachlaufen und ihn am Rockärmel fassen; das wahrhaft Notwendige (und anderes gibt es nicht in Moskau) braucht keinen Appell und keine Fanfaren.

Das gibt der Moskauer Straße (und allen andern in Rußland) einen so eigenartigen und schicksalshaften Ernst, daß ihre Häuser stumm sind und zurückhaltend, eigentlich nur dunkle, hohe, graue Steindämme, zwischen denen die Menschen fluten. Ankündigungen sind selten, selten auch Plakate, und was in roten Schriftzügen breitgerändert über Hallen und Bahnhöfen steht, ruft nicht Raffinements aus, Parfüms und Luxusautomobile, Lebensspielwerk, sondern ist amtliches Aufforderungsplakat der Regierung zur Erhöhung der Produktion, Aufruf, nicht zu Verschwendung, sondern zu Zucht und Zusammenhang. Wieder spürt man hier, wie schon im ersten Augenblick, den entschlossenen Willen, eine Idee zu verteidigen, die ernste, zusammengeballte Energie, streng und stark auch ins Wirtschaftliche gewandt. Sie ist nicht ästhetisch schön, die Straße von Moskau, wie die pointillistisch glitzernden, farbensprühenden, lichtverschwendenden Asphaltbahnen unserer europäischen Städte, aber sie ist lebensvoller, dramatischer und irgendwie schicksalhaft.

25.9 Ernst Fischer: Der Mann ohne Eigenschaften

Erstveröffentlicht als Ernst Fischer: Der Mann ohne Eigenschaften. Ein Roman von Robert Musil, in: *Arbeiter-Zeitung*, 9. Dezember 1930, S. 8.

Ernst Fischer (1899–1972), Kulturredakteur der Arbeiter-Zeitung, *gilt als einer der einflussreichsten Intellektuellen des Roten Wien. In seiner bedachten, aber überaus positiven Rezension von Robert Musils* Der Mann ohne Eigenschaften *benennt Fischer die außergewöhnlichen, doch auch die politisch verbindenden Elemente von Musils philosophischem Roman. Er zitiert eine Reihe von Motiven („Tempo", Dekadenz, historische Umbrüche), die sich nahtlos in das Vokabular der literarischen Moderne einreihen, er setzt sie aber neben eine Auswahl von sozialistischen Begriffen (Kollektivismus, Sozialexperiment, Rationalisierung). Diese Verbindung von Moderne und Sozialdemokratie unterstreicht das Potenzial der literarischen Kultur des Roten Wien, die sich daher nicht auf die von der Partei geförderten Formen des Realismus und der sozialen Allegorie reduzieren lässt, auch wenn nur wenige Arbeiter und Arbeiterinnen von Musil erreicht worden sind. Der abschließende Absatz der Rezension, „Unser Leben – ein Experiment", versucht Musils Essayismus mit dem experimentellen Charakter des Roten Wien in Verbindung zu bringen.*

Endlich einmal, in dem Tumult der nur-aktuellen, nur-lärmenden, nur-marktgängigen Bücher, ertönt die große Symphonie eines Romans, von einem Manne gedichtet, der den Mut hat, nicht für Analphabeten und andre Liebhaber von Kurzgeschichten, Magazinen und „Tempo, Tempo!"-Reportagen, sondern für intelligente Leser zu schreiben. Das ist allerhand; denn von hundert Schriftstellern verzichten neunundneunzig auf diese schwierigen und unerquicklichen Leser, die sich bei den sozusagen effektvollsten Büchern langweilen, die bei den sozusagen spannendsten Fabrikaten der Literatur ein Gähnen kaum unterdrücken können und bereit wären, die wildeste Handlung von zweihundert Seiten für eine halbe Seite Geist und Gescheitheit herzugeben. Hier aber ist das Erstaunliche geschehen: der Roman *„Der Mann ohne Eigenschaften"* von Robert *Musil* ist mehr als tausend Seiten lang (den Leser, der auf das „Tempo der Zeit" eingeschworen ist, wird das nicht wenig abstoßen), und tausend Seiten lang atmet man die Helle, hohe Lust von Geist und Gescheitheit. Man hört nicht auf zu lesen, und wenn man endlich die Lampe auslöscht, quillt das graue Licht und der graue Lärm des Morgens in das Zimmer herein; es gibt nicht viele Bücher, unter denen eine ganze Nacht hinwegschmilzt, ohne daß man es merkt.

[...]

Unser Leben – ein Experiment.

Ja, dieser Roman, in dem auf tausend Seiten nichts und zwischen den Zeilen Phantastisches geschieht, ist viel mehr als der Roman der untergehenden Monarchie. Dieser „Mann ohne Eigenschaften" ist der denkende, kalt-leidenschaftliche, skeptisch-abenteuerliche, unruhig-passive Mensch einer unterminierten, von rationalisiertem Wahnwitz durchfieberten, von exaktem Aberglauben durchflackerten Welt. Der Mensch im Höllenbetrieb einer Wirklichkeit, die wahrzunehmen und wahrzuglauben schwieriger ist, als die Zukunft der Menschheit aus den Sternen wahrzusagen. Der Mensch, der *„die Wirklichkeit abschaffen"* und sie durch Ideen ersetzen will, der Mensch, der sich selber durchsichtig und sich selber unglaubwürdig geworden ist, der Mensch „ohne Eigenschaften", weil die sogenannten Eigenschaften Rückstände der Vergangenheit sind, sonst nichts, leere Hülsen, entkerne Schalen. Schlagworte. Redensarten, weil unterirdisch etwas völlig Neues, etwas Namenloses und Ueberwältigendes beginnt, weil wir nicht mehr fühlen, was wir zu fühlen meinen, weil wir keinen Kontakt mit unserem eigenen Ich haben, aber tausend rätselhafte Kontakte mit allem, was um uns vorgeht. *„Etwas muß geschehen!"*, das jagt die Menschen in diesem Roman von Leben zu Leben, das jagt sie Zielen zu, die verhüllt sind, das läßt sie alles als provisorisch, als Experiment, als Laboratoriumsversuch betrachten. „Etwas muß geschehen!" Es ist, als bröckle das „Ich", der Mörtel der Eigenschaften, der Kalk der Vorurteile, die Stukkatur der Konventionen, von uns ab und unser Unterirdisches, bisher unausgesprochen und unaussprechlich, taucht nackt und kraß ans Licht. „Etwas muß geschehen!" Die alte Ordnung ist nur mehr eine dünne Kruste von Staub, Spinnweb, Erinnerung, die neue Ordnung besteht noch nicht, unser Leben ist ein Experiment. Unsere große Leidenschaft ist die Neugier, die Gier nach dem Neuen. Unsere große Tugend ist die Tapferkeit der Erkenntnis. Unsere große Sehnsucht ist die Synthese aller Widersprüche zu einer klaren, präzisen und ordnenden Idee.

Das alles, auf tausend Seiten in einzigartiger Vollkommenheit der Sprache und des Gedankens gesagt, kann nicht auszugsweise wiedergegeben werden. Man muß dieses Buch lesen und wieder lesen; bisher gibt es kaum ein zweites, das unser geistiges Schicksal, das den Aufbruch unseres Lebens ins Unbekannte mit ähnlicher Größe und Leuchtkraft erzählt.

25.10 Hermann Broch: Die unbekannte Größe

Erstveröffentlicht als Hermann Broch: *Die unbekannte Größe*, Berlin: S. Fischer Verlag 1933, S. 143–146.

Hermann Broch (1886–1951) gilt heute als einer der Hauptvertreter der österreichischen Moderne. Ähnlich wie sein Zeitgenosse Musil interessierte sich auch Broch für die exakten Wissenschaften und für empirische Philosophie, beide Diskurse flossen in seine literarischen Arbeiten ein. Einen Teil dieses Wissens eignete sich Broch in den 1920er Jahren an, als er an der Universität Wien mehrere Kurse bei Mitgliedern des Wiener Kreises belegte. Im Kontext des Roten Wien finden sich wenige Hinweise auf eine Würdigung Brochs großer Romane (Die Schlafwandler, Der Tod des Vergil). *Die* Schlafwandler *wurden immerhin in der Zeitschrift* Bildungsarbeit *in der Rubrik „Bücher nicht für jedermann" rezensiert.*[7] *Ein breiteres Publikum sollte der Auftragsroman* Die unbekannte Größe *erreichen. Darin wird das Leben von Richard Hieck, einem Doktoranden der Mathematik, dokumentiert, vor allem dessen Versuche, wissenschaftliche Erkenntnisse auf das Leben und die Liebe anzuwenden. Die folgende Passage schildert eines der wenigen Rendezvous von Richard Hieck. Das leicht peinliche Treffen mit Ilsa Nydhalm, das von wissenschaftlichen Bildern unterbrochen wird, kann als charakteristisch für Brochs Kritik an einem empirischen Weltbild gelten.*

Die Verlegenheit Richard Hiecks war nicht gering. Erna Magnus hatte ihm die Idee des Sternwartebesuchs gegeben, und eigentlich wollte er diese Idee mit Ilse Nydhalm verwirklichen. Über dieses Dilemma vergingen nahezu zwei Wochen. Er löste es mit Gewalt, indem er schließlich mit Ilse Nydhalm allein hinfuhr. Aber er empfand es als einen Rechtsbruch.

---

[7] E. W.: Bücher nicht für jedermann, in: *Bildungsarbeit: Blätter für sozialistisches Bildungswesen*, 19. Jg., Nr. 12 (1932), S. 256.

Sie fühlten sich beide nicht besonders wohl in ihren Kleidern, und Frage wie Antwort gelangten über das Astronomische nicht hinaus. Schon auf der Straßenbahn begann er den Einsteinischen Makrokosmos zu entwickeln. Sie hörte gespannt zu, doch daneben empfand sie es als beglückend, daß sie sich in einer Geheimsprache unterhielten.

Ihnen gegenüber saß ein Mann mit den gespreizten Beinen des Korpulenten und las eine Zeitung: von Zeit zu Zeit hob er das graubärtige Gesicht und sah durch seine Brille zu ihnen herüber. Er war ein freundlicher Mann, und er zögerte mit dem Umblättern, denn er meinte, daß sie die Rückseite seiner Zeitung mitlesen wollten, während sie in Wirklichkeit bloß die Allgemeinverständlichkeit der Zeitung mit der Isolierung ihrer eigenen Verstandsgemeinschaft verglichen. Hieck zog ein Blatt Papier heraus und ging daran, Formeln zu schreiben.

Es dämmerte bereits. An der Strandbadhaltestelle drängten sich die Leute, welche auf den in die Stadt zurückkehrenden Wagen warteten. Im Vorbeifahren erhaschte Richards Blick ein Stückchen vom Wasserspiegel des Bassins, überragt vom Sprungturm, dessen Gestänge sich scharf gegen den hellen Abendhimmel abhob. Sein schlechtes Gewissen erwachte aufs neue. Und um irgend etwas zu entschuldigen, sagte er:

„Bei unseren europäischen Sternwarten gibt es wenige Nächte mit klarer Sicht ... deshalb lohnt es sich auch kaum, bei uns wirklich ganz große und kostspielige Instrumente aufzustellen ... heute freilich wird es ausnahmsweise gutes Beobachtungswetter geben."

„Da habe ich Glück gehabt", sagte Ilse Nydhalm.

„Ja", sagte er und war stolz, als hätte er das Wetter gemacht, „im übrigen sind wir in der Sternschnuppenzeit."

Darauf sagte Ilse Nydhalm etwas Unastronomisches:

„Da kann man sich etwas wünschen."

Aus der Nacht der Erinnerung brach ein goldener Schaft, Wunder des Wunsches, Wunder der Erfüllung, herausgehoben aus dem Gesetz, aus dem Nichts kommend, in das Nichts fallend, gestaltlos im Dasein, dennoch leuchtend. Oh, Mensch.

Zögernd, weil er wußte, daß es nicht am Platze war, sagte er:

„Es ist wahrscheinlich, daß die Mondkrater durch riesige Meteoritfälle entstanden sind."

Als sie anlangten, hatte der Schaffner das Licht im Wagen bereits ausgeknipst, und hellerleuchtet stand der Gegenwagen an der Endstation. Zwei Leute saßen darinnen.

Der Graubärtige mit der Zeitung hatte sie gegrüßt und war ächzend abgestiegen. Jetzt verschwand er in der dämmerigen Seitenallee. Richard nahm nicht den Waldweg, sondern die Fahrstraße, die an der Ostseite des Hügels in zwei großen Serpentinen zur Sternwarte hinaufführte.

Von hier aus hatte man den Blick auf die Stadt. Mit einem Bodensatz von staubigem Nebel bedeckt, lag die Ebene zwischen Hügel und Stadt, schnurgerade führte die Allee zu ihr hin, dunkel der Streifen ihrer Baumkronen, doch dazwischen flimmerte ungewiß wie das Licht in einer Röntgenröhre der Streifen des Straßenpflasters, erleuchtet von den in den Bäumen verborgenen Laternen. Weiß schimmerte vom Strandbad her das Halbrund der Kabinen, doch der Wasserschimmer des Bassins verschmolz bereits mit dem Dunst der Luft. Noch waren die Konturen der Stadt, waren die Türme des Doms, der Turm der Universitätskirche und der von St. Anna zu erkennen: in rascher Aufeinanderfolge entflammten die Lichter in der Häusermasse, und dazwischen gleich Blinkfeuern wechselten einige Lichtreklamen von Gelb zu Rot. Geradlinig am Stadtrand die Reihen der Straßenlaternen.

„Gute Sicht", sagte Richard, zum Himmel aufblickend, in dessen Farblosigkeit die ersten Sterne sich zeigten.

Auf dem Feld neben der Straße standen Strohgarben, trocken das Feld, trocken die Sträucher und Bäume an den Wegbiegungen. Dämmerung in ihrem nachthellen Gesicht.

Warum ist uns das so wichtig? wo ist das Leben, das vorüberrauscht? ist es in der Stadt? fließt es dahin in den Sternen?

„Wir sind gleich oben", sagte Richard beruhigend, obwohl Ilse den Weg doch kennen mußte.

Der Hügel war von der Kuppelkontur der Sternwarte beherrscht; die Kontur schwang in den Tannenwipfeln aus.

Welk und trocken und starr. Beinahe vorsichtig hing die welke Luft und umgab die Starrheit der Dinge.

Dann waren sie droben.

[...]

Titelblatt der Broschüre *Das Politische Kabarett*, herausgegeben von der Sozialistischen Veranstaltungsgruppe, Wien 1929. (VGA)

26 Theater
Richard Lambert

Einleitung

Im Gegensatz zur Literatur nahm die darstellende Kunst in den kulturpolitischen Konzepten der Sozialdemokratischen Arbeiterpartei (SDAP) eine zentrale Rolle ein. Führende Köpfe der Partei setzten auf Wiens lebendige Theaterszene, um ihr pädagogisches Programm auf die Bühne zu bringen. Auf Initiative des Kulturredakteurs der *Arbeiter-Zeitung* David Josef Bach wurde 1919 die Sozialdemokratische Kunststelle gegründet. Diese stellte vergünstigte Karten bereit, förderte Theaterproduktionen und formulierte dabei ein kulturpolitisches Bildungsprogramm, das auf den Einschluss breiter Publikumsschichten abzielte. Die Einbindung der Masse führte auch zum Aufstieg neuer Darstellungsformen, die sowohl die Institution des Theaters als auch dessen Zielpublikum veränderten. Die Sprechchorbewegung, das Arbeitertheater, die sozialistischen Festspiele oder später das politische Kabarett waren alle durch partizipative und kollektive künstlerische Darstellungsmittel geprägt und sollten der Formierung und Stärkung des Klassenbewusstseins dienen.

Dabei lassen sich drei unterschiedliche und zeitweise konkurrierende Ansätze unterscheiden: Bach und die Kunststelle sahen die offizielle Aufgabe der Wiener Theaterkultur darin, mithilfe des Kanons der deutschen Klassik soziale Werte zu vermitteln, und nutzten dafür bestehende Institutionen wie das Raimundtheater, das Deutsche Volkstheater und andere Bühnen. Diese optimistische Kunstpädagogik von oben wurde von Kritikern wie Karl Kraus, Oscar Pollak und anderen jedoch als elitär und weltfremd kritisiert. Ein alternatives Konzept, das ein didaktisches Theater – analog zu den Errungenschaften in Bildung, Wohnbau und Hygiene – als wichtiges Rädchen im Prozess des menschlichen Fortschritts auf dem Weg zum ‚neuen Menschen' verstand, wurde von Josef Luitpold Stern und anderen vertreten. Mit der Verschärfung der sozialen und politischen Konflikte im Roten Wien wurde das Theater zunehmend streitbar. So entstand in den späten 1920er und frühen 1930er Jahren eine kräftige sozialistische Kabarettszene, deren Aufschwung von Protagonisten wie dem Journalisten und Autor Jura Soyfer oder Ernst Fischer und Robert Ehrenzweig, alle drei Gründungsmitglieder der Sozialistischen Veranstaltungsgruppe, getragen wurde. Deren provokatives Agitationstheater warb mithilfe der expliziten Darstellung sozialen Unrechts für die Ziele des Sozialismus. Um das Theater zu einem umfassenderen Ort der Arbeiterkultur zu machen, förderte auch die Kunststelle in den späten 1920er Jahren solche neuen politischen und integrativen Theaterformen, die nicht nur Kabarett sondern auch das von Amateuren und Amateurinnen getragene Arbeitertheater umfassten.[1]

Das Projekt der SDAP, die Wiener Theaterkultur zu verändern, stieß jedoch an Grenzen. Der Stellenwert des alteingesessenen Theaters in Wien führte dazu, dass konkurrierende Theaterformen und Veranstaltungsorte weiterhin bestehen blieben – und das trotz zahlreicher Versuche der Parteiverantwortlichen, sie für die sozialistische Sache zu gewinnen. Das symbolträchtige Wiener Burgtheater blieb trotz versuchter Einflussnahme von Sozialdemokraten und konservativem Katholizismus bei seinem eingespielten Programm der Klassiker. Max Reinhardts Rückkehr nach Wien als Leiter des neu übernommenen Theaters in der Josefstadt bedeutete einen künstlerischen Innovationsschub im Bereich von Regie, Bühnenbild und Besetzung, er blieb aber auf Distanz zur sozialen Pädagogik des Roten Wien. Die gemeinsam mit Richard Strauss und Hugo von Hofmannsthal 1920 ins Leben gerufenen Salzburger Festspiele stehen für die Kontinuität und Dominanz einer Wiener Theaterkultur, die sich für Traditionspflege, nicht für den Fortschritt einsetzte.

Diese Spannungen zwischen den unterschiedlichen Theaterformen unterstreichen die Bandbreite der darstellenden Kunst im Roten Wien. Diese beschränkte sich nicht auf die klassische Bühne – ähnlich wie bei Hofmannsthals und Reinhardts Salzburger Festspielen beinhaltete das ästhetische Programm des Roten Wien eine partizipative und choreografierte Festivalkultur. Sowohl die Gründung der Wiener Festwochen als auch die Abhaltung von weniger regelmäßigen Großveranstaltungen wie der 2. Arbeiterolympiade, Aufmärsche, Massenchoreografien und andere öffentliche Schauspiele zielten auf die Aufmerksamkeit der Menschen. Die kulturelle Bedeutung solcher Massenveranstaltungen lag nicht nur in der angestrebten gemeinsamen Beteiligung und der dabei erfahrenen Freude, sondern auch in dem Symbol, das die physische Partizipation der Arbeiter und Arbeiterinnen für das kollektive Streben nach einem stabilen sozialistischen Staat bildete.

Bildete die Festspielkultur also einen wichtigen Bestandteil der darstellenden Kunst im Roten Wien, legt dieses Kapitel stattdessen einen Schwerpunkt auf Entwicklungen des Theaters, um Zusammenhänge im Feld der darstellenden Kunst sichtbar zu machen. Bei diesem Fokus geht es nicht darum, andere performative Genres auszuklammern oder als weniger wichtig zu verstehen. Doch gerade die Debatte über das Theater bietet das beste Beispiel dafür, wie umkämpft der Versuch der SDAP, eine sozialistische Theaterkultur zu schaffen, tatsächlich war. Das Kapitel vergleicht die theoretischen Prämissen, kritischen Diskussionen und Bühnenkonzepte – von Bachs Theorieansätzen der Kunststelle über die künstlerischen Innovationen der Theaterszene, nicht zuletzt des Sprechchors, bis hin zum Agitproptheater – mit der historischen Realität. Auf diese Weise beleuchtet das Kapitel das

---

[1] Trotz der Ähnlichkeiten zu den Konzepten Bertolt Brechts übte sein „episches Theater" nur geringen Einfluss auf die Theaterproduktion des Roten Wien aus.

entstehende Verhältnis von Kunst und Politik im Roten Wien und zeichnet im Bereich der darstellenden Kunst breitere Entwicklungslinien nach, die das Rote Wien prägten.

Literatur

Doll 1997.
Pyrah 2007.
Veigl 1990.

26.1 David Josef Bach: Die Kunststelle

Erstveröffentlicht als David Josef Bach: Die Kunststelle, in: *Kunst und Volk: Eine Festgabe der Kunststelle zur 1000. Theateraufführung*, Wien: Verlag Leopold Heidrich 1923, S. 112–118.

Die vom Kunstkritiker und Journalisten David Josef Bach (1874–1947) geleitete Sozialdemokratische Kunststelle und die von ihr erstellten Programme und Initiativen sollten die Schaffung und den Besuch von Kulturveranstaltungen koordinieren. Zu den von der Kunststelle organisierten Aktivitäten zählten Konzerte, Dichterlesungen und öffentliche Vorträge sowie der freie bzw. ermäßigte Zugang für die Arbeiterschaft zu Theaterkarten von Spielstätten wie dem Raimundtheater, Carltheater und dem Deutschen Volkstheater. Außerdem wurde die Zeitschrift Kunst und Volk *herausgegeben. Die offizielle Zielrichtung der Kunststelle im Bereich der darstellenden Kunst setzte auf gesellschaftliche Bildung durch die ästhetische Begegnung mit klassischen Werken der Hochkultur. Zwar stand diese Vision im Widerspruch zu stärker pädagogischen oder politischen Theaterkonzepten, wie sie von Josef Luitpold Stern, Ernst Fischer und anderen vertreten wurden. Dennoch prägte das im folgenden Beitrag von Bach dargelegte und mit kanonischen Klassikern gespickte Programm das Theater des Roten Wien bis Mitte der 1920er Jahre.*

Im November 1919 beschloß der Parteivorstand der deutschösterreichischen Sozialdemokratie die Errichtung einer eigenen Kunststelle. Es sollten die Bestrebungen nach künstlerischer Volkserziehung innerhalb der geistigen und manuellen Arbeiterschaft zusammengefaßt und einheitlich geführt werden, um dem Kunstwillen des Volkes Wirkung und Verwirklichung zu schaffen. Ansätze waren vorhanden. Erstens die *Arbeiter-Sinfonie-Konzerte*, gegründet 1905, das erste Muster musikalischer Volkserziehung durch die höchste Kunst, und nur durch diese. Als ich ihren Plan faßte und sie durchführte, gegen Widerstände von allen Seiten, da ahnte ich kaum die Keimkraft dieses Gedankens; und doch ist eigentlich aus diesen bescheidenen Konzerten alles andere erst hervorgegangen. Einige Jahre später kam in Wien die *Volksbühne*, nach Berliner Muster, während die Arbeiter-Sinfonie-Konzerte noch ohne Beispiel gewesen waren. Innere Zwistigkeiten in der Direktion, schließlich die Katastrophe des Weltkrieges machten der Volksbühne ein Ende; dem Namen nach existierte sie wohl noch, aber nicht in lebendiger Wirksamkeit.[2] Hatte sie in den ersten Jahren ihres Bestehens neue Dichter zu einem neuen Publikum sprechen lassen, eine Zeitlang sogar im eigenen Haus, so mußte sie späterhin froh sein, für die paar treu gebliebenen Mitglieder in irgendwelchen Theatern irgendwelche Vorstellungen zu bekommen. Die technische Organisationsform der Volksbühne war zerschlagen. So sehr, daß, als in den ersten Monaten nach dem Umsturz zum erstenmal auch die Tore der ehemaligen Hoftheater, nunmehr Staatstheater, sich den Massen öffneten, für das organisatorische Problem dieser Vorstellungen keine andere Form zur Verfügung stand als die der Arbeiter-Sinfonie-Konzerte; unter ihrem Namen, unter ihrer Fahne haben die ersten Vorstellungen in Oper und Burgtheater stattgefunden.

Nun sind wir drin, und niemand mehr kann das Volk aus diesen Theatern vertreiben. Was bedeuten Staatstheater – oder gar Bundestheater, wie sie offiziell heißen – ohne die tragende Idee eines Volksganzen, einer Nation, die erst den Staat konstituiert? Wir, das heißt die sozialdemokratisch organisierte Schar der Hand- und Kopfarbeiter sind da nicht mehr allein. Nach uns, nach unserem Muster haben sich in den letzten zwei Jahren andere, kleinere Gruppen zusammengetan, teils nach beruflicher, teils nach politischer Zusammengehörigkeit, die sogar den Namen „Kunststelle" von uns übernommen haben. Der Name ist eben bezeichnend, volkstümlich geworden. Nicht nur die Staatstheater, was wären alle Theater, und gerade die besten, ohne uns, ohne den Willen einer Masse, sich der Kunst hinzugeben? Wir haben es alle anderen gelehrt, den Anspruch des Volksganzen auf die Kunst nicht preiszugeben. Das ist eine *revolutionäre* Tat, im rechten Sinn des Wortes, wie es kein Zufall ist, daß unsere Kunststelle und alle ihre Nachfolgen und Nachahmungen Kinder der Revolution sind. Alle Kunst, alle echte, große Kunst ist revolutionär, das heißt über die Gegenwart hinaus in die Zukunft weisend, neue Elemente schaffend; der Inhalt, das Problem eines Kunstwerkes ist immer revolutionär, mag seine Technik, seine äußere Form – nicht die Form als Ganzes – seine „Handlung" noch so zeitgebunden, zufällig, vergänglich sein. Eine Beethoven-Sinfonie ist ewig, ist revolutionär, und Goethes Iphigenie ist es auch. Danach haben wir unsere Kunstpolitik gerichtet, nicht nach dem, was sich für modern oder revolutionär schon deshalb hält, weil es dieses Wort ausspricht oder sich so gebärdet.

Tausend Theatervorstellungen in drei Jahren, von einer Million Menschen besucht – es ist nur ein Teil unserer Leistung, wie es nur ein Teil unserer Aufgabe ist.

---

[2] Bach bezieht sich auf die Freie Wiener Volksbühne, die 1906 vom Redakteur der *Arbeiter-Zeitung* Stefan Großmann (1875–1935) gegründet worden war. Nach erfolgreichem Berliner Vorbild wollte Großman auch der Arbeiterschaft in Wien Zugang zu den Klassikern der deutschen Bühne ermöglichen. Als Theater ohne fixen Aufführungsort mangelte es Großmanns Projekt an Erfolg, es scheiterte 1913 an Missmanagement und internen Streitigkeiten.

Gleichwohl kann man auch der Statistik dieser Vorstellungen – es sind nur solche gezählt, die mindestens 500 Besucher gleichzeitig umfaßten – einige Tatsachen entnehmen, die das Ganze erhellen und beweisen. Mit „Fidelio" sind wir in die Oper eingezogen, und die Feier unseres Jubiläums war abermals mit „Fidelio" begangen. In den drei Jahren der Kunststelle haben – an zwei Opernbühnen – für uns allein *achtzehn* Aufführungen des Werkes stattgefunden, darunter zwölf in einem einzigen Jahr, nicht als Serienvorstellungen wie etwa eine Operette, nicht, weil die Teilnehmer der Kunststelle dazu *gezwungen* worden wären, sondern weil sie es selber verlangten. In der Bühnengeschichte des „Fidelio" ist dies wohl der erste Fall solch eines Erfolges, wenn man dieses Wort überhaupt gebrauchen darf. Hier ward der Kunst das Volk erobert, und umgekehrt. „Fidelio" ist das hohe Lied der Menschenliebe, der Bruderliebe, nicht bloß die ergreifende Ballade von der treuen Leonore. Diesen wahren Sinn des Werkes enthüllt zu haben, indem man ihn zur lebendigen Wirksamkeit brachte, ist das Verdienst dieser Vorstellungen. In nicht ganz einem halben Jahr konnte „Faust" in einer würdigen Neuinszenierung an die zwanzig Mal gegeben werden – wo wäre dies heute denkbar ohne die Hilfe eines neuen Publikums, das willig und fähig ist, Kunst zu genießen? Wenn die Wiener Privatbühnen es in den letzten drei Jahren wagen konnten, wertvolle dramatische Literatur, ältere ebenso wie ganz moderne, zu bieten, so danken sie es vornehmlich diesem Publikum. Die „Troerinnen" des Euripides in der Nachdichtung von Franz Werfel hätten im Burgtheater schon nach ganz wenigen Aufführungen nicht weiter gespielt werden können; da forderten wir die Dichtung für uns, und das Werk war dem Spielplan gerettet. Solcher Beispiele gibt es viele; in den tausend Vorstellungen steckt nicht nur ein Stück Erziehung zum Theater und zur Kunst, in ihnen steckt die Wiedergewinnung der Kunst als Funktion des gesellschaftlichen Organismus, als gesellschaftliche Notwendigkeit, nicht mehr als Luxus.

[...]

26.2 Ingenieure der Werkstatt für Massenform: Theater der Zukunft

Erstveröffentlicht als Ingenieure der Werkstatt für Massenform: Theater der Zukunft, in: *Arbeiter-Zeitung*, 29. April 1924, S. 5.

Dieser Beitrag der „Ingenieure der Werkstatt für Massenform", ein Name, den sich die Architekten Franz Löwitsch (1894–1946), Rudolf Scherer (1891–1973) und Walter Neuzil gegeben haben, steht für den Versuch einer Neukonzeption des öffentlichen und des privaten Raums im Roten Wien und ist von jenem Geist der Erneuerung durchdrungen, der die Architektur der Stadt, die darstellende Kunst, aber auch die Innenräume des Theaters selbst neu gestaltete. Löwitsch, Scherer und Neuzil waren vor allem für ihre Wohnbauprojekte und die Verwendung neuer Materialien wie Stahl bekannt. Der hier abgedruckte Text stellt die Vorlage für ihre gemeinsame Publikation Die plastische Bühne *(1925) dar, die sie ein Jahr später veröffentlichen sollten. Die Idee der „Ingenieure", dass das Publikum die Bühne umkreist und das Theater im Zentrum der lokalen Gemeinschaft stehen soll, bezieht sich auf Theaterkonzepte der Avantgarde, nicht zuletzt auf Jacob Levy Moreno oder Friedrich Kieslers paralleles Projekt der immersiven Raumbühne, und ruft stadtplanerische Netzwerkkonzepte ab, wie sie Otto Wagner in* Die unbegrenzte Großstadt *(1911) entwarf.*

[...]

Es soll ein neues Theater gebaut werden.

Kauft sich einer einen neuen Anzug, so hält er Umschau nach dem Neuesten, Modernsten. Nicht aus Modeserei. Darüber muß man hinaus sein, daß die Mode nur etwas zur Befriedigung der Launen von Nichtstuern ist. Sie ist Ausdruck der Zeit und ihrer Bedürfnisse und darum Bedürfnis selbst. Und sollte es jedem sein und jeder sollte sie bei sich erfüllt sehen können.

1760 bewegte man sich anders als heute. Darum trug man damals Reifröcke, heute Sportkostüme. Jede Form ermöglicht ganz bestimmte Bewegungen und nur diese. Darum drückt sie diese aus und wirkt auf den, der in ihr lebt. So kann eine barocke Umgebung den Menschen jahrhunderteweit zurückwerfen. Alles Unmoderne ist hemmend.

Ein Theater aber soll Jahrzehnte überdauern. Darum muß man vorsichtig sein. Hier genügt es nicht mehr, das augenblicklich Moderne zu bauen. Denn das kann in zehn Jahren schon tot sein. Man muß nach dem suchen, was modern werden wird. Die Bewegungen, die kommen *werden*. Ganz besonders aber in einer Zeit, in der Revolutionen in dichter Reihe einander folgen.

Es genügt nicht, unsere Zeit zu charakterisieren, sondern man muß in ihr die Zeichen des Kommenden sehen. Wie in jedem Punkte irgend einer Linie ihr ganzes Gesetz enthalten ist, so daß der Wissende aus ihm allein ihren späteren Verlauf voraus erkennt, so ist die Form dessen, was kommt, in den Merkmalen des heutigen als Bildungsgesetz enthalten.

Zwei Bühnen sind alt geworden. Zuerst der *Guckkasten*: Der Vorhang hebt sich und enthüllt Kulissen und Perspektiven, die wirklich sein wollen. Illusionen. Sie zwingen den Blick tief zu sich hinein in ein fernes Märchenland. Dann kam die *Reliefbühne*: Sie zwingt die ganze Perspektive auf den einen Hintergrund, vor dem die Szene spielt. Sie ist im Grunde genommen eine Vereinfachung, eine Konzentration der ersten. [...]

Aus dem Ekel davor entstand der Gedanke der *Raumbühne*: Bühne und Zuschauerraum werden eines, denn sie liegt mitten in ihm. Rundum vom Publikum umgeben spielt der Schauspieler, richtungslos, zur Vollplastik geworden. Es blieb aber nur bei wenigen Versuchen. Gegen die Reinhardtsche Zirkusbühne trat bald die Reaktion auf, die laut nach Abkehr vom Realismus, nach der verlorengegangenen Illusion rief. So soll alles beim alten bleiben.

[...]

So verlangen wir auch hier, daß die Illusion durch geistige Mittel erreicht wird: Vollkommenes räumliches Spiel, das den Zuschauer suggestiv unter seine Macht bringt, raffinierteste Beleuchtungsregie, welche die szenische Illusion besorgt.

Als Konsequenz ergab sich für das – irgendwie – große Drama folgende Theaterform: Im Mittelpunkt des Theaters steht die Bühne. Stufenringe führen hinab in den mystischen Abgrund; in dessen Versenkung das Orchester. Von hier aus treten auch die Schauspieler auf. Rundum amphitheatralisch die Sitzreihen. In der Kuppel darüber sind die Beleuchtungsapparate angebracht. In dem verdunkelten Raum taucht die unten bereits fertig aufgebaute Bühne auf, erst dann wird sie durch Beleuchtungskegel von oben erhellt, während der übrige Raum finster bleibt. Umgekehrt wird es möglich, durch Projektion auf die die Sitzreihen umgebenden Saalwände den ganzen Raum in die Szene zu verwandeln. In beiden Fällen stehen Spieler und Zuschauer unter derselben szenischen Suggestion.

Daß hier anders, eben räumlich gespielt werden muß, ist klar. Gewiß werden manche Spieler umlernen müssen. Ebenso aber wird es viele geben, die es als befreiende Erleichterung anerkennen, wenn sie ihr Spiel nicht mehr auf das bühnenmäßige Vorn und Hinten einrichten und dafür Energie verschwenden müssen, sondern sich nur ganz auf ihr wirkliches Spiel konzentrieren dürfen. Dadurch wird ihr Spiel vollkommener werden. Die akustischen Einwände lassen sich theoretisch weder belegen noch widerlegen. Hier können einzig und allein Versuche entscheiden. Nebenbei: es wäre höchste Zeit, dieses rein physikalische Gebiet exakt empirisch zu untersuchen.

Diese Theaterform steht am Ende einer großen Reihe. In antiken Formen vorgebildet, lebte sie auf im Shakespeare-Theater und heute in den Ideen Reinhardts und Strnads.[3] Verknüpft ist mit ihr der Gedanke von Fest- und Opferspielen. Für Stücke solch heroischen Inhalts ist sie die Idealbühne.

Daneben gibt es eine zweite Form: Kabarett, Kammerspiel, Kino gewinnen Bedeutung. Hier will man *unterhalten werden*. Ob Clown, Soubrette oder Kinoleinwand: hier wird einem was vorgemacht. Man muß nicht dran glauben. Im Gegenteil, richtiges Spielen und je stärker dies zum Ausdruck kommt, um so besser das Stück. Man denke an die Narrenpossen der modernen Operette und ihre Zugkraft. Hier ist nicht der Ort, um über die kulturelle Bedeutung dieser Kunststätten zu streiten. Für uns genügt, daß sie existieren und immer mehr an Macht gewinnen. Man kann über sie nicht hinweggehen, wenn man sich mit modernen Theaterfragen befaßt. Es ist die Form des kleinen Theaters mit der Reliefbühne, gleichgültig, ob hier Kammermusik, Tanz, Kabarett, Sketch oder Kino gespielt wird. Je intimer ein sol-

---

3 Der Architekt Oskar Strnad (1879–1935) begann 1918 mit der Entwicklung eines experimentellen Theaterraums, in dem die Bühne völlig vom Publikum umgeben ist. Ab 1919 arbeitete er als Bühnenbildner für das Wiener Volkstheater.

ches Theater, je geringer sein Aufwand, um so besser ist es. Hier sucht man nicht das Erhabene, nicht die großen Affekte und Effekte.

Gute kleine Bühnen gibt es wenige. In jedem Bezirk Wiens könnte eine solche stehen. Was beim großen Theater recht ist, das nämlich, daß man es in das Zentrum der Stadt legt, wäre hier verfehlt. Hier will man es bequem haben. Ja nicht etwa mit der Straßenbahn fahren müssen. Im eigenen Bezirk, ein paar Schritte weiter, und man ist schon drinnen. Dagegen müßten solche Bühnen *zentral organisiert* sein, damit es möglich wird, dieselben Stücke in den verschiedenen Bezirken zu spielen. Nicht zuletzt die Siedlerbewegung weist denselben Weg.[4]

Man baut nicht mehr Riesenräume, ebenso wie man das Heroische aus dem Alltagsleben verbannt wissen will. Wir haben des Heroischen genug im täglichen Kampfe. Wir wollen unser Theater schlicht. Dann aber soll es mit seiner ganzen Größe und Wucht wirken, ohne Kulissenromantik.

Das erwarten wir von der Raumbühne.

26.3 Gina Kaus: Toni: Eine Schulmädchen-Komödie in zehn Bildern

Erstveröffentlicht als Gina Kaus: *Toni: Eine Schulmädchen-Komödie in zehn Bildern*, Berlin: Propylaen-Verlag 1927, S. 39–42.

Die erfolgreiche Dramatikerin, Schriftstellerin und Drehbuchautorin Gina Kaus, 1893 als Regina Wiener geboren, erlebte ihren Durchbruch mit dem Stück Diebe im Haus, *uraufgeführt 1917 am Burgtheater. In ihrem Stück* Toni *legt Kaus mittels ihrer ‚Bubikopf'-Protagonistin die Geschlechterstereotype ihrer Zeit durch freimütige Darstellungen von Sexualität, Geschlechterrollen und Geschlechterpolitik offen. Otto Weiningers kontroversielles Werk* Geschlecht und Charakter *(1903) ist für Toni besonders wichtig. Darin entwirft Weininger normative Definitionen von maskuliner Aktivität und weiblicher Passivität, aber auch eine Theorie der Bisexualität, in der „männliche Weiber" und „weibliche Männer" bestimmte biologische Elemente des anderen Geschlechts besitzen. Erklärt für Weininger diese männliche Weiblichkeit den Aufstieg der Frauenbewegung, so liefert* Toni *mit einer nuancierten und vielschichtigen Figurenkonstruktion beider Geschlechter – entgegen Weininger – eine psychologische Untersuchung der ‚neuen Frau' und bietet dabei eine intime Alltagsperspektive, die in Darstellungen des weiblichen Roten Wien oft fehlt.*

---

4 Vgl. Kapitel 20 und 21.

Viertes Bild

[...]

Andreas: Zeigen Sie es doch erst mal her! *(Sie tut es.)* Natürlich! Weininger, „Geschlecht und Charakter". Das ist ja die allerwichtigste Lektüre für einen Backfisch!

Toni: Bitte, geben Sie mir das Buch wieder. Ich muß es zu Ende lesen!

Andreas: Ich denke gar nicht daran. Ich wüßte ja nicht, wie ich das vor Ihrer Mutter verantworten könnte. Dieses Buch gehört überhaupt nicht in Frauenhände, am wenigsten in die eines kleinen Mädchens.

Toni: Ich werde im Sommer fünfzehn.

Andreas: Nun also – da gibt es doch allerlei passende Bücher: Die letzten Tage von Pompeji oder den Kampf um Rom ...

Toni: Was gehen mich Rom und Pompeji an! Ich will etwas über das Leben erfahren.

Andreas: Das Leben! Glauben Sie vielleicht, das Leben ist leichter zu ertragen, wenn man viel darum weiß? *(Er weist auf das Buch.)* Dieser hier hat einen furchtbaren Blick in die Tiefen des Lebens getan. Dieses Buch ist der Bericht von seiner ersten Reise auf den Meeresgrund des Lebens. Von seiner zweiten kam er nicht wieder, wie der Taucher in dem Gedicht von Schiller, das Sie wohl kennen. Er wußte vom Leben so viel, daß er es nicht ertragen konnte: er hat sich erschossen.

Toni: Und war doch ein Mann!

Andreas: Weil er ein Mann war! Eine Frau wäre niemals im Stande, ohne jedes persönliche Debakel, bloß aus Konsequenz einer pessimistischen Weltanschauung auf das Leben zu verzichten.

Toni: Denken Sie ebenso über die Frauen wie er – Weininger?

Andreas: Ich kann mich den zwingenden Beweisführungen dieses Genius nicht entziehen. Es ist dies ein furchtbares – aber ein großartiges Buch. Als eine notwendige Katharsis steht es am Ende einer abgewirtschafteten, ziellosen, romantischen Entwicklung ...

Toni: Leihen Sie es mir!

Andreas: Nein, mein Kind. Sie könnten unheilbaren Schaden an Ihrer jungen Seele davontragen. Kommen Sie her, ich will es Ihnen erklären. *(Toni kommt zögernd näher.)* Sie stehen heute gewissermaßen an der Pforte des Lebens. – Warum zittern Sie so sehr?

Toni: Es ist kalt hier.

Andreas: Da liegt noch Ihr Tuch. *(Er will es ihr umgeben, aber sie nimmt es ihm aus der Hand.)*

Toni: Danke!

Andreas: Sie stehen an der Pforte des Lebens – und Sie sind ein Mädchen. Das ist nun einmal eine Tatsache, nicht wahr?

Toni *(nickt. Sie zittert sehr heftig)*.

Andreas: Nun können Sie zweierlei machen: Sie können gegen diese Tatsache protestieren – das tun ja heute die allermeisten Mädchen. Sie können also Ihren Kopf mit allerlei Zeug vollstopfen, das von Männern erfunden wurde, können sich im Gebrauche der Waffen üben, die von Männern geschmiedet wurden – kurz, Sie können versuchen, aus sich einen Mann zu machen. Sie können Ihr wahres Selbst verkümmern lassen, um jene Fähigkeiten zu ertrotzen, mit denen die Natur nur den Mann ausgestattet hat. Und was wird geschehen? Sie werden niemals ganz Ihr Ziel erreichen, denn um ein kleines Stückchen werden Sie immer unbedeutender, untiefer, unschöpferischer sein als der Mann. Und dieses kleine Stückchen wird Ihnen die Seele verbrennen. Den Mann aber, den wirklichen Mann, wenn er einmal in Ihr Leben tritt, werden Sie immer gegen sich haben, er wird Ihr Feind sein, Ihr Gegner, im Beruf, im täglichen Leben und im Bett.

Toni: Das ist nicht wahr. Alles das ist ganz anders – für mich.

Andreas: Doch. Sie werden ein häßliches, streitsüchtiges Geschöpf werden, mit einer verdorrten Seele und einem verkümmerten Körper, Sie werden nie Ihr eigenes persönliches Leben leben, sondern ein dummes ehrgeiziges Programm. Sie werden weder eine Frau sein noch ein Mann, werden weder Erfolg haben noch Glück ...

Toni: Glück?

[...]

26.4 Elisa Karau: Zur Sprechchorbewegung

Erstveröffentlicht als Elisa Karau: Zur Sprechchorbewegung, in: *Kunst und Volk: Mitteilungen des Vereines „Sozialdemokratische Kunststelle"*, 2. Jg., Nr. 9 (Dezember 1927), S. 2–3.

Die Sprechchorbewegung, die davor bereits in Deutschland und der Sowjetunion Fuß gefasst hatte, war 1924 in Österreich angekommen und sollte hier einen wichtigen Beitrag auf dem Gebiet des Theaters und der darstellenden Kunst der Zwischenkriegszeit liefern. Elisa Karau gehörte Mitte der 1920er Jahre zu den führenden Vertreterinnen und Vertretern der Sprechchorbewegung. In zahlreichen Aufsätzen und anderen Publikationen argumentierte sie leidenschaftlich für die Bedeutung, den Nutzen und die Pädagogik dieser neuen Kunstform. Karau war nicht nur eine theoretische Verfechterin der Bewegung, sondern förderte sie in ihrer Rolle als Sprechchorleiterin der Sozialdemokratischen Kunststelle auch in der Praxis. Der Sprechchor besteht aus einer Reihe einzelner Stimmen, die jeweils gemeinsam deklamiert werden. Ernst Fischer, Karau und andere hoben den egalitären Charakter der Aufführung – als Heilmittel gegen das abgehobene bürgerliche Theater – hervor, die keine Vorkenntnisse außer der Fähigkeit zu sprechen benötigt. Gleichzeitig betonten sie die Möglichkeiten des Sprechchors als pädagogisches Mittel, das durch seine kollektive Praxis politische Klassensolidarität fördert.

Die alte Jugendburg Hohenstein in der Sächsischen Schweiz bekam um die Mitte September seltsame Klänge zu hören; aus allen Richtungen kamen Sprechchorleiter und solche, die es werden wollen, dort zusammen und bald stieg aus dreißig Kehlen im Verein der Dehmelsche Refrain „Mahle, Mühle, mahle!" in die klare Herbstluft.[5]

So stark ist das Interesse an der neu erwachten, im Gemeinschaftsempfinden wurzelnden Kunstform, daß der deutsche Reichsausschuß für sozialistische Bildungsarbeit alle diese Menschen zusammengerufen hatte, um durch einen Kursus die Sprechchoridee zu fördern und auszubauen. Adolf *Johannesson*, der verdienstvolle Leiter des Hamburger Sprechchors, führte den Kurs mit seinem gediegenen Wissen und temperamentvoller Hingabe an die Sache. In Vortrag, praktischen Übungen und freier Aussprache wurden die verschiedensten Probleme der Sprechchorbewegung aufgerollt. Technik, Organisation, szenische Ausgestaltung, Wahl des wiederzugebenden Stoffes waren die Hauptfragen.

Alle Genossen waren einig in der Überzeugung, daß ein aus dem Boden gestampfter Chor ohne Schulung, ohne Leitung nicht die hinreißende Wirkung eines gut geleiteten, technisch geübten haben kann. Von kommunistischer Seite wurde einmal die Meinung laut, daß die Erziehung eines Sprechchors zu künstlerischem Ausdruck „bürgerliche Spielerei" sei, daß der Sprechchor aus der ungeschulten Masse des Proletariats als Kampfmittel wachsen muß; Devisen des Tages im Chor gerufen, das sei einzig und allein die würdige Form des proletarischen Sprechchors. Warum studieren dann in Moskau Hunderte von klassenbewußten Arbeitern in heißer Mühe und freudevollem Eifer „Das Meer" von Gogol ein und erzielen mit der chorischen Wiedergabe dieses Gedichtes, das keineswegs ein Tendenzgedicht ist, ihre stärkste Wirkung? O, die Führer der proletarischen Kulturbewegung wissen auch dort, welche starke Anziehungskraft künstlerischer Ausdruck auf die Seele des Proletariers ausübt; daß auf die gutgeleitete Feierstunde genau sowenig verzichtet werden kann wie auf die flammende Kampfrede und auf die geballte Faust. Darum sollte keine Sprechchorvereinigung, die es mit ihrer Aufgabe ernst nimmt, in übergroßem Eifer sich unvorbereitet vor ihr Publikum wagen; nur Arbeit und Ausdauer, Ausbildung von all dem, was man „Technik" nennt, wird zu schönen Resultaten führen.

Das Gegenstück zu den „wilden", ungepflegten Chören bilden jene, bei denen technische Spielerei das Aufgehen in der Sache verhindert; wenn ein Chorleiter einem bestimmten Rhythmus zuliebe Sätze zerreißt, Worte widersinnig betonen läßt – da kann der natürlich empfindende Sprecher nicht mehr mit; das trifft vielleicht ein Virtuose, und die Sache wirkt als artistisches Kunststück; aber der Sprechchor schöpft seine tiefste Wirkung aus dem gemeinsam *empfundenen* und gemeinsam geäußerten Wort und hat mit rein technischer Künstelei nichts zu schaffen. Darin wiederum liegt die Entgegnung auf eine Meinung von bürgerlicher Seite, daß der prole-

---

5 Verweis auf das *Erntelied* (1907) des deutschen Dichters Richard Dehmel (1863–1920).

tarische Sprechchor kein künstlerisches Instrument sein könne, da er Tendenz betreibe! Ja, soll wahre Kunst nur für sich selber da sein, nicht aus Überzeugung fließen? Wahre Kunst entsteht nur aus innerem Erleben; und wenn die fünfzig oder hundert Mitglieder des Sprechchors aus tiefster Seele heraus jubeln: „Brot ist Freiheit. Freiheit Brot", so haben sie für Kunst und Kulturbewegung weit mehr geleistet als irgendeine bürgerliche Vereinigung, die wohl abgetönt irgendein tendenziöses Gedicht zum Vortrag bringt; diese hat vielleicht einen kleinen Kreis von Ästheten befriedigt, jene aber Hunderte oder Tausende von lauschenden Brüdern hingerissen und für künstlerische Ausdrucksform begeistert, in der die Idee mächtig zur Geltung kommt.

Hier wäre die Antwort einzufügen auf eine kürzlich von einem Genossen geäußerte Ansicht, daß der Laiensprechchor nicht bei großen öffentlichen Festlichkeiten als künstlerische Darbietung in Funktion treten sollte, sondern nur im intimeren Kreis von wohlwollenden Freunden, da er letzten Endes doch keine künstlerische Vollkommenheit erreichen könne. Ja, wo fängt „Kunst" an, und wo hört sie auf? Darf man ein Bild, das tastende Versuche zu neuer Technik zeigt, in keine Ausstellung schicken? Ist ein großer Künstler nicht einmal „unreif" gewesen und erst durch stete Arbeit und Kontakt mit dem Publikum gewachsen? – Wir haben einen Sprechchor von bekannten Künstlern im Rahmen eines revolutionären Dramas auf einer ersten Bühne gehört; er hat uns nicht befriedigt und hingerissen; es war ein Chor von Sprechern, aber kein „Sprechchor", das starke Gemeinschaftsgefühl fehlte; es war „Kunst", die kalt ließ. Wir haben sonst sehr nüchtern und gesund empfindende Männer bei der Aufführung der Volksszenen aus „Masse Mensch" durch einen Laiensprechchor, den Sprechchor der *Wiener sozialdemokratischen Kunststelle*, weinen gesehen, und sie haben Monate nachher noch voll Erschütterung davon gesprochen; wo fängt Kunst an, wo hört sie auf?

[...]

26.5 Ernst Fischer: Rotes Requiem

Erstveröffentlicht als Ernst Fischer: Rotes Requiem, in: *Kunst und Volk: Mitteilungen des Vereines „Sozialdemokratische Kunststelle"*, 2. Jg., Nr. 8 (November 1927), S. 2–9.

Zusätzlich zu seiner Rolle als Kulturredakteur der Arbeiter-Zeitung *und seinem Status als Kulturkritiker und parteiinterner Provokateur war Ernst Fischer (1899–1972) auch Autor politischer Theaterstücke, die er in den Dienst des Sozialismus stellte. Als Gründungsmitglied der Sozialistischen Veranstaltungsgruppe verschrieb sich Fischer dem politischen Agitationstheater. Fischers Werke fanden ihre Anhängerschaft vor allem bei jenen, die darin eine Bestätigung für ihre Revolte gegen die konservative Elterngeneration sahen. Das aus Anlass des zehnjährigen Jubiläums der Republik geschaffene* Rote Requiem *adaptiert das Passionsspiel als Form, um der Märtyrer der Arbeiterbewegung zu gedenken. Das Stück liefert ein Beispiel für das Genre des Sprechchors, in dem kollektive Stimmen des Widerstands gegen die Stimmen von Herrschaft und Justiz antreten.*

[...]
    (In fahlem Licht der Gerichtshof. Alle stehen auf.)

    Vorsitzender: Schuldig!
    Gegenchor: Zwölf Stimmen ja!
    Vorsitzender: Zum Tode verurteilt!
    Gegenchor: Zwölf Stimmen ja!
    Sprecherin: Millionen Stimmen nein!
      Aufschrei der Völker: Nein!
      Gerechtigkeit.
        (Jazzmusik und Maschinengestampf.)
    Vorsitzender (nach einer Pause): Urteilsbegründung?
    Gegenchor: Sie sind Rebellen.
    Vorsitzender: Der Staatsanwalt hat angeklagt,
      die Zeugen haben ausgesagt,
      die Polizei hat aufgeklärt,
      Indizien von höchstem Wert
      und alles klappt und stimmt aufs Haar,
      der Tatbestand ist sonnenklar –
      Raubmord.
    Sprecherin: Hundert Zeugen dagegen!
    Gegenchor: Aber sie sind Rebellen.
    Sprecherin: Hundert Beweise dagegen!
    Gegenchor: Aber sie sind Rebellen.
    Vorsitzender: Der Leumund der Angeklagten ist schlecht.
      Sie haben gegen Gesetz und Recht,
      gegen Kirche und Staat gehetzt.
      Kein Wunder, wenn solche Leute zuletzt
      dem Teufel nicht länger widerstehn
      und einen tückischen Raubmord begehn.
    Gegenchor: Zwölf Stimmen ja, das ist der Beweis,
      wir schützen den Staat.
      Zwölf Stimmen ja, um jeden Preis,
      es ist um sie nicht schad'.
    Sprecherin: Mörder!
    Gegenchor: Wir sind die Macht, wir sind das Recht,
      für uns ist alles da.
      Das Land, das Geld, der liebe Gott –
      Wir sind der Sinn und das Gesetz.

Ihr seid die Schuld.
Wir sind die ewige Gewalt,
ihr seid die ewige Geduld.
Wir sagen ja zu dieser Welt,
zwölf Stimmen ja.
Ihr seid das unfruchtbare Nein,
wir aber stehn und sind von Stein,
zwölf Stimmen ja.
   (Dunkelheit.)
Chor (dumpf): Rings um uns geschieht
Schicksal, sturmbereit.
Aber niemand sieht
in der Dunkelheit
Antlitz und Flamme.
Arbeit, Arbeit, Arbeit treibt uns hin.
Rings um uns beginnt
ewiger Gesang,
aber taub und blind
gehn wir unsern Gang
Geld zu verdienen
an den Maschinen.
Arbeit, Arbeit. Arbeit treibt uns hin.
Sprecherin: Laßt die Maschinen schweigen.
Stimme des Menschen schreit,
hört ihr sie nicht?
Zerbrecht den eisernen Reigen
der Räder, der Arbeit, der würgenden Pflicht.
Stimme des Menschen schreit –
hört ihr sie nicht?
(Eine Kerkerzelle. Ein Gefangener schreitet auf und ab, auf und ab; der zweite hockt
auf der Pritsche und schreibt.)
Sprecherin (nimmt ihm das Blatt aus der Hand und tritt vor. Sie liest):
Vier Meter lang, vier Meter breit,
zwei Meter hoch ist die steinerne Dunkelheit,
aber die Brüder kommen.
Ich höre die Füße Tag und Nacht,
alle haben sich aufgemacht,
fünf Kontinente marschieren.
O, schreitet, schreitet so schnell ihr könnt,
wer weiß, wie lang man uns das noch gönnt,

das Loch, das enge Gefängnis!
   Wir warten, wir warten – wann kommt ihr – wann?
   Kein Mensch, ihr Brüder, nicht einer kann
   gläubiger warten als wir.
   Aber manchmal verzweifeln wir fast
   an eurer Treue, vergiftet, verhaßt
   ist uns dann alles, alles.
   Lüge die Freiheit, die Brüderlichkeit,
   teuflische Lüge. Verzeiht! Verzeiht!
   Ihr werdet kommen, ihr werdet kommen!
   Ihr *müßt* kommen!
Chor: Es klagt, es ruft, es pocht ans Tor
   der ewigen Fabrik,
   es klingt wie Blut in unserm Ohr,
   in unseren Adern wie Musik.
   Es gilt uns allen, dir und mir,
   es gilt der ganzen Welt.
   Es ist nicht dort, es ist nicht hier. –
   Hört zu! Hört zu! Die Stimme fällt
   wie Sturm in die Städte der Erde.
Gegenchor: Was geht's euch an! Was geht's euch an!
   Es weht ein Wind. Es kräht ein Hahn.
   Es läuten Totenglocken.
   Die Arbeit darf nicht stocken.
   Was geht's euch an! Die Welt ist groß.
   Und irgendwo ist stets was los
   und irgend was wird stets getan.
   Das ist schon so. Was geht's euch an!
Chor: Es klingt im Stein, es singt im Wind.
   Menschen sollen sterben, die schuldlos sind.
   Wir sind nicht taub, wir sind nicht blind.
   Menschen sollen sterben, die unsre Brüder sind.
Gegenchor: Ein Raubmord war's. Was geht's euch an!
   Die Mörder werden abgetan.
   Gerechtigkeit. Zwölf Stimmen ja.
   Was geht's euch an, was dort geschah.
   Die Hetzer trommeln Sensation.
   Denkt lieber an den Arbeitslohn.
   Arbeit, Lohn! Arbeit, Lohn!
   Arbeit, Lohn!
[...]

26.6 Oscar Pollak: Warum haben wir keine sozialdemokratische Kunstpolitik?

Erstveröffentlicht als Oskar Pollak: Warum haben wir keine sozialdemokratische Kunstpolitik?, in: Der Kampf. Sozialdemokratische Monatsschrift, 22. Jg., Nr. 2 (Februar 1929), S. 83–86.

Oscar (manchmal: Oskar) Pollak (1893–1963) hatte bei der Arbeiter-Zeitung zahlreiche Positionen inne – nach dem Ersten Weltkrieg war er zunächst als London-Korrespondent tätig, bevor er 1926 nach Wien zurückkehrte und zum Außenpolitikredakteur bestellt wurde. Schon als Außenpolitikjournalist widmete er sich in seinen Kommentaren auch dem Wiener Kulturleben. 1924 trat er eine Debatte über Karl Kraus' Haltung zum Roten Wien los, in der Chefredakteur Austerlitz selbst zur Verteidigung des Angegriffenen schritt. (Vgl. Kapitel 28) Im folgenden Beitrag zur Kunstpolitik untersucht Pollak die Gründe für das Fehlen einer effektiven „sozialistischen" Kunst. Auslöser war das Scheitern der Kunststelle, im Carltheater eine eigene Volksbühne zu etablieren. Pollak warb für ein politisch engagiertes Theater, David Josef Bachs Antwort beschreibt das Dilemma der Volksbühne, ein populäres Theater zu schaffen, das ein nicht sozialistisches Publikum nicht abschreckt. (Vgl. Kapitel 24)

Es ist nun wohl seit dem Scheitern der „Schauspiele im Carltheater" genügend Zeit verstrichen, um dieser Frage den peinlichen Beigeschmack einer aktuellen Affäre zu nehmen und sie einer leidenschaftslosen Diskussion zugänglich zu machen, die ganz unberührt ist von der Erwägung, ob die Bürgschaften, die Direktor Berisch zu bieten hatte, einer sorgfältigeren kaufmännischen Prüfung genügt hätten oder ob Grabbes „Scherz, Satire, Ironie" ein gutes Stück für ein schlecht gebettetes Theater war.[6] Für alle, die weder etwas von Kunst noch von Kunstgeschäft verstehen, deren Urteil also durch keinerlei Fachkenntnis, noch weniger durch die Kenntnis der Kulissengeheimnisse getrübt ist, blieb nach dem neuesten Fehlschlag eines Versuchs, den Wiener Arbeitern eine Kunststätte zu schaffen, die einfache Frage zurück: Warum mißlingt gerade dies? Warum haben wir in Wien keinerlei Erfolge auf dem Gebiet sozialdemokratischer Kunstpolitik?

[...]

Was aber die Krise des Theaters betrifft, die hier weder geleugnet noch untersucht werden soll, so hat sie doch nicht gehindert, daß in zahlreichen mittleren deutschen Städten das verwirklicht ist, was in Wien fehlt: der Einfluß der Arbeiterorganisationen auf das eben vorhandene Theater. Und gerade Wien, das rote Wien, mit seinen mehr als vierhunderttausend organisierten Parteimitgliedern, seiner rein sozialdemokratischen Gemeindeverwaltung, seinen – im Verhältnis zu Deutsch-

---

6 Das im 2. Wiener Gemeindebezirk, Leopoldstadt, gelegene Carltheater war der Schauplatz eines kurzen, gescheiterten Versuchs der SDAP, ein eigenes Theater zu führen. Die „Schauspiele im Carltheater" bestanden nach ihrer ersten Premiere im Herbst 1928 nur für einige Monate.

land – riesigen Auflagen der sozialdemokratischen Presse: welche ungleich größeren Möglichkeiten scheint es zu bieten, und wie ungleich geringer ist der Erfolg!

[...]

Als die Arbeitersportbewegung hier begann, befand sie sich in einer sehr ähnlichen Lage wie die Arbeiterkunstbewegung: sehr bescheidene und zum Teil verspießerte Ansätze aus der Vorkriegszeit, die öffentlichen Körperschaften, vor allem die Gemeinde Wien, sehr zurückhaltend, gegen sich die ganze Macht des durch die Inflation aufgeblähten kapitalistischen Sportgeschäfts, das vielen Hunderttausenden Proletariern das Geld aus den Taschen lockte und ihnen dafür immer schlimmere, immer verderblichere Sensationen bot – für sich nichts als die dumpfe Sehnsucht der Masse nach Bewegung, nach Kraft und Spiel und Sonne. Und was ist daraus geworden? Heute ist, mit allen ihren Unzulänglichkeiten, die Arbeiter-Turn- und Sportbewegung bereits eine Macht, die in Wien die Bürgerlichen bald in den Hintergrund gedrückt haben wird. Heute sind die sportgestählten Kolonnen unserer Turner und Naturfreunde, die sonnenüberglänzten Körper unserer Sportlerinnen und Schwimmerinnen, ist diese ganze organisierte Kraft unserer Jugend eine soziale Tatsache, die sich tief und herrlich in das Bewußtsein der ganzen Klasse eingeprägt hat.

Was ist in derselben Zeit geschehen, um dem Proletariat die Kunst, das Theater zu erobern, näherzubringen oder durch das künstlerische Kino zu ersetzen? Nie und nirgends – in ganz Europa außerhalb Rußlands nicht – hat eine proletarische Kunststelle (um mit diesem Wort einen Wirkungskreis und eine Verantwortung zu bezeichnen) solche Möglichkeiten vor sich, soviel Kraft und Begeisterung hinter sich gehabt wie in Wien. Sie hat sie nicht genützt. In diesen zehn Jahren ist, trotz aller politischen Reaktion, der sozialistische Kulturwille in alle Winkel des Daseins eingedrungen. Auf allen Gebieten des kulturellen Lebens wirken eigene proletarische Organisationen. Die sozialdemokratische Kunststelle hat nicht weniger freudige Energien im Proletariat vorgefunden – auch nicht weniger bürgerliche Vorurteile und wirtschaftliche Hindernisse, die unvermeidlich zu Kompromissen zwingen – als die Arbeitersportbewegung oder irgendeine andere Organisation des proletarischen Kulturwillens. Sie, sie allein, blieb weit hinter den Hoffnungen zurück.

[...]

Die Aufgabe einer sozialistischen Kunstpolitik ist zweifach: sie muß die *Künstler* zur Arbeiterschaft heranbringen, und sie muß die *Arbeiterschaft* zur Kunst erziehen. An beidem hat es in Wien gefehlt.

[...]

Hier kommen wir zum Kern des Problems: nimmt unsere sozialdemokratische Kunstpolitik auf das Bedürfnis und das Verständnis des Arbeiters genügend Rücksicht?

Da soll nun keineswegs jener Überheblichkeit des Intellektuellen das Wort geredet sein, die den Arbeiter nur als Objekt ihrer Erziehung oder ihrer Experimente betrachtet (wie sie häufig in den kommunistischen Kreisen anzutreffen ist), noch auch jener wohlwollenden Volksbildnerei, die ihn unausgesetzt auf Schritt und Tritt belehrt. Im Gegenteil: Der Arbeiter hat durchaus ein Recht darauf, sich auf seine Art auch einmal bei einem künstlerisch wertlosen Stück zu unterhalten, einen schlechten Film anzuschauen, ohne sich moralisch verdammt vorzukommen und in seiner Zeitung einen Roman zu finden, der ohne Anstrengung und Vorbildung zu lesen ist. Aber er hat dafür auch das Recht, nicht mit idealen Forderungen und intellektuellen Überbietungen, sondern mit heißem Bemühen und kluger Bescheidung von den Sachverständigen geführt zu werden, damit sich der Klasse, die erst um die Güter des Geistes ringt, allmählich der Weg zur wahren Kunst erschließe.

Es liegt gerade in unserem Falle sehr nahe, die Aufgaben und Mängel unserer Kunstpolitik an den verwandten Problemen der Kunstkritik zu zeigen. Man kennt ja die gewisse „Burgtheaterkritik", die mehr Andeutungen und Anspielungen für Eingeweihte als verständliche Sätze enthält. Man weiß auch, wie es die bürgerliche Presse hält: das ist nun gerade das Beispiel, das die sozialdemokratische Kunstkritik nicht befolgen sollte. Wenn „Julius Cäsar" aufgeführt wird, so ist das für den bürgerlichen Kritiker eine Gelegenheit, seinen Geist leuchten zu lassen: er darf annehmen, daß dieses Stück allen seinen Lesern bekannt ist. Die sozialdemokratische Kunstpflege darf das nicht: sie darf sich nicht genieren, den Arbeitern zu sagen, wer Shakespeare war! Nehmen wir irgendeinen Gedenktag eines großen Tonkünstlers oder Dichters: *sie* mögen das unbekannteste Werk aufführen, obwohl die Mehrzahl der Arbeiter die bekanntesten nicht kennt, mögen das unveröffentlichtste Bruchstück in Faksimile wiedergeben – ein wahrer Leckerbissen für literarische Feinschmecker. Wir Sozialdemokraten wollen nicht vergessen, dem einfachen Leser oder Hörer *einfach* nahezubringen, wer dieser Große war und was er für die Geistesgeschichte bedeutet. Das will nicht sagen, daß man die Arbeiter etwa ausschließlich mit dem Leichtestverständlichen abspeisen, beständig mit „Wilhelm Tell" und „Aida" erbaulich anöden soll – das will sagen, daß, wenn ein Goethe-Gedenktag zu feiern ist, die Aufgabe sozialdemokratischer Kunstanleitung nicht darin besteht, um jeden Preis etwas Neues über ihn zu bringen, sondern das tausendmal Gesagte so neu und so anschaulich zu sagen, daß tausend neue, neugewonnene Seelen zum erstenmal nach Goethes Werken greifen ...

Man mag hier einwenden: Auch die Leitartikel der Parteipresse sind oft schwer geschrieben. Gewiß. Aber gerade weil eine sozialdemokratische Zeitung gezwungen ist, in der Politik oft schwierige Gegenstände einem proletarischen (übrigens politisch vorgebildeten) Publikum auseinanderzusetzen, die an sein Aufnahmsvermögen hohe Ansprüche stellen – gerade deshalb hat sie um so mehr die Erzieherpflicht, dort volkstümlich zu sein, wo ihr die schwierige, aber herrliche Aufgabe gestellt ist, einen gänzlich unvorgebildeten, aber ungeheuer aufnahmswilligen und begeisterten Kreis in die ganzen Schätze des Geistigen einzuführen. Und das gilt auch für die Kunstvermittlung an die Arbeiterschaft. Gewiß, es ist nicht leicht, es ist sogar unerhört schwer, die Arbeiter sachte vom Kitsch wegzuführen, ihnen das Verständnis der alten Meister und gleichzeitig das der neuen Kunst zu erschließen, die beide im proletarischen Geistesleben ihre Stätte erst finden müssen – aber es ist ein so dankbarer, so fruchtbarer, so geisthungriger Boden! Statt dessen hat unsere sozialdemokratische Kunstpflege, wie sie in der Leitung der Kunststelle verkörpert ist, ihre einzigartige Stellung und Möglichkeit dazu verschwendet, um – mit den Bürgerlichen wettzueifern. Sie hat vieles, was sie schrieb und tat, getan nicht mit dem Blick auf die Wirtshäuser von Favoriten, in denen das Proletariat heute noch Erholung, Zerstreuung, Unterhaltung sucht und findet, sondern auf die Kaffeehäuser der Inneren Stadt, in denen die Fachmänner und Feinschmecker sich wundern sollen ...[7] Es ist ein tragisches Mißverständnis, in das sich der gute Wille, daß für das Proletariat das Beste gerade gut genug sei, verstrickt. Man hat so oft dem bürgerlichen Theaterbetrieb damit imponieren wollen, daß man die Massen hinter sich habe, bis man sich einmal umgesehen hat – und siehe da, die Massen waren weg. Die Kunst war ihnen zu hoch. Und die Wiener Arbeiterschaft ist wieder um eine Hoffnung auf eine Kunststätte ärmer.

Die schlichte, schmerzliche, mahnende Wahrheit ist: Die sozialdemokratische Kunstpolitik, die Kunstpolitik für die Arbeiter, bleibt in Wien erst zu leisten.

26.7 Jura Soyfer: Politisches Theater

Erstveröffentlicht als Jura Soyfer: Politisches Theater, in: *Die Politische Bühne* (März 1932). Hier zitiert nach Jura Soyfer: *Das Gesamtwerk*, hg. von Horst Jarka, Wien, München, Zürich: Europaverlag 1980, S. 464–465.

Jura Soyfer (1912–1939), in Charkiw, Ukraine, als Sohn einer jüdischen Unternehmerfamilie geboren, wuchs in Wien auf, wo er zum überzeugten Sozialisten wurde. Er war neben Ernst Fischer, Robert Ehrenzweig und anderen Kernmitglied der Sozialistischen Veranstaltungsgruppe. Zwar wurden Soyfers Dramen erst nach dem Ende des Roten Wien veröffentlicht, sein Beitrag zum „politischen Theater" kann aber sowohl als Entwurf seines eigenen Theaterverständnisses als auch als Manifest jenes politisch engagierten Theaters verstanden werden, das die Bühne des Roten Wien in den späten 1920er und frühen 1930er Jahren bestimmte. Mit seiner radikalen Position, wonach die Bühne der Propaganda und nicht der Kunst gehöre, wirbt Soyfer für eine Art von Theater, das eine Antwort auf den politischen Krisenzustand liefern soll.

Das Bürgertum von heute fordert kategorisch: Politik gehört nicht auf die Bühne! Politik sei Inhalt des tristen Alltags. Die Bühne aber sei eine Stätte des hochgeistigen Kunstgenusses, der Erhebung aus den Wirren des Tages oder aber Quelle harmlosen Vergnügens. Das klingt schön – nicht minder schön etwa als die bürgerliche Forderung nach Beilegung des Klassenkampfes und nach friedlicher Werksgemein-

---

[7] Der 10. Wiener Gemeindebezirk, Favoriten, ist ein traditioneller Arbeiterbezirk.

schaft zwischen Arbeiter und Unternehmer. Wie es aber in der Welt der Klassengegensätze keine Klassenharmonie und aufrichtige Werksgemeinschaft geben kann – so kann die Bühne gar nicht unpolitisch sein solange es einen Klassenkampf gibt!

Wie? Hat denn das Bürgertum selbst immer für das „unpolitische Theater" geschwärmt? Erinnern wir uns doch! Lessing, Schiller, der junge Goethe – sie machten die Bühne zur politischen Tribüne. Ihre Dramen waren flammende Proklamationen „in tyrannos", revolutionäre Manifeste der siegreichen Klasse, des Bürgertums. Seit jener Zeit hat aber die Bourgeoisie die Rolle gewechselt. Jetzt wehrt sie, die Trägerin einer zusammenbrechenden Welt, dem Ansturm der neu aufsteigenden Klasse, des Proletariats. Jetzt fordert sie das „unpolitische Theater".

Das Leben des Proletariers ist durch und durch politisch. Soll ihm das Theater mehr bringen als bloße Ablenkung durch die Illusion einer Scheinwelt, so muß es selbst politisch sein! Die Kunst des Proletariats muß sozialen, politischen Inhalt haben.

Wie steht es um die bürgerliche Vergnügungsindustrie? Können ein wohl geschliffenes Salonstück, eine lustige Operette, ein gedankenloser Tonfilm dem Proletarier gefährlich werden?

Ein großer Teil dieser „harmlosen" Theaterstücke und Filme entlehnen ihre Atmosphäre, ihren Humor der „guten alten Zeit" und leisten so allen spießbürgerlichen, konservativen Sehnsüchten Vorschub. Sie zaubern dem Publikum eine Traumwelt vor, die es gar nicht gibt, in der keine Klassengegensätze existieren und deren Lügenhaftigkeit die Urteilskraft lähmt. Wie ein süßes Gift schleicht sich so die bürgerliche, die reaktionäre Ideologie in das Bewußtsein ein. So unentschlossen, politisch verwirrt, indifferent ist das Proletariat dem Bürgertum recht. Je nichtssagender seine Vergnügungen, seine Interessen in der Freizeit sind, je mehr reaktionärer Kitsch seine Hirne umnebelt – desto lieber dem Publikum!

Kampf diesem scheinbar harmlosen, in Wirklichkeit sehr gefährlichen Theater!

Die Arbeiterschaft soll das Theater finden, das nicht außerhalb, sondern innerhalb ihres Befreiungskampfes steht: die politische, revolutionäre Bühne.

Das Agitationstheater ist eine wirksame Waffe im Klassenkampf. Die Kleinbühne leiht uns ihre satirische Kraft, das Massentheater sein wuchtiges Pathos.

Ob das, was wir schaffen, Kunst ist oder nicht, das ist uns gleichgültig. Wir dienen nicht der Kunst, sondern der Propaganda. Mag sein, daß unsere Gesinnung, unsere ethische Kraft uns manches Mal künstlerischem Schaffen nahe bringt.

26.8 Neon: Agitationstheater

Erstveröffentlicht als Neon: Agitationstheater, in: *Das Politische Kabarett*, Wien: Sozialistische Veranstaltungsgruppe 1929, S. 2–4.

Mit der Zuspitzung der politischen Auseinandersetzung in den späten 1920er Jahren, besonders nach dem Justizpalastbrand 1927, wurden in- und außerhalb der SDAP Stimmen laut, die ein stärkeres Engagement des Theaters als Unterstützer des sozialistischen Projekts einforderten. (Vgl. zum Justizpalastbrand Kapitel 1, 36) Der folgende Beitrag ist der Werbeschrift Das Politische Kabarett *entnommen, die von der Sozialistischen Veranstaltungsgruppe herausgegeben wurde. Die Gruppe bestand aus ca. 30 linken Mitgliedern aus Theorie und Praxis der Bühne, darunter Ernst Fischer, Jura Soyfer, Karl Sobel und Robert Ehrenzweig. Ehrenzweig (1904–1984), der regelmäßig unter dem Pseudonym „Neon" schrieb, war auch für mehrere politische Revuen verantwortlich, die den Massen die Inhalte politischer Agitation mithilfe der Bühnenunterhaltung näherbringen sollten.*

Dem Bürgertum stehen in seinem Kampf um die geistige Beherrschung der Massen zwei wichtige Bundesgenossen zur Seite: die reaktionäre Kunst und der reaktionäre Kitsch. Es sind gefährliche Feinde des sich befreienden Proletariats: die Kunst, weil man sie überschätzt, der Kitsch, weil man ihn unterschätzt. Die Kunst, weil sie über jede Kritik erhaben zu sein scheint, der Kitsch, weil er unter jeder Kritik ist. Die Kunst, weil man die Bindung an die bürgerliche Klasse nicht erkennt, deren Ausdruck sie ist, der Kitsch, weil man die Bindung an die bürgerliche Klasse nicht erkennt, die durch ihn vollzogen wird. Reaktionäre Kunst und Kitsch des Bürgertums beeinflussen das Gefühlsleben der Massen und ihre geistige Stellungnahme. Sie nehmen Besitz von ihren Nerven, betäuben ihr Denken, verfälschen ihre Instinkte, wirken auf Lachmuskeln und Tränendrüsen – im Dienste der Bourgeoisie. Es sind hinterhältige Feinde: sie verstehen es, sich in proletarische Veranstaltungen einzuschleichen, machen sich als verlogene, reaktionäre Filme breit, als Revuen und Operetten, die den Militarismus, die k. k. [kaiserlich-königliche] „gute alte Zeit" und überhaupt die ganze bürgerliche Gesellschaftsordnung verherrlichen.
[...]
Das *Agitationstheater* ist ein Versuch, dieses Problem wenigstens teilweise zu lösen. Welche unerschöpfliche Möglichkeiten gibt es, die Bühne unserem großen Kampf einzuordnen: Wirrwarr und Folgerichtigkeit der Wirklichkeit im Rampenlicht vorüberziehen zu lassen, Kontraste des Lebens mit photographischer Treue wiederzugeben, zu übersteigern, zu karikieren, alle die Erbärmlichkeiten und Niederträchtigkeiten der Gesellschaft, in die hineingeboren zu sein wir die Ehre haben, in dem Gelächter der Satire aufzulösen! Welche Aufgabe, den Mut und den Kampfeswillen der Genossen zu stärken, die Schwankenden mitzureißen, die Uninteressierten zu gewinnen! [...]

Das Leben des Proletariers, die Ideenwelt des Sozialismus – reich genug sind sie an Problemen, Tragödien und Freuden, an Sehnsüchten und Enttäuschungen und starkem Willen, daß daraus dramatischer Stoff in Überfluß geschöpft werden kann. So kann die Bühne dem Proletariat erobert werden, kann Waffe in der Hand des Arbeiters sein, mit Pathos und Satire ihre Macht auf die Geister ausüben. Das Agitationstheater ist nicht gezwungen, Illusionen aus dem Nichts zu zaubern, es wirkt durch die Unmittelbarkeit des Bühnengeschehens, durch die Stoffnähe und die Einheit der Gesinnung, die Spieler und Publikum verbinden, aufpeitschen, bis zur Ekstase erregen, daß die Grenzen zwischen Bühne und Zuschauerraum schwinden, daß Spiel und Wirklichkeit eines werden und die Seelen zusammenschlagen in den Flammen des Erlebnisses. So rissen die großen Spiele der französischen Revolution die Masse mit, so entflammte das revolutionäre Theater Meyerholds das russische Proletariat, so wirken die „Politischen Kabaretts" und politischen Wanderbühnen in Rußland, Deutschland und Österreich. Da muß nicht viel gedichtet werden; die Weltgeschichte selbst ist Autor, eine Zeitung wird im Handumdrehen zum Politischen Kabarett, des Tagesereignis zur Stegreifszene und Dilettanten reißen das Publikum zu unerhörtem Gelächter und zu tobender Begeisterung mit. Und wie das Agitationstheater seinen Stoff der Weltgeschichte entnimmt, so greift es selbst in die Weltgeschichte ein: in kleinem gestaltend, ist es ein Teil der größten Geistesbewegung, Dienerin der größten Idee der Menschheit, des *Sozialismus*.

Ob das „Kunst" ist? Das Agitationstheater will nicht ästhetisch gewertet werden. Es will nicht Kunst sein! Es will *Leben* sein, Teil des Lebens des Proletariats, Waffe in seinem Befreiungskampf.

26.9 Rudolf Holzer: Das erneuerte Theater in der Josefstadt unter Führung Max Reinhardts

Erstveröffentlicht als Rudolf Holzer: Das erneuerte Theater in der Josefstadt unter Führung Max Reinhardts, in: *Wiener Zeitung*, 3. April 1924, S. 1–3.

Die zahlreichen Versuche, das Theater stärker in die Unterstützung der politischen und pädagogischen Ziele der SDAP einzubinden, erfassten nicht die gesamte Wiener Theaterszene der Zwischenkriegszeit. Zu den prominentesten Verweigerern zählte Max Reinhardt (1873–1943). Der produktive Regisseur und Dramaturg hatte seine Karriere in Wien gestartet, bevor er in Berlin mit der Leitung u. a. des Kleinen Theaters, des Neuen Theaters und der Volksbühne sein künstlerisches Renommee aufbaute. Hier entwickelte er neue Bühnen- und Kulissentechniken, unter anderem die Drehbühne, und neue Auftritts- und Abtrittswege für die Darsteller und Darstellerinnen. 1923 übersiedelte Reinhardt nach Wien, um die künstlerische Leitung des Theaters in der Josefstadt nach dessen vollständiger Renovierung durch den italienisch-österreichischen Industriemagnaten Camillo Castiglioni zu übernehmen. Dieser Feuilletonbeitrag der staatlichen Wie-

ner Zeitung *feiert Reinhardts Rückkehr als willkommenes Aufatmen im Angesicht der politisierten künstlerischen Angebote des Roten Wien. Vor dem Hintergrund von Reinhardts Zusammenarbeit mit Richard Beer-Hofmann, Hugo von Hofmannsthal und anderen liefert der Artikel einen starken Hinweis darauf, dass sich das didaktische Theater des Roten Wien in einem Wettkampf mit depolitisierten Alternativen der ästhetischen Avantgarde befand.*

In einer Zeit von Kampf und Sorge unternimmt es Max *Reinhardt*, in Wien ein neues Theater zu gründen, denn nichts anderes bedeutet die Ansiedlung einer Gruppe von Berliner Darstellern, ergänzt durch Überläufer und Unzufriedene des Burgtheaters. Wie alles, was Max Reinhardt unternimmt, haben selbstverständlich auch seine „Schauspieler in der Josefstadt" Niveau, Kultur, Kunstverstand. Wenn er nichts anderes getan hätte, als Wien dieses neue Theater in der Josefstädter Straße zu schenken, müßte man ihm danken, und wird ihm eine unauslöschliche Erinnerung in der Theatergeschichte Wiens erhalten bleiben.

Die Eröffnung ging vorgestern, wie alle Unternehmungen Reinhardts, darein muß man sich eben fügen, unter Fanfarenklängen, Trommelwirbel und messianischen Hochgesängen einer ihm stets, unbedingt und grenzenlos willfährigen Reklame und Propaganda als ein wirklich berechtigtes Ereignis unserer Stadt in einer schönen, wienerischen Geselligkeit und abgetönten Eleganz vor sich. Professor Reinhardt hatte im Sinne der künstlerischen Entwicklung seiner Neigungen Goldonis „Diener zweier Herren" zum Beginn im eigenen Hause gewählt. Er ist längst der festgefügten Formen des in der Natur, der Wirklichkeit, der Unbedingtheit wurzelnden Theaters müde; heute sucht er in Salzburg die Mysterie, in Wien das barocke Stiltheater. Bei beiden verschwimmt fast die Herrschaft des Wortes, rückt die Bedeutung des Textes in den Hintergrund, dämmert die Kunst der Improvisation, triumphiert und herrscht der sinnliche Eindruck gesammelter Kunsteffekte, der von Musik, Tanz, Mimik, Malerei, Maschinerie... Die Dichter – je nun, sie können noch mitlaufen! Mit einer ihm vielleicht gar nicht zunächst bewußten Offenheit sagt Reinhardt schon im Namen des Unternehmens „die Schauspieler am Theater in der Josefstadt", daß er, der einstige Schauspieler, Interesse und Herz vornehmlich für das Schauspielerische im Theater, für das Mimenkunstwerk, nicht aber für den Dichter, für den Geist und Sinn der ewigen Worte hegt und kennt.

Das erneuerte Haus, das er geschaffen, ist ein entzückendes Juwel, das eben nur Reinhardt mit seiner Energie, seiner Zähigkeit, vor allem mit seiner Macht über Menschen zuwege bringen konnte! Sein Verdienst in Ehren; aber der Erfolg liegt in seiner Persönlichkeit. Wer in Wien wäre imstande, die wienerische Apathie, die wienerische Verständnislosigkeit, die wienerische Sorglosigkeit, mit der der rapide Verfall des künstlerischen Theaters hingenommen wird, zu besiegen; wer könnte Kräfte zu einer Tat gleich der dieser Neuschöpfung hier entfesseln? Oder noch viel wichtiger! Wem würde erlaubt werden, von wem würde man dulden, daß er entfesselt?

[...]

26.10 Ödön von Horváth: Geschichten aus dem Wiener Wald

Erstveröffentlicht als Ödön von Horváth: *Geschichten aus dem Wiener Wald. Volksstück in drei Teilen*, Berlin: Propyläen-Verlag 1931, S. 90–94.

Der in Sušak im ungarischen Teil der Habsburgermonarchie geborene Ödön von Horváth (1901–1938) verfolgte seine literarische Karriere fast ausschließlich im deutschsprachigen Raum, seine Geschichten aus dem Wiener Wald *wurden 1931 am Deutschen Theater in Berlin uraufgeführt. Horvath sympathisierte mit der Linken; in seinen Arbeiten demaskierte er die Scheinheiligkeit nationalistischer Gruppen. In den* Geschichten aus dem Wiener Wald *verpackt er seine beißende Kritik an der Wiener und der österreichischen Kultur in Form eines österreichischen Volksstücks. Im Mittelpunkt steht Marianne, die ihre Verlobung mit Oskar löst und ein uneheliches Kind mit Alfred zur Welt bringt. Alfreds Großmutter, die außerhalb der Stadt in der Wachau lebt, redet ihm zu, seine neuen familiären Verpflichtungen nicht einzuhalten, und ermordet das von ihm zurückgelassene Kind. Mit dieser Kette an Verfehlungen wird der moralische Bankrott der vorgeblich traditionellen Werte des konservativ-katholischen Österreich bloßgestellt. In der folgenden Szene hat Marianne ihr Kind zurückgelassen, um den Beistand eines katholischen Geistlichen zu suchen. Trotz der scheinbaren Nähe von Horváths Text zu den politischen Zielen des Roten Wien bekam das Stück verärgerte Kritiken.*[8] *Die* Geschichten aus dem Wiener Wald *wurden erst 1948 in Wien aufgeführt und wurden zu diesem Zeitpunkt empört aufgenommen.*

VII

Im Stephansdom
Vor dem Seitenaltar des heiligen Antonius. Marianne beichtet. Die Glocken verstummen und es ist sehr still auf der Welt.
Beichtvater: Also rekapitulieren wir: Du hast deinem armen alten Vater, der dich über alles liebt und der doch immer nur dein Bestes wollte, schmerzlichstes Leid zugefügt, Kummer und Sorgen, warst ungehorsam und undankbar – hast deinen braven Bräutigam verlassen und hast dich an ein verkommenes Subjekt geklammert, getrieben von deiner Fleischeslust – still! Das kennen wir schon! Und so lebst du mit jenem erbärmlichen Individuum ohne das heilige Sakrament der Ehe schon über das Jahr, und in diesem grauenhaften Zustand der Todsünde hast du dein Kind empfangen und geboren – wann?
Marianne: Vor acht Wochen.

---

[8] In einem fiktiven Interview mit Horváths Figuren in *Der Morgen* beschwert sich eine Stimme des ‚neuen Wien' über Horváths fehlende Wertschätzung für das reale Bild der Stadt. Vgl. Repos: Geschichten aus dem Wiener Wald, in: *Der Morgen. Wiener Montagblatt*, 16. November 1931, S. 6.

Beichtvater: Und du hast dieses Kind der Schande und der Sünde nicht einmal taufen lassen. – Sag selbst: kann denn bei all dem etwas Gutes herauskommen? Nie und nimmer! Doch nicht genug! Du bist nicht zurückgeschreckt und hast es sogar in deinem Mutterleib töten wollen –
Marianne: Nein, das war er! Nur ihm zulieb hab ich mich dieser Prozedur unterzogen!
Beichtvater: Nur ihm zulieb?
Marianne: Er wollte doch keine Nachkommen haben, weil die Zeiten immer schlechter werden und zwar voraussichtlich unabsehbar – aber ich – nein, das brennt mir in der Seele, daß ich es hab abtreiben wollen, ein jedesmal, wenn es mich anschaut –
(*Stille.*)
Beichtvater: Ist das Kind bei euch?
Marianne: Nein.
Beichtvater: Sondern?
Marianne: Bei Verwandten. Draußen in der Wachau.
Beichtvater: Sind das gottesfürchtige Leut?
Marianne: Gewiß.
(*Stille.*)
Beichtvater: Du bereust es also, daß du es hast töten wollen?
Marianne: Ja.
Beichtvater: Und auch, daß du mit jenem entmenschten Subjekt in wilder Ehe zusammenlebst?
(*Stille.*)
Marianne: Ich dachte mal, ich hätte den Mann gefunden, der mich ganz und gar ausfüllt. –
Beichtvater: Bereust du es?
(*Stille.*)
Marianne: Ja.
Beichtvater: Und daß du dein Kind im Zustand der Todsünde empfangen und geboren hast – bereust du das?
(*Stille.*)
Marianne: Nein. Das kann man doch nicht –
Beichtvater: Was sprichst du da?
Marianne: Es ist doch immerhin mein Kind –
Beichtvater: Aber du –
Marianne (*unterbricht ihn*): Nein, das tu ich nicht. – Nein, davor hab ich direkt Angst, daß ich es bereuen könnt. – Nein, ich bin sogar glücklich, daß ich es hab, sehr glücklich –
(*Stille.*)
Beichtvater: Wenn du nicht bereuen kannst, was willst du dann von deinem Herrgott?

Marianne: Ich dachte, mein Herrgott wird mir vielleicht etwas sagen –
Beichtvater: Du kommst also nur dann zu Ihm, wenn es dir schlecht geht?
Marianne: Wenn es mir gut geht, dann ist Er ja bei mir – aber nein, das kann Er doch nicht von mir verlangen, daß ich das bereu – das wär ja wider jede Natur –
Beichtvater: So geh! Und komme erst mit dir ins reine, ehe du vor unseren Herrgott trittst. – (*Er schlägt das Zeichen des Kreuzes.*)
Marianne: Dann verzeihen Sie. – (*Sie erhebt sich aus dem Beichtstuhl, der sich nun auch in der Finsternis auflöst – und nun hört man das Gemurmel einer Litanei; allmählich kann man die Stimme des* Vorbeters *von den Stimmen der Gemeinde unterscheiden;* Marianne *lauscht – die Litanei endet mit einem Vaterunser;* Marianne *bewegt die Lippen. Stille.*)
Marianne: Amen.
(*Stille.*)
Marianne: Wenn es einen lieben Gott gibt – was hast du mit mir vor, lieber Gott? – Lieber Gott, ich bin im achten Bezirk geboren und hab die Bürgerschul besucht, ich bin kein schlechter Mensch – hörst du mich? – Was hast du mit mir vor, lieber Gott? –
(*Stille.*)

Teil IX: **Massenmedien**

„Dieser Mann will den Kopf dieses Mannes, der das Fundament zum Wiederaufbau Wiens gelegt hat, in den Sand rollen lassen. Darf das sein?" Fotomontage von Siegfried Weyr als Antwort auf einen antisemitischen Angriff gegen Finanzstadtrat Hugo Breitner, in: *Der Kuckuck*, 19. Oktober 1930, S. 2. (ANNO/ÖNB)

27 Film und Fotografie
Joachim Schätz

Einleitung

Aus dem Ersten Weltkrieg gingen Kino und Fotoberichterstattung nicht nur mit gesteigerter Popularität bei der Wiener Bevölkerung hervor. Im Dienst der Kriegsberichterstattung hatten sie auch ihre politische Nutzbarkeit erwiesen. Zwei Lektionen aus der Propaganda der Kriegsjahre beschäftigten Theorie und Praxis von Film und Fotografie in der Zeit des Roten Wien: Brisanter Kern der fotografischen Aufnahme war ihre Belegfunktion, ihr Vermögen, die Welt festzuhalten und zu durchdringen. Mit diesem Anspruch trat aber auch der Kampf um Deutung hervor, der über das einzelne Bild hinausweist und die schauenden Massen ins Spiel bringt.

An dieser Auseinandersetzung nahm die Wiener Sozialdemokratie nur zögerlich teil. Dem Kulturbegriff ihrer leitenden Persönlichkeiten blieben die fotografischen Medien fremd. Parteinahe Organisationen wie die Naturfreunde brachten der Arbeiterschaft die Fotografie mehr als Hobby denn als Mittel zur Herstellung von Gegenöffentlichkeit nahe. In Bezug auf das Kino überwog in den ersten Nachkriegsjahren die pauschale Ablehnung als kapitalistische Massenverdummung.[1] Zugleich waren Kinobesuche – mit 40 Prozent Lustbarkeitsabgabe deutlich höher besteuert als das Unterhaltungstheater – ab 1921 eine wichtige Einnahmequelle der Stadt.

Erst 1923 öffnete sich die Wiener Sozialdemokratie nachdrücklich dem Film: Die Arbeiterbildungszentrale richtete eine Filmstelle ein, die Empfehlungen aussprach und einen parteiinternen Verleih aufbaute. Fritz Rosenfeld begann für die Kulturredaktion der *Arbeiter-Zeitung* zu schreiben und wurde bald führender, leidenschaftlicher Filmkritiker der sozialdemokratischen Publizistik. Im Oktober 1923 wurde Film auch zum ersten Mal in größerem Umfang von den Sozialdemokraten im Wahlkampf eingesetzt. Neben Wahlwerbung – darunter die abendfüllenden Filme *Das Notizbuch des Mr. Pim* (1930) und *Die vom 17er Haus* (1932) – wurden vor allem Dokumentationen von Parteiaktivitäten wie Maifeiern und Aufmärschen in Auftrag gegeben. Gestaltet wurden sie von privatwirtschaftlichen Unternehmen. Eigenständige Produktionsstrukturen im Umfeld der Partei (wie bei der KP-nahen Prometheus Film in Deutschland) entstanden ebenso wenig wie eine dem linken deutschen oder französischen Kino vergleichbare avancierte Politik der Form. Auch mit fotografischen Aufträgen wurden kommerzielle Ateliers betraut, allen voran Martin Gerlach jr., dessen imposante Aufnahmen von Gemeindebauten das internationale Bild des Roten Wien mitbestimmten.

---

1 Vgl. Paul Wengraf: Allerweltverdummungstrust Kino, in: *Arbeiter-Zeitung*, 26. Oktober 1919, S. 2–3.

Einen eigenständigen Beitrag zur Fotomontage-Ästhetik der Zeit leistete ab 1929 die sozialdemokratische Illustrierte *Der Kuckuck*. Mit Fotowettbewerben und programmatischen Texten versuchte deren verantwortlicher Redakteur Siegfried Weyr ein Bildarchiv abseits der kommerziellen Presseagenturen aufzubauen und die Arbeiterfotografie politisch zu schärfen. Während der Ertrag an prononcierter proletarischer Fotografie gering blieb, gingen aus den Arbeiterfotografie-Gruppen bei Naturfreunden und Volkshochschulen neusachlich orientierte Künstler wie Martin Imboden und Richard Träger hervor. Ansonsten bestimmte die künstlerische Fotografie in der Zeit des Roten Wien neben den Altbeständen des Piktorialismus eine gemäßigte Moderne, die Anregungen von ‚neuem Sehen' und Neuer Sachlichkeit vorsichtig aufnahm. Entsprechend gemischt fielen die Reaktionen aus, als die an den Avantgarden ausgerichtete Ausstellung *Film und Foto* des Deutschen Werkbunds Anfang 1930 in Wien Station machte. Entschiedenste Fürsprache fand die Neue Sachlichkeit vonseiten einiger Kunsthistoriker und Kunsthistorikerinnen: Wolfgang Born, Alma Stefanie Frischauer oder Heinrich Schwarz befassten sich, auch in populären Zeitschriften, versiert mit Fotografie.

Die Inflation, die Umstellung auf den Tonfilm und die Wirtschaftskrise stürzten die Wiener Filmindustrie in ein wildes Auf und Ab. Die wirtschaftliche Geformtheit von Film und Kino war auch ein wesentlicher Punkt theoretischer Auseinandersetzung. Béla Balázs (*Der sichtbare Mensch*, 1924) und René Fülöp-Miller (*Die Phantasiemaschine*, 1931) dachten vorbehaltlos über die Herausforderung nach, die eine industrialisierte Massenkultur für etablierte Konzepte von Kunst, Unterhaltung und Bildung bedeutet. Intellektuelle von Hugo von Hofmannsthal über Ann Tizia Leitich bis Robert Musil befragten die Potenziale des Films im Spannungsfeld zwischen Erfahrungskompensation, Verständigungsmittel und genuin neuem Wahrnehmungsraum.[2]

Kernbegriffe dieser Untersuchungen – Masse, Typisierung, Internationalismus – zeigen nicht nur die Zeitgenossenschaft zu den Kommunikationstheorien des Roten Wien an. Mit großer Geläufigkeit tauchen sie zeitgleich in der populären Filmberichterstattung auf. Film und Foto waren, vor allem anderen, Tatsachen des urbanen Lebensalltags. Illustrierte Zeitschriften wie *Die Bühne* (ab 1924) und das *Wiener Magazin* (ab 1927) gaben der Fotografie stärkeres Eigengewicht. Der Fotoreporter wurde zur populären Figur, die Atelierfotografin zur Vermittlerin von Konsumwelten, an denen weiteste Bevölkerungsteile nur visuell teilhaben konnten. Mit über 500.000 wöchentlichen Besuchen ab den späten 1920er Jahren war das Kino die beliebteste Unterhaltungsform – und ein bedeutsamer Schauplatz politischer Macht-

---

[2] Vgl. Hugo von Hofmannsthal: Der Ersatz für die Träume, in: *Neue Freie Presse*, 27. März 1921, S. 31; Ann Tizia Leitich: Don Quichottes der Silberleinwand, in: *Neue Freie Presse*, 20. Juli 1927, S. 17–18; Robert Musil: Ansätze zu neuer Ästhetik. Bemerkungen über eine Dramaturgie des Films, in: *Der Neue Merkur* (März 1925), S. 488–506.

proben. Als der Kinostart des Antikriegsfilms *All Quiet on the Western Front* im Jänner 1931 nicht wie in Deutschland von vornherein verhindert werden konnte, nahm die bürgerliche Bundesregierung nationalsozialistische Gewaltakte im und vor dem Kinosaal zum Anlass, den Film kurz nach seiner Wien-Premiere zu verbieten. (Vgl. Kapitel 33)

Literatur

Dewald 2007.
George 2009.
Holzer 2014.
Mayr, Omasta 2007.
Riesenfellner, Seiter 1995.

27.1 Siegfried Weyr: Das Photo als Kampfmittel

Erstveröffentlicht als Siegfried Weyr: Das Photo als Kampfmittel, in: *Der jugendliche Arbeiter*, 30. Jg., Nr. 4 (April 1931), S. 8–10.

Siegfried Weyr (1890–1963), verantwortlicher Redakteur der sozialdemokratischen Bildillustrierten Der Kuckuck, *beklagt die mangelnde politische Schärfe der Wiener Arbeiterfotografie. Diese Kritik, die sich ähnlich formuliert 1931/32 in mehreren sozialdemokratischen Publikationen findet, deutet vor dem Hintergrund kleiner werdender realpolitischer Spielräume auf eine Zuspitzung in der kulturellen Agitation hin. Im vorliegenden Text schreibt Weyr implizit gegen Widersprüche an, die den* Kuckuck *als fotografisches Zentralmedium des Roten Wien seit der Gründung 1929 prägten: Die Arbeit mit polemischen Titeln und Bildkontrasten, die er als politische Strategie starkmacht, wurde vor allem in redaktionellen Fotomontagen vorangetrieben. Dagegen regten die Fotowettbewerbe der Zeitschrift* Amateure *vor allem dazu an, in neusachlichem Sinne Schönheit im Alltag zu entdecken. Das entsprach der apolitischen Ausrichtung der meisten Wiener Arbeiterfotografie-Gruppen, in denen überwiegend Angestellte und Beamte aktiv waren.*

Die Arbeiterphotographie ist eine der neuesten Kulturbewegungen des Proletariats. Ihre Entwicklung vollzieht sich in einem Tempo, das man sich vor kurzem nicht hätte vorstellen können. Von Jahr zu Jahr lassen die verschiedenen Photoausstellungen, die in Wien stattfinden, neue Talente der Lichtbildkunst zu Worte kommen und das große Kapital an gestaltender Begabung, das in der Arbeiterschaft steckt, wird immer deutlicher sichtbar.

Man hat viel von der Musikalität gesprochen, die am Boden Wiens haftet. Dabei aber wenig beachtet, daß die Barockkunst, die sich hier so reich entfaltet hat, auch eine mächtige Schaukultur schuf, deren Auswirkungen durch verschiedene besondere Umstände lange Zeit im Hintergrund geblieben sind. Es ist aber zweifellos, daß die sich jetzt so lebhaft bemerkbar machende Bewegung der Lichtbildnerei irgendwie durch die in den Tiefen des Volkes fortwirkenden Quellen der längst vergangenen barocken Sehkultur gespeist wird.

Der Achtstundentag hat es dann ermöglicht, daß die von jeher zahlreich in der Wiener Bevölkerung schlummernden Talente zur Tätigkeit erwachen konnten. Durch die Ausstellungen der Wiener Arbeiterphotographen geht als gemeinsamer Zug die ausgesprochene Fähigkeit der Bildgestaltung, der Komposition. Ein bezeichnendes Erbe der Barockzeit. Immer wieder stößt man auf Bildausschnitte, die hinreißend sind. Das gute Bild schlechtweg ist geradezu Selbstverständlichkeit. Infolgedessen ist das durchschnittliche Ausstellungsniveau von außerordentlicher Höhe.

Etwas anderes ist es mit dem Motiv der *Arbeiter*photographen. Da wirkt sich noch immer die Tatsache aus, daß der Arbeiter in seinem Kulturleben so viel von der bürgerlichen Welt mitschleppt, und zwar von einer bürgerlichen Welt der achtziger und neunziger Jahre. Für jeden Kenner der Kulturgeschichte ist das nicht weiter erstaunlich. Haben doch zum Beispiel die Bauern des 18. Jahrhunderts in ihren Sitten, Gebräuchen und Trachten ein vollkommenes Bild der Welt des Dreißigjährigen Krieges bewahrt. Und so wird man sich nicht wundern, daß immer wieder Motive zu finden sind, die *aus den Anfängen der bürgerlichen Amateurphotographie* stammen, die ihrerseits wieder die Vorwürfe der Landschafts- und Architekturmalerei sind, die etwa durch die Namen Lichtenfels und Rudolf von Alt[3] charakterisiert werden.

Daß die Arbeiterphotographie im Kampf des Proletariats eine wichtige und scharfe geistige Waffe ist, das ist vielen Wiener Arbeiterphotographen noch nicht aufgegangen. Die politische Photographie wird noch fast gar nicht betrieben. Die soziale Photoreportage erschöpft sich in Aufnahmen von verstümmelten Bettlern oder von in den Koloniakübeln nach Abfällen suchenden Elendsgestalten. Das aber ist es nicht, worum es sich handelt. Es handelt sich darum, *einen politischen Gedanken, einen sozialen Begriff bildhaft auszudrücken*.

Und dazu bedarf es ebenso der Gegenüberstellung wie der packenden Unterschrift. Nehmen wir zum Beispiel das Bild einer hübschen Stenotypistin, die sich neben ihrer Maschine die Strumpfhalter richtet. Schreiben wir dazu „Der Chef hat geklingelt", so hat das Ganze, das zuerst ein oberflächliches, erotisches Reizbild war, einen tiefen sozialen Sinn. Die grauenhafte Abhängigkeit der arbeitenden Frau vom Unternehmer, die Abhängigkeit, die sie nur zu oft zwingt, außer ihrer Arbeits-

---

[3] Eduard Peithner von Lichtenfels (1833–1913) hatte 1872 bis 1901 eine Professur für Landschaftsmalerei an der Akademie der bildenden Künste in Wien inne. Der Maler Rudolf Ritter von Alt (1812–1905) war für seine Aquarelle von Architekturen und Landschaften bekannt.

kraft auch ihren Körper zur Verfügung zu stellen, ist endgültig festgehalten. Aus der erotischen Tändelei ist *eine bittere Anklage* geworden.

Ist damit klar, was der Arbeiterphotograph im Klassenkampf aus den Möglichkeiten machen kann, die ihm sein Objekt in die Hand gibt?

Weit mehr als das geschriebene Wort wirkt das Bild. Der Weg zum Verstand, der Weg zum Herzen ist kürzer. Wäre es nicht an der Zeit, ernsthaft einmal sich hierin zu versuchen? Und noch eines gibt es, worin die Arbeiterphotographie sich betätigen könnte, womit sie gerade der Arbeiterpresse große Dienste leisten würde. Mit dem Bild des Gegners.

Sicher leben viele Arbeiterphotographen in Häusern, in Gassen, in Vierteln, in denen Klassengegner hausen. Hat noch niemand daran gedacht, wie wertvoll gerade Bilder von Persönlichkeiten sind, wenn sie in Momenten aufgenommen werden, wo diese sich unbeobachtet wähnen. Wie packend da gerade der Charakter von Menschen zum Ausdruck kommen kann, der sonst unter Phrasen und Heuchelei verborgen zu werden pflegt.

Wie treffend da ein System, eine Lüge, eine gigantische Heuchelei zerpflückt werden können. Haben doch die Bilder Mussolinis, die in unbewachten Momenten von ihm bei seinen Reden, Reisen, Veranstaltungen aufgenommen werden, mehr vom Wesen des Faschismus der schaudernden Welt enthüllt als Broschüren und Bücher!

27.2 Fritz Rosenfeld: Sozialdemokratische Kinopolitik

Erstveröffentlicht als Fritz Rosenfeld: Sozialdemokratische Kinopolitik, in: *Der Kampf. Sozialdemokratische Monatsschrift*, 22. Jg., Nr. 4 (April 1929), S. 192–197.

Ein Schlüsseltext über innere Auseinandersetzungen bezüglich der Kulturpolitik des Roten Wien: Fritz Rosenfeld (1902–1987), Filmkritiker der Arbeiter-Zeitung, *beklagt die künstlerisch und politisch gleichgültige Programmierung auch und besonders in den kommunal geleiteten Kinos der Stadt. Die stadteigene Kinobetriebsanstalt Kiba bespielt mit finanzieller Rückendeckung der Arbeiterbank und unter der Leitung des Unternehmers Edmund Hamber eine beträchtliche Anzahl von Kinos in Österreich, darunter 1931 ein Achtel des Wiener Kinoangebots – allerdings nach wirtschaftlichen Kriterien und ohne Einbezug der Sozialdemokratischen Kunststelle oder der Arbeiterbildungszentrale. Rosenfeld entwirft Pläne, wie von einer im Sinne des Klassenkampfs entworfenen Programmierung zur Filmgestaltung überzugehen wäre. In Folge dieser und ähnlicher Polemiken wird ihm vom Parteivorstand die Rezension von Filmen der Kiba für die* Arbeiter-Zeitung *untersagt.*

„Der Film ist dieselbe schreckliche Waffe wie ein Flammenwerfer."
S. M. Eisenstein.

In fast 60.000 Kinos mit 20 Millionen Sitzplätzen wirkt der bürgerlich-kapitalistische, die Welt mit verlogenem Optimismus ausmalende, den Imperialismus, die alten Zeiten der Monarchie, die Segnungen der Klassengesellschaft verherrlichende Film tagtäglich auf 20, 30, 40 Millionen Menschen ein. Er ist in drei Jahrzehnten nicht nur eine gewaltige, wirtschaftswichtige Industrie geworden, er wurde ein *Machtmittel zur Beherrschung der Gehirne*, wie es nie eines gegeben hat und auch heute kein ähnliches gibt. Der Film ist international (und wird es trotz der Sprechfilmmode bleiben); er zeigt dem Amerikaner und Europäer, dem Engländer und Deutschen, dem Grönländer und Afrikaner, daß er in einer Welt lebt, an der man eigentlich gar nichts mehr verbessern könnte, in der es sehr gerecht zugeht und jeder glücklich werden kann, wenn er nur recht demütig und bescheiden ist.

[...]

Die Filme sind schlecht, die Filme sind verlogen, die Filme sind reaktionär. Nichts selbstverständlicher, als daß man andere, bessere, unverlogene, revolutionäre Filme drehen muß, um ihnen ein Gegengewicht zu bieten. So klar das auch schien, so undurchführbar erwies es sich. Die Erzeugung eines Films kostet, ganz abgesehen von den künstlerischen Kräften, über die man verfügen muß, ungeheure Summen, die die Arbeiterschaft nicht aufbringen kann. Man kann mit geringen Mitteln in irgendeinem Saal ein Theaterstück oder eine Sinfonie aufführen, Liebhaber-Vereinigungen können Arbeitermusik, Arbeitertheater pflegen – aber mit wenig Geld und ungeschulten Darstellern einen Film zu inszenieren ist unmöglich; armselig und wahrscheinlich trotz aller Begeisterung lächerlich, könnte so ein Film niemals neben den regietechnisch und schauspielerisch oft sehr glanzvollen Filmen der bürgerlichen Industrie bestehen. Und zweitens muß man *Kinotheater* haben, um Filme spielen zu können. Als man in Deutschland mit Hilfe der Gewerkschaften, mit kleinen Geldmitteln Filme zu drehen begann (es waren die nicht sehr geglückten Filme „Schmiede" und „Freies Volk"),[4] da zeigte es sich, daß die Kinobesitzer diese Filme *ablehnten*. Sie mußten in Sälen gespielt werden oder in Separatveranstaltungen. Was bedeuten aber ein paar Sonderaufführungen neben der Unzahl von tagtäglichen Filmaufführungen in den Kinos? [...]

Aus der Erfahrung, die man mit den beiden deutschen Filmen und den russischen Filmen machte, ging eines deutlich hervor: Wichtiger als die Filmproduktion ist es, *Einfluß auf Kinos* zu bekommen. Die sozialdemokratische Kinopolitik kann nicht mit der Erzeugung von Filmen einsetzen, weil für die Erzeugung weder die Geldmittel noch die Verwertungsmöglichkeiten gegeben sind, sie muß mit der *Erwerbung von Kinotheatern* beginnen. Wie eine gesunde Theaterpolitik nur schwer möglich ist, wenn man kein eigenes Theater in der Hand hat, ist eine gesunde proletarische Filmpolitik nicht möglich, wenn man keine Kinos beherrscht.

---

4 *Die Schmiede – Das Hohelied der Arbeit* (R: Martin Berger, D 1924); *Freies Volk* (R: Martin Berger, D 1925).

Nun könnte man da einwenden: Mit welchen Filmen sollen denn die Spielpläne der sozialistischen Kinos bestritten werden, wenn man keine sozialistischen Filme erzeugt? Um Filme müßte uns nicht bange sein. Mit den russischen Filmen, die sich, auch wenn sie bolschewistischer Tendenz sind, mit geringen Änderungen für sozialdemokratische Kinos bearbeiten lassen, und mit der künstlerisch wertvollen Produktion der anderen Länder ist der Filmbedarf proletarischer Lichtspieltheater auf Jahre hinaus zu decken. [...] Mit den russischen Filmen und den vom Geschäftskino abgelehnten, darum aber geschäftlich noch lange nicht undankbaren Filmen (es kommt nur auf das Wagnis an, sie zu spielen!) ließen sich Arbeiterkinos solange führen, bis sie aus eigenem Kapital zur Filmerzeugung aufbrächten. Ein Ring der vereinigten sozialistischen Kinos einiger europäischer Länder könnte eine *Produktionsgemeinschaft* bilden. Nun wären die Mittel da, die vollwertige Filme gewährleisten, nun müßte man sich um die Verwertung der Filme nicht mehr sorgen. Wie die kapitalistischen Filmfabriken risikolos arbeiten, weil sie einen eigenen Kinopark angeschlossen haben, in dem sie ihre Filme auswerten, würde auch diese Produktionsgemeinschaft auf sicherer Basis arbeiten, weil die Arbeiterkinos genug Hinterland für die Verwertung der Filme böten.

Diese Produktionsgemeinschaft ist noch ein schöner Traum. Die *Arbeiterkinos* aber sind bereits Wirklichkeit. Es gibt in Frankreich und Deutschland eine Reihe von Kinos, die die Arbeiterschaft verwaltet, es gibt in Wien und in der österreichischen Provinz viele Lichtspielhäuser, die in Arbeiterheimen gelegen sind, von der Arbeiterbank errichtet wurden, oder in Gemeinden mit sozialdemokratischer Gemeinderatsmehrheit von den Arbeitern geführt werden. Es muß nun einmal die Frage aufgeworfen werden, ob und wie diese Arbeiterkinos der Idee dienen, der sie dienen sollen, aus welchen Filmen ihr Spielplan besteht, und wie der Einfluß, den die Arbeiterschaft auf das Kino bereits errungen hat, genützt wird.

Da bietet sich wohl ein sehr trauriges Bild. Fast alle diese Kinos spielen nicht nur den üblichen Filmschund, sie spielen von diesem Schund noch das Schlechteste; fast alle diese Kinos vernachlässigen nicht nur ihre Pflicht gegen den künstlerischen Film, machen ihren Einfluß auf die Produktion nicht geltend, sie spielen auch oft und oft Filme, die ihrer *politischen* Einstellung nach in Arbeiterkinos *niemals gespielt werden dürften*. Wenn man die Spielpläne dieser Kinos, besonders der Wiener Arbeiterkinos, durchsieht, so wird man als Gesamteindruck finden, daß dort *weniger* gute Filme gespielt werden als in bürgerlichen Lichtspieltheatern – das muß einmal offen gesagt werden –, und daß dort reaktionärer Kitsch aufgeführt wird, gegen den das Arbeiterpublikum im bürgerlichen Kino sicher *und mit Recht* rebellieren würde. All der amerikanische Rußlandkitsch, „Der letzte Befehl", „Einer von unten", „Die rote Tänzerin von Moskau", die „Wolgaschiffer", „Sturm", sind in den von der Arbeiterschaft verwalteten Kinos aufgeführt worden; reaktionäre Filme, wie „Der Adjutant des Zaren", „Die gelbe Lilie", „Erzherzog Johann", kann man in diesen Kinos antreffen.⁵ Mit welchen Mitteln in derartigen Filmen gearbeitet wird, ist ja bekannt: der revolutionäre Bauer und Arbeiter ist besoffener, habgieriger, sadistischer, schmutziger Pöbel, der nur aus Rachsucht und Blutdurst Revolution macht; die Adeligen aber, die Offiziere des Zaren und die Prinzessinnen, sind engelsgleiche Lichtgestalten, denen ein Haar zu krümmen zu den scheußlichsten Verbrechen gehört. Der Bauer, der die Revolution verrät, wird mit der Prinzessin belohnt, das Bauernmädchen, das die Revolution verrät, bekommt einen feschen Fürsten. Und die Ideologie der Revolution in diesen „unpolitischen" Filmen ist nicht: alle für alle, Freiheit und Gleichheit für das ganze Volk, sie ist: jeder für sich, die Knechte von gestern sollen zechen und huren dürfen, die Herren von gestern aber den Diener machen. Wenn zwei Filme dieser geistigen und politischen Beschaffenheit hintereinander erscheinen, so kann es vorkommen (und es ist mehr als einmal vorgekommen), daß in einem Arbeiterkino *eine ganze Woche lang* das Publikum im Geiste, in der versteckten politischen Absicht *dieser* Filme beeinflußt wird. Vielleicht findet in dem einen Saal eines Arbeiterheims an einem Abend ein Vortrag über die russische Revolution statt – und im anderen Saale läuft ein Film wie „Sturm" oder „Einer von unten".

In Wien verfügt die Arbeiterschaft heute über eine Reihe von Kinos, die eine Macht darstellen; man kann – man könnte – mit ihr auf das gesamte Wiener Kinowesen einwirken, es umlenken, das Erscheinen von Filmen ermöglichen, das Erscheinen reaktionärer Filme verhindern. Nichts desgleichen geschieht. [...] Man wendet ein, das Kino müsse als *Geschäft* geführt werden. Nun ist es erstens noch sehr *fraglich*, ob ein Arbeiterkino *nur* vom Standpunkt des Geschäftes aus geleitet werden darf; es ist aber *nicht* fraglich, daß man auch vom Standpunkt des Geschäftes aus ein Arbeiterkino *anders* führen kann. Wir wollen nicht von *ästhetischem* Wert oder Unwert reden – darüber läßt sich streiten: wir wollen nicht davon reden, daß gar nicht zugkräftige Filme, Abfall der Filmproduktion, den das bürgerliche Geschäftskino fast unbeachtet läßt („Wo die Alpenrosen blüh[n"], „Ihr Korporal" oder „Annemarie und ihr Ulan"),⁶ gerade in Arbeiterkinos gespielt werden; wir wollen nur von der *politischen Gefahr* reden, die diese Spielplangestaltung mit sich bringt. Schließlich bleiben auch auf dem [sic] politisch vorgebildeten, fest in der Bewegung stehenden, guten sozialdemokratischen Arbeiter die von Woche zu Woche wiederholten Besudelungen der Revolution, Herabsetzungen der Arbeiterschaft und

---

5 *The Last Command* (Der letzte Befehl, R: Josef von Sternberg, USA 1928); *Mockery* (Der Idiot/Einer von unten, R: Benjamin Christensen, USA 1927); *The Red Dancer* (Die rote Tänzerin von Moskau, R: Raoul Walsh, USA 1928); *The Volga Boatman* (Wolgaschiffer, R: Cecil B. DeMille, USA 1926); *Tempest* (Sturm, R: Sam Taylor, USA 1928); *Der Adjutant des Zaren* (R: Wladimir Strijewski, D 1928); *The Yellow Lily* (Die gelbe Lilie, R: Alexander Korda, USA 1928); *Erzherzog Johann* (R: Max Neufeld, Ö 1929).
6 *Wo die Alpenrosen blüh'n* (R: Hanns Beck-Gaden, D 1928); *Ihr Korporal/Annemarie und ihr Ulan* (R: Erich Eriksen, D 1926).

Verherrlichungen unterschiedlicher Fürsten und habsburgischer Erzherzoge nicht ganz ohne Einfluß.

Es scheint jedoch, daß die politische Einsicht des Arbeiterpublikums bedeutend unterschätzt wird. Die Arbeiter erkennen die politische Tendenz der amerikanischen Rußlandfilme, der deutschen Offizierslustspiele, der österreichischen erzherzoglichen Schwachsinnigkeiten *ganz genau*. Die Schuld an diesen Spielplänen trifft nicht die Genossen der Arbeiterbank oder der Arbeiterheime, die ja nicht jeden Film vorher ansehen und begutachten können, sondern die Hand, in die man die Führung der Kinos vertrauensvoll gelegt hat. [...]

Auf dem Gebiet sozialdemokratischer Kinopolitik bleibt in Wien und Österreich also noch alles zu leisten.

[...]

Was aber bald und leicht geschehen kann, ist eine Umgestaltung der Leitung der bestehenden Arbeiterkinos. Sei es, daß sie unter den Einfluß der *Kunststelle* oder der *Bildungszentrale* gestellt werden, sei es, daß man einen eigenen verantwortlichen künstlerischen und politischen Berater beistellt – *hier* muß die Arbeit beginnen. Die Kinos sind da; das Publikum ist da; es kommt nur darauf an, *wer* die Filme auswählt, *wie* man sie auswählt, nach welchen Gesichtspunkten man sie auswählt. Ohne die geschäftlichen Erfolgsmöglichkeiten zu vergessen, ohne die Ertragsmöglichkeiten der Kinos zu schmälern, lassen sich ihre Spielpläne ganz anders, vielleicht noch viel erfolgreicher, viel erträgnisreicher gestalten. Heute wird nur allzuoft im eigenen Haus der Gegner genährt, Propaganda für die Sache der Arbeiterfeinde gemacht. Es geht nicht um eine unwichtige Vergnügungsstätte; es geht um ein *politisches Machtwerkzeug*. Das soll, das muß endlich in seiner ganzen Tragweite, in seiner ungeheuren Bedeutung erkannt, *und danach muß auch gehandelt werden*.

27.3 Hugo Huppert: Noch einmal Kulturfilm

Erstveröffentlicht als Hugo Huppert: Noch einmal Kulturfilm, in: *Die Rote Fahne*, 3. April 1927, S. 8.

Trotz ihrer zahlenmäßigen Schwäche gingen von der Kommunistischen Partei Impulse für die Wiener Filmkultur aus. Vorführungen der KP-nahen Internationalen Roten Hilfe und Internationalen Arbeiterhilfe – vor allem von ‚Russenfilmen' und deutschem proletarischem Film – wirkten auch über die Parteiöffentlichkeit hinaus. Die österreichische Rote Fahne *und die* Rote Illustrierte Woche *betrieben eine streitbare Filmkritik und -berichterstattung. Der vorliegende Text von Hugo Huppert (1902–1982), 1927 bis 1928 Filmkritiker der* Roten Fahne, *wirft ein Schlaglicht auf die Deutungskämpfe hinsichtlich der Filmbilder im Wien der späten 1920er Jahre. In der bürgerlichen Volksbildungsanstalt Urania (Vizepräsident: SDAP-Politiker Otto Glöckel) wird ein sowjeti-*

scher Kulturfilm[7] *über China gezeigt. Der Begleitvortrag, so Huppert, entschärfe die revolutionäre Imperialismuskritik des Films. In der katholischen Zeitschrift* Schönere Zukunft *dagegen wurde bereits die Aufführung des Films als Signal eines Linksrucks der Urania angegriffen.*[8]

Die herrschende Wissenschaft ist die Wissenschaft der Herrschenden. Daran kann heute nur der noch geistig Untertane zu zweifeln versuchen. Aber auch der ärmste von den Armen im Geist wird z. B. durch einen so musterlich „gewissenhaft" interpretierten Lehrfilm aufgeklärt, wie ihn das Volksbildungshaus Urania dieser Tage im „Hexenkessel China"[9] dem neugierigen und wissensdurstigen Laienpublikum bietet. Nicht über China; *darüber* verwirrt ihn ausgiebig der Begleitvortrag. Aber über das Verhältnis der bürgerlichen „Volksbildung" zu China.

Wir haben über den an sich höchst interessanten und vorzüglich realisierten Film unlängst berichten können, wobei wir hervorhoben, daß er im höchsten Grade geeignet ist, packenden Anschauungsunterricht über die (selbst für konservativsten Begriff und Geschmack) haarsträubende Ungleichheit in der Verteilung der Lebensgüter zwischen Kuli und Kapital zu geben, was hier soviel bedeutet, wie: zwischen Chinesen und ausländischen Imperialisten! Wenn wir chinesische Kinder ohne Hemd, chinesische Landproleten in erbärmlichen Fetzen sahen, Pferde und Motoren durch Konkurrenz der so billigen (weil „genügsamen") menschlichen Lasttiere verdrängt, die Siedlungen der chinesischen Plebs aufs Wasser hinausdrängt, weil die Grundrente der großen Hafenstädte unerschwinglich ist (was dann „Landnot" und „Uebervölkerung" heißt!)[,] wenn wir die kleinen Gewerbsleute halbnackt, ausgehungert bei ihrem mittelalterlichen Handwerkzeug hocken sahen, so hatten wir zur Entschädigung auch das Glück, einen Blick zu tun auf englische, amerikanische, japanische Industriepalais, Jachten, Luxusvillen und -autos, auf verbarrikadierte, scharfbewachte Europäerviertel, auf Gesandtschaftsfestungen und schwer armierte Panzerschiffe der „Mächte". Wir sahen aber auch die chinesische *Revolution* in konkreten, unwiderleglichen Bildern.

Wie wird nun deren Ausbruch und Verlauf vom Vortragspult der Urania herab erklärt? Ganz einfach: Der durch die Schüler und Nachfolger des Religionsstifters Kungfutse [sic] mißverstandene kosmopolitisch-dynastisch-konfuzianische Staatsgedanke ist mit dem national-expansiven Prinzip der abendländischen Staatsphilosophie in Widerstreit geraten. Chinesischer Universalismus hat sich auf sich selbst

---

7 Als Kulturfilme werden im deutschen Sprachraum zwischen 1918 und den 1950er Jahren Dokumentarfilme bezeichnet, die einem breiten Kinopublikum wissenschaftliche und andere ‚kulturelle' Themen vermitteln.
8 Vgl. Professor Dr. Rechtenfels: Henry Ford über die Stellung des Judentums in der modernen Weltwirtschaft und Weltpolitik, in: *Schönere Zukunft*, 2. Jg., Nr. 37 (12. Juni 1927), S. 776.
9 *Velikij perelet. Moskva-Mongolija-Pekin-Tokio* (Hexenkessel China (Von Moskau über die Mongolei nach Shanghai), R: Wladimir Schneiderow, UdSSR 1925).

besonnen und schüttelt den an- und eindringenden Lebenssinn der energetischen Zivilisation ab. Der Orient orientiert sich. Und so weiter. Der Vortragende bringt dann eine ihm Ehre machende Uebersicht über die neuchinesischen Gelehrtendynastien, die jüngeren philosophischen Systeme und Schulen, besonders insoferne sie die Erneuerung und Richtigstellung des chinesischen Staatsgedankens im Geiste des Konfuzius anstreben. Man wird konfus ... Jawohl, Opiumkrieg und Boxeraufstand waren reine Vorwände! Es handelte sich um die Ueberwindung der eigenen theokratischen Sozialidee. Was, Zölle? Industrialisierung und Kolonisation? Man begreife doch endlich, daß es um höhere Güter ging: nichts Geringeres als die Angleichung an die äußere Aktivitäts- und Rassenmode bei Wahrung innerer Lebensform und religiös-dogmatischer Sittlichkeitsnorm wurde erstrebt. Kurz, China wird chinesisch ... Jetzt wißt ihrs! Die Worte Imperialismus, Intervention, Absatzmarkt, Investierung, Konzessionierung – werden nicht genannt. Die Namen Sun-yat-sen, Kuo-min-tang nicht einmal erwähnt. Die Generäle insgesamt kämpfen aus „reiner Machtgier", Wu-pei-fu wird zum revolutionären Befehlshaber ernannt, die Revolutionäre wissen selbst nicht genau, was sie wollen ...[.] So geht es fort, die ahnungslosen Zuhörer sind geduldig. Das ist neutrale Volksbildung, so paralysiert man „bolschewikische" Bilder (denn die Wirklichkeit ist immer „bolschewikisch") und verbreitet ein wahrhaft *erlesenes* Wissen unter den Massen.

Nun, wir dürfen die Vermutung aussprechen, daß solches Wissen aus den Mitteilungen des Belgischen Seminars oder anderer europäischer Missionsvereine erlesen ist, und die „Objektivität" des ignoranten Lehrvortrages von der Uraniakanzel riecht stark nach Konversationslexikon. Ein Mann der Wissenschaft muß nicht Zeitung lesen, was eine politische Betätigung ist, vor der ihn Gott bewahre! Und ein populärwissenschaftlicher Vorleser muß auch beileibe nicht gerade ein Gelehrter sein. Aber seine gute Aussprache und dialektfreie Intonierung befähigt ihn darum noch lange nicht, „Aufklärung" zu verbreiten und das Volk zu „bilden". Staat [sic] eine jesuitische, müßte er eben eine kritische Quelle benützen und sich im Angesichte der lebendigen Wirklichkeit, nicht der Randbemerkungen eines Ordensbruders vorbereiten. Um aber einem vom Moskauer Proletkino gedachten Kulturfilm, die Kultur, d. h. die „propagandistische Spitze" abzuschneiden, dazu hätte die *Schere* genügt.

Denn auch sie hat mitgesprochen.

27.4 Béla Balázs: Masse

Erstveröffentlicht als Béla Balázs: Masse, in: *Der Tag*, 31. Jänner 1926, S. 3.

Zwischen 1922 und 1926 schrieb Béla Balázs (1884–1949) als Filmkritiker und Feuilletonist für die Wiener Tageszeitung Der Tag. Masse, *eine seiner letzten Wiener Rezensionen vor dem Umzug nach Berlin, steht mustergültig für Balázs' Art, seine Filmtheo-*

rie von Erlebnissen im laufenden Kinobetrieb her zu erarbeiten. Ausgehend von der Kinoerfahrung eines sowjetischen Spielfilms beschwört er das Vermögen des Films, die Massen sich selbst gegenübertreten zu lassen: als eine Versammlung, die kultiviert, statt zu verrohen, und egalitär bleibt, statt sich auf Führerfiguren zu beziehen. Untypisch an dem Text ist, wie deutlich der vor der Niederschlagung der ungarischen Rätediktatur nach Wien Geflohene hier in einer bürgerlich-liberalen Zeitung seine kommunistischen Überzeugungen durchscheinen lässt. Die Frage nach den Möglichkeitsbedingungen einer ‚Massenseele' hatte Balázs bereits vor der Emigration nach Wien und der Hinwendung zum Film in seinem dramatischen Schaffen beschäftigt.

„Es gibt einsame, zweisame und dreisame Menschen. Mit vieren fängt die Massenpsychologie an" – schreibt Nietzsche irgendwo.[10] Und wenn er „Masse" sagt, so war das ein arger Schmäh. Schon viere sind weniger als einer, meinte der Überaristokrat, und der paradoxe arithmetische Satz, daß, je mehr Menschen, um so weniger Menschliches, scheint bis zum heutigen Tage noch als allgemeine Wahrheit für die Gebildeten und Geistigen zu gelten. Wohl hört man schon häufig politische und moralische Reden, in denen die Masse höher eingeschätzt wird. Aber in der Kunst, in der Literatur, auf dem Theater, im Film erscheint die Menge doch immer als dunkles, dumpfes amorphes Element, das man zuweilen vielleicht beherrschen kann, das aber immer undurchdringbar fremd und gefährlich bleibt wie eine Naturgewalt. Ihr Bild war nicht anders darzustellen. Freundlich oder feindlich, begeisternd oder schreckhaft, häßlich oder schön – immer hatte sie etwas Blindes und kein Gesicht.

Mit weniger Verachtung wird freilich von einer nationalen „Volksseele" gesprochen. Ihr wird viel Schönheit und Weisheit und Charakter nachgewiesen. Doch immer nur, wenn sie sich im einzelnen äußert. Einer kann die Seele vieler haben, aber die vielen, wenn sie beisammen sind, haben nicht soviel Seele, [sic] wie einer. Denn nur Isolierung gibt Form, nur Scheidung Bewußtsein. Masse saugt beides auf. Das Meer schluckt seine Wellen, die Erde ihre Berge, die Menschheit den Menschen. Der Geist ist des Menschen Flucht vor seinesgleichen und steigt nie höher, als er sich selbst bei seinen eigenen Haaren aus dem sumpfigen Boden der Gemeinsamkeit heben kann. Masse aber ist das Chaos. Kraft ohne Sinn, Gesetz ohne Gedanken, Bewegung ohne Gestalt. Sie hat kein Gesicht. So ungefähr wurde die Masse immer dargestellt. So scheint die unmittelbare Erfahrung der Künstler gewesen zu sein. Bis jetzt.

Es gibt Freundschaft und Liebe. Es gibt eine innere Beziehung zwischen zweien. Nietzsche gibt noch eine Dreisamkeit zu und manche glauben vielleicht noch an eine mögliche innere Gemeinschaft der Familie und an Brüderschaften, die ein Geist, ein Gefühl zusammenhält. Doch wenn man keine private intime Beziehung zum andern hat, so ist man einander fremd. Dies scheint in unserer Gesellschaft selbstverständlich. Die Menschen in ihr sind alle Funktionäre in einem unüberseh-

---

10 Die Quelle dieses Zitats konnte nicht identifiziert werden.

baren, schlecht organisierten Betrieb und haben nur sachlich-funktionelle, keine innerlich menschlichen Beziehungen zueinander. Dann gibt es eben die besondere Auswahl der Freundschaft und der Liebe, der privaten Intimität. Ein Drittes kennen wir nicht. Die Gesellschaft, das Volk, die Masse aber ist wie der Sand der Wüste, der zwar, von Wind und Schwerkraft getrieben und geregelt, mitsammen rollt, aber kein Körnchen mit dem andern eine innere Ader verbindet.

Wenn das sich ändern könnte, *das* wäre Weltgeschichte. Nur das. Nicht der Wechsel politischer und wirtschaftlicher Formen allein. Nicht wenn Berge stürzen und wachsen, sondern wenn ihre innerste Substanz, wenn die Erde selbst anders wird. Ist es denkbar, daß eine tief innerliche menschliche Beziehung auch ohne private Freundschaft und individuelle Liebe entstehen kann, ein inneres Verbundensein der Vielen also, das nicht ungeistiger ist als das der Zweisamen? Ist es denkbar, daß die „Massenseele" so tief, so reich, so fühlend wird wie die des einzelnen? Ist es denkbar, daß man nicht untergeht, wenn man aufgeht in der Masse? Ist es denkbar, daß die Masse ein Gesicht bekommt und Augen, die einen anblicken wie Freundesaugen, denen man das Herz öffnen kann?

Warum habe ich so wunderliche Träume?

Ich habe einen Film gesehen. Einen Film aus dem heutigen Rußland, der „Sein Mahnruf"[11] heißt. Es ist ein mit viel Talent nicht sehr geschickt gemachter primitiver Film. Man sieht entzückend liebenswürdiges und rührend ernstes Spiel. Das war es aber nicht. Auch nicht die schönen Physiognomien, die von einer seltsamen, uns unbekannten Jugendkraft strahlen, von einer gleichsam überpersönlichen Jugend, die ein einzelner allein nicht haben kann, einer Jugend, die in der gemeinsamen Luft zu glühen und zu leuchten scheint. Aber in diesem Film kommen „Massenszenen" vor. Arbeiter in der Versammlung, Arbeiter in der Fabrik, Arbeiter in der Kantine und in ihrem Klub. Es sitzen etwa hundert Menschen beisammen und es hat die Stimmung einer trauten Familienszene. Einer spricht zu einer Menge und es ist als spräche er unter vier Augen zu seiner Geliebten. Und diese Menge hat *ein Gesicht*, das lächeln und weinen kann, ein Gesicht, das so beseelt, von *einem* Gefühl beseelt ist, wie es nur das Gesicht des größten Schauspielers in der tiefsten Erschütterung sein kann.

Das sind seltsame und neue Bilder, die uns noch keine Kunst gezeigt hat, weil sie noch in keiner Wirklichkeit zu sehen waren. Freilich sind es nur von Schauspielern „gestellte" Szenen. Aber sie sind so neu, daß man sie nicht stellen kann, wenn man sie nicht gesehen, nicht spielen kann, wenn man sie nicht erlebt hat.

Da kommt eine Szene vor: Etwa zweihundert Menschen sitzen regungslos stumm in banger Erwartung der Todesnachricht Lenins. Eine Gruppe von zweihundert Menschen wird zu *einer* Physiognomie des bleichen Kummers der leidenden Liebe, die *eine* tiefe Innigkeit hat, wie – wie ich sie nicht auf dem Gesicht der Duse

---

[11] *Ego Prisyv* (Sein Mahnruf, R: Jakow Protasanow, UdSSR 1925).

gesehen habe.[12] Dann sieht man sie einmal in Massen vorbeimarschieren. Was ist in dem Rhythmus dieser schweren, gestiefelten Schritte? Das ist wie ungeheurer Gesang und wovon einem so weh und sehnsüchtig und arm zumute wird ... Glaube?

Ich habe noch selten so viel feuchte Augen nach einer Kinovorstellung gesehen. Warum haben sie geweint? Es war kein sentimentaler Film und gar nicht traurig.

27.5 Max Frankenstein: Der Markt der Massen...

Erstveröffentlicht als Max Frankenstein: Der Markt der Massen..., in: *Die Bühne*, 2. Jg., Nr. 15 (19. Februar 1925), S. 50–51.

Wenn die urbanen Massen sich selbst sichtbar und verständlich gemacht werden können, dann mittels Typisierung. Diesem Befund, wie ihn Béla Balázs für das Kino und Otto Neurath für die Bildstatistik teilen, arbeitet zeitgleich auf einem populären Register der vorliegende Bericht über die Filmbörse in einem Wiener Café zu. Max Frankenstein (1888–1942), spezialisiert auf Kultur- und später auch Gerichtsreportagen, schildert die täglichen Geduldsproben und kleinen Dramen, die sich bei der Vermittlung von Komparserie an Filmproduktionen ereignen. Abschließend fächert er die erstaunliche Vielfalt standardisierter Rollenfächer für Nebenfiguren auf. Sein Lokalaugenschein ist nebenbei auch ein Schnappschuss der mit dem Platzen der Inflationsblase schlagartig geschrumpften österreichischen Filmindustrie: Waren 1921/22 zusammengenommen noch 138 österreichische Langspielfilme produziert worden, gab es 1925 nur noch fünf.

Wo ist der moderne Sklavenmarkt? Wo der Landungsplatz all derer, die in der Karriere zum großen Mimen gleich auf der ersten Station, in Jägerndorf oder Czernowitz, steckengeblieben sind? Was bildet das Ausgedinge der alten Schauspieler, die ihre Laufbahn bereits hinter sich haben? Die Filmbörse, die Arbeitsvermittlung für die, die im Film die „Massen" spielen, die Filmkomparserie.

In einem Kaffeehause der Burggasse kommen sie jeden Abend zusammen, die prädestinierten Darsteller der Krieger, Bauern, Priester, Bajaderen, Ägypter, Hebräer, Granden, Mohren, Apachen, Polizisten, Balldamen, kurz das „Volk" der Filmstücke, Komparsen und Komparsinnen in allen Altersstufen zwischen siebzehn und siebzig.

Glücklich die, für die das Massen-Filmen bloß Nebenerwerb ist: Artisten, Tänzerinnen, Vortragskünstler, Choristinnen vergrößern so ihr bescheidenes Einkommen oder füllen mit der Filmmitwirkung eine Pause zwischen den Terminen zweier Engagements aus. Doch bedauernswert alle, die von diesem Erwerb allein

---

[12] Eleonora Duse (1858–1924) war eine der international angesehensten Theaterschauspielerinnen ihrer Zeit. Bekannt war sie für ihr subtiles, wenig exaltiertes Spiel.

leben sollen. Verwitterte, alte Komödiantengesichter, geschminkte, schmale Mädchenwangen zeugen von Entbehrung. Aber der unbesiegbare Humor des leichtblütigen Völkchens hilft ihm über alle Sorgen hinweg. Harmlos plaudernd und flirtend harren sie der Dinge, die da kommen sollen, der Hilfsregisseure, die sie für den Film engagieren sollen. Es sind echte Bohemiens, mit dem ganzen Temperament, doch nicht mit der vollen Begabung des Künstlers: sanguinistisch, lebenslustig, ewig streitsüchtig, intrigant. Alle gebändigt und im Zaum gehalten durch den energischen, umsichtigen, stets hilfsbereiten Sekretär des Verbandes der Filmdarsteller, den Leiter der Filmbörse *Kurt Marlett-Stamler*.

Jedesmal, wenn Engagements durch Filmgesellschaften in größerem Umfange angesagt sind, haben die Filmbörse und Herr *Stamler* ihren großen Tag. Dann sitzen sie alle dichtgedrängt, die Blicke erwartungsvoll nach der Tür gerichtet. Julia spähte nicht so sehnsüchtig nach Romeo aus, wie die Komparsen dem engagierenden Hilfsregisseur entgegenblicken. Da kann es jedem Eintretenden, der eine Aktentasche trägt, geschehen, daß man ihn für den Erwarteten hält und ihn verstohlen um Protektion angeht … Das ist aber eigentlich strengstens verboten. Statutengemäß hat jeder brav auf seinem Platz sitzen zu bleiben, das Mitgliedsbuch vor sich hin zu legen und ergebungsvoll zu warten, ob er, nach strenger Musterung, Anwert und seinen Mietherrn findet. Sowie aber endlich die Prozedur der Auswahl und des Engagements beginnt, droht alle Zucht zu weichen. Ein ohrenbetäubendes Stimmengewirr erhebt sich, Lärmmusik der echten Börse, alle springen von den Sitzen auf und drängen sich um den einflußreichen Herrn, von dessen Gutdünken vielleicht das Brot der nächsten Tage abhängt.

Dann ist der Augenblick zum Einschreiten für den Börsenleiter gekommen. Mit seiner jeden Lärm übertönenden Stentorstimme gebietet er Ruhe und scheucht die Meuterer auf ihre Plätze zurück. Im Nu sitzen sie wieder gesittet da und der Hilfsregisseur kann unbehindert die Reihen durchschreiten und die „Ware" mustern.

Gegenwärtig sieht es mit Filmengagements recht böse aus, da derzeit in Wien doch nur wenig gefilmt wird. Da sind die Shakespeare-Aufführungen Reinhardts, die größerer Komparserie bedürfen, willkommene Erwerbsgelegenheit.[13] Auch bei den übrigen Theatern bringt die Leitung der Filmbörse ihre Mitglieder als Statisten unter. Eine größere Anzahl junger Tänzerinnen wurde nach Deutschland gebracht, wo sie sich seit einem Jahr auf Tournee mit der Revue „Wien gib acht!" befinden. Eine weitere Partie geht demnächst ab.

Die Filmbörse hat auch ihre „Prominenten", die Darsteller von „Typen" und Episodenrollen: die hochbetagte Frau Marie *Swoboda* von Weitenfeld, die einstmalige Rivalin der *Wolter* – sie sitzt heute, ein altes Weiblein, auf der Filmbörse und

---

[13] Seit April 1924 leitete der Theaterregisseur und -unternehmer Max Reinhardt (1873–1943) das Theater in der Josefstadt. (Vgl. Kapitel 26) Ein Schwerpunkt seiner Regiearbeiten am Haus 1924/25 lag auf Shakespeare-Stücken (*Der Kaufmann von Venedig, Ein Sommernachtstraum, King Lear*).

harrt des Tagesengagements ... Anton *Weidinger*, eine repräsentative Erscheinung, früher ein bewunderter „Meineidbauer", heute ein gern engagierter Film-„Lord"; Frau Sepha *Berg*, eine begabte Tänzerin und Mimikerin, Mitglied des Neuber-Balletts, gesuchte Spezialistin für Apachinnen- und Salondamenrollen im Film; Emanuel *Schulhof*, der tagsüber im Film östliche Typen darstellt, um dann abends das sehr westliche Kabarett „Nachtfalter" zu leiten; Frau Marie *Greger*, gewesene Theaterdirektorin, ist ein rührendes „Großmütterchen"; Herr Franz *Prankl*, Typus General des Vormärz, ist mit entsprechender Maske von verblüffender Ähnlichkeit mit Kaiser Franz Josef I. und als Film-Kaiser gesucht; schließlich zwei wirkliche ehemalige „Hofwürdenträger", der 1. Leibkutscher *Walter*, eine prononcierte Kammerdienerphysiognomie, und der Büchsenspanner *Herzog*, die es klug verstanden haben, ihren „historischen" Wert auszumünzen.

Aber auch die Nichtprominenten haben ihren Ehrgeiz. Fast jeder besitzt, für alle Fälle, seine Photos, die ihn in den günstigsten Posen und Kostümen darstellen, um einem Regisseur, der etwa sein Talent entdeckt, gleich damit aufwarten zu können. Die Jungen der Filmbörse aber haben alle noch ihre Illusionen, die Hoffnung, dereinst doch noch eine Jannings- oder Asta Nielsen-Karriere[14] zu machen ...

27.6 Wolfgang Born: Photographische Weltanschauung

Erstveröffentlicht als Wolfgang Born: Photographische Weltanschauung, in: *Photographische Rundschau und Mitteilungen: Zeitschrift für Freunde der Photographie*, 66. Jg. (1929), S. 141–142.

Der Kunsthistoriker Wolfgang Born (1893–1949) war einer der entschlossensten publizistischen Verfechter neusachlicher Fotografie in Wien. Wie Alma Stefanie Frischauer und der Fotohistoriker-Pionier Heinrich Schwarz, die ebenfalls an der Universität Wien ein Doktorat der Kunstgeschichte absolvierten, befasste sich der in Breslau geborene Born um 1930 versiert und neugierig mit Geschichte und Gegenwart des Mediums. Im vorliegenden Text führt Born, dessen zahlreiche Kunstkritiken unter anderem in der Illustrierten Die Bühne *erschienen, in einer Fachzeitschrift das ästhetische Programm der fotografischen Neuen Sachlichkeit vielschichtig aus: nicht als Manifest, sondern aus wohlwollender kunsthistorischer Halbdistanz. Die deutliche Entgegensetzung zum Impressionismus gewinnt zusätzliche Bedeutung angesichts der starken Tradition der impressionistisch inspirierten ‚bildmäßigen Fotografie', mit der die Wiener Amateur- und Kunstfotografie der Jahrhundertwende zu internationalem Ansehen gekommen war.*

---

[14] Der Deutsche Emil Jannings (1884–1950) und die Dänin Asta Nielsen (1881–1972) waren als Filmstars der 1920er Jahre so populär wie künstlerisch anerkannt.

Kein Zufall, keine Mode konnte der Photographie ihre aktuelle Bedeutung verschaffen. In ihrer ständig wachsenden Rolle unter den Ausdrucksmitteln der Gegenwart spricht sich eine geistesgeschichtliche Notwendigkeit aus. Nur lebensfremde Ideologie wird die Wandlung des Weltbildes verleugnen wollen. Die Technisierung schreitet unaufhaltsam fort. Allerdings: sie ist der Zauberlehrling, den der Mensch, der ihn rief, nicht mehr los wird, auch wenn er es will. Man darf ruhig behaupten, daß die Technik durch die Mechanisierung des Daseins und die Vernichtung historischer Schönheitswerte bisher mehr an Glücksmöglichkeiten zerstört, als sie mit ihren zivilisatorischen Errungenschaften dafür geliefert hat. Seit diese Erkenntnis sich durchsetzt, gibt es einen Widerstand. Das ewige Recht der Menschlichkeit stellt sich gegen die starre Diktatur der Maschine. Die Krisis ist da. Spürbar und bereits nach vielen Richtungen hin fruchtbar erhebt sich der Ruf nach einem neuen Humanismus. Es gilt verlorenes Terrain wiederzuerobern. Aber das „Zurück", das der Romantiker als Heilmittel preist, ist eine Fiktion. Die schöpferische Persönlichkeit wird andere Wege suchen. Sie wird als Ziel aufstellen, die Materie zu vergeistigen, das spröde Erzeugnis technischer Produktionsmethoden aus dem Gesichtspunkt lebendiger Ästhetik zu formen, ja sie wird einen Standpunkt zu finden wissen, von dem aus die vorhandenen Härten sich lösen, dem sich die brutalen Erscheinungen unterordnen. Entschlossenes Künstlertum wird Neuland der Schönheit aufspüren, wo dem historisch eingestellten Sinn nur Chaos entgegenschlug.

Diese Entdeckung der Wirklichkeit ist die Mission der Photographie. Nicht umsonst ist bereits der Vorgang der Bildgewinnung bei ihr ein technischer Prozeß. Ihr Wesen ist der Struktur des heutigen Weltbildes innerlichst gemäß, ihre sachliche Art des Registrierens entspricht den Denkformen einer Generation von Ingenieuren. Die Kamera kann heute ihre beste Tugend, ihre Wahrhaftigkeit, ungehemmt entfalten. Denn es gilt, das Objekt zu fassen, es herauszugreifen aus seiner labilen Verbundenheit mit anderen Objekten. Gewiß: man kann den Wald als flimmerndes Gewoge von Farbe und Licht, von Duft und Rauschen erleben – formal wird man diesem Erlebnis durch den Impressionismus gerecht werden, wie es Wagner musikalisch im „Waldweben", Liebermann als Freilichtmaler, Peter Hille als Stimmungslyriker mit Worten getan hat. Andere Epochen haben das Phänomen anders gefühlt und gestaltet. Wenn Dürer den Wald darstellte, ergab das eine Versammlung einzelner Bäume, deren jeder als selbständiger Organismus erfaßt war. Für ihn war das Interessante die gesetzmäßige Ordnung der Äste[,] die Silhouette und Schichtung der Blätter – mit einem Worte, nicht der Schein, sondern die Gestalt der Dinge. So war es auch um 1800, als der Klassizismus die herrschende Form des Sehens war, und so ist es bis zu einem gewissen Grade auch heute, wo verwandte Richtungen die Kunst beherrschen (wie es der Kunsthistoriker Franz Roh überzeugend auseinandergesetzt hat). Dieser neue Realismus, der an der überdeutlichen Herausbildung des Details seine Befriedigung findet, ist Ausdruck einer rationalen Zeitgesinnung. Aber er braucht gleichzeitig durchaus nicht amusisch und banal zu sein. Denn jedes wahrhafte Ergriffensein vor der Wirklichkeit ist bedingt von einer

Art Weltfrömmigkeit, einer spiritualistischen Betrachtungsweise, die hinter den Dingen einen verborgenen Sinn spürt. Dieses Ergriffensein allerdings ist nötig, um ein Kunstwerk hervorzubringen: das ist es, was auch den heutigen Künstler vom Ingenieur unterscheidet, der bloß den Zweck im Auge hat. Das Gesetzmäßige ist der Kern des heutigen Kunstwollens. Die Architektur, nicht mehr die Stimmung, ist das tragende Element des Bildes. Das Kristallische, Strenge, Logische, Ausgewogene, Durchsichtige sind die Eigenschaften, die wir von einem Kunstwerk verlangen.

Sollten wir da nicht von selbst zu einer neuen Wertsetzung des Lichtbildes gelangen? Gerade was die impressionistische Generation bedauerte, daß die Wirklichkeit bei der Photographie dem Zugriff der umformenden Phantasie entzogen ist, wird dem Neu-Sachlichen zum Vorzug. Unbestechlich zeichnet die Linse, und es bedurfte raffinierter Kunststücke, um sie dazu zu bringen, die Konturen verschwimmen zu lassen, als man das Ineinandergreifen der Flecken auf impressionistischen Malereien in der Photographie nachbilden wollte. Um aber ein sachliches Lichtbild über den Rang des Dokumentarischen hinaus zu einem künstlerischen Gebilde zu erheben, bedarf es einer eigenen Geisteshaltung, einer ganz bestimmten Beziehung des Ichs zum Objekt.

Man muß zunächst einmal den Mut aufbringen, den Dingen unbeirrt zu Leibe zu gehen. Unbefangen, als gelte es alles zu vergessen, was sich an Sentiments daran gehängt hat, müssen die Augen auf die Außenwelt gerichtet sein.

Da wird etwa ein Neubau begonnen. Planken und Karren, Ziegelsteine und Krane haben sich um ein Stück aufgerissener Erdoberfläche angesiedelt, aus dem kahle Mauern wachsen. Ein Gerüst umgibt das Werk: Gestänge, durcheinandergreifend, tragend, stützend, steigend, höher und höher; ein lichtes Gespinst, auf dem die Umrisse der Arbeiter sich ornamental abzeichnen. – Ist das nun häßlich? Der auf das Wesen der Dinge eingestellte Sinn empfängt ein elegantes Spiel wunderbar geordneter Kräfte, die Harmonie gesetzhafter statischer Beziehungen, den Rhythmus der Bewegungen arbeitender Menschen, der schon so oft als ästhetisch fruchtbar empfunden wurde. Lebendige Schönheit liegt in dem Vorwurf, dieselbe, die Dürer in der Morphologie seiner Bäume fand. Ist sie aber einmal klar erschaut, so wächst folgerichtig aus dem Thema das Bild. Licht und Schatten geben die Plastik, der Ausschnitt klärt sich an Hand der Proportionen und Überschneidungen. Kontraste bringen das Wesentliche gegenüber dem Akzidentiellen zur Geltung, die Fläche wird noch einmal geprüft, ob ihre Helligkeitswerte und Dunkelheiten eine ornamentale Wirkung ergeben, und das Objektiv wird das Ganze aufzeichnen, Entwicklung und Kopierverfahren werden es dann realisieren und nuancieren, der Absicht des Autors gemäß.

[...]

Oben und unten, nah und fern, müssen als wesentliche Bedingungen der Anschauung begriffen werden. Die Nahsicht führt zu einer Neubelebung des Stillebens, die unerschöpflich an Funden sein kann. Hier wird sich die neue Anschauung besonders glücklich äußern. Am Vordergrundhaften kann die Photographie ihre Mittel am reichsten differenzieren. Der materielle Charakter der Dinge kommt energisch zum Wort, und je intensiver der Lichtbildner auf die Grundtatsache der Körper eingeht, desto beseelter werden sie aus dem Prozeß der Bildwerdung hervorgehen. Ja, sie können sogar ein geradezu unheimliches Leben erhalten. Wie man z. B. Spielzeug so aufgenommen hat, daß es die ganze Vitalität und Phantastik gewinnt, die es in unserer Kindheit für uns hatte. Lichtführung, Ausschnitt und kompositionelle Beziehung auf die Umgebung können jene Isolierung hervorrufen, die das A und O der infantilen Imagination ist.

Von dieser Stelle aus ergibt sich auch der Zugang zur Abstraktion. Das Stilleben, zum Ornament vereinfacht, wird in die optischen Substrate seines Wesens aufgelöst. Schatten und Licht gewinnen Eigenbedeutung, die Brechungserscheinungen von Kristallen werden bildnerisch verwertet – schließlich erhält man eine Art von Naturselbstdruck durch direkte Einwirkung auf lichtempfindliches Papier ohne das Medium der Kamera.

[...]

Die Photoreportage der Zeitschriften weist neben der Banalität des gewerbsmäßigen Durchschnittes in steigendem Maße Einzelleistungen auf, die vom Zufälligen ins Methodisch-Gültige streben. Der Zauber des sichtbar gemachten Erlebnisses hebt solche Blätter beim ersten Anblick aus dem gleichgültig durchblätterten Material der Illustrationen heraus.

Das alles sind Zeugnisse dessen, was die Überschrift dieser Betrachtung mit dem Wort „photographische Weltanschauung" meinte. Das Wirkliche zu erfassen und zu werten, Wesen der Dinge zu erfühlen und es zu gestalten, in der ganzen Fülle der Existenz, durch Auswahl, Standpunkt, Beleuchtung, durch jene Sensibilität der Auffassung, die den Künstler macht – Beseelung der Materie, das ist die Aufgabe, die dringlich zur Lösung aufruft. Mit diesem Programm fügt sich die Photographie in die produktiven Strömungen der zeitgenössischen Kultur ein.

27.7 Lothar Rübelt: Die Arbeit des Sportphotographen

Erstveröffentlicht als Lothar Rübelt: Die Arbeit des Sportphotographen, in: *Photographische Korrespondenz*, 62. Jg., Nr. 3 (1926), S. 153–157.

Lothar Rübelt (1901–1990) war der Star unter den Pressefotografen im Wien der 1920er und 1930er Jahre. Für seine dynamische Sportfotografie bekannt geworden, weitete er Ende der 1920er Jahre seine Zuständigkeit auf Politik und Aktualitäten aus und stellte sich dabei bereits vor dem „Anschluss" in den Dienst nationalsozialistischer Propaganda. Im vorliegenden Beitrag für eine fotografische Fachzeitschrift erörtert der 25-Jährige die Herausforderungen der Sportaufnahme. Im Text mischt sich zeittypisches Haudegenpathos der Reporterzunft mit bildästhetischem Erfahrungswissen, technische Fachsimpelei mit angewandter Fototheorie. Der Reiz des Sportfotos, weiß Rübelt, besteht nicht allein in seiner apparativ gesicherten Objektivität, sondern stärker noch in der Spannung aus körperlichem Miterleben und kühlem Durchblick, die sich im gut getroffenen Bild mitteilt.

Der Mann der Kamera steht auf dem Gebiete der Sportphotographie so eigenartigen Verhältnissen und Schwierigkeiten gegenüber, die seine Tätigkeit so wesentlich von jener des Atelier- und Landschaftsphotographen unterscheiden, daß es sich wohl einmal lohnen dürfte, auf die Freuden und Leiden dieses so schönen Zweiges der angewandten Photographie näher einzugehen.

Der entscheidende Unterschied: Der Sportphotograph ist *Zuschauer* und meist ganz ohne Einfluß auf den Ablauf des Ereignisses. Mit seiner Kamera steht er allein den blitzschnell wechselnden Vorgängen gegenüber. Posen und gestellte Szenen sind fast immer ausgeschlossen, da sie durch ihre Lebensunwahrheit schreiend unnatürlich wirken. Jeder Umweg ist also abgeschnitten und unser Mann ist gezwungen, aus den oft einmaligen, mit großer Schnelligkeit abrollenden Ereignissen den sportlich spannendsten, bildhaft schönsten Augenblick herauszusuchen, ihn blitzartig zu erfassen und mit sicherer Hand auf die Platte zu bannen.

Es ist leicht einzusehen, daß dabei eine eingehende Sachkenntnis unbedingt erforderlich ist: Wenn ich eine Bewegung geistig beherrsche und zergliedern kann, wenn ich also ihren Höhepunkt kenne, ist es relativ leicht, in diesem Augenblick loszudrücken. Ob dieser Moment anderseits der bildhaft schönste ist, ist allerdings eine andere Frage und es ist die Aufgabe des denkenden Photoreporters, die Forderungen der Sportsleute und der unbefangenen Laien möglichst in Einklang zu bringen.

Was ist denn das eigentlich Faszinierende einer guten Sportaufnahme? Sie zeigt uns Dinge, die wir nicht gesehen haben, sie entschleiert das Geheimnis des Momentes, ja sie kann unter Umständen ein unbestechlicher Richter über Sieg oder Niederlage sein. Unvergeßliche, aber leider so flüchtig vorübergehuschte Höchstleistungen werden verewigt und können betrachtend nachgenossen werden.

Wo liegt aber nun das zündende Momentbild, das als Querschnitt dem Beschauer das Wesen, den Geschmack, die Atmosphäre des Sports am klarsten offenbart?

Um diese oberste Forderung zu erfüllen, bedarf es einer großen Vertrautheit mit den einzelnen Sportzweigen, einer gewissen journalistischen Routine und last not least einer selbstverständlichen Meisterung seiner Kamera, die hier als nimmer fehlende Büchse in der Hand ihres Herrn zu liegen hat.

Damit haben wir auch die geistige Einstellung berührt, die entscheidend ist, ob der Mann als Photoreporter taugt oder nicht: *Nur der passionierte Jäger wird sich durchsetzen.* Wer nicht die Beutelust, die Spannung vor dem Schuß verspürt, das Hochgefühl nach dem Treffer empfindet, der wird nie die stolze Freude und Befriedigung kennen lernen, die es gewährt, dem Augenblick sein Geheimnis entrissen zu haben.

Einen solchen Mann werden auch tobende, brüllende Zuschauer, die Atmosphäre des Startfiebers und das eigene sportliche Interesse, ja nicht einmal Ordner und Funktionäre aus der Fassung bringen können. Er muß sich nur hüten, daß ihn in diesem Taumel nicht die Wut des planlosen Photographierens befällt. In einer sonderbaren Selbstsuggestion erscheint das Ereignis plötzlich von ungeheurer Wichtigkeit und die wenigen, mit kühlem Verstand eingepackten Platten sind im Nu verschossen.

Aber selbst wenn alle diese Schwierigkeiten überwunden sind, kann man sich des Sieges noch nicht freuen. Jetzt gilt es, sich das Errungene in der Dunkelkammer zu sichern und das ist leider nicht so selbstverständlich, wie es wünschenswert wäre. Hier wird der erbitterte Kampf gegen die *Unterbelichtung* mit wechselndem Glück ausgefochten und ich stehe nicht an zu behaupten, daß über 50 % des Erfolges von dieser Tätigkeit abhängen.

Diese chronische Unterbelichtung rührt von den hohen Geschwindigkeiten her, die notwendig sind, um genügend scharfe Bilder zu erhalten. [...] Durch verschiedene Kunstgriffe, unter denen die Wahl des Standpunktes die größte Rolle spielt, kann es einem gelingen, auch unter unglaublich ungünstigen Umständen noch befriedigende Resultate zu erzielen. Ich persönlich z. B. bevorzuge die sogenannte „Froschperspektive", die neben einer gewissen erhabenen Wirkung noch den großen Vorteil hat, daß man die Konturen gegen Himmel erhält und so schlimmstenfalls wenigstens Silhouetten bekommt.

Neben diesen technischen Problemen existieren aber auch noch ästhetische Forderungen. Während man an der Stellung und der Anstrengung von Mensch und Tier ohne weiteres die Geschwindigkeit erkennen kann, ist dies bei Maschinen nicht der Fall. Hier sind es lediglich die begleitenden Umstände, wie Staubwolken, Kurvenlage, flatternde Bänder, Rauch usw., die uns einen Schluß auf das Tempo gestatten. Hier ist auch der einzige Fall, in dem das typische Verzeichnen des Schlitzverschlusses, das Voreilen der oberen Partien gegenüber den früher belichteten unteren Teilen der Platte ästhetisch wirkt. Manche Sportphotographen nützen diesen Umstand, indem sie mit einer keineswegs hohen Geschwindigkeit arbeiten und so unscharfe, aber äußerst schmissige Rennbilder erhalten. Es gibt aber einen besseren Trick, der darin besteht, mit dem Apparat der Bewegung zu folgen und so den Hintergrund absichtlich zu verreißen. Das Resultat ist ein Bild von überraschender Lebhaftigkeit.

[...]

So haben wir in kurzen Worten das moderne Rüstzeug des Sportphotographen kennen gelernt. Vergessen wir aber nicht die beiden Hauptbedingungen:

Gute Nerven – und etwas Glück!

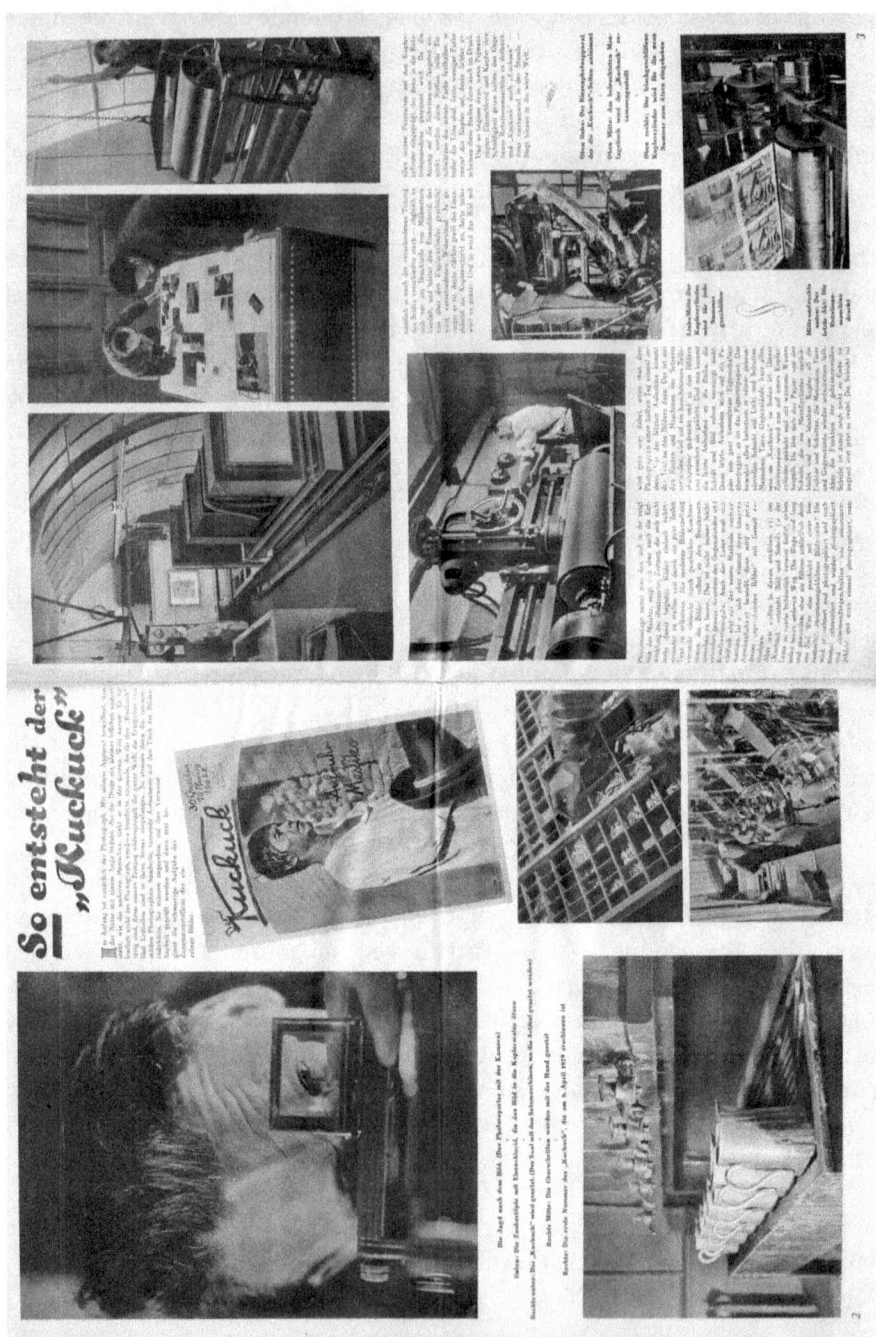

Der Kuckuck erklärt die technischen Produktionsabläufe der Zeitschrift und liefert gleichzeitig ein gutes Beispiel für die Art der Bildmontage in den Printmedien des Roten Wien, in: *Der Kuckuck*, 6. April 1930, S. 2–3. (ANNO/ÖNB)

28 Zeitungen und Rundfunk
Erik Born, Richard Lambert

Einleitung

Der Umgang mit Printmedien und Rundfunk im Roten Wien beinhaltet viele jener Spannungen, die das sozialdemokratische Experiment als solches auszeichneten. Als Medien „für alle" sollten sie einerseits – im Sinne des Öffentlichkeitsbegriffs von Jürgen Habermas – für jeden zugänglich sein, andererseits adressierten sie ihr Publikum als Ganzes im Sinne von Benedict Andersons „imagined communities". Die Medien mussten daher in ihrer Wirkung sowohl auf den Einzelnen als auch auf die Masse abzielen. Die Fragen, wie sich dieses Massenpublikum zusammensetzte, wie es insgesamt und in seinen einzelnen Teilen zu erreichen sei, wurden im Roten Wien von kulturellen Größen innerhalb und außerhalb der Partei diskutiert. Unter anderem lieferten Oscar Pollak, David Josef Bach, Alfred Polgar, Joseph Roth und Karl Kraus wichtige Beiträge zu dieser Mediendebatte.

Im Verlauf des Roten Wien wurden Ansprüche auf allgemeine Inklusivität zunehmend von den Gespenstern eines antagonistischen Ausschlusses heimgesucht. Um das Ziel sozialer Pädagogik im Dienste des Klassenkampfs zu erreichen, bediente sich die Sozialdemokratische Arbeiterpartei (SDAP) der damals wichtigsten Massenmedien, nicht zuletzt Parteizeitungen wie der *Arbeiter-Zeitung*, aber auch der neu gegründeten österreichischen Rundfunkgesellschaft Radio Verkehrs AG (RAVAG). Die SDAP schuf auch eine Reihe kultureller Einrichtungen und Vorfeldorganisationen. Arbeiterbüchereien, die Kinobetriebsgesellschaft Kiba und spezielle Vereine wie jener der Radiobastler bildeten eine wachsende Infrastruktur. Es war eine Zeit rasanter technischer Innovation, geprägt durch neue Medien der Druckgrafik wie Litfaßsäulen, Wandzeitungen, Extraausgaben und Bildillustrierte, aber auch Bildmedien, wie die ersten Versuche mit Fernsehen und Bildtelegrafie. Mit einem Schwerpunkt auf zwei der wichtigsten Massenmedien – Zeitungen und Rundfunk – beschreibt das folgende Kapitel einen Kreuzungspunkt, an dem sich die Partei mit ihren medialen Einrichtungen und die Massen begegneten. Der Vergleich des alten Mediums mit seinem neuen Konkurrenten offenbart überraschende Gemeinsamkeiten. Während die sozialdemokratische Parteipresse darum kämpfte, sich gegen die starken Kräfte von Wiens bürgerlicher Presse und Boulevardkultur zu behaupten, bot der Rundfunk die Möglichkeit, alte Fragen nach Neutralität, Repräsentation und Meinungsfreiheit neu zu stellen.

Auch wenn die in diesem Kapitel präsentierten Printquellen nicht alle als Ausdruck einer neuen Medienkultur gelesen werden sollten, beleuchten sie doch den Versuch des Roten Wien, die Macht der Massenmedien in den Dienst seines kollektiven, egalitären Projekts zu stellen. Massenmedien im Roten Wien stehen weniger für eine simple Form von Propaganda als für ein Spannungsverhältnis zwischen Bürgertum und Arbeiterklasse, zwischen Fortschritt und Tradition, das eine Reihe ungelöster Widersprüche produzierte. So mag der paternalistische, elitär-intellektuelle Zugang des Roten Wien zu den realen Lebenswelten der Arbeiterkultur mit seinem Versuch, auf altmodische Weise Einfluss zu bewahren und gleichzeitig für sozialen Fortschritt zu werben, heute aus kritischer Sicht rettungslos antiquiert wirken. In einer ironischen Lesart könnte die Mediensituation im Roten Wien aber auch als Beispiel für die Paradoxa eines „vernacular modernism" (Miriam Hansen) dienen, als Abwandlung der industriellen Moderne nach lokalen Bedürfnissen. Auch wenn die Inhalte, die in Zeitungen, Radio und anderen Massenmedien produziert wurden, nicht wie geplant bei allen ankamen, erfüllten die Medien selbst dennoch die Rolle eines Versuchslabors für die Möglichkeiten politischer Teilhabe.

Literatur

Gruber 2000.
Holmes 2006.
Mattl 2000.
Timms 2005.

28.1 Alfred Polgar: Geistiges Leben in Wien

Erstveröffentlicht als Alfred Polgar: Geistiges Leben in Wien, in: *Prager Tagblatt*, 14. November 1920, S. 4.

Dem Wiener Autor Alfred Polgar (1873–1955) gelingt es in seinem scharfsinnigen und medienkritischen Essay, die erregte Debatte über die Lebensverhältnisse in Wien nach dem Ersten Weltkrieg hin zur Frage der unterschiedlichen Mediennutzung im Zentrum und der Peripherie zu verschieben.[1] *Zu Beginn beschreibt Polgar den Unterschied zwischen den Verhältnissen in der blühenden Inneren Stadt und der verarmten Vorstadt, die zu klar unterscheidbaren Formen des kulturellen Lebens geführt haben. Bei seiner genauen Untersuchung des Medienkonsums der beiden Gruppen schließt er mehrmals die Rede von der „intellektuellen Nahrung" mit der Frage der materiellen Versorgungslage kurz und kommt schließlich zu einer überraschenden Schlussfolgerung das Thema Ungleichheit und auch die „jüdische Frage" betreffend, die ganz am Ende des Essays wieder ins Zentrum der Debatte rückt. Seine Aufgliederung eines angeblich einheitli-*

---

[1] In einer Reihe von Essays entwickelte Polgar im Lauf der Zeit eine ganz persönliche Form der Medienkritik, fast eine „Medien-Philologie". Vgl. z. B. Alfred Polgar: Die Schreibmaschine, in: *Prager Tagblatt*, 1. Oktober 1922, S. 5; Aus Aufzeichnungen eines Radiohörers, in: *Der Tag*, 11. Mai 1930, S. 3.

chen Massenpublikums in spezifische Zielgruppen nimmt auch einen Trend vorweg, der später zum Kennzeichen einiger Publikumsstudien im Roten Wien werden sollte.

Die Berichte von Wiens Elend sind wahr. Die Berichte von Wiens Wohlbehagen sind auch wahr. Der Berichterstatter muß nur definieren, was er meint, wenn er „Wien" sagt. Im Mittelteil der Stadt, vom Polygon der Ringstraße begrenzt, lebt das Wien, das lebt; das saftige Wien, die Stadt, deren Name, richtig ausgesprochen, wie geschmunzelt klingen muß. Rundherum, „grau und grämlich",[2] lebt das Wien, das vegetiert, das vertrocknete Wien, die Stadt, deren Namen mit dem Tonfall gesprochen werden muß, mit dem ihn der Schaffner einer Dante'schen Unterwelt-Vicinalbahn als Station ausriefe.

Dem zweierlei ökonomischen Klima der beiden Wien gemäß ist auch das geistige Leben dort und hier ein grundverschiedenes. In der Vorstadt ist es mehr politisch, in der inneren Stadt mehr ästhetisch orientiert. In der Vorstadt hat die Frage: wie lebe ich? wesentlich anderen Sinn als in der inneren Stadt. Dort geht es um den Rock, hier um die Fasson des Rockes. Demzufolge holen sich die in der Vorstadt ihre Belehrung über Mode aus der „roten Fahne", indes die in der inneren Stadt aus der Zeitschrift „die Dame" ihre sozialen Informationen schöpfen.[3] Das einigende Band, das die Völker Wiens umschlingt – früher war dieses Band bekanntlich die Dynastie – ist das Kino. Und in diesem Punkt steht das lustige Zentrum der Stadt der traurigen Peripherie oft nach. Es kommt vor, daß die Ringstraße erst bei der vierten Fortsetzung der „Herrin der Welt" hält, indem Ottakring schon, aus der fünften Fortsetzung, weiß, daß Konsul Madsen (Herr Michael Bohnen) bei der Rettung der pikanten Maud Greegards den Untergang findet und daß sein bezauberndes Decolleté in der Fortsetzung den Frauen dieser unglücklichen Stadt nicht mehr leuchten wird.[4]

Das Kino steht im Mittelpunkt der ortsüblichen, geistigen Interessen. Den Zugang zur Illusionswelt des Theaters verbarrikadieren furchtbare Eintrittspreise, und auch Bücher können nur noch von Leuten erworben werden, die so viel Valuta besitzen, daß sie's nicht mehr nötig haben, zu lesen. Es heißt zwar, daß jetzt mit reichsdeutschem Geld ein ganz großer Verlag gegründet werden soll, der vor allem die Klassiker billig nachdrucken will, aber man kann auch dieser „Unternehmung

---

2 Die zitierte Formulierung „grau und grämlich" könnte sich auf die Zeile eines Gedichts von Elisabeth von Österreich („Sisi", 1837–1898) beziehen: „Die Welt ist grau und grämlich, / Schaut grämlich grau auch aus."
3 Die kommunistische *Rote Fahne* hatte eine weit geringere Verbreitung als die sozialdemokratische *Arbeiter-Zeitung*. Polgars übertribe Beschreibung bezieht sich hier vermutlich auf die Demonstrationen in den ersten Wochen der Republik, bei denen die Kommunistische Partei stark präsent war.
4 *Die Herrin der Welt* (D 1919) war eine achtteilige Filmserie, die in wöchentlichen Fortsetzungen in die Kinos kam.

voll Mark und Nachdruck" keine günstige Prognose stellen.⁵ Eine Stadt, die eine so tapfere und kluge Zeitschrift, wie es „der Friede" war,⁶ unbeachtet ließ, und sich überhaupt nicht imstande zeigt auch nur eine einzige literarische Wochen- oder Monatsschrift auszuhalten (in des Wortes Doppelsinn) verdient das geistige Leben, das sie nicht hat, und die Tagesjournale, die sie hat. Es gibt übrigens in Wien eine politisch-literarische Halbmonats-Zeitung. Aber sie ist um eine Nuance zu ehrwürdig. Von ihrer Schriftleitung wird erzählt, daß sie einen Beitrag „Die bulgarische Essigfabrikation im siebzehnten Jahrhundert", so reizvoll sein Ideengang war, doch wegen der allzugroßen, stofflichen Kühnheit ablehnen mußte.⁷ Weit aufregender sind dagegen die „Blätter des Burgtheaters", die zeitweilig – ein fahles Gespenst der literarischen Zukunft, eine Ahnfrau aus schrecklichem Uebermorgen – im Burgtheater umgehen, durch ihr lautlos-unheimliches Erscheinen kündend, daß wieder eine Première geschehen ist.⁸

Da Theater und Bücher zu teuer, das Dasein der Not fruchtbare Philosophie über die Not des Daseins nicht gedeihen läßt und Gespräche über den Kommunismus leider immer die gleiche Erkenntnis zeitigen: nämlich, daß dümmer als der Kommunismus nur noch die Einwände gegen ihn – so bleibt, wie gesagt, einzig das Kino, das geistige Leben der Stadt in Schwung zu halten. In seine erdumspannende Abenteuerlust entfliehen die Armen ihres Daseins hoffnungsloser Enge; und in seinem tropisch blühenden Schwachsinn wird den seelisch Frierenden warm. Deutschösterreich – wie lieblich liegt es zwischen dem Kinde Znaim und dem Manne Preßburg da – erzeugt auch selbst Filme; aber sie sind nicht gut. Sie sind zahm, schlicht, pover. Denn die Phantasie hiesiger Menschen ist unterernährt wie alles Uebrige und erschöpft sich in den Aufgaben, die das gemeine Tagleben ihr stellt. Es ist keine geringe Zumutung an die Einbildungskraft, üblen Maiskuchen als Brot, pulverisiertes Reißig als Tabak, Fetzen bedruckten, wertlosen Papiers als Geld und den Gott, der all dies so gewollt, als einen gerechten und gütigen Gott zu imaginieren. Da bleibt dann für die Film-Industrie nicht viel übrig. Daß wir seit langen Jahren gezwungen sind, zur Beschaffung des notwendigsten Nahrungsminimums ein Maximum an geistiger Energie aufzubringen, hat die Gehirne depraviert. Teils, allerdings, vom Tanz um das goldene Kalb, teils aber auch vom Tanz um das Kälberne schlechtweg sind die Wiener schwindlig geworden. Bei den Menschen der Vorstadt äußert sich

---

5 Die zitierte Formulierung „Unternehmung voll Mark und Nachdruck" ist eine Zeile aus *Hamlet*, die üblicherweise mit Selbstmord assoziiert wird.
6 *Der Friede* war eine vom Sozialdemokraten Benno Karpeles (1868–1938) gegründete und herausgegebene literarisch-politische Wochenzeitschrift (1918–1919), die als pazifistische Antwort auf kriegshetzerische Publikationen wie die *Reichspost* gedacht war.
7 Bei diesem politisch-literarischen Medium handelt es sich möglicherweise um die *Moderne Welt*, eine 1918 gegründete und von Ludwig Hirschfeld (1882–1942) herausgegebene illustrierte Zeitschrift.
8 Die *Blätter des Burgtheaters* waren eine kurzlebige Zeitschrift (1919–1920), die von Albert Heine, dem Direktor des Theaters herausgegeben wurde.

diese Gleichgewichtsstörung in einem verzweifelten Anklammern an Phantome der Zukunft oder Vergangenheit. Sie erhoffen die Weltrevolution, oder – und wählen in diesem Falle christlich-sozial – daß Kaiser Karl, auf einem Schimmel mit goldener Schabracke, in die Burg einreiten und den Glanz der alten Krone erneuern werde.[9] Derzeit gilt sie die Armseligkeit von eindreiviertel Schweizer Centimes.

Anders erkämpfen sich jene Wiener, die über den Tiefstand der Krone durch den von ihm bewirkten Hochstand der Börsenkonjunktur getröstet werden, ihr seelisches Gleichgewicht. Waren sie, unter'm Druck des Krieges, genötigt, mit allem Denken um Blut, Tod, Wunden und Opfer zu kreisen, so paralysieren sie das jetzt durch leidenschaftliches Sich-Drehen (in Wien sagt man „Drahen") in entgegengesetzter Richtung. In jener, die durch die Touristenmarke: Carpe diem! gewiesen wird. Zu deutsch: schlage die Zeit tot, ehe sie dich totschlägt. Nachtlokale, Bars, Kabarets, Tanz- und Vergnügungssäle – Stationen des Karoussels – fassen nicht die Zahl der Fahrlustigen. Ein Zimmer ist in Wien kaum zu finden, aber weder an Rooms noch an Chambres herrscht Mangel. Das Brot ist schlecht, aber der Caviar erstklassig. (Ich fürchte, die, die ihn fressen, sind seiner nicht wert. Volk für den Caviar!) Am Totentag, Allerseelen, blieben die Gräber ohne Blumenschmuck: er ist zu teuer. Aber an den Tanzstätten der Lebenden werden allabendlich in Blumenschlachten Berge duftender Munition verschossen. Arge Gegensätze! Sie zeigen, wie gemein die Menschen das Leben machen (oder vielleicht das Leben die Menschen?) Zur deren Entschuldigung wäre anzuführen, daß, wie sie selbst das Ebenbild Gottes, so ihre Ordnung das Ebenbild der göttlichen Ordnung. Der Terror der Grippe z. B. ist unerträglicher als irgendein Terror in ird'schen Farben.[10] Und daß mein Nebenmensch absolutes Gehör hat, indes ich nicht imstande bin eine Geige richtig zu stimmen und alle Musik in mir schuldlos zu lebenslanglicher Erstickung verurteilt weiß, revolutioniert mein Herz mehr gegen die seelen-kapitalistische Weltordnung, als jeder Gegensatz zwischen Dalles[11] und Besitz.

Der ist freilich hier in einer Schärfe ausgeprägt, an der sich die Wiener Gemütlichkeit vielleicht doch wund kratzen wird. Kenner der Stadt-Psyche fürchten das allerdings nicht. Wenn der Vulkan, auf dem wir foxtrotten, zu speien anfinge – meinen sie – so wäre das doch nur Wirkung des Heurigen, der auf ihm wächst. Sie behaupten, die Wut des Straßenfegers über das vorbeiknatternde Auto mit versoffener Menschenfracht sei mit linder Sympathie durchsetzt. Es [sic] verwerfe keineswegs

---

9 Der Habsburger Karl I (1887–1922) war der letzte österreichische Kaiser. Er regierte von 1916 bis 1918, dankte niemals ab, und verbrachte die letzten Jahre seines Lebens mit Restaurationsversuchen der Monarchie. (Vgl. Kapitel 8) Die „Krone" steht in diesem Sinn sowohl für die Kaiserkrone als auch für die gleichnamige österreichische Währung.
10 Polgar bezieht sich vermutlich auf die Grippeepidemie von 1918, die umgangssprachlich als Spanische Grippe bezeichnet wurde.
11 Jiddisch für „leere Kassen".

die wilde Heurigenfahrt als ein Unsittliches, sondern sei nur zornig über die Distanz, die seine Möglichkeiten von solchen Möglichkeiten trenne.

Abschweifungen vom Thema, aber wer über das geistige Leben in Wien erzählt, erzählt unwillkürlich vom materiellen Leben in Wien. Das muß seinen tieferen, rassentheoretischen Grund haben.

28.2 Karl Kraus: Nachträgliche Republikfeier

Erstveröffentlicht als Karl Kraus: Nachträgliche Republikfeier, in: Die Fackel, 27. Jg., Nr. 712–716 (Jänner 1926), S. 1–18.

Als Herausgeber der satirischen Zeitschrift Die Fackel *scheute der berühmte Feuilletonist und Kulturkritiker Karl Kraus (1874–1936) keine Konfrontation. Im Roten Wien war Kraus für seine regelmäßige Kritik an der bürgerlichen Kultur bei Proponenten der sozialdemokratischen Partei durchaus beliebt und verfügte über eine treue jugendliche Anhängerschar. Seine gleichzeitige Kritik an der SDAP schreckte aber andere ab. Die im folgenden Beitrag abgedruckte Rede, die Kraus – mehrmals unterbrochen von Parteifunktionären – am 9. Dezember 1925 im Arbeiterheim Favoriten hielt, bildete einen Höhepunkt in seinem erbitterten öffentlichen Feldzug gegen den aus Ungarn stammenden Medientycoon Imre Békessy (1887–1951). Kraus warf Békessy umfassende Korruption vor, vor allem aber dessen zynische kapitalistische Instrumentalisierung der populären Boulevardpresse, die sensationalistische Berichte statt verantwortungsbewusstem Journalismus förderte. Kraus' furiose Verteidigung der Presse als Instanz kritischer Öffentlichkeit war schließlich von Erfolg gekrönt: Békessy, dessen Presseimperium in Wien Zeitungen wie* Die Stunde, Die Bühne *und* Die Börse *umfasste, musste Österreich 1926 verlassen, um der gerichtlichen Verfolgung wegen Erpressung zu entgehen.*

[...] [E]s ist der Fluch eines heillosen Mißverständnisses, das der politischen Freiheit von Geburt anhaftet und dessen Opfer sie selbst wird: sie hat auch die Preßfreiheit mit sich gebracht, nicht bedenkend, welche Macht sie damit den Feinden der Freiheit in die gewalttätige Hand liefere und den Parasiten der Freiheit, die ihre ärgern Feinde sind, in die schmutzige Hand; nicht ahnend, welch lebensgefährlichen und welch entehrenden Gebrauch sie davon machen würden. [...] Denn die Gefahr dieser Publizistik besteht darin, daß der einzige, der an ihr Wort nicht glaubt, der ist, der es schreibt.[12] Eben darum wirkt sie weit über den Umkreis jener, die sie lesen, und ist unfaßbar wie das Gerücht. Darin eben unterscheidet sich die neue Form der geistigen Korruption noch von der alten, daß diese bloß durch unmittelbare Berührung

---

[12] In der gekürzten Passage attackiert Kraus die „Schandpresse", deren Ziel nicht die Wahrheitssuche, sondern die Hoffnung auf materiellen Gewinn ist.

ansteckend gewirkt hat, jene aber durch die Luft. Sie betrügt durch den Schrei ihrer Titel und die ihn begleitenden Schreie ihrer Kolportage, ja durch das bloße Dasein, das sich selbst auf den Markt schreit und einen Lärm verführt, der im Grunde nur den Kaufpreis für das Schweigen ausruft. Die Existenz dieser Presse ist nicht mehr der Betrug hinter kulturellem Vorwand, sondern die nackte Kriminalität mit dem Werkzeug der Druckerschwärze, ein vervielfältigter Drohbrief; sie stellt als ganze nichts als eine gefährliche Drohung dar, deren sie entweder selbst oder jeder Privatmann sich bedient, um den Nachbarn mit solchem Machtmittel einzuschüchtern und jedes beliebige Unrecht durchzusetzen. Und diese Volksgefahr, die im Gefolge aller Nachkriegsseuchen einer verluderten Moral über uns hereinbrach, muß mit jedem Tage wachsen, an dem die sozialistische Partei nicht mit aller Macht der ihr zu Gebote stehenden moralischen Mittel ihr entgegenwirkt. Die Absonderlichkeit, daß sozialistische Setzer an der Bereitung der geistigen Giftgase mitwirken und noch im Kampfbereich der unmittelbaren politischen Gegnerschaft in der Munitionsfabrik des Feindes arbeiten, wird allmählich doch zu einem Problem der sozialistischen Politik, wenngleich seiner Lösung das sozialpolitische Problem entgegensteht; sie stellt vielleicht den tragischsten Fall vor zwischen kulturellen und gewerkschaftlichen Interessen, dort wo die kulturellen selbst einen lebenswichtigen politischen Inhalt haben. Aber noch dringender und weit weniger schwierig wäre die prinzipielle und ausnahmslose Bereitschaft zur kulturellen Polemik, der nur jene unseligen taktischen Hindernisse im Weg sein könnten, die es vor einer Menschheitsfrage nicht geben darf. Was man hier vermißt, ist die schonungslose Aufklärungsarbeit einer Parteipublizistik, deren redliches Wollen und richtige Erkenntnis der Gefahr gelegentlich doch Beweise geliefert hat und keinem Zweifel begegnet, vielleicht aber dem Widerstand des offiziellen Parteiwillens. Was man vermißt, ist die leidenschaftliche Bemühung um gesetzliche Reformen, welche die verlassene Gedankenlinie Lassalle'scher Preßächtung aufzunehmen hätten und den Mut bewähren müßten, unter Sicherung des politischen Meinungsrechtes Schluß zu machen mit dem Idol einer Preßfreiheit, die der Würgengel ist der Freiheit.[13] Seit länger als einem Vierteljahrhundert bin ich der Vorposten dieses wahren Weltkriegs gegen die weltverderbende Gewalt, die die Kriege erzeugt durch die nationale und noch mehr durch die geistige Zurichtung der Menschheit. Ebensolange forme ich Bilder der Abschreckung aus dem Schlamm dieser Bürgerlichkeit und verrichte über alle soziale Politik hinaus das sozialistische Werk der Abkehr von der Hölle, in die die Besitzer dieser Welt sie verwandelt haben. Wie sollten meine Sinne, an solches Greuel ge-

---

13 Kraus bezieht sich nicht auf die berühmte Verteidigung der Pressefreiheit gegenüber staatlicher Zensur durch den preußischen Sozialisten Ferdinand Lassalle (1825–1864), sondern auf Lassalles Kritik an der Presse, genauer der *Rheinische Zeitung*, die er 1863 in einer Rede vor dem Allgemeinen Deutschen Arbeiterverein formulierte („Die Feste, die Presse, und der Frankfurter Abgeordnetentag").

wöhnt, aber davon nicht abgestumpft, sich der Wahrnehmung seiner Zeichen enthalten, wo immer sie ihrer gewahr werden? Und wie sollte ich nicht berechtigt, nicht verpflichtet sein, wie könnten mich taktische Rücksichten hindern, vor der Ansteckung durch eine Geistigkeit zu warnen, deren Inbegriff die Taktik ist und brächte sie auch den Tod? Da ich lieber für den Tod bin, wenn er mich nur von der Taktik befreit, so will ich aussprechen, daß die Führer der sozialdemokratischen Partei, deren ehrenvollste Fahne in den Kampf gegen die bürgerliche Presse führt, mich in dem besonderen Feldzug, den ich gegen das schändlichste Beispiel der bürgerlichen Preßkorruption unternehme, im Stich gelassen haben. [...] Denn es begibt sich jetzt in Wien nichts geringeres, als daß ein durch Fahrlässigkeit oder durch Taktik eingebürgerter Budapester Erpresser die Stadt in seine Tasche kriegt, nachdem er schon die Tasche der Stadt gekriegt hat. Ich spreche von dem Eigentümer der ‚Stunde', der es wagen darf, um sein Handwerk, das einen goldenen Boden hat, auch von außen zu verzieren, sich an die Sozialdemokratie anzuschmarotzen. Solche Annäherung wird nun keineswegs mit dem Tritt des rechten Fußes beantwortet, der die von mir ausgegebene Parole: „Hinaus aus Wien mit dem Schuft!" unterstützen und verwirklichen könnte, eine Parole, die uns sogar schon aus dem Ausland widerhallt, das doch kaum bereit wäre, ihn einzubürgern. Ganz im Gegenteil haben sich die maßgebenden und maßvollen Kreise seit einiger Zeit einer bemerklichen Neutralität zugewendet in meinem Krieg gegen die Pestilenz, die über Wien hereingebrochen ist, und diese Haltung nur verlassen, um im Widerspruch zu der Resolution, die in jener Arbeiterversammlung ausgegeben wurde, den Verbreitern der Pest Unterredungen zu gewähren. [...] Wenn der gebrandmarkte Macher einer Zeitung, die von der Ausschrotung des Skandals und von der Bezahlung für das Schweigen lebt, sich solcher Duldung und Förderung erfreut, ja rühmt, so kann immerhin der Anschein entstehen, daß er auch diese Gunst oder Schonung erpreßt habe. Alles möge mir in den Abenteuern dieses Kampfes zustoßen, nur nicht das eine: daß die Zurückhaltung, die ich beklage, mich mit der Antwort bedient, man nehme diesen Kampf eben nicht so wichtig, den Fall nicht so ernst wie ich. [...] Wenn es auch ohneweiters denkbar wäre, daß in dem unübersehbaren Getriebe einer großen Partei, deren Aufgabe zum letzten moralischen Bestand dieser faulen Welt gehört, Mißstände und Mißbräuche vorkommen, ermöglicht durch jenen gefährlichen Anreiz bürgerlicher Neigungen, so wäre es doch nicht denkbar, daß man dem Glauben an die wesentliche Reinheit nicht sofort durch Reinigung genügte, nicht lieber durch das Bekenntnis als durch das Geheimnis. Denn es vermöchte doch selbst in Zeiten der schwersten politischen Bedrängtheit und Beengtheit keine taktische Rücksicht zu geben, die besser und haltbarer wäre als die Taktik des sittlichen Gewissens! Nie könnte etwas geschehen sein, was nicht durch Tat und Wort gutzumachen wäre. Unmöglich hier auszudenken, daß das Wissen statt der Sonne dem Erpresser gehören soll, daß es ein Wertobjekt in der schmutzigsten Hand sein könnte, die mit dem Opfer der Mannhaftigkeit immer weitere Opfer errafft. Politik mag stets ins Gedränge führen, aber nie könnte die Arbeitersache in solche Gesellschaft geraten! [...] Daß ich nicht mehr und nicht weniger im Sinne habe, als der Preßhydra das schamloseste ihrer Häupter abzuschlagen und Wien wenigstens von diesem Bekessy – so heißt der Schuft – zu befreien: wissen Sie. Daß ich im Sinne einer politischen Bestrebung nichts anderes will, als die Arbeitersache vor der Besudelung durch eine entartete Freiheit zu bewahren, die empfänglichsten Seelen wie vor den Lügengiften der bürgerlichen Kunst so auch vor dem Verderben durch die bürgerliche Presse: glauben Sie! Der Freiheit, die wir meinen, wären wir nicht wert, wenn wir es bei einem Umsturz bewenden ließen, dem man nachsagen könnte, daß er, erst er, solchem Unwesen zur Existenz verholfen hat! [...]

28.3 Friedrich Austerlitz: Der wahre Kraus

Erstveröffentlicht als Friedrich Austerlitz: Der wahre Kraus, in: *Der Kampf. Sozialdemokratische Monatsschrift*, 19. Jg., Nr. 7 (Juli 1926), S. 309–314.

Trotz seiner Kritik an der bürgerlichen Presse spalteten sich an der Person Karl Kraus' unter den Kunst- und Kulturfunktionären der SDAP die Geister. 1926 veröffentlichte Oscar Pollak (1893–1963) eine harsche Kritik an Kraus, in der er ausführte, dass dessen negative Haltung zur Partei ihn für jeglichen Ratschlag in sozialen und politischen Fragen disqualifiziere. In seiner Verteidigung, die sich in ähnlicher Form auch in einem Beitrag von Hans Menzinger findet,[14] *betont der Chefredakteur der* Arbeiter-Zeitung, *Friedrich Austerlitz (1862–1931), die Rolle von Kraus als Bilderstürmer, der mit seinem Kreuzzug gegen das korrupte Establishment eine Form der Kritik praktiziere, die auch das sozialdemokratische Projekt auszeichne. Hier ging es nicht nur um die Frage, ob Kraus als Teil des Roten Wiens angesehen werden konnte. Sichtbar werden vielmehr einerseits der Versuch, Umfang und Ziele der parteieigenen Medienunternehmungen mit den Hinterlassenschaften der berühmten Printkultur der Vorkriegszeit in Einklang zu bringen, andererseits aber auch Abgrenzungsängste der sozialdemokratischen Medien gegenüber diesen externen Kräften.*

Der Inhalt des sehr geistreichen Aufsatzes, den Oskar Pollak in der vorigen Nummer über das Problem: Karl Kraus geschrieben hat, ließe sich, wie mich bedünken will, in einem einzigen Satze wiedergeben: daß Karl Kraus kein organisierter Sozialdemokrat ist.
   [...]

---

14 Für die übrigen Beiträge dieser Debatte vgl.: Oskar Pollak: Noch einmal Karl Kraus, in: *Der Kampf. Sozialdemokratische Monatsschrift*, 19. Jg., Nr. 6 (1926), S. 261–267; Hans Menzinger: Karl Kraus und die Arbeiterschaft, in: *Der Kampf. Sozialdemokratische Monatsschrift*, 19. Jg., Nr. 7 (1926), S. 349–353.

Es ist das also alles richtig: Kraus ist kein Volksschriftsteller, kein Volksredner, er ist kein organisierter Sozialdemokrat, kein Parteigenosse, der sich einfügt und einreiht; aber ist er deshalb auch kein *Revolutionär*? Und da gerade ich ihn einen revolutionären Geist genannt und darin seine Bedeutung für den Befreiungskampf des Proletariats gefunden habe, so will ich auch positiv sagen, warum ich in diesem einsamen Eingänger einen großen und wahrhaften Revolutionär erkenne.
[...]
Einem hat sie nicht imponiert, diese bourgeoise Kultur: Karl Kraus, und er ist in einer unvergleichlich stärkeren Wucht der Brecher aller dieser Tafeln, in denen sich der Ruhm dieser Kultur kündet, als derjenige es gewesen ist, dem man das Wort dankt. Er ruft die ganze bürgerliche Geistigkeit vor Gericht, und mit dem Brandmal der Ungeistigkeit wirft er sie in den Abgrund. Er ist in Wahrheit der große Unbestechliche: ihn blendet kein Schein, ihn verblendet keine Autorität. Der Stoß der Sozialdemokraten richtet sich vor allem gegen die politischen und sozialen Privilegien; ihr Kampf geht gegen die hierarchische Struktur der Gesellschaft, die von der kapitalistischen Macht und von dem gesellschaftlichen Herkommen bestimmt und worin die Volksmasse zur Hörigkeit verurteilt ist. Den Einfluß der gesellschaftlichen Überlieferungen wollen wir durch die Demokratie brechen; die kapitalistische Macht zu entwurzeln, ist die Aufgabe des Sozialismus. Aber beruht die Kraft der alten Mächte nicht vornehmlich auf der Vorstellung, daß sie die Bildung repräsentieren, daß mit der Bedrohung, die ihrer Herrschaft gilt, auch die Bedrohung der Kultur unlöslich verknüpft sei? Die geschichtliche Leistung des großen Satirikers ist es nun, daß er diese bürgerliche Kultur geprüft hat auf ihren Gehalt, auf ihren Herrschaftsanspruch geprüft hat, unablässig geprüft hat, unerbittlich geprüft hat, von der höchsten Warte geprüft hat; wie schlecht sie vor diesem unbestechlichen Auge bestand und wie sie nun im Spiegel dieser ethisch und moralisch geadelten Satire dasteht, wissen wir. Gerade weil die Sozialdemokratie vor wirklicher Bildung, vor echter Wissenschaft und wahrer Kunst so viel Ehrerbietung hat, war die Gefahr nicht ausgeschlossen, daß sie sich auch von ihrem Scheine betören lassen könnte, und ihr Stoß gegen die Bastionen der bürgerlichen Herrschaft von dem Anschein der Kultur, in den sie sich hüllen, aufgefangen werden könnte. Karl Kraus hat auch uns den Star gestochen, er hat uns sehend gemacht, so daß wir die *Bildungsprotzen* zu durchschauen vermögen.
[...]
Diesen heißen und leidenschaftlichen Kampf um die Reinigung der Welt dürfen wir also wohl einen revolutionären Kampf nennen. Wie, der sollte kein Revolutionär sein, der in den Gehirnen der Menschen einen so tüchtigen Umsturz anrichtet, der sie reinfegt und von der abergläubischen Verehrung für die bourgeoisen Autoritäten befreit? Wohin wir gehen, braucht uns nicht Kraus zu sagen, der „Erkenntnis des Zieles" sind wir gewiß. Aber, ob in Disziplin gebunden oder außerhalb ihr stehend, den Weg, den wir zu wandeln haben, hat uns Kraus, indem er die Gespenster, die ihn uns sperren wollten, in die Flucht gejagt hat, leichter gemacht. Was fordert

denn schließlich Kraus von der Sozialdemokratie, daß es eine Untersuchung notwendig machen sollte, ob er kompetent sei, es zu fordern? *Assimiliert euch nicht!* – das ist die Mahnung, die er der Partei zuruft. Und wenn er in der Bewertung der Tatsachen, aus denen er schließen will, daß diese Mahnung notwendig sei, selbst irren würde, mit ihrer Wertung der Partei auch unrecht täte: die Warnung vor der Anpassung an die bürgerliche Welt mag überflüssig sein, schädlich nimmer. Ist es nicht erstaunlich, daß Pollak, der Kraus diese Mahnung und Warnung verweist und so viel Geist aufbietet, um ihre Inkompetenz zu erweisen, *dieselbe Gefahr* sieht und vor derselben Gefahr warnt?

28.4 Oscar Pollak: Probleme der „Pause"

Erstveröffentlicht als Oskar Pollak: Probleme der „Pause", in: *Der Kampf. Sozialdemokratische Monatsschrift*, 22. Jg., Nr. 8 (August 1929), S. 370–379.

In diesem Kommentar behandelt Oscar (Oskar) Pollak, außenpolitischer Redakteur der Arbeiter-Zeitung, den Zustand und die Rolle der Massenmedien – im Speziellen des Zeitungsjournalismus –, die diese für die Parteipropaganda in einem der seltenen Momente politischer Ruhe in der Ersten Republik einnehmen können. Im Jahr 1929 trat der christlichsoziale Kanzler Ignaz Seipel (1876–1932) zurück, gleichzeitig wurde die Gefahr des rechten Militarismus durch den Aufstieg der paramilitärischen Heimwehr immer sichtbarer. In einem solchen Moment des Durchatmens – den Pollak als „Pause" zwischen zwei Revolutionen betrachtet – schwinde das Bedürfnis nach politisch gefärbter Berichterstattung. Dieses Vakuum politisierter Inhalte ermögliche es jener Form von dekadentem Journalismus, sich auszubreiten, die ihren Ausgangspunkt bei Imre Békessys Sensationsjournalismus nahm und von den Launen ihrer Leserschaft getrieben werde. Gegen die Kräfte der Trägheit und der Unterhaltung sucht Pollak nach Strategien, die die Möglichkeiten der Parteipresse für eine kollektive Praxis auch abseits von Momenten der politischen Krise stärken.

[...]
Probleme der Presse.

[...] Vor dem Kriege war die Arbeiterpresse das Sprachrohr einer Elite, die sich bewußt auf den politischen Kampf konzentrierte: wer damals die Parteipresse las, der suchte in ihr nichts anderes als Rüstzeug und Stärkung für den Klassenkampf, der wollte nichts anderes erfahren als soziale Tatsachen in sozialistischer Beleuchtung, der schob die unpolitischen Tagesereignisse verächtlich von sich. Es war der Stolz der sozialistischen Zeitung, über viele Dinge gar nicht, über alle Dinge ganz anders zu berichten als die übrige Presse.

Das ist nun in verschiedener Hinsicht anders geworden. Vor allem unterliegt auch die sozialistische Presse der allgemeinen Entwicklung des Zeitungswesens. Diese geht im Gebiet der deutschsprachigen Presse dahin, die alte *Meinungspresse*, die mit langen lehrhaften Artikeln zu dem Denken des Lesers sprach, in die *Nachrichtenpresse* zu verwandeln (wie es zum Beispiel die französische Presse längst ist), die die Beeinflussung des Lesers auf andere Weise, durch die Auswahl und die Aufmachung der Meldung erreicht. Dieser Wandel geht im ganzen Bereich der deutschsprachigen Presse außerordentlich rasch vor sich: selbst die seriösesten bürgerlichen Organe vermögen sich ihm nicht zu entziehen [...]; in der Wiener Presse mit ihrem an und für sich tieferen Niveau, das zu der Inflationszeit obendrein noch den Einbruch der Budapester Bekessy-Journalistik auszuhalten hatte, war er geradezu verheerend. Dieser Übergang von der Betrachtung der Dinge zur Berichterstattung verursacht natürlich eine Verschiebung der Bedeutung vom Inhalt auf die Äußerlichkeiten und unvermeidlich auch vom Soliden zum Sensationellen. Sie verändert die Methoden der journalistischen Wirkung, schiebt auch hier die Form in den Vordergrund, verlegt das Schwergewicht auf Einkleidung und Anordnung des Stoffes. Der Leser hat keine Zeit; er will rasch erfahren, was vorgefallen ist, er will es anschaulich haben, will Bilder und nicht Belehrung. Früher galt der Gedanke, jetzt glänzt höchstens der Einfall, früher wirkte das Wort, jetzt entscheidet der Titel.

Auch die sozialdemokratische Presse kann sich diesem Wandel des Zeitungsstils nicht entziehen. Mancher Redakteur der alten Schule mag auf den jungen als auf einen journalistischen „Auslagenarrangeur" herabsehen, der die Bedeutung der Aufmachung überschätzt: aber auch der Leser der alten Schule hat ja einem neuen Platz gemacht. Für den Leser von ehedem war es gleichgültig, wo ein Artikel begann, wie er gegliedert war, welches äußerer Bild eine Seite bot: er las seine Zeitung vom ersten Wort bis zur letzten Annonce. Der neue tut das nicht; zu ihm muß man anders sprechen. Er verzichtet auch nicht mehr auf die vielen Nachrichten und die interessante Berichterstattung, die er in anderen Zeitungen findet, verlangt sie auch von seinem Parteiblatt: es ist das erste, schwierigste Problem der Parteipresse in einer Zeit, in der die Partei allein dem Interesse des Lesers nicht mehr genügt, sich dem neuen Zeitungsstil anzupassen, ohne ihrer Gesinnung etwas zu vergeben, über Sensationsprozesse so zu berichten, daß der Grundsatz sozialistischer Gesellschaftskritik gewahrt bleibt, kurz, *die journalistische Reporterpflicht mit ihrer sozialistischen Erzieherpflicht zu vereinen*, die im Angesicht von Rekorden und Sensationen nur um so wichtiger wird. Es gilt das richtige Verhältnis zu finden zwischen Meldung und Propaganda, zwischen Sozialismus und Sensation.

Zudem hat sich auch der Kreis der Leser der Parteipresse bedeutend erweitert. Sie schreibt heute nicht mehr bloß für den fanatischen Parteianhänger, für den ganz politisch eingestellten Menschen. Neue Schichten der Parteimitgliedschaft verlangen Berücksichtigung, neue Interessen melden sich zum Wort. Der Sport hat in wenigen Jahren einen breiten Raum in der Zeitung wie in der Bewegung erobert. Nichts mühevoller, als diese Mannigfaltigkeit auf täglich zehn Seiten zu bringen, den Pflichten der Partei zu dienen und zugleich die Interessen der Leser zu befriedigen, die Wünsche der Organisationen zu erfüllen und gleichzeitig ein interessantes Blatt darzubieten. Es ist die zweite unerhört schwierige Aufgabe der sozialdemokratischen Presse, den täglichen *Ausgleich zwischen Partei- und Tageszeitung*, zwischen Organisationsbedürfnissen und Lesebedürfnissen zu bewerkstelligen.

Denn obendrein ist sie ja Parteiblatt nicht mehr im Sinne eines kleinen Kreises von Begeisterten und Auserwählten; sie ist viel mehr Sprachrohr und Werkzeug einer großen politischen Partei: jedes Wort belastet mit furchtbarer Verantwortung für das Handeln von Hunderttausenden, die oft dem Schreibenden die Hand niederdrückt, jede Seite beschwert mit Notizen und Nachrichten, die für die politische Aktion der Partei wichtig, für die Zeitung nur ein Ballast sind. Hier liegt das dritte, besondere Problem der Parteipresse in der jetzigen Periode: das *Verhältnis zwischen journalistischer und politischer Aufgabe*, zwischen der Rolle des Parteiblattes als Hilfsmittel der mühsamen parlamentarischen oder gewerkschaftlichen Kämpfe und seinem Eigenleben als großem publizistischen Organ. Wie vieles darf ein Parteiblatt nicht schreiben, wie vieles muß es schreiben, das den Raum der eigentlichen Zeitungsarbeit einschränkt! Es gibt Artikel – oft sehr lange Artikel –, die nur den Zweck haben, daß der Gegner sie lese oder die nur dartun sollen, daß die Partei auch einer bestimmten, für die breite Öffentlichkeit ganz uninteressanten Frage ihre Beachtung schenkt; es gibt Kämpfe, die nur für einen kleinen Kreis geführt werden und die doch mit aller Ausdauer und mit einem beträchtlichen Aufgebot an publizistischer Unterstützung geführt werden müssen, obwohl sie den nicht unmittelbar Betroffenen ganz unwichtig erscheinen – und ihretwegen muß der Redakteur des Parteiblattes oft den schönsten, lustigsten, interessantesten Artikel zurückstellen!
[...]

28.5 Anonym: So entsteht der „Kuckuck"

Erstveröffentlicht als So entsteht der „Kuckuck", in: *Der Kuckuck*, 6. April 1930, S. 2–3.

Nicht zuletzt durch ihre aufwendigen Text-Bild-Montagen sollte die 1929 erstmals erschienene sozialdemokratische Bildillustrierte Der Kuckuck *mit den populären ‚unpolitischen' Illustrierten der Zeit konkurrieren. Der Titel der Zeitschrift leitete sich von der Angewohnheit des Kuckucks ab, Eier in fremde Nester zu legen, und konnte als Antwort auf die drohende Gefahr des Faschismus in Österreich verstanden werden. In diesem Beitrag in eigener Sache werden die herausgeberischen Überlegungen und technischen Mittel – etwa des Tiefdruckverfahrens – offengelegt, die hinter der Fotomontage, dem Markenzeichen des* Kuckuck, *stehen. Die Freude, mit der im* Kuckuck *die eigenen technischen Produktionsweisen aufgedeckt werden, kann als ideales Beispiel dafür dienen, was Massenmedien unter faschistischen und sozialdemokratischen Vorzeichen unterscheidet. Während faschistische Medien danach trachten, die Mittel und Motive ihrer Erzeugnisse zu verschleiern, bietet* Der Kuckuck *einen Blick hinter die Kulissen.*

Im Anfang ist natürlich der Photograph. Mit seinem Apparat bewaffnet, von der Natur mit einem Auge begabt, das die Dinge ein kleines bißchen anders sieht, wie die anderen Menschen, zieht er in der ganzen Welt herum. Es ist freilich nicht ein Photograph, sondern hunderte, tausende, die für den „Kuckuck" tätig sind, denn unsere Zeitung widerspiegelt die ganze Welt, die Ereignisse von fünf Erdteilen sind in ihren Seiten eingefangen. So streuen denn die nimmermüden Photographen hunderte, tausende Aufnahmen auf den Tisch der Bilderredaktion. Sie müssen angesehen, auf ihre Verwendbarkeit geprüft werden und dann erst beginnt die schwierige Aufgabe des Zusammenstellens der einzelnen Bilder.

Photomontage nennt man das, und in ihr zeigt sich der Meister, zeigt sich aber auch die Entwicklung der illustrierten Zeitung, die sich nicht mehr damit begnügt, Bilder einfach nebeneinander zu stellen und durch ein paar Zeilen Text zu erläutern. Die moderne Bilderzeitung versucht vielmehr durch geschickte Kombinationen die Bilder selbst zu den Beschauern sprechen zu lassen. Das ist nicht immer leicht, erfordert genaue Kenntnis des Gegenstandes und Kombinationsgabe. Auch der Leser muß sich vielfach erst mit der neuen Methode vertraut machen. Ist er sich aber einmal ihrer knappen Anschaulichkeit bewußt, dann wird er jedes dieser „sprechenden Bilder" mit Genuß betrachten.

Aber wir wollen ja davon erzählen, wie der „Kuckuck" entsteht. Bild und Schrift, die der Leser so schön brüderlich vereint findet, gehen jedes einen anderen Weg. Die Wege sind lang und gewunden, aber sie führen schließlich doch ans Ziel Was also geschieht mit einer fein säuberlich zusammengeklebten Bilderseite? Die wird retuschiert und photographiert und noch einmal retuschiert und wieder photographiert und auseinandergeschnitten und zusammengeklebt und noch einmal photographiert, man wird ganz wirr dabei, wenn man dem Photographen einen halben Tag einmal zusieht. Vor der letzten Aufnahme kommt der Text zu den Bildern dazu. Der ist aus den Kasten und Maschinen der Setzerei erstanden, wird auf ein hauchdünnes Zellophanpapier gedruckt und zu den Bildern und zwischen sie geklebt. Und nun kommt die letzte Aufnahme an die Reihe, die Schrift und Bild schon vereinigt sieht. Diese letzte Aufnahme wird auf ein Papier von ganz besonderen Eigenschaften übertragen: es ist das Pigmentpapier. Das bewahrt alles behutsam in seiner geheimnisvollen Schicht auf. Licht und Schatten, Menschen, Tiere, Gegenstände, kurz alles, was im „Kuckuck" zu finden ist. Dieses Zauberpapier wird nun auf einen Kupferzylinder geklebt und mit warmem Wasser bespült. Da löst sich das Papier von der Schicht, die am Metallzylinder zurückbleibt und am blanken Kupfer all die Lichter und Schatten, die Menschen, Tiere und Gegenstände wieder aufscheinen läßt. Aber die Funktion der geheimnisvollen Schicht ist damit noch nicht zu Ende; sie beginnt erst jetzt so recht. Die Schicht ist nämlich je nach der verschiedenen Tönung des Bildes verschieden stark – obgleich es sich nur um Bruchteile von

Millimetern handelt, und leistet dem Eisenchlorid, das nun über den Kupferzylinder geschüttet wird, verschiedenen Widerstand. Je geringer er ist, desto stärker greift das Eisenchlorid die Kupferschicht an, desto tiefer wird es geätzt. Und so wird das Bild mit allen seinen Feinheiten auf den Kupferzylinder eingeprägt, der dann in die Rotationsmaschine gespannt wird. Da die Ätzung auf die Schatten am längsten einwirkt, werden diese Stellen beim Einschwärzen die meiste Farbe festhalten, je heller die Töne sind, desto weniger Farbe nimmt das Kupfer auf, desto lichter erscheinen diese Stellen dann auch im Druck. Und so beginnt denn, wenn Pigmentpapier, Eisenchlorid und Kupfer ihre Schuldigkeit getan haben, das Ungeheuer Rotationsmaschine zu dröhnen, und „Kuckuck" nach „Kuckuck" – ihrer viertausend in der Stunde – fliegt hinaus in die weite Welt.

28.6 Anonym: Radiofreiheit!

Erstveröffentlicht als Radiofreiheit!, in: *Die Radiowelt*, 23. März 1924, S. 1.

Schon bevor der staatliche österreichische Radiosender RAVAG 1924 seinen Betrieb aufnahm, wurden intensive Debatten über das Wesen des neuen Mediums geführt. Der folgende kurze, anonyme Beitrag aus der inoffiziellen sozialdemokratischen Zeitschrift Radiowelt *argumentiert auf Basis der Thesen aus G. F. Hellmuths einflussreichem gleichnamigem Pamphlet für den „Kampf um die Radiodemokratie".[15] Der Autor plädiert dafür, „Radiofreiheit" als eigenständiges Phänomen des demokratischen 20. Jahrhunderts zu verstehen und nicht mit der „Preßfreiheit" als Phänomen des bürgerlichen 19. Jahrhunderts gleichzusetzen. Er kommt zu dem Schluss, dass der Rundfunk kein Monopol einzelner Individuen oder Parteien werden darf. „Radio muß allen gehören."*

Über Nacht, wie das bei allem, was mit Radio zusammenhängt, schon zu sein pflegt, hat unsere politische Einstellung zu ihm eine Wandlung erfahren: Seit ein paar Tagen stehen wir in Österreich im Vorstadium
    des Kampfes um die Radiodemokratie,
    eines Kampfes, der überall ausgefochten werden muß und der bei uns scharf zu werden verspricht.
    Unser Standpunkt in diesem Kampfe ist bald gewählt: wir treten aus allgemeinen und aus besonderen Gründen als Menschen, als Österreicher und als Radiobeflissene

---

15 Möglicher Autor ist Franz Anderle (1874–1957), ein Pionier der Radioamateur-Bewegung und Chefredakteur der Zeitschrift. Zum Originalpamphlet vgl. G. F. Hellmuth: *Radio-Demokratie! Denkschrift zur Organisation des Strahl-Rundspruches*, Wien: Rubinstein 1924.

für die Radiodemokratie
ein. Wir wollen unsere besten Kräfte im Kampfe für sie einsetzen, denn wir wissen, daß hier Entscheidendes auf dem Spiele steht.

Es wäre zu wenig gesagt, wenn man den Kampf für Radiofreiheit einen Teilkampf im großen Kampfe für Preßfreiheit nennen wollte. So verhalten sich die Dinge nicht. Der Kampf für Preßfreiheit, der sein Heldenzeitalter und seine Helden, seine Opfer und seine Verräter gehabt hat, war eine der Formen, in denen sich der Auftrieb, der Selbstbefreiungswille des Bürgertums bestätigt hatte. Er war eine typische Erscheinung des XIX. Jahrhunderts, die diesem ihren Stempel aufgedrückt hatte. *Der Kampf um die Radiofreiheit ist echtestes XX. Jahrhundert*, untrennbar von diesem und nur in dessen Rahmen verständlich. Es handelt sich vor allem um ein wesentlich

technisches Problem.

Das war die Preßfreiheit ja auch, ebenso wie auch die Radiofreiheit ihrerseits neben dem technischen Moment auch ein nicht zu übersehendes *Machtmoment* enthält. Aber das *Verhältnis dieser beiden Momente verschiebt sich bei dem Problem der Radiofreiheit entscheidend zugunsten der technischen.* Es handelt sich, wie bei allem, was mit Radio nur im entferntesten zusammenhängt, auch hier um ein Problem *sui generis*, das nach den eigenen Voraussetzungen betrachtet werden will.

Über das Ideal sind wir uns ja klar und hoffentlich sind wir darin mit den meisten unserer Leser einig:

Der ideale Zustand wäre der, daß jeder mit jedem auf dem Radiowege frei und ungehindert verkehren kann.[16]

Ebenso klar müssen wir uns aber darüber sein, daß dieser Zustand heute unerreichbar ist. Heute liegen die Dinge vielmehr so,

daß *wenn jeder frei funken könnte, unweigerlich ein Chaos entstehen müsste.*

Das Chaos im Äther ist gewiß nicht das, was wir wünschen. Wir wünschen vielmehr das Chaos zu organisieren, wir wünschen aus dem Chaos einen Kosmos zu machen.

Radio dürfe nicht das Monopol einzelner, auch nicht das Monopol einer Partei werden.

Gewiß: Radio muß allen gehören. Aber wie es einrichten, daß diese Erfindung, deren Wesen das Monopolisiertwerden auszuschließen scheint, wirklich allen ohne Unterschied zugute komme? Es ist schwer, hier einen umfassenden, praktischen, befriedigenden positiven Vorschlag zu erhalten.

---

16 Die Vorstellung, dass das Radio ein Kommunikationsmedium sei, das in mehrere Richtungen geht und keine Einbahn von Sender zu Empfänger darstellt, ist ein verbreitetes Bild in den 1920er Jahren – sie findet sich auch in Eugenie Schwarzwalds prophetischem Text am Ende dieses Kapitels.

Es ist nun einmal so, daß einer praktischen Radiodemokratie im oben definierten utopischen Sinne von vornherein
natürliche Schranken
gezogen sind. Die hauptsächlichste liegt vielleicht nicht einmal in der Natur der Hertzschen Welle, sondern in der Beschaffenheit der menschlichen Seele hinsichtlich ihrer
Aufnahmefähigkeit für das gesprochene Wort,
eine Tätigkeit, die nicht unbeschränkt ist. Wenn Mannigfaltigkeit der Preßprodukte, wenn eine Vielzahl der Zeitungen wesentlich für die praktische Wirkung der Preßfreiheit ist, so kann das aus dem Wesen der Radiofreiheit schon deshalb nicht als Forderung abgeleitet werden, weil man beim Hören schneller ermüdet als beim Lesen, weil man gedruckte Zeitungen durcheinander lesen, aber
gesprochene Zeitungen nicht durcheinander hören kann,
zumindest heute noch nicht. Die Regelung des Radiowesens auf eine immerhin mögliche Anpassung unserer Sinnesorgane einzustellen, hätte aber keinen Sinn.

Aus diesem Sachverhalte geht für die Radiozeitung eigentlich eine überraschende Forderung hervor:
sie sollte eine kurze, gedrängte, sich auf die möglichst gewissenhafte Meldung der Tatsachen beschränkende Zeitung sein: so objektiv wie keine der gedruckten Zeitungen ist.

Objektivität und Tatsachenfülle scheint uns der eigentliche Stil der Radiozeitung zu sein.[17]

Aber wir sehen voraus, daß diese Objektivität, so ehrlich sie auch angestrebt werden sollte, immer angezweifelt werden wird (und auch die Zweifler werden möglicherweise ehrlich sein), namentlich, wenn die Herausgeber jener objektiven Zeitung, der Radiozeitung, im Zusammenhang mit irgendeiner Partei, mit irgendeiner Richtung gebracht werden können. Ob diese Frage überhaupt zu denjenigen gehört, die der Radiogesetzgeber einmal gerecht wird lösen können, lassen wir dahingestellt.

[...]

Wer aber soll ordnend, gebietend, verbietend, strafend eingreifen? Wir glauben doch: *der Staat*. Die anderen Lösungen dürfen wir für den Augenblick außer Acht lassen. Nun gut also, der Staat. Aber *welcher Staat?*

[...]

---

17 Während die vorherigen Teile dieses Absatzes „gesprochene Zeitungen" behandeln, springt die Diskussion hier zur „Radiozeitung". Es ist nicht völlig klar, ob sich dies auf Zeitungen bezieht, die im Radio verlesen werden, oder gedruckte Zeitungen, die das Radio behandeln. Die wichtigsten Radiozeitschriften in Wien waren *Radio Wien*, die offizielle Publikation der RAVAG, und das inoffizielle sozialdemokratische Radiojournal *Radiowelt*.

28.7 Fritz Rosenfeld: Der Rundfunk und das gute Gewissen

Erstveröffentlicht als Fritz Rosenfeld: Der Rundfunk und das gute Gewissen. Zum zweiten Arbeiter-Rundfunktag, in: *Bildungsarbeit*, 19. Jg., Nr. 10 (Oktober 1932), S. 189–190.

Aus Anlass des Zweiten Arbeiter-Rundfunktags stellt Fritz Rosenfeld (1902–1987) den verbreiteten Anspruch an die „Neutralität" des öffentlichen Rundfunks in Zweifel und plädiert für eine stärker politische Funktion des Mediums, die dessen spezifischen technischen Möglichkeiten gerecht würde. Wie Bela Balázs und viele andere Zeitgenossen und Zeitgenossinnen verstand der einflussreiche Film- und Kulturredakteur der Arbeiter-Zeitung den Rundfunk als akustisches Livemedium, dessen Potenzial durch das Abspielen vorab aufgenommener Ereignisse verschwendet würde.[18] Rosenfelds Hauptanliegen war die Frage, ob durch die notwendige Neuorganisation des Radios das „allgemeine Interesse" bedient werde. Dabei galt seine Sorge sowohl der Verbreitung von Bildung und Kultur von oben als auch den Interessen des Massenpublikums von unten. Letztlich sieht Rosenfeld die Loslösung und Transformation des Rundfunks aus der „bürgerlich-kapitalistischen Ordnung" in ein echtes „Ohr des Volkes" weniger als eine rein technische Frage denn als eine solche der Programmgestaltung.

Am Anfang stand das Mikrophon im Senderaum der Rundfunkgesellschaft; es vermittelte den Hörern nur die musikalischen und literarischen Darbietungen aus dem Studio. Bald aber trug man es ins Freie hinaus, auf die Schauplätze der Tagesereignisse und machte es zum aktuellsten Berichterstatter. Nun hat das Mikrophon aber die spezifische Eigenschaft, nur den akustischen Teil einer Begebenheit weiterleiten zu können. Die optische Erscheinung eines Ereignisses muß auf dem Umweg über das beschreibende Wort dem Hörer mitgeteilt werden. Das ist nicht immer leicht und gelingt nur, wenn ein gewandter und gescheiter Sprecher am Mikrophon steht.

Die Geschehnisse aber, die der Rundfunk heute überträgt, sind zumeist Schaudarbietungen. Fußballspiele, Volksfeste, sportliche Wettkämpfe aller Art, historische Umzüge, Begräbnisse und dergleichen. Sie haben außer der Eigenheit, für die Rundfunkübertragung das denkbar ungeeignetste Material zu bieten, noch miteinander gemein, daß sie alle wohl Tagesbegebenheiten, aber recht harmlose und im großen Zusammenhang des Weltgeschehens unbedeutende Ereignisse darstellen. Der Rundfunk beschränkt sich auf die Übertragung von beiläufigen Veranstaltungen, bei denen der große Kampf der politischen Meinungen zumindest scheinbar ausgeschaltet ist. Wo der Rundfunk politische Erscheinungen verbreiten hilft, dort handelt es sich fast immer um Festsitzungen und andere Festlichkeiten, deren langweiliger Ablauf bis ins kleinste vorausbestimmt ist und die Rundfunkgesellschaft gegen jegliche Überraschung sichert.

---

18 Vgl. Béla Balázs: Das Radiodrama, in: *Radiowelt*, Nr. 14 (1924), S. 14.

Um das Moment der Überraschung aber handelt es sich gerade, wenn man den Rundfunk wirklich zum aktuellen Berichterstatter machen will. Er muß den Ereignissen sozusagen auf den Leib rücken, er muß den Hörer zum Zeugen lebendigen, also unbestimmbaren Lebens machen. Diesem unbestimmbaren Leben jedoch weicht der „neutrale" Rundfunk aus. Nicht überall: in Rußland ist es heute bereits selbstverständlich geworden, daß man große politische Prozesse, Sitzungen, in denen Fragen von allgemeinem Interesse behandelt werden, durch den Rundfunk der großen Öffentlichkeit mitteilt und das Radio so zu einem wirklich demokratischen Instrument, zu einem Instrument der öffentlichen Kontrolle macht.

Eine Kontrolle aber läßt nur zu, wer nichts zu fürchten hat. Den Sport in Ehren – ist eine Parlamentssitzung, in der wichtige Gesetze beraten werden, nicht von allgemeinerem Interesse? Die unterschiedlichen Volksfeste in Ehren – sind Ministerberatungen, in denen es um das Schicksal eines Staates geht, nicht bedeutungsvoller? Ein Almkirtag ist gewiß auch schön – aber hätte der Rundfunk nicht die Aufgabe, neben den öffentlichen Belustigungen auch die Justiz durch die Übertragung großer Prozesse unter die Kontrolle des Volkes zu stellen? Nicht um „Reportagen" allein geht es, um Berichte, die ein Sprecher verfaßt, die also bereits dies ausschalten und jenes hinzufügen, die bereits das Bild des Ereignisses färben und fälschen können; es geht um die akustische Ausweitung des Raumes, in dem beraten und gerichtet wird, um die tatsächliche und moralische Vergrößerung der Zuhörertribünen, um die Einbeziehung des ganzen Volkes in die lebendige Zeugenschaft schicksalswichtiger Ereignisse.

Daß es technisch möglich ist, Parlamentssitzungen, Prozesse, politische und wirtschaftliche Beratungen aller Art zu übertragen, unterliegt keinem Zweifel. Aber es gehört zu diesen Übertragungen nicht nur ein Mikrophon – sondern auch ein gutes Gewissen. Die Machthaber der bürgerlichen Welt wollen das Volk nicht zu Zeugen ihres Regierens machen. Die verschlossenen Türen sind die Voraussetzungen einer wohl in die äußere Form der Demokratie gekleideten, in ihrem Wesen aber undemokratischen Herrschaft. Deshalb finden die Mikrophone der vom bürgerlichen Staat kontrollierten Rundfunkgesellschaften keine anderen der Übertragung würdigen Begebenheiten als die Kegelklubabende der Provinzspießer oder die Landung eines Luftschiffes. Denn das aus der allgemeinen Zeugenschaft fließende Wissen um die Methoden, nach denen wir regiert werden, um Protektion und Korruption, um Heuchelei und Betrug, würde ja den kapitalistischen Machtstaat erschüttern. Wie Bühne und Buch, Film und Lied, wie jede Form geistiger und künstlerischer Mitteilung ist auch der Rundfunk in der bürgerlichen Gesellschaft eine Schutzwaffe geworden, die den Bestand der vom Ansturm neuer Ideen gefährdeten bürgerlich-kapitalistischen Ordnung verlängern soll. Hätten die Herren dieser Welt ein gutes Gewissen, sie müßten das Mikrophon als stummen Zeugen der Völkerbundsitzungen und Bankberatungen, der Parlamentsdebatten und politischen Prozesse nicht scheuen. Da sie das Ohr des Volkes, das der Rundfunk sein könnte, fürchten als den gefährlichsten Feind ihrer Macht, spielen sie ihm lieber sanfte Musik vor,

Heurigenlieder, Schlager von Mai, Mond und Liebe und machen das Mikrophon zum Berichterstatter ihrer Bagatellen.

28.8 Anonym: Die Hörerbefragung der RAVAG

Erstveröffentlicht als Die Hörerbefragung der Ravag, in: *Radio-Wien. Illustrierte Wochenschrift der Österr. Radioverkehrs-A. G.*, 9. Jg., Nr. 6 (4. November 1932), S. 2–5.

Aufbauend auf den im Jahrzehnt davor erprobten Methoden der Publikumsforschung, sollte die 1931 in Auftrag gegebene und allgemein als RAVAG-Studie bekannte Hörerbefragung zu einer internationalen Pionierarbeit der empirischen Kommunikationsforschung werden.[19] *Die Studie wurde von Mitgliedern des Wiener Psychologischen Instituts und der privaten Österreichischen Wirtschaftspsychologischen Forschungsstelle durchgeführt, darunter Paul F. Lazarsfeld. Die Fragebögen wurden von einer zu diesem Zeitpunkt unerreichten Anzahl von Hörerinnen und Hörern retourniert.*[20] *Die in der offiziellen Zeitschrift der RAVAG zusammengefassten wichtigsten Ergebnisse werden hier ausschnittsweise wiedergegeben: Fast die Hälfte der Hörerinnen und Hörer waren Arbeiterinnen und Arbeiter sowie Angestellte, drei Viertel hörten Radio lieber über Lautsprecher als über Kopfhörer, die beliebteste Hörerzeit war der frühe Abend, und die stärkste Alterskohorte war die Gruppe zwischen dreißig und fünfzig Jahren. Die veröffentlichten Ergebnisse zu den Programmpräferenzen des Publikums wurden heftig debattiert.*

Die Ravag hat gegen Ende des Jahres 1931 eine Hörerbefragung veranstaltet, die vor allem bezwecken sollte, die Programmwünsche der gesamten Teilnehmer unmittelbar zu erfahren und auch andere statistische Angaben zu erhalten, die für den Rundfunk von Wichtigkeit sind. Die Verarbeitung des eingesandten Materials durch das Psychologische Institut der Wiener Universität und dessen Gründung, der Wirtschaftspsychologischen Forschungsstelle,[21] hat leider wesentlich länger gedauert,

---

19 Zu einem Vorläufer der berühmten RAVAG-Studie vgl. Anonym: Was wünschen Sie zu hören? Programmgestaltung durch Volksentscheid!, in: *Radiowelt*, 13. Dezember 1924, S. 7; Ergebnisse wurden veröffentlicht in: Anonym: Sie haben gesprochen!, in: *Radiowelt*, 9. Mai 1925; vgl. weiters die Texte in Desmond Mark (Hg.): *Paul Lazarsfelds Wiener RAVAG-Studie 1932: Der Beginn der modernen Rundfunkforschung*, Wien, Mülheim a. d. Ruhr: Guthmann Peterson 1996.
20 Der Fragebogen wurde von 110.312 Personen ausgefüllt, was 1933 ca. einem Fünftel der 500.000 gemeldeten Radiohörerinnen und -hörer in Österreich entsprach – eine Zahl, die im Verhältnis zur Einwohnerzahl sogar Deutschland übertraf.
21 Die im Oktober 1931 gegründete Österreichische Wirtschaftspsychologische Forschungsstelle war weltweit eines der ersten Forschungsinstitute für Sozialpsychologie und Marktforschung. Zu seinen Hochzeiten gehörten dem Institut 160 Forscherinnen und Forscher an, darunter so prominente Namen wie Paul F. Lazarsfeld, Marie Jahoda, Hans Zeisel und Herta Herzog. (Vgl. Kapitel 4) Nach ihrer

als ursprünglich angenommen werden konnte. Es erscheint aber begreiflich, daß die Geduld unserer Hörer so lange in Anspruch genommen werden mußte, wenn folgende Angaben berücksichtigt werden:

Insgesamt haben
110.312 Hörer und Hörerinnen
der Ravag ihre Programmwünsche mitgeteilt.

Jede Einsendung umfaßt etwa 80 Punkte, die zusammen ein übersichtliches Bild der Hörerwünsche ergeben. Man überlege nur einmal: Wenn zwei Leute die Einsendungen bearbeiten, das heißt, wenn einer diktieren würde und ein anderer die Ergebnisse aufzeichnet, dann dauert es gegen 1½ Minuten bis alle Antworten *eines* Hörers in die Tabellen eingetragen sind. Insgesamt nähme dies 394 Arbeitstage von zwei Menschen in Anspruch. Nun müssen aber außerdem zirka 6000 Rechnungen durchgeführt werden, um alle Zahlen so zusammenzufassen, daß ein klares, übersichtliches Bild der zahlreichen Hörerwünsche zustandekommt. Dazu kommt noch, daß viele Hörer ihren Fragebogen umfangreiche Briefe beilegten, die gesondert bearbeitet werden mußten. Wenn auch damit ein großer Zeitverlust verbunden war, so war gerade diese Erscheinung sehr zu begrüßen, denn sie zeigte, welches lebhafte Interesse die Bevölkerung an der Hörerbefragung nahm.

[...]

Schlussfolgerungen.

Daß die Hörerbefragung einem Wunsch der Rundfunkteilnehmer entsprochen hat, zeigt die große Zahl der Einsendungen sowie das sorgfältige Ausfüllen der eingesandten Fragebogen. Die gewonnenen Ergebnisse haben auch auf die Programmgestaltung des österreichischen Rundfunks entsprechenden Einfluß genommen, denn sie bilden eine Bekräftigung der Tendenzen, die im heurigen Winterhalbjahr bei der Einteilung der einzelnen Darbietungen im Gesamtprogramm maßgebend sind. Die *frühen Abendstunden*, die von der großen Menge der Rundfunkhörer als besonders bevorzugte Zeit angesehen werden, sind – dem Wunsch der überwiegenden Mehrheit aller Hörer entsprechend – wenn irgend möglich mit *Darbietungen leichter und unterhaltender Art* besetzt. Erst *anschließend werden ernstere Kunstwerke* geboten, um auch den Wünschen der intellektuellen Kreise voll entsprechen zu können. Seitdem das Abendprogramm, also die wichtigste Hörzeit, in seiner Einteilung den Wünschen nach leichter und schwerer Rundfunkkost durch entsprechende Verteilung Rechnung trägt, haben die Klagen aus den Hörerkreisen ungemein nachgelassen, ein Zeichen, daß hier der richtige Weg beschritten wurde.

Emigration in die USA waren viele frühere Mitglieder des Instituts mit ihrem Ansatz der Publikumsforschung am Aufbau des entstehenden Felds der Kommunikationswissenschaft beteiligt.

Es darf aber nicht vergessen werden, daß der Rundfunk neben Unterhaltung und Zerstreuung auch Belehrung und Erhebung bieten muß, um seiner Kulturbedeutung würdig zu sein. Gerade der österreichische Rundfunk hat ein reiches Erbe erlesenster Kunst zu verwalten, das die großen Meister der Vergangenheit unserem Volke hinterlassen haben. Das Rundfunkprogramm jedes Landes wird heute in der ganzen Welt geradezu als Gradmesser seiner Kultur angesehen. Wir sind in der glücklichen Lage, durch hervorragende Leistungen, besonders auf musikalischem Gebiet, im Weltrundfunk eine führende Rolle zu spielen, die sich im internationalen Programmaustausch spiegelt. Es ist daher eine selbstverständliche Forderung, daß – neben der Berücksichtigung des Unterhaltungsbedürfnisses der großen Mehrzahl unserer Rundfunkteilnehmer – nicht nur die *Quantität*, sondern auch die *Qualität* der Programmwünsche zum Ausdruck kommt. Diese Aufgabe ist um so wichtiger, als ja gerade der Rundfunk das Bildungsniveau der breitesten Schichten in steigendem Maß zu heben begonnen hat und er sich in den wenigen Jahren seines Bestehens zu einem Bildungsmittel von unerreichter Durchschlagskraft entwickeln konnte.

Die Beantwortung der Fragebogen hat im übrigen deutlich ergeben, daß sich die Interessensphären der einzelnen Berufs- und Altersgruppen nicht immer decken können. Eine wirklich einheitliche Meinung, die alle Darbietungen betrifft, gibt es nicht. Wenn beispielsweise die Gesamtheit der Hörer etwa eine Verminderung der landwirtschaftlichen Vorträge vorziehen würde, zeigt doch die Beliebtheit dieser Vorträge in den Kreisen der in der Landwirtschaft beschäftigten Hörer deutlich, daß diese Vorträge zum notwendigen Bestand des Sendeprogramms zählen. Solcher Beispiele gibt es viele. Der Rundfunk hat aber die Hörerschaft bereits zu jener Toleranz erzogen, die notwendig ist, um allen Interessensphären den ihnen zukommenden Platz im Radioprogramm zu sichern. In den 4473 Sendestunden eines Jahres finden sich im österreichischen Rundfunkprogramm für jeden Hörer so viele Darbietungen, die seinen Wünschen entsprechen, daß jeder einzelne daran denken darf, auch andere Geschmacksrichtungen zu Wort kommen zu lassen.

Dies führt zu der immer wieder auftauchenden Frage, *wie man Radio hören* soll. Sehr drastisch hat dies einmal ein führender englischer Rundfunkfachmann ausgesprochen. Er meinte, daß man für das Abhören des Radioprogramms eine Zeittaxe einführen können sollte, analog wie man etwa den Wasser- oder Gasverbrauch mißt.[22] Dann würde jeder Rundfunkteilnehmer das Programm sorgfältig durchsehen und sich nur auf solche Darbietungen beschränken, die ihm wirklich zusagen. Und

---

[22] Anders als z. B. das US-amerikanische Modell, bei dem Radio durch Werbung finanziert wurde, basierte das britische Modell auf Einkünften aus einer Steuer auf Radioempfangsgeräte, der „licence fee". John Reith, der erste Leiter der BBC, betonte immer wieder, das Radio nicht als Ware, sondern als öffentliches Gut zu verstehen, das zum Nutzen von Bildung, Information und Unterhaltung reguliert werden müsse.

er würde finden, daß immer noch so zahlreiche Sendungen anzuhören wären, daß er für die geringe Teilnehmergebühr reichliche Entschädigung fände. *Nicht wahllos hören, sondern aussuchen und mit jener Konzentration zuhören, die erforderlich ist, um zum wirklichen Genuß zu gelangen: dies ist die Aufgabe, die sich jeder Rundfunkhörer selbst zu stellen hat.*

28.9 Eugenie Schwarzwald: Die prophezeite RAVAG

Hier zitiert nach Eugenie Schwarzwald: Die prophezeite Ravag, in: *Der Wiener Tag*, 14. Oktober 1934, Supplement, S. 4–5.

„*Der Rundfunk wäre der denkbar großartigste Kommunikationsapparat des öffentlichen Lebens, ein ungeheures Kanalsystem, das heißt, er wäre es, wenn er es verstünde, nicht nur auszusenden, sondern auch zu empfangen, also den Zuhörer nicht nur hören, sondern auch sprechen zu machen und ihn nicht zu isolieren, sondern ihn auch in Beziehung zu setzten.*"[23] Einige Jahre vor Bertold Brechts berühmter Aussage lag das kommunikative Potenzial des neuen Mediums für Eugenie Schwarzwald (1872–1940) schon auf der Hand – ihre renommierte Reformschule wurde unter anderem auch von Brechts Frau Helene Weigel besucht. Schwarzwalds kosmopolitische und internationalistische Vision des Rundfunks als einem „gigantischen Verständigungsmittel" wurde zuerst im April 1924 in Der Tag veröffentlicht und zehn Jahre später in der mittlerweile in Der Wiener Tag umbenannten Zeitung wiederveröffentlicht. In einem rückblickenden Vorwort präsentieren die Herausgeber Schwarzwald als Kassandra: „Damals stand man am Beginn des Rundfunks. Alles Gute und – Andere, das daraus entstanden ist, war schon in dem bemerkenswerten Aufsatz prophezeit worden."

Seit kurzem ist etwas Neues in der Welt, noch wenig bedacht. Bald aber wird es die ganze Welt wissen: die Radiosache ist sehr wichtig.

Das Unglück der Welt beruht bekanntlich auf dem Mißverständnis. Dieses erzeugt Kriege, wissenschaftlichen Streit, Parteihader, Prozesse, unglückliche Ehen. Verständigung ist alles. Im Radio wird ein gigantisches Verständigungsmittel Wirklichkeit.

Bei der Beschaffenheit unserer Welt ist das natürlich vorerst zum Erschrecken. Also, was wird geschehen? Ein neues Spielzeug und ein gefährliches Spielzeug. Alle Torheit, alle Bosheit, alle Vorurteile, alle Langeweile wird jetzt noch weitere Verbreitung finden als bisher. Die schlechteste Operettenmusik, die miserabelsten Reden werden bis in den Urwald dringen. Soll noch mehr Hast, Banalität und Betrieb

---

23 Bertolt Brecht: *Der Rundfunk als Kommunikationsapparat. Rede über die Funktion des Rundfunks* [1932], in: ders.: Werke. Große kommentierte Berliner und Frankfurter Ausgabe, Bd. 21: Schriften 1, Berlin, Weimar: Aufbau-Verlag, Frankfurt am Main: Suhrkamp 1992, S. 552–557.

in eine Welt hineingetragen werden, die daran keinen Mangel hat? Wenn man sich solchen Erwägungen hingibt, kommt man zu dem Schluß: das Radio ist eine schreckliche Erfindung! Aber warum bei so großem Ereignis so niederziehender Pessimismus? Warum nicht lieber Hoffnung auf unerhörtes neues Glück? Es wird nämlich kommen. In ein paar Jahren wird kein Großstadtmensch mehr mit der Radiosache spielen wollen. Er wird davon einfach übersättigt sein. Nur bei vollkommensten Kunstwerken wird er zuhören wollen. Naiven Hirnen und Herzen aber wird das Radio mehr sein. Im entferntesten Gebirgsdorf in Tirol wird eine junge Mutter erfahren können, wie sie ihren Säugling zu behandeln hat. In Kroatien werden die Leute lernen, die Fenster aufzumachen. In Oberhollabrunn wird ein armes junges Nähmädchen auf dem Wege des Fernunterrichtes herrliches Florentiner Italienisch lernen. Hundert nützliche Dinge werden möglich sein und tausend gute und schöne [...] Parlamentsreden wird man anhören und froh sein, den Apparat mittendrin abstellen zu dürfen, jedenfalls aber kontrollieren zu können, wieviel die Zeitungen aller Parteien am nächsten Tag daran verfälscht haben werden.

Jeder, der etwas Rechtes weiß, hätte eigentlich die Verpflichtung, es herauszuschreien in alle Welt. Aber bisher war das nicht so einfach. Sollte jetzt einmal jemand etwas wirklich Wissenswertes wissen, dann bietet sich ihm die Gelegenheit zu einem Manifest: An Alle.

Das wird natürlich nicht bald sein. Zuerst wird sich das Geschäft der Erfindung bemächtigen, werden Leute damit zu tun haben wollen, die noch nicht von ihrer heiligen Mission erfüllt sind. Aber die Sache ist an sich zu gewaltig; sie muß siegen! Allmählich werden die Menschen Respekt bekommen, vor dem, was sie hineinsprechen oder hineinmusizieren. Niemand wird sich getrauen, zu lügen, aufzuschneiden, etwas ganz schlecht zu machen, denn er weiß, wie unerhört groß und wie heterogen der Kreis seiner Hörer ist. Wer etwas zu verkünden, zu sagen, zu vermitteln, zu lehren, zu musizieren hat, wird genötigt sein immer zuverlässiger, immer vollkommener, immer subtiler zu werden. Aber nicht nur der, der wirkt, sondern auch jener, der zuhört, wird sich freimachen müssen, wenn er jener Zuhörer werden will, welcher würdig ist, so zu heißen, wie Mozart sagt. Wird aber einer ein solcher Radiohörer, so wird er sich mit der Zeit auf seine Ohren ganz verlassen können. In hundert Jahren schon werden es die Leute zu solcher Feinheit im Hören gebracht haben, daß sie werden sagen können: „Das war ein entzückender junger Mensch, der heute den Vortrag über geniale Kinder gehalten hat. Er hatte schöne dunkle Augen und ein Gesicht, wie der Mönch aus dem Concerto von Giorgione."

Es ist schade, daß wir die neue Kunst nicht erleben werden, die im Begriffe steht, sich hier zu entwickeln. Wir haben gesehen, wie im Kino das Drama für Taube entstanden ist, noch sehr unvollkommen, aber doch wirksam. Jetzt aber ist etwas noch viel Feineres möglich: Das avisuelle Drama für Blinde wendet sich an einen noch zarteren Sinn. Wer kann wissen, was da geschieht?

Bald werden unzählige Wellen zu den Menschen dringen. Vollkommen frei werden sie unter ihnen wählen dürfen. Auf Glück und Instinkt wird es ankommen. Mögen viele Wellen mit Geist, Wahrheit, Schönheit und Gefühl betrachtet sein, und möge es jedem gelingen, die rechte Welle zu erwischen.

Teil X: **Internationaler Austausch**

Auf dem großseitigen Inserat des „Moden-Palais Julius Krupnik" stellt ein riesiger, stilistisch eklektischer Wolkenkratzer die berühmten Sehenswürdigkeiten der Wiener Skyline in den Schatten. In: *Neue Freie Presse*, 9. Mai 1926. (VGA)

29 Amerikanismus
Rob McFarland

Einleitung

Auch im Angesicht der Niederlage von 1918 hatten viele Österreicherinnen und Österreicher ein ambivalentes Verhältnis zur amerikanischen Siegermacht, die mitgewirkt hatte, ihre Monarchie zu besiegen und auf den kleinen Rumpfstaat Deutschösterreich zu reduzieren. Aktivitäten wie die amerikanische Kinderhilfsaktion von 1919, die viele Wiener Kinder vor dem Verhungern bewahrte (Europäischer Kinderfonds der American Relief Administration),[1] nahmen die großen öffentlichen Wohlfahrtsprogramme der Sozialdemokratie vorweg, auf der anderen Seite sah man amerikanische Investoren als Profiteure der schwierigen Lage der österreichischen Wirtschaft, und die Vereinigten Staaten selbst wurden zu einem Synonym für die Auswüchse und Gefahren eines entfesselten Kapitalismus.[2] Viele deutschsprachige Intellektuelle, auch solche in der neu gegründeten Republik Deutschösterreich, diskutierten den Untergang der einstmals mächtigen Reiche und den Aufstieg der neuen Großmacht jenseits des Atlantiks.[3] 1918 veröffentlichte ein Wiener Verlag die erste Ausgabe von Oswald Spenglers kulturpessimistischer Untersuchung *Der Untergang des Abendlandes*, die sich dem Niedergang großer Kulturen widmete.[4] Spengler (1880–1936) vertrat darin die Ansicht, dass jede organische, „seelenhafte" *Kultur* ein goldenes Zeitalter der Künste und der Schönheit durchlaufen hatte, aber letztendlich zu einer technokratisch-materialistischen, oberflächlichen *Zivilisation* verknöchert war. So wie die Klarheit und die Schöpferkraft der klassisch-griechischen Antike zu den dekadenten Exzessen und Auswüchsen des römischen Molochs verkommen waren, näherte sich auch die alte und reiche Kultur Europas ihrem Ende. Herbeigeführt würde dies, so Spengler, durch die überwältigende Kraft der amerikanischen *Zivilisation*, mit ihrer allgegenwärtigen Massenkultur, den rationalisierten Fabriken, dem Kino.[5]

---

[1] Vgl. Friedrich Reischl: *Wiens Kinder und Amerika. Die amerikanische Kinderhilfsaktion 1919*, Wien: Gerlach & Weidling 1920.
[2] Vgl. Henrietta Herzfelder: Dollarika, in: *Neues Wiener Journal*, 25. Februar 1923, S. 9.
[3] Vgl. George Kuh: *Das wahre Amerika*, Wien: Ed. Strache 1918.
[4] Vgl. Oswald Spengler: *Der Untergang des Abendlandes. Bd. 1: Gestalt und Wirklichkeit*, Wien: Wilhelm Braumüller 1918.
[5] Oswald Spengler: *Der Untergang des Abendlandes. Bd. 2: Welthistorische Perspektiven*, München: C. H. Beck 1922, S. 122.

Spengler schuf ein handfestes Feindbild für jene Europäerinnen und Europäer, die sich selbst in einer tiefen, unumkehrbaren kulturellen Krise sahen und den Verlust einer goldenen Ära beklagten, die nicht nur die Privilegien des Adels geschützt, sondern auch dem Bildungsbürgertum Sicherheit und großes kulturelles und finanzielles Kapital geboten hatte – jener gebildeten Mittelschicht, die nun vor dem Absturz stand. Wie Stefan Zweig in seinem berühmten Essay *Die Monotonisierung der Welt* 1925 aufzuzeigen versuchte, stünden die feinsinnigen, nuancierten und zutiefst individualistischen Ausformungen von Kunst, Literatur und Musik auf verlorenem Posten gegen den Ansturm von Schund, simplen Tänzen, populärer Musik und massenproduzierten Gütern, die ausgehend von Amerika die Welt eroberten. Am schlimmsten daran: Amerika symbolisierte seelenlose Profitgier und das Ende des selbstbestimmten, gebildeten Subjekts.

Während Zweig besorgt auf die Rolle Amerikas in der europäischen Kulturkrise blickte, waren andere in Österreich fasziniert von der Vitalität und ansteckenden Begeisterung, die von den Vereinigten Staaten über den Atlantik wehte. Zweigs *Die Monotonisierung der Welt* erschien eine Woche nachdem Helene Scheu-Riesz eine begeisterte Buchrezension über die im Werden begriffene amerikanische Kultur und ihre Bedeutung für Europa veröffentlicht hatte. In den ersten Monaten des Jahres 1925 löste Zweigs bissiger Monotonisierungs-Essay eine polemische Debatte über Amerika und die europäische Kulturkrise in der liberalen *Neuen Freien Presse* aus, u. a. mit prominent platzierten Repliken von Felix Salten und Ann Tizia Leitich. Auch abseits dieser Auseinandersetzung um Zweigs Essay waren viele österreichische Schriftstellerinnen und Schriftsteller sowie Journalistinnen und Journalisten vom Amerikanismus fasziniert. Sie pilgerten in das „Land der unbegrenzten Möglichkeiten" und beschrieben ihre Erfahrungen für jene Teile der deutschsprachigen Öffentlichkeit, die sich für alles Amerikanische interessierten. Anna Nußbaums Sammlung deutscher Übersetzungen der Gedichte der Harlem Renaissance, *Afrika singt* (1929), offenbarte die Schönheit und Lebendigkeit der afroamerikanischen Kultur und stellte sich dem vordergründigen und dumpfen Rassismus von Spengler entgegen.

Amerikanismus war nicht nur in Wiens Zeitungen und Literatur zu finden: während der 1920er und 1930er Jahre war die Stadt voll mit Kinos, in denen das Publikum in amerikanische Filme strömte. Jazzclubs florierten, Wiener Illustrierte und Kaufhäuser präsentierten amerikanische Mode, Frisuren, Körperkultur und Lebensstil. Und wenngleich in der Zwischenkriegszeit einzig das 50 Meter hohe Hochhaus Herrengasse nach Plänen von Siegfried Theiss und Franz Jaksch in den Jahren 1930 bis 1931 verwirklicht wurde, war das Bild des Wolkenkratzers in Architekturwettbewerben, Zeitschriften, Plakaten, Annoncen, in den Künsten und auch im Film allgegenwärtig. Aber nicht nur die Bilder amerikanischer Massenkultur faszinierten große Teile der Wiener Bevölkerung, auch die Stärke und Lebenskraft der amerikanischen Wirtschaft diente als Vorbild. In Wien rühmten sich mehrere Institutionen, die Verbreitung der Organisationsprinzipien von Frederick Winslow Taylor und der industriellen Rationalisierungstheorien Henry Fords voranzutreiben.[6] Die bürgerlich-liberale *Neue Freie Presse* veröffentlichte Fords Schriften in Fortsetzungen, ein Film über *Ford'sche Riesenbetriebe* wurde in ausverkauften Sälen von Volkshochschulen und anderen Veranstaltungszentren gezeigt, darunter im Wiener Konzerthaus. Lokale Unternehmer konnten die Ausgaben der *Taylor-Zeitschrift* beziehen, die in Wien herausgegeben wurde. Ernst Streeruwitz, 1929 kurzzeitig christlichsozialer Bundeskanzler, war Vorstand des Österreichischen Kuratoriums für Wirtschaftlichkeit (ÖKW), das die Rationalisierung der österreichischen Industrie nach amerikanischem Vorbild vorantreiben wollte.[7]

Die Sozialdemokraten teilten diese Vorliebe für amerikanische industrielle Praktiken freilich nicht. Von den Anfängen des Roten Wien bis zur Formulierung des *Linzer Programms* (1926), einem zentralen Dokument der Sozialdemokratischen Arbeiterpartei (SDAP), zieht sich eine durchgehende Kritik von Parteitheoretikern wie Otto Bauer und vieler anderer am amerikanischen Rationalisierungsmodell als Vorbild für die wirtschaftliche Zukunft. Als Gegengewicht zur konservativen, tayloristischen ÖKW, verfasste die sozialdemokratisch dominierte Kammer für Arbeiter und Angestellte ebenfalls eine detaillierte Anleitung zur Rationalisierung der Industrie und widmete sich darin ausführlich dem möglichen Missbrauch der amerikanischen Theorien. Und wiewohl die Wolkenkratzer nach amerikanischem Vorbild anfänglich auch als eine Vorlage für das umfangreiche Wohnbauprogramm des Roten Wien dienten, wurden die imaginierten Türme bald durch einen speziellen österreichischen Modernismus abgelöst, der sich an den Palästen der Habsburger und an den historischen Idealen des Bürgertums orientierte. (Vgl. Kapitel 20) Mit dem Börsenkrach von 1929 und der folgenden Weltwirtschaftskrise wurden viele Aspekte des Amerikanismus in Zweifel gezogen. In *Das Notizbuch des Mr. Pim*, einem Propagandafilm für die Nationalratswahl vom 9. November 1930, versuchte die Sozialdemokratie die anhaltende Faszination für den amerikanischen Kapitalismus endgültig zu vertreiben. Der Protagonist des Films, der reiche amerikanische Besucher und unverbesserliche Kapitalist Elias Pim, wird von seiner Tochter und ihrem österreichischen Ehemann durch das Rote Wien geführt. Als ihm das junge Paar zahlreiche Beispiele präsentiert, wie die von Armut und Elend gezeichnete Stadt in eine moderne, durchorganisierte und florierende Metropole transformiert wurde, wird Mr. Pim schrittweise zu einem Befürworter der sozialdemokratischen Stadtverwaltung. Zumindest in diesem Film sind die besiegten Österreicher und Österreicherinnen im Stande, die amerikanische Hegemonie zu überwinden.

---

6 Vgl. Edgar Herbst: *Der Taylorismus als Hilfe in unserer Wirtschaftsnot*, Wien: Anzengruber-Verlag 1920.
7 Vgl. Ernst Streeruwitz: *Rationalisierung und Weltwirtschaft. Grundzüge der Rationalisierung vom Standpunkt künftiger Weltgemeinschaft*, Wien: Julius Springer 1931.

Literatur

Bischof, Pelinka 2004.
Gramsci 1999.
Mattl 2000.
McFarland 2015.
Warren 2009.

29.1 Helene Scheu-Riesz: Kultur im Werden

Erstveröffentlicht als Helene Scheu-Riesz: Kultur im Werden, in: *Neue Freie Presse*, 24. Jänner 1925, S. 11.

Helene Scheu-Riesz (1880–1970) wirkte in Wien als Schriftstellerin, Journalistin, Herausgeberin, pädagogische Theoretikerin und Frauenrechtlerin. Sie war mit Gustav Scheu verheiratet, einem prominenten sozialdemokratischen Rechtsanwalt, der von 1918 bis 1923 als Gemeinderat der SDAP tätig war. Scheu-Riesz schrieb regelmäßig für die Neue Freie Presse, *Wiens führende liberale Zeitung. Im Jänner 1925 verfasste sie eine Rezension von* Kultur im Werden, *einer Sammlung von Reiseaufsätzen der deutschen Soziologin Alice Salomon. Darin sieht sie, ausgehend von Salomons positiver Haltung zur amerikanischen Kultur, den Amerikanismus als mögliche Lösung für die kulturelle Krise im Nachkriegseuropa. Sie geht sogar so weit, die Rekolonisierung des Kontinents durch idealistische amerikanische Pioniere vorzuschlagen. Das veranlasste Stefan Zweig in der darauffolgenden Woche zu seiner berühmten Antwort* Die Monotonisierung der Welt, *einer Schmährede gegen die amerikanische Massenkultur.*

Man kann gar nicht genug Reiseberichte aus Amerika schreiben und lesen, sofern sie geeignet sind, die Vorurteile abzubauen, die man hierzulande über die Alte und die Neue Welt noch immer verbreitet. Alice *Salomon*, die Generationen von deutschen Frauen das Ideal der sozialen Arbeit ins Herz gepflanzt hat, veröffentlicht soeben bei Ullstein eine Folge von 17 Aufsätzen über die Fahrt durch die Vereinigten Staaten unter dem ausgezeichneten Sammeltitel „Kultur im Werden". Dieses Buch ist fesselnde, ja spannende Lektüre für jeden, der gern ein wenig Zukunftswind atmet. Es schildert wunderbare Naturbilder; es zeigt, wie die Fruchtbarkeit dieses ungeheuren Kontinents, in dem immer gleichzeitig Sommer und Winter ist, zu einer besonderen sozialen und individuellen Entwicklung seiner Bewohner führt. Es erklärt sehr geistvoll die Wechselwirkung zwischen dem Menschen und der Erde, die er bewohnt: wie die Pioniere kommen und in zäher Arbeit, in tapferem Vorwärtsschreiten das Land erschließen und urbar machen, die Neue Welt aufrichten – wie aber dieses Land seinerseits die Einwanderer aus der Alten Welt immer wieder neu aufbaut, erschließt und verwandelt, indem es sie zu Bürgern der Neuen Welt, zu Pionieren macht. Besonders hat sich Alice Salomon natürlich für die Stellung der

Frau im Kulturleben Amerikas interessiert: und am meisten für die Führerinnen der amerikanischen Frauen, von denen eine öffentliche Abstimmung in den amerikanischen Leitungen sozusagen einstimmig drei an die erste Stelle setzt: Jane *Addams*, Carrie *Chapman Catt* und Li[l]lian *Wald*.[8] Die liebevolle Schilderung Li[l]lian *Walds* und ihrer Arbeit macht mir persönlich das Buch besonders wert.

[...]

Bei uns herrscht der Glaube, daß die Europäer im ganzen eine höhere Kultur besitzen als die Amerikaner. Dieser Glaube ist im Weltkriege begraben worden. Man kann vielleicht der „Kultur im Werden" – wie sie Alice Salomon in Amerika konstatiert, die „Kultur im Vergehen" entgegensetzen, von der die Europäer ein Stück nach dem andern ins Leihhaus zu tragen im Begriffe sind. Wer von den kulturellen Leistungen der Vergangenheit lebt, wer meint, sich an einer alten Tradition genügen lassen zu können, der wird bald entdecken, das sich auch das Kapital der Kultur rasch aufzehrt und daß die nackte Brutalität böser Leidenschaften nicht gemildert wird dadurch, daß man den Blick nach rückwärts richtet statt nach vorwärts. Drüben in jenem großen Erdteile, wo Kinder aller Rassen einträchtig miteinander leben, verbindet alle, auch die, die erst kürzlich von irgendwoher aus dem Dunkel zugewachsen sind, eine einzige, große, leidenschaftliche Vaterlandsliebe, ein großer nationaler Ehrgeiz; sie alle wollen Amerikaner sein. Hierzulande ist es anders. Die Atomstaaten und Atomnationen spalten sich in immer kleinere Teile, streichen ihre Grenzen in immer feindlicheren Farben, immer mehr Gruppen gehen mit erhobenem Knüppel gegeneinander los und die neue Heilslehre der Bodenständigkeit sucht die Menschen von Kind an an ihren Kirchturm festzubinden, so daß sie nur ja nicht fähig werden, über ihn hinauszusehen. Wer denkt da noch an Europäertum? Es gibt keine Europäer mehr.

Wir brauchen eine Einwanderung von Pilgervätern an die verwilderten Gestade von Europa. Wir brauchen Menschen, die in fruchtbarer Arbeit in den Urwäldern oder zwischen hochaufschießenden Wolkenkratzern frisch pulsierendes Blut, ein starkes Lebensgefühl und eine Arbeitsleidenschaft gewonnen haben, wie sie den Pionier auszeichnet. Wir brauchen einfache, reine, opferwillige und tiefgläubige Menschen wie es die Puritaner waren, Menschen, die bereit sind, für eine Idee zu sterben und zu leiden (nicht nur, andere für sie zu töten und andere für sie leiden zu machen). Menschen, die Unterdrückung, Unrecht, Lüge, Heuchelei und Laster, das Böse in allen seinen individuellen und sozialen Formen nicht als etwas Notwendiges hinnehmen. Diese Menschen sollen kommen und hier die Urwälder des Aberglaubens, der Vorurteile, des unfruchtbaren Hasses und der hartnäckigen Feigheit lichten und urbar machen. Sie sollen Siedlungen des reinen und tätigen Lebens

---

[8] Jane Addams (1860–1935), Carrie Chapman Catt (1859–1947) und Lillian Wald (1867–1940) waren prominente amerikanische Aktivistinnen für Frauenwahlrecht, Armutsbekämpfung und Gesundheitsfürsorge für Frauen.

gründen und ihre Gemeinschafsideale der Treue, des Dienstes und der Wahrheit aufrichten an Stelle jenes verlogenen, selbstsüchtigen und trägen Mechanismus, der sich fälschlich abendländische Kultur nennt.

Darum kann man gar nicht genug Bücher schreiben und lesen über das neue Leben und die neuen Menschen, die es führen, über den Quell von glückbildender Kraft, der in dem jungen Kontinent der Verheißung strömt. Wir müssen geistige Brücken schlagen über den Großen Ozean, Friedensflotten zu Wasser und zu Luft müssen Gedanken der Zuversicht und den Geist des Aktivismus zu uns herübertragen und uns selbst mit hinübernehmen an die Zauberküste, vor der die Natur der Freiheit als Wahrzeichen alles Künftigen hoch in den Himmel ragt.

29.2 Stefan Zweig: Die Monotonisierung der Welt

Erstveröffentlicht als Stefan Zweig: Die Monotonisierung der Welt, in: *Neue Freie Presse*, 31. Jänner 1925, S. 1–4.

Der Romancier, Journalist, Biograf und Bühnenautor Stefan Zweig (1881–1942) war als meistgelesener österreichischer Autor seiner Zeit eine international prominente Figur, die auch in der Ära des Roten Wien enormen Einfluss auf die literarische Welt ausübte. In seinem Essay Die Monotonisierung der Welt *stellt er sich gegen Helene Scheu-Riesz' positive Sicht der amerikanischen Massenkultur, die sie eine Woche zuvor veröffentlicht hatte. In seiner Zurückweisung des von Scheu-Riesz geforderten amerikanischen Siedlergeists für Europa ruft er die Europäer zur Verteidigung ihrer Individualität gegen den stupiden, alles vereinnahmenden amerikanischen Schund auf, der den Kontinent mittels Kino, Radio, Mode, Sport und anderer Aspekte der Massenkultur überflute. All diese oberflächlichen Phänomene, so Zweig, würden eine dunkle, typisch amerikanische Gleichförmigkeit befördern, die die bürgerliche europäische Kultur vergifte. Der Essay sollte in den Monaten danach in der* Neuen Freien Presse *eine polemische Diskussion auslösen (siehe auch die folgenden beiden Texte).*

Monotonisierung der Welt. Stärkster geistiger Eindruck von jeder Reise in den letzten Jahren trotz aller einzelnen Beglückung: ein leises Grauen vor der Monotonisierung der Welt. Alles wird gleichförmiger in den äußeren Lebensformen, alles nivelliert sich auf ein einheitliches kulturelles Schema. Die individuellen Gebräuche der Völker schleifen sich ab, die Trachten werden uniform, die Sitten international. Immer mehr scheinen die Länder gleichsam ineinandergeschoben, die Menschen nach einem Schema tätig und lebendig, immer mehr die Städte einander äußerlich ähnlich. Paris ist zu drei Vierteln amerikanisiert, Wien verbudapestet: immer mehr verdunstet das feine Aroma des Besonderen über den Kulturen, immer rascher blättern die Farben ab, und unter der zersprungenen Firnisschicht wird der stahlfarbene Kolben des mechanischen Betriebes, die moderne Weltmaschine, sichtbar.

[...]

Symptome: Man könnte, um das Problem deutlich zu machen, hunderte aufzählen. Ich wähle nur schnell ein paar der geläufigsten, die jedem gewärtig sind, um zu zeigen, wie sehr sich Sitten und Gebräuche im letzten Jahrzehnt monotonisiert und sterilisiert haben.

Das Sinnfälligste: der Tanz. Vor zwei, drei Jahrzehnten noch war er an die einzelnen Nationen gebunden und an die persönliche Neigung des Individuums. Man tanzte in Wien Walzer, in Ungarn den Csardas, in Spanien den Bolero nach unzähligen verschiedenen Rhythmen und Melodien, in denen sich der Genius eines Künstlers ebenso wie der Geist einer Nation sichtbarlich formten. Heute tanzen Millionen Menschen von Kapstadt bis Stockholm, von Buenos Aires bis Kalkutta denselben Tanz nach denselben fünf oder sechs kurzatmigen, unpersönlichen Melodien. [...]

Ein zweites Beispiel: die Mode. Sie hat niemals eine solche blitzhafte Gleichheit gehabt in allen Ländern, wie in unserer Epoche. Früher dauerte es Jahre, ehe eine Mode aus Paris in die anderen Großstädte, wiederum Jahre, ehe sie aus den Großstädten auf das Land drang, und es gab eine gewisse Grenze des Volkes und der Sitte, die sich ihren tyrannischen Forderungen sperrte. Heute wird ihre Diktatur im Zeitraum eines Pulsschlages universell. Newyork diktiert die kurzen Haare der Frauen: innerhalb eines Monats fallen, wie von einer einzigen Sense gemäht, 50 oder 100 Millionen weiblicher Haarmähnen. Kein Kaiser, kein Khan der Weltgeschichte hatte ähnliche Macht, kein Gebot des Geistes ähnliche Geschwindigkeit erlebt. Das Christentum, der Sozialismus brauchten Jahrhunderte und Jahrzehnte, um ihre Gebote über so viele Menschen wirksam zu machen, wie sie ein Pariser Schneider sich heute in acht Tagen hörig macht.

Ein drittes Beispiel: Das Kino. Wiederum unermeßliche Gleichzeitigkeit über alle Länder und Sprachen hin, Ausbildung gleicher Darbietung, gleichen Geschmacks (oder Ungeschmacks) auf Tausend-Millionen-Massen. Vollkommene Aufhebung jeder individuellen Note, obwohl die Fabrikanten triumphierend ihre Filme als national anpreisen: die Nibelungen siegen in Italien und Max Linder[9] aus Paris in den alldeutschesten völkischsten Wahlkreisen. Auch hier ist der Instinkt der Massenhaftigkeit stärker und selbstherrlicher wie der Gedanke: Jackie Coogans[10] Triumph und Kommen war stärkeres Erlebnis für die Gegenwart als vor fünfzehn Jahren Tolstois Tod.

Ein viertes Beispiel: Das Radio. Alle diese Erfindungen haben nur einen Sinn: Gleichzeitigkeit und damit Identität. Der Londoner, der Pariser und der Wiener hören in der gleichen Sekunde dasselbe, und diese Gleichzeitigkeit, diese Uniformität berauscht durch das Überdimensionale.

---

9 Max Linder (1883–1925) war ein französischer Schauspieler, Filmregisseur und Komiker.
10 Jackie Coogan (1914–1984) war ein Kinderstar, der durch seine Rolle im Stummfilm *The Kid* (1921) an Charlie Chaplins Seite berühmt wurde.

[...]

Der Sinn für Selbständigkeit stirbt ab, die Passivität im Genießen überflutet die Zeit. Schon wird es schwieriger, die Besonderheiten bei Nationen und Kulturen aufzuzählen als ihre Gemeinsamkeiten.

Konsequenzen: Aufhören aller Individualität bis ins Aeußerliche. Nicht ungestraft gehen alle Menschen gleich angezogen, gehen alle Frauen gleich gekleidet, gleich geschminkt: die Monotonie muß notwendig nach innen dringen. Gesichter werden einander ähnlicher durch gleiche Leidenschaft, Körper einander ähnlicher durch gleichen Sport, die Geister ähnlicher durch gleiche Interessen. Unbewußt entsteht eine Gleichhaftigkeit der Seelen, eine Massenseele durch den gesteigerten Uniformierungstrieb, eine Verkümmerung der Nerven zugunsten der Muskeln, ein Absterben des Individuellen zugunsten des Typus. Konversation, die Kunst der Rede, wird zertanzt und zersportet, das Theater brutalisiert im Sinne des Kinos, in die Literatur wird die Praxis der raschen Mode, des „Saisonerfolges" eingetrieben. [...]

Ursprung: Woher kommt diese furchtbare Welle, die uns alles Farbige, alles Eigenförmige aus dem Leben wegzuschwemmen droht? Jeder, der drüben gewesen ist, weiß es: von Amerika. Die Geschichtsschreiber der Zukunft werden auf dem nächsten Blatt nach dem europäischen Krieg einmal einzeichnen für unsere Zeit, daß in ihr die Eroberung Europas durch Amerika begonnen hat. Oder mehr noch, sie ist schon in vollem, reißendem Zuge und wir merken es nur nicht (alle Besiegten sind immer Zu-langsam-Denker). Noch jubelt bei uns jedes Land mit allen seinen Zeitungen und Staatsmännern, wenn es einen Dollarkredit bekommt. Noch schmeicheln wir uns Illusionen vor über philanthropische und wirtschaftliche Ziele Amerikas: in Wirklichkeit werden wir Kolonien ihres Lebens, ihrer Lebensführung, Knechte einer, der europäischen im tiefsten fremden Idee, der maschinellen.

Aber solche wirtschaftliche Hörigkeit scheint mir noch gering gegen die geistige Gefahr. Eine Kolonisation Europas wäre politisch nicht das Furchtbarste. Die wahre Gefahr für Europa scheint mir im Geistigen zu liegen, im Herüberdringen der amerikanischen Langweile, jener entsetzlichen, ganz spezifischen Langweile, die dort aus jedem Stein und Haus der numerierten Straßen aufsteigt, jener Langweile, die nicht, wie früher die europäische, eine der Ruhe, eine des Bierbanksitzens und Dominospielens und Pfeifenrauchens war, also eine zwar faulenzerische aber doch ungefährliche Zeitvergeudung: Die amerikanische Langweile aber ist fahrig, nervös und aggressiv, überrennt sich mit eiligen Hitzigkeiten, will sich betäuben in Sport und Sensationen. Sie hat nichts Spielhaftes mehr, sondern rennt mit einer tollwütigen Besessenheit, in ewiger Flucht vor der Zeit: sie erfindet sich immer neue Kunstmittel, wie Kino und Radio, um die hungrigen Sinne mit einer Massennahrung zu füttern, und verwandelt die Interessengemeinschaft des Vergnügens zu so riesenhaften Konzernen wie ihre Banken und Truste.

Von Amerika kommt jene furchtbare Welle der Einförmigkeit, die jedem Menschen dasselbe gibt, denselben Overallanzug auf die Haut, dasselbe Buch in die Hand, dieselbe Füllfeder zwischen die Finger, dasselbe Gespräch auf die Lippe und dasselbe Automobil statt der Füße. In verhängnisvoller Weise drängt von der anderen Seite unserer Welt, von Rußland her, derselbe Wille zur Monotonie in verwandelter Form: der Wille zur Parzellierung des Menschen, zur Uniformität der Weltanschauung, derselbe fürchterliche Wille zur Monotonie. Noch ist Europa jetzt das letzte Bollwerk des Individualismus und vielleicht der überspannte Krampf der Völker, jener aufgetriebene Nationalismus bei all seiner Sinnlosigkeit doch eine gewissermaßen fieberhafte unbewußte Auflehnung, ein letzter verzweifelter Versuch, sich gegen die Gleichmacherei zu wehren. Aber gerade die krampfige Form der Abwehr verrät schon unsere Schwäche. Schon ist Rom, der Genius der Nüchternheit, unterwegs, um Europa, das letzte Griechenland der Geschichte, von der Tafel der Zeit auszulöschen.

Gegenwehr: Was nun tun? [...] Was immer man auch schriebe, es bliebe ein Blatt Papier gegen einen Orkan geworfen. Was immer wir auch schrieben, es erreichte die Fußballmatcher und Shimmytänzer nicht und, wenn es sie erreichte, sie verstünden uns nicht mehr. In all diesen Dingen, von denen ich nur einige wenige andeutete, im Kino, im Radio, im Tanz, in all diesen neuen Mechanisierungsmitteln der Menschheit liegt eine ungeheure Kraft, die nicht zu überwältigen ist. Denn sie alle erfüllen, jedes in seiner Weise, das höchste Ideal des Durchschnitts: Vergnügen zu bieten, ohne Anstrengung zu fordern. Und ihre nicht zu besiegende Stärke liegt darin, daß sie unerhört bequem sind. Der neue Tanz ist von dem plumpsten Dienstmädchen in drei Stunden zu erlernen, das Kino ergötzt Analphabeten und erfordert von ihnen nicht einen Gran Bildung; um den Radiogenuß zu haben, braucht man nur gerade den Hörer vom Tisch zu nehmen und an den Kopf zu hängen und schon walzt und klingt es einem ins Ohr – gegen eine solche Bequemlichkeit kämpfen selbst die Götter vergebens. [...]

Rettung: So bleibt nur eines für uns, da wir den Kampf für vergeblich halten: Flucht, Flucht in uns selbst[.] [...] Mag all das, was man unsere Kultur nennt, mit einem widrigen und künstlichen Wort immer mehr parzelliert und vernüchtert werden – das „Urgut der Menschheit", wie Emil Lucka die Elemente des Geistes und der Natur in seinem wunderbaren Buche[11] nennt, ist nicht ausmünzbar an die Massen, es liegt zu tief unten in den Schächten des Geistes, in den Minengängen des Gefühls, es liegt zu weit von den Straßen, zu weit von der Bequemlichkeit. Hier, im ewig ungestalteten, immer wieder neu zu gestaltenden Element erwartet den Willigen auch heute in einer immer mehr mechanisch werdenden Zivilisation unendliche Vielfalt: hier ist unsere Werkstatt, unsere ureigenste, niemals zu monotonisierende Welt.

---

11 Emil Lucka (1877–1941) war ein österreichischer Schriftsteller. Zweig nimmt hier Bezug auf Luckas philosophische Abhandlung *Urgut des Menschen* (1924).

29.3 Felix Salten: Die Monotonisierung der Welt?

Erstveröffentlicht als Felix Salten: Die Monotonisierung der Welt?, in: *Neue Freie Presse*, 8. Februar 1925, S. 1–3.

Felix Salten (1869–1945), Schriftsteller, Essayist und Feuilletonist, war vom Phänomen Amerika fasziniert. Seine 1923 verfasste Novelle Bambi *eroberte die amerikanische Leserschaft im Sturm und wurde später zum Ausgangspunkt für Walt Disneys gleichnamigen Film. 1933 veröffentlichte er die Essaysammlung* Fünf Minuten Amerika. *In seiner Antwort auf Stefan Zweigs provokanten antiamerikanischen Feuilletonbeitrag* Die Monotonisierung der Welt *hebt er die fortschrittlichen Potenziale moderner Technik hervor. Während Zweig Radio, Film und Massenproduktion als Antithese zur Zukunft der europäischen Hochkultur sah, strich Salten die Möglichkeiten heraus, wie Technologie die – amerikanischen wie auch europäischen – Massen kulturell bereichern und bilden könnte – ein Zugang, den Zweig vehement bestritt.*

[...]
Gewiß ist „die Mechanisierung des Daseins, die Präponderanz der Technik die wichtigste Erscheinung unseres Lebensalters." Sicherlich: „es ist wahrscheinlich das brennendste, das entscheidendste Phänomen unserer Zeit." Einverstanden. „Seien wir uns klar darüber!" ruft Stefan Zweig. Jeden Tag, wenn ich hier draußen, nahe meiner Wohnung, riesige Lastenautos die steile Straße glatt bezwingen sehe, bin ich mir klar darüber. Ich denke der unglückseligen Pferde, die sich früher abplagen mußten, Schwerfuhrwerk bergauf zu ziehen. Ich denke, wie ihre schweißbedeckten Flanken bebten, denke des zermarterten Ausdrucks ihrer guten, anständigen Gesichter, der Verzweiflung, die aus ihren schönen Augen starrte, denke daran, wie sie stumm und wehrlos preisgegeben waren den unbarmherzigen Mißhandlungen niederträchtiger Kutscher. Und dann preise ich die Mechanisierung des Daseins, dann segne ich die Präponderanz der Technik. Meinetwegen mag die ganze Welt mechanisiert werden, selbst auf all die Gefahr hin, die Stefan Zweig vorhersieht und die ich so wenig sehe. Wenn sich daraus die Wirkung ergibt, daß die unschuldige Kreatur nicht mehr gepeinigt wird, dann läßt es sich besser, ruhiger, leichter leben in dieser mechanisierten Welt.

Das ist nur ein kleines, ein winziges Beispiel. Denn es geht selbstverständlich nicht um die Tiere, sondern um die Menschen, obwohl die Menschen nur genau so viel Kultur besitzen und genau so viel verdienen, wie sie Güte und Mitleid für das Tier empfinden. Aber von den vielen Zeichen, an denen Stefan Zweig erkennt, daß „alles gleichförmiger wird in den äußeren Lebensformen", nennt er den Tanz, der jetzt „die weiße Rasse Amerikas, Europas und aller Kolonien" mit nie dagewesener Identität „nach denselben fünf oder sechs kurzatmigen, unpersönlichen Melodien" bewegt. [...] Ich fürchte, diese Beobachtungen bleiben an Aeußerlichkeiten haften. Auch zu den Zeiten des vierzehnten Ludwigs hat die weiße Rasse überall, in Europa wie in Amerika und in den Kolonien, denselben Tanz getanzt [...]. Wie einst das Menuett, später der Walzer und die Quadrille, ist heute der Fox und Shimmy keineswegs der Tanz der weißen Rasse, sondern der städtischen Kreise der weißen Rasse. [...] Diese modernen Tänze, die heute genau so als unzüchtig verschrien und gescholten werden, wie etwa vor hundert Jahren der Walzer, der damals neu war, diese modernen Tänze kommen von Urvölkern, sind in ihrem Zusammentreffen mit der Großstadt geformt worden, haben ihren Rhythmus und ihre Freiheit aus den Rhythmen des Sports, aus dem befreiten Empfinden der heutigen Menschen erhalten. Und die Melodien, die dazu aufgespielt werden, sind weder kurzatmig noch unpersönlich. Es brauchte eine lange Auseinandersetzung, um nachzuweisen, wie tief die Wurzeln dieser modernen Tänze im Urwald und in der Großstadt liegen, in der Wildnis und in der Zivilisation, um darzulegen, wie sich im Schritt dieser Tänze und im betäubenden Reiz des Jazz die ruhig-besonnene Haltung des modernen Menschen im ungeheuren Dröhnen des modernen Lebens gleichnisartig wiederholt.

Wie nach dem katholischen Katechismus ein Sakrament das äußere, sichtbare Zeichen einer inneren, unsichtbaren Gnade ist, so sind Erscheinungen wie der Tanz, wie der Sport, mehr noch das Kino und Radio bloß die äußeren Zeichen einer inneren, unsichtbaren Wandlung dieser Welt, Vorzeichen und Anzeichen eines neuen Zeitalters, das nun dämmernd beginnt. Es ist wirklich schade, daß ein so feiner Kopf wie Stefan Zweig diese Erscheinungen so mürrisch deutet. Schade, daß er Vergleiche zieht zwischen der langen Frist, die das Christentum, die der Sozialismus gebraucht hat, um sich durchzusetzen, und der Rapidität, mit der sich jetzt eine Mode verbreitet. Unmöglich kann er im Ernst den Ewigkeitswert einer Religion, die Folgenschwere einer Gesellschaftstheorie den hastig wechselnden, gedankenlosen Nichtigkeiten der Mode gegenüberstellen. [...]

Vielleicht hat die blitzartige Schnelligkeit, mit der sich heute jedes kleine wie jedes große Geschehen, jede neue Mode und jeder neue Brauch über die ganze Erde verbreitet, vielleicht hat die Gleichförmigkeit, die durch das Gleichzeitige im heutigen Dasein bewirkt wird, etwas Erschreckendes. Sonst bliebe der Wiederstand gegen den Film, gegen das Radio unbegreiflich. Sind denn die Dutzendmenschen in ruhigeren, in primitiveren Zeiten besser, wissender, wählerischer in ihrem Vergnügen gewesen? Niemals vorher hat der Banause in San Francisco, in Kentucky so viel von Paris, Rom oder Konstantinopel gewußt und gesehen, und der Banause in Wien oder Berlin hat niemals vorher einen so deutlichen Begriff von Amerika gehabt wie heute. Wie kann man es bedauern, daß die Horizonte der Massen unendlich weiter, unendlich reicher werden? Das Radio hält erst bei seinen Anfängen. Doch wenn Einsame, wenn Menschen, die von jeder Kultur abgeschlossen leben müssen, wenn Gefangene oder Kranke den Trost genießen, deklamieren, singen oder Orchestermusik zuhören, ist es Wohltat ohnegleichen. Diese Erfindungen der Technik, von denen die Massen aller Länder und aller Völker der Welt gleichzeitig in ihrem Niveau gehoben, gleichzeitig befreit, gleichzeitig aus Dumpfheit und Ignoranz erlöst werden, bedeuten vielleicht eine Nivellierung, dann aber eine nach oben. [...] Doch Europa braucht nicht zu fürchten, vom amerikanischen Einfluß zermalmt zu werden. Europa ist im Krieg besiegt worden und immer noch hat der Besiegte seine Kultur dem Sieger aufgezwungen. In ruckweisen Stößen empfangen wir Antrieb und Anregung des gewaltigen Lebens, das jenseits des Atlantischen Ozeans pulsiert. Amerika dagegen wird rascher, sicherer, gründlicher als je vorher durchwirkt, durchtränkt, durchdrungen von europäischer Kultur.

Monotonisierung der Welt? Niemals vorher ist diese Welt vielgestaltiger, niemals bunter, reicher, großartiger gewesen als eben jetzt, da die Menschen durch die Luft fliegen können, unter dem Meeresspiegel dahinfahren, jetzt, da sie es vermögen, den brausenden Wasserfall, die wehende Flammenfahne des Feuers im Abbild ebenso zu wiederholen, wie das Minenspiel ihres Gesichtes und die Bewegungen ihres Körpers, jetzt, da sie imstande sind, einander über Erdteile hin zu hören. [...] Die ungeheure Leistung der Technik, der Wandel des Zeitalters, den sie erzwingt, zwingt auch den Einzelnen zu höherem Aufschwung, wenn er mit seinem Ich bestehen, wenn er sein Selbst behaupten will. [...]

29.4 Ann Tizia Leitich: Ein Wort für Amerika: Noch einmal „Monotonisierung der Welt"

Erstveröffentlicht als Ann Tizia Leitich: Ein Wort für Amerika: Noch einmal „Monotonisierung der Welt", in: *Neue Freie Presse*, 25. März 1925, S. 1–4.

Ann Tizia Leitich (1891–1976) stammte aus einer angesehenen bürgerlichen Familie Wiens. Nach dem Zusammenbruch der Monarchie verließ sie 1921 ihre sichere Position als Lehrerin, um in Chicago als Köchin, Dienst- und Kindermädchen zu arbeiten. Als sie 1923 in New York als Sekretärin tätig war, begann Leitich hellsichtige Feuilletonbeiträge und Artikel zu veröffentlichen, die ihren deutschsprachigen Leserinnen und Lesern das Phänomen Amerika näherbrachten. In ihrer Entgegnung auf Zweigs Monotonisierung der Welt verweist Leitich auf den großen Unterschied zwischen den tatsächlichen amerikanischen Verhältnissen und jener Imagination, die Zweig als Feindbild aufbaute. Damit legt sie die elitäre Tendenz jener Sichtweise offen, mit der Zweig die amerikanische Massenkultur als lästiges Ärgernis abtat. Leitich befasst sich in ihrem Beitrag mit der Person Henry Fords – nicht als ökonomisches Vorbild für Österreich, sondern in seiner Rolle als Motor kultureller Veränderung in Amerika.

Stand da vor Wochen ein so interessantes Feuilleton in diesem Blatt, voll der Wehmut, die sich über schwindende Schönheit neigt, und doch auch voll Kraft im Sichbehaupten, im Pathos der Schlußsätze. Der es schrieb, ein Dichter-Schriftsteller von internationalem Ruf, dessen künstlerisches und menschliches Wesen bis in die letzte Fiber durchtränkt ist von dem Duft, der Sensibilität einer Kultur, deren unaufhaltsames Schwinden er beklagt; einer Kultur, die zwar unbewußt und liebenswürdig hochmütig, aber in ihrem universellen Umfassen aller „Himmel des Geistes" dem Gefühlsleben ein Blumenparterre schuf, darin die Seelen im Anschauen von Schönheit ewige Fragen in edler Muße besprechen konnten. Vorausgesetzt freilich, daß sie in dieser Muße geboren waren, denn sonst hatten sie in der Regel vor den Toren zu bleiben. Denn diese schöne und versinkende Kultur, unsere europäische Kultur des neunzehnten und frühen zwanzigsten Jahrhunderts, die der Krieg mit Auszehrung schlug, sie war eine individual-aristokratische, respektive bürgerliche Kultur, wie sie bis jetzt noch jede, die altgriechische ausgenommen. Sie gehörte jenen, die durch Geburt, Klasse, Stand sie in die Wiege gelegt bekamen. Sie ist uns allen teuer, die wir in ihr aufgewachsen. Wir alle bluten aus Wunden, die uns ihr Abreißen geschlagen hat, und unser stammelndes Leid wird beredt in der Sprache eines Dichters wie jenes, der den Aufsatz schrieb, auf den ich hier weise: „Monotonisierung der Welt."

Aber nicht um Vergangenem nachzuweinen greife ich zur Feder; ich bin in Amerika und da gibt es nur Gegenwart und Zukunft, keine Vergangenheit. Ich schreibe heute, weil in „Monotonisierung der Welt" ein Satz ist, der heißt: „Woher kommt diese Welle, die uns alles Farbige, alles Eigenförmige aus dem Leben wegzuschwemmen droht? Jeder, der drüben gewesen ist, weiß es: von Amerika." Ich greife diesen Satz heraus und nehme ihn unter die Lupe.

Woher nehme ich die Courage? Kaum eine Handvoll Jahre ist es her, da saß ich im Kaffeehaus an der grünen Salzach, wo die ganz ansehnliche Künstlergemeinde Salzburgs ihre Quartier-Latin-Zusammenkünfte in jenen Nachkriegsjahren zu haben pflegte. [...] Und da saß am selben Tisch Stefan Zweig. Nicht, daß er mich bemerkt hätte: ich war jung und unreif, aber dankbar für die Stunde, die den Dichter an meine Seite gebracht[.] [...]

Was für silberne Tage, was für ein silberner Platz: Salzburg. So recht geschaffen dazu, dort eine Burg aufzurichten gegen die in der Phalanx der Großstädte auftürmende Verplattung von Zeit, Mensch, Gedanke. Und daraus stracks nach Amerika, es könnte so gut heißen, von einem Planeten durch unendlichen Raum zu einem anderen Planeten. In das Amerika nämlich, in das ich gelangte. Mitten hinein ins schlagende Herz der neuen Welt warf es mich, nach Chicago. Und da war keine lieblich erwärmte Hotelsuite für mich bereit [...]. Ich kam nicht aus Hunger nach Brot oder Gold: denn eine leidlich gute Krippe hatt' ich im alten Land in den Wind geschlagen, und vom Gold war ich klug genug zu wissen, dass es auch hier nicht auf der Straße liege. Ich kam aus dem Zusammenbruch einer Epoche: aus dem Zusammenbruch eines Lebens, um die Möglichkeit neuen Lebens zu suchen. So stand ich Amerika gegenüber mit blanker Seele, aus der die Vergangenheit weggebrannt war, fragend: Was bist du, wo bist du, wer bist du; was bringst du mir, was der Welt? Ich, die Mücke, zum Riesen Amerika. Und der Riese sagte: „go ahead and find out!" (Geh' und schau zu, was du findest!) [...] Amerika ist mehr als die an monumentale Keckheit, an Frivolität des Geistes grenzende Ausgestattetheit der Wolkenkratzer, ist mehr als New Yorks weißglühender Markt der Eitelkeiten und des Sensationshungers, Broadway, mehr als Wallstreets Dollarjagd. Mehr als seine 16 Millionen Automobile und die unheimliche Kompetenz des Druckknopfes (just press the button), der uns mit allem versieht, von einer Tasse Kaffee bis zum Konzert des berühmten, ein paar hundert Meilen entfernten Virtuosen. Amerika, das Land des Reichwerdens, wie es in den europäischen Märchen vorkommt, ist mehr oder weniger eine Sache der Vergangenheit; aber Amerika, das Land der unbegrenzten Möglichkeiten in der Evolution des Menschengeschlechtes mag wohl eine Tatsache werden.

Europa weiß ja selbst heute seinen Weg nicht. Es taumelt in der Dunkelheit. Zurück zum Alten, über die Trümmer hinüber klimmen kann es nicht und vorwärts weiß es nicht recht wie. Europa ist zu befangen, zu verstrickt in tausend Strömungen und Unterströmungen, in Hemmungen und Wünschen. Der Europäer als Einzelmensch ist einem werter und unleugbar interessanter als der Amerikaner, aber das Land als solches? Langweilig, platt, oberflächlich? Nein. Je länger man hier ist, desto überzeugter wird man davon, daß man noch immer mehr zu erkennen hat. [...] Nach der sauren, alle Zeit und Energie in Anspruch nehmenden Arbeit der Erschließung eines riesigen Kontinents verwandte er den Überschwang der also durch Übung gestählten, durch Erfolg erfrischten Kräfte auf den weiteren Ausbau seines Lebens, für das er sich in wenigen Jahrzehnten eine Form geschaffen hat, die alles je Dagewesene an Brillantheit übertrifft. In Treibhausschnelle ist er der ehemaligen Lehrmeisterin Europa über den Kopf gewachsen. Wie sollte er da die Zeit gefunden haben, diese Form mit dem adäquaten Inhalt zu füllen? Europa hat Jahrhunderte gebraucht, um seine Kultur zu bilden, die, zwar befruchtet von der asiatischen, dennoch seine eigene ist. Nun, Amerika ist dabei, seine eigene Kultur zu bilden. Was es bisher gehabt hat, war importiert, adaptiert, oder trug deutlich den Stempel europäischer Schulung. Nun beginnt es sich zu emanzipieren. [...] Es horcht, was Europa zu sagen hat. Dieses Horchen darf man aber nicht für Absorbieren nehmen. Denn es geht absolut seinen eigenen Weg. Wer kann heute genau wissen, wohin der führt? Aber jeder, der hier ist und dem Land den Puls fühlt, wird es erleben: die unverwischbare Empfindung, daß etwas im Werden ist, daß sich eine Seele regt, die langsam große Augen aufschlägt.

[...] Europa hat zweierlei Menschen: den herrschenden und den Beherrschten. In Amerika ist ein kleiner, aber weittragender Unterschied. Hier teilt sich die Menschheit in die Arbeitgeber und die Angestellten, in Herr und Diener. Wer den Dollar hat, ist der Herr, wer ihn nicht hat, der Diener. Er ist Diener so und so viele Stunden im Tag, aber wenn er dann seinen Overall auszieht und auf die Straße tritt, ist er dem Herrn gleich. Er kann sich nicht alles kaufen, was der Herr sich kauft. Aber er sehnt sich ja vielleicht gar nicht danach; er hat es jedenfalls nicht notwendig, Bolschewist zu werden. Er ist zufrieden; er wird ein gutes Abendessen bekommen. [...] Er hat einen Anzug, der dem des Herrn auf ein Haar nachgemacht ist – in der Fabrik. [...] Seine Frau fährt am Nachmittag im Fordwagen *shopping*, wie des Herrn Frau, daß sie ihren Car selbst lenken muß, tut ihr nur gut, auch daß sie ihr

Essen selbst kocht, das spart ihr die Masseuse. Das alles scheinen grob materielle Dinge; aber vergessen wir doch nicht, daß der Hunger und Neid Menschen zu Bestien machen, und vergessen wir nicht, daß die Kleidung und das Heim die primitivsten, weil notwendigsten Wege sind, über denen dem Menschen Sinn für Kultur kommt. [...] Nun noch einmal zu unserem Mann zurück, zu unserem Durchschnittsmann. Abends konzertieren für ihn Pablo Casals, Jeritza, die Philharmoniker in seinem Hause, Staatssekretär Hughes spricht für ihn. Der reichste Mann der Welt kann wahrscheinlich Pablo Casals, Jeritza für einen Abend engagieren, kaum aber Staatssekretär [Charles Evans] Hughes. Aber hier ist er in einem Fünf-Zimmer-Haus! Also: Fabrikswaren, Maschine, Kino, Radio, Horreurs für den kultivierten, sensitiven Europäer, gewiß. Warum aber eine Gefahr? Kein Künstler braucht zu fürchten, daß sein Saal leer wird durchs Radio [...]. Andererseits aber wird durch das Hören am Radio der Wunsch erweckt, den Künstler in Person zu hören. Wenn man hundert-, zweihundertmal am Victriola [sic] (ein ausgezeichnetes Grammophon) „O du mein lieber Abendstern" gespielt hat, prägt sich einem schließlich etwas von der Schönheit ein, und man wünscht die ganze Oper zu hören. Vielleicht ist das Victriola zum großen Teil schuld daran, daß die Operngesellschaften in Amerika aus der Erde wachsen. Riesige Entfernungen sind in Amerika, die durch die Vehikel der Kultur, wie wir sie einst in den schönen Zeiten vor dem Radio gehabt haben, nie erreicht werden könnten. Viele Millionen Menschen wohnen dort. Ihnen allen wird plötzlich eine neue Welt erschlossen. [...]

Ich sehe für einen der bedeutendsten, ja, vielleicht für den bedeutendsten Amerikaner der Epoche jenen an, der in allen seinen Betrieben dem geringsten Laufjungen einen solchen Wochenlohn zahlt, daß er durch ihn mehr haben kann als bloß trockenes Brot. Dies nicht aus Idealismus, auch nicht nur als Propagandakunststück, aber aus einer mehr schlauen als weisen ungemein sicheren Vorausfühlung, mit der er Gestalt findet für Dinge, die da kommen sollen. Dieser Mann ist Ford. Ich habe gezögert, den Namen hinzuschreiben, denn Ford hat in Europa schlechtesten Ruf als der Protagonist des Taylorsystems, der äußersten, verblödenden Spezialisierung der Arbeit. Man kann eben nie *ein* Glied aus dem komplizierten Mechanismus, wie es ein Industriesystem ist, herausgreifen und einzeln betrachten; da muß man falsche Schlüsse machen. Gut und schlecht – das Kapitel Ford ist ein Kapitel amerikanischer Kulturgeschichte. Was aber unseren Laufjungen betrifft – es muß auch Laufjungen geben, warum sollen sie Ausgeworfene sein, weil sie nur Laufjungen sind? [...] Ich bin weder eine Bolschewistin noch eine Sozialistin, lediglich Amerikanerin – in diesem Sinn – und als solche sage ich: Jeder, wo immer er geboren ist, soll die Möglichkeit haben, sein Leben auszugestalten[.] [...]

Ja, wird man sagen, in Amerika ist das leicht, den Leuten geht es eben einfach allen materiell besser. Aber das ist es keineswegs, was den Unterschied so fundamental macht. Es liegt tiefer, dort, wohin die gleißende Politur des Geldes nicht mehr reicht. Diese Lemuren: Jazz, Fabriksware, Maschinen, Talmikunst – sie sind Quartiermacher, sie sind nicht Amerika. Es mag ja uns, die wir Heldenverehrer sind und die Persönlichkeit über alles schätzen, gleichgültig sein, ob Millionen Menschen wissender und lachender werden. Menschen, für die wir uns von vornherein, weil sie in Bildung unter uns stehen, nicht interessieren. Aber es ist für das Wesen der Dinge, für die Formung der Zeiten nichts weniger als gleichgültig. [...] Jedes Jahrhundert hat seinen Inhalt und seine Aufgaben, und wo hinaus und hinauf die phänomenale Basis, auf die unsere gestellt ist, sich auswachsen wird, das können wir heute wohl gar nicht ahnen. Aber man fühlt es hier am Herzen Amerikas mit größerer Gewissheit als hinter Europas Zaunburgen, daß auf den Kämmen dieses mit barbarischen Kräften geschwellten Stromes der „Monotonisierung der Welt" neue und große Werte herangetragen werden mögen, daß sie herangetragen werden.

29.5 Otto Bauer: Fehlrationalisierung

Erstveröffentlicht als Fehlrationalisierung, in: Otto Bauer: *Kapitalismus und Sozialismus nach dem Weltkrieg. Bd. 1: Rationalisierung – Fehlrationalisierung*, Wien: Wiener Volksbuchhandlung 1931, S. 166–183.

Henry Fords Theorien zur industriellen Produktion, so Ann Tizia Leitich, boten der breiten Masse der amerikanischen Öffentlichkeit leistbare Waren, angemessene Löhne und verringerten ihre materiellen Nöte. Auch europäische Ökonomen und Politiker waren von den Ideen industrieller Effizienzsteigerung fasziniert, wie sie in den USA von Henry Ford, Frederick Winslow Taylor und Frank Gilbreth vertreten wurden. Vor allem die mit diesen Theorien verbundenen Konzepte industrieller „Rationalisierung" hatten es europäischen Ökonomen angetan. Dies betraf nicht zuletzt die radikale Umstrukturierung der Arbeitskraft im Zeichen der Profitmaximierung. Diese Faszination war nicht auf europäische Unternehmer beschränkt. Doch während Lenin, Trotzki, Gramsci und andere Marxisten in den Produktionsmethoden der amerikanischen Industriellen großes Potenzial sahen, brach Otto Bauer (1881–1938), der Führer der österreichischen Sozialdemokratie, mit dieser Lehrmeinung und wandte sich gegen das amerikanische Rationalisierungsmodell. Diese Ablehnung wurde zu einem zentralen Element des Austromarxismus, wie sie auch im Linzer Programm von 1926 festgehalten wurde. Im folgenden Textausschnitt kritisiert Bauer den beschränkten Rahmen, der bei der Abwägung der Vor- und Nachteile von Rationalisierungsansätzen bis dahin angelegt worden sei. Überzeugend führt er aus, dass der amerikanische Fokus auf Profit das weitreichende soziale und wirtschaftliche Leid ausblende, das aus der „Wegrationalisierung" der Arbeiterschaft und der Zerstörung ihrer Existenzgrundlagen resultiert.

[...]
    Das Ziel aller Rationalisierung ist die Senkung der Produktionskosten. Dem Unternehmer ist es aber immer nur um die Senkung *seiner* Produktionskosten, der Pro-

duktionskosten seiner Unternehmung zu tun, nicht um die Senkung der gesellschaftlichen Produktionskosten. Er kann *seine* Produktionskosten durch Maßnahmen senken, die die *gesellschaftlichen* Produktionskosten erhöhen. Eine solche Rationalisierung wollen wir hier eine *Fehlrationalisierung* nennen.

Die Fehlrationalisierung vergrößert den Profit des einzelnen Unternehmers, aber sie verkleinert den Reinertrag der gesellschaftlichen Gesamtarbeit. Sie erhöht die Rentabilität der einzelnen Unternehmung, aber sie senkt die Produktivität der gesellschaftlichen Arbeit. Sie macht den einzelnen reicher und die Gesamtheit ärmer.

[...]

Ein Beispiel für eine Rationalisierung, die hart an der Grenze des – vom Standpunkt kapitalistischer Rechnung aus – wirtschaftlich noch Zulässigen lag, führte Dr. Vögler, der Vorsitzende des Vorstandes der Vereinigten Stahlwerke, in der deutschen Enquete an: „Wir haben ein kleines Hüttenwerk, das mit drei Hochöfen ausgestattet war, vollständig durchmodernisiert und durch den Umbau die Arbeiterzahl an einer Stelle von 120 Arbeitern auf 10 verringert, also 110 Arbeiter erspart. Der Arbeiter kostet heute rund 4000 Mark im Jahr, wir haben also 440.000 Mark erspart. Der Umbau hat 2'8 Millionen Reichsmark gekostet, davon 15 v. H. sind 420.000 Reichsmark, die als Verzinsung und Amortisation unsere Ersparnisse wiederum aufzehren."

[...]

In dem von Dr. Vögler angeführten Beispiel haben die Vereinigten Stahlwerke durch Rationalisierung eines kleineren Hüttenwerkes 20.000 Mark an Jahreskosten erspart. Um diesen Betrag waren die Ersparnisse am Arbeitslohn größer als der Mehraufwand für Verzinsung und Amortisation. Vom Standpunkt kapitalistischer Kostenrechnung aus war diese Rationalisierung also immerhin noch gerechtfertigt. Anders vom Standpunkt gesellschaftlicher Kostenrechnung aus. Wenn die durch die Umstellung arbeitslos gewordenen 110 Arbeiter längere Zeit arbeitslos geblieben sind oder wenn sie schließlich in andere Orte übersiedeln mußten, um wieder Arbeit zu finden, war der gesellschaftliche Mehraufwand, den die Unterstützung und Umsiedlung der Arbeitslosen erheischte, unzweifelhaft viel größer als die Ersparung von 20.000 Mark, die durch die Umstellung in diesem Betrieb der Vereinigten Stahlwerke erreicht wurde.

Nun ist es, wie wir gesehen haben, den Kapitalisten vorteilhaft, die Rationalisierung immer bis hart an die Grenze zu treiben, in der der Mehraufwand an fixen Kosten den Ersparungen am Arbeitslohn gerade gleich wäre. Es besteht daher in der kapitalistischen Gesellschaft immer die Tendenz, die Rationalisierung über die Grenze hinaus zu treiben, auf der der Mehraufwand an fixen Kosten noch kleiner ist als die Differenz zwischen den Ersparungen am Arbeitslohn und dem gesellschaftlichen Mehraufwand für die Arbeitslosenunterstützung. Fehlrationalisierungen sind also in der kapitalistischen Gesellschaft nichts Zufälliges, nichts Willkürliches. Vielmehr wird jede Rationalisierung in der kapitalistischen Gesellschaft bis in den Bereich der Fehlrationalisierung hineingetrieben.

Am vorteilhaftesten vollzieht sich die Rationalisierung in Zeiten allgemeiner Prosperität, in denen die durch technische Neuerungen freigesetzten Arbeitskräfte nach kurzer Arbeitsunterbrechung in anderen Betrieben oder Berufen Arbeit finden. Wo dies der Fall ist, wird die Gesellschaft nicht mit hohen Kosten für die Erhaltung der Arbeitslosen belastet. So war es in den Vereinigten Staaten in der Prosperitätsperiode 1922 bis 1929. [...]

Viel häufiger aber ist die Fehlrationalisierung in Ländern und Zeiten mit übersetztem Arbeitsmarkt, wo die durch die Rationalisierung freigesetzten Arbeitskräfte oft jahrelang arbeitslos bleiben. In Ländern wie Großbritannien und Österreich, die infolge der wirtschaftlichen und politischen Umwälzungen der Nachkriegszeit große Teile ihrer alten Absatzmärkte verloren haben, in denen daher auch in der Zeit der Rationalisierungskonjunktur große Massen arbeitslos blieben, konnten die durch die Rationalisierung freigesetzten Arbeiter keine Arbeit finden. Hier schwoll daher mit der Rationalisierung der gesellschaftliche Aufwand für die Unterstützung der Arbeitslosen an. Der einzelne Unternehmer, der seinen Produktionsapparat erneuerte, senkte wohl seine Produktionskosten, aber er bürdete zugleich der Arbeitslosenversicherung und der öffentlichen Armenfürsorge, also der Gesamtheit der Unternehmer und der Arbeiter, die Kosten der Erhaltung der durch seine Rationalisierungsmaßnahmen freigesetzten Arbeiter auf. Da aber viele Unternehmer gleichzeitig rationalisierten, wurde schließlich jedem einzelnen von ihnen diese Erhöhung des gesellschaftlichen Aufwandes in der Gestalt erhöhter Beiträge zur Arbeitslosenversicherung und erhöhter Steuern fühlbar, in erbitterten Kämpfen gegen „Steuern und soziale Lasten" wehren sich die Unternehmer dagegen, daß der gesellschaftliche Mehraufwand für die Erhaltung der Arbeitslosen, den sie selbst durch die Rationalisierung notwendig gemacht haben, ihnen auferlegt wird, ihnen die Rationalisierungsgewinne wegsteuert und damit ihre Rationalisierung als Fehlrationalisierung erweist.

[...]

Die Quelle dieser Fehlrationalisierungen wäre erst in einer Gesellschaft verstopft, in der die Betriebe dem Staat gehörten und derselbe Staat zugleich auch die Kosten der Arbeitslosenunterstützung und die Kosten der Umsiedlung und Umlernung der Arbeiter zu tragen hätte. Hier träte an die Stelle der kapitalistischen die gesellschaftliche Produktionskostenrechnung. Der Staat hätte an Rationalisierungsmaßnahmen nur dann ein Interesse, wenn die Ersparung an Produktionskosten im einzelnen Betrieb größer wäre, als die Kosten der Arbeitslosenunterstützung [...] der durch die Rationalisierungsmaßregeln zeitweilig entbehrlich gewordenen Arbeiter. Auch dieser Staat würde natürlich rationalisieren. Aber er würde nur in dem Tempo rationalisieren, in dem er die durch die Rationalisierung entbehrlich gewordenen Arbeiter in andere Betriebe, Berufe, Produktionszweige überführen kann. Die Rationalisierung würde [...] in einer sozialistischen Gesellschaft nicht mehr mit langdauernder Arbeitslosigkeit großer Massen erkauft werden.

[...]

29.6 Anna Nußbaum: Afrika singt

Erstveröffentlicht als A. N.: [Vorwort], in: Anna Nußbaum (Hg.): *Afrika singt: Eine Auslese neuer Afro-Amerikanischer Lyrik*, Wien: Speidel 1929, S. 8–11.

In enger Zusammenarbeit mit ihrer Tante, der Erziehungsreformerin Eugenie Schwarzwald, übersetzte Anna Nußbaum (1887–1931) Kinderliteratur, vor allem Werke, die für Frieden und Völkerverständigung eintraten, daneben aber auch Weltliteratur, darunter amerikanische Werke. Während Pessimisten wie Oswald Spengler und Stefan Zweig die kulturlose Zivilisation Amerikas als Zerstörer der einstmals großen europäischen Kultur sahen, stand Nußbaum auf der Seite von Alice Salomon, Helene Scheu-Riesz, Felix Salten und Ann Tizia Leitich in der Verteidigung Amerikas als Ort einzigartiger, aufstrebender Kultur, die das Potenzial habe, Europa produktiv zu beeinflussen. Die von ihr herausgegebene Sammlung von ins Deutsche übersetzter Lyrik Afrika singt *brachte die Werke afroamerikanischer Dichterinnen und Dichter einer deutschsprachigen Leserschaft näher und machte sie mit der Harlem Renaissance und deren genuiner Stimme zu „Rasse", Gerechtigkeit, Schönheit und Macht vertraut. Die positive Bezugnahme der afroamerikanischen Autorinnen und Autoren auf die eigene „Rasse" konnte als Vorbild für eine jüdische Renaissance in Wien dienen, aber auch für das klassenbewusste Wiener Proletariat. In ihrem Nachruf auf Anna Nußbaum hob Helene Scheu-Riesz hervor, auf welche Weise die Gedichtsammlung „die wundervolle Rhythmik einer erwachenden Nation unserem Kontinent ganz nahe bringt".*[12]

Hier wird zum erstenmal der Versuch gemacht, eine geschlossene Auslese afro-amerikanischer Lyrik in deutscher Sprache zu geben. Afro-amerikanische Lyrik: Lieder in Amerika lebender Neger, die vor allem im Rassengefühl, in der Verbundenheit mit Afrika wurzeln. Damit sei der Titel gedeutet und die Gedankenrichtung gewiesen, der wir uns anschließen. Einer der jungen Negerdichter, Countee *Cullen*, begeisterter Jünger des englischen Lyrikers John Keats, nennt seine Anthologie „Caroling Dusk" – „Verse von Negerdichtern". Er legt seinen Standpunkt dahin fest, daß er die Sänger seiner Rasse ohne weiteres den Dichtern der englischen Sprache einreiht. „Die Negerdichter englischer Sprache können aus dem reichen Bestand des englischen und amerikanischen Schrifttums mehr gewinnen, als aus dem verschwommenen Sehnen nach afrikanischer Erneuerung." (Wir werden aber sehen,

---

[12] Helene Scheu-Riesz: In Memoriam: Dr. Anna Nußbaum, in: *Die Österreicherin*, 4. Jg., Nr. 7 (1. Juli 1931), S. 2.

daß selbst die Dichtung Cullens – zum Glück – von diesem beschwingenden Sehnen nicht frei ist.) Alain Locke, tieferer Kenner seines Volkes, Herausgeber des „New Negro", wendet sich gegen diese Auffassung. Er sieht in dem Rassenbewußtsein eine stark vorwärtstreibende Kraft für die Entwicklung der Neger und deren dichterischen Ausdruck. „Dieses tiefe Rassenempfinden ist jetzt die wesentlichste Energie im Negerleben" und „Tatsächlich ist allen farbigen Schriftstellern die Rasse ursprünglicher, unmittelbarer Ansporn." – Weiteres erübrigt sich. Uns scheint Bekenntnis zu seiner Rasse unabhängig von Sprache, Staatsbürgertum und Religion ein fruchtbares schöpferisches Gefühl zu sein. Mehr: ein Mittel zu achtungsvollem Verständnis für andere Rassen; eine im menschlichen Gemüt begründete durchaus edle Empfindung, die mit der Fratze eines geschäftspolitischen, verhängnisvollen „Nationalismus" nichts zu tun hat.

Überflüssig zu sagen, daß unsere Arbeit nicht aus dem Modewohlwollen für Fremdländisches und Noch-Nicht-Dagewesenes unternommen wurde, keine Verhimmelung der Neger beabsichtigt. Sie ist als Beitrag zur Wahrheit gedacht.

Es war geboten, den stofflichen Inhalt dieses Buches zu beschränken. Die alten profanen und religiösen Volkslieder, die Kampf-, Hochzeits-, Sterbe- und Beschwörungsgesänge der in Afrika lebenden Stämme, die „Spirituals" der amerikanischen Neger, sind, soweit uns bekannt ist, zum größten Teil schon ins Deutsche und Französische übersetzt. Besonders die „Spirituals", die in Konzertsälen europäischer Hauptstädte gesungen wurden, haben zur Einsicht beigetragen, daß der synkopierte Rag-Time, die Jazz-Band (vielleicht Verballhornung von „Razz-Band", jener aus vier farbigen Musikern bestehenden Kapelle, die Anfang der Achtzigerjahre zuerst in New-Orleans auf damals neuartigen Instrumenten ihre Weisen aus dem Stegreif spielte), nicht der alleingültige Ausdruck der Negerseele ist. Wir müssen die Seele des Negers in den geistlichen und in den weltlichen Liedern suchen, in denen eine orientalisch-mystische, in fremdem Lande versklavte Rasse sich aus dem furchtbaren Alltag rettet, indem sie Wunder des christlichen Paradieses oder der verlorenen Heimat heraufbeschwört. Die „Spirituals", nicht nur die schönsten Negerlieder, sondern fast die einzigen Volkslieder, die Amerika besitzt, sind den Europäern nicht ganz fremd.

Wir haben deshalb unsere Aufmerksamkeit der Negerlyrik in künstlerischer Form, und zwar der afro-amerikanischen Kunstlyrik zugewendet, da die geistige und künstlerische Wiedergeburt der Farbigen, trotz schwerer äußerer Bedrückung, am entschiedensten in den Vereinigten Staaten verwirklicht wird. Innerhalb dieses Rahmens durften die „Blues" nicht fehlen, die alten Volkslieder, die Langston *Hughes* mit neuem Geist und Zeitempfindung belebt. Seine Tat ist gewesen, daß er so etwas wie eine „moderne Dialektschule" angeregt hat. Nichts mehr von falscher, oft grotesker Sentimentalität; der dumm-dreiste Bauerntölpel, der den Weißen (und vielfach auch den Farbigen) lange als Inbegriff des Negers galt, ist verschwunden. Den jungen Dichtern gelingt es, die Volksseele tiefer, schlichter, lebendiger zu erfassen, als je vorher geschehen. – Außer den „Blues" können auch noch die „Jamaikalieder" Claude *McKays* der Dialektdichtung zugezählt werden. Sonst zeigt sich jetzt immer mehr das Bestreben nach vollendeten sprachlichen und rhythmischen Formen, wie es in den Rasserhythmen der neuen „Jazz-School" zum Vorschein kommt. Diese Klanggebilde stammen nicht aus dem billigen Vergnügen an der beliebten Synkope (die in der Lyrik zum Nachschlag des Wortmotivs wird), sie entstehen aus der leid- und lustbeschwerten musikalischen Natur der Schwarzen.

[...]

Mit jungen Stimmen singt Afrika: die Sehnsucht nach der zauberhaften Urheimat, die so alt wie unsere Erde ist; die Qual aus tausendjähriger Bedrückung in der Fremde; kindlich-inbrünstigen Glauben an Errettung; jauchzende Lebensfreude und tiefste Erniedrigung; aber auch die Erkenntnis eigenen Wertes; die mannhafte Entscheidung für die Tat; die kraftvolle Selbstbehauptung zu höherem Ziel. Das Rassenproblem wird zum Klassenproblem. Beide werden und müssen Lösung finden.

Diese Stimmen – so verschieden – alle verdienen gehört zu werden. Ihre Lieder: erschütternder Hilferuf nach Befreiung und verheißungsvolles Zeugnis zum Licht aufstrebender Menschheit.

Kurz vor der Landtags- und Gemeinderatswahl 1932 in Wien erklärt *Der Kuckuck* das Rote Wien zum internationalen Vorbild einer sozialistischen Stadt. In: *Der Kuckuck*, 17. April 1932. (VGA)

30 Internationale Resonanz
Werner Michael Schwarz

Einleitung

Die Frage nach der internationalen Ausstrahlung des Roten Wien verbindet zumindest drei Aspekte: die Werbung um internationale Anerkennung durch Institutionen des Roten Wien, die im Verlauf der 1920er Jahre zunehmend professionalisiert wurde, die Behauptung dieser Anerkennung als Tatsache insbesondere gegenüber der eigenen Basis und den politischen Gegnern und schließlich die Frage nach der Evidenz dieses Ansehens selbst. Die aktive Werbung richtete sich sowohl an eine internationale sozialistische wie bürgerliche Öffentlichkeit und korrespondierte mit der für das Rote Wien bemerkenswerten Kommunikation nach innen, die oft als widersprüchlich interpretiert wird, weil sie zugleich die eigene soziale Wählerbasis wie gemäßigte bürgerliche Kräfte zu erreichen versuchte. Hinweise finden sich in allen wichtigen Politikfeldern des Roten Wien und ihren entsprechenden Medien, von der Bildungspolitik bis zum großen kommunalen Bauprogramm. Broschüren wurden in verschiedenen Sprachen produziert, die über sozialistische Parteien in Holland oder England verbreitet wurden. Eine Schaltstelle dieser Vermittlung war das Gesellschafts- und Wirtschaftsmuseum, das mit innovativen Methoden Ansprüche und Leistungen des Roten Wien national und international in Ausstellungen kommunizierte. Dafür wurden eigene Fotoformate genützt und die von Otto Neurath (1882–1945) und seinem Team entwickelte Wiener Methode der Bildstatistik (später Isotype) sehr erfolgreich eingesetzt. In den internationalen Reaktionen finden sich regelmäßig Belege für eine offensive Einladungspolitik der Gemeinde. Zu diesen Aktivitäten zählte auch die Ausrichtung großer internationaler Veranstaltungen, wie des Internationalen Sozialistischen Jugendtreffens 1929 oder der 2. Arbeiterolympiade 1931.

Die Behauptung der internationalen Anerkennung richtete sich vor allem nach innen und verstärkte sich ab den späten 1920er Jahren im Kontext der Wirtschaftskrise und der heftigen Auseinandersetzungen mit den Nationalsozialisten bis hin zur Behauptung von Wien als einem Modell für die Welt. Der 1930 produzierte, abendfüllende Wahlwerbefilm *Das Notizbuch des Mr. Pim* stellt diese Erzählung in den Mittelpunkt und zeigt, wie ein US-amerikanischer Zeitungsherausgeber von den Leistungen des Roten Wien überzeugt wird. In dieser Phase vermittelten die sozialdemokratischen Medien zunehmend eine globale Perspektive, die auch nicht genuin sozialistische Befreiungsideen miteinbezog, wie den Kampf Gandhis für die Unabhängigkeit Indiens oder die amerikanische Bürgerrechtsbewegung.

Die internationale Aufmerksamkeit für das Rote Wien, die bislang allerdings noch nicht systematisch erforscht wurde und auch hier nur vorläufig bilanziert werden kann, hatte zunächst viel mit der dramatischen Krise nach dem Ersten Weltkrieg zu tun. Die Stadt war auf internationale Hilfe angewiesen, die unter anderem auch über die in Wien anwesenden Delegationen der Alliierten vermittelt wurde. Für internationale Medien repräsentierte Wien die großen politischen und sozialen Veränderungen nach dem Ersten Weltkrieg, konkret den Übergang von der Monarchie zur Republik, von der Metropole zur Hauptstadt eines Kleinstaats, den Abstieg der alten Eliten und den Aufstieg der Arbeiterschaft im Roten Wien.

Ab der Mitte der 1920er Jahre rückte die Politik des Roten Wien selbst verstärkt in den Fokus der Aufmerksamkeit. Beim ersten großen Test für die Vorstellung der eigenen Modellhaftigkeit, beim 1926 in Wien abgehaltenen Internationalen Wohnungs- und Städtebaukongress, fielen die Reaktionen allerdings noch unerwartet enttäuschend aus. Die Mehrheit der Delegierten kritisierte trotz prinzipieller Anerkennung der Bauleistungen die städtebauliche Entscheidung für den Mehrgeschoßwohnbau und für innerstädtische Verdichtung anstelle großflächiger Siedlungen an der Peripherie in der Tradition der Gartenstadtidee. Mit der Wirtschaftskrise rückte diese Kritik allerdings in den Hintergrund, und insbesondere in englischen und US-amerikanischen Zeitungen und akademischen Fachzeitschriften wurde speziell die Wiener Wohnungspolitik erstmals international eingehend analysiert, wobei die Frage, wie die Stadt die große Krise nach dem Ersten Weltkrieg bewältigte, das Ausgangsinteresse bildete. Zwar wurde nach wie vor Wien nicht uneingeschränkt als Modell akzeptiert, aber die Bewertungen fielen nun deutlich positiver aus. Die Skepsis gegenüber einer direkten Übertragbarkeit der Wiener Politik betraf vor allem das Finanzierungsmodell, die Einführung zweckgebundener Steuern, wobei die besondere Ausgangslage Wiens gewürdigt wurde.

Ab den frühen 1930er Jahren verschaffte die Wirtschaftskrise dem Roten Wien so die erhoffte breite und hochstehende internationale Aufmerksamkeit. Ideen und Formen des kommunalen Wiener Wohnbaus erhielten nun auch unmittelbar Vorbildcharakter, etwa im Fall der Quarry Hill Flats in Leeds in Großbritannien, die funktional wie ästhetisch explizit vom Karl-Marx-Hof inspiriert wurden.

Literatur

Blau 2014.
Mattl 2009.
Nemec, Schwarz 2019.
Rahman 2019.
Sandner 2014.

30.1 Erwin Zucker: Wien – Moskau: zwei Städte – zwei Welten

Erstveröffentlicht als [Anonym:] *Wien – Moskau: zwei Städte – zwei Welten*, Hamburg, Berlin: Verlag Carl Hoym Nachfolger 1932, S. 45–48.

Die Broschüre der Kommunistischen Partei in Österreich erschien zur Landtags- und Gemeinderatswahl 1932. Verfasser war der Jugendfunktionär Erwin Zucker (1903–1985), der eigens für die Kampagne aus Moskau, wo er sich zur Schulung an der „Internationalen Leninschule" befand, nach Wien zurückgeholt wurde.[1] Mit frischen Eindrücken aus der Hauptstadt der Sowjetunion stellte er die Kommunalpolitik der beiden ‚roten' Städte einander gegenüber, insbesondere im Bereich Wohnbau und soziale Fürsorge.

Sozialistische und kapitalistische Bauweise

Nach den bestehenden Gesetzen für die gesamte Sowjetunion dürfen von der gesamten Baufläche, die für einen Bau bestimmt ist, höchstens 10 bis 30 Prozent direkt verbaut werden. Die genauen Bestimmungen erlassen die örtlichen und die Bezirkssowjets, da man z. B. im Zentrum der Stadt Moskau mit dem Grund mehr sparen muß als in den Außenbezirken. Das Gesetz sieht ferner vor, daß der Bau von solchen Höfen, die von allen Seiten verbaut sind, verboten wird und alle Höfe eine freie Einfahrt auf die Straße haben müssen. Damit ist endgültig dem Bau von Mietskasernen alten Stils ein Riegel vorgeschoben. Der Anteil für allgemeine Nutzfläche des Baues beträgt 70 bis 80 Prozent, d. h. daß breite Stiegen, lichte Gänge usw. gebaut werden. Die Zimmer in den neuen Häusern sind licht und geräumig, etwa 20 bis 25 Quadratmeter groß. So niedrige Zimmer, wie sie in den Wiener Gemeindebauten üblich sind, haben wir hier nirgends gesehen.

In fast jedem neuen Haus sind Räume vorgesehen für Kindergärten, gemeinschaftliche Speisesäle, Klubs usw. In der Regel werden 10 Prozent der verbauten Fläche für kulturelle Zwecke verwendet.

Keines der Wiener Gemeindehäuser hat Zentralheizung, in *Moskau gibt es kein neues Haus ohne Zentralheizung.* Fast keine Wiener Gemeindewohnung hat ein eigenes Badezimmer; in Moskau haben – bis auf wenige Ausnahmen – alle neuen Wohnungen eigene Badezimmer, sehr viele auch Telefon.

Der stellvertretende Vorsitzende des Moskauer Sowjets, der im Winter 1931 Wien besuchte, erklärte über die Wiener Gemeindehäuser: „Es ist richtig, daß die Häuser von außen schön sind, aber kann man sich für sie begeistern, wenn man sie innen sieht? Badezimmer und Zentralheizung, das sind unserer Auffassung nach

---

[1] Vgl. Julia Köstenberger: *Kaderschmiede des Stalinismus. Die Internationale Leninschule in Moskau (1926–1938) und die österreichischen Leninschüler und Leninschülerinnen*, Wien: LIT 2016, S. 325.

die primitivsten Erfordernisse moderner Wohnkultur. Von beiden ist in den Wiener Gemeindebauten keine Spur".

In Moskau müssen nach den gesetzlichen Vorschriften 80 Prozent der Wohnungen in Neubauten an Arbeiter von der Werkbank (also nicht ehemalige Arbeiter) abgegeben werden. Durchschnittlich wohnen in den neuen Häusern 73 bis 75 Prozent Arbeiter. In Wien gibt es eine derartige Vorschrift begreiflicher Weise überhaupt nicht. Im „sozialistischen" Wien werden andere Maßstäbe angelegt, dort muß sich der Wohnungswerber für die Wohnung besonders eignen, ehe er beim Wohnungsamt Gnade findet. Obdachlose und Arbeitslose „eignen" sich nicht, das weiß man aus der Praxis und das konnte man auch aus den Worten des Stadtrates Weber entnehmen, der erklärte: „diese (beim Wohnungsamt Vorgemerkten, Anmerkung der Redaktion) werden in den Neubauten der Gemeinde untergebracht werden, soweit sie sich nach ihrer wirtschaftlichen und kulturellen Situation für diese Wohnungen eignen" (laut Bericht des „Amtlichen Wiener Anzeigers für Wohnungsaustausch und Untermiete" vom 11. April 1925).

Tatsächlich wohnen in der Arbeiterstadt Wien in den Gemeindehäusern bloß 27 Prozent Arbeiter. Der Rest Gewerbetreibende, Angehörige freier Berufe und ein größerer Prozentsatz Angestellte, vor allem der Gemeinde Wien, verschiedener Sozialversicherungsinstitute, der reformistischen Gewerkschaften und der sozialdemokratischen Partei und ihrer Peripherie-Organisationen.

30.2 Günter Hirschel-Protsch: Die Gemeindebauten der Stadt Wien

Erstveröffentlicht als Günter Hirschel-Protsch: Die Gemeindebauten der Stadt Wien, in: *Wasmuths Monatshefte für Baukunst und Städtebau*, 10. Jg., Nr. 9 (1926), S. 357–362.

Der Architekt, Bauhaus-Schüler und Innendesigner Günter Hirschel-Protsch (1902–1938) lobt in der renommierten deutschen Architekturzeitschrift uneingeschränkt die (Wohnbau-)Leistungen des Roten Wien, wobei er den Aspekt der Hygiene besonders hervorhebt (Waschräume, Freibäder, Krematorium). Bemerkenswert ist, dass seine euphorische Kritik im selben Heft wie Werner Hegemanns scharfe Ablehnung der Architektur des Roten Wien erschien. (Vgl. Kapitel 20) Hirschel-Protsch musste nach der Machtübernahme der Nationalsozialisten 1933 aus Deutschland emigrieren.

Es war mir vergönnt, im August 1925 den größten Teil der umfangreichen Gemeindebautätigkeit der Stadt Wien durch die Liebenswürdigkeit des Hochbauamtes näher kennen zu lernen. Ein Bericht in aller Kürze soll den Eindruck vermitteln, daß wir es in Wien mit einer für heutige europäische Verhältnisse unerreicht kultivierten und sozialfortschrittlichen Bautätigkeit allergrößten Umfanges zu tun haben. Schon die Zahlen, daß innerhalb von fünf Jahren 25000 bezugsfertige Wohnungen geschaffen werden (ungerechnet der unzähligen öffentlichen Bäderanlagen, Spitalneubauten, Kinderübernahmestellen usw.), klingt nach großzügig amerikanischem Unternehmergeist, der die Wirkung einer ungeheuren Wohnungsnot war. Photos und statistisches Material, das man mir freundlicherweise in Wien zur Verfügung gestellt hatte, geben nur eine schwache Vorstellung von der Großzügigkeit dieses Unterfangens.

Es dürfte interessieren, auf welche Weise die Wiener Gemeindeverwaltung ihre Bauten zu finanzieren imstande war. Ausschließlich aus der städtischen Wohnbausteuer wurden die Riesensummen aufgebracht. Es ist alles getan und von Bau zu Bau probeweise versucht worden, was in sozialhygienischer Hinsicht und großzügiger Rentabilität unternommen werden konnte. Das sozialdemokratische Parlament strebte danach, Wohnungsbaublöcke in ungeheurer Ausdehnung zu schaffen, die trotz der Riesenbevölkerungsziffer eine hygienische und ruhige Lebensweise bei geringstem Kraftverbrauch gewährleisten. Dies ist ihnen auch in vollem Umfange gelungen. Stadtvätern, Gemeindemitgliedern und Architekten seien diese Bauten als lehrhaftes Beispiel einer sachlichen, hygienischen und dabei künstlerischen Bauweise wärmstens zur genauen Besichtigung empfohlen. Es kann den Wienern als uneingeschränkter Fortschritt gebucht werden, daß sie die Ersten waren, die außer ihren sieben Gemeindearchitekten etwa 170 freie Künstler ihrer Heimatstadt beschäftigten und die doppelten Vorteile rechtzeitig erkannten, die in der lebendigen gegenseitigen Befruchtung und Erneuerung von städtischen und privaten Architekten neben der Beschäftigung einer großen Reihe heute wohl sonst brotloser Künstler gelegen ist, die durch dieses Bauen das Verständnis für soziale Fragen im Bauwesen ständig mit ihren Kollegen überprüfen und sich dadurch ungeahnte Wissensschätze erwerben können. Künstler von internationalen [sic] Ruf wetteifern mit den jungen aufstrebenden Talenten, die die Stadt zu fördern glücklich in der Lage ist. Über das künstlerische Niveau wird sich jeder am besten an Hand der Bilder ein Urteil bilden können. Nur sei noch vermerkt, dass auch der Wiener die Farbe im Straßenbilde zu Ehren gebracht hat, die den Häusern in ihrer räumlichen Ausdehnung einen besonders freundlichen Reiz zu geben vermochten.

[...]

30.3 Heinrich Peter: Der internationale Wohnungs- und Städtebaukongress 1926 in Wien

Erstveröffentlicht als H. Peter: Der internationale Wohnungs- und Städtebaukongress 1926 in Wien, in: *Schweizerische Zeitschrift für Wohnungswesen*, 2. Jg., Nr. 1 (1927), S. 7–9.

Der Schweizer Architekt Heinrich Peter (1893–1968) berichtet vom internationalen Wohnungs- und Städtebaukongress 1926 in Wien. Bei dem für die sozialdemokratische Stadt so prestigeträchtigen Kongress war sie unerwartet mit heftiger Kritik an ihrer Wohnbaupolitik konfrontiert. Wie Peter sprach sich die Mehrheit der Teilnehmer und Teilnehmerinnen gegen den in Wien favorisierten mehrgeschoßigen Wohnbau aus und plädierte stattdessen für das ‚Einfamilienhaus'. Peter spricht wörtlich von „Mietskasernen". Lob erhält hingegen die Organisation des Kongresses.

[...]

Den Höhepunkt des Kongresses bildete die glänzend organisierte Besichtigung der von der Stadt Wien erstellten kommunalen Wohnbauten.

Nachdem Wien von 1919–1923 bereits 7000 Wohnungen erstellt hatte, ohne dass die schwere Wohnungsnot hätte beseitigt werden können, fasste der Wiener Gemeinderat im September 1923 den Beschluss, innerhalb 5 Jahren 25,000 Volkswohnungen zu erstellen. Das Programm wurde mit beispielloser Energie an Hand genommen, so dass es vorzeitig schon Ende 1927 durchgeführt sein wird; bereits sind die Vorbereitungen für weitere 5000 Wohnungen getroffen. Diese Wiener Gemeindewohnungen sind, mit Ausnahme von 3500 Einfamilienhäusern in zum Teil ausgedehnten Siedelungen, alle in typischen „Mietskasernen" von gewaltiger Ausdehnung mit 4, 5 und 6 Geschossen, an einzelnen architektonisch gesteigerten Punkten auch mit 8 Geschossen untergebracht. Dabei weisen diese Wohnungen eher eine, für unsere Auffassung unglaublich kleine Grundfläche auf: sie bestehen zu ¾ aus Wohnküche, 1 Zimmer, Abort und Vorraum von zusammen 38 m², zu ¼ aus 2 Zimmern von zusammen 48 m²; die lichte Höhe beträgt dabei durchgehend 2,80 m. 3, 4 oder 5 solcher Kleinstwohnungen sind nun pro Geschoss angeordnet und auf ein Treppenhaus angewiesen. Es ist daher klar, dass sich aus dieser Bau- und Wohnform eine für uns ungewohnte Wohndichtigkeit ergibt, die vom Kongress mehrheitlich bestimmt abgelehnt wurde.

[...]

Gegenüber der am Kongress geäusserten neueren Auffassung, der Wohnungsbedarf Wiens hätte möglichst im Flachbau, am besten durch Gründung einer „Trabantenstadt" gedeckt werden sollen, machte die Stadtverwaltung und besonders Stadtbaudirektor Dr. Musil darauf aufmerksam, dass das für 25.000 Wohnungen notwendige Terrain nicht oder nur allzu entfernt zur Verfügung gestanden wäre, ausserdem hätten die Kosten der Aufschliessung, Kanalisation, neuen öffentlichen Gebäuden, neue Schnellbahn mit Brücke über die Donau, die Neubauten zu sehr belastet. Die Grösse der Wohnungsnot habe auch raschestes Handeln erfordert. So habe denn die Gemeinde auf alle die baureifen Grundstücke mit günstigen Verkehrsanschlüssen in den verschiedensten Stadtteilen gegriffen.

Mögen auch für Wien besondere Verhältnisse vorgelegen haben, die zur Erstellung von hauptsächlich Etagenhäusern führten, so kann man sich doch nicht von der Notwendigkeit der Steigerung dieses Prinzips bis zur Anlage von Baukomplexen so gewaltigen Umfangs, wie sie z. B. der Fuchsenfeldhof, der Reumannhof, der Metzleinstalerhof darstellen, überzeugen, die doch nur mit ganz kleinen Wohnungen angefüllt sind. Auch in Zürich hat man das Etagenhaus zur Bekämpfung der Wohnungsnot in grossem Umfange gepflegt. Im Gegensatz zu den privaten Hochbauten ging aber hier die Tendenz des kommunalen und genossenschaftlichen Etagenhausbaues mit Erfolg auf eine Verminderung der Geschosszahl und eine Auflockerung der Baublocke. Es ist nicht einzusehen, weshalb man nicht auch in Wien in vorbildlicher Weise Hochbau hätte treiben können, auch wenn die Wiener sich gewohnt waren, schlecht zu wohnen. Hier spielen offenbar noch politische Momente mit.

[...]

Einzigartig ist sodann auch die Finanzierung dieser Gemeindewohnungen und die Höhe ihrer Mietzinse. Ausgehend von der Ueberlegung, dass zur Erhaltung der Konkurrenzfähigkeit der Exportindustrie die Löhne im heutigen Oesterreich niedriger sein müssen als anderswo, kommt Wien zur Forderung, dass der Wohnungsaufwand möglichst herabgedrückt werden müsse, weil die Quoten für Lebensmittel, Kleidung, Vergnügen und Bildungsbestrebungen keine Verkürzung ohne Leistungsminderung vertragen. Deshalb wird der Mieterschutz in Oesterreich, der den Wohnungsanteil auf durchschnittlich 2 % des Lohnes herabsetzt, als wirtschaftliche Notwendigkeit betrachtet. Lässt man bei den Inhabern der alten Häuser eine Verzinsung ihrer angelegten Kapitalien nicht zu, so kann auch die Gemeinde keine Verzinsung verlangen. Wien baut daher nicht mit Geldern aus Anleihen, sondern aus den Erträgnissen einer Wohnbausteuer, welche auf sämtlichen Wohnungen und Geschäftslokalen erhoben wird, und weil diese Steuer nicht ausreicht, aus sonstigen Budgetkrediten, also noch aus anderen Steuerquellen.

[...]

Die private Wohnbautätigkeit ist in Wien infolge dieses Vorgehens der Gemeinde unmöglich geworden. Die Produktion und Verteilung der neuen Wohnungen liegt vollständig in der Hand der Gemeinde, die infolge ihrer politischen Einstellung aber nur für eine bestimmte Kategorie von Mietern sorgt. Diese Tatsache und besonders die Ausschaltung jeglicher privater Initiative sind Zeichen anormaler Verhältnisse. Das System wird dann auch in Wien selbst stark angefochten und begegnet bei aller Anerkennung der grossen Leistungen auch im Ausland scharfer Kritik. Es wird interessant sein, seine Entwicklung zu verfolgen.

30.4 Hermann Tobler: Lernschule oder helfende Schule?

Erstveröffentlicht als Hermann Tobler: Lernschule oder helfende Schule? Vortrag vor der Wiener Lehrerschaft am 4. Oktober 1923, in: *Schulreform*, 3. Jg., Nr. 1 (Jänner 1924), S. 1–5.

Der Schweizer Reformpädagoge Hermann Tobler (1872–1933) spricht in seiner Rede vor der Wiener Lehrerschaft die österreichische Schulreform an, die der erste Unterrichtsminister der Republik, Otto Glöckel, initiiert hatte und die den Abbau von Bildungsprivilegien sowie generell den Wechsel von der sogenannten Drill- zur Lern- und Arbeitsschule anstrebte. (Vgl. Kapitel 16) Nach dem Ausscheiden der sozialdemokratischen Partei aus der Bundesregierung im Jahr 1920 wurde diese als „Wiener Schulreform" weitergeführt. Treibende Kraft blieb Otto Glöckel, nunmehr in der Funktion als Präsident des Wiener Stadtschulrats.

Ich habe die österreichische Schulbewegung von Anfang an verfolgt und habe in den letzten Jahren auch mit den Ländern im Westen Fühlung aufgenommen, um zu erfahren, was dort angestrebt wird auf dem Gebiete der Schulreform. Überall ist eine Drängen nach vorwärts, überall viel guter Eifer und man kann sagen, daß die alte Schule – wenigstens innerlich – erledigt ist. Wenn man heute noch nicht überall zupackt, so kommt dies daher, daß dort die nötigen Mittel fehlen oder politische Schwierigkeiten vorhanden sind. Aber auch im Westen ist man bestrebt, aus dem Chaos der Kriegs- und Nachkriegszeit herauszukommen, um Ruhe zu finden für die nötige Reformarbeit. Durch den Krieg ist die Welt enger geworden, wir sind sachlicher und ehrlicher geworden. Wir kommen jetzt zusammen, um gemeinsame Arbeit zu leisten und nicht – wie vor dem Kriege – Feste zu feiern ohne Arbeit. Hier in Österreich sind Sie am weitesten und allgemeinsten vorgerückt auf den neuen Linien. Ich möchte hier auch persönlich der zielbewussten Leitung, den Führern der österreichischen Schulbewegung und allen Mitarbeitern den herzlichsten Dank aussprechen im Namen der pädagogischen Kreise, die außerhalb der österreichischen Grenzen wohnen. Nicht überall geht es so rasch und glatt vorwärts wie in Österreich, nicht überall werden Felsen, die noch aus der alten Zeit herüberragen und den Weg versperren wollen, so rasch und mutig gesprengt wie hier in Österreich. In den andern Staaten ist es z. B. unerhört, daß der Minister hinausgeht, um mit den Lehrern und Lehrerinnen im fernsten Orte zu reden und sie um ihre Schulreformwünsche zu fragen. Das habe ich nur in Österreich gefunden. Überall herrscht noch eine starke Bevormundung durch die Bürokratie, durch Juristen, Theologen und Journalisten. Hier in Österreich hat man zuerst erkannt, daß man die Bildung des Volkes in die Hand nehmen muß, um emporzukommen. Sie haben als erste die Elternschaft als eine ganz neue Kraftquelle entdeckt. Sie haben kleine Klassen – wir wissen dahinter steckt viel Elend –, aber es ist Tatsache, daß Sie diesen Umstand in glücklichster Weise ausgewertet haben. Auch Geldmittel haben Sie in der Stadt Wien. Alles das hat man in anderen Städten nicht und ich kann Ihnen versichern, daß die ganze pädagogische Welt, soweit sie mir bekannt ist, auf Österreich schaut. Das hat in aller Deutlichkeit der pädagogische Kongreß in Montreux im Sommer 1923 gezeigt, wo eine Abordnung Österreicher dort war. Dort ist Österreich kraft seiner Leistungen hervorgetreten wie kein anderes Land. Ich sage das nicht, um Ihnen zu schmeicheln, sondern als Tatsache. Wir wissen zwar auch, daß der Österreicher manchmal sehr skeptisch ist und vielleicht sind auch in dieser Versammlung einige von der Art. Dem Österreicher fehlte es – wenigstens in der früheren Zeit – sehr oft an dem Glauben an sich selbst; Fatalismus und Wurstigkeit waren ja altbekannte österreichische Eigenschaften. Nun ist Schwung und Tatkraft hier in Ihrem Land. Und ich möchte Sie aufmuntern, zu Ihren Führern zu stehen und die Schulreform, die Sie so glücklich begonnen haben, weiterzuführen; Sie dienen damit nicht bloß ihrem eigenen Volk, sondern der ganzen pädagogischen Welt. Denn Sie arbeiten mit Mitteln – ich denke da auch an Ihre neuen, schönen Schulbücher –, wie sie in der ganzen Welt nicht vorhanden sind. Sie haben die Volksschulreform durchgeführt und Sie besitzen die Bundeserziehungsanstalten! Österreich ist der einzige Staat, der solche Anstalten besitzt; kein Land ist so weit! Sorgen Sie dafür, daß wir außerhalb der Grenzen stets auf Sie als Vorbild schauen können! Enttäuschen Sie uns nicht, wir sind begeistert hinter Ihnen und nehmen Sie als Muster in vielen Beziehungen!

[...]

30.5 Solita Solano: Wien – Hauptstadt ohne Nation

Erstveröffentlicht als Solita Solano: Vienna – A Capital Without a Nation, in: *The National Geographic Magazine*, 43. Jg., Nr. 1 (Jänner 1923), S. 77–102. Übersetzt von Christina Pössel.

Die Reportage der Schriftstellerin und Journalistin Solita Solano (1875–1975), die in der Zwischenkriegszeit zur amerikanischen Boheme in Paris gehörte, berichtet über die dramatischen ökonomischen und sozialen Veränderungen in den ersten Friedensjahren in Wien. Zu den Orten, die sie aufsuchte, gehören die provisorischen, „wilden" Gärten oder die genossenschaftlich organisierten Siedlungen an der Peripherie, die unter hohem Einsatz der Siedler und Siedlerinnen errichtet wurden. Besonders aber geht der Autorin die soziale Lage des bürgerlichen Mittelstands nahe, der ihrer Beobachtung nach in seiner gesellschaftlichen Stellung ganz nach unten gesunken sei, währenddessen die Arbeiterschaft unter der sozialdemokratischen Regierung an seine Stelle gerückt sei.

Das bankrotte Wien hat nichts mehr außer seiner unvergleichlichen Lage an der Donau. Bis vor Kurzem war es eine der reichsten und buntesten Städte des Kontinents und das Zentrum des ältesten Kaiserreiches Europas, heute ist Wien die Hauptstadt von ein paar Bergen und Flüssen in einem kleinen Eckchen seiner vorherigen Herrschaftsgebiete. Die Auflösung eines immensen, vielsprachigen Kaiserreiches hat Österreich ruiniert und Wien zum Schuldner der ganzen Welt gemacht.

Am Rande dieser zusammengeschrumpften Kleinrepublik von sechs Millionen Zahlungsunfähigen sitzt Wien, hofft auf Rettung und lebt von Almosen. Und während es so wartet, ist seine Währung so sehr gefallen, dass ein amerikanischer Dollar nun viele Tausend österreichische Kronen wert ist.

Umgeben von Ländern, die mit Wien noch eine Rechnung offen haben und auf die es jetzt für alle seine Nahrungs- und Brennstoffbedürfnisse angewiesen ist, für die es nur mit wertloser Währung zahlen kann – das ist das Schicksal, das eine fast unvergleichliche nationale Armut über die hochkultivierten Einwohner eines berühmten Zentrums der Wissenschaft, Künste und Kultur gebracht hat.

[...]

Inmitten dieser prächtigen Umgebung hat ein wirtschaftlicher Umsturz die normale gesellschaftliche Ordnung über den Haufen geworfen und die Schicksale aller Klassen in der Bevölkerung verändert.

Der arbeitende Mann steht nun ganz oben und wird versorgt, so lange die Sozialdemokraten in der Lage sind, ihre Regierungsmaschine am Laufen zu halten.

Gleich darunter in der neuen wirtschaftlichen Rangfolge kommen der Adel und die anderen oberen Klassen, die vormals von ihrem „unverdienten Einkommen" lebten. Viele davon haben allerdings ihr Vermögen seit der Revolution aufgebraucht und leben nun in bitterer Armut.

Ganz unten steht die Mittelklasse, die wahre Tragödie Wiens. Diese Klasse, ein Viertel der Wiener Bevölkerung, darunter auch die Intelligenzia, der die Stadt in bedeutendem Maße ihre Größe verdankt, ist jetzt zu Bettlern geworden, ohne Hoffnung, und anscheinend zum Aussterben verdammt.

Die Not der Mittelklasse ist das Letzte, was der Reisende sieht. Ein oberflächlicher Beobachter könnte die Stadt sogar mit dem Eindruck verlassen, dass es den Wienern gut geht.

Nichts im Hoteldistrikt am Ring verrät ihm, dass er in einer Stadt ist, die nur von Hoffnung lebt.

Er kriegt üppiges, gutes Essen serviert, und in den Schaufenstern sieht er viel Luxuriöses, das er sich selber nicht leisten kann. Opernkarten kann er nur ergattern, wenn er einen Hotelportier dafür bezahlt, für ihn ab 7 Uhr morgens Schlange zu stehen.

[...]

Die Stadt ist von Kleingärten umgeben

Am Rande der Stadt trifft der Reisende auf merkwürdige kleine Gartenparzellen, jede umgeben von einem zusammengezimmerten Zaun und mit einer Holzhütte, die wie ein Spielhaus für Kinder aussieht. Frauen und Kinder jäten Unkraut und holen

Wasser. Für Wege verschwenden sie kein Stück Grund, sondern treten vorsichtig um die Pflanzen herum. Teppiche von rotem Mohn, der wegen seiner köstlichen Samen angebaut wird, leuchten hier und da auf den Hängen.

Der Reisende erfährt, dass diese Gartenhäuser kein Ende nehmen. Sie umgeben die Stadt wie ein ausgefranster Gürtel und sind das Resultat der Wohnungsnot, die Tausende von Familien dazu zwingt, auch bei Kälte in diesen Hütten zu leben, wo sie die Nahrungsversorgung der Stadt aufbessern, indem sie vor ihrer Haustür Gemüse anbauen.

Es sind Schrebergärten, dem berühmten Berliner Vorbild nachempfunden, und sie bewahren ihre Besitzer davor, jeden Tag nur Schwarzbrot und Nudeln zu essen zu haben.

Jede dieser Ansammlungen von Gärten hat in ihrer Mitte einen winzigen Delikatessenstand und einen Biergarten, in dem Männer, Frauen und Kinder sich nach einem harten Tag Gartenarbeit erfrischen.

[...]

Von der Regierung beschlagnahmte Wohnzimmer

Die Wohnungsnot ist die schlimmste in der Geschichte Wiens und ist trotz heroischer Bemühungen und Kontrolle durch die Stadtregierung noch nicht gelöst. Während des Krieges kam alle Bautätigkeit zum Erliegen, und die Überfüllung wurde durch Kriegsprofiteure noch verschlimmert, die aus den Provinzen in die Hauptstadt strömten, und danach durch Tausende zurückberufene österreichische Beamte.

Um Unruhen zu vermeiden, führte die Stadt die Zwangseinquartierung ein, die bis jetzt anhält. Jede Behausung, ob Palais oder Mietskaserne, steht auf der Liste des *Wohnungsamts*, das die Anzahl der Räume mit der Anzahl ihrer Bewohner vergleicht. Falls nach der Einschätzung des Amts noch Platz vorhanden ist, wird dieser beschlagnahmt.

Die Frau Baronin und die Frau eines Arbeiters sind somit gleichermaßen gezwungen, Untermieter aufzunehmen. Keiner darf ein zusätzliches Zimmer haben, während Tausende obdachlos sind und in Baracken, Parks und Güterwaggons schlafen; noch darf man ein Haus in der Stadt und ein zweites auf dem Land haben. Man muss eines aufgeben und im anderen Untermieter aufnehmen.

Eine adelige Familie glaubte nicht, dass das Wohnungsamt Ernst machen würde. Eines Tages kehrte sie in die Stadt zurück und musste feststellen, dass ihr Hausrat auf Wagen davongebracht worden war und ihr Haus nun von Arbeitern bewohnt wird.

Für Häuser mit Stunden statt mit Geld bezahlen

Die Einquartierungsbestimmungen und das Gesetz gegen Mieterhöhungen, das zu Beginn des Krieges in Wien erlassen wurde, mögen die Stadt vor Unruhen bewahrt haben, aber die Vermieter haben sie ruiniert. Deren Mieteinkommen ist nur noch ein paar Cent wert (gerechnet am aktuellen Wert der Krone), während das Einkommen ihrer Mieter um ein Vielfaches gestiegen ist.

Viele Häuser sind daher in schlechtem Zustand, und die Vermieter können sich die Instandsetzung nicht leisten. Manchmal müssen die Mieter zusammenlegen, um jemanden zu bezahlen, der das undichte Dach repariert. Wenn Vermieter ihre Immobilien verkaufen wollen, müssen sie 55 Prozent des Verkaufspreises an die Stadt abführen.

Ein Resultat der Wohnungsnot ist die durch amerikanische und englische Gelder finanzierte Siedlungsgenossenschaftsbewegung, der in ganz Österreich 700.000 Obdachlose aus der Mittel- und Unterschicht angehören. Die Siedler errichten Gartenstädte in kooperativer Arbeit, während sie ihren Unterhalt teils dadurch bestreiten, dass sie Schweine und Hühner halten und Gemüse anbauen. Innerhalb von drei Jahren müssen sie 1.500 bis 2.000 Arbeitsstunden an die Siedlungsgenossenschaft „zahlen".

Daher arbeiten Tausende Frauen und Kinder durchgehend in verschiedenen Siedlungen am Rande Wiens und verdienen sich damit ihre zukünftige Behausung: Sie brennen Ziegel, heben Fundamente aus, sieben Sand und rühren Mörtel an. Am Samstag und Sonntag stoßen die Männer dazu und arbeiten von der Morgendämmerung bis zur Dunkelheit. Die erste dieser Siedlungen, genannt „Friedensstadt", wurde von Kriegsgeschädigten auf einem Teil des ehemaligen kaiserlichen Jagdreviers nahe dem Schloss Schönbrunn gegründet.

Die Mauern des Parks wurden abgerissen, um als Baumaterial für die ersten Häuser zu dienen. Diese Ziegel, jeder mit dem Stempel des Doppeladlers der Habsburger versehen, bieten jetzt den menschlichen Wracks Zuflucht, die vergebens für den Erhalt des großen Kaiserreichs gekämpft hatten.

Die Invaliden und ihre Familien graben mit ihren Händen Steine und Baumstümpfe aus und sind auch damit beschäftigt, eine Kirche und eine Schule zu erbauen, die die Herzstücke ihres Gemeinschaftslebens sein werden. Bald werden 2.000 Häuser dort stehen, wo davor der Kaiser sein Jagdschloss hatte.

Diese Siedlungen lindern zwar die schwierige Lage von ein paar Tausend Familien, aber das wichtigste Problem der Stadt ist weiterhin ungelöst. Die halbe Million an Verhungernden aus der Mittelklasse – der Klasse, die Wien für seine Universität, seine Kliniken, seine Musik und Kunst berühmt gemacht hatte – sind von den Lebenshaltungskosten, deren Entwicklungskurve für das Jahr 1922 einem österreichischen Berg ähnelt, an den Rand des Ruins getrieben.

Die hauptstädtische Wiener Mittelklasse versammelt eine sehr große Vielfalt an Berufen: Zu ihr gehören Feldmarschalle, Juristen, Ärzte, Universitätsprofessoren,

Admirale, Beamte, Künstler, Forscher, Kontoristen, Lehrer, Amtsleute und viele andere, die von einem fixen Einkommen – einem Gehalt, einer Pension oder von Mieten – leben müssen.
[...]

30.6 J. Alexander Mahan: Dunkle Stunden und der Anbruch der Gegenwart

Erstveröffentlicht als Dark Hours and the Dawn of Today, in: J. Alexander Mahan: *Vienna of Yesterday and Today*, Wien: Vienna Times 1928, S. 37–61. Übersetzt von Christina Pössel.

In seinem Reisebericht rückt J. Alexander Mahan (1869–1951) die Stadt der Gegenwart, der 1920er Jahre, ganz ins Zentrum des Interesses. Mit leicht ironischem Unterton hinsichtlich des Anspruchs des Roten Wien auf eine umfassende Fürsorge für die Bevölkerung („von der Geburt bis zum Tod") würdigt er die Leistungen der neuen sozialdemokratischen Stadtregierung und hält ihr zugute, eine Radikalisierung nach sowjetischem Modell verhindert zu haben. An späterer Stelle diskutiert er die Folgen der sozialdemokratischen Politik auf unterschiedliche soziale Gruppen in der Stadt. Bemerkenswert sind die beiden, einander gegenübergestellten Porträts – das eines glücklichen Gemeindebaumieters und das eines durch Mieterschutz und Inflation verarmten Hausbesitzers. Der Text hatte erheblichen Einfluss auf das US-amerikanische Interesse am Roten Wien. Spätere Darstellungen haben sich auf Mahans Reiseführer berufen oder fallweise ganze Passagen wörtlich übernommen.

[...]
Wien ist so einflussreich in den Vertretungskörpern der Republik Österreich, dass es seine Angelegenheiten großteils selbst regeln und manchmal sogar bis zu einem gewissen Maße dem Rest der Republik Vorschriften machen kann. Mehr als die Hälfte der finanziellen Mittel und ein noch größerer Teil der klugen Köpfe des Landes kommen aus Wien. Für die Christlichsoziale Partei[2], die allerdings ganz und gar keine sozialistische Partei ist, ist es schwer, irgendeine Maßnahme durch die gesetzgebenden Instanzen des Landes zu bringen, ohne sie so weit zu modifizieren, dass sie den Wiener Sozialdemokraten genehm sind. Noch dazu muss sich die Gemeinde nicht vor dem Völkerbund rechtfertigen und kann deshalb ihren Etat und ihre Steuern so einrichten, wie sie mag. Dies ist insofern ein Glück, als die Stadt dadurch der Welt ungehindert zeigen kann, wie man eine Großstadt sozialistisch regieren kann. Der flüchtige Besucher, der nur die Kunstsammlungen, Straßen, Palais, Kathedralen und Unterhaltungsangebote besichtigt, verpasst eine der interes-

---

2 Im englischen Original: „Christian Socialist Party".

santesten Attraktionen der Welt: eine Stadtregierung, die nach rein sozialistischen Prinzipien von kompetenten Männern geführt wird.

Sozialistische Gesetze versorgen den Einwohner von vor seiner Geburt bis zu seiner Einäscherung oder seinem Begräbnis. Sie kümmern sich um seine Gesundheit, regulieren Löhne und Arbeit, machen Vorschläge hinsichtlich seiner Ehe und Scheidung, beschaffen ihm eine Unterkunft, sorgen für seine Pflege im Krankheitsfall, geben ihm sein Bad und tun noch viel mehr, als man aufzuzählen im Stande ist. All das geschieht am neuesten Stand der Wissenschaft, natürlich im Verhältnis zu den finanziellen Mitteln der Stadt.

Die erklärte Absicht der Gemeinde ist es, diejenigen, die im Luxus schwelgen, für die Sanitärversorgung und die anderen Bedürfnisse derer bezahlen zu lassen, die sich diese ohne Hilfe nicht selbst leisten können. Hier soll kein Urteil darüber gesprochen werden, ob diese Maßnahmen gerecht oder ratsam sind; aber vorausgesetzt, dass ihre Resultate wünschenswert sind, kann man doch sagen, dass es nicht besser gemacht werden könnte. Von allen sozialistischen Maßnahmen wird die Wohnungspolitik am meisten kritisiert und verdammt, aber diese wird gründlich in einem anderen Kapitel erörtert werden.

Die Besteuerung derer, die in Luxus leben, aber auch der Industrie, ist hoch, vielleicht zu hoch. Solcher Kritik wird erwidert, dass es sich um eine Ausnahmesituation handelt, was niemand leugnen kann. Die Aktien wurden in Wien kurz nach dem Krieg sicherlich sehr niedrig notiert. Die Sozialdemokraten haben es zumindest geschafft, die Bevölkerung zusammen- und am Leben zu halten und wohl auch das Land davor bewahrt, in den roten Bolschewismus abzugleiten. Im Moment sind die Schulden der Stadt sehr klein, und es befindet sich sogar ein kleiner Überschuss in der Kasse. Die Inflation hat die vor dem Krieg gemachten Schulden dahinschmelzen lassen, der Radikalismus den Zugang zu den großen Geldquellen der Welt verschlossen, und hohe Steuern liefern die finanziellen Mittel.

Komplexe Regelungen schränken die Kündbarkeit von Arbeitnehmern ein, was den Arbeitgebern Anlass zur Beschwerde ist. Mehr als 50.000 Menschen arbeiten für die Stadt, aber keiner, der die Lebenshaltungskosten kennt, wird ihre Löhne und Gehälter als zu hoch ansehen. Die Straßenbahnschaffner verdienen weniger als 10 Dollar die Woche, Elektriker kaum mehr. Die Löhne der einfachen Arbeiter sind sehr viel niedriger. Diese Beispiele vermitteln eine angemessene Vorstellung der vorherrschenden Lohnskala.

Die Sozialdemokraten sind anti-katholisch, und die Wiener Bevölkerung ist katholisch – außer am Wahltag. Hin und wieder fühlt sich die Stadtregierung bemüßigt zu beweisen, dass sie in weltlichen Dingen tun und lassen kann, was sie will. Sie hat ein großes, modernes Krematorium gebaut – die katholische Kirche aber toleriert Einäscherungen nicht und ging vor Gericht, als das Krematorium seinen Betrieb aufnehmen wollte. Die Katholiken erlauben keine Ehescheidung, also hat die Stadt ein Scheidungsgesetz gemacht und ein paar Scheidungen durchgedrückt. Das hat zu einigen peinlichen Gerichtsverfahren geführt, die noch nicht endgültig entschieden sind.

30.7 Louis H. Pink: Wien übertrifft alles

Erstveröffentlicht als Vienna Excels, in: Louis H. Pink: *The New Day in Housing*, New York: The John Day Company 1928, S. 58–66. Übersetzt von Christina Pössel.

Der Text zählt zu den frühen akademischen Auseinandersetzungen mit dem Roten Wien und insbesondere seiner Wohnungspolitik in den USA. Louis H. Pink (1888–1952), Sozialpädagoge und Experte für Wohnungsfragen in New York, diskutiert verschiedene Beispiele kommunaler Wohnungspolitik in europäischen Großstädten (u. a. London, Amsterdam, Köln, Frankfurt). Er erklärt ausführlich die spezifischen ökonomischen und sozialen Voraussetzungen der Wiener Wohnungspolitik, hält sie aber aufgrund der Finanzierung durch Steuern für kein Modell für andere Großstädte. Diese würde selbst US-amerikanischen Arbeitern und Arbeiterinnen zu weit gehen, so seine Argumentation.

[...]
Wien ist dabei, die besten Arbeiterwohnungen der Welt zu errichten, und es ist die einzige Stadt, die keine Rendite auf ihre Investitionen verlangt! Mieten sind nominell: die Mieter zahlen nur für den Erhalt des Hauses. In anderen Städten verschlingt die Miete zwischen einem Viertel und einem Drittel des Haushaltseinkommens, in Wien nur zwei Prozent. Eine Wohnung kostet zwischen $ 1.05 und $ 2 im Monat, je nach Lage und Größe. Ein Einfamilienhäuschen in einer Gartensiedlung kostet ungefähr dasselbe. In den Vereinigten Staaten wäre so eine Finanzpolitik undenkbar. Von der Miete befreites Wohnen gibt es hier nicht, widerspräche jeglicher Tradition und würde von unseren Arbeitern abgelehnt, obwohl niemand etwas dagegen sagt, dass die Stadt für jedes Fünf-Cent-Stück, das ein Passagier der New Yorker U-Bahn für seine Fahrt bezahlt, noch zwei Cent drauflegt.
[...]
Was diese Wiener Arbeiterwohnungen so besonders macht, sind ihre Freundlichkeit, ihre schöne Architektur, ihre weiten Höfe, Balkone, Spielplätze, Kindergärten und Krippen, Wäschereien, Sporthallen, ihre Springbrunnen, Blumen und Statuen. All dies zusammen macht aus einer Behausung, in der man seine Existenz fristen kann, ein wahres Zuhause. Wien erschafft für seine Arbeiter eine Atmosphäre der Kultur und des Glücks – und führt dabei, mithilfe von Schubert und Strausswalzern, die Welt darin an.
Ganz im Sinne der Theorie des Stadtrats Franz Siegel, die sich in Zentraleuropa gerade großer Beliebtheit erfreut, dass „nur in einem gesunden Körper [...] auch ein gesunder Geist wohnen [kann]", hat die Stadt das *Amalienbad* erbaut, eines der

größten öffentlichen Bäder Europas und ganz bestimmt das schönste. Neben einem großen Schwimmbecken mit Sprungbrettern gibt es auch verschiedene kleinere Becken und Bäder, in denen alle nur erdenklichen Therapien angeboten werden: elektrische und Hitzebehandlungen, Massage und Gymnastik, medizinische und Radiumtherapien. Für eine Dusche zahlt man drei bis vier Cent, für Benutzung des Beckens 16; bei Besuch der medizinischen Bäder steigt der Preis bis zu 40 oder 50 Cent. Wände und Böden sind mit wunderschönen bunten Fliesen bedeckt. Der gute Franz Joseph würde sich im Grabe umdrehen, wenn er die sozialistischen Gewerbetreibenden, Mechaniker und Arbeiter Wiens sehen könnte, wie sie den Luxus eines Thermalbads genießen, von dem die Habsburger in der Hofburg nur hätten träumen können.

[...]

Wie finanziert Wien sein ehrgeiziges Bauprogramm? Am Anfang wurden Kredite aufgenommen, aber inzwischen werden keine neuen Schulden mehr gemacht. Es gibt eine spezielle Wohnbausteuer, aber die allein reicht nicht aus. Der Rest kommt aus den generellen Steuereinnahmen.

Wiens Beitrag zum weltweiten Wohnbau ist tatsächlich bedeutend. Seine Finanzierungsstrategie ist für London oder Amsterdam, New York oder Chicago kein Vorbild. Aber die bloße Existenz einer so bedrohten Großstadt, in der hohe Arbeitslosigkeit herrscht und alles Privatkapital vom Krieg vernichtet wurde und die sich es trotzdem zur Aufgabe gemacht hat, nicht nur Unterkünfte für seine Arbeiter zu schaffen, sondern ihnen die bestmöglichen Wohnungen zu bauen – das allein beschämt die reichen und mächtigen Städte der Welt, in denen viel versprochen, aber nichts gebaut wurde.

30.8 Anonym: Nochmal Europa. Wien: Die Morgendämmerung

Erstveröffentlicht als Europe Revisited. III. – Vienna: The Dawn, in: *The Spectator*, 5. Oktober 1929, S. 430–432, Übersetzt von Christina Pössel.

Die in der traditionsreichen, den Konservativen nahestehenden englischen Zeitschrift veröffentlichte Reportage, Teil einer Serie über Mitteleuropa, beschreibt das Rote Wien als leuchtendes Vorbild für eine in England dringend notwendige Reform der Wohnungspolitik für die Arbeiterklasse. Bewunderung zeigt der Text für die detailreiche und liebevolle Gestaltung der Wohnanlagen, Kindergärten oder Gemeinschaftsräume. Bemerkenswert ist die Feststellung, dass den sozialen Einrichtungen des Roten Wien den Erwartungen entgegen kein „Institutionalismus" anhaftet, sondern etwa in den Kindergärten auf Individualität geachtet wird. Zudem wird die Professionalität der Stadtverwaltung bei der Betreuung internationaler Gäste hervorgehoben.

[...]

Im Folgenden wende ich mich einem der Wunder des heutigen Europa zu – der Art und Weise, wie Wien das Slumproblem angeht – und ich werde versuchen, anhand eines Minimums an Statistiken den Lesern des *Spectator* einige der Wunder der Sozialreform nahezubringen, die ich gesehen habe, als ich über mehrere Tage hinweg durch die neuen Arbeiterwohnungen, Kindergärten, Wohlfahrtszentren, öffentlichen Bäder und Kinderbäder wanderte.

Ein Besuch im heutigen Österreich ist sowohl eine schmerzhafte als auch eine anregende Erfahrung. Schmerzhaft, weil man vor sich einen Mikrokosmos des Leidens sieht, das Krieg und Chauvinismus verursacht haben, und anregend, da man an Wien sehen kann, was eine Großstadt, die in den letzten Jahren viel Not erlitten hat, selbst im Angesicht größter Probleme erreichen kann. Wenn Wien nach all dem, was es durchgemacht hat, jetzt in Selbstmitleid versinken, stillsitzen und kläglich nach Hilfe rufen würde, hätten wir Verständnis für die Stadt in ihrer elenden Mutlosigkeit. Aber die Realität ist ganz anders. Ich frage mich, ob die Visionäre, die so viel für die Stadt getan und sie zu einer Pilgerstätte für Sozialarbeiter und Studenten beider Hemisphären gemacht haben, die Gefühle eines Engländers verstehen können, der für einige Zeit unter ihnen geweilt hat? Die stärkste Emotion, die ich mit nach Hause genommen habe, ist Scham – Scham für mein Land und für unsere nationale Lethargie. Unser Land, eines der zwei reichsten der Welt und von vielen Staaten Europas beneidet, war in den letzten Jahren damit zufrieden, praktisch gar nichts zu tun, um die Slumfrage zu lösen, die eine Bedrohung darstellt für die Vitalität unseres Volkes.

[...]

Bei meiner ersten Besichtigung einiger der neuen Wiener Arbeiterwohnhäuser begleitete mich ein junger Mann von der Universität, ein Wohnungsbauenthusiast, den das Büro des Bürgermeisters geschickt hatte, um mich herumzuführen. Weitere Besuche machte ich ohne Eskorte. Jene Engländer, die bei Arbeiterwohnungen an hässliche und wenig einladende Behausungen denken, sollten nach Wien kommen, wo sie charmante und von den führenden Architekten der Gegenwart entworfene sechsstöckige Gebäude vorfinden werden, die eine Zierde für jede Stadt wären. Die großen Wohnhäuser der Arbeiterwohnungen gleichen einander sehr, insofern werde ich hier zum Zweck der Beschreibung den 1925 erbauten Reumannhof mit 400 Wohnungen und ungefähr 1.400 Bewohnern als Beispiel nehmen. Der große, sechsgeschoßige Bau umschließt auf drei Seiten einen großzügigen, gepflasterten Innenhof mit Rasenflächen, Blumenbeeten und einem großen Wasserbecken, in dem sich die Blumen spiegelten. Überall gab es Blumenkisten und Balkone, und ich ging mit einer Vision von Farbe wieder fort. Die Pergola im Innenhof war strahlend grün und blau gestrichen. Der Springbrunnen, den viele dieser Häuser haben, ist ein sogenanntes „Plansch-Becken", in dessen seichtem Wasser die Kinder bei Hitze nackt herumspielen, um sich abzukühlen. Mein Begleiter führte mich eine Terrasse mit einem makellosen Mosaikboden entlang, vorbei an den Petunienkisten zum Kindergarten des Wohnblocks. Alle diese modernen Wohnungsbauten haben einen Kindergarten. Ich fand mich in einer magischen Welt von weiß und blau gekachelten Korridoren und heiteren, farbenfrohen Räumen wieder. An der Schwelle dieses Sanctums musste ich Überschuhe anziehen, wie sie Touristen in der Hagia Sophia in Istanbul oder in einer anderen Moschee tragen müssen. Die Kinder waren zwischen drei und sechs Jahren alt, und jedes hatte seinen eigenen Haken mit einem Bild statt einer Nummer, und dieses Bild begleitet das Kind während seiner gesamten Kindergartenzeit. Die Bilder zeigen einfache Dinge: einen Vogel, ein Tier, einen Baum, eine Uhr oder einen anderen vertrauten Gegenstand. Dasselbe Bild ist auf allem, was dem Kind gehört. Es ist in rot auf seinen Kleidersack gestickt, in dem die Kleider aufbewahrt werden, in denen das Kind am Morgen gekommen ist, und auf seinen Spielkittel; selbst auf seinem Trinkglas ist es in Ölfarben gemalt. Der Kindergarten war der einladendste Ort, an dem ich jemals war; fast wünschte ich mir, ein Kind aus einem Wiener Arbeiterviertel zu sein. Selbst der Kanarienvogel war besonders fröhlich – wahrscheinlich der fröhlichste Kanarienvogel, dem ich je begegnet bin – und kein Wunder, denn seine Käfigtür stand offen, und er flog herum, wie und wohin er wollte. Seine Käfigtür wird nie geschlossen. Die Kinder tranken ihren Morgenkakao aus hübschen blau-violetten Bechern, während sie an kleinen weißen Tischen in einem blitzsauberen Raum saßen, und auch die Kinder selber waren blitzsauber. Ich habe noch nie so saubere Kinder gesehen, und nie welche, die glücklicher aussahen. In einer Ecke befand sich ein abgetrenntes Areal, in dem die Spielsachen aufbewahrt wurden. Die Wände waren mit lustigen, bunten Szenen aus Kinderbüchern bemalt. Als ich fragte, welche Kinder sich hier aufhalten würden, sagte die intelligente Kindergartenleiterin, dass dies „die Kinder der Ärmsten" seien, die den ärmsten Kindern unserer Slums entsprechen. Der Aufenthalt erinnerte mich an Besuche in glücklichen Kinderzimmern wohlhabender Eltern in den englischen Landhäusern. Ich hatte die Atmosphäre einer Anstalt erwartet, aber diese war auffällig abwesend.

Dann wurde ich zu den Einrichtungen für die Erwachsenen weitergereicht, immer im selben Gebäude. Darunter befanden sich eine Gesundheitsberatung für Mütter, eine Arbeiterbücherei, Dampfwäscherei und Badewannen. Als Nächstes ging ich in die kommunale Waschküche, einen großen Raum, in dem 50 Frauen gleichzeitig waschen können, ausgestattet mit allen erdenklichen Dampf- und Elektrogeräten für das Waschen, Bügeln und Trocknen von Kleidung. Jede Frau hat einen nummerierten Behälter, in den sie ihre fertige Wäsche hängt, und nach zwanzig Minuten ist diese trocken. Das Ganze erinnerte mich an die Spinde in den Umkleidekabinen moderner amerikanischer Golfklubs, da die Behälter ganz aus Metall bestehen, aber sie sind größer, kommen aus der Wand und sind mit einem Wäscheständer oder einer Stange ausgestattet, auf der die Kleidung aufgehängt wird. Dann wird die ganze Vorrichtung wieder in die Wand geschoben, und kein einziges weißes Wäschestück ist mehr zu sehen. In den modernsten, innerhalb der letzten zwei

Jahre erbauten Gebäuden sind die Waschküchen jetzt in Kabinen aufgeteilt, damit niemand böse Vergleiche über die schlechte oder gar zu gute Qualität der Nachbarswäsche anstellen kann. So ist die menschliche Natur, selbst in einem utopischen Wiener Arbeiterwohnhaus.

[...]

30.9 Edward L. Schaub: Wiens sozialistisches Wohnbauexperiment

Erstveröffentlicht als Edward L. Schaub: Vienna's Socialistic Housing Experiment, in: *Social Service Review*, 4. Jg., Nr. 4 (Dezember 1930), S. 575–586. Übersetzt von Christina Pössel.

Der Text des Soziologen Edward L. Schaub fokussiert (Stichwort „Experiment") auf die Frage, warum in Wien der mehrgeschoßige Wohnbau anstelle von „Gartenstädten" favorisiert wird. Besucher und Besucherinnen aus den USA oder England, so Schaub wörtlich, könnten zunächst eine herbe Enttäuschung erleben. Schaub begründet ausführlich das Wiener Modell: So gebe es nicht genügend Bauland, und die Infrastrukturkosten für Siedlungsanlagen am Stadtrand seien zu hoch. Dem folgt eine Würdigung der Gemeindebauten. Die relative Kleinheit der Wohnungen (ein häufig geäußerter Einwand) rechtfertigt Schaub mit der großzügigen öffentlichen Infrastruktur. Zudem erläutert er ausführlich das Finanzierungsmodell (Wohnbausteuer) und lässt offen, wieweit sich das „Experiment" in der Zukunft behaupten werde.

[...]
Dadurch dass die Sozialdemokraten im Mai 1919 die politische Kontrolle über Wien übernahmen, sahen sie sich bald mit den Wohnbedingungen in der Stadt als dem vordringlichsten Problem konfrontiert. Hierin, so schien es, lagen der entscheidende Praxistest ihrer Theorien und die größte Herausforderung für die Visionen und planerischen Fähigkeiten ihrer Führung. Es war offensichtlich, dass innovative Maßnahmen gefordert waren und die Stadt vor der Notwendigkeit stand, sich in großem Umfang mit dem Bau und der Verwaltung von Wohnungen für ihre Mitarbeiter und für die Arbeiterklasse im Allgemeinen auseinanderzusetzen. [...]
Der Eindruck, den die Gebäude als Ganzes auf Besucher machen, ist sehr unterschiedlich und hängt davon ab, mit welchen Erwartungen sie zu deren Begutachtung kommen. Die, die mit Gartenstädten und den gehobeneren Vorstadtsiedlungen in Amerika und England vertraut sind, mögen beim Anblick des in Wien Gebauten zuerst einen Schock der Enttäuschung empfinden. Aber dieser wird wahrscheinlich schnell einem Gefühl der freudigen Überraschung und ehrlichen Bewunderung Platz machen, sobald der Besucher versteht, unter welchen Bedingungen Wien diese Resultate vollbracht hat. Für Wien kamen großflächige Projekte wie Gartenstädte sowohl aus Kostengründen als auch aufgrund fehlender Verkehrsanbindungen

nicht infrage. Satellitenstädte, von größeren Freiflächen umgeben und mit ihrer eigenen Industrie, konnten nicht in Betracht gezogen werden, weil die bereits bestehenden Industrieanlagen den Bedarf des stark geschrumpften Staates und seiner begrenzten Exportmöglichkeiten bei Weitem überstiegen; weder die finanziellen Bedingungen noch die wirtschaftlichen Aussichten ließen den Gedanken an die Gründung neuer Industrien oder die Verlagerung bereits etablierter Betriebe an neue Standorte zu. Eine ausgedehnte Siedlungsgemeinschaft innerhalb des Wiener Stadtgebiets war aus verschiedenen Gründen nicht möglich. Weder besaß die Stadt ein genügend großes und geeignetes Areal, noch konnte ein solches zu einem erschwinglichen Preis erstanden werden; die Stadt besaß keine rechtliche Handhabe, um Grundstücke für den Wohnungsbau zu enteignen; die Kosten der Erweiterung der Wasserversorgung und Kanalisation, der Gas- und Stromleitungen und Verkehrsinfrastruktur wären nicht zu tragen gewesen; neue Schulgebäude, Feuerwehrwachen etc. hätten weitere finanzielle Belastungen bedeutet. Die einzig praktikable Lösung war somit, unbebaute Grundstücke in den verschiedenen verstreuten und schon recht dicht bebauten Stadtbezirken zu nutzen. Trotzdem war die Sicherstellung geeigneter Grundstücke eines der größten Probleme des Vorhabens. Denn im Jahr 1919 besaß die Stadt nur wenig freien Baugrund, und von dem war ein großer Teil schon für Schulen und andere öffentliche Gebäude bestimmt. Während des Krieges waren zudem viele unbebaute Flächen zu Gemüsegärten umfunktioniert worden, und unter den gegebenen wirtschaftlichen Umständen war es schwer zu erreichen, dass diese Nahrungsquellen aufgegeben wurden. Und weil Wien keine ausreichenden Enteignungsbefugnisse zum Zweck des Wohnungsbaus hatte, neigten die Besitzer von freiem und geeignetem Baugrund dazu, exorbitante Summen, wenn nicht gar Fantasiepreise für ihr Land zu verlangen. Aber all diese Hindernisse wurden beiseite geräumt. Es wurden Grundstücke in der Nähe von Fabriken oder mit Verkehrsanbindung gefunden, teilweise auch in der Nähe von öffentlichen Märkten und Bädern, an Orten, die schon mit der nötigen öffentlichen Infrastruktur ausgestattet waren. Dort errichtete die Stadt durch ihre eigenen Dienststellen einzelne Gebäude oder ganze Gruppen von Wohnhäusern. Deren Größe liegt im Moment zwischen dem kleinsten schon errichteten Bau, in dem 16 Familien leben, bis zum größten mit 1.600 Haushalten.

[...]

Durch Entlastungsmaßnahmen bei den Mieten konnte die Gemeinde den Mietern eine hohe Steuer auferlegen und so einen immensen Geldbetrag für ihr Bauprogramm zusammentragen. Diese Wohnbausteuer betrug durchschnittlich ein Achtel der Vorkriegsmiete. Die Steuer wurde allerdings gestaffelt erhoben, so dass die Bewohner der 500.000 billigsten Wohnungen, die 82 Prozent der Besteuerten ausmachten, nur 22 Prozent der Gesamtsumme beitrugen, während die 3.400 teuersten, die nur ein halbes Prozent der abgabenpflichtigen Wohnungen ausmachen, 45 Prozent zahlten. Kurz gesagt: Die Wiener Vermieter der früheren Jahre wurden um fast ihr gesamtes Mieteinkommen gebracht, obwohl Rücklagen für die Durchführung notwendiger Reparaturen gebildet wurden; im Gegenzug erhielten sie nichts außer der Erkenntnis, dass ihre Liegenschaften, auch wenn die Mietgesetze irgendwann aufgehoben werden sollten, mit einer immensen Anzahl von neuen, von der Gemeinde gebauten Häusern konkurrieren müssen, deren Kosten durch Steuern schon abgedeckt waren und deshalb keine Zinserträge mehr erzielen mussten. Die Mieter aber zahlten für Miete und Wohnbausteuer zusammen nur einen kleinen Bruchteil von dem, was sie vor dem Krieg allein für die Miete aufbringen mussten. Die Stadt lukrierte einen großen Betrag, der für den Wohnungsbau eingesetzt wird.

[...]

Am erstaunlichsten ist die Art und Weise, wie die Stadt Wien durch kommunale Maßnahmen aufwiegen konnte, was Privatkapital unter den gegebenen Bedingungen nicht zu leisten vermochte. Ohne auf Kredite zurückzugreifen – oder seine Zukunft zu verpfänden –, holte Wien seine Arbeiter aus überfüllten und unhygienischen Behausungen und ließ sie stattdessen in lebenswerte, sogar attraktive Wohnungen einziehen. Weitere Baumaßnahmen werden nötig werden, wenn die alten Häuser ersetzt werden müssen, und solange die wirtschaftliche Lage es notwendig macht, für das Überleben der Industrie die Löhne niedrig zu halten, wird diese Aufgabe der Stadt zufallen. Daraus schließen die Sozialdemokraten, dass der Bau von gesunden und zufriedenstellenden Wohnungen für die breite Masse der Wiener Bevölkerung eine ständige Aufgabe der Gemeinde bleiben wird. Es überrascht nicht, dass sowohl die gesetzliche Regelung der Mieten als auch die Wohnpolitik zu den Hauptstreitpunkten der Gemeindepolitik geworden sind. Bei jeder Wahl in der Stadt stehen sie im Zentrum des Interesses und dominieren die Zeitungsschlagzeilen. Die jüngsten Umwälzungen in der allgemeinen politischen Situation könnten allerdings bald eine ganz andere Fortsetzung zu obiger Geschichte zur Folge haben.

30.10 Charles O. Hardy: Das Wohnbauprogramm der Stadt Wien

Erstveröffentlicht als Introduction, in: Charles O. Hardy: *The Housing Program of the City of Vienna*, Washington, D. C.: The Brookings Institution 1934, S. 1–4. Übersetzt von Christina Pössel.

Der Bericht des Ökonomen Charles O. Hardy (1884–1948) über das Wiener Wohnbauprogramm war die erste internationale Monografie zum Thema, die knapp nach dem gewaltsamen Ende des Roten Wien erschien, woran der Autor schon im ersten Satz erinnert. Hardy wurde durch den bekannten deutschen Ökonomen und Demografen Robert René Kuczynski (1876–1947) auf das Thema aufmerksam gemacht. Dessen geplante Mitarbeit kam nicht mehr zustande, da Kuczynski 1933 aus NS-Deutschland nach England emigrieren musste, wo er an der London School of Economics lehrte. Hardys Interesse steht stark unter dem Eindruck der großen Depression und der Frage, wie Wien die große ökonomische und soziale Krise nach dem Ersten Weltkrieg bewältigen konnte. Bei seinen Recherchen wurde er nach eigenen Angaben u. a. von den

Stadträten Julius Tandler und Anton Weber sowie von Otto Neurath und Ludwig Mises unterstützt.

Im Februar 1934 klopften Dollfuß' schwere Geschütze an die Tore des Karl-Marx-Hofs und verkündeten damit das Ende eines der umfassendsten und sorgfältig durchdachtesten Programme kommunaler Sozialpolitik, das die moderne Geschichte je gesehen hat. Die Stadt Wien wurde fast 15 Jahre von der Sozialdemokratischen Partei regiert. Während dieser Zeit setzte die Partei kontinuierlich ihre Politik um, die auf der Überzeugung aufbaut, dass die Stadtregierung den Einwohnern weitreichende Dienstleistungen entweder umsonst oder zu nominellem Preis anbieten soll, soweit sie diese durch stark gestaffelte progressive Steuern finanzieren kann. Der bei Weitem ehrgeizigste Teil dieses Programms war die Beschaffung von Wohnbaukapital durch die Steuerzahler.

Die Sozialdemokratische Partei bekannte sich zu dem generellen Grundsatz, dass denjenigen Einwohnern, deren Bedarf nicht über den normalen Lebensstandard der Gemeinschaft hinausgeht, kostenlose Wohnungen zur Verfügung gestellt werden sollten. Das durchgeführte Programm ging nicht ganz so weit, da nur das Baukapital, aber nicht die laufenden Kosten von der öffentlichen Hand übernommen wurden. Aber das Programm wurde mit dem Hinweis gerechtfertigt, dass die Bereitstellung von normalem Wohnraum nicht nur eine öffentliche Versorgungsleistung ist, sondern eine öffentliche Dienstleistung, die – ebenso wie die Bereitstellung von Schulgebäuden, Krankenhäusern und Gefängnissen – kostenlos zu erbringen ist.

[...]

Obwohl nichts unternommen wurde, um ein diesen Grundsatzerklärungen entsprechendes Programm des komplett freien Wohnens umzusetzen, begann die Sozialdemokratische Partei mit kommunalen Maßnahmen zur Verbesserung der Wohnbedingungen, sobald sie 1919 an die Macht kam. Schon vor dem Krieg waren die schlechten Wiener Wohnbedingungen sprichwörtlich. 1914 bestanden mehr als 400.000 Wohnungen, das heißt drei Viertel aller Unterkünfte in der Stadt, nur aus einem bis zwei Zimmern und einer kleinen Küche. Selbst Familien mit geregeltem Einkommen lebten zusammengepfercht in engen und schlecht belüfteten Räumen. Nur sehr wenige Kleinstwohnungen, wie sie sich ein Arbeiter hätte leisten können, waren zu haben – weniger als ein Prozent. Die Wohnräume der Armen waren angefüllt mit Untermietern und die öffentlichen Obdachlosenasyle stets überbelegt.

Der Krieg und seine Folgen verwandelten die chronische Notlage in eine akute Krise. Während des Kriegs entschied sich Österreich, wie die meisten Kriegsparteien, für eine Politik der Mietbegrenzung, und diese Politik ist mehr als an anderen Orten zu einem festen Bestandteil des Wirtschaftslebens des Landes geworden. In ihrer jetzigen Form, wie sie nach dem Krieg festgesetzt wurde, kommen die Mieterschutzgesetze fast einer Enteignung des Vermieters zugunsten des Mieters gleich. [...] Diese Politik hilft denjenigen, die zur Zeit des Inkrafttretens des Gesetzes schon eine Wohnung gemietet hatten, aber es verschlechtert die Situation von Zuwanderern und neu gegründeten Haushalten, da kaum jemand eine einmal gemietete Wohnung wieder abgeben will. Während des Kriegs wurden zudem sowohl von privater als auch öffentlicher Hand kaum Wohnungen gebaut, und seitdem hat es fast keine privaten Bauvorhaben mehr gegeben. Das kommunale Wohnungsbauprogramm war somit zum großen Teil das Resultat einer akuten Wohnungsknappheit, die die Privatwirtschaft unter den wirtschaftlichen Bedingungen der Nachkriegszeit anscheinend nicht beheben konnte. Ein eng damit zusammenhängender Faktor bei der Entscheidung, Häuser mit öffentlichen Geldern zu bauen, war auch die Unzufriedenheit mit der Qualität des bestehenden Wohnraums. Der Mangel an Wohnungen war der ausschlaggebende Grund dafür, das Programm zu beginnen; seine Fortsetzung allerdings ist vor allem auf den Wunsch zurückzuführen, die Wohnqualität zu verbessern.

[...]

Obwohl die tatsächliche Zerstörung von Wohnraum gering war, wurde die Fortsetzung des Wohnbauprojekts durch die dramatische Art und Weise jäh unterbrochen, in der die Bundesregierung mit der sozialdemokratischen Stadtregierung 1934 abgerechnet hat. Zum Zeitpunkt der Abfassung dieses Texts waren keine Informationen zur Wohnpolitik der neuen Regierung erhältlich; wir können aber sicher sein, dass das Programm von 1919–33 nicht fortgeführt werden wird – diese Geschichte ist zu Ende.

30.11 John Gunther: Donau-Blues

Erstveröffentlicht als Danube Blues, in: John Gunther: *Inside Europe*, London: Hamish Hamilton 1936, S. 287. Übersetzt von Christina Pössel.

Der US-amerikanische Schriftsteller und Journalist John Gunther (1901–1970) wurde ab den 1930er Jahren mit seinen „Inside Books" bekannt. Inside Europe bildete 1936 den Auftakt zu einer Reihe von Büchern, die Gunther in den folgenden Jahrzehnten auf alle Kontinente der Welt führen sollten. Seine Beobachtungen der politischen und sozialen Verhältnisse in Österreich fokussieren auf den Konflikt zwischen dem katholischen Land und der sozialdemokratischen Hauptstadt, wobei er aus seinen Sympathien für Letztere kein Geheimnis macht.

[...]

Das Ungleichgewicht zwischen dem marxistischen Wien und dem klerikal geprägten ländlichen Raum war das dominierende *Motiv* der österreichischen Politik bis zum Aufstieg Hitlers. Wien war sozialistisch, antiklerikal und als Gemeinde relativ reich. Das Umland war arm, rückständig, konservativ, katholisch und neidete Wien seine höheren Lebensstandards. Die Sozialisten gründeten eine Privatarmee von jungen Arbeitern und Intellektuellen, den Schutzbund, um sich in ihrer, wie sie dachten, uneinnehmbaren Zitadelle verteidigen zu können. Der ländliche Raum reagierte prompt mit der Gründung einer ähnlichen Armee – deren Rekruten allerdings primitive und hungrige Bauernjungen waren, in Lederhosen und grünen Hüten – die Heimwehr. Der Kampf zwischen diesen beiden Truppen führte im Februar 1934 zum Bürgerkrieg.

In Wien hatten die Sozialisten eine bemerkenswerte Verwaltung geschaffen, die die Stadt zur wahrscheinlich erfolgreichsten Gemeinde der Welt machte. Durch ein raffiniertes, wenn auch drakonisches Steuersystem finanzierten sie paternalistische Reformen in bisher unerreichtem Umfang und unerreichter Qualität; sie bauten Kliniken, Bäder, Sporthallen, Sanatorien, Schulen, Kindergärten und die beeindruckenden, sonnendurchfluteten Wohnblöcke, die wenn auch nicht in Luxus, so aber doch in Anstand und Sauberkeit 60.000 Familien beherbergen – sozialistische Familien. Sie beseitigten Slums, reduzierten die Zahl der Tuberkuloseerkrankungen stark; sie nahmen das Geld von den Reichen, die es entbehren konnten, und nutzten es zum Wohle der ehrbaren Armen, die Unterstützung verdienen. Die Erfolge der Wiener Sozialisten waren die aufregendsten sozialen Errungenschaften der Nachkriegszeit in ganz Europa. Resultat: Die Klerikalen bekämpften sie so lange, bis sie ausgelöscht waren.

[...]

Teil XI: **Reaktion**

Antisemitisches Plakat des Niederösterreichischen Bauernbundes, das die Spitzen der Sozialdemokraten als „Juden" denunziert, 1928. (Bildarchiv/ÖNB)

31 Antisemitismus
Nicole G. Burgoyne, Vrääth Öhner

Einleitung

Der Aufstieg des politischen Antisemitismus als populistische Strategie der Verleumdung, Diskriminierung und Unterdrückung von Juden ist in Wien vor allem mit dem Namen Karl Lueger verbunden, Gründer der Christlichsozialen Partei und Wiener Bürgermeister von 1897 bis 1910. Lueger war zwar nicht der Erste, der judenfeindliche Ressentiments für politische Zwecke missbrauchte, aber er war es, dem es gelang, auf Grundlage dieser Ressentiments die breit gefächerten antiliberalen, konservativ-kleinbürgerlichen und antisozialistischen Reformbewegungen der 1880er Jahre zu einer Massenpartei zu bündeln und damit der liberalen Hegemonie in Wien ein Ende zu setzen. Luegers Antisemitismus formte aus den „volkstümlichen" Artikulationen des Antisemitismus ein kohärentes politisches Narrativ, das Wien in Abgrenzung zum jüdischen Anderen als vorindustriell-bürgerliche, ständisch-familiäre und vor allem auch christliche Stadt imaginierte. In Luegers Wien konnten die Juden, die seit 1867 per Verfassungsgesetz gleichberechtigte Staatsbürger waren, für praktisch alle Entwicklungen verantwortlich gemacht werden, die den kleinbürgerlichen Mittelstand in seiner Existenz bedrohten: für Industrie- und Finanzkapitalismus, die den traditionellen Wirtschaftsformen zusetzten, für Säkularismus, Kosmopolitismus und Internationalismus, die religiöse ebenso wie lokale Bindungen lockerten und damit angeblich zur Transformation der Werte und der Moral beitrugen, und nicht zuletzt für Materialismus und abstrakten Rationalismus, die die Welt entzaubert und den marxistischen Sozialismus hervorgebracht hatten.

War der Antisemitismus als populistische Strategie von Lueger fest im politischen Diskurs der Stadt verankert worden, erfuhr dieser nach dem Zusammenbruch der Monarchie und dem verlorenen Weltkrieg durch die Ausbreitung von explizit rassenantisemitischen Ressentiments eine weitere Radikalisierung. Verantwortlich dafür waren nicht nur die Großdeutsche Volkspartei, die als Nachfolgerin der Deutschnationalen Bewegung ohnehin dem radikalen Rassenantisemitismus eines Georg von Schönerer nahestand, oder die deutschsprachigen Studenten an den Wiener Universitäten, die mehrheitlich deutschnational eingestellt und zudem die Ersten waren, die gegen jüdische Kommilitonen gewalttätig vorgingen. Auch für christlich-konservative Intellektuelle wie Richard von Kralik oder Joseph Eberle sowie für eine neue Generation von christlichsozialen Politikern wie Anton Jerzabek, der 1919 den Antisemitenbund gründete, Leopold Kunschak oder Emmerich Czermak war eine Lösung der „Judenfrage" nach Kriegsende nicht mehr anders zu haben als durch Sondergesetzgebung, Internierung oder Ausweisung. Unterstützt wurde diese Linie von der *Reichspost*, einer eng mit der christlichsozialen Partei verbundenen

Tageszeitung, die 1894 ganz explizit mit dem Vorsatz gegründet wurde, der jüdisch dominierten liberalen bürgerlichen Presse eine betont christlich-konservative Publikation entgegenzusetzen. Die *Reichspost* avancierte in der Zwischenkriegszeit zum Zentralorgan des christlichsozialen Antisemitismus, aber auch in politischen Reden, auf Flugblättern, Plakaten oder in Broschüren standen antisemitische Angriffe auf der Tagesordnung.

Als Aufhänger für ihre Radikalisierung benutzten die Antisemiten zwei eng miteinander verknüpfte Sachverhalte: Zum einen waren die Juden in der Monarchie eine Minderheit unter vielen gewesen. In der Republik stellten sie die zahlenmäßig größte Minderheit, zudem rückte für Deutschnationale, Christlichsoziale und andere politische Gruppierungen (von der Heimwehr über Land- und Bauernbund bis zu den Nationalsozialisten) mit der Beschränkung auf die deutschsprachigen Gebiete der Traum von einer ethnisch und konfessionell homogenen Bevölkerung in greifbare Nähe. Zum anderen sorgte die Anwesenheit einer großen Zahl ostjüdischer Kriegsflüchtlinge für die Erneuerung einer Unterscheidung, die bereits während der Monarchie zwischen dem assimilierten, weltläufigen jüdischen Bürgertum und den zugewanderten, vorwiegend orthodoxen Ostjuden, die oft an traditionellen Sitten und Gebräuchen festhielten, bestanden hatte. Letztere wurden zum bevorzugten Ziel antisemitischer Angriffe, was allerdings nicht bedeutete, dass jüdische Bankiers, Industrielle, Politiker oder Kulturschaffende von Angriffen verschont blieben. Während man, wie Leopold Kunschak, den ostjüdischen Kriegsflüchtlingen vorwarf, sich in den Wohnungen der Wiener Arbeiter breitzumachen, fand dieselbe Logik etwa auch für Stellen an Universitäten Anwendung. Der politische Antisemitismus war, gerade auch in seiner christlichsozialen Spielart, niemals verlegen, die in erster Linie mit den Ostjuden verbundenen Klischees auch auf das assimilierte jüdische Bürgertum anzuwenden.

Darüber hinaus hatte mit der Sozialdemokratie eine politische Kraft die Macht in der Stadt übernommen, deren Führungspersönlichkeiten nicht nur mehrheitlich jüdischer Abstammung waren, sondern die von ihren Gegnern insgesamt mit dem Judentum identifiziert wurde. War der politische Antisemitismus Steven Beller zufolge von Anfang an ein extremes Mittel zur Umverteilung von Reichtum entlang ethnischer Kriterien anstelle von Klassengegensätzen, musste eine Partei, die den Klassenkampf zu ihrem Programm erhoben hatte, zwangsläufig in den Verdacht geraten, die Geschäfte des Judentums zu besorgen. Vor allem dann, wenn der Sozialismus mit Blick auf seine marxistischen Ursprünge von den Antisemiten ohnehin als Teil der „jüdischen Weltverschwörung" betrachtet wurde. Umgekehrt bedeutet das nicht, dass die Sozialdemokratie frei von antisemitischen Ressentiments gewesen wäre, allerdings richtete sich ihr Antisemitismus nicht gegen die Juden als ethnische Minderheit, sondern als Vertreter der Großindustrie und des Finanzkapitals.

Literatur

Beller 1993.
Boyer 2010.
Maderthaner, Musner 1999.
Pelinka 1992.
Wasserman 2014.

31.1 Joseph Eberle: Die Judenfrage

Erstveröffentlicht als Joseph Eberle: Die Judenfrage, in: *Das Neue Reich*, 30. Jänner 1919, S. 309–313.

Die Einlassung des rechtskatholisch-konservativen Chefredakteurs des Neuen Reichs, Joseph Eberle (1884–1947), auf die „Judenfrage" ist ein frühes Dokument des politischen Katholizismus der unmittelbaren Nachkriegszeit. Seine zentrale Behauptung, dass die christliche Mehrheit von der jüdischen Minderheit beherrscht wird und es aus diesem Grund notwendig ist, gegen den „Eroberungsdrang des Judentums" Abwehrmaßnahmen zu ergreifen, gehört zu den Säulen einer christlich-konservativen Ideologie, die antisemitische Ressentiments mit katholischen, deutschnationalen, antisozialistischen und antidemokratischen Elementen verband. Wie tief der Antisemitismus im katholischen Milieu verankert war, sieht man daran, dass Das Neue Reich kein obskurantistisches Blatt am rechten Rand war, sondern die führende Zeitschrift katholischer Intellektueller im deutschsprachigen Raum. Wie Janek Wasserman hervorhebt, übertrafen die von Eberle und anderen im Neuen Reich vertretenen Positionen die der Christlichsozialen und der Deutschnationalen zunächst noch an Radikalität. Die autoritäre Wende der Christlichsozialen Ende der 1920er Jahre haben sie gleichwohl mit vorbereitet.

Die Judenfrage ist in gewisser Hinsicht heute die Frage der Fragen. Es lässt sich kaum ein Problem lösen, ohne Stellung zu ihr zu nehmen, ohne sie zu lösen. Man redet jetzt von Demokratie, von Selbstbestimmung des Volkes und auch die Christen reden davon. Aber was will das heißen wenn die Juden wie eine kleine Aristokratie unter uns leben, die das Bankenwesen und den Großhandel fast ganz, die Industrie, namentlich die auf Aktien aufgebaute zu zwei Dritteln besitzt, die ein Viertel des Großgrundbesitzes und ein zweites Viertel als Pächter beherrscht. Was will das Reden von der geistigen Befreiung und Erneuerung der Christen, wenn die Juden die Tagespresse beherrschen, das Theater leiten, in der Literatur den Ton angeben und die Mode machen, wenn sie als Advokaten die christlich-germanischen Rechtsauffassungen durch talmudistische ersetzen, wenn sie, fast die Hälfte des Universitätsprofessorentums stellend, als Lehrer die christliche Philosophie bekämpfen, für Politik und Volkswirtschaft aber als Prediger des Liberalismus egoistisch-materialistische Prinzipien verfechten!

Als Geldgeber der absoluten Fürsten seit der Reformation kommen die Juden empor; nach der französischen Revolution von 1789 erzwingen sie sich stufenweise die Emanzipation. Schon kurze Zeit nach dieser erschallen die Klagen der Christen über unheimliche Machtausdehnung der Juden auf Kosten und unter Versklavung der Christen. Bereits 1850 bedauert Richard Wagner (in „Das Judentum in der Musik") daß Herr von Rothschild zu geistreich war, um sich zum König der Juden zu machen, wogegen er es vorzog, der Jude der Könige zu bleiben und er meint dann: „Ganz unvermerkt ist der Gläubiger der Könige zum König der Gläubigen geworden, und wir können nun die Bitte dieses Königs um Emanzipation nicht anders als ungemein naiv finden, *da wir vielmehr uns in die Notwendigkeit versetzt sehen, um Emanzipierung von den Juden zu kämpfen.* Der Jude ist nach dem gegenwärtigen Stande *bereits mehr als emanzipiert: er herrscht* ..." In den folgenden 68 Jahren ist Judenbesitz, Judenmacht, Judeneinfluß ganz ungeheuerlich gewachsen. Die christliche Bevölkerung erlebt bereits allenthalben die Situation, die Franz von Liszt prophezeite: „Es wird ein Moment kommen, in dem alle christlichen Nationen, mit denen der Jude zusammenlebt, anerkennen, daß die Frage, ob er zu belassen oder auszuweisen sei, für sie eine solche wird, die man als eine auf Tod und Leben bezeichnet, die Frage, ob Gesundheit oder fortgesetzte Krankheit, ob sozialer Frieden oder immerwährendes Siechtum und beständiges Fieber".

[...]

Ein Hauptpunkt für die Lösung der Judenfrage ist – die Erneuerung des christlichen Geistes im privaten und öffentlichen Leben; die Depossedierung einer Reihe Götzen (Kapitalismus, Liberalismus), deren Mitanerkennung durch die Christen eine Stütze des Judentums. Mit der Erneuerung des christlichen Geistes aber müssen Hand in Hand gehen eine Reihe äußerer Maßnahmen. *Abwehrmaßnahmen* gegen den dämonischen Eroberungsdrang des Judentums. [...] Das erste ist: *Beschränkung der Juden in allen Zweigen der Kultur und Wirtschaft auf den ihrem Bevölkerungsanteil entsprechenden Prozentsatz.* Das zweite, damit Hand in Hand gehend, muß sein: *Stellung der Juden unter Sondergesetz.* Das klingt hart in einer Zeit der Toleranz bis zur Selbstaufgabe; aber es entspricht jahrhundertelanger Praxis und es entspricht Auffassungen, die bis in die neueste Zeit herein so freie Männer wie Goethe, Fichte, Bismarck, Richard Wagner u. a. vertreten haben. *Wenn Charakter, Weltanschauung und Praxis der Juden derart ist, daß ihre Emanzipation in kürzester Zeit zur Manzipation d. h. zur Versklavung der Christen führt, so liegt die Freiheit der Christen in dem ganz überwiegend von Christen bewohnten Staat in einer Sondergesetzgebung gegenüber den Juden*, die sie als Menschen nach Christenart respektiert, die es ihnen aber unmöglich macht, die christliche Gesellschaft zu zersetzen und auszuwuchern. Thomas von Aquin erklärte als Soziologe des 13. Jahrhunderts, die Gesellschaft habe das natürliche und göttliche Gesetz gegenüber den Juden als Menschen zu achten; im übrigen aber erklärte er die Juden als Sklaven (*servi*) der Gesellschaft in der Weise, daß ihr Vermögen über das zum Lebensunterhalt Notwendige hinaus der Kirche und dem Fürsten gehöre; d. h. letztere sollten darüber im Interesse der Gesellschaft verfügen können. *So verlangt heute das Interesse der Gesellschaft die Konfiskation zahlreicher großer Judenvermögen über eine gewisse Höhe hinaus.* Und im übrigen für zahlreiche Berufe den *numerus clausus*, für andere, auch für gewisse Institutionen, den *Ausschluß* der Juden. [...] Eine 1800jährige Erfahrung zeige, daß die Juden überall und unter allen Umständen ein Volk für sich blieben, während so manche andere versprengte und unterdrückte Völker im Laufe der Jahrhunderte immer mit dem sie umgebenden Stamme verschmolzen, sogar trotz entgegenstehender Gesetze ... Ähnlich reden mit wenigen Ausnahmen fast alle bekannteren Größen des letzten Jahrhunderts, auch „freieste" und „toleranteste". Es tut not, sich an dieser Wende der Zeiten erneut um diese von der Judenpresse verschwiegenen und verdächtigten Thesen zu kümmern und entsprechende Schlüsse daraus für die Praxis zu ziehen. *Nicht aus Hass gegen die Juden, sondern aus Liebe zu den armen, versklavten christlichen Mitbrüdern.*

31.2 Jacques Hannak: Das Judentum am Scheidewege

Erstveröffentlicht als Jacques Hannak: Das Judentum am Scheidewege, in: *Der Kampf. Sozialdemokratische Monatsschrift*, 12. Jg., Nr. 27 (4. Oktober 1919), S. 649–653.

Die Analyse des modernen (politischen) Antisemitismus und der damit verbundenen jüdischen Nationalisierungsbestrebungen von Jacques Hannak (1892–1973), seines Zeichens sozialdemokratischer Parteijournalist und selbst jüdischer Abstammung, gibt in vielem die durchaus ambivalente Einstellung der Sozialdemokratie zum Judentum wieder. Der Text könnte ebenso gut „Die Sozialdemokratie am Scheidewege" heißen, stand diese doch vor der Frage, ob sie offensiv für das Judentum Partei ergreift oder den Antisemitismus weiterhin bloß als reaktionäres Mittel der Verschleierung des Klassengegensatzes bekämpft. Hannaks Entscheidung für Letzteres gründet auf einer Reihe von Überlegungen, zu denen unter anderem die Überzeugung gehört, dass in der sozialistischen Gesellschaft mit dem Klassenkampf auch der Antisemitismus verschwinden wird – nicht zuletzt deshalb, weil das jüdische Proletariat auf dem Weg dorthin sein Judentum überwunden haben, d. h. vollständig assimiliert sein wird.

Zu den auffälligsten Erscheinungen der Revolution[1] gehört der Aufschwung des *nationalen Judentums*. Nach den Wahlerfolgen in *Deutschösterreich*[2] haben nun auch

---
1 Gemeint ist die österreichische Revolution, d. h. der Sturz der Monarchie und die Ausrufung der Republik am 12. November 1918. (Vgl. Kapitel 1)
2 Bei der Wahl zur Konstituierenden Nationalversammlung am 16. Februar 1919 gelang es dem Journalisten und Vorstandsmitglied der Israelitischen Kultusgemeinde Wien, Robert Stricker, für die Jüdischnationale Partei ein Mandat zu erzielen.

die *tschechischen* Gemeinderatswahlen bemerkenswerte *Siege der Jüdischnationalen* gebracht, und es verlohnt sich der Mühe, zu dieser neuen „*nationalen Frage*" prinzipielle Stellung zu nehmen.

Von einem *jüdischen Problem* sprechen kann man, seit es Juden *gibt*, im besonderen versteht man heute darunter die Frage des modernen *Antisemitismus*. Die Voraussetzung dieser modernen Entwicklung ist durch die mit dem Beginn des vorigen Jahrhunderts beendete Befreiung des westeuropäischen Juden aus dem *Ghetto* geschaffen. Dadurch ist eine scharfe Grenzlinie gezogen zwischen dem *westeuropäischen* und dem *osteuropäischen* Juden, der weiterhin im Ghetto *verbleiben* muß. Die Verschiedenartigkeit dieser Schicksale ist aber in den *ökonomischen Bedingungen* tief verwurzelt. Während Osteuropa noch in *feudalen, agrarwirtschaftlichen* Verhältnissen steht, schickt sich Westeuropa gerade an, die Schwelle des *kapitalistischen* Zeitalters zu überschreiten. Es ist die idealistische *Jugendträumerei des Kapitalismus*. Der *wirtschaftliche* Liberalismus ist eng verknüpft mit dem *politischen* und umgekehrt. In diese Schwärmerei von allgemeiner Freiheit tritt nun jenes Volk, das durch die Jahrhunderte im tiefsten Dunkel der Erniedrigung, Verachtung und Verfolgung dahinvegetierte und all den Jammer nur durch die Urgewalt seines nackten *Lebenswillens* überstand. Die nach dem Ausleseprinzip geschärftesten Gehirne treten in den Lebenskampf in einem Augenblicke, wo dieser Lebenskampf aus einem *Mittel* zum *Zweck* erhoben wird und das „freie Spiel der wirtschaftlichen Kräfte" das Dogma dafür ist. Die Zeit ruft sich hier wahrhaft die Menschen, die sie braucht. Und so sehen wir die im Ghetto gesammelte und zusammengepreßte Intensität des jüdischen Geistes nun voll hineinströmen in das Meer der *kapitalistischen Konkurrenz*. Diese frischen, unverbrauchten Kräfte sind im ersten Ansturm überwältigend, der Liberalismus hat ja selbst alle Dämme wegreißen geholfen und unversehens hat der Jude die wirtschaftliche Führung in der Hand. Ja es hat nach außen hin den bestechenden Anschein, als ob die kapitalistische Aera ein *Produkt jüdischer Willenskräfte* sei und nicht umgekehrt die Befreiung und das Emporkommen des Juden nur ein Produkt und eine notwendige *Folge der kapitalistischen Entwicklung*.

Diese Verwechslung von Ursache und Wirkung erhält aber alsbald eine sehr wichtige Funktion in den *Abwehrmethoden*, die das System des Kapitalismus im Kampfe gegen die aufsteigende sozialistische Bewegung sucht. [...]

Die instinktive Abwehrbewegung des Kapitalismus ist der Versuch, die soziale Spannung *auf ein Nebengeleise* zu verschieben und die Idee des Klassenkampfes zu überschatten mit der Vorschiebung anderer Parolen. Solche Parolen sind der *Nationalismus*, noch mehr aber der neue *Antisemitismus*. Er baut auf den kurzen Blick des einfachen Mannes aus dem Volke, welchem der Kapitalismus konkret als jüdischer Geldverleiher, als jüdischer Ratenmöbelhändler, als jüdischer Lebensmittellieferant, als jüdischer Fabrikant, als jüdischer Rechtsanwalt, als jüdischer Börseaner, Preßgewaltiger und öffentlicher Meinungsbildner gegenübertritt. So ist man bis tief hinein, selbst in klassenbewußten Schichten des Proletariats leicht geneigt, das Uebel nicht im abstrakten *System*, sondern im konkreten, leibhaftigen, das System verkörpernden *Juden* zu suchen. Nur langsam und durch einige Aufklärungsarbeit lernen die Massen, daß sie da auf falscher Fährte sind, und daß es mit der Totschlagung selbst sämtlicher Juden und Judenstämmlinge in der Welt noch nicht besser würde, weil damit vielleicht die *Träger* des Systems, aber doch nicht das *System selbst* tot wäre. Der Kapitalismus ist etwas vollkommen *Unpersönliches*, er ist ein Mechanismus, der an das Schicksal von Nationen, Konfessionen und Generationen nicht gebunden und dessen Schicksalsstunde erst gekommen ist, wenn wir das innerste Wesen dieses Mechanismus begriffen haben als eine *internationale, interkonfessionelle Front von Ausbeutern einerseits und Ausgebeuteten anderseits*.

Wenn jedoch die Politik des *Sozialismus* den Antisemitismus als ein *reaktionäres Mittel*, den *klassenkämpferischen* Geist des Arbeiters zu *verwirren*, ablehnt und bekämpft, so erkennt das Judentum sogleich und mit Recht, daß *Bekämpfung des Antisemitismus* durchaus nicht identisch ist mit *Beschützung des Judentums*. Im Grundsätzlichen steht der Sozialismus dem Juden an sich kühl bis ans Herz hinan gegenüber, er fragt gar nicht, ob Jude oder Nichtjude, er fragt nur, ob Bourgeois oder Proletarier. Und so eint der Sozialismus die Proletarier aller Länder und aller Nationen, er gibt aber keinem Lande und keiner Nation ein besonderes Schutz*vorrecht*.

Das jüdische Kapital sieht sich also jetzt von zwei Fronten her bedroht; einmal ist es der *Klassenkampf des Proletariats*, der den jüdischen wie arischen Geldsack in gleicher Weise bedroht, zum andernmal aber kommt die Feindschaft aus den Reihen der eigenen „Bundesgenossen", aus den Reihen des *arischen Kapitals*, das, lüstern nach dem Erbe der jüdischen Konkurrenz, den Antisemitismus als volkspropagandistisches Mittel gern benützt, um zwei Fliegen mit einem Schlage zu treffen: den *jüdischen Konkurrenten* einerseits und die *proletarische Klassenbewegung* anderseits!

Die jüdische Bourgeoisie setzt sich natürlich zur Wehr. Ihre Methode ist die *Assimilation*, Judentaufe, teutsche Gesinnung. Sie ist aber nur ein Wechsel auf ferne Sicht, verspricht erst für die nächsten Generationen den Erfolg des wirklichen Ausgetilgtseins der Abstammung. Vorläufig stehen die antisemitischen *Rassentheorien*, die *Chamberlains*[3] und Konsorten, hindernd im Wege.

---

[3] Gemeint ist Houston Stewart Chamberlain (1855–1927), dessen bekannteste Publikation, *Die Grundlagen des Neunzehnten Jahrhunderts* (1899), zum Standardwerk des theoretischen Rassenantisemitismus avancierte.

Die jüdische Bourgeoisie braucht also ein anderes Schutzmittel. Da spricht ihr Prophet, Theodor *Herzl*, dessen Todestag sich gerade jetzt zum fünfzehntenmal gejährt hat, das erlösende Wort vom eigenen *Judenstaat*, von der eigenen *jüdischen Nation*. Keine *Assimilation*, sondern organisierte Vereinigung zu einer *Nation*! Nun gibt es natürlich nichts Sinnwidrigeres, als eine Nation zu *machen*, noch dazu aus Bourgeois und Intellektuellen allein, ohne Unterlage einer *Bauernschicht* und mit nur sehr dünner Unterlage eines *manuellen Proletariats*. Ein bourgeoiser Riesenwasserkopf auf den schwachen Zwergfüßlein einer winzigen physischen Arbeiterschaft! Den Vorspann für diese Bewegung bildet aber die Frage des *osteuropäischen* Judentums. Denn diese Frage ist tatsächlich eine brennende Frage des *Proletariats*. [...]

Wenn also das Judentum bei uns am Scheidewege steht, so ist es nicht die jüdische *Bourgeoisie*, deren Wege und Scheidewege uns gar nicht am Herzen liegen, sondern es ist das jüdische *Proletariat*, das sich durch seine konsequente Annäherung an den *internationalen Sozialismus* heute selber vor die Frage gestellt hat, wie es den heißen Drang und die religiöse Sehnsucht seines Volkes in Vereinbarung bringt und unterordnet den Pflichten der *Internationalität*. Denn so paradox es klingt, wenn man behaupten wollte, daß es gerade den Juden an Radikalismus sozialistischer Denkart mangelt, so ist das in einem tiefen Sinn dennoch wahr. Den Schritt der Selbstüberwindung, den hat das Judentum noch zu machen, den Schritt von der *alljüdischen* Internationale zur *weltproletarischen* Internationale!

31.3 Anonym: Die Judenfrage in der Nationalversammlung

Erstveröffentlicht als Die Judenfrage in der Nationalversammlung, in: *Reichspost*, 30. April 1920, S. 1–2.

Unmittelbarer Anlass für die Debatte im österreichischen Parlament am 29. April 1920 war eine vom Antisemitenbund einberufene Protestversammlung „gegen die fortschreitende Vergiftung des bodenständigen Volkes",[4] die am 26. April 1920 in der Volkshalle des Rathauses stattfand und den Angaben der Reichspost *zufolge von 10.000 Menschen besucht wurde. Auf der Versammlung sprach neben Anton Jerzabek, dem Gründer des Antisemitenbundes und Angehörigen des rechten Flügels der Christlichsozialen Partei, auch der Anführer der österreichischen Nationalsozialisten, Walter Riehl. Den Umstand, dass es am selben und am folgenden Tag zu den ersten antisemitischen Ausschreitungen deutschnationaler Studenten an der Universität Wien kam, nutzte der christlichsoziale Abgeordnete Leopold Kunschak zu einer Rede, welche die Radikalisierung des Antisemitismus innerhalb der Christlichsozialen Partei exemplarisch*

---

4 Anonym: Gegen das jüdische Schmarotzertum, in: *Reichspost*, 27. April 1920, S. 3.

vorführt. *Kunschak war selbst ein glühender Antisemit, als Vorsitzender des christlichsozialen Arbeitervereins allerdings ein Vertreter des linken Flügels der Partei. Seine Forderung nach sofortiger Ausweisung oder Internierung von Juden in Konzentrationslagern nimmt ein Programm vorweg, das die Nationalsozialisten in Wien ab 1938 konsequent in die Tat umsetzten.*

Die Nationalversammlung hat heute die Budgetkapitel Inneres, Unterricht und Kultus beraten. Die mit dem Namen des Staatssekretärs des Innern Eldersch dauernd verknüpfte Ostjudenfrage,[5] sowie der Rückschlag der Judenkrawalle an den Wiener Hochschulen führten von selbst zu einer Judendebatte, die in einer umfassenden Abrechnung des christlichsozialen Parteiobmannes *Kunschak* mit dem System Eldersch gipfelte. Er schöpfte aus tiefster Volksseele die Gründe, die in Wien die Forderung nach Schutz vor den Ostjuden immer elementarer aufstehen lassen, und warnte die Verantwortlichen, die sich bisher um die Judenfrage immer wieder herumgedrückt haben, in ernsten Worten, das Vorspiel zu einer großen, aus Not und Entrüstung geborenen *Volkserhebung* zu übersehen, die unfehlbar hervorbrechen muß, wenn nicht bald entweder die Auswanderung oder die Internierung der ortsfremden Juden erfolgt. Auch für die Tatsache, daß die sozialdemokratische Arbeiterschaft selbst zu einer solchen Erhebung reif ist, liegen die Beweise nahe genug. [...]

Das Entweder–Oder in der Judenfrage.

Abg. *Kunschak* (christlsoz.) führt aus, die Studentenkrawalle seien kein Ereignis für sich, sondern nur der akute Ausdruck unserer schweren Erkrankung, die darin besteht, daß von den Kriegsflüchtlingen eine bestimmte Sorte, *die Ostjuden*, sich bis heute in Wien festhalten und, wie es scheint, nicht hinauszubringen sind. Die Flüchtlinge der andern Nationen sind von selbst in die Heimat zurückgekehrt, unbekümmert um die Verhältnisse, die sie dort erwarteten. In allen diesen arischen Flüchtlingen lebte eben wahre Heimatsliebe. Nur die Ostjuden, denen mit ihrer ganzen Nation gemeinsam das Gefühl der Heimatliebe vollständig mangelt, sind hier geblieben. *Die Heimat des Juden ist der Boden, wo sein Hafer wächst, und ist es nur, so lange Hafer eingebracht werden kann.* (Heiterkeit und Zustimmung.) Und weil besonders ein sozial und wirtschaftlich kranker Organismus für die Menschen mit weiter Moral und noch weiterem Gewissen der ausgiebige Nährboden für Spekulation

---

[5] Der Sozialdemokrat Matthias Eldersch (1869–1931) war von 17. Oktober 1919 bis zum 7. Juli 1920 Minister für Inneres und Unterricht und wäre damit für die Umsetzung der von Kunschak erhobenen Forderungen nach Ausweisung oder Internierung zuständig gewesen.

und Bereicherung ist, bleiben die Ostjuden bei uns, wie die Heuschrecken, die ein Land nicht eher verlassen, als bis es kahl gefressen ist. (Rufe: Sehr richtig!)

Wir verlangen, daß sie *endlich einmal aus unserem Lande entfernt werden* (lebhafte Zustimmung), und wenn sie es nicht freiwillig tun, erwartet unser Volk von der Regierung, und insbesondere von dem Staatsamt des Innern, daß sie das Leid des heimischen Volkes beendigen, selbst auf die Gefahr, dem einen oder anderen Teile der Ostjuden ein Leid zuzufügen. (Lebhafte Zustimmung.) Nun ruft unser Volk nicht nur ohne Unterschied, ob christlichsozial oder deutschnational, nein, auch breite Massen der sozialdemokratischen Arbeiter (Rufe: Sehr richtig!), daß Wien endlich von der Plage der Ostjuden befreit werde, die eine Stadtplage geworden ist. (Bravorufe.) Und gerade die Arbeiter rufen darnach, weil sie unter der furchtbaren *Wohnungsnot* am meisten zu leiden haben, weil sie zusehen müssen, daß Hunderte ihrer Volks- und Standesgenossen in elenden Waggons untergebracht werden müssen, während landfremde Leute sich in den Wiener Wohnungen breit machen. Der Wucher und die Genuß- und Putzsucht haben zum überwiegenden Teil direkt oder als die moralischen Urheber die *Ostjuden*. (Lebhafte Zustimmung.) Alle Plätze an den Hoch- und Mittelschulen sind heute mit Juden besetzt, die, aus Galizien zugewandert, sich hier unter allen möglichen listigen Vorspiegelungen, auch mit der Ausgabe als Rabbinatskandidat, der Militärpflicht entzogen haben und dem Studierenden, der aus dem Kriege zurückkommt, außerdem jede Möglichkeit nehmen, nach Beendigung des Studiums sich eine selbständige Existenz zu gründen. Jüdische Intellektuelle haben sich ebenso hier breit gemacht, während der arische Advokat seine Pflicht im Dienste des Vaterlandes erfüllte. Wir sind auch mit einer Unzahl jüdischer Aerzte überflutet worden. Wo ein Jude sich einmal niedersetzt, ist die ganze Mischpoche in kurzer Zeit hinter ihm. (Heiterkeit und Zustimmung.) Aber auch in der Beamtenschaft drängt sich das Judentum unerhört hervor, und da manche seit der Republik im Namen der Demokratie und staatsbürgerlichen Freiheit *sich vor jedem Juden dreimal verneigen zu müssen glauben*, damit er sich nicht über Zurücksetzung beklage, finden sie auch in allen öffentlichen Aemtern ungehindert Eintritt, sei es auch nur als Vertragsbeamte, während sonst die Sperre verhängt ist. (Rufe: Hört! Hört!) Denken Sie sich in die Stimmung der Studenten und des Volkes hinein, dann sagen Sie nicht, die Demonstrationen sind ein Ausfluß rückständiger Gesinnung, ein Verfall in Barbarei, sondern begreifen Sie:

das ist der elementare Ausbruch einer unterdrückten Volksseele,

die sich zudem noch hilflos diesen Vampyren preisgegeben sieht! (Stürmischer Beifall.) Was in den Studentenkrawallen sich äußert, ist der Ausbruch lange zurückgehaltenen Grolls eines Volkes, *das sich von seinen Führern und seiner Regierung verlassen fühlt*. Daß er bei den Studenten zuerst zum Ausdruck kommt, erklärt sich daraus, daß es junge, begeisterungsfähige Leute sind. Was wir von den Studenten erlebt haben und was wir so unendlich bedauern, können Sie im großen Stile unter

Mitwirkung Tausender sozialdemokratischer Arbeiter *als Volkserhebung in der wahrsten Bedeutung erleben*! (Rufe: So ist es!)
[...]

Ausweisen oder Internieren!

Das Staatsamt für Inneres soll die Ostjuden, die freiwillig nicht gehen wollen, *ausweisen*! Es wird immer auf die Schwierigkeiten hingewiesen, die in unserem Verhältnis zu Polen liegen. Die Polen haben keine Sehnsucht, ihre Landsleute zurückzubekommen! (Heiterkeit.) Aber deshalb können *wir* doch nicht verurteilt sein, die angenehme Gesellschaft dauernd zu ertragen. Wir könnten die Juden vor die Wahl stellen, entweder freiwillig auszuwandern oder aber in das Konzentrationslager gesteckt zu werden. Dagegen gibt es völkerrechtlich und nach dem Friedensvertrag *gar keine* Einwendung. Wir fordern daher, daß, soweit die Juden nicht ausgewiesen werden und nicht freiwillig gehen, sie unverzüglich in solchen Konzentrationslagern *interniert werden*. Wenn unser Volk weiß, daß es von diesen Elementen nicht mehr bewuchert wird, wird es gern zustimmen, daß aus Staatsmitteln, eventuell *durch Einhebung einer eigenen Kopfsteuer* die Kosten für die Erhaltung der Juden in Konzentrationslagern aufgebracht werden. Uebrigens könnte das ganz gut auf Kosten der gemeinsamen Liquidierung gehen. Dem Abg. Stricker[6] *danke* ich, daß er die Juden als einheitliches Vierzehn-Millionenvolk bezeichnet hat. Sind aber die Juden ein eigenes Volk, so sind sie bei uns Ausländer und haben nur Anspruch auf jene Rechte, die ihnen durch den Minoritätenschutz gewährleistet werden. Wir verlangen daher, daß in der Nationalversammlung ein Gesetz beschlossen werde, *welches die Rechtsverhältnisse der Juden als ausländisches Minoritätsvolk in Oesterreich zur Regelung bringt*. (Großer Beifall). [...]

31.4 Hugo Bettauer: Haben Sie schon gelesen? „Die Stadt ohne Juden". Ein Roman von übermorgen

Erstveröffentlicht als Haben Sie schon gelesen? „Die Stadt ohne Juden". Ein Roman von übermorgen. Der Autor über sein Buch, in: *Die Börse*, 13. Juli 1922, S. 15–16.

Hugo Bettauers (1872–1925) Die Stadt ohne Juden beginnt an einem beschaulichen Tag in Wien, der einmal nicht von den üblichen Gewaltausbrüchen gegen Menschen mit krummen Nasen oder dunklem Haar gestört wird, mit der Verabschiedung eines

---

6 Robert Stricker war Abgeordneter der Jüdischnationalen Partei in der Konstituierenden Nationalversammlung, siehe Fußnote 2.

antijüdischen Gesetzes. Alle Juden und Kinder aus Mischehen müssen Wien innerhalb von sechs Monaten verlassen. Die jüdischen Wiener Bürger warten bereits zu Hause und planen ihre sofortige Abreise. Wie ein Reporter einem kürzlich angekommenen Kollegen aus London erklärt, führte der Zusammenbruch der Wirtschaft zum Wahlsieg einer entschieden antijüdischen christlich-sozialen Partei. Nach ein paar Szenen mit den zur Ausreise Gezwungenen, die scheinbar alle nach England oder Amerika wollen und kein Interesse an Jerusalem haben, folgt der Roman einem jungen jüdischen Mann als Protagonisten, der mit seiner ihm völlig ergebenen christlichen Verlobten prahlt. Während er sich als italienischer Aristokrat ausgibt, helfen ihm sein Geschäftssinn und seine pure Entschlossenheit, um einige der ins Stocken geratenen Geschäfte in Wien wieder aufzunehmen und die Aufhebung des antijüdischen Gesetzes anzuregen. Die weitgehend wirtschaftlichen Anreize für das Antijudengesetz und seine unerwarteten negativen Auswirkungen, die von der Abwertung der Währung bis hin zu internationalen Störungen des Handels reichen, machen den ernsteren Teil des Romans aus. Den Höhepunkt stellt eine entschuldigende Rede im Parlament dar, in der die Juden eingeladen werden, zurückzukommen. Bettauer lässt seinen Roman positiv enden: Lektion gelernt. Wenig später wurde Bettauer aus politischen Motiven 1925 von einem Nazi-Sympathisanten ermordet.[7] (Vgl. Kapitel 25)

Als ich einmal einen jener Orte aufsuchte, an denen man sich nicht länger aufzuhalten pflegt, als unbedingt notwendig ist, sah ich nebst anderen erbaulichen Inschriften auf den Wänden auch mehrfach die kategorische Aufforderung prangen: Hinaus mit den Juden!

Dieser Sehnsuchtsschrei eines sicher sonst ganz braven Mannes, den man ja auch in den Plakaten unter dem lieblichen Hakenkreuz findet, auf der Elektrischen oft genug hört und als christlich teutonisches Sanierungsprogramm in den „Wiener Stimmen" liest, regte meine Phantasie zu spielerischen Gedanken darüber an, wie dieses Wien sich wohl entwickeln würde, wenn die Juden tatsächlich einmal der höflichen Aufforderung folgten und die Stadt verließen. Von da an begann ich durch Tage hindurch die Firmenschilder, die Spendenlisten und Personalnachrichten in den Zeitungen, die Menschen in den Theatern und Vergnügungslokalen lediglich auf blumenreiche und schlichte Namen, auf krumme und aufgestülpte Nasen zu studieren und das Resultat war dieser kleine Zukunftsroman, der unter dem Titel *„Die Stadt ohne Juden"* soeben im Wiener *Gloriette-Verlag* erschienen ist.

[...]

Also, wie gesagt, ich habe ein amüsantes Buch geschrieben, das in einer durch eine harmlose Romanhandlung zusammengehaltenen Skizzenreihe ein kinemato-

---

7 Vgl. den gleichnamigen Film von 1924 von Hans Karl Breslauer sowie einschlägige Untersuchungen zum Thema, darunter Guntram Geser, Armin Loacker (Hg.): Die Stadt ohne Juden, Wien: Filmarchiv Austria 2000.

graphisches Bild des Wiens zeigt, wie es ohne Juden aussehen würde. Ohne Juden, das heißt ohne Menschen mit geschäftlichem Temperament, mit Luxusbedürfnis, mit Hang zu Pracht und Wohlleben, mit exhibitionistischen Instinkten und jenem leichten Gewissen, das zum Vorwärtskommen und Vorwärtstreiben notwendig zu sein scheint. Wien, die Stadt der Operette, kann keine Operetten mehr aufführen, weil die Komponisten oder Librettisten, gewöhnlich aber beide, Juden sind, Wiens Luxusgeschäfte gehen ein, weil es nicht die autochthone, aus den Bergen stammende Bevölkerung ist, die kostbare Kleider und Pelze liebt, sondern die zugewanderte semitische. Die Kaffeehäuser müssen sperren, weil der echte Wiener mehr Wert auf ein Viertel Wein, als auf Mokka, Zeitungslektüre und rabulistische Unterhaltung legt. Wien verelendet, verdorrt; auf dem Stefansplatz würde demnächst ein Viehmarkt abgehalten werden, wenn das Antijudengesetz nicht fallen würde.

Ich habe mich bemüht, den kleinen Roman vorurteilslos zu schreiben, mehr zu schildern als zu kritisieren. Ängstlich mühte ich mich, nicht den Glauben zu wecken, als hielte ich die Juden für einen absolut wichtigen Bestandteil jeder Großstadt. Oh nein! Nicht jeder Großstadt, sondern nur für den von Wien, weil eben die Eigenart dieser höchst liebenswürdigen, kulturell hochstehenden, aber reichlich denk- und aktionsfaulen Menschen absolut ungroßstädtisch ist. Es fehlt diesem Volk jeder großzügige Erwerbssinn (daher das spezifisch wienerische „Wurzen", das heißt, lieber an einem Menschen rasch einen Gulden verdienen, als an tausend Menschen hundert Gulden), jeder Weltgeist; der Wiener denkt tief aber nicht weit, er ist bedächtig und jedem raschen Zugreifen abhold, er schimpft lieber über die Konkurrenz, als sie zu überflügeln, kurzum, er hat alle diese Eigenschaften nicht, die der Jude, aber auch der Romane und sogar der Nordgermane im höchsten Grade hat.

Das in lustiger, flüchtig skizzierter Weise zu zeigen war der Zweck dieses Buches.

31.5 Joseph Roth: Die westlichen Ghettos. Wien

Hier zitiert nach Die westlichen Ghettos. I. Wien, in: Joseph Roth: *Juden auf Wanderschaft*, Berlin: Verlag Die Schmiede 1927, S. 53–64.

Joseph Roth (1894–1939) war zu seiner Zeit ein angesehener Journalist, obwohl er heute vor allem für seine Romane wie den Radetzkymarsch *(1932) bekannt ist. Die beiden Tätigkeiten schlossen sich keineswegs aus: Roths Novelle* Das Spinnennetz *über die zunehmende Verstrickung eines jungen Mannes in die faschistische Bewegung wurde in der Wiener* Arbeiter-Zeitung *vom 7. Oktober bis zum 6. November 1923 in Fortsetzungen veröffentlicht. Über die* Juden auf Wanderschaft, *aus denen dieser Auszug stammt, schrieb Roth in einem polemischen Vorwort: „Dieses Buch ist nicht für Leser geschrieben, die es dem Autor übelnehmen würden, daß er den Gegenstand seiner*

Darstellung mit Liebe behandelt, statt mit ‚wissenschaftlicher Sachlichkeit', die man auch Langeweile nennt."[8] In einem durchgehend aufrechterhaltenen Ton von Sympathie und Frustration hebt der Text „klammheimlich", wie Michael Hofmann angemerkt hat,[9] Roths persönliche Verbindungen zum Gegenstand seines Werks hervor.

1.

Die Ostjuden, die nach Wien kommen, siedeln sich in der Leopoldstadt an, dem zweiten der zwanzig Bezirke. Sie sind dort in der Nähe des Praters und des Nordbahnhofs. Im Prater können Hausierer leben – von Ansichtskarten für die Fremden und vom Mitleid, das den Frohsinn überall zu begleiten pflegt. Am Nordbahnhof sind sie alle angekommen, durch seine Hallen weht noch das Aroma der Heimat und es ist das offene Tor zum Rückweg.

Die Leopoldstadt ist ein freiwilliges Ghetto. Viele Brücken verbinden sie mit den andern Bezirken der Stadt. Über diese Brücken gehen tagsüber die Händler, Hausierer, Börsenmakler, Geschäftemacher, also alle unproduktiven Elemente des eingewanderten Ostjudentums. Aber über dieselben Brücken gehen in den Morgenstunden auch die Nachkommen derselben unproduktiven Elemente, die Söhne und Töchter der Händler, die in den Fabriken, Büros, Banken, Redaktionen und Werkstätten arbeiten.

Die Söhne und Töchter der Ostjuden sind produktiv. Mögen die Eltern schachern und hausieren. Die Jungen sind die begabtesten Anwälte, Mediziner, Bankbeamten, Journalisten, Schauspieler.

Die Leopoldstadt ist ein armer Bezirk. Es gibt kleine Wohnungen, in denen sechsköpfige Familien wohnen. Es gibt kleine Herbergen, in denen fünfzig, sechzig Leute auf dem Fußboden übernachten.

Im Prater schlafen die Obdachlosen. In der Nähe der Bahnhöfe wohnen die Ärmsten aller Arbeiter. Die Ostjuden leben nicht besser, als die christlichen Bewohner dieses Stadtteils.

Sie haben viele Kinder, sie sind an Hygiene und Sauberkeit nicht gewöhnt und sie sind gehaßt.

Niemand nimmt sich ihrer an. Ihre Vettern und Glaubensgenossen, die im ersten Bezirk in den Redaktionen sitzen, sind „schon" Wiener, und wollen nicht mit Ostjuden verwandt sein oder gar verwechselt werden. Die Christlichsozialen und Deutschnationalen haben den Antisemitismus als wichtigen Programmpunkt. Die Sozialdemokraten fürchten den Ruf einer „jüdischen Partei". Die Jüdischnationalen

---

8 Joseph Roth: *Juden auf Wanderschaft*, Berlin: Verlag Die Schmiede, 1927, S. 7.
9 Translator's Preface to The Wandering Jews, in: Joseph Roth: The Wandering Jews, New York: W. W. Norton & Company 2001, S. xvii.

sind ziemlich machtlos. Außerdem ist die jüdisch-nationale Partei eine bürgerliche. Die große Masse der Ostjuden aber ist Proletariat.

Die Ostjuden sind auf die Unterstützung durch die bürgerlichen Wohlfahrtsorganisationen angewiesen. Man ist geneigt, die jüdische Barmherzigkeit höher einzuschätzen, als sie verdient. Die jüdische Wohltätigkeit ist ebenso eine unvollkommene Einrichtung wie jede andere. Die Wohltätigkeit befriedigt in erster Linie die Wohltäter. In einem jüdischen Wohlfahrtsbüro wird der Ostjude von seinen Glaubensgenossen und sogar von seinen Landsleuten oft nicht besser behandelt, als von Christen. Es ist furchtbar schwer, ein Ostjude zu sein; es gibt kein schwereres Los, als das eines fremden Ostjuden in Wien.

2.

Wenn er den zweiten Bezirk betritt, grüßen ihn vertraute Gesichter. Grüßen sie ihn? Ach, er sieht sie nur. Die schon vor zehn Jahren hierhergekommen sind, lieben die Nachkommenden gar nicht. Noch Einer ist angekommen. Noch Einer will verdienen. Noch Einer will leben.

Das Schlimmste: daß man ihn nicht umkommen lassen kann. Er ist kein Fremder. Er ist ein Jude und ein Landsmann.

Irgendjemand wird ihn aufnehmen. Ein anderer wird ihm ein kleines Kapital vorstrecken oder Kredit verschaffen. Ein Dritter wird ihm eine „Tour" abtreten oder zusammenstellen. Der Neue wird ein Ratenhändler.

Der erste schwerste Weg führt ihn ins Polizeibüro.

Hinter dem Schalter sitzt ein Mann, der die Juden im Allgemeinen und die Ostjuden im Besonderen nicht leiden mag.

Dieser Mann wird Dokumente verlangen. Unwahrscheinliche Dokumente. Niemals verlangt man von christlichen Einwanderern derlei Dokumente. Außerdem sind christliche Dokumente in Ordnung. Alle Christen haben verständliche europäische Namen. Juden haben unverständliche und jüdische. Nicht genug daran: sie haben zwei und drei durch ein „false" oder ein „recte" verbundene Familiennamen. Man weiß niemals, wie sie heißen. Ihre Eltern sind nur vom Rabbiner getraut worden. Diese Ehe hat keine gesetzliche Gültigkeit. Hieß der Mann: Weinstock und die Frau: Abramofsky, so hießen die Kinder dieser Ehe: Weinstock recte Abramofsky oder auch Abramofsky false Weinstock. Der Sohn wurde auf den jüdischen Vornamen: Leib Nachman getauft. Weil dieser Name aber schwierig ist und einen aufreizenden Klang haben könnte, nennt sich der Sohn: Leo. Er heißt also: Leib Nachmann genannt Leo Abramofsky, false Weinstock.

Solche Namen bereiten der Polizei Schwierigkeiten. Die Polizei liebt keine Schwierigkeiten. Wären es nur die Namen. Aber auch die Geburtsdaten stimmen nicht. Gewöhnlich sind die Papiere verbrannt. (In kleinen galizischen, littauischen und ukrainischen Orten hat es in den Standesämtern immer gebrannt.) Alle Papiere sind verloren. Die Staatsbürgerschaft ist nicht geklärt. Sie ist nach dem Krieg und der Ordnung von Versailles noch verwickelter geworden. Wie kam jener über die Grenze? Ohne Paß? Oder gar mit einem falschen? Dann heißt er also nicht so, wie er heißt und obwohl er so viele Namen angibt, die selbst gestehen, daß sie falsch sind, sind sie auch wahrscheinlich noch objektiv falsch. Der Mann auf den Papieren, auf dem Meldezettel ist nicht identisch mit dem Mann, der soeben angekommen ist. Was kann man tun? Soll man ihn einsperren? Dann ist nicht der Richtige eingesperrt. Soll man ihn ausweisen? Dann ist ein Falscher ausgewiesen. Aber, wenn man ihn zurückschickt, damit er neue Dokumente, anständige, mit zweifellosen Namen bringe, so ist jedenfalls nicht nur der Richtige zurückgeschickt, sondern eventuell aus einem Unrichtigen ein Richtiger gemacht worden.

Man schickt ihn also zurück, einmal zweimal, dreimal. Bis der Jude gemerkt hat, daß ihm nichts anderes übrig bleibt, als falsche Daten anzugeben, damit sie wie ehrliche aussehen. Bei einem Namen zu bleiben, der vielleicht nicht sein eigener, aber doch ein zweifelloser, glaubwürdiger Namen ist. Die Polizei hat den Ostjuden auf die gute Idee gebracht, seine echten wahren aber verworrenen Verhältnisse durch erlogene aber ordentliche zu cachieren.

Und jeder wundert sich über die Fähigkeit der Juden, falsche Angaben zu machen. Niemand wundert sich über die naiven Forderungen der Polizei.

[...]

9.

Der Krieg hat viele ostjüdische Flüchtlinge nach Wien gebracht. So lange ihre Heimat besetzt war, gab man ihnen „Unterstützungen". Man schickte ihnen nicht etwa das Geld nach Haus. Sie mußten in den kältesten Wintertagen, in den frühesten Nachtstunden anstehen. Alle: Greise, Kranke, Frauen, Kinder.

Sie schmuggelten. Sie brachten Mehl, Fleisch, Eier aus Ungarn. Man sperrte sie in Ungarn ein, weil sie die Nahrungsmittel aufkauften. Man sperrte sie in Österreich ein, weil sie nichtrationierte Lebensmittel ins Land brachten. Sie erleichterten den Wienern das Leben. Man sperrte sie ein.

Nach dem Krieg wurden sie, zum Teil gewaltsam, repatriiert. Ein sozialdemokratischer Landeshauptmann ließ sie ausweisen.[10] Für Christlichsoziale sind's Ju-

---

10 Roth bezieht sich hier auf den Sozialdemokraten Albert Sever (1867–1942), der vom 20. Mai 1919 bis zum 10. November 1920 Landeshauptmann von Niederösterreich war und dessen „Sever-Erlaß" vom 9. September 1919 von allen jüdischen Flüchtlingen aus Galizien, die in Österreich bleiben wollten, eine Aufenthaltsbewilligung verlangte. Obwohl eine solche Bewilligung nur selten gewährt wurde, konnten die verfügten Ausweisungen nicht exekutiert werden, weil die Zielstaaten die Aufnahme der Flüchtlinge verweigerten. (Vgl. Kapitel 9)

den. Für Deutschnationale sind sie Semiten. Für Sozialdemokraten sind sie unproduktive Elemente.

Sie aber sind arbeitsloses Proletariat. Ein Hausierer ist ein Proletarier.

Wenn er nicht mit den Händen arbeitet, so schafft er mit den Füßen. Wenn er keine bessere Arbeit findet, so ist es nicht seine Schuld. Wozu diese Selbstverständlichkeiten? Wer glaubt das Selbstverständliche?

31.6 Felix Salten: Unmögliche Wahl! Brief an unseren Chefredakteur

Erstveröffentlicht als Felix Salten: Unmögliche Wahl! Brief an unseren Chefredakteur, in: *Wiener Sonn- und Montagszeitung*, 4. April 1927, S. 1–2.

Mit seinem Brief an Ernst Klebinder, den Chefredakteur des jüdisch-liberalen Wochenblatts Wiener Sonn- und Montagszeitung, *reagiert Felix Salten (1869–1945), Feuilletonist der* Neuen Freien Presse *und einer der prominentesten Autoren der Zwischenkriegszeit, auf Klebinders Leitartikel, der eine Woche zuvor erschienen war. In diesem hatte Klebinder klargestellt, warum es ihm trotz seiner Sympathie für den amtierenden Bundeskanzler Ignaz Seipel bei den bevorstehenden Landtags- und Nationalratswahlen unmöglich sei, der von den Christlichsozialen angeführten Einheitsliste seine Stimme zu geben: aufgrund ihres offen antisemitischen Parteiprogramms. Salten bekräftigt Klebinders Argumentation, indem er auf die symbolische Bedeutung der Kandidatur Walter Riehls eingeht, der 1918 in Österreich die Deutsche Nationalsozialistische Arbeiterpartei (DNSAP) gegründet hatte und 1927 immer noch Anführer einer Splittergruppe der österreichischen Nationalsozialisten war. Bemerkenswert an Saltens Brief ist nicht bloß die Befürchtung, dass der Antisemitismus für das jüdische Bürgertum ein kleineres Übel darstellen könnte als die Sozialdemokratie, sondern auch Saltens Antwort darauf: „Der Dr. Riehl und alle seine Verbündeten streben zurück in die schwärzeste Vergangenheit; der [Stadtrat Hugo] Breitner dagegen will die Zukunft."*

[...]

Daß die Christlichsozialen in ihre Einheitsliste für den zweiten Wiener Stadtbezirk, just für diesen, den Herrn Dr. Riehl aufnehmen, soll, wie man sagt, ein Zeichen dafür sein, wie gänzlich sie auf die Stimmen der Juden verzichten. Nicht bloß auf die Stimmen der Juden in der Leopoldstadt, sondern auf die Stimmen der Juden in Österreich überhaupt. Ich verstehe mich nur schlecht auf die Deutung derartiger Zeichen. Deshalb scheint mir der Name des bekannten Hakenkreuzlers in der Einheitsliste der Leopoldstadt wie eine schimpfliche Verhöhnung aller jüdischen Elemente. Und ich höre außerdem ein übermütig drohendes: „Friß, Vogel, oder stirb!"

[...]

Trotzdem finden sich manche unter den Wiener Juden, die für die christlichsoziale Einheitsliste agitieren. Getaufte und nicht getaufte Juden die sich bemühen, den Christlichsozialen Stimmen zu werben. Nur schwer entschließe ich mich, verehrter Herr, Ihnen das zu glauben. Doch es muß wohl richtig sein. Leider! Leider! Der Versuch wird gewagt, die verlogene Gemütlichkeit von anno Lueger wieder aufzuwärmen. Im Namen Seipels. Sie sagen, verehrter Herr, daß der widerliche Beschwichtigungsschwatz genau so anhebt wie einst im Lueger-Mai: es ist nicht so ernst gemeint, der Punkt im Parteiprogramm, der die Christlichsozialen am Antisemitismus festbindet, ist nur Formsache, war immer schon vorhanden ... und noch sonst allerlei Gerede in dieser Tonart. Da muß man die Leute freilich daran erinnern, daß die Zustände nicht mehr so harmlos sind, wie in den Tagen der k. k. Luegerei, daß wir alle heute vor wichtigen Entscheidungen stehen, die das Antlitz dieser Welt gründlich verändern werden. Man muß die Leute daran erinnern, daß die ganze, vom Gedudel der Schrammelmusik begleitete Komödie der Lueger-Zeit ein Kinderspiel war, verglichen mit dem gewaltigen Umsturz, der ja doch erst begonnen hat und den wir alle wohl kaum bis an seinen Abschluß miterleben dürften. Man muß die Leute daran erinnern, daß in solch einer Epoche der Krisen und Katastrophen nur derjenige aufrecht bleibt, der sich selbst die Treue hält, daß aber derjenige, der sein Wesen, sein Blut und seine Eltern verleugnet, unrettbar weggefegt wird.

Die Juden, die den Gedanken fassen können, für einen Riehl zu stimmen – ich hoffe, verehrter Herr, daß es nur sehr, sehr wenige sind – diese Juden befinden sich in einer psychotischen Verwirrung. Sie sollen sich besinnen, diese Juden. Wenn Herr Dr. Riehl sie „Fremdlinge" schilt, sollen sie ihm antworten, daß sie ebensolang hier im Lande wohnen, wenn nicht länger, als die Riehls und die anderen Hakenkreuzler. Wenn er ihnen droht, sie unter ein Fremdengesetz zu stellen, müssen sie ihm entgegenhalten, daß die Juden seit mehr als tausend Jahren drei- und vierfach so viel um dieses Land gelitten, blutiger dafür gezahlt haben als manche Arier. Daß sie seit mehr als tausend Jahren nicht ein Zehntel der Gerechtigkeit empfangen, noch der Rechte besaßen, die jeder Arier frei genossen hat, und daß sie sich den gleichberechtigten Anspruch auf diesen Heimatboden von keinem Hakenkreuzlerterror werden rauben lassen.

Wenn Herr Dr. Riehl donnert, alle nach dem Krieg eingewanderten Juden, besonders die aus dem Osten, müssen verjagt werden, ist ihm zu sagen, daß nicht diese Juden die Politik und den Krieg gemacht haben, sondern daß sie die niedergetretenen Opfer der Kaiser- wie der Zaren-Politik, des kaiserlich-zaristischen Krieges gewesen sind, daß sie unter diesem Krieg furchtbarer zu leiden hatten als die Hetzer im Hinterland. Sie haben ja auch schon während der Vorkriegszeit Unerträgliches ertragen müssen, indessen sich ihre Verfolger sicher und übermütig auf allen Amtsfauteuils räckelten. Nennt aber Herr Dr. Riehl den Gott unserer Väter, Jehova, „verbrecherisch", braucht man nur festzustellen, daß alle Christen zu diesem Gott beten. Sogar der Bundeskanzler Dr. Seipel.

[...]

Der Politik freilich traue ich das Schlimmste zu, aber vielleicht weil ich kein Politiker bin, kann ich mir diesen Grad von *moral insanity* nicht vorstellen, der dazu gehören würde, daß ein Jude den Listen der Christlichsozialen seine Stimme gibt. Vielleicht weil ich kein Politiker bin, hoffe ich, daß die Psychose, von der manche jetzt noch befallen sind, bis zum Wahltag weichen wird. Vielleicht, weil ich kein Politiker bin, vermag ich es nicht, zu glauben, daß der Haß gegen [Hugo] Breitner dazu treiben kann, den Dr. Riehl zu wählen. Der Breitner vernichtet angeblich das Geschäft. Der Dr. Riehl aber will nicht bloß das Geschäft, er will heute die Menschenrechte, die Ehre, die Freiheit, die Existenz der Juden vernichten. Ich wiederhole, daß ich kein Politiker bin und ich muß hinzufügen: ich bin auch kein Geschäftsmann. Mag sein, daß die Geschäftsleute, daß die Unternehmer und Kapitalisten mit ihrem Haß gegen Breitner im Recht sind. Aber ich sehe nur das Eine: der Dr. Riehl und alle seine Verbündeten streben zurück in die schwärzeste Vergangenheit; der Breitner dagegen will die Zukunft.

[...]

31.7 Irene Harand: Partei oder Vaterland?

Erstveröffentlicht als Irene Harand: Partei oder Vaterland?, in: *Gerechtigkeit*, 17. November 1933, S. 1.

Irene Harand (1900–1975) war eine leidenschaftliche katholische Kritikerin des Nationalsozialismus und des Antisemitismus. Als Reaktion auf die Machtübernahme Hitlers in Deutschland und den Aufstieg der Austrofaschisten in ihrer eigenen politischen Partei gab sie seit 6. September 1933 die Wochenzeitung Gerechtigkeit: Gegen Rassenhass und Menschennot *heraus. Die Zeitschrift musste am 10. März 1938 ihre Produktion einstellen, nachdem Harand in die USA geflohen war. Einen Monat nach der ersten Publikation der Zeitschrift gründete Harand eine dazugehörende Bewegung, die sich Weltverband gegen Rassenhass nannte und die allgemein als Harandbewegung bekannt wurde. Sowohl Harands Zeitung als auch ihre Bewegung knüpften an den Erfolg ihrer 1933 veröffentlichten Broschüre* So oder So – Die Wahrheit über den Antisemitismus *an. Am bekanntesten ist Harand für ihre Monografie* Sein Kampf: Antwort an Hitler *von 1936, in der sie die Behauptung zurückweist, dass rassistische Politik in den Lehren des Christentums eine legitime Grundlage finde. Jüngste Neubewertungen ihres Lebenswerks heben aber zugleich Harands Unterstützung für die faschistische Vaterländische Front hervor sowie ihre Verehrung für den austrofaschistischen Diktator Engelbert Dollfuß, die auch im folgenden Auszug vernehmbar wird.*

In der „Reichspost" vom Donnerstag, den 16. November, wird unter dem Titel „Bemerkungen zu einer aktuellen Schrift" klar und deutlich unter Berufung auf die Broschüre des Dr. Emmerich Czermak „Verständigung mit dem Judentum"[11] Stimmung für die Einrichtung eines modernisierten Ghettos gemacht. Es heißt dort wörtlich:

[„]Man braucht das Ghetto des Mittelalters, dem noch das Wesen der Judenfrage geläufig war, durchaus nicht für eine ideale Lösung zu halten, etwas für die Gegenwart Symbolhaftes und Wegweisendes haftet ihm an, indem es die Tatsache der Zerstreuung als gegeben und gottgewollt hinnimmt und gleichzeitig für ein geordnetes Auseinander und Nebeneinander des so Wesensverschiedenen sorgt.["]

Würde ich diese Worte nicht selbst gelesen haben, ich würde nicht glauben, daß das Organ der maßgebendsten Partei Oesterreichs unserem Vaterlande diese Schmach antun konnte. Das Traurigste ist, daß der Verfasser des Artikels diesen Standpunkt mit den Lehren des Christentums begründet. Also es ist wirklich wahr: die antisemitische Walze wird tatsächlich eingelegt! Will man wirklich durch Aufrollung der Judenfrage die Massen gewinnen, indem man nach dem Muster Hitlers Staatsbürger zweiter Ordnung schafft?

[...]

Die maßgebenden Herren in der Christlichsozialen Partei werden mir das Zeugnis nicht verweigern können, daß ich mich seit Jahren bemühe, breite Schichten des Volkes zum Gedanken des wahren Christentums zu bekehren. In diesem entscheidenden Augenblick berufe ich mich auf das Zeugnis Sr. Eminenz des Herrn Kardinal-Erzbischofs von Wien, der mir bestätigen wird, daß ich rastlos und zäh für den christlichen Gedanken geworben und gearbeitet habe. Ich bin also von jedem Verdachte frei, daß ich etwa gegen die Interessen des Christentums handeln will. Gerade weil ich mich bemühe, eine gute Christin zu sein, fühle ich mich verpflichtet, meine warnende Stimme zu erheben. *Dieses gefährliche Spiel muß endlich ein Ende nehmen!*

[...]

Ich sehe nur eines: das Bestreben, auf dem Rücken der Juden ein politisches Geschäft zu machen. Ich sehe nur, daß einige maßgebende Herren in der Christlichsozialen Partei mit Blindheit geschlagen sind, und nicht verstehen, daß jetzt die Parteiinteressen vollständig zurückgedrängt und durch ein einziges, aufrichtiges Streben ersetzt werden müssen: *für das Vaterland zu kämpfen und, wenn es sein muß, auch zu sterben. Dieses Sterben gilt nicht nur für Einzelpersonen, sondern auch für Parteien.* Und wenn es sich um das Interesse des Vaterlandes handelt, darf es eben keine Parteiinteressen geben. Das Interesse des Vaterlandes erfordert es aber gebieterisch, daß wir keine Judenfrage aufrollen, sondern die Schädlingsfrage aufrollen. Wir haben *nur ein Ghetto zu errichten: für Charakterlose, moralisch minder-*

---

11 Vgl. die Beiträge von Emmerich Czermak: *Verständigung mit dem Judentum?* und Oskar Karbach: *Wende der staatlichen Judenpolitik* in: *Ordnung in der Judenfrage?* Dokumente, zusammengestellt von der Schriftleitung der Berichte zur Kultur- u. Zeitgeschichte, hg. von Nikolaus Hovorka (= Berichte zur Kultur- und Zeitgeschichte, Sonderschrift, Bd. 4), Leipzig, Wien: Reinhold Verlag 1933.

wertige Menschen. Nicht das Lippenbekenntnis zum Christentum steckt die Grenzen ab. Es gibt leider genug Menschen, die sich Christen nennen, aber in Wirklichkeit Bestien in Menschengestalt sind. Und wenn wir Oesterreicher seit bald einem Jahre einen zähen Kampf gegen diese Schädlinge führen, so kann man ruhig sagen, daß auch die Juden Oesterreichs einen großen Anteil an dem Erfolg dieses Kampfes haben. Es ist daher auch eine Undankbarkeit, ihnen jetzt als Lohn für ihre Treue und Aufopferung einen Fußtritt zu geben, und ihnen das Vaterland, an dessen Erneuerung sie redlich mitgewirkt haben, zu einer Hölle zu machen. *Es gibt keine Judenfrage in Oesterreich, meine Herren!* Fragen Sie den Bauern, der seinen Weizen nicht absetzen, den Gebirgsbauern, der sein Vieh nicht verkaufen kann, fragen Sie den Arbeiter und Angestellten, fragen Sie den Kriegsbeschädigten und Kleinrentner, fragen Sie alle diese Mühsamen und Beladenen, die Arbeitslosen und alle Mitbürger, die heute unter der entsetzlichen Not leiden, ob es für sie eine Judenfrage gibt. Es ist wahr: wir sind ein freies und unabhängiges Volk. Niemand hat ein Recht, sich in unsere inneren Angelegenheiten einzumischen, aber wir dürfen nicht so hochmütig sein, gutgemeinte Ratschläge zu überhören. Mussolini hat deutlich genug den Antisemitismus verurteilt. Der amerikanische Gesandte hat ganz unzweideutig erklärt, daß Oesterreich mit den Sympathien Amerikas und auch mit seiner Hilfe rechnen kann, wenn es den fluchwürdigen Antisemitismus bei sich nicht aufkommen läßt. Wir geben den Wortlaut an anderer Stelle wieder. Um den Nationalsozialisten den Wind aus den Segeln zu nehmen, würden – meiner Meinung nach – wirtschaftliche und nur wirtschaftliche Maßnahmen viel eher zum Ziele führen. Wir haben im Inland gegen die geheimen Wühlereien der Hakenkreuzler zu ringen. Und wer Augen hat, der sieht auch, welche Gefahren unserer Regierung von Seiten der Marxisten drohen. Auch der Landbund ist keineswegs bereit, zugunsten des Vaterlandes seine Parteiinteressen zurückzudrängen. Unser Bundeskanzler hat also genug Arbeit zu leisten und genug Schwierigkeiten zu überwinden.

[...] Die christlichsoziale Partei hat es gar nicht nötig, zu solchen Mitteln zu greifen, um die Massen zu gewinnen. Sie hat uns einen Dollfuß geschenkt, der nicht nur Oesterreich, sondern die Zivilisation und die Kultur von ganz Europa gerettet hat. Dr. Dollfuß hat eine patriotische Tat gesetzt, indem er die Vaterländische Front schuf, in der jeder treue, aufrechte Oesterreicher seinen Platz finden kann. Wenn wir die Vaterländische Front zu einer uneinnehmbaren Festung gestalten wollen, brauchen wir nicht in ihrem Rahmen zum Antisemitismus zu greifen. Was wirklich nottut, ist das Verständnis für die wirtschaftlichen Nöte des Volkes. Wir müssen die Not, die entsetzlich würgende Not beseitigen – das ist es, was die breiten Massen beschäftigt, und unser Kanzler ist schon auf dem richtigen Wege, das Rettungswerk zu vollbringen. Was bis jetzt geschehen ist, berechtigt uns zu den besten Hoffnungen. Wenn man im Namen des Vaterlandes arbeitet und die Bevölkerung an ihre patriotischen Pflichten erinnert, so wird man Verständnis für die Schwierigkeiten finden, die auch beim besten Willen bei den wirtschaftlichen Problemen sich häufen. *Aber man versuche keinen Keil in die Gruppen des österreichischen Volkes zu trei-*

ben! Das österreichische Volk setzt sich aus verschiedenen Elementen zusammen. Es gibt kaum eine Familie in Oesterreich, die nicht irgend einen fremdstämmigen Ahnherrn aufweisen würde. *Es muß das Trennende beiseite geschoben und das Einende in den Vordergrund gerückt werden.* Wir sind noch nicht über dem Berg, meine Herren! Wir haben noch viel Arbeit zu leisten! [...] Wenn wir unser Vaterland aus der Gefahr errettet, ein freies Oesterreich errichtet und gesichert haben, dann wird man sicherlich die Judenfrage aufrollen können, allerdings nur in dem Sinne, wie man es verhindern könnte, daß man politische und wirtschaftliche Vorteile durch konfessionelle Verhetzung zu erreichen sucht.

An dieser Leute Wesen soll Österreich genesen!

Die Karikatur der sozialdemokratischen Bildillustrierten *Der Kuckuck* stellt die Förderer der paramilitärischen Heimwehr in Form eines Soziogramms der Reaktion bloß. In: *Der Kuckuck*, 16. Juni 1929. (VGA)

32 Das Schwarze Wien

Wolfgang Fichna, Azadeh Yamini-Hamedani

Einleitung

Die simple Farbcodierung des politischen Spektrums Wiens stellt sich weitaus vielschichtiger dar, als sie auf den ersten Blick erscheint. Während die Zuschreibung der Sozialdemokratischen Arbeiterpartei (SDAP) als ‚rot' eindeutig war, gestaltete sich diese bei der ‚schwarzen' Gegenseite bei genauerem Hinsehen schwieriger. So markierte das ursprüngliche ‚Schwarze Wien' des Gründers der Christlichsozialen Partei und Bürgermeisters, Karl Lueger, den Aufstieg der modernen Parteien in den letzten Jahrzehnten der Monarchie. Als erfolgreiche Massenbewegung des städtischen Klein- und Mittelbürgertums positionierten sich die Christlichsozialen unter Lueger und seinen beiden Nachfolgern als Bürgermeister bis 1918, Josef Neumayer und Richard Weiskirchner, gegen die Sozialdemokratie sowie gegen das bis dahin im Reichsrat dominierende liberale Großbürgertum und die intellektuellen Eliten. Als Basis dienten dabei die katholische Soziallehre ebenso wie ein programmatischer Antisemitismus. Letzterer verband die Christlichsozialen mit der deutschnationalen Bewegung, von der sie sich in ihrem Bekenntnis zur Monarchie aber zugleich abgrenzten. Als die Christlichsozialen und die SDAP mit der Einführung des allgemeinen Männerwahlrechts bei den Reichsratswahlen von 1907 und 1911 die dominierenden Fraktionen im Parlament der Monarchie geworden waren, bedeutete das für die Konservativen notwendigerweise die Ausweitung ihrer Klientel auf den ländlichen niederen Klerus und auf die Bauernschaft, während die Ausrichtung der Sozialdemokratie auf die Arbeiterschaft unverändert blieb. Die Vergrößerung der christlichsozialen Klientel auf ländliche Milieus ging nach dem Ersten Weltkrieg weiter, besonders nachdem bei der ersten Wiener Gemeinderatswahl unter allgemeinem Wahlrecht das Amt des Bürgermeisters auf den Sozialdemokraten Jakob Reumann übergegangen war. In der Folge war es die Strategie des christlichsozialen Bundeskanzlers und Prälaten Ignaz Seipel (Bundeskanzler 1922–1924 bzw. 1926–1929), alle antimarxistischen Kräfte hinter sich zu vereinen. 1922 koalierte er auf Bundesebene mit der Großdeutschen Volkspartei und dem Landbund, 1927 trat er mit einer Einheitsliste zur Nationalratswahl an. Die ‚schwarze' Sphäre umfasste nun neben den Christlichsozialen auch Deutschnationale, die paramilitärischen Verbände der Heimwehren und die bürokratischen Eliten der Monarchie umfasste. Seipel machte das Rote Wien zum Feindbild und schuf so einen Gegenpol, der z. B. im Bereich der konservativen Intellektuellen alle, selbst widersprüchliche politische Schattierungen rechts der Sozialdemokraten versammeln sollte – konservativ, katholisch, antiklerikal, legitimistisch, deutschnational, austrofaschistisch, jedenfalls fast immer antisemitisch. So definierte sich dieses neue „Black Vienna" (Janek

Wasserman) nicht durch seine ideologische Einheit, sondern durch sein Nicht-Rot-Sein und wirkte, so Wasserman, auf den zeitgenössischen intellektuellen Diskurs.

Überschneidungen der Interessen unterschiedlicher ideologischer Gruppen waren besonders in den universitären Kreisen der ‚schwarzen' Sphäre die Regel. So hat etwa der einflussreiche Nationalökonom und Soziologe Othmar Spann mit seinen autoritären und antiaufklärerischen Ideen die Christlichsoziale Partei auf dem Weg zum austrofaschistischen Ständestaat maßgeblich beeinflusst. Seine Schüler machten sowohl an den Universitäten als auch in den Heimwehren Karriere. In der Folge diente sich Spann den Nationalsozialisten an und wurde 1938 nicht etwa als Oppositioneller verfolgt, sondern weil er im Konkurrenzkampf mit Alfred Rosenberg innerhalb der Nationalsozialistischen Deutschen Arbeiterpartei (NSDAP) unterlegen war. Der Publizist Joseph Eberle, Vertreter eines politischen Katholizismus, versammelte konservative Intellektuelle monarchistischer wie deutschnationaler Ausrichtung als Mitarbeiter der auflagenstarken Zeitschriften *Das Neue Reich* und *Schönere Zukunft* um sich. Er selbst näherte sich immer stärker völkischen Ideen an und kritisierte in den 1930er Jahren den Nationalsozialismus zwar als heidnisch und antiklerikal, unterstützte zugleich aber dessen Kampf gegen Liberalismus, Sozialismus und Judentum. Eberles Redakteure Alfred Missong, ein Schüler Spanns, und Ernst Karl Winter wandten sich dagegen einem legitimistisch-monarchistischem Antinazismus zu. Zuvor hatte der Kreis um Spann Winters Habilitation verhindert. Solche akademischen Intrigen trafen in der Regel aber jüdische und marxistische Intellektuelle und gingen von Gruppen wie dem Netzwerk „Bärenhöhle" aus, einer geheimen Clique antisemitischer und deutschnationaler Professoren wie den Historikern Oswald Menghin und Heinrich Srbik, die auch als Dekane und Rektoren wirkten. Diese sind ein typisches Beispiel für das „opportunistische Grenzgängertum" (Klaus Taschwer) zwischen dem ‚Schwarzen Wien' und dem dritten Aspekt im zeitgenössischen politischen Farbenspiel, dem ‚braunen' Nationalsozialismus. (Vgl. Kapitel 33) So war Menghin teilweise zeitgleich Mitglied des katholischen Cartellverbands, im Führerrat der Wiener Vaterländischen Front und, gemeinsam mit Arthur Seyß-Inquart, in der konspirativen Deutschen Gemeinschaft sowie in der NSDAP.

Das akademisch institutionalisierte ‚Braune Wien' formierte sich erst ab den Ereignissen von 1927 und wirkte mehr politisch als intellektuell. Die eigentliche Macht blieb an der Wiener Universität aber bis weit in die 1930er in ‚schwarzen' Händen. Der geringen Zahl an dezidiert sozialdemokratischen Professoren war es ebenso wie den international bedeutenden Forschern und Forscherinnen wie Sigmund Freud, Moritz Schlick, Ernst Mach, Charlotte und Karl Bühler unmöglich, diese Vorherrschaft zu brechen. Zu gut funktionierte die katholische, antiliberale, antimarxistische und antisemitische Allianz des ‚Schwarzen Wien', die bis 1934 den austrofaschistischen Ständestaat intellektuell vorbereitete und bis zu einem gewissen Grad auch die ‚braunen' Kräfte binden konnte.

Literatur

Lewis 1990.
Taschwer 2016.
Wasserman 2014.

32.1 Karl Renner: Die christlichsoziale Partei und ihr veränderter Charakter

Erstveröffentlicht als Karl Renner: Die christlichsoziale Partei und ihr veränderter Charakter, in: *Der Kampf. Sozialdemokratische Monatsschrift*, 16. Jg., Nr. 9/10 (September/Oktober 1923), S. 293–303.

Anlässlich der Nationalratswahl von 1923 veröffentlichte die sozialdemokratische Zeitschrift Der Kampf *Karl Renners Entwicklungsgeschichte der Christlichsozialen Partei, von der „nichts geblieben ist, als der Parteiname". Er beschreibt den Wandel des politischen Gegners von einer urbanen Massenpartei, deren auf Karl von Vogelsangs christliche Soziallehre zurückgehende Reformideen mehr auf Mitleid, wie Renner meint, als auf Solidarität mit der Arbeiterschaft beruhten, über den Weg zur Mittelstandspartei bis zur Ausweitung auf ländliche Milieus. Renner identifiziert als entscheidende Änderung aber erst die Parteiführung Ignaz Seipels und dessen Integration des liberalen Großbürgertums und der ehemaligen Aristokratie unter der Prämisse des Antimarxismus. Gleichzeitig gelinge es dem Kleriker Seipel, seine Partei zum Zentrum des politischen Katholizismus zu machen. In seiner Polemik kritisiert Renner den Antisemitismus seiner politischen Gegner und schreckt gleichzeitig selbst nicht vor ebensolchen Zuschreibungen zurück, etwa wenn er gegen den Finanzkapitalismus und die bürgerliche Presse argumentiert.*

[...]
    Der Zusammenbruch des Reiches war vor allem der Zusammenbruch des Spießbürgerflügels [der Christlichsozialen]. Wieder war es der Bauernflügel kraft seiner eindeutigen Klassenlage, der nach dem Kriegsende alleine wußte, was zu tun war. Der Bauer kam revolutionär, militär- und kriegsfeindlich heim. [...] Die beispiellose Perfidie der gesamten jüdischen und christlichen Pressemeute unterwühlte die Koalition von Arbeitern und Bauern und der bäuerliche Flügel der christlichsozialen Partei besaß weder die geistigen, noch die materiellen Mittel, ihr zu begegnen. Vermochte er sich doch nicht einmal eine eigene Presse zu schaffen, konnte er sich doch nicht einmal des Feindes im eigenen Lager erwehren. *In jedem Dorfe arbeiteten Pfarrer und Kaplan gegen die Politik der Bauernführer.* So entglitt ihnen allmählich die Führung der Partei und ging auf den städtischen Mischmasch [...] über.
    Dieser Mischmasch aber hatte nach dem Kriege seine Zusammensetzung wesentlich geändert. Und *dieser letzte Klassenwandel* ist es, der *heute entscheidet.* Das

alte demokratische *Kleinbürgertum* war längst zurückgedrängt, es wurde schon lange kaum mehr gehört. Nun aber gibt auch das eigentliche *Mittelbürgertum* nicht mehr den Ausschlag, nun hat die Partei unerwarteten Zuwachs bekommen, der ihren Bestand im Wesen verändert.

[...]

Aber diese Gruppen vereinigten in sich eben die *Quintessenz der herrschenden Klassen*: den alten *Hofstaat*, die alte *Militärkaste*, die alte *Bürokratie*, die kirchliche *Hierarchie*, die *geistige Reaktion der Hochschulen*, die *Bankwelt* und das hinter ihr stehende *Finanzkapital*, die *Haifische der Börse*, die *Großkaufleute* und *Industriebarone* christlichen und mosaischen Bekenntnisses! Diese Quintessenz der politischen und wirtschaftlichen Herrschaft hatte sich bis zur Revolution von der antisemitischen Bewegung, dieser „Kulturschande des 19. Jahrhunderts" ferngehalten und sich darauf beschränkt, sie gegen die Arbeiterklasse auszunützen.

[...]

Der neue Körper schafft sich einen neuen Geist. Es ist die *Person* Seipels, [...] welche das neue Wesen rein ausdrückt, welche der Partei ihr geistiges Gehaben gibt, welche die alten Ideen feierlich zu Grabe trägt und den reaktionären Machthabern der entthronten Habsburger wie den Kapitänen des Großkapitals den geistigen Segen und die schauervolle Weihe der katholischen Mystik leiht. Mit einemmal sehen sich die alten Stammgruppen der Christlichsozialen, die biederen Hausherren der Vorstadt, die ehrsamen Gewerbetreibenden, die schwerfälligen Bauern überschattet von der Gunst hoher Herren, und die Führer von ehedem sind staunender Anhang geworden. Und die alte Lehre vom christlichen Sozialismus ist durch die neue Lehre Seipels in ihr direktes Gegenteil verkehrt.

Der *Sozialstaat* Vogelsangs,[1] der die Wirtschaft leiten und ordnen soll, ist abgetan und macht dem ältesten *Manchesterliberalismus* Platz. Der Staat soll nicht wirtschaften, soll nicht fürsorgen, der Staat hat sich zu beschränken, die *Autorität* beizustellen, welche die Wirtschaftenden vor Diebstahl und Enteignung schützt. Der *Kampf gegen das mobile Kapital* ist eingestellt, gerade das mobile Kapital ist Trumpf, und der *Giftbaum der Börse* gedeiht wie der heilige Ölbaum im Tropenregen. Das *„böse Gold"* der christlich-sozialen Frühzeit ist der reine Fetisch der heutigen Politik geworden. [...] „Freie Wirtschaft" das war gerade das, was der christliche Sozialismus von Anno dazumal als den Hauptfeind der christlichen Gesellschaftsverfassung, als das Sprungbrett des Judentums, als die giftige Frucht der Französischen Revolution auf ewig verdammt zu haben glaubte. *Und Seipel zieht aus, all das zu segnen, was die Altvorderen der Partei verflucht haben!*

[...]

---

1 Karl von Vogelsang (1818–1890), katholischer Sozialreformer und Mitbegründer der christlichen Soziallehre.

32.1 Karl Renner: Die christlichsoziale Partei und ihr veränderter Charakter

Wie tatkräftig hat Lueger sein Wien vor dem Fremdkapital beschützt, mit welcher Leidenschaft die *englische Gasgesellschaft*, die Wien tributpflichtig machte, aus Wien hinausgeworfen und die Privatunternehmungen für Gas und Licht zugunsten der Stadt sozialisiert. Dieses einzige Ergebnis des angeblich christlichen, in Wahrheit internationalen Munizipalsozialismus – wie gern hätten es die *Kienböck*[2] und *Seipel* wieder entsozialisiert, dem Privatkapital und womöglich gar dem *fremden* ausgeliefert. Alle Tatkraft, alle Leidenschaft gilt nun der Idee, *dem fremden Kapital möglichst große Stücke des Staats- und Volksgutes, ja selbst der Privatunternehmungen preiszugeben! Jede neue Verschuldung an Fremde wird triumphierend gefeiert als ein Akt der Rettung!* Wer aber sind diese Fremden, diese Heilbringer und Wundertäter? *Es ist dasselbe „internationale, mobile, jüdische Großkapital"*, das zu bekämpfen den kindischen Vorgängern Lebensaufgabe war!

Es ist die totale geistige Umkehr! [...] *[D]er Katholizismus hat aufgehört, eine wirkliche Kirche zu sein und ist zur politischen Partei geworden*, die Katholikenversammlungen sind zu *Werbeversammlungen einer Partei, die Katholikentage zu christlichsozialen Parteitagen geworden*, und die *Presse des Großkapitals* ist es, die ihnen den wirklich einträglichen Segen vermittelt.

Das ist das Werk und der Geist Seipels in dieser Partei! Mit den Worten der Alten zu sprechen: Es ist der „Judenliberale" in der Soutane, der die Partei führt, Manchesterliberalismus ist Trumpf, und die Sumpfblüte des „Schachers und Wuchers" gedeiht üppig auf dem Boden eines grauenhaft verelendeten Volkes. Das ist der große Wandel seit Lueger! Das gesamte Bürger- und Bauerntum ist unter die Klassenherrschaft jener zwei büro- und plutokratischen Oberschichten gestellt, die Seipels ureigenste Eroberung sind! Armer Kleinbürger! Armer Bauer! Gelingt euren neuesten Führern ihr Werk, so werdet ihr bald wieder jenen Herren, gegen die zu kämpfen eure Vorväter sich aufgerafft haben, die Schleppe tragen. Schon jetzt tragt ihr die Zinsknechtschaft des mobilen Kapitals viel schlimmer als je in den achtziger Jahren, und bald werdet ihr auch politisch Habtacht stehen, nicht anders als in den Tagen des alten Militarismus und Bürokratismus.

[...] Das wenige, was gut und entwicklungsfreundlich war in der Geschichte der christlichsozialen Partei wird heute zur Anklage gegen sie und zur Verurteilung des Seipelschen Geistes. Früher oder später, das Urteil über ihn wird vollzogen werden!

---

[2] Viktor Kienböck, christlichsozialer Finanzminister von 1922 bis 1924 und von 1926 bis 1929. Präsident der Oesterreichischen Nationalbank von 1932 bis 1938 (1952–1956 deren Vizepräsident). (Vgl. Kapitel 2)

32.2 Ignaz Seipel: Die große Linie der geistigen Entwicklung unserer Zeit

Hier zitiert nach Ignaz Seipel: Die große Linie der geistigen Entwicklung unserer Zeit, in: *Seipels Reden in Österreich und anderwärts. Eine Auswahl zu seinem 50. Geburtstage*, hg. von Josef Geßl, Wien: Herold 1926, S. 86–93.

Prälat Ignaz Seipel (1867–1932) war durch die Allianzen mit der Großdeutschen Volkspartei, der nationalsozialistischen Riel-Gruppe und den paramilitärischen Heimwehren, die er als Bundeskanzler (1922–1924 und 1926–1929) schmiedete, einer der Hauptverantwortlichen für die ideologisch breite Aufstellung des sich als antimarxistisch verstehenden ‚Schwarzen Wien'. Auf der anderen Seite war er als Parteiobmann der Christlichsozialen Partei, Kleriker und Moraltheologe ein bedeutender Vordenker eines sich als politisch verstehenden Katholizismus. Er konnte dabei auf große, mit der katholischen Kirche assoziierte Dachverbände wie die Katholische Aktion und den Volksbund der Katholiken Österreichs zurückgreifen, aber auch auf akademische Vereine wie die Österreichische Leo-Gesellschaft. Die folgende Rede hielt Seipel am 5. Jänner 1924 als Eröffnungsvortrag des sozialen Winterkurses des Volksbundes der Katholiken Österreichs. Sie offenbart sein christlich und zugleich hierarchisch geprägtes Politikverständnis.

Wenn wir in einer normalen Zeit lebten, dann käme uns vielleicht gar nicht der Gedanke, erst die große Linie der geistigen Entwicklung unserer Zeit zu suchen; dann brauchten wir nur in dieser normalen Zeit weiterzuleben, uns vor Irr- und Abwegen zu hüten und könnten uns in der sicheren Hand der göttlichen Vorsehung fühlen, die uns schon, wenn wir nur selbst normale Menschen bleiben, auch auf dem normalen und richtigen Weg erhalten wird. Nun ist aber unsere Zeit nicht eine normale Zeit. Wir leben, wenn ich diesen Ausdruck gebrauchen darf, an einer Bruchstelle der Zeit. Freilich gibt es viele, die das nicht recht glauben wollen; sie meinen, es handle sich nur um ein Hin- und Herschwanken für kurze Zeit und es wäre unsere ganze Aufgabe, zu jener Entwicklungslinie zurückzukehren, die vor den Erschütterungen, die wir mitgemacht haben, dagewesen ist. Es sind aber nicht bloß Erschütterungen, die wir miterlebt haben, sondern es ist wirklich ein Bruch erfolgt. Gott hat uns eine besondere Aufgabe zugewiesen, indem er uns einen solchen Zeitenbruch miterleben ließ. Ich hielte es für die größte Gefahr, wenn wir uns dessen gar nicht bewußt würden, daß wir an einer Wende der Zeiten stehen; wenn wir aus Bequemlichkeit oder aus übertriebenem Konservativismus nur das wieder aufnehmen oder zu dem zurückkehren wollten, was vordem gewesen ist. [...] Andere wieder haben geglaubt, es dürfe nichts vom Alten übrigbleiben. Sie sind im blinden Glauben daran, daß eine neue Zeit begonnen habe, in alles scheinbar Neue wahllos hineingesprungen. Deswegen die Verirrungen, die wir in den letzten Jahren miterlebt haben. Bewegliche Leute, unter ihnen auch gute, glaubten, jetzt müsse möglichst laut allem Alten abgeschworen werden, und sie meinten, wenn sie sich nur sofort in etwas Neues oder wenigstens neu Klingendes hineinstürzten, dann würde schon die wirklich neue Menschheit geboren. Auch das ist falsch. Wir müssen uns der gewöhnlichen Mittel bedienen, um zu erkennen, wohin die neue Linie der Entwicklung führt. Wir müssen auf die alte Linie zurückschauen und die Beugungen und Brechungen zu erkennen suchen, die sie beim Durchgehen durch die Zeitenwende erfahren hat.

Was war nun in der Vorkriegszeit das Bestimmende für die Linie der geistigen Entwicklung? Wir können kurz sagen: Die Wertschätzung, fast die Anbetung der Technik, der Organisation und der Demokratie.

[...]

Auch wo Monarchien bestanden, war es wesentlich nicht anders. Wir müssen immer wieder darauf aufmerksam machen, wie wenig die Demokratie unmittelbar von der Staatsform abhängt. Überall war das Bestreben, den Willen der Masse, den Willen der Organisationen, der natürlichen, der pflichtgemäßen und der freiwilligen, zu dem allein Bestimmenden zu machen, vorhanden. Wir haben diese Bestrebungen selbst in die Kirche oder in einzelne ihrer Teile eindringen gesehen. Gewisse Geisteskämpfe, die wir in den letzten Jahrzehnten miterlebten, gingen darauf hinaus. Es war so schwer, die richtige Mitte zu finden, die zugleich die Anerkennung der von Gott gegebenen Autorität gestattete und doch auch die modernen Ideen der Freiheit, der Selbstbestimmung, des eigenen Erlebnisses zur Geltung brachte. Das mißglückte Ergebnis aller solcher Vermittlungsversuche auf dem religiösen Gebiete war der Modernismus.

[...]

Und nun, wie steht es jetzt? Merken wir schon, daß die Linie der geistigen Entwicklung sich nach einer anderen Seite hin wendet? Ich behaupte ganz bestimmt: Sie wendet sich schon, wir sind schon auf einem anderen Wege.

Der Technik gegenüber ist, wie ich glaube, innerlich unsere Stellung vollständig verändert. Denn von der unbedingten Anbetung der Technik hat uns das Grauen kuriert, das wir empfanden, als wir sahen, daß diese Technik am vollkommensten sich im Zerstören, im Töten auswirkt. Dazu ist die Resignation gekommen. Man kann heute nicht mehr alle Vorteile der Technik haben. Wie oft haben gerade wir Besiegte das erfahren müssen. Wir sind zu arm geworden und müssen daher auf manches verzichten. Glücklicherweise lernt man das mit der Zeit. Endlich wird dem, der nur das Technische, nur die technischen Fortschritte vor sich sieht, doch eigentlich kalt; es fehlt ihm irgend etwas. Darum wollen wir Menschen der neuen Zeit zwar gewiß nicht auf die Errungenschaften der Technik verzichten, aber wir können sicher nicht mehr in ihnen allein den Stolz der modernen Menschheit sehen und wir können nicht mit den Bequemlichkeiten und den geschäftlichen Möglichkeiten, die uns die technische Entwicklung bietet, das Auskommen finden. Wir betrachten uns auch nicht mehr so an sie gebunden, daß wir ohne sie nicht gut leben könnten.

[...]

Ganz ähnlich ist die Stellung gegenüber den Organisationen verändert. Während man früher sehr stark den Wert der Organisation empfand, sind wir schon in eine Zeit hineingekommen, in der man mehr den Druck der Organisation empfindet, nicht nur weil manche Organisationen sich zu viel herausnehmen, weil sie mit terroristischen Mitteln arbeiten und weil jeder denkende Mensch sich sagen muß, daß dies schließlich bei jeder Organisation der Fall sein könnte. Aber darüber hinaus betrachtet man ebenso wie die Erfindungen der Technik auch das Räderwerk der Organisation an sich schon mit gewissen Bedenken und mit Vorsicht. Retten kann nur der Geist der Organisation. Das hat, wie ich glaube, eine sehr gute Kehrseite. Es ist nicht mehr so, daß man, wenn man für die katholische Sache organisieren will, das Katholische im Hintergrund halten und die technischen Mittel der Organisation in den Vordergrund stellen muß. Ich finde im Gegenteil, die Leute wollen dies gar nicht mehr; sie wünschen, daß man gleich mit dem Gedanken kommt, um den es sich handelt; man kann und soll sofort sagen, wozu die Organisation da ist. Je deutlicher und rascher man das tut, um so leichter wird man gut organisieren, nicht so stark in die Breite hinaus, aber in die Tiefe. Das ist die neue Forderung der Organisation. [...] Wenn der Geist der Organisation ihre Angehörigen möglichst erfaßt und durchdringt, dann werden die Erfolge nicht fehlen.
[...]
Nun könnte ich vielleicht am ehesten auf einen Widerspruch stoßen, wenn ich sage, daß auch in bezug auf das dritte Ideal der Zeit vor dem Umsturz, die Demokratie, bereits ein starker Umschwung eingetreten ist. Allerdings wissen es die wenigsten oder sie machen sich nicht klar, worin hier die Wendung besteht. Es ist auch hier nicht ein Umbiegen, als ob jetzt der Weg nach rückwärts liefe, sondern es ist ein Suchen nach einer neuen, wahreren und besseren Demokratie. Wir haben in der politischen Entwicklung der letzten Jahre zwei Versuche vor uns, um aus der Demokratie und über die Demokratie hinauszukommen. Der eine ist der Bolschewismus, der andere die Diktatur.
[...]
Wir sehen weder im Bolschewismus noch in der Diktatur das Ideal einer über die gewöhnliche Majoritätsdemokratie hinausführenden besseren Demokratie, aber wir lernen von ihnen, wohin die Entwicklung geht. Mit ein paar Schlagworten ausgesprochen: es muß an die Stelle der Demokratie des Dreinredens möglichst vieler die Demokratie des Schaltenlassens weniger, aber unter voller Verantwortung vor dem Ganzen, an die Stelle der Demokratie der bloßen Abstimmung die Demokratie der wahren Verantwortlichkeit treten. Wenn diese sich einmal vollständig herausgebildet hat, wird man noch mehr als gegenwärtig sehen, wie wenig es dabei auf die Formen ankommt.

Die drei Richtungsänderungen, die ich als Folge der Zeitenwende aufgezeigt habe, sind nicht als vereinzelte Erscheinungen zu betrachten, sondern sie gehören zusammen und sie spielen ineinander. Die veränderte Stellung gegenüber der Technik, die veränderte Auffassung vom Werte der Form und des Geistes der Organisation und das Ringen um die wahre Demokratie kennzeichnen nicht nur die neue Linie der Entwicklung, sie drängen auch zu einer gemeinsamen und einheitlichen Lösung der Probleme, die sie enthalten. Es steckt in ihnen allen ein und dasselbe: Die bloße Form wird uns in der Zukunft nicht maßgebend sein dürfen, es kommt auf den tiefen geistigen Inhalt aller Einrichtungen an, die unser Leben bestimmen. Nicht auf die Technik, wie man es macht, sondern darauf, was man macht, kommt es an. Allen diesen Techniken gegenüber – seien es die der Künste, der Wissenschaften, der Gewerbe, der Industrien, der Betriebe, seien es die Techniken der Organisation, seien es die Techniken des politischen Lebens – ihnen allen gegenüber wird der neue Mensch, auf den unsere Entwicklung abzielt, das Bewußtsein der Freiheit haben, das Bewußtsein, daß dies alles nur Mittel zum Zweck ist und daß darum er diese Techniken beherrschen soll, daß sie aber ihn nicht beherrschen dürfen. Die Gefahr, die gedroht hätte, wenn die alten Zeiten ohne Zeitenbruch geblieben wären, war, daß die Menschen Knechte der Technik, Knechte der Organisation und Sklaven der Demokratie geworden wären, während sie jetzt, wie ich hoffe, dieser Gefahr bewußt geworden und damit auf dem Wege sind, Herren der Technik, Herren der Organisation und Herren der Demokratie zu werden.

32.3 Joseph Eberle: De Profundis

Erstveröffentlicht als Joseph Eberle: *De Profundis. Der Pariser Friede vom Standpunkte der Kultur und Geschichte. Ein Appell an das christliche Weltgewissen*, Innsbruck, Wien, München, Bozen: Verlagsanstalt Tyrolia 1921, S. 165–207.

Joseph Eberles (1884–1947) publizistischer Einfluss reichte während der 1920er Jahre in den gesamten deutschsprachigen Raum. Seine Schrift De Profundis, *in der er die Bedingungen des Friedensvertrags von Saint-Germain beklagt, richtete sich vordergründig zwar an die Bevölkerung der Siegermächte des Ersten Weltkriegs, doch sie offenbart neben einer entlarvenden Sprache, die Christentum praktisch mit Katholizismus gleichsetzt, einen Blick auf das Selbstverständnis des katholischen Kerns des ‚Schwarzen Wien' während der Anfangsjahre der Republik: Eberle erweist sich als intellektuelle Speerspitze einer politisierten Religionsauffassung. Immer wieder klingt in den Legitimationsversuchen aus der Kirchengeschichte durch, dass dieses Politikverständnis seine Motivation in der Positionierung gegen die Moderne und den Marxismus findet.*

10. Wir appellieren an das christliche Weltgewissen.

[...]
Muß nicht die ganze Christenheit allüberall Stellung nehmen gegen die Weltpolitik der Vertierten? Besteht nicht, wenn irgend einmal, so heute eine große Aufgabe der Hierarchen, der christlichen Parteiführer und Publizisten des Auslandes gegenüber Mitteleuropa? *Christentum ist nicht nur eine Sache für Kathedralen und Ausgedingstübchen; Christentum ist eine Sache für das ganze öffentliche Leben, für alle Beziehungen der Gesellschaften und Staaten.* Christentum ist nicht eine Weltanschauung neben anderen; es ist *das* Credo mit dem absoluten Primat, alle anderen beherrschend. *Die Hauptgebote des Christentums heißen Nächstenliebe, Gerechtigkeit; die Hauptaufgaben der Christen sind Arbeit für Gerechtigkeit und Liebe, Kampf gegen Ungerechtigkeit und Haß.* Wie viel Kampf dieser Art täte heute not!

Das Größte des alttestamentlichen Prophetentums ist neben der Gottespredigt der Kampf gegen den Cäsarismus und Plutokratismus im Interesse des Gottesstaates und seiner höheren Ideale und Ziele. Größte Gestalten der christlichen Kirchen- und Kulturgeschichte: Ambrosius, Hilarius, Gregor der Große, Gregor VII., Pius VII. und Pius IX., O'Connel, Thomas Morus, Fenelon, Görres, Veuillot,[3] verdanken demselben Kampfe ihre Unsterblichkeit.

Die Religion hat zunächst das überirdische Wohl der Menschen im Auge; aber ihre Gesetze haben die Aufgabe, auch das diesseitige Leben zu gestalten, geistig zu führen. Immer war es der Stolz großer Hierarchen, großer christlicher Priester und Laien, in der Welt die Suprematie von Geist, Wahrheit, Gerechtigkeit, Liebe zu verfechten gegen die Anstürme der Materie, gegen Machtrausch, Rachedurst, Habsucht, gegen den Barbarismus und Despotismus in allen Formen. Nach den Zeugnissen auch protestantischer und ungläubiger Historiker ist der tiefste Sinn der großen Kämpfe zwischen Kirche und Staat im Mittelalter die Sicherung der Priorität des Geistig-Sittlichen vor dem Machtpolitischen; ist die *Bewahrung Europas vor dem Cäsarismus und Despotismus* die große Leistung des Papsttums. „Dem Katholizismus", schreibt Pückler-Muskau, „bleibt immer der unsterbliche Ruhm, zuerst ein sichtliches und doch in seinen Prinzipien rein geistiges Reich auf der Erde gestiftet zu haben. Ohne ihn wären wir noch immer in der rohen, materiellen Gewalt".[4] Guizot schreibt im Hinblick auf die großen Einflußzeiten des Papsttums: „Hätte die christliche Kirche nicht existiert, die ganze Welt wäre der materiellen Gewalt anheimgefallen. Sie allein übte einen sittlichen und sittigenden Einfluß. Sie tat noch mehr als das: sie entwickelte überall den Gedanken der Gesetzlichkeit, einer Regel,

---

3 Eine Reihe von Kirchenvätern, Theologen, Päpsten und katholischen Philosophen.
4 Fußnote im Original: Angeführt im 5. Band von Hettingers „Apologie des Christentums" (8. Aufl.) [Franz Hettinger: Apologie des Christentums, hg. von Eugen Müller, Freiburg i. Br.: Herder 1899–1900].

die über allen menschlichen Bestimmungen steht, jetzt göttliches Recht, jetzt Vernunft genannt, aber überall dieselbe Regel unter verschiedenen Namen".[5] Der Protestant Jakob Boehmer meint in bezug auf die neuere Zeit: „Der militärische Despotismus konnte nicht entstehen, solange das Papsttum oberhirtlich waltete und in die weltlichen Dinge eingriff; und er wird bei uns in demselben Grade steigen, in welchem die kirchlichen Gewalten und Ordnungen an Einfluß verlieren".[6]

Es war der Stolz großer Hierarchen und Christen der Vergangenheit, für Recht und Liebe einzutreten gegenüber Cäsaren und Plutokraten. Findet die Meisterschaft, der Mut und Stolz von ehedem keine entsprechenden Jünger in unserer Zeit?

[...]

Es stehen die Götzenbilder des Cäsarismus und Plutokratismus aufgerichtet inmitten der modernen Welt. Die Christen sind gezwungen, Stellung zu nehmen. Die großen Christen des Altertums weigerten sich einst, Götzen Weihrauch zu spenden; eher ließen sie sich rädern, kreuzigen, brennen, von wilden Tieren zerreißen. Haben Polykarp, Justin, haben die Angehörigen der thebäischen Legion, haben ungezählte Märtyrer keine Nachfolger? Wird heute grundsätzlich den Götzen geopfert, wenn auch mit reservatio mentalis? Den ewigen Wahrheiten entspricht gegenüber Modeleidenschaften und Zeitirrtümern das Non licet, non possumus.[7] Dem Non licet zuliebe sind Päpste Bettler geworden, haben sie sich nach irgendeinem Salerno, Avignon, Fontainebleau, Gaëta treiben lassen, sahen sie lächelnd dem Märtyrertod entgegen, riskierten sie Abfälle, selbst wie den Englands unter Heinrich VIII. Ist der dem christlichen Dogma entsprechende Geist des Non licet, non possumus unserer Zeit fremd geworden? Können die Modechristen der Moderne „immer auch anders"?

Das Christentum kennt nicht nur Tat-, sondern auch Unterlassungssünden. Es spricht von sogenannten fremden Sünden und versteht darunter unter anderem das Stillschweigen zur Sünde anderer, das Nichtstrafen der Sünde anderer, das Verteidigen der Sünde anderer, das Sichteilhaftmachen des fremden Gutes. Macht solcher Beichtspiegel die Auslandschristen nicht nachdenklich, schafft er ihnen nicht Gewissensnot?

Werden die Auslandschristen zum Unrecht von Versailles und Saint-Germain schweigen? Werden sie es der marxistischen Internationale allein überlassen, Stimmen der Menschlichkeit zu äußern? Wird man wirklich auf dem Erdenrund den Eindruck entstehen lassen, daß das Christentum zwar ungebrochen und ewig groß ist, daß aber für weite Gebiete christlicher Repräsentanz, christlicher Praxis unter den Menschen die Prophezeiung von der religio depopulata[8] gilt?

---

5 Fußnote im Original: Ebendort S. 421ff.
6 Fußnote im Original: Ebendort S. 421.
7 Es ist nicht erlaubt; wir können nicht.
8 Zerstörte Religion.

Christliche Volksführer, christliche Hierarchen haben eine furchtbare Verantwortung. Sie müssen sich bewußt sein: Nicht die violette Soutane und das goldene Brustkreuz macht den Prälaten aus, sondern der Heroismus im Dienst des Kreuzes.
[...]

32.4 Othmar Spann: Zusammenfassende Betrachtungen der inneren Richtung und des politischen Ideengehaltes unseres Zeitalters

Hier zitiert nach § 23. Zusammenfassende Betrachtungen der inneren Richtung und des politischen Ideengehaltes unseres Zeitalters, in: Othmar Spann: *Der wahre Staat. Vorlesungen über Abbruch und Neubau der Gesellschaft, gehalten im Sommersemester 1920 an der Universität Wien*, 3. Aufl., Jena: Verlag Gustav Fischer 1931 [1921], S. 145–148.

Othmar Spann (1878–1950) wurde sehr schnell nach seiner Berufung zum Professor für Nationalökonomie und Gesellschaftslehre an der Universität Wien zum einflussreichsten konservativ-antidemokratischen Gegenspieler von Max Adler und Hans Kelsen. Mit der Publikation Der wahre Staat *begann seine Rolle als Wegbereiter der ständestaatlichen Ideologie des Austrofaschismus. Aufbauend auf „universalistisch-holistischen" Vorstellungen wandte sich Spann gegen Individualismus, Demokratie, Liberalismus und Sozialismus und erreichte damit genauso antiklerikal-großdeutsche Kreise. Als zentrale Figur des ‚Schwarzen Wien' deckte er, wie seine Zuhörerschaft, dessen gesamte Bandbreite von konservativ-katholisch bis völkisch, auf jeden Fall aber antiaufklärerisch, ab.*

Wir haben die geistigen Grundbestandteile unseres Zeitalters in seinen individualistischen, universalistischen und sozialistischen Gestalten betrachtet; wir haben die Krisen des Zeitalters verfolgt, als politische Krise oder Krise der Demokratie, als wirtschaftliche Krise oder Krise des Kapitalismus, wir haben auch die Krise der größten Reformbewegungen selber gesehen und einsehen müssen, die Krise des Marxismus; und wir haben die Zerrissenheit des ganzen Zeitalters gesehen. Wir erkannten den tiefen philosophischen Umschwung als Merkmal unseres Zeitgeistes. Positivismus, Empirismus, Relativismus – sie alle, diese unzertrennlichen Begleiter des Individualismus, weichen schrittweise einem ernsteren, immer mächtigeren metaphysischen Zuge, einem Drang zur Innerlichkeit.
[...]
Die französische Revolution war der Sieg des Individualismus. Unsere gegenwärtige Revolution ist aber durch andere Geistesmächte bestimmt: In ihr liegt eine Mischform, der Marxismus! Der Marxismus nun hat im heutigen Umsturze allerdings zuerst individualistische Elemente zum Sieg geführt. Seine erste Tat war die Vollendung der Demokratie; Pazifismus, Kosmopolitismus, Antimilitarismus haben

(äußerlich gesehen) gesiegt. Damit ist aber zugleich seine Maske gefallen. Wie konnte das, was vornehmlich unter universalistischer Flagge focht, als größte und eiligste Tat die Demokratie verwirklichen? Hierfür ist die innerste Ursache die Fehlerhaftigkeit, die Schwäche der universalistischen Elemente im Marxismus, auf dessen tiefstem Grunde zuletzt, wie sich erwies – der Anarchismus lauert!

[...]

Hierin liegt aber zugleich alles Tröstliche des gegenwärtigen Augenblicks und das Wahrzeichen für die Veränderung, welche unsere Zeit durch den gesamten Gang der Dinge erlitten hat: *Daß der Marxismus nur unter universalistischer Maske siegen konnte.* Dieses Ereignis „Vollendung der Demokratie aus Irrtum" erhellt blitzartig die innere Schwäche des Marxismus, es sagt uns laut, daß der Marxismus mit innerer Notwendigkeit in der Zukunft scheitern wird. Und der Vorgang dieses Scheiterns beginnt schon heute und jetzt vor unseren Augen. Es ereignete sich, was noch selten da war in der Geschichte: die Partei, die siegte, hat sich im Augenblick des Sieges gespalten, weil sie ihrer Aufgabe gegenüber, nämlich den Sozialismus zu verwirklichen, völlig hilflos war. Der Marxismus scheitert praktisch, er zeigt damit, daß er nicht halten kann, was er versprochen, noch was der Geist der Zeit verlangt.

So wird auch der Sinn der Spaltung des Marxismus in Bolschewiken oder Kommunisten und Mehrheitssozialisten klar.[9] Die Bolschewisten haben zuerst die demokratische Idee über Bord geworfen. Sie haben mit ihren Räten, mit der Diktatur, die gesunde Idee der *Herrschaft* des Guten (nicht die Abstimmung über das Gute, wie die Demokratie will) gefaßt; den fatalistischen Kausal-Evolutionismus aufgegeben, damit aber auch eigentlich den geschichtlichen Materialismus über Bord geworfen; die Idee und ihr Handeln wieder als eigene Triebkraft in der Geschichte eingesetzt und die Verwirtschaftlichung des Lebens, die der geschichtliche Materialismus fordert, zu überwinden gesucht; sie haben auch von ganz anderer Seite her den Marxismus innerlich durchbrochen: Von der religiösen Seite her. Im Bolschewismus liegt ein Stück Tolstoi, ein offenes Bekenntnis zur Metaphysik, allerdings in asiatischer Form, die sich gegen das Westlertum wendet. [...] Überhaupt kann man den Bolschewisten die Anerkennung nicht versagen, daß sie die Idee des Lebens, daß sie ein Innerliches im Leben zur Geltung bringen wollen, während die alten Marxisten noch ganz in jener Verwirtschaftlichung und Materialisierung des Lebens befangen bleiben, die den geschichtlichen Materialismus beseelt. Das Satanische bei diesem wie jedem Bolschewismus in der Geschichte ist, alle Überlieferung, alle Bildung zu zerschlagen und wirklich und wahrhaftig von vorne anfangen zu wollen. Das ist

---

[9] Der Begriff „Mehrheitssozialisten" spielt auf die Situation in Deutschland und die Spaltung der SPD in USPD (inklusive des Spartakusbunds um Rosa Luxemburg und Karl Liebknecht) und MSPD 1917 an. Spanns Kritik der gesamteuropäischen Linken wirft hier die österreichische und die deutsche Sozialdemokratie in einen Topf.

aber, wenn man das Kind beim Namen nennen soll, wieder ein anarchistischer, ein ganz primitiver Kulturbegriff. [...]

Die Mehrheitssozialisten auf der anderen Seite haben zwar noch den Wortschwall des Marxismus und den Willen zu ihm, aber sie handeln praktisch nur wie eine radikal-sozialpolitische Partei. Sie retten die heutige Gesellschaft vor bolschewistischer Vernichtung, indem sie soviel Grundsätzliches immer wieder auf eine spätere Entwicklung zurückstellen, daß in der Praxis anderes herauskommt. Auch hier ist das Abschwenken vom praktischen Kommunismus merkwürdigerweise begleitet von einem deutlichen Zuge zum Ständischen. Man sehe sich doch einmal das Sozialisierungsprogramm der österreichischen sozialdemokratischen Partei, das der sehr links stehende Otto Bauer entworfen hat, an: Es ist eigentlich kein kommunistisches Sozialisierungsprogramm mehr, d. h. eines, welches auf der Zentralisierung, auf der Kollektivierung der Erzeugungsmittel beruhte; sondern in ihm liegt deutlich ein Zug zu berufsgenossenschaftlicher, also ständischer Organisation, zur Verzünftigung der Wirtschaft.

[...]

Alles in allem veranschlagt, dürfen wir den Gang der Revolution hoffnungsvoller beurteilen. *Diese Revolution ist trotz äußerlichen Sieges des Individualismus der erste große Kampf der Menschheit seit der Renaissance, der den Individualismus beseitigen will.* Das Geistige in uns will wieder zurück aus der Vereinsamung und Armut der verselbstständigten Einzelnen. Das innere Leben, das ein Leben der Gemeinsamkeit sein muß, will wieder in ihm lebendig werden, will wieder in den Vordergrund treten, vor freier Wirtschaft, Nutzen und Äußerlichkeit.

Eben darum aber dürfen wir uns allerdings nicht träumen lassen, daß diese Revolution am Ende sei. Denn es sind erst die Geburtswehen des Universalismus, in denen unsere Zeit jetzt zuckt und sich windet, nicht schon dessen Geburt selbst. Der große Niederbruch des Marxismus, der ganzen sozialistischen Sehnsucht der Massen, muß erst noch vor sich gehen, die ungeheure Enttäuschung der Arbeiterschaft erst noch durchlitten werden; am meisten aber ihre Entwirtschaftung, ihre Entmaterialisierung vollzogen werden. Der Arbeiterschaft hat man täglich gesagt: Alles Wahre und Gute ist nicht an sich, es ist nur Erfindung der Klassenherrschaft, des Klassenrechts, der Bourgeois-Ideologie, des Ausbeuter-Raffinements. Nun merkt sie plötzlich, daß dem nicht so ist, daß nicht überall, wo die Härten des Daseins drückten, Raub, Betrug, Schlechtigkeit herrschten. [...] Mögen auch weitere Rückschläge kommen: die soziale, die universalistische Idee hat gesiegt, und sie wird immer weiter siegen, aus jedem Kampfe, aus jedem Feuer in reinerer, geläuterter Gestalt hervorgehen. die individualistischen Formen abstreifend, das Stoffliche vergeistigend, die Anerkennung eines Überindividuellen als Banner vorantragend. [...] Indem wir die Rückkehr zur Ganzheit suchen, durchbrechen wir die individualistischen Fesseln des Geistes und stehen vor einer Entrationalisierung wie einer Entwirtschaftlichung des Lebens. Dadurch erst kann Staat, Wirtschaft und Gesellschaft jene Gestalt erhalten, die den höheren geistigen Inhalten des Lebens nottut, dann erst wird die Materie gemeistert durch den Geist.

32.5 Max Adler: Zur Kritik der Soziologie Othmar Spanns

Erstveröffentlicht als Max Adler: Zur Kritik der Soziologie Othmar Spanns, in: *Der Kampf. Sozialdemokratische Monatsschrift,* 20. Jg., Nr. 6 (Juni 1927), S. 265–270.

Anlässlich des fünften Kongresses der Deutschen Gesellschaft für Soziologie, der 1926 in Wien abgehalten wurde, versuchte sich Othmar Spann, inzwischen Ordinarius, als führender deutschsprachiger Sozialwissenschaftler zu etablieren. Doch sein Ansatz einer Soziologie des Geistes, den er in seinem Buch Die Kategorienlehre *dargelegt hatte,[10] wurde von prominenten Vertretern der Disziplin wie Leopold von Wiese und Werner Sombart zurückgewiesen. Spanns Vorbehalte gegen die Empirie und seine Bezugnahme auf Plato, Augustinus und Thomas von Aquin wurden am deutlichsten von seinem sozialdemokratischen Wiener Gegenspieler, Max Adler (1873–1937), kritisiert. In der Zeitschrift* Der Kampf *wurde dessen Stellungnahme im folgenden Jahr veröffentlicht.*

[...]
III.

Ich komme nun zu der Darlegung des *metaphysischen Charakters der Spannschen Soziologie.* Es klingt ja sehr gut und gegenüber dem heute bereits fast aufliegend falschen Atomismus der Gesellschaftslehre überzeugend, wenn erklärt wird, die Soziologie müsse vom Ganzen der Gesellschaft ausgehen. Aber was ist dieses Ganze? Und vor allem, wo ist es? Wenn Professor Spann sagt, man kann Elemente als sinnvoll gesetzt betrachten, so kann man das gewiß; aber welche Gewähr haben wir dafür, daß sie auch wirklich so gesetzt sind? Zumal diese Elemente bei Spann im doppelten Sinne verstanden werden: einmal als Elemente im Geiste des Menschen, das anderemal als die einzelnen Menschen selbst als Elemente der Gesellschaft. Nun ist zwar das Ganze des *individuellen* Geistes – das Ich – eine Tatsache der Erfahrung, ein unmittelbares Erlebnis. Aber das Ganze des *gesellschaftlichen* Geistes, von dem die Menschen die Elemente sein sollen, dieses umfassende Ganze, das ebenso seine sinnvolle Einheit haben soll wie der Mensch in *seinem* Geiste – ist das auch eine solche Erfahrung, oder ist es nicht vielleicht nur eine Idee, eine Konstruktion des einzelnen? Man sieht sofort, es führt von der sinnvollen Einheit im einzelnen zu der

---

10 Othmar Spann: *Die Kategorienlehre,* Jena: Verlag Gustav Fischer in Jena 1924.

sinnvollen Einheit im Ganzen kein zwingender Beweis, sondern es ist nur die alte Analogie, die schon Plato hier verkündet hat. Und so wird das Ganze in der Tat, wie es bereits bei Plato der Fall war, entweder eine bloße regulative Idee, oder aber, wenn man darüber hinaus die Realität der Ganzheit behauptet, zu einem *metaphysischen Wesen*. Wenn das Fichtesche Ich mit der Selbstsetzung beginnt, so ist das kein Abweg in die Metaphysik, weil diese Selbstsetzung ja nur ein philosophischer Ausdruck ist für die ursprüngliche Gegebenheit der Aktivität des Bewußtseins. Wenn dagegen die Soziologie mit der Selbstsetzung der sinnvollen Ganzheit beginnt, die sich in ihre Elemente „ausgliedert", welche Ausgliederung gleichbedeutend sei mit „Gezweiung oder Gemeinschaft", so ist dies trotz ihrer höchst geistvollen Form eine in der Grundlage ganz naive Metaphysik, welche alle Problem löst, indem sie sie als ursprüngliche Wesenheit hinstellt: das Fremdbewußtsein, die Verbindung des Ichs mit dem Fremdbewußtsein und die Gliederhaftigkeit in einem Ganzen. Ganzheit und Gliedlichkeit treten nicht nur, wie Herr Professor Spann es von seiner Lehre rühmt, an die Stelle des Mechanismus, sondern auch an die Stelle einer erkenntniskritischen Orientierung, für welche Ganzheit und Gliedlichkeit selbst *erst Probleme* und nicht Wesenheiten für sich sind.

Wenn aber die Beziehung auf die Ganzheit nicht metaphysisch zu verstehen ist, sondern als Analogie, dann muß ich schon sagen, ist mir die Analogie mit dem Organismus lieber. Denn da von selbst gar nicht verständlich ist, wieso Ausgliederung gleich Mitgliederung, gleich Gezweiung oder Gemeinschaft ist, erhalte ich in der erfahrungsgemäßen Vorstellung des Organismus und des Funktionszusammenhanges seiner Teile eine viel anschaulichere Orientierung als in jener Gliederhaftigkeit, die mich die Verbindung des Ich mit dem Du gar nicht verstehen läßt, sondern die im Gegenteil erst aus diesem Urerlebnis verstanden werden kann.

Demgegenüber glaube ich, daß gerade der Marxismus die epochenmachende Richtung der deutschen Philosophie, mit der sie die Eigenart des sozialen Bewußtseins herausgearbeitet hat, viel konsequenter durchzuführen erlaubt. Und das Mittel hiezu ist der von Marx entwickelte Grundbegriff des *vergesellschafteten* Menschen. Die Soziologie kann, wenn sie Erfahrungswissenschaft bleiben will, die Gesellschaft nirgends anders suchen und finden, als dort, wo alle Erfahrung allein möglich ist, nämlich im Einzelbewußtsein. Und so kann auch die soziologische Wissenschaft nicht von einer Ganzheit ausgehen, sondern sie muß vom individuellen Menschen ausgehen; aber dieser ist der vergesellschaftete Mensch, das heißt im Sinne von Marx der Mensch, der nicht anders als in Arbeits- und Verkehrsbeziehungen mit anderen Menschen verbunden geschichtlich auftritt. Und von diesem vergesellschafteten Menschen habe ich gezeigt, daß seine historische Vergesellschaftung nur dadurch möglich ist, daß schon das Individualbewußtsein transzendental vergesellschaftet ist, das heißt, daß ein Ichbewußtsein nur in immanenter Bezogenheit auf eine bestimmte Vielheit von Erkenntnissubjekten möglich ist, mit denen sich jedes Ichbewußtsein verbunden sieht. Gemeinschaft, oder was Professor Spann Gezweiung nennt, ist eine *Form des Ichbewußtseins* selbst, und zu den Verbindungen unserer Erfahrung gehören nicht nur Zeit, Raum und Kategorien, sondern auch das Fremdbewußtsein. Der soziale Verband ist keine universale Wesenheit, auch nicht eine bloße Analogie, schon gar nicht eine bloße universalistische Auffassung, sondern er ist eine *transzendentale Erfahrungsbedingung.* Damit ist die soziale Erfahrung genau so als eine *Seins*erfahrung begründet wie die Naturerfahrung, ohne daß wir ein Opfer des Naturalismus zu werden brauchten. Und so ergibt sich die moderne Soziologie des Marxismus als eine reife Frucht der klassischen Philosophie, als eine Lehre, deren tiefere Begründung gleichzeitig den Gedanken der Kantischen Erkenntniskritik aufnimmt und weiterführt.

IV.

Schließlich möchte ich noch darauf hinweisen, daß die metaphysische Grundeinstellung der Spannschen Auffassung sich auch aus der hohen Wertschätzung ergibt, die Professor Spann dem aristotelischen Satze, „das Ganze ist vor dem Teile", entgegenbringt. Ein solcher Vorrang des Ganzen vor dem Teile ist, wenn er nicht als bloße Methode der wissenschaftlichen Arbeit gemeint ist, nur als metaphysische Wesenheit möglich. Aber auch als Methode steht dieser Gedanke zurück hinter dem *dialektischen* Gedanken des Marxismus, daß das Ganze und der Teil nur Beziehungsbegriffe sind, die sich gegenseitig bedingen, und auch fortwährend in der soziologischen Forschung ihre Rollen tauschen. Nur für ein rein formal logisches Denken ist das Ganze vor dem Teil. Dagegen gerade im Sinne jenes Denkens, das über die formal-logische starre Endlichkeit der Begriffe zu dem unendlichen Denken, wie es schon Leibnitz [sic] versuchte und Hegel besonders durchführte, das heißt also gerade im Sinne des klassischen deutschen Geistes, auf den Spann sich so gern beruft, ist das Ganze nur *zugleich* mit dem Teil gegeben und bildet ein Beispiel der dialektischen Bewegung des Denkens. Gerade diese Dialektik aber hat der Marxismus übernommen und betrachtet somit auch in dieser Richtung den deutschen philosophischen Geist als einen seiner mächtigsten Ursprünge.

So wird Spann zu seiner hoffentlich freudigen Überraschung sehen, daß der Marxismus doch mehr Berührungspunkte mit seiner eigenen philosophischen Einstellung hat, als er bei der Art seiner Bekanntschaft mit ihm von ihm angenommen hat. Und er wird mir vielleicht zugeben, daß man sogar für seinen Standpunkt noch etwas aus dem Marxismus zulernen kann, wenn man sich nur bemüht, ihn in seinem eigenen Wesen zu erfassen und fortzudenken. Und lassen Sie mich noch eines sagen: Wenn Herr Professor Spann zuletzt mit einer Art Triumph geschlossen hat, wie von seinem Standpunkt aus sich ein widerspruchloses System entwickeln läßt, so will ich das ganz und gar nicht bestreiten, finde darin aber auch nichts Besonderes. Denn wenn ein geistvoller Kopf, wie Herr Professor Spann, von bestimmten, ebenfalls geistvollen Voraussetzungen ausgeht, so wird er schon imstande sein, daraus ein System zu machen, innerhalb dessen dann eins zum anderen stimmt.

Aber diese Freude am System, einen so großen ästhetischen und affektiven Wert sie bedeuten möge – und wir haben heute mit großer Anteilnahme und Freude an der schönen Form den Ausführungen des Herrn Professor Spann zugehört – *entscheidet doch gar nichts über den Erkenntniswert* dieses Systems. Und das ist die Hauptfrage, ob wir Soziologie oder Metaphysik als Wissenschaft haben wollen. Die Antwort darauf enthält auch das Urteil über den Wert des Systems des Herrn Professors Spann.

32.6 Alfred Missong: Die Welt des Proletariats. Psychologische Betrachtungen

Erstveröffentlicht als Alfred Missong: Die Welt des Proletariats. Psychologische Betrachtungen, in: Oskar Katann (Hg.): *Jahrbuch der Österreichischen Leo-Gesellschaft*, Wien: Herder & Co 1931, S. 3–44.

Alfred Missong (1902–1965) promovierte 1924 in Wien zum Thema „Die soziologische Gedankenwelt des hl. Augustinus" und war Redakteur von Joseph Eberles Zeitschrift Schönere Zukunft. *Zugleich war er Mitherausgeber des monarchistisch-legitimistischen Pamphlets* Die Österreichische Aktion, *eines Bekenntnisses zu einer eigenständigen österreichischen Identität und zu Europa, das besagte, „daß nicht am ‚deutschen Wesen' die Welt genesen soll, sondern am katholischen Wunder".*[11] *Als Mitglied der nach Papst Leo XIII. benannten Österreichischen Leo-Gesellschaft gehörte er einer prominent besetzten und einflussreichen Vereinigung zur Förderung der Wissenschaften auf katholischer Grundlage an. In deren Jahrbuch von 1931, zu einem Zeitpunkt der bereits deutlich verhärteten politischen Fronten, liefert Missong eine für das ‚Schwarze Wien' repräsentative und zugleich bezeichnende Einschätzung des Zugangs der Arbeiterschaft zu Wissenschaft und Bildung.*

[...]
Wer öfter mit klassenbewußten Arbeitern und kleinen Angestellten zu tun hat, macht die Beobachtung, daß in diesen Kreisen ein geradezu magischer *Glaube an die Wissenschaft* lebendig ist. Von den Verwaltern der Wissenschaft, in Sonderheit der Naturwissenschaft empfindet der durchschnittliche Proletarier denselben Respekt, den die wundergläubigen Naturvölker ihren Zauberern und Medizinmännern entgegenbringen. Die Erklärung dieses Phänomens ist nicht sehr schwer. Jeder Mensch hat ein Urbedürfnis nach geistiger Führung, nach geistiger Autorität. Es ist dies nicht anders als eine Lebensäußerung der „anima naturaliter christiana", die nach einem absoluten Lebenszentrum verlangt. Dem Proletarier ist das Religiöse als Lebenszentrum verschüttet [...]; er bedarf daher eines Ersatzes. Als solcher bietet

---

[11] August M. Knoll, Alfred Missong, Wilhelm Schmid, Ernst Karl Winter, H. K. Zeßner-Spitzenberg (Hg.): *Die österreichische Aktion. Programmatische Studien*, Wien: Selbstverlag 1927, S. 6–7.

sich die „moderne" Wissenschaft an, mit der ja alle Meister des neueren Sozialismus ihre sozialistischen Ideologien aufzuputzen, bzw. zu unterbauen versuchten. Der Marxismus wollte nicht umsonst von allem Anfang an „wissenschaftlicher" Sozialismus sein – und zwar wissenschaftlich im Sinne jener Naturwissenschaft, die im abgelaufenen Jahrhundert sich vermaß, alle Geheimnisse der Welt und des Lebens zu entschleiern, Antwort auf alles zu geben, wonach der Menschengeist fragen könnte. So ist es also einerseits das Bedürfnis nach einem Religionssurrogat, das die Proletarier zum Kult einer von ihnen nicht begriffenen und daher ob ihres Nimbus der mysteriösen Unnahbarkeit doppelt verehrungswürdigen Wissenschaft drängt, andererseits die Tradition der marxistischen Lehre, die mit der Wissenschaft auf[s] engste liiert zu sein behauptet.

Hiezu kommt noch der spezifisch proletarische Missionsgedanke: die Welt soll erneuert werden durch Abschaffung der Klassengegensätze und Einrichtung einer absolut gerechten Gesellschaftsordnung. Nur das kämpfende Proletariat kann diese Welterneuerung durchführen. Es muß zu diesem Zweck in den Besitz der materiellen und geistigen Machtmittel kommen, kraft deren die Bourgeoisie ihre Klassenherrschaft auszuüben und zu erhalten vermag. Darum genügt nicht die Sozialisierung der Produktionsmittel, sondern es muß hinzukommen, bzw. ihr vorausgehen die Eroberung der Wissenschaft, die in den Händen der „Ausbeuterklasse" zu einem Unterdrückungswerkzeug gegenüber der Arbeiterklasse geworden ist. In den verschiedenen Erhebungen, die in Arbeiterkreisen angestellt werden, ist immer wieder die Rede davon, daß Wissen Macht bedeute und der klassenbewußte Proletarier daher die Pflicht habe, sich Wissen anzueignen, sich mit vermeintlich „gesicherten Ergebnissen" der modernen Wissenschaft vertraut zu machen.

Wie schon angedeutet, hat das Wort Wissenschaft für Ohr und Hirn des Proletariers nicht den umfassenden Sinn, der ihm an sich eigen ist. Nicht alle Gebiete der wissenschaftlichen Forschung, die ja ihrem innersten Wesen nach nichts anderes sein kann als kritische Durchleuchtung aller Seinsgegebenheiten, erwecken das Interesse des Proletariers. Archäologie, Kunstgeschichte, Literaturwissenschaft vermögen ihm keine Aufmerksamkeit abzunötigen. Er hält sie für müßige Spielerei, weil dabei weder für die Fundierung seiner Gedankenbahnen, noch für die Neugestaltung der Gesellschaft etwas „herausschauen" kann. Auch die Philosophie, die den Hauptakzent entweder auf die Erkenntniskritik (Kant, Neukantianismus) oder auf die Metaphysik (Scholastik, Hegel) legt, findet gleichfalls keine Gnade in den Augen des Proletariers. Und dies deshalb, weil sie zu spekulativ, zu abstrakt ist und keine handfesten, praktisch verwertbaren Formeln zu bieten vermag. Zudem hat der zünftige Marxismus alles getan, um die Philosophie als veraltete „bürgerliche Ideologie" zu brandmarken und an ihre Stelle die positivistische Naturphilosophie zu setzen. Der wissenschaftsbegeisterte Proletarier teilt in dieser Hinsicht das Los des wissenschaftlichen Sozialismus, der auch heute noch sich mit allen Fasern an die positivistische Philosophie des vergangenen Jahrhunderts klammert und an den Vorrangsanspruch, den die Naturwissenschaft damals gegenüber der Philosophie erhob, unbehindert durch den Anschauungswandel, der sich inzwischen vollzogen hat, aufrechtzuerhalten sucht. „Während er in den Sechziger- bis Achtzigerjahren des vorigen Jahrhunderts in der Tat mit der modernen Wissenschaft marschierte und ihre Errungenschaft auch seine Errungenschaften waren, [...] kennzeichnet sich seine Stellung zur heutigen Philosophie durch eine nahezu vollkommene Rückständigkeit. [...] Er ahnt nichts von der Bedeutung des kritischen Realismus in unserer heutigen Philosophie, nichts davon, daß eine Reihe unserer ersten Philosophen Metaphysik als Wissenschaft für möglich halten."[12]

In Stellvertretung der eigentlichen Philosophie tritt die Naturphilosophie, und zwar als Anhängsel des sogenannten historischen Materialismus in den Mittelpunkt des proletarischen Bewußtseins. Keine andere Literatur findet in proletarischen Kreisen so viel Anklang als die „naturphilosophische" der Darwin, Haeckel, Boelsche, Brehm, Kraepelin usw. Diese entspricht am besten der proletarischen Forderung nach klarer, einfacher Übersicht, Universalität und praktischer Brauchbarkeit als Religionsersatz; und sie rechtfertig vor allem seinen Glauben an den „ewigen Fortschritt", von dem er sich das Ende der „Bourgeoisieherrschaft" erhofft. Darwins Lehre vom Kampf ums Dasein in Sonderheit hat den großen Vorzug, das proletarische Lebensgefühl in einzigartiger Weise zu befriedigen, sie wird zur quasiphilosophischen Verbrämung des proletarischen Klassenkampfglaubens. „Naturgesetz" vollends ist für ein proletarisches Ohr wahrhaftig ein Zauberwort. Denn gilt die absolute Herrschaft der geschlossenen Naturkausalität, dann ist die ganze Welt eine Maschine, nach den gleichen Prinzipien konstruiert wie jene, die der Prolet in der Fabrik zu bedienen hat. Bei Erwägung all dieser Gründe verstehen wir es leicht, daß der Proletarier sich mit Leidenschaft auf die naturwissenschaftliche Welterklärung stürzt, die für ihn verständlicher ist als jede andere, weil sie die Sublimierung und Systematisierung dessen bedeutet, was für ihn zu einem Wesensstück seines Lebensinhaltes geworden ist: der maschinelle Betrieb.

[...]

---

12 Fußnote im Original: [Gertrud] Hermes: [*Die geistige Gestalt des marxistischen Arbeiters*, Tübingen 1926,] S. 151.

32.7 Heinrich Srbik: Der historische Gehalt der Österreichischen Porträtausstellung

Erstveröffentlicht als Heinrich Srbik: Der historische Gehalt der Österreichischen Porträtausstellung. Vortrag (= Veröffentlichungen des Vereines der Museumsfreunde in Wien, Nr. 1), Wien: Neubauer 1927.

Anlässlich der Österreichischen Porträtausstellung 1815–1914, veranstaltet 1927 im Künstlerhaus vom Verein der Museumsfreunde in Wien, hielt Heinrich Srbik (1878– 1951) die Eröffnungsrede. Als Historiker war Srbik ein angesehener Metternich-Experte. Zugleich war er Mitglied des völkisch-antisemitischen Netzwerks Bärenhöhle, das gegen jüdische und marxistische Universitätsangehörige agitierte, und war im Kabinett Schober III von 1929 bis 1930 Unterrichtsminister. 1938 sollte Srbik NSDAP-Mitglied, Präsident der Akademie der Wissenschaften und ein angesehenes Mitglied der akademischen Welt des Deutschen Reichs werden. In seiner Rede setzt sich Srbik mit der eigenständigen österreichischen Identität aus einer völkischen Position auseinander und konstruiert einen Identitätsentwurf, der sich deutschnational begründet. Auch dynastisches Denken und ein kulturell mehrschichtiger zentraleuropäischer Raum sind in dieses Modell integriert.

Weiten Kreisen hat die jüngste Vergangenheit eine Umwertung alter Werte gebracht. Wir alle sind aus den Geleisen unserer Lebensbahn geschleudert worden und öffentliche Institutionen, die uns ein fester, unverlierbarer Besitzstand der Lebenden und Kommenden schienen, sind vernichtet worden, soziale Verschiebungen, die der Vorkriegsgeneration undenkbar waren, sind eingetreten und der Staat selbst als Lebensraum und Gemeinschaftsordnung ist einem jähen und gewaltsamen Zusammenbruch unterworfen worden. Ist es nicht begreiflich, daß bei Vielen Orientierungslosigkeit und ein tastendes Suchen nach neuer, den Anschauungen der Väter fremder Erkenntnis Platz gegriffen hat? Die Welt als Totalität, der Staat, die Sozialphänomene der Gegenwart sind den Jüngeren zum Problem geworden und zum Problem wurde ihnen auch das Verhältnis dieser Gegenwart zur Vergangenheit. Das Gewesene trat vielen schlechthin unter den Aspekt des Sterbensreifen und mit Recht Vernichteten, ungeschichtliches Denken sah nur auf das Ergebnis des großen Völker- und Staatenringens, nahm den Erfolg allein zum Maßstabe des Wertens und schloß aus der Zerstörung auf die Lebensunfähigkeit und Lebensunwürdigkeit des Zerstörten; unhistorisches Denken vergaß, daß die Väter, die Söhne und die Enkel eine blutverbundene Einheit sind, daß das Geschichtliche Fundament und Lebensquell des Gegenwärtigen und Zukünftigen ist und daß kein großes Volk ungestraft seiner Vergangenheit untreu werden darf.

Vielleicht sind wir an der Wende dieser Geisteskrise bereits angelangt. Die Unlösbarkeit der ewigen Kette geschichtlichen Geschehens und des Heute und Morgen tritt wieder verstärkt in das Bewußtsein der Denkenden und man besinnt sich wieder darauf, daß ein gesundes Sein und Werden von Staat und Volk nicht dauernd in einem unorganischen Bruch mir den früheren Existenzphasen verharren darf, sondern daß das höchste Ziel ein harmonisches Ineinandergreifen des Alten und des Neuen sein sollte. Ist diese Harmonie auf staatlichem Gebiete so wie unserem, dem österreichischen Falle, durch eine ungeheure Katastrophe zur realen Unmöglichkeit geworden, dann soll wenigstens der geistige Zusammenhang mit dem alten Staate, mit der alten Lebensorganisation des deutsch-österreichischen Stammes, wieder hergestellt und zugleich der Sinn auf die neuen Lebensnotwendigkeiten gelenkt werden.

[...]

Mit gutem Grunde ist die Zeit des Wiener Kongresses als Ausgangspunkt der Porträtsammlung gewählt worden. Denn damals hat Österreich die geographische Geschlossenheit erreicht, die es, abgesehen von weniger organischen Außengliedern, bis zum Zusammenbruch bewahrt hat; damals wurde es nach außen hin die einheitliche politische Staatspersönlichkeit, die es ungeachtet tiefgreifender innerer Strukturveränderungen bis in den Weltkrieg geblieben ist. In dem Werden dieses österreichischen Staatskörpers ist das geopolitische Moment niemals außer acht zu lassen: ein Staatsgebilde ist entstanden, das an äußerer Einheitlichkeit und innerer klarer Raumgliederung in Europa kaum seinesgleichen hatte. Die Dreiheit und die Einheit sind gegeben durch die Alpenländer, das böhmisch-mährische Massiv und das Karpathenland; alle durch starke Wälle und Bastionen nach außen geschlossen und geschirmt und alle nach innen, dem Wiener Becken zu, geöffnet; das Ganze die südöstliche Verkehrsabdachung Mitteleuropa, seine Achse die uralte völkerverbindende Straße der Donau. Allerdings, nicht als verursachend in der Geschichte der österreichischen Staatenbildung dürfen wir uns diese geographischen Momente denken, wohl aber als antreibend und erleichternd und eine Klammer des Ganzen schaffend. Aus dieser Natur des Raumes erwuchsen verstärkte wirtschaftliche Gemeinsamkeiten, eine gegenseitige Ergänzung der Produktions- und Konsumtionsgebiete, eine Blutmischung der verschiedenen Völker und Völkersplitter, die zwischen dem einheitlich germanischen und dem einheitlich slavischen Siedlungsraum lebten. Das wesentliche staatsschaffende Element aber war nicht das raumpolitische, sondern die Dynastie und deutsche Kraft und deutscher Geist. Die Dynastie war der erste Baumeister des Staates und war bis zum Ende gleichsam die das Ganze überwölbende Kuppel. Deutsches Denken, deutsches Kämpfen und deutsche Arbeit im harten Erdreich gewannen vom Mutterland und von den alpenländischen Urzellen des Staates aus immer neuen Boden, sie brachten dem von seiner Vielheit von Völkern erfüllten einheitlichen Raum die höchste, die deutsche Kultur und schufen jener Vielheit ein wohnliches Haus. Das war die sogenannte historische Mission Österreichs, – ein Ruhmestitel des deutschen Volkes, der nie vergessen werden sollte.

[...]

Dieses Österreich war schon, bevor es den Namen eines Kaiserreiches trug, ein Kulturgebiet von besonderer Art und wurde es im neunzehnten Jahrhundert immer mehr. Gewiß, die österreichische deutsche Kultur war in erster Linie ein Zweig der gemeindeutschen Kultur, sie entsproß aus ihr und in der vollen Symphonie der mannigfachen kulturellen Weisen deutscher Stämme blieb diese ostkoloniale deutsche Stimme immer deutlich hörbar. Aber sie hatte eben doch ihren eigenen Klang. Das österreichische Deutschtum hatte eine starke, manchmal vielleicht zu starke Aufnahmefähigkeit für das geistige und künstlerische Gut der Nachbarn im selben Staatrahmen und außerhalb dieses Rahmens, es sog Fremdes in sich auf, verarbeitete es, verleibte es sich ein, erfüllte es mit seinem Blute und wurde dadurch weicher, aber in vieler Hinsicht auch reicher als andere. Es vermochte auf diese Weise auch hinwieder die fremden, höherer Kultur bedürftigen Völker seiner, im Kern immer deutschen Art zu gewinnen und vergalt mit Zinsen durch Kulturgaben, was es empfangen hatte. Von einem „spezifischen Österreichertum", einem „österreichischen Menschen", einer „österreichischen Note" sprechen wir in diesem Sinne und meinen damit vor allem den Deutsch-Österreicher.

[...]

Ob Österreich diese Kulturmission schon bis zu Ende erfüllt hatte, als es vernichtet wurde, – ich möchte die Frage bestimmt verneinen, doch die Antwort ist kaum noch Sache des Historikers. Das Leben kennt keinen Stillstand und darf sich mit resigniertem Trauern um Verlorenes nicht begnügen; neue Postulate treten allenthalben an Staat und Volk heran. Auch wir müssen im neuen Österreich in bestimmtem Maße neue Menschen werden. Aber eines lassen wir uns nicht nehmen: die Siegermächte konnten Rumpfösterreich zwingen, der *Rechtsnachfolger* des Kaiserreiches zu werden, der es von Rechts wegen nicht ist. Unsere freiwillig und freudig geleistete Plicht ist es, *Kulturnachfolger* des Staates unserer Väter zu sein.

32.8 Anton Kuh: Pimperlheroismus

Erstveröffentlicht als Anton Kuh: Pimperlheroismus, in: *Wiener Sonn- und Montags-Zeitung*, 4. Dezember 1922, S. 4.

Mit seiner Glosse lieferte Anton Kuh (1890–1941) eine Soziogenese deutschnationaler Burschenschafter und Professoren an der Wiener Universität aus der frühen Republik, lange bevor die Nationalsozialisten in Österreich Bedeutung erlangten (unter der Führung Walter Riehls existierte eine Deutsche Nationalsozialistische Arbeiterpartei, DNSAP, die ab 1920 mit der NSDAP kooperierte, wobei Riehl mit Hitlers Übernahme des Parteivorsitzes sukzessive entmachtet und 1924 aus der Partei ausgeschlossen wurde). (Vgl. Kapitel 33) In seiner Polemik verwies Kuh einmal mehr auf den allgegenwärtigen Antisemitismus, der alle Kräfte der intellektuellen Landschaft jenseits des Liberalismus und der Linken verband.

Es ist nötig, eine Ehrenerklärung abzugeben; den Besseren davor zu behüten, daß sich der Schlechtere auf ihn beruft. Auch der angewidertste Verächter burschenschaftlichen Ungeists und völkischer Kinderei wird nämlich angesichts der Gattung „österreichischer Farbstudent" ihrem reichsdeutschen Brudertypus eine Konzession kaum versagen können: daß hier wenigstens der physische Grundstock ein tüchtiger und vollrassiger ist, von alters her zur gleichen Gesinnung aufgezüchtet, großbürgerlich bis in die Knochen. Was aber soll man, du guter Himmel, von jenem mühsam aus dem Gymnasial-Ei gekrochenen, jetzt noch mit dem ganzen Flaum der Verstucktheit, Klassenbuchangst und Vaterscheu behafteten österreichischen Couleur-Jüngling sagen, den weder die tschechisch-magyarisch-slowenisch-deutsche Blutsvermanschung noch sein zerknetschtes Armutsgesicht daran hindert, sich als „Repräsentanten des Deutschtums" zu bezeichnen? [...]

Man konnte für den hier umschriebenen Typus in den Nachkriegsjahren eher ein Mitgefühl als Spott und Geringschätzung übrig haben. Aus dem turbulenten Machtbereich des Feldes und der Charge gedemütigt, geschlagen, ins Gesinnungsherz getroffen zurückkehren zu müssen in die Studierstuben und alten Schülerängste! Zu sehen, wie schofel der brillentragende und rangbekleidende Herr Vater lebt, und für sich das gleiche Zukunftslos zu erwarten! Dabei nicht einmal dies traurige Leben auf eigene Staats- und Volkskosten zu führen, nicht einmal der Bettelstudiosus sein zu dürfen auf eigenen Füßen, sondern bei Schlaf, Arbeit und Mahlzeit zu wissen, daß fremdes Geld und – Gipfel der Schmach! – sogar Judengeld dazu beiträgt! Beim Ausspeisungsfrühstück, am Mittagstisch, in der Schlafstätte nie genau zu wissen, wie groß oder klein die Zahl der Nichtarier ist, die das heimische und amerikanische Hilfswerk möglich machten! Der Bissen mußte im Munde quellen; das Studium doppelt verdrießen, das einem „Erhaltungsverein" Dank schuldig war. Nein – wenn je der satirische Prügel größer war als sein Opfer, dann in diesem Fall. Was der Student heute treibt, hätte noch immer das Rührend-Junge der Unschädlichkeit; wäre ein Kampftraining, dem bloß Welt und Wirklichkeit fehlt. Sichtbar und bemerkenswert aber wird es erst durch die Erwachsenen, die, hinter ihm postiert, sein Spiel „Politik" werden lassen – durch die Professoren. Es ist oft und gerade an dieser Stelle gesagt worden, daß sie, seit die Großen starben, in der Regel nichts anderes sind als die Bart-Schüler. Die gleichen Wirklichkeitsschwänzer, vom gleichen Gänsemarschidealismus beseelt, bloß aus der Region der Bänke in die Region der Lehrstühle avanciert und durch den Mythus irgendeiner Fachbeschlagenheit gegen unbefangene und respektlose Blicke gesichert. Seitdem sie aufgehört haben, „Leuchten" zu sein, sind sie „Säulen" geworden. Früher: Leuchten der Wissenschaft – jetzt: Säulen des Volkstums. Was außer den Branchen noch eine Leuchte von einer Säule unterscheidet? Daß jene ihr Licht ausstrahlt, während diese es immer „entzünden" will; daß jene schon im Doktorhut geehrt ist – diese aber Ehrenhüte en gros vergibt, nach Auftrag des antizipierten Geschichtsbuchs. Sie erweist damit eben auch den Gegensatz zwischen dem seichten und wirklichen Humanisten, von denen der eine immer fürs Buch lebt und der andere im Buch, der eine als ewiger Schüler, der andere als ewiger Lerner. Wir haben heute viel öfter mit dem Schüler zu tun, dem Tertianer-Graukopf oder, anders gesagt: mit dem Staatsbeamten der Wissenschaft. Das ist der neue Professorentypus, dem die Gesinnung über die Gelehrsamkeit geht und die Parteifarbe über die Persönlichkeit; dem der arische Schläger näher steht als der jüdische Forscher. Kein Wunder, daß er in Prag und Wien Krakeele zur „politischen Tat" anschwellen ließ, die er mit dem ersten Autoritätswink erstickt hätte. Seinen Persönlichkeitsmangel muß die nationale Haltung ausgleichen. Ergo nimmt er sie ein. Ergreift z. B., wenn er sich in der Gestalt eines Wiener Rektors personifiziert, in einem Zank zwischen zwei Studenten, von denen der eine „Jud" schimpft und der andere mit „Lausbub" erwidert, dadurch Partei, daß er seine öffentliche Mißbilligung affichiert über diese Beleidigung der „gesamten deutschen Studentenschaft". Nimmt dann wie ein Ludendorff die Dankparade der Bekappten entgegen, die in solcher „Habt acht"-Theatralik und durch summierte Strammheit allzugern alten Turnplatzidolen frönen – dem sogenannten: Pimperlheroismus. Und zur Ermöglichung dieses Schauspiels muß die Lüge vom „geheiligten akademischen Boden" herhalten – Lüge vom Augenblick an, wo sich nicht die akademische Freiheit gegen die Philister abschließt, sondern gegenwärtige und zukünftige Philister ihren Spezial-Terror gegen die Staatsgewalt verteidigen.

[...] Jüdische Pressemacht? Tschapperln, wenn's die gäbe, wie ihr sie meint, dann wären diese ganzen Zeilen nicht nötig; denn dann hätte sie (von anderem nicht zu sprechen) eure Privatkrakeele nicht zur Politik gestempelt, indem sie ihnen nach alter Übung den weitesten Raum und die fettesten Lettern borgte!

Nationalsozialistischer Zeitungskolporteur in Österreich, 1. Mai 1933. (Bildarchiv/ÖNB)

33 Das Braune Wien
Vrääth Öhner

Einleitung

Obwohl der österreichische Nationalsozialismus älter ist als der deutsche, wäre sein Aufstieg zu einer Massenpartei Anfang der 1930er Jahre ohne die Erfolge der NSDAP in Deutschland undenkbar gewesen. 1904 in den deutschsprachigen Teilen Böhmens als betont proletarische Abspaltung des völkischen Lagers um Georg von Schönerer entstanden, teilten die österreichischen Nationalsozialisten Schönerers politisches Programm aus den 1880er Jahren, das deutschen Nationalismus mit Antiklerikalismus, Antisozialismus und einer Form von Rassenantisemitismus verband, die insbesondere die Überlegenheit der deutschen Rasse betonte. Unter den relativ stabilen wirtschaftlichen und politischen Verhältnissen der Monarchie hatte ein solches Programm wenig Aussicht auf Erfolg: 1911 entsandte die Deutsche Arbeiterpartei (DAP) gerade einmal drei Abgeordnete in den Reichsrat.

Nach dem Zusammenbruch der Monarchie zerfiel die DAP in einen tschechoslowakischen und einen österreichischen Teil. Rudolf Jung, der Chefideologe der Partei, blieb in Böhmen, ihr führender Propagandist, Walter Riehl, übersiedelte nach Wien und gründete dort 1918 die Deutsche Nationalsozialistische Arbeiterpartei (DNSAP). Für Jung stellte die Niederlage der Mittelmächte im Ersten Weltkrieg nur den Höhepunkt eines langen Kampfs dar, in dem nichts weniger auf dem Spiel stand als das Überleben des deutschen Volks. Für die schwierige Lage der deutschen Arbeiter machte er Tschechen, Juden und andere „volksfremde" Elemente verantwortlich, den Sozialdemokraten warf er vor, mit ihrem Internationalismus „fremdvölkische" Mächte zu unterstützen. Im freien Bauerntum und in den genossenschaftlich arbeitenden Handwerkern sah Jung die Verkörperung des wahren deutschen Geistes, an der Spitze des deutschen Volksstaates sollte ein von der Vorsehung bestimmter Führer stehen, der die Förderung des Gemeinwohls über das individuelle Interesse der Einzelnen stellte.[1]

Jungs Forderungen, von denen sich viele in den 25 Punkten des Parteiprogramms der NSDAP in Deutschland vom 24. Februar 1920 wiederfanden, konnten auf eine gut organisierte sozialdemokratische Arbeiterschaft, für die der Klassenkampf eine Realität und nicht bloß eine „jüdische Erfindung" darstellte, keinen Eindruck machen. Zu offensichtlich appellierte die völkische Ideologie der Nationalsozialisten an das Erbe der großdeutschen Partei, das schon während der Monarchie fest mit dem Bürgertum assoziiert war. Zudem gewährte die rückwärtsgewandte

---

[1] Vgl. Rudolf Jung: *Der nationale Sozialismus. Seine Grundlagen, sein Werdegang, seine Ziele*, München: Deutscher Volksverlag 1922 [1918].

Vorstellung einer deutschen Volksgemeinschaft nur wenig Aussicht auf reale Veränderungen gesellschaftlicher Kräfteverhältnisse. Dementsprechend gering blieb die Anhängerschaft der Partei, selbst während der anhaltenden Inflations- und Wirtschaftskrise 1923 zählte sie nicht mehr als ein paar Tausend Mitglieder. Dazu kam, dass die Partei ständig von Flügelkämpfen heimgesucht wurde. Insbesondere hinsichtlich der Frage, ob sich die DNSAP der deutschen Schwesterpartei unterordnen oder ihre Selbstständigkeit bewahren sollte, entbrannte ein heftiger Richtungsstreit, der 1924 zum Ausschluss Walter Riehls führte und 1926 zur Gründung der österreichischen NSDAP – Hitlerbewegung.

Die österreichischen Nationalsozialisten unterstanden von nun an der militärisch-diktatorischen Führung Adolf Hitlers, was die Situation der Partei aber vorerst kaum verbesserte. Weder wurden die parteiinternen Streitigkeiten beigelegt, noch konnte die Hitlerbewegung – außer an den Hochschulen – nennenswerte Wahlerfolge erzielen. Das änderte sich erst, als Alfred Eduard Frauenfeld Anfang 1930 die Wiener Parteileitung übernahm und die NSDAP bei der Reichstagswahl in Deutschland am 14. September 1930 18,3 Prozent der Stimmen erringen konnte, was sie hinter der SPD zur zweitstärksten politischen Kraft machte. Getragen von der Welle des Erfolgs in Deutschland gelang auch den österreichischen Nationalsozialisten ein rascher Aufstieg: Waren sie bis 1930 nichts weiter als eine obskure rechtsradikale Splittergruppe gewesen, gelangten sie bei der Wiener Landtags- und Gemeinderatswahl am 24. April 1932 auf Kosten der Christlichsozialen und des völkischen Lagers, dessen Wähler und Wählerinnen fast geschlossen zu den Nationalsozialisten übergelaufen waren, auf den dritten Platz.

Die Sozialdemokraten hatten die Entwicklung in Deutschland von Anfang an und mit wachsender Besorgnis beobachtet. Deutlich ist ihren Analysen das Erstaunen über die Anziehungskraft einer Partei anzumerken, deren politisches Programm sich kaum von dem anderer Parteien des rechten Spektrums unterschied (Brügel) und die ihren Anhängern nicht viel mehr versprach als ein kleines Stück Teilhabe an der Ausübung der Macht, den „Rausch der Identifizierung der Ungleichen in falschem Stolz" (Dr. Otto). Als mit der Machtergreifung Hitlers am 30. Jänner 1933 und vollends mit dem Ermächtigungsgesetz vom 24. März 1933 endgültig klar wurde, dass der Nationalsozialismus mehr darstellte als bloß eine vorübergehende Bedrohung, die mit dem Ende der Weltwirtschaftskrise von selbst verschwinden würde, war es für die Sozialdemokratie und die demokratische Republik in Österreich aber bereits zu spät. Christlichsoziale und Heimwehr, die vom Aufstieg der Nationalsozialisten viel stärker bedroht waren als die Sozialdemokratie, weil sie vor allem in den Städten massiv Stimmen an diese verloren, hatten sich entschieden, den Nationalsozialismus mit faschistischen Mitteln zu bekämpfen. Wie in Deutschland hatten auch in Österreich die bürgerlichen und deutschnationalen Kräfte mehr Angst vor einer demokratischen „sozialistischen Umwälzung" (Bauer) als vor der nationalsozialistischen Barbarei. Mit dem Erfolg, dass die Anhängerschaft der NSDAP weiterhin zunahm, obwohl die Partei am 19. Juni 1933 verboten wurde, dass nach dem

Juliabkommen 1936 Vertrauensleute der Nationalsozialisten in der Regierung saßen und 1937 die Vaterländische Front für Nationalsozialisten geöffnet wurde.

Literatur

Bauer 2005.
Carsten 1978.
Rabinbach, Gilman 2013.
Schausberger 1995.

33.1 Walter Riehl: Nationaler oder internationaler Sozialismus?

Hier zitiert nach Nationaler oder internationaler Sozialismus?, in: Walter Riehl: *Unser Endziel. Eine Flugschrift für deutschen Nationalsozialismus*, 5. Auflage, Leipzig, Wien: Deuticke 1923 [1918], S. 5–14.

Kurz nach der Gründung der DNSAP im August 1918 verfasst, erschien Walter Riehls 1881–1955) „Flugschrift für deutschen Nationalsozialismus" 1923 bereits in der fünften Auflage. Neben grundsätzlichen Erwägungen wie den vorliegenden, die den internationalen Sozialismus als undeutsch ablehnen, enthält die Flugschrift auch die Parteigrundsätze der DNSAP. Die Partei, heißt es darin, ist eine „Klassenpartei der schaffenden Arbeit" sowie eine „freiheitliche und streng völkische Partei", die vor allem „die überwuchernde Macht des jüdisch-händlerischen Geistes auf allen Gebieten des öffentlichen Lebens bekämpft".[2] Seiner völkischen Ideologie entsprechend, setzte Riehls nationaler Sozialismus den Rassismus an die Stelle gegensätzlicher Klasseninteressen.

[...]
I.

In den schwersten Zeiten kriegerischer, völkischer und wirtschaftlicher Bedrängnis unseres deutschen Volkes wurden diese Blätter geschrieben. Wir deutsche Nationalsozialisten standen während des Krieges ohne Wanken zur Sache des Vaterlandes und des deutschen Volkstums. Jeder neue Tag rechtfertigt unsere Haltung! Siegen oder unterliegen – ein Drittes gab es nicht. Nun sind wir die Geschlagenen, da unser Volk den Lockrufen Glauben schenkte!

Vieles Elend und vieler Jammer im Kriege war nicht nur Schuld der äußeren Feinde, viel Niedertracht der unter uns wohnenden, meist fremdrassigen „Hyänen des Hinterlandes" war mit dabei.

---

[2] Parteigrundsätze der Deutschen nationalsozialistischen Arbeiterpartei, in: *Unser Endziel*, S. 18.

Schwere Jahre bittersten Elends und Daseinskampfes kommen nun. In harten Kämpfen werden die breiten Massen dagegen sich wehren müssen, daß nicht ihnen allein die schweren Folgen dieses Krieges von einem gewinngierigen Bank- und Unternehmerkapitalismus aufgelastet werden. Nicht aus feiger Angst vor blutigen Kämpfen – wir nationalsozialistische Führer standen jahrelang vor dem Feinde –, sondern aus tiefstem Abscheu vor dem Greulichsten, dem Bürgerkrieg, dem Kampf der Volksgenossen untereinander, verabscheuen wir gerade jenes Enddrama des Weltkrieges, das unsere politischen Hauptgegner, die Sozialdemokraten, durch ihre Nachfolger, die Bolschewiken, nun heraufbeschwören: die soziale Revolution. Wir wollen nicht, daß aus neuerlichen Leichenbergen, die sich das eigene Volk selbst schafft, unsere Braunsteins und Sobelsohns als Triumphatoren hervorgehen,[3] die unser Volk in noch abstoßendere Fesseln schmieden als die heutigen. Wir warnen unsere Volksgenossen aller Stände vor der nahen Gefahr und wir rüsten unsere eigenen Scharen, um heute schon die Reihen zu stärken, die auf dem Boden des eigenen Volkes und in heißer Liebe zum Deutschtum diesem den Weg ins Freie aus den trüben Gegenwartszeiten bahnen sollen. Keine Klassenherrschaft, auch nicht die der Proletarier über die anderen Schichten, die in den Grenzen sozialer Gerechtigkeit eine ehrliche Arbeit für das Gesamtwohl verrichten sollen, das ist unser Wunsch. Der Klassenstaat feudaler Adels- und Pfaffenherrschaft, jüdischer Kapitalisten, romanischer Parlamentsredner scheint uns ebenso ungerecht wie bolschewikische Alleinherrschaft der Großstadtproletarier, die schließlich doch von den Lenins tatsächlich ausgeübt wird; wir wollen die Herrschaft des deutschen Volkes, zu dem eben jeder Deutsche zählt, und unter jenen Formen, die unserem Volke eigen sind, ohne englische und französische Muster, die uns gar nicht verlocken können.

So wie in Rußland der große Versuch mißlang, aus dem heutigen Staat durch einen Gewaltstreich ein Idealreich zu gründen, so ist die sozialdemokratische Theorie des revolutionären Sozialismus eine falsche und schädliche, weil sie – und das ist noch viel wichtiger als die Verwerflichkeit des Bruderkampfes – die völlige Verelendung der Massen geradezu voraussetzt und daher herbeisehnen muß. Marx und Lassalle haben diese Verelendung der Massen, die „Expropriation der Expropriateure" (d. h. Vernichtung der Kleinen und Mittleren) geradezu gepredigt, weil dann erst die übergroße Masse in einer Verzweiflungserhebung die Herrschaft und das Eigentum der Gesamtheit an sich reißen kann. Uns dünkt dieser Weg volksvernichtend, der Erfolg – wie Rußland zeigt – absolut unglücklich und das Ziel, das des schrankenlosen Gemeineigentums, das übrigens nie erreicht wurde, keineswegs erstrebenswert.

---

[3] Braunstein und Sobelsohn sind Verballhornungen der Namen von Leo Trotzki (eigentlich Lew Dawidowitsch Bronstein, aus dem dann Braunstein wird) sowie von Karl Radek (eigentlich Karol Sobelsohn). Die beiden Namen stehen in der Diktion der Nationalsozialisten für den „jüdischen Bolschewismus".

Nein, diese Wege führen nie zum Ziele und sie entsprechen auch nicht dem Wesen unseres Volkes, so sehr es auch parteimäßig scheinbar dafür eingenommen erscheint. *Die Größe der Sozialdemokratie ist ein Zeichen der politischen Untalentiertheit des deutschen Volkes, nie und nimmer ein Fingerzeig seiner Zukunft.*

Glaubet nicht, daß wir in sogenannter bloßer Gegenwartsarbeit, im gewerkschaftlichen Kampfe um bessere Löhne, Genossenschaften, Wahlrecht usw. das Um und Auf unserer Betätigung erblicken. Das alles sind Wege, aber keine Ziele, ja zum Großteil eigentlich nur Schutzmittel gegen Angriffe des Ausbeutertums. Wer Sozialdemokrat ist, wer seine, wahrhaft alle menschliche Selbständigkeit ertötenden, gleichmacherischen, im wahrsten Sinne polizeistaatlichen Ideale des marxistischen Zukunftsstaates erreichen will, der sucht sie, obwohl ein Enderfolg vergeblich, auf internationalem und revolutionärem Wege. Die soziale Revolution führt immer wieder zur Anarchie und schließlich zur alten Herrschaft; der soziale Internationalismus ist deshalb ein unfruchtbares Beginnen, weil immer wieder gewartet werden muß, bis das letzte Volk die Entwicklungsstufe des ersten erreicht, das dann eben wieder auf einer anderen Stufe angelangt ist.

Wir stehen fest auf dem Boden des eigenen Volkes, wir gehen unseren Weg nach den Entwicklungsbedürfnissen des deutschen Volkes und bauen unseren deutschen Sozialismus nach deutschen Idealen aus. Auch wir haben unseren „Zukunftsstaat" im Herzen, wir wollen den deutschen Menschen der Zukunft, der aus diesem Weltringen – gewiß nach schweren Jahren der Arbeit – ganz im Gegensatz zu internationaler Gleichartigkeit (Uniformität), in deutscher Eigenart (Individualität) erstehen sehen. *Nicht alle Menschen hinab in ein Proletariat, das in London-Ost ebenso elendiglich seelisch und körperlich vegetiert wie in Berlin O oder Wien X,[4] sondern möglichst alle Deutschen heraus aus dem besitz-, namen- und heimatlosen Proletarierleben, aus dem von den Singers und Adlers so gepriesenen Dasein der Zerworfenheit und Unzufriedenheit mit Gott, der Welt und sich selbst und hinauf in ein Dasein erreichbarer Zufriedenheit, Bodenständigkeit und wahrer Herzenskultur!*

Nicht absichtliches Verbittern und zumindest seelisches Verelenden der Menschen, damit sie dann in einer gewaltsamen Erhebung, die – wie bisher immer – schief ausgeht, ein unmögliches und wahrhaft widersinniges Kommunistenideal plötzlich durch den berühmten Kladderadatsch (Umsturz) erreichen –, sondern eine Hinaufentwicklung, eine stetig größere Anteilnahme an jenen Gütern deutschen Glückes, das in allen Seelen schlummert: eigener Herd, eigenes Heim, eigene Scholle und wirkliches Eigentum des selbständigen Bauers und Handwerkers, fester, steigender Anteil des Industrie- und Landarbeiters am großen modernen Riesenunternehmen. „Nicht das Eigentum an sich ist schädlich, soweit es der Arbeit entstammt

---

4 Berlin O steht für den Berliner Postbezirk O (Ost), der in erster Linie die damalige Hochburg der Sozialdemokraten und Kommunisten, den Bezirk Friedrichshain, umfasst; Wien X steht für den 10. Wiener Gemeindebezirk, Favoriten, einen traditionellen Arbeiterbezirk.

und dieser dient, aber das arbeitslose Eigentum, insbesonders der Renten- und Bodenzins" (Parteigrundsätze der Deutschen Nationalsozialistischen Arbeiterpartei). Nicht ein künstliches, Seele, Geist und Körper, Frauen und Kinder zermürbendes unnatürliches Zusammenpferchen der Menschen in enge Räume, in Massenquartiere und Massenstädte; nein, die moderne elektrische Stromtechnik gibt uns die Möglichkeit, Betriebe und Siedlungen hinaus zu verlegen ins weite deutsche Land, die Menschen zurückzugeben der Mutter Natur, nach der sie sich sehnen – auch wenn sie die düstersten Großstadtsozialisten geworden sind. Das Massenzinshaus zermürbt zumal den deutschen Mann und verekelt ihm die Familiengründung, weil sie zum Jammer wird; das eigene Haus, eigener Garten und Feld erhellt sein Gemüt, sein Herz und seinen Geist.

Nicht Proletarier wollen wir schaffen, sondern aus Enterbten deutsche Eigner an eigenem Grund und Boden. Nicht von Haß und Neid verzehrte, ihr Dasein verfluchende Gotteshasser wollen wir, sondern zufriedene, glückliche Menschen, die das Erreichbare sich nicht durch Hetze und Aufstachelung niedriger Instinkte vergällen lassen, sondern auszubauen und von Generationen zu Generationen durch eigene Tüchtigkeit und Arbeit zu verbessern trachten.

[...]

33.2 Anonym: Remarque in ganz Oesterreich endgültig verboten!

Erstveröffentlicht als Remarque in ganz Oesterreich endgültig verboten! Sieg des völkischen Gedankens!, in: *Deutschösterreichische Tages-Zeitung*, 10. Jänner 1931, S. 1.

Die – schließlich erfolgreichen – gewalttätigen Proteste gegen die Vorführung von Lewis Milestones Remarque-Verfilmung Im Westen nichts Neues *(USA 1930) waren der erste, öffentliches Aufsehen erregende Erfolg der österreichischen Nationalsozialisten. Bei der Nationalratswahl am 9. November 1930 hatten sie nur 2,9 Prozent der Stimmen erreicht, nach dem Verbot des Films stieg die Zahl ihrer Mitglieder um 25 Prozent auf 4.200.[5] Mit Ausnahme von Wien war die Aufführung des Films in allen Bundesländern untersagt worden, nachdem er bereits zuvor in Deutschland zur Zielscheibe einer massiven Kampagne der NSDAP geworden war. Da Aufführungsverbote in den Zuständigkeitsbereich der Länder fielen und der Wiener Bürgermeister Karl Seitz sich weigerte, einen Antikriegsfilm allein aufgrund gewaltsamer Ausschreitungen zu verbieten, folgte das Innenministerium nach Tagen des stürmischen Protests dem deutschen Vorbild: Es verbot den Film aufgrund der von den Nationalsozialisten herbeigeführten „Gefährdung der öffentlichen Ordnung".*

---

5 Vgl. Kurt Bauer: „.... jüdisch aussehende Passanten". Nationalsozialistische Gewalt und sozialdemokratische Gegengewalt in Wien 1932/33, in: Das Jüdische Echo. Europäisches Forum für Kultur und Politik, 54. Jg., Oktober 2005, S. 125–139.

Der „hundertprozentig pazifistische" Innenminister mußte sich bequemen! – Abrechnung des Heimatblockabgeordneten Dr. Hueber mit Ministers Winkler Entschlußlosigkeit. – Ein Erfolg der Nationalsozialisten, Heimatwehren, Turner, Frontsoldaten und der „Dötz".

[...]

Wir haben es erreicht! Alles, was noch Sinn für die Würde der Nation hatte, stand in geschlossener Front gegen den Film eines amerikanischen Juden und gab Wochen vor der Aufführung dieses Films dem Willen, diese Beschimpfung des Frontsoldatentums, diese Schändung des Andenkens von zwei Millionen Weltkriegstoten mit allen Mitteln zu verhindern, unzweideutig Ausdruck. Es bedurfte der Halsstarrigkeit – um kein anderes Wort zu gebrauchen – eines in engen parteipolitischen Erwägungen befangenen Innenministers, um es so weit kommen zu lassen, wie es in Wien gekommen ist. Die Kosten für das dreimalige ungeheure Polizeiaufgebot und für die Gutmachung der bei Straßentumulten unvermeidlichen Schäden, aber auch die Frotzelei durch den Landeshauptmann von Wien hätte sich Herr Winkler[6] leicht ersparen können, wenn er sich nicht als Machthaber von Gnaden einiger Parteibonzen, sondern, wie es in der Verfassung ausdrücklich heißt, als Beauftragter des deutschen Volkes in Österreich gefühlt hätte.

So konnte dem „hundertprozentigen Pazifisten" und Innenminister die Blamage nicht erspart bleiben, eine Blamage, die er der geschlossenen Front aller volksbewußten Kreise, den Nationalsozialisten und Heimatschützern, den Turnern, Starhembergjägern,[7] völkischen Gewerkschaftern und allen Frontsoldaten zu danken hat, nicht zuletzt auch unserem Blatt, das als erstes und ohne Rücksicht auf die gefährlichen Klippen unseres Preßgesetzes mit dazu beigetragen hat, daß die Empörung gegen diese unerhörte Verunglimpfung und Besudelung deutschen Heldentums zu einem Volkssturm wurde, der den Innenminister mit seinen in den breiten Massen unverständlichen pazifistischen Neigungen hinweggefegt hätte.

Dem Sieg, der gegen die pazifistischen Erwägungen eines von der demokratischen Zufallswelle hinaufgespülten Innenministers errungen wurde, kommt doppelte Bedeutung zu: Er ist nicht nur ein Beweis dafür, daß sich auch das deutsche Volk in Österreich seiner nationalen Würde wieder besinnt und sich abkehrt von jenen, die es seit zwölf Jahren in immer tiefere wirtschaftliche und seelische Not führen wollen, er beweist auch, daß selbst im roten Wien die Straße nicht mehr marxistischen Plünderern und Brandstiftern gehört, sondern, daß das deutsche Volk von Wien wieder den Willen hat, seinem Wollen auch gegen die demokratische Entschlußlosigkeit der vorläufig noch am Ruder Befindlichen Geltung zu verschaffen.

---

6 Franz Winkler (1890–1945) war Mitglied des Landbunds und von 1930 bis 1933 Innenminister.
7 Ernst Rüdiger Starhemberg (1899–1956) war ab 1930 bis zu deren Auflösung 1936 der Bundesführer des austrofaschistischen Flügels der Heimwehr.

Allen, die, bereit zu jedem persönlichen Opfer, durch ihre Teilnahme an den Kundgebungen oder durch ihre Vorbereitung mitgewirkt haben, daß der Schmachfilm „Im Westen nichts Neues!" verboten wurde, gebührt der Dank des ganzen deutschen Volkes, vor allem aber der Witwen und Waisen nach den Toten des Weltkrieges, der Dank des Millionenheeres von feldgrauen Soldaten.

33.3 Fritz Brügel: Nationalsozialistische Ideologie

Erstveröffentlicht als Fritz Brügel: Nationalsozialistische Ideologie, in: *Der Kampf. Sozialdemokratische Monatsschrift*, 24. Jg., Nr. 3 (März 1931), S. 105–117.

Fritz Brügels (1897–1955) detaillierte Analyse der nationalsozialistischen Ideologie entstand unter dem Eindruck des enormen Stimmenzuwachses der NSDAP bei der Reichstagswahl am 14. September 1930 in Deutschland. Der Autor und sozialdemokratische Bildungsfunktionär – u. a. Leiter der sozialwissenschaftlichen Studienbibliothek der Wiener Arbeiterkammer – formuliert die These, dass der Wahlerfolg der Nationalsozialisten in der Hauptsache von anderen Faktoren abhängen muss als von den 25 politischen Forderungen, die die Partei in ihrem Programm vom 24. Februar 1920 aufgestellt hatte. Insbesondere erschien Brügel die Anziehungskraft erklärungsbedürftig, die die Nationalsozialisten auf Jugendliche und Angestellte ausübten. Dementsprechend weit ist das Spektrum an Erklärungsansätzen, die Brügel anbietet: von Wirtschaftskrise und zunehmender nationaler Erregung über die neuartige Form der Agitation und den Führerkult bis zu Antisemitismus, Dolchstoßlegende und Landserromantik.

Da Menschen und Parteien es lieben, ihren Mitbürgern einen möglichst weit zurückreichenden Stammbaum vorzuweisen, führt die im Jänner 1919 zu München begründete „Nationalsozialistische Deutsche Arbeiterpartei" ihre Herkunft auf mehrere ähnliche Versuche zurück, die im alten Österreich gemacht worden sind. Ob dieser Stammbaum zu Recht besteht oder nicht, ist eine müßige Frage, jedenfalls ist die altösterreichische nationalsozialistische Bewegung nur aus den Lebensbedingungen des österreichischen Nationalitätenstaates verständlich, sie ist mit ihm versunken und nur teilweise in der heutigen Tschechoslowakischen Republik bestehen geblieben.[8]

Was heute in Deutschland und Österreich „Nationalsozialistische Deutsche Arbeiterpartei" heißt, wurde also im Jahre 1919 in München begründet. Der heutige Führer der Partei, Adolf Hitler [...], trat im Mai des gleichen Jahres als siebentes Mitglied der Partei bei. Von da an ist das Auf- und Absteigen der Partei fest an die all-

---

[8] Fußnote im Original: Rudolf Jung: *Der nationale Sozialismus*, 3. Auflage, München[: Deutscher Volksverlag] 1922.

gemeine deutsche Wirtschaftsentwicklung gebunden, die Wählerzahlen der Partei können geradezu als Barometer für den jeweiligen Stand der Krise genommen werden.

[...]

Zwei Ursachen, die zum Erfolg verholfen haben, liegen auf der Hand: erstens die Wirtschaftskrise, die zweifellos zahllose Menschen dazu bewogen hat, darunter wahrscheinlich vorwiegend frühere Nichtwähler, es einmal mit einer neuen Partei zu versuchen; zweitens die zweifellos in Deutschland vorhandene, immer deutlicher werdende nationale Erregung, die sich die Abschaffung der Friedensverträge und die Wiedererwerbung der verlorenen Gebiete und Kolonien als Ziel setzt, und der die Deutschnationalen, vor allem durch ihre Haltung zum Dawes-Plan,[9] nicht Genüge getan haben. Beide Punkte hängen eng miteinander zusammen. Über das Gesagte hinaus aber kommt das nationalsozialistische Programm vielen Stimmungen und Regungen der „deutschen Seele" entgegen, was klarer wird, wenn man die neben dem Parteiprogramm existierenden sonstigen Erzeugnisse der Hakenkreuzler in Betracht zieht. Erst da enthüllt sich die wirkliche Ideologie der Nationalsozialisten, die auf das engste mit der Art ihrer Agitation verknüpft ist.

[...]

Für die Veranstaltung von Versammlungen und für ihre sonstige Werbearbeit hat sich die Partei einen eigenen Katechismus[10] geschaffen, der den Agitatoren, je nach den ihnen zugewiesenen Arbeitsgebieten, Anweisungen gibt; zum Beispiel wird folgendes Rezept für die Abfassung von Flugblättern gegeben: „Der Text kann in Arbeitervierteln in derber Weise und in bürgerlichen Vierteln in der tropfenweisen, getarnten Art der in dieser Richtung einzigartigen Berliner demokratischen Blätter abgefaßt sein..." Die Versammlungen sollen unter dem Motto „sensationeller Ereignisse, Skandale jüdischer oder marxistischer Art" abgehalten werden. Politische Fragen sind so zu formulieren, daß die Versammlungen aus Neugierde, Wut, Hoffnung auf Sensation oder aus dem Grunde besucht werden, „Vorteilhaftes über materielle Standes- oder Klasseninteressen zu hören". Die Partei hat ein eigenes Versammlungsritual, demzufolge den Beschluß jeder Zusammenkunft ein Heil auf die Partei und den Führer macht. Das Deutschlandlied[11] soll nur dort gesungen werden, wo man der Besucher sicher ist, und auch sonst wird Vorsicht empfohlen, damit nicht die einen die Partei als reaktionär, die anderen als verkappt marxistisch bezeichnen. Ganz nach Art der modernen Reklametechnik werden die besten Möglichkeiten für die Verbreitung von Plakaten und Flugzetteln, Klebemarken und

---

9 Der Dawes-Plan vom 16. August 1924 regelte die Reparationszahlungen Deutschlands an die Siegermächte des Ersten Weltkrieges.
10 Fußnote im Original: [Georg] Stark: *Moderne politische Propaganda*, München[: Eher 1930].
11 Die 1797 von Joseph Haydn komponierte Melodie diente ab 1922 als deutsche Nationalhymne, mit der 1841 von August Heinrich Hoffmann von Fallersleben verfassten, berüchtigten Liedzeile „Deutschland, Deutschland über alles ...".

Handzetteln erwogen, kein Mittel der Reklame der Großwarenhäuser wird verschmäht.

[...]

Die größte Rolle in der Parteiideologie spielt die Stellung des Führers. Es gibt keine Partei in Deutschland, die ihrem Führer eine solche Stellung einräumen würde wie die Nationalsozialisten ihrem Hitler. Er wird als Genius bezeichnet, er wird mit Jesus Christus verglichen, er hat die „Eingeistung des deutschen Volkstums aller Stände und Berufe" vollzogen, auf ihm ruht die Gnade, er ist der Herzog, der vor seinem Volke herzieht in der Stunde der Entscheidung, er ist der Vollzieher des Gerichts an Deutschlands Feinden, die er schlagen wird, den Erstfeind Jesuitismus und Judaismus, den Zweitfeind Frankreich.[12]

[...] Selbstverständlich haben deutsche Universitätsprofessoren das deutsche Führerideal mit dem romantischen Glanz ihrer Wissenschaft umgeben. Die Parteien sind für sie das Böse, und über ihnen steht als Richter der Große, der Gerechte, der Führer. „Wenn", sagt ein deutscher Gelehrter,[13] „eine Regierung schon bei ihrem Amtsantritt von dem Willen des Parlaments abhängig ist und während ihrer Amtsführung stets abhängig bleibt, so sinkt sie zu einem bloßen Vollstreckungsorgan fremden Willens herab, sie führt nicht mehr, sondern führt nur noch aus, ihr Wille zwingt nicht mehr andere, ihr zu folgen, sondern sie ist gezwungen, fremdem Willen sich zu beugen." Das ist die neue Formulierung der herrlichen Zeiten, denen [Kaiser] Wilhelm das deutsche Volk zugeführt hat, und der Zerschmetterung der Staatsfeinde, der Beugung des oppositionellen Willens; woraus sich ergibt, daß in Deutschland unter Regierung noch heute Vergewaltigung des Willens und brutale Niederringung der Opposition verstanden werden kann. Dieses Führerideal kommt dem absoluten Königtum am nächsten; wie groß die Logik in der Agitation der Nationalsozialisten und sonstigen deutschen reaktionären Parteien ist, hat Werner Hegemann[14] gezeigt, der darauf hingewiesen hat, daß das idealisierte Bild Friedrichs des Großen dem Bilde Hitlers nahezu vollständig gleicht.

[...]

Trotz dieser scharf antiparlamentarischen Stellung der Partei liegt es in absichtlichem Dunkel, welche Regierungsform den Hakenkreuzlern als ihr Ideal erscheint. „Die Staatsform ergibt sich von selbst", sagte ihr Führer, als er noch nicht über 107 Abgeordnete gebot. Ebenso ist der Weg, den die Partei zu gehen beabsichtigt, nirgends offen vorgezeichnet. Im Prozeß der Reichswehroffiziere hieß es in der Aussage des Zeugen Hitler: "Aus den 107 Mandaten werden 250 gemacht werden, und

---

12 Fußnote im Original: [Georg] Schott: *Das Volksbuch vom Hitler*, München[: Wiechmann 1924].
13 Fußnote im Original: [Friedrich] Lent: *Parlamentarismus und Führertum*, Langensalza[: Beyer] 1929.
14 Fußnote im Original: [Werner] Hegemann: *Das Jugendbuch vom großen König [oder Kronprinz Friedrichs Kampf um die Freiheit]*, Hellerau[: Hegner] 1931.

wir werden die absolute Mehrheit haben. Meine Gegner haben nur ein Interesse: die Bewegung als staatsfeindlich hinzustellen, weil sie sehen, daß sie sich auf vollständig legalem Wege den Staat erobert." Orphischer spricht Goebbels: „Jede Regierungsform, sie mag nach außen demokratisch oder aristokratisch erscheinen, ist Zwang. Grundlegender Unterschied besteht nur in der Richtung, ob sich der Zwang zum Segen oder zum Fluch der Gesamtheit auswirkt. Was wir fordern, ist neu, einschneidend und radikal, darum im tiefsten Sinne revolutionär. Das hat in seinem Wesen nichts mit Radau und Barrikaden zu tun. Mag sein, daß das einmal dazu kommt." Man sieht, daß Fridericus Rex,[15] die erfolgreichste Legende der deutschen Geschichtsschreibung, dem Ideal der Nationalsozialisten, dem aufgeklärten Absolutismus, am nächsten kommt, und man versteht die Logik, die darin liegt, daß sie ihre Agitation auch mit den Fridericus-Filmen bestreiten.[16]

[...]

Damit hätten wir uns nun mit der Rassenfrage zu beschäftigen. Es ist zweifellos ein Fehler, daß die Linksparteien die Rassenfrage gewöhnlich mit Gelächter abtun und einer Diskussion aus dem Wege gehen. Man spricht nicht gern von dieser Angelegenheit, die der deutsche Dichter Wilhelm Schäfer als eine Gefahr bezeichnet hat, „die von allen Gefahren unserer Tage eine der schmählichsten ist".[17] Programm, Ideologie und Agitation der nationalistischen deutschen Parteien brauchen aber mit bindender Logik dieses ihr Hauptstück, die Judenfrage. Jesuitismus und Judaismus sind, wie oben gesagt, der Erstfeind, Frankreich der Zweitfeind. Die Nationalisten behaupten, und darin stört sie kein Ergebnis wissenschaftlicher Untersuchung, kein Memoirenbuch und keine Zeugenaussage, daß Deutschland den Krieg militärisch *nicht* verloren habe. Es muß also jemand gesucht werden, der die Niederlage verschuldet hat, und je seltener die Dolchstoßlegende noch Gläubige findet, desto häufiger und eifriger glaubt man, daß die Juden Kriegsniederlage und Friedensverträge, Reparationszahlungen und Wirtschaftsnot etwa so veranstaltet hätten, wie die Nationalsozialisten einen Terrorzug von München nach Koburg. Der Kampf gilt dem einzelnen Juden wie ihrer Gesamtheit. Er wird so heftig geführt, daß er auf die Jugend, die das Abwirtschaften des Stöckerschen Antisemitismus[18] nicht erlebt hat, Eindruck machen muß. Goebbels hat in geradezu klassischer Form die Unerbittlichkeit dieses Kampfes dargestellt: „Der Jude ist doch auch ein Mensch. Gewiß, und

---

15 Friedrich der Große.
16 Von den 1920er bis in die 1940er Jahre entstand eine Serie von Filmen über das Leben von Friedrich II. von Preußen, meist mit Otto Gebühr in der Titelrolle. Der zum Zeitpunkt von Brügels Aufsatz aktuellste Film war *Das Flötenkonzert von Sans-souci*, eine Produktion der deutschen UFA im Jahr 1930.
17 Fußnote im Original: [Wilhelm] Schäfer: *Der deutsche Gott*, München: [Müller] 1923.
18 Adolf Stöcker (1835–1909) war Mitbegründer der Christlich-Sozialen Partei Deutschlands und der erste Politiker, der in Deutschland den Antisemitismus zum zentralen Credo einer modernen politischen Partei machte.

niemand von uns hat das je bezweifelt. Wir bezweifeln nur, daß er ein *anständiger* Mensch ist. Er paßt nicht zu uns. Er lebt nach anderen inneren und äußeren Gesetzen als wir. Daß er ein *Mensch* ist, das ist für uns nicht Grund genug, uns von ihm in der unmenschlichsten Weise unterdrücken und kujonieren zu lassen. Er ist ein Mensch, allerdings – *aber was für einer!* Wenn jemand deine Mutter mit der Peitsche mitten durchs Gesicht schlägt, sagst du dann auch: ‚Danke schön, er *ist auch ein Mensch!*' Das ist kein Mensch, das ist ein Unmensch. Wieviel Schlimmeres hat der Jude *unserer Mutter Deutschland* angetan und tut es ihr heute noch an!"

Die ganze Konstruktion der nationalsozialistischen Judenfrage also ist logisch, denn es muß ein Schuldiger für die Niederlage gefunden werden, der als fremder Feind inmitten des Volkes sitzt. Da von je 100 Deutschen einer ein Jude ist, muß diesem einen Prozent der deutschen Bevölkerung ein so großes Maß von Fähigkeiten und Dämonie angedichtet werden, daß 99 Prozent von dem *einen* Prozent besiegt werden können. Nur so kann man aus den Kriegs*gewinnern* die Entschuldigung machen für die Kriegs*verlierer*. Die Nationalsozialisten erreichen ihr Ziel dadurch, daß sie vom Chefredakteur ihres „Völkischen Beobachters", Rosenberg, die „Protokolle der Weisen von Zion" edieren lassen, die das wahre „Herzstück" des nationalsozialistischen Programms bilden. [...]

Die Nationalsozialisten wenden sich in ihrer Argumentation nicht nur gegen die angebliche wirtschaftliche Vormacht der Juden, sondern vor allem gegen die Verseuchung durch den jüdisch-materialistischen Geist. Es muß doch einmal der Mut aufgebracht werden, dieser Agitation gegenüber zu sagen, daß, wenn 99 Prozent der Deutschen nicht soviel Geist aufbringen, um den jüdisch-materialistischen Geist *eines* Prozents zu überwinden, dann die Judenfrage keine Judenfrage, sondern eine Deutschenfrage ist.

[...]

Zu alledem kommt, daß der Nationalsozialismus alle jene aufgefangen hat, die in den Zeitfreiwilligenkorps, in den Baltikumformationen, der Schwarzen Reichswehr und den sonstigen Putschorganisationen das Leben als Abenteuer erlebt hatten. Eine große Zahl von Teilnehmern dieser Abenteuer schrieb seine Memoiren, Bücher, die für die Seelenverfassung mancher Schichten des deutschen Volkes überaus aufschlußreich sind.

Alle diese Bücher haben vor allem die *eine* Gemeinsamkeit der Literatenhaftigkeit, die während des Erlebnisses bereits darüber nachdenkt, wie sich dieses Erlebnis schwarz auf weiß ausnehmen wird. Die Literatenerlebnisse müssen natürlich wiederum auf Literaten und Intellektuelle ihren Eindruck machen, vor allem aber in der Jugend die Geneigtheit erwecken, sich ebenfalls in Abenteuer zu stürzen, und es ist schließlich kein allzu großer Unterschied im Gedanken, ob man Riga nimmt oder Berlin, in beiden Städten gibt es das, was Abenteurer lockt, Geld, Ruhm, Weiber.

[...]

Hier wird ein Moment manifest, das sonst in der nationalsozialistischen Tagespresse nur als unangenehme Entgleisung auftaucht. Der Krieg und die Revolution haben in der Gesetzgebung und im Leben die Stellung der deutschen Frau vollständig geändert; im Beruf und in der Sexualität steht die Frau als gleichberechtigte Partnerin neben dem Mann, in der Politik bedeuten die Frauenstimmen eine Macht, die zu verletzen keine der alten Parteien gewagt hat. Jedes deutsche Parteiprogramm enthält spezielle Frauenforderungen, nur das nationalsozialistische nicht. Die Nationalsozialisten sind eine männliche Partei. Während der Mann, Hakenkreuz am Stahlhelm, das Dritte Reich erkämpft, hat seine züchtige Hausfrau Ehre und Heiligkeit seines Heims zu wahren und zu warten, daß der Gemahl für die Aufnordung der deutschen Rasse sorge, mag er sich inzwischen auch in baltischen Dörfern, die ja manchesmal in der Nähe von Berlin liegen können, seine Manneskraft beweisen.

[...]

Die nationalsozialistische Ideologie kann nur Bedeutung und Erfolg gewinnen eben in Zeiten, wie wir sie seit 1918 durchleben. Wenn man ihre Schlagkraft verstehen will, muß man sich Arbeitslosigkeit und Einkommensverschiebung, Reparationsfrage, das Beispiel des italienischen Faschismus und die Gebietsverluste des Reiches, die die nationale Niederlage zur immer schmerzenden Wunde machen, ebenso vor Augen halten, wie den Mangel eines großen stehenden Heeres, der die anerzogenen militaristischen Instinkte in illegalen Formationen Gewalt gewinnen läßt.

[...]

Die nationalsozialistische Ideologie wird dann keinen Erfolg zu erringen vermögen, wenn es uns gelingt, alle Geister der Vernunft lebendig zu machen, und wenn wir uns dessen bewußt bleiben, daß wir einen Kampf führen, in dem es um alles geht, um die politische und materielle Situation der Arbeiterklasse, um die Haltung der erreichten Etappe auf dem Wege zum Sozialismus und um Humanität und Humanismus. Dann erscheint uns die nationalsozialistische Ideologie deutlich und nackt, als das, was sie ist: das Rüstzeug der Barbaren.

33.4 Alfred Eduard Frauenfeld: Das Volk will es!

Erstveröffentlicht als Alfred Eduard Frauenfeld: Das Volk will es!, in: *Der Kampfruf*, 7. Mai 1932, S. 1–2.

Zur Agitation der NSDAP – Hitlerbewegung gehörte, dass sie den propagierten Kampf um die Macht nach jedem Wahlgang unmittelbar fortsetzte. So rief sie auch nach der Wiener Landtags- und Gemeinderatswahl vom 24. April 1932, bei der sie ihr bisher bestes Ergebnis erzielt hatte, zu einer Massendemonstration auf, die am Vorabend des 1. Mai stattfand und damit eine offene Provokation der Sozialdemokratie darstellte. Eigenen Angaben zufolge zogen 200.000 Menschen über die Ringstraße und for-

derten die sofortige Auflösung des Parlaments sowie Neuwahlen. Die Gewalt der Straße als wesentlicher Bestandteil nationalsozialistischer Propaganda ist dem Leitartikel des Wiener Gauleiters Alfred Eduard Frauenfeld (1898–1977) ebenso eingeschrieben wie das komplementäre Element nationalsozialistischer Rhetorik, die Anrufung der mythologisch verklärten Vergangenheit.

Wien hat über Nacht ein anderes Gesicht bekommen! Mehr als ein Dutzend Jahre hatte es geschienen, als hätte der Sumpf unserer Zeit alles Gute in dieser Stadt erstickt, als wäre das Deutsche an ihr verdorrt unter dem Schlamm der Korruption, unter den Bergen jüdischer Zeitungen. Ihr Antlitz verzerrte sich immer mehr zur ausdruckslosen Fratze marxistischer Zweckbauten, die mit den geistlosen Fronten endloser Fensterreihen Symbole der Inhaltslosigkeit dieser Lehre wurden!

Das rote Wien, Eldorado der Juden und des Untermenschentums, das letzte Bollwerk des Marxismus, Plattform, von der aus der Abschaum des Ostens den Weg ins deutsche Volk nimmt... *das war Wien bis gestern*!

Und dann wurde man plötzlich gewahr, daß in der Stadt der deutschen Gotik, der Stadt, in der die Hochblüte des Barock zu herrlicher Fülle sich entfaltete, hunderttausende *deutsche* Menschen lebten und litten. Und diese Menschen waren mit einem Male nicht mehr, was sie ein Jahrzehnt lang gewesen, kleinmütige, verschüchterte Leute, die sich scheu in die alten Häuser ihrer Väter verkrochen, waren nicht mehr gutmütige Arbeitstiere, die sich von anderen in unverschämtester Weise ausbeuten und betrügen ließen!

Diese Menschen haben sich zusammengeschlossen, der Geist ihrer Väter, die auf den Zinnen dieser Stadt standen und sie gegen den Ansturm der Horden Asiens schützten und damit Europa und die deutsche Kultur retteten, war wieder lebendig geworden in ihnen. Das Blut von Jahrzehntausenden, das Väter und Mütter ihnen mit auf den Weg gegeben hatten, kreiste wieder rascher durch ihre Adern... *Das deutsche Wien* ist aus schwerem Schlafe wieder *aufgewacht*. Ist von furchtbarem Siechtum genesen.

Es schart sich um die roten Hakenkreuzfahnen. Grenzenlose Begeisterung durchglüht hunderttausend Menschen, und ein läuterndes Feuer schweißt sie zusammen zu einer neuen, kampfesfrohen Einheit verantwortungsfreudiger Menschen, die, beseelt von heiligem Zorne, gegen ihre Unterdrücker zu Felde ziehen. Kreuzzugstimmung erfüllt heute das deutsche Wien, das feiges Scheinchristentum politisierender Schwächlinge in die Hände des jüdischen Marxismus gab.

Seit jener Zeit, als Wien einen schwankenden, beeinflußbaren Herrscher *zwang*, ihm den Bürgermeister zu geben, den Adolf Hitler den größten deutschen Bürgermeister aller Zeiten nennt,[19] sind Jahrzehnte vergangen und immer mehr wurde

---

19 Gemeint ist Karl Lueger, Gründer und Führer der Christlichsozialen Partei und Verfechter des Antisemitismus.

Wien die sterbende Stadt, es schien, als wäre es vorbei mit jenem deutschen Wien, das nur mehr in Dichtung und Gesang fortlebte und Hunderttausenden als ein schöner Traum aus einer längst verflossenen Zeit vorkam. Da kam der *Nationalsozialismus* und er schuf das Wunderbare: Wien wurde wieder gesund, es erwachte zu neuem Leben. Wer vor wenigen Tagen die hunderttausend Menschen sah, die sich in grenzenloser Begeisterung in seinen Reihen zusammenschlossen, der weiß: Wir stehen erst am *Anfang* einer großen, mächtigen Volksbewegung, die das deutsche Wien aufgewühlt hat, wie kaum eine Bewegung zuvor!

Schon heute entspricht der Gemeinderat Wiens mit nur 15 Nationalsozialisten nicht mehr der Gesinnung der Bevölkerung, denn die nationalsozialistische Lawine wächst *täglich*, ja stündlich und sie wird ein Parlament, das die Zeichen der Zeit nicht hören will und seine Ohren gegen das Brausen der Brandung einer völkischen Sturmflut verschließen will, hinwegfegen. *Nicht die Nationalsozialisten verlangen die Auflösung des Parlamentes, das Volk will es*, und da dieses Volk nicht mehr wehrloses Werkzeug der Träger des sterbenden Systems ist, sondern aufgerüttelt aus seinem Dahindämmern in der nationalsozialistischen Bewegung seinen Hort und seine Wehr gefunden hat, wird es diesen seinen Willen jedem gegenüber, der es versucht, ihm entgegenzutreten, durchzusetzen wissen!

Die Menschen, die am 17. April unserem Rufe gefolgt waren und in zehntausendfacher Zahl am Karlsplatz erschienen waren, sind am 20. April in *doppelter* Anzahl wieder gekommen. Sie werden unserem Rufe morgen *wieder* folgen und es werden wieder mehr sein und eines Tages wird unsere Langmut erschöpft sein und wir werden nicht mehr bloß fordern, sondern auch *zugreifen*, um uns das zu nehmen, was uns zusteht, als dem „souveränen" Volke, von dem *alle* Macht im Staate ausgeht. Der Artikel unserer Verfassung legt ausdrücklich fest, daß das Volk Herr im Staate ist. Nun gut, *wir sind das Volk, und wer sich uns entgegenstellt, begeht Hochverrat und wird zur Verantwortung gezogen werden*! Wir wollen nichts als unser gutes *Recht*, und alle Welt soll wissen, daß wir uns dieses Recht, wenn man es uns nicht geben will, eben *nehmen werden*. Wer soll uns hindern daran? Die Bonzen der alten politischen Parteien?... Marxisten oder Christlichsoziale, die ihre schlotternde Angst nur mühsam verbergen? Die täuschen doch heute nur noch durch ihre Zahl darüber, daß durch das Abströmen aller revolutionären Elemente und Aktivisten in das nationalsozialistische Lager nur mehr ein *qualliger Brei von Schwächlingen und Minderwertigen* zurückbleibt, dem keinerlei politischer Gefechtswert, keine Stoßkraft und Kampfkraft mehr innewohnt!

Die Leute, die sich mit der Hoffnung tragen, wenn sie die Entscheidung aufschieben, dann werde mittlerweile diese „vorübergehende Erscheinung" nationalsozialistischer Erfolge abgeflaut sein, sind wohl am 30. April eines Besseren belehrt worden, denn es zeigte sich, daß die *Menschenmassen sich binnen zwei Wochen verdoppelt hatten* und ständig weiter im Wachsen begriffen sind. Je *später* die alten Parteien zur Neuwahl des Nationalrates antreten, um so *vernichtender* wird ihre *Niederlage* sein. Ein ganzes Volk ist aufgestanden wider seine Peiniger und Ausbeuter und der Nationalsozialismus ist die Manifestation seines Willens zum Leben, zum Kampf, zur Freiheit! Dieser Wille hat sich nun auch in Wien durchgerungen, gegen alle die Berge von Unrat, die man auf diese deutsche Stadt gehäuft hatte, gegen die Berge des von Juden bedruckten Papiers, gegen die Wälle und Mauern von Lügen und Verleumdungen, die man zwischen der nationalsozialistischen Bewegung und dem Volke aufzurichten versuchte!

[...]

Tausend Jahre einer großen Geschichte irren nicht, zwei Millionen Tote des Weltkrieges lebten und litten nicht, auf daß sich Juden bereichern und deutsche Menschen verkommen, auf daß sich Untermenschentum mäste und edelstes Blut versiegen muß. Das deutsche Volk stieg nicht zu höchster Höhe empor, um in Parteipolitik, Demokratie und Parlamentarismus zugrunde zu gehen, sondern um von den Trägern eines heiligen Vermächtnisses und den Hütern einer erhabenen Vergangenheit aus diesem Sumpf herausgeleitet zu werden in eine schönere Zeit, in eine Zeit der Wertung seines Wirkens. Macht Ausflüchte, ersinnt euch die dümmsten Ausreden, euch rettet nichts mehr... *das Volk will es! – Das Volk sind wir und ihr müßt verschwinden*!

Bonzendämmerung!... Morgenrot einer neuen Zeit! Ein ganzes Volk steht auf und gestaltet sein Schicksal selbst mit starker Hand, nach den Gesetzen seines Blutes im Zeichen der Rune des Hakenkreuzes!

33.5 Otto Bauer: Der 24. April

Erstveröffentlicht als Otto Bauer: Der 24. April, in: *Der Kampf. Sozialdemokratische Monatsschrift*, 25. Jg., Nr. 5 (Mai 1932), S. 189–193.

Nur drei Tage nach der „Wahlschlacht" vom 24. April 1932 verfasst, steht Otto Bauers (1881–1938) Analyse noch deutlich unter dem Eindruck der „Umwälzung in der bürgerlichen Parteiengruppierung", die sich bei den Landtagswahlen in Wien, Niederösterreich, Salzburg und der Steiermark zugunsten der österreichischen Nationalsozialisten vollzogen hatte. Von einer kaum beachteten Splittergruppe am rechten Rand waren sie quasi über Nacht in den Fokus der Sozialdemokratie gerückt, die dem nationalsozialistischen Terror auf der Straße im weiteren Verlauf des Jahres tatsächlich mit erheblich gesteigerter Angriffslust begegnete. Offenbar war es der Sozialdemokratie gelungen, den von Bauer beschworenen jugendlichen Kampfgeist – vor allem in den Reihen des paramilitärischen Republikanischen Schutzbunds – zu wecken. Zugleich lässt Bauer ein weiteres Motiv anklingen, das die innerparteiliche Diskussion bis zum Verbot der SDAP am 12. Februar 1934 beherrschen wird: Um die rebellische Stimmung der Massen einzufangen, wird es nicht genügen, das bisher Erreichte zu verteidigen.

Wenn wir die Ergebnisse der Wahlschlacht vom 24. April richtig würdigen wollen, müssen wir uns dessen bewußt sein, unter wie ganz anderen Bedingungen wir diesmal die Wahlschlacht geschlagen haben als in den letzten Wahlkämpfen.

[...]

Haben wir uns behauptet, so hat sich im bürgerlichen Lager eine Umwälzung vollzogen. Die Großdeutschen existieren nicht mehr, der Landbund ist wesentlich geschwächt, der Heimatblock in Auflösung. Die Christlichsozialen aber haben sich nur in den ländlichen Gebieten gut behauptet; in den Städten, insbesondere in Wien, haben sie eine schwere Niederlage erlitten. Die Hakenkreuzler haben einen Erfolg, dessen suggestive Kraft ihnen weitere Erfolge verheißt. Es ist die größte Umwälzung in der bürgerlichen Parteiengruppierung, die sich seit der Zeit vollzogen hat, in der die Christlichsozialen und die Deutschnationalen den Altliberalismus und den Altklerikalismus abgelöst haben.[20] Seit dem Jahre 1897 waren alle unsere Wahlkämpfe beherrscht von dem Gegensatz zwischen uns und den Christlichsozialen; von nun an werden sie beherrscht sein von dem Gegensatz zwischen uns und den Nationalsozialisten.

[...]

In vielen Beziehungen erinnert die Hitler-Bewegung, in Österreich noch mehr als im Reich, an die Anfänge der Christlichsozialen und der Deutschnationalen. Ihr „Antimarxismus", ihr Nationalismus, ihre soziale Demagogie erinnern vor allem an die längst vergessenen Franko Stein und Eduard Seidl, mit denen wir uns in der Vorkriegszeit in den deutschen Gebieten der Sudetenländer herumschlagen mußten. Man übersehe den Unterschied zwischen den reichsdeutschen Hakenkreuzlern und den österreichischen nicht! In Deutschland ist wilder Nationalismus immerhin auch eine Auflehnung des infolge des verlorenen Krieges tausendfach verletzten, gedemütigten Nationalstolzes. In Österreich zieht die Hakenkreuzlerbewegung aus dem Nationalismus weit weniger Kraft. Der christlichsoziale Spießbürger von vorgestern, der gestern die Nazi gewählt hat, ist kein Deutschnationaler geworden. Aber er ärgert sich über seine Partei, die gar so staatsmännisch geworden ist, die kein antisemitisches Wort mehr wagt, die von jüdischen Fabrikanten Geld nimmt und Judenbanken das Geld des Volkes gibt. Ganz wie nach den langen Krisen der achtziger und neunziger Jahre nimmt kleinbürgerliche Rebellion, kleinbürgerlicher Antikapitalismus vorerst die Gestalt des Antisemitismus an.

[...]

---

[20] „Altliberalismus" bezieht sich auf die Ära des gemäßigten Verfassungsliberalismus in Österreich nach 1848, „Altklerikalismus" steht für den Einfluss, den die katholische Kirche bis ins frühe 20. Jahrhundert auf die österreichische Politik ausübte.

Es gilt vor allem, diesen neuen Feind zu kennen! Unsere älteren Redner kennen unsere alten Gegner; von unserem neuen Feind wissen sie noch zu wenig. Das muß nachgeholt werden! Wir haben schon eine Fülle wertvoller sozialistischer Literatur über den Hakenkreuzfaschismus; alle unsere Redner, alle unsere Vertrauensmänner müssen sie studieren, um dem neuen Kampf gewachsen zu sein. Unsere Propagandamethoden müssen wesentlich verändert werden. Vergessen wir nicht, daß mehr als ein Viertel der Wählerschaft jetzt schon die Nachkriegsgeneration bildet, die die Vorkriegszeit nicht gekannt hat; unsere Methoden müssen sich der Denkweise dieser neuen Generation anpassen. All das, was die alte Generation in langen Kämpfen errungen hat und worauf sie mit Recht stolz ist – unsere Bautätigkeit in Wien ebenso wie der Achtstundentag, die Arbeiterurlaube, die Arbeitslosenversicherung –, sind diesem jungen Geschlecht schon Selbstverständlichkeiten, in die es hineingeboren ist; nicht die Freude an dem schon Errungenen, sondern nur das lockende Ziel, das erst zu erkämpfen ist, kann sie begeistern. Den Alten, die das Joch der Monarchie getragen haben, ist die Republik die große Errungenschaft; den Jungen, die die Monarchie nicht mehr gekannt haben, ist sie nur die bürgerliche Republik, die erst zur Republik des arbeitenden Volkes werden soll! Nur junge Menschen, nur jugendliche Kampfeslust können eine junge, von jungen Menschen getragene Partei, wie es die Nazi sind, besiegen; der Jugend immer mehr Raum innerhalb unserer Partei zu sichern, die Partei vor allem Erstarren in den hergebrachten Methoden, in der bloßen Routine zu bewahren, dem Konservatismus, dem Spezialistentum, der prosaischen Nüchternheit, die sich oft in gewissenhaft Jahre lang besorgter Verwaltungsarbeit entwickeln, in jugendlichem Ungestüm die notwendigen Gegengewichte zu schaffen, sind lebenswichtige Aufgaben.

[...]

Das Wichtigste aber ist, auch in allen politischen Erwägungen und Entscheidungen der Neuheit der Situation Rechnung zu tragen. Die breiten kleinbürgerlichen und proletarischen Massen, welche bisher den alten bürgerlichen Parteien Gefolgschaft geleistet haben, sind, durch die Krise aufgewühlt, in Bewegung geraten. Sie können dem Faschismus verfallen. Sie können aber auch für uns gewonnen werden. Erscheinen wir den Massen wie Mitpartner und Mitschuldige der bürgerlichen Welt, dann werden wir sie nur zum Faschismus drängen, die faschistische Gefahr nur verstärken. Je stärker wir der rebellischen Stimmung Ausdruck geben, die diese Massen gepackt hat, je schärfer wir uns gegen die kapitalistische Welt abgrenzen, je entschlossener wir den Kampf gegen das Kapital, gegen seine Regierungen und seine Parteien, gegen sein ganzes wirtschaftliches, politisches, ideelles System führen, je kühner wir das große Ziel sozialistischer Umwälzung den Massen als zu erkämpfende Aufgabe zeigen, einen desto größeren Teil der in Bewegung geratenen Massen werden wir an uns ziehen.

Es mag in diesem Augenblick verfrüht sein, taktische Entschlüsse zu fassen. Die handelspolitischen Verhandlungen in Genf, die ernste Krise der Nationalbank und damit der Währung, Ereignisse im Auslande können uns in kurzer Zeit vor ganz neue Probleme stellen. Aber welche taktischen Entschlüsse immer neue Situationen uns aufzwingen können, eines soll und muß in jeder taktischen Erwägung wohl bedacht werden: In einer Zeit, in der eine beispiellose wirtschaftliche Welterschütterung die Seelen der Massen aufwühlt, kann noch so kluges, noch so erfolgreiches Staatsmännern, Kompromisseln, Paktieren die Massen nicht vorwärts reißen. Nur männliches Wollen und kühnes Handeln bezwingen den neuen Feind.

27. April.

33.6 Dr. Otto: Psychopathologie des Nationalsozialismus

Erstveröffentlicht als Dr. Otto: Psychopathologie des Nationalsozialismus, in: *Der Kampf. Sozialdemokratische Monatsschrift*, 26. Jg., Nr. 10 (Oktober 1933), S. 402–406.

Der von der Neuen Linken Ende der 1960er Jahre wiederentdeckte Freudomarxismus erlebte seine erste Hochblüte in den 1920er Jahren, als Sigmund Freud nahestehende Autoren und Autorinnen wie Siegfried Bernfeld, Helene Deutsch, Paul Federn, Otto Fenichel, Josef Karl Friedjung oder Wilhelm Reich Psychoanalyse und marxistische Gesellschaftstheorie zu verbinden suchten. Aus dem Umfeld des Freudomarxismus stammt vermutlich auch jene Person, die sich hinter dem Pseudonym „Dr. Otto" verbirgt. Jedenfalls betont ihre Analyse des Nationalsozialismus einen entscheidenden, wenn auch wenig beachteten Aspekt der Dynamik dieser Bewegung: Sie ermutigt ihre Anhänger zu unmittelbarer Triebbefriedigung. Rationalen Argumenten nicht zugänglich, ist dieser „Bande von Scharlatanen und Räubern" aus psychoanalytischer Sicht das Schlimmste zuzutrauen: die Entfesselung der „barbarischen Urnatur des Menschen".

[...]

Die psychologische Seite des Phänomens Nationalsozialismus ist noch nicht scharf genug herausgearbeitet. Die Dynamik dieser Bewegung ist hauptsächlich vom Psychologischen her zu verstehen. Mit den Begriffen der Bewußtseinspsychologie kommt man allerdings nicht weit. Das beweist schon die Unwirksamkeit der „normal" durchgeführten politischen Gegenreaktion der jetzt besiegten Kräfte. Man muß schon zum Rüstzeug der Triebpsychologie greifen. Die Nazi wissen, warum sie die Schriften Sigmund Freuds auf den Scheiterhaufen warfen.
[...]
Die psychisch wirkenden Kräfte, von denen die Rede ist, konnten nur auf dem Boden der deutschen Staats- und Wirtschaftskrise entstehen: Keine Klasse, kein Stand, kein Beruf, der nicht in seiner Existenzgrundlage aufs tiefste erschüttert ist. Die Folge: eine ungeheure soziale Spannung, Verschärfung der Klassengegensätze, Erhitzung der politischen Leidenschaften; tiefe Enttäuschung der Arbeiterklasse, Krise ihres gegenwärtigen Bewußtseins mit mangelnder Siegeshoffnung, ohne

Machtwillen der Führung; Erbitterung des von Depossedierung und Deklassierung bedrohten Mittelstandes, besonders seiner Intelligenzschicht; zäher Widerstand der auf Bünde und Reichswehr gestützten industriellen und großagrarischen Kreise; Ohnmacht eines zuspätgeborenen, von Anbeginn welken parlamentarischen Systems. In dieser Situation geht die Führung der Nation statt an die Arbeiterklasse an den Mittelstand über, der, bedroht von Hochkapitalismus und proletarischem Ansturm, in völliger Blindheit für die mangelnden, objektiven, historischen Chancen sich zu einem Machtwillen hochreißt, dessen Wildheit nur ein Maßstab ist für die Anstrengung, mit der Vernunft, rationales Kalkül, wirtschaftliche und soziologische Voraussicht verdrängt werden muß.

[...]

Das Kleinbürgertum unter Führung seiner aufgeregtesten, deklassierten Elemente kann nur innerhalb des bestehenden Wirtschaftssystems „umgruppieren": „Ôte-toi, que je m'y mette!"[21] Das ist die politische Weisheit der Emporkömmlinge des Dritten Reiches. Der Klassenkampf wird denaturiert zum Konkurrenzkampf innerhalb jeder Berufsschicht. Klar, daß auf diesem Boden die Zukurzgekommenen aller Kreise bereit sind, jede Ideologie der plumpsten Täuschung anzunehmen. Hier steckt die „Verwurzelung" des Nationalsozialismus im ganzen Volk: Solidarität? Kollegialität? Alles zum Teufel! Kampf dem nächsten Berufskollegen, der dir vor der Nase sitzt. Das geht jedem ein. Bloße Umgruppierung der sozial Leidtragenden ist das Resultat. Marxisten raus, Juden raus! Es gibt Luft in allen Berufsschichten. Jetzt kommen mal andere dran. Selten wird das naiv zugegeben, offiziell heldisch aufdrapiert.

[...]

Ein typischer Mechanismus der Psychopathologie tritt in Erscheinung: Ein Geisteskranker leidet an Verfolgungswahn. Seine „Stimmen" beschimpfen ihn. Es sind die Stimmen seines Gewissens, gegen seine – tatsächlichen! – bösen Triebregungen. Man nennt diesen Vorgang Projektion. Man vergleiche unter diesem Gesichtswinkel die Hitler-Sprache vor der Machtergreifung: „Futterkrippe", „Bonzentum", „Korruption", „Parteiwesen", das waren die gangbarsten Agitationsartikel. Kaum an die Macht gekommen, realisiert die Hitler-Bewegung selber all das, was sie dem Gegner vorwarf, in einem Umfang und Ausmaß, das alle Vorstellungen übersteigt. Wie kommt es, daß diese handgreifliche Unwahrhaftigkeit nicht ins Bewußtsein rückt? Wir sehen hier einen komplizierten sozialpsychologischen Mechanismus am Werke: die Herausbildung eines sozialen Gewissens von bestimmtem Typ.

Für das Individuum spielt das Gewissen eine regulierende Macht für sein soziales Verhalten. Die moderne Triebpsychologie sieht im Gewissen keine mystische Macht, keine anonyme Repräsentanz absoluter Werte, kein göttliches Prinzip, sondern den historischen Niederschlag der konkreten Lebenserfahrungen, dessen Fun-

---

21 Hebe dich weg, damit ich deine Stelle einnehme.

damente in früher Kindheit gelegt werden. Identifizierung des Kindes mit den Autoritätspersonen seiner frühen Umwelt verankern deren Anschauungen und Gebote im „Überich", das dem „Ich" zeitlebens die Kraft gibt, sich den Anstürmen der anonymen Triebwelt, dem „Es" zu widersetzen. Das „Überich" garantiert die Tradition der Gesellschaft. In erweitertem Sinne kann man von einem „kollektiven Überich" sprechen. Ohne dieses triebeinschränkende, kollektive Gewissen ist eine zivilisierte Gesellschaft nicht denkbar. Seine Vertretung hat das soziale Überich in den äußeren Instanzen der gesellschaftlichen Organisationen. Je entwickelter und allgemeingültiger es ist, desto mehr kann eine Gesellschaft auf persönliche Repräsentanz dieser Prinzipien verzichten, sich auf die ungeschriebenen Gesetze verlassen. Die Demokratie ist im Staatsleben die rationalste Form dieser Entwicklungsreihe. Wird sie bedroht, so erfolgt leicht ein Rückgriff auf primitivere äußere Gestaltung. Die leitenden sozialen Ideen werden nicht mehr in klare rationale Begriffe gefaßt, sondern verschwommen symbolisiert. Sie erhalten eine persönliche Repräsentanz, die die Massen geneigt macht, sich im Kollektivmaßstab persönlicher Autorität zu unterwerfen unter infantilem Verzicht auf Kritik und eigene Willensbildung. Der „Führer" wird zur Deckfigur für die allein verantwortliche Vatergestalt. Glaube, Ehrfurcht, blinder Gehorsam entwickeln sich zu leitenden gesellschaftlichen Werten. Kritik, Selbstverantwortlichkeit, Widerstand gegen Autoritätssuggestion gehen im Emotionalen unter. Die Gesellschaft wird infantilisiert.

[...]

Hier treten Führer auf, die den Mut zur Proklamierung banalster Stammtischweisheiten haben. Regungen des Hasses, der Raublust, der Grausamkeit, die das soziale Gewissen, das kollektive Überich bisher verwarf, werden bejaht, verherrlicht und so zur Entfesselung gebracht. „Der Führer" entlastet das Gewissen der Unzufriedenen, paßt sich demagogisch den Ressentiments aller Schichten an. Blind utopisches Wüten gegen das nächstliegende soziale Symptom wird zur politischen Weisheit, ermöglicht es jedem unpolitischen Querulanten, sich mit dem „Führer" zu identifizieren, dessen Größenwahn durch den eigenen zu steigern. In diesem Prozeß der Identifizierung, der durch suggestive Massenerlebnisse gesteigert wird, zerbricht die alte Instanz des bisherigen kollektiven und individuellen Überichs. Die neuen Gebote und Verbote aus dem Munde des „Führers" und seines Repräsentationsstabes entbinden den einzelnen von persönlicher Rechtfertigung. Die neue reaktionäre Wertsetzung hat sich seelisch vollzogen.

[...]

Gewiß, alle Revolutionen haben zum Durchbruch eines neuen sozialen Gewissens geführt. Neu ist an dieser „Revolution" nur die tiefe Niveausenkung des sittlichen Kollektivbewußtseins. Bedeutet Kultur Verzicht auf unmittelbare Triebbefriedigung, spielt das kollektive Überich in der Zivilisation die Rolle des Zensors gegenüber dumpfen Triebansprüchen, so stachelt die Hitler-Regierung geradezu auf zur Triebbefriedigung, zur Gestattung des Asozialen, des Bösen schlechthin; ein Schulbeispiel dafür, wie ungefestigt, brüchig und seelisch gefährdet der Zustand ist, der überhaupt Kultur garantiert. Die dumpfe Tradition des vorgeschichtlichen, vorkulturellen Lebens von jahrmillionenlangen Geschlechterfolgen hat ein seelisches Erbgut in jedem Menschen hinterlassen in Gestalt seiner Triebe, die gar zu leicht wiederbelebt werden und die barbarische Urnatur des Menschen verraten.

[...]

Wir verstehen jetzt auch die vollständige Unwirksamkeit rationaler oder ethischer Argumente auf diese Bewegung. Sie steuert auf direkte Triebbefriedigung hin. Sie bedient sich eines vorlogischen, emotionalen Denktypus, der nicht an rationalen Tatsachen orientiert ist, sondern sich vor den Schwierigkeiten der realen Welt wahnhaft in Utopien und Phantasien flüchtet. Zur Abfertigung sozialer Ansprüche bietet die Hitler-Bewegung den unzufriedenen Volksmassen nur eine Ersatzbefriedigung. Heuchlerische Sozialkirche, gewährt sie den Rausch der Identifizierung der Ungleichen in falschem Stolz, in „Ehre", läßt soziale Ressentiments als Grausamkeit am wehrlosen Sündenbock ausleben. Die Bändigung des Urmenschen, diese ach so späte Errungenschaft des genus homo, wird von einer autoritären, den lieben Gott fleißig als Rückendeckung für sich reklamierenden, skrupellosen Bande von Scharlatanen und Räubern glatt liquidiert. Die Gestattung und Förderung des Sadismus wird zum notwenigen Regulativ der Machtbehauptung dieser Führerclique.

[...]

Soll und kann die zivilisierte Welt warten, bis dieses Deutschland von innen her ausgefault ist? Muß sie nicht fürchten, daß die Welle über die Grenzen bricht? Von diesem Regime ist jede äußere Gewalttat zu befürchten. Es stützt sich nach innen auf die Gestattung grausamer untermenschlicher Triebentladungen. Es führt soziologisch zu einer Kontraselektion. Die Unzufriedenen, parasitischen, querulatorischen, raublustigen, asozialen, denunziatorischen, geistfeindlichen Elemente aller Schichten gewinnen bis in die letzte Zelle des gleichgeschalteten sozialen Organismus die Führung. Die Psychologie der Räuberbande wird zur Staatsmoral. Rauben, was Generationen in opfervoller Arbeit zusammengetragen haben, sich abgespart und aufgebaut haben, Zeitungsbetriebe, Gewerkschaften, Konsumvereine, Judenvermögen; Raubverteilen unter die gierigen Genossen, das ist Staatsraison. Hugenberg hat die Welt zum Komplicen an einem internationalen Raubzug machen wollen.[22] Zu früh, zu deutlich. Er mußte gehen. Noch ist die gesittete Welt immun gegen Hitlers Außenpropaganda. Ist sie es auch gegen Görings Fluggeschwader?

[...]

---

22 Dr. Otto spielt hier auf die Rede von Alfred Hugenberg am 12. Juni 1933 auf der Weltwirtschaftskonferenz in London an, in der dieser die Rückgabe der deutschen Kolonien gefordert hatte.

Teil XII: **Macht**

Fotoplakat der Sozialdemokratischen Arbeiterpartei (SDAP) für die Wiener Gemeinderats- und Landtagswahl 1932. (Wienbibliothek im Rathaus)

34 Wahlen und Wahlkämpfe
Werner Michael Schwarz

Einleitung

Zugespitzt formuliert befand sich das Rote Wien von Beginn an, seit 1919 in einem Dauerwahlkampf. Die sozialen und politischen Ansprüche und Leistungen wurden jeweils mit großem Materialeinsatz, hoher Professionalität und Experimentierfreude breit kommuniziert. Eine junge Grafikergeneration, die auch international Beachtung fand, wurde im Roten Wien intensiv beschäftigt, neueste Erkenntnisse der Werbepsychologie wurden angewandt. Bei Otto Neuraths Wiener Methode der Bildstatistik sowie den Ausstellungen des Gesellschafts- und Wirtschaftsmuseums (seit 1925) waren die Grenzen zwischen Bildungs- und Propagandaarbeit fließend. Seit Mitte der 1920er Jahre wurden in Wahlkämpfen verstärkt auch neue Medien wie Film, Radio oder die Fotomontage eingesetzt. Hinzu kamen ausgefeilte Wahlanalysen, die der Politiker Robert Danneberg (1885–1942) regelmäßig erstellte und in der sozialdemokratischen Theoriezeitschrift *Der Kampf* veröffentlichte. Auch das umfangreiche Bauprogramm mit seiner hohen Signifikanz nach außen kann unter dem Aspekt der Werbewirksamkeit betrachtet werden. Siegfried Mattl hat deshalb vom Roten Wien als einem Projekt „aus dem Geist der Reklame" gesprochen.

Die frühen in Wien geführten Wahlkämpfe im engeren Sinn, der Jahre 1919, 1920 und 1923, waren von einem bis dahin ungewohnt hohen Einsatz von Plakaten geprägt. Im internationalen Vergleich hatte sich diese Form der Massenkommunikation in Österreich erst relativ spät etablieren können. Anders als in den USA, England oder Frankreich fehlten dafür längere Zeit die politischen und rechtlichen Voraussetzungen. Das österreichische Wahlrecht war seit 1867 nur langsam und in kleinen Schritten demokratisiert worden. Erste Voraussetzungen für einen modernen Massenwahlkampf wurden erst mit der Wahlrechtsreform 1896 geschaffen, die allen männlichen Staatsbürgern über 24 Jahren das Stimmrecht für eine „allgemeine Wählerklasse" zugestand. Die Gewichtung der Stimmen blieb allerdings äußerst ungleich, im Reichsrat bis zu den ersten gleichen Männerwahlen 1907, auf lokaler Ebene in Wien sogar bis 1918. Hinzu kam eine restriktive Zensurpolitik der Polizeibehörden. So verblieben Wahlkämpfe in Österreich länger in jener Phase, die Pippa Norris in ihrem Modell der politischen Kampagnen als „prämodern" bezeichnet, in der noch die direkte Kommunikation auf Versammlungen dominierte.

Die Plakate für die ersten, nach Einführung des Frauenwahlrechts uneingeschränkt demokratischen Wahlen 1919 vermitteln eine hohe Intensität und Konfrontativität. Sie werden auch als Reflex auf die jahrelange Kriegsrhetorik gesehen, der tatsächlich einzelne Motive direkt entnommen wurden, wie der Drache, mit dem die sozialdemokratische Partei von den Christlichsozialen dämonisiert wurde. Für den

Nationalratswahlkampf 1920 engagierte die SDAP den Zeichner und Grafiker Mihály Biró (1886–1948), der die Figur des „Roten Riesen" als „Superhelden" kreierte, die sich fest in der linken Wahlkampfrhetorik verankern sollte. Die Nationalsozialisten setzten später vor allem auf pseudosachliche Schriftplakate, um das Hakenkreuz als „Marke" zu etablieren und den Stadtraum so symbolisch in Besitz zu nehmen. Dem setzten die Sozialdemokraten ab 1932 die drei nach unten gerichteten Pfeile entgegen.

Einen „Krieg der Symbole" nennt Ernestine Bennersdorfer die Wahlkämpfe in der Ersten Republik. Sie waren stark stereotypisierend, zeigten vereinfachende und generalisierende Vorstellungen von Menschen und Menschengruppen, emotionalisierten und diffamierten. Als eine der Wirkungen dieser Mobilisierungsstrategien gilt mit Blick auf die Sozialdemokratie ein zunehmendes Auseinanderklaffen zwischen den tatsächlichen politischen (sich verengenden) Spielräumen der Partei und den durch die Rhetorik der Stärke hohen Erwartungen der Anhängerschaft.

Die große Bedeutung von Plakaten in den Wahlkämpfen unterstreicht auch die Tatsache, dass Stadt und Partei das Medium unter ihre Kontrolle zu bringen versuchten. So wurde 1921 das Medienunternehmen Gewista[1] gegründet, das den Ausbau von Werbeflächen in den öffentlichen Verkehrsmitteln zum Ziel hatte. 1923 folgte die Gründung der WIPAG,[2] mit der die privaten Plakatflächen unter städtische Verwaltung gestellt wurden.

Seit 1920 leitete Julius Braunthal (1891–1972) die sozialdemokratischen Kampagnen, der auch die Gründung mehrerer Parteizeitungen anregte (1927 *Das kleine Blatt*, 1929 die Bildillustrierte *Der Kuckuck*). Vor den Wahlen 1927 (Nationalratswahl sowie Landtags- und Gemeinderatswahl), die den Sozialdemokraten hohe Gewinne brachten, kam es zu einer erheblichen Ausweitung der Werbemethoden und -medien. Erstmals kamen Leuchtreklamen in großer Zahl sowie Wahlwerbefilme zum Einsatz. Von der sowjetischen Filmproduktion inspiriert, war bereits im Jahr davor die Kinobetriebsgesellschaft (Kiba) als städtisches Unternehmen gegründet worden, um Kinos in ihren Besitz zu bringen und eine sozialistische Filmproduktion in Gang zu setzen. Für die Wahlkämpfe 1930 (Nationalrat) und 1932 (Landtag und Gemeinderat) wurde jeweils ein abendfüllender Spielfilm hergestellt (*Das Notizbuch des Mr. Pim* und *Die vom 17er Haus*). Die Wahlen 1927 standen erstmals auch im Kontext einer verstärkten Werbung um eine bürgerliche Wählerschaft, indem weniger auf Konfrontation als auf die Darstellung der eigenen Leistungen gesetzt wurde.

Die letzten Wahlkämpfe im Roten Wien 1930 und 1932 standen im Zeichen der dramatischen Wirtschaftskrise und der heftigen Auseinandersetzungen mit den Christlichsozialen und den erstarkenden Nationalsozialisten. Diese Situation, aber auch ein in der Partei generell bemerkbarer Generationswechsel und damit ein verstärktes Engagement der Jugend brachte neue, theatrale Agitationsformen hervor,

---

[1] Gemeinde Wien – Städtische Ankündigungsunternehmung.
[2] Wiener Plakatier-AG.

die wie die Roten Spieler mit politischem Kabarett wieder verstärkt eine direkte Kommunikation suchten. (Vgl. Kapitel 26)

Literatur

Bennersdorfer 2002.
Krammer 2019.
Maryška 2019.
Mattl 2009.
Norris 2000.
Schwarz (Werner Michael) 2019.

34.1 Anonym: Die Bildergalerie auf der Straße

Erstveröffentlicht als Die Bildergalerie auf der Straße, in: *Neue Freie Presse,* 15. Februar 1919, S. 13.

Der Bericht reflektiert den erstmals großen Einsatz von Plakaten in den Wahlkämpfen des Jahres 1919. Vor dem Ersten Weltkrieg hatten das ungleiche Wahlrecht – Männerstimmen wurden lange unterschiedlich gewichtet, Frauen waren ausgeschlossen – sowie eine restriktive Zensurpolitik der Polizeibehörden die Verwendung des Mediums stark eingeschränkt.

Die Wiener Straße hat sich in eine große Plakatausstellung verwandelt. Nirgends ein leeres Plätzchen, ein winziger Raum, der dem Pinsel und dem Kleistertopf des Plakatierers entgangen wäre. Wie weit wir mit der Politisierung der Wiener Menschen halten, bleibe unerörtert: die Politisierung der Anschlagsäulen, der Mauern, der Zäune und Gitter ist eine vollendete Tatsache. Wählerversammlung muß man schließlich nicht besuchen, Wahlgespräche beim Friseur kann man höflich, aber entschieden ablehnen. Das Wahlplakat jedoch begleitet dich auf Schritt und Tritt, wenn du einmal aus dem Haustor draußen bist und im Hausflur erfahren hast, wo du am Sonntag deiner Bürgerpflicht genügen sollst. Das Wahlplakat der ersten Wahlen im neuen Staat ist gründlich verschieden von seinem Vorgänger in der Vorkriegszeit. Das war sozusagen ein Geschäftsmann aus dem Vormärz. Wenn du mit mir in Verbindung treten willst, bedeutete seine Sprache, gut und schön. Verspürst du dazu keine Lust, kann ich auch nichts machen. Anders sein Nachfolger von heute. Der stürzt sich auf dich, sucht dich wehrlos zu machen und mundtot, bemüht sich, deinen Einwendungen zu begegnen, deinen Widerspruch niederzuschreien. Das illustrierte Wahlplakat gibt der Wahlwoche seine Signatur. Der Text ist nur die Zugabe zur Zeichnung. Das Bild dominiert, strebt die alleinige und unabhängige Wirkung an. Es rechnet mit der psychologischen Tatsache, daß das Kino dem Theater den Vorrang abgewonnen hat. Darum der Wettkampf der Plakatzeichner, wer den kürzesten Kommentar beansprucht und den wortkargesten. Das Pferd mit den roten und schwarzen Fesseln, der Bolschewiki mit der roten Mütze und der Handgranate, die Krone, auf der die Vertreter des alten Regimes sitzen, der rote und der schwarze Mühlstein, die den Bürger zu zermalmen drohen, der Totentanz der Kriegsopfer, der Heimkehrer, der sein Kind begrüßt, die Mutter, die um den gefallenen Sohn trauert; alle diese Plakate sind mehr oder weniger Wahllieder ohne Worte. Es scheint den Kandidaten aller Parteien klar zu sein, daß sinnfällige Wirkungen von ihnen ausgehen müssen. Vielleicht spielt auch die alte und wohl auch veraltete Auffassung mit, daß namentlich die Frau durch äußerliche Mittel beeinflußt wird. In dieses Kapitel gehört wohl, daß manche Kandidaten durch die Vorzüge ihrer männlichen Erscheinung wirken wollen, und durch die Sandwichmänner, die sich überhaupt unheimlich vermehrt haben, ihr ziemlich idealisiertes Bild durch die Straßen tragen lassen. Warum soll es übrigens gerade den Kandidaten verwehrt sein, das eigene Konterfei dem Wahlzwecke zuliebe zu retouchieren, wenn sie anderseits von den P. T. Wählern so geschmeichelte Bilder entwerfen lassen. Auf den Wahlplakaten aller Parteien hat der umworbene Wiener Bürger abgesehen von der jovialen Gemütlichkeit, die aus seinen Mienen spricht, eine wohlgerundete, gesunde Behäbigkeit; die leider durch die fünf Kriegsjahre und ihre Nachwehen längst legendär geworden ist. Der Bauer hinter der Pflugschar wird mit einer wohlwollenden Milde gezeichnet, als habe er uns nie die Kartoffeln oder die Milch verweigert. Es ist ein Salonbauer von Berthold Auerbachscher[3] Faktur. Daß der Heimkehrer alle jene Kriegsauszeichnungen trägt, über die heute so viele mit unangebrachter Schnoddrigkeit die Nase rümpfen, ist ein sympathischer Akt ausgleichender Gerechtigkeit. In den allerletzten Tagen sind den Managern der einzelnen Parteien die Mauerwände zu wenig geworden. Darum liest man nach amerikanischem Muster auf dem Straßenpflaster Wahlaufforderungen. Das birgt freilich bei unserer Straßenreinigung die Gefahr in sich, daß jene Wähler, die im Jahre 1921 das nächste Mal die Wahlzelle aufsuchen werden, durch diese Inschriften einigermaßen verwirrt werden könnten.

34.2 Eine Kundgebung des geistigen Wien

Erstveröffentlicht als Eine Kundgebung des geistigen Wien, in: *Arbeiter-Zeitung*, 20. April 1927, S. 1.

Dieser Wahlaufruf für die sozialdemokratische Partei erschien knapp vor der Nationalratswahl und der gleichzeitig durchgeführten Wiener Landtags- und Gemeinderatswahl 1927 und wurde von prominenten Persönlichkeiten aus Wissenschaft und Kunst unterzeichnet. Er war eine Reaktion auf die Bildung der Einheitsliste, einem Wahl-

---

[3] Berthold Auerbach (1812–1882) war ein Schriftsteller und Revolutionär jüdischer Herkunft, der mit seinen *Schwarzwälder Dorfgeschichten* 1843 bekannt wurde.

bündnis unter christlichsozialer Führung, dem auch Nationalsozialisten angehörten. Das antisozialistische Bündnis sicherte dem christlichsozialen Bundeskanzler Ignaz Seipel die Mehrheit im Nationalrat. Die Sozialdemokraten erzielten jedoch bei der Landtags- und Gemeinderatswahl mit knapp über 60 Prozent ihr bestes Ergebnis in der Geschichte des Roten Wien.

Ein Zeugnis für die große soziale und kulturelle Leistung der Wiener Gemeinde.
Angesichts des politischen Kampfes in dieser Stadt fühlen wir uns vor unserem Gewissen verpflichtet, folgende Erklärung abzugeben:

Der geistig wirkende Mensch steht zwischen und über den Klassen. Er kann sich *keinem politischen Dogma beugen*, denn der *Geist* allein ist es, der die neuen Wirklichkeiten schafft, deren sich die Politik erst später bemächtigt. Ein Augenblick aber wie dieser verlangt von uns Entscheidungen, die im *geistigen* Sinne getroffen werden müssen.

Es ist nicht unsere Absicht, in den Kampf der Wirtschaftsauffassungen einzugreifen und zu Steuerfragen etwa das Wort zu nehmen. Nach unserer Meinung haben Staat und Gesellschaft die Pflicht, dem einzelnen Menschen das Leben zu erleichtern und nicht zu erschweren. Wir verwerfen daher alle unbillige Härte obrigkeitlicher Forderungen.

Es wäre aber ein *wahres Versäumnis, wenn man im Abwehrkampf gegen Steuerlasten die große soziale und kulturelle Leistung der Wiener Stadtverwaltung übersähe.* Diese große und fruchtbare Leistung, welche die Bedürftigen leiblich betreut, die Jugend nach den besten Prinzipien erzieht und entwickelt, den Strom der Kultur in die Tiefe leitet, *diese Taten wollen gerade wir anerkennen*, dieses überpolitische Werk möchten gerade wir *erhalten* und *gefördert* wissen. Geist und Humanität sind ein und dasselbe. Sie vermögen die lauten und gierigen Gegensätze des materiellen Lebens zu mildern.

Mögen auch die ökonomischen Bewegungen und politischen Schlagworte schreiend den Vordergrund behaupten, wir werden *uns nicht betäuben lassen*. Wir können das Opfer des beseelten Intellekts nicht bringen. Wir müssen daher *dem Versuch entgegentreten*, die Oeffentlichkeit durch eine wirtschaftliche Kampfparole zu blenden, die aber in Wirklichkeit nur auf den *Stillstand*, ja auf den *Rückschritt* abzielt.

Wesen des Geistes ist vor allem *Freiheit, die jetzt gefährdet ist, und die zu schützen wir uns verpflichtet fühlen.* Das Ringen um *eine höhere Menschlichkeit* und der *Kampf gegen Trägheit und Verödung* wird uns immer bereit finden. Er findet uns auch jetzt bereit.

Dr. Alfred *Adler*.
Wilhelm *Börner*, Schriftsteller.
Art[h]ur *Brusenbauch*, akademischer Maler.

Professor Karl *Bühler*, Vorstand des Psychologischen Instituts der Universität Wien.
Franz *Cizek*, Professor der Kunstgewerbeschule.
Leo *Delitz*, akademischer Maler.
Josef *Dobrovsky*, akademischer Maler.
Karl *Forest*, Schauspieler und Regisseur des Deutschen Volkstheaters.
Dr. Siegmund [sic] *Freud*, Professor an der Universität Wien.
Dr. Max *Graf*, Schriftsteller, Professor an der Akademie für Musik und darstellende Kunst.
Fritz *Grünbaum*, Schriftsteller, Direktor des Stadttheaters.
Dr. Fanina *Halle*, Schriftstellerin.
Anton *Hanak*, akademischer Bildhauer, Professor an der Kunstgewerbeschule.
Albert *Heine*, Hofrat, Direktor des Burgtheaters a. D., Regisseur und Schauspieler, Professor an der Hochschule für Musik und darstellende Kunst.
Josef *Jarno*, Direktor der Renaissancebühne.
Dr. Hans *Kelsen*, Professor an der Universität Wien.
Dr. Wilhelm *Kienzl*, Komponist.
Theodor *Klotz-Dür[r]enbach*, akademischer Maler.
Dr. Rudolf *Kraus*, Professor an der Universität Wien.
Professor Ernst *Lichtblau*, Architekt.
Primarius Dr. Robert *Lichtenstern*.
Alma Maria *Mahler*.
Maria *Mayer*, Burgschauspielerin.
Georg *Merkel*, akademischer Maler.
Margaret[h]e *Minor*.
Dr. Robert *Musil*, Schriftsteller.
Dr. Wilhelm *Neubauer*, Professor an der Hochschule für Bodenkultur.
Ferdinand *Onno*, Schauspieler am Deutschen Volkstheater.
Alfred *Polgar*, Schriftsteller.
Professor Otto *Prutscher*, Architekt.
Professor Helene *Rauchberg*.
Franz *Salmhofer*, Komponist.
Karl *Schneller*, Schriftsteller.
Dr. Oskar *Strnad*, Architekt, Professor an der Kunstgewerbeschule.
Dr. Anton *Webern*, Tonkünstler.
Dr. Egon *Wellesz*, Dozent an der Universität Wien.
Franz *Werfel*, Schriftsteller.
Professor Karl *Witzmann*, Architekt.
Franz *Zülow*, akademischer Maler.

34.3 Anonym: An alle arbeitenden Juden! Jüdische Wähler und Wählerinnen!

Erstveröffentlicht als An alle arbeitenden Juden! Jüdische Wähler und Wählerinnen!, in: *Der jüdische Arbeiter. Organ der jüdischen sozialdemokratischen Arbeiterorganisation Poale Zion*, 20. April 1927, S. 1.

Der Kampf gegen die Einheitsliste, jenes Wahlbündnis, das 1927 unter christlichsozialer Führung gebildet worden war und dem auch nationalsozialistische Gruppierungen angehörten, war auch das zentrale Argument im Wahlaufruf der Poale Zion für die Sozialdemokratie. Poale Zion war eine zionistisch-sozialistische Bewegung, die seit 1904 auch in Wien aktiv war. Bei ihrem Weltkongress 1920 spaltete sie sich in einen linken und einen rechten Flügel. Letzterer unterstützte in Wien die Sozialdemokratie.

Am 24. April finden die Wahlen zum österreichischen Nationalrat und Wiener Gemeinderat statt. Mehr denn je bedeuten diesmal die Wahlen im Wesen den Kampf zwischen der vereinigten Reaktion auf der einen und der sozialdemokratischen Partei auf der anderen Seite.
Wo ist nun der Platz der jüdischen Wähler?
Die jüdischen Arbeiter und Angestellten werden die Frage kurz beantworten. Gemeinsam mit dem ganzen Proletariat Oesterreichs führen sie nicht nur während der Wahlen, sondern während ihres ganzen Lebens den Kampf für bessere Lohn- und Arbeitsbedingungen, für soziale- und Schutzgesetze, für eine neue Gesellschaft auf sozialistischer Grundlage. Sie, besonders die jüdischen Angestellten, die durch die Krise namentlich durch das Zugrundegehen so vieler Banken massenhaft Arbeit und Erwerb verloren haben, werden alle Gefühle von Verzweiflung und Kleinmut unterdrücken und mit ihrer ganzen Leidenschaft sich in den Kampf stürzen für die Rechte der Beraubten und Verelendeten, in den Kampf für den Sieg des Sozialismus.
Wohin aber gehören die jüdischen *Handwerker, Kleinkaufleute*, die *Hausierer* und *Agenten*, die breiten jüdischen Massen überhaupt?
In der Hauptsache gilt der Kampf der Frage des Mieterschutzes. Die jüdischen Kaufleute und Handwerker, die jüdischen Aerzte und Anwälte haben dasselbe Interesse wie die Arbeiter, *daß der Mieterschutz erhalten wird, daß die Sozialdemokratie siegt!*
Ebenso haben die Massen der selbständigen Handel- und Gewerbetreibenden in den Fragen der Zoll- und Handelspolitik dieselben Interessen wie die Arbeiter. Insbesondere müssen sie den Kampf der Sozialdemokraten gegen das neue Zollattentat auf die wichtigsten Lebensmittel unterstützen, da dasselbe nur den großen Grundbesitzern zum Vorteile, der ganzen städtischen Bevölkerung zum Nachteile gereicht.

Ueberhaupt bedürfen die Massen der kleinen Kaufleute und Handwerker kaufkräftiger Arbeitermassen, ihr Interesse erfordert es daher, daß die Arbeitslosigkeit, wenn nicht beseitigt, so doch verringert wird, denn ein höheres Lebensniveau der Arbeiter bedeutet auch weiteren Erwerb, bessere Lebensmöglichkeit der breiten Massen der selbständigen Handels- und Gewerbetreibenden. Unterstützet deshalb die Sozialdemokratie nicht bloß im Kampfe um den Mieterschutz, sondern auch in der Steuer- und Finanzpolitik, ebenso wie in der Sozialpolitik!

Deshalb sind auch alle, welche erklären, daß sie wohl Freunde des Mieterschutzes, zugleich aber Gegner der Gemeindebauten, der „Breitner-Steuern"[4] sind, in Wirklichkeit Feinde der breiten Massen. Wenn man jeder Familie die Wohnung, dem Geschäftsmann seinen Laden, seine Werkstätte oder sein Bureau sichern will, dann muß man der Gemeinde die Mittel und die Steuern geben, damit sie bauen kann, schön und behaglich bauen kann.

Aber abgesehen von den Bauten: Sieht man denn nicht, daß die sozialistisch verwaltete Gemeinde das Geld für produktive und soziale Zwecke verwendet, während der Bund es für bankerotte Banken verschwendet?

In ökonomischen Fragen muß man ganz für die Sozialdemokratie sein, denn sonst ist man gegen sie und notwendigerweise für die christlichsoziale Einheitsfront.

Dies ist auch die erste, wenn auch nicht die einzige Sünde der Herren der „Jüd. Liste". Aus Angst, daß die jüdischen Wähler sie von vornherein beiseite schieben sollten, erklären sie sich für den Mieterschutz, aber im selben Atemzug schleudern sie ihre Angriffe gegen die Gemeindebauten, gegen die Breitner-Steuern, gegen die Sozialdemokratie überhaupt. *Schon deshalb allein verdienen sie kein Vertrauen.*

Doch nicht bloß um den Mieterschutz gehen die Kämpfe. Der Kampf wird auch darum geführt, ob die Reaktion überhaupt siegen, ob, wie der Prälat Seipel[5] erklärt hat, „ein Ruck nach rechts" kommen soll. Zu diesem Zwecke haben sich die Christlichsozialen nicht nur mit den Großdeutschen, sondern auch mit den Hakenkreuzlern verbunden. Schon der Antisemitismus der Christlichsozialen schlägt der Ehre der jüdischen Bevölkerung ins Gesicht und drangsaliert sie, wo er nur kann. Freilich nicht die großen Finanzjuden, mit denen sie gemeinsame Sache machen, sondern die kleinen, die armen Juden treffen sie. Aber dieser Antisemitismus ist noch eine Spielerei dem wilden, bestialischen Antisemitismus der Hakenkreuzler gegenüber. Mit ihnen aber hat sich Seipel verbunden. Denn jedes Mittel erscheint gut im Kampfe gegen die Sozialdemokratie, für die Reaktion.

---

4 Die neuen Steuern im Roten Wien, wie die stark progressive Wohnbausteuer, die Fürsorgeabgabe oder die sogenannten Luxussteuern wurden nach dem verantwortlichen Finanzstadtrat Hugo Breitner benannt. (Vgl. Kapitel 2)

5 Ignaz Seipel (1876–1932) war katholischer Priester, von 1921–1930 christlichsozialer Parteiobmann und in den Jahren 1922–1924 und 1926–1929 österreichischer Bundeskanzler. (Vgl. Kapitel 32)

Aber wir, die breiten jüdischen Massen, wissen, daß die mit den Hakenkreuzlern gewürzte Reaktion eine große Gefahr für uns bedeutet. Die Reaktion ist der größte Feind der jüdischen Masse.

Deshalb alle Kräfte gegen die Reaktion, gegen die Einheitsliste, alle Stimmen für die Sozialdemokratie.

Deshalb treten wir auch gegen die „Jüdische Liste" auf, die nur die Sozialdemokratie schwächen, die Reaktion stärken kann. Diesmal zeigen die Herren der „Jüdischen Liste" besonders deutlich, daß ihre Arbeit gegen das Interesse der breiten jüdischen Massen ist. Erstens weil sie es für gut finden, zusammen mit den erklärten Reaktionären und Antisemiten, zusammen mit den großen Finanzjuden, den schongetauften und noch-nicht-getauften Beherrschern der Banken den Kampf gegen die Breitner-Steuer, gegen die Verwaltung der Wiener Gemeinde zu führen.

Zweitens aber treiben die Herren der „Jüdischen Liste", die bürgerlichen Zionisten eine falsche Politik überhaupt, indem sie einen geistigen Abgrund zwischen den jüdischen Massen einerseits und der Sozialdemokratie andererseits schaffen wollen. Hiebei darf nicht übersehen werden, daß von nationalen Forderungen keine Rede ist. Die Vertreter der „Jüdischen Liste" versuchen wohl die Frage zu verdunkeln, indem sie nationale Phrasen gebrauchen, doch sie meinen es selbst nicht ernst. Es genügt darauf hinzuweisen, daß sie bei den Wahlen im Jahr 1923 sich mit den Leuten von der „Israelitischen Union"[6] verbunden und sich damals ausdrücklich verpflichtet haben, keine nationalen Forderungen zu erheben. Nun, von 1923 bis 1927 ist doch in dieser Hinsicht nichts anders geworden: Der Ehekontrakt zwischen den bürgerlichen Zionisten und der israelitischen Union ist zwar gelöst worden, aber nicht etwa deshalb, weil die bürgerlichen Zionisten sich eines anderen besonnen und plötzlich nationale Forderungen an den österreichischen Staat haben stellen wollen, sondern deshalb die „Israelitische Union" einfach keine Lust mehr hatte, ihnen mit Geld für die Agitation und mit Stimmen für Dr. Plaschkes[7] zu helfen. Mögen also die Herren von der jüdischen Liste mit den bloßen Phrasen wegen der „nationalen Interessen" ihre Zuhörer nicht betäuben.

Eine solche Arbeit wäre nur geeignet, die jüdischen Volksmassen dort, wo es wirklich lebendige jüdische Volksinteressen gibt, von der natürlichen Hilfe, von dem internationalen Sozialismus zu isolieren. Doch daß dies nicht geschehe, dafür sorgen wir jüdischen Sozialisten ständig, dafür mögen die jüdischen Wähler bei den Wahlen sorgen.

---

6 Die liberale Union deutsch-österreichischer Juden dominierte bis 1928 die Wahlen in der Israelitischen Kultusgemeinde Wien, 1924 trat man bei den Kultusgemeindewahlen in einer gemeinsamen Liste mit den Zionisten an.

7 Leopold Plaschkes (1884–1942) war Zionist und Mitglied des Vorstandes der Israelitischen Kultusgemeinde Wien. 1919–1927 Vertreter der Jüdischnationalen Partei im Wiener Gemeinderat.

Brandmarkt als Verräter jene Finanzjuden und Pressejuden, die dem jüdischen Volke ins Gesicht speien und für die Antisemiten der christlichsozial-hakenkreuzlerischen Einheitsliste agitieren!

Kämpft auch gegen die Kandidaten der sogenannten Demokratischen und der „Jüdischen Liste", denn bewußt oder unbewußt stärken sie die Kraft der antisemitischen Reaktion, des ärgsten Feindes der jüdischen Volksmassen. *Stimmt für die Kämpfer für ein besseres und freieres Leben, für eine Gesellschaft ohne soziale und nationale Unterdrückung, für die völkerbefreiende Sozialdemokratie!*

Die arbeitende jüdische Bevölkerung kann und darf wohl von der österreichischen Sozialdemokratie verlangen, daß sie ihren lebenswichtigen Wünschen und Forderungen Rechnung trage.

Wir verlangen von der Sozialdemokratie, daß sie der antisemitischen Verseuchung der Massen energisch an den Leib rücke, daß sie uns ermögliche, der Entfremdung unserer jungen Generation vom jüdischen Volke entgegenzuwirken, daß sie das große Werk des Aufbaues eines arbeitenden Palästina fördere.

Diese Forderungen befinden sich im Einklange mit den Grundsätzen der wahrhaften Demokratie, des völkerbefreienden Sozialismus, sie sind Gemeingut des internationalen Sozialismus.

In Kampfgemeinschaft mit der österreichischen Arbeiterschaft wollen wir für diese Forderungen eintreten und sie ihr zur Kenntnis bringen.

Unterfertigt die von unserer Organisation ausgegeben[en] Erklärungen!

Die Regeneration unseres Volkes ist eine Tat des Fortschrittes, der nationalen und sozialen Befreiung, sie gebietet uns deshalb Schulter an Schulter mit den verläßlichsten Kämpfern der Freiheit zu marschieren.

Arbeitende Juden!
Bekennet euch zu unseren Forderungen!
Stimmet geschlossen und werbet für die Sozialdemokratie!

Jüdische sozialdemokratische Arbeiterorganisation Poale Zion.

34.4 Robert Danneberg: Die Partei

Erstveröffentlicht als Robert Danneberg: Die Partei, in: Josef Luitpold Stern (Hg.): *10 Jahre Republik*, Wien: Verlag der Wiener Volksbuchhandlung 1928, S. 18–19.

Anlässlich des Zehn-Jahr-Jubiläums der Republikgründung berichtet Robert Danneberg (1885–1942) über den starken Zuwachs von Mitgliedern in den sozialdemokratischen Parteiorganisationen. Das im Text angesprochene Jahr 1927 gilt zwar retrospektiv bereits als Krisenjahr für die SDAP (Polizeimassaker während des Justizpalastbrandes, Erstarken der Reaktion und des Austrofaschismus), organisatorisch und hinsichtlich ihrer Stimmenanteile bei Wahlen repräsentierte es aber den Zenit der Partei. Robert Danneberg war Jugend- und Bildungsfunktionär, Landtagspräsident und als Jurist ein wichtiger Verhandler der Partei. Er gilt neben Hugo Breitner als Architekt des Steuersystems im Roten Wien.

Allmählich hat die sozialdemokratische Arbeiterbewegung auch breite Schichten der Angestellten und Beamten einerseits, der Arbeiter der Land- und Forstwirtschaft andererseits erfaßt. Die gesamte Arbeiterklasse – die Arbeiter in Gewerbe und Industrie, Handel und Verkehrswesen mit den Arbeitern der Land- und Forstwirtschaft, die manuellen Arbeiter mit den Angestellten und Beamten – zu vereinigen und zu organisieren, sie physisch und geistig kampffähig zu machen und zu erhalten, sie dazu zu erziehen, ihre Kämpfe in Gemeinschaft miteinander zu führen und alle Sonderinteressen der einzelnen Berufe und Betriebe dem Gesamtinteresse der ganzen Arbeiterklasse unterzuordnen, auf diese Weise die Kampffähigkeit der Arbeiterklasse auf das höchste zu steigern und sie mit der Erkenntnis der Unvereinbarkeit ihrer Lebens- und Entwicklungsinteressen mit der kapitalistischen Gesellschaftsordnung zu erfüllen, ist die Aufgabe der sozialdemokratischen Arbeiterpartei. Die sozialdemokratische Arbeiterpartei hat die Wahlrechtsprivilegien der besitzenden Klassen gesprengt, die Monarchie gestürzt, die demokratische Republik begründet. Unser Parteiprogramm verkündet dies mit Stolz. Der Tag der Republik sieht unter seinen Gratulanten viele, die feiern, weil sie müssen, viele, die sich abgefunden haben. Wir Sozialdemokraten feiern die Republik als wichtige Errungenschaft auf dem Wege zum Ziele. Wissen wir doch, daß wir aus der Republik, die heute Dienerin des Kapitals ist, die soziale Republik machen werden, das Gemeinwesen der vereinigten Volksgemeinschaft. – Wir – die Partei! Vor vierzig Jahren ein Häuflein beherzter Männer, verfolgt und geächtet; ein knappes Menschenalter danach schon das sichtbare Werkzeug der Geschichte, Baumeister eines Staates, Zuflucht der Verzweifelnden und Ratlosen, Hoffnung der Entmutigten, Wegbereiter großer Zukunft.

Ehe der Krieg begann, vor fünfzehn Jahren, gab es im Gebiete des heutigen Österreich 78.877 Männer und 10.751 Frauen, die sich als Mitglieder der sozialdemokratischen Partei bekannten. Am Ende des Jahres 1927 zählten wir 468.523 Männer und 201.063 Frauen als Mitglieder der Partei. In diesen Zahlen birgt sich glanzvoller Aufstieg, um so imposanter, als er begleitet ist von einem gewaltigen Wachstum aller anderen Zweige der Arbeiterbewegung. Das Heer der Gewerkschaften, die staatlichen Reihen der Genossenschafter, die unabsehbaren Regimenter der Arbeitersportler und des Schutzbundes, die Fülle der Kulturorganisationen, die Scharen der Arbeiterjugend, die zehntausende Eltern, die sich zusammenschließen, um ihre Kinder dem Banne veralteter Erziehung zu entreißen: das sind Leistungen, die zu Stolz berechtigen. Sechsmal so viele Männer und zwanzigmal so viele Frauen als vor dem Krieg stehen heute im Lager unserer Partei. Nichts ist dem Aufstieg vergleichbar, auf den wir zurückblicken. Aber groß ist die Aufgabe, die noch vor uns liegt. Nur wenn ihrer noch viel mehr werden, die zu uns gehören, werden wir die Aufgabe meistern. Schon wächst heute eine Jugend heran, die sich nicht erst von überlebten

Anschauungen losreißen muß, sondern republikanisch erzogen wird. Schon sehen wir eine junge Generation am Werke, die sich kraftvoll entfaltet und den Kampf weiterträgt, dessen Führung nach und nach den Händen der bewährten alten Kämpfer entsinkt. Ihr Erbe ist die Partei, der Bau, an dem seit vier Jahrzehnten Tausende in rastloser Arbeit geschaffen haben. Der Erfolg spornt an. Der Tag kommt, an dem die roten Fahnen den Sieg verkünden. Dann wird der Festtag der Republik durch die Kraft der Partei der Festtag des Sozialismus.

34.5 Joh. H.: Wen sollen wir wählen?

Erstveröffentlicht als Joh. H.: Wen sollen wir wählen? Der Werbefeldzug der Sozialdemokratie hat begonnen, in: *Das kleine Blatt,* 24. Oktober 1930, S. 6–7.

Ein Bericht über den anlaufenden Nationalratswahlkampf in Wien und die Vielfalt der eingesetzten Werbemethoden und -medien, vom Plakat, über den Werbefilm bis zu den neuen Agitationsformen der Parteijugend. Das Kleine Blatt, in dem der Bericht erschien, wurde 1927 als niedrigschwelliges Kleinformat gegründet. Initiator war Julius Braunthal (1891–1972), der seit 1920 die sozialdemokratischen Wahlkämpfe leitete.

Was die Stadt erlebt, spiegelt die Straße wider. Zu den Alltagserlebnissen der Großstadt, Arbeit, Geschäft, Vergnügen, ist nun ein Neues getreten: die Wahlen. Und je näher der Wahltag rückt, um so mehr prägt sich dieses Neue im Straßenbild aus.

Die Wände reden.

Wovon erzählt die Plakatwand sonst? Vom jeweiligen Film der Woche, der jedesmal der beste aller Zeiten ist, vom besten Kaffee, von der besten Zahncreme, von unfehlbaren Putzmitteln. Sie erzählt auch heute noch davon, aber seit ein paar Tagen drängen sich wichtigere Dinge vor, entscheidende Dinge für unser Volk und unser Land. Die Reklametafel wird zur Wandzeitung und die Menschen, die sonst achtlos an ihr vorübereilen, bleiben nun stehen und studieren eifrig die geschriebenen und gezeichneten Leitartikel, räsonieren und debattieren.

Der Stärke und der Lebendigkeit der sozialdemokratischen Partei entspricht ihre turmhohe Überlegenheit im Plakatkrieg. Ehe die anderen noch wußten, unter welcher „Firma" sie sich vor den Wählern präsentieren – oder verstecken? – sollten, hatten die Sozialdemokraten schon Plakat auf Plakat ins Treffen geführt. Ihre Parolen reden in Wort und Bild von den Wänden und leuchten in Flammenschrift über Wien: „Wählt jene, die Häuser *bauen*, nicht jene, die Häuser *schieben*!" – „Weg mit der Bürgerkriegshetze – wählt sozialdemokratisch" – rot flammt es weithin über die Dächer ...

Aber auch das bescheidene, kleine, mit zittriger Hand auf irgendeine Planke gekritzelte „Wählt sozialdemokratisch" spricht eine eindringliche Sprache, die Sprache der rührenden Liebe des Volkes zu *seiner* Partei.

Die neue Versammlung.

Der Abend ist da, die Kinos sind aus, aber mehr Menschen als aus Kinos und Theatern strömen in diesen Tagen aus den Versammlungslokalen. *Fünfundsiebzig bis hundert Versammlungen* veranstaltet die sozialdemokratische Partei *Tag für Tag* in Wien allein! Es ist eine Massenaufklärung größten Stils. Auch das ist Kampf, aber es ist *geistiger* Kampf. Es gilt, die Hirne der Menschen zu gewinnen. Die anderen fühlen sich auf diesem Kampfboden nicht wohl. Sie haben keine geistigen Waffen, nur Karabiner und Maschinengewehre und im besten Fall vernebelnde Phrasen und vergiftende Lügen. Darum strengen sie sich im Versammlungsfeldzug auch nicht sehr an. Worauf sie spekulieren, das ist die Dummheit der Menschen und, wenn diese Spekulation versagt, die rohe Gewalt. Wozu also um Hirne werben, wenn man nötigenfalls die Köpfe einzuschlagen bereit ist?

Die Sozialdemokraten appellieren vor allem an den Verstand ihrer Wähler, aber sie appellieren auch an das Gefühl. Die sozialdemokratischen Versammlungen haben zum großen Teil ein *neues Gesicht* bekommen. Da hören wir nicht mehr nur den Redner ruhig, sachlich und klar das Programm der Sozialdemokratie erörtern: vorher schließt ein Sprechchor die Versammelten zur gleichgestimmten Gemeinschaft zusammen, nachher illustrieren Film oder Lichtbild die Worte des Redners, lustige Spottlieder erheitern die Hörer, ein gemeinsamer Chor bildet den weihevollen Abschluß. So manche dieser sozialdemokratischen Wählerversammlungen ist in ihrer Fülle und Buntheit allen Anwesenden schon zum Erlebnis geworden.

Fünf Träume und ein Notizbuch.

Da gibt es einen *Lichtbildervortrag*, der uns „die fünf schrecklichen Träume" eines jungen Mädels vorführt – Träume, die uns die Welt so grau und trostlos zeigen, wie sie würde, wenn der Prälat und der Hahnenschwanz und die Korruption der Straffelloten[8] die Macht bekämen, sie nach ihrem Willen zu gestalten: die *fromme Mode*, die alte *Prügelschule*, das *Paradies der Hausherren* ...

---

[8] Franz Georg Strafella (1891–1968) war ein österreichischer Unternehmer und christlichsozialer Politiker, der nach Korruptionsvorwürfen 1931 als Generaldirektor der Bundesbahnen durch eine Mehrheit im Parlament abgesetzt wurde.

Bildhaft sehen wir vor uns, was uns droht, wenn der antimarxistische Ungeist, die antimarxistische Volksfeindschaft siegen. Sorglich ausgewählte Bilddokumente aus der alten Zeit, die da wiederkehren soll, und ausgezeichnete lustige Karikaturen unterstützen die zu Herzen gehenden Worte. Ernst und Humor vereinen sich glücklich, jeder versteht das. Jeder, der Augen hat zu sehen und Ohren zu hören, weiß, wie er wählen soll ...

Da gibt es einen *Film*, in dem ein Notizbuch die Hauptrolle spielt.[9] Das Notizbuch eines amerikanischen Journalisten, der nach Wien gekommen ist, um Sensationsberichte über die „sterbende Stadt" in seine Heimat zu senden. Von einem der berufsmäßigen Verleumder Wiens, von dem Chefredakteur des „Neuen Freien Journals", holt er sich seine Informationen und trägt sie leichtgläubig in sein Notizbuch ein. Aber bald überzeugt er sich mit eigenen Augen, wie es in Wirklichkeit in Wien heute ist, erfährt auch, wie es hier in der gepriesenen alten Zeit war, und da muß er sein sorglich geschriebenes Notizbuch *zerreißen*. Diese Geschichte gibt Gelegenheit, die großartigen Schöpfungen der Sozialdemokraten mit jener Lebendigkeit, die nur dem Film eigen ist, zu zeigen und sie läßt auch Raum für eine Liebesgeschichte, so daß alle auf ihre Rechnung kommen. Eine feine Kinovorstellung und noch dazu gratis ...

So wirbt die Jugend.

Kennt ihr das mächtige Halbrund im Innern des Matteotti-Hofes? Am Samstag abend war es in ein *Freilichtkino* verwandelt. Die schönen Schmalfilme vom gewaltigen Häuserbau der Gemeinde Wien und vom lustigen Badeleben unserer Kleinen, rollten vor einer vieltausendköpfigen begeisterten Zuschauerschar, ab. Vorher gab es einen mitreißenden Sprechchor, dazwischen sprach ein Redner anfeuernde Worte, schöne Kampf- und Wanderlieder waren lebendige Musikbegleitung. Es war eine ganz eigenartige, ganz neuartige Veranstaltung. Aus den Fenstern der mächtigen Wohnhausanlage dröhnten fragend einzelne Stimmen über den Platz: „*Wen sollen wir wählen?*" Tausendstimmig wurde ihnen die Antwort! Applaussalven brausten auf, jedesmal, wenn oben auf der Leinwand das „Wählet sozialdemokratisch!" erschien, endloser Jubel begrüßte die großen Leistungen, die großen Forderungen der Sozialdemokratie.

Das steinerne Rund des Matteotti-Hofes war *Zeugnis* für das, was die Roten geschaffen *haben*; der lebendige Menschenjubel, der es erfüllte, *Gewähr* für das, was sie in Zukunft schaffen *werden* ...

---

[9] *Das Notizbuch des Mr. Pim* (R: Frank Ward Rossak, Ö 1930).

Die „Blauen Blusen" – überall und nirgends!

Junge Menschen – Rote Falken, Blaue Blusen[10] – hatten dieses leuchtende Fest unter dem dunklen Sternenhimmel veranstaltet. Seither haben sie es schon vielerorts wiederholt und überallhin Freude, Begeisterung, Zuversicht getragen. Die *„Blauen Blusen"* waren da zum erstenmal aufgetreten. Noch am selben Abend sah man sie bei den Bahnhöfen, den Ausflüglern Flugblätter und Werbepakete überreichen. Am Sonntag aber begegnete man ihnen schon auf Schritt und Tritt in der ganzen Stadt: Lachend und singend zogen sie durch die Straßen, bogen dort in den Hof eines Gemeindehauses ein, nahmen hier auf einem freien Platz Aufstellung und schon ging es los! Im Nu hatten sich die Zuschauer um diese neumodischen fahrenden Gesellen gesammelt: lustige Couplets flattern auf, den Strafella, den Starhemberg, den Vaugoin[11] – die haben sie „in der Reißen"! Aber es gibt auch ernste Sprechchöre voll Wucht und Wirkung, feurige Kampflieder, treffende Szenen. Zum Abschluß „Freundschaft! Freundschaft!" und schon ziehen sie weiter mit klingendem Spiel.

Ihrer *fünftausend*, oder noch mehr, machen Wien unsicher. An mindestens 170 Stellen sind sie am Sonntag in Wien aufgetreten! Du triffst sie überall: am Nachmittag spielen sie vor den Hausgehilfinnen, am Abend sind sie bei der Wahlfilmvorführung, sie beleben fast jede Wählerversammlung, waren schon in fast jedem Gemeindehaus – wo trifft man sie nicht? Sie sind wahre Tausendsassas, diese jungen Mädel und Burschen in den blauen Blusen mit den roten Krawatten, mit den hellen Stimmen und frischen Gesichtern, überall und nirgends zugleich! Und sie bringen den Schwung und die Begeisterung der Jugend in den großen Werbefeldzug der sozialdemokratischen Partei, der mit Bildern und Schriften, mit ernsten Reden und luftigen Liedern, mit Film und Photo, mit Pathos und mit Hirn, vor allem aber *mit zehntausenden glühenden begeisterten Menschen* geführt wird und darum seines Sieges in dem schweren Kampf sicher ist, der am 9. November entschieden wird.

34.6 Anonym: Der steinerne Wahlaufruf!

Erstveröffentlicht als Der steinerne Wahlaufruf!, in: *Das Kleine Blatt*, 12. Oktober 1930, S. 2.

Der Karl-Marx-Hof, einer der großen und schon zeitgenössisch aufgrund seiner signifikanten Gestalt, seines Namens und seiner Lage am Rand des Nobelbezirks Döbling besonders bekannten Gemeindebauten, wurde werbewirksam knapp vor der National-

---

10 Die sozialistische Arbeiterjugend trug in Reaktion auf die braunen Hemden der Nationalsozialisten blaue Blusen.
11 Ernst Rüdiger Starhemberg (1899–1956), Heimwehrführer, Spitzenkandidat des Heimatblocks bei der Nationalratswahl 1930. Carl Vaugoin (1873–1949), christlichsozialer Politiker, langjähriger Verteidigungsminister und im Herbst 1930 kurzfristig österreichischer Bundeskanzler.

ratswahl 1930 eröffnet. Generell kam dem großen Bauprogramm im Roten Wien von Beginn an eine große propagandistische Bedeutung zu.

Heute Sonntag vormittag sollten die Wiener nach Heiligenstadt ziehen. Dort wird der Bürgermeister einen Volkswohnbau eröffnen, der an Großartigkeit alles übertrifft, was seit dem Kriege je in unserer Stadt geschaffen wurde. Es ist ein Bau, der unserem Wien zum Ruhme gereicht, ein Bau, gewaltig in seinen Ausmaßen, erhaben in seiner künstlerischen Gliederung, unerreicht in seiner hygienischen Fürsorge. Fünftausend Menschen, unter ihnen zwölfhundert Kinder, die bisher in den stickigen Zinskasernen der Häuserspekulanten dahingesiecht, haben hier eine sonnige, gesunde Heimstätte inmitten herrlicher Gartenhöfe gefunden. Zwei große Kindergärten, ein Jugendheim, eine Bibliothek, zwei Badeanstalten, eine Schulzahnklinik sorgen in diesem Riesengebäude für das geistige und leibliche Wohl seiner Bewohner. Fünftausend Menschen werden hier erlöst von der Qual der Wohnungsenge und Obdachlosigkeit, und einem gesünderen glücklicheren Leben zugeführt.

Karl-Marx-Hof heißt dieser stolze Bau. Wiener, geht heute nach Heiligenstadt und schaut mit eigenen Augen ein Stück Marxismus!

Was hat man euch über den Marxismus vorgelogen! Wie hat die Wut und der Haß, die Lüge und Verleumdung jene Schöpfung umtobt, die sich nun mit dem Namen Karl Marx' in ihrer berauschenden Herrlichkeit inmitten unserer Stadt erhebt! Erinnert ihr euch an jene Extraausgabe des Seipel-Blattes[12], in der die Stadt mit dem Alarmruf beunruhigt wurde: *Der Heiligenstädterbau vor dem Einsturz*! Wiener, geht heute nach Heiligenstadt und schaut euch dieses „eingestürzte Gebäude" mit euren eigenen Augen an! Geht hin, überzeugt euch mit euren eigenen Augen, wie die Antimarxisten lügen, und urteilt dann selbst über den Marxismus und den Antimarxismus! Tretet vor das Riesenwohnhaus, durchwandelt seine Gartenhöfe, schaut euch die Wohnungen an mit ihren sonnigen Balkons, ihren Kindergärten und Bibliotheken, und laßt euch erzählen, was Marxismus ist.

Marxismus – seht! –, das ist die Befreiung der Wohnung, der Sonne, der Luft und des Lichtes von der Spekulation und Ausbeutung. Erinnert euch, wie es war, bevor der Marxismus Einfluß und Macht hatte? Da war Wohnung, Licht und Luft eine Ware wie jede andere, mit welcher Spekulanten spekulierten, Wucherer sich bereicherten, aus welcher Kapitalisten ein arbeitsloses Eigentum erpreßten. Das ist nun anders. Wohnung, Licht, Sonne sollen keine Ware sein; mit dem Bedürfnis des Menschen nach gesundem Wohnen soll kein Mensch mehr Geschäfte machen. Wohnungen sollen vom Gemeinwesen errichtet, vom Gemeinwesen verwaltet und den Bedürftigen zugeteilt werden.

---

12 Als „Seipel-Blatt" wird hier die der christlichsozialen Partei nahestehende *Reichspost* bezeichnet, konkret die Ausgabe von 21. Oktober 1927.

Der Karl-Marx-Hof – schaut! –, das ist ein Stück Marxismus! Und die Kindergärten, die Bibliotheken, die Bäder, die gemeinnützige Versorgung der Bevölkerung mit elektrischem Licht, mit Gas, mit den Verkehrsmitteln – das ist ein Stück Marxismus. Ein kleines erst – wenngleich schon Volkswohnungen für 45.000 Familien emporragen! Aber dieser Anfang zeigt, was die Marxisten wollen: Sie wollen das Wohl der Gemeinschaft durch die Gemeinschaft.

Was hat der Antimarxismus dem Marxismus entgegenzustellen? Wo sind die Leistungen des Antimarxismus? Unerhörte Not, Arbeitslosigkeit und Strafella – das sind seine Wahrzeichen! Der Antimarxismus, das ist die Partei der Häuserschieber – der Marxismus ist die Partei der Häuserbauer. *Wollt ihr jene, die Häuser bauen, oder jene, die Häuser schieben?* – das ist die große Frage des Wahlkampfes.

34.7 Alois Jalkotzy: Auf die Frauen kommt es an!

Erstveröffentlicht als A. Jalkotzy: Auf die Frauen kommt es an!, in: *Die Unzufriedene*, 23. April 1932, S. 2.

Der Jugend- und Bildungsfunktionär Alois Jalkotzky (1892–1987) betont in seinem Beitrag für die sozialdemokratische Frauenzeitschrift Die Unzufriedene *die Themen Fürsorge und Schule im Kampf um weibliche Wählerstimmen. Im Zeitraum des Roten Wien konnte die Sozialdemokratie ihre Anteile bei den Wählerinnen kontinuierlich steigern und so den Verlust von Männerstimmen insbesondere seit Beginn der Wirtschaftskrise kompensieren.*

Erstens einmal sind die Frauen überhaupt die Mehrheit aller Wähler, und daher haben sie schon einen entscheidenden Einfluß auf das Wahlergebnis. Dann unterschätzt man außerdem sehr häufig, welche Bedeutung eine Frau hat, wenn sie entschlossen ist, ihren Willen durchzusetzen. Freilich, in Fragen der Politik haben die Frauen gewöhnlich die traurige Übung, auf eine eigene Meinung zu verzichten; aber die „Unzufriedenen" doch nicht?

Bei diesem Wahlkampf und an diesem 14. April, wo es sich in den meisten Orten vor allem um Gemeindewahlen handelt, kommen solche Dinge in Betracht, um die sich unsere Frauen sehr ernsthaft zu kümmern haben, in erster Linie das so ungeheuer wichtige Gebiet der Schule und dann das der Fürsorge. Bei diesem Wahlkampf wird nichts weniger wie um die
Lebensbedingungen unserer Kinder
gekämpft. Denn nicht zum letzten ist es von der kleinsten Gemeinde angefangen bis zur Riesengemeinde der Hauptstadt Wien eben die Aufgabe der Gemeinde, die Schule und die Fürsorge zu verwalten. Wie diese Schule und diese Fürsorge aussieht, das bestimmt die Majorität der Parteien in den Gemeinderatstuben, das be-

stimmen der Bürgermeister und die Führer der einzelnen Ausschüsse in jedem Gemeinderat.

So ein Wahltag in der Gemeinde hat Folgen erfreulicher oder unerfreulicher Natur, die gewöhnlich einige Jahre lang das Leben der Gemeinde beeinflussen. Sorgen wir dafür, daß die Folgen dieser Wahlen recht erfreulich sind!

Von der Fürsorge für schwangere Frauen angefangen, zur Säuglingsfürsorge, zu den Kindergärten, die Ausspeisung von Schulkindern, die Sorge für die schulentlassene Jugend, alles das gehört in das Arbeitsgebiet der Gemeindeverwaltungen.

Welche Partei hat überhaupt einen Erfolg bei der Fürsorge aufzuweisen, welche Parteien bekennen sich denn ernsthaft zur Fürsorge? Von den nationalen Parteien wollen wir in diesem Zusammenhang gar nicht reden; ob sie sich als Nationalsozialisten, als Großdeutsche, als Wirtschaftspartei oder als Hakenkreuzler auftun und bezeichnen, es bleibt immer dasselbe: sie sind für den freien Wettbewerb aller Menschen, für den Kapitalismus. Der Tüchtige soll sich durchsetzen: nach ihrer Auffassung sind wahrscheinlich alle die, die arbeitslos geworden sind, nicht tüchtig und daher sind deren Kinder und Frauen gerade reif für den Untergang.

Die Christlichsozialen freilich, die sind für Fürsorge, das soll nicht geleugnet werden; doch sollen die Fürsorge nicht die Gemeinden übernehmen, sondern die Klöster und Pfarrer! Und Demut ist damit die eine Voraussetzung für die Fürsorgeleistung und Dankbarkeit die nächste.

Die Sozialdemokraten verlangen von der Öffentlichkeit, von der Gemeinde selbst, daß sie Fürsorge betreibe. Da wettern die Christlichsozialen im Wiener Gemeinderat immer wieder gegen die großen Kosten der öffentlichen Fürsorge, ihre Karitas ist um soviel billiger. Ach, wir geben es gern zu! Die öffentliche Fürsorge ist aber nicht nur teurer als das, was die Klerikalen in ihren Klöstern und Pfarrhöfen betreiben, sondern das, was dort geschieht, ist eben gar keine Fürsorge, es ist *Mildtätigkeit*, es ist *Barmherzigkeit*. „Bittet und es wird euch gegeben werden!" Aber da fragen wir allen Ernstes unsere Frauen und die Mütter der arbeitenden Klasse: *„Wollt ihr nicht darauf verzichten? Wollt ihr nicht mit aufrechtem Rücken von der menschlichen Gesellschaft das verlangen, was sie euch als Frauen und was sie euch besonders als Mütter, was sie eben euren Kindern schuldig ist?"* Erst läßt diese entsetzliche kapitalistische Wirtschaftsordnung die Menschen elend werden, erst überantwortet sie die arbeitenden Menschen der grausamsten Not, und dann kommen die geistlichen Hirten und Schwestern aller Konfessionen, um die „Armen zu beschenken". Oh, wir wollen uns anders, ganz anders erlösen. *Uns kann nur die sozialdemokratische Partei helfen.* Wir proklamieren unser Recht auf Fürsorge! Jede aufrechte und fortschrittlich denkende Frau und Mutter, die weiß, was Fürsorge in dieser Zeit entsetzlicher Wirtschaftsnot bedeutet, kann daher nur sozialdemokratisch wählen. Wir bitten nicht, nein, wir wählen sozialdemokratisch! Wir lieben unsere Kinder, wir kennen die Not unserer Zeit, *wir wissen, wie wir uns selbst helfen können, und darum wählen wir sozialdemokratisch.*

34.8 Anonym: Tragt die Drei Pfeile! Das neue Kampfzeichen

Erstveröffentlicht als Tragt die Drei Pfeile! Das neue Kampfzeichen, in: *Arbeiter-Zeitung*, 14. August 1932, S. 3.

Mit den drei Pfeilen, dem von der Eisernen Front, einer sozialdemokratischen antifaschistischen Abwehrorganisation in Deutschland, übernommenen Symbol, reagierte die österreichische Sozialdemokratie auf die nationalsozialistische Propagandalinie, auf allen Werbemedien prominent das Hakenkreuz zu platzieren und es so als leicht wiedererkennbare Marke zu etablieren.

In dem Kampf, den die deutschen Arbeiter um die Freiheit führen, ist ein neues Zeichen entstanden. Die *Drei Pfeile*, in Deutschland das Abzeichen der Eisernen Front, sind der Ausdruck des Kampfwillens gegen Barone und Hakenkreuzler, gegen die junkerliche Reaktion[13] und den blutigen Fascismus.

Die österreichische Arbeiterschaft, dem deutschen Proletariat in brüderlicher Solidarität und gleichem Kampfwillen verbunden, hat dieses Zeichen mit Begeisterung übernommen.

Der Parteivorstand der deutschösterreichischen Sozialdemokratie hat beschlossen, allen Parteigenossen *das Tragen des neuen Kampfzeichens zu empfehlen*, das als Sinnbild einiger, aktiver, disziplinierter Abwehr neben unser Parteiabzeichen tritt.

Die Drei Pfeile sollen den Gegner treffen! Der erste Pfeil gilt dem *Kapitalismus*, der zweite Pfeil dem *Fascismus*, der dritte Pfeil der *Reaktion* in allen ihren Gestalten. Den Willen, diese Gegner der Freiheit und der Arbeiterklasse zu besiegen, drücke das neue Kampfzeichen aus!

Die Drei Pfeile sollen das Hakenkreuz überwinden! In Deutschland sind die gegenwärtigen geschichtlichen Tage erfüllt von dem Kampfe der Eisernen Front gegen die blutige Barbarei des Fascismus. In Oesterreich soll kein Hakenkreuz gegen die eiserne Front der Arbeiterklasse aufkommen!

Tragt die Drei Pfeile, allen Feinden zum Trotz, auf der Gasse!
Zeigt sie auf jedem Plakat, auf jedem Flugzettel, bei jeder Veranstaltung!
Im neuen Zeichen führen wir den alten Kampf!
Es lebe der Kampf! Es lebe die Freiheit!

---

[13] Die preußischen Junker, d. h. der ostelbische Landadel, wurden in der Weimarer Republik zu einem polemischen Synonym für reaktionäre, militaristische und antidemokratische Kräfte.

34.9 Anonym: Tragt das Blaue Hemd der Sozialistischen Jungfront!

Erstveröffentlicht als *Tragt das Blaue Hemd der Sozialistischen Jungfront!* Sozialistische Jungfront in der Sozialdemokratischen Partei, Flugblatt, um 1932.

Vor dem Hintergrund der Wirtschaftskrise und als Reaktion auf die braunen Hemden der Nationalsozialisten wurde die Blaue Bluse als Zeichen der Sozialistischen Arbeiterjugend etabliert. Das Blau bezog sich auf die traditionelle Arbeiterkleidung. Die Blauen Blusen waren auch Teil der neuen theatralen Agitationsformen, die von der Parteijugend entwickelt und getragen wurden.

Die Funktionäre der Sozialistischen Jungfront haben beschlossen, alle Angehörigen der Sozialistischen Jungfront aufzufordern, sich das *Blaue Hemd der Sozialistischen Jungfront* anzuschaffen. Bei gemeinsamen Aufmärschen wollen wir Blaues Hemd und rote Krawatte tragen.
Blaues Hemd und rote Krawatte sind für uns Symbole.
Das Blau unserer Hemden erinnert an das *Blau des Arbeitskleides*.
Die Sozialistische Jungfront fordert Arbeit!
Das Rot aber ist das alte Symbol der Freiheit.
Die Sozialistische Jungfront kämpft für die Freiheit!
Arbeit und Freiheit, das sind die Parolen der Sozialistischen Jungfront. Und unseren Entschluß, den Kampf für Arbeit und Freiheit zu führen, wollen wir durch das Tragen des Blauen Hemdes zum Ausdruck bringen!
Dann aber wollen wir uns durch das Tragen des Blauen Hemdes der Sozialistischen Jungfront offen und mutig zur Sozialdemokratischen Partei bekennen. Wir wollen dafür sorgen, daß das strahlende Blau der Sozialistischen Jungfront das schmutzige Braun des Hakenkreuzes allüberall verdrängt!
Darum Genossen und Genossinnen der Sozialistischen Jungfront, traget und propagiert überall das Blaue Hemd der Sozialistischen Jungfront!
Kauft nur die mit unserem Zeichen „SDAP" versehenen Blauen Hemden, welche nur in den unten angeführten Verkaufsstellen erhältlich sind.
Die Zentralleitung der Sozialistischen Jungfront in der Sozialdemokratischen Partei.

34.10 Stal: Von 1000 Pionieren 3

Erstveröffentlicht als Stal: Von 1000 Pionieren 3. Reportage aus dem Bereich der Wandzeitungen, in: *Der Kuckuck,* 11. Dezember 1932, S. 12.

Wandzeitungen waren insbesondere auf dem Land ein zentrales Informations- und Werbemedium der Partei. Sie wurden von den lokalen Funktionären und Funktionärin-

nen aus Parteimaterialien und -zeitungen, wie der Bildillustrierten Der Kuckuck, *individuell zusammengestellt.*

Wir haben da in der sozialdemokratischen Bewegung gut neunzig Prozent von Kämpfern, die immer anonym bleiben. Kein Leitartikel greift sie heraus, niemand sagt ihnen persönlich, daß sie stark, mächtig, vertrauensvoll, mutig und selbstlos sind, nur vielleicht einmal bringt ein Polizeibericht den Namen, klein gedruckt, weil der kleine Mann mit dem ganz kleinen Leben sein Recht durch eine gerechte Ohrfeige unterstreichen wollte. Immer den Bauch voll Hunger, nie richtig Mensch gewesen, nie von dem oder jenem Ding ausreichend besessen, war die Hose ganz, so waren die Schuhe und der Rock kaputt, will einer rauchen so hat er nichts zum Essen – wer ist das?

Man braucht bloß hinzutippen auf ein Kartothekblatt im Kataster, neunzig gegen eins wett ich, er hat auch sein Ideal vorgespannt vor die Parteiarbeit und läuft Stiegen auf und Stiegen ab, bis er müde auf den Strohsack fällt und hoffen darf, daß es morgen besser wird. Sein Leben und Wirken ist in der Anonymität versunken, man kennt ihn bloß als Gruppe, als Sturmtrupp an den zahllosen Fronten der Partei- und Gewerkschaftsstellungen.

Von tausend Pionieren drei will ich heute herausgreifen, drei oder ein Dutzend, hundert und alle, die eine Stadt oder ein Dorf in kleinen Aufruhr versetzen. Sie arbeiten mit Hirn, Schere und Kleistertopf, sie machen eine Zeitung, an der niemand vorbeigehen kann, weil sie öffentlich ist. Ihr Setzkasten ist das Bilderreservoir des „Kuckuck", ist die herausgeschnittene Menge von Anklagen in den Parteizeitungen. Sie hocken irgendwo in einem gut geheizten Zimmer, öfter noch in einem leeren Expeditraum oder in einem ungeheizten Magazin, vor ihnen steht eine Schultafel und auf die skizziert ein Irgendwer, wie man die nächste Aufgabe bewältigt. Schule der Wandzeitungsredakteure, Schule dieser Kerle, die unsere Zeit ganz anders ansehen, die in jedem Bild und in jedem Wort eine brauchbare Anklage gegen Kapitalismus und Reaktion suchen. Zweiundfünfzigmal im Jahre arbeiten sie tagelang, konstruieren, probieren, schöpfen neue Gedanken, sind hie und da auch ein wenig böse auf die vielen Photographen, die immer nur Wolken auf Rauchfängen, Wolken über Birken, Wolken über Kinderwagen, Licht über Stilleben, Licht auf Mädchenköpfen und gläsernen Spielereien photographieren und ganz vergessen, daß die Kamera des Arbeiterphotographen ein Gewehr ist, mit dem man auch politische Elefanten jagen kann. Sie sind böse auf diese Photographen, weil sie über Idylle und Romantik vergessen, unsere Weltanschauung in den Brennpunkt des Objektivs der Kamera zu bringen, und versöhnen sich schnell wieder einmal, wenn der „Kuckuck" eine Fülle von gutem und großformatigem Agitationsmaterial bringt.

In einem anonymen Winkel arbeiten ein Handlungsgehilfe, Bäcker, Schneider, Malergehilfen, Werkzeugdreher – eine Familie von Stempelbrüdern, prachtvolle Kerle, die sich nicht kleinkriegen lassen an der Zukunft von morgen. Sie sprechen in allen Sprachen; in der des Intellektuellen und in der des Primitiven. Diese Zeit, in der täglich eine Infamie des regierenden Systems offenbar wird, hat sich neue Anwälte gesucht und hat sie gefunden in den Wandzeitungsleuten, in den Klebekolonnen und Schutzstaffeln. Der Schrei im Parlament, der Aufschrei in der Zeitung – er findet seine Fortsetzung und seine vielfache Verstärkung in den Wandzeitungen. Was Wunder, daß die Hakenkreuzler, die die Widerlegung ihrer Lügen wöchentlich und hundertmal in allen Orten der Stadt auffinden, Überfälle organisieren und die Frucht großer Arbeit von den Wänden reißen. Was Wunder aber auch, wenn einer Klebekolonne ein dummer Junge in die Hände fällt, noch den Fetzen Papier in der Hand – wenn dieser Junge nun eine ebenso öffentliche Bestrafung für seine mutwillige Beschädigung erfährt und ihm der Kleisterkübel über den Kopf gestülpt wird!

Es sind prächtige Kerle, diese drei von tausend oder die tausend von zehntausend, diese Jäger nach Bildern und Schlagzeilen, die ungebändigt in ihrer Kraft glutvollen Ausdruck suchen, die da reden von der Ungerechtigkeit dieser Zeit in Bildern und Worten, und die begierig warten, daß man ihnen hilft und neue Möglichkeiten gibt. Vielleicht wird man später einmal diese Zeit besser verstehen, wenn man sie aus alten Wandzeitungen rekonstruiert. Wandzeitung machen, das ist ein neuer Begriff geworden, das heißt genau soviel als wie: Kämpfen in der vordersten Front. Kämpfen in einer Stellung, die man nicht aufgibt, weil sonst ein unheilbares Loch in der Front entstünde, kämpfen mit Humor, mit Ernst, Zähigkeit und Ausdauer – ja, das ist es!

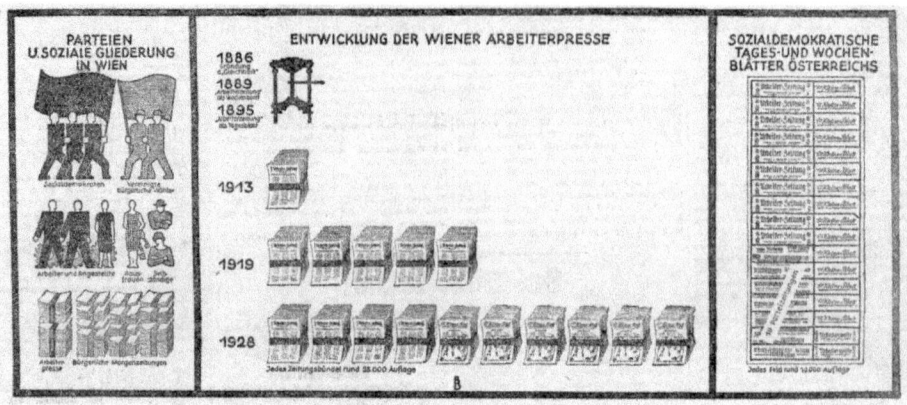

Bildstatistik zur Entwicklung der Wiener Arbeiterpresse im Stil des Gesellschafts- und Wirtschaftsmuseums, in: *Arbeiter-Zeitung*, 12. Mai 1928, S. 1. (VGA)

35 Kommunikation und Propaganda
Alicia Roy

Einleitung

Anders als heute, wo der Begriff der Propaganda eindeutig negative Konnotationen besitzt und mit Manipulation und der tendenziösen Verbreitung einseitiger Ideologien und Botschaften verbunden ist, war dieses Konzept im Verständnis der 1920er und 1930er Jahre positiv besetzt und wurde von der Sozialdemokratischen Arbeiterpartei (SDAP) breit theoretisiert. „Im Gegensatz zur geringschätzigen Bewertung bürgerlicher Gruppen bedeutet das Wort Propaganda in der sozialistischen Terminologie etwas Großes, Wertvolles, Geistiges, Wissenschaftliches", so Willi Münzenberg in Deutschland aus konkurrierender kommunistischer Sicht. Dass Propaganda, Agitation (damals ebenfalls ein positiv besetzter Begriff), Bildung und Aufklärung in dieser Sicht kein Widerspruch sind, ist grundlegend für ein Verständnis der Parteiarbeit der SDAP im Roten Wien.

Zwei Stränge von Propaganda und Kommunikation lassen sich dabei unterscheiden: Einerseits Bildungs- und Aufklärungsarbeit sowie Wahlkampfkommunikation, die sich an die eigene städtische Wählerschaft richtete, andererseits der Versuch internationalen „city marketings", also das Rote Wien (bzw. das ‚neue Wien', wie es von der sozialdemokratischen Stadtverwaltung oft genannt wurde) als weltweites Vorbild einer sozialdemokratisch regierten Großstadt zu präsentieren. In mehreren Sprachen und Auflagen publizierte Bücher wie Robert Dannebergs *Zehn Jahre Neues Wien* (1929) oder die bekannten Tourismusplakate des Grafikers Hermann Kosel trugen zu spezifischen Wienbildern bei und schufen ein kulturell wie politisch verwertbares Image der Stadt. Auch die Architektur, die sowohl ideologische Ziele als auch Marketingpotenzial verband, spielte dabei eine wichtige Rolle. Das ehrgeizige Bauprogramm, das die Wohnungsnot lindern sollte, bot sich mit seinem ästhetisch markanten und widererkennbaren Stil geradezu an, um den Erfolg und den Aufstieg des Roten Wien zu bewerben.

Im folgenden Kapitel werden die Kommunikations- und Propagandastrategien der SDAP dargestellt, die aus heutiger Sicht im wahrsten Sinn des Wortes multimedial angelegt waren. Dies war eine notwendige Innovation, um sowohl dem organisatorischen Umfang als auch den Ansprüchen einer Partei gerecht zu werden, die es sich zur Aufgabe gemacht hatte, Kultur und Weltsicht der Wiener Bevölkerung zu gestalten. Heinrich Faludi, Werbeleiter des städtischen Werbeunternehmens Gewista, der später auch in der Österreichischen Wirtschaftspsychologischen Forschungsstelle tätig war,[1] schrieb davon, dass Propagandaarbeit „den Stadtraum symbolisch in Besitz nehmen" solle, von Broschüren, Flugzetteln und Plakaten über Wandzeitungen bis zu Sprechchor, Film und politischem Kabarett. Auch Aufmärsche (nicht zuletzt die jährliche Erste-Mai-Parade), Demonstrationen und Sportveranstaltungen gehörten zu den wichtigen Massenpropagandaereignissen des Roten Wien. Wolfgang Maderthaner (1993) nennt die Propagandaarbeit der SDAP ein „Gesamtkunstwerk [...], in dem persönliche Emanzipation und politische Tätigkeit verknüpft werden sollten", um den ‚neuen Menschen' des 20. Jahrhunderts zu schaffen. Ab den späten 1920er und frühen 1930er Jahren geriet das Rote Wien jedoch gegenüber der aufstrebenden faschistischen bzw. nationalsozialistischen Propagandamaschinerie in die Defensive. Dies führte zu anhaltenden Diskussionen über die richtige Antwort auf diese Propaganda – Blaue Blusen statt Braunhemden, die erhobene Faust statt Nazigruß, „Freiheit" und „Freundschaft" statt „Heil Hitler" und das Symbol der drei Pfeile, das dem Hakenkreuz entgegengestellt wurde. (Vgl. Kapitel 34)

Das stärkste Propagandamittel der Partei blieb, was den Umfang betrifft – trotz des wachsenden Interesses für neue Medien wie den Film –, das gedruckte Wort. Es heißt, jedes Mitglied der SDAP und ihrer Teilorganisationen konnte pro Jahr vierzig Bücher lesen, die von der Partei publiziert wurden. Die Arbeiterbüchereien und sozialdemokratische Medien wie die *Arbeiter-Zeitung* stellten eine wichtige alternative Informationsquelle gegenüber der kapitalistischen Presse dar. Die Arbeiterpresse stand dabei vor der Aufgabe, politische Schulung und Information mit den wachsenden Bedürfnissen der Leserschaft nach neuesten Meldungen und Unterhaltung zu verbinden. Dies gelang nicht zuletzt mit der ab 1929 erscheinenden Bildillustrierten *Der Kuckuck*, die auch Fortsetzungsromane und leichter konsumierbare Artikel enthielt und deren Ton jüngere Leser und Leserinnen ansprach.

Der Fokus im *Kuckuck* auf die Verbindung von Wort und Bild, der sich vor allem im Einsatz markanter Fotocollagen zeigte, spiegelt dabei ein breiteres Interesse für veränderte Wahrnehmungsformen wider. Das Großstadtleben des frühen 20. Jahrhunderts, neue Medienformen wie Fotojournalismus und Filmmontage führten zur Theoretisierung solcher veränderter menschlicher Wirklichkeitswahrnehmung, wobei visuelle Perzeption in den Mittelpunkt des Interesses rückte. Abbildungen wurden nicht länger als reine Illustrationen oder Beiwerk zum Text gesehen, sondern ‚die Bilder selbst erzählen die Geschichte'. Der neue Blick auf die Welt sollte mithilfe ästhetischer Bildung geschult und entwickelt werden. Propaganda und Kommunikation des Roten Wien mussten ins Auge springen, es gehörte aber auch zum Programm der Partei, die visuelle Wahrnehmung zu schulen, um die Emanzipation der Massen zu fördern.

---

[1] Die Österreichische Wirtschaftspsychologische Forschungsstelle ist v. a. berühmt durch die Studie *Die Arbeitslosen von Marienthal*, einen Klassiker der empirischen Sozialforschung. (Vgl. Kapitel 3, 4 und 17)

Dieser Zusammenhang fand seinen berühmtesten Ausdruck in der Arbeit des von Otto Neurath gegründeten und von 1925 bis 1934 bestehenden Gesellschafts- und Wirtschaftsmuseums. Friedrich Stadler (2002) beschreibt dieses Museum als einen Ort, an dem „Sozialreform und Bildungsarbeit [...] in Theorie und Praxis [verschmolzen]." Um Themen wie Gesundheit, Familie, Wohlfahrt, Wohnen, Bildung, Kunst oder Architektur (kurz gesagt, alle Bereiche, die das Rote Wien revolutionieren wollte) für ein Massenpublikum zu erklären, setzten Neurath und seine Mitarbeiter und Mitarbeiterinnen auf „Tatsachen und Zusammenhänge", die in ihrem jeweiligen historischen Kontext mithilfe möglichst anschaulicher Zahlen und Bildsymbole dargestellt werden sollten. Die wichtigste Botschaft sollte bereits auf den ersten Blick ersichtlich sein, alle weiteren Informationen nach nicht mehr als drei Blicken aufgenommen werden können. Diese Methode der visuellen Darstellung sozialer Sachverhalte, bekannt als Wiener Methode der Bildstatistik (später Isotype, international system of typographic picture education), besaß große internationale Vorbildwirkung für spätere bildliche Darstellungsformen der materiellen Welt, wie sie in Museen, Lehrbüchern bis hin zu modernen Infografiken eingesetzt wurden.

Im Hinblick auf Massenaufklärung, innovative Wahlkampfstrategien und den Versuch, die Leistungen der sozialdemokratischen Stadtregierung als Vorbild für die Welt zu bewerben, war das Rote Wien ein Ort von Kommunikation und Propaganda in großem Stil. Nach innen wurde der gesamte Stadtraum als Bühne bespielt, nach außen präsentierte sich das Rote Wien als Beispiel dafür, was der Sozialismus für den Fortschritt der Menschheit erreichen kann.

Literatur

Gruber 1991.
Krammer 2008.
Mattl 2009.
Maderthaner 1993.
Riesenfellner, Seiter 1995.
Stadler 2002.

35.1 Anonym: Zehn Jahre neues Wien

Erstveröffentlicht als Zehn Jahre neues Wien, in: *Der Kuckuck*, 19. Mai 1929, S. 8–9.

In der Propagandaarbeit – um ihre Botschaften zu verbreiten, in Wahlkämpfen, bei der Mitgliederwerbung und in der Darstellung des Roten Wien nach innen und außen – stützte sich die SDAP nicht zuletzt auf Druckwerke. Um dem nachlassenden Interesse an den Parteimedien Mitte der 1920er Jahre vor allem bei jungen Wählern und Wähle-

rinnen entgegenzuwirken, wurde eine Reihe von neuen Publikationen gegründet, die den populären Geschmack dieser jüngeren Leser und Leserinnen treffen sollten. Man setzte auf das Medium der Fotografie oder auf den Abdruck von Fortsetzungsromanen, um die Reichweite zu erhöhen. Die Bildillustrierte erwies sich dabei als gutes Medium für die austromarxistische Idee einer proletarischen Gegenkultur. Bekanntestes Beispiel ist Der Kuckuck, *der sich durch den innovativen Einsatz von Bildern und der Fotomontage als Kommunikationsstrategie auszeichnete. (Vgl. Kapitel 28)* Zehn Jahre Neues Wien *ist ein klassisches Beispiel für Stadtmarketing, das mit ausführlichen Statistiken die Erfolge der SDAP preist und Wien als Vorbild für die Welt präsentiert, im Original begleitet von einer typischen Fotocollage im* Kuckuck-*Stil.*

„Wenn wir noch knien könnten, wir lägen auf den Knien; wenn wir noch beten könnten, wir beteten für Wien." Dieses Wort des großen Freiheitsdichters Ferdinand Freiligrath[2] hat neuen Sinn und neuen Inhalt bekommen. Der Blick von Millionen Menschen ist auf Wien gerichtet. Zehntausende kommen jährlich aus allen Ländern der Welt, um die neuen Schöpfungen der Wiener Gemeindeverwaltung zu studieren und zu besichtigen. Zum erstenmal in der Geschichte hatte in Wien eine sozialistische Mehrheit Gelegenheit zu zeigen, wie eine Großstadt verwaltet werden soll. Es sind jetzt genau zehn Jahre her, als in der Zeit der Hungersnot, in der Zeit des Zusammenbruchs nach dem furchtbaren Weltkrieg die Sozialdemokraten die Stadtverwaltung zu übernehmen hatten. Die Stadtkassen waren leer, die Christlichsozialen waren eben daran, die wichtigsten Gemeindebetriebe an das Privatkapital zu verkaufen. Nun sind zehn Jahre seit dieser Übernahme verstrichen. Eine kurze Zeitspanne in der Geschichte einer großen Stadt. Aber das Antlitz von Wien wurde in diesen zehn Jahren vollständig verändert. Es fehlt hier leider an Raum, um die neuen Schöpfungen auch nur aufzuzählen. Von allen Großstädten Europas hatte Wien die fürchterlichsten Wohnungsverhältnisse. 42.000 Wohnungen hat die rote Gemeinde bisher gebaut, und Woche für Woche werden neue große Bauten in Angriff genommen. Die großen Gartenhöfe dieser Wohnbauten mit ihren Spielplätzen, Zentralwäschereien, Kindergärten und Bibliotheken sind längst anerkannt. Es gibt kein Gebiet der Gemeindeverwaltung, auf dem nicht in diesen zehn Jahren neue und große Werke geschaffen wurden. Der Verkehr wurde durch die elektrische Stadtbahn und neue Autobuslinien erweitert. Die durch den Krieg vollkommen heruntergewirtschaftete Straßenbahn wurde zum großen Teil erneuert und auf die dreifache Leistungsfähigkeit der Vorkriegszeit gebracht. Die Schulreform in Wien hat bei allen Schulreformern der Welt Anerkennung und Bewunderung gefunden. Die einst berüchtigten staubigen Straßen Wiens werden zum Verschwinden gebracht. Jährlich

---

2 Ferdinand Freiligrath (1810–1876), Dichter im Umfeld der Bewegung Junges Deutschland des Vormärz. Das Zitat stammt aus seinem Gedicht *Wien*, verfasst 1848 und im darauffolgenden Jahr veröffentlicht.

werden rund sechzehn Millionen Schilling für die Herstellung neuer Straßen ausgegeben, außerdem werden jährlich rund zwei Millionen Quadratmeter Straßenfläche durch Ölung staubfrei gemacht. Der einst gefürchtete Straßenkehrer, der mit einem langen Besen in den Straßen hohe Staubwolken aufgewirbelt hat, ist in diesen zehn Jahren verschwunden, die städtischen Werkstätten sind bemüht, immer neuere und bessere Maschinen für die Straßenreinigung herzustellen. Die nächtliche Straßenbeleuchtung war sehr schlecht. Heute dienen diesem Zweck rund 20.000 elektrische Lampen von starker Leuchtkraft, und wöchentlich kommen einige hundert Lampen weiter dazu. Nur in Büchern könnte man die ganze Fülle der geleisteten Arbeit erschöpfen. Nur eine trockene und sehr unvollständige Aufzählung kann hier von den neuen Schöpfungen geboten werden. Es wurden errichtet: 25 neue Badeanstalten, 20 Kinderfreibäder, 160 neue Gartenanlagen, die Kehrichtabfuhr wurde durch das „Colonia"-System staubfrei gemacht. Und alle diese Schöpfungen wurden ergänzt von einem gewaltigen Fürsorgewerk. Die Jugendfürsorge Wiens ist ein Werk, das von Grund auf neu geschaffen wurde und das in seinem planmäßigen Aufbau und in seinen Leistungen wohl kaum von einer anderen Stadt der Welt übertroffen wird. Die Fürsorge beginnt schon für das Kind im Mutterleib. Die schwangere Mutter, die sich in einer der 36 Mutterberatungsstellen meldet, erhält eine Mutterhilfe. Der Säugling wird von der Gemeinde mit einem Geschenk begrüßt, er erhält eine vollständige Säuglingsausstattung. Alle Geburten werden registriert, um sofort, wo dies notwendig ist, durch städtische Fürsorgerinnen Hilfe bringen zu lassen. In den Bezirksjugendämtern finden alle Mütter, die sich dorthin wenden, Rat und Hilfe. Hunderte Abteilungen von Kindergärten wurden errichtet. Die arbeitenden Frauen können vollkommen beruhigt von 7 Uhr früh bis 6 Uhr abends ihre Kinder dort unterbringen. In den Schulen haben auch der Schularzt und die Fürsorgerin Einzug gehalten. Die Kinder werden besonders auf ihren Lungenzustand untersucht. Ende 1927 standen 37.000 Kinder in der dauernden Fürsorge der Gemeinde. Außerdem wurden gegründet: 35 städtische Horte und Tagesheimstätten; Schülerausspeisung mit 90 Speisestellen, an der 15.000 Kinder teilnehmen; Ferienerholungsheime, in denen die Gemeinde jährlich 2000 Schützlinge unterbringt, außerdem werden rund 25.000 Kinder durch das Wiener Jugendhilfswerk in Sommeraufenthalt geschickt. Für 2000 Kinder hat Wien 7 große Tageserholungsstätten im Wienerwald eingerichtet, 31 Kinderspielplätze wurden geschaffen und 13 Eislaufplätze. All dies ist jedoch nur ein kleiner Teil der städtischen Jugendfürsorge mit ihrer Kinderübernahmestelle, ihren Kinderheimen und mit ihrem wunderbaren Heim im Schloß Wilhelminenberg, wohl das schönste Kinderheim in Mitteleuropa. Auch die Schulzahnkliniken und die Heilanstalten, die Schulen und Erziehungsheime für schwer erziehbare Kinder und viele ähnliche Einrichtungen, sie deuten uns die Umrisse des gigantischen Sozialbaues an. Es ist ein herrliches Werk, das in diesen zehn Jahren geschaffen wurde, einzigartig in seiner Gediegenheit, einzigartig in dem Geist, der das Ganze beseelt. Und so ist es gekommen, daß dieses Werk weit hinaus wirkt über die Grenzen dieser Stadt und die Grenzen Österreichs, so ist es gekommen, daß Millionen

Menschen in aller Welt dieses Werk als eine Schöpfung des neuen Geistes betrachten, der sich anschickt, die Erde sich untertan zu machen, und so ist es gekommen, daß sich Millionen Menschen mit diesem Werk verbunden fühlen, für dieses Werk knien und für dieses Werk beten. Wir dürfen dem Schicksal dankbar sein, daß es uns gegeben ist, dieses Werk grandiosen Aufbaues mitzuerleben, es mitzugestalten, es zu festigen. Künftige Geschlechter werden diesen Tag, da das arbeitende Volk die Geschicke unserer Stadt in die Hände nahm, als den Beginn der großen Wende feiern, da ein Neues, Großes Besitz von dieser Erde nahm.

35.2 Leopold Thaller: Bildungsmittel und Propaganda im Wahlkampf

Erstveröffentlicht als Leopold Thaller: Bildungsmittel und Propaganda im Wahlkampf, in: *Bildungsarbeit. Blätter für sozialistisches Bildungswesen*, 17. Jg., Nr. 10 (Oktober 1930), S. 109–110.

Leopold Thaller (1888–1971), Leiter der Zentralstelle für das Bildungswesen (Arbeiterbildungszentrale) von 1922 bis 1932, war seit Beginn seiner Parteikarriere in der Bildungs- und Jugendarbeit der SDAP tätig. 1919 wurde er Wiener Gemeinderat, bald auch Vorsitzender der Internationalen Arbeitsgemeinschaft Sozialistischer Jugendorganisationen. In diesem Text argumentiert Thaller, dass Wahlkämpfe auch Möglichkeiten für Massenbildung bieten und liefert einen detaillierten Überblick über die von der Partei genützten Medien. In seiner Beschreibung des notwendigen Medieneinsatzes in Wahlkampagnen reproduziert Thaller einen Diskurs der Moderne als einer Ära der Beschleunigung und des ständigen Bedürfnisses nach Erregung. Im Gegensatz zu Otto Neurath sieht er Bildmedien als Hilfsmittel für das gedruckte Wort und nicht als eigenständige Kommunikationsmethode. Thaller entwirft eine Vision multimedialer Parteipräsenz in der Stadt, in der alle Sinne und Lebensbereiche von den Bildern und Tönen der Propagandamaßnahmen der Partei erfasst werden.

Noch vor wenigen Jahren wäre niemand eingefallen, Bildungsmittel in den Dienst eines Wahlkampfes stellen zu wollen. Wahlkampf und Bildungsarbeit standen sich wie Feuer und Wasser gegenüber. Die Wahlarbeit erschlug jede Bildungstätigkeit. Natürlich ist auch heute die normale Bildungsarbeit unmöglich, in Zeiten schwersten Kampfes muß sie ruhen. Aber ein Wahlkampf ist doch eigentlich *Aufklärungsarbeit*, also *Massenbildung* im größten Maßstab. Diese Erkenntnis ist allgemein geworden. Darum klingt es gar nicht mehr paradox, wenn man von der Verwendung unserer neuen Bildungsmittel im Wahlkampf spricht.

Wahlkämpfe früherer Jahre wurden vor allem durch *Versammlungen* und *Flugblätter* geführt, selbst *Plakate* spielten eine geringe Rolle. Je tiefschürfender die Wahlkämpfe wurden, je breitere Massen aufgewühlt und erfaßt werden mußten, desto zahlreicher wurden die Kampfmittel. Schon bei den Nationalratswahlen vor drei und vor sechs Jahren hat unsere Partei *Film* und *Kino* im Wahlkampf verwendet. Bei den letzten Wahlen kamen auch *Lichtbilder* und *Lichtreklamen* hinzu. Die moderne Reklame schien überhaupt stark in den Wahlkampf aller Parteien Eingang gefunden zu haben. Unsere Partei kann mit Genugtuung sagen, daß sie auf diesem Wege voranschritt, und daß die bürgerlichen Parteien erst in weitem Abstand nachhumpelten.

In unserer raschlebigen Zeit drohten aber Plakat und Lichtreklame allzuschnell ihre Wirksamkeit einzubüßen. Da hat die Entwicklung der Technik in den letzten Jahren plötzlich neue Möglichkeiten eröffnet. Die neuen Bildungsmittel *Schmalfilm* und *Schallplatte* sind auch im Wahlkampf zu verwenden.

Nicht mehr braucht man trockene Wählerversammlungen mit ein, zwei oder mehreren Rednern abzuhalten. Das gesprochene Wort kann verlebendigt, mit den einfachsten Mitteln Stimmung in die Versammlung gebracht werden. Schmalfilm, Schallplatte, Lichtbilder sind die Helfer des Agitators. Auch dort, wo kein Kino vorhanden und also der Normalfilm nicht aufgeführt werden kann, ist elektrischer Strom zum Antrieb des Schmalfilmmotors da. Und selbst, wo er fehlt, kann ein Lichtbildwerfer mit Azetylen- oder Spiritusgaslicht aufgestellt werden, fast in jedem Wirtshaus steht ein Grammophon, und wenn es schon sehr alt ist, einen kleinen Kofferapparat kann man immer noch mitnehmen. Ein sozialistisches Kampflied, die anfeuernde Ansprache eines der bekannten Führer der Bewegung wird jeder gern auch in der Wiedergabe durch die Schallplatte hören.

Was gibt es nun?

Die Partei hat einen großen *Spielfilm* „Das Tagebuch des Mister Pim" (eine Widerlegung der Lügen über die Wiener Gemeindeverwaltung) und einen *Trickfilm* „Die Abenteuer des Herrn Antimarx" (eine Verulkung eines antimarxistischen Spießers, der Heimwehr und Strafellas[3]) auf *Normalfilm* herstellen lassen. Der Spielfilm ist auch auf *Schmalfilm* umkopiert. Zwei weitere kleine Schmalfilme „Frohe Jugend in Wien" (das Leben und Treiben in den Kindergärten und -horten der Gemeinde Wien schildernd) und „Schach der Wohnungsnot" (ein Film von der Wohnbautätigkeit der Gemeinde Wien) stehen zur Verfügung. Drei neue *Lichtbildvorträge*, „Die fünf schrecklichen Träume der Gretl Wiesner" (besonders für Frauen geeignet), „Diese verfluchten Marxisten" (Aufbauarbeit vieler kleiner roter Gemeinden darstellend) und „Die Brüder" (den Heimwehrfaschismus aufzeigend), wurden hergestellt. Der Lichtbildvortrag „Das neue Wien" wurde auf den neuesten Stand ergänzt und kann verwendet werden. Fünf *Schallplatten* mit Reden der Genossen Otto Bauer, Robert Danneberg, Julius Deutsch, Otto Glöckel, Adelheid Popp, Karl Renner, Paul Richter, Pius Schneeberger, Karl Seitz und Anton Weber wurden aufgenommen.

---

3 Franz Georg Strafella (1891–1968), christlichsozialer Politiker, dem von den Sozialdemokraten Korruption vorgeworfen wurde.

Die Wählerversammlung von einst ist gewesen, die Wählerversammlung von heute sieht ganz anders aus. Vielleicht ungefähr so:

Eröffnung. Schallplatte. Chor: „Empor zum Licht."[4]
Rede.
Schmalfilm (kann von Schallplatten begleitet werden).
Schallplattenansprache von zwei Mandataren.
Schlußchor. Schallplatte. Lied der Arbeit.[5]

Uns Menschen von heute fehlt zumeist die innere Ruhe; Unrast und Geschäftigkeit umgibt uns überall. Wir wollen viel geräuschvoller sehen und hören als die Menschen früherer Zeit. Soll etwas unser Interesse erwecken, müssen wir auf besondere Art darauf aufmerksam gemacht werden. *Bildplakate* und *Bildzeitungen* sind viel interessanter als Textplakate, Flugschriften und Broschüren. So wie die neue Wählerversammlung ein ganz anderes Gepräge hat, müßte zu ihr auch völlig anders eingeladen, auf sie mit völlig anderen Mitteln aufmerksam gemacht werden. Einladungszettel und Plakate genügen nicht mehr. Ein *Lautsprecherwagen*, ausgestattet mit einer Reihe Schallplatten mit sozialistischen Märschen und Gesängen und mit Ansprachen, müßte nicht nur für den Besuch der betreffenden Wählerversammlung Propaganda machen, er könnte auch die Stimmung dieser wirksam vorbereiten. Ja, man muß versuchen, mit ihm in jene Gegenden vorzustoßen, die selbst heute noch immer für unsere Redner unzugänglich sind. Die *Lichtreklame* in den größeren Städten muß vervielfacht werden, und sie kann es, wenn billigere und einfachere Methoden, die oft sogar wirksamer sind, in Anwendung kommen. *Beleuchtete Tafeln* auf den Dächern, *Leinwandstreifen*, über Straßen und Plätze gespannt, prägen unsere Parolen jedem wirksam ein. Durch die Straßen fahrende *Plakatwagen*, wandelnde oder radfahrende *Sandwichmänner* können auch dorthin, wo es keine Plakatwände gibt. Die Stroßtrupps der *„Blauen Blusen"*[6] schaffen leicht einem Straßenredner eine große Zuhörerschaft. *Politische Couplets*, manchmal auch ein ganzer Abend politisches Kabarett oder politische Revue bringen eine heitere Note in den Ernst des Kampfes.

Im Wahlkampf wie in der Bildungsarbeit kommt es nicht nur darauf an, *daß* man seine Parolen den Massen nahebringt, sondern *wie* tief man sie hineinzutragen imstande ist. Die große Masse versteht die Güte der Gedanken nur, wenn man sie ihr richtig verständlich macht. *Unsere Bildungsmittel können und werden Helfer hiebei sein.* Aus der Fülle neuer Ideen, die in diesem Wahlkampf angewendet werden, schöpfen die Wähler mit Sicherheit die Überzeugung, daß allein die Sozialdemokratie *die* Partei der neuen Ideen ist.

---

4 Komponiert 1901 von Gustav Adolf Uthmann.
5 Text von Josef Zapf, 1867.
6 Die Blauen Blusen waren jugendliche Agitprop-Gruppen im Stil des politischen Kabaretts, die im Wahlkampf auftraten.

35.3 Otto Neurath: Jungfrontagitation und Bildungsarbeit

Erstveröffentlicht als Otto Neurath: Jungfrontagitation und Bildungsarbeit, in: *Bildungsarbeit. Blätter für sozialistisches Bildungswesen*, 19. Jg., Nr. 9 (September 1932), S. 165–166.

Die Sozialdemokraten diskutierten politische Bildung als ein Mittel, das die Arbeiterklasse zu selbstständigem Denken und politischer Aktivität anzuleiten sollte. In einer Zeit, die durch die Veränderung der Wahrnehmung und des Erlebens von Wirklichkeit geprägt war, rückte das Bild ins Zentrum des Interesses. Otto Neurath (1882–1945) entwickelte seine berühmte Wiener Methode der Bildstatistik (später Isotype) als neue Form visueller Kommunikation, die Wissen für eine breite Öffentlichkeit verständlich aufbereiten und vermitteln sollte. In diesem Beitrag argumentiert Neurath dafür, Bilder nicht als zweitrangige Begleiter von Texten, sondern als eigenständige Bedeutungsträger von Wissen zu sehen, deren Macht, die Massen zu beeinflussen und zu erziehen, stärker ist als die des Wortes. Bilder seien nicht einfach nur Objekte, die emotionale Effekte und Regungen auslösen, sondern ideale Mittel der politischen Bildung, weil sie für die meisten Menschen auch ohne hohe Schulbildung einfach verständlich sind, ohne deshalb vereinfachend sein zu müssen.

Im Rahmen der Parteiorganisation faßt die Jungfront besonders tatkräftige junge Genossen und Genossinnen zu Angriff und Abwehr zusammen. Die Macht der Arbeiterklasse wächst, je mehr sie sich ihrer Lage und geschichtlichen Entwicklung bewußt wird. Jeder Fortschritt der Arbeiterklasse beruht daher auch auf Aufklärung und Bildungsarbeit.

Unsere Agitation ist nicht nur dadurch wirksam, daß sie eine der Agitation unserer Gegner angepaßte Gegenagitation ist, sondern auch dadurch, daß sie sich von der gegnerischen deutlich unterscheidet. Und gerade darin, daß unsere Agitation auch Bildungsarbeit ist, hebt sie sich von der Agitation der Nationalsozialisten und anderer Klassengegner ab.

Agitation bedeutet zu einem Teil Gewinnung, zu einem anderen nicht unwesentlicheren Teil Festigung von Mitkämpfern, die man schon gewonnen hat. Der Leidenschaftlichkeit des Angriffs setzen wir unsere Leidenschaftlichkeit und Begeisterung entgegen. „Aber Begeisterung ist keine Heringware, die man einpökeln kann auf einige Jahre" (Goethe). Wir müssen eine dauernde Grundlage schaffen, auf der immer wieder, wenn der Tag es fordert, die Kampfbegeisterung wächst. Dazu bedarf es ständiger Tätigkeit innerhalb des Alltagslebens der Partei, dazu bedarf es umfassender Bildungsarbeit im weitesten Sinne. Durch die Tat wird agitiert, durch das Wort und durch das Bild. Hier sei von den Mitteln der Aufklärung die Rede:

Wortagitation

Sie ist zum Teil erregend, indem sie unmittelbar Erbitterung erzeugt, Groll, Empörung. Sie schildert faschistische Herrschaft, Knechtung des Proletariats, vernichtende Wirkungen kapitalistischer Wirtschaft. Ein Schritt weiter bringt die Auseinandersetzung mit den Programmen der Gegner. Aber so wichtig es ist, die Programme der Gegner zu kennen und die Gegner mit ihren eigenen Sätzen in die Enge zu treiben, eine übermäßige Betonung dieser Seite des Kampfes führt von der marxistischen Ausbildung ab, die so wichtig für unseren Kampf ist. Was in den Programmen der Gegner steht, ist weniger wichtig, als was sie tun. Die Agitation muß immer wieder aufzeigen, wie die gegnerischen Parteien sich bisher verhalten haben, wie sie sich auf Grund ihrer Zusammensetzung verhalten mußten. Will man aber zeigen, aus welchen Gruppen sich die Gegner zusammensetzen, welche Interessen sie verfolgen, welche Wege sie einschlagen, wieweit dadurch die Arbeiterklasse geschädigt wird, welche Kräfte der Abwehr dagegen bereitstehen, mit welchem Erfolg sie bisher angewendet wurden, welche Hoffnungen und Gefahren bestehen, dann muß man den Klassenaufbau unserer Gesellschaft, den Klassencharakter des Staates aufzeigen, muß die Machtverhältnisse darstellen, den revolutionären Weg der Arbeiterklasse, der aus der kapitalistischen Ordnung heraus in die sozialistische führt. Das kann ein Agitator nur dann, wenn er selbst über eine ausreichende Schulung verfügt. Denn mag man in der Agitation noch so einfach alles darstellen, noch so sehr an Beispielen alles erläutern, solche Vereinfachung setzt voraus, daß man selbst die Zusammenhänge kennt, Jeder Jungfrontfunktionär ist in gewissem Sinne auch Bildungsfunktionär. Nur durch unermüdliches Zerpflücken der gegnerischen Argumente, die man mehr in der Presse und in den Reden des Alltags als in den Programmen findet, nur durch klare Aufzeigung der tatsächlichen gesellschaftlichen und politischen Lage, nur durch Darstellung all dessen, was die Arbeiterklasse gelitten und erreicht hat, kann man der Jugend, die zu uns stößt, das marxistische Handwerkszeug an die Hand geben, das sie befähigt, nicht nur selbst aus Einsicht heraus zu handeln, sondern andere für den Kampf zu gewinnen. Die Wortagitation ist zu einem wesentlichen Teil Bildungsarbeit, systematische Bildungsarbeit, gelegentliche Bildungsarbeit. Sie muß als solche gelehrt und ausgebaut werden.

Bildagitation

Wir leben im Jahrhundert des Auges. Reklame, Film, illustrierte Zeitungen, Aufmärsche, Fahnen, kurzum eine wachsende Menge von Dingen und Vorgängen wirkt auf unsere Augen ein, und doch kommt unsere Agitation vorwiegend aus dem Jahrhundert des Wortes her, aus dem Jahrhundert der großen parlamentarischen Debatten, der großen Redner. Die Lehre von der Bildagitation ist noch wenig entwickelt. Man weiß zwar, daß, wer agitieren will, aufs Auge einwirken muß. Während aber die

Wortagitation sich nicht auf Erregung der Leidenschaft, der Begeisterung beschränkt, tut es die Bildagitation. Unsere Bildagitation ist fast ausschließlich auf Erregung eingestellt. Man verwendet Bilder, ohne sich mit ihrer Wirkung so eingehend zu beschäftigen wie mit der unserer Schriften und Reden. Man kann aber immer wieder beobachten, daß die durch Bilder erreichbare reine Erregung sich bald abstumpft. Man kann den Untergang der kapitalistischen Ordnung, den Aufstieg der Arbeiterklasse durch Bilder darstellen, indem man etwa einem zusammenbrechenden Kapitalisten einen siegreich vordringenden Arbeiter gegenüberstellt, aber wie wenige Abänderungen sind da möglich! Man kann immer wieder den Arbeiter mit der wehenden Fahne zeigen, den Zug, der der Sonne entgegenwandert. Aber die Wirkung solcher Bilder stumpft ab, ja sie führt oft in die Irre. Viele von ihnen lassen die Qualen des Kampfes nicht einmal ahnen. Viele von ihnen suchen zu sehr die gerade Linie des siegreichen Vormarsches zu zeigen, Siegesgefühle zu erregen, den Ausruf: So marschieren wir vorwärts! Wie anders die Wirkung von Bildern, die erschütternde Tatsachen der gegenwärtigen Ordnung zeigen, die Verteilung des Großgrundbesitzes, die Kindersterblichkeit bei Proletariern und bei den Herrschenden, den Zusammenbruch des kapitalistischen Produktionsapparates, die Erfolge der Arbeiterklasse, aber auch ihre revolutionären Mißerfolge. Es ist nicht ohne Wirkung, wenn etwa auf Plakaten, die einem engeren Kreise zugedacht sind, die Konterrevolution von 1849 erscheint, die bald ihr Ende erreicht, und man nun daraus erfreuliche Schlüsse auf die heutige Konterrevolution ziehen kann. Wie viele Debatten entstehen, wenn aufklärende Bilder die Steuern der sozialdemokratischen Gemeinde Wien und ihre Verwendung etwa den Steuern des Bundes und ihrer Verwendung gegenüberstellen. Welch starke Wirkung übt es aus, wenn man den Zusammenbruch der kapitalistischen Ordnung durch die Zahl der stillgelegten Hochöfen kennzeichnet, während drüben in der Sowjetunion, gleichgültig, wie über sie im einzelnen diskutiert werden mag, Hochofen nach Hochofen angeblasen wird. Eine Bildtafel, auf der die kleinen Hochofenzeichen der ausgeblasenen Hochöfen abgezählt werden können, kann man immer wieder ansehn, um die Veränderung festzustellen. Eine Bildtafel, auf der durch kleine Figuren der Vormarsch unserer Jungfrontbewegung angegeben wird, kann man immer wieder ansehn. Man sieht ja auch nach, wie die Fußballergebnisse in den letzten Tagen sich geändert haben. Das Aufklärungsbild, das sprechende Mengenbild ist so ein wichtiges Mittel der Agitation, weil es ein Stück Bildungsarbeit leistet.

Jede Agitation: Schulung

Aufmarsch und Massenversammlung, Straßenagitation, sie alle können den Grundsatz: „Immer auch Aufklärung" sich zu eigen machen. Kein umfassender Agitationsplan, der nicht ganz zielbewußt auch Aufklärungsarbeit leistet!

Damit der Jungfrontfunktionär, damit jeder Genosse der Jungfront erfolgreich agitieren kann, bedarf er selbst ernster Ausbildung.

35.4 Paula Nowotny: Briefwechsel zwischen Stadt und Land

Erstveröffentlicht als Paula Nowotny: Briefwechsel zwischen Stadt und Land. Eine neue Aktion der „Unzufriedenen", in: *Die Unzufriedene*, 12. September 1931, S. 2.

Viele Debatten über Mediennutzung und moderne Propaganda waren eng mit Diskursen über das Großstadtleben, visuelle Reize und die allgegenwärtige Beschleunigung verbunden. Die SDAP versuchte jedoch, in ihrer Propagandaarbeit über die Stadtgrenzen hinaus zu wirken, und nützte dabei die Möglichkeiten ihres Hauptmediums – von Zeitungen und Zeitschriften. Zu diesem Zweck startete Die Unzufriedene *eine Aktion, die städtische Aktivistinnen und Aktivisten der Sozialdemokratie mit Frauen und Männern in der Provinz in Kontakt bringen sollte. Diese Kampagne, die die Beziehungen, die Kommunikation und die Solidarität zwischen Stadt und Land stärken sollte, zielte auf die Schlüsselfrage der SDAP ab, wie auch außerhalb Wiens an Stärke zu gewinnen sei.*

Werte Genossen!

Eine der wichtigsten Organisationsfragen ist heute die Propaganda unter den Arbeitern und Kleinbauern auf dem Lande, in den entlegenen Dörfern und Orten und in den verstreuten Häusern der Bergbauern Österreichs.

Gelingt es der Partei, draußen am Lande die Herzen der Arbeitsmenschen zu erobern, so wird sich der Gewinn für die Partei bei den Wahlen sicher zeigen.

Diese Werbearbeit auf dem Lande ist schwer, wenn es sich darum handelt, sie in *großzügiger* Weise in Angriff zu nehmen. Dazu ist viel Geld erforderlich.

Die österreichische Partei ist aber groß geworden durch unermüdliche *Kleinarbeit* tausender Menschen. *Versuchen wir es also auch in der Werbearbeit auf dem Lande mit der Kleinarbeit!*

Die „Unzufriedene" sammelt die Adressen aller in der Stadt und auf dem Lande, die Briefwechsel und Zeitungstausch zwischen Stadt und Land wünschen.

Unser Preisausschreiben „Wir suchen Anschluß", das wir im Mai veröffentlichten, brachte uns eine große Anzahl solcher Adressen.

Jede gelesene Zeitung, jede kleine Broschüre, jeder Brief, jede Ansichtskarte von Gemeindebauten bringt den Arbeitern und Bauern auf dem Lande Kunde von den Fortschritten der Arbeiterschaft in den Städten. Diese Aufklärung ist wichtig, sind doch unsere Gegner im Dorfe (Pfarrer, Lehrer, Förster, Geschäftsleute und nicht zuletzt die gegnerische Presse) ständig bemüht, Lügen und Verleumdungen über die „Roten" in den Städten zu verbreiten. Lernt der Bauer und der Arbeiter im Dorf aber den „Roten" aus der Stadt persönlich oder durch Briefwechsel kennen, so ist die Mauer des Fremdseins zwischen ihnen gefallen und sie werden einander bald die Hände reichen, *weil sie einander verstehen*, weil sie menschlich einander nähergekommen sind.

Ist solche Werbearbeit von Mensch zu Mensch, von Familie zu Familie, nicht eine schöne Aufgabe für jeden überzeugten Parteigenossen, für jede eifrige Parteigenossin?

Wir bitten alle unsere Leserinnen und Leser, daß sie Bekannte und Freunde darauf aufmerksam machen mögen, daß die Redaktion der „Unzufriedenen", Wien 5, Rechte Wienzeile 95, Adressenverzeichnisse von Genossen aus den Städten und Dörfern Österreichs hat, *die zu Werbezwecken miteinander in Briefwechsel treten wollen*. Wer ein Verzeichnis wünscht, gebe seine Adresse der Redaktion bekannt und teile mit, ob er ein Verzeichnis von Familien aus der Stadt oder aus dem Dorfe braucht. Er erhält dieses Verzeichnis umgehend zugeschickt, wenn er eine 20-Groschen-Portomarke beilegt.

Die „Unzufriedene" tritt seit Jahren für eine vielseitige, lebhafte Landpropaganda ein und würde sich freuen, wenn sich an dieser ihrer neuen Aktion *„Briefwechsel zwischen Stadt und Land"* recht viele Frauen und Männer beteiligen wollten.

Wer selber Vorschläge für die Landpropaganda machen will, gebe sie der „Unzufriedenen" bekannt. Je reger die Anteilnahme breiter Kreise an der wichtigen Frage der Landagitation ist, desto rascher und vielseitiger wird diese Frage, von der der weitere Aufstieg der Partei abhängt, gelöst werden können.

35.5 Anton Kuh: Der Aufmarsch der Arbeit

Erstveröffentlicht als Anton.: Der Aufmarsch der Arbeit, in: *Die Stunde*, 3. Mai 1923, S. 3.

Auch wenn Zeitungen und Zeitschriften durch ihre Auflagenhöhe den wichtigsten Teil sozialdemokratischer Propaganda und Kommunikation ausmachten, waren es Massenfeiern, die die größte Zahl von Wiener Arbeitern und Arbeiterinnen erreichten – „nicht zuletzt weil sie eine einfache Form der Beteiligung mit dem Massenerlebnis anboten [...] und das symbolische Versprechen kollektiver Stärke beinhalteten".[7] Bei solchen Großereignissen spielten auch der Sport und seine von der Partei genützten Organisations- und Werbemöglichkeiten eine große Rolle. Der bekannte Literat Anton Kuh (1890–1941) liefert im folgenden für die frühe Boulevardzeitung Die Stunde *verfassten Text eine lebendige Beschreibung der jährlichen sozialdemokratischen Erste-Mai-Parade, die über die Wiener Ringstraße zum Rathausplatz führte, und hält den Eindruck fest, den ein solches Massenereignis auf die Passanten machte.*

---

7 Helmut Gruber: Red Vienna: Experiment in Working-Class Culture, 1919–1934, New York: Oxford University Press 1991, S. 102 (Übersetzung durch die Herausgeber).

Alle Parteifragen beiseite gesetzt: Die Tatsache bleibt, daß von allen Aufzügen und Demonstrationsparaden am erhebendsten und appetitlichsten ein Aufmarsch wirklichkeitsverbundener, arbeitender Menschen wirkt. Hier ist nichts von jener verlegenen, dem Blick zugleich ausweichenden und sich zur Schau stellenden Theatralik in der Haltung, nichts von der unkindlichen, verhärteten Befangenheit in den Zügen, die den Kostümidealismus der lebensfernen und unsicheren Schichten auszeichnet. Hier sieht man ganze, ernste Gesichter, deren Lippen sich nicht vor einem unsichtbaren Amateurphotographen zu Trotz zusammenpressen, deren Augen vielmehr so frei blicken, wie sie das Leben angeblickt hat, und die eben dadurch einen Abglanz naiver Freudefähigkeit sich bewahrt haben – Gesichter, kurz, die das Gift der inneren Unfreiheit noch nicht entmenscht hat. – Ein Aufmarsch der Arbeit wirkt um soviel sympathischer als ein Aufmarsch der Marschier-Gesinnung, als der feiertäglich ausgebürstete Bürgerrock sympathischer wirkt als Uniform oder Gschnastracht.[8]

Der gestrige Aufmarsch der Arbeiter war eine imposante Berichtigung des neuerdings beliebten Geredes von der „Dämmerung des Sozialismus", dem „Abbau des sozialistischen Gedankens" usw. In keinem Jahr war die Beteiligung eine so unerhörte, mußten die Passanten so lange auf die Überquerbarkeit der Straße warten, schien die Teilnahme ganzer Familien mit Kind und Kegel so auffällig wie diesmal. Manchen lippenverkniffenen Randstehern mag angst und bang geworden sein. Wie gerne hätte sich ihnen ein hämisches Wort entrungen, wären sie nicht selbst von dem Schauspiel überrascht gewesen ...

[...]

Aber der Aufmarsch erfolgte beschämend-echolos, ohne Zuruf und Tücherschwenken. Arbeiter sind dem Geschlecht von heute nämlich vor allem „Sozialdemokraten"; und wenn die Arbeitskraft eines ganzen Volkes, sich selber und seine Pflicht und Stärke feiernd, auf die Straße geht, so steht die übrige Menge (mag es ihrer Mitbewegtheit auch schwer genug ankommen) gesinnungsgeknebelt abseits, weil ihr die Farbe der Fahnen nicht paßt. Es geht eben nur noch um Fahnencouleurs und nicht um Menschenimpulse.

Trotzdem oder gerade deshalb hallte der Tritt der Sichselbstüberlassenen, durch keine Akklamation Beschwingten und Gerührten noch lange im Ohr. Der Aufmarsch war von zweieinhalbstündiger Dauer. Seine Wirkung auf die Zuschauer mehr noch als in vergangenen Jahren: daß mit diesem Koloß nicht zu spaßen ist.

Die Wiener Wirklichkeit allerdings mag leicht darüber täuschen. Denn so gesittet, friedlich und harmlos geht es am 1. Mai in keiner Weltstadt zu wie in dem wegen seiner Gutmütigkeit von zugereisten Gesinnungsvandalen so oft gehöhnten, die Lebensart über die politische Unart setzenden Wien. Sie sind am Vormittag politisch und fahren am Nachmittag Ringelspiel.

---

[8] Gschnas ist ein österreichischer Ausdruck für Faschingsfest bzw. Kostümball.

35.6 Otto Felix Kanitz, Stephanie Endres: Bildungs- und Erziehungsaufgaben der Arbeitersportverbände

Erstveröffentlicht als *Protokoll des V. ordentlichen Bundestages des ASKÖ abgehalten am 11. und 12. Juni 1932 in Wien*, Wien: Arbeiterbund für Sport und Körperkultur in Österreich 1932, S. 20–28.

Kurz nach der Wiener Landtags- und Gemeinderatswahl 1932, die den Nationalsozialisten große Gewinne brachten, hielt Otto Felix Kanitz (1894–1940) im Angesicht dieser neuen Gefahr auf dem Bundestag des Arbeiterbunds für Sport und Körperkultur in Österreich (ASKÖ) ein Referat zur Frage, wie der Erfolg der Faschisten gerade bei jungen Wählern und Wählerinnen zu erklären sei. Der Jugend- und Bildungsfunktionär Kanitz kam zu dem Schluss, dass ein Schlüssel dazu in den Propagandatechniken der Nationalsozialisten liege und die SDAP daher ihre eigenen Kommunikationsformen jenen der Nationalsozialisten anpassen müsse. Dies beinhaltete den Einsatz von Uniformierung, Symbolen, Grußgesten und Grußformeln und eine stärker hierarchisch gegliederte Organisation mit klaren Führungsrollen. Die feministische Pädagogin und Sportfunktionärin Stephanie (Steffi) Endres (1891–1974) widersprach ihm, wies auf die Bedeutung der Beteiligung von Frauen und Mädchen am Arbeitersport hin und warnte vor der Nachahmung faschistischer Strategien.

Dr. *Kanitz*: Genossinnen und Genossen! Über den Grundsatz, daß der Sport in den sozialdemokratischen Sportverbänden nicht Selbstzweck, sondern nur Mittel zum Zweck ist, braucht hier nicht gesprochen werden. Es versteht sich ganz von selbst, daß es die eigentliche Aufgabe des sozialdemokratischen Sportes ist, die zahlreichen jungen Menschen, die in unsere Sportbewegung kommen, weil sie sportbegeistert sind, auch im Geiste des Sozialismus zu erziehen. [...] Wenn Sie den Wahlausgang betrachten und zum Beispiel auf Wien hinsehen – eine Stadt, in der die Sozialdemokraten seit 13 Jahren mit unbestrittener Verantwortung belastet sind und trotz der furchtbaren Not der Zeit und der vehementen Angriffe der Gegner so glänzend bestanden haben –, dann sehen Sie, daß es gelungen ist, die große Mehrheit der jungen Wähler auch für die Partei zu erhalten. Daß die alten Wähler, die zu uns gehört haben, auch weiterhin sozialdemokratisch wählen, das ist kein Wunder, denn sie sind durch jahrzehntelange Kämpfe mit der Bewegung gefühlsmäßig verbunden, aber bei den jungen Menschen ist es durch die vieljährige Erziehungsarbeit – zu der auch die Sportorganisationen beigetragen haben – gelungen, sie mit der Bewegung gefühlsmäßig zu verbinden und gegen die Versuchungen und demagogischen Methoden der anderen unangreifbar zu machen. Dies, Genossinnen und Genossen, haben wir bisher schon geleistet, aber es ist klar, daß es zu wenig ist und daß es unsere Aufgabe ist, zunächst an eine Verstärkung dieser bisher gefühlsmäßigen Erfassung und sodann an eine planmäßige Bildungsarbeit zu schreiten.
[...]

Dies ist eine Erkenntnis, die auch die bürgerlichen Sportverbände, die nationalen vornehmlich, schon seit langem haben. Die meisten von Ihnen werden ja die Funktion der Dietwarte kennen.[9] Der Dietwart ist nun aber nicht etwa einer, der am Turnabend ein paar Worte spricht, sondern er hat für die Belebung und politische Durchseelung des Sportbetriebes zu sorgen und er hat nicht jene ziemlich untergeordnete Stellung im Vereinsleben, wie bei uns der Sprecher, sondern er ist eine sehr wichtige Persönlichkeit. [...] Deswegen die Einrichtung des Sprechers. Über seine Pflichten will ich kurz einiges sagen. Es ist ja bekannt: seine Aufgabe ist, daß er jede Gelegenheit benützt, um durch eine kurze Rede die aktuellen politischen Ereignisse zu schildern und unsere Stellungnahme dazu zu skizzieren. Er muß dafür Sorge tragen, daß unsere Lieder gesungen werden. Unsere alten Genossen singen sehr wenig, bei den Gegnern finden wir eine andere Einstellung zum Massengesang. Seine Sorge ist, daß die Jugend der Sportorganisationen sich eingliedert in die Gesamtpartei, und seine Sorge ist, daß die Jugend übergeführt wird in die Parteiorganisation.

[...]

Es gibt eine Reihe von Politikern und ernsten Wissenschaftern draußen in Deutschland, die sich mit dem Nationalsozialismus und seiner ungeheuren Auftriebskraft auseinandergesetzt haben und zur Erkenntnis gekommen sind, daß es sich hier nicht um die politische Depression und nicht die eigenartigsten Verhältnisse in Deutschland, besonders wegen seiner außenpolitischen Zustände, sondern um die glänzende, psychologisch gut wirkende Propaganda der Nationalsozialisten handelt. Daß dies richtig ist, kann man auch an dem Wiener Beispiel zeigen. Die Nationalsozialisten haben in Wien den Bürgerlichen sehr viel weggenommen, das heißt, bei den Christlichsozialen und Großdeutschen waren es Zehntausende von Wählern, die an ihrer alten Partei verzweifelt sind. Wenn sie ihr einen Fußtritt gegeben haben, ist aber nicht gesagt, daß sie, wenn sie etwa von den Christlichsozialen weggehen, automatisch zu den Nationalsozialisten gehen müssen. Könnte man nicht ebensogut diese unzufriedenen Schichten für uns bekommen? Daß sie aber die Nationalsozialisten bekommen haben, ist ein Beweis für ihre ausgezeichnete Propaganda. Daß die jungen Wähler aus bürgerlicher, großdeutscher und anderer Auffassung zu drei Fünfteln zu den Nationalsozialisten gegangen sind, ist ein Beweis dafür, daß diese es glänzend verstehen, die jungen Menschen zu packen.

[...]

---

9 Der Dietwart war in deutschnationalen Turnvereinen für Reden und politische Unterweisung zuständig, das Amt wurde später von den Nationalsozialisten als verpflichtend eingeführt.

Wir Alten, die den Krieg mitgemacht haben – draußen oder auch mit seinen Folgen an der Hinterfront –, wir alle miteinander haben noch die Schrecken der Zeit des Krieges in den Gliedern und wir alle miteinander stimmen in das Wort ein: Nie wieder Krieg! Wir fühlen sofort seine ganze Bedeutung. Ganz anders ist es aber mit den jungen Menschen. [...] Vergessen Sie doch nicht, Genossinnen und Genossen, daß in diesen 18- und 21- und 25jährigen Menschen, die schon weit weg vom Krieg sind, eben die der Jugend eingeborenen Instinkte der Abenteurerlust und der Angriffslust lebendig sind.

[...]

Wenn nun inmitten dieser demokratischen Zeit ein anderer Zug kommt, das, was früher der Alltag war, das Straffe, Militärische, das Führerproblem, dann packt das die jungen Menschen. Erstens haben sie überhaupt eine gewisse Anlage dazu und zweitens ist das das *Neue*, ist das das *Revolutionäre*. So sehen wir, daß die Jungen mit der Demokratie beim besten Willen nicht viel anzufangen wissen. Daraus müssen wir Folgerungen ziehen, Folgerungen aus der Unzufriedenheit der Jugend. Wir müssen bei jeder Gelegenheit diese kapitalistische Welt anklagen, wir müssen bei jeder Gelegenheit darauf hinweisen, daß wir uns mit ihr nicht decken, immer und immer wieder müssen wir anklagen und sagen, daß das nicht unsere Welt ist, daß das nicht die Welt ist, zu der wir uns bekennen. Wenn wir das tun, dann werden wir dem revolutionären Schwung der Jugend entgegenkommen. Wir müssen dem revolutionären Willen der Jugend Ausdruck geben. Dabei müssen letzte Ziele aufgezeigt werden. Die Nationalsozialisten machen sich das sehr einfach: das Dritte Reich. Darunter kann sich jeder denken, was er will. Das Wort hat das Gute, daß es ein neues Wort ist. Wir sprechen vom Sozialismus. Nun ist das ein Wort, das schon alt ist. Der Sprecher muß den jungen Menschen zeigen: seht ihr, da bricht eine Welt zusammen, ihr seid die Leidtragenden, ihr seid die Opfer dieses zusammenbrechenden Systems, und es kommt der Augenblick, da der Aufbau einer neuen Welt beginnt.

[...]

Schauen Sie, Genossen, die jungen Menschen – und gerade Sie aus den Sportorganisationen werden es wissen – haben jene von mir vorhin kurz erklärte Abneigung gegen allzu demokratische Floskeln und Formeln, sie haben vielmehr ein gewisses Bedürfnis nach einer straffen Führung, und dem müssen wir natürlich auch Rechnung tragen. Sie werden immer finden, daß diese jungen Menschen Freude an der Uniform und an dem Gleichklang der Schritte haben. Auch über die Uniform oder die Kleidung einiges:

In Österreich hat sich diese blaue Bluse durchgesetzt. Die SAJ.[10] hat damit unter dem Eindruck des Internationalen Jugendtreffens angefangen, dann hat sie die Gewerkschaftsjugend übernommen und jetzt hat sie auch die Sozialistische Jungfront

---

10 Sozialistische Arbeiterjugend.

beschlossen: auch die Roten Falken haben an Stelle ihrer grünen die blauen Hemden gesetzt. Es wäre nun zu erwägen, ob sich nicht auch die Sportorganisationen sagen, schaffen wir uns auch das blaue Hemd an und tragen wir dazu das Abzeichen unserer Sparte, wie das bei den einzelnen Gruppen der Fall ist. Worauf es ankommt, ist, daß das blaue Hemd so viel als möglich getragen wird, damit dadurch das schmutzige Braun der Hakenkreuzler einfach weggeschwemmt wird.

[...]

Ohne, daß eine [sic] Beschluß gefaßt worden wäre, hat sich bisher in der Arbeiterbewegung, nicht nur in Österreich, sondern auch draußen, der Gruß „Freundschaft!" durchgesetzt. Das ist wichtig, und nun wird dieser Gruß im privaten Leben viel zu wenig gebraucht. Daneben gibt es aber eine ganze Menge anderer Grußarten: „Frei Heil!", „Kraft frei!", „Frei naß!" usw. Das sind alles Dinge, die sicher anzuerkennen sind und sicherlich eine wertvolle Bereicherung des Vereinslebens bedeuten. Wenn wir aber das Bedürfnis haben, der Gesamtbewegung der Nationalsozialisten eine stärkere Einheitlichkeit gegenüberzustellen, dann ist dies nicht so ohne weiteres gutzuheißen. Aber so revolutionär will ich gar nicht sein. Überlegen Sie nur ernsthaft, ob man nicht überall dieses blaue Hemd mit den Abzeichen der betreffenden Sparte durchführen könnte. Dabei bleibt das Zeichen der Vereinszugehörigkeit erhalten und doch wird die gesamte Jugend dieses blaue Hemd tragen und dieses blaue Hemd wird sie stark miteinander verbinden und sie zur Arbeiterklasse schmieden. Auch auf diesem Gebiet wird der Sprecher zu wirken haben. Er ist ja derjenige, der, fest auf dem Boden der Vereinszugehörigkeit stehend, doch versuchen muß, das ganze Denken und Fühlen in die Aufgaben der gesamten Bewegung einzugliedern, die jetzt schwerer und größer als jemals zuvor sind.

Dann besteht noch eine wichtige Aufgabe! Die Parteiorganisation – gerade bei Sportfunktionären ist es sehr wichtig, dies mitzuteilen – ist zur Erkenntnis gekommen, daß wir viel zu wenig Propagandaarbeit leisten. In der Partei ist es bisher so gewesen: Wenn Wahlen vor der Tür standen, waren wir sehr aktiv, da hat eine Versammlung die andere gejagt, Broschüren und Flugblätter hat es genug gegeben. Nach den Wahlen sind wir dann in einen sanften Schlaf versunken, um erst einige Wochen vor der nächsten Wahl wieder aufzuwachen, so daß sich der biedere Wähler gesagt hat, das sind ja keine Leute, die kommen ja nur vor den Wahlen zu uns. Jetzt ist es wirklich an der Zeit, und diese Erkenntnis hat sich durchgerungen, daß wir in unserer Propagandatätigkeit viel agiler und lebendiger sein müssen, in der nächsten Zeit wollen wir eine Reihe von Versammlungen machen. Wir müssen diese Versammlungen mit einem ganz anderen Leben erfüllen. Auch das entspricht nicht der Zeit, daß die Versammlungen einfach mit ein paar Worten eröffnet werden, daß dann Reden gehalten werden, die oft sehr langatmig sind, der Vorsitzende hält dann allenfalls eine noch langatmigere Schlußrede und dann gehen alle nach Hause. Was wir brauchen, sind von Jugend erfüllte, von neuem Leben durchpulste Versammlungen! Dazu vorher oder nachher Werbeaufmärsche, die Sportler auch dabei! Diese Ausgestaltung der sportlichen Beteiligung hat sich bei den Wahlen oft und glänzend erwiesen. Auch da ist es die Aufgabe des Sprechers, die einzelnen Organisationen in die Bedürfnisse der Partei einzugliedern. Sehen Sie, Genossen, wir bürden dem Sprecher also ziemlich viel auf.

[...] Wir müssen erkennen, daß in dieser politisch bewegten Zeit, in dieser Zeit, in der wir großen politischen Entscheidungen entgegengehen, wo nicht nur auf dem europäischen Boden der Kampf zwischen Sozialismus und Faschismus entbrennt, die Sportorganisationen von politischem Leben erfüllt und von politischem Leben durchglüht sein müssen. Sie haben die besten Voraussetzungen, weil sie kraft ihrer ganzen Organisationsstruktur die Jugend bekommen. Systematisch müssen die Sportorganisationen darangehen, ihre politische Bildungsarbeit zu erfüllen. Sie müssen die gesamte Persönlichkeit zu erfassen und sie einzugliedern suchen in die gesamte politische und Propagandatätigkeit der Partei.

Wir haben in Österreich vor kurzer Zeit mit dem Sprecherwesen begonnen. Von heute ab sind die Sprecher sozusagen durch den Bundestag sanktioniert. Überall müssen die Sprecher ihre Arbeit beginnen. Wenn Sie sich dieser Aufgabe mit aller Kraft widmen, dann werden Sie mit vollem Recht das Bewußtsein haben, daß Sie der letzten großen Aufgabe der internationalen Arbeiterklasse vollauf dienen, dann werden Sie das Bewußtsein haben, daß Sie mit allen Ihren Kräften mitgewirkt haben beim Aufbau einer schöneren und edleren Welt.

[...]

Dr. Steffi *Endres*: Genosse Kanitz hat [...] erwähnt, daß es die Nationalsozialisten glänzend verstehen, die jungen Menschen zu packen. Ich möchte davor warnen, die Propaganda der Nationalsozialisten auch für uns zu verwenden. Eines schickt sich nicht für alle und die ganze glitzernde Aufmachung, die der Nationalsozialismus für seine Propaganda hat, stimmt mit der Hohlheit seiner ganzen Bewegung vollständig überein. Wenn der Nationalsozialismus die von allen unseren Genossen immer wieder im Munde geführte Romantik der Jugend wiedergibt, dann müssen wir folgendes lernen: In der ganzen Jugendbewegung wurde das Problem „Bursch und Mädel" verfehlt angepackt und wenn Genosse Kanitz sein Referat damit geschlossen hat, es liege an der Wehrhaftmachung der Jugend, wie stellt er sich dies bei den Mädeln vor, wie stellt er sich vor, daß da ein anderer Zug hineinkomme? Daß Bursch und Mädel im Leben einen ganz bestimmten Weg zu gehen haben, damit muß schon bei der Jugend angefangen werden. Wir haben in der letzten Zeit, nach den Kriegsjahren, einen unglaublichen Zuwachs aus dem weiblichen Geschlecht bekommen und als wir das Turnen auch auf das Frauen- und Mädchenturnen umgestellt haben, haben wir gesehen, in welcher großen Zahl uns die Mädchen und Frauen zuströmen. Dies muß jetzt auch für die anderen Sparten ausgearbeitet werden. Nicht alle Dinge werden sich ja auch auf das weibliche Geschlecht übertragen lassen, aber wir haben es beim Turnen gesehen, daß Beispiele vorhanden sind. [...] Es ist selbstverständlich, daß wir Frauen gegen die Uniformierung sind. Auch das ist ja ein Nachahmen der nationalsozialistischen Bewegung, aber wenn wir unsere Jugend bloß äußerlich mit den blauen Blusen behängen, dann werden wir gegenüber

den Nationalsozialisten nichts erreichen. Uns fehlt etwas anderes: Wir sollen die Jugend nicht nur politisch erziehen, sondern auch mit der neuen, modernen Weltanschauung vertraut machen. Es ist unglaublich, welches Interesse in der Jugend für die Technik vorhanden ist, und das ist bei uns bisher eigentlich ganz mißachtet worden. Die Jugend wäre, statt ihr Vorträge vorzusetzen, mit den technischen Problemen zu beschäftigen, damit werden wir die Jugend erst recht und neuerdings haben. Uns ist es darum zu tun, eine verantwortungsvolle Jugend zu haben, für die im Kampfe mit dem Nationalsozialismus nicht die äußerlich getragenen blauen Blusen maßgebend sind, sondern der die Gesinnung, die neue Weltanschauung und die Einstellung auf die neue Gesellschaftsordnung ins Herzblut übergegangen ist.
[...]

35.7 M. N.: Das Kino der Zehntausend

Erstveröffentlicht als M. N.: Das Kino der Zehntausend, in: *Die Rote Fahne*, 9. Oktober 1923, S. 3.

Wie die gleichnamige Zeitung in Deutschland war Die Rote Fahne *das Zentralorgan der Kommunistischen Partei Österreichs (KPÖ) bis zu deren Verbot 1933. Der folgende Bericht über eine Filmvorführung der SDAP im Jahr 1923 belegt einerseits die Konkurrenz zwischen KPÖ und SDAP und den Vorwurf von links, dass es der SDAP an revolutionärem Willen fehle. So kritisiert die Autorin den Einsatz eines Charlie-Chaplin-Films, der die Wahlpropaganda „leichter verdaulich" machen sollte. Gleichzeitig beschreibt der Text aber den idealen Vorgang und die Wirksamkeit von Filmpropaganda und trifft sich in der gemeinsamen Vorstellung, mithilfe des politischen Films Klassenbewusstsein zu wecken und Agitation in Gang zu setzen.*

„Das Kino der Zehntausend." So nennt die „Arbeiter-Zeitung" den Platz, auf dem sie ihren Wahlfilm laufen läßt. Es ist eine ganz gute psychologische Spekulation auf die Massen, sie zuerst durch einen „Charlie-Chaplin Schwank" zum Stehenbleiben zu veeranlassen [sic], sie so vorzubereiten, damit sie dann das „Wählet sozialdemokratisch" leichter verdauen.

Der Film wiederholt eigentlich im allgemeinen, die Wahlschlager der Sozialdemokraten, welche aus ihren Wahlplakaten genugsam [sic] bekannt sind.

Ein Neues bringt der Film, ohne daß es allerdings beabsichtigt wäre.

Er zeigt die Forstarbeiter bei ihrem gefahrvollen und mühevollen Beruf. Man sieht im Bild, welch immense Arbeitsleistung aufgewendet werden muß, um das Holz von seinem Standort im Wald bis nach Wien zu bringen. Wie die Forstarbeiter beim Fällen der Bäume in steter Lebensgefahr schweben, wie sie im eisigen Schnee die Bäume zu Tal schlittern und dann zu Flössen [sic] gebunden stromab schaffen, bei welcher Arbeit sie mehr als einmal Leben und Gesundheit riskieren. Weiters sieht man, wie dann das Holz von Maschinen zerkleinert wird, wobei man das Gefühl hat, jetzt und jetzt muß die Maschine dem Arbeiter die Hand zerschmettern. Ordentlich erleichtert atmete ich auf, als der Film abgerollt war, und sagte zu meinem Nachbarn, einem alten Arbeiter: „Soll von dem Holz ein reicher Nichtstuer auch nur ein Stück bekommen?" Der Arbeiter meinte darauf: „Ja leider ist der größte Schaden der, daß die Arbeit, die wir leisten nicht für so viel wert gehalten wird, wie sie es ist." Die Umstehenden, die auf unser Gespräch horchten, gaben ihm recht und ein noch junger Ordner meinte, „wenn nur erst der Arbeiter so weit kommt, daß er selber sich des Wertes seiner Leistung klar bewußt ist, dann ist er damit auch schon klassenbewußt geworden". Diesen Ausspruch des Jugendgenossen, er ist wie eine Mahnung und wenn der Film dazu beiträgt, daß die Arbeiter erkennen, daß sie es sind, die alles schaffen, dann ist es nicht mehr weit zu der Erkenntnis, daß alle Menschen verpflichtet sind, zu arbeiten, damit die Last für den Einzelnen nicht so groß ist und damit der heutige Zustand aufhöre, wo die Vielen schwer arbeiten und hungern, einige wenige aber nichts tun und prassen, – dann soll es mir recht sein, wenn er allabendlich für Hunderttausende läuft.

35.8 Anonym: Sozialfaschistische Verschleierungsfilme

Erstveröffentlicht als Sozialfaschistische Verschleierungsfilme, in: *Die Rote Fahne*, 6. November 1930, S. 8.

Während sich im vorangegangenen Text der Roten Fahne *vielleicht noch zustimmende Aspekte zu dem Propagandafilm der SDAP finden lassen, offenbart dieser sieben Jahre später verfasste Artikel die starken Trennlinien zwischen Sozialdemokraten und Kommunisten. 1927 hatten die Sozialdemokraten ihren größten Wahlerfolg in Wien gefeiert, der Justizpalastbrand (Julirevolte) im selben Jahr wurde jedoch zu einem Wendepunkt, der die Probleme offenbarte, vor denen die SDAP ab den späten 1920er Jahren stand. Interne Grabenkämpfe und die Gefahr des Faschismus sind aber kein Thema des in diesem Beitrag rezensierten Wahlfilms (vermutlich* Das Notizbuch des Mr. Pim*), der ein rosiges Erfolgsbild des Roten Wiens zeichnet. Die in dem Film präsentierten Erfolge klingen, etwa angesichts der anhaltenden Wohnungsnot, für die KPÖ unglaubwürdig und man sieht keine Gemeinsamkeit mit den Sozialdemokraten.*

Aber die Arbeiter lassen sich nicht mehr betrügen.

Die Wahlfilme der SP., die dazu dienen sollen, die Arbeiterhirne zu benebeln und ihnen statt der fürchterlichen Not der werktätigen Bevölkerung demagogische „Witze" und Fassaden von Häusern, die für Arbeitslose nicht in Betracht kommen, vor Augen führen, können ihren Zweck auf Arbeiter, die ihre Not kennen, kaum erfüllen. Der Inhalt eines solchen Filmes ist folgender: Da kommt der Redakteur einer großen amerikanischen Zeitung nach Wien, um die untergehende Stadt zu sehen. Seine Tochter lebt hier und sowohl sie als auch ihr Mann sind gute sozialdemokratische Parteigenossen. Der Amerikaner geht schnurstracks in die Redaktion des „Freien Journal" (eine Zusammenziehung der bürgerlichen Zeitungen). Lippowitz erzählt ihm von der guten alten Zeit, dem goldenen Wienerherz und wie schön es früher war. Als Gegensatz dazu werden Bilder aus dem Arbeiterleben jener Zeit gezeigt: Elfstundentag ohne Urlaub, ohne Krankenversicherung, Lehrlingsschutz und – jetzt kommt das schönste: ohne *Mieterschutz*! Wie all das durch die Sozialdemokratische Partei beseitigt wurde und es ihr Verdienst ist, wenn die Arbeiterschaft den Achtstundentag und andere Begünstigungen erzielt hat, wird hier gezeigt. Sicher ist's der Arbeiterschaft vor dem Kriege schlecht genug gegangen, aber die Herren vergessen vollständig, daß diese Gesetze nur durch den Druck der Arbeiterschaft von außen und nicht durch die Sozialdemokratische Partei erzwungen wurden.

Wie wenig von diesem Erfolg nach zwölfjähriger sozialdemokratischer Führung übrig geblieben ist, wie in den Betrieben der Obersteiermark die Faschisten eingedrungen sind, daß es in Wien allein 84.000 Arbeitslose gibt, denen die „sozialistische" Gemeinde nicht einmal Gas- und Elektrizitätspreisermäßigung gewährt, die ausgesteuerten Arbeitslosen, die Heimarbeiter und Hausgehilfinnen, die von jeder Unterstützung ausgeschlossen sind, die Obdachlosen, die Selbstmord begehen, was von dem Mieterschutz übrig geblieben ist – das alles hat der Film wohlweislich zu zeigen vergessen. Die Arbeiter aber übersehen die Tatsachen nicht, sie verwerfen die Methoden dieser pseudosozialistischen Partei. Am 9. November werden sie die einzige sozialistische Partei, die Kommunistische Partei wählen.

Die Ereignisse des Justizpalastbrands vom 15. Juli 1927 stellten – bis zur Niederschlagung des Arbeiteraufstands von 1934 – den traumatischen Höhepunkt von Akten politischer Gewalt in der Zeit des Roten Wien dar. In: *Das interessant Blatt*, 21. Juli 1927. (VGA)

36 Politische Gewalt
Ingo Zechner

Einleitung

Es gibt einen breiten Konsens, dass die Erste Republik – und mit ihr das Rote Wien – an den gewalttätigen Konflikten zwischen den politischen Lagern, allen voran zwischen Christlichsozialen und Sozialdemokraten, gescheitert ist. Eine vom Historiker Gerhard Botz erstellte „Chronik der politischen Gewalttaten" listet ohne Anspruch auf Vollständigkeit 242 Ereignisse auf, bei denen es zwischen 12. November 1918 und 11. Februar 1934 aus innenpolitischen Motiven – mit wenigen Ausnahmen – zu Todesopfern, Schwerverwundeten oder einer größeren Anzahl an Leichtverletzten gekommen ist: Putschversuche, Ausschreitungen, Zusammenstöße, Attentate, Überfälle.

Neben den politischen Motiven waren es die direkt oder indirekt beteiligten politischen Akteure, die den einzelnen Gewalttaten ihre politische Dimension gaben: paramilitärische Verbände, allen voran die Christlichsoziale und Großdeutsche miteinander verbindende Heimwehr und der von den Sozialdemokraten kontrollierte Republikanische Schutzbund, später auch die SA und die SS; aber auch Einzelpersonen wie der politisch zwischen Nationalsozialisten und Christlichsozialen changierende Wiener Rechtsanwalt Walter Riehl[1], der nicht nur die Todesschützen von Schattendorf, sondern auch den Mörder des Schriftstellers Hugo Bettauer[2] und den Verantwortlichen für ein missglücktes Attentat auf den Wiener Bürgermeister Karl Seitz vor Gericht vertrat. Gemeinsam war ihnen, dass sie das Gewaltmonopol des Staates grundsätzlich infrage stellten.

Für das Gewaltmonopol ist latente Gewalt ebenso eine Herausforderung wie manifeste. So mancher hat dem politischen Gegner den Tod gewünscht. „Erst wenn der Kopf dieses Asiaten in den Sand rollt, wird der Sieg unser sein", sagte der zum neuen Bundesführer der Heimwehr bestellte Ernst Rüdiger Starhemberg[3] im Oktober 1930 über Hugo Breitner, den Finanzstadtrat des Roten Wien. Dass der in Wien geborene Breitner in Starhembergs Gewaltfantasie zum Asiaten mutierte, hatte er seiner jüdischen Herkunft und Starhembergs offenem Antisemitismus zu verdanken.

---

[1] Walter Riehl (1881–1955), 1919–1923 Vorsitzender der Deutschen Nationalsozialistischen Arbeiterpartei in Österreich (DNSAP), 1932 NSDAP-Gemeinderat in Wien. (Vgl. Kapitel 33)
[2] Hugo Bettauer (1872–1925), u. a. Autor von *Die Stadt ohne Juden* (1922) und *Die freudlose Gasse* (1924), Herausgeber der umstrittenen Zeitschrift *Er und Sie. Wochenschrift für Lebenskultur und Erotik*. (Vgl. Kapitel 13, 25 und 31).
[3] Ernst Rüdiger Starhemberg (1899–1956), 1930 kurzzeitig Innenminister, 1934–1936 Bundesführer der Vaterländischen Front und Vizekanzler, führender Proponent des faschistischen Flügels der Heimwehr und Rivale von Emil Fey.

Aber nicht die Fantasie, sondern ihre potenzielle Umsetzbarkeit ist es, durch die sich latente Gewalt auszeichnet.

An Waffen gab es keinen Mangel. Am Ende des verlorenen Weltkriegs waren sie den heimkehrenden Soldaten abgenommen worden, darunter vielen, die das Gebiet Deutschösterreichs auf ihrem Weg in die früheren Kronländer nur durchquerten. Spontan hatten Bauern lokale Heimwehren und Arbeiter lokale Arbeiterwehren gebildet, Erstere um Haus und Hof, Letztere um Industriebetriebe vor marodierenden Truppen zu schützen. Beide wurden rasch von Kriegsteilnehmern verstärkt, die nicht nur ihre Waffen, sondern auch ihre Kampferfahrung und ihre konterrevolutionäre oder revolutionäre Haltung aus dem Krieg mitbrachten. Aus den Resten der zerfallenen k. u. k. Armee wurde die Volkswehr gebildet, die nach dem Friedensvertrag von Saint-Germain 1920 von einem deutlich verkleinerten Bundesheer – einer Berufsarmee – abgelöst wurde. Sozialdemokratische Offiziere, allen voran Julius Deutsch[4], hatten eine führende Rolle bei der Bildung der Volkswehr und der Verhinderung kommunistischer Putschversuche, während die Arbeiterwehren zunächst von lokalen Arbeiterräten kontrolliert wurden. Die Arbeiterräte unter dem Eindruck der Räterepubliken in Ungarn und Bayern 1919 zu zentralisieren, die Arbeiterwehren 1923 zum Republikanischen Schutzbund zusammenzufassen und beide der SDAP zu unterstellen, waren zwei Schritte, mit denen sich die Sozialdemokratie ganz klar als staatserhaltende Kraft positionierte. Ein weiterer war das vom politischen Gegner als Aufruf zur Revolution missverstandene Linzer Programm von 1926, das tatsächlich als Manifest defensiver Gewalt verstanden werden muss, die nur dann zum Einsatz kommen sollte, wenn der Fortbestand der parlamentarischen Demokratie selbst durch Gewalt gefährdet war.

Im Zuge des Umsturzes 1918 hatten Vertrauensleute von Julius Deutsch die Kontrolle über das Wiener Arsenal übernommen, das in einem – 1922 sogar verschriftlichten – Pakt zwischen Sozialdemokraten und Christlichsozialen dazu genutzt wurde, große Waffenbestände vor den Siegermächten der Entente zu verstecken. Mit einer Razzia im Arsenal, die von Polizei und Bundesheer – beide unter christlichsozialer Kontrolle – gemeinsam durchgeführt wurde, begann im März 1927 – nur wenige Monate vor dem Justizpalastbrand – eine lange Serie von Übergriffen und Provokationen, die auch als Tests verstanden werden müssen, ob die Sozialdemokraten den möglichen bewaffneten Aufstand auch tatsächlich durchführen würden.

Bei der Nationalratswahl am 9. November 1930, den letzten der Ersten Republik, verlor die Christlichsoziale Partei 12,55 Prozent der Stimmen, während der von Starhemberg als politischer Arm der Heimwehr neu gebildete Heimatblock auf 6,17 Prozent kam. Im Wahlkampf hatte die SDAP vor einem drohenden Bürgerkrieg ge-

---

[4] Julius Deutsch (1884–1968), 1918–1920 Unterstaatssekretär, dann Staatssekretär im Staatsamt für Heereswesen, 1920–1933 Angeordneter zum Nationalrat, 1923–1934 Gründer und Obmann des Republikanischen Schutzbundes.

warnt. Bei der Landtags- und Gemeinderatswahl in Wien am 24. April 1932 verlor die Christlichsoziale Partei 16,3 Prozent, die neu antretende NSDAP gewann 17,4 Prozent. Die SDAP blieb bei beiden Wahlen mit geringen Verlusten stabil und wurde jeweils stärkste Partei (im Bund mit 41,14, in der Stadt mit 59,0 Prozent). Ihre Stimmverluste kompensierten die Christlichsozialen mit einer zunehmend autoritären Rhetorik, autoritären Maßnahmen, einer Ausweitung der Macht der Heimwehr und einer verstärkten Indienstnahme von Polizei und Armee für politische Zwecke.

In ihrer großen Studie zur Theorie und Praxis der Gewalt sprach Ilona Duczynska davon, dass „der Zustand des latenten Bürgerkrieges in Österreich zu einer Art illegalem Staatsgrundgesetz der Ersten Republik" geworden war. Im „kalten" Februar 1934 wurde aus dem latenten Bürgerkrieg ein manifester, den die Sozialdemokraten binnen weniger Tage verloren. Nicht so sehr die Summe der einzelnen Gewalttaten und auch nicht die eskalierende Gewaltspirale waren es, die zur offenen militärischen Konfrontation geführt hatten, sondern die Verschiebung der Kräfteverhältnisse zwischen den politischen Lagern und der Verlust des Vertrauens in den wechselseitigen Gewaltverzicht.

Literatur

Botz 1976.
Duczynska 1975.
Maimann, Mattl 1984.
Reventlow 1969.

36.1 Anonym: Der Tag der Republik. Blutige Störung der Massenkundgebung

Erstveröffentlicht als Der Tag der Republik. Blutige Störung der Massenkundgebung, in: *Arbeiter-Zeitung*, 13. November 1918, S. 1–4.

Es sind keine schmeichelhaften Worte, die in der Arbeiter-Zeitung *am Tag nach der Ausrufung der Republik fallen: unreife, unverantwortliche Leute; unklare Köpfe; kommunistische Wirrköpfe. Deren sogenannter Störversuch (oder in anderer Lesart: Putschversuch) hatte eine Schießerei, fünf bis zehn Schwerverletzte und mindestens 32 Leichtverletzte sowie die bewaffnete Besetzung der Redaktion der* Neuen Freien Presse *zur Folge. Es sei eine kleine Gruppe gewesen, wird in der* Arbeiter-Zeitung *beschwichtigt, eine Handvoll Leute mit kleinem Anhang, die nicht verstanden hätten, dass der Übergang zum Sozialismus Zeit und Geduld brauche. Hätte es nicht schier unvermeidliche Missverständnisse gegeben, wäre es wahrscheinlich nicht einmal zu so viel Unglück gekommen, und die Sache wäre noch glimpflicher ausgegangen, als sie das ohnedies sei. So wie Erwachsene ihre ungezogenen Kinder schelten und dadurch zugleich sich selbst und andere über sie empörte Erwachsene beruhigen, wird hier mit teils bizarrer Rhetorik versucht, den Familienstreit zu überspielen, der sich in der Frage nach dem Verhältnis zur parlamentarischen Demokratie innerhalb der marxistischen Linken abzeichnete.*

Die Feier der Enthüllung der Fahne der deutsch-österreichischen Republik, zu der heute vor das Parlament das arbeitende Wien geladen war, erlitt durch die gewissenlose Mache einiger Leute ohne Verantwortung eine empfindliche Störung, ja sie artete aus in eine Schießerei, die allerdings im Anfang furchtbarer aussah, als sie es in Wirklichkeit war, durch die aber noch weit größeres Unglück hätte gestiftet werden können. Die Störung ging nach unseren Ermittlungen bei ernsten Zeugen von einer kleinen Gruppe aus, richtiger von einigen unverantwortlichen Leuten, die sich zu dieser Gruppe – sie nennt sich die kommunistische – zählen. Diese Handvoll Leute wollten den Anlaß der Proklamierung der deutsch-österreichischen Republik nützen, um von sich in besonderer Weise reden zu machen. Sie suchten in freien Volksversammlungen und auch unter den sozialistischen Studenten der Universität Anhang zu gewinnen. In wirklichen Volksversammlungen sind sie nicht erschienen, sie haben sich immer begnügt, mit ihrem kleinen Anhang da und dort selbst freie Versammlungen einzuberufen und dort ihr Programm zu verkünden. Das taten sie auch vor wenigen Tagen in einer Versammlung an der Universität, wo ihnen Genosse *Max Adler*[5], der sich müht, die sozialistischen Studenten zu organisieren, entgegentrat und ihr Programm sehr zutreffend als das „Programm der *Ungeduld*" bezeichnet. Diese kleine Gruppe, die nicht ganz klare Begriffe vom Sozialismus hat, glaubt die Zeit schon gekommen, um augenblicklich eine kommunistische Weltordnung aufzurichten. Was sich auch sozialistische Redner in Versammlungen und bei anderen Zusammenkünften bemüht haben, dieser kleinen Gruppe, die nur einige Dutzend Leute umfaßt, begreiflich zu machen, daß sowohl die Lehre *Marxens* als auch die Lehren der Geschichte der Auffassung widerstreiten, daß die kapitalistische Welt von heute auf morgen restlos in die sozialistische übergeleitet werden könnte, alles war umsonst. Die unklaren Köpfe, die die Wortführer dieser Gruppe sind, bilden sich ein, daß es diesmal ohne Uebergänge gehen werde, und wissen dies auch anderen unklaren Köpfen einzureden. Solcher unklarer Köpfe gibt es nicht nur innerhalb dieser kommunistischen Gruppe, auch in der *Roten Garde*[6] haben sie – zur Ehre der *Roten Garde* muß aber das ausdrücklich festgestellt werden –

---

5 Max Adler (1873–1937), Professor für Soziologie und Sozialphilosophie an der Universität Wien, führender Theoretiker des Austromarxismus.
6 Unter Führung des Journalisten und Reporters Egon Erwin Kisch (1885–1948) am 1. November 1918 gegründete, kommunistisch dominierte paramilitärische Einheit, innerhalb von vier Tagen auf 1.000 Mitglieder angewachsen, am 4. November von Julius Deutsch zum Eintritt in die Volkswehr überredet, gemeinsam mit dem Deutschmeister-Bataillon der Volkswehr für die Gewalt am 12. November verantwortlich.

einen *verschwindend kleinen Anhang*. Die Rote Garde hält mit Recht etwas auf ihre Fahnenehre. Es sind in ihr, wie sich erst gestern wieder einige Nationalräte persönlich überzeugen konnten, in überwiegender Zahl durchaus ernste Männer, viele Vertrauensmänner des Proletariats, die jahrelang in der wohl disziplinierten Armee der Sozialdemokratie gewirkt haben; sie können es nicht dulden, daß ihre Ehre von einigen Unverantwortlichen befleckt wird. Von ihnen vor allem ist zu erwarten, daß sie denen, die sich gestern zu Werkzeugen der kommunistischen Wirrköpfe hergegeben haben, die Gemeinschaft künden, die sie bisher mit ihnen gehabt haben. Mit solchen Helfern werden sie der großen Sache des Proletariats, die innig verknüpft ist mit dem Schicksal der Republik, keinen Dienst erweisen. Der Bourgeoisie, die vor Furcht schon ganz blöd ist, ist dadurch nur ein Vorwand gegeben, die Schuld an solchen Ereignissen der Sozialdemokratie zuzuschieben und mit ihr der Roten Garde. Die Sozialdemokratie wie die Rote Garde als Gesamtkörper müssen es ablehnen, die Verantwortung für das Werk einiger unreifer Leute zu tragen.

In achtzehn Versammlungen, die alle zum Erdrücken voll waren, hat gestern abend das Wiener Proletariat einmütig seinen Willen kundgegeben, daß es das schöne, von der Nationalversammlung so erfolgreich bisher geführte Werk nicht stören lassen werde durch solche Unverantwortliche. Nach Meldungen, die schon gestern vormittag im Staatsamt für Heerwesen eingelaufen waren, wurde der Störungsversuch in viel größerem Stile vorbereitet, als er dann tatsächlich unternommen werden konnte. Hätten nicht noch eine Reihe von *Mißverständnissen* mitgewirkt, die nach der ganzen Sachlage der Dinge schier unvermeidlich waren, so wäre es wahrscheinlich nicht einmal zu soviel Unglück gekommen, als sich tatsächlich ereignet hat. Es sind *neunundzwanzig Verletzte* gewesen. Die ernsteste Verletzung hat der Preßleiter des Staatsrates, der Schriftsteller Ludwig *Brügel*, erlitten durch einen Schuß in die Schläfe. Die Wunde ist glücklicherweise nicht gefährlich. Der Schriftsteller Dr. *Bendiener*[7] wurde von der Rampe gestoßen und erlitt einen Bruch des Unterschenkels. Eine *Schußverletzung* vorläufig unbestimmten Grades *hat auch ein Soldat erlitten*. Im Gedränge haben noch zwei Personen schwere Quetschungen des Brustkorbes, eine einen Schlüsselbeinbruch erlitten und weitere zwanzig Personen leichte Quetschungen oder Ohnmachtsanfälle. Die Sache ist danach also noch ziemlich glimpflich ausgefallen, aber es hätte viel, viel schlimmer kommen können, wenn die Unbesonnenheit Oberhand gewonnen hätte. Es wurden *gegen das Parlament etwa zweihundert Schüsse abgegeben*. Viele blinde, aber, wie die Schußverletzungen beweisen, auch scharfe, deren Spuren übrigens auch an den Rolladen und Fenstern des Parlamentsgebäudes sichtbar sind wie auch an den gegenüberliegenden Wänden.

Das große Mißverständnis, das zu der Hauptschießerei führte, bestand darin, daß von vielen Zeugen die, wie sich nachträglich herausstellte, allerdings völlig un-

---

[7] Oskar Bendiener (1870–1940).

richtige Beobachtung gemacht wurde, daß nach dem Einschlagen der Glastür, die in die Säulenhalle führt, ein Schuß aus dem Parlament gefallen sei. Die gewissenhaftesten Erhebungen, die darüber sofort angestellt wurden, verliefen ergebnislos. Nur nach der großen Schießerei haben *einige Leute, die irgendwie auf das Gesims des Parlamentsgebäudes gekommen waren, einige Schüsse abgegeben*. Auch die falsche Nachricht wurde gestern abend verbreitet und vielfach geglaubt, daß auf dem *Dache des Parlamentsgebäudes Maschinengewehre* aufgestellt waren. Hauptmann Ermers[8] von der Roten Garde konnte sich mit zwei Gardisten selbst überzeugen, daß dies nicht der Fall war. Leute hatten aber doch das Aufblitzen einer Flamme gesehen oder glaubten es wenigstens gesehen zu haben, aber auf dem Dache war niemand postiert als der Operateur einer Filmgesellschaft. Das Mißverständnis kann nur darauf zurückzuführen sein, daß dieser Mann für eine sagenhafte bewaffnete Macht gehalten wurde.

[...]

36.2 Georg Lukács: Der Staat als Waffe

Erstveröffentlicht als Der Staat als Waffe, in: Georg Lukács: *Lenin. Studie über den Zusammenhang seiner Gedanken*, Wien: Verlag der Arbeiterbuchhandlung 1924, S. 53–62.

In Wien publiziert, ist die Lenin-Studie von Georg Lukács (1885–1971) eine direkte Kritik am Demokratieverständnis des Austromarxismus, dem Lukács einen Mangel an dialektischem Denken attestiert. Das Bewusstsein, die Interessen der Mehrheit der Bevölkerung zu vertreten, nähre die sozialdemokratische Illusion, die Macht auf demokratischem Weg erlangen zu können. Die klassenlose Gesellschaft als Absage an jede Klassenherrschaft sei eine Utopie, die Demokratie die entwickeltste Herrschaftsform der Bourgeoisie, jede Klassenherrschaft auf Gewalt aufgebaut. Dass man mit Gewalt alles Mögliche anfangen, sich aber nicht auf Dauer auf sie stützen kann, ist das Bonmot zur Prophezeiung, dass es eine proletarische Revolution ohne Gewalt nicht geben wird. Lukács, ab 1918 Mitglied der ungarischen KP, war 1919 in der ungarischen Räterepublik Volkskommissar für Unterrichtswesen und in der ungarischen Roten Armee an Kämpfen und Erschießungen beteiligt.

[...]

Der Arbeiterrat als Staatsapparat: das ist *der Staat als Waffe im Klassenkampf des Proletariats*. Die undialektische und darum unhistorische und unrevolutionäre Auffassung des Opportunismus hat aus der Tatsache, daß das Proletariat die Klassenherrschaft der Bourgeoisie bekämpft, daß es eine klassenlose Gesellschaft her-

---

8 Max Ermers, geb. Maximilian Rosenthal (1881–1950), Kunsthistoriker und Publizist, 1919–1923 Leiter des Siedlungsamts der Stadt Wien.

beizuführen bestrebt ist, die Folgerung gezogen, daß das Proletariat, als Bekämpfer der Klassenherrschaft der Bourgeoisie, Bekämpfer einer jeden Klassenherrschaft sein müsse; daß deshalb seine eigenen Herrschaftsformen unter keinen Umständen Organe der Klassenherrschaft, der Klassenunterdrückung sein dürfen. Diese Grundanschauung ist abstrakt angesehen eine Utopie, denn eine derartige Herrschaft des Proletariats kann niemals real eintreten. Sie erweist sich aber, sobald sie konkreter gefaßt und auf die Gegenwart angewendet wird, als *ideologische Kapitulation vor der Bourgeoisie*. Die entwickeltste Herrschaftsform der Bourgeoisie, die Demokratie erscheint für diese Auffassung zumindest als eine Vorform einer proletarischen Demokratie, zumeist jedoch als diese Demokratie selbst, in der bloß – durch friedliche Agitation –– dafür gesorgt werden muß, daß die Mehrheit der Bevölkerung für die „Ideale" der Sozialdemokratie gewonnen werde. Der Übergang aus der bürgerlichen Demokratie in die proletarische Demokratie ist also nicht notwendig revolutionär. Revolutionär ist bloß der Übergang aus rückständigen Staatsformen in die Demokratie; unter Umständen ist eine revolutionäre Verteidigung der Demokratie gegen die soziale Reaktion notwendig. (Wie unrichtig und konterrevolutionär diese mechanische Trennung der proletarischen Revolution von der bürgerlichen ist, zeigt sich praktisch darin, daß die Sozialdemokratie nirgends einer faschistischen Reaktion ernsthaften Widerstand geleistet und die Demokratie revolutionär verteidigt hat.)

Infolge dieser Anschauung wird aber nicht bloß die Revolution aus der geschichtlichen Entwicklung entfernt und diese durch allerhand plump oder fein konstruierte Übergänge als ein „Hineinwachsen" in den Sozialismus dargestellt, sondern *es muß auch der bürgerliche Klassencharakter der Demokratie für das Proletariat verdunkelt werden*. Das Moment der Täuschung liegt in *dem undialektisch gefaßten Begriff der Mehrheit*. Da nämlich die Herrschaft der Arbeiterklasse ihrem Wesen nach die Interessen der überwiegenden Mehrheit der Bevölkerung vertritt, entsteht in vielen Arbeitern sehr leicht die Illusion, als ob eine reine, formale Demokratie, in der die Stimme eines jeden Staatsbürgers in gleicher Weise zur Geltung kommt, das geeignetste Instrument wäre, die Interessen der Gesamtheit auszudrücken und zu vertreten. Hierbei wird aber bloß – bloß! – die Kleinigkeit außer acht gelassen, daß die Menschen eben nicht abstrakte Individuen, abstrakte Staatsbürger, isolierte Atome eines Staatsganzen sind, sondern ohne Ausnahme konkrete Menschen, die einen bestimmten Platz in der gesellschaftlichen Produktion einnehmen, deren gesellschaftliches Sein (und dadurch vermittelt ihr Denken usw.) von dieser Stellung aus bestimmt ist. Die reine Demokratie der bürgerlichen Gesellschaft schaltet nun diese Vermittlung aus: sie verbindet unmittelbar das bloße, das abstrakte Individuum mit dem – in diesem Zusammenhang ebenso abstrakt erscheinenden – Staatsganzen. Schon durch diesen formalen Grundcharakter der reinen Demokratie *wird die bürgerliche Gesellschaft politisch pulverisiert*. Was nicht einen bloßen Vorteil für die Bourgeoisie bedeutet, sondern geradezu die entscheidende Voraussetzung ihrer Klassenherrschaft ist.

Denn so sehr eine jede Klassenherrschaft letzten Endes auf Gewalt aufgebaut ist, so gibt es doch keine Klassenherrschaft, die sich auf die Dauer durch bloße Gewalt zu halten vermöchte. „Man kann", hat schon Talleyrand gesagt, „mit den Bajonetten alles mögliche anfangen, nur kann man sich nicht auf sie setzen." *Jede Minderheitsherrschaft ist also sozial in einer Weise organisiert, die die herrschende Klasse konzentriert und zum einheitlich-geschlossenen Auftreten tauglich macht und zugleich die unterdrückten Klassen desorganisiert und zersplittert.* Bei der Minderheitsherrschaft der modernen Bourgeoisie muß nun stets vor Augen gehalten werden, daß die große Mehrheit der Bevölkerung zu keiner der im Klassenkampf ausschlaggebenden Klassen, weder zum Proletariat noch zur Bourgeoisie gehört; daß mithin die reine Demokratie die soziale, klassenmäßige Funktion hat, der Bourgeoisie die Führung dieser Zwischenschichten zu sichern. (Dazu gehört selbstredend auch die ideologische Desorganisation des Proletariats. Je älter die Demokratie in einem Lande ist, je reiner sie sich entwickelt hat, desto größer ist diese ideologische Desorganisation; wie man dies in England und Amerika am deutlichsten sehen kann.) Freilich würde eine solche politische Demokratie allein für diesen Zweck keineswegs ausreichen. Sie ist aber auch nur der politische Gipfelpunkt eines gesellschaftlichen Systems, dessen andere Glieder: die ideologische Trennung von Wirtschaft und Politik, die Schaffung eines bureaukratischen Staatsapparats, der große Teile des Kleinbürgertums an dem Bestand des Staates materiell und moralisch interessiert macht, das bürgerliche Parteiwesen, Presse, Schule, Religion usw. sind. Sie alle verfolgen – in einer mehr oder minder bewußten Arbeitsteilung – den Zweck: das Entstehen einer selbständigen, die eigenen Klasseninteressen aussprechenden Ideologie in den unterdrückten Klassen der Bevölkerung zu verhindern; die einzelnen „Staatsbürger" usw. mit dem abstrakten – über den Klassen thronenden – Staate in Verbindung zu setzen; *diese Klassen als Klassen zu desorganisieren*, in von der Bourgeoisie leicht lenkbare Atome zu pulverisieren.

Die Erkenntnis, daß die Räte (die Räte der Arbeiter *und* der Bauern *und* der Soldaten) die Staatsmacht des Proletariats sind, bedeutet *den Versuch des Proletariats* als der führenden Klasse der Revolution, *diesem Desorganisationsprozeß entgegen zu arbeiten.* Es muß vorerst sich selbst als Klasse konstituieren. Es will aber daneben die aktiven, sich gegen die Herrschaft der Bourgeoisie instinktiv auflehnenden Elemente der Zwischenschichten ebenfalls zur Aktivität organisieren. Zugleich aber soll für die anderen Teile dieser Klassen der Einfluß der Bourgeoisie materiell wie ideologisch gebrochen werden. Klügere Opportunisten, wie zum Beispiel Otto Bauer, haben auch erkannt, daß der soziale Sinn der Diktatur des Proletariats, der Diktatur der Räte zum großen Teil darin liegt: *der Bourgeoisie die Möglichkeit einer ideologischen Führung dieser Klassen, speziell der Bauern, radikal zu entreißen und diese Führung für die Übergangszeit dem Proletariate zu sichern.* Die Unterdrückung der Bourgeoisie, das Zerschlagen ihres Staatsapparates, das Vernichten ihrer Presse usw. ist eine Lebensnotwendigkeit für die proletarische Revolution, weil die Bourgeoisie nach ihren ersten Niederlagen im Kampfe um die Staatsmacht keineswegs auf das Wiedererlangen ihrer ökonomisch wie politisch führenden Rolle verzichtet und sogar in dem so, unter veränderten Bedingungen weitergeführten Klassenkampfe noch lange Zeit die mächtigere Klasse bleibt.

[...]

36.3 Zsigmond Kunfi: Der 15. Juli und seine Lehren

Erstveröffentlicht als Sigmund Kunfi: Der 15. Juli und seine Lehren, in: *Der Kampf. Sozialdemokratische Monatsschrift*, 20. Jg., Nr. 8 (August 1927), S. 345–352.

Wenn man nach einer Definition von politischer Gewalt sucht, findet man sie im Justizpalastbrand zum Symbol geronnen: Drei Mitglieder der rechten Frontkämpfervereinigung Deutsch-Österreichs erschießen einen Kriegsinvaliden und ein Kind, die am 30. Jänner 1927 im sozialdemokratisch geprägten burgenländischen Schattendorf in einen Zusammenstoß zwischen Frontkämpfern und Republikanischem Schutzbund geraten. Ein Geschworenengericht spricht die Todesschützen am 14. Juli 1927 frei, am Tag darauf stecken die protestierenden Arbeitermassen den Wiener Justizpalast in Brand. Der Wiener Polizeipräsident und mehrfache christlichsoziale Bundeskanzler Johann Schober (1874–1932) lässt die Polizei mit Heereswaffen ausrüsten und in die Menge schießen. 84 Demonstranten und Demonstrantinnen sterben, hunderte werden verwundet. Auch fünf Beamte sind tot, 120 schwer, 480 leicht verletzt. Einer der Ersten, der darin den Auftakt zu einem offenen Bürgerkrieg sah, war Zsigmond Kunfi (1879–1929), 1919 Minister für Unterrichtswesen der ersten ungarischen Republik und der anschließenden Räterepublik (als Vorgänger von Georg Lukács) und nach seiner Flucht nach Wien leitender Redakteur der Arbeiter-Zeitung.

Am 15. Juli nahm die österreichische Bourgeoisie ihre Revanche für alle die schmerzlichen Niederlagen, die ihr die Sozialdemokratie seit den Umsturztagen von 1918 beigebracht hatte. Ein tragischer, in seiner konkreten Eigenart nicht vorherzusehender Zufall lieferte ihr Vorwand und Gelegenheit: sie und vor allem ihre politischen Vertreter griffen zu und indem sie hundert Arbeiter töteten, mehrere Hundert verwundeten, die faschistischen Organisationen der Länder bewaffneten, den polizeilichen und administrativen weißen Schrecken entfesselten, dem vielleicht der gerichtliche folgen wird, befreien sie sich von der Angstvorstellung, in der sie seit fast acht Jahren lebten, nämlich, daß es in der österreichischen Republik nicht möglich sei, auf Arbeiter zu schießen. Die Bourgeoisie atmet nun freier auf: auch die stärkste sozialdemokratische Partei der Welt – die stärkste nicht etwa deshalb, weil es keine so straff organisierte gäbe –, sondern die stärkste, weil diese mächtige Organisation auch mit dem Geiste des Klassenkampfes erfüllt ist, mußte es in der heutigen konterrevolutionären Welt über sich ergehen lassen, daß Arbeiter von den Organen des bürgerlichen Klassenstaates hingeschlachtet werden. Es lebte in der

Bourgeoisie, wenn auch nicht offen ausgesprochen, doch die Vorstellung, daß es keine staatlichen Organe in der Republik gebe, die auf das Volk schießen würden; daß, wenn es dazu käme, die Rache der Arbeiter entsetzlich werden würde und es aus diesem Grunde besser sei, im Wege des Kompromisses zu regieren, als es auf das Biegen und Brechen ankommen zu lassen. Aber die Mannlichergewehre der Polizeidirektion legten der österreichischen Bourgeoisie ein Geschenk in den Schoß, von dem so manchem unter ihnen bangen dürfte. Aber keiner Macht ist es möglich, die blutigen Seiten des 15. Juli aus dem Geschichtsbuche der Klassenkämpfe in Österreich herauszureißen. Sie waren „stark" im Sinne der von ihnen so oft beschworenen und angebeteten starken Hand und sie müssen sich nun zu ihrer Stärke bekennen und sehen, wie sie mit ihr fertig werden.

Der österreichischen Sozialdemokratie ist eine schwere Wunde geschlagen worden. Es war keine geringe Arbeit, die aus dem Kriege heimgekehrten, unter dem mächtigen Eindruck der russischen Revolution stehenden Massen, zu denen von Osten und Westen, aus Budapest und München die Fahnen der Rätediktatur hinüberwinkten, vor den Versuchungen der Gewaltpolitik zu schützen; aber die österreichische Sozialdemokratie hatte es geschaffen. Es war keine leichte Arbeit, den aufgeregten, hungernden Massen mit der größten demokratischen Tugend, mit der Geduld gegenüberzutreten und sie langsam den ganzen Mechanismus der Geschichte erleben und begreifen zu lassen und so das Proletariat auf den Weg der sozialen Revolution zu führen, der in Mittel- und Westeuropa allein gangbar ist. Es war nicht leicht, durch die mit eiserner Konsequenz verfolgte Methode der Überredung und Aufklärung den Richtungsstreit im Proletariat zu überwinden und so die Einheit der Klasse zu retten, die Grundlage aller Erfolge, die die Arbeiterklasse in diesem Staate errungen und in einer konterrevolutionären Welt, trotz des wütenden Ansturms der ganzen bürgerlichen Gesellschaft, behauptet hat. Es war eine ungeheure Leistung, aus den Ruinen, die die Monarchie und die christlichsoziale Verwaltung zurückgelassen haben, das rote Wien aufzubauen, dieses größte sozialistische Experiment außer der russischen Revolution. Aber die Bewältigung all dieser Aufgaben gewannen der Sozialdemokratie die Liebe, das Vertrauen und die Anhänglichkeit der Massen, verschafften ihr ein bedeutendes Prestige in der ganzen internationalen Welt und steigerten ihre Anziehungskraft auf die großen Massen, so daß sich ihr Aufstieg unaufhaltbar zu vollziehen schien. Die Bourgeoisie Österreichs hatte das Gefühl, in der Armensünderzelle zu sitzen und sie sah die Stunde ihrer schließlichen Überwindung kommen und hatte kaum eine wirkliche Hoffnung auf Rettung. Haben die Schüsse der Polizei ihr diese Hoffnung zurückgegeben, haben sich die Machtverhältnisse der Klassen seit dem 15. Juli grundlegend geändert?

Sowohl die Kundgebung des 15. Juli, ihr stellenweises Heranwachsen zu einem Aufruhr, die blutige Niederwerfung eines in der Stunde des einsetzenden Schießens schon abgeflauten Aufstandes – in allen diesen tragischen und empörenden Dingen hatte der Zufall einen sehr großen Anteil und die schicksalschweren Ereignisse wurden auf beiden Seiten von einer verhältnismäßig geringen Zahl von Menschen herbeigeführt. Von siebentausend Sicherheitsbeamten haben vielleicht nur vierhundert geschossen und von fast dreihundertfünfzigtausend sozialdemokratisch organisierten Parteimitgliedern waren höchstens zweitausend im Unheil verstrickt, das die Kundgebung in blutige und flammende Wege drängte. Allerdings bedeuten diese zwei Minderheiten nicht dasselbe, denn die schießenden Wachleute, an Zahl eine handvoll Leute, handelten im Auftrag der Staatsgewalt, also im Sinne und nach dem Willen der Mehrheit des Nationalrates, unter Billigung der bürgerlichen Parteien, folglich der Mehrheit der politisch mündigen Bevölkerung. Die gewalttätig vorgehenden Demonstranten stießen aber auf den Widerstand der sozialdemokratischen Partei, aller ihrer Funktionäre und Organisationen und so waren die Handlungen, die den Vorwand zur blutigen Vergeltung lieferten, von einer auf eigene Faust wirkenden Minderheit gesetzt. Aber gleichviel, wenn man auch den zufälligen Charakter *dieses* Kampfes, an *diesem* Tage, anknüpfend an den gegebenen Anlaß erkennen muß, so ist es doch offenkundig, daß dieser Kampf nicht hätte entbrennen können, wenn die bis zur Unerträglichkeit gespannten Klassengegensätze nicht zur Entladung gedrängt hätten.

Es wird wohl in Europa kaum ein Land geben, in dem die bewußten Klassengegensätze so tief und so sehr die ganze Gesellschaft umfassend wären wie in Österreich. Es dürfte dies für eine oberflächliche Betrachtung um so verwunderlicher erscheinen, da es unter den revolutionären und besiegten Ländern der Nachkriegszeit keines gibt, in dem die Bourgeoisie so wenig und das Proletariat soviel zu leiden gehabt hätte wie in der österreichischen Republik. In fast allen Ländern setzte der Umsturz in 1918 mit einer vollständigen, wenn auch vorübergehenden Verdrängung aller bourgeoisen Schichten aus der Macht ein. Überall gab es einen vollkommenen politischen Schichtwechsel: in Bulgarien ging die Macht an eine nicht konservative, sondern revolutionäre Bauerndiktatur über, in Ungarn glitt die Macht in die Hände des Proletariats und der revolutionären Bauernschaft, in Deutschland war der erste Machthaber der Revolution der Arbeiter und Soldatenrat, überall wurde die bis dahin ausschließlich oder mitherrschende Bourgeoisie aus dem Besitz der Macht vertrieben. Nur die deutschösterreichische und, wenn auch unter ganz anderen Umständen, die tschechoslowakische Revolution betraten ihren Weg im Zeichen der Demokratie; sie bestimmte als die Träger der neuen Staatsgewalt Körperschaften, in denen die Bourgeoisie einen gewissen Anteil der Macht innehatte. Die Mitherrschaft der Bourgeoisie in dem neuentstandenen revolutionären Staat hat vielfach den Gang der Revolution mitbestimmt, ihre vollkommene Untätigkeit auf kultur- und kirchenpolitischem Gebiet ist die unerfreuliche Folge dieses Umstandes, sie hatte aber auch die rasche und verhältnismäßig reibungslose Konstituierung der neuen Legalität, den Mangel eines nennenswerten konterrevolutionären Widerstandes und anderes mehr bewirkt, was sich von unschätzbarem Vorteil erwies. Sie hatte aber auch zur Folge, daß die Bourgeoisie physisch und seelisch unverhältnismäßig weniger zu leiden hatte, daß sie an ihrem Leben gar nicht, auch an ihrem Besitz wenig bedroht war. Auch die Zurückdrängung der bolschewistischen Agitation, die

Kämpfe um die neue Verfassung, um die Verteilung der Macht, die Auseinandersetzung zwischen Kapital und Arbeit, die Herausbildung des neuen sozialen und wirtschaftlichen Gleichgewichtszustandes vollzog sich in Österreich unter unvergleichlich ruhigeren, gefahrloseren Formen, auch für die Bourgeoisie als in allen anderen revolutionären Ländern. Man hätte, wenn Dankbarkeit oder nur billiges Denken in der Gestaltung der Klassenverhältnisse eine Rolle spielen würde, allen Grund zu der Annahme, daß sich die österreichische Bourgeoisie einer Klasse gegenüber erkenntlich zeigen würde, die in den Monaten der politischen Hochkonjunktur einen so maßvollen und rücksichtsvollen Gebrauch von ihrer Macht gemacht hatte. Aber gerade das Gegenteil trifft zu: der verbissene, rücksichtslose, alle Gebiete des gesellschaftlichen Lebens durchdringende Klassenhaß ist der Dank der österreichischen Bourgeoisie gegenüber den Arbeitern. Man wäre versucht zu sagen: die Bourgeoisie verzeiht dem österreichischen Proletariat seine Mäßigung, seine Klugheit, seine Abneigung gegen lockende, verführerische Abenteuer nicht. Sie beklagt, daß die österreichischen Arbeiter nicht dem Beispiel der ungarischen, der bayrischen, der italienischen gefolgt sind, denn sie weiß, daß der Abfall der Massen von der Sozialdemokratie, daß ihr Sich-selbst-Aufgeben die Schrittmacher der Konterrevolution waren. Es scheint paradox zu sein, doch ist es war: eine der tiefsten Quellen des Klassenhasses der Bourgeoisie ist das milde Regime der Arbeiter gegenüber der Bourgeoisie in den Umsturztagen; daß die Arbeiterklasse ihre Macht nicht mißbraucht und damit der Bourgeoisie Vorwand und Gelegenheit genommen hat, dem Proletariat so zu begegnen, wie es bei ihren Klassengenossen in allen revolutionären Ländern Gepflogenheit war: das ist die Grundquelle des Klassenhasses der Bourgeoisie.

Während Macht und Einfluß des Proletariats in allen Ländern gebrochen und zurückgedrängt wurde, wuchsen sie in Österreich fast ununterbrochen. Die Geldentwertung unterwühlte in allen Ländern die Stellung der Sozialdemokratie. Als die Mark fiel, wurde im Reiche der Belagerungszustand verhängt und vom General Müller[9] die letzte wirklich sozialistische Regierung des Reiches, die sächsische, durch eine militärische Patrouille ausgehoben. Als der Franken fiel, zerfiel der Linksblock in Frankreich, wurde der politische Einfluß der Sozialisten außerordentlich stark zurückgedämmt. Als die polnische Währung zertrümmert wurde, ging die Macht in die Hände der diktaturlüsternen Parteien über. Nur diese verfluchte österreichische Sozialdemokratie überwand auch diese Periode, obwohl die Geldentwertung einen kapitalistischen Prokonsul in der Person des Völkerbundkommissärs in das Land brachte! Die wichtigste Machtposition im ganzen Staate, der Wiener Gemeinderat, ist fest in den Händen der Sozialdemokraten, die die Reichen zwingen, aus ihrem Überschuß für eine großzügige Fürsorge- und Kulturpolitik aufzukommen. Wichtige

---

9 Alfred Müller (1866–1925), Generalleutnant der Reichswehr, für die Auflösung der proletarischen Hundertschaften, einer linken paramilitärischen Vereinigung in Sachsen, verantwortlich.

außerstaatliche Machtpositionen, so vor allem Eisenbahnen und Telegraph, unterstehen der Kontrolle der sozialdemokratischen Partei. Der werbenden Kraft der Partei können sich sehr wenige Mittelschichten entziehen und die ganze geistige Rüstung der Partei kündigt an, daß sie bewußt und planmäßig an der Eroberung der Macht arbeitet. Die Herzen der Jugend schlagen ihr zu; das Agrarprogramm, und die Abkehr von einer antireligiösen Politik öffnen der Sozialdemokratie den Weg in die Dörfer. Wenn auch langsam, aber von Wahl zu Wahl, stieg die sozialdemokratische Flut. Mit Ingrimm sehen die österreichischen Großbürger diese Entwicklung, um so mehr, als sie Zeugen dessen sind, wie in den meisten Staaten die Bourgeoisie die Arbeiter niederwarf, sie besiegte oder wenigsten [sic] in ihrem Vormarsch zurückwarf. Nur ihnen sollte es nicht gelingen, was ihren Klassengenossen in allen anderen Staaten glückte? So stieg in ihnen ein Haß auf, der alle politischen und sozialen Gegensätze überbrückte, hinter dem alle Gegensätze der Weltanschauung zurücktraten. Freihändler und Schutzzöllner, Klerikale und Liberale, Schwarzgelbe und Großdeutsche, Agrarier und Industriekapitalisten schlossen sich zu einem Block zusammen, dessen einziges Programm Kampf gegen die Macht der Arbeiter ist.[10] Jede Entscheidung einer Verwaltungsfrage, der Kampf um die Schulfragen, die ganze Rechtspflege, ja die an sich ganz unpolitischen Erscheinungen des gesellschaftlichen Lebens werden von diesem Gegensatz ergriffen. Alle arbeiterfeindlichen Kräfte werden zusammengefaßt und gefördert: der jüdische Kapitalist spendet für den Wahlfonds der Antisemiten, der verurteilte journalistische Erpresser wird in die publizistische Garde der Sittenreinen eingereiht, jede Freveltat, jede Niedertracht findet Verständnis und Billigung, wenn sie sich mit Arbeiterfeindschaft legitimiert. Die Genfer Konvention ist in diesem Klassenkampf der Bourgeoisie aufgehoben; es gibt kein anderes Kriegsgesetz, als dem Feinde zu schaden, ihn niederzuwerfen, umzubringen.

In dieser Stimmung wurde der Wahlkampf von 1927 geführt. Alle Kräfte, die dem Großbürgertum untertan sind, wurden zu einem Sturm auf die proletarische Machtstellung zusammengefaßt. Das Ergebnis war eine vernichtende Niederlage für die Bourgeoisie, gemessen an dem Ziel, das sie sich gesteckt, gemessen an den Kräften, die sie eingesetzt, gemessen an den Leidenschaften, die sie entfesselte. Nur in dieser Erbitterung konnte eine solche Stellungnahme zu dem Prozeß der Schattendorfer Frontkämpfer erfolgen, wie sie von dem publizistischen Sprachrohr des Bundeskanzlers und des presumtiven Justizministers eingenommen wurde. Daß eine klerikale, also die angeblich christliche Prinzipien in der Politik vertretende Zeitung die Erschießung eines unschuldigen Kindes als eine nicht strafbare Handlung hinstellte, daß sie den Freispruch als „Ein klares Urteil"[11], das heißt, ein gerechtes an-

---

10 Antimarxistische „Einheitsliste", die bei der Nationalratswahl 1927 unter christlichsozialer Führung antrat. (Vgl. Kapitel 34)
11 Vgl. Anonym: Ein klares Urteil, in: *Reichspost*, 15. Juli 1927, S. 1–2.

preist, daß sie nicht einmal den Schein zu wahren sucht, ist nur aus dem Paroxismus dieses sich ohnmächtig fühlenden Hasses heraus verständlich.

[...]

36.4 Walter Heinrich: Korneuburger Eid

Erstveröffentlicht als Bundesführung Österreichischer Heimatschutz: *Richtung und Gesetz des Heimatschutzes* [18. Mai 1930], Flugblatt.

Ein klares Bekenntnis zu einer (konservativen) Revolution, eine Absage an das Mehrparteiensystem und die parlamentarische Demokratie, eine Willenserklärung zur gewaltsamen Machtergreifung: Jene Entschlossenheit, die den Sozialdemokraten ihren linken Kritikern zufolge fehlte, demonstrieren ihre rechten Gegner im Übermaß. Bei einem Treffen der den Christlichsozialen und den Großdeutschen nahestehenden Heimwehr in Korneuburg am 18. Mai 1930 schwört deren Bundesführer Richard Steidle (1881–1940) die rund 800 anwesenden Unterführer auf ein faschistisches System ein, indem er das als Korneuburger Eid bekannt gewordene Gelöbnis verliest und per Akklamation annehmen lässt. Dessen Worte stammen vom sudetendeutschen Nationalökonomen Walter Heinrich (1902–1984), Schüler von Othmar Spann (1878–1950) und mit diesem gemeinsam einer der Ideengeber des Austrofaschismus. (Vgl. Kapitel 32) Nicht wie von Georg Lukács diagnostiziert eine Atomisierung der Gesellschaft, sondern ihre Aufgliederung in Berufsstände soll die bürgerliche Klassenherrschaft einzementieren. Die Beschwörung der deutschnationalen Volksgemeinschaft schlägt die Brücke zum Nationalsozialismus, der Steidle, Heinrich und Spann jedoch einen für sie unerwarteten Ort zuweisen wird: das Konzentrationslager.

Wir wollen Österreich von Grund aus *erneuern!*
    Wir wollen den *Volksstaat des Heimatschutzes.*
        Wir fordern von jedem *Kameraden*:
            den unverzagten *Glauben ans Vaterland*,
            den rastlosen *Eifer der Mitarbeit* und
            die leidenschaftliche *Liebe zur Heimat*.
Wir wollen nach der Macht im Staate greifen und
        zum Wohl des gesamten Volkes Staat und Wirtschaft neu ordnen.
Wir müssen eigenen Vorteil vergessen,
        müssen alle Bindungen und Forderungen der Parteien
           unserem Kampfziel unbedingt unterordnen, da wir
        der Gemeinschaft des deutschen Volkes dienen wollen!
Wir verwerfen den westlichen demokratischen *Parlamentarismus* und
        den *Parteienstaat*!
Wir wollen an seine Stelle die *Selbstverwaltung der Stände* setzen und eine

starke Staatsführung[,] die nicht aus Parteienvertretern, sondern aus
   den führenden Personen der großen *Stände* und aus den fähigsten und
   den bewährtesten Männern unserer *Volksbewegung* gebildet wird.
Wir kämpfen gegen die Zersetzung unseres Volkes durch den marxistischen
   Klassenkampf und *liberal-kapitalistische Wirtschaftsgestaltung.*
Wir wollen auf berufsständischer Grundlage die *Selbstverwaltung der Wirtschaft*
   verwirklichen. *Wir werden den Klassenkampf überwinden,*
   die *soziale Würde und Gerechtigkeit herstellen.*
Wir wollen durch eine *bodenstarke* und *gemeinnützige Wirtschaft*
   den *Wohlstand unseres Volkes* heben.
Der Staat ist die Verkörperung des Volksganzen[,]
   seine Macht und Führung wacht darüber, daß die Stände
   den Notwendigkeiten der Volksgemeinschaft eingeordnet bleiben.
Jeder Kamerad fühle und *bekenne sich* als *Träger* der
   neuen *deutschen Staatsgesinnung*;
   er sei bereit *Gut und Blut einzusetzen,*
   er kenne die drei Gewalten:
   den *Gottesglauben,* seinen eigenen harten *Willen,*
   das *Wort seiner Führer.*

36.5 Otto Bauer: Der Aufstand der österreichischen Arbeiter

Erstveröffentlicht als Otto Bauer: *Der Aufstand der österreichischen Arbeiter. Seine Ursachen und seine Wirkungen*, Prag: Verlag der Deutschen sozialdemokratischen Arbeiterpartei in der Tschechoslowakischen Republik 1934, S. 3–5, 24–26.

Für diejenigen, die es immer noch nicht verstanden haben, legt Otto Bauer (1881–1938) noch einmal ein Bekenntnis zur Verfassungstreue der Sozialdemokraten ab, die von ihren christlichsozialen Gegnern nicht honoriert wurde. Der kurze österreichische Bürgerkrieg des Februar 1934 ist verloren, die SDAP ist verboten, ihre Organisationen sind aufgelöst, ihre führenden Funktionsträger in Haft oder wie er selbst im Exil. Das Rote Wien ist am Ende. In seiner bitteren Bilanz erinnert Bauer daran, dass der Gewaltverzicht der Sozialdemokratie an eine Bedingung gebunden war: dass auch der politische Gegner auf Gewalt verzichtet. Dieser hat sich, wie man weiß, nicht daran gehalten, und man konnte es kommen sehen. Bauers Reflexion über die Sozialdemokratie und die Gewalt ist auch ein Lamento über einen verpassten Zeitpunkt, ein Eingeständnis, dass der Aufstand der österreichischen Arbeiter zu spät kam. Am 15. März 1933 hatte die Bundesregierung unter dem seit Mai 1932 regierenden christlichsozialen Bundeskanzler Engelbert Dollfuß (1892–1934) eine Geschäftsordnungskrise des österreichischen Parlaments als Vorwand genutzt, dieses mit Polizeigewalt auszuschalten und eine Diktatur zu errichten. Wann, wenn nicht dann, wäre der Moment für den Aufstand gewesen?

[...]
Der Faschismus triumphiert.

Arbeiterblut fließt in Strömen. Arbeiter sterben in den Kampflinien, in den zerschossenen Häusern, in den Spitälern, am Galgen. Der Faschismus jubelt! Der Faschismus triumphiert!

Die Sozialdemokratische Partei, der bei den letzten Wahlen einundvierzig Prozent, mehr als zwei Fünftel, des österreichischen Volkes ihre Stimmen gegeben haben, ist aufgelöst. Fast alle ihre Führer sind verhaftet. Gerade diejenigen, die an dem Kampf keinerlei Anteil hatten, die am Montag wie an anderen Tagen in Gewerkschaftssekretariaten, an ihren Amtsstellen im Wiener Rathaus, in den Landesregierungen, in Bezirks- und Gemeindeamtsstuben saßen, sind durchwegs verhaftet worden; nur diejenigen, die in den Kampflinien und darum für die Polizei nicht erreichbar waren, konnten der Verhaftung entgehen. Allen sozialdemokratischen National- und Bundesräten, Landtagsabgeordneten und Gemeinderäten wurden durch eine Verordnung der Regierung die Mandate entzogen, die das Volk in freier Wahl ihnen gegeben hat. Das Parteihaus und die Arbeiterheime sind besetzt, die Parteipresse ist verboten. Alles, was Hunderttausende österreichischer Arbeiter seit fünfundvierzig Jahren aufgebaut haben, ist vernichtet.

Das Eigentum ist heilig: nämlich das Eigentum der Kapitalisten. Das kollektive Eigentum der organisierten Arbeiter hat rechtlose Gewalt geraubt.

Die stolzeste Burg der österreichischen Sozialdemokratie, das Wiener Rathaus, ist genommen. Es ist vom Militär besetzt; dort, mitten in der Stadt, wo keine Arbeiter wohnen, konnte kein Widerstand geleistet werden. Nur der Bürgermeister Seitz[12] hat ihn persönlich geleistet. Er hat den Bütteln der Faschistenregierung erklärt: „Ich gehe nicht aus meinem Amtszimmer weg! Zwei Drittel des Wiener Volkes haben mich hieher geschickt; niemand hat das Recht, mich von hier zu entfernen. Ich beuge mich keinem Verfassungsbruch." Die Büttel des Herrn Dollfuß haben den sechsundsechzigjährigen, kranken Mann, der der erste Präsident der österreichischen Republik gewesen ist, gewaltsam gepackt und, da er nicht gehen wollte, in

---

12 Karl Seitz (1869–1950), ab Oktober 1918 einer der drei gleichberechtigten Präsidenten der Provisorischen Nationalversammlung für Deutschösterreich, nach Victor Adlers Tod ab 11. November 1918 Vorsitzender der SDAP, 1919–1920 Präsident der Konstituierenden Nationalversammlung und damit Staatsoberhaupt der Republik, 1923–1934 Bürgermeister des Roten Wien.

das Polizeigefängnis getragen. Herr Schmitz[13], der Mann der Christlichsozialen Partei, der bei den letzten Wahlen nur noch ein Fünftel des Wiener Volkes seine Stimmen gegeben hat, herrscht jetzt unbeschränkt über Wien. Schluß mit dem Unfug, für Proleten schöne und billige Wohnungen zu bauen! Wohnungen sind dazu da, damit sie Hausherren eine Rente tragen. Schluß mit der Schulreform, mit der Fürsorge! Hinaus mit den sozialdemokratischen Beamten; klerikale Streber warten auf ihre Stellen!

Mit der Partei sind auch die freien Gewerkschaften aufgelöst worden. Die Schutzwehr gegen Ausbeutung und Herrenwillkür in den Betrieben ist zerschlagen. Im Hause des Industriellenverbandes am Schwarzenbergplatz in Wien herrscht heller Jubel. Diese Erweiterung der Möglichkeiten, aus den Muskeln und Nerven der Arbeiter und Angestellten Profite herauszupressen, ist mit ein paar Hundert Proletarierleichen nicht zu teuer bezahlt.

Alle Arbeitervereine werden aufgelöst. Die Sportvereine der Arbeiterjugend, der große Arbeitertouristenverein *Die Naturfreunde*, der Zehntausende Arbeiter aus dem Wirtshaus zu edleren Freuden geführt hat, der Arbeiter-Abstinentenbund, der Tausende Proletarier vor den Gefahren des Alkoholismus bewahrt und dadurch Menschenwürde und Lebensglück Tausender Familien gerettet hat – alles, alles, was die Arbeiterbewegung an kostbarster Arbeit für die Massenkultur geleistet hat, ist zu Ende. Die pedantische Zerstörungswut des *christlichen* Regimes hat nicht einmal den Bund religiöser Sozialisten verschont. Die Konsumvereine, die man nicht kurzerhand auflösen konnte, sind, ganz nach Hitlers glorreichem Vorbild, *gleichgeschaltet* worden.

Die Sozialdemokratie und die Gewalt.

Was ist aus dem einst so ruhigen, einst so *gemütlichen* Österreich geworden?

Als 1918 das alte Habsburgerreich zerfiel, als es der im Gefolge seines Zerfalles entstandenen Republik nichts als einen verlorenen Krieg, ein zertrümmertes Wirtschaftsgebiet, furchtbarste Lebensmittelnot und rasend fortschreitende Geldentwertung als sein Erbe hinterlassen hatte, damals hat sich die große Umwälzung in Österreich viel ruhiger vollzogen als in den Nachbarstaaten. Damals ist es der österreichischen Sozialdemokratie gelungen, ohne Gewalt, durch das friedliche Mittel des überzeugenden Wortes die wilde Erregung der aus dem Blut und Dreck der Schützengräben heimkehrenden, in der wiedergefundenen Heimat hungernden Massen zu beschwichtigen und sie friedlicher Aufbauarbeit nutzbar zu machen. In

---

[13] Richard Schmitz (1885–1954), christlichsozialer Politiker, 1922–1924, 1926–1929 Unterrichtsminister, 1930 Vizekanzler, 1933–1934 Sozialminister; nach dem 12. Februar 1934 Bürgermeister von Wien.

der Zeit, in der Österreich zwischen der ungarischen und der bayrischen Rätediktatur lag, blieb es eine Insel des Friedens, während östlich und westlich von Österreich Blut in Strömen floß. Und dieselben Männer, die damals, auf dem Höhepunkt ihrer Macht, hungernde Massen zu solcher Selbstbeherrschung, zu so friedlicher Mäßigung bewogen haben, stellt jetzt die Kriegslüge des triumphierenden Faschismus als eine Bande blutrünstiger Verbrecher hin, die nichts anderes im Sinne gehabt hätten, als ihr Land in eine blutige Katastrophe zu stürzen.

Die Faschisten verweisen darauf, daß die österreichischen Arbeiter Gewehre und Maschinengewehre, Munition und Sprengstoff verborgengehalten haben. Ist das nicht ein Beweis, daß die Sozialdemokratie den Bürgerkrieg gewollt, zum Bürgerkrieg gerüstet hat? Ja, die österreichischen Arbeiter haben seit der Revolution von 1918 Waffen besessen – ganz so, wie auch die faschistischen Heimwehren und die monarchistischen *Frontkämpfer* seit der Umsturzzeit von 1918 Waffen besessen haben. Aber haben die Arbeiter jemals vor dem 12. Februar 1934 von diesen Waffen Gebrauch gemacht? Sind diese Waffen nicht fünfzehn Jahre lang, selbst in den erregtesten Zeiten – auch in der Zeit des Umsturzes 1918/1919, auch nach dem blutigen Gemetzel vom 15. Juli 1927 –, in ihren Verstecken geblieben?

Die österreichische Sozialdemokratie hat immer, auch in ihrem viel verlästerten Linzer Parteiprogramm vom Jahre 1926 erklärt: In der demokratischen Republik, die jedem Staatsbürger die volle Freiheit der Werbung für seine Ideen zusichert und die Macht im Staate denjenigen überträgt, die die Mehrheit des Volkes für ihre Ideen zu gewinnen vermögen, wollen wir die Macht im Staate mit friedlichen, verfassungsmäßigen Mitteln, mit dem Mittel des Stimmzettels, durch die Gewinnung der Mehrheit des Volkes für unsere Ideen erobern. Nur in einem Falle sind wir bereit und entschlossen, zu gewaltsamen Mitteln zu greifen: Nur dann, wenn Faschisten oder Monarchisten die demokratische Republik stürzen, uns das allgemeine und gleiche Wahlrecht und das Recht der freien Werbung für unsere Ideen rauben, der Arbeiterklasse die Möglichkeit nehmen wollten, mit den friedlichen Mitteln für Demokratie um die Neugestaltung der Gesellschaft zu ringen. Nur für diesen Fall halten wir Waffen bereit.

[...]

Unsere Fehler.

Wir sind geschlagen. Und unsere Gehirne quält die Frage, ob wir durch politische Fehler, die wir begangen, durch eigene Schuld die blutige Katastrophe herbeigeführt haben.

Die einen sagen: Unsere Politik sei seit Jahren zu doktrinär, zu radikal, zu unversöhnlich, allzu *links* gewesen. Dadurch habe sie den Zusammenbruch der Partei heraufbeschworen. Die anderen sagen umgekehrt: Unsere Politik sei allzu ängstlich, allzu zaghaft gewesen, es habe ihr an dem revolutionären Schwung gefehlt, der allein die ganze breite Masse mitzureißen vermocht hätte, sie habe den Kampf allzu lange aufgeschoben und dadurch die Niederlage verschuldet, sie sei allzu *rechts* gewesen.

Wo ist die Wahrheit? Daß wir Fehler begangen haben, unterliegt keinem Zweifel; nur wer *nicht* handelt, begeht keine Fehler. Diese Fehler freimütig zu bekennen, ist nützlich; denn aus unserer Erfahrung können die Nachkommenden Wichtiges lernen. Ich kann unsere Irrtümer um so eher bekennen, als ich damit niemand anderen belaste; denn für die Fehler, die begangen worden sind, bin ich mehr verantwortlich als jeder andere.

[...]

Als die Regierung Dollfuß-Fey[14] einen zweistündigen Proteststreik der Eisenbahner, der am 1. März 1933 stattgefunden hatte, mit der Maßregelung von Eisenbahnern beantwortete, suchten wir dies am 4. März durch einen Antrag im Parlament zu verhindern. Da die Regierung nur eine Mehrheit von einer Stimme hatte, kam es auf jede Stimme an. Wir verloren aber eine Stimme dadurch, daß Renner[15] als Präsident des Nationalrates den Vorsitz führte und deshalb nicht mitstimmen konnte. Wir glauben, es vor den Eisenbahnern nicht verantworten zu können, durch Renners Stellung als Präsidenten bei der Abstimmung zu unterliegen und damit Hunderte Eisenbahner der Maßregelung preiszugeben. Deshalb hat Renner wegen eines Konflikts mit den Christlichsozialen auf meinen Rat seine Präsidentenstelle niedergelegt. Darauf haben auch der christlichsoziale und der großdeutsche Vizepräsident demissioniert. Am folgenden Tage erkämpfte Hitler in Deutschland seinen großen Wahlsieg; wir hatten im Eifer, die von der Maßregelung bedrohten Eisenbahner zu schützen, nicht bedacht, welch unmittelbaren Einfluß die Umwälzung in Deutschland auf Österreich üben konnte. So haben wir durch Renners Demission der Regierung Dollfuß den Vorwand zur Ausschaltung des Parlaments geliefert. Das war unzweifelhaft ein Fehler, auch das eine *linke Abweichung*.

Das Parlament war ausgeschaltet. Die Diktatur etablierte sich. Der Versuch, am 15. März die Arbeit des Parlaments wieder aufzunehmen, wurde von Dollfuß gewaltsam verhindert. Wir hätten darauf am 15. März mit dem Generalstreik antworten können. Nie waren die Bedingungen für einen erfolgreichen Kampf so günstig wie an jenem Tage. Die deutsche Gegenrevolution, die sich eben damals stürmisch voll-

---

14 Emil Fey (1886–1938), Heimwehrführer, christlichsozialer Politiker, ab Oktober 1932 Staatssekretär für das Sicherheitswesen, hatte nach seinem Amtsantritt alle Versammlungen und Aufmärsche von Sozialdemokraten, Kommunisten und Nationalsozialisten verbieten lassen. Am 15. März 1933 hatte er in Wien Heimwehreinheiten zusammenziehen lassen, um bei Bedarf den Staatsstreich von Dollfuß unterstützen zu können. Ab Mai 1933 Bundesminister, ab September 1933 zusätzlich Vizekanzler, hatte er im österreichischen Bürgerkrieg eine führende Rolle bei der Niederschlagung des Aufstands. Ab Juli 1934 aufgrund interner Rivalitäten schrittweise entmachtet.
15 Karl Renner (1870–1950), 1918–1920 Staatskanzler der Republik, 1920–1934 sozialdemokratischer Abgeordneter zum Nationalrat, 1931–1933 dessen Präsident.

zog, hatte in Österreich die Massen aufgerüttelt. Die Arbeitermassen erwarteten das Signal zum Kampf. Die Eisenbahner waren damals noch nicht so zermürbt wie elf Monate später. Die militärische Organisation der Regierung war damals weit schwächer als im Februar 1934. Damals hätten wir vielleicht siegen können. Aber wir sind damals vor dem Kampf zurückgeschreckt. Wir glaubten noch, durch Verhandlungen zu einer friedlichen Lösung kommen zu können. Dollfuß hatte versprochen, daß er binnen kurzem, Ende März oder Anfang April, mit uns über eine Verfassungs- und Geschäftsordnungs-Reform verhandeln werde; wir waren damals noch töricht genügt, einem Versprechen Dollfuß' zu trauen. Wir sind dem Kampf ausgewichen, weil wir dem Lande die Katastrophe eines blutigen Bürgerkriegs ersparen wollten. Der Bürgerkrieg ist elf Monate später trotzdem ausgebrochen, aber unter für uns wesentlich ungünstigeren Bedingungen. Das war ein Fehler – der verhängnisvollste unserer Fehler. Und diesmal war es eine *rechte Abweichung*.

[...]

36.6 Hans Kelsen: Verteidigung der Demokratie

Erstveröffentlicht als Hans Kelsen: Verteidigung der Demokratie, in: *Blätter der Staatspartei*, 2. Jg., Nr. 3/4 (April 1932), S. 90–98.

Bei der Reichstagswahl in Deutschland vom 31. Juli 1932 erzielt die NSDAP einen Zugewinn von 19 Prozent der Stimmen und wird mit insgesamt 37,3 Prozent zu der mit Abstand stärksten Partei. Die KPD gewinnt leicht und kommt auf 14,3 Prozent. Erstmals in der Weimarer Republik verfügen zwei Parteien, die sie ablehnen, über eine gemeinsame Mehrheit. Drei Monate davor ist in Berlin dieses Plädoyer für eine Demokratie erschienen, die das Recht haben muss, sich durch Mehrheitsbeschluss selbst abzuschaffen. Hans Kelsen (1881–1973), führender Vertreter des österreichischen Rechtspositivismus, Hauptautor der österreichischen Bundesverfassung, 1919 bis 1929 parteiunabhängiger, den Sozialdemokraten nahestehender Verfassungsrichter und Professor in Wien, ab 1930 Professor in Köln, 1933 vom NS-Regime als Jude zwangsbeurlaubt und verfolgt, verteidigt die (bürgerliche) Demokratie gegen ihre Feinde von links und von rechts, aber nicht gegen sie selbst. Die Demokratie nicht mit Gewalt verteidigen: Ob das auch für den Fall gilt, dass bei ihrer Zerstörung zur Gewalt gegriffen wird?

[...]
Der schwerste Einwand, der von sozialistischer Seite gegen die Demokratie erhoben wird – und das scheint mir der schwerste Einwand überhaupt zu sein –, besteht darin, daß die Demokratie, die den Grundsatz der Gleichheit vertritt, in Wirklichkeit nur eine formale, nur die politische, keine materiale, keine soziale Gleichheit gebracht hat und daß sie eben nur eine politische, keine soziale Demokratie und daher nur der Staat der Bourgeoisie, nicht der des Proletariats, die politische

Form der Ausbeutung des Proletariats durch die Bourgeoisie ist. [...] Wenn die Demokratie eine bürgerlich-kapitalistische geblieben ist, so darum, weil das sozialistisch orientierte Proletariat – aus Gründen, die jenseits aller politischen Form liegen – bisher eben nicht die Mehrheit des Volkes zu werden vermochte. Aber das, was das Proletariat tatsächlich geworden ist, seine politische Machtstellung als Klasse, der gewaltige Einfluß, den es – obgleich als politische Organisation nur eine Minorität und in Deutschland noch dazu in zwei Parteien gespalten – auf die Bildung des Staatswillens gewonnen: all das wäre unmöglich gewesen ohne Demokratie, ohne die im wesentlichen von der Bourgeoisie geschaffene Demokratie. Der Kommunismus, der es für seine Aufgabe hält, die Demokratie zu verunglimpfen, sie in den Augen des Proletariats zu diskreditieren, um dieses seelisch für eine Diktatur reif zu machen, er vergißt oder verleugnet, daß die Demokratie die Staatsform des politischen Aufstieges des Proletariats ist; eines Aufstieges, der unvergleichlich rascher vor sich ging, als der, den das Bürgertum im Feudal- und Polizeistaat auf Kosten des Adels vollzog. Indem das Bürgertum die Demokratie erkämpft, schafft es eben nicht nur für sich, sondern auch für den sogenannten vierten Stand die Möglichkeit politischer Entwicklung und damit die wichtigste Voraussetzung für die Verwirklichung des dem bürgerlich-kapitalistischen Wirtschaftssystem feindlichen Sozialismus. Nicht aber – so scheint es wenigstens bis jetzt – ist die Demokratie die Form einer endgültigen Eroberung der Macht durch ein sozialistisch gerichtetes Proletariat. Das ist ja der Grund für die Spaltung in der Partei des marxistischen Sozialismus. Was die Kommunisten von den Sozialdemokraten trennt, ist im wesentlichen, daß diese an der Demokratie festhalten, jene aber sie fallen lassen, weil sie ihnen nicht mehr als die geeignete Form erscheint, den Sozialismus zu verwirklichen. Wenn Marx und Engels, trotz gewisser Schwankungen und Zweideutigkeiten, schließlich doch das Proletariat auf den Kampf für die Demokratie festgelegt und sich den Übergangsstaat, die Herrschaft des Proletariats, als Demokratie vorgestellt haben, so darum, weil sie – gestützt auf die sogenannte Verelendungstheorie – der Überzeugung waren, das Proletariat, und zwar das klassenbewußte und darum sozialistisch gesinnte Proletariat, müsse notwendigerweise die überwiegende Mehrheit des Volkes bilden. In dieser Annahme haben sie sich, scheint es, getäuscht. Nicht nur hinsichtlich der ökonomischen Struktur dieses Proletariats, in dem die breite Schichte zwischen den völlig Besitzlosen und den reichlich Besitzenden vernachlässigt ist; sondern auch hinsichtlich der psychologischen Situation, in die das proletarisierte oder halbproletarisierte Bürgertum gerät. Dieses sucht nämlich seinen Halt nicht in dem Stolz eines neuen Klassenbewußtseins, es greift zu seiner Stütze nicht nach einer sozialistischen, sondern nach einer nationalsozialistischen Ideologie. Es versucht die ökonomisch unausweichliche Proletarisierung seelisch durch eine heroisch-romantische Geisteshaltung zu kompensieren. Und dieses neue Proletariat wendet sich ab von der Demokratie, nicht weil es – wie die Kommunisten – den Sozialismus will, sondern weil es ihn nicht will, und verstärkt so die politischen Bestrebungen des noch erhaltenen Bürgertums, der Großbourgeoisie, die gleichfalls das Lager der Demokratie verläßt, weil diese ihr angesichts der, trotz allem, dennoch steigenden Flut des Sozialismus keinen sicheren Schutz mehr für das kapitalistische System zu bieten scheint.

Diese Flucht aus der Demokratie ist nur ein Beweis dafür, daß die politische Form der Demokratie sich nicht für einen Klassenkampf eignet, der mit dem entscheidenden Sieg der einen und der vernichtenden Niederlage der anderen Partei enden soll. Denn die Demokratie ist die politische Form des sozialen Friedens, des Ausgleichs der Gegensätze, der gegenseitigen Verständigung auf einer mittleren Linie.

[...]

Was aber hat man von der rechten Seite der Demokratie vorzuwerfen? Hört man nach dieser Richtung, so tönt einem eine verwirrende Fülle der verschiedensten und oft widersprechendsten Argumente entgegen. Zu den landläufigsten gehört, daß Demokratie der spezifische Nährboden der Korruption sei. Allein in Wahrheit ist dieser Mißstand in der Autokratie nicht geringer; nur daß er hier unsichtbar bleibt, weil hier der Grundsatz herrscht, im Interesse der staatlichen Autorität alle Schäden zu verhüllen, während das für die Demokratie charakteristische Prinzip der Publizität die entgegengesetzte Tendenz hat. Gerade darin, daß hier alle Schäden ans Licht gezerrt werden, liegt eine wirksame Garantie für ihre Heilung. Nicht weniger häufig als den Vorwurf der Korruptionsbegünstigung kann man den Mangel der Disziplin und insbesondere den Einwand ungenügender militärischer Schlagkraft und schwächlicher Außenpolitik zu hören bekommen. Allein so sehr gerade dieses Argument gegen die Demokratie an deren innersten Nerv zu rühren scheint, so wenig wird es durch die Erfahrung der Geschichte bestätigt. So haben sich im Weltkrieg gerade die großen demokratischen Staaten außenpolitisch wie militärisch bewährt.

Das theoretische Hauptargument aber, das immer wieder von den Vorkämpfern der Diktatur gegen die Demokratie vorgebracht wird, ist dies: daß deren Grundprinzip, der Grundsatz der Majorität, völlig ungeeignet sei, eine sachlich richtige Bildung des Gemeinschaftswillens zu gewährleisten. Nicht die Mehrheit soll entscheiden, die keinerlei Garantie für die Güte der so erzeugten Ordnung bietet, da das Mehrheitsprinzip nur eine Methode der Willensbildung, keine Bestimmung des Willensinhalts liefert. Vielmehr soll der Beste regieren. Das ist – seit Platon – immer wieder die Formel gewesen, mit der man gegen die Demokratie gekämpft hat, ohne etwas Besseres an ihre Stelle setzen zu können; eine Formel, die in ihrer negativen Funktion ebenso bestechend, wie in ihrer positiven nichtssagend ist. Denn daß der Beste herrschen solle, versteht sich von selbst. Die Herrschaft des Besten bedeutet ja nur, daß die soziale Ordnung den besten, den richtigen Inhalt haben soll. Darin sind sich aber alle völlig einig. Worauf es ankommt, das ist die Antwort auf die Frage: Was ist das Richtige, worin besteht es; und: Wer ist der Beste, welches ist die Methode, die mit absoluter Sicherheit dazu führt, daß der Beste und nur der Beste zur Herrschaft kommt und die Herrschaft – gegen den Ansturm der Schlechten – behauptet? Auf diese vom Standpunkt der sozialen Theorie und Praxis entscheidende Frage erhält man von antidemokratischer Seite keine Antwort. Sie erwartet alles Heil vom Führer, aber die Kreation des Führers, die in der Demokratie im hellen Lichte eines öffentlich kontrollierbaren Verfahrens, nämlich durch die Wahl vor sich geht, sie bleibt in der Autokratie in mystisches Dunkel gehüllt. Hier wird die rationale Methode durch den Glauben an das soziale Wunder ersetzt. Der gottbegnadete Führer, der das Gute weiß und will, dessen Existenz wird einfach vorausgesetzt und damit das sozialtechnische Problem der Organisation nicht gelöst, sondern hinausgeschoben, ideologisch verhüllt. Die Wirklichkeit der Diktatur aber zeigt, daß die Macht entscheidet, daß als Bester gilt, wer es versteht, sich die anderen zu unterwerfen. Hinter der These von dem ausschließlichen Herrschaftsrecht der Besten verbirgt sich zumeist nur eine höchst unkritische und wundergläubige Anbetung der Macht.

[...]

Schließlich muß noch eines Einwandes gedacht werden, den man nicht als Bolschewist und nicht als Faschist, den man als Demokrat gegen die Demokratie machen kann. Sie ist diejenige Staatsform, die sich am wenigsten gegen ihre Gegner wehrt. Es scheint ihr tragisches Schicksal zu sein, daß sie auch ihren ärgsten Feind an ihrer eigenen Brust nähren muß. Bleibt sie sich selbst treu, muß sie auch eine auf Vernichtung der Demokratie gerichtete Bewegung dulden, muß sie ihr wie jeder anderen politischen Überzeugung die gleiche Entwicklungsmöglichkeit gewähren. Und so sehen wir das seltsame Schauspiel, daß Demokratie in ihren ureigensten Formen aufgehoben werden soll, daß ein Volk die Forderung erhebt, ihm die Rechte wieder zu nehmen, die es sich selbst gegeben, weil man verstanden hat, dieses Volk glauben zu machen, daß sein größtes Übel sein eigenes Recht sei. Angesichts solcher Situation möchte man an das pessimistische Wort Rousseaus glauben: Eine so vollkommene Staatsformel sei zu gut für die Menschen, nur ein Volk von Göttern könnte sich auf die Dauer demokratisch regieren.

Aber angesichts dieser Situation erhebt sich auch die Frage, ob man es dabei sein Bewenden lassen solle, die Demokratie theoretisch zu verteidigen. Ob die Demokratie sich nicht selbst verteidigen soll, auch gegen das Volk, das sie nicht mehr will, auch gegen eine Majorität, die in nichts anderem einig ist, als in dem Willen, die Demokratie zu zerstören. Diese Frage stellen, heißt schon, sie verneinen. Eine Demokratie, die sich gegen den Willen der Mehrheit zu behaupten, gar mit Gewalt sich zu behaupten versucht, hat aufgehört, Demokratie zu sein. Eine Volksherrschaft kann nicht gegen das Volk bestehen bleiben. Und soll es auch gar nicht versuchen, das heißt, wer für die Demokratie ist, darf sich nicht in den verhängnisvollen Widerspruch verstricken lassen und zur Diktatur greifen, um die Demokratie zu retten. Man muß seiner Fahne treu bleiben, auch wenn das Schiff sinkt; und kann in die Tiefe nur die Hoffnung mitnehmen, daß das Ideal der Freiheit unzerstörbar ist und daß es, je tiefer es gesunken, um so leidenschaftlicher wieder aufleben wird.

Das Rote Wien – Zeittafel

12.11.1918	Ausrufung der Republik Deutschösterreich
1919	Nach dem Hungerwinter 1918/19 werden 13.366 Wiener Kinder zu Pflegeeltern im Ausland geschickt, um sie vor Hunger und Verwahrlosung zu bewahren.
1919	Frauen werden zum regulären Studium an den juridischen Fakultäten der Universität Wien und den Hochschulen für Technik, Welthandel, Bodenkultur und der Tierärztlichen Hochschule zugelassen.
März 1919	Acht Frauen ziehen in die Verfassungsgebende Nationalversammlung ein: sieben sozialdemokratische Abgeordnete (Anna Boschek, Emmy Freundlich, Adelheid Popp, Gabriele Proft, Therese Schlesinger, Amalie Seidel, Maria Tusch) und eine Christlichsoziale (Hildegard Burjan).
10.4.1919	„Glöckel-Erlass": Ende der Verpflichtung zu religiösen Übungen und Teilnahme am Religionsunterricht in Schulen in Österreich
4.5.1919	Erste Wiener Gemeinderatswahl nach dem allgemeinen, gleichen Männer- und Frauenwahlrecht: Die SDAP erreicht 54,2 % der Stimmen.
22.5.1919	Jakob Reumann wird zum ersten sozialdemokratischen Bürgermeister Wiens gewählt.
Juni 1919	Einführung einer einheitlichen Lustbarkeitsabgabe in Wien als erste neue Luxussteuer
9.9.1919	Ein Erlass des sozialdemokratischen Landeshauptmanns von Niederösterreich, Albert Sever, fordert nicht in Österreich heimatberechtigte Staatsangehörige der ehemaligen Monarchie zur sofortigen Ausreise auf. Der Erlass ist vor allem gegen jüdische Kriegsflüchtlinge aus Galizien gerichtet. In der Praxis wird dieser allerdings nicht befolgt.
10.10.1919	Der Deutsche und Oesterreichische Alpenverein erlaubt den Mitgliedssektionen die Einführung von Arierparagrafen.
1920	Gründung des Siedlungsamts der Stadt Wien
1920	Sigmund Freuds *Jenseits des Lustprinzips* erscheint.
1920	Edgar Herbst, Vorsitzender der Forschungsgesellschaft für wissenschaftliche Betriebsführung in Wien, veröffentlicht *Der Taylorismus als Hilfe in unserer Wirtschaftsnot*.
1920	Trude Fleischmann gründet ihr fotografisches Atelier nahe dem Wiener Rathaus.
13.1.1920	Albert Einstein hält vor ca. 3.000 Zuhörerinnen und Zuhörern eine Rede im Wiener Konzerthaus im Auftrag der Wiener Urania.
April 1920	Die Tageszeitung *Der neue Tag* wird eingestellt, Redakteur Joseph Roth zieht nach Berlin und wird durch seine Feuilletons und Romane über Wien berühmt.
14.6.1920	Frauen erhalten erstmals Zugang zum Studium an der Akademie der bildenden Künste Wien.
22.8.1920	Hugo von Hofmannsthal und Max Reinhardt gründen die Salzburger Festspiele und eröffnen sie mit Hofmannsthals *Jedermann*.
1.10.1920	Beschluss des Bundes-Verfassungsgesetzes der Republik Österreich
22.11.1920	Berufung Julius Tandlers als amtsführender Stadtrat für Wohlfahrtspflege

Winter 1920/21	Fertigstellung des 1. Bauteils des Metzleinstaler-Hofs („1. Gemeindebau"), Architekt: Robert Kalesa
1921	Else Feldmanns Roman *Löwenzahn: eine Kindheit* erscheint. Die Autorin ist für ihre schonungslose Sozialreportage über die Verhältnisse in Wiener Armenvierteln bekannt.
September 1921	Gründung des Österreichischen Verbands für Siedlungs- und Kleingartenwesen (ÖVSK) und der Gemeinwirtschaftlichen Siedlungs- und Baustoffanstalt (Gesiba), einer gemeinschaftlichen Geschäftsstelle zur Unterstützung der Siedlerbewegung
11.9.1921	Erste Wiener Messe
8.11.1921	Gründung der Gewista (Gemeinde Wien städtisches Ankündigungsunternehmen) als Reklameunternehmen der Stadt, das ab 1923 auch die öffentlichen Plakatflächen verwaltet
1922	Hugo Bettauers Roman *Die Stadt ohne Juden. Ein Roman von übermorgen* erscheint.
1922	Ludwig Wittgensteins *Tractatus logico-philosophicus* erscheint.
1922	Gründung des Wiener Psychologischen Instituts durch Karl und Charlotte Bühler
1.1.1922	Aufgrund der Bundesverfassung von 1920 wird Wien zum Bundesland.
Februar 1922	Grete Lihotzkys Entwurf einer rationalisierten Spülküche erscheint in ihrem Artikel über „Die Siedlerhütte" in der Zeitschrift *Schlesisches Heim*.
1.6.1922	Eröffnung der städtischen Gesundheitlichen Beratungsstelle für Eheberber („Eheberatungsstelle")
4.10.1922	Die Unterzeichnung der Genfer Völkerbundanleihen durch die Republik hat harte Sparmaßnahmen zur Folge.
13.10.1922	Aufführung des monumentalen Bibel-Films *Sodom und Gomorrha: Die Legende von Sünde und Strafe*, Regie und Buch: Michael Curtiz. Der Film gilt als einer der teuersten österreichischen Filme aller Zeiten. Tausende Statistinnen und Statisten werden auf dem Laaer Berg eingesetzt.
15.10.1922	Der Komponist Anton Webern dirigiert ein Arbeiter-Sinfonie-Konzert im Großen Saal des Wiener Konzerthauses. Gespielt werden *Tod und Verklärung* von Richard Strauss und ein Klavierkonzert von Beethoven. Organisatorische Leitung: David Josef Bach.
1923	Erstmalige Schließung der Universität aufgrund mehrwöchiger antisemitischer Unruhen
17.1.1923	Das Krematorium am Wiener Zentralfriedhof wird gegen den Widerstand der christlichsozial dominierten Bundesregierung in Betrieb genommen.
1.2.1923	Einführung einer zweckgebundenen Wohnbausteuer auf Initiative des Finanzstadtrats Hugo Breitner
19.2.1923	Gründung des Republikanischen Schutzbundes, der paramilitärischen Formation der SDAP
25.2.1923	Gründung der Gesellschaft zur Förderung moderner Kunst in Wien
2.4.1923	„Schlacht auf dem Exelberg": Zusammenstöße zwischen „Hakenkreuzlern" und Sozialdemokraten
15.4.1923	Fußball-Länderspiel Österreich vs. Italien auf der Hohen Warte vor mindestens 75.000 Menschen

6.–11.5.1923	Weltkongress des International Council of Jewish Women in Wien
24.7.1923	Erstaufführung des Films *Opfer des Hasses*, der die Leiden der jüdischen Flüchtlinge und die Unterstützung durch Institutionen des Wiener Jüdischen Hilfswerks zeigt, Regie: Hans Marschall
2.8.1923	Mit ihrem Feuilleton „Auf der Jagd nach einem ‚Job' in New York" beginnt Ann Tizia Leitich ihre produktive Kariere als Amerika-Korrespondentin für die bürgerliche *Neue Freie Presse*.
16.8.1923	Weltkongress der Agudas Jisroel, einer orthodox-jüdischen Bewegung, in Wien
21.9.1923	Der Wiener Gemeinderat beschließt ein umfassendes Wohnbauprogramm (Fortsetzungsbeschluss Dezember 1926).
22.9.1923	Erste Ausgabe der sozialdemokratischen Frauenzeitschrift *Die Unzufriedene*, Redakteurin: Eugenie Brandl („Sind wir nicht noch immer die Unterdrückten? … Die Sklavinnen unserer rückständigen Kultur?")
21.10.1923	Wiener Landtags- und Gemeinderatswahl (SDAP 55,9 %)
14.11.1923	Karl Seitz folgt Jakob Reumann als Wiener Bürgermeister.
20.11.1923	Kundgebung der sozialistischen Studenten- und Akademikervereinigung in der Volkshalle des Rathauses gegen die Entwicklungen an der Universität: Karl Renner droht mit der Errichtung einer der Gegenuniversität.
1924	Übernahme der Stadtbahn durch die Gemeinde Wien, erste Elektrifizierungsarbeiten sowie Beginn von umfangreichem Umbau des städtischen Verkehrsnetzes
1924	Gertrud Bodenwieser entwickelt ihre Idee des „Arbeitstanzes", die Tanzperformance *Dämon Maschine* verwandelt Tänzerinnen in Maschinen.
1924	Konstitution der Wiener Gesellschaft für Rassenpflege an der Universität Wien
1.4.1924	Regisseur Max Reinhardt eröffnet das umgebaute Theater in der Josefstadt mit einer Inszenierung von Goldonis *Der Diener zweier Herrn* als Spielstätte für sein berühmtes Ensemble.
April/Mai 1924	Der Hauptausschuss des Deutschen und Oesterreichischen Alpenvereins empfiehlt seinen Sektionen, Mitgliedern der sozialdemokratischen Naturfreunde die Aufnahme in Berghütten zu verweigern.
15.–18.5.1924	Kinoreformtagung an der Wiener Urania
1.6.1924	Attentatsversuch auf Bundeskanzler Ignaz Seipel am Wiener Südbahnhof
6.6.1924	Die *Wiener Allgemeine Zeitung* druckt Felix Saltens erstes Feuilleton über seinen Besuch in den zionistischen Siedlungen in Palästina. Eine Sammlung dieser Feuilletons wird später im Buch *Neue Menschen auf Alter Erde. Eine Palästinafahrt* veröffentlicht.
20.7.1924	Die Hauptversammlung des Deutschen und Oesterreichischen Alpenvereins fordert die Sektion Donauland, die aufgrund von antisemitischen Umtrieben in anderen Sektionen gegründet worden war, zum Austritt aus.
25.7.1924	Wiener Uraufführung von Hans Karl Breslauers Verfilmung von Hugo Brettauers *Die Stadt ohne Juden*
Sept. 1924	Der Spekulant Camillo Castiglioni ist bankrott.
14.9.–10.10.1924	Internationales Musik- und Theaterfest in Wien
24.9.–12.10.1924	Internationale Ausstellung neuer Theatertechnik im Wiener Konzerthaus
1.10.1924	Der staatliche Radiosender RAVAG (Radio Verkehrs AG) nimmt in Wien den Betrieb auf.

12.12.1924	Erste Ausgabe der von der Schriftstellerin und Dramatikerin Gina Kaus gegründeten Zeitschrift *Die Mutter: Halbmonatsschrift für alle Fragen der Schwangerschaft, Säuglingshygiene und Kindererziehung* unter Mitarbeit zahlreicher Anhängerinnen und Anhänger der Individualpsychologie
1924/25	Erste Fußball-Profimeisterschaft: Der jüdische SC Hakoah siegt.
1.1.1925	Einführung des Schilling (Ende der Inflation)
1925	Der Verein Gesellschafts- und Wirtschaftsmuseum geht aus dem 1923 gegründeten Siedlungsmuseum hervor. Im Zentrum steht Otto Neuraths Wiener Methode der Bildstatistik, später als Isotype bekannt.
1925	Internationale Ausstellung GESOLEI (Gesundheit, soziale Fürsorge und Leibesübung) im Wiener Rathaus
1925	Arthur Schnitzlers *Traumnovelle* erscheint als Fortsetzungsroman in der Berliner Modezeitschrift *Die Dame*.
31.1.1925	Stefan Zweigs Feuilleton „Die Monotonisierung der Welt" erscheint in der *Neuen Freien Presse*. Zweig sieht amerikanische Massenkultur als Ausdruck des Untergangs europäischer Kunst und Kultur. Es folgt eine polemische Auseinandersetzung rund um den Amerikanismus in den darauffolgenden Wochen.
März 1925	Der 21-jährige Theodor W. Adorno fährt nach Wien, um privaten Kompositionsunterricht bei Alban Berg zu nehmen.
10.3.1925	Ermordung des Schriftstellers, Journalisten und Kulturkritikers Hugo Bettauer
25.6.1925	„Bekessy-Skandal": Beginn der öffentlichen Kampagne von Karl Kraus gegen den erpresserischen und unethischen Journalismus des Zeitungsherausgebers Imre Bekéssy
4.7.1925	Eröffnung der städtischen Kinderübernahmsstelle (Küst) im 9. Wiener Gemeindebezirk, Alsergrund
18.–31.8.1925	14. Zionistenkongress in Wien, der von antisemitischen Ausschreitungen begleitet wird
1926	Gründung der Kiba (Kinobetriebsgesellschaft) als Unternehmen im Einflussbereich der sozialdemokratischen Partei mit dem Ziel, über den Erwerb und Betrieb von Kinos eine sozialistische Filmproduktion anzuregen
4.5.1926	Gründung des Nationalsozialistischen Deutschen Arbeitervereins (Hitlerbewegung) in Wien (davor DNSAP bzw. Schulz-Gruppe)
12.5.1926	In der zionistischen *Wiener Morgenzeitung* erscheint ein Plädoyer von P. Haller gegen den Gebrauch des Jiddischen. „Das Jüdeln" sei „eine der Begleiterscheinungen der jüdischen Galuth-Krankheit [= Diaspora-Krankheit]".
27.6.1926	Eröffnung des Reumannhofs am Margaretengürtel, Herzstück der Ringstraße des Proletariats und Prototyp für folgende sozialdemokratische „Volkswohnpaläste", Architekt: Hubert Gessner
8.7.1926	Eröffnung des Amalienbads, eines opulenten Hallenbads im Wiener Arbeiterbezirk Favoriten
4.–11.7.1926	Arbeiter-Turn- und Sportfest in Wien
14.–19.9.1926	Internationaler Kongress für Städtebau und Wohnungswesen in Wien
27.–29.9.1926	5. Kongress der Deutschen Gesellschaft für Soziologie in Wien
3.11.1926	Beschluss eines neuen Parteiprogramms der SDAP auf dem Parteitag in Linz („Linzer Programm"), ein Schlüsseldokument des Austromarxismus

19.11.1926	Werke von Erika Giovanna Klien, einer Schülerin von Franz Čižek, werden in Katherine Dreiers *International Exhibition of Modern Art* im Brooklyn Museum gezeigt. In der Ausstellung ist Klien die einzige Vertreterin moderner österreichischer Kunst.
18.12.1926	„Urkabarett", Eröffnungsvorstellung der Sozialistischen Veranstaltungsgruppe
1927	Höhepunkt der antisemitischen studentischen Gewaltexzesse, speziell an den anatomischen Instituten
1927	Alfred Adlers *Menschenkenntnis*, eine Sammlung von Vorträgen, die er im Volksheim Ottakring gehalten hat, erscheint.
1927	Architekt Richard Neutras Buch *Wie Baut Amerika?* erscheint.
1.3.1927	Erstmaliges Erscheinen von *Das Kleine Blatt* als neue kleinformatige Tageszeitung der SDAP
4.3.1927	Uraufführung von *Toni. Eine Schulmädchenkomödie in zehn Bildern* von Gina Kaus im Schauspielhaus Bremen, ausgezeichnet mit dem Goethe-Preis der Stadt Bremen
22.3.1927	Beschluss des Stadtsenats zur Ausgabe des „Säuglingswäschepakets", das alle in Wien wohnhaften und zuständigen Frauen erhalten
20.4.1927	In der *Arbeiter-Zeitung* erscheint *Eine Kundgebung des geistigen Wien*, in der prominente Intellektuelle (darunter Sigmund Freud, Franz Čižek, Alma Mahler, Anton Webern und andere) zur Wahl der Sozialdemokraten aufrufen.
24.4.1927	Landtags- und Gemeinderatswahl (SDAP 60,3 %); bei der gleichzeitigen Nationalratswahl erhält die antimarxistische Einheitsliste (Christlichsoziale, Großdeutsche Volkspartei, nationalsozialistische Gruppen unter Walter Riehl und Karl Schulz u. a.) 48,2 %, die SDAP 42,3 %.
5.–19.7.1927	Erste Wiener Festwochen
15.7.1927	Justizpalastbrand (Julirevolte) als Folge des Freispruchs der den Frontkämpfern zuzurechnenden Todesschützen bei einer politischen Auseinandersetzung im burgenländischen Schattendorf. Nach dem Sturm des Justizpalasts durch demonstrierende Arbeiter und Arbeiterinnen eröffnet die Polizei das Feuer und tötet 84 Menschen, fünf Polizisten kommen ums Leben, Hunderte werden auf beiden Seiten verwundet.
2.8.1927	Mittelschul- und Hauptschulgesetz (Bundesverfassungsgesetze) als Kompromiss der Schulreform
14.–15.9.1927	Zweiter Kongress der sozialistischen Individualpsychologen in Wien
17.–19.9.1927	Plakataktion von Karl Kraus gegen den Wiener Polizeipräsidenten Schober wegen dessen Schießbefehl beim Justizpalast-Massaker („Ich fordere Sie auf abzutreten")
Oktober 1927	Stefan Zweigs *Sternstunden der Menschheit* erscheint.
26.10.1927	Eröffnung der Jüdischen Künstlerspiele im Nestroyhof in der Wiener Leopoldstadt, Eröffnungsstück: Scholem Aschs *Der Glaube*
25.11.1927	Wiener Uraufführung von Gustav Ucickys Stummfilm *Café Elektric*: erste Hauptrolle für Marlene Dietrich
13.12.1927	Tod von Zwi Perez Chajes, stellvertretender Oberrabbiner der Israelitischen Kultusgemeinde Wien, Zionist, Verfechter des Wiener hebräischen Schulwesens und der jüdischen Gemeinschaftsfürsorge

31.12.1927	Premiere von Ernst Kreneks Oper *Jonny spielt auf* in der Wiener Staatsoper, Bühnenbilder von Oskar Strnad
1928	Käthe Leichters soziologische Pionierstudie *Wie leben die Wiener Heimarbeiter? Eine Erhebung über die Arbeits- und Lebensverhältnisse von tausend Wiener Heimarbeitern* erscheint.
20.5.1928	Eröffnung des Kongressbades in Wien Ottakring nach Plänen von Erich Franz Leischner (mit einem 100-Meter-Becken das damals größte künstliche Freibad Wiens)
19.–22.7.1928	10. Deutsches Sängerbundfest in Wien
12.11.1928	Republikfeier anlässlich des zehnten Jahrestags der Republikgründung, u. a. Festkonzert mit Aufführungen von Werken Gustav Mahlers und Arnold Schoenbergs unter der Leitung Anton Weberns, organisiert von der Sozialdemokratischen Kunststelle
23.11.1928	Gründungsversammlung des Vereins Ernst Mach: Das öffentliche Engagement des Wiener Kreises beginnt.
27.12.1928	Wilhelm Reich und Marie Frischauf-Pappenheim gründen die Sozialistische Gesellschaft für Sexualberatung und Sexualforschung: Eröffnung mehrerer Sexualberatungsstellen für Arbeiter und Angestellte in Wien.
1929	Eröffnung des städtischen Kindergartens in der Gemeindebauanlage Sandleiten nach Plänen von Erich Franz Leischner. Der Kindergarten wird als Montessori-Kindergarten geführt. Der Sandleitenhof ist mit knapp 1.600 Wohnungen und 4.000 Bewohnern und Bewohnerinnen der größte Gemeindebau im Roten Wien.
1929	Veröffentlichung des Romans *Ein österreichischer Don Juan* von Marta Karlweis
1929	Die programmatische Schrift *Wissenschaftliche Weltauffassung – Der Wiener Kreis: Veröffentlichung des Vereins Ernst Mach* erscheint.
7.3.1929	Erstaufführung von Paul Czinners Verfilmung von Arthur Schnitzlers *Fräulein Else* mit Elisabeth Bergner in der Titelrolle
April 1929	Ausstellung *Das Wochenende der Wiener* („Weekendschau") im Looshaus am Michaelerplatz
6.4.1929	Erstmaliges Erscheinen von *Der Kuckuck* als moderne Bildillustrierte der SDAP
9.6.1929	Gewerbefestzug im Rahmen der Wiener Festwochen
12.–14.7.1929	Internationales Sozialistisches Jugendtreffen in Wien
Oktober 1929	Einweihung der Hietzinger Synagoge in der Eitelbergergasse, von Arthur Grünberger und Adolf Jelletz als moderne Interpretation eines jüdischen Sakralraums entworfen. Am Architekturwettbewerb nahmen auch Richard Neutra, Hugo Gorge und Fritz Landauer teil, Juryvorsitz: Josef Hoffmann.
Dezember 1929	Der Österreichische Verband für Wohnungsreform eröffnet die Beratungsstelle für Inneneinrichtung und Wohnungshygiene (BEST), eine Dauerausstellung im neu errichteten Karl-Marx-Hof.
1929/30	Fertigstellung des Tuberkulosepavillons im städtischen Krankenhaus Lainz als Schlusspunkt des 1923 begonnenen Ausbaus der Tuberkulosefürsorge
1930	Grete Wiesenthal choreografiert das Ballett *Der Taugenichts in Wien* für die Wiener Staatsoper.
1930	Sigmund Freuds *Das Unbehagen in der Kultur* erscheint.

1930	„Gleispach'sche Studentenverordnung" an der Universität Wien (Zugangsbeschränkung für jüdische Studierende)
1930	Der erste Band von Robert Musils Roman *Der Mann Ohne Eigenschaften* erscheint.
Mai 1930	Veröffentlichung des *Handbuchs der Frauenarbeit in Österreich*, herausgegeben von Käthe Leichter und der Kammer für Arbeiter und Angestellte in Wien
Mai 1930	1. Gauparteitag der NSDAP Wien im Wiener Konzerthaus
18.5.1930	Korneuburger Eid der paramilitärischen Heimwehren
28.5.1930	Eröffnung des Internationalen Frauenkongresses in Wien
September 1930	Wahlerfolg der Nationalsozialisten in Deutschland löst neue Unruhewelle an Universitäten aus.
16.–23.9.1930	Kongress der Weltliga für Sexualreform mit dem Thema „Sexualnot und Sexualreform" in Wien
12.10.1930	Offizielle Eröffnung des Karl-Marx-Hofs, Architekt: Karl Ehn
18.10.1930	Uraufführung des abendfüllenden Wahlwerbe- und Propagandafilms *Das Notizbuch des Mr. Pim* für die Nationalratswahl 1930, in dem ein amerikanischer Zeitungsbesitzer von den Vorzügen des Roten Wien überzeugt wird, Regie: Frank W. Rossak
3.1.1931	Wiener Kinopremiere der Verfilmung von Erich Maria Remarques Antikriegsroman *Im Westen nichts Neues* (Regie: Lewis Milestone, USA 1930). Der Film wird vier Tage später nach nationalsozialistischen Protesten von der Bundesregierung verboten.
Frühjahr 1931	Der Bau des ersten ‚Wiener Wolkenkratzers', eines vom Architekten Rudolf Frass entworfenen Gemeindebau-Hochhauskomplexes im 9. Wiener Gemeindebezirk, Alsergrund, wird abgesagt.
11.5.1931	Zusammenbruch der Creditanstalt
11.7.1931	Eröffnung des Wiener Praterstadions
19.–26.7.1931	2. Arbeiter-Olympiade der Sozialistischen Arbeitersport-Internationale (SASI) in Wien
23.7.1931	Internationale Frauenkonferenz im Rahmen des 4. Internationalen Sozialistenkongresses in Wien
25.7.–1.8.1931	Kongress der Sozialistischen Internationale in Wien
2.11.1931	Uraufführung von *Geschichten aus dem Wiener Wald* von Ödön von Horváth
1932	Joseph Roths Roman *Radetzkymarsch* erscheint.
1932	Veröffentlichung von Käthe Leichters herausragender soziologischer Studie *So leben wir: 1320 Industriearbeiterinnen berichten über ihr Leben*
1932	Produktion des abendfüllenden Wahlwerbespielfilms *Die vom 17er Haus* (Regie: Artur Berger)
24.4.1932	Landtags- und Gemeinderatswahl in Wien (SDAP 59 %, die Nationalsozialisten erstmals mit 17,4 % vertreten)
Mai 1932	Maifestspiel des Arbeiterbunds für Sport und Körperkultur in Österreich (ASKÖ) im Wiener Praterstadion
5.6.–7.8.1932	Eröffnung der Werkbundsiedlung im 13. Wiener Gemeindebezirk, Hietzing, als Musterhaussiedlung, geleitet von Josef Frank

9.10.1932	Anschlusskundgebung des Verbands Deutsch-Völkischer Vereine auf dem Heldenplatz und Turneraufmarsch auf dem Ring
16.10.1932	Zusammenstöße von NSDAP, Sozialdemokraten und Polizei in Simmering („Simmeringer Blutsonntag")
17.11.1932	Bundespräsident Wilhelm Miklas eröffnet das Hochhaus Herrengasse der Architekten Siegfried Theiss und Hans Jaksch. Mit seinen 16 Stockwerken wird das privat finanzierte Gebäude als „Hochhäuserl" verspottet.
25.11.1932	Rücktritt Hugo Breitners als Finanzstadtrat
7.12.1932	Fußball-Länderspiel England vs. Österreich in London („Wunderteam") an der Londoner Stamford Bridge vor 42.000 Menschen: England siegt 4:3.
1933	Veröffentlichung der bahnbrechenden empirischen soziologischen Untersuchung *Die Arbeitslosen von Marienthal. Ein soziographischer Versuch über die Wirkungen langdauernder Arbeitslosigkeit* von einem Forschungsteam rund um Marie Jahoda, Paul F. Lazarsfeld und Hans Zeisel
18.2.1933	Wien-Premiere des in Wien und der Tschechoslowakei gedrehten Films *Ekstase* (Regie: Gustav Machatý) Die berühmten Nacktszenen machen die Wiener Hauptdarstellerin Hedwig Kiesler bekannt, die später als Hedy Lamarr zum Star wird.
4.3.1933	Rücktritt der drei Nationalratspräsidenten, gefolgt von einem Staatsstreich des regierenden Bundeskanzlers Engelbert Dollfuß
15.3.1933	Polizei verhindert ein neuerliches Zusammentreten des Parlaments.
1.5.1933	Sozialdemokratischer Maiaufmarsch verboten
Mai 1933	Schwere antisemitische Verwüstungen an den Universitäten, Schwerverletzte, zahlreiche ausländische Studierende brechen ihr Studium ab.
10.5.1933	Verbot von Landtagswahlen in Österreich
18.5.1933	Erster Autorenabend der zu Jahresbeginn gegründeten Vereinigung sozialistischer Schriftsteller, Beiträge von Klara Blum, Adolf Unger, Franz Trescher und Alfred Werner
23.5.1933	Ausschaltung des Verfassungsgerichtshofs
26.5.1933	Verbot der Kommunistischen Partei Österreichs (KPÖ)
8.–12.9.1933	Deutscher Katholikentag in Wien
18.9.1933	Der Film *Unsichtbare Gegner* (Regie: Rudolf Katscher) wird in Berlin uraufgeführt. Der Agentenkrimi wurde in Wien gedreht, nachdem sowohl Produzent Sam Spiegel als auch die Darsteller Peter Lorre und Oskar Homolka und weitere Beteiligte als Juden aus Hitler-Deutschland fliehen mussten.
23.9.1933	Verordnung von „Anhaltelagern" für politische Gegner
Oktober 1933	Aufführung der von Adolf Unger zusammengestellten musikalische Revue *Da stimmt was nicht* durch das Rote Kunstkollektiv
3.10.1933	NS-Attentatsversuch auf Bundeskanzler Dollfuß
November 1933	Franz Werfels *Die vierzig Tage des Musa Dagh* erscheint.
10.11.1933	Einführung des standrechtlichen Verfahrens mit Todesstrafe
Dezember 1933	Doppelverdienerverordnung der Regierung Dollfuß: Verheiratete Frauen werden aus dem Staatsdienst entlassen, pensioniert bzw. nicht eingestellt.
11.2.1934	Letztes Arbeiter-Sinfonie-Konzert im Großen Musikvereinssaal
12.–14.2.1934	Bürgerkrieg, Verhaftung von Bürgermeister Karl Seitz, Verbot der SDAP

Literatur

Karl Ausch: Als die Banken fielen. Zur Soziologie der politischen Korruption. Herausgegeben von Alexander Emanuely und Brigitte Lehmann, Wien: Verlag der Theodor Kramer Gesellschaft 2013 [Wien: Europa Verlag 1968].
Josef Aussermair: Kirche und Sozialdemokratie. Der Bund der religiösen Sozialisten 1926–1934, Wien: Europa Verlag 1979.
Gerhard Baader, Veronika Hofer, Thomas Mayer (Hg.): Eugenik in Österreich. Biopolitische Strukturen von 1900 bis 1945, Wien: Czernin 2007.
Walter Baier, Lisbeth N. Trallori, Derek Weber (Hg.): Otto Bauer und der Austromarxismus: „integraler Sozialismus" und die heutige Linke, Berlin: Dietz 2008.
Brigitte Bargetz: Affective Attachments: Women's Suffrage in Austria and the Social Democratic Struggle for Women's Votes in Die Unzufriedene, in: Frontiers in Sociology. Sociological Theory, 28. Jg., Nr. 4 (2019), doi.org/10.3389/fsoc.2019.00028
Kurt Bauer: „….jüdisch aussehende Passanten". Nationalsozialistische Gewalt und sozialdemokratische Gegengewalt in Wien 1932/33, in: Das Jüdische Echo. Europäisches Forum für Kultur und Politik, 54. Jg. (Oktober 2005), S. 125–139.
Otto Bauer: The Austrian Revolution, translated by Eric Canepa, edited by Walter Baier and Eric Canepa, with an introduction by Walter Baier, Chicago: Haymarket Books 2020 [1923].
Steven Beller: Wien und die Juden 1867–1938, Wien: Böhlau 1993.
Jakub S. Beneš: Workers & Nationalism. Czech and German Social Democracy in Habsburg Austria, 1890–1918, Oxford: Oxford University Press 2017.
Gerhard Benetka: Psychologie in Wien. Sozial- und Theoriegeschichte des Wiener Psychologischen Instituts 1922–1938, Wien: WUV-Universitätsverlag 1995.
Gerhard Benetka: Schulreform, Pädagogik und Psychologie: Zur Geschichte des Wiener Psychologischen Instituts, in: Paedagogica Historica, 40. Jg., Nr. 5–6 (2004), S. 705–717.
Judith Beniston, Robert Vilain (Hg.): Culture and Politics in Red Vienna (= Austrian Studies, 14. Jg. 2006).
Walter Benjamin: Über den Begriff der Geschichte, in: Gesammelte Schriften I/2, Frankfurt/Main: Suhrkamp 1991, S. 691–704.
Ernestine Bennersdorfer: Kampf der Symbole. Plakate zu den Nationalratswahlen in der Ersten Republik, Wien: phil Diss. 2002.
Matthew Paul Berg: Reinventing „Red Vienna" after 1945: Habitus, Patronage, and the Foundations of Municipal Social Democratic Dominance, in: The Journal of Modern History, 86. Jg., Nr. 3 (September 2014), S. 603–632.
Christoph Bertsch (Hg.): Das ist Österreich! Bildstrategien und Raumkonzepte 1914–1938, Berlin: Gebr. Mann 2015.
Günter Bischof, Anton Pelinka (Hg.): The Americanization/Westernization of Austria, London: Transaction Publishers 2004.
Eve Blau: Rotes Wien. Architektur 1919–1934. Stadt – Raum – Politik, Wien: Ambra 2014.
Eve Blau, Gabu Heindl, Monika Platzer: Architektur und Politik. Lernen vom Roten Wien, in: Werner Michael Schwarz, Georg Spitaler, Elke Wikidal (Hg.): Das Rote Wien 1919–1934. Ideen, Debatten, Praxis, Basel: Birkhäuser 2019, S. 158–165.
Mark E. Blum, William Smaldone (Hg.): Austro-Marxism: The Ideology of Unity. Volume 1: Austro-Marxist Theory and Strategy (Historical Materialism Book Series), Leiden, Boston Brill 2016.
Mark E. Blum, William Smaldone (Hg.): Austro-marxism: The Ideology of Unity Volume II: Changing the World: The Politics of Austro-Marxism (Historical Materialism Book Series), Leiden, Boston: Brill 2017.

Johanna Bockman, Ariane Fischer, David Woodruff: „Socialist Accounting" by Karl Polanyi: with preface „Socialism and the embedded economy", in: Theory and Society, 45. Jg., Nr. 5 (2016), S. 385–427.
Dieter Bogner, Gertraud Bogner, Andrea Hubin, Manuel Millautz (Hg.): Perspektiven in Bewegung. Sammlung Dieter und Gertraud Bogner im mumok, Köln: Walther König 2017.
Markus Börner, Anja Jungfer, Jakob Stürmann (Hg.): Judentum und Arbeiterbewegung, Berlin: De Gruyter 2018.
Tom Bottomore, Patrick Goode (Hg.): Austro-Marxism, Oxford: Clarendon Press 1978.
Gerhard Botz: Gewalt in der Politik. Attentate, Zusammenstöße, Putschversuche, Unruhen in Österreich 1918–1934, München: Wilhelm Fink 1976.
John W. Boyer: Karl Lueger (1844–1910). Christlichsoziale Politik als Beruf, Wien: Böhlau 2010.
Christian Brandstätter: Wiener Werkstätte, design in Vienna 1903–1932, New York: Harry N. Abrams 2003.
Susanne Breuss, Franz Xaver Eder (Hg.): Konsumieren in Österreich: 19. und 20. Jahrhundert, Wien u. a.: Studienverlag 2006.
Ingried Brugger (Hg.): Jahrhundert der Frauen: vom Impressionismus zur Gegenwart, Österreich 1870 bis heute: Kunstforum Wien: Residenz 1999.
Karl Brunner, Petra Schneider (Hg.): Umwelt Stadt: Geschichte des Natur- und Lebensraumes Wien, Wiener Umweltstudien, Wien: Böhlau 2005.
Doris Byer: Rassenhygiene und Wohlfahrtspflege. Zur Entstehung eines sozialdemokratischen Machtdispositivs in Österreich bis 1934, Frankfurt/Main: Campus 1987.
Francis L. Carsten: Faschismus in Österreich. Von Schönerer zu Hitler, München: Wilhelm Fink 1978.
Felix Czeike: Wirtschafts- und Sozialpolitik der Gemeinde Wien in der Ersten Republik (1919–1934), II. Teil, Wien: Jugend und Volk 1959.
Gareth Dale: Karl Polanyi. A Life on the left, New York, Chichester: Columbia University Press 2016.
Elizabeth Ann Danto: Freud's Free Clinics: Psychoanalysis and Social Justice, 1918–1938, New York: Columbia University Press 2005.
Deutscher Alpenverein, Oesterreichischer Alpenverein, Alpenverein Südtirol (Hg.): Berg Heil!: Alpenverein und Bergsteigen 1918–1945, Köln: Böhlau 2011.
Christian Dewald (Hg.): Arbeiterkino. Linke Filmkultur der Ersten Republik, Wien: Filmarchiv Austria 2007.
Christian Dewald: Politiken des Aushandelns. Wiener Schulreform, Demokratisierung und der Schulneubau in der Freihofsiedlung, 1930, in: Werner Michael Schwarz, Georg Spitaler, Elke Wikidal (Hg.): Das Rote Wien 1919–1934. Ideen, Debatten, Praxis, Basel: Birkhäuser 2019, S. 104–111.
Jürgen Doll: Theater im Roten Wien: vom sozialdemokratischen Agitprop zum dialektischen Theater Jura Soyfers, Wien, Köln, Weimar: Böhlau 1997.
Ilona Duczynska: Der demokratische Bolschewik. Zur Theorie und Praxis der Gewalt, München: List 1975.
Veronika Duma, Katharina Hajek: Haushaltspolitiken. Feministische Perspektiven auf die Weltwirtschaftskrisen von 1929 und 2008, in: ÖZG, 26. Jg., Nr. 1 (2015), S. 46–74.
Veronika Duma, Hanna Lichtenberger: Das Rote Wien. Sozialistische Stadt im konservativen Staat, in: Luxemburg. Gesellschaftsanalyse und linke Praxis, 8. Jg., Nr. 2 (2016), S. 122–130.
Rosa Dworschak: Dorfgeschichten aus der Großstadt, Wien: Löcker 2014.
Peter Eigner: Die Finanzpolitik des Roten Wien, in: Werner Michael Schwarz, Georg Spitaler, Elke Wikidal (Hg.): Das Rote Wien 1919–1934. Ideen, Debatten, Praxis, Basel: Birkhäuser 2019, S. 42–49.
Andrea Ellmeier: Frauenpolitik. Zur Geschichte emanzipatorischer Politik und Praxis (in der Ersten Welt). Am Beispiel Österreich, in: Forum Politische Bildung (Hg.): Geschlechtergeschichte –

Gleichstellungspolitik – Gender Mainstreaming (=Informationen zur Politischen Bildung Bd. 26), Studienverlag, Innsbruck, Bozen, Wien 2006, S. 5–23.

Martin Erian, Primus-Heinz Kucher (Hg.): Exploration urbaner Räume – Wien 1918–1938. (Alltags)kulturelle, künstlerische und literarische Vermessungen der Stadt in der Zwischenkriegszeit, Göttingen: V&R Unipress 2019.

Gudrun Exner: Rudolf Goldscheid (1870–1931) and the Economy of Human Beings, in: Vienna Yearbook of Population Research, 2. Jg. (2004), S. 283–301.

Karl Fallend: Wilhelm Reich in Wien. Psychoanalyse und Politik, Wien, Salzburg: Geyer-Edition 1988.

Wolfgang Fichna: David Josef Bach. Die Vermittlung der Musik der Moderne in der sozialdemokratischen Kulturpolitik, in: Werner Michael Schwarz, Georg Spitaler, Elke Wikidal (Hg.): Das Rote Wien 1919–1934. Ideen, Debatten, Praxis, Basel: Birkhäuser 2019, S. 348–351.

Andreas Fisahn, Thilo Scholle, Ridvan Ciftci (Hg.): Marxismus als Sozialwissenschaft. Rechts- und Staatsverständnisse im Austromarxismus, Baden-Baden: Nomos 2018.

Kurt Flasch: Die Geistige Mobilmachung: Die Deutschen Intellektuellen und der Erste Weltkrieg, Berlin: Fest 2000.

Christian Fleck: Rund um „Marienthal": Von den Anfängen der Soziologie in Österreich bis zu ihrer Vertreibung, Wien: Verlag für Gesellschaftskritik 1990.

Christian Fleck: Transatlantische Bereicherungen: Zur Erfindung der Empirischen Sozialforschung, Frankfurt/Main: Suhrkamp 2007.

Wolfgang Förster, Tobias G. Natter, Ines Rieder (Hg.): Der andere Blick. Lesbischwules Leben in Österreich. Eine Kulturgeschichte, Wien: MA 57 Frauenförderung und Koordination von Frauenangelegenheiten 2001.

Harriet Pass Freidenreich: Jewish Politics in Vienna, 1918–1938, Bloomington and Indianapolis: Indiana University Press 1991.

Michael Friedman: Reconsidering Logical Positivism, Cambridge: CUP 1999.

Rainer Fuchs: Apologie und Diffamierung des „österreichischen Expressionismus". Begriffs- und Rezeptionsgeschichte der österreichischen Malerei 1908 bis 1938, Wien, Köln: Böhlau 1991.

Sheldon Gardner, Gwendolyn Stevens: Red Vienna and the Golden Age of Psychology, New York: Praeger 1992.

Peter Gay: Freud: A Life for Our Time, New York: Norton 1998.

Alys X. George: Hollywood on the Danube? Vienna and Austrian Silent Film of the 1920s, in: Deborah Holmes, Lisa Silverman (Hg.): Interwar Vienna. Culture between Tradition and Modernity, Rochester, NY: Camden House 2009, S. 143–160.

Guntram Geser, Armin Loacker (Hg.): Die Stadt ohne Juden, Wien: Filmarchiv Austria 2000.

Wilfried Göttlicher: Das Rote Wien – eine Musterschulstadt, in: Werner Michael Schwarz, Georg Spitaler, Elke Wikidal (Hg.): Das Rote Wien 1919–1934. Ideen, Debatten, Praxis, Basel: Birkhäuser 2019, S. 96–103.

Antonio Gramsci: Amerikanismus und Fordismus, in: Gefängnishefte Band 9, Heft 22, Hamburg: Argument 1999, S. 2069–2099.

Helmut Gruber: Sexuality in ‚Red Vienna': Socialist Party Conceptions and Programs and Working-Class Life, 1920–34, in: International Labor and Working-Class History, 31. Jg. (Spring 1987) S. 37–68.

Helmut Gruber: Red Vienna. Experiment in Working-Class Culture 1919–1934, New York, Oxford u. a.: Oxford University Press 1991.

Helmut Gruber: The „New Woman": Realities and Illusions of Gender Equality in Red Vienna, in: Helmut Gruber, Pamela Graves (Hg.): Women and Socialism – Socialism and Women. Europe Between the World Wars, New York u. a.: Berghahn 1998, S. 56–94.

Helmut Gruber: Red Vienna, Workers, Mass Culture and Modernity, in: Roman Horak, Wolfgang Maderthaner, Siegfried Mattl, Gerhard Meissl, Lutz Musner, Alfred Pfoser (Hg.): Metropole Wien: Texturen der Moderne, Wien: WUV Universitätsverlag 2000, S. 48–52.
Dagmar Günther: Wandern und Sozialismus: Zur Geschichte des Touristenvereins „Die Naturfreunde" im Kaiserreich und in der Weimarer Republik (Schriftenreihe Studien zur Geschichtsforschung der Neuzeit), Hamburg: Kovač 1997.
Dagmar Günther: Alpine Quergänge: Kulturgeschichte des bürgerlichen Alpinismus (1870–1930), Frankfurt/Main, New York: Campus 1998.
Bernhard Hachleitner, Matthias Marschik, Georg Spitaler (Hg.): Sportfunktionäre und Jüdische Differenz. Zwischen Anerkennung und Antisemitismus. Wien 1918 bis 1938, Berlin: De Gryuter 2018.
Malachi Haim Hacohen: Karl Popper – The Formative Years, 1902–1945: Politics and Philosophy in Interwar Vienna, Cambridge: Cambridge University Press 2000.
Sabine Hake: The Proletarian Dream. Socialism, Culture, and Emotion in Germany 1893–1933, Berlin, Boston: De Gruyter 2017.
Ruth Hanisch: Moderne vor Ort: Wiener Architektur 1889–1938, Wien, Köln, Weimar: Böhlau 2018.
Gabriella Hauch: From Self-Help to Konzern: Consumer Cooperatives in Austria 1840–1990, in: Ellen Furlough, Carl Strikwerda (Hg.): Consumers against capitalism? Consumer cooperation in Europe, North America, and Japan, 1840–1990, Lanham: Rowman & Littlefield 1999, S. 191–219.
Gabriella Hauch: Frauen bewegen Politik. Österreich 1848–1938, Innsbruck, Wien, Bozen: Studienverlag 2009.
Hans Hautmann, Rudolf Hautmann: Die Gemeindebauten des Roten Wiens, Wien: Schönbrunn-Verlag 1980.
Edward Hoffman: The Drive for Self: Alfred Adler and the Founding of Individual Psychology, Reading, Mass: Addison-Wesley 1994.
Andrej Holm: Mythos „Rotes Wien". Über die Sehnsucht nach öffentlicher Verantwortung. Der Blick aus Berlin auf den Wiener Wohnbau, in: Der Gemeindebau. Ein kritischer Hausbesuch, Falter Nr. 37a (2019), S. 36–37.
Deborah Holmes: The Feuilleton of the Viennese ‚Arbeiter-Zeitung' 1918–1934: Production Parameters and Personality Problems, in: Austrian Studies, 14. Jg. (2006), S. 99–117.
Deborah Holmes, Lisa Silverman (Hg.): Interwar Vienna: Culture Between Tradition and Modernity, Rochester, NY: Camden House 2009.
Everhard Holtmann: Die Organisation der Sozialdemokratie in der Ersten Republik 1918–1934, in: Wolfgang Maderthaner, Wolfgang C. Müller (Hg.): Die Organisation der österreichischen Sozialdemokratie 1889–1995, Wien: Löcker 1996, S. 93–167.
Anton Holzer: Rasende Reporter. Eine Kulturgeschichte des Fotojournalismus, Darmstadt: Primus 2014.
Axel Honneth: Das „Rote Wien": Vom Geist des sozialistischen Experimentalismus, in: ders.: Die Idee des Sozialismus. Erweiterte Ausgabe, Berlin: Suhrkamp 2017, S. 169–180.
Roman Horak, Wolfgang Maderthaner: Mehr als ein Spiel. Fußball und populare Kulturen im Wien der Moderne, Wien: Löcker 1997.
Doris Ingrisch, Ilse Korotin, Charlotte Zwiauer (Hg.): Die Revolutionierung des Alltags. Zur intellektuellen Kultur von Frauen im Wien der Zwischenkriegszeit, Frankfurt/Main, Wien u. a.: Peter Lang 2004.
Pieter M. Judson: Habsburg. Geschichte eines Imperiums 1740–1918, München: C. H. Beck 2017.
Anton Kaes: Theory and Ethics of a Sourcebook, unveröffentlichtes Interview, Berkeley, CA, 2015.
Anton Kaes, Martin Jay, Edward Dimendberg (Hg.): The Weimar Sourcebook, Berkeley, Los Angeles, London: University of California Press 1994.

Tait Keller: Apostles of the Alps: Mountaineering and Nation Building in Germany and Austria, 1860–1939, Chapel Hill: The University of North Carolina Press, 2016.
Hans Kernbauer: Österreichische Währungs-, Bank- und Budgetpolitik in der Zwischenkriegszeit, in: Emmerich Tálos, Herbert Dachs, Ernst Hanisch, Anton Staudinger (Hg.): Handbuch des Politischen Systems Österreichs. Erste Republik 1918–1933, Wien: Manz 1995, S. 552–569.
Hans Kernbauer, Fritz Weber: Von der Inflation zur Depression. Österreichs Wirtschaft 1918–1934, in: Emmerich Tálos, Wolfgang Neugebauer (Hg.): „Austrofaschismus". Beiträge über Politik, Ökonomie und Kultur 1934–1938, Wien: Verlag für Gesellschaftskritik 1985, S. 1–30.
Grete Klingenstein: Die Anleihe von Lausanne. Ein Beitrag zur Geschichte der Ersten Republik in den Jahren 1931–1934, Wien, Graz: Stiasny 1965.
Käthe Knittler: Käthe Leichter und die Wirtschaftskrise, in: Kurswechsel. Zeitschrift für gesellschafts-, wirtschafts- und umweltpolitische Alternativen, Nr. 4 (2013), S. 74–81.
Julia Köstenberger: Kaderschmiede des Stalinismus: Die Internationale Leninschule in Moskau (1926–1938) und die österreichischen Leninschüler und Leninschülerinnen, Wien: LIT 2016.
Adam Kożuchowski: The Afterlife of Austria-Hungary: the Image of the Habsburg Monarchy in Interwar Europe, Pittsburgh, Pa.: University of Pittsburgh Press 2013.
Victor Kraft: Der Wiener Kreis. Der Ursprung des Neopositivismus. Ein Kapitel der jüngsten Philosophiegeschichte, Wien: Springer 1950.
Marion Krammer: Bissige Bilder. Die Fotomontage als visuelles Propagandainstrument der Sozialdemokratie in den Jahren 1929–1934, Wien: Dipl.-Arb. 2008.
Marion Krammer: Fotografie, Bildpropaganda und visuelle Kommunikation, in: Werner Michael Schwarz, Georg Spitaler, Elke Wikidal (Hg.): Das Rote Wien 1919–1934. Ideen, Debatten, Praxis, Basel: Birkhäuser 2019, S. 287–295.
Reinhard Krammer: Arbeitersport in Österreich, Wien: Europa Verlag 1981.
Michael Krätke: Austromarxismus und politische Ökonomie, in: Austriaca, 40. Jg., Nr. 80 (Juin 2015), S. 31–52.
Ernst Krenek: Im Atem der Zeit. Erinnerungen an die Moderne, Wien: Braumüller 2012.
Helmut Konrad, Gabriella Hauch: Hundert Jahre Rotes Wien. Die Zukunft einer Geschichte (Wiener Vorlesungen, Band 193), Wien: Picus 2019.
Gabriel Kuhn (Hg.): Antifascism, Sports, Sobriety. Forging a Militant Working-Class Culture. Selected Writings by Julius Deutsch, Oakland: PM Press 2017.
Rolf Laven: Franz Čižek und die Wiener Jugendkunst, Wien: Schlebrügge 2006.
Liane Lefaivre: Rebel Modernists: Viennese Architecture Since Otto Wagner, London: Lund Humphries 2017.
Jill Lewis: Conservatives and Fascists in Austria, 1918–34, in: Martin Blinkhorn (Ed.): Fascists and Conservatives. The Radical Right and the Establishment in Twentieth-Century Europe, London: Unwin Hyman 1990, S. 98–117.
Jill Lewis: Fascism and the Working Class in Austria, 1918–1934. The Failure of Labour in the First Republic, New York, Oxford: Berg 1991.
Veronika Lipphardt: Biologie der Juden. Jüdische Wissenschaftler über „Rasse" und Vererbung 1900–1935, Göttingen 2008: Vandenhoeck & Ruprecht.
Raimund Löw, Siegfried Mattl, Alfred Pfabigan: Der Austromarxismus. Eine Autopsie. Drei Studien, Frankfurt/Main: Isp-Verlag 1986.
Hanno Loewy, Gerhard Milchram (Hg.): „Hast Du Meine Alpen Gesehen?": Eine Jüdische Beziehungsgeschichte [Eine Ausstellung des Jüdischen Museums Hohenems und des Jüdischen Museums Wien], Hohenems: Bucher 2009.
Cheryl Logan: Hormones, Heredity, and Race. Spectacular Failure in Interwar Vienna, Brunswick, N. J.: Rutgers University Press 2013.

Christopher Long: Wiener Wohnkultur: Interior Design in Vienna, 1910–1938, in: Studies in the Decorative Arts, 5. Jg., Nr. 1 (Fall-Winter 1997–1998), S. 29–51.
Wolfgang Maderthaner: Die österreichische Sozialdemokratie 1918 bis 1934, in: Walter Öhlinger (Hg.): Das Rote Wien 1918–1934, Wien: Historisches Museum der Stadt Wien 1993, S. 28–42.
Wolfgang Maderthaner: Das kommunale Experiment des Roten Wien – die „Veralltäglichung" der Utopie? In: Alexander Amberger, Thomas Möbius (Hg.): Auf Utopias Spuren. Utopie und Utopieforschung. Festschrift für Richard Saage zum 75. Geburtstag, Wiesbaden: Springer VS 2017, S. 207–227.
Wolfgang Maderthaner, Lutz Musner: Die Anarchie der Vorstadt. Das andere Wien um 1900, Frankfurt/Main, New York: Campus 1999.
Michaela Maier, Wolfgang Maderthaner: Zwischen Depression und Hybris, in: Michaela Maier, Wolfgang Maderthaner: Im Bann der Schattenjahre: Wien in der Zeit der Wirtschaftskrise 1929 bis 1934, Wien: Echomedia 2012, S. 12–24.
Helene Maimann (Hg.): Mit uns zieht die neue Zeit. Arbeiterkultur in Österreich 1918–1934. Katalog zur Ausstellung der Österreichischen Gesellschaft für Kulturpolitik und des Meidlinger Kulturkreises, Straßenbahn-Remise Wien Meidling, 23. Jänner bis 3. Mai 1981, Wien: Habarta & Habarta 1981.
Helene Maimann, Siegfried Mattl (Hg.): Die Kälte des Februar. Österreich 1933–1938. Eine Ausstellung der Österreichischen Gesellschaft für Kulturpolitik gemeinsam mit dem Meidlinger Kulturkreis, Straßenbahn-Remise Koppreitergasse, 12. Februar – 1. Mai 1984, Wien: Junius/Verlag Wiener Volksbuchhandlung 1984.
Desmond Mark (Hg.): Paul Lazarsfelds Wiener RAVAG-Studie 1932: Der Beginn der modernen Rundfunkforschung, Wien, Mülheim a. d. Ruhr: Guthmann Peterson 1996.
Matthias Marschik: Wir spielen nicht zum Vergnügen. Arbeiterfußball in der Ersten Republik, Wien: Verlag für Gesellschaftskritik 1994.
Christian Maryška: „Ho-Ruck nach links!" oder der Mehrwert der Bilder, in: Werner Michael Schwarz, Georg Spitaler, Elke Wikidal (Hg.): Das Rote Wien 1919–1934. Ideen, Debatten, Praxis, Basel: Birkhäuser 2019, S. 317–323.
Siegfried Mattl: Wiener Paradoxien: Fordistische Stadt, in: Roman Horak, Wolfgang Maderthaner, Siegfried Mattl, Gerhard Meissl, Lutz Musner, Alfred Pfoser (Hg.): Metropole Wien. Texturen der Moderne, Wien: WUV Universitätsverlag 2000, S. 22–96.
Siegfried Mattl: Die Marke „Rotes Wien". Politik aus dem Geist der Reklame, in: Wolfgang Kos (Hg.): kampf um die stadt. Politik, kunst und alltag um 1930 (Katalog zur gleichnamigen Ausstellung im Wien Museum, Künstlerhaus, 19. November 2009 bis 28. März 2010), Wien: Czernin 2009, S. 54–63.
Siegfried Mattl: Kreatives Spektakel: Ein Festzug der Gewerbe 1929, in: Dirk Hohnsträter (Hg.): Konsum und Kreativität, Bielefeld: Transcript 2016, S. 93–108.
Brigitte Mayr, Michael Omasta (Hg.): Fritz Rosenfeld, Filmkritiker, Wien: Filmarchiv Austria 2007.
Britta McEwen: Sexual Knowledge: Feeling, Fact, and Social Reform in Vienna, 1900–1934, New York, Oxford: Berghahn, 2012.
Rob McFarland: Red Vienna, White Socialism and the Blues: Ann Tizia Leitich's America, Rochester, NY: Camden House 2015.
Maria Mesner: Geburten/Kontrolle. Reproduktionspolitik im 20. Jahrhundert, Wien, Köln: Böhlau 2010.
Gerhard Milchram: „An alle arbeitenden Juden!" Jüdische Stimmen zum Roten Wien, in: Werner Michael Schwarz, Georg Spitaler, Elke Wikidal (Hg.): Das Rote Wien 1919–1934. Ideen, Debatten, Praxis, Basel: Birkhäuser 2019a, S. 62–67.

Gerhard Milchram: Sozialdemokratie und Antisemitismus, in: Werner Michael Schwarz, Georg Spitaler, Elke Wikidal (Hg.): Das Rote Wien 1919–1934. Ideen, Debatten, Praxis, Basel: Birkhäuser 2019b, S. 70–73.

Christopher Morris: Modernism and the Cult of Mountains: Music, Opera, Cinema, Burlington, VT: Ashgate 2012.

Karl Müller, Hans Wagener (Hg.): Österreich 1918 und die Folgen. Geschichte, Literatur, Theater und Film. Austria 1918 and the Aftermath. History, Literature, Theater, and Film, Wien: Böhlau 2009.

Birgit Nemec, Werner Michael Schwarz: Afrika singt. Rotes Wien global, in: Werner Michael Schwarz, Georg Spitaler, Elke Wikidal (Hg.): Das Rote Wien 1919–1934. Ideen, Debatten, Praxis, Basel: Birkhäuser 2019, S. 58–61.

Andreas Nierhaus, Eva-Maria Orosz (Hg.): Werkbundsiedlung Wien 1932. Ein Manifest des Neuen Wohnens (Katalog zur gleichnamigen 383. Sonderausstellung des Wien Museums, 6. September 2012 bis 13. Jänner 2013), Wien: Müry Salzmann 2012.

Pippa Norris: A Virtous Circle. Political Communication in Postindustrial Societies, Cambridge: Cambridge University Press 2000.

Klaus Novy, Wolfgang Förster: einfach bauen. Genossenschaftliche Selbsthilfe nach der Jahrhundertwende. Zur Rekonstruktion der Wiener Siedlerbewegung, Wien: Verein für Kommunalpolitik 1985.

Thomas Olechowski: Der Beitrag Hans Kelsens zur österreichischen Bundesverfassung, in: Robert Walter, Werner Ogris, Thomas Olechowski (Hg.): Hans Kelsen: Leben – Werk – Wirksamkeit. Ergebnisse einer Internationalen Tagung, veranstaltet von der Kommission für Rechtsgeschichte Österreichs und dem Hans Kelsen-Institut (19. – 21. April 2009), Wien: Manz 2009, S. 211–230.

Jamie Peck: Remaking laissez-faire, in: Progress in Human Geography, 32. Jg., Nr. 1 (2008), S. 3–43.

Anton Pelinka: Sozialdemokratie und Antisemitismus, in: ÖZG, 3. Jg., Nr. 4 (1992), S. 540–554.

Manfred Pils: „Berg frei!" 100 Jahre Naturfreunde, Wien: Verlag für Gesellschaftskritik 1994.

Katrin Pilz: „Aufklärung? Abschreckung? In der mit Sexualität gespannten Atmosphäre des Kinos?" Sexualität in Wiener klinischen und populärwissenschaftlichen Filmen der Moderne, in: Aylin Basaran, Julia B. Köhne, Klaudija Sabo, Christina Wieder (Hg.): Sexualität und Widerstand. Internationale Filmkulturen, Wien, Berlin: Mandelbaum 2018, S. 54–76.

Katrin Pilz: Mutter (Rotes) Wien. Fürsorgepolitik als Erziehungs- und Kontrollinstanz im „Neuen Wien", in: Werner Michael Schwarz, Georg Spitaler, Elke Wikidal (Hg.): Das Rote Wien 1919–1934. Ideen, Debatten, Praxis, Basel: Birkhäuser 2019, S. 74–81.

Gottfried Pirhofer, Reinhard Sieder: Zur Konstitution der Arbeiterfamilie im Roten Wien: Familienpolitik, Kulturreform, Alltag und Ästhetik, in: Michael Mitterauer, Reinhard Sieder (Hg.): Historische Familienforschung, Frankfurt/Main: Suhrkamp 1982, S. 326–368.

Sabine Plakolm-Forsthuber: Künstlerinnen in Österreich 1897–1938: Malerei, Plastik, Architektur, Wien: Picus 1994.

Monika Platzer, Ursula Storch (Hg.): Kinetismus. Wien entdeckt die Avantgarde, Ostfildern: Hatje Cantz 2006.

Alfred Pfoser: Literatur und Austromarxismus, Wien: Löcker 1980.

Alfred Pfoser, Andreas Weigl (Hg.): Im Epizentrum des Zusammenbruchs. Wien im Ersten Weltkrieg, Wien: metroverlag 2013.

Alfred Pfoser, Andreas Weigl: Die Erste Stunde Null. Gründungsjahre der österreichischen Republik 1918–1922, Salzburg: Residenz 2017.

Elisabeth Prinz: Die Neue Frau als biopolitische Utopie. Das sozialdemokratische Menschen- und Frauenbild in der österreichischen Zwischenkriegszeit, in: [sic!], 16. Jg., Nr. 64 (2009), S. 18–20, https://homepage.univie.ac.at/elisabeth.prinz/NeueFrau/NeueFrau_Artikel_nurText.pdf.

Robert Pyrah: The Burgtheater and Austrian Identity: Theater and Cultural Politics in Vienna, 1918–38, London: Modern Humanities Research Association 2007.

Anson Rabinbach: Vom Roten Wien zum Bürgerkrieg, Wien: Löcker 1989.

Anson Rabinbach, Sander L. Gilman (Hg.): The Third Reich Sourcebook, Berkeley, Los Angeles: University of California Press 2013.

Sabrina Rahman: Mit der Westbahn nach West Yorkshire. Die Wohnbauten von Quarry Hill und der Internationalismus des Roten Wien, in: Werner Michael Schwarz, Georg Spitaler, Elke Wikidal (Hg.): Das Rote Wien 1919–1934. Ideen, Debatten, Praxis, Basel: Birkhäuser 2019, S. 274–277.

Béla Rásky: Arbeiterfesttage: Die Fest- und Feiernkultur der sozialdemokratischen Bewegung in der Ersten Republik Österreich 1918–1934, Wien: Europa Verlag 1992.

Rolf Reventlow: Zwischen Alliierten und Bolschewiken. Arbeiterräte in Österreich 1918 bis 1923, Wien: Europa Verlag 1969.

Stefan Riesenfellner, Josef Seiter: Der Kuckuck. Die moderne Bild-Illustrierte des Roten Wien, Wien: Verlag für Gesellschaftskritik 1995.

Thomas Rohkrämer: Eine Andere Moderne?: Zivilisationskritik, Natur und Technik in Deutschland 1880–1933, Paderborn: Schöningh 1999.

Karl Sablik: Julius Tandler. Mediziner und Sozialreformer, 2. Auflage, Frankfurt/Main u. a.: Peter Lang 2010.

Günther Sandner: Otto Neurath. Eine politische Biografie, Wien: Zsolnay 2014.

Franz Schausberger: Ins Parlament, um es zu zerstören. Die Nationalsozialisten in den österreichischen Landtagen 1932/33, Wien: Böhlau 1995.

Wendelin Schmidt-Dengler: Ohne Nostalgie. Zur österreichischen Literatur der Zwischenkriegszeit, Wien: Böhlau 2002.

Arnold Schönberg: Gesammelte Schriften 1: Stil und Gedanke, Frankfurt/Main: Fischer 1976.

Carl E. Schorske: Wien: Geist und Gesellschaft im Fin de siècle, Frankfurt/Main: S. Fischer 1982.

Angela Schwarz: Die Erfindung des Wochenendes in der Presse der Weimarer Republik, in: Katja Leiskau, Patrick Rössler, Susann Trabert (Hg.): Deutsche illustrierte Presse: Journalismus und visuelle Kultur in der Weimarer Republik, Baden-Baden: Nomos 2016, S. 275–304.

Peter Schwarz: Julius Tandler. Zwischen Humanismus und Eugenik, Wien: Edition Steinbauer 2017.

Ursula Schwarz: Der Gemeindebau vom Austrofaschismus bis nach 1938, in: Werner Michael Schwarz, Georg Spitaler, Elke Wikidal (Hg.): Das Rote Wien 1919–1934. Ideen, Debatten, Praxis, Basel: Birkhäuser 2019, S. 384–387.

Werner Michael Schwarz: Kein Entrinnen! Plakate in Österreich, in: Matthias Karmasin, Christian Oggolder (Hg.): Österreichische Mediengeschichte. Band 2: Von Massenmedien zu sozialen Medien (1918 bis heute), Berlin: Springer 2019, S. 125–150.

Werner Michael Schwarz, Georg Spitaler, Elke Wikidal (Hg.): Das Rote Wien 1919–1934. Ideen, Debatten, Praxis, Basel: Birkhäuser 2019.

Maren Seliger: Sozialdemokratie und Kommunalpolitik in Wien. Zu einigen Aspekten sozialdemokratischer Politik in der Vor-und Zwischenkriegszeit, München: Jugend und Volk 1980.

Reinhard J. Sieder, Wohnen und Haushalten im Gemeindebau. Politischer Diskurs, Repräsentation, Praxis, kulturelle Folgen, in: Werner Michael Schwarz, Georg Spitaler, Elke Wikidal (Hg.): Das Rote Wien 1919–1934. Ideen, Debatten, Praxis, Basel: Birkhäuser 2019, S. 234–241.

Reinhard Sieder, Andrea Smioski: Der Kindheit beraubt. Gewalt in den Erziehungsheimen der Stadt Wien, Innsbruck, Wien, Bozen: Studienverlag 2012.

Lisa Silverman: Becoming Austrians: Jews and Culture between the World Wars, Oxford: Oxford University Press 2012.

Thomas Soxberger: Revolution am Donaukanal: Jiddische Kultur und Politik in Wien 1904 bis 1938, Wien: Mandelbaum 2013.
Klaus Spechtenhauser (Hg.): Die Küche: Lebenswelt, Nutzung, Perspektiven Birkhäuser: Basel 2006.
Friedrich Stadler: Studien zum Wiener Kreis. Ursprung, Entwicklung und Wirkung des Logischen Empirismus im Kontext, Frankfurt/Main: Suhrkamp 1997.
Friedrich Stadler: Schriftsprache und Bildsprache nach Otto Neurath – Popularisierung oder Humanisierung des Wissens?, in: Mitchell G. Ash, Christian H. Stifter (Hg.): Wissenschaft, Politik und Öffentlichkeit. Von der Wiener Moderne bis zur Gegenwart, Wien: WUV Universitätsverlag 2002, S. 267–303.
Karl R. Stadler (Hg.): Sozialistenprozesse. Politische Justiz in Österreich 1870–1936, Wien: Europa Verlag 1986.
Gerhard Steger: Rote Fahne Schwarzes Kreuz. Die Haltung der Sozialdemokratischen Arbeiterpartei Österreichs zu Religion, Christentum und Kirchen. Von Hainfeld bis 1934, Wien, Köln, Graz: Böhlau 1987.
Herbert Steiner (Hg.): Käthe Leichter. Leben und Werk, Wien: Europa Verlag 1973.
Heinz Steinert: Adorno in Wien. Über die (Un-)Möglichkeit von Kunst, Kultur und Befreiung, Wien: Verlag für Gesellschaftskritik 1989.
Dieter Stiefel: Die große Krise in einem kleinen Land. Österreichische Finanz- und Wirtschaftspolitik 1929–1938, Wien, Köln, Graz: Böhlau 1988.
Christian H. Stifter: Geistige Stadterweiterung: eine kurze Geschichte der Wiener Volkshochschulen, 1887–2005, Weitra: Verlag Bibliothek der Provinz 2005.
Manfredo Tafuri (Hg.): Vienna Rossa: la politica residenziale nella Vienna socialista, 1919–1933, Milano: Electa 1980.
Klaus Taschwer: Der Fall Paul Kammerer. Das abenteuerliche Leben des umstrittensten Biologen seiner Zeit, München: Claus Hanser 2016.
Edward Timms: Karl Kraus: Apocalyptic Satirist, Volume 2. The Postwar Crisis and the Rise of the Swastika, New Haven: Yale University Press 2005.
Transdisziplinäre Konstellationen in der österreichischen Literatur, Kunst und Kultur der Zwischenkriegszeit, Institut für Germanistik Alpen-Adria-Universität Klagenfurt, https://litkult1920er.aau.at/. (2. September 2019).
Hans Veigl: Lachen im Keller: Von den Budapestern zum Wiener Werkel: Kabarett und Kleinkunst in Wien, Wien: Löcker 1990.
John Warren: „weisse Strümpfe oder neue Kutten:" Cultural Decline in Vienna in the 1930s, in: Deborah Holmes, Lisa Silverman (Hg.): Interwar Vienna: Culture between Tradition and Modernity, Rochester, NY: Camden House 2009, S. 32–56.
Janek Wasserman: Black Vienna: The Radical Right in the Red City, 1918–1938, Ithaca, NY: Cornell University Press 2014.
Helmut Weihsmann: Das Rote Wien. Sozialdemokratische Architektur und Kommunalpolitik 1919–1934, 3. Auflage, Wien: Promedia 2019 [1985].
Josef Weidenholzer: Auf dem Weg zum „Neuen Menschen". Bildungs- und Kulturarbeit der österreichischen Sozialdemokratie in der Ersten Republik, Wien: Europa Verlag 1981.
Paul Weindling: A City Regenerated. Eugenics, Race, and Welfare in Interwar Vienna, in: Deborah Holmes, Lisa Silverman (Hg.): Interwar Vienna. Culture between tradition and modernity, Rochester, N.Y.: Camden House 2009, S. 81–114.
Gudrun Wolfgruber: Von der Fürsorge zur Sozialarbeit. Wiener Jugendwohlfahrt im 20. Jahrhundert, Wien: Löcker 2013.
Regina Wonisch (Hg.): Tschechen in Wien. Zwischen nationaler Selbstbehauptung und Assimilation, Wien: Löcker 2010.

Christopher S. Wood (Hg.): The Vienna School Reader. Politics and Art Historical Method in the 1930s, New York: Zone Books 2000.
Gotthart Wunberg, Johannes J. Braakenburg (Hg.): Die Wiener Moderne. Literatur, Kunst und Musik zwischen 1890 und 1910, Stuttgart: Reclam 1981.
Marie-Noëlle Yazdanpanah: „Es lebe drum: Die Frau von heut!" Frauenpolitik im Roten Wien, in: Werner Michael Schwarz, Georg Spitaler, Elke Wikidal (Hg.): Das Rote Wien 1919–1934. Ideen, Debatten, Praxis, Basel: Birkhäuser 2019, S. 50–57.
Susana Zapke: Versuche einer musikalischen Proletariatskultur. Die Beethoven-Zentenarfeier 1927, in: Werner Michael Schwarz, Georg Spitaler, Elke Wikidal (Hg.): Das Rote Wien 1919–1934. Ideen, Debatten, Praxis, Basel: Birkhäuser 2019, S. 352–357.
Charlotte Zwieauer, Harald Eichelberger (Hg.): Das Kind ist entdeckt. Erziehungsexperimente im Wien der Zwischenkriegszeit, Wien: Picus 2001.

Autorinnen und Autoren

Erik Born ist Assistant Professor am Department of German Studies der Cornell University. Er ist Autor von Aufsätzen zur Medientheorie des Mittelalters, früher deutscher fantastischer Literatur und zur Mediengeschichte des Kinos und Fernsehens. Sein aktuelles Buchprojekt behandelt die Entstehung von drahtlosen Medien in der deutschen Moderne.

Nicole G. Burgoyne ist Assistant Instructional Professor für Germanic Studies and the Humanities Collegiate Division an der University of Chicago. Zu ihren aktuellen Veröffentlichungen zählt der Aufsatz *Christa Wolf's Socialist Realism of the 1950s: Canon, Critique, and Reform*. In ihren Kursen behandelt sie Autoren wie Stefan Zweig, Felix Salten, Siegfried Kracauer und Walter Benjamin.

Veronika Duma ist wissenschaftliche Mitarbeiterin/Postdoc am Lehrstuhl zur Erforschung der Geschichte und Wirkung des Holocaust an der Goethe-Universität Frankfurt am Main. Beteiligung am kuratorischen Team der Ausstellung *Das Rote Wien 1919–1934* im Wien Museum MUSA (2019/20). 2019 hat sie die Monografie *Rosa Jochmann. Politische Akteurin und Zeitzeugin* veröffentlicht und ist Autorin von Aufsätzen über Käthe Leichter, Geschlecht und Wirtschaftskrise in der Zwischenkriegszeit und zu Austrofaschismus und Nationalsozialismus.

Wolfgang Fichna ist Historiker in Wien, wo er als freier Mitarbeiter unter anderem an der Musik und Kunst Privatuniversität der Stadt Wien über Musikgeschichte forscht. Zu seinen aktuellen Publikationen zählt ein Katalogbeitrag für die Ausstellung *Das Rote Wien 1919–1934* im Wien Museum MUSA (2019/20), bei der er auch Teil des kuratorischen Teams war: *David Josef Bach. Die Vermittlung der Musik der Moderne in der sozialdemokratischen Kulturpolitik*. Er ist der Autor von Aufsätzen über Ernst Krenek, Alban Berg, Jazz und Popularkultur und Mitherausgeber des Bands *„They say I'm different." Popularmusik, Szenen und ihre Akteur_innen*, Wien 2011.

Kristin Kopp ist Associate Professor für German Studies an der University of Missouri. Sie ist Autorin des Buchs *Germany's Wild East: Constructing Poland as Colonial Space* und gemeinsam mit Joanna Niżyńska Herausgeberin des Sammelbands *Germany, Poland, and Postmemorial Relations: In Search of a Livable Past* (2012). Zahlreiche Aufsätze zu kolonialer und geopolitischer Kartografie, imperialen Minderheiten und postimperialen Gefühlen.

Aleks Kudryashova arbeitet an ihrem PhD am Department of Germanic Languages and Literatures der Harvard University. Sie veröffentlichte Aufsätze zu Mela Hartwig-Spira, Peter Kahanes *Die Architekten* (1990) und Herrmann Zschoches *Insel der*

Schwäne (1982). Ihre Dissertation *Politics of the Reel: Urban Imagination and Production of Public Space in East and West Berlin* untersucht filmische Repräsentationen von Architektur und öffentlichem Stadtraum im Jahrzehnt vor der deutschen Wende.

Richard „Tres" Lambert ist Assistant Professor für German Studies am Gettysburg College. Sein Forschungsinteresse gilt der österreichischen Moderne, vor allem den Romanen der Zwischenkriegszeit. Er war Empfänger eines Fulbright-Mach-Stipendiums und Resident Fellow am Ludwig Boltzmann Institut für Geschichte und Gesellschaft. Aufsätze zu Hermann Broch und Felix Dörmann, Übersetzer von Essays Alexander Kluges.

Rob McFarland ist Professor of German an der Brigham Young University und Co-Leiter von *Sophie: A Digital Library of Works by German-Speaking Women*. Zu seinen Veröffentlichungen zählen *Red Vienna, White Socialism and the Blues: Ann Tizia Leitich's America* (2015) und *Sophie Discovers Amerika: German-Speaking Women Write the New World* (2014), hg. mit Michelle James. Zahlreiche Aufsätze zu Großstadtliteratur und Film, Geschlecht und Architekturgeschichte.

Birgit Nemec, Historikerin und Kulturwissenschaftlerin an der Universität Heidelberg, hat sich in ihren Vorträgen und Publikationen in den letzten Jahren aus wissenschafts- und stadthistorischer Perspektive mit anatomischen Bildern, Julius Tandler sowie mit Konzepten von Körper, Moderne und urbaner Reform in der ersten Hälfte des 20. Jahrhunderts befasst. Ihre Monografie *Norm und Reform: Anatomische Körperbilder in Wien um 1925* erscheint 2020.

Vrääth Öhner ist Film-, Medien- und Kulturwissenschaftler und arbeitet seit 2018 als wissenschaftlicher Mitarbeiter am Ludwig Boltzmann Institut für Geschichte und Gesellschaft, das 2019 in das Ludwig Boltzmann Institute for Digital History transformiert wurde. Letzte Publikationen: *Sichtbarmachen. Politiken des Dokumentarfilms* (hg. mit Elisabeth Büttner, Lena Stölzl), Berlin 2018; *Abenteuer Alltag. Zur Archäologie des Amateurfilms* (hg. mit Siegfried Mattl, Carina Lesky, Ingo Zechner), Wien 2015.

Katrin Pilz, Historikerin und Kulturwissenschaftlerin, 2019–2022 Key-Researcher im Projekt „Praktiken des Lehr- und Unterrichtsfilms in Österreich" des Österreichischen Wissenschaftsfonds FWF am Ludwig Boltzmann Institute for Digital History. Arbeitet an einem joint supervision PhD an der Université libre de Bruxelles und der Universität Wien zur frühen medizinischen Kinematografie. Forschungsschwerpunkte: visuelle Medizin- und Wissenschaftsgeschichte, insbesondere im Kontext der Frauen-, Stadt-, Körper- und Filmgeschichte. Im kuratorischen Team der Ausstellung *Das Rote Wien 1919–1934* im Wien Museum MUSA (2019/20) war sie unter anderem für die Bereiche Gesundheits- und Fürsorgepolitik verantwortlich.

Alicia Roy arbeitet an ihrem PhD in German an der University of California, Berkeley. Ihre in kürzlich abgeschlossene Dissertation trägt den Titel *Authorship in Crisis: German Cinema and the Changing Roles of the Writer*.

Joachim Schätz ist Postdoc-Universitätsassistent am Institut für Theater-, Film- und Medienwissenschaft der Universität Wien. Er war Wissenschaftskoordinator des Ludwig Boltzmann Instituts für Geschichte und Gesellschaft und leitet am Ludwig Boltzmann Institute for Digital History ein FWF-Forschungsprojekt zu „Praktiken des Lehr- und Unterrichtsfilms in Österreich". Zu seinen aktuellen Veröffentlichungen gehören eine Monografie zum österreichischen Industrie- und Werbefilm, *Ökonomie der Details* (2019), und ein mitherausgegebener Band zum deutschen Filmregisseur Werner Hochbaum (1899–1946). Aufsätze zu Dokumentar- und Reisefilmen sowie zur amerikanischen Komödie.

Werner Michael Schwarz, habilitierter Historiker, seit 2005 Kurator im Wien Museum. Ausstellungen, Publikationen und Lehre mit Schwerpunkt Stadt-, Medien- und Filmgeschichte des 19. bis 21. Jahrhunderts. Kurator der Ausstellung *Das Rote Wien 1919–1934* im Wien Museum MUSA (2019/20) und gemeinsam mit Georg Spitaler und Elke Wikidal Herausgeber des Katalogs *Das Rote Wien 1919–1934. Ideen, Debatten, Praxis*, Wien 2019.

Georg Spitaler, Politologe und Historiker, Lehrbeauftragter und ehem. Postdoc-Assistent an der Universität Wien, forscht am Verein für Geschichte der ArbeiterInnenbewegung (VGA). Zahlreiche Publikationen zu den Forschungsschwerpunkten ArbeiterInnengeschichte, Politische Theorie und Cultural Studies, politische Aspekte des Sports. Co-Kurator der Ausstellung *Das Rote Wien 1919–1934* im Wien Museum MUSA (2019/20) und Mitherausgeber des Ausstellungskatalogs *Das Rote Wien 1919–1934. Ideen, Debatten, Praxis*, gem. mit Werner Michael Schwarz und Elke Wikidal.

Cara Tovey ist Visiting Assistant Professor of German am College of Charleston. 2019 schloss sie ihr PhD-Studium an der University of California, Berkeley mit einer Dissertation zu *Life as a Dance:* Lebensreform *and the Promise of an Alternative Modernity* ab. Ihr Forschungsinteresse gilt der Literatur, dem Film und dem Tanz des frühen 20. Jahrhunderts mit einem Schwerpunkt auf Körper, Utopievorstellungen und Überschneidungen von Ästhetik und Politik.

Gabriel Trop ist Associate Professor of German an der University of North Carolina, Chapel Hill. Er veröffentlichte die Monografie *Poetry as a Way of Life: Aesthetics and Askesis in the German Eighteenth Century* (2015) und unter anderem Aufsätze zu Hölderlin, Goethe, Novalis, Schelling, Hegel, E. T.A. Hoffmann, Wieland. 2018 gab er gemeinsam mit Edgar Landgraf und Leif Weatherby die Textsammlung *Posthumanism in the Age of Humanism: Mind, Matter, and the Life Sciences after Kant* heraus.

Georg Vasold ist Kunsthistoriker in Wien. Er lehrte und forschte an der Universität Wien, der Freien Universität Berlin sowie an der Leopold-Franzens-Universität Innsbruck. Zuletzt arbeitete er im kuratorischen Team der Ausstellung *Das Rote Wien 1919–1934* im Wien Museum MUSA (2019/20). Er ist Autor und Herausgeber mehrerer Studien zur „Wiener Schule der Kunstgeschichte".

Gernot Waldner ist Postdoc am Robert-Musil-Institut für Literaturforschung. Seine Forschungsschwerpunkte liegen in der Literatur der Zwischenkriegszeit und der Rezeption von Statistik und Kybernetik in Literatur und Film. Mitglied des kuratorischen Teams der Ausstellung *Das Rote Wien 1919–1934* im Wien Museum MUSA (2019/20) und Kurator einer Sonderausstellung über Otto Neuraths Wiener Methode der Bildstatistik (Isotype). Übersetzer von Texten aus dem Englischen und Italienischen.

Azadeh Yamini-Hamedani ist Associate Professor of World Literature an der Simon Fraser University. Derzeit arbeitet sie an einem Buchprojekt über Weltliteratur und Nukleartechnologie im Iran.

Marie-Noëlle Yazdanpanah arbeitet als Historikerin, Kulturwissenschaftlerin und Filmpädagogin in Wien. Sie forscht zu Konsumkultur, visueller Kultur und Frauen mit dem Schwerpunkt auf Wien in den 1920er und 1930er Jahren. Seit 2010 ist sie wissenschaftliche Mitarbeiterin am Ludwig Boltzmann Institute for Digital History und arbeitet zu visueller Kultur und Stadtkultur (2020–2022 im Rahmen des Projekts „Praktiken des Lehr- und Unterrichtsfilms in Österreich" des Österreichischen Wissenschaftsfonds FWF). Als Teil des kuratorischen Teams der Ausstellung *Das Rote Wien 1919–1934* im Wien Museum MUSA (2019/20) hat sie sich mit Frauenpolitik und Wohnprojekten für und von Frauen im Roten Wien beschäftigt.

Ingo Zechner, Philosoph und Historiker, ist seit 2011 Mitarbeiter und seit 2015 Leiter des Ludwig Boltzmann Instituts für Geschichte und Gesellschaft, das 2019 in das Ludwig Boltzmann Institute for Digital History transformiert wurde. 2013–2016 zusätzlich Stv. Direktor und Wissenschaftskoordinator des IFK Internationales Forschungszentrum Kulturwissenschaften in Wien. Er war 2000–2008 wissenschaftlicher Mitarbeiter der Israelitischen Kultusgemeinde Wien, deren Anlaufstelle für jüdische NS-Verfolgte er 2003–2008 leitete. 2009 Geschäftsführer des Wiener Wiesenthal Instituts für Holocaust-Studien. Publikationen: Monografien, Ausstellungskataloge, Sammelbände, Aufsätze und Rezensionen zu Philosophie, Film, Literatur, Musik, Archiv-Theorie und -Praxis, Holocaust-Studien.

Rechtenachweis

Die Herausgeber dieses Buches haben sich um eine umfassende Klärung der Rechte an den enthaltenen Quellentexten bemüht. Der Großteil ist bereits gemeinfrei. In allen anderen Fällen wurde versucht, mögliche Rechteinhaber ausfindig zu machen und mit diesen Kontakt aufzunehmen. Das ist nicht immer gelungen. Sollten uns Rechteinhaber entgangen sein, ersuchen wir um Nachsicht und um entsprechende Hinweise.

Abdruck mit freundlicher Genehmigung von

Theodor W. Adorno: Suhrkamp Verlag
August Aichhorn: Thomas Aichhorn
Otto Bauer (1897–1986): Bob Bauer und die Bauer-Familie
Siegfried Bernfeld: Peter Paret
Julius Braunthal: Julia Barry-Braunthal
Hermann Broch: Suhrkamp Verlag
Fritz Brügel: Dan Kuper
Rudolf Brunngraber: Milena Verlag
Karl Bühler: Velbrück Wissenschaft
Fritz Czuczka: George Czuczka
Marie Deutsch-Kramer: Ellie Horwitz
Stephanie Endres: Karin-Birgit Molinari
Ernst Fischer: Marina Fischer-Kowalski
Josef Frank: Susanne Eisenkolb, Tano Bojankin
Bruno Frei: Stephan Pröll
Bettina Hirsch: Anni Rehin und Donald Hirsch
Eugen Höflich: National Library of Israel
Hugo Huppert: Helmut Pawlik
Marie Jahoda (Dissertation): StudienVerlag
Marie Jahoda (Marienthal-Studie): Allensbacher Institut
Gina Kaus: Mickey und Stephan Kaus
Karl Kautsky, Jr.: Juliet Calabi
Hans Kelsen: Hans Kelsen-Institut, Wien
Franz Kleinhans: ÖTK
Stella Kramrich: Archives of the Philadelphia Museum
Paul F. Lazarsfeld: Suhrkamp Verlag
Josef Löwenherz: Annette Jacobs, Dan Jacobs, David Jacobs, Janet Smarr
Willy Meisl: Dorrit Coch, Andreas Hafer, Wolfgang Hafer
Hermynia zur Mühlen: Patrick von zur Mühlen
Otto Pächt: Michael Pächt und Viola Pächt Dávila

Paul Amadeus Pisk: Camille Donoghue
Melech Rawicz: Thomas Soxberger
Wilhelm Reich: Wilhelm Reich Infant Trust
Lothar Rübelt: Christian Rübelt
Helene Scheu-Riesz: Veronica Kothbauer
Franz Schuster: Universität für angewandte Kunst Wien
Margarete Schütte-Lihotzky: Luzie Lahtinen-Stransky
Mosche Silburg: Thomas Soxberger
Hans Tietze: Ben Tietze, Filiz Tietze
Ludwig Wittgenstein: Suhrkamp Verlag

Für die geduldige Unterstützung bei den teils sehr aufwendigen Recherchen, für freundliche Hinweise und für die Hilfe bei der Genehmigung bedanken wir uns bei:

AKM
Evelyn Adunka
Elisabeth Attlmayr
Marcel Atze (Wienbibliothek im Rathaus)
Michael Baiculescu (Mandelbaum Verlag)
Bestattung Wien
Mark Blazis
Alexandra Caruso
Heidi Chewning (Harold B. Lee Library, Brigham Young University)
Felix Dahm (Suhrkamp Verlag)
Peter Deutsch
Droschl-Verlag
Reinhold Eckhardt
Anita Eichinger (Wienbibliothek im Rathaus)
Ulrike Eilers (Seemann Henschel Verlagsgruppe)
Alexander Emanuely (Theodor-Kramer-Gesellschaft)
Anke Engelhardt (Allensbacher Institut)
Alice Essenpreis (Springer-Verlag)
Christian Fastl
Nathalie Feitsch (Universität für angewandte Kunst Wien)
Ralph Fishkin (Psychoanalytic Center of Philadelphia)
Christian Fleck
Christian Flierl (Psychosozial-Verlag)
Rainald Franz (MAK)
Janette Friedrich

Eva Ganzer (StudienVerlag)
Lionel Gossmann
Richard Hacken (Harold B. Lee Library, Brigham Young University)
Andreas Handler (Österreichische Nationalbibliothek, Literaturarchiv)
Michael Hansel (Österreichische Nationalbibliothek)
Dieter Hecht (Österreichische Akademie der Wissenschaften)
Sylvia Herkt (Universität für angewandte Kunst Wien)
Gerald Holton (Harvard University)
International Institute of Social History (IISG), Amsterdam
Alexander Jalkotzy
Sigrid Jalkotzy-Deger
Birgit Johler
Toni Kaus
Peter Kautsky
Brigitte Kreitmeyr (VG Wort)
Sabine Lichtenberger (Institut für AK und ÖGB Geschichte)
Literar Mechana
Literaturhaus Wien
Herwig Mackinger (Heeresgeschichtliches Museum, Wien)
Christine Möller (Akademie der Künste, Berlin)
Manfred Mugrauer (Alfred Klahr Gesellschaft)
Reinhard Müller (Archiv für die Geschichte der Soziologie in Österreich)
Thomas Olechowski (Hans Kelsen-Institut, Wien)
Wolfgang Pallaver
Michaela Pfundner (Österreichische Nationalbibliothek, Bildarchiv)
Friedrich Polleross (Archiv des Instituts für Kunstgeschichte, Universität Wien)
Herbert Posch
Katharina Prager (Ludwig Boltzmann Institute for Digital History)
Manfried Rauchensteiner
Franz Richard Reiter
Philipp Rohrbach (Wiener Wiesenthal Institut für Holocaust-Studien)
Michael Rosecker (Karl-Renner-Institut)
Stephan Roth (Dokumentationsarchiv des österreichischen Widerstandes)
Christine Schindler (Dokumentationsarchiv des österreichischen Widerstandes)
Gerhard Schirmer (ÖTK Bibliothek)
Susanne Schönwiese
Rivka Shveiky (National Library of Israel)
Friedrich Stadler
Hildegard Steger-Mauerhofer
Julius Stieber
Markus Stumpf (Institut für Zeitgeschichte, Universität Wien)
Edith Stumpf-Fischer

Manuel Swatek (Wiener Stadt- und Landesarchiv)
Marietta Thien (Velbrück Verlag)
Katharina Walser
Heinz Weiss
Vanessa Wieser (Milena Verlag)

Sachregister

Abgeordnetenhaus *siehe* Parlament
Abstinenzbewegung 479
    Arbeiter-Abstinentenbund 905
Administration de la Dette Publique
    Ottomane 203
Agudas Jisroel 238, 240, 241, 915
Akademie der bildenden Künste 551, 571, 582, 672, 913
Akademie der Wissenschaften 811
Akademie für Musik und darstellende Kunst 846
Allgemeiner Deutscher Arbeiterverein 697
Allgemeiner Österreichischer Frauenverein (AÖFV) 296
Alpenverein *siehe* Deutscher und Oesterreichischer Alpenverein
Alpenverein Donauland *siehe* Deutscher und Oesterreichischer Alpenverein
Alpine Montangesellschaft 231
Amalienbad *siehe* öffentliche Badeanstalten
American Relief Administration (ARA) 719
    Europäischer Kinderfonds 719
Anhaltelager 920
Antisemitenbund 31, 767, 774
Arbeiter-Abstinentenbund *siehe* Abstinenzbewegung
Arbeiterbank AG 673, 675, 677
Arbeiterkammer *siehe* Kammer für Arbeiter und Angestellte
Arbeitsstatistisches Amt 93
Arierparagraph 472, 482–484, 913
Arbeiterbildungszentrale, *auch* Sozialistische Arbeiterbildungszentrale, *auch* Zentralstelle für das Bildungswesen 394, 395, 424, 587, 628, 629, 669, 673, 870
Arbeiterbund für Sport und Körperkultur in Österreich (ASKÖ) 6, 448, 452, 455, 461, 464, 879, 920
Arbeiterhochschule 396, 414–416, 526, 587, 628
Arbeiterolympiade 446, 447, 455, 464, 465, 466, 642, 741, 919
Arbeiterräte *siehe auch* Räterepublik 30, 153, 227, 890, 894
Arbeiter-Sinfonie-Konzerte 9, 594, 595, 596, 597–599, 600, 643, 644, 914, 920
Arbeiter-Turn- und Sportfest 448, 455, 916

Arbeiterurlaubsgesetz 425, 432
Arbeiterwehren 890
Arbeitslosenversicherung 97, 111, 164, 735, 736, 834
Austrofaschismus 10, 47, 59, 62, 271, 307, 785, 791–792, 802, 823, 838, 850, 902
    Austrofaschist(en) 59, 117, 785
Bäder *siehe* öffentliche Badeanstalten
Bärenhöhle 792, 811
Bauernbund 768
    Niederösterreichischer Bauernbund 766
Bauhaus 118, 400, 523, 544, 552, 744
Bayerische Räterepublik *siehe* Räterepublik
Belgisches Seminar 679
Beratungsstelle für Inneneinrichtung und Wohnungshygiene (BEST) 543, 551, 918
Berufsberatungsamt der Stadt Wien und der Arbeiterkammer (BBAW) 65, 310, 311, 369, 383
Betriebsräte 165, 425
Biologische Versuchsanstalt (BVA), „Vivarium" 355, 357
blaue Blusen 855, 860, 866, 881, 882, 883, 884
Blaue Blusen 855, 872
Bürgerkrieg 39, 145, 157, 159, 820, 853, 890, 891, 897, 906, 908
    Österreichischer Bürgerkrieg, Februar 1934 4, 12, 764, 891, 903, 907, 908, 920
Büro für sittenpolizeiliche Angelegenheiten, *auch* Wiener Sittenamt 321
Bund geistig Tätiger 571
Bund Österreichischer Frauenvereine (BÖF, *auch* BÖFV) 309, 310, 559
Bund Religiöser Sozialisten 288, 905
Bund unabhängiger Gewerkschaften Oesterreichs *siehe* Gewerkschaften
Bundesrat *siehe* Parlament
Bundesverfassungsgesetz 23, 917
Burgtheater 200, 580, 598, 642, 644, 645, 648, 658, 663, 694, 846
Carltheater 643, 656
Cartellverband 792
Christlicher Sozialismus 794
Christlichsoziale Partei 23, 31, 33, 51, 52, 53, 56, 61, 160, 197, 199, 213, 267, 268, 295, 517,

581, 753, 767, 774, 775, 778, 786, 787, 791, 792, 793–795, 796, 848, 856, 890, 891, 905
    Christlichsoziale 5, 23, 25, 32, 33, 34, 49, 50, 51, 52, 53, 58, 59, 61, 62, 63, 91, 144, 151, 157, 197, 198, 199, 207, 208, 209, 212, 213, 233, 293, 295, 300, 346, 370, 375, 376, 378, 396, 412, 427, 496, 581, 624, 627, 695, 701, 721, 767, 768, 769, 775, 776, 780, 782, 783, 784, 785, 791, 793, 794, 795, 818, 831, 833, 841, 842, 845, 847, 848, 850, 853, 855, 858, 868, 871, 880, 889, 890, 891, 897, 898, 901, 902, 903, 905, 907, 913, 914, 917
Christlichsozialer Arbeiterverein 31, 775
Christlich-Soziale Partei Deutschlands 827
Creditanstalt 46, 60, 81, 919
Deutsche Arbeiterpartei *siehe* Nationalsozialismus
Deutsche Gemeinschaft 792
Deutsche Nationalsozialistische Arbeiterpartei *siehe* Nationalsozialismus
Deutsche Volkspartei (DVP) 450
Deutscher Gewerkschaftsbund für Österreich *siehe* Gewerkschaften
Deutscher Reichsausschuß für sozialistische Bildungsarbeit 651
Deutscher Turnerbund 1919 458
Deutscher und Oesterreichischer Alpenverein (DuOeAV) 242, 471, 472, 473, 479, 482, 483, 484, 913, 915
    Sektion Austria 482
    Sektion Donauland, *später* Alpenverein Donauland 472, 482–484, 915
Deutsches Hygienemuseum Dresden 358
Deutsches Theater, Berlin 664
Deutsches Volkstheater 641, 643, 647, 846
Deutschnationale Bewegung (*auch* großdeutsche Bewegung, *auch* völkische Bewegung) 24, 61, 204, 205, 211, 233, 235, 239, 261, 295, 447, 457, 458, 471, 596, 612, 767, 768, 769, 774, 776, 780, 783, 791, 792, 802, 811, 813, 814, 817, 818, 833, 858, 880, 889, 901, 902
    Großdeutsche Volkspartei (GdP, *auch* GdVP) 23, 25, 61–62, 160, 295, 767, 791, 796, 817, 833, 848, 880, 902, 907, 917
Deutschnationale Volkspartei (Deutsches Reich) 825

Deutschösterreichische Volkswehr 206, 890, 892
Eheberatungsstelle *siehe* Wiener städtische Behörden und Organisationen
Einheitsliste 5, 783, 784, 791, 844, 847, 849, 850, 901, 917
Einküchenhaus 294, 298, 307–309, 532–536
    Heimhof 307, 533, 559
Eiserne Front 859
Elisabethheim 262
Erziehungsberatungsstelle *siehe* Wiener städtische Behörden und Organisationen
Europäischer Kinderfonds *siehe* American Relief Administration
Feuerhalle Simmering 271–274, 744, 754, 914
Fordismus 285
Forschungsgesellschaft für wissenschaftliche Betriebsführung 913
Frankfurter Hausfrauenverein 557
Frankfurter Schule 118
Franz-Domes-Hof *siehe* Wiener Gemeindebauten
Freidenkerbewegung 274, 484
    Freidenkerbund 452
Freie Gewerkschaften *siehe* Gewerkschaften
Freudomarxismus 12, 168–188, 318, 835
Frontkämpfervereinigung Deutsch-Österreichs 37, 897
Fuchsenfeldhof *siehe* Wiener Gemeindebauten
Gänsehäufel *siehe* öffentliche Badeanstalten
Gemeinde Wien–Städtische Ankündigungsunternehmung (Gewista) 531, 842, 865, 914
Gemeindebauten *siehe* Wiener Gemeindebauten
Gemeinderat *siehe* Wiener Gemeinderat
Gemeinwirtschaftliche Siedlungs- und Baustoffanstalt (GESIBA) 914
Gesellschaft zur Förderung moderner Kunst 914
Gesellschafts- und Wirtschaftsmuseum 7, 88, 118, 344, 358, 359, 494, 497, 542, 619, 741, 841, 864, 867, 916
Gesundheitliche Beratungsstelle für Eheberer *siehe* Wiener städtische Behörden und Organisationen
Gewerkschaften 30, 51, 59, 78, 84, 148, 149, 153, 165, 232, 295, 297, 312, 415, 416, 505, 520, 674, 744, 838, 851, 861, 881, 904, 905
    Bund unabhängiger Gewerkschaften Oesterreichs (BUGÖ) 235

Deutscher Gewerkschaftsbund für Österreich (DGB) 235
Freie Gewerkschaften 231, 235, 415, 851, 861, 905
Unpolitische Liste, *auch* die Unpolitischen 235
Gleispach'sche Studentenordnung 919
Glöckel-Erlass 268, 396, 913
Goethehof *siehe* Wiener Gemeindebauten
Großdeutsche Volkspartei *siehe* Deutschnationale Bewegung
Großeinkaufsgesellschaft österreichischer Consumvereine (GÖC) 80–81
Hauptverband der Industrie 45
Haus der Kinder 400
Heimatblock *siehe* Heimwehr
Heimhof *siehe* Einküchenhaus
Heimvolkshochschule, Leipzig *siehe* Volksbildung
Heimwehr 45, 61, 62, 145, 160, 161, 235, 468, 485, 701, 764, 768, 790, 791, 792, 796, 818, 823, 855, 871, 889, 890, 891, 902–903, 906, 907, 919
Heimatblock 61, 62, 823, 833, 855, 890
Heldenplatz 462, 920
Hitlerbewegung *siehe* Nationalsozialismus
Hochschule für Bodenkultur 846, 913
Hochschule für Technik 913
Hochschule für Welthandel 913
Industrielle Bezirkskommission für Wien und Umgebung 57, 232
Industriellenverband 905
Inflation 5, 46, 48, 60, 61, 66, 71, 108, 322, 445, 627, 657, 670, 682, 702, 753, 754, 818, 916
International Council of Jewish Women (ICJW) 252, 915
International Society for Contemporary Music (ISCM) 596
Internationale Arbeiterassoziation (IAA), *auch* Erste Internationale 426
Internationale Arbeiterhilfe, IAH 677
Internationale Arbeitsgemeinschaft Sozialistischer Jugendorganisationen (IASJ) 870
Internationale Arbeitsorganisation *siehe* Völkerbund
Internationale Leninschule 743
Internationale Rote Hilfe 677
Internationaler Frauenkongress 309, 919

Internationaler Transportarbeiterkongreß 601
Internationaler Wohnungs- und Städtebaukongress 742, 746–747
Internationales Sozialistisches Jugendtreffen 741, 881, 918
Invalidenverband 346, 373
Israelitische Kultusgemeinde Wien (IKG) 14, 240, 241, 253, 260, 261, 262, 771, 849, 917
Jüdische Künstlerspiele 242, 917
Jüdisches Hilfswerk 238, 241, 251, 915
Jüdisches Jugendamt 262
Jüdischnationale Partei, *auch* jüdisch-nationale Partei, *später* Jüdische Partei 226, 240, 771, 777, 781, 849
Jugendamt *siehe* Wiener städtische Behörden und Organisationen
Julius-Popp-Hof *siehe* Wiener Gemeindebauten
Junges Deutschland, *auch* Jungdeutschland 482, 868
Juridische Fakultät *siehe* Universität Wien
Justizpalastbrand, *auch* Julirevolte 37, 161, 172, 661, 850, 885, 888, 890, 897–902, 917
Kammer für Arbeiter und Angestellte, *auch* Arbeiterkammer 65, 89, 90, 91, 230, 231, 232, 294, 309, 310, 359, 721, 824, 919
Referat für Frauenarbeit der Arbeiterkammer 7, 65, 89, 91, 94, 309, 312
Karl-Marx-Hof *siehe* Wiener Gemeindebauten
Katholische Aktion 796
Kiba *siehe* Kinobetriebsanstalt Ges. m. b. h.
Kinderfreunde, *später* Verein Freie Schule-Kinderfreunde 276, 277, 347, 348, 369, 395, 396, 404, 414, 487, 533
Kinderheim Baumgarten 175, 396
Kinderübernahmsstelle *siehe* Wiener städtische Behörden und Organisationen
Kinetismus 570, 578, 579, 580
Wiener Kinetismus 8, 186
Kinobetriebsanstalt Ges. m. b. h. (Kiba) 673, 691, 842, 916
Kinoreformtagung 9, 915
Kleines Theater, Berlin 662
Kleingärten *siehe* Siedlerbewegung
Kommunistische Partei Deutschlands (KPD) 821, 908
Kommunistische Partei Österreichs (KPÖ) 55, 161, 172, 223, 237, 525, 632, 677, 693, 743, 884, 886, 920

Kommunist(en) 28, 65, 155, 205, 233, 338, 803, 821, 885, 907, 909, 910
Kommunistische Partei Ungarns 76, 894
Kongress für sozialistische Individualpsychologie 180
Kongressbad *siehe* öffentliche Badeanstalten
Konservatorium für volkstümliche Musikpflege, *auch* Arbeiterkonservatorium 596, 602
Konstituierende Nationalversammlung *siehe* Parlament
Konsumentenbewegung 149
Konsumgenossenschaftlicher Wirtschaftsausschuß 149
Konzerthaus *siehe* Wiener Konzerthaus
Krankenversicherung 57, 363, 886
    Krankenkasse 45, 346, 365, 382, 487
Kuenburg-Schule 233
Kulturbund 284, 285
Kundgebung des geistigen Wien 3, 7, 8, 15, 168, 597, 618, 844–846, 917
Kunstgewerbeschule 568, 571, 577, 845, 846
Kuomintang 679
Landbund 23, 61, 61, 160, 787, 792, 823, 833
Lebensreformbewegung 471, 475
Linzer Programm 144, 157–160, 165, 213, 268, 269–271, 296, 410–411, 721, 734, 890, 906, 916
London School of Economics 761
Looshaus 918
Los-von-Rom-Bewegung 261
Lustbarkeitsabgabe *siehe* Steuern
Luxussteuern *siehe* Steuern
Matteottihof *siehe* Wiener Gemeindebauten
Mehrheitssozialdemokratische Partei Deutschlands *siehe* Sozialdemokratische Partei Deutschlands
Metzleinstaler Hof *siehe* Wiener Gemeindebauten
Mittwoch-Gesellschaft 177
Münchner Räterepublik *siehe* Räterepublik
Musikverein 595, 597, 598, 920
Mutterberatungsstelle *siehe* Wiener städtische Behörden und Organisationen
Nationalrat *siehe* Parlament
Nationalsozialismus 10, 14, 118, 185, 242, 331, 344, 468, 630, 785, 792, 817–819, 820, 824–829, 832, 835–838, 879–884, 902, 909
    Nationalsozialisten (Österreich) 5, 14, 39, 211, 260, 458, 468, 624, 625, 626, 671, 687, 741, 768, 774, 775, 783, 784, 787, 792, 796, 813, 816, 817–819, 822–824, 829–832, 833, 842, 845, 847, 848, 849, 850, 855, 858, 859, 860, 862, 866, 873, 879–884, 889, 907, 914, 917, 919, 920
    Nationalsozialisten (Deutsches Reich) 116, 145, 212, 338, 371, 468, 596, 741, 744, 775, 792, 813, 817, 820, 824–829, 835–838, 859, 866, 879–884, 919
Nationalsozialistische Parteien
    Deutsche Arbeiterpartei (DAP), Österreich 1903–1918 817, 824, 833
    Deutsche Nationalsozialistische Arbeiterpartei (DNSAP), Österreich 1918–1926 783, 813, 817, 818, 819–822, 889, 916
    Nationalsozialistischer Deutscher Arbeiterverein, Österreich ab 1926, *auch* Hitlerbewegung, *später* Nationalsozialistische Deutsche Arbeiterpartei (NSDAP) 5, 624, 792, 811, 818, 822–824, 829–832, 833, 889, 891, 916, 917, 919, 920
    Nationalsozialistische Deutsche Arbeiterpartei (NSDAP), Deutsches Reich 1920–1945 792, 813, 817, 818, 824–829, 835–838, 908, 919
Nationalversammlung *siehe* Parlament
Naturfreunde 6, 424, 447, 472, 484–487, 657, 669, 670, 905, 915
Nestroyhof 242, 917
Neuber-Ballett 684
Neuer Mensch 248, 294, 343, 344, 355, 369, 395, 400, 439, 447, 472, 519, 574, 588, 641, 724, 797, 799, 813, 866
Neues Frankfurt 518, 520, 523, 555, 556
Neues Theater, Berlin 662
Niederösterreichischer Bauernbund *siehe* Bauernbund
Obdachlosenheim der Stadt Wien 56
Oesterreichische Nationalbank 53, 795, 834
Öffentliche Badeanstalten 359, 369, 376, 383, 478, 510, 517, 526, 531, 744, 745, 756, 757, 760, 764, 869
    Amalienbad 755, 916
    Gänsehäufel 478
    Kongressbad 918
Österreichische Leo-Gesellschaft 796, 808
Österreichische Wirtschaftspsychologische Forschungsstelle 7, 64, 65, 90, 103, 109–114, 423, 440, 710, 865, 866

Österreichischer Bürgerkrieg, Februar 1934 siehe Bürgerkrieg
Österreichischer Bund für Volksaufartung und Erbkunde 362
Österreichischer P.E.N.-Club 331
Österreichischer Touristenklub 482
Österreichischer Verband für Siedlungs- und Kleingartenwesen siehe Siedlerbewegung
Österreichischer Verband für Wohnungsreform 543, 918
Österreichisches Kuratorium für Wirtschaftlichkeit (ÖKW) 721
Österreichisches Museum für Kunst und Industrie 548, 549
Pädagogisches Institut der Stadt Wien 169, 185, 396
Parlament 4, 10, 20, 46, 47, 53, 55, 60, 61, 62, 146, 152, 153, 160, 163, 197, 198, 293, 295, 298, 396, 427, 709, 714, 745, 774, 778, 791, 820, 826, 830, 831, 853, 862, 892, 893, 894, 903, 907, 920
    Reichsrat, 1861–1918 24, 192, 205, 601, 791, 817, 841
    Abgeordnetenhaus 24, 25, 144
    Provisorische Nationalversammlung Deutschösterreichs, 1918–1919 4, 21, 22, 23, 25, 26, 28, 144, 192, 275, 423, 893, 904
    Konstituierende Nationalversammlung, 1919–1920 22, 23, 30, 32, 57, 144, 146, 191, 195, 197, 226, 239, 293, 295, 425, 771, 774, 775, 777, 904, 913
    Nationalrat, ab 1920 22, 23, 26, 31, 33, 34, 56, 57, 63, 160, 295, 721, 783, 791, 793, 822, 831, 842, 844, 845, 847, 852, 855, 870, 890, 899, 901, 907, 917, 919, 920
    Mitglied des Nationalrats 31, 57, 197, 207, 299, 597, 890, 893
    Bundesrat, ab 1920 22, 23, 30, 32, 33, 34
Poale Zion 239, 240, 847–850
Politisches Kabarett 79, 434, 640, 661
Prater 319, 357, 424, 477, 503, 539, 780
Prater-Stadion 383, 447, 464, 466, 919
Prometheus Film 669
Provisorische Nationalversammlung Deutschösterreichs siehe Parlament
Quarry Hill Flats 742

Radio Verkehrs AG (RAVAG, auch Ravag) 691, 705, 707, 710, 711, 713–715, 915
Raimundtheater 641, 643
Räterepublik siehe auch Arbeiterräte 5, 28, 146, 152, 205, 206
    Bayerische Räterepublik, auch Münchner Räterepublik 228, 525, 890, 898, 906
    Ungarische Räterepublik 36, 201, 218, 228, 573, 680, 890, 894, 897, 898, 906
Referat für Frauenarbeit der Arbeiterkammer siehe Kammer für Arbeiter und Angestellte
Reichsrat siehe Parlament
Reichswehr 827, 826, 900
    Schwarze Reichswehr 828
Religionslehrerseminar 261
Republikanischer Schutzbund 37, 153, 197, 448, 455, 764, 832, 851, 889, 890, 897, 914
Reumannhof siehe Wiener Gemeindebauten
Revolutionäre Sozialisten Österreichs 414
Rockefeller Foundation 70
Rote Falken 369, 435, 882, 855
Rote Garde 892, 893, 894
Rote Spieler siehe Sozialistische Veranstaltungsgruppe
Säuglingswäschepakete 371, 382, 387, 390, 869, 917
Salon d'Automne, auch Pariser Herbstsalon 536, 537
Salzburger Festspiele 642, 813
Sandleitenhof siehe Wiener Gemeindebauten
SC Hakoah 242, 447, 458–460, 916
Schattendorf-Prozess 37–39, 889, 897, 901, 917
Schönbrunner Erzieherschule, auch Schönbrunner Schule, auch Kinderfreundeschule Schönbrunn 101, 396, 404, 452
Schrebergärten siehe Siedlerbewegung
Schwarze Reichswehr siehe Reichswehr
Schwarzwaldschule 452
Sektion Austria siehe Deutscher und Oesterreichischer Alpenverein
Sektion Donauland siehe Deutscher und Oesterreichischer Alpenverein
Sexualberatungsstelle für Arbeiter und Angestellte siehe Sozialistische Gesellschaft für Sexualberatung und Sexualforschung
Siedlerbewegung, auch Kleingarten- und Siedlungsbewegung 376, 444, 479, 498, 504–506, 517, 534, 546–548, 648, 751, 914

Kleingärten, *auch* Schrebergärten, *auch* Siedlergärten 433, 472, 479, 498, 499, 504, 523, 535, 750
    Österreichischer Verband für Siedlungs- und Kleingartenwesen (ÖVSK) 497, 507, 555, 561, 914
    Siedlung Altmannsdorf-Hetzendorf 433
    Siedlung Schmelz 375–377
    Werkbundsiedlung Wien 919
Siedlungsamt der Stadt Wien *siehe* Wiener städtische Behörden und Organisationen
Simmeringer Blutsonntag 920
Sokol 223, 233
Sozialdemokratische Kunststelle 76, 77, 424, 448, 487, 594, 494, 596, 597, 599–603, 628, 641, 642, 643–645, 650, 652, 656, 657, 659, 673, 677, 918
Sozialdemokratische Partei der Schweiz (SP) 48
Sozialdemokratische Partei Deutschlands (SPD) 28, 803, 818
    Mehrheitssozialdemokratische Partei Deutschlands (MSPD) 803
    Unabhängige Sozialdemokratische Partei Deutschlands (USPD) 28, 803
Soziale Hilfsgemeinschaft Anitta Müller 250
Sozialistische Arbeiter-Sport-Internationale (SASI) 455, 464, 919
Sozialistische Arbeiterjugend (SAJ) 101, 448, 612, 855, 860, 881
Sozialistische Gesellschaft für Sexualberatung und Sexualforschung 172, 318, 337, 918
    Sexualberatungsstelle für Arbeiter und Angestellte 172, 317, 318, 337, 918
Sozialistische Jungfront 466, 860, 873, 874, 875, 876, 881
Sozialistische Partei Österreichs (SPÖ) 10
Sozialistische Veranstaltungsgruppe 77, 78, 640, 641, 652, 659, 661, 917
    Rote Spieler 843
Spartakusbund 803
Sportklub Rapid Wien 448
Staatsrat 4, 893
Staatsstreich 157, 161, 162, 199, 466, 889
    März 1933, *auch* (Selbst-)Auflösung des Parlaments 10, 53, 63, 145, 163, 396, 830, 831, 903, 907, 920
Stadtbauamt *siehe* Wiener städtische Behörden und Organisationen
Stadtbauamt Frankfurt 523, 557, 559

Städtisches Gesundheitsamt *siehe* Wiener städtische Behörden und Organisationen
Städtisches Krankenhaus Lainz 60, 370, 378, 379, 918
    Tuberkulosepavillon 59, 370, 379, 918
Städtisches Wohlfahrtsamt *siehe* Wiener städtische Behörden und Organisationen
Stadtrat *siehe* Wiener Stadtrat *und* Wiener Stadtsenat
Stadtschulrat für Wien 234, 396, 748
Steuern
    Lustbarkeitsabgabe 6, 45, 52, 448, 599, 669, 913
    Luxussteuern 6, 44, 45, 65, 754, 848, 913
    Wohnbausteuer 6, 45, 49, 50, 52, 219, 496, 502, 517, 526, 528, 745, 747, 756, 759, 760, 761, 848, 914
Taylorismus, *auch* Taylor-System 430, 452, 453, 503, 544, 619, 721, 733, 913
Theater in der Josefstadt 9, 642, 662–663, 683, 915
Tierärztliche Hochschule 913
Tuberkulose 59, 167, 248, 322, 323, 324, 345, 346, 347, 359, 369, 370, 379, 380, 452, 478, 764, 918
Tuberkulosepavillon *siehe* Städtisches Krankenhaus Lainz
Unabhängige Sozialdemokratische Partei Deutschlands *siehe* Sozialdemokratische Partei Deutschlands
Ungarische Räterepublik *siehe* Räterepublik
Union deutsch-österreichischer Juden, *auch* Österreichisch-Israelitische Union, *später* Union österreichischer Juden 849, 240
Universität Wien 89, 90, 107, 117, 169, 175, 185, 412, 636, 684, 710, 752, 767, 774, 792, 802, 813, 845, 846, 892, 913, 914, 915, 919, 920
    Juridische Fakultät 913
Unpolitische Liste *siehe* Gewerkschaften
Urania *siehe* Volksbildung
Vaterländische Front 62, 785, 787, 792, 819, 889
Verband der Universitäten 271
Verein der Museumsfreunde in Wien 811
Verein Ernst Mach 117, 124–127, 452, 918
Verein Freie Schule, *später* Verein Freie Schule-Kinderfreunde 233, 347, 407–410, 487

Verein für Freie Psychoanalytische Forschung, *später* Österreichischer Verein für Individualpsychologie 169, 177
Verein für musikalische Privataufführungen 595, 609
Verein jüdischer Schriftsteller und Künstler Haruach 255
Verein sozialistischer Ärzte 175
Verein Volkshochschule Wien Volksheim *siehe* Volksbildung
Vereinigung bildender Künstlerinnen Österreichs 571
Vereinigung sozialistischer Schriftsteller 619, 623, 920
Verfassungsgerichtshof 920
Verfassungspartei, *auch* Deutschliberale Partei 207
Völkerbund 5, 46, 47, 53, 213, 427, 501, 709, 753, 900
    Internationale Arbeitsorganisation (ILO) 427
    Völkerbundanleihe 46, 48, 53, 60, 914
    Washingtoner Arbeitskonferenz 427
    Washingtoner Übereinkommen, 1919 57
Volksbildung 117, 125, 678, 277, 358, 359, 416–419, 570, 583, 617, 679
    Volkshochschulen 119, 130, 177, 396, 417, 596, 670, 721
    Heimvolkshochschule, Leipzig 416
    Urania 387, 677, 678, 679, 913, 915
    Volksheim Ottakring, *auch* Volkshochschule Ottakring 103, 177, 417, 917
    Verein Volkshochschule Wien Volksheim, *auch* Wiener Volksheim 103, 104, 105, 106, 126
    Wiener Volksbildungsverein 126, 584
Volksbühne, Berlin 662
Volksbühne im Carltheater 656
Volksbund der Katholiken Österreichs 796
Volksgesundheitsamt *siehe* Wiener städtische Behörden und Organisationen
Volksheim Ottakring *siehe* Volksbildung
Volkshochschule *siehe* Volksbildung
Volkshochschule Wien Volksheim *siehe* Volksbildung
Washingtoner Arbeitskonferenz *siehe* Völkerbund
Washingtoner Übereinkommen, 1919 *siehe* Völkerbund

Wehrturner 448
Weißenhofsiedlung, Stuttgart 552
Weltkongress jüdischer Frauen, *auch* Weltkongress des International Council of Jewish Women 252, 915
Weltliga für Sexualreform 317, 319, 327, 919
Weltverband gegen Rassenhass und Menschennot (Harand-Bewegung) 785
Werkbund
    Deutscher Werkbund 523, 552, 557, 670
    Österreichischer Werkbund 119, 543, 551
Werkbundsiedlung Wien *siehe* Siedlerbewegung
Werkstätten Bildender Kunst, Berlin 400
Wiener Amateur-Sportverein, *später* FK Austria 448, 449
Wiener Arbeiterbüchereien 394, 396, 616, 617, 628, 691, 758, 866
Wiener Festwochen 596, 642, 917, 918
Wiener Freie Volksbühne 628, 643, 644
Wiener Gemeindebauten 182, 358, 375, 495, 502–504, 507–514, 517, 523, 525–532, 538–541, 544, 551, 669, 743, 744–745, 753, 759, 848, 855–857, 876, 914, 918, 919
    Franz-Domes-Hof 512
    Fuchsenfeldhof, *auch* Fuchsenfeld-Hof 513, 516, 526, 528–531, 542, 747
    Goethehof 400
    Julius-Popp-Hof 512
    Karl-Marx-Hof 551, 742, 762, 855, 856, 857, 918, 919
    Matteottihof, *auch* Matteotti-Hof 854
    Metzleinstaler Hof, *auch* Metzleinstalerhof 496, 512, 513, 747, 914
    Reumannhof *auch* Reumann-Hof 500, 512, 513, 747, 757, 916
    Sandleitenhof 351, 382, 918
    Winarskyhof *auch* Winarsky-Hof 525, 526
Wiener Gemeinderat 4, 55, 57, 58, 59, 160, 162, 209, 242, 271, 293, 321, 381, 502, 517, 525, 536, 675, 746, 831, 842, 847, 849, 857, 858, 900, 915
    Gemeinderäte (Mitglieder des Wiener Gemeinderats) 48, 49, 51, 271, 275, 319, 722, 870, 889, 904
    Wiener Landtags- und Gemeinderatswahlen 4, 5, 11, 387, 740, 743, 791, 818, 829, 842, 844, 845, 879, 891, 913, 915, 917, 919

Wiener Gesellschaft für Rassenpflege 915
Wiener Jugendhilfswerk *siehe* Wiener städtische Behörden und Organisationen
Wiener Kinetismus *siehe* Kinetismus
Wiener Konzerthaus 299, 327, 407, 587, 595, 609, 721, 913, 914, 915, 919
Wiener Kreis 8, 116, 117, 119, 124–127, 130, 135, 138, 636, 918
Wiener Landtag 63, 850, 904
Wiener Landtags- und Gemeinderatswahlen *siehe* Wiener Gemeinderat
Wiener Methode der Bildstatistik, Isotype 7, 358, 497, 741, 841, 867, 873, 916
Wiener öffentlicher Küchenbetrieb (WÖK) 353
Wiener Plakatier-AG (WIPAG) 842
Wiener Psychoanalytische Vereinigung 175, 281
 Wiener Psychoanalytisches Ambulatorium 167, 173
Wiener Psychologisches Institut 90, 166, 710, 845, 914
Wiener Rathaus 48, 321, 325, 358, 378, 504, 528, 601, 774, 877, 904, 913, 915, 916
Wiener Secession 569
Wiener Soziologische Gesellschaft 362
Wiener Sport-Club 462
Wiener Staatsoper 612, 918
Wiener städtische Behörden und Organisationen
 Erziehungsberatungsstelle 360, 397
 Gesundheitliche Beratungsstelle für Eheberbewerber, *auch* Eheberatungsstelle 317, 321–325, 363, 369, 379, 914
 Jugendamt 346, 350, 369, 379, 381, 382, 383, 390, 869
 Kinderübernahmsstelle (Küst) 166, 169, 186, 369, 370, 377, 381, 382, 383–387, 510, 745, 869, 916
 Mutterberatungsstelle 317, 365 („Schwangerenberatungsstelle"), 369, 378, 379, 381, 758, 869
 Siedlungsamt der Stadt Wien 504, 511, 523, 546, 894, 913
 Stadtbauamt 530, 536
 Städtisches Gesundheitsamt, *auch* Volksgesundheitsamt 317, 323, 325, 369
 Städtisches Wohlfahrtsamt 321, 351
 Wiener Jugendhilfswerk 362, 380, 869
 Wohnungsamt 219–221, 511, 744, 751
Wiener Stadtrat 4
Wiener Stadtsenat 4, 362, 387, 917
 Stadträte, *auch* Mitglieder des Wiener Stadtrats, *später* Mitglieder des Wiener Stadtsenats 4, 6, 45, 48, 49, 50, 51, 59, 65, 219, 271, 300, 323, 343, 369, 380, 502, 668, 744, 755, 762, 783, 848, 889, 913, 914, 920
Wiener Volksbildungsverein *siehe* Volksbildung
Wiener Volksheim *siehe* Volksbildung
Wiener Werkstätte 551
Wiener Zentralfriedhof 258, 271, 914
Wiener Zentralsparkasse 50
Winarskyhof *siehe* Wiener Gemeindebauten
Winterhilfe 462
Wohnbausteuer *siehe* Steuern
Wohnungsamt *siehe* Wiener städtische Behörden und Organisationen
Zweite Internationale 161, 423

Personenregister

Addams, Jane 723
Adler, Alfred 3, 7, 9, 168, 169, 177–180, 181, 182, 183, 317, 330, 360, 384, 396, 398, 399, 596, 845, 917
Adler, Max 28, 143, 144, 145–147, 148, 154, 183, 343, 395, 404, 415, 417, 802, 805–808, 892
Adler, Victor (auch Viktor) 21, 126, 205, 239, 271, 278, 904
Adorno, Theodor W. 9, 91, 595, 596, 610–612, 916
Äsop 257
Aichhorn, August 175, 390–392
Aichinger, Hermann 528
Alexander, Franz 42
Alighieri, Dante 693
Alt, Rudolf Ritter von 672
Altenberg, Peter 8
Ambrosius 800
Anderle, Franz 705
Anderson, Benedict 691
Ankwicz-Kleehoven, Hans 548–551
Aquin, Thomas von 770, 805
Arnold, Franz 59
Arntz, Gerd 118, 494
Asch, Scholem (auch Schalom) 242, 247, 917
Auerbach, Berthold 844
Auersperg, (Fürst) Karl 207
Augustinus 805, 808
Austerlitz, Friedrich 37–39, 205, 207–209, 218, 656, 699–701
Ayer, Alfred J. 117
Bach, David Josef 77, 595, 595–596, 597, 599–603, 610, 641, 642, 643–645, 656, 691, 914
Bach, Johann Sebastian 435, 596, 606
Balázs, Béla 12, 670, 679–682, 708
Bálint, György (auch Georg) 76–77
Bartók, Béla 610
Basarow, Wladimir 122
Bauer, Otto 5, 11, 12, 14, 21, 22, 28, 59–62, 89, 142, 143, 144, 145, 151–154, 154–157, 162, 212–214, 218, 239, 246, 268, 269, 415, 440, 447, 448, 612, 721, 734–737, 804, 818, 832–835, 871, 896, 903–908
Bauer, Otto (der ‚kleine') 268, 288–290
Bauer Wurster, Catherine 516
Beck-Gaden, Hanns 676
Beer-Hofmann, Richard 663

Beethoven, Ludwig van 582, 596, 597, 600, 601, 606, 644, 914
Behrens, Peter 498, 523, 525, 526
Békessy, Imre 696–699, 701, 702, 916
Bekker, Paul 610
Beller, Steven 243, 768, 769
Ben-Gavriêl, Moscheh Yaakov siehe Höflich, Eugen
Bendiener, Oskar 893
Benjamin, Walter 15, 589
Bennersdorfer, Ernestine 842
Bennett, Arnold 537
Benvenisti, J. L. 253–255
Berber, Anita 580
Berg, Alban 9, 595, 610, 916
Berg, Sepha 684
Berger, Artur (auch Arthur) 2, 81, 919
Berger, Martin 674
Bergmann, Gustav 117
Bergner, Elisabeth 918
Bergner, Zacharias Chone siehe Rawicz, Melech
Berisch, Emil 656
Berndl, Florian 478
Bernfeld, Siegfried 9, 168, 175–177, 396, 835
Bertalanffy, Ludwig 119
Bettauer, Hugo 316, 381, 618, 624–627, 777–779, 889, 914, 916
Bienenfeld, Elsa 608–610
Binet, Alfred 384
Birnecker, Franz 39
Biró, Mihály 842
Bismarck, Otto von 135, 770
Blau, Eve 10, 11, 495, 497, 519, 454, 742
Blum, Klara 920
Bodenwieser, Gertrud 580, 915
Boehmer, Jakob 801
Bölsche (Boelsche), Wilhelm 810
Börner, Wilhelm 845
Bogdanow, Alexander 122
Bohnen, Michael 693
Bohr, Niels 122
Born, Wolfgang 670, 684–687
Boschek, Anna 293, 914
Bosel, Sigmund 66
Botz, Gerhard 889, 891
Boudin, Louis B. 143
Brandl, Eugenie 915

Braunthal, Julius 23, 425–427, 842, 852
Brecht, Bertolt (Bert) 109, 449, 642, 713
Brehm, Alfred 84, 810
Breitner, Hugo 6, 44, 45, 48, 49, 50–53, 55, 56, 65, 165, 239, 612, 668, 783, 785, 848, 849, 851, 889, 914, 920
Brenner, Anton 522–525, 543, 544
Breslauer, Hans Karl 778, 915
Broch, Hermann 118, 617, 636–638
Brod, Max 284
Bronnen, Arnold 449
Bruckner, Adele 345–347, 371–375
Brügel, Fritz 596, 818, 824–829
Brügel, Ludwig 893
Brüning, Heinrich 46
Brunngraber, Rudolf 118, 344, 619–620
Brunswik, Egon 119
Brusenbauch, Arthur (*auch* Artur) 352, 845
Bucharin, Nikolai Iwanowitsch 244
Bühler, Charlotte 10, 90, 100, 107, 108, 166, 169, 185, 186, 384, 385, 387, 396, 400, 792, 914
Bühler, Karl 3, 90, 107, 109, 117, 169, 185–188, 396, 400, 440, 792, 846, 914
Buresch, Karl 60, 62
Burjan, Hildegard 293, 913
Buttinger, Joseph (*auch* Josef) 414–416
Carnap, Rudolf 117, 118, 124–130, 135, 140
Casals, Pablo 733
Castiglioni, Camillo 66, 662, 915
Chagall, Marc 578
Chajes, Zwi Perez 260, 261, 917
Chamberlain, Houston Stewart 773
Chaplin, Charlie 74, 75, 725, 884
Chapman Catt, Carrie 723
Christensen, Benjamin 676
Čižek (*auch* Cizek), Franz 3, 8, 186, 568, 570, 577, 578, 579, 577–580, 846, 917
Clemenceau, Georges 190, 192
Coogan, Jackie 725
Corvinus, Matthias 201
Courths-Mahler, Hedwig 626
Crispien, Arthur 28
Curie, Marie 117
Curtiz, Michael 914
Czermak, Emmerich 767, 786
Czernin, Ottokar 31
Czinner, Paul 918
Czuczka, Fritz 564–565

Daniels, Bebe 75
Danneberg, Robert 32–34, 45, 48–50, 53, 239, 295, 841, 850–852, 865, 871
Darwin, Charles 355, 362, 363, 810
Dawes, Charles G. 825
de Ferro, Pascal Joseph 478
Debussy, Claude 609
Dehmel, Richard 651
Delitz, Leo 846
DeMille, Cecil B. 676
Denk, Karl 81
Deutsch, Helene 168, 835
Deutsch, Julius 14, 196–199, 206, 239, 448, 455–458, 871, 890, 892
Deutsch-Kramer, Marie (*auch* Maria) 464–466
Dicker(-Brandeis), Friedl 401, 402
Diem, Carl 449
Dietrich, Marlene 9, 917
Dirnhuber, Karl 525
Dobrovsky, Josef 846
Dollfuß, Engelbert 10, 762, 785, 787, 903, 904, 907, 908, 920
Dongen, Kees van 578
Dowisch, Emil 470
Dreier, Katherine 917
Dubislav, Walter 125
Duczynska, Ilona 891
Dürer, Albrecht 685, 686
Duse, Eleonora 681, 682
Dvořák, Max 589
Eberle, Joseph 767, 769–771, 792, 799–802, 808
Ehn, Karl 919
Ehmcke, Fritz Helmuth 579
Ehrenzweig, Robert (*auch* Lucas, Robert; *auch* Neon) 77–79, 641, 659, 661–662
Eichler, Edmund W. 221–224
Einstein, Albert 117, 140, 637, 913
Einstein, Carl 578
Eisenbarth, Johann Andreas 582
Eisenstein, Sergei Michailowitsch 673
Eisler, Max 241, 257–260
Eldersch, Matthias 226, 775
Elisabeth von Österreich (*auch* Sisi)
Emmerling, Georg 59
Endres, Stephanie (*auch* Steffi) 15, 452–455, 464, 879–884
Engels, Friedrich 137, 173, 909
Eriksen, Erich 676

Ermers, Max (*auch* Rosenthal, Maximilian) 894
Essad Pascha *siehe* Toptani, Essad Pascha
Euripides 645
Fabian, Ewald 175
Fadrus, Viktor 186, 396, 412
Faludi, Heinrich 865
Federn, Paul 168, 835
Feigl, Herbert 117
Feldmann, Else 617, 623–624, 914
Fénelon, François 800
Fenichel, Otto 168, 835
Ferch, Johann 618
Fescourt, Henri 526
Fey, Emil 889, 907
Fichte, Johann Gottlieb 770, 806
Fickert, Auguste 296, 559
Fink, Jodok 197
Fischer, Ernst 81–84, 318, 333–336, 435–440, 466–468, 617, 634–636, 641, 643, 650, 652–655, 659, 661
Flake, Otto 526
Flaubert, Gustave 526
Fleischmann, Trude 913
Floch, Josef 582
Förster, Wolfgang 10, 319, 497
Foges, Ida 430–432
Fontane, Theodor 526
Foppa, Hermann 61
Ford, Henry 285, 678, 721, 730, 732, 733, 734
Forest, Karl 846
Forstner, August 597–599
Foucault, Michel 10
Fourier, Charles 146
France, Anatole 526
Frank, Josef 117, 118, 495, 498, 518, 523, 525, 538–541, 544, 545, 550, 552–555, 589, 919
Frank, Philipp 117, 118, 122–124
Frankenstein, Max 682–684
Frankowski, Philipp 350–354
Franz Joseph (I.) 7, 273, 502, 756
Frass, Rudolf 919
Fraß, Wilhelm 353
Frauenfeld, Alfred Eduard 818, 829–832
Frei, Bruno 216, 228–230
Freidenreich, Harriett Pass 243
Freiligrath, Ferdinand 869
Freud, Anna 400
Freud, Sigmund 3, 7, 8, 9, 14, 40, 120, 167–169, 170–172, 173, 174, 175, 176, 177, 185, 187, 279–282, 317, 318, 385, 596, 792, 835, 846, 913, 917, 918
Freundlich, Emmy 46, 293, 404, 415, 913
Freyer, Hans 130
Friedjung, Josef Karl 168, 317, 319–321, 328, 835
Friedrich der Große (*auch* Friedrich II. von Preußen) 826
Frischauer, Alma Stefanie 670, 684
Frischauf(-Pappenheim) Marie 172, 318, 337, 918
Fröschl, F. 446
Fuchs, Gustav A. (Adolf) 528–531, 542
Fülöp-Miller, René 670
Furtmüller, Carl 177, 183
Galitzin, Fürstengeschlecht 222
Gandhi, Mahatma 741
Gardner, Sheldon 169
Gastgeb, Hans 460
Gebühr, Otto 827
Geert, Gisa 81
Gerlach, Martin jr. 516, 669
Gessner, Hubert 500, 538, 916
Gföllner, Johannes Maria 513
Giedion, Siegfried 519
Giese, Friedrich 452
Gilbreth, Frank 734
Giorgione (Castelfranco, Giorgio da) 714
Giraud, Albert 608, 609
Gleispach, Wenzel 919
Glöckel, Otto 7, 183, 234, 268, 396, 397, 407–411, 412, 577, 677, 748, 871, 913
Goebbels, Joseph 827
Gödel, Kurt 117
Görres, Joseph 800
Goethe, Johann Wolfgang von 84, 326, 462, 607, 627, 644, 658, 660, 770, 873, 917
Gogol, Nikolai Wassiljewitsch 623, 651
Goldhammer, Leo 241, 263
Goldoni, Carlo 663, 915
Goldscheid, Rudolf 55, 328, 343, 362
Gomperz, Theodor 125
Gorge, Hugo 550, 918
Gorki, Maxim 122
Grabbe, Christian Dietrich 656
Graf, Max 846
Gramsci, Antonio 11, 722, 734
Greger, Marie 684
Gregor, Hans 81

Gregor der Große 800
Gregor VII. 800
Grelling, Kurt 125
Großmann, Stefan 644
Gruber, Helmut 11, 67, 145, 295, 319, 424, 425, 692, 867, 877
Grünbaum, Fritz 846
Grünberger, Arthur 918
Guizot, François 800
Gunther, John 763–764
Habermas, Jürgen 691
Habsburg, Karl I. 25, 198, 201, 205, 695
Habsburg, Otto 198
Haeckel, Ernst 474, 810
Händel, Georg Friedrich 435
Hahn, Hans 117, 124–127
Hahn-Neurath, Olga 117
Haidenbauer, Hans 292, 294
Halle, Fanina 846
Hamber, Edmund 673
Hammer, Viktor Carl 582
Hanak, Anton 3, 257, 390, 583, 846
Hanisch, Walter 568
Hannak, Jacques 448, 460–464, 771–774
Hansen, Miriam 692
Hanusch, Ferdinand 425
Harand, Irene 785–788
Hardy, Charles O. 761–763
Harta, Felix Albrecht 582
Harter, Gustav 476–479
Hartleben, Otto Erich 609
Hartmann, Ludo Moritz 103, 126, 395, 416–419
Hartwig, Theodor 484–486
Haydn, Joseph 435, 462, 825
Hayek, Friedrich August 11
Hegel, Georg Wilhelm Friedrich 807, 809
Hegemann, Werner 510–512, 744, 826
Heidegger, Martin 118, 127, 140
Heine, Albert 694, 846
Heinrich VIII. 801
Heinrich, Walter 902–903
Hellmuth, G. F. 705
Herbst, Edgar 721, 913
Herbst, Eduard 207
Herrnheiser, Annie 559, 560, 561
Herzl, Theodor 240, 774
Herzog, Herta 710
Hetzer, Hildegard 100, 185, 186, 187, 384, 385, 386

Hiden, Rudolf 462
Hilarius von Poitiers 800
Hilferding, Margarete (*auch* Margret) 68–71, 360–362
Hilferding, Rudolf 143, 144
Hille, Peter 685
Hilscher, Albert 142
Hirsch, Bettina 307–309
Hirschel-Protsch, Günter 744–745
Hirschfeld, Ludwig 71–74, 694
Hirschfeld, Magnus 317, 319, 328
Hitler, Adolf 135, 163, 212, 235, 763, 785, 786, 813, 818, 824, 826, 830, 836, 837, 838, 866, 905, 907
Hitschmann, Eduard 167, 168
Höflich, Eugen (*später* Ben-Gavriêl, Moscheh Yaakov) 243–245
Hoffmann, Josef 525, 580, 918
Hoffmann von Fallersleben, August Heinrich 825
Hofmann, Else 559–561
Hofmann, Michael 780
Hofmannsthal, Hugo von 193, 642, 663, 670, 913
Holek, Heinrich 375–377
Holzer, Rudolf 662–663
Holzmeister, Clemens 523
Homolka, Oskar 920
Honay, Karl 381–384
Honneth, Axel 12
Horthy, Miklós 35, 36, 76, 201
Horváth, Ödön von 9, 664–666, 919
Hug-Hellmuth, Hermine von 175
Hugenberg, Alfred 838
Hughes, Charles Evans 733
Hughes, Langston 738
Huppert, Hugo 677–679
Imboden, Martin 670
Jahoda, Marie 7, 12, 65, 89, 90, 107–115, 423, 440–444, 710, 920
Jaksch, Franz 720
Jaksch, Hans 920
Jalkotzy, Alois 347–350, 857–858
James, Henry 125
James, William 125
Jannings, Emil 684
Jarno, Josef 846
Jaspers, Karl 118, 130, 131, 133, 134
Jelletz, Adolf 918

Jellinek, Adele 489–492
Jeritza, Maria 733
Jerzabek, Anton 31, 767, 774
Jodl, Friedrich 125, 126
Johannesson, Adolf 651
Joseph II. 201
Jung, Carl Gustav 279
Jung, Rudolf 817, 824
Justin der Märtyrer 801
Kadečka, Ferdinand 26
Kaes, Anton 12, 13, 15
Kästner, Erich 618
Kalesa, Robert 914
Kammerer, Paul 343, 355–358
Kampffmeyer, Hans 507
Kanitz, Otto Felix 100, 101, 395, 404–407, 417, 879–884
Kant, Immanuel 129, 130, 480, 481, 807, 809
Karau, Elisa 650–652
Karau, George 81, 416
Karlinsky, Elisabeth 568
Karlweis, Marta 918
Karpeles, Benno 694
Kassák, Lajos (auch Ludwig) 570, 573–577
Katscher, Rudolf 920
Kaus, Gina (geborene Wiener, Regina) 10, 14, 397–400, 648–650, 916, 917
Kautsky, Karl 28–30, 322
Kautsky, Karl jr. 321–325, 377
Kautsky, Luise 309
Kelsen, Hans 3, 22, 23–27, 32, 117, 118, 154–157, 596, 802, 846, 908–911
Kienböck, Viktor 53–55, 795
Kienzl, Wilhelm 846
Kiesler, Friedrich 570, 646
Kiesler, Hedwig (später Lamarr, Hedy) 9, 920
Kirchsteiner, Hans 618
Kisch, Egon Erwin 449, 892
Klages, Ludwig 127
Klebinder, Ernst 783–785
Klein, Stefan Isidor 76
Kleinhans, Franz 482–484
Kleist, Heinrich von 183
Klien, Erika Giovanna 10, 568, 917
Klimt, Gustav 8, 569
Klinger, Julius 74–75
Klotz-Dürrenbach, Theodor 846
Köhler, Elsa 396
Körner, Ignaz Hermann 459

Koffka, Kurt 589, 591
Kokoschka, Oskar 9, 569, 582, 589
Kolisch, Rudolf 610
Kollontai, Alexandra 338
Konfuzius 679
Korda, Alexander 676
Korner, Sophie 571–573
Kornhäusel, Joseph 258
Koschat, Thomas 210
Kosel, Hermann 74, 865
Kovarik, Franz 39
Kraepelin, Emil 810
Kraft, Viktor 117, 119
Kralik, Richard von 767
Kramrisch, Stella 571–573
Kraus, Karl 14, 66, 74, 75, 587, 596, 606, 607, 630, 641, 656, 691, 696–699, 699–701, 916, 917
Kraus, Rudolf 846
Kreisky, Bruno 10, 397
Krenek, Ernst 595, 597, 611, 612, 613, 918
Kuczynski, Robert René 762
Kuh, Anton 67–68, 210–211, 624–627, 813–815, 877–879
Kun, Béla 36
Kunfi, Zsigmond (auch Sigmund) 897–902
Kunschak, Leopold 31, 51, 52, 53, 197, 767, 768, 774, 775
Kyselak, Joseph 476
Lafargue, Paul 435
Lamarck, Jean-Baptiste (de) 343, 355, 363
Lamarr, Hedy siehe Kiesler, Hedwig
Lammasch, Heinrich 25
Landauer, Fritz 918
Landauer, Gustav 347
Landmann, Heinz 449
Lang, Fritz 9
Lanner, Joseph 601
Laplace, Pierre-Simon 121, 124, 139
Lassalle, Ferdinand 154, 157, 162, 697, 820
Lazarsfeld, Paul F. 7, 12, 65, 89, 90, 100–103, 110, 440, 710, 920
Lazarsfeld, Sofie (auch Sophie) 169, 182–185, 319, 330–331
Lederer, Josefine (auch Joe) 627–628
Lederer, Max 412–414
Leibniz, Gottfried Wilhelm 807

Leichter, Käthe 7, 14, 46, 65, 88, 89, 90, 91–100, 103, 145, 163–165, 239, 294, 309, 312–315, 533, 918, 919
Leisching, Eduard 584–586
Leischner, Erich Franz 351, 918
Leitich, Ann Tizia 670, 720, 730–734, 737, 915
Lenin, Wladimir Iljitsch 118, 122, 122, 123, 124, 338, 682, 734, 743, 820, 894
Lenz, Maria 81
Leo XIII. 808
Lernet-Holenia, Alexander 304
Lessing, Gotthold Ephraim 660
Leuthner, Karl 268
Levy Moreno, Jacob 646
Libényi, János 502
Lichtblau, Ernst 3, 7, 551–552, 846
Lichtenfels, Eduard Peithner von 672
Lichtenstern, Robert 846
Liebermann, Max 685
Liebknecht, Karl 803
Liebknecht, Wilhelm 214
Liederer, Rosa 350–354
Lihotzky, Grete siehe Schütte-Lihotzky, Margarete
Linder, Max 725
Liszt, Franz von 41, 770
Löwenherz, Josef 241, 260–262
Löwitsch, Franz 645–648
London, Jack 617
Loos, Adolf 495, 498, 504–506, 518, 525, 536–537, 544, 546–548, 555, 582
Lorre, Peter 920
Lucas, Robert siehe Ehrenzweig, Robert
Lucka, Emil 727
Ludendorff, Erich 815
Ludwig XIV. 728, 201
Ludwig XIX. 201
Lueger, Karl 627, 767, 784, 791, 795, 830
Luitpold, Josef siehe Stern, Josef Luitpold
Lukács, Georg 12, 894–897, 897, 902
Lunatscharski, Anatoli 122
Luxemburg, Rosa 803, 922
Mach, Ernst 117, 118, 122, 123, 124, 343, 362, 452, 792, 918
Machatý, Gustav 920
Machiavelli, Niccolò 620
Maderthaner, Wolfgang 6, 47, 449, 769, 866, 867
Mahan, J. Alexander 753–755

Mahler(-Werfel), Alma 3, 7, 846, 917, 597
Mahler, Gustav 9, 594, 596, 600, 609, 611, 918
Mann, Heinrich 284
Marinelli, Wilhelm 119
Marlett-Stamler, Kurt 683
Marschall, Hans 238, 915
Martin, Charles 74, 75
Marx, Karl 89, 134, 137, 143, 154, 157, 173, 176, 180, 181, 249, 286, 288, 425, 426, 820, 856, 892, 909
Mattl, Siegfried 10, 13, 67, 145, 692, 722, 742, 841, 843, 867, 891
Maximilian I. 201
May, Ernst 520, 523, 556
May, Karl 617
Majakowskij, Wladimir 614
Mayer, Maria 846
Mayreder, Rosa 296, 325, 326, 327
Meisl, Hugo 449
Meisl, Willy 449–451
Meister, Richard 412
Mendele (auch Mocher Sforim, Mendele) 247
Menger, Karl 117
Menghin, Oswald 792
Menzinger, Hans 699
Merkel, Georg 846
Metternich, Klemens Wenzel Lothar von 811, 222
Meyerhold, Wsewolod Emiljewitsch 662
Micheler, Ferry 81
Miklas, Wilhelm 920
Milestone, Lewis 822, 919
Mill, John Stuart 126
Minor, Margarethe (auch Margarete) 846
Mises, Ludwig (von) 11, 762
Mises, Richard (von) 117
Missong, Alfred 792, 808–810
Moholy-Nagy, László 573
Montessori, Maria 382, 396, 400, 403, 577, 918
Morris, Charles W. 117
Morris, William 553
Morus, Thomas 800
Moser, Koloman 569
Motzko, Alma 59
Mozart, Wolfgang Amadeus (auch Amadé) 714, 201, 365, 435
Müller, Alfred 900
Müller, Gustav 479–482
Müller, Robert 571

Müller-Cohen, Anitta 242, 250–252
Münzenberg, Willi 866
Musil, Franz 507, 746
Musil, Robert 3, 9, 14, 118, 193, 304, 589, 597, 618, 634–636, 670, 846, 919
Neon *siehe* Ehrenzweig, Robert
Neubauer, Wilhelm 846
Neufeld, Max 676
Neumayer, Josef 791
Neurath, Otto 7, 11, 14, 89, 117, 118, 119–122, 124–127, 135–141, 343, 344, 358–359, 415, 495, 497–500, 507, 518, 532–536, 619, 682, 741, 762, 841, 867, 870, 873–876, 916
Neutra, Richard 917, 918
Neuzil, Walter 645–648
Newton, Isaac 123
Nielsen, Asta 684
Niernberger, Leopold 533
Nietzsche, Friedrich 326, 680
Norris, Pippa 841, 843, 927
Nowotny, Paula 876–877
Nußbaum, Anna 720, 737–739
O. Henry (auch Porter, William Sydney) 617
O'Connel 800
Onno, Ferdinand 846
Owen, Robert 146
Pächt, Otto 572, 589–592
Palla, Edmund 415
Peirce, Charles Sanders 125
Perco, Rudolf 59
Peter, Heinrich 746–747
Petzold, Alfons 617
Petzold, Joseph 125
Pfemfert, Franz 578
Piffl, Friedrich Gustav 273–274
Pink, Louis H. 755–756
Pirquet, Clemens (von) 351, 353
Pisk, Paul Amadeus 587, 595, 596, 603–605, 610
Pius VII. 800
Pius IX. 800
Pius X. 273
Plaschkes, Leopold 849
Platon 805, 806, 910
Ploderer, Rudolf 606
Polak-Hellwig, Otto 533
Polanyi, Karl 11, 119
Polgar, Alfred 3, 199–202, 691, 692–696, 846
Pollak, Marianne 301–304, 318, 327–330, 404

Pollak, Oscar (*auch* Oskar) 584, 599–603, 617, 641, 656–659, 691, 699, 701–703
Polykarp von Smyrna 801
Popp, Adelheid 46, 293, 295, 299–300, 328, 427–430, 871, 913
Popper, Karl Raimund 12, 117
Portheim, Leopold 357
Prankl, Franz 684
Preis, Ferdinand 200
Prevost, Marie 75
Prießnitz, Vincenz 478
Proft, Gabriele 56–58, 293, 913
Prokofiew, Sergei 596
Protasanow, Jakow Alexandrowitsch 681
Prutscher, Otto 257, 846
Przibram, Hans Leo 357
Pückler-Muskau, Hermann 800
Quine, Willard Van Orman 117, 118
Rabinbach, Anson 4, 11, 145, 819
Radek, Karl 820
Radermacher, Lotte 103–107
Rauchberg, Helene 846
Rawicz, Melech (*auch* Bergner, Zacharias Chone) 242, 248–250
Reger, Max 609
Reich, Emil (1864–1940) 103, 417
Reich, Emil (1884–1944) 447
Reich, Wilhelm 9, 12, 119, 168, 172–175, 180, 318, 328, 337–339, 606, 835
Reichenbach, Hans 125
Reik, Theodor 281
Reinhardt, Max 9, 642, 646, 647, 662–663, 683, 913, 915
Reith, John 712
Remarque, Erich Maria 822–824, 919
Renner, Karl 22, 30–32, 143, 144, 145, 148–150, 195, 233, 415, 486–487, 793–795, 871, 907, 915
Reumann, Jakob 233, 271–273, 791, 913, 915
Reutterer, Ludwig 580
Reventlow, Else 77
Richter, Paul 871
Riehl, Walter 774, 783, 784, 785, 813, 817, 818, 819–822, 889, 917
Rikli, Arnold 477, 478
Roch *siehe* Stricker, Robert
Rochowanski, Leopold W. 577–580
Roh, Franz 685
Rokitansky, Carl Freiherr von 477

Rohan, Karl Anton 284
Room, Abram 526
Roosevelt, Franklin D. 46
Rosenberg, Alfred 792, 828
Rosenfeld, Fritz 669, 673–677, 708–710
Rosenthal, Maximilian *siehe* Ermers, Max
Rossak, Frank Ward 854, 919
Roth, Joseph 14, 67, 193, 241, 691, 779–783, 913, 919
Rothschild, Familie 770
Rothstock, Otto 624
Roubiczek(-Peller), Lili (*auch* Lilli) 400–403
Rousseau, Jean-Jacques 286, 471, 911
Roux, Wilhelm 357
Rubiner, Ludwig 578
Rübelt, Lothar 687–689
Rühle-Gerstel, Alice 9, 169, 180–181
Russell, Bertrand 125
Rutherford, Ernest 117
Saint-Simon, Henri de 146
Salmhofer, Franz 846
Salomon, Alice 722–724, 737
Salten, Felix 242, 255–257, 317, 720, 728–730, 737, 783–785, 915
Schacherl, Franz 520–522, 538
Schäfer, Wilhelm 827
Schapiro, Meyer 589
Schatz, Otto Rudolf 587–589
Schaub, Edward L. 759–761
Schenk-Danzinger, Lotte 109
Scherer, Rudolf 645–648
Scheu, Gustav 536, 722
Scheu-Riesz, Helene 720, 722–724, 737
Schiele, Egon 8, 569
Schiller, Friedrich 186, 274, 286, 601, 649, 660
Schlesinger, Therese 10, 40–43, 293, 295–298, 300–301, 307, 318, 325–327, 412, 533, 913
Schlick, Moritz 117, 119, 124, 125, 135, 590, 792
Schmid, Heinrich 528
Schmieger, Wilhelm (*auch* Willy) 461
Schmitz, Richard 31, 59, 271, 272, 412, 905
Schneeberger, Pius 871
Schneiderow, Wladimir 678
Schneller, Karl 846
Schnitzler, Arthur 8, 14, 242, 252–255, 267, 623, 916, 918
Schober, Johann 23, 160, 811, 897, 917

Schoenberg (*auch* Schönberg), Arnold 9, 594, 595, 596, 597, 600, 606, 607, 608–610, 611, 918
Schönerer, Georg (von) 205, 767, 817
Schorske, Carl E. 7
Schreber, Daniel Gottlob Moritz 479, 504, 504, 505
Schrödinger, Erwin 117
Schroth, Johann 478
Schubert, Franz 431, 755
Schütte-Lihotzky, Margarete (*auch* Lihotzky, Grete) 495, 519, 525, 544, 555–558, 559, 914
Schulhof, Emanuel 684
Schuschnigg, Kurt 47
Schuster, Franz 520–522, 525, 538, 561–564
Schwarz, Heinrich 670, 685
Schwarzwald, Eugenie 10, 319, 396, 452, 706, 713–715, 737
Sedlmayr, Hans 589, 591, 592
Seidel, Amalie 293, 913
Seidl, Eduard 833
Seipel, Ignaz 31, 48, 53, 197, 213, 268, 300, 625, 701, 783, 784, 791, 793, 794, 795, 796–799, 845, 848, 856, 915
Seitz, Karl 237, 512, 822, 871, 889, 904, 915, 920
Seume, Johann Gottfried 476
Sever, Albert 218, 219, 226, 782, 913
Seyß-Inquart, Arthur 792
Siebert, Karl 166
Siegel, Franz 502–504, 755
Silburg, Mosche 242, 245–247
Simmel, Georg 175
Sinclair, Upton 617
Sindelar, Matthias 462
Singer, Franz 400
Sitte, Camillo 518
Skoda, Joseph 477
Sobel, Karl 661
Solano, Solita 749–753
Sombart, Werner 805
Soyfer, Jura 617, 641, 659–660, 661
Spann, Othmar 127, 792, 802–808, 902
Speiser, Paul 233
Spengler, Oswald 127, 719, 720, 737
Sperber, Manès 169, 180
Spiegel, Sam 920
Spinoza, Baruch de 248, 249
Srbik, Heinrich 792, 811–813

Stadler, Friedrich 23, 119, 867
Starhemberg, Ernst Rüdiger (von) 62, 823, 855, 889, 890
Staub, Hugo 42
Steidle, Richard 902
Stein, Erwin 609
Stein, Franko 833
Stein, Viktor 415
Stern, Josef Luitpold (*auch* Josef Luitpold) 395, 416, 587–589, 596, 617, 618, 628–630, 641, 643, 850
Sternberg, Josef von 677
Steuermann, Eduard 609
Stevens, Gwendolyn 169
Still, Karl 39
Stöcker, Adolf 827
Strafella, Franz Georg 853, 855, 857, 871
Strauß (Strauss), Johann 601, 609, 755
Strauss, Richard 642, 914
Streeruwitz, Ernst 721
Stresemann, Gustav
Stricker, Robert 224, 226, 458–460, 771, 777
Strigl, Richard 119
Strijewski, Wladimir 676
Strnad, Oskar 3, 241, 258, 259, 498, 499, 523, 525, 545, 555, 647, 846, 918
Strzygowski, Josef 571
Stuckenschmidt, Hans Heinz 610
Suchomel, Hugo 26
Sun, Yat-sen 679
Suppé, Franz von 200
Swoboda von Weitenfeld, Marie 683
Tacitus 477
Täuber, Harry 580
Talleyrand-Périgord, Charles-Maurice de 896
Tandler, Julius 14, 59, 239, 275, 300, 317, 323, 327, 342, 343, 344, 351, 362–366, 369, 377–380, 386, 762, 913,
Tarski, Alfred 117
Taschwer, Klaus 345, 792, 793
Taussky-Todd, Olga 117
Taylor, Frederick W. 430, 453, 503, 544, 619, 620, 720, 734
Taylor, Sam 676
Tesarek, Anton 404, 435
Tessenow, Heinrich 555, 561, 577
Thaller, Leopold 870–872
Theiss, Siegfried 720, 920
Thiess, Frank 449

Tietze, Hans 242, 569, 570, 580–583, 584, 585, 584–586
Tobler, Hermann 748–749
Toller, Ernst 525–527, 543
Tolstoi, Leo (*auch* Graf Lew Nikolajewitsch) 286, 632, 725, 803
Tonningen, Rost van 53
Toptani, Essad Pascha 224
Träger, Richard 670
Trebitsch, Oskar 34–37, 40
Trescher, Franz 920
Trotzki, Leo 122, 160–162, 222, 734, 820
Trubetzkoi, Fürstengeschlecht 222
Tusch, Marie 293, 913
Ucicky, Gustav 917
Uitz, Béla 573
Ullmann, Marianne (*auch* Ullmann, My) 568
Unger, Adolf 920
Urbanitzky, Grete von 319, 331–332
Urussow, Fürst 256
Uthmann, Gustav Adolf 872
Válery, Paul 284
Vaugoin, Carl 31, 855
Verlaine, Paul 609
Veuillot, Louis 800
Vogelsang, Karl von 793, 794
Wagner, Erika 609
Wagner, Gertrude 90
Wagner, Otto 7, 8, 260, 496, 512, 518, 538, 551, 569, 646
Wagner, Otto Erich 568
Wagner, Richard 597, 598, 685, 770
Wald, Lillian 723
Waldinger, Ernst 617
Waldmüller, Ferdinand Georg 382, 582
Walsh, Raoul 676
Wasserman, Janek 11, 269, 769, 792, 793
Weber, Anton 59, 219, 744, 762, 871
Weber, Carl Maria von 201, 597
Weber, Max 89
Webern, Anton 3, 9, 594, 595, 596, 606–608, 846, 914, 917, 918
Weidinger, Anton 684
Weigel, Helene 713
Weill, Kurt 611
Weinheber, Josef 630–631
Weininger, Otto 397, 648, 649
Weiskirchner, Richard 197, 376, 791
Wellesz, Egon 596, 846

Werfel, Franz 3, 284–287, 580, 597, 645, 846, 920
Werner, Alfred 920
Weyr, Siegfried 668, 670, 671–673
Whitehead, Alfred North 125
Wiegele, Franz 582
Wiese, Leopold von 805
Wiesenthal, Grete 918
Wildgans, Anton 630
Wilhelm II. 826
Wilson, Woodrow 192, 193
Winckelmann, Emilie 559
Winkler, Franz 823
Winter, Ernst Karl 792, 808
Winter, Max 14, 275–279, 347
Winter, Robert 473–475
Wittgenstein, Ludwig 117, 118, 129, 139, 282–284, 914
Witzmann, Karl 549, 550, 846
Wlach, Oskar 525, 533
Wolf, Hugo 597
Wolter, Charlotte 683
Woolworth, Henry 501
Wu, Peifu 679
York-Steiner, Heinrich 240, 241, 242
Zapf, Josef 872
Zeisel, Hans 65, 90, 109, 119, 710, 920
Zemlinsky, Alexander 608
Zerner, Liesl 309–312
Zieler, Karl Wilhelm Felix 321
Zilsel, Edgar 116, 117, 118, 130–135
Zimbler, Liane (*geborene* Fischer, Juliana) 545, 559, 560, 561
Zimmermann, Alfred 501
Zita von Bourbon-Parma 198, 199, 205
Zucker, Erwin 743–744
Zülow, Franz 846
Zur Mühlen, Hermynia 76, 620–263
Zweig, Stefan 193, 304–306, 617, 618, 631–634, 720, 722, 724–727, 728, 729, 730, 731, 737, 916, 917

www.ingramcontent.com/pod-product-compliance
Lightning Source LLC
Chambersburg PA
CBHW060406300426
44111CB00018B/2838